侵華日軍戰犯
徐州審判檔案彚編

徐州市檔案局(館)　編

下册

國家圖書館出版社

下册目録

戰後接收敵僞產檔案(續)

日俘日僑韓僑遣送檔案

蘇浙皖區敵偽產業處理局
駐蘇辦事處徐州分處

工作報告

民國三十五年三月十五日至五月卅一日

蘇浙皖區敵偽產業處理局駐蘇辦事處徐州分處工作報告書　五月三十一日止

（一）成立經過

(1) 接蘇浙皖區敵偽產業處理局組織規程第八條之規定「行政院為處理蘇浙皖區敵偽產業於全國性事業接收委員會下設置蘇浙皖區敵偽產業處理局負責處理該區敵偽及德僑產業事項」又第四條之規定「蘇浙皖區敵偽產業處理局於各重要省市縣得設辦事處」又蘇浙皖區敵偽產業處理局設置分支機構原則第三條之規定「辦事處之外重要地點得設辦事分處」本辦事分處之成立即依據上項法令定名為蘇浙皖區敵偽產業處理局駐蘇辦事處徐州分處

(2) 奉蘇浙皖區敵偽產業處理局秘字一二八五七號令開茲派該員兼本局駐蘇辦事處主任此令奉此查圓職於本年三月廿六日奉派為蘇浙皖區駐皖辦事處蚌埠辦事分處主任兼駐蘇辦事處徐州辦事分處後當即籌備兩分處同時成立事宜凡有關業務方

面所需之工作人員多數在滬延攬有關應用之表册圖記多數在滬設計付印嗣奉局令從速就道故未及候齊全部人選即行率領一部份工作人員於三月五日先赴蚌埠着手籌備於三月十一日成立辦事分處（經過由蚌埠辦事分處另具報告）蚌埠辦事分處部署既定乃呈局指派商派專員李家驥常川駐蚌負責領導展開業務而本人則於三月十五日率同徐州部份工作人員遄來徐州籌設徐州辦事分處來徐以後尋覓適當房屋殊感困難先與經濟部徐海接收委員辦事處洽商結果暫時以該辦事處所接收之利國鐵礦公司事務所（中正路二十九號）為辦公地點同時呈報總局並分函各機關於三月二十日啟用關防本辦事分處於以宣告成立嗣因該地點地方過於狹隘不敷應用乃於四月二日將軍政部開封區特派員第八接收組所接收之大同街九十二號偽中國聯合準備銀行行址及傢具由本辦事分處自行接管運用關作辦

公地址亦經電請總局准予備案此為本辦事分處成立之經過情形

（六）內部組織及管轄地區

(1) 員額　奉總府訓令秘字第二八四八二號制定本辦事分處員額之編制規定以六十人為限計主任一人秘書一人專員六人股長四人股員六人辦事員六人本辦事分處除遵照規定請派外得視業務上需要隨時簽請總府核委

(2) 分股　依據編製表所規定本辦事分處得分設四股(1)總務股(2)處理股(3)清算股(4)調查股

(3) 人事支配　主任李國璣　秘書陳鴻俠

專員錢銘盤

總務股長[illegible]龍　股員潘芸生　王道炎　辦事員孫源　顧其燮

處理股長專員兼　股員徐景雄　陳景劉　辦事員李偉戈

清粹股長張其奎　股員程少若　辦事員吳宗棠

股員徐世鈺　汪必恭

調查股長黃子銘　股員李純一　辦事員姚松亭

(4)[illegible]海州地區

[illegible]地區　駐蘇辦事處調整本辦事分處羅選

股員陳拔文　辦事員丁志達

(1)徐屬：徐州市銅山沛縣豐縣碭山蕭縣
邳縣

(2)海屬：連雲市東海贛榆灌雲

(5)其他：(1)法律顧問高瀚處

(2)估價委員會(清算股主管)

(3)察報獎金審核委員會(處理股主管)

(4)房地產運用委員會(處理股主管)

(三)接收情形

查徐州地區所有敵偽產業可概分五類(一)工廠(二)房地產(三)物資(四)現金(五)其他應收賬款等本分處於三月中旬甫遵令組成距收復之初業已半載有奇徐州敵偽產業經先來之各機關競相接收其情形錯綜複雜於本局規章不合者滋多國職顧念及此為統籌以免掛一漏萬起見不得不先行分函各接收機關發交清冊藉資依據乃一再限期遵限發送者固多而置之不復或藉詞推卸者亦有將查來冊內容大多未符規定經迭郵審覆函詢函洽不無種種艱纏費時然欲速則更難達茲分類概述於次

(一)工廠

徐屬各工廠(1)經糧食部江蘇田賦糧食管理處徐州辦事處督導劉象如接收者計有東亞製粉日本油脂及順康公司等三廠另有寶興麵粉廠經軍政部開封區第八接收組送有發還原業主手續雖屬未合然既經發還有案勢須將該案詳查方克處理刻已

奉諭因糧處徐州清理委員會查獲中(2)由經濟部蘇浙皖區徐海接收委員會辦事處接收者計有十八人廠(參看統計表第六、七頁)其中已開工者有八廠未開工者十廠尚有海州礦業開發會社與利國鐵礦公司除外(3)經濟部開封區第八接收組接收轉交所屬各部份管者計有十八廠(參看統計表第四五六七頁)其來冊概簡略令明且有數廠混合編造幾經商洽猶未分晰得清必待逐廠實勘方克詳悉(4)交通部徐州鐵路局計接收日偽大小兩本廠清冊疊經函催據復已直接報該主管迄未造送清冊與補辦登賬手續

(二)敵偽房地產

徐州市各軍政機關既多先本分處而來以致所有房屋幾全部被挪作公用與眷屬暫住接藏清冊固屬當務之急然欲驗收遙務寔不易辦到查本局規章市內房地產原有各地市政府接收辦法而市府亦未將經辦案卷清冊移來依據既無直接處理復多棘手此種特殊環境有不得不審慎之苦衷在焉迄五月底止關於[illegible]之[illegible]經過調查並搜集日人遺留

之資料所得經敵偽佔據而有確證者計五十七處其中敵人增造其一部或全部者約有三十餘處（參看統計表第十三 四 五 六頁）其餘雖經調查而不能確證無疑者以及未經法院判明之逆產經漢奸清查委員會接收者尚多已預定計劃與該會商洽準於六月一日起開始移交

（六）物資 （1）徐州分處現在辦公地址原為偽聯合準備銀行初經軍政部開封區第一接收組接收該組接收伊始正各軍事當局公用亟需傢具等用之際故傢具經該組借出一部業已自行呈報其餘一部歸本分處接收互換交接手續存卷（參看統計表第十二頁物資欄）（2）徐州綏靖公署移轉原接收偽第六路軍移交肥田粉二百包該粉已由本分處正式接收妥存（參看統計表第十頁）惟此項物資開在徐銷路稀微刻正謀標售中（3）銅山縣政府接收一部物資已經縣府變賣作款甫見函表到來擬飭其洽收俾解中央銀行專戶儲存（參看統計表第十一

員）(4)經濟部江蘇田粮管理處徐州清理委員會移
來山砲營借用麸皮代金九十萬元該項借麸雖經
借去惟所解九十萬元僅可權充作麸保證金之用
至於如可作價業經徐清字第一五號呈文請示核
奪該款并經隨時滙解上海中央銀行收入專款存
戶賬另有山砲營第一次向該處借麸與該處直接
據賣物資所得價兩案因轉據該原經手劉督導竊
稱已奉管理處指令統准移作其他廠運用致未繳
來本分處已代電蘇辦事處請逕向該管理處交
涉從速歸欵(5)關於徐州漢奸清查委員會所查封
未判明之逆產物資滋多已與該會洽定接收程序
開始交接積極推進至少尚須一個月方先點收完
竣(6)其他附屬於各廠之物資運用情形雖經一
再催促迄未見前來補辦登賬手續必待嚴緊催追
一一派員親查寔勘殊不易詳明徐市當軍政要衝
機關部屬林立應付不無艱難按本分處規定員額
(四)內務外勤人事至感不敷分配　各部屬之接收機
(五)現金與其他應收欵項等

6

關既紛紛先期比櫛而來其接收之方式勢必各執
其是參差莫一其中已逕自運用者寔繁雖數數函
催幾經公告迄未見來者綏署顧主任雖嚴促市府
將沒收敵偽資財之一部交本分處接管然迄目今
此清冊尚未交來據覆稱正在積極整理中云

附徐州敵偽產業估值統計表一冊

(四)接收敵偽重要產業物資統計

查徐市工業本極繁複雖數經軍事摧殘損失甚鉅然自敵人強佔之下經敵偽逐漸增補內容似應可觀但勝利後敵人不無有破壞存心本分處未來徐之先復經各接收機關輾轉交接始而第十戰區臨泉指揮所部屬分別接收之黨政接收委員會繼之軍政部開封區第一接收組又繼之最後方由應屬之各部門分類接管當急其所急之時市政未經健全之際遷挪毀損不無較多機件不全者有之僅存空廠者復有之致多數工廠雖經接收而不克開工存庫物資亦早損壞大小工廠計有四十餘所詳就其規模較備且大者言之概分統計情形如此

(1)江蘇田賦糧食部管理處接收者：

(甲)製油製粉接重機器計九七部

(乙)製油製粉原料計五四〇〇〇〇斤

(2)經濟部蘇浙皖區徐海接收委員會辦事處接收者：

(甲)造紙類：

(A)機器一二部

(B)原料二〇〇噸
(C)成品五〇噸
(乙)水產類：
(A)機器二六部
(丙)製烟類(規模最大設備較全)
(A)機器七五部(大部全新使用僅二年)
(B)零件約萬餘件
(C)原料約三六〇〇〇斤
(丁)酒精類：
(A)機器九部
(戊)肥皂類、
(A)機器七部
(B)原料(牛油)約五〇〇〇斤
(C)成品一〇〇〇斤
(己)化學類：
(A)機器八部
(庚)製肉類：
(A)機器八九部

8

(辛)製酒類

(A)機器三〇部

(B)成品七〇〇〇斤

(壬)醬油類

(A)機器四八部

(B)成品六五〇〇〇斤

(癸)飲料類

(A)機器一四部

(3)交通部接收者：

(甲)木廠類(象冊迄未送來情形不詳)

(4)後勤總司令部接收者：

(A)交通機械大二八小二六部

(B)運輸成品零件約計七〇〇〇〇件

(C)卡車六〇輛

D)座車四〇輛

(E)汽油一二〇〇〇介倫

(六)大小倉庫(空)二九處　大小房屋一五〇餘间、

伍、處理概況

查徐州地區敵偽產業物資據徐州市政府報稱初由第十戰區臨泉指揮所管理移交於徐屬黨政接收委員會接辦復據第九區行政督察專員報稱所有敵偽產業物資全被軍政部開封區特派員第一接收組[illegible]尋接收又據軍政部開封區特派員第一接收組報稱奉令接收已分別移交於有關各部門如糧食部江蘇田賦糧食管理處駐徐督導辦事處經濟部蘇浙皖區徐海接收委員會辦事處交通部徐州鐵路局軍政部蘇豫區營理處首都被服廠兵工署後勤總司令部徐州汽車廠等皆已交接清楚此外尚有徐州漢奸產業[illegible]委員會乃查封逆產之機構所封逆產房屋物資[illegible]封或已出售或已[illegible]其運用情形相當複雜蓋凡屬物資之接蒐經轉手其中究竟有無隱匿逃避走失等情事調查處理之工作確是十分艱難而本辦事分處奉令來徐設處又在本年三月中旬為期過遲自來徐後即展開工作疊向各接收部門函催先行送造清冊以便着手整理然時至今日已逾兩月或函稱未曾參加接收工作或送來清冊缺漏不全或竟置

之不睬不送清冊或更移動物資佔用霸持敵偽房屋自由處理還用使本處之工作異常棘手進展甚緩實為一大原因又海州地區敵偽產業物資尤夥八區行政督察專員公署迭電函催迅速派員洽接無如奸匪遍地交通阻塞轄區幅員既如此遼濶辦事上更感呼應不靈除曾函請經濟部徐海接收委員會辦事處代為派員洽收外一俟該員到達電告該地實況後再行加派人員前往工作此工作遲緩之又一原因其他關于處理遭遇之其他困難情形於業務檢討中再分述之.

六、工作近況

(1) 登報公告獎勵密告敵偽產業辦法章則、

(2) 設置密告箱、

(3) 接收徐州漢奸清查委員會冊交逆產房屋物資、

(4) 尋覓適當便予管理之倉庫以便安置接收物品、

(5) 接受申請辦理登記事宜、

(6) 與經濟部徐州接收委員會辦事處洽商互廠估價急謀各廠開工計劃、

(7) 向中央銀行洽商保管貴重物品手續、

(8) 調查東亞製粉廠所租寶興麵粉廠由軍政部開封區第一接收組交还情形以憑覆核、

(9) 與經濟公署市政府接洽接收沒收敵偽資財事宜、

(10) 催繳糧食部江蘇田糧管理處徐州清理委員會經手標賣物資價款、

(11) 擬標賣肥田粉二百包並請署討處派員到場監標、

(12) 向碭山縣政府接洽接收物資偽券變價現金隨時交

中行辦滬、

(13) 函詢徐州中央銀行接收偽華興銀行概況、

(14) 函催江蘇省農民銀行徐州分處接收偽淮海銀行房產清冊及補辦登賬入賬、

(15) 统計敵偽產業作初步估價、

(16) 計劃組織估價委員會、

(17) 查封隱報敵偽逆產、

(18) 辦理陳報倉庫敵偽物資事宜、

(19) 辦理申請發还產業復核事宜、

(20) 辦理申請使用敵偽房屋傢俱事宜、

(21) 继續調查申請登記之房地產、

(22) 預備派員往海州計劃、

11

(八)業務檢討

(1)以徐州地區之大而敵偽物資祇有徐州綏靖公署送交本辦事分處之凡田粉式百包（計壹萬餘斤）實難令人置信擬登報公告①窩庫攜機限期陳報敵偽物資②獎勵密報以勸獎效

(2)敵偽產業統應由處理局處理早經法令公布查徐州市政府接管徐州市敵偽房地產像俱並予以運用經送次函請移送到處嗣據函覆先稱俟清理就緒見告又稱有關敵偽之房地產業件在未奉令變更處理權限以前未便移送查敵偽房地產究竟應由處理局處理抑由當地市政府處理事關法令未便擅自主張應呈請鈞局核示俾便遵循其間市政府應與本處通力合作先將接管清冊送交本處審核然後由本處委託市政府代管方為合法

(3)徐州綏靖公署在本辦事分處未成立前扣之日僑超出攜帶規定之物件飭由徐州市政府等機關會同公開拍賣以變賣所得三分一救濟難民三分一整理市容另三分一及金銀物品交本辦事分處接收處理

除指派總務股員潘芸生前往警備司令部治收外併將經署分配情形專案呈報惟經署應將全部被扣物件先行造冊移交本處

（4）糧食部駐徐督導劉東如標賣敵偽東西順東兩廠物資所得價款在未經本辦事分處核准前擅自動用應予追繳移送中央銀行徐州分行專户存貯又陸軍五十二師山砲營向該督導提（校勘章）走麸皮四萬斤山砲營曾繳存保証金壹百捌拾萬元旋奉局令准予現金價購乃該督導又擅自動用似亦應一併予以追繳本辦事分處成立已近三月而專户存貯之款項僅九拾萬元辦事之掣肘於此可見

（5）經濟部徐海接收委員會辦事處所接收之各工廠或已開工或未開工已嚴催速將各廠初步估價送處呈局關於柳泉存糧應予價購機器部份早日估價標賣如無人承購決計遵照總局指示辦法將機器全部設法運（校□）他如日商酒井清彥存放在徐州物資中原菸草華新菸草兩公司被把持不肯移交一案更須嚴

准迅為查明早日結案。

(6)交通部徐州鉄路局函稱所接收之敵日信大二兩本廠已根據收復區敵偽產業處理辦法第六条之規定應由交通部主持」查辦法第六条規定鉄路電訊應由交通部主持接收運用則本廠是否亦在接收運用之列又查劃一各接收機関處分運用敵偽產業辦法第一條之規定「敵偽產業非經處理局核准各接收機関不得逕自運用其業已運用者應將運用經過連同應用表册詳細函報處理局補辦核算登帳手續該兩本廠是否應由徐州鉄路局接收須呈局核示至少限度亦應補辦核算登帳手續俟總局指復後再函徐州鉄路局遵辦

(7)軍政部各部門方面首都被服廠已將徐州被服廠全部機械運京其他均由各該部門分別接管運用將来究應如何處理處理時難免困難重重如由軍政部自行處理向本處辦理核算登帳手續似較便捷

(8)金融機関如中央銀行交通銀行省農民銀行各徐州

分行所接收之各敵偽性金融機構無論房屋地產（包括敵偽增益部份）傢俱物資以及金銀錢幣均未遵照法令將所接收之敵偽產業造冊移交本辦事分處依法處理似應呈請總局轉知各該上級機關令飭遵辦使工作不再拖延時日

(9)逆產概由徐州逆產清查委員會按戶點交依據辦理逆產業件原則第三條之規定「凡逆產應經法院判決後方可處理」故本辦事分處一俟點清以後將所點收之房地產傢俱依照「扣押逆產土地房屋傢俱委託辦法辦理（登報公告）」所有貴重物品依照扣押貴重物品處置辦法辦理關於物資部份依照扣押逆產物資之處置及拍賣辦法辦理關於工商企業部份依照扣押逆產工商業處置辦法辦理如工作人員不敷支配時擬隨時簽請總局核委查本辦事分處曾迭電呈請總局轉飭中央信託局來徐設局在中信局未設立前准由本辦事分處添派人員自行接管故本分處實有添派員工從速工作之必要

13

(10)在本辦事分處未成立前如有業主已呈請其他機關核准發還或領回產業使用者仍應由業主依照規定手續呈報以憑復核如實與敵偽廠由軍政部開封區員一接收組核准發還該業主即應將發還經過呈報本分處復核現已(登報公告)指定人員負責辦理復核事宜

八、價值估計

徐州一切敵偽逆產業既概如前述全部產業款求急切估實勢難一蹴可就權先就力之所及依統計學「大量觀測律」之原則特會同經濟部徐海接收委員會辦事處根穩健之標準作初步之估計如次

(A) 經濟部屬經收之十九工廠　現值約九、七四〇、〇〇〇、〇〇〇元（詳見第一表）

(B) 糧食部屬經收之叁工廠　現值約一、三二〇、〇〇〇、〇〇〇元（詳見第二表）

(C) 軍政部屬經收之四部門　現值約三、四〇〇、〇〇〇、〇〇〇元（詳見第三表）

(D) 蘇浙皖金融特派員辦事處之六單位　現值約一、五〇〇、〇〇〇、〇〇〇元（參看第三節接收情形所附統計表）

(E) 敵人增造房地產　現值約四四〇、一六〇、〇〇〇元（按原價增一百倍）

合計總值約一六、四〇〇、一六〇、〇〇〇元

以上各項細數詳見附表惟將來處理時其實際之估值尚待估價委員會逐項隨時勘實審定方能作準

附估價細數統計表叁紙

附根據各機關移送清冊編就總估值統計圖壹份（圖一）

附根據各機關接收敵偽產業總估值統計圖壹份（圖二）

附根據各機關接收敵偽重要物資統計圖壹份（圖三）

附敵產增造房屋部份分配統計圖壹份（圖四）

15

徐州敵偽產業估價分類細數統計表

經濟部屬　　　　　　　　　　　　　　　　第一表

接收部門	類別	初步估值		備註
經濟部徐海接收委員會辦事處:-	(1) 製烟廠	2,000,000,000	00	
	(2) 電燈廠	2,800,000,000	00	
	(3) 柳泉酒精廠	1,600,000,000	00	
	(4) 冷藏廠	960,000,000	00	
	(5) 第一酒精廠	680,000,000	00	
	(6) 造酒廠	368,000,000	00	
	(7) 醬油廠	360,000,000	00	
	(8) 第三酒精廠	272,000,000	00	
	(9) 肥皂廠	200,000,000	00	
	(10) 製蛋廠	8,000,000	00	
	(11) 製肉廠	120,000,000	00	
	(12) 飲料廠	94,000,000	00	
	(13) 利國鐵礦事務所	64,000,000	00	
	(14) 第二酒精廠	28,000,000	00	
	(15) 板本窯業公司	16,000,000	00	
	(16) 徐州煉瓦廠	16,000,000	00	
	(17) 煉瓦廠	16,000,000	00	
	(18) 化學研究所	14,000,000	00	
	(19) 造紙廠	124,000,000	00	
	合計	9,740,000,000	00	

徐州敵僞產業估價分類細數統計表

糧食部屬　　　　　　　　　　　　　　　　第二表

接收部門	類別	初步估值	備註
蘇田賦糧食管理處徐州辦事處：一	(1) 東亞製粉廠	1,000,000,000.00	一八億之
	(2) 日本油脂廠	10,000,000.00	
	(3) 日本順康公司	220,000,000.00	
	合計	1,320,000,000.00	

徐州敵僞産業估價分類細數統計表

軍政部屬　　　　第三表

接收部門	類別	初步估值	備註
營産管理處：—	(1) 兩毛織廠 (2) 皮革廠 (3) 洋灰廠 (4) 内外化学廠	300,000,000.00	因來册混合不清故無法分析
修械廠：—	(1) 第六路兵工廠 (2) 吉福工廠 (3) 徐州工廠 (4) 九十工廠 (5) 大和工廠 (6) 大基第二工廠 (7) 中尾洋行 (8) 淮海鉄廠	1,500,000,000.00	無册可資分析
後勤總司令部：—	(1) 華北自動車廠 (2) 淮海自動車廠 (3) 日産重工業廠 (4) 大東膠廠	1,500,000,000.00	
首都被服廠：—	(1) 第六路被服廠	100,000,000.00	
	合計	3400,000,000.00	

徐州各有關機關接收敵偽產業根據移來清册編就總估價統計圖

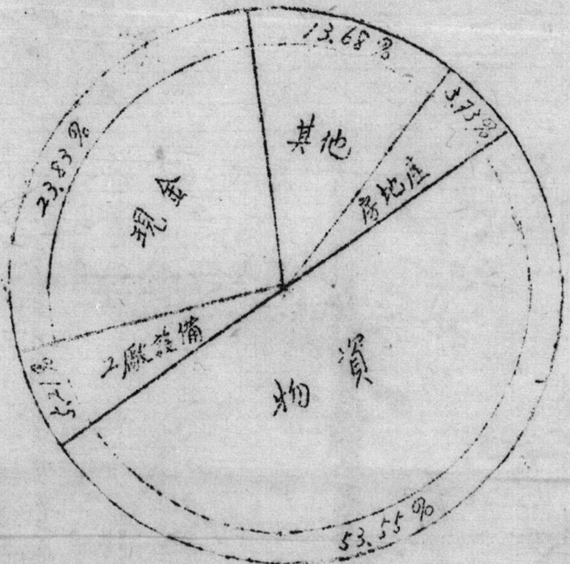

①工廠設備	24,146,592.47	5.21%
②物資	247,860,449.66	53.55%
③房地產	17,252,333.00	3.73%
④其他	63,350,742.39	13.68%
⑤現金	110,663,444.47	23.83%
	463,273,558.99	

流動資產與固定資產估值之比

$$= \frac{421,874,633.12}{41,398,925.47} = 10.19$$

註：上圖係根據原來清册統計而得，揆之實情，流動資產與固定資產之比率，大都在1:2之間，但上圖所示之比率，適在10:1之間，可知固定資產有低值之可能，亟應依據物價指數，調整其帳面價值，另求穩妥估值。

第一統計圖

徐州各有關機關接收敵偽產業重要物資統計圖

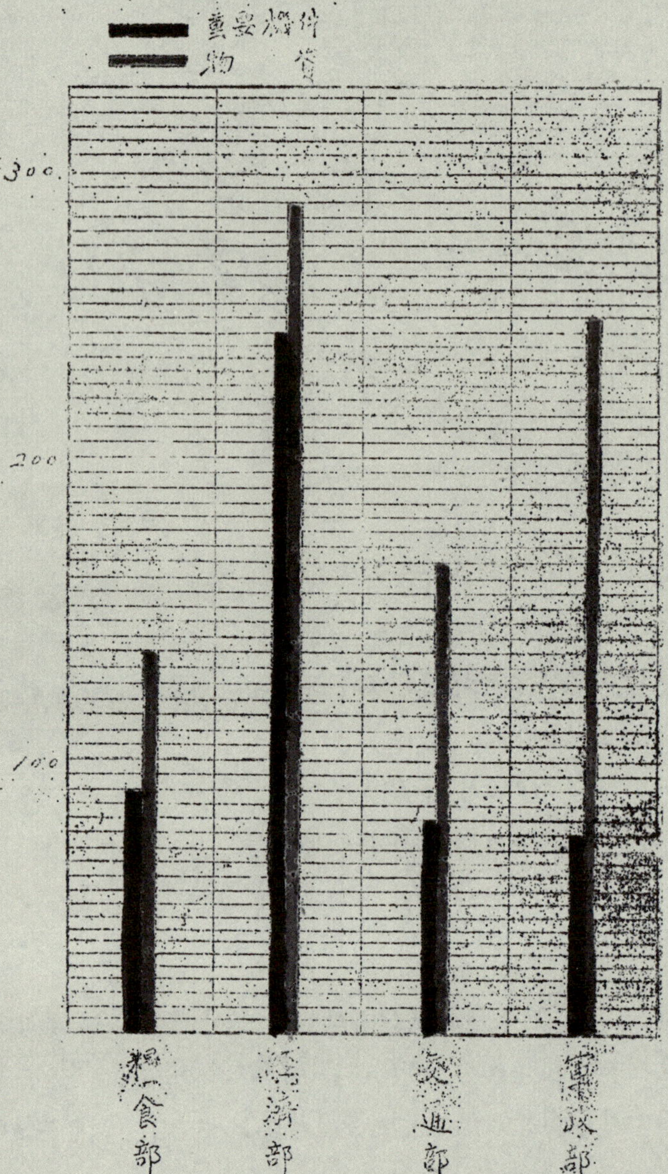

第三統計圖

徐州各有關機關接收敵偽產業總值統計圖

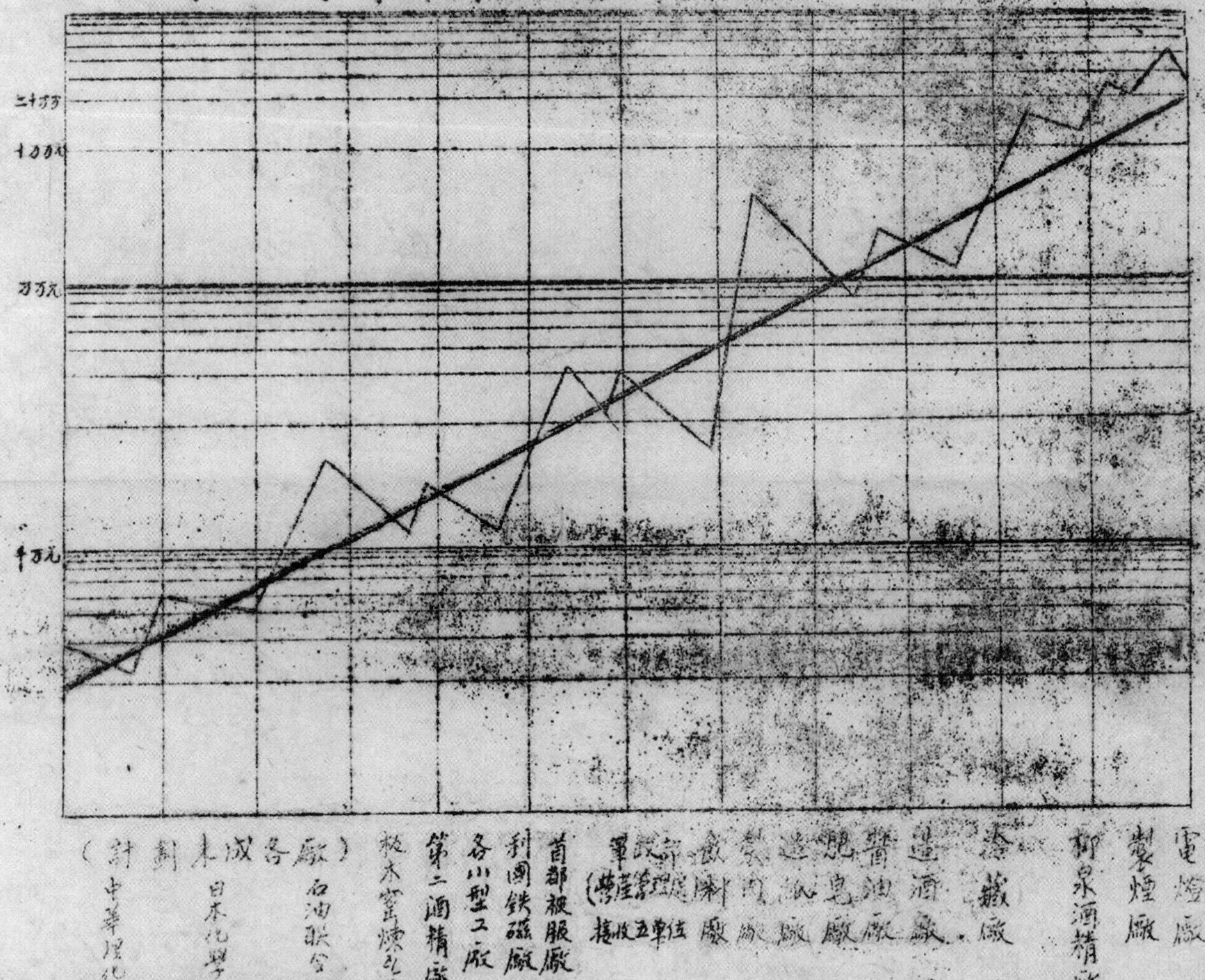

第二統計圖

敵人在市區增建房屋分配統計圖

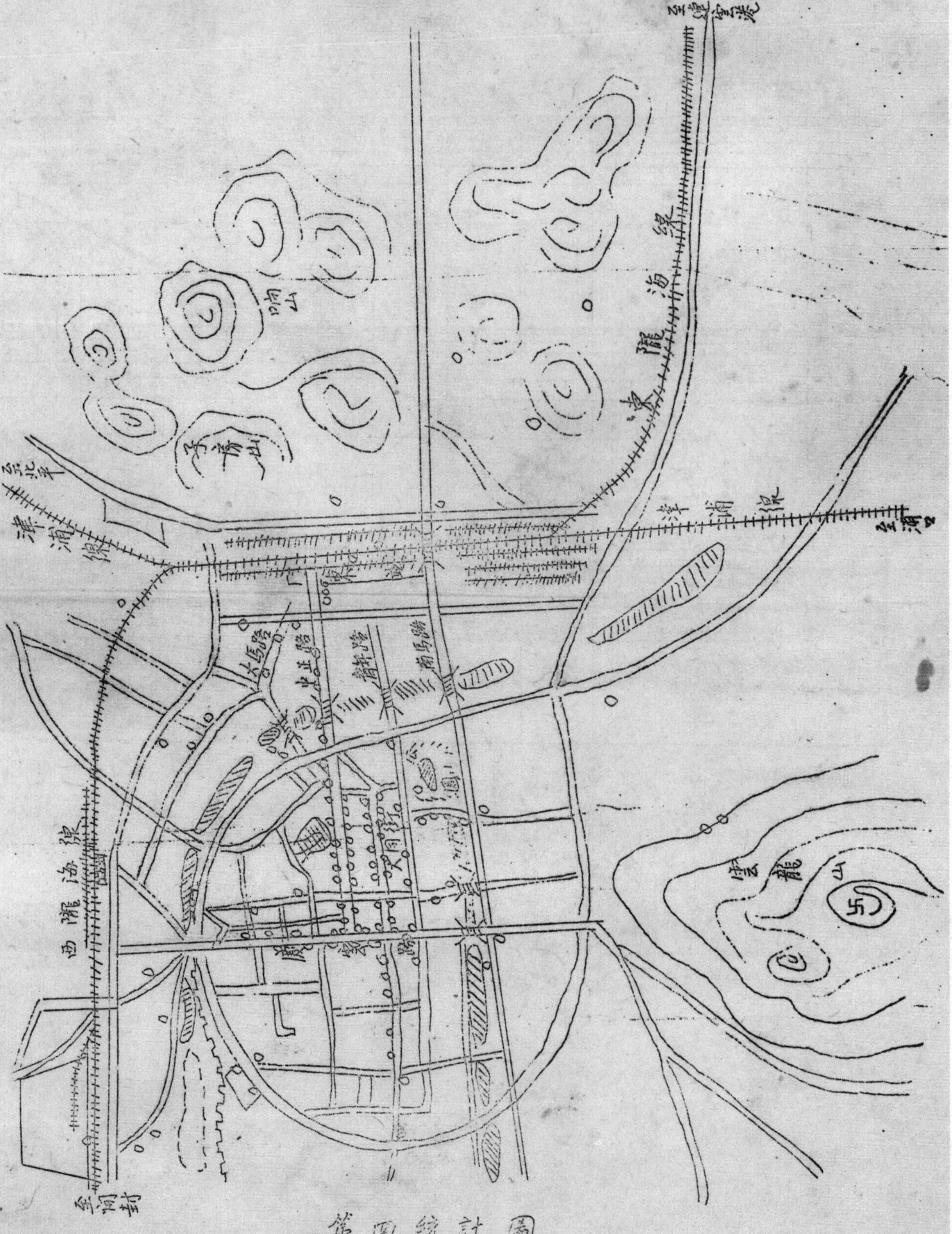

第四統計圖

41

事由	擬辦	決定辦法
為函送本台接收敵偽房屋物資數目清冊請查照由		

附件：清冊一份

中國國民黨中央執行委員會
廣播事業管理處徐州廣播電台

文別：公函

總人字第〇一七七號

中華民國三十五年一月十九日

逕啓者：本台於三十四年十月九日接收當時接收清冊三份呈報臨泉指揮所接收委員會，旋以該会奉令結束，另組党政接收委員会，並令造冊六份呈報備查，所有物品中央管理處曾派員來徐清查點驗，茲為便利明瞭本

年　月　日收文　字第　號

在皖部趙允特將本會接收敵偽房屋物資數目分別造
具清冊一份函送即請
查照為荷
此致
蘇浙皖區敵偽產業處理局徐州分處
附清冊一份
孔圜人

中央廣播事業管理處徐州廣播電台接收敵偽房屋物

中央廣播事業管理處徐州廣播電台接收敵偽房屋清冊

用途	間數	地址	備攷
本台台址	二十二間	本市户部山頂上	
本台宿舍	十一間	本市文亭街忠孝巷十三號	係民產 張仁宇

15W

	有線轉播机電源部	部	一	
	6V蓄電池	部	三	
擴音設備類	擴音机	部	一	20W
	擴音机	部	一	10W
收音机類	轉播用收音机	部	三	全[illegible]十发
強力收音机	強力收音机	部	一	真空管缺少
	五灯外差收音机	部	一	損坏
	聽筒	付	三	
發音設備類	播音机二言語放大器	部	一	
	有線轉播机	部	二	
	炭素話筒	個	三	
	桌上話筒架	個	二	

45

	地上話筒架	個	一	
	話筒避聲木盒	個	二	
	軍用電話机	個	二	
	共電式電話机	個	一	
儀器類	三用電表	部	二	
	萬用電表	部	一	
	高阻值測量表	部	一	
	小型電表	個	四	
工具類	電搖鑽	部	一	損
	手搖鑽	部	一	
	沙輪	部	一	
備貨真空管類	真空管	個	八九	

唱片類	唱片	張	五四五	
傢具類	中型辦公桌	張	六	
	辦公桌	張	一三	
	長方橙	張	三	損一
	小圓棹	張	一	
	演講桌	張	一	
	沙發	個	三	
	轉椅	把	九	壞三把
	靠椅	把	八	壞二把
	摺椅	把	二四	壞四把
	三櫃	個	五	
	唱片櫃	個	二	

46

乙具架	乙具架	個	二	
	雲件櫃	個	一	
	衣帽架	個	一	
	鐵床	個	二	多數損壞
	鐵炉	個	一五	
車輛類	人力車	輛	一	損壞
雜品類	鋼琴	架	一	
	掛鐘	個	一	
	馬錶	個	一	
	油印机	架	一	
	鋼板	塊	三	壞一
	桌燈	個	二	

金庫個 二 小型
大秤個 一
小秤個 一
綫毯條 一
坐墊個 四
黑板塊 三

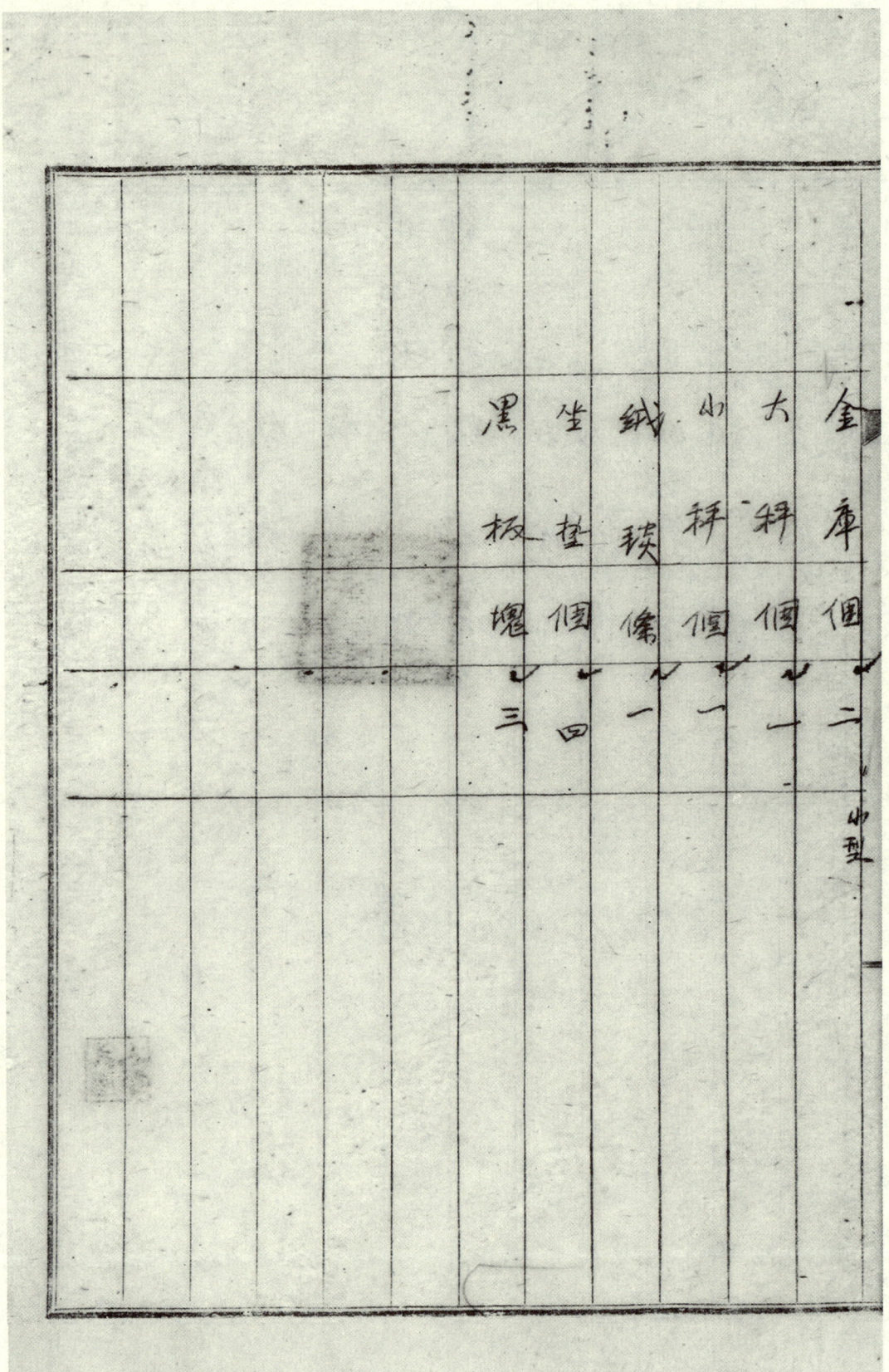

47

台長孔國人

孔國人章

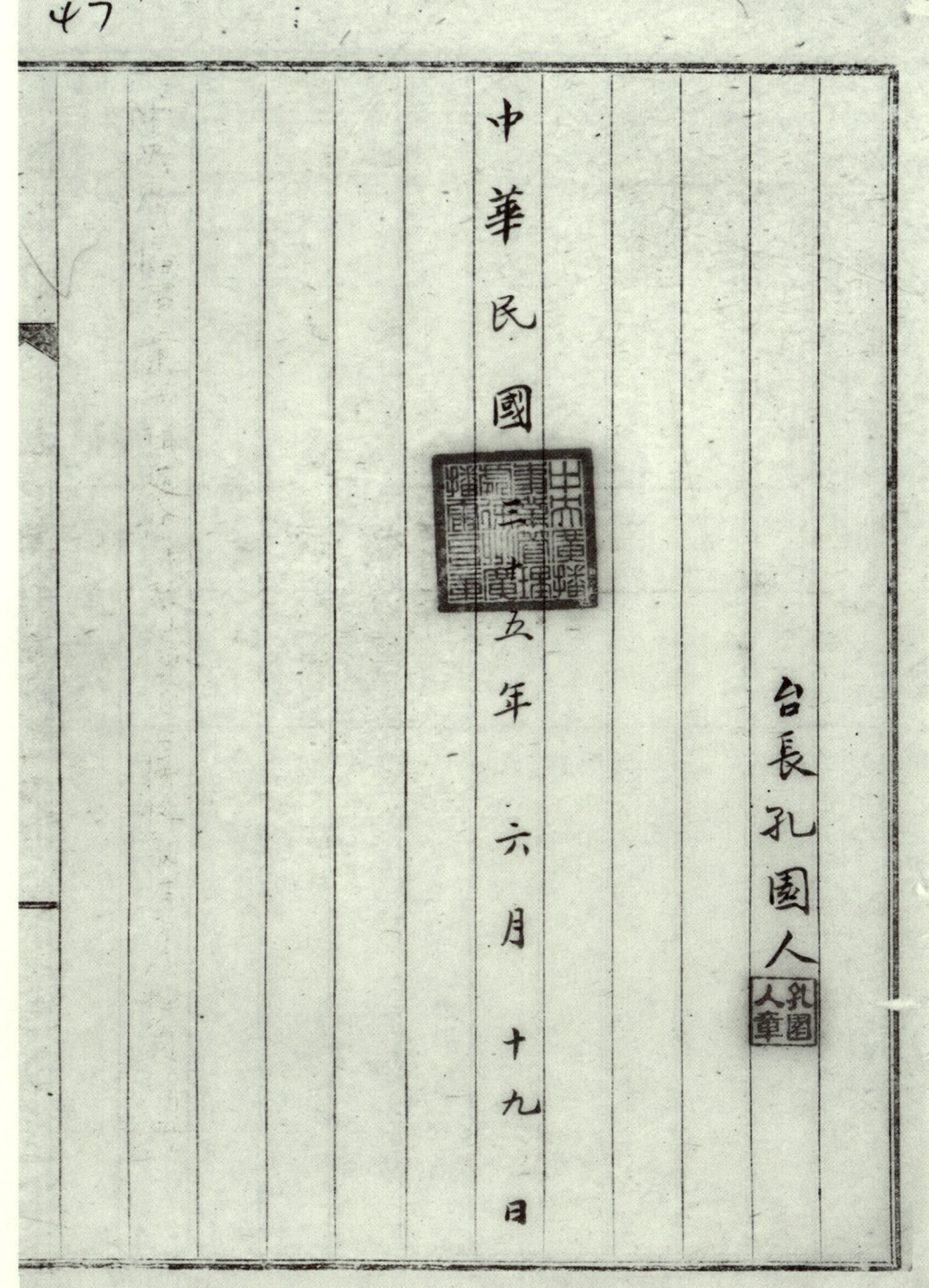

中華民國二十五年六月十九日

等因奉此除遵照办理外兹将原估價數額表抄附一份函請

查照并希

見覆為荷

此致

蘇浙皖區敵偽產業處理局駐蘇辦事處徐州分處

台長

孔繼人

20

30信

本黨所屬各單位接收敵偽產業情形報告表

被接收機關名稱	偽徐州放支局
接收時期	三十四年十月九日
接收地點	徐州
房地產所有者姓名	

填報單位 中央廣播事業管理處　　　　填報日期 35 年 11 月 2 日

接收產業類別	品名	出廠廠名及年月 / 商標及號碼 / 品質及尺碼	單位	數量	用途	敵偽產業處理局之估價	時價	折舊%	接收單位之估價	附註
接收產業類別	品名	程式	單位	數量	用途	敵偽產業處理局之估價	時價	折舊%	接收單位之估價	附註
機件	廣播機	M.O.P.A.中波 50W	部	1	廣播用				7.000.00	
〃	電力設備	電源變壓器 電動機等	〃	19	〃				49.000.00	
〃	擴音設備	10W 20W	〃	2	擴音用				5.000.00	
〃	收音機	全波十灯一只 5灯2只 听筒3付	只	8	收音用				6.850.00	5灯机已坏待修
〃	發音設備	電話放大器等	部	14	發音用				7.840.00	
儀器	各種電表		只	8	測驗用				10.300.00	
工具	〃 工具	搖鑽砂輪子等	部	3	工作用				1.650.00	
材料	〃 真空管		只	89	備用				8.000.00	
唱片	唱片		枚	545	播送用				5.450.00	
傢俱	各種傢俱	椅桌等	件	105	辦公用				49.500.00	
器物	〃 器物	掛表等	〃	20	〃				4.300.00	
車輛	人力車		輛	1	〃				3.000.00	
樂器	鋼琴		只	1	播送用				50.000.00	
	總計								$207.890.00	以國幣計

製表員　　　　會計主任　　　　主管人

上表所列分類第一行係中央財務委員會所定格式因與本處接收之產業情形不同故次列各欄如第二行各台可照第二行各欄填製

第　頁

事由：函送接收之房地產清冊及業主名冊各一份請查照

附件

批示

擬辦

交通部徐州鐵路局公函

徐處字第一三六號

中華民國卅五年八月六日

案准

貴處四月十八日徐處字第二八號函開「本處奉令成立開始辦公業已公告在案茲以各部會處在徐接收保管之敵偽產業亟待遵照行政院規定之收復區敵偽產業處理辦法整理執行即希貴處迅將所有在徐接收之敵偽工廠及工廠以外之物資房地產傢俱等繕就清冊連同原始清冊一併送交本處並請將工廠各部門之單位（包括機器定着物）估計價值以及接收後之保管暨已未開工各情形統希查

照見復以憑待報」等由准此茲將本分區接收之房地產造具清册一份并各附原

業主名册一本先行送請

核辦至原清册爲本分區接收根據未便照送如須調閱原案卷隨時函知即可派員送上

相應函復

查照爲荷

此致

蘇浙皖區敵僞產業處理局駐蘇辦事處徐州分處

附清册名册各一份

兼處長 沈多田

校對 張志賢

繕印 胡炳賓

35.4.501 —1000張

26

交通部徐州區鐵路局工務處產業課接收清册

27

交通部徐州區鐵路局工務處產業課接收清冊

三十五年六月　日

卷號	類別	卷目	契紙件數	產業所在	書類	圖表	備考
1	土地	徐州站擴張工事	57	徐州下洪村	1	1	
2	〃	徐州站側綫防護壁新築	無	徐州下淀鄉	1	2	
3	〃	徐州電氣段發電所新設	1	徐州子房鄉	1	1	
4	〃	徐州機務段甲檢車庫其他新設	104	徐州子房鄉 下淀鄉	1	1	
5	〃	徐州站擴張土工其他工事	26	徐州下洪村	1	1	
6	〃	徐州站擴張工事東隴海綫一部變更	50	〃 〃	1	1	原卷移交隴海帶往西安總局
7	〃	徐州站南側綫增設工事	25	〃 〃	1	1	
8	〃	徐州站側綫增設工事	28	徐州子房鄉 下淀鄉	1	1	

9	地上物件補償	徐州電話交換所新設地上物件移轉	無	徐州子房鄉下淀鄉	1	無	原卷移交隴海帶往西安總局
10	土地	徐州電話交換所新築	6	徐州子房鄉	1	1	
11	〃	徐州住宅	47	徐州下洪村	1	1	
12	〃	徐州住宅(其二)	28	〃〃	1	1	賣契內連老契兩張共計如上數
13	〃	徐州獨身住宅	9	徐州子房鄉	1	1	
14	〃	徐州住宅(其一)	34	徐州下洪村	1	1	
15	〃	徐州住宅(其二)	13	〃〃	1	1	
16	〃	徐州住宅(其三)	12	〃〃	1	1	
17	〃	徐州市後倉巷土地買收	1	徐州後倉巷	1	無	土地上附建築物
18	〃	徐州市黃山鄉土地買收	契約書一件	徐州下洪村	無	無	

28

52	〃	北津浦線程家莊徐州間信號場用地	12		1	1	
19	〃	昭和園住宅	2	徐州新河馬路地藏里	1	無	
20	地上物件補償	徐州社員會館支障建物移轉	無	徐州市津浦馬路北頭	1	無	原卷移交龍海帶往西安總局
21	土地	徐州鉄路醫院	20	徐州下洪村	1	2	
22	〃	徐州新設給水所水源用地	4	〃	1	1	
23	〃	徐州貯炭場新設	26	徐州下洪村駱駝山	1	2	
24	〃	徐州用品分庫	8	徐州津浦鎮梁庄	1	2	
25	〃	徐州用品庫新築	18	徐州下洪村	1	2	
26	建築物	徐州用品庫構内民有建物買收	無	徐州津浦鎮梁庄	1	無	
27	〃	〃	〃	徐州下洪村	1	〃	
28	地上物件補償	徐州自動車營業所地上物件移轉	〃	徐州市	1	〃	原卷移交龍海帶往西安總局

29	〃	徐州自動車修理廠地上物件移轉	〃	徐州市	1	〃	原卷移交隴海帶往西安總局
30	土地	茅村徐州間水道用地	27	徐州下淀鄉八里	1	1	
31	〃	徐州鉄路農場用地買收	132	徐州三官庙	1	1	
32	〃	徐州愛路勤農場用地買收	4	〃 〃	1	1	
33	〃	趙墩站延伸工事用地買收	1	趙墩	1	1	原卷移交隴海帶往西安總局
34	〃	墟溝貯炭場新設用地	52	墟溝	1	1	〃 〃
35	〃	墟溝路農場用地	7	〃	1	1	〃 〃
36	〃	趙墩工務段用地買收	14	趙墩	1	1	〃 〃
37	〃	趙墩警務段事務室新築用地	6	〃	1	2	〃 〃
38	〃	海州交通公園土地買收	無	海州	1	無	土地上附建築物及工作物，〃

29

46	〃	柳泉運炭線	93	江蘇銅山縣賈汪鎮	車場用地1 線路用地2	3	
39	〃	運河航運營業所用地買收	〃	運河	無	〃	無実件有財產評台帳原卷移交隴海帶往西安總局
40	〃	海州航運營業所	1	海州	1	10	〃 〃
41	〃	宿遷航運營業所	8	宿遷	1	13	〃 〃
42	〃	淮陰航運營業所	18	淮陰	1	12	〃 〃
43	〃	宿遷自動車營業所新設	10	宿遷	1	2	〃 〃
44	〃	海州自動車營業所新設	無	海州	1	1	〃 〃
45	〃	徐州自動車營業所新安鎮支所用地	16	徐州	1	1	〃 〃
56	建築物	徐州市三馬路信義巷建物買收	契約書一件	〃	1	1	
57	〃	徐州市豐財鎮西後里建物買收	1	〃	1	1	〃 〃
58	〃	徐州市聖德街28號建物買收	1	〃	1	1	〃 〃

59	〃	徐州市統一街建物買收	契約書一件	徐州	1	1	
60	〃	徐州市三馬路17號建物買收	契約書一 賣契一	〃	1	1	
61	〃	徐州市聖德街116號建物買收	1	〃	1	1	原卷移交隴海帶往西安總局
62	〃	徐州市新河馬路36號建物買收	契約書一件	〃	1	無	〃 〃
63	〃	津浦賓館買收	契約書一件	〃	1	〃	
64	〃	徐州市黃山鄉下洪村建物買收	6	〃	1	1	
65	〃	徐州鉄路醫院內民有建物買收	契約書一件	〃	1	1	
66	〃	徐州市聖德街10號建物買收	契約書一 賣契一	〃	1	1	〃 〃
67	〃	徐州市啟明路34號建物買收	契約書一件	〃	1	無	
68	〃	海州新市街6號建物買收	〃 〃	海州	1	1	〃 〃

[illegible]卷　吳世恩　李鴻壽

中央信託局蘇浙皖區敵偽產業清理處　代電

滬理地字第24325號

中華民國三十六年十月廿七日

事由：據報廿二次估價更正各點遞復希依照更正理具報由

擬辦：先洽知　轉案

批辦：如擬　存文

（一）李鴻壽案業經該二四五三號代電復行減估情形諭示核奪當未奉復及另查即照本文所核先行遞奉　着徵詢示

（二）吳世恩案奉查照准（准地權並已）業主已電遞該房產準復後　該房產案係該房產接收後因拟再電該房李復後須通告　該業主便洽

徐州專處　查徐請字第2032及2212號代電暨附件均悉據報第廿次估價會會議紀錄內誤列應行更正各點茲核示如下（一）銑一街285號原估價會議紀錄內決議照原估價加一·三倍應為國幣伍佰陸百四十九萬六千元經核無誤惟照調整倍數應照原估價加一·八倍計

（覆文務請敘明相關來文之字號及日期）

本處地址　上海仁記路中國銀行大樓三樓

（甲）

則應為柒仟伍百四十五萬六千元(三)地藏里鐵路向吳世恩之一部份房屋原估價國幣叁億捌仟五百六十九萬一千元計算有誤應更正為叁億捌仟伍百柒拾叁萬四千貳百壹拾四元正特電復希依法處理具報為要件存兼處長吳[illegible]滄滬理地戊感

(24325)

滬4-36-9-5000

(甲)　電報掛號：九六九九　電話：一二四三○

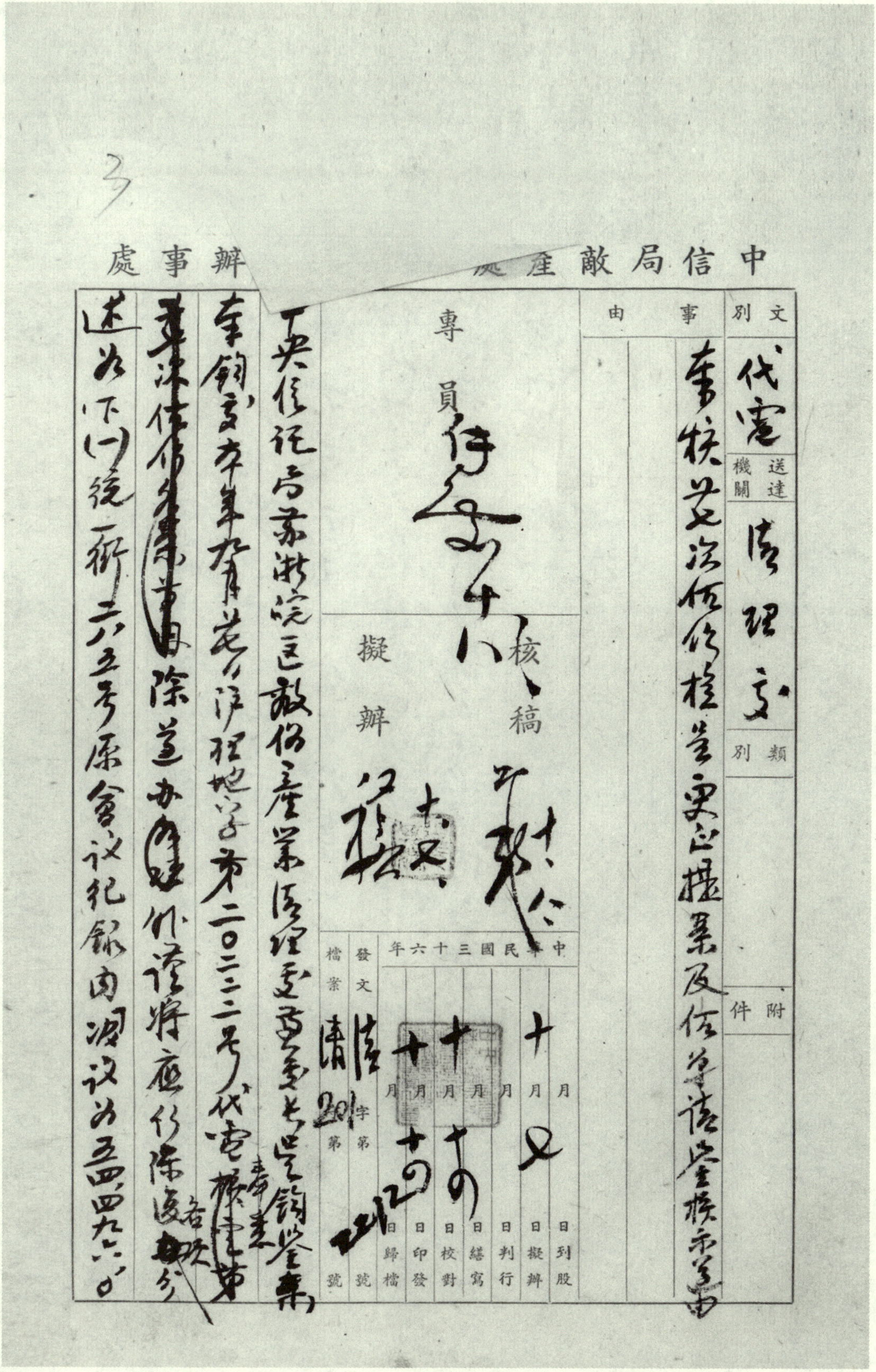

中信局敵產處……辦事處

文別	代電
送達機關	處理局
類別	
附件	

事由：奉飭查明何係棧房更正提案及價值詳[illegible]呈核示由

專員 何[illegible]

核稿 [illegible]

擬辦 [illegible]

中華民國三十六年

到股	擬辦	判行	繕寫	校對	印發	歸檔
月 日	十月 日	月 日	月 日	十月 日	十月 日	月 日

發文 [illegible]字第 號

檔案 [illegible]第 201 號

中央信託局蘇浙皖區敵偽產業處理局鈞鑒案

奉鈞局本年十月[illegible]日滬程地字第二〇二二二號代電[illegible]奉悉[illegible]

[illegible]除遵[illegible]外謹將應行修改各點分

述如下（一）統一街二六五號原會議紀錄內列為五四四九六〇

○○之同封營什誤條未更正數字之提案備入以致本校數字亦誤(二)地藏呈敬請今案內業經於僑信字二○五二號代電據請劉出吳世恩之一部並更正原提案數字在案茲本會因理合再檢呈更正數字之節並次伍份提案叁份及劉出吳世恩部份伍份伍份等一節電請鑒核示遵職楊傳○叩請惠允附提案一份伍份等一節

話
股長公鑒

第　號第　頁共　頁

鑒字卅六、十、二

案奉

清理處沪總字第二〇二二二號代電核定並飭依次分別擬辦具報

(一)大昌號一二一號及一三〇號據吳先帝函請產權確定似可

通知

(二)統一街二八五號據李鴻春函請重新勘估之公議紀錄本次議為

五四四九六〇〇〇元因打字時誤將未更正之數字附入擬請更

正似可予通知

(三)土城門十八號據方振華函請產權確定似可予通知

(四)省女師似可予通知

(五)佐泰廠店員所養安沪來函

(六)中正路國際公司據蔣謀仁七月函請借一小部份與天主堂在案

分別通知函請

趙培先生何務本股擬具

十六

中央信託局蘇浙皖區敵偽產業清理處派駐徐州專員辦事處

地址徐州大同街三十七號　電話一九六一 一六二號　電報掛號九六九九

清算股

中央信託局蘇浙皖區敵偽產業清理處代電

滬理地字第20222號

中華民國三十六年九月廿七日

事由：據報該處第二七次估價各案經分別核定核復遵辦由

擬辦

批辦

派駐徐州專員辦事處鑒：徐清字第一七〇九、一八〇五、一九二八等號代電暨附件均悉。查該處第二五、二六兩次估價各案經以滬理地字第一八九二六、一八七三七號代電核復辦理在案。至第二七次估價除物資部份尚屬相當准予備查外，所有房屋部份經依前案一律以一·八倍計算計徐市大馬路一二一號爲國

（復文務請敘明相關來文之字號及日期）

本處地址　上海仁記路中國銀行大樓三樓　（甲）

收文 5070 號 9/29

幣壹千捌百叁拾陸萬壹千捌百元同路一三〇號玖拾玖萬柒千貳百
元統一街二八五號壹億壹千玖百壹拾壹萬捌千陸百元土城門十八
號玖千捌百零貳萬陸千貳百元江蘇省立徐州女子師範學校伍億零
陸百壹拾肆萬貳千元伍毒廟敵建華北電信局宿舍叁億壹千肆百零
貳萬零捌百元中正路敵建國際公司伍千柒百玖拾貳萬玖千肆百元
三民街南首段家花園叁億壹千玖百貳拾肆萬玖千捌百元地藏里敵
徐州鐵路局玖億柒千肆百柒拾伍萬貳千貳百元大墳頭六號敵徐州
鐵路局添建職員宿舍貳億捌千柒百伍拾柒萬叁千肆百元特電復希
照辦件存案處長吳[illegible]理地申感

(20222)

渝4-36.6.7000

電話：一二四三〇　電報掛號：九六九九　（甲）

10

中信局敵產處駐徐專員辦事處

文別	代電 箋函
送達機關	總處 估價機關
類別	
附件	

事由
電呈第二十七次估價會議紀錄及提案請核示由
函送第二十七次估價會議紀錄希查照由

專員 [illegible]

核稿 [illegible]

擬稿 [illegible]

中華民國三十六年

到設	擬稿	判行	繕寫	校對	印發	歸檔
八月 七日	八月 [illegible]日	月 日	月 日	月 日	月 日	月 日

發文 [illegible]字第 1709 號

檔案 [illegible] 第 號

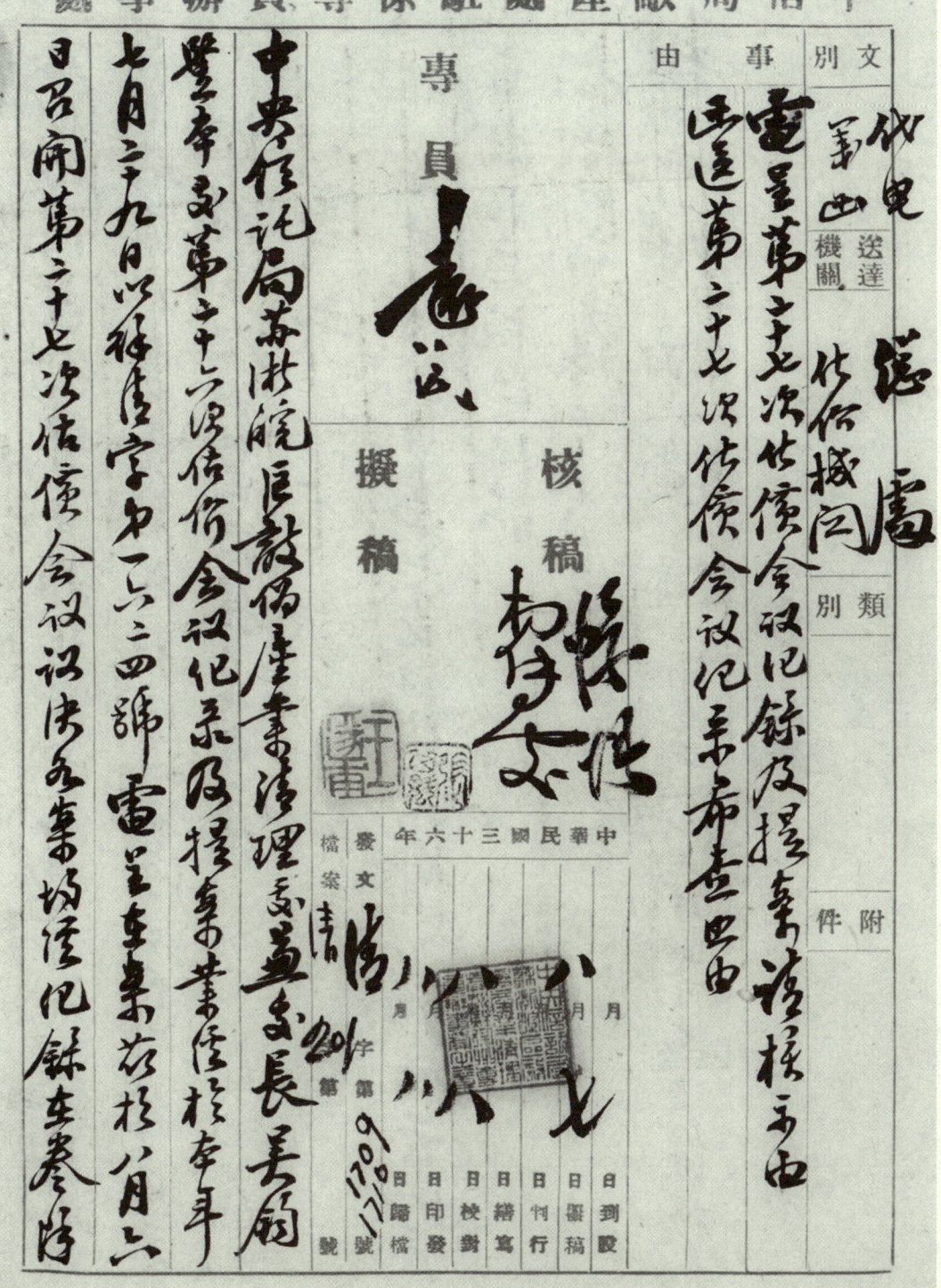

中央信託局蘇浙皖區敵偽產業清理處處長吳鈞
鑒本處第二十六次估價會議紀錄及提案業經核奉本年
七月二十九日以錄產字第一六二四號 電呈在案茲於八月六
日召開第二十七次估價會議議決各案均經紀錄在卷除

房屋估價遵令專案報請核定并物價外理合將會

議紀録及提案電請鑒核示遵職李○○叩筱清未

印附呈會議紀録及提案各一份

箋函

本年八月六日第二十七次估價會議紀録茲經

印就相應隨函送請

查照為荷此致

徐州市政府 黨部

參議會 商會

江蘇高二分院 徐州地方法院 華[illegible]

全銜

第二十七次估價委員會議紀錄

時間　三十六年八月六日下午四時

地點　本處會議室

出席　吳汝麒　水紱禎代　王誠勛　孟爾芳

楊文炳　楊振爵代　黃漢樑　黃仲宏代　邰　瘊

李志遠　王憬悟代　王憬悟　張其奎

畢熙民

缺席　李志遠　王憬悟代

紀錄　王遜甫

開會如儀

討論事項

(一) 大馬路一二八號一三〇號敵添建工程估價案（同一業主）

議決 大馬路一二一號照初步估價一七、三四一、000元通过
大馬路一三0號照初步估價七二0、000元通过

(二)統一街二八五號敵新改建工程估價案

議決 照初步估價五四四九六、000元通过

(三)大城門一八號敵添建改建工程估價案

議決 照初步估價七六、二四二、000元通过

(四)江蘇省立徐州女子師範學校為添建工程估價案

議決 照初步估價五0六、一四二、000元通过

(五)五毒廟敵建華北电信局宿舍工程估價案

議決 照初步估價三一四、0二0、000元通过

(六)中正路敵建國際公司垣壁工程估價案

議決 照初步估價五四、七一一、000元通过

(七)三民街南首陵家花園敵新建工程估價案

議決　照初步估價二三〇、五六九、〇〇〇元通過

(八)地藏里敵徐州鐵路局添建工程估價案

議決　照初步估價九七四、七五八、〇〇〇元通過

(九)大埧頭大號敵徐州鐵路局添建職員宿舍工程估價案

議決　照初步估價三八七、五七三、〇〇〇元通過

(十)造酒廠查出物資（兵米）估價案

議決　照原估價通過

下午六時五十分散會

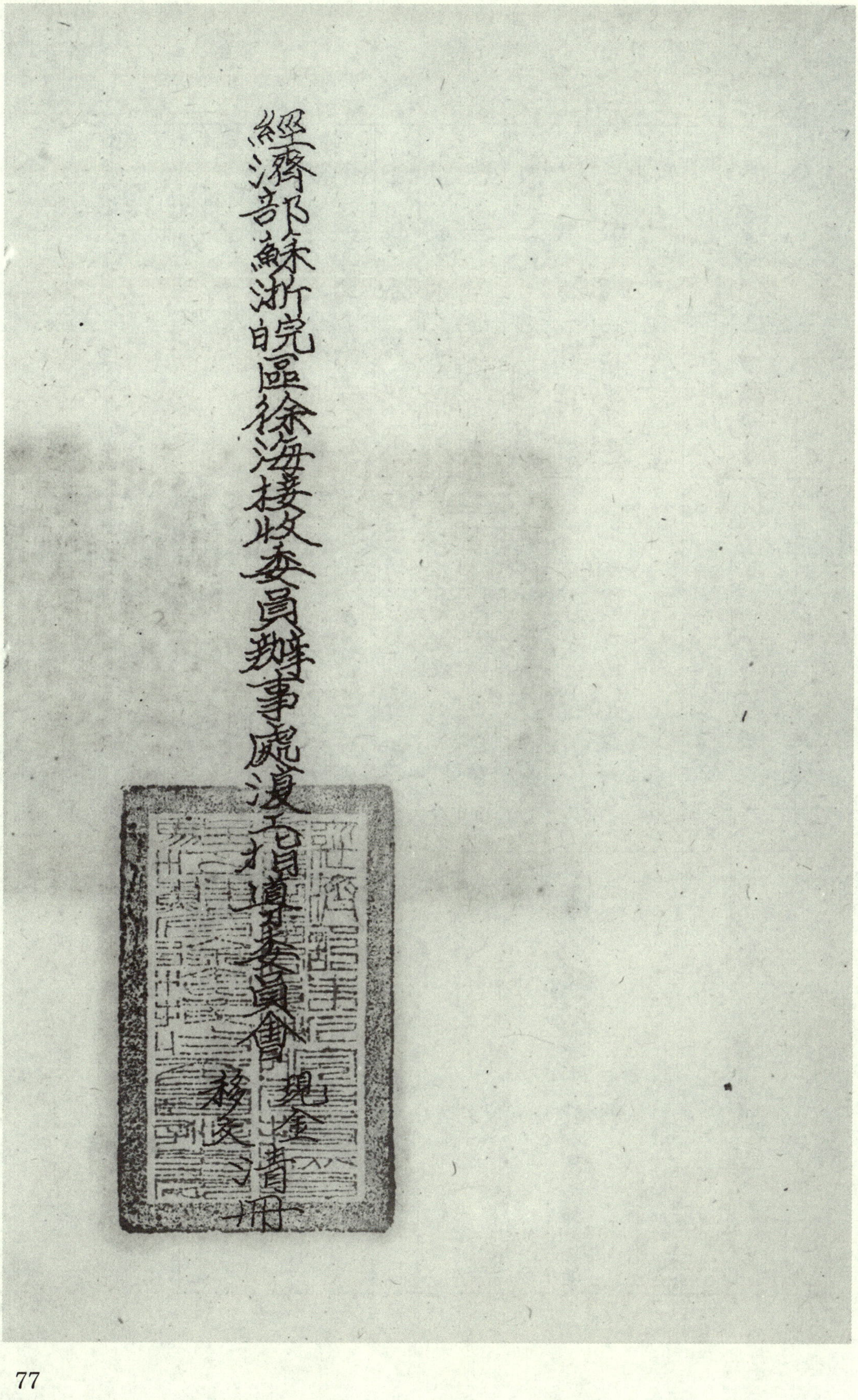
經濟部蘇浙皖區徐海接收委員辦事處復工指導委員會

現金清冊

移交

經濟部蘇浙皖區徐海接收委員辦事處復工指導委員會現金移交清冊

收入之部

摘要	金額	備考
由製烟廠借入	六三、三五〇、五五〇.〇〇	
由電燈廠借入	一五、〇〇〇、〇〇〇.〇〇	
由鋸木廠借入	二、二〇四、九二五.二五	
由製冰廠借入	一五、七七九、五一八.〇二	
收煉瓦廠土坯款	三四〇、〇〇〇.〇〇	
收存款利息	三八、七二〇.〇〇	
收保管机件費	二、八六七、九〇〇.〇〇	收慶丰紡織漂染有限公司保管机件費
收製烟廠接收現金	二九、七〇九、九五〇.三三	
收第一酒精廠接收現金	二八五、七三六.五〇	
收製冰廠接收現金	二九、三三四.八六	
收造酒廠接收現金	三五、四四〇.六八	
合計	一二九、六四二、〇七五.四七	

102-2

支出之部

摘要	金額	備考
電廠協理楊勃清經手借欵	一、四五一、七四五 〇〇	
電話保証金	六五、〇〇〇 〇〇	
墊付保管費	二〇、〇一三、一一三 六二	在財務清冊內另有明細表
補助各廠復工費	二四、六四五、三八五 〇〇	仝
本會雜費	四三、二八七、〇一八 七六	仝上
本會結束經費	一六、八七九、八二〇 〇〇	
現金	二三、二九九、九九三 〇九	
合計	一二九、六四二、〇七五 四七	

移交機關　經濟部蘇浙皖區徐海接收委員辦事處

委員　吳抱一

接收機關　蘇浙皖區敵偽產業處理局徐州分處

主任　林[illegible]志[illegible]

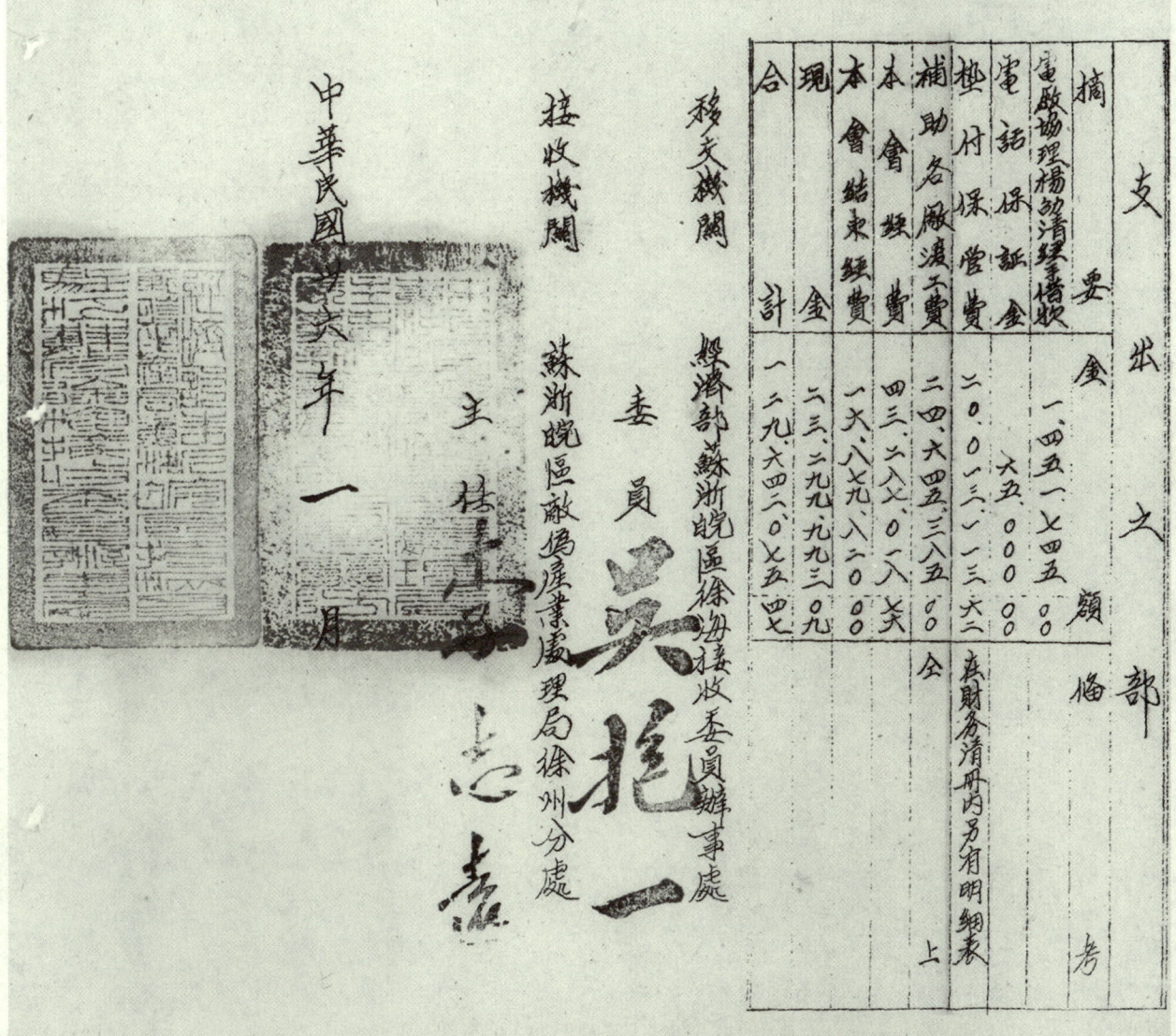

中華民國卅六年一月

3

經濟部蘇浙皖區徐海接收委員辦事處化學廠資具財產物資清冊

編號	品名	單位	數量	備註
	基地	坪	二〇〇	
	濕度比重表	个	一	
	烟筒	節	一	全整
	磁流水頭	付	一	
	水甕	个	二	
	大圓木桶	"	一	
	大桶	"	一〇〇	
	大管	"	四〇	
	木梯子	"	二	
	電話机	"	一	

物資搬動表

借出			借入			備註
品名	數量	厰所	品名	數量	厰所	
办公桌	4張 2	處理局 電灯厰				
椅子	2 3把	電灯厰 办事处1 汽水厰2				
櫈子	6把	汽水厰				
食桌	1張	〃				
黑板	1面	〃				
沙發	1套	本厰				
金庫	1座	電灯厰				
唧筒	1个	汽水厰				
空氣压缩器	2座	〃				
硫酸	4罐	〃				
洋灰	2袋	〃				
烟煤	10噸	造紙厰				
〃	5噸	汽水厰				
〃	6噸	造冰厰				

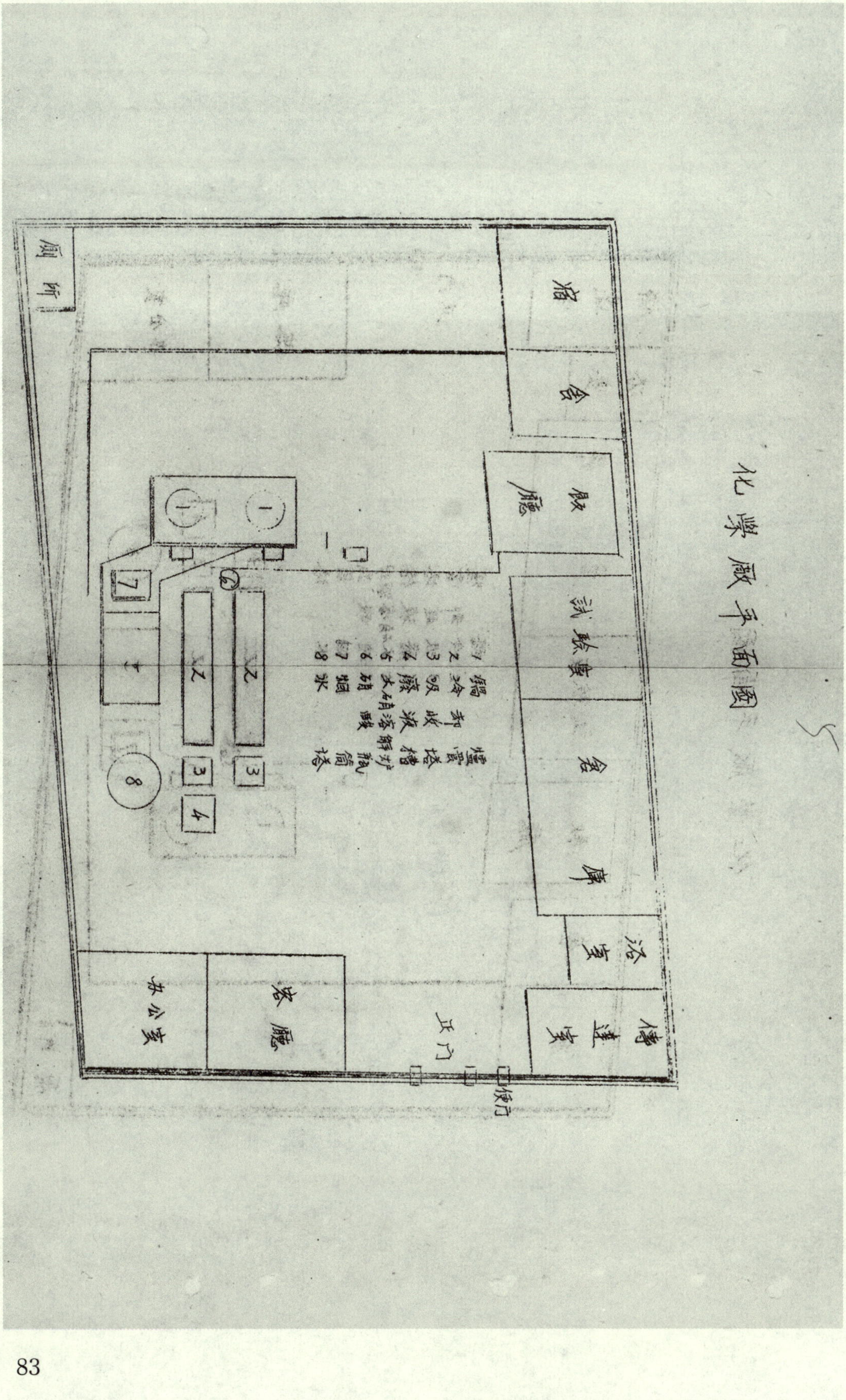
化學廠平面圖
宿舍
飯廳
試驗室
倉庫
浴室
傳達室
便门
正门
客廳
办公室
厕所
1 鍋爐
2 冷卻罨
3 吸收塔
5 大硝溶解炉
6 硝酸瓶
7 烟筒
8 冰塔

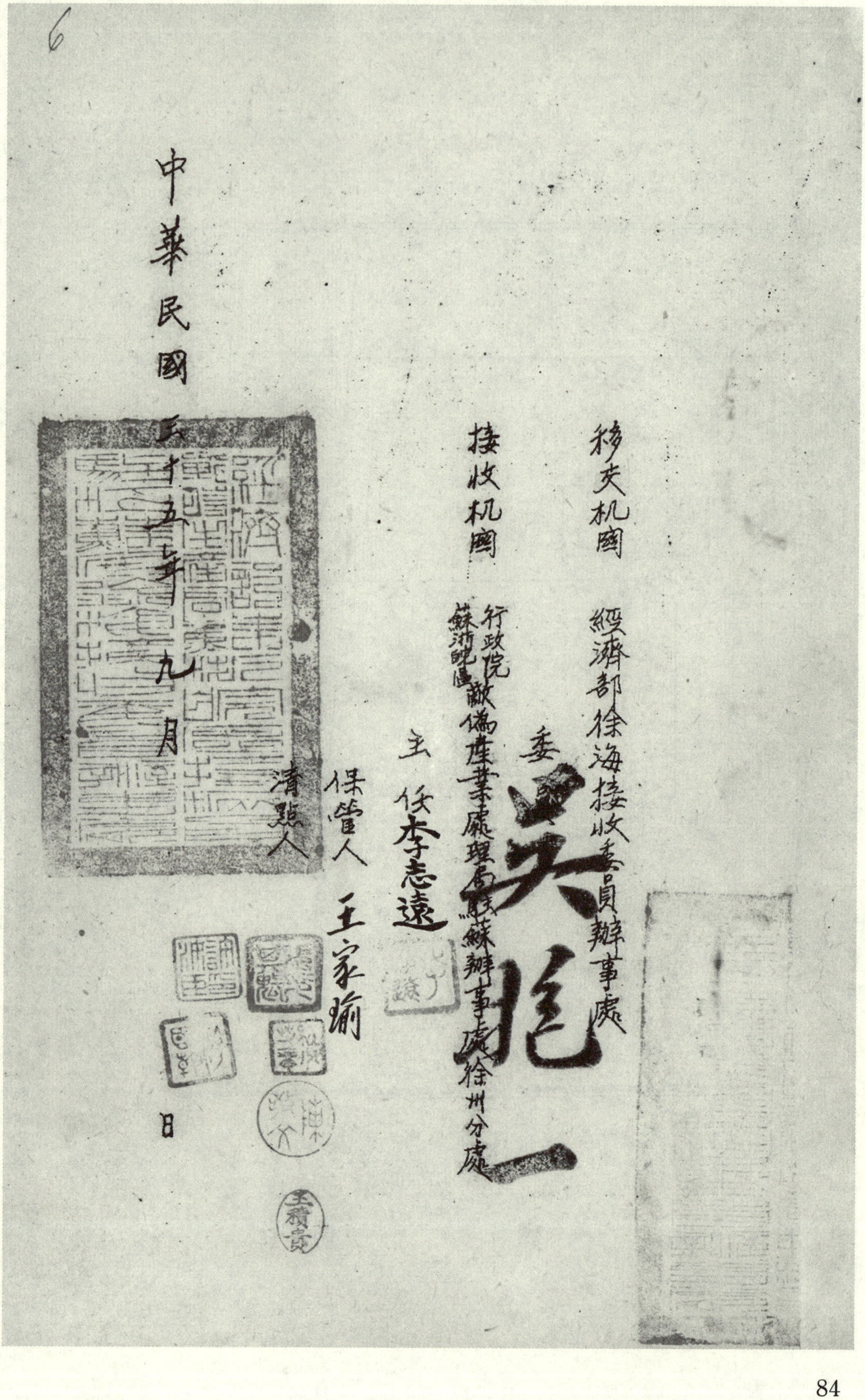
移交机關 經濟部徐海接收委員辦事處

接收机關 行政院蘇浙皖區敵偽產業處理局駐蘇辦事處徐州分處

委 吳[illegible]一

主任 李志遠

保管人 王家瑜

清點人

中華民國三十五年九月 日

7

蘇浙皖區敵偽產業處理局駐蘇辦事處徐州分處

類別	敵工廠	部份
編號	No.11	
共計	1	件

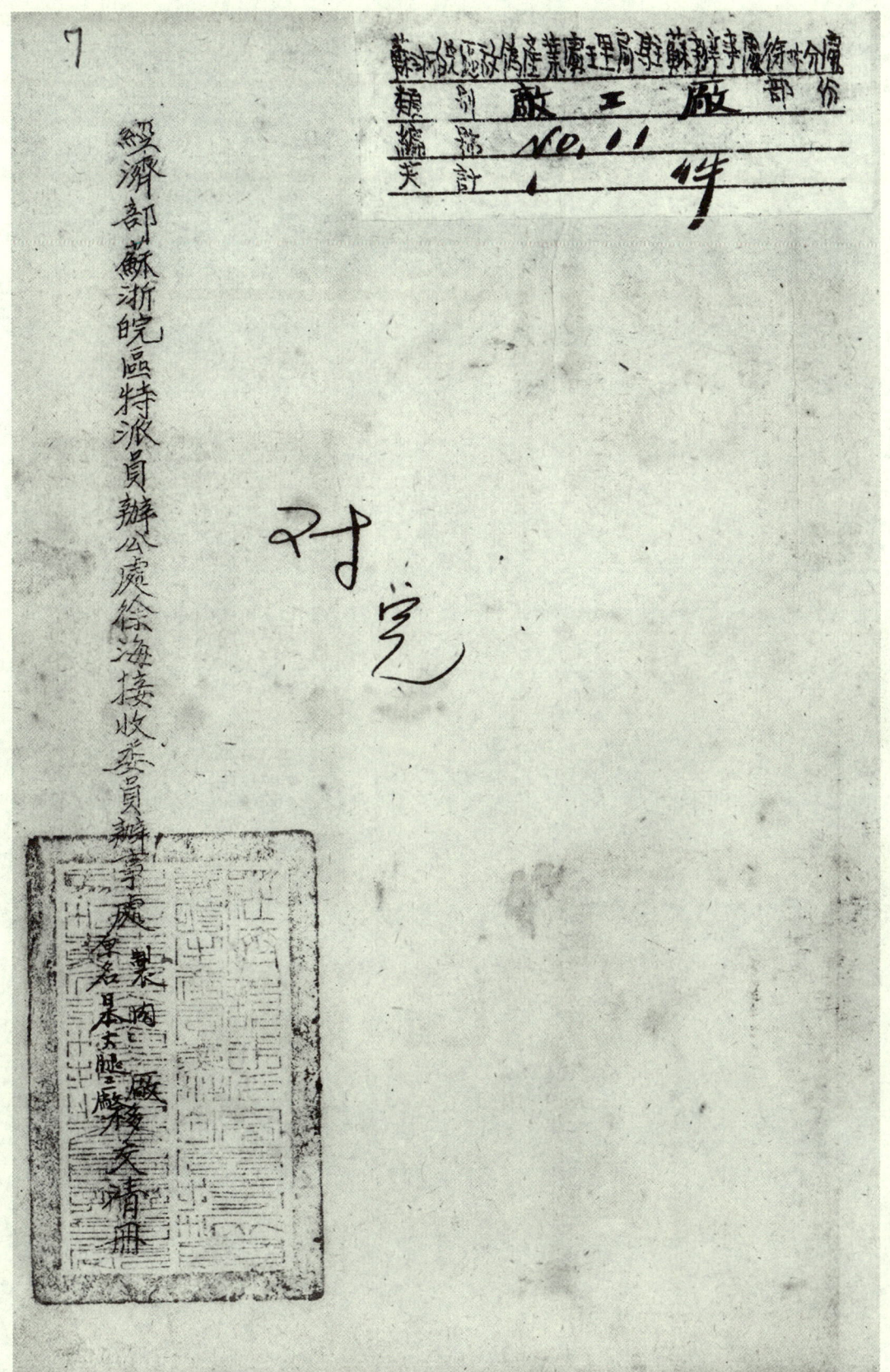

經濟部蘇浙皖區特派員辦公處徐海接收委員辦事處

製酒工廠（原名日本大隈工廠）移交清冊

对完

8

經濟部蘇浙皖區徐海接收委員辦事處製肉廠接收財產清冊

編號	品名	單位	原接收數量	現有數量	備考
1、	肉挽機	部	六	六	
2、	肉切機	〃	一	一	
3、	肉詰器	〃	一	一	
4、	攪拌機	〃	一	一	
5	作業台	台	五	五	
6、	乾燥机	部	一	一	
7、	吸氣机	〃	一	一	
8、	發動机	〃	一	一	
9、	蒸氣原動机	〃	一	一	
10、	肉詰型	份	全份	全份	計三百個
11、	仕込桶	個	五〇	五〇	大桶一〇個小桶四〇個

房地產

處 處

12、	事務檯	個	一	一	
13.	沙發	份	全份	全份	計四件
14、	書棚	個	四	四	
15、	房屋	間	一三	一三	
16、	樓房	所	一	一	計樓上四間樓下三間
17、	机械工具	份	一	一	修理品及備份品

經濟部蘇浙皖區徐海接收委員辦事處製肉廠接收財產以外物資清册

編號	品名	單位	原接收數量	現有數量	備考
1、	大鍋	口	三	三	
2、	掛架	個	二	二	
3、	磅秤	〃	二	二	大一小一
4、	電話坐机	部	一	一	
5、	掛鉤	個	一	一	
6、	鉄軸輪	〃	一四	一四	大小在內
7、	鉄軸	條	五	五	長短在內
8、	報紙架	個	一	一	

經濟部蘇浙皖區徐海接收委員辦事處製冋敵查出財產清冊

編號	品名	單位	數量	備試
	基地	坪	三三九	

某肉廠平面圖

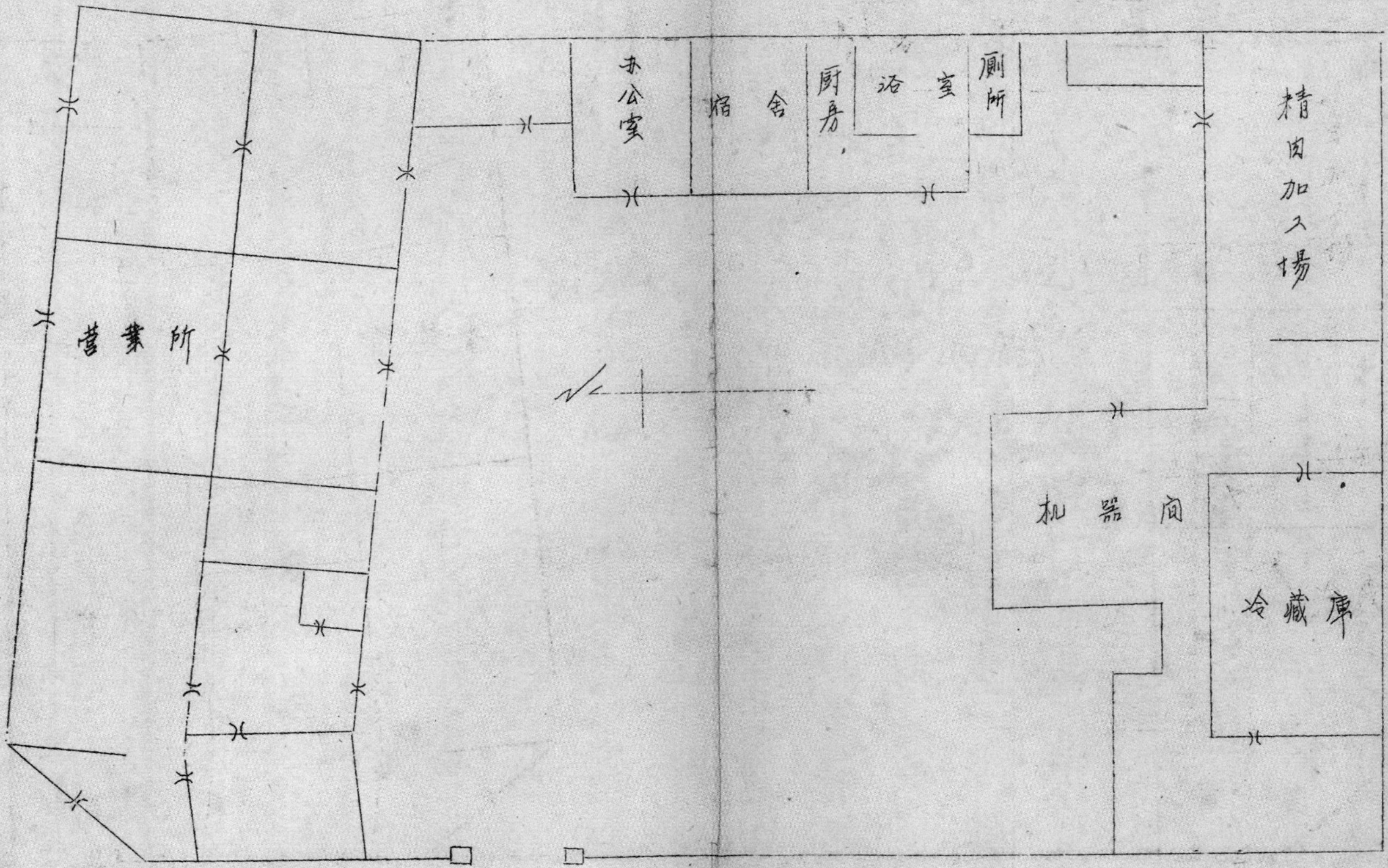

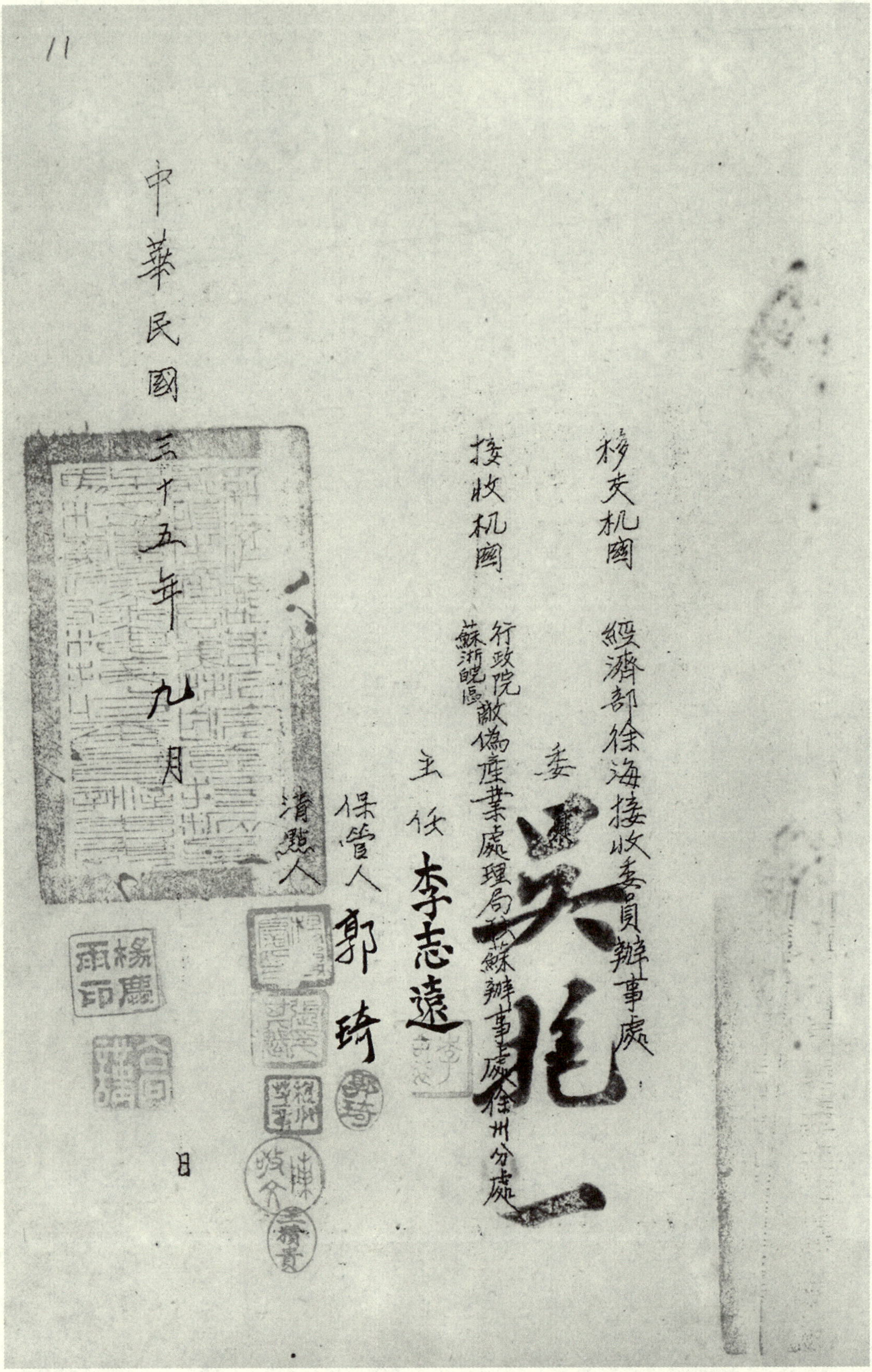
11

移交機關 經濟部徐海接收委員辦事處

接收機關 行政院蘇浙皖區敵偽產業處理局駐蘇辦事處徐州分處

委 吳[illegible]一

主任 李志遠

保管人 郭琦

清點人 楊慶雨印

中華民國三十五年九月 日

12

蘇浙皖區敵偽產業處理局駐蘇辦事處徐州分處

類別 敵工廠 部份

號 NO. 1

1 件

經濟部蘇浙皖區特派員辦公處徐海接收委員辦事處第二酒精廠移交清冊

原名日本華陽酒精廠

NO. 1

1

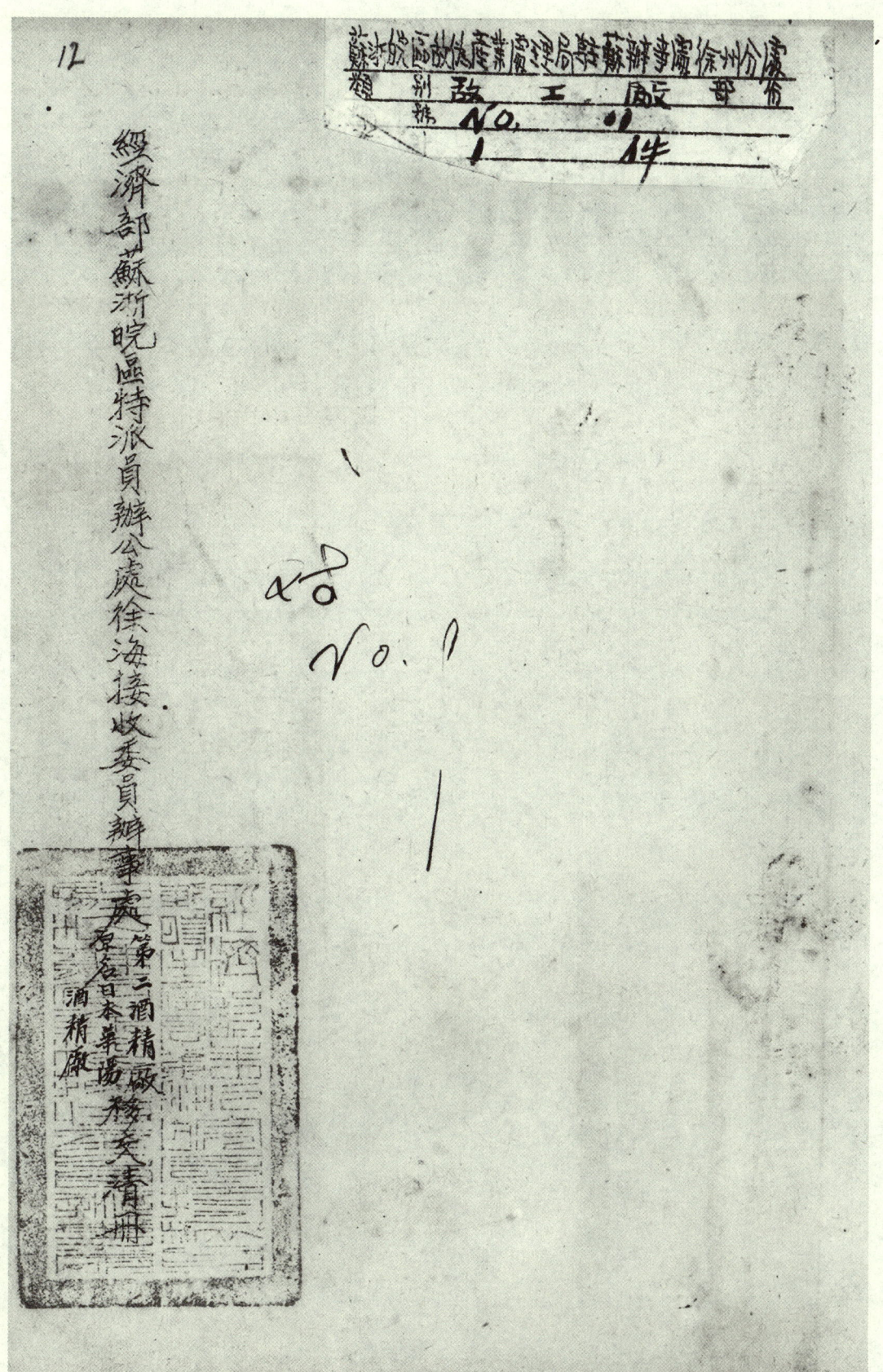

13

經濟部蘇浙皖區徐海接收委員辦事處第二酒精廠原接收財產清冊

編號	品名	單位	原接收數量	現有數量	備註
1	酒精製造机	架	二	二	
2	抽水机	〃	二	二	
3	原料装入机	〃	一	一	
4	井頭	個	一	一	
5	磅秤	〃	一	一	
6	湿度表	〃	八	六	原接收為八個清点後少二個
7	比重器	〃	七	八	原接收為七個清点後多一個
8	修理器	〃	二〇	二〇	老虎鉗在内
9	雜器具	〃	五	五	
10	桌子	張	一	一	
11	椅子	把	二	二	

12	書[illegible][illegible]	[illegible]	一	一	
13	書類櫥	〃	一	一	
14	空桶	〃	四八	四八	處理347

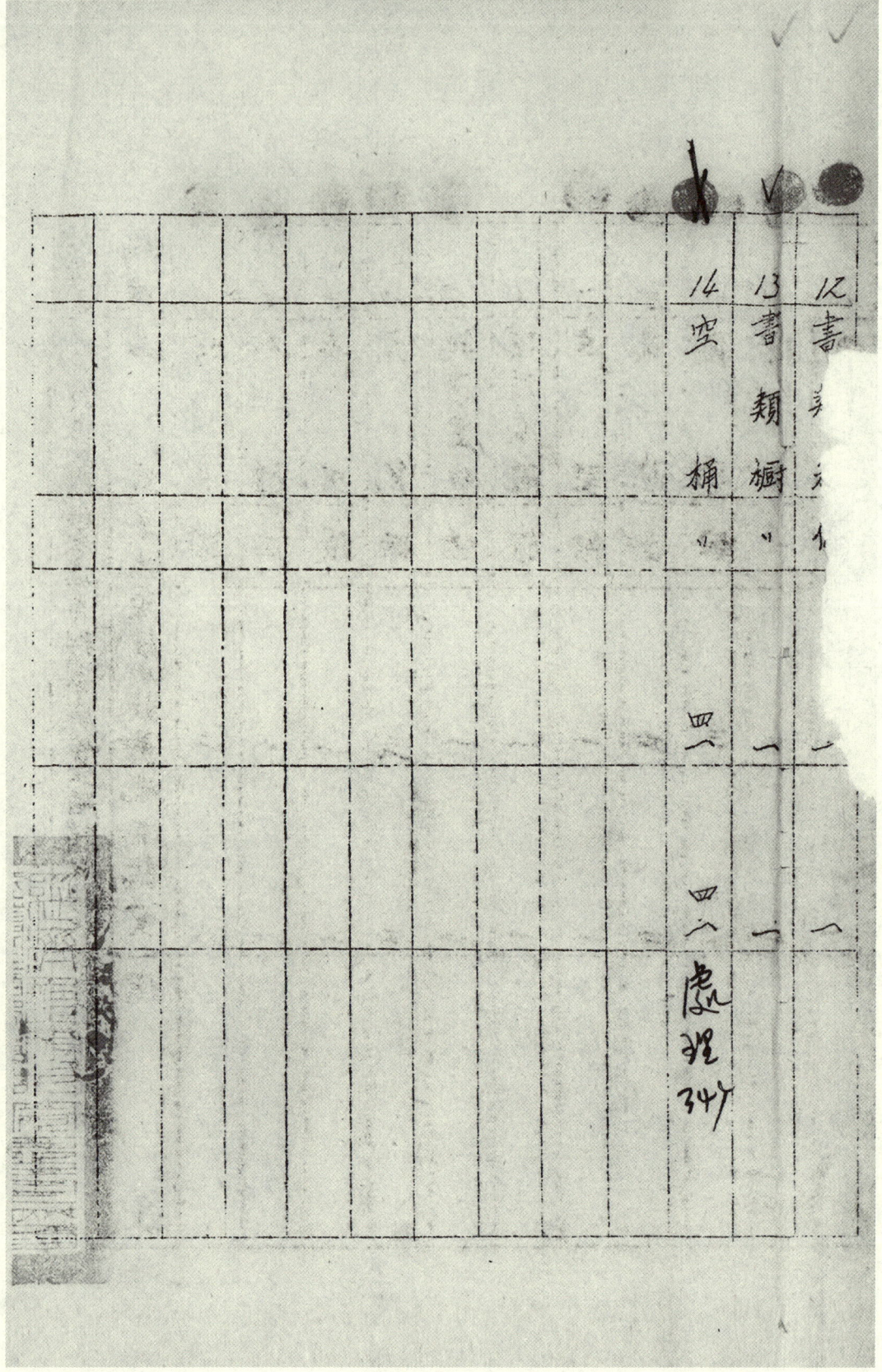

14

經濟部蘇浙皖區徐海接收委員辦事處第二酒精廠接收財産以外清册

編號	品名	單位	原接收數量	現有數量	備註
1	椅子	把	二	二	
2	木櫃	個	一	一	
3	木床	張	一	一	
4	方凳	個	三	三	
5	記事黑板	塊	一	一	
6	頂門木椿	根	一	一	
7	木架	個	一	一	
8	皮帶	条	四	四	
9	抬筐	個	三	三	
10	梯子	〃	二	二	
11	電話	座	一	一	

编号	品名	单位			备注
12	電燈電线	份	全	全	
13	大鍋	口	一	一	
14	瓦缽	個	一	一	殘
15	菜刀	把	一	一	
16	菜橱	個	一	一	
17	菜桌	個	一	一	即薄木板二十块
18	木箱	個	一	一	即裝紙烟之木箱缺蓋
19	空桶	〃	三四	三四	

/15

經濟部蘇浙皖區徐海接收委員辦事處第二酒精廠查出物資清冊

編號	品名	單位	數量	備註
1	基地	畝	約八	
2	房屋	間	二大	
3	殘油甕	個	九二	
4	鐵管子	根	一	
5	鐵鍋	口	一	
6	沐浴桶	個	一	
7	方木櫈	〃	一	
8	鐵三角架	〃	一	
9	小書架	〃	一	
10	惜字紙簍	〃	一	
11	竹杆	根	大二 小八	

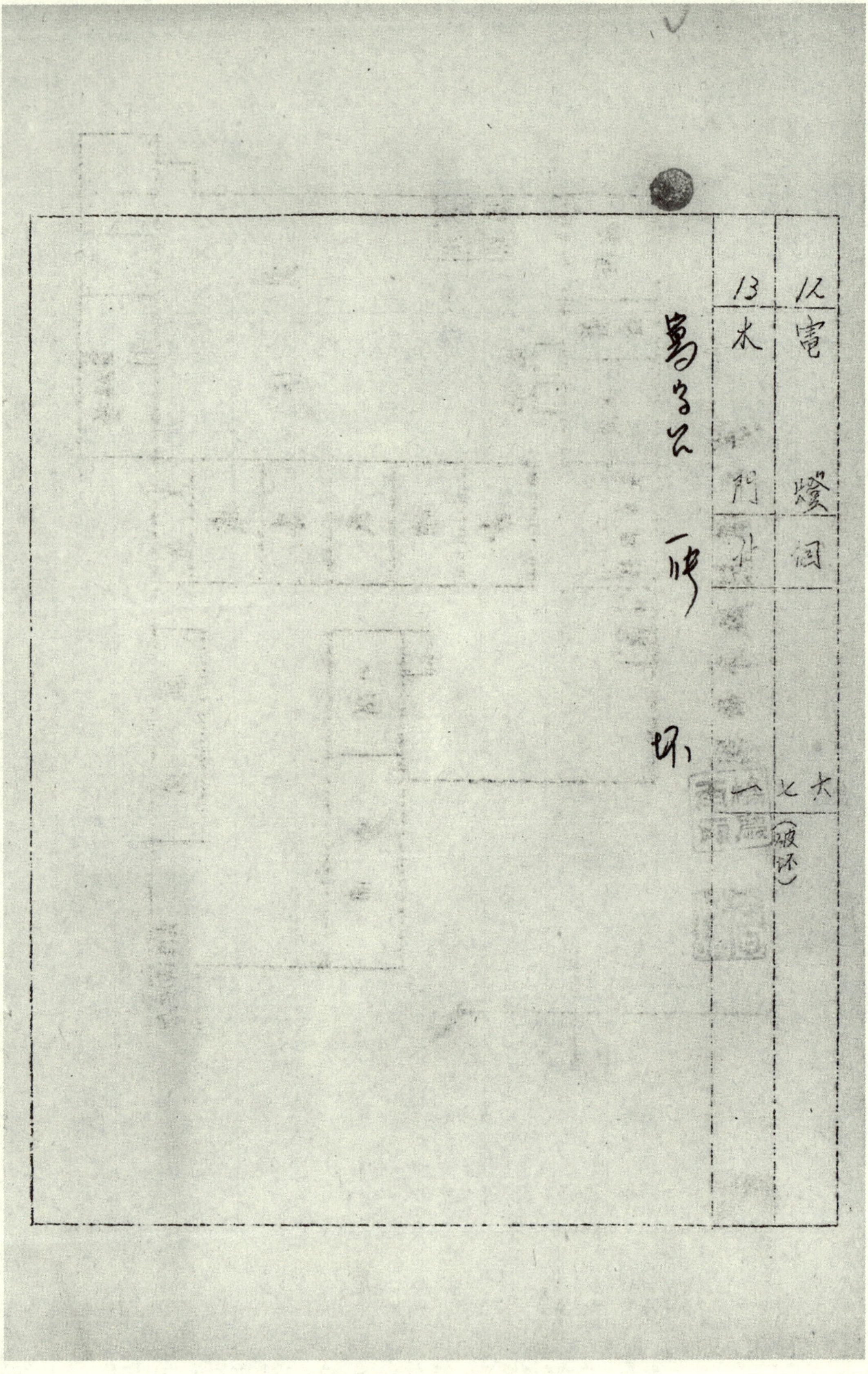

12 電燈
13 水門
禹王台 一所 坏
(破坏)

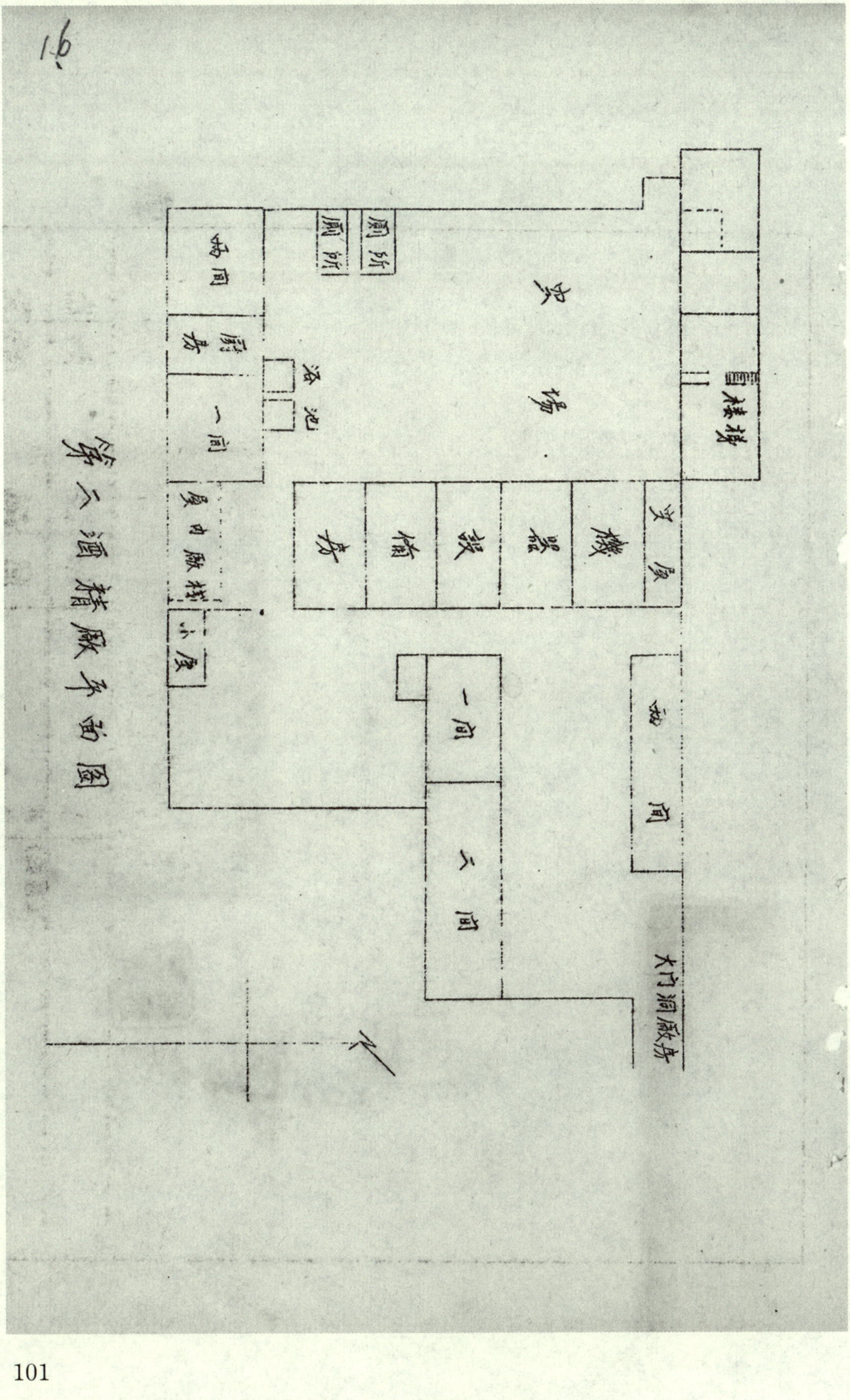

第六酒精廠平面圖
廁所
廁所
兩間
空場
廚房
浴池
一間
樓梯
文房
機器
設備
房
屋內廠樓
小屋
一間
六間
兩間
大門洞廠房

17

移交机関　經濟部徐海接收委員辦事處

委員　吳挹一

接收机関　行政院蘇浙皖區敵偽產業處理局駐蘇辦事處徐州分處

主任　李志遠

保管人　朱品三

清點人

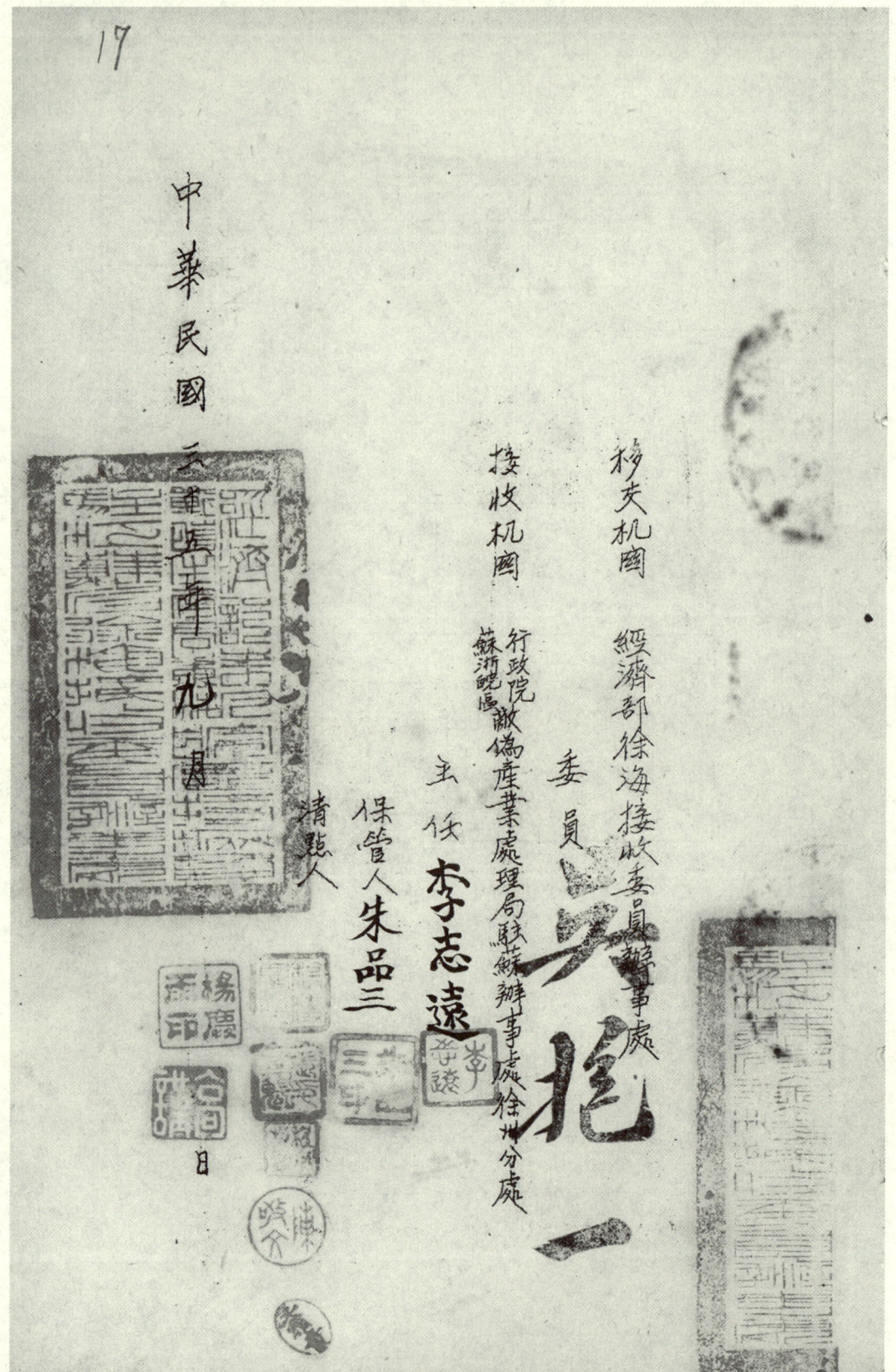

中華民國三十五年九月　日

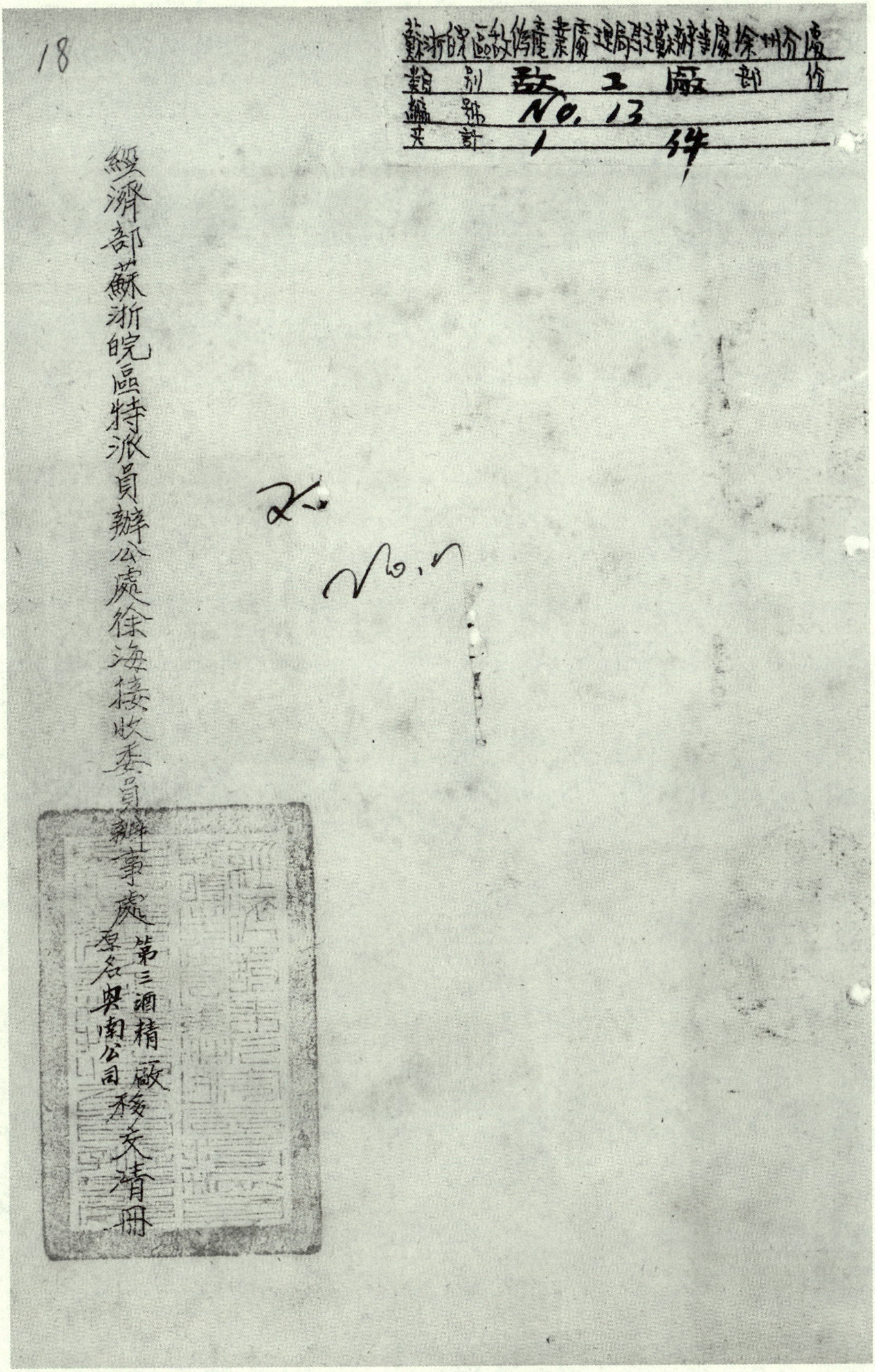
18

蘇浙皖區敵偽產業處理局駐蘇辦事處徐州分處

類別 敵工廠部份

編號 No. 13

共計 1 件

經濟部蘇浙皖區特派員辦公處徐海接收委員辦事處

第三酒精廠 原名與南公司 移交清冊

19

經濟部蘇浙皖區徐海接收委員辦事處第三酒精廠原接收財產清册

編號	品名	單位	原接收數量	現有數量	備註
1	房屋	棟	一二	一二	
2	酒精蒸溜器	部	二	二	
3	七尾式改造酒精蒸溜器	〃	五	五	未裝
4	台秤	個	一	一	
5	大油桶	〃	一六	一九	原接收十六個清点後多三個
6	小油桶	〃	一五〇	一四五	原接收150個清点後少五個
7	事務用几	〃	一	一	
8	油簍	〃	二〇	二〇	
9	衣櫃	〃	一	一	
10	小桌	〃	一	一	
11	茶几	〃	一	一	

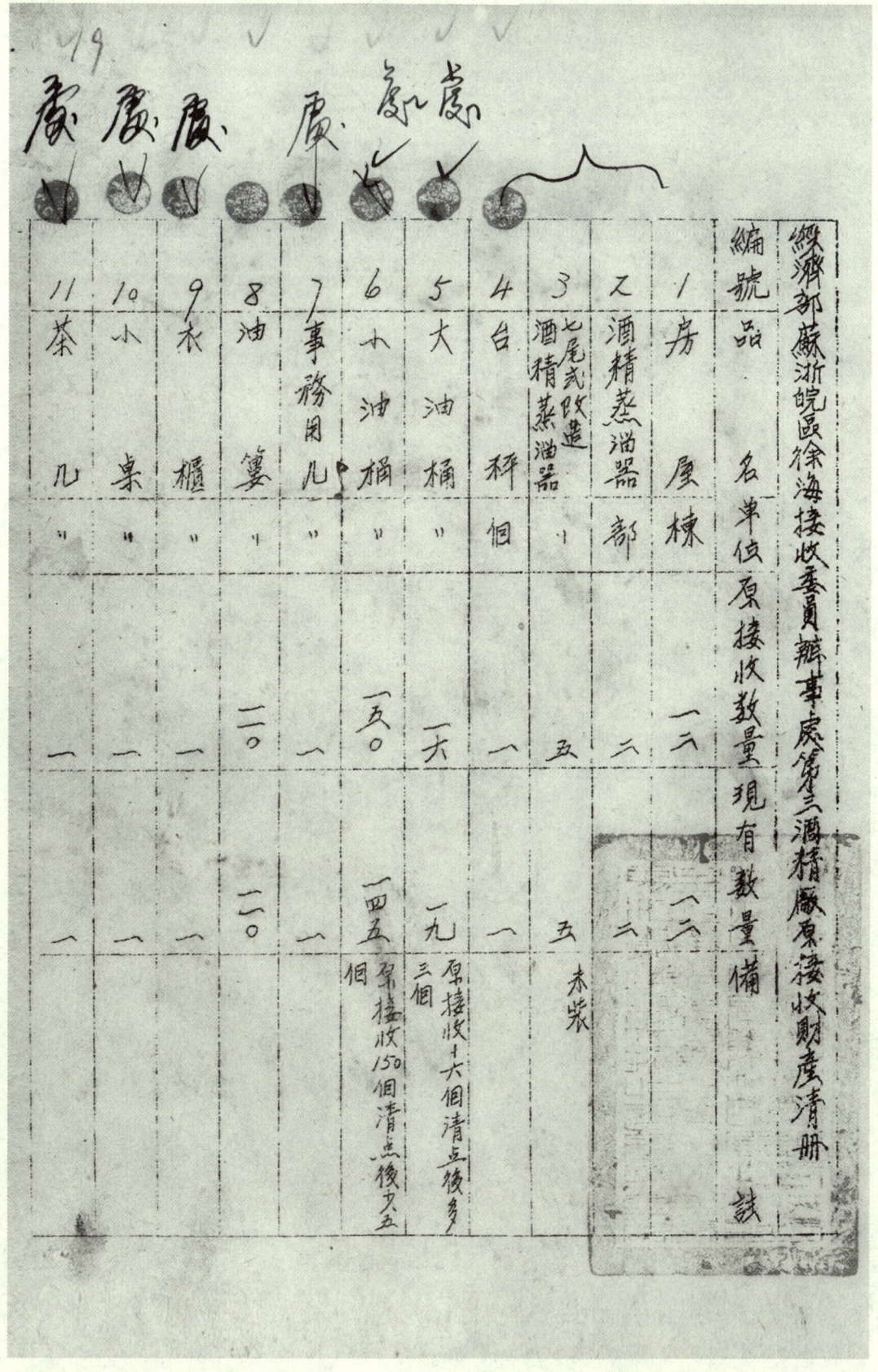

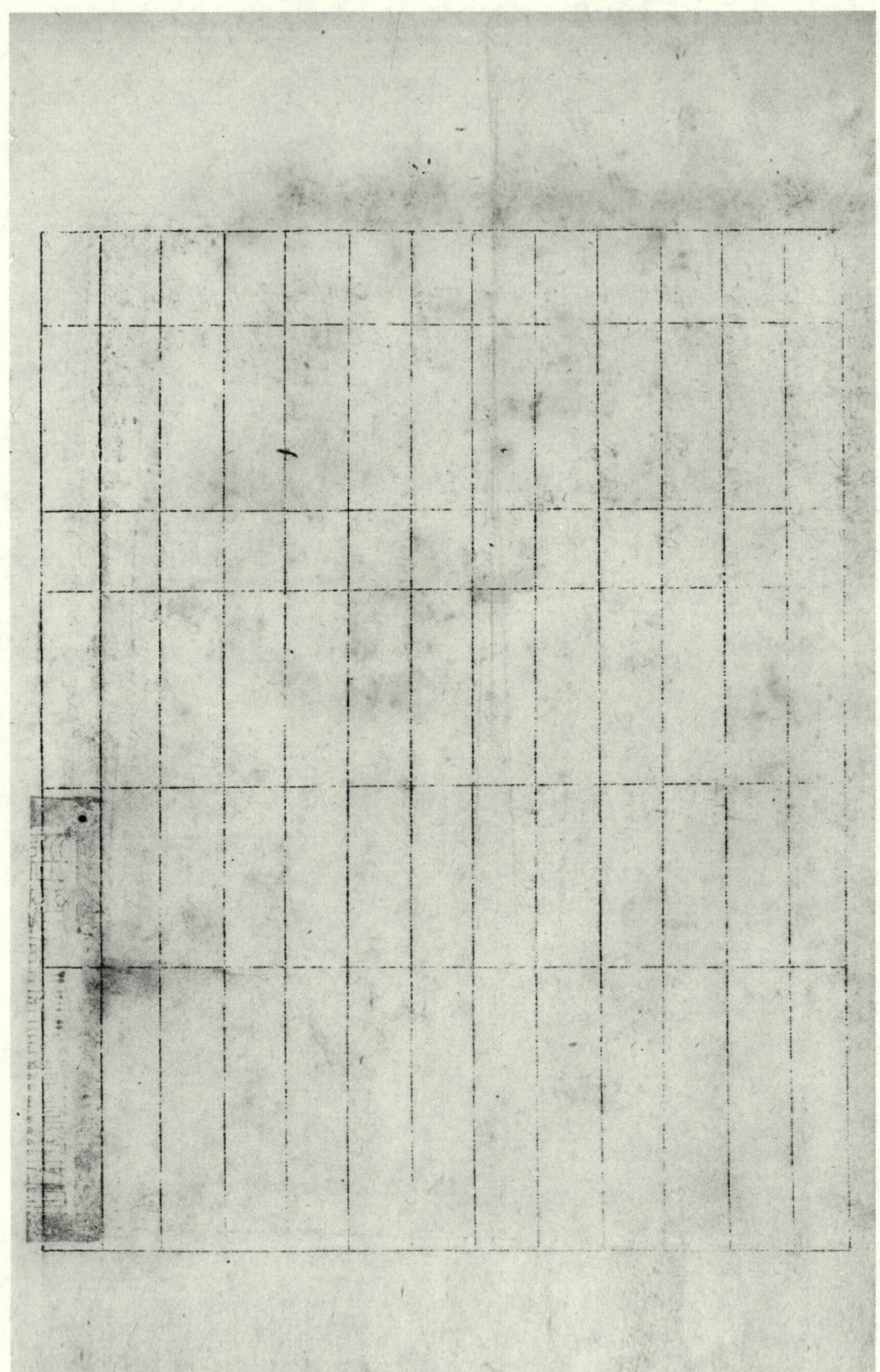

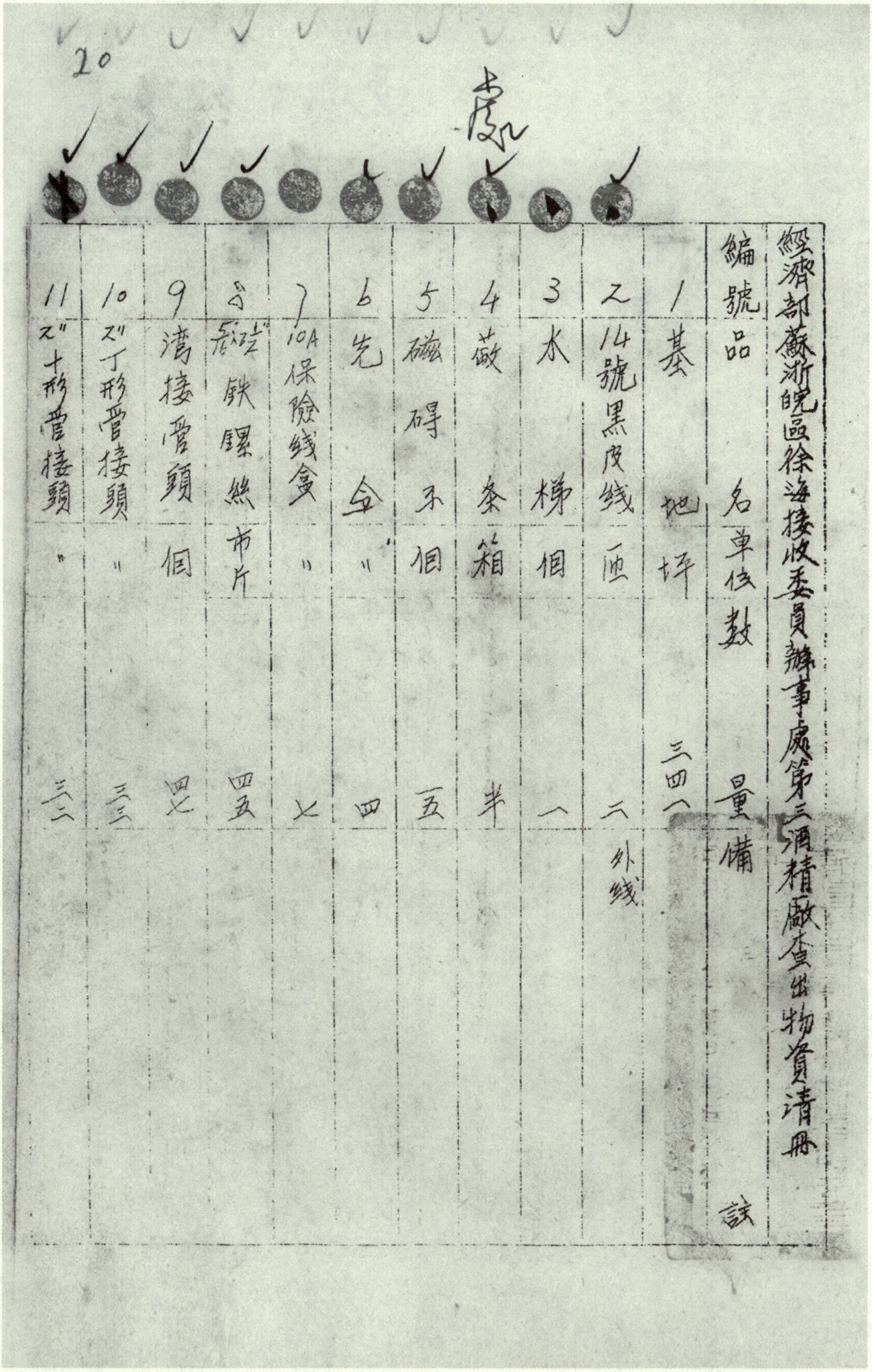

20

處

經濟部蘇浙皖區徐海接收委員辦事處第三酒精廠查出物資清冊

編號	品名	單位	數量	備註
1	基地	坪	三四八	
2	14號黑皮线	匝	二	外线
3	木梯	個	一	
4	蔽条	箱	半	
5	磁碍不	個	五	
6	先盒	〃	四	
7	10A保險线盒	〃	七	
8	5/8″鉄鏍絲	市斤	四五	
9	湾接管頭	個	四七	
10	3/4″丁形管接頭	〃	三三	
11	3/4″十形管接頭	〃	三一	

12	5" 管接圆铁夹板	〃	五八	
13	抽水泵	〃	一	
14	2½" 铁管	根	三〇	長 7.5'
15	双龙头开关	個	七	
16	铁管（带开关）	根	二五	
17	五加仑油桶封盖	桶	一	（五加仑油桶一桶）
18	管子接头	個	六六	
19	薄木板	块	五〇	

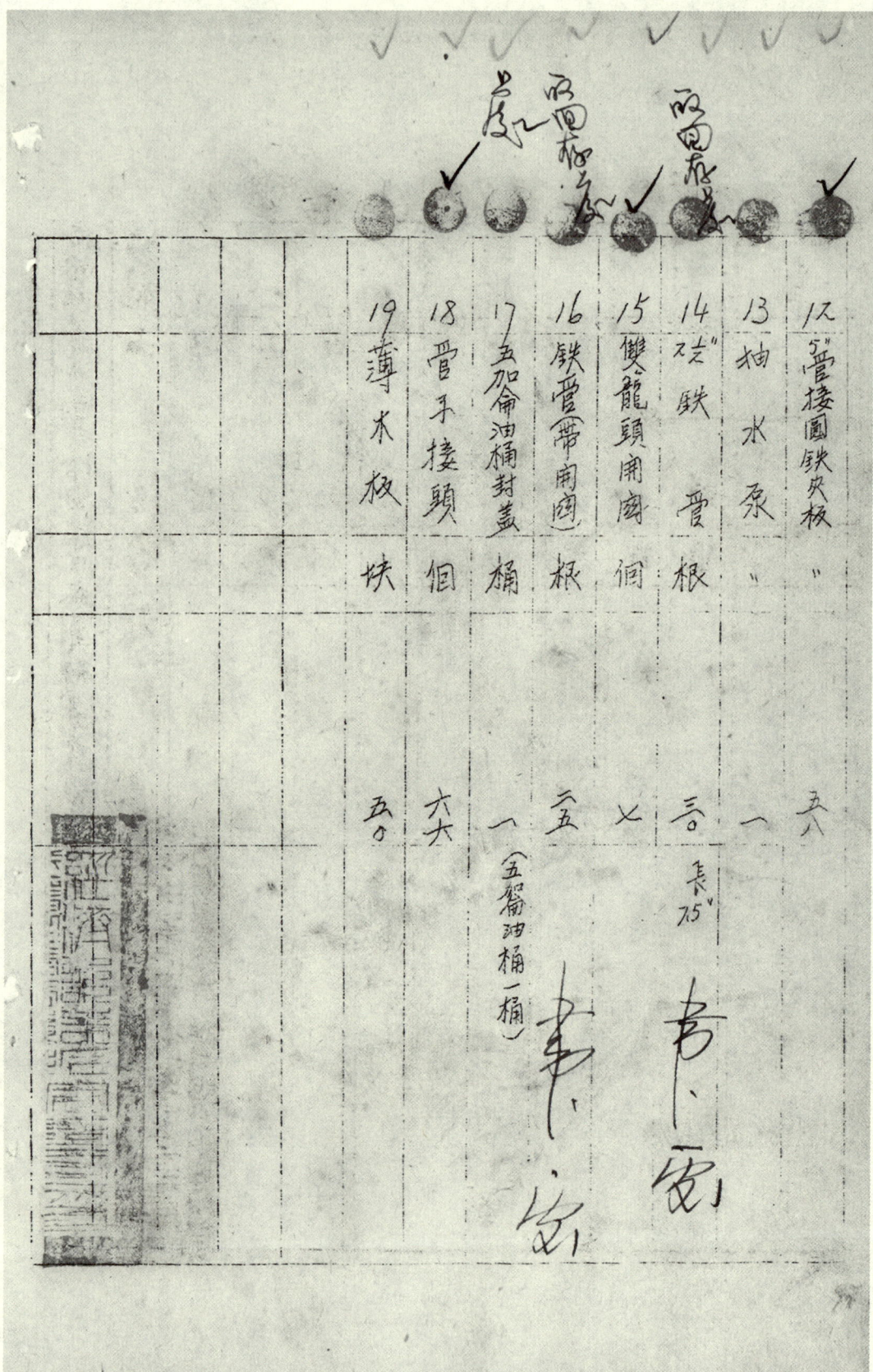

21

經濟部蘇浙皖區徐海接收委員辦事處第三酒精廠購置物資清冊

編號	品名	單位	數量	備註
	鉄鍋	口	一	
	筷子	双	三	
	水缸	個	一	
	小盆	〃	二	
	飯碗	〃	四	
	鉄鏟	〃	一	
	水壺	把	一	
	電燈口	個	一	
	電线	碼	一	

第三酒精廠平面圖

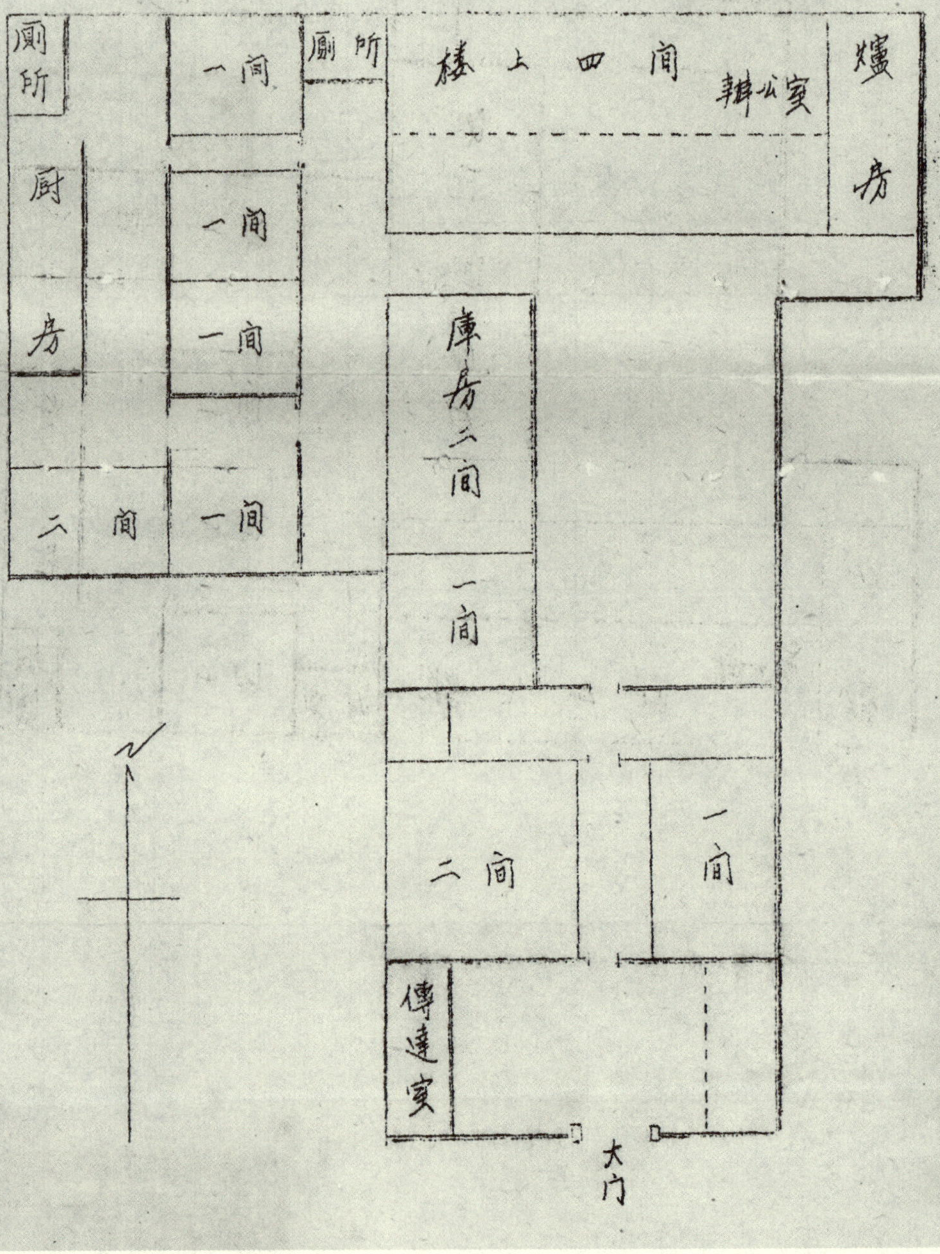

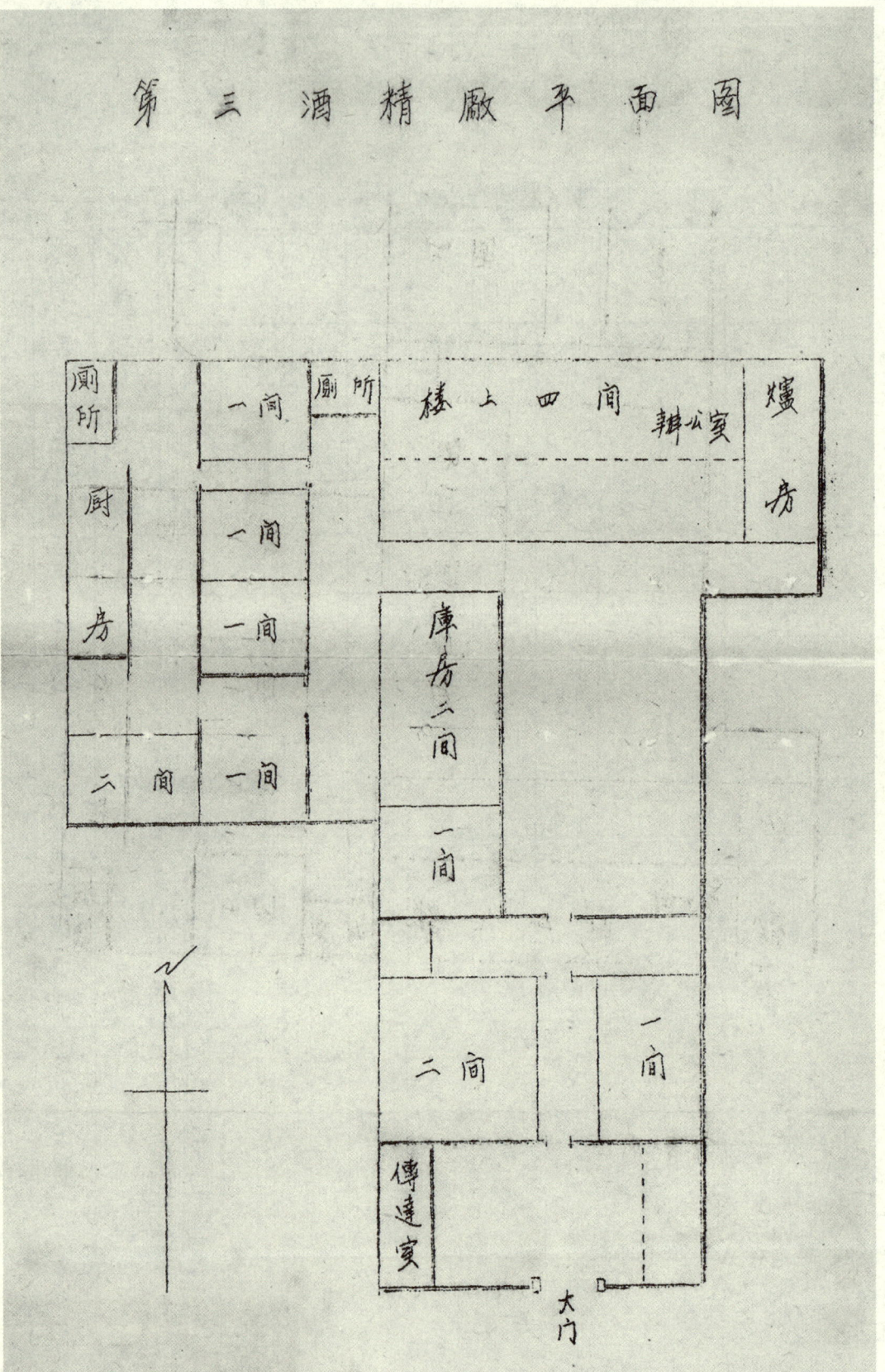

23

移交机關 經濟部徐海接收委員辦事處

接收机關 行政院蘇浙皖區敵偽產業處理局駐蘇辦事處徐州分處

委員 吳挹一

主任 李志遠

保管人 胡成烈

清點人

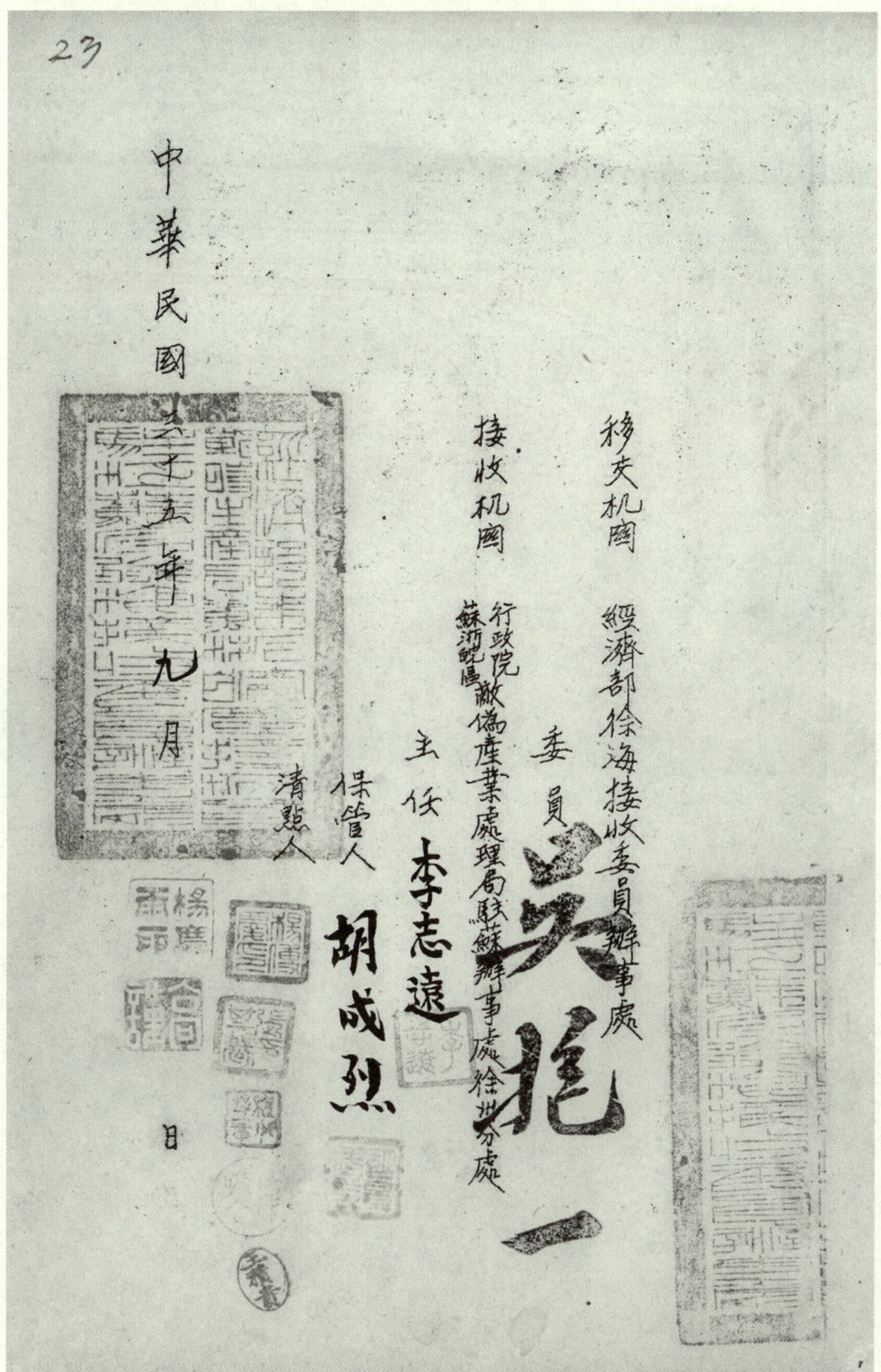

中華民國三十五年九月 日

蘇浙皖區敵偽產業處理局駐蘇辦事處徐州分處

類別	敵工場	部份
編號	No. 14	
共計	1	件

24

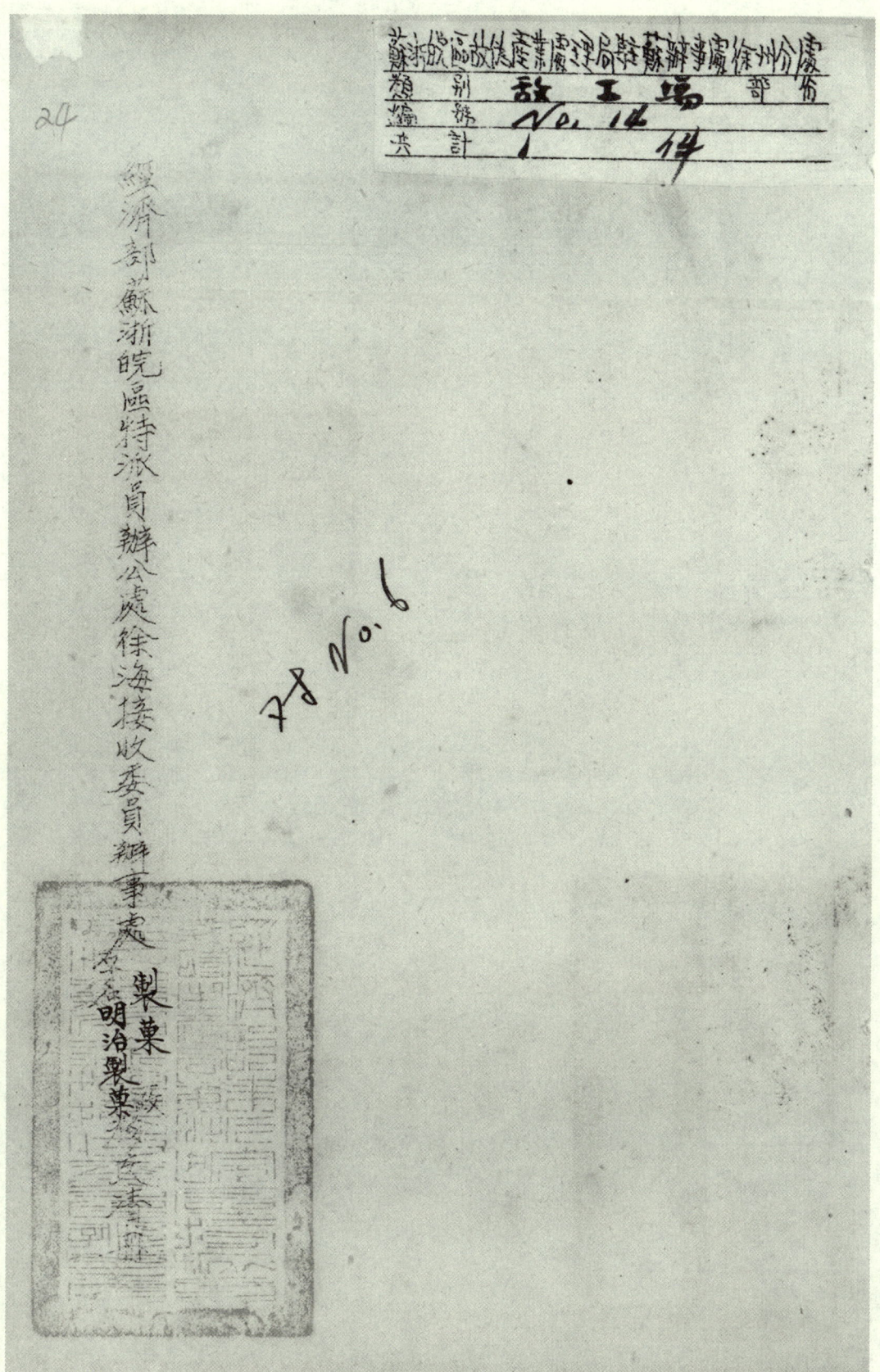

經濟部蘇浙皖區特派員辦公處徐海接收委員辦事處

製菓

明治製菓

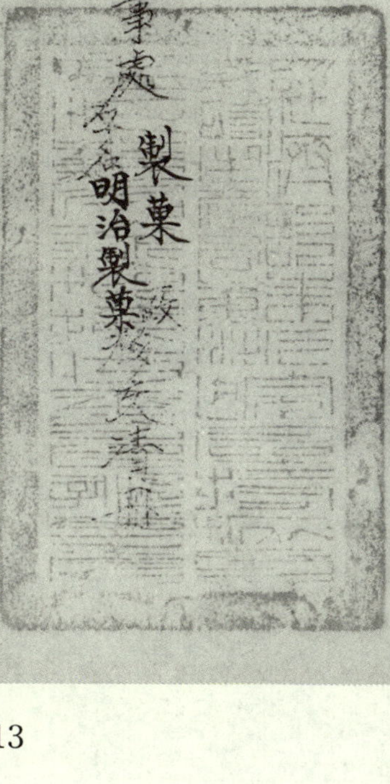

78 No. 6

經濟部蘇浙皖區徐海接收委員辦事處製菓廠原接收財產清冊

編號	品名	單位	原接收數量	現有數量	備註
1	房屋	間	九	九	
2	倉庫	〃	四	四	
3	廚房	〃	一	一	
4	住室	〃	三	三	
5	辦公室	〃	二	二	
6	燒灶	個	二	二	
7	石台	〃	二	二	即石頭二塊
8	大木盆	件	一	一	
9	金鋼盆	〃	八六	八六	
10	展盤	〃	三九	三九	
11	木盆	〃	三〇	三〇	

12	切断器	〃	一	一
13	大鉄鍋	〃	一	一
14	中鉄鍋	〃	三	三
15	大鉄釜	〃	二	二
16	辦公桌	個	三	三
17	沙發	套	一	一
18	金庫	個	一	一
19	洋服廚	〃	一	一
20	糖餡	市斤	八〇	八〇
21	小豆	袋	六	六
22				
23				

26

經濟部蘇浙皖區徐海接收委員辦事處製菓廠原接收財產以外清冊

編號	品名	單位	原接收數量	現有數量	備註
1	砂缸	個	六	六	
2	洋鉄筒	〃	四	四	
3	條筐	〃	三八	三八	
4	鉄夾		二〇	二〇	
5	木桊	〃	二	二	

27

經濟部蘇浙皖區徐海接收委員辦事處製菓廠查出物資清冊

編號	品名	單位	數量	備註
1	小鉄鍋	口	一	破
2	長形小洋鉄筒	個	九八	
3	洋灰	袋	一	硬化
4	裝糖小纸盒	箱	三	
5	葯品	盒	一	已坏
6	鉄管子	條	二	
7	貼糖菓用小方塊纸	箱	一	
8	炒米	簍	五	係半成品已坏
9	電灯	個	二	內一個無泡
10	枕木	根	三	
11	大砂缸	個	一	內有糖餡
12	小砂缸	〃	一	

28

物資搬動表

借出			借入			備註
品名	數量	處所	品名	數量	處所	
辦公棹	六張	處理局				有據
沙發	一套	〃 〃				〃 〃
洋服櫥	一只	〃 〃				〃 〃
木桌	八張	〃 〃				

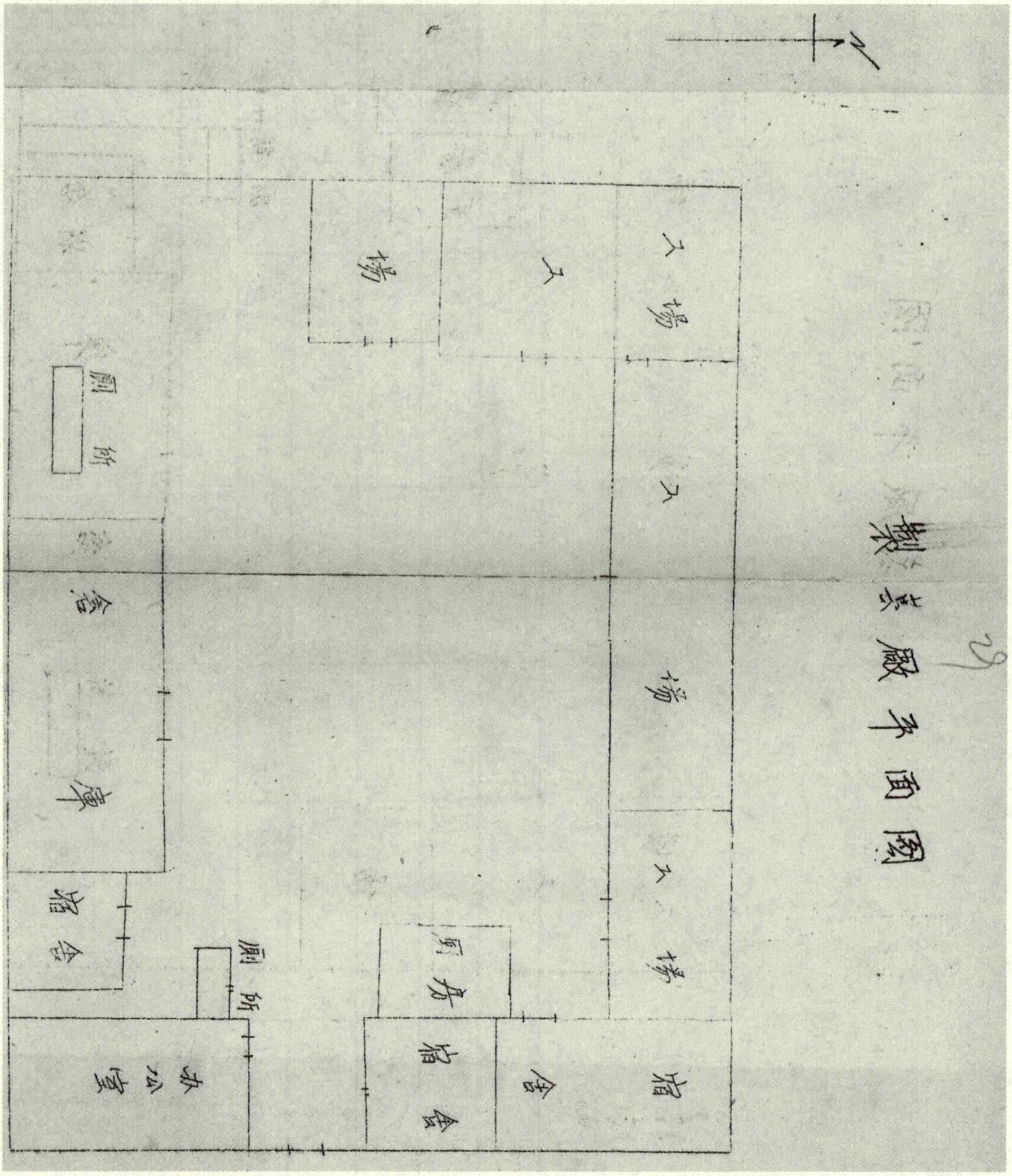

入 場
入 場
入 場
入
場
宿舍
厨房
宿舍
廁所
办公室
廁所
倉 庫
宿舍

30

移交机關　經濟部徐海接收委員辦事處

委員

接收机關　行政院蘇浙皖區敵偽產業處理局駐徐辦事處徐州分處

主任　李志遠

保管人　李昌文

清點人

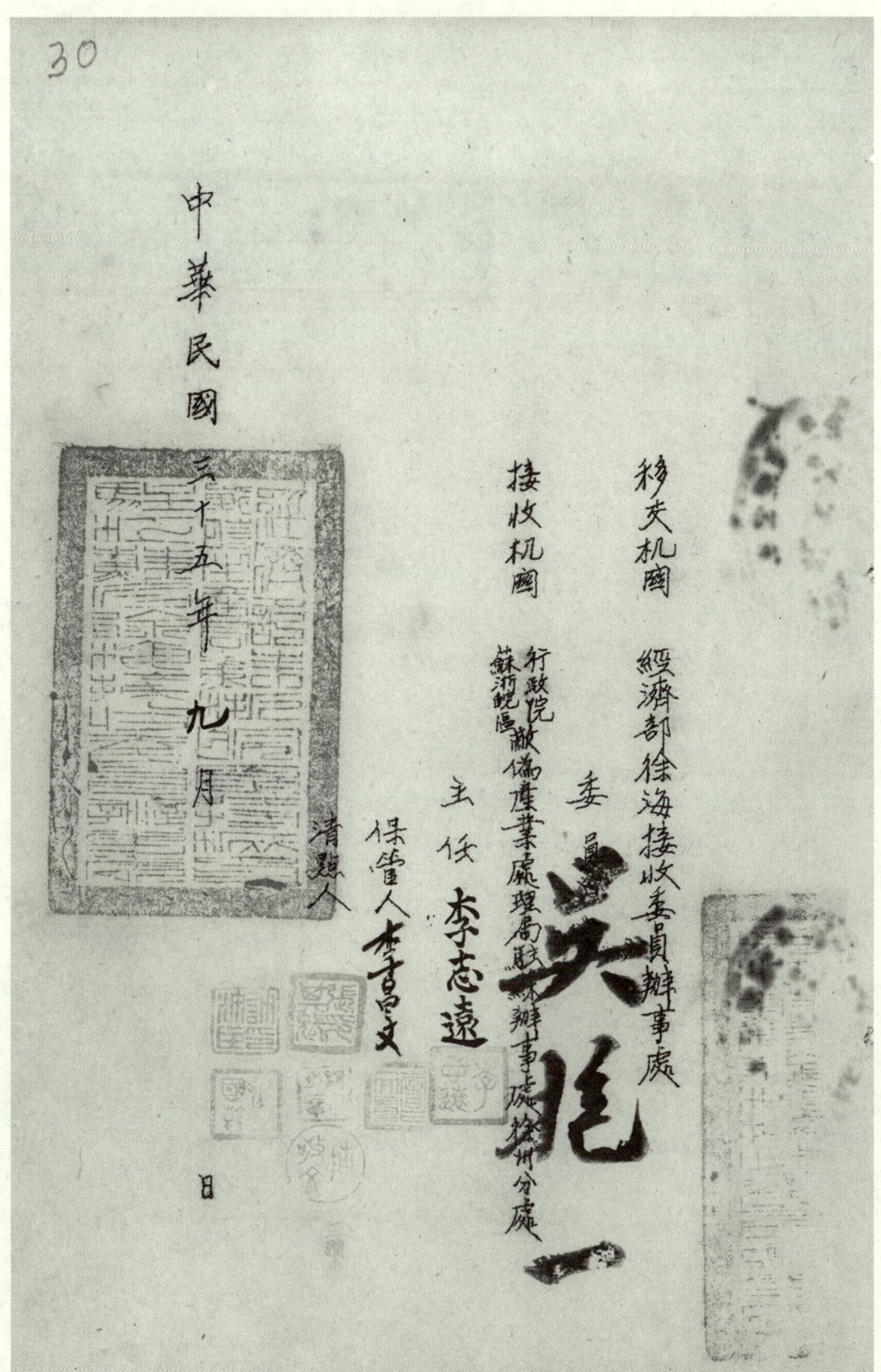

中華民國三十五年九月　日

43

蘇浙皖區敵偽產業處理局魯蘇辦事處徐州分處

類別	敵工廠	部份
編號	No. 17	
共計	1件	

經濟部蘇浙皖區特派員辦公處徐海接收委員辦事處名

利國鐵礦事務所

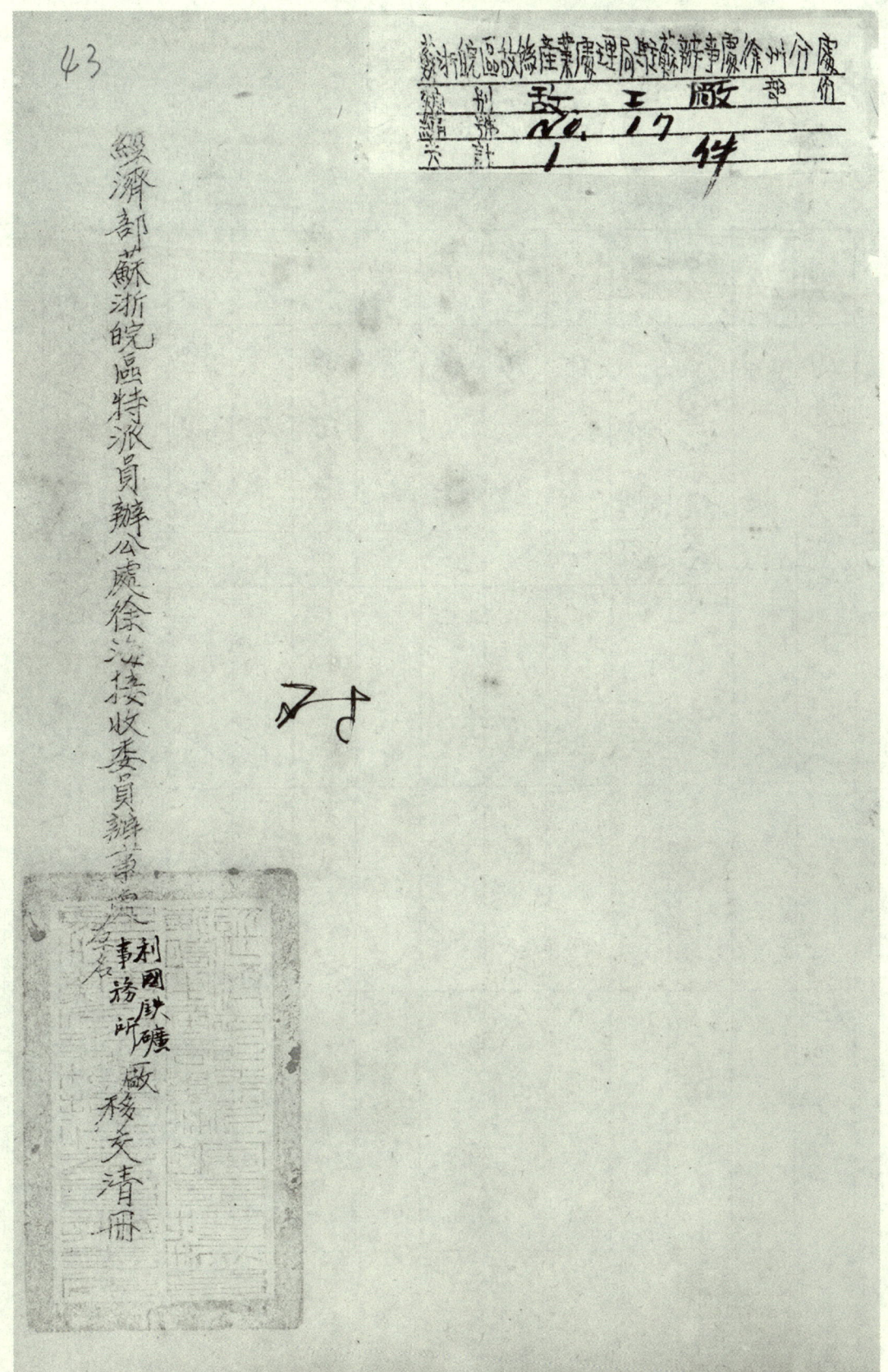

廠移交清冊

44

經濟部蘇浙皖區徐海特派員辦事處利國鐵礦接收財產清册

編號	品名	量	原接收數量	現有數量	備考
1	椅子	張	七	七	
2	桌子	〃	六	六	
3	玻璃板	塊	三	三	
4	黑板	面	一	一	
5	轉椅	張	一	一	
6	沙發	〃	三	三	
7	柜台	〃	一	一	
8	保險箱	個	一	一	
9	英文打字机	台	一	一	
10	銅[illegible]板	色	八	八	
11	两層楼房	座	二	二	

45

12	平房	度	八	八
13	朱鐵	堆	二	八

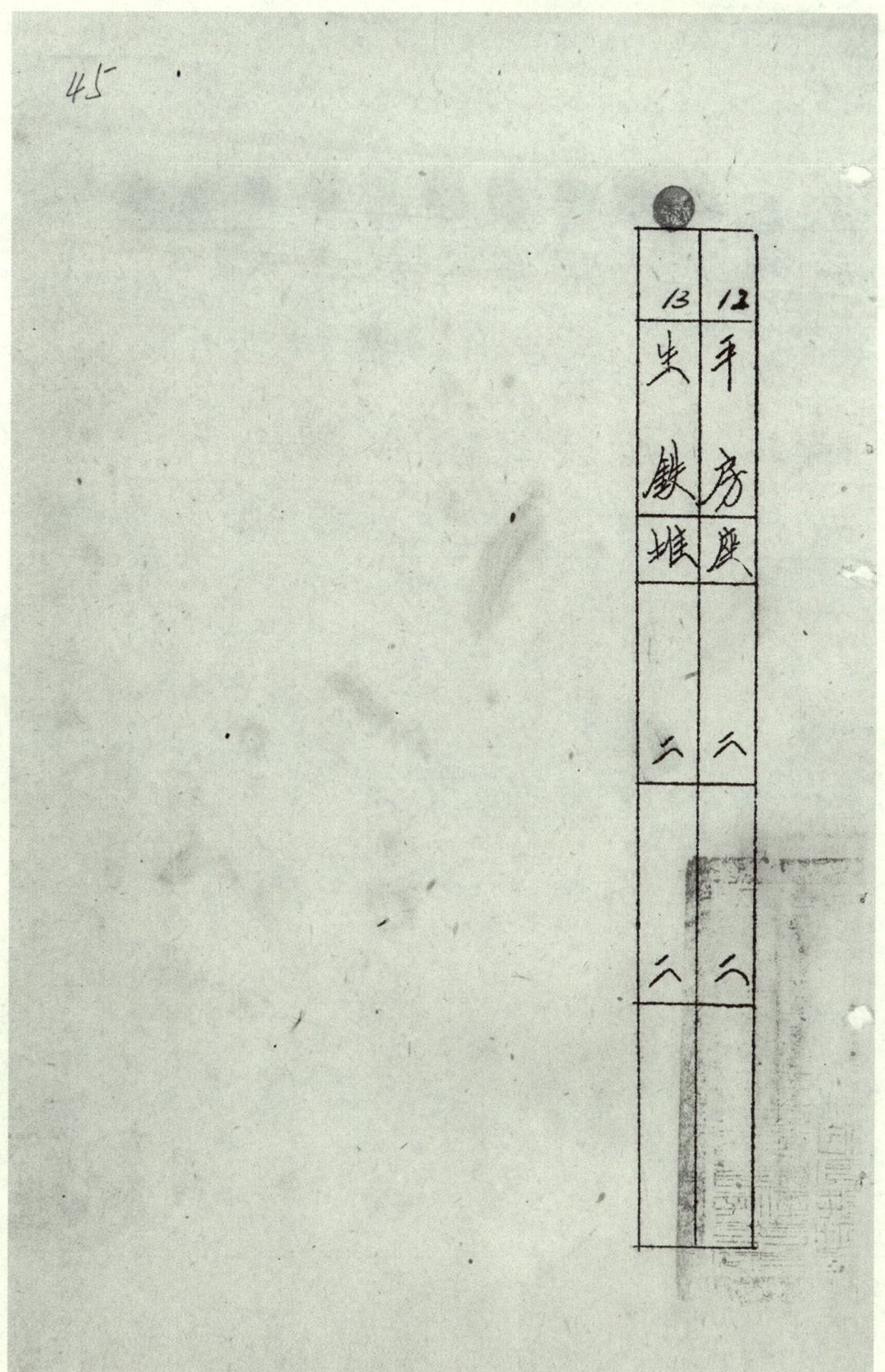

46

經濟部蘇浙皖區徐海接收委員辦事處利國鐵礦查出物資清冊

品名	單位	數量	備註
日文打字机	台	一	
木櫥	張	五	已發2/1
電线	扎	四	
粗電线	扎	四	
道釘	个	一八	
銅板	包	大	
鐵錘	把	三	
鐵皮	捆	二	
鐵片	箱	一	
鐵軌	根	三	
鐵鍋	个	一二	

物資搬動表

借出			借入			備註
品名	數量	廠所	品名	數量	廠所	
日文打字机	一台	製糖廠				
椅子	三把	管理局				
〃	四把	存覺部				
桌子	三张	〃				
〃	一张	李處				
〃	二张	管理局				
柜台	一〃	〃				
玻璃板	三块	存覺部				
黑板	一面	〃				
特椅	二张	〃				
沙發	一件	〃				
〃	二件	管理局				
保險柜	一个	〃				
生鐵	二堆	製糖廠				
鋼板	八包	存鋸木廠				
日文打字机	一台	製糖廠				查出物資字架在製糖廠 字盤在電灯廠
木橱	三张	鋸木廠				因該廠房屬管理局使
電线	四扎	〃				用故將此項物資搬入
粗電线	〃	〃				鋸木廠以便保管
道釘	18个	〃				〃
銅板	6包	〃				〃
鐵錘	三把	〃				〃
鐵皮	二捆	〃				〃
鐵軌	三根	製糖廠				〃
鐵輪	二个	〃				〃
木橱	二个	管理局				〃
鐵鍋	一口	製糖廠				〃
鐵片	一箱	鋸木廠				

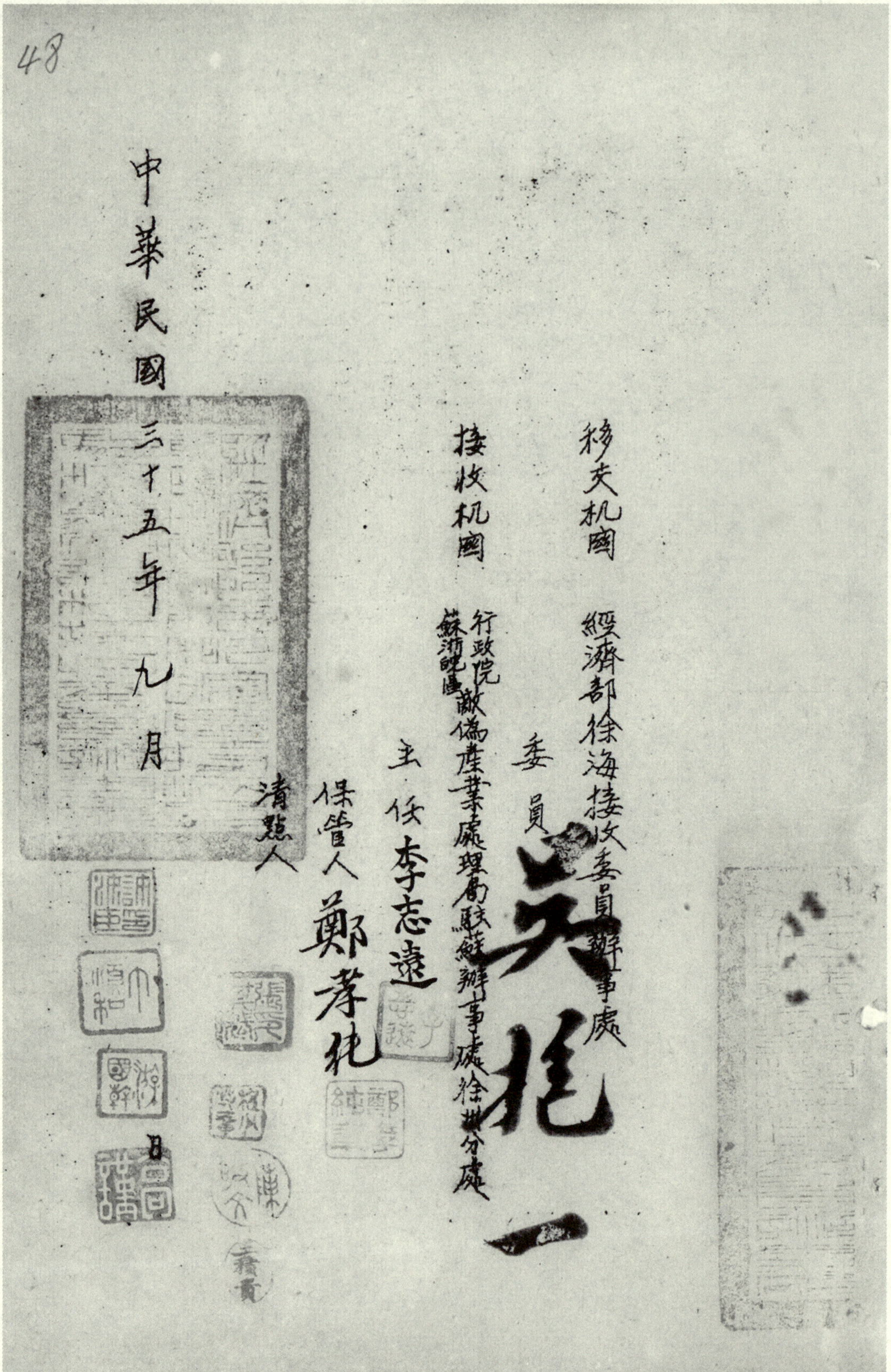
48

移交机關　經濟部徐海接收委員辦事處　委員　吳[illegible]

接收机關　行政院蘇浙皖區敵偽產業處理局駐徐辦事處徐州分處　主任　李志遠

保管人　鄭孝純

清點人

中華民國三十五年九月　日

49

蘇浙皖區敵偽產業處理局駐蘇辦事處徐州分處

類別 敵工廠 部份

編號 No. 18

共計 1 件

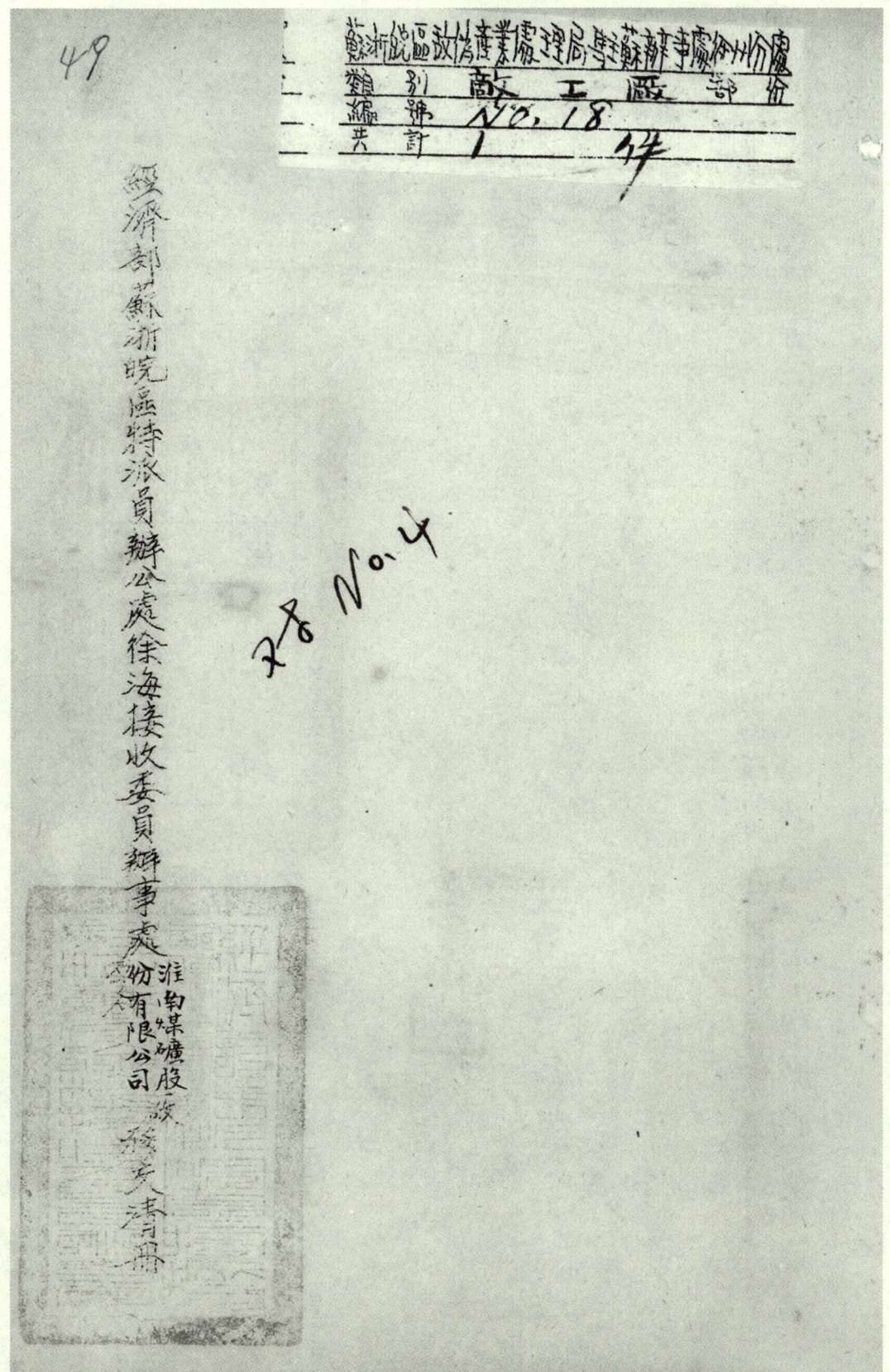

經濟部蘇浙皖區特派員辦公處徐海接收委員辦事處 淮南煤礦股份有限公司 發交清冊

28 No. 4

50

經濟部蘇浙皖區徐海接收委員辦事處淮南煤礦股份有限公司接收財產清冊

編號	品名	單位	原接收數量	現有數量	備考
	基地	坪	一六八	一六八	
	房屋	棟	五	五	

51

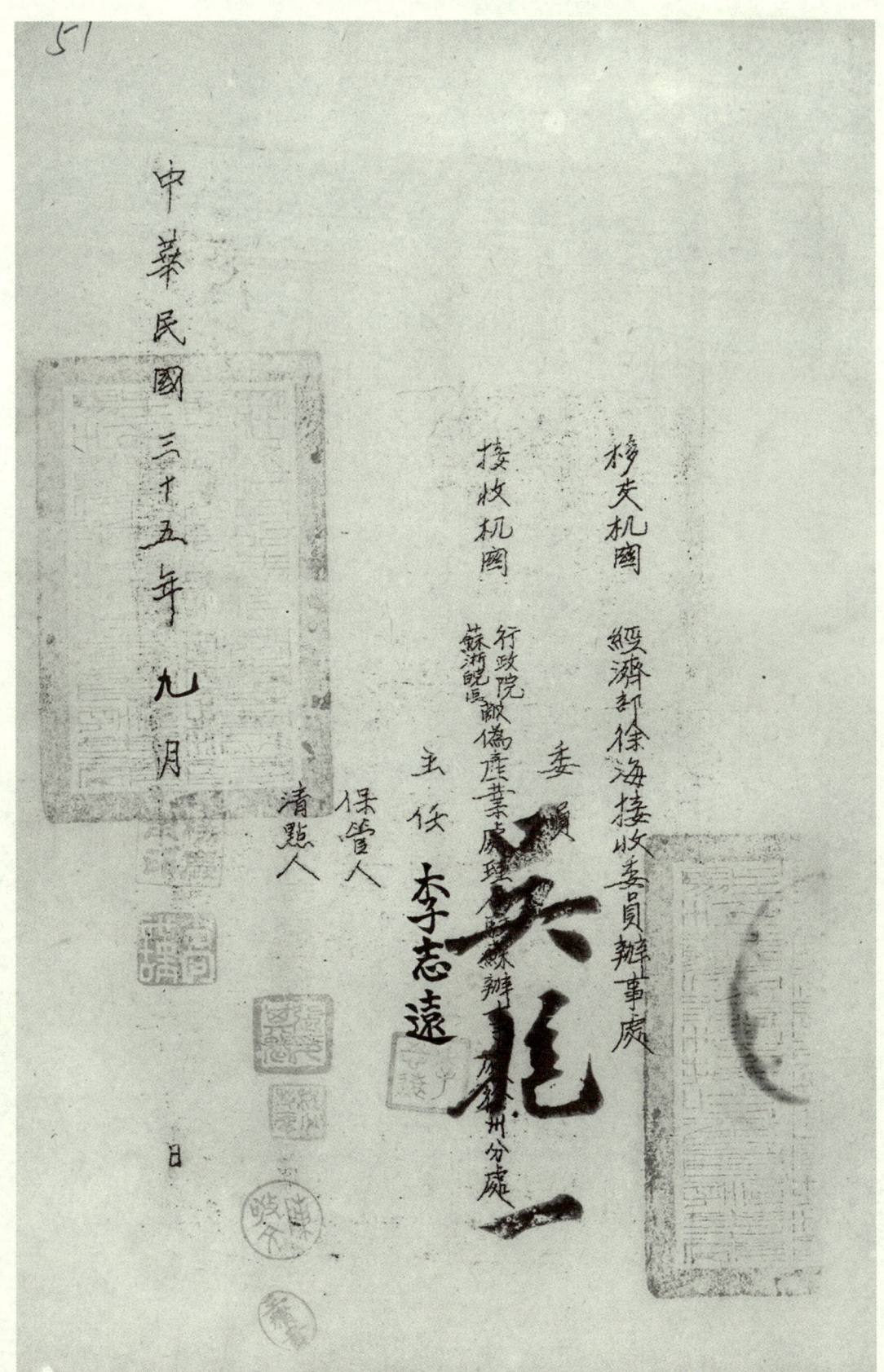

移交机關　經濟部徐海接收委員辦事處

委員　吳[illegible]一

接收机關　行政院蘇浙皖區敵偽產業處理局蘇州分處

主任　李志遠

保管人

清點人

中華民國三十五年九月　日

52

蘇浙皖區敵偽產業處理局審議辦事處徐州分處

類別	敵工廠	部份
編號	No. 19	
共計	1	

经济部苏浙皖区特派员办公处徐海接收委员办事处

經濟部蘇浙皖區特派員辦公處徐海接收委員辦事處

石油聯合会社徐州支部

敵 移交清冊

对 No. 3

53

經濟部蘇浙皖區徐海接收委員辦事處公油聯合會株州支部接收財產清冊

編號	品名	單位	原接收數量	現有數量	備考
	基地	坪	二四五	二四五	
	房屋	棟	一	一	

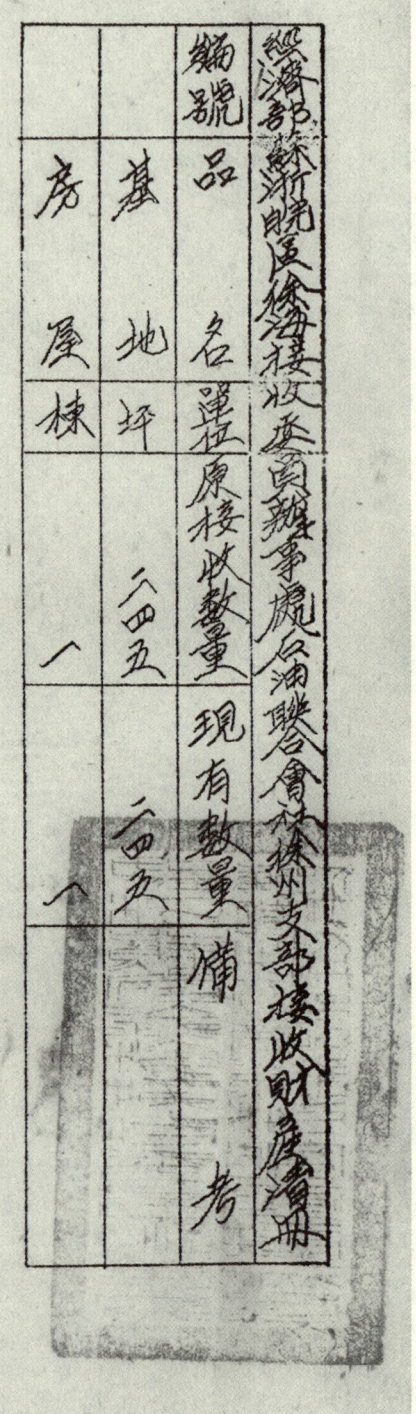

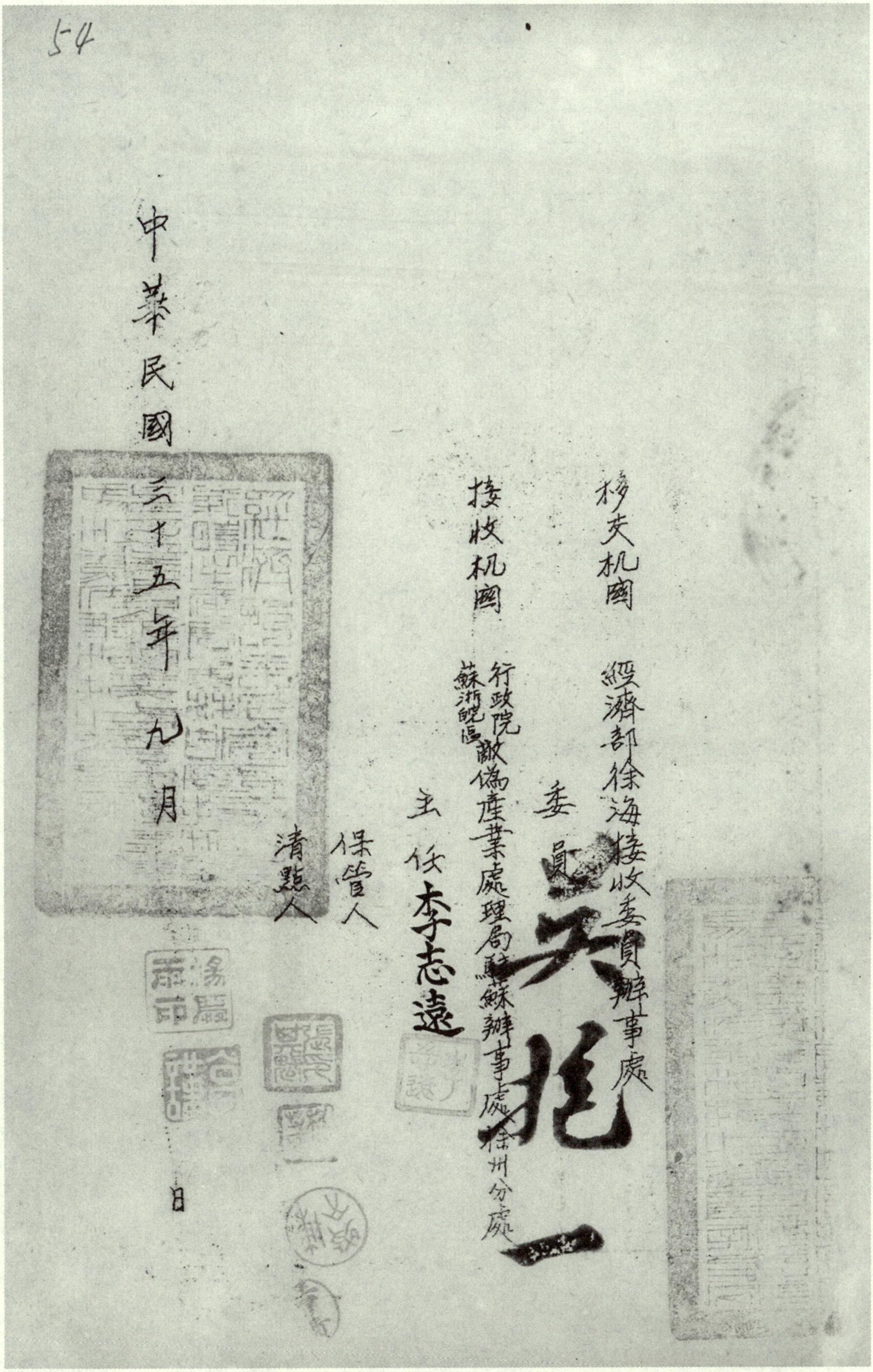
54

移交机關　經濟部徐海接收委員辦事處

委員　吳抱一

接收机關　行政院蘇浙皖區敵偽產業處理局駐蘇辦事處徐州分處

主任　李志遠

保管人

清點人

中華民國三十五年九月　日

55

蘇浙皖區敵偽產業處理局駐蘇辦事處檢收公處

類別	敵工廠部份
編號	No. 20
共計	1 件

經濟部蘇浙皖區特派員辦公處徐海接收委員辦事處原名中支那石炭販賣會社事務所移交清冊

附No. 2

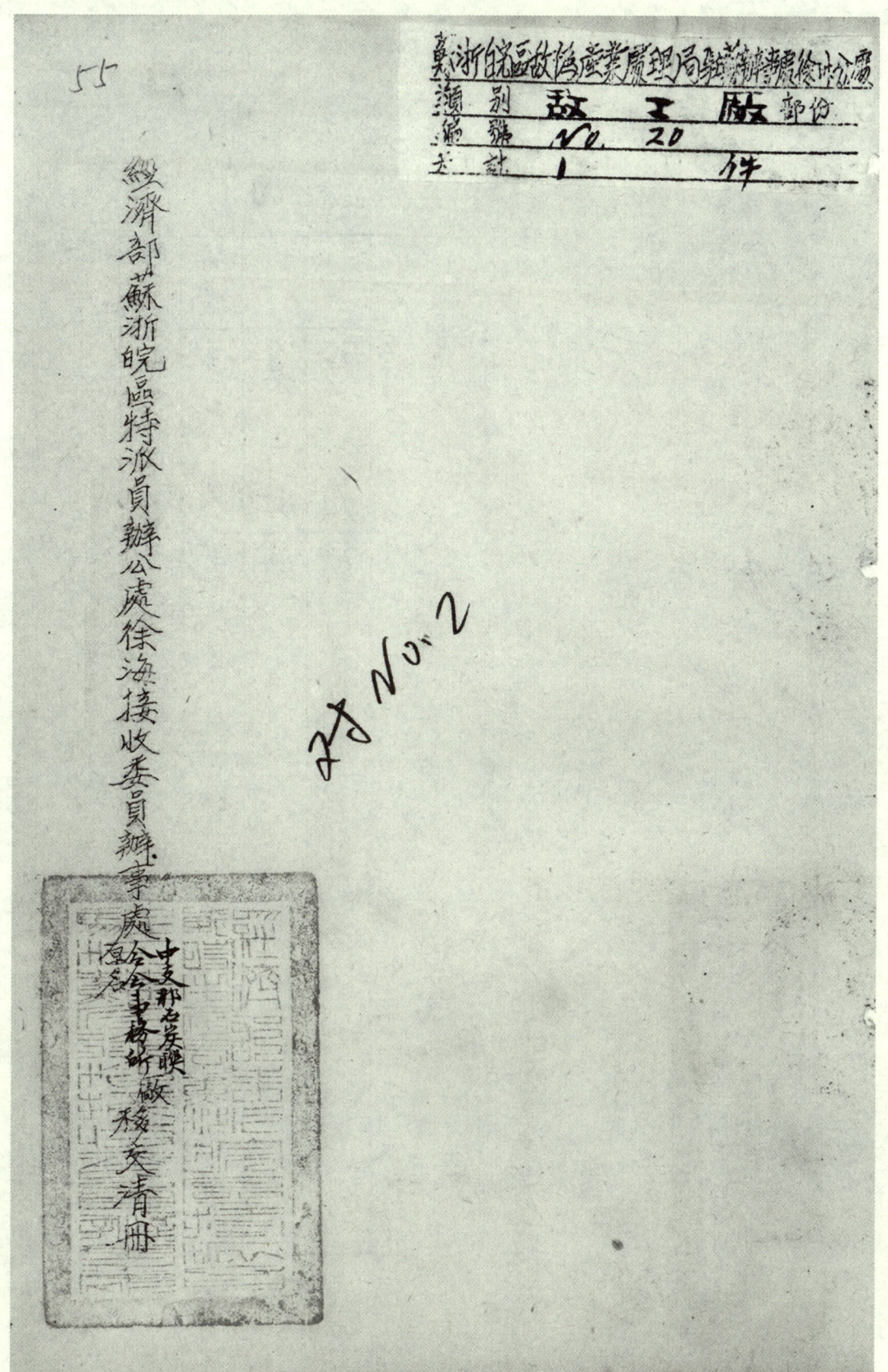

56

經濟部蘇浙皖區徐海接收委員辦事處 中支那石炭聯合事務所接收財產清冊

編號	品名	單位	原接收數量	現有數量	備考
	基地	坪	一八七、五	一一七五	
	房屋	棟	四	四	

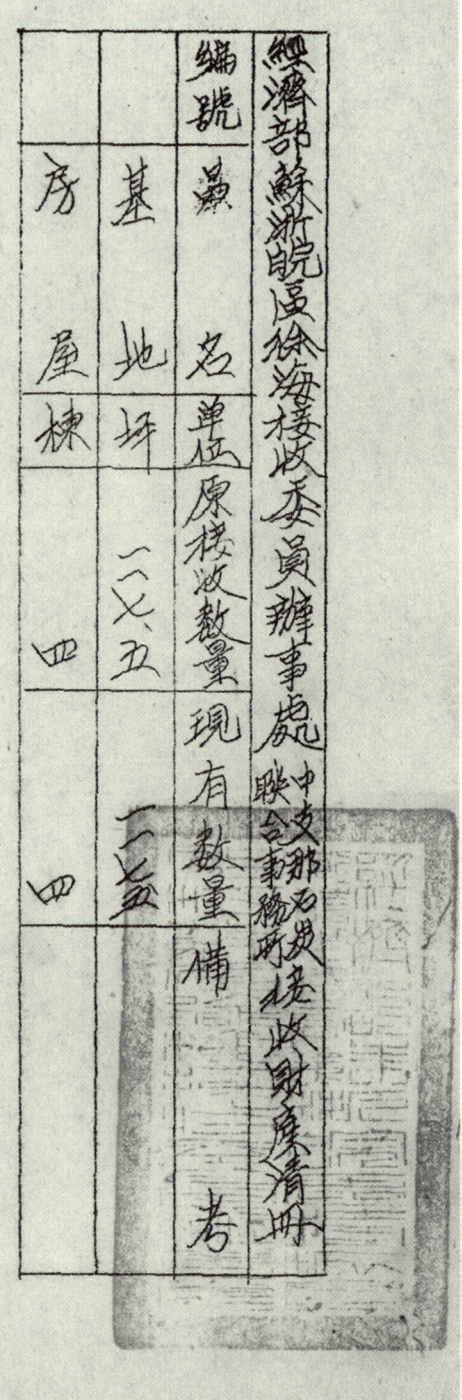

57

移交机關　經濟部徐海接收委員辦事處

委員　吴兆一

接收机關　行政院蘇浙皖區敵偽產業處理局駐蘇辦事處徐州分處

主任　李志遠

保管人

清點人

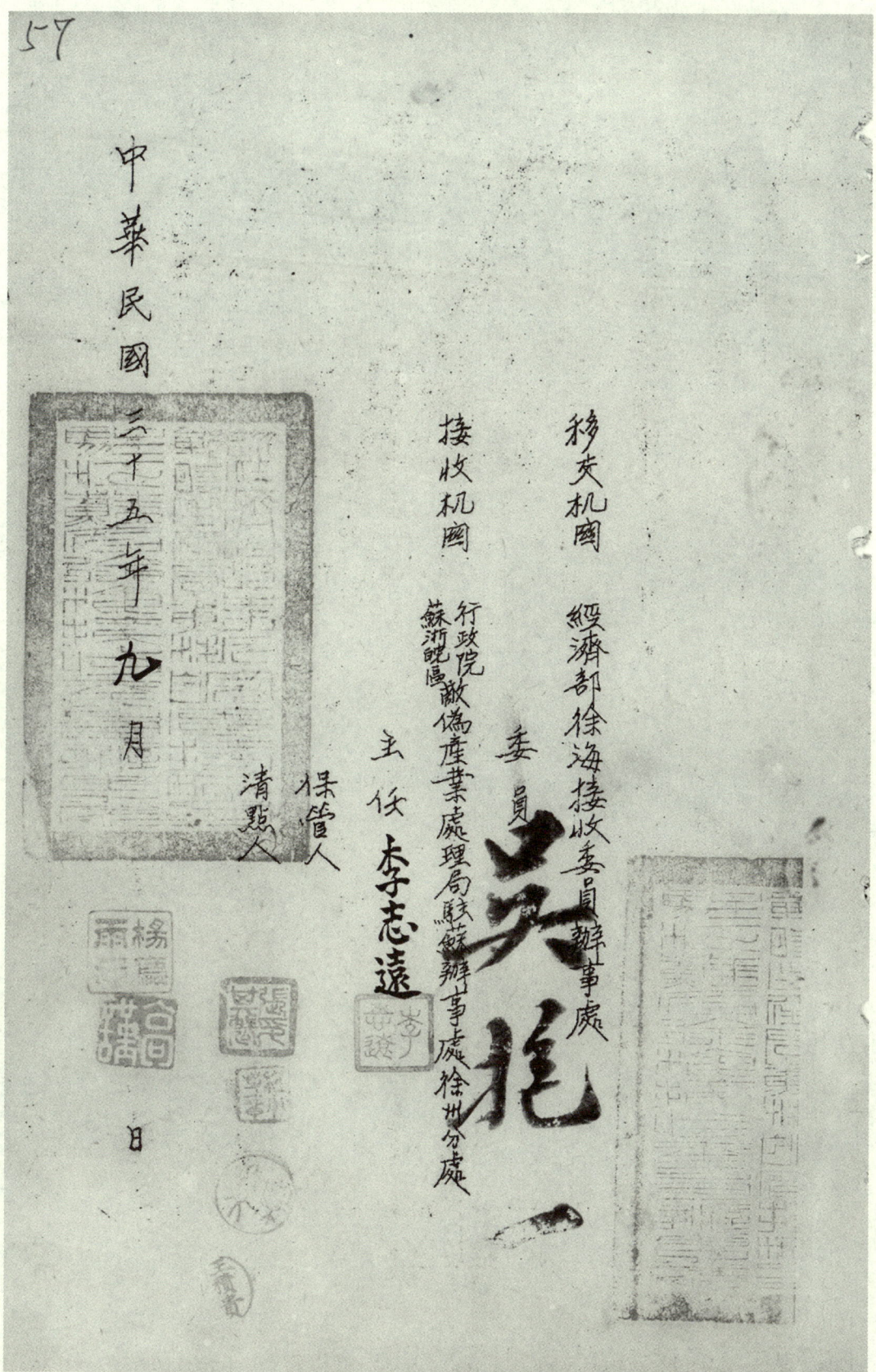

中華民國三十五年九月　日

58

蘇浙皖區敵偽產業處理局駐蘇辦事處徐州分處

類別	敵工廠	部份
編號	NO. 21	
共計	1	件

經濟部蘇浙皖區特派員辦公處徐海接收委員辦事處

增幸洋行敵產移交清冊

59

經濟部蘇浙皖區徐海接收委員辦事處增泰洋行原接收財產清冊

編號	品名	單位	原接收數量	現有數量	備註
1	濾水機	件	一	一	零件缺少不完整 西倉庫
2	淨水机	〃	一	一	〃
3	混合机	〃	一	一	〃
4	汽水机	〃	一	一	〃
5	濾糖机	〃	一	一	〃
6	小濾糖机	〃	一	一	〃
7	洗瓶机	〃	一	一	〃
8	压蓋机	〃	一	一	〃
9	二号混合机	〃	一	一	〃
10	量氣桶	〃	一	一	〃
11	瑪達小原動机	〃	一	一	柴油机 西倉庫 [illegible]

16件

△ 12	小原動机	〃	一	一	〃 馬力不明
△ 13	小鍋炉	〃	一	一	〃
△ 15 1 17	小抽水机	〃	三	三	〃
14	皮帶盤	〃			〃
18	大小鉄管子	根	四四	四四	
19	洗瓶机	件	一	一	零件缺少不完整
20	發生器	〃	一	一	〃 散置院中 〃
21	烟筒	個	一	一	〃
22	抽水机	件	一	一	〃
23	洗瓶机	〃	一	一	〃
1	白粉	包	四七	四七	東倉庫 此物据移交人張炳壽申稱係私人購買非賠自增幸洋行者
2	洋灰	〃	五	五	〃
3	瓶盖	箱	七	七	〃

60

4	瓶盖	圈	一三	一三	〃
5	磅秤	個	一	一	〃
6	铁木桶	個	一	一	東倉庫
7	洗瓶用铁池	〃	一	一	〃
8	空板箱	〃	六	六	〃
9	小洗水箱	〃	一五	一五	〃
10	冷凝管	套	一	一	〃
11	小洗水箱木壳	片	三〇	三〇	〃
12	篩子	個	三	三	〃
13	白铁筒	〃	一	一	〃
14	铁管	根	五	五	〃
	汽水瓶	個	五四、九二四	五四、九二四	散置院中 此物據移交人申稱係私人購買自瑞新洋行者
	小火炉	〃	[illegible]	一	東倉庫

洗瓶鉄箱	〃	一	一	〃（破舊）
帆布帶	〃	六	六	西倉庫
雜件	箱	二	二	〃
地軸	根	四	四	工作室樑上
蓄氣桶	個	一	一	散置院中白鉄製
帆布帶五寸	根	一	一	西倉庫
小皮帶盤	個	九	九	〃
洗水箱	〃	九六〇	九六〇	散置院中 此物係移交八中探係私人購真非買自增新洋行者

附註　各件机器零件缺少多不完整且散置各處未經安裝不知是否可以使用

註　特此註明

61

物資搬動表

借出			借入			備註
名称	数量	廠所	名称	数量	廠所	
發氣桶	1只	汽水廠				有據
硫酸桶	1只	〃				〃
鉛管	7根	〃				〃
白鐵罩	1只	〃				〃

（增）

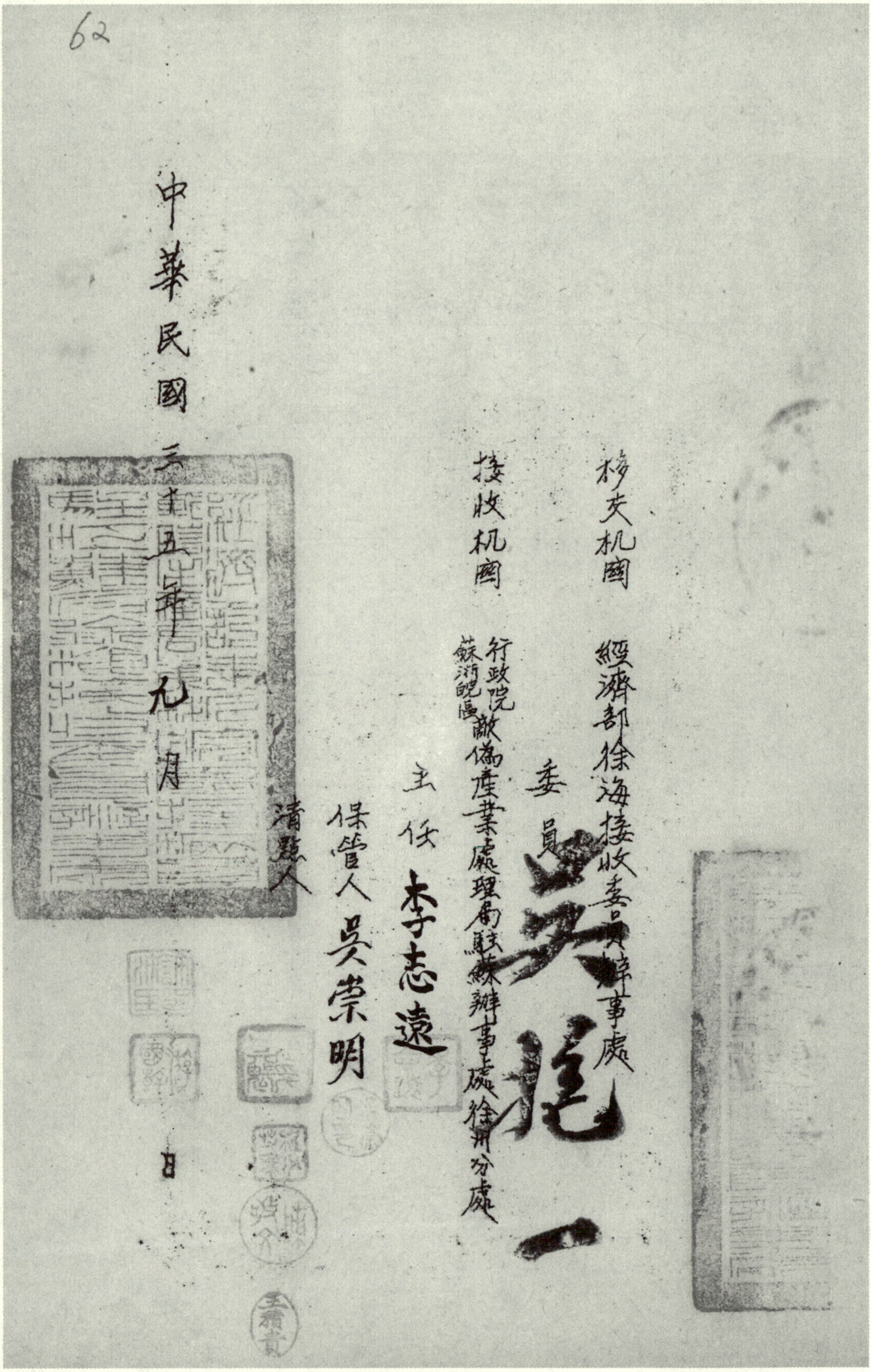
62

移交机關 經濟部徐海接收委員辦事處

委員 吳[illegible]一

接收机關 行政院蘇浙皖區敵偽產業處理局駐蘇辦事處徐州分處

主任 李志遠

保管人 吳崇明

清點人

中華民國三十五年九月 日

63

蘇浙皖區敵偽產業處理局駐蘇辦事處徐州分處

類別 敵工廠 部份

編號 NO. 22

共計 1 件

經濟部蘇浙皖區特派員辦公處徐海接收委員辦事處

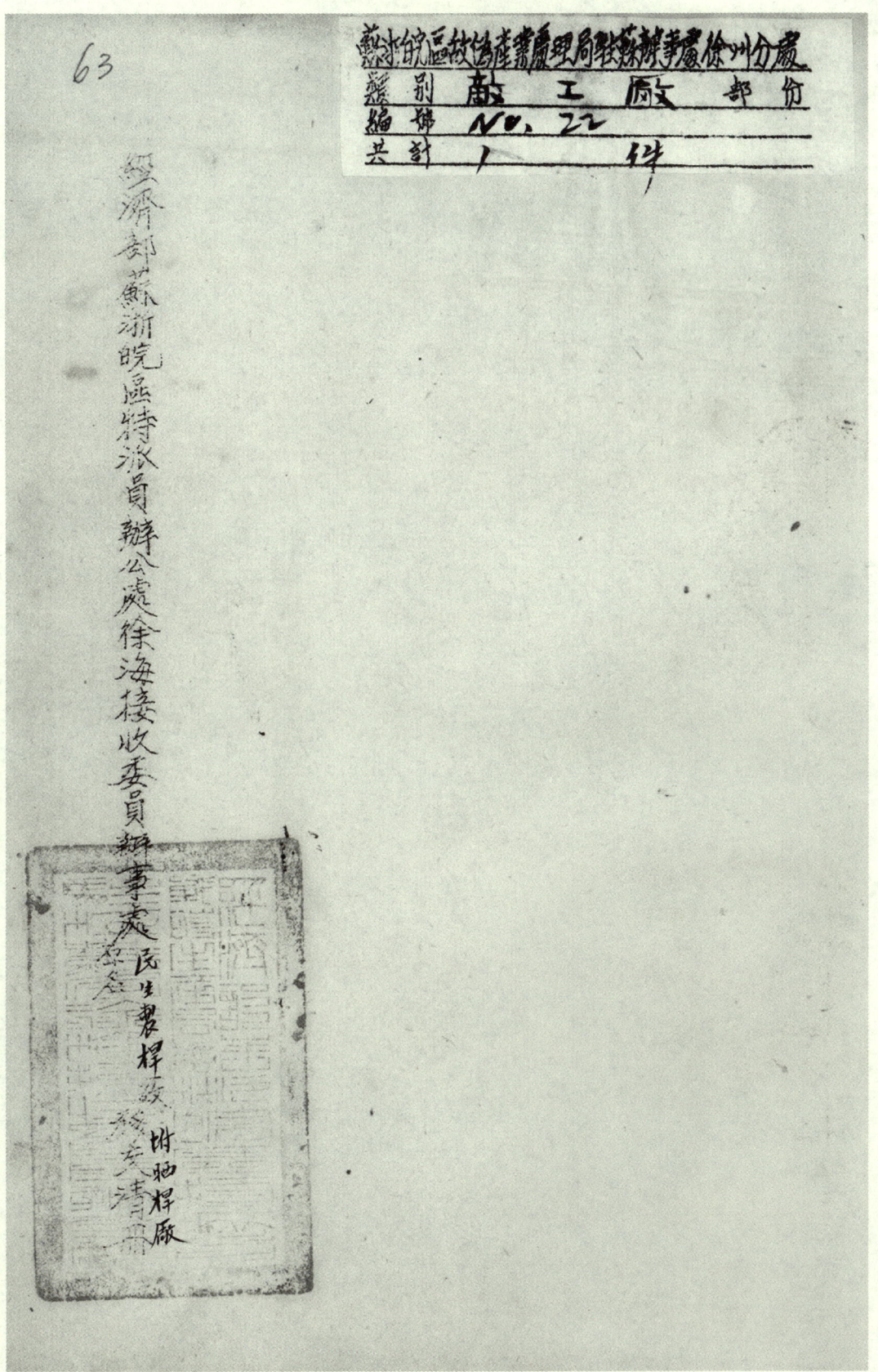

接收民生農桿工廠

坿晒桿廠

移交清冊

64

經濟部蘇浙皖區徐海接收委員辦事處受託保管民生製桿廠財產清冊

編號	品名	單位	原接收數量	現有數量	備註
1.	紅瓦平房	所	四所(計十間)	[illegible]	[illegible]
2.	洋式紅瓦廠房	棟	八棟(計十間)	[illegible]	
3.	電鋸机	部	八	二	
4.	快馬鋸	部	一	一	計三套
5.	切桿机	部	三	三	
6.	旋桿机	〃	三	三	內有盒料机一部
7.	切盒机	〃	一	一	
8.	夾鋸条机	〃	一	一	
9.	五匹馬力馬達	〃	一	一	
10.	鉄鋸机	〃	一	一	
11.	壓鋸条机	〃	一	一	

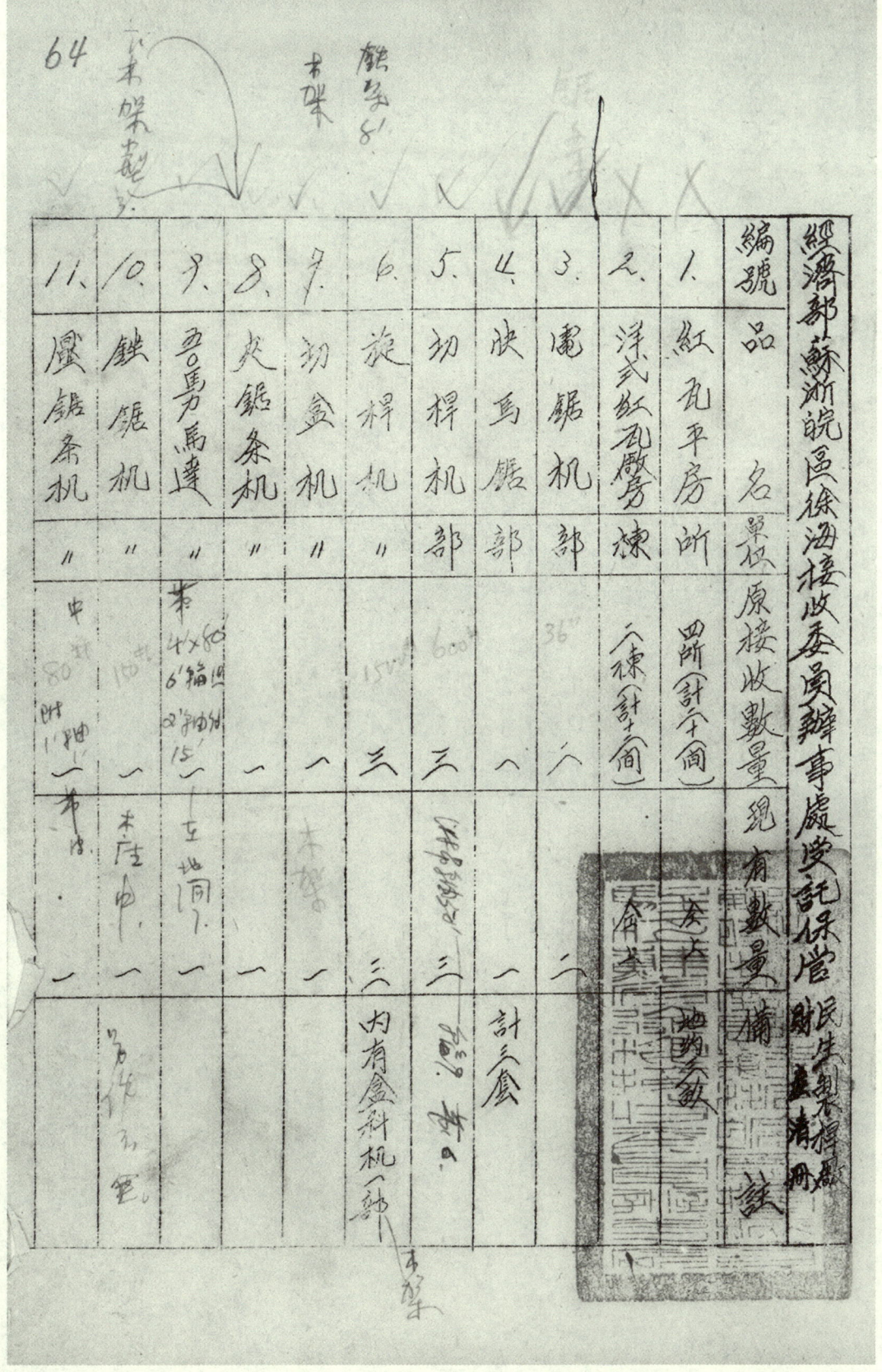

12	踈石机	部	一	一	5×2 附[illegible]
13	老虎鉗	台	一	小口鉗 一	
14	膠皮輪打氣管	部	一	一	脚踏式
15	節桿机	〃	一	卧架 4×2 一	
16	大、電閘閘门	〃	大理石板 2×4 曲刀	電流表 2只 壹一	電表 十の、方[illegible] 一
17	雜机及另件	宗	一小宗	一小宗	内旋桿机、鑽床机、砂輪、火炉等六十件
18	單面式寫字台	張	五	@500.000 五	
19	書櫈	〃	一	500.000 一	
20	椅子	把	八	100.000 八	
21	方櫈	張	三	200.000 三	
22	掛衣針	只	一	800.000 一	
23	銅臉盆	個	(破損)一	150.000 一	
24	搪瓷臉盆	〃	一	200.000 一	

65

編號	品名	單位		數量	價格	備註
25	衣架	個		一	150,000 一	
26	木床	張		二	350,000 一	
27	布雨傘	把	發	一	50,000 一	
28	麹木桌板	個		一	20,000 一	
29	鐵鍬	把		一	150,000 一	
30	熱水壺	個	發	一	50,000 一	
31	碗櫥	個	發	一	150,000	
32	鐵火炉	〃		二	650,000	
33	木梯子	〃		一	300,000	
34	泥缸	口		八	20,000	缺六口
35	瓷缸	口		六	50,000 六	無
36	長方大筐	個		三	100,000 一	
37	圆大筐	〃		八二	800,000 八二	缺十個

38.	国小蓋	個	一八	5,000 一四	缺一四個
39	沙發附茶几	套	八	20,000 叁	被分八軍政治部借用
40	舖板	〃	六	15,000 六	
41	長櫈子	条	一六	10,000 一六	打舖用
42	鐵鍋	口	四	5,000 四	
43.	国檯	個	二	350,000 二	大八個 小
44.	方小檯	〃	八	(30,000 無	
45.	大磅秤	架	八	~~20,000,000~~ ~~15,000,000~~ 一	老亜美造 1,000 tf
46.	小〃〃	〃	八	7,000,000 一	老亜美造 300 tf
47	中〃〃	〃	八	7,000,000 一	天津中 (210) 300 tf
48.	膠皮輪大車	輛	二	8,500,000 二	
49.	鐵瓦輪大車	輪	一	3,500,000 一	

附民共制裱糊廠負責宗據八紙

66

經濟部蘇浙皖區徐海接收委員辦事處發交保管瑞樺廠物資清冊

編號	品名	單位	原接收數量	現有數量	備考
1	大柴桿	堆	一	~~[illegible]~~	6×2½
2	破芦蓆	堆	一	1500000一	
3	爛草包	堆	一	4500000一	
4	樹段	根	六	~~2000000~~ 1000000 六	
5	鐵管	根	五	五	每根約二丈長口徑吋

2000,000.-

67

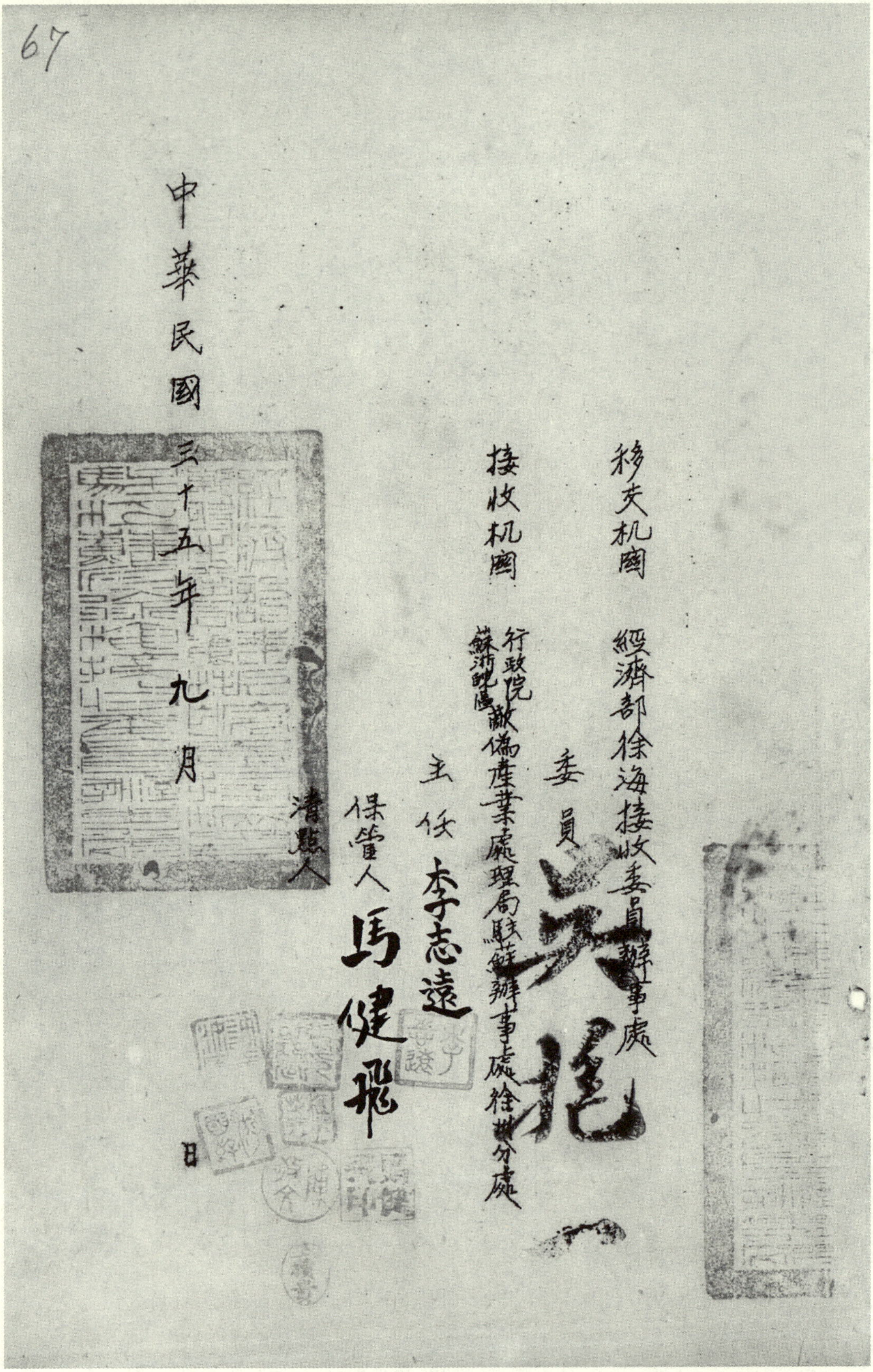

移交机關 經濟部徐海接收委員辦事處

委員 [illegible]

接收机關 行政院蘇浙皖區敵偽產業處理局駐蘇辦事處徐州分處

主任 李志遠

保管人 馬健飛

清點人

中華民國三十五年九月 日

72

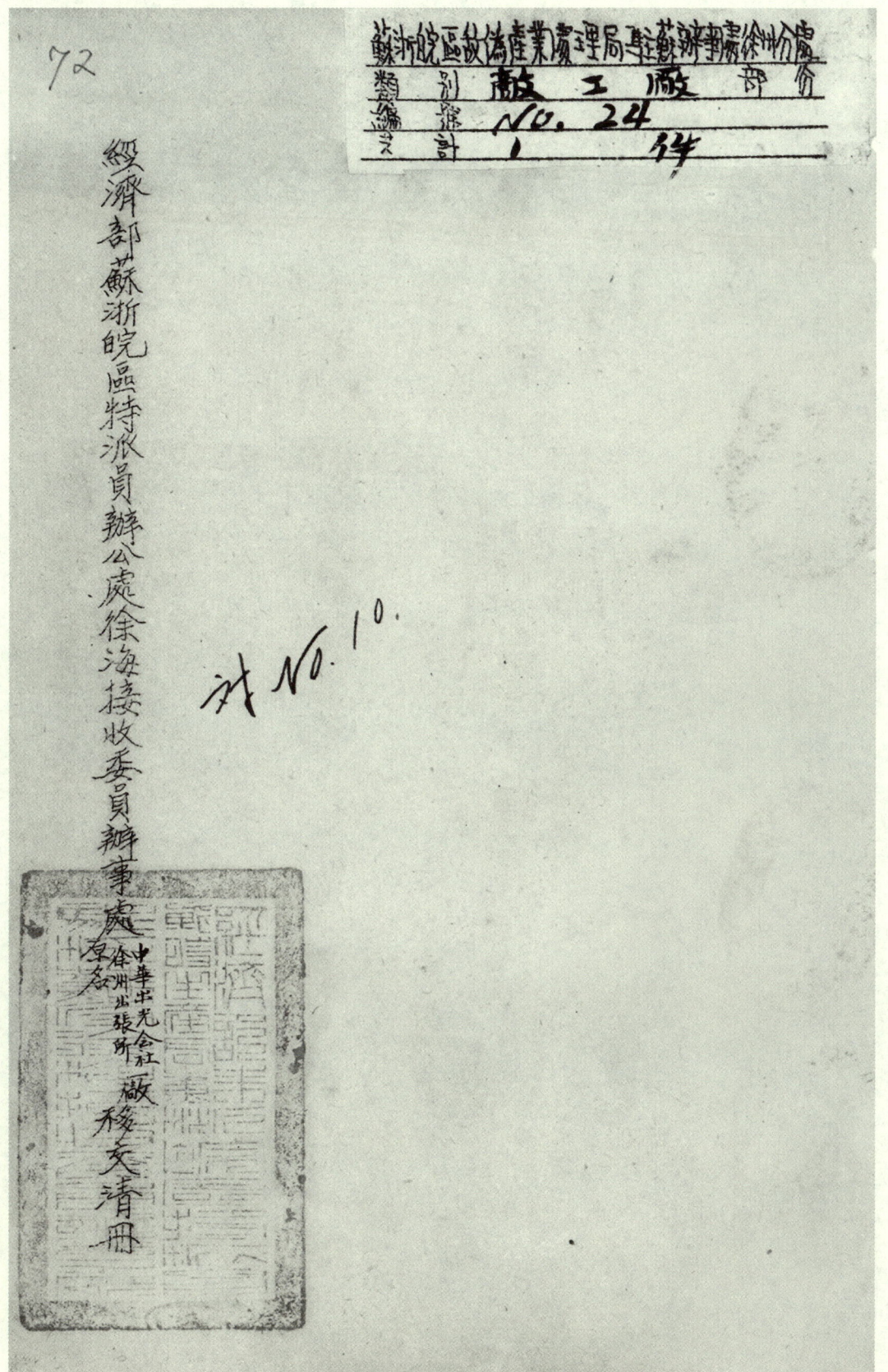

蘇浙皖區敵偽產業處理局駐蘇辦事處徐州分處

類別	敵工廠	部分
編號	NO. 24	
共計	1	件

經濟部蘇浙皖區特派員辦公處徐海接收委員辦事處

原名 中華出光會社徐州出張所 工廠 移交清冊

非 NO. 10

73

經濟部蘇浙皖區徐海接收委員辦事處接收中華出光合社徐州出張所財產清冊

編號	品名	單位	原接收數量	現有數量	備考
1、	基地	坪	二八八	二八八	
2、	房屋	间	一五	一五	
3、	棹子	個	八	八	處理行
4、	書類棚	個	四	四	處理訖
5、	水屋	〃	一	一	
6、	金庫	〃	一	一	
7、	火炉	〃	二	二	
8、	清水器	〃	一	一	
9、	冷藏庫	〃	一	一	
10、	丸鉄	〃	八	八	
11、	机器小零件	箱	三	三	

民 大鉄筒個 二六 二六

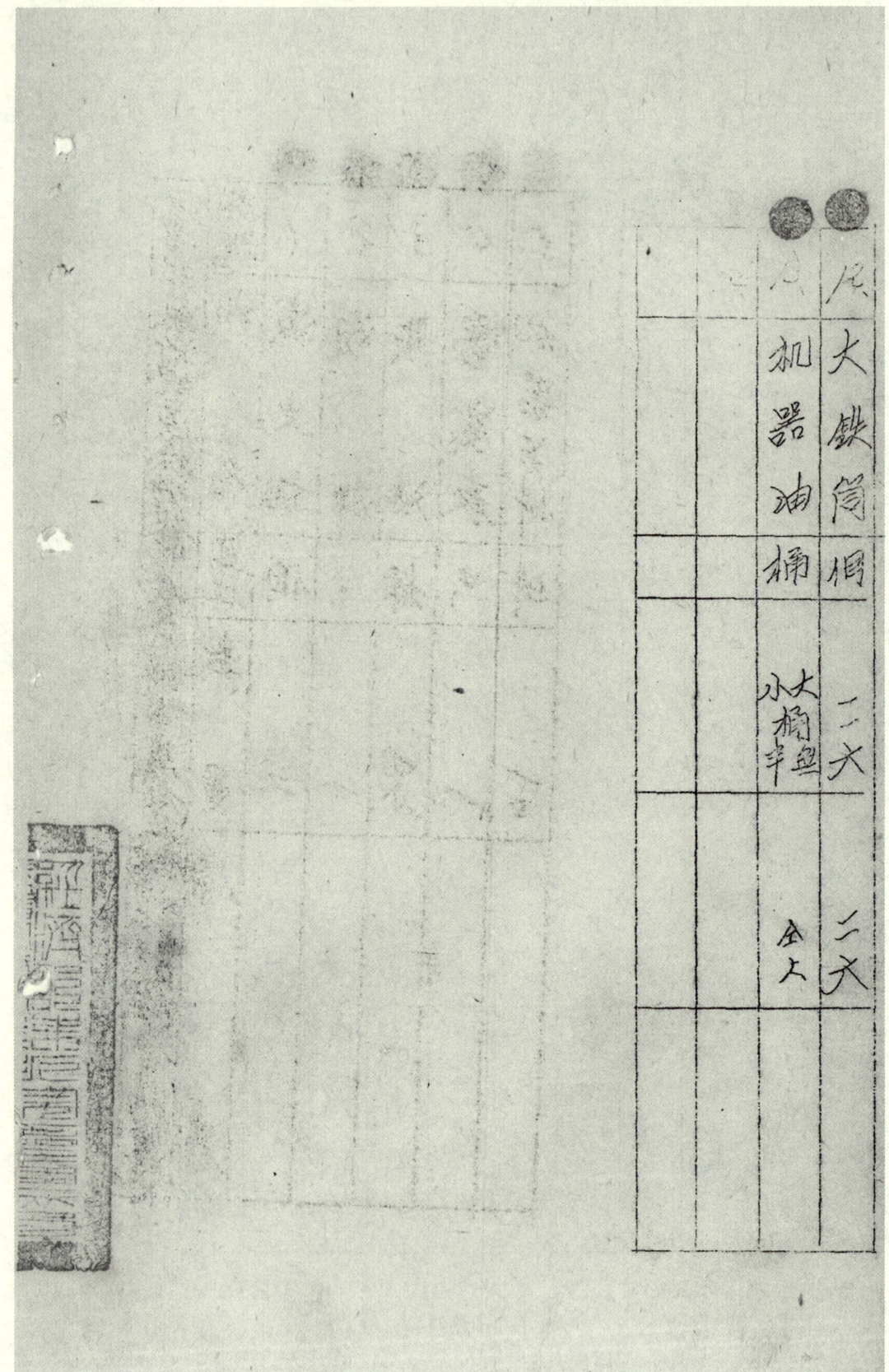

八 機器油桶 大桶無 小桶半 仝上

經濟部蘇浙皖區徐海接收委員辦事處接收華[illegible]會社徐州出張所倉庫物資清冊

編號	品名	單位	數量	備考
1	滅火机	個	三	
2	磅秤	〃	一	
3	柴油	桶	四	
4	電度表	只	一	
5	机器另件	件	一〇	

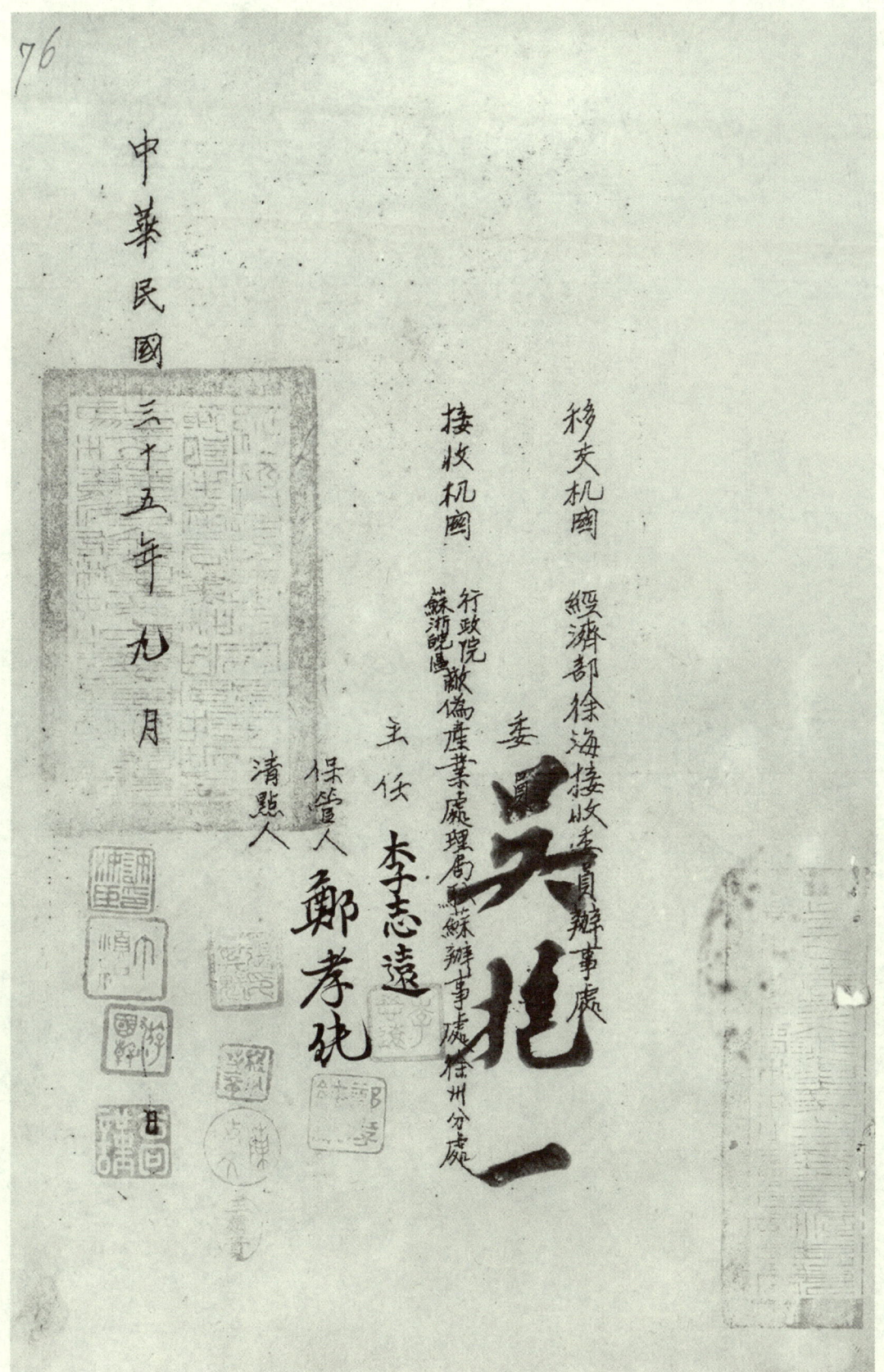

物資搬動表

借出			借入			備考
品名	數量	廠所	品名	數量	廠所	
木几(櫈子)	六張	原駐該所通信兵隊借用				
書類棚	一張	〃 〃				
水壺	一個	〃 〃				
大鉄桶	三個	汽水廠 1 造紙廠 2				(中)

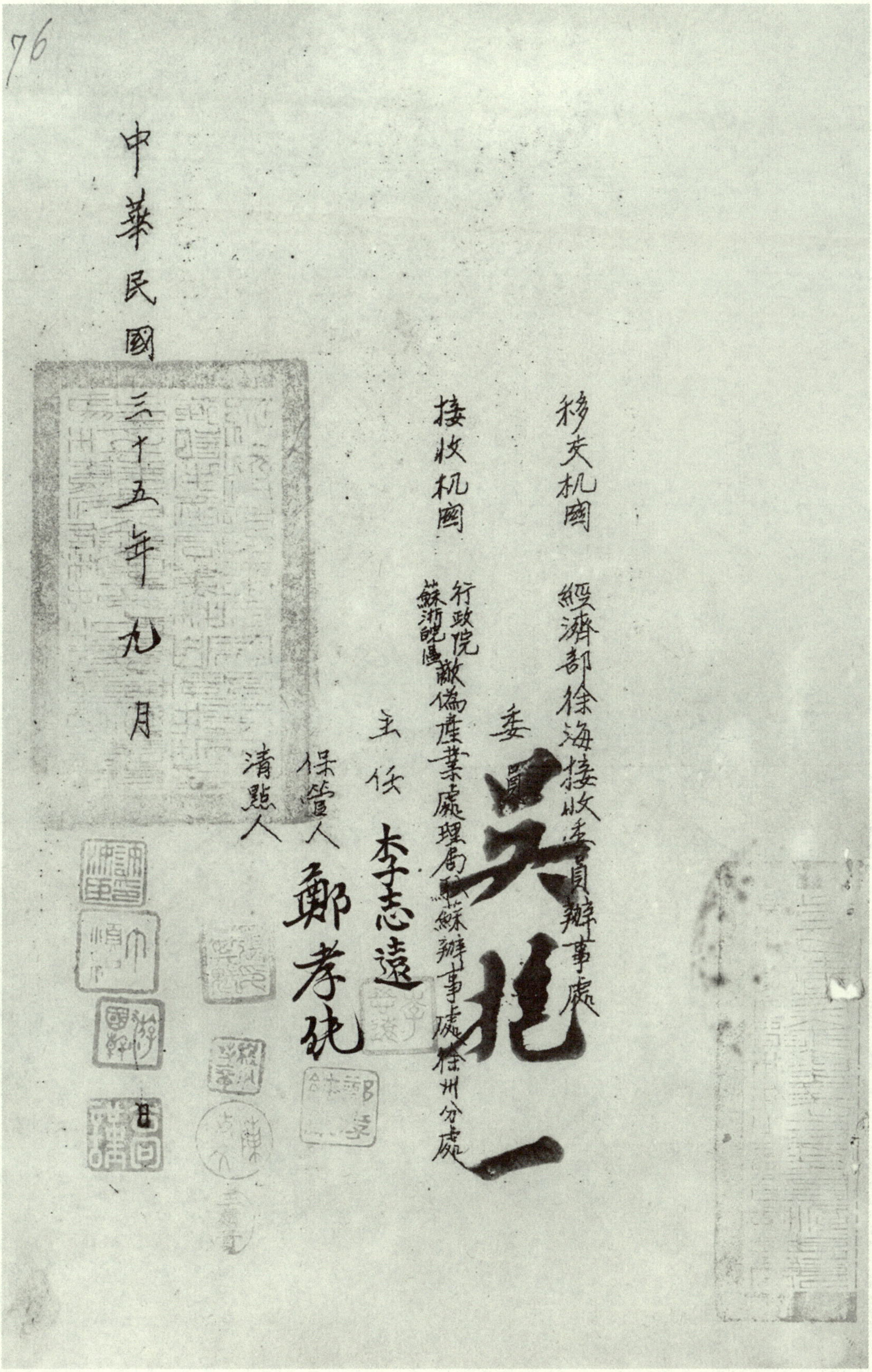

76

移交机關　經濟部徐海接收委員辦事處

委員　吳挹一

接收机關　行政院蘇浙皖區敵偽產業處理局駐蘇辦事處徐州分處

主任　李志遠

保管人　鄭孝純

清點人

中華民國三十五年九月　日

77

蘇浙皖區敵偽產業處理局駐蘇辦事處徐州分處	
類别	敵工廠部份
編號	No. 25
共計	1 件

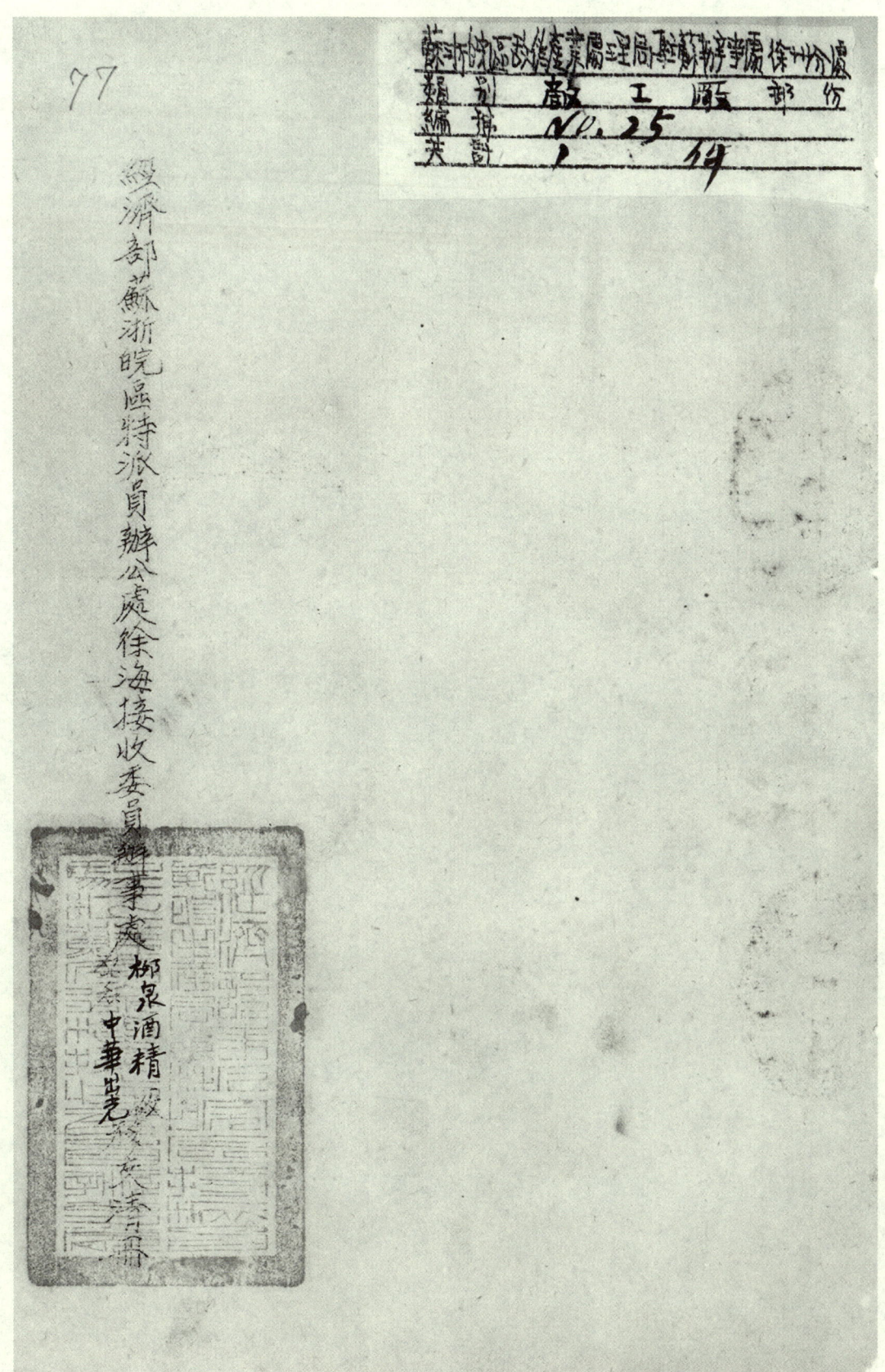

經濟部蘇浙皖區特派員辦公處徐海接收委員辦事處

柳泉酒精[illegible]

中華[illegible]

78

經濟部蘇浙皖區徐海接收委員辦事處接收柳泉酒精廠財產清冊

編號	品名	單位	原接收數量	現有數量	備考
1	房屋	坪	八、四七〇	八、四七〇	
2	土地	畝	一二五、三三八	一二五、三三八	
3	井	座	一	一	
4	圍牆	米	一、〇五〇	一、〇五〇	
5	烟突	個	一	一	
6	蒸煮机	基	一〇	一〇	内七基裝造未完全
7	糖化槽	〃	六	六	尚未裝造完全
8	酒母槽	〃	一〇	一〇	冷却攪拌机未完全
9	醱酵槽	〃	一〇	一〇	
10	醪塔	〃	四	四	尚未裝設完全
11	精溜塔	〃	二	二	〃

12	仝附屬机器	式	一	△一	尚未裝設完全
13	製品查定槽	基	三	△三	〃
14	变压器	〃	二	△二	炭礦借用
15	鍋炉	〃	六	△三	炭礦借用三基
16	馬達	〃	一一	△一一	七基存錦州[illegible]四基全破損 油馬達存敝
17	電線	盤	二五〇〇	二五〇〇	屬附屬品不能拆卸
18	電流表	個	一〇	一〇	未接收到
19	油開閉器	基	二	二	炭礦借用
20	碍子	個	一五〇〇	一五〇〇	除廠內裝用及電綫外餘被破壞
21	開閉器	〃	五	五	接收三個運存處理局
22	水泵	基	四	四	炭礦借用三基全有[illegible]
23	華盛頓水泵	〃	八	八	機件多破壞
24	空氣压縮机	〃	二	二	運存處理局

79

37	36	35	34	33	32	31	30	29	28	27	26	25
台秤	載重汽車	酸素瓶	試驗室用化学机器	銅層	錦製皮帶	接手	水门	鉄管	鉄軌	鉄板	膠鋼皮管	水槽
個	輛	根	箱	[illegible]	本	〃	個	[illegible]	根	枚	本	基
四	一	一五	一〇	八〇〇	三五	八〇〇	一〇〇	三〇	八〇	五〇	一三	一四
四	一	一五	一〇	八〇〇	三五	八〇〇	一〇〇	三〇	八〇	五〇	一三	一四
一個完好餘被拆去	[illegible]	有十三根被炭礦取去有據餘存敝	查多四箱共十四箱全部運存處理局	運存處理局	運存處理局	運存處理局	運存處理局	炭礦借用五十八根有據	被軍隊做工事拆去八根	修械所用去數枚未請查	被軍隊破壞十三本	

38	寫字檯	〃	五	五	[illegible]
39	椅子	〃	五	五	去
40	金切器	台	一	一	被開封區接收消耗有案
41	汽油	桶	六	六	
42	机器油	〃	八	八	運條存出張所交辦事處
43	墨机油	〃	五	五	
44	好高粱	石	一九六	一九六	腐爛 接收時[illegible]長但之[illegible]高粱估有[illegible]
45	腐爛高粱	〃	二〇〇	二〇〇	[illegible]
46	色米	〃	一三八餅六包	一三八餅六包	接收時全部已未估七千[illegible]爛成皇包 現高粱已未放大水淹後沒受失其[illegible] 封存日[illegible]近[illegible]概[illegible]案
47	腐爛苞米	〃	一三〇	一三〇	[illegible]
48	好山芋干	〃	一〇	一〇	[illegible]軍隊[illegible]
49	腐爛山芋干	〃	三〇	三〇	被軍隊充燃料燒光
50	好麸子	〃	八三	八三	被軍隊餵馬用去

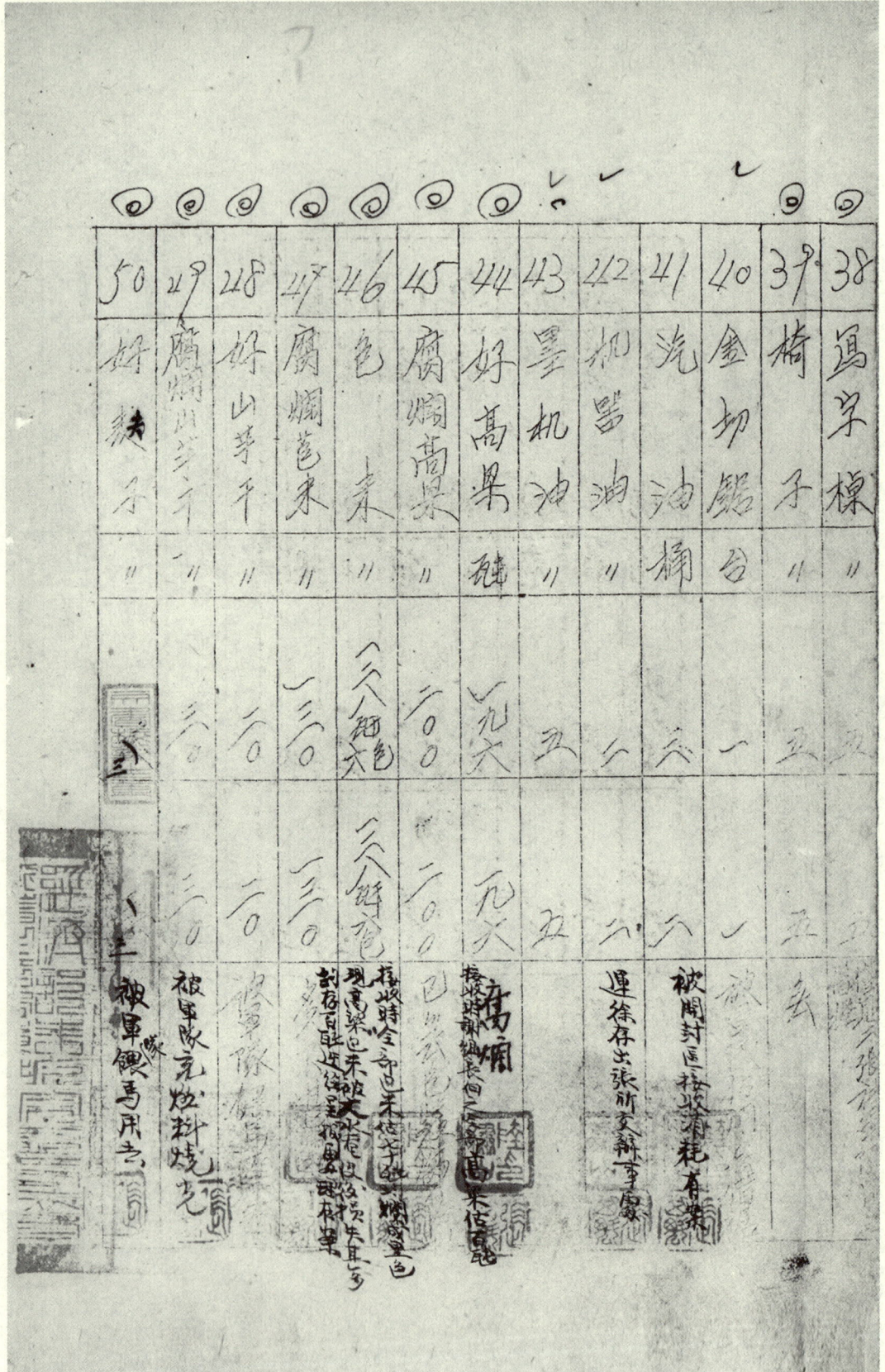

51	腐爛麸子	包	四	四	約存二包在處理局[illegible]，尚未裝
52	鉄筋	〃	五	五	敵修機所用去甚多
53	洋釘	箱	三一	三一	破一箱，路裝二十五箱運存處理局
54	玻璃	〃	三二	三二	破七箱，路裝二十一箱運處理局，[illegible]
55	牛毛綫	卷	一五	一五	運存處理局
56	墊子	枚	三〇	三〇	散置廠內各處，運存處理局
57	煤油桶	桶	四、六〇〇	四、六〇〇	有三千多破壞，[illegible]舊釘房[illegible]

81

84X12

經濟部蘇浙皖區徐海接收委員辦事處柳泉酒精廠查出物資清冊

編號	品名	單位	數量	備註
1	圆鉄板器	個	四	
2	圆白鋼板器	〃	五	
3	汽藏器	〃	一	
4	圆鉄板器	〃	三	
5	圆儲酒器	〃	五	
6	圆白鋼板器	〃	六	
7	大鍋炉	〃	五	
8	小鍋炉	〃	二	
9	鉄管	根	七〇	
10	鉄鋼軌	〃	三〇	
11	高压消毒器	个	一	3X10鋼製衣鉄架由處理向徐州分處 呈徐

12	螺壳螺丝	〃	四二〇	二分半鉄製由安理甫豫州分安 運條
13	鉄滑車	〃	一七	鉄製有双輪 〃
14	電嵌条	市斤	四〇〇	
15	馬力電线	未送	二〇〇	
16	細鉄丝	市斤	四	運存處經理

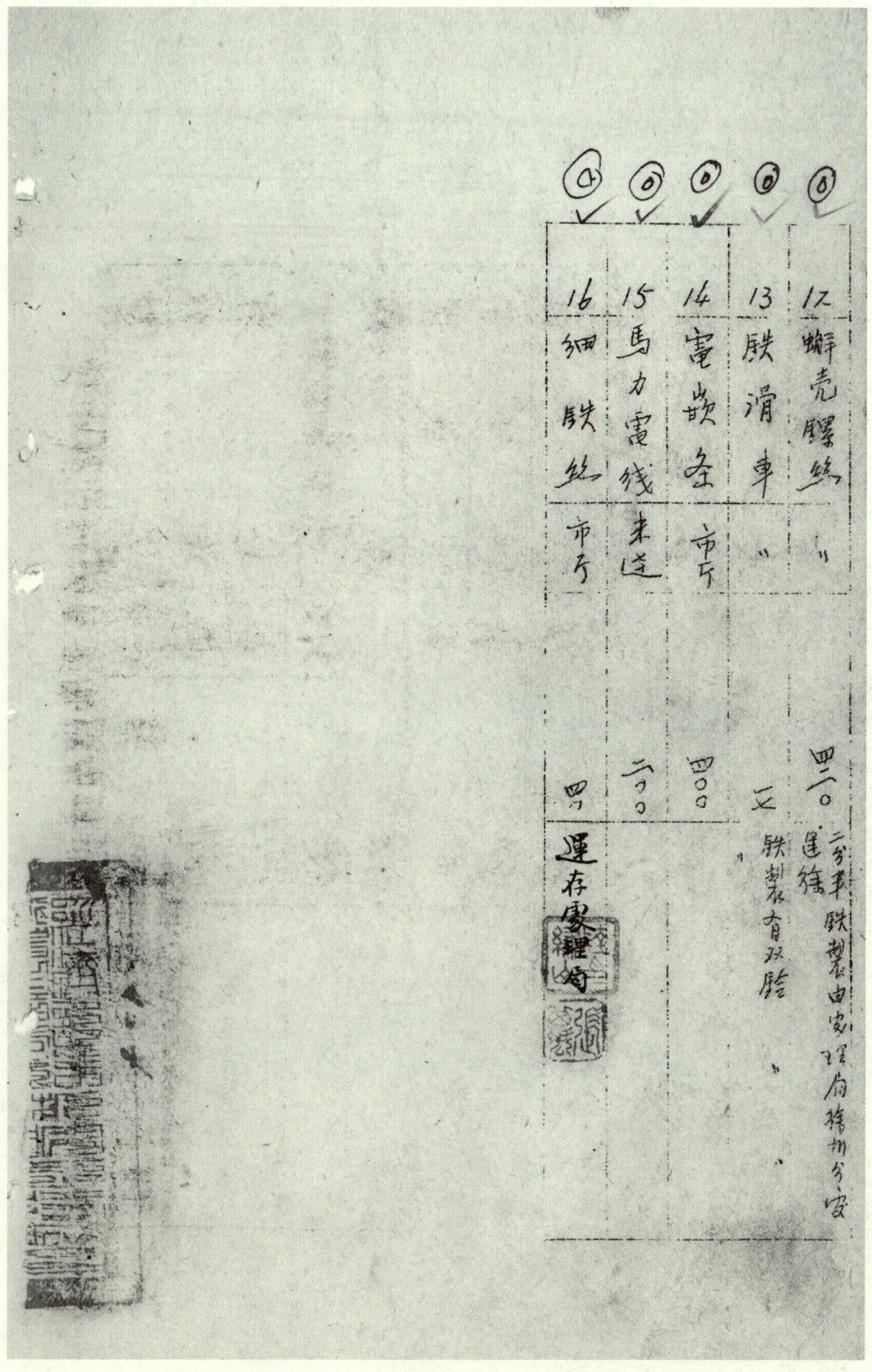

蘇浙皖區敵偽產業處理局徐州分處運來徐州物資清[illegible]

品名	單位	數量	備註
洋釘	筒	25	
接手	個	1100	
一號棉製皮帶	條	35	
鋼管	〃	200	
開關器	個	3	
牛毛線	卷	15	
墊子	枚	54	
高压消毒器	个	1	册外
螺壳螺丝	〃	420	〃
水门	〃	450	〃
鉄滑車	〃	17	〃

82

物资搬動表

借出			借入			備
品名	數量	廠所	品名	數量	廠所	
洋油桶	3500 斤	陆军第五十九军司令部				
鐵管	4 根	肥皂廠				接收时存中華出光徐州出張所 现在肥皂廠木材
柴油	2 筒	〃				〃
馬達	7 部	〃				此马

83

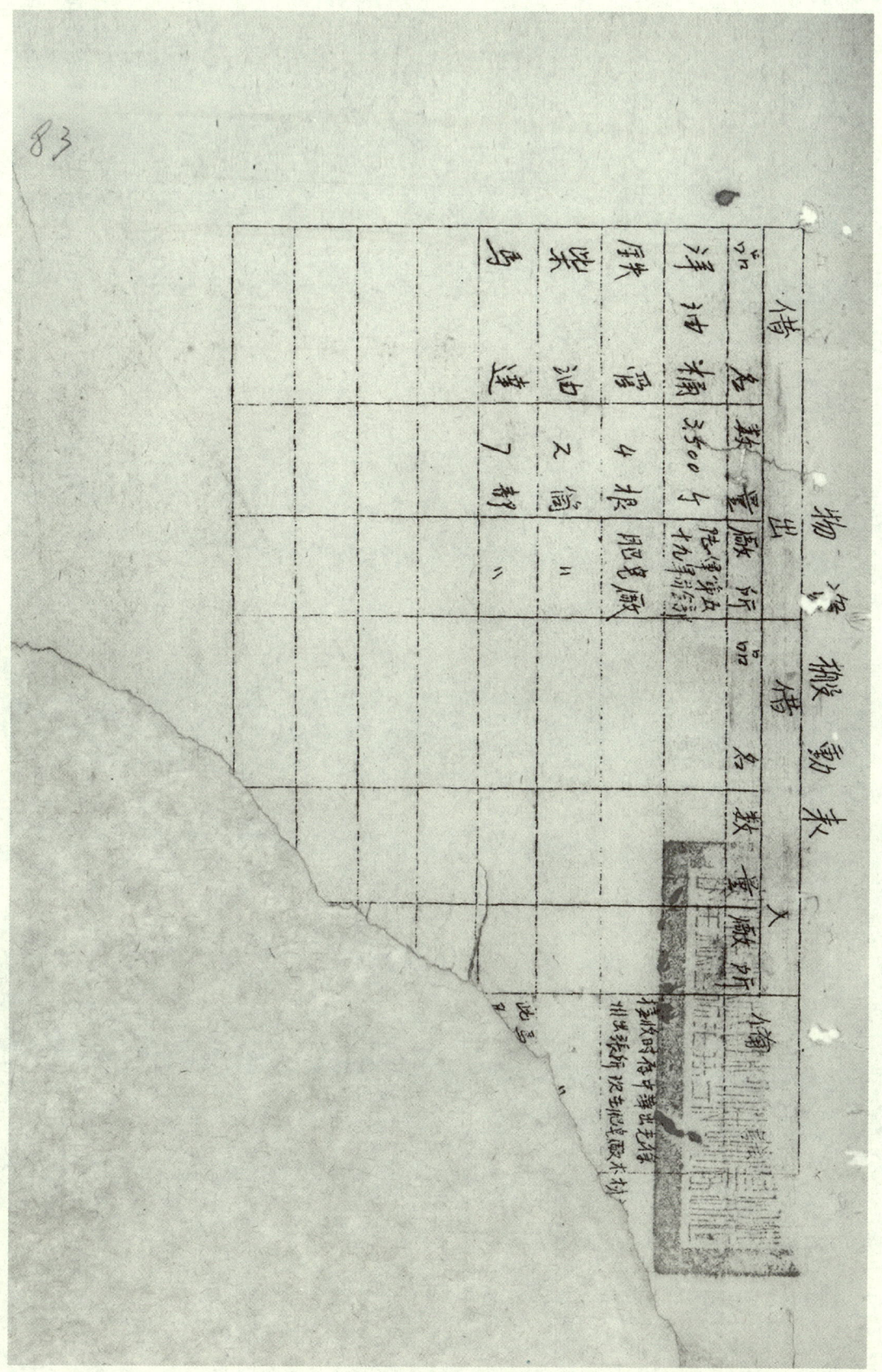

寶興麵粉廠民國二十七年四月原有財產及被日軍強佔後資產損失現值表

類別	數量	民國27年原值	自27年4月至35年1月物價倍數		自27年4月至35年1月損失比率		民國35年1月現值	備註
			倍數	現值	比率數	損失金額		
現存之部								
不動產	46項	275,749.10	700倍	193,024,370.00	20%	38,604,874.00	154,419,496.00	詳附表第1號
機械	63"	609,474.50	3000"	1,828,423,500.00	50%	914,211,750.00	914,211,750.00	" " 第2號
損失之部								
麵粉（44斤）	10,057袋	240,690.10	1300"	312,897,130.00		585,768,005.15		" " 第3號
麩皮（大包）	20,393"							
" "（小包）	2,626"							
中國銀行押滙粉	2,000"							
庶務處（五金備品）	2,672種	84,114.04	3000"	252,342,120.00				
" "（洲布麻袋）		13,191.63	1000"	13,191,630.00				" " 第4號
工程處（建築材料）		10,105.88	700"	7,074,116.00				" " 第5號
欠款未繳		197,619.51		197,619.51				" " 第6號 [illegible]
現金		65,439.64		65,439.64				" " 第7號
		1,496,384.40		2,607,215,925.15		1,538,584,629.15	1,068,631,246.00	

6

寶興麵粉廠不動產建築余值表

附表第1號

建築	余值		建築	余值		備註
客廳	3.800	00	洋灰輪架	127	23	此項不動產46項余值共$275.749.10
廂房	2.115	60	引擎鍋炉房	3.384	74	
營業部	2.200	00	浴池	171	70	自27年4月至35年1月物價倍數以700倍計算合法幣
倉庫	10.108	90	鎮平街南院垣墻	1.573	63	$193.024.370.00
西南院	4.843	85	廚房一間	37	64	自27年4月至35年1月損失比率以20%計算合法幣
東北院	366	97	公館房院	8.683	72	$38.604.874.00
舊鍋炉房	3.509	03	三院倉庫	11.649	32	民國35年1月現在價值$154.419.496.00
垣墻	6.083	92	公館南房	2.657	29	
晒麥場	2.985	64	門房亮台	853	60	
舊井	1.016	30	防空地洞	658	53	
樓下白鐵棚	2.426	90	花窖	281	54	
機器房	5.943	11	東樓	6.235	88	
北大門及門房	1.365	20	西樓	6.232	58	
新井	11.233	12	西配房	1.599	56	
西廠棚	600	77	東配房	1.520	58	
炭園子	591	00	浴池廁所	812	73	
製粉樓	29.195	24	鎮平街西院空基一所	7.267	81	
新鍋炉房	3.616	47	營業部大樓	16.990	99	
鍋炉台	4.008	17	海州地皮	5.466	55	
東巷馬路	332	44	瓦房四間	300	00	
南院一所	5.106	48	同鄉會	2.800	00	
西倉庫	10.470	57	程公祠	1.570	00	
客廳澡塘	218	51	新粉樓	31.738	75	
鎮平街房院一所	3.200	00	南大門	3.796	35	
中正街房院一所	4.500	00	水櫃座子	339	02	
鎮平街南院空基一所	809	37	西房三間	771	01	
井上亭子	172	34	南房五間	1.103	41	
北中正街東垣墻	419	30	華樓	7.091	98	
舖西晒麥場	99	25	鎮平街水溝	2.363	74	
鎮平街中院地基	584	62	臨時貨廠	1.932	26	
烟筒	9.308	09	鎮平街東柵欄	119	67	
廁所	86	46	本廠樓底座地基	5.552	51	
製瓦棚	256	78	大水池	6.049	37	
東院房	1.728	80	小水池	714	21	
總計余值				$275.749	10	

寶興麵粉廠全部製粉機使用損失估價表

附表第2號（第1頁）

部別	機器名稱	數量	原值	自民國27年4月至35年4月物價倍數		自民國27年4月至35年4月損失比率		民國35年4月現在價值	備註
				倍數	現值	比率數	損失金額		
製粉部	24"鋼磨	5部	13,000.00	3000	39,000,000.00	50%	19,500,000.00	19,500,000.00	
〃	30" 〃	1〃	3,000.00	〃	9,000,000.00	〃	4,500,000.00	4,500,000.00	
〃	40" 〃	14	56,000.00	〃	168,000,000.00	〃	84,000,000.00	84,000,000.00	
〃	60" 〃	1〃	7,000.00	〃	21,000,000.00	〃	10,500,000.00	10,500,000.00	
〃	24"磨輥	46個	36,800.00	〃	110,400,000.00	〃	55,200,000.00	55,200,000.00	
〃	30" 〃	12〃	1,200.00	〃	3,600,000.00	〃	1,800,000.00	1,800,000.00	
〃	40" 〃	68〃	3,720.00	〃	11,160,000.00	〃	5,580,000.00	5,580,000.00	
〃	60" 〃	12〃	60,000.00	〃	180,000,000.00	〃	90,000,000.00	90,000,000.00	
〃	清麥機	2部	15,000.00	〃	45,000,000.00	〃	22,500,000.00	22,500,000.00	
〃	清粉機	12〃	4,800.00	〃	14,400,000.00	〃	7,200,000.00	7,200,000.00	
〃	方羅	5〃	11,250.00	〃	33,750,000.00	〃	16,875,000.00	16,875,000.00	
〃	風床	3個	1,900.00	〃	5,700,000.00	〃	2,850,000.00	2,850,000.00	
〃	頭道淨麥機	2部	2,100.00	〃	6,300,000.00	〃	3,150,000.00	3,150,000.00	
〃	二道淨麥機	2〃	1,800.00	〃	5,400,000.00	〃	2,700,000.00	2,700,000.00	
〃	打麥機	2〃	5,600.00	〃	16,800,000.00	〃	8,400,000.00	8,400,000.00	
〃	洗麥機	2〃	21,000.00	〃	63,000,000.00	〃	31,500,000.00	31,500,000.00	
〃	草籽機	6〃	3,200.00	〃	9,600,000.00	〃	4,800,000.00	4,800,000.00	
〃	滾麥龍	4〃	3,500.00	〃	10,500,000.00	〃	5,250,000.00	5,250,000.00	
〃	打包機	6〃	4,500.00	〃	13,500,000.00	〃	6,750,000.00	6,750,000.00	
〃	升降斗	53〃	6,400.00	〃	19,200,000.00	〃	9,600,000.00	9,600,000.00	
〃	皮而發	5〃	3,200.00	〃	9,600,000.00	〃	4,800,000.00	4,800,000.00	
〃	吸風机	4〃	4,000.00	〃	12,000,000.00	〃	6,000,000.00	6,000,000.00	
〃	圓羅	1〃	900.00	〃	2,700,000.00	〃	1,350,000.00	1,350,000.00	
〃	縫袋机	2〃	1,830.00	〃	5,490,000.00	〃	2,745,000.00	2,745,000.00	
〃	狭麥机	3〃	1,600.00	〃	4,800,000.00	〃	2,400,000.00	2,400,000.00	
〃	麩皮車	4〃	6,000.00	〃	18,000,000.00	〃	9,000,000.00	9,000,000.00	
〃	皮帶	全	22,080.66	〃	66,241,980.00	〃	33,120,990.00	33,120,990.00	
發動機部	550P發動機	1部	14,930.00	〃	44,790,000.00	〃	22,395,000.00	22,395,000.00	
〃	瑞典發動機	1〃	18,500.00	〃	55,500,000.00	〃	27,750,000.00	27,750,000.00	
〃	[illegible]	1〃	35,000.00	〃	105,000,000.00	〃	52,500,000.00	52,500,000.00	
〃	雷根比 〃	1〃	36,000.00	〃	108,000,000.00	〃	54,000,000.00	54,000,000.00	
〃	汽水床	3〃	5,770.00	〃	17,310,000.00	〃	8,655,000.00	8,655,000.00	
〃	柴油機	1〃	2,100.00	〃	6,300,000.00	〃	3,150,000.00	3,150,000.00	
	轉下頁		413,680.66		1,241,041,980.00		620,520,990.00	620,520,990.00	

	接上頁		413.680	66	3.000	1.241.041.980	00	50%	620.520.990	00	620.520.990	00
發動機部	抽水機	2部	1.000	00	〃	3.000.000	00	〃	1.500.000	00	1.500.000	00
〃	發動機		14.931	09	〃	44.793.270	00	〃	22.396.635	00	22.396.635	00
修機部	拉絲床	2〃	15.500	00	〃	46.500.000	00	〃	23.250.000	00	23.250.000	00
〃	刨床子	4〃	7.250	00	〃	21.750.000	00	〃	10.875.000	00	10.875.000	00
〃	刮床子	4〃	3.500	00	〃	10.500.000	00	〃	5.250.000	00	5.250.000	00
〃	鑽床子	1〃	2.500	00	〃	7.500.000	00	〃	3.750.000	00	3.750.000	00
〃	鍋炉	7〃	84.860	00	〃	254.580.000	00	〃	127.290.000	00	127.290.000	00
〃	水泵	7個	3.550	00	〃	10.650.000	00	〃	5.325.000	00	5.325.000	00
〃	總汽門		4.500	00	〃	13.500.000	00	〃	6.750.000	00	6.750.000	00
〃	總皮帶輪		5.500	00	〃	16.500.000	00	〃	8.250.000	00	8.250.000	00
〃	總皮帶		8.000	00	〃	24.000.000	00	〃	12.000.000	00	12.000.000	00
〃	電盤		3.000	00	〃	9.000.000	00	〃	4.500.000	00	4.500.000	00
〃	電滾吊掛皮帶輪		4.000	00	〃	12.000.000	00		6.000.000	00	6.000.000	00
〃	電機	1部	2.600	00	〃	7.800.000	00	〃	3.900.000	00	3.900.000	00
〃	烟筒閘板		4.000	00	〃	12.000.000	00	〃	6.000.000	00	6.000.000	00
〃	水柜		3.000	00	〃	9.000.000	00	〃	4.500.000	00	4.500.000	00
〃	捲鋼板床子		2.200	00	〃	6.600.000	00	〃	3.300.000	00	3.300.000	00
〃	軌道滚子		200	00	〃	600.000	00	〃	300.000	00	300.000	00
〃	机床大軸		400	00	〃	1.200.000	00	〃	600.000	00	600.000	00
〃	砂輪架子		200	00	〃	600.000	00	〃	300.000	00	300.000	00
其他	鍋炉前鉄板		2.200	00	〃	6.600.000	00	〃	3.300.000	00	3.300.000	00
〃	拉炭車	30輛	1.500	00	〃	4.500.000	00	〃	2.250.000	00	2.250.000	00
〃	推貨車	20〃	520	00	〃	1.560.000	00	〃	780.000	00	780.000	00
〃	切麫机	1部	60	00	〃	180.000	00	〃	90.000	00	90.000	00
〃	暖汽管子		14.600	00	〃	43.800.000	00	〃	21.900.000	00	21.900.000	00
〃	水管子		1.800	00	〃	5.400.000	00	〃	2.700.000	00	2.700.000	00
〃	水龍	1部	450	00	〃	1.350.000	00	〃	675.000	00	675.000	00
〃	水龍帶		1.400	00	〃	4.200.000	00	〃	2.100.000	00	2.100.000	00
〃	磅稱	1〃	1.400	00	〃	4.200.000	00	〃	2.100.000	00	2.100.000	00
〃	槽輪		1.172	75	〃	3.518.250	00	〃	1.759.125	00	1.759.125	00
	合計		609.474	50		1.828.423.500	00		914.211.750	00	914.211.750	00

經濟部蘇浙皖區徐海接收委員辦事處公函

函字第111號

中華民國三十五年四月十二日

案准

貴處本年四月五日徐處字第三號函開：「查徐州市區敵人之房地產為數甚多，尚無清冊可資查考，用煩 貴處代向日本連絡部提取前日本領事館之清冊一份，送交本處俾資審核查考，紉公誼」等由，准此。查該項清冊茲已令由徐州日本連絡部檢送到處，相應檢同原冊函請查收見復為荷。

此致

蘇浙皖區敵偽產業處理局駐蘇辦事處徐州分處主任李

計送原清冊五十二份

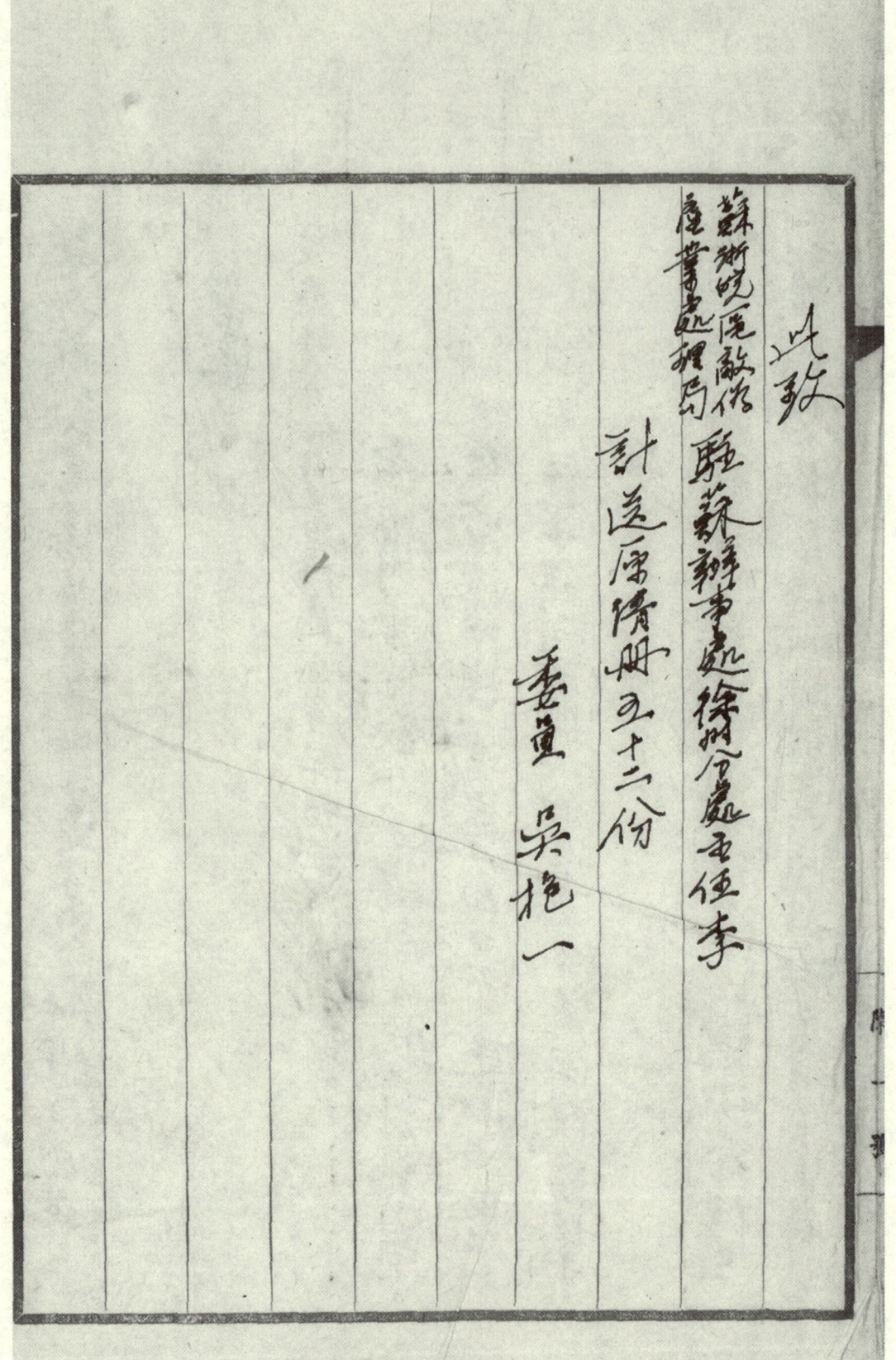

委員　吳挹一

经济部苏浙皖区徐海接收 (卅四)市公署建造物目录表 乙份 17、军管理日人会堂 丰坊镇
委员办事处出乙件——： (卅五)十六号宿舍 〃 〃 乙份 18、第五师筑城班仓库 西关街
拨徐州日本建设部遗之敌人房地产清册 (卅六)四号宿舍 〃 〃 乙份 20、一兵站宿泊所 北马路
(一)徐州送水管目录表 乙份 (卅七)旧公会堂 〃 〃 乙份 21、市公署 大华镇
(二)建物附属物件 又 乙份 (卅八)三号宿舍 〃 〃 乙份 24、旧师团长官邸 公安街
(三)水道设备装置 又 乙份 (卅九)县政府 〃 〃 乙份 25、第五师部长官宿舍 和平横巷
(四)房屋造水管修缮 又 乙份 (四十)[illegible]ホール 〃 〃 乙份 26、弹药库·津浦 西马路
(五)电灯架线 又 又 乙份 (四一)淮海学院 〃 〃 乙份 27、二兵器库 〃
(六)朝鲜银行建物 又 乙份 (四二)大马路 〃 〃 乙份 28、第五师兵站宿舍 北马路
(七)奎山建造物 又 乙份 (四三)东站仓库 〃 〃 乙份 29、军人会馆 启明路
(八)合号宿舍建造物 又 乙份 (四四)弹药库 〃 〃 乙份 30、元军人ホール 大同街
(九)将校集会所警备队宿舍建物 又 乙份 (四五)市外水源地 〃 〃 乙份 31、第五师建筑材料仓库 津浦镇
(十)二号宿舍建造物 又 乙份 (四六)野战病院 〃 〃 乙份 32、第五师野战仓库 津浦大马路
(十一)东站材料库建物 又 乙份 (四七)三官庙水源地 〃 〃 乙份 33 〃 〃 西关街
(十二)病马厂建造物 又 乙份 (四八)骆驼山 〃 〃 乙份 35 淮海学院 北镇
(十三)中兵营 又 乙份 (四九)第三兵器厂 〃 〃 乙份 36 中兵营之一 梁庄
(十四)北兵营 又 乙份 (五十)第五兵站一号 〃 〃 乙份 37 〃 之二 〃
(十五)司团部建造物 又 乙份 (五一)第五兵站二号 〃 〃 乙份 38 警备中队丑尉官宿舍 大华镇
(十六)五号宿舍 又 又 乙份 (五二)陆军病院将校宿舍 〃 〃 乙份 40 病马厂 中兴街
(十七)四号 又 又 又 乙份 以上共计五十二份。 41 宪兵本部 庆云路

10

(十八)三号 又 又 又	乙份 軍用土地建物調書目次（討防大巻）	42 憲兵隊長宿舎 鎮一街
(十九)二号 又 又 又	乙份 1. 第五師司令部 十華鎮	43 憲兵分隊 大同街
(二十)部長 又 又 又	乙份 2. 第五師二号宿舎 〃	44 憲兵分隊並宿舎 後井涯巻
(廿一)厳舎 又 又 又	乙份 3. 〃 三号家族宿舎 文亭街	45 連絡部 大同街
(廿二)九号 又 又 又	乙份 4. 〃 四号家族宿舎 〃	46 連絡部長宿舎 公明街
(廿三)部長 又 又 又	乙份 6. 〃 十六号家族宿舎 大馬路	47 連絡部一号宿舎 後井涯巻
(廿四)軍人会館 又 又 又	乙份 7. 〃 十一号家族宿舎 鎮東街	48 〃 二号 〃 〃
(廿五)北地倉庫 又 又 又	乙份 8. 同仁会 鎮北巻	49 〃 三号 〃 〃 / 50 〃 四号 〃 〃
(廿六)鉄刹庵 又 又 又	乙份 9. 第五師金山兵営 金山	51 〃 五号 〃 文亭街
(廿七)工人訓練所 又 又 又	乙份 10. 軍管理鉄仏寺東儲南街	52 一六野戦郵便局 大同街
(廿八)鉄仏寺建物 又	乙份 11. 第五師兵站勤務隊之一 雲馬路北	53 防疫給水部 雲龍山麓
(廿九)扶輪小学 又 又	乙份 39. 〃 〃之三 〃	54 軍管理一部局舎 南馬路北
(三十)[illegible]宿舎 又 又	乙份 12. 軍管理旧煉瓦廠 鉄刹庵	55 野戦病院 牌楼鎮
(卅一)郡局会 又 又	乙份 13. 第五師九号宿舎 大同街 / 14. 〃 八号宿舎 大同街	56 二兵站宿泊所 北馬路
(卅二)同仁会 又 又	乙份 15. 銅山縣政府之一 後井涯巻 / 22. 〃 之二 〃 巻	58 陸軍病院将校宿舎 鎮一街
(卅三)旧宣卯 又 又	乙份 16. 軍管理扶輪小学校 北鎮	57 特別工人訓練所 西関鎮

11

徐州專員辦事處寄存已結案件卷宗清單

敌陆

12

原號	新號	案別	品類	摘要	地點	處理階段：蔵核	估價	結束 未	備考
靖58	359	敵	車	查獲偽和平建國軍車處查獲定			估	結	歸標賣該車卷
〃102	360	〃	〃	得標並傳道謹發話吃			、	〃	
靖53	260	沛	物	物資被匯檢				〃	院已備案
〃198	261	接	〃	碭山糸接收				〃	
〃161	296	捻	事	市合作社請備物資				〃	
偽55	321	民	股	閔宣光嫌疑	習吃旅館	發還並償		〃	追字第3980准備
敵10	266	敵	押	敵所討店	中正路194號	定	押	〃	
靖159	758	〃	物	製肉廠電話	復興路221號	〃	估	〃	
〃	〃	〃	〃	造冰廠金庫	復興路頭	〃	〃		
〃	〃	〃	〃	田村購會社係股植	中正路	〃	〃	〃	
〃114	292	捻	事	標案登投資	蚌埠			〃	
〃148	300	敵	房	醬油廠				〃	未備
〃157	253	〃	物	請購硫酸				〃	〃

致

卷號 原號	卷號 新號	案別	品類	摘要	地點	處理階段（已移交估價／已結或未結）	備考
逆房[illegible]	[illegible]	逆	房	張定一	三處	發還 結	法院無案
處40	239	〃	〃	新鳳祥銀樓		發還差價 結	不起訴
		〃	物				
偽11	240	〃	房	喬振達	大馬路138號	〃 〃	不起訴
處[illegible]	未	—	物				
處176	382	逆	房	吳一特祖辦	南大馬路	〃 〃	
		〃	物	戴圖			
偽26	303	民	房	秦步庭租	建國路□號	〃	
		〃	押	又	80元		秦步庭准予核處未完畢 案方稽查建議
偽45	313	逆	押	張□□發還 相臣為幸	馬市街70號	發還 仲結	
偽10	280	逆	達	蒯大賓		〃 〃	未完
				周麗生		〃 〃	
四71	130	逆	物房	王慶勳	中正路56號 永豐里□號 王大路□號	發還 〃	函沪追送 30433文

13

卷號 原號	卷號 新號	案別	品類	摘要	地點	處理階段 產權	處理階段 估價	處理階段 結或未	備考
靖153	234	敵	物	空軍移交軍鞋等	八十八師	定	估	結	
〃	〃	偽	〃	偽朕行糙米	縣警局撥	〃	〃	〃	
〃	〃	敵	〃	空軍交雨衣	市警局	〃	〃	〃	
偽20	317	民	房	天承訓承租郵政生	道華路66號	發還	〃	〃	未由統處報備 電法院查照一
處59	246	〃	〃	敵偽威廣蓋	糧子街十三號	〃	並償	〃	
〃	〃	〃	〃	軍運會黨任張健學	馬市街37號	〃	〃	〃	
處23	318	〃	〃	天鏡壹嫌疑	興隆巷20號	〃	〃	〃	
偽27	312	〃	〃	偽逆子雲嫌疑	正大街八八號	〃		〃	尚未報備 宜電法院查照
偽22	311	〃	〃	偽逆鑑宗嫌疑	馬市街五四號	〃	並償	〃	
處73	216	〃	又	丸十又廠佔用	建國路三九六號 華興鐵廠			〃	送查國文查上
敵77	201	敵	房	敵製衣革廠	鎮河街17號	確定	已估	已結	沪殖總字第八五七
靖132	236	〃	物	東亞粉廠粉袋	鎮江麵粉廠撥	〃	〃	〃	
偽25	243	民	房	偽逆承璋佔		發還	並償	結	
偽19	302	〃	〃	委漢租房逆苔	馬市街9 7號	〃		〃	
偽24	247	〃	〃	周逆知非嫌疑	光武巷四一號	〃	〃	〃	

改

案號 原號	案號 新號	類別	類別	摘要	地點	處理階段 處理	處理階段 估價	處理階段 接收	備攷
處118	304	民	房	張逆相臣私	馬市街75號	發還	免償	〃	沂理逆字第九七二三七代電
〃1	301	〃	〃	趙逆紹義租警税之	建國路346號	〃	〃	〃	
偽18	242	〃	〃	夫逆鶴松讓租	新泉巷13號	〃	〃	〃	
處75	32	〃	〃	租張宝一座	济泉橋東緒五號誤封		·	〃	發還 濟泉房基巷
偽17	248	〃	〃	夫逆姜漢承租	馬市街9號	發還	免償	〃	未報備
處37	10	逆	〃	馬心良案	什字北閘平巷	〃	·	〃	37沂理逆卅1079文 軍處3度理備
〃173	344	〃	〃	天金標	雲芝巷15號	與禮	·	〃	向法院申訴
偽6	352	〃	押	毛猪逆鉅泉逆股之中東煙廠	中東煙廠一部房屋	發還	仲	〃	逆字第3148準備 三矣六、廿一、件然23號
敵74	308	偽	地	中聯行	鄭尚村重宅		仲	結	
處56	309	偽	房	偽皇縣長黃景之	鼓樓東巷十五號	發還		〃	
偽69	320	民	房	軍逆會堂嫌疑	鼓城路416號	發還	免償	〃	秦行逆字第28642396收備
〃	〃	〃	〃	〃	中正路277號	〃	〃	〃	〃
偽41	348	〃	〃	程允庵嫌疑	協和巷19號	〃	〃	〃	待案呆收備
處165	337	青	物	济南出彩信和東廠捲机		不詳		〃	
〃166	345	差	房	長老會教堂	宿遷	發還	〃	〃	

14

卷號 原號	卷號 新號	案別	品類	摘要	地點	處理階段 接收	處理階段 估價	處理階段 結或未	備攷
敵房7	222	敵	房		鎮沂衛?號	接管已	已估	已結	沪理地一〇一〇六號
		吳		寄於吳姜				結	
敵82	219	敵	房	三多廣紙店	民生巷1號	〃	〃	〃	沪理總五〇八五號
〃116	218	〃	〃	月華洋行	文華街32號	〃	〃	〃	沪理總五〇八五號
〃145	217	〃	〃	大和ホテル	大同街6號	〃	〃	〃	又
漢75	215	〃	物	汽車	本處查獲	〃	〃	〃	標售
敵20	214	〃	房	古賀	生財一街2號	〃	〃	〃	沪理地一三八九二號
〃123	206	〃	〃	藤下新太郎	吳淞路113號	〃	〃	〃	沪理地七五〇一號
〃38	212	〃	〃	松岡惣一	統一街25號	〃	〃	〃	沪理總五〇八五號
〃31	211	〃	〃	岩部真	統一街51號	〃	〃	〃	沪理地一七〇六號
〃30	210	〃	〃	五十嵐	統一街41號	〃	〃	〃	沪理地一七〇六號
〃165	209	〃	〃		大馬路118號	〃	〃	〃	沪理地一〇一〇號
〃146	208	〃	〃	金平菓子店	月波街?號	發還業主	償	〃	莫三十道議喬七楚上建物另有卷

卷號原號	卷號新號	業別	品類	摘要	地點	處理階段 點交	估價	付價結案	備考
敵88	207	敵	地	橫山生計衣	三馬路43號	確定	已估	已結	滬理地二一〇〇三號
〃34	205	〃	房	大澤洋行	三馬路0號	確定	已估	已結	滬理地五一六九號
〃183	206	〃	〃	枚本公司	彭城路206號	〃	〃	〃	滬理地二一〇〇三號
〃175	203	〃	〃		奮路121136號	〃	〃	〃	滬理地六〇一二二號
〃75	202	〃	〃	東関石炭販賣所	鎮河一街12號	〃	〃	〃	滬理地一〇一〇六號
〃15	77	〃	〃	加藤一彥	大巷1223號	〃	〃	〃	惟尚未報備
〃16	124	〃	〃	富木武松	大同街52號	〃	〃	〃	滬理總五四八五號
			租金	〃	〃	〃	〃	〃	於卅四年一月一日收全年租金貳万元在丞再追繳勝利後文未獲期租金請詳核
〃60	58	敵	房	大丸洋行	民主路75號	〃	〃	〃	產證卷敵字62號卷
〃	〃	〃	〃	釜平菓子店	月波街9號	〃	〃	〃	
〃7	70	民	〃	敵野戰郵便局	大同街45號	〃	〃	〃	無償發還（本案未向徐処報備亦未奉指令）
〃	〃	敵	〃	敵七三八一部隊	津浦馬路西		〃	估作	已結
〃	〃	〃	〃	敵同和汽車	建國路352號	〃	〃	〃	

15

卷號 原號	卷號 新號	品類 別類	摘要地點		處理階段 擬辦	依償結或未結	備攷
敵181	128	民房	松下榮	中正路17號	發還無償	結	滬理查房1867文
處30	11	逆物	天兰記逆產嫌疑案內田原洋物資	李處接收部	〃	〃	已移處保檢產#1519文
〃44	4	偽物	偽華北郵局	三井洋行	不詳	〃	無案可稽、
〃57	5	民物	趙逆會義案內	建國路360號	發還無償	〃	滬理逆#2197號
〃58	6	民房	鄭鵬舉案內	雲龍山下	〃 〃	〃	滬理逆#17918
〃82	19	韓房	秦偉民	大馬路227	〃 〃	〃	滬參房57771文
〃78	14	敵	韓柳川慶雄	敵憲兵隊	參案	〃	滬參#4843文
〃145	141	民房		東來春陽廣	確定	〃	補查通文查
〃	〃	〃廠	麵粉廠	豐財巷37號		〃	
〃76	145	敵物	柳泉酒精廠神池	貴淡	發還無償	〃	差令行
〃72	148	民房	淮南鑛局	大同街	〃 〃	〃	發還徐胡氏等
〃163	23	敵房	東亞火柴会株式	中正路九五號	確定 估	〃	徐處#865擬備
〃184	22	偽物	淮海省医院主任楊雄飛	鳳化巷三號	發還	〃	滬理逆#15118文

卷號 原卷號	新卷號	案別	類別	摘要	地點	處理	付價	結或未	備攷
處116	132	敵	物	重江洋行 石榮軒	繙塘	無稽		結	後清查團
〃123	134	民	房	靖宗川英華	文學巷廿號	發還無償		〃	沪駐查三字1145文
敵105	138	敵	物	酒精井法廠	燕廠	無稽		〃	
〃96	221	偽	房	偽路局宿舍	大馬路	礙無	已估	已結	沪理地二〇三二號
〃111	630	放	〃	廣坂閔	千里巷65號	〃	〃	〃	〃 文八六八二號
敵113	416	偽	房	重慶[illegible]	小閔家衖				
綏157	719	民	房	張駿銀	慈善巷三號	無起		〃	
綏105	800	敵	物	敵遺破鉄柜	中正路101號	定	估	〃	中央合作庫价撥
處72	1228	放	房	松竹次郎	後倉巷17	礙無	已估	〃	沪理總五〇八五號
放131	230	〃	〃	伊田洋行	中山路101、100號	〃	〃	〃	號三〇號洋 楊寺[illegible]案
〃	〃	〃	〃	兼松洋行	大倉路101、191號	〃	〃	〃	沪理總五〇八五號
〃86	226	〃	〃	手塚正雄	中正路233號	〃	〃	〃	又
〃6	224	〃	〃	一兵站一號	大馬路330號	·	〃	〃	又

16

卷號 原號	卷號 新號	案別	品類	摘要	地點	處理階段 發還	處理階段 估價	處理階段 結束	備考
緒74	127	逆	股	天成法	華資旅館 利成公衣庄	發還		結	處字第一〇七六號代電奉指復
僑59	346	民	號	范逆所開南綏號 立鴻記分號	馬街76號	〃	發價	〃	張納元領回
處71	18	韓	產	奉命查封	崇義里七號米棧	〃	〃	〃	沪理查三卅1061文
					崇文路#31	〃			
					仝 444	〃		結	租地部份已租
					三馬路 63	〃			約另行加租 市府方面車処3年出議
					崇文路 2728	〃			
					大馬路 225	〃			
					(統街24↓歸徐道鄰所有)			結	
僑50	98	逆	物	漢奸傅深	物品	發還	估價	已結	沪理逆字一三三一號准予備查
處19	12	逆	物	天香龍米行 茂行食糧	火神廟街	〃	以原價退還	結	沪逆查#61508文
處147	150	逆	金	鄭吳白		〃	原額	結	
處88	43	僑	股	楊慎化	京滬製油股票			結	離條

卷號 原號	卷號 新號	案別類	摘要	地點	處理階段 接收	處理階段 估價	處理階段 結束或未	備攷
處142	42	敵房	李東臣等九户				結	分見各專小卷
〃95	41	送	梅思平陳公博		封		結	
〃32	40	接事	請撥萬福廠				結	未便照辦
〃28	136	民地	大道天然祖	火神廟	發還	僧	結	滬理送字#2310文
〃28	33	送物	鹿志貴	本處接收	〃	〃	〃	
〃135	37	接事	聯絡接收				〃	
〃34	39	蚌房	蚌埠中榮街				銷	
〃52	30	敵人	偽華興銀行五三八				結	徐處字第五號呈復
〃146	26	海地	敵冠江洋行	灌雲縣			〃	轉飭送向海處申請
〃53	29	敵房	敵僑倒猿	大同街舊93號	確定	估	〃	滬理總字6085號詳王廣忠卷
〃127	24	民押	韓僑禎同	復興路42號	止	押	〃	滬理查一房#6419文
蕪處	131	民房	劉運玉泉租唐文標	銅沛路63號	發還	免償	〃	高檢處徐檢明1560號
敵179	129	民房	敵佔	大馬路339號	〃	〃	〃	滬理查一房16387文

17

原號	新號	案品別	案品類	摘要	地點	產權	估價	結案	備註
敵67	409	敵	房	第二病院	崇文路17号	確定	已估	已結	沪理查房三八八号 崇文路17号地皮 [illegible]
									為兩住戶有一為許[illegible] 一為[illegible]敵產房
									經由雙方協議各別自行[illegible]至案[illegible]
									已將地基移讓與盛[illegible] 遇等[illegible]結案
敵142	174	敵	房	浪人	大同街80、85号	確定	已估	已結	沪理總字五八四号
〃109	158	〃	〃	安宅商會	參東巷96号	〃	〃	〃	沪理總字五八八号
〃73	160	〃	〃	小島要太郎	大同街72号	〃	〃	〃	沪理總五八〇号
偽3	156	偽	〃	偽稅務局	中正路168号	〃	〃	〃	沪理地五一六九号
敵97	126	敵	〃	鷲津尚太郎	大同街113号	〃	〃	〃	沪理總字五〇八〇号
〃45	131	〃	〃	廣島商事	中正路125号	〃	〃	〃	沪理估字二五九五号
〃14	162	〃	〃	大同街97号	國分屋	〃	〃	〃	沪理地字五七号
			哭					結	
處74	157	敵	房	吉岡藥房	大同街35号	〃	•	〃	該款已於卅六年二[illegible] 吉以[illegible]中清之案
									20号遞單抗遞
敵72	153	敵	房	吉岡氏	大同街維新巷	〃	〃	〃	沪理總字五〇八五号

原號	新號	類別		摘要	地點	核擬	估價	結或未	備攷
敵51	173	敵	房	村井	大連路176號	確定	已估	已結	滬理總字の八〇五號
〃71	171	〃	〃	第一兵站一號	大連路377號	〃	〃	〃	滬理總字の八〇五號
〃98	170	〃	〃	山東恒廣宿舍	後倉里16號	〃	〃	〃	滬理總字の八〇五號
〃117	169	〃	〃	東亞烟草公司	中正路3535 3537	〃	〃	〃	
〃94	168	〃	〃	第一兵站六號	大馬路354號	〃	〃	〃	標售
〃13	165	〃	押	釜屋計治	三民街13號	〃	仲	結	
〃	〃	〃	房	〃	〃	〃	已估	已結	滬理總字の八〇五號
〃120	164	〃	〃	德勝洋行	建國路342號	〃	〃	〃	〃
〃69	163	〃	〃	日本鋼管	鎮平街5號	〃	〃	〃	〃
〃150	162	〃	〃	〃	大同街3號	〃	〃	〃	滬理地八九一八〇號
〃18	161	〃	〃	東野棉花公司	大同街九一〇號	〃	〃	〃	滬理總字の八〇五號
〃	〃	偽	〃	偽行政專署建科	大同街九一號	〃	〃	結	
處102	216	敵	房	大和ホテル	大同街61號	〃	〃	〃	滬理總字八〇五號
〃103	249	民	房	天益信嫌疑		發還	無價	結	謀科
〃	〃	〃	物	〃		〃	〃	〃	

卷號 原號	卷號 新號	案別	品類	摘要	地點	處理階段 產權	處理階段 估價	處理階段 結或未	備攷
敵126	100	逆	地	野村部隊	南大橋東馬路	發還	撥償	已結	未報備
〃162	99	民	房		中正路4號	〃	〃	〃	清理查房字9687號
偽33	102	租	房	王逆廣勳	忠路5號			結	未准
〃16	101	民	房	宋善理髮館	大同街21號	發還	無償	結	未報備
偽15	102	逆	房	蒯大賓之隣	東州四街29號	發還		結	宣判無罪
敵22	97	民	地	騰田部隊汽車廠	太平里	發還		已結	
敵46	122	敵	房	齋藤	紅雲巷1 2號	確定	已估	已結	清理地#10548號
敵56	125	〃	〃	山近商事	中山路88號	確定	已估	已結	已標
〃	〃	民	地	〃	〃	發還		〃	
敵129	54	民	房	佐藤幸平	道平路57號	確定	無償	已結	先予異議 未報備
處71	53	民	房	石田	彭城路196號	〃	〃	〃	〃
敵69	51	〃	〃	敵租	大同街110號	〃	〃	〃	准予具結發還
偽40	80	〃	〃		中正路198	確定		已結	未封

卷號 原案號	新號	業別	品類	摘要	地點	處理階段 產權	估價	結或未	備考
敵166	51	敵	房		月波巷26号	確定	已估	已結	滬理地21043号
〃114	74	〃	〃	齋藤泰輔	後倉巷24号	〃	〃	〃	
〃185	52	〃	〃	吉富卜三	順河街1号	〃	〃	〃	滬理地2874号
處159	56	〃	〃	堂本洋行	彭城路307号	已確	已估	已結	[illegible]房竹号卷
審55	57	〃	〃	堂本洋行	〃 307 308号	確定	〃	〃	已奉[illegible]
敵8	63	〃	〃	敵[illegible]倉庫	慶國街37号	發還	無債	已結	滬理委房16365号
〃110	66	〃	〃	小板支枝	民主路22号	確定	已估	已結	仍[illegible]
處83	94	民	房	興南公司	青年路223号	確定		已結	發還
敵2	93	民	房	韓僑朴永秀	彭城路146号	〃	無債	〃	
〃230	92	民	房	月字107部隊	大同街114号	〃	〃	〃	尚未報備
敵[illegible]	91	〃	〃	敵國際公司	津浦電路[illegible]号	〃	〃	〃	准予發還尚未報備
處90	90	民	房	三浦清昭	中正路45号	〃	〃	〃	准予發還
〃	〃	〃	地	〃	〃	〃	〃	〃	〃

19

卷號 原號	卷號 新號	案別	品類	摘要地點		處理階段 核估價		結或未	備攷
敵167	64	敵	房	金光宙	民主路23號	確定	已估	已結	何桂芳領
〃	〃	〃	〃	東亞紡織廠宿舍	〃28號	〃	〃	結	趙復漢等
	〃	契						結	該項土地自卅二年三月一日起租押五年係敵學仍在租押期內惟現已結案 [illegible]
敵141	71	敵	房	敵國際公司倉庫	津浦西馬路	確定	已估	已結	
偽63	72	偽	房	偽建築工程处	王家庄南江	確定	已估	已結	
〃	〃	〃	地	〃	〃	〃	〃	結	
〃	〃	〃	押租	〃	〃	〃	〃	結	於卅五年六月收敵押租偽聯券八百八十元全作價值
敵135	73	敵	房	敵國際公司	大堤路一號	確定	已估	已結	
敵111	75	〃	〃	敵西本願寺	大馬路160號	〃	〃	〃	
敵164	76	〃	〃	東亞紡織廠宿舍	復興路259號	〃	〃	〃	
〃107	115	〃	〃	常盤樓	統一街85號	〃	〃	〃	原理地33911號
〃54	116	〃	〃	金八食堂	大馬路358號	〃	〃	〃	〃5485號
〃42	117	〃	〃	塔之澤	永康路4號	〃	〃	〃	〃10548號

卷號 原號	卷號 新號	案品 別	案品 類	摘要	地點	處理階段 點交	處理階段 估價	處理階段 結束	備考
敵76	119	敵	房	重江国松	大巷口5號	確定	已估	已結	沪理地1485號
〃5	118	〃	〃		新城路354號	〃	〃	〃	〃
〃106	120	〃	〃	長尾義信〃	大同街54號	〃	〃	〃	〃
〃132	121	〃	〃	南起業	三民街118號	〃	〃	〃	〃
〃140	65	〃	〃	道田小江	南道巷二號	〃	〃	〃	
〃	〃	〃	押租	〃	〃	〃	〃	結	民廿九年七月間收押租偽幣壹七百元
〃151	69	敵	房	備業纖營所	中正路174-176號	〃	〃	已結	
〃24	110	民	房	小島要太郎	太平街19號	甚不	無償	〃	尚未設備
〃121	109	〃	〃	尾上重太郎	中華街29號	〃	〃	〃	〃
〃96	107	〃	〃	韓人金允道	利民巷3號	〃	〃	〃	
〃28	79	〃	〃	敵軍隊	津浦西馬路	〃	〃	〃	房屋二幢准予無償[illegible]
〃70	96	〃	〃	山東恆[illegible]	大馬路175	確定	無償	已結	呈候[illegible]
〃1	95	〃	〃	敵居留民团	大同街115號	〃	〃	〃	〃

20

卷號 原號	新號	案品類別		摘要	地點	處理階段 處分	估價	結或未	備考
敵57	89	民	地	偽聯合銀行	中正路安全路角	發還	無償	已結	准予發還尚未報備
〃68	58	〃	房	佐藤英雄	大同街108.109号	〃	〃	〃	准予啓封發還
〃53	87	民	地	野戰部隊	銅山路西首路北	〃	〃	〃	准予發還
〃48	86	民	房	野戰郵局	大同街41号	〃	〃	〃	准予發還尚未報備
〃35	85	民	地	野村部隊	津浦鐵路北	〃	〃	〃	免予置議
處139	45	商	業	調查工商業概況				〃	
〃10	9	民	物	李樹屏隱匿漢奸	本處接收	發還	無償	〃	呈院紀卯[illegible]文
〃1	1	卷	表	按分類檢查文件				〃	分立專卷
〃60	36	接	事	聯絡接收				〃	
〃85	31	逆	物	邢樹述	本處接收	發還	無償	〃	派理逆字第4679号
〃140	7	逆	章	抄逆辦法				〃	逆辦
〃9	8	接		交農部 指南局[illegible]路局				〃	分立專卷
〃39	139	敵	房	維新飯店	蚌埠			〃	由院指法院辦理

編號 重

卷號 原號	卷號 新號	案別	類別	摘要	地點	處理階段	備攷
處39	139	敵	物	敵遺	徐、蚌	結	
.65	143	逆	組	逆處委會	本處	〃	奉令撤消
緒12	612	民	又	寅與麵粉廠	鎮本街	發還 〃	
總100	670	海	移	海州接收案卷		〃	
案39	869	敵	物	藥品等	大馬路93號	[illegible] 〃	
·		逆	房	長順葯行 華光葯廠	中山路131號兌延	〃	華北韓繼堯所有
		敵	〃	岳雲亭	袁橋鄉兌延	〃 〃	候查無着
案房51	870	敵	房	自動車社	中正路92 93號	另案 〃	
		〃	〃	裕豐泰店	大同街96號	〃 〃	
		〃	〃	天倫綢店	中正路188號	〃 〃	
		〃	〃	新沁春	大同街96號	〃 〃	
案房26	863	敵	房	鈴木洋行	清泉橋東兌延	〃	

21

卷號 原號	卷號 新號	案品類別	摘要地點	處理階段（產權估價結或未）	備考
齊處5	854	敵房	濟南銀行白雲路2号	結	詳楊偽九宏檢查卷
〃21	867	民房	姚瀅 皇財巷21号	〃	
〃40	861	逆產	梁學文 〃	〃	高院函京許
靖136	235	沺冊	田糧各廠會請單冊 澠州	〃	
〃65	286	敵金	電廠丟金及銀錢行存款	存	扒處
處138	679	敵房	接逆敵產房屋卷請核	存 存	
靖98	384	総事	請發月報表等	結	
〃135	233	海物	西松组残存 連雲市	〃	
〃16	297	蚌物	煤、斤	〃	已轉蚌處送报
〃108	362	偽金	查詢接收偽鄉鎮公所備地區組織圖表	〃	辦事處來文
〃97	370	総事	催地區組織圖表	〃	
〃76	368	〃款	李主任國城支薪	〃	
處79	175	民房	張逆慶軒住屋紀縣 双溝鎮	〃	飭訴法院

卷號 原號	卷號 新號	案品類別	摘要	地點	處理階段（產權償付結或未）	備攷
處89	149	敵地	苗敵正伸請發佔黃山廠村		結	飭向市府申請
靖16	619	蚌人	門台子嘉山發公司		〃	
〃130	615	接事	總署電請發還軍佔房屋		〃	
〃84	231	敵房	三井洋行鄉鎮公所請撥		〃	
審處80	859	接器	不成立之兵器物件		存	
〃48	860	接器	成立之兵器物件		存	
審處9	844	韓房	韓人房屋出賣	交大路1號	移送 結	
		〃物	韓僑會與李鳳鳴		〃	
總122	659	敵人	婦女會請撥還廠地方保管		存	
〃23	545	放租		中正路212號	結	產权已了案
		僑〃		中正路213號	存	
		放〃		中正路214號	〃	
總128	657	蚌事	蚌處改臨時辦事處案		〃	

22

卷號 原號	卷號 新號	案品 別	案品 類	摘要	地點	處理階段（產權估價結或未）	備攷
總 33	847	總	事	勵志社請撥房屋		存	
〃 31	848	逆	租	劉步甫房	西湟坑巷10号	〃	
〃 30	849	敵	〃		大同街18号	〃	
〃	〃	〃	〃		大同街41号	〃	
70	841	〃	〃		關大路14号	〃	
〃	〃	〃	〃		大同街8号	〃	
〃 71	840	〃	〃		中正路97号	〃	
〃 74	837	〃	〃	李蔚霞請租橫山米討會社	三馬路17号	〃	未租
〃 79	835	〃	〃		地藏里1号	〃	
〃 78	833	〃	〃		大馬路241号前半部	〃	
〃 107	831	逆	〃	厲逆趾麟	建國路253号扣押	〃	
〃 61	827	總	事	人民服務隊借傢俱		〃	未完
〃 67	826	逆	房	張逆相臣	馬市街59号扣押	〃	

卷號（原號）	卷號（新號）	案品別	類	摘要	地點	處理階段	備考
撥19	822	總	事	全大卿請撥來逆戍三大源油坊	新巷街	扣押 存	未允
〃68	821	敌	租	宗東医院請租	崇文路12号	〃	
〃24	817	〃	車	美酒精廠破汽車	第八酒精廠	定依 結	標售
〃23	818	逆	租	朱逆戍三	新巷街市房	揮 存	梁孜山寺函人請租
〃76	835	敌	〃		崇文路8号	〃	地主馬福臣
〃49	807	逆	〃	屬逆趾麟	建國路25号 扣押	〃	
〃19	702	敌	〃	徐稼初請租	崇文路228号	〃	
〃9	718	接	事	接保大險		〃	
〃1	776	總	事	庶務雜卷		〃	有長途電話掛号
〃7	751	接	事	庶務約卅酬應事項		〃	
〃11	207	〃	〃	修繕房屋調派會卷		〃	
〃39	783	總	〃	職員生活證明		〃	
〃41	782	〃	〃	呈請配給員工呢大衣		〃	

改

23

卷號 原號	卷號 新號	案別	品類	摘要	地點	處理	估價	結或未	備考
處 12	63	敵	人	擬准公司申請 借還房屋收回 [illegible]		不退		結	
總 121	658	總	事	[illegible] 駐軍 [illegible] 案 [illegible]				存	
接 126	520	敵	租		中正路96号			存	產权另案
〃 125	521	總	事	植物油請租房屋				結	存查
接 120	517	敵	租		中正路162号			〃	產权另案
處 59	816	總	事		崇文路31号			〃	
處 59	816	總	事	家新民族 [illegible] 電廠 [illegible] 有 [illegible] 违建疑				存	查無該機構人
總 102	788	敵	人	民生 [illegible] 駐軍拆 [illegible] 房	東關街			查	
〃 113	790	海	物	滬參 [illegible] 傢俱				存	
〃 10	775	敵	[illegible]	運輸 [illegible]				存	
〃 57	789	總	事	[illegible] 調 [illegible]	中正路320号			存	
〃 116	791	接	物	陸 [illegible] 傢俱				存	
〃 119	793	總	事	[illegible] 記者談話				存	

卷號	原號/新號	案別	品類	摘要	地點	處理階段（產權付價結或未）	備攷
総14	779	総	事	上人騎兵營產卷		存	
〃5	805	敵	租	鼎茂德租賃產卷		結	已標售
〃12	804	接	章	中執會議敵偽產處理		存	
〃36	844	送	租	華會堂租 張之祖	馬市街37号	結	
〃72	839	敵	租		中正路99号	結	產權已交案
〃73	838	総	事	淮鹽漁協會請租工厂		結	未租
〃75	836	敵	租		淮平路125号	〃	已標售
〃	〃	〃	物	保險箱及電話機		決定已估 〃	
総60	828	敵	租		中正路10号	〃	產權已交案
〃103	829	〃	租		中正路101号	〃	
〃63	825	総	章	〇十六團請撥房屋保護		〃	未允
〃66	824		像	外事處借用傢俱		〃	〃
〃67	823	敵	租	徐州旅社 近江屋	中正路105号 發還	〃	產權已交案發還大中行

24

卷號 原號	卷號 新號	案別	品類	摘要地點	處理階段 估價結或未	備考
總38	784	總	爭	[illegible]委任交接[illegible]達	存	
〃13	780	〃	〃	警局派警守衛	結	
		〃	〃	電廠調警守衛	〃	
總14	801	敵	借	大和ホテル 大同街61號	〃	產權[illegible]案
〃	〃	〃	〃	統一街24號	〃	〃
		逆	〃	臧延年 後倉里12號	存	有遷讓訴
		〃	〃	又 後倉里12號[illegible]	〃	
總42	812	〃	租	岳送雲亭 大巷口47號租押	〃	
〃22	785	敵	車	經評議部核交 人力車一部 平處[illegible]用		
〃8	774	接	租	詢明查明日產否 出租房屋	結	
〃45	781	亍	管	電廠產權移交	存	
〃17	779	總	車	李長遠[illegible]扣到	併	併入第784號卷
〃26	8[illegible]	總	[illegible]	地院請撥房屋	結	未撥

卷號 原號	卷號 新號	案品類別	摘要	地點	處理階段（產權估價結束）	備考
總27	816	敵祖		中正路150號	結	產權 產權另案併通隊
〃43	811	逆祖	單逆會堂	鼓城路416號 松輝	〃	產權另案
〃44	810	民祖		文學巷16號	〃	〃
〃46	809	總事	團管區諮詢房屋	崇文路2135號	〃	
〃47	808	故祖	附海杠社請祖房屋	大同街38號	〃	
〃203	557	總事		大埧头44号	存	

以上共計卷宗叁百捌拾本（內除重號一計279本）

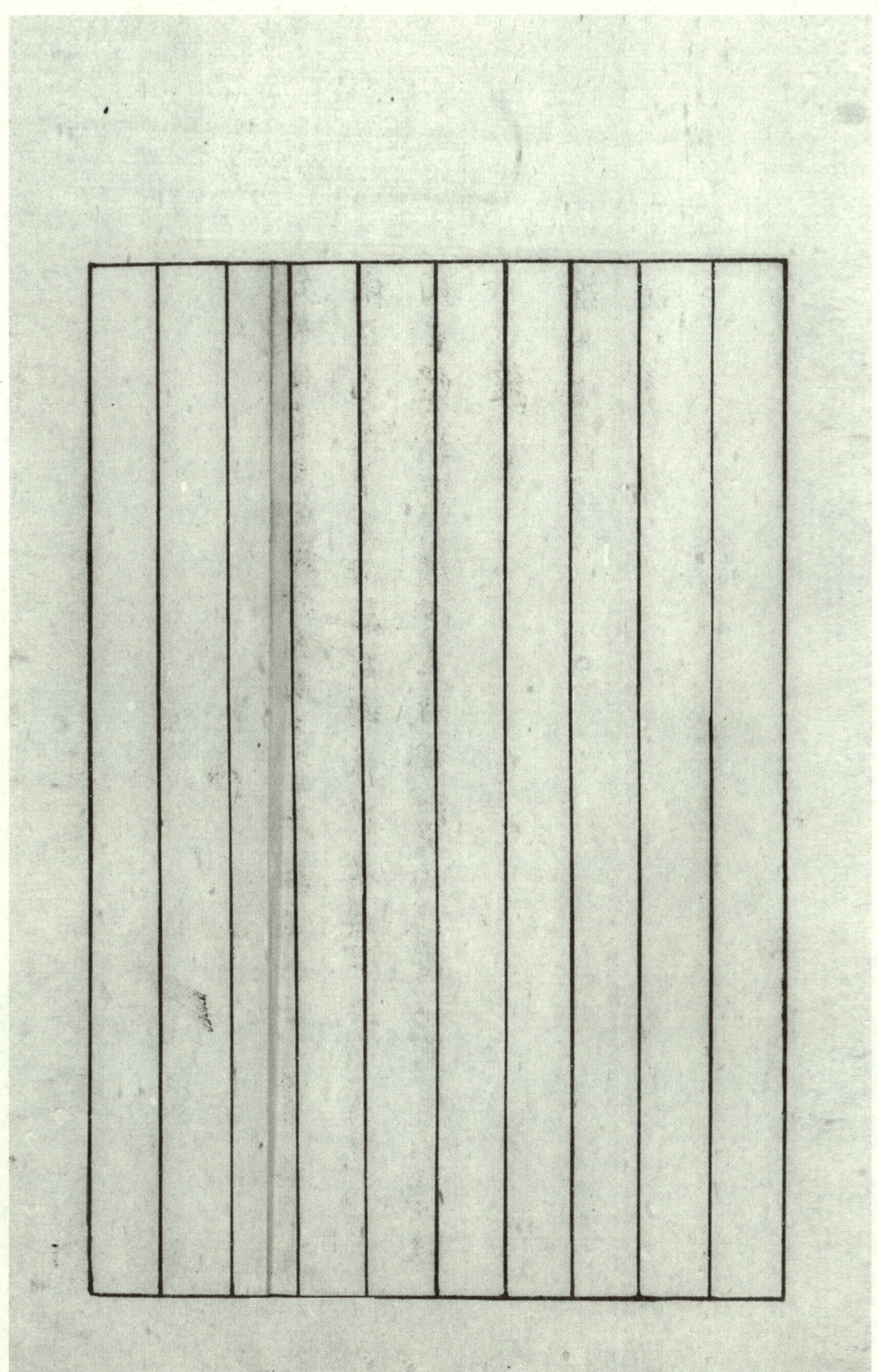

十八

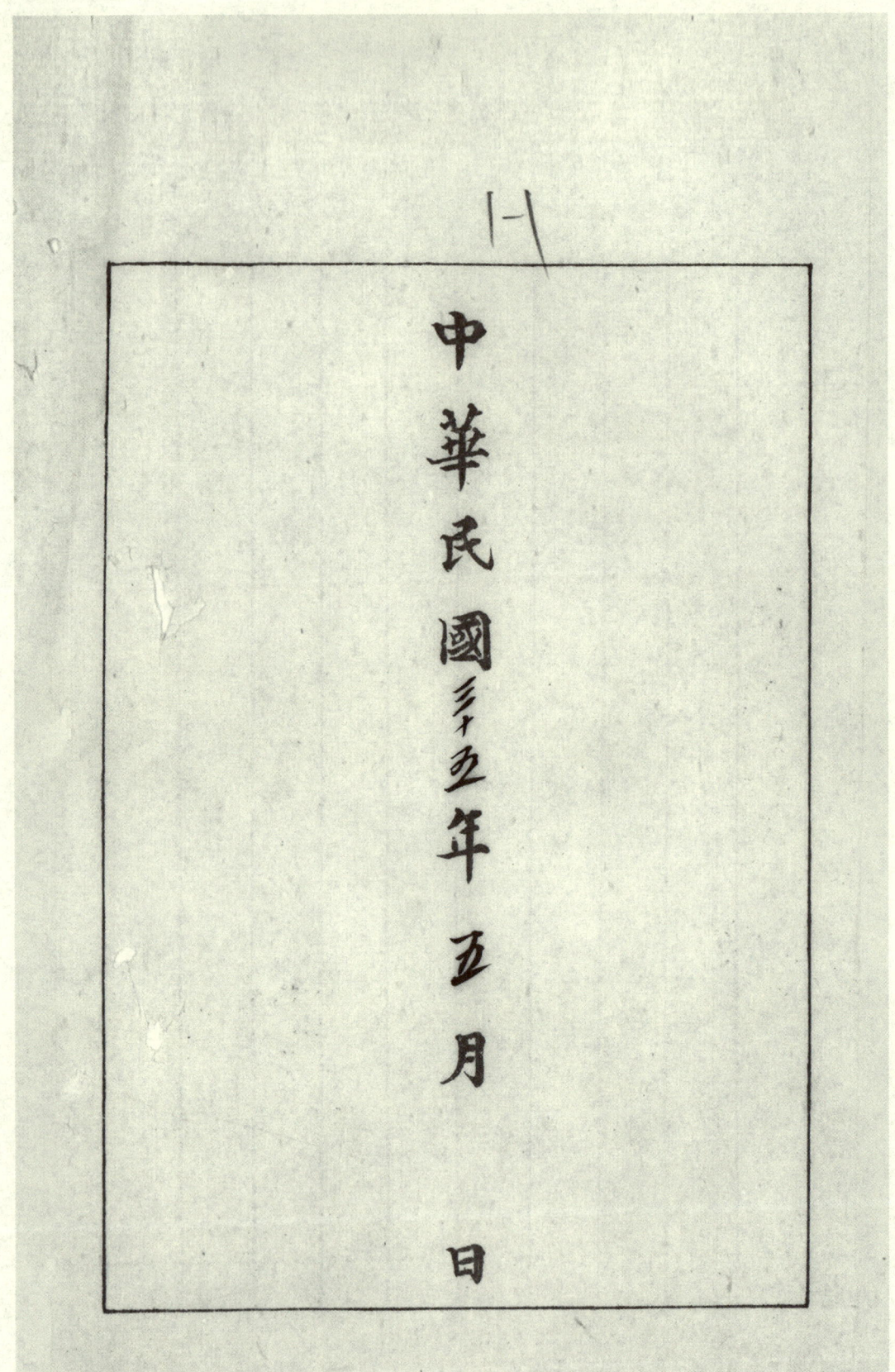

中華民國三十五年五月日

地政科

地政科收字12128號

35年5月9日

收字1522號

事由	擬辦	批示	備考
為証明產權呈請備案賜發契約由	批：據呈稱契約既被焚毀，仰應登報聲明產權，俟滿公告之期一個月後再行核辦。此令。 五、十、	駱東藩印	
附件：保証書、申請書各一份			

收文　字第　號

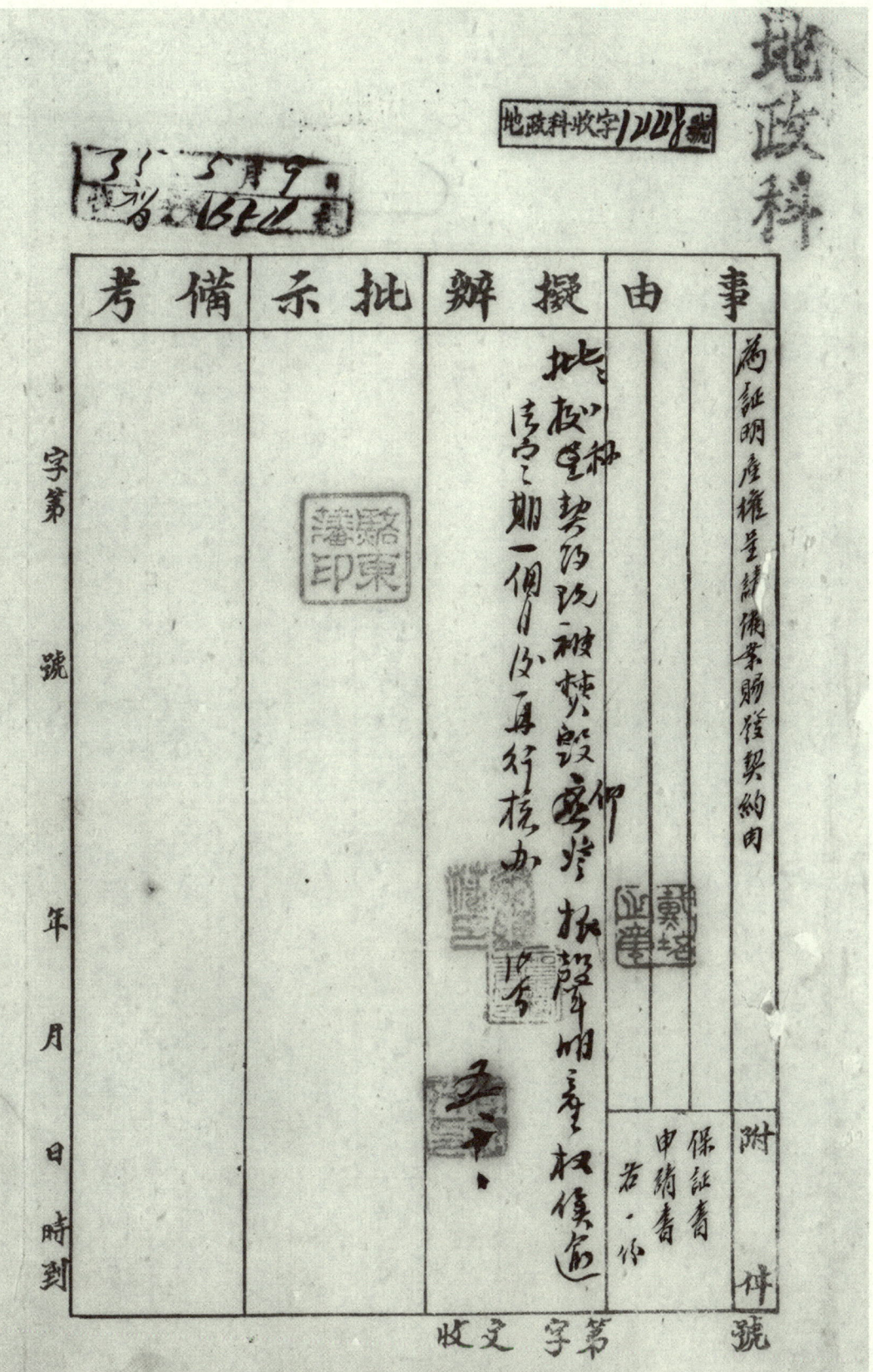

字第　號　年　月　日　時到

為呈請備案賜予發給契約事竊僧維嶽然嵩承 祖師遺

產於南關豐儲街鐵佛寺間計瓦房三十九間屋框八間四

至明白前有契約於民國二十七年被敵炸焚茲有証明產

權起見遂邀集四鄰及鄉保甲長填具証明書呈請

鈞座鑒核賜予備案並祈發給契約以資証明實為德便

謹呈

徐州市政府

市長 絡

附保証書申請書各一份

僧 維嶽然嵩

徐州市政府土地權利清理調查表

民國三十五年七月三日 調查員 蔣恩忠

房主姓名	僧人維嶽然嵩
地主姓名	僧人維嶽然嵩
坐落地點及門牌號數	三民鎮鉄佛寺
房屋方向	坐西 朝東
原有房屋間數及式樣	大殿七间瓦屋三十三间屋框六间
原有土地面積	二十畝
現有房屋間數及式樣	大殿七间平房四十五间鉄棚三间
現有土地面積	寔佔四畝(約)
所有權由來之詳細情形	祖產
曾經提出何項產權證件	有声明報紙证明
四至界限	東至張玉璞 侯得朋 倪燕公 南至蘇鴻科 西至劉松茂 佟河 北至王姬安 居
佔用者姓名或機關名稱	先為日本佐佐木部後為偽淮海省保安隊強佔
佔用起止時期及情形	自民國二十七年七月至三十四年十二月
添建改建情形	利用原壘框建平房五间 新建平房~~拾~~式间 鉄棚三间 原房屋被拆一间厩房
已否接收及接收機關名稱	第十戰區臨泉指揮所接收
曾否收受租金或賣價及其他款項數目	無
現用者	部隊
有無敵偽遺留財物	

備攷

三民牌頭長耿子榮

第十三牌長趙世榮

第四甲長秦立忠

地鄰張玉清　穆得明　侯為憲

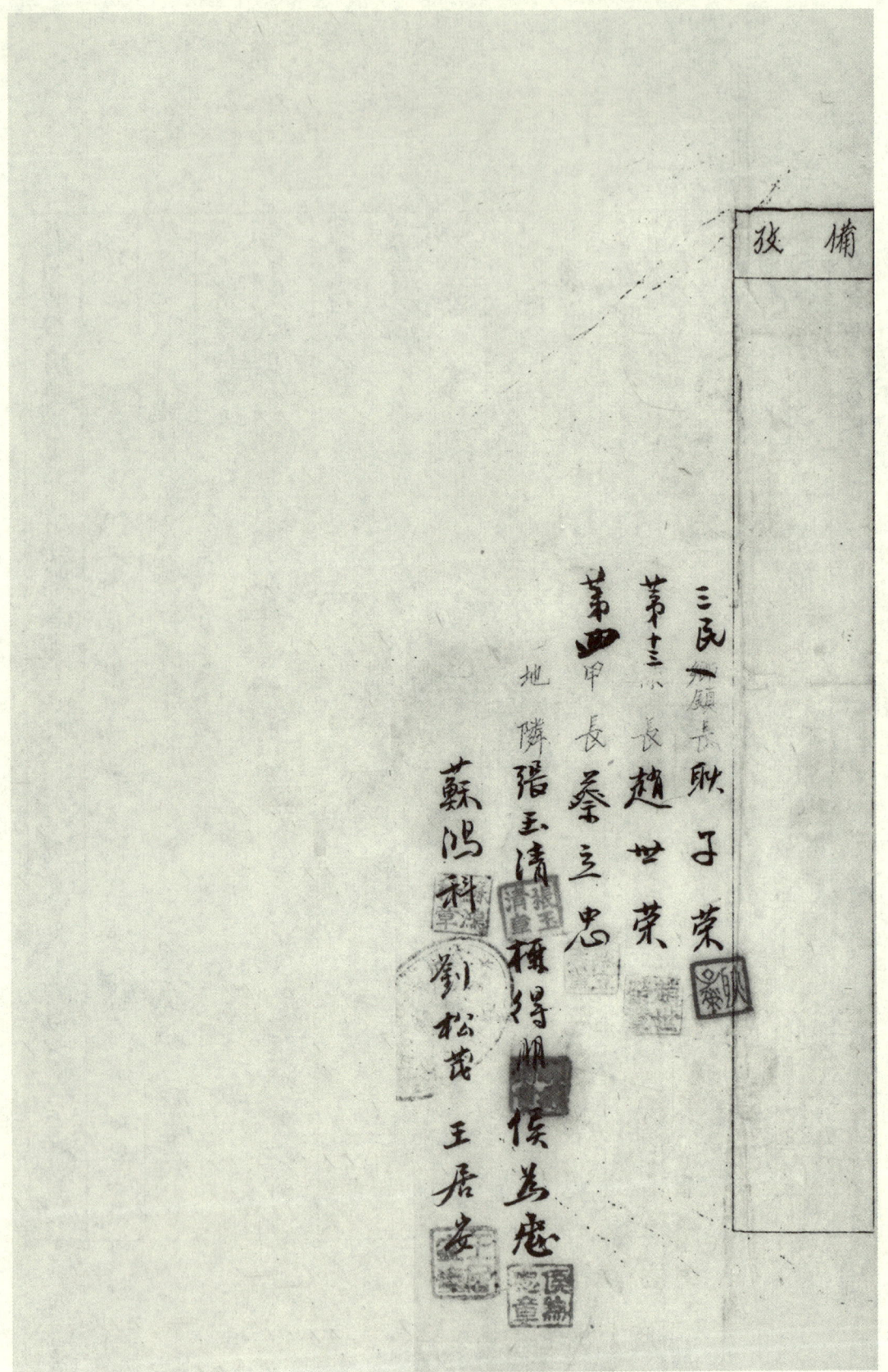

蘇鴻科　劉松茂　王居安

7

江蘇省徐州市政府稿紙

文別	事由
批令	為准予先行領用房地由

送達機關：豐儲街鉄佛寺住持僧能嶽等

附件：

市長 （簽）

秘書主任 （簽）

秘書

科長

擬稿員

中華民國	年	月	日	時
交辦		七月	日	時
擬稿		七月	十五日	時
繕寫		月	日	時
校對		月	日	時
蓋印		月	日	時
封發		七月	十六日	時
歸檔		月	日	時

發文　字第　號

全銜批令 府地字第　號

令鉄佛寺住持僧能嶽等

7320

中華民國卅七年七月拾七日

呈擬該僧申請發還三民路鉄佛寺房地一案，業經調查審核結論，確係申請人產權，除函建設局、處分依委會核議，另行分別呈外，其房地，准予先行領用，仰即遵照。

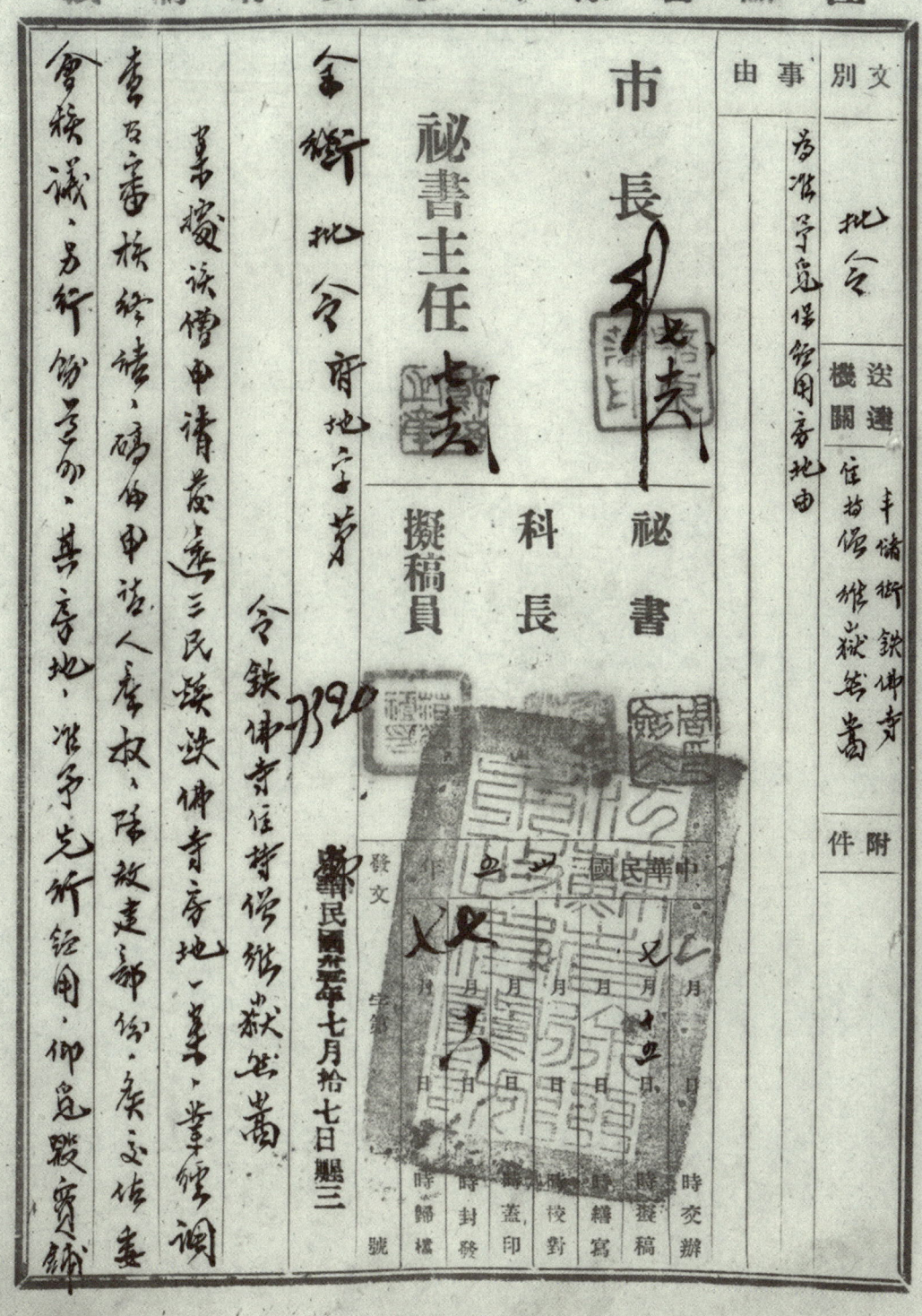

8

保西六房、县丞署族。（该武平府缺）暂禁之、

此令。

市长张〇

35 5 8 月日
收 16514 號

地政科收字1236號

地政科

呈

事由	擬辦	決定辦法	備考
為遵批具保呈請發還民產並詳細聲叙事實由 五、二	擬准予發還 核辦 五、卅		
附件：鎮保甲長証明書一紙 申請書一紙			

呈 字第 號 年 月 日 時到

收文 字第 號

具呈人范少華 年四十六歲 徐州市人 商業 現住本市順河街陸號

窃民 於民國二十年春向國貨商場（屬于銅山縣政府）承租大同街拾陸號（即新門牌一一九號）（關帝廟地皮）所建樓房一間後房三間（即商場市樓房一三間之一）經營商業押租金陸百元每月繳納租金迨二十二年秋西鄰協同順不慎於火致遭回祿商場樓房全部被焚僅益智電影社（即勝利戲院）未被波及所有租房各户群赴縣府懇請飭令「協同順負責賠償」並請求退還押租金 蒙縣長余公念慈面諭協同順賠償一節應依手續提起訴訟依法解決押租一層當為設法退還後復請求又蒙面諭「押租金縣府無款退還願行亦不願抵押公產准各該原租户按原址自行設法籌款建築縣府

慣技即廉
變相買賣

6

不收租金俟縣府退還押租金時再為收取租金或呈請省府將各户之押租金作該地皮之代價地皮權即為汝等所有故又改建瓦平房當時經過事實原大同鎮保長及徐市父老並大同街大災後援會向各方請求援助涉訟多年等情事皆足証明不料日寇侵陵徐州陷落所有民房土地多被佔用是以民自建之瓦平房竟被日寇强行佔用旋又由特務机關威廹訂立九十九之貫技租約民忍痛於今迄已八載幸抗戰勝利青天重覩所受日寇蹂躪頓告昭蘇民曾申請發還奉

鈞府批補送証件等因查該房係民自建地皮則租自商埸公地當時鎮長保長足資証明不料新任甲長不知事實不願盖章謹

将前民呈遞臨泉指揮所饋保甲長証明（即位置圖）及商保一紙（臨泉指揮所作為收文收據）呈繳

鈞府並申述經過情形仰祈　鑒核俯准發還該房屋以順下情而卹民困實為德便謹呈

徐州市市長駱

民 范少華 謹呈

舖保 永昌字號

經理劉振東

住址 問明街64號

11

徐州市政府土地權利清理調查表

民國三十五年八月廿日 調查員 薛恩忠

房主姓名	范少華
坐落地點及門牌號數	大同街十二號（兩間有暗樓） 現一十九號
地主姓名	関帝廟官地
房屋方向	坐北朝南
原有房屋間數及式樣	五门面二间 後房二间 厨房一间（厰棚）
原有土地面積	
現有房屋間數及式樣	门面一间 後房二间 厨房改平房一间
現有土地面積	壹分二厘
所有權由來之詳細情形	于民二十二年失災後原租自建房屋四間
曾經提出何項產权証件	保鎮甲長証明書
四至界限	東至周維傳 南至大同街 西至韋智社 翠花巷 北至蕭智社
佔用者姓名或机関名稱	為日人佐藤亀強租作洋服店 租期九九年 租金偽儲備卷三仟四伯任捺之
佔用起止時期及情形	為民國二十七年五月至三十四年十月
添建改建情形	门面前牆被拆除改建日式看山门（门灘） 厰棚厨房一间改換上蓋為平房一间
曾否收受租金或賣價及其他款項數目	于民三十二年強給租金偽儲備卷金三仟四伯任捺之
已否接收及接收机関名稱	第十戰區臨泉指揮所接收

現用者	有無敵偽遺留財物	備攷

大同鄉鎮長周憑民

第十三保長吳德鳴

第十甲長范繼禮

~~地~~房鄰周維增

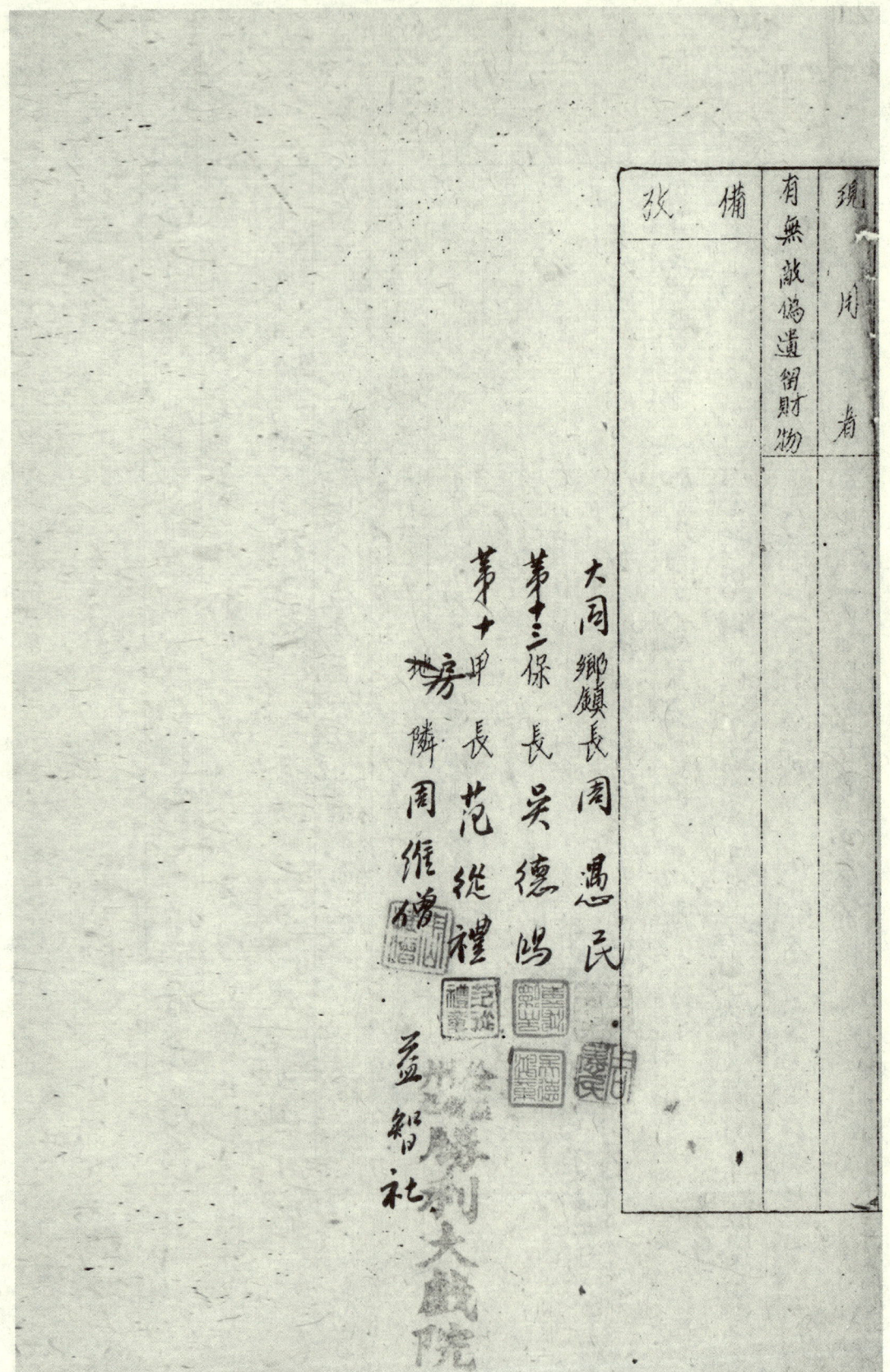

益智社

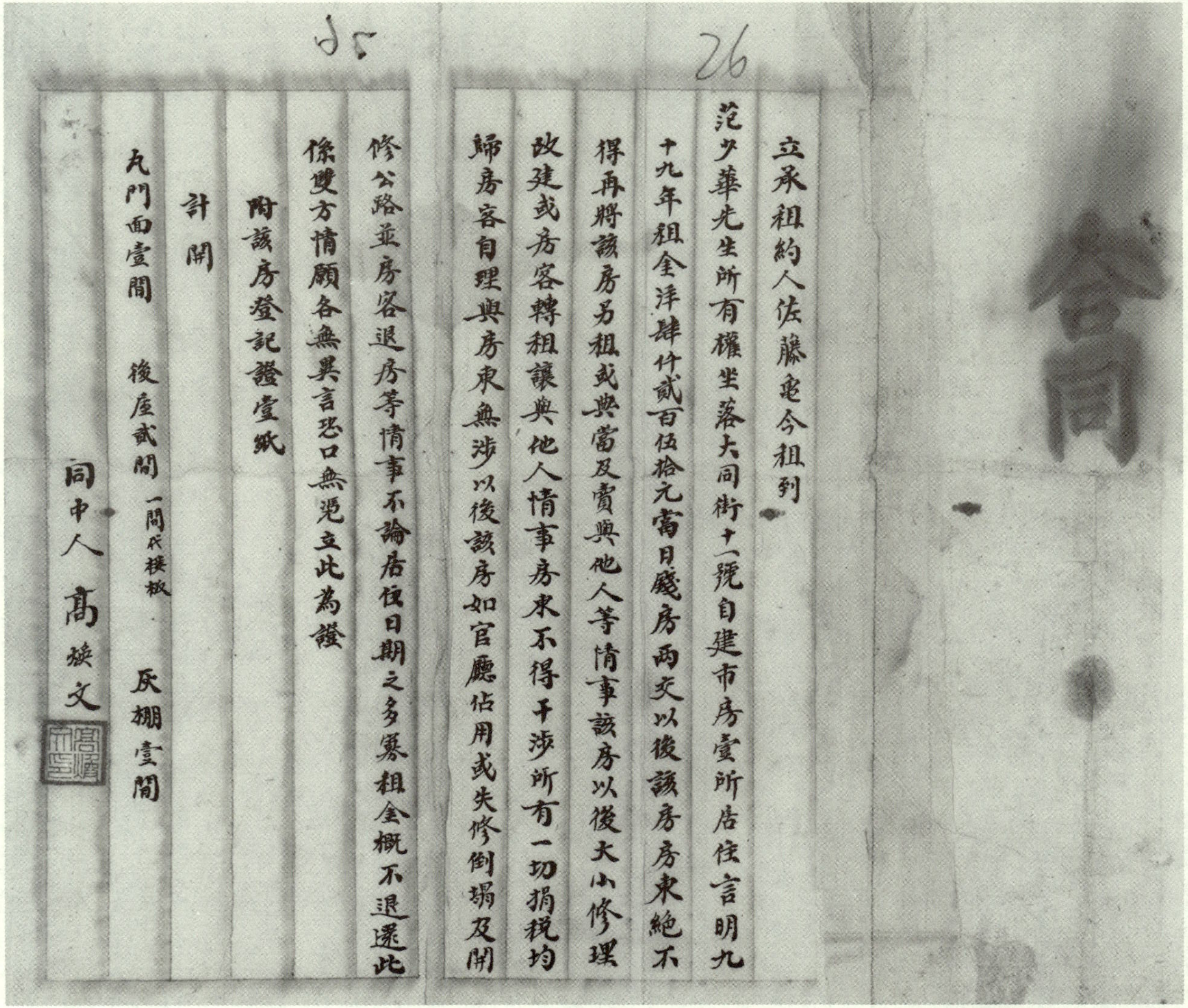
立承租約人佐藤龜令租到
范少華先生所有權坐落大同街十一號自建市房壹所居住言明九
十九年租金洋肆仟貳百伍拾元當日繳房兩交以後該房房東絕不
得再將該房另租或典當及賣與他人等情事該房以後大小修理
改建或房客轉租讓與他人情事房東不得干涉所有一切捐稅均
歸房客自理與房東無涉以後該房如官廳佔用或失修倒塌及開
修公路並房客退房等情事不論居住日期之多寡租金概不退還此
係雙方情願各無異言恐口無憑立此為證
附該房登記證壹紙
計開
九門面壹間　後屋貳間　一間代棧板　灰棚壹間
同中人　高焕文

76

江蘇省徐州市政府稿紙

文別：通知

送達機關：范少華（收河街新二十一號）

附件：

事由：為飭該民邁商店兩家具結呈核領回原有房屋並經核改建房屋候估價處理由

市長 [signature]

秘書主任 [signature]

秘書 [signature]

科長 [signature]

擬稿員

中華民國卅六年 六月十一日

文 字第 號

月 日 時交辦　月 日 時擬稿　月 日 時繕寫　月 日 時校對

中華民國卅六年六月十一日

中華民國卅六年六月拾日 時封發

月 日 時歸檔

全銜通知　府地字第06298號

查該民申請發还日人孫租大同街一二九號（舊第十一號）房屋一案，經審核該民確係承租關帝廟官地自建房屋，按照收復区土地權利清理辦法第七條之規定，應准發還。責令鋪保兩家具結領回，（結式隨府録送）至敵改建部份，應接收。收復区私有土

地上敵偽建築物處理辦法第二條之規定 估價處理 仰

即遵照為要。

右通知

范少華

市長 熊〇〇

36

處理股

調卷

摘由紙

來文機關	文別	來文字號	到文月日時	附件
津浦路局 浦袁段管理處	代電	徐處402	36年2月12日17時	

事由	擬辦	批示	備註
准徐處字第七〇号代電後請查照由	令總文先將津浦路局接收之房地產列冊存股以便查考事宜仍請清算股核辦 郭 二十三、	處 二十三	請法務文股會同二組繼續洽辦 二十五、

請示

收文 字第393號

37

交通部津浦區鐵路管理局浦兗段管理處代電紙

徐產 字第 號 卅 年 月 日

中央信託局蘇浙皖敵偽產業清理處派駐徐州專員辦事處公鑒案准貴處徐處字第七〇號子艷代電以前日會勘之偽華鉄在徐州部份產業九處囑将接收情形及產權查明見復以憑核辦等由查本路奉令来徐接收凡屬敵偽交通事業之房地產統經接管惟華鉄全卷歸京沪路局接收於卅五年八月間始由該局檢送到組故前次編送前敵偽產業處理局徐州辦事處之接收清冊該九處房產未予列入茲照開清表一份隨電附上即希查照、爲荷津浦區鉄路局浦兗段管理處工務組丑真(三)即附清表

35.10.40,000(A28)

38

交通部津浦區鐵路管理局浦兗段管理處代電紙

一份

字第　　號　卅　年　月　日

35.10.40.000(A28)

編號		座落	件名	說明	現在用途	備註
本表	接收卷					
1	82	大壩頭55号（新河馬路5号）	徐州職員代用社宅並集合所用建物購入ニ關スル件及附属物讓受ノ件	土地1520平方公尺，約2.5畝，於民國29年3月由原主吳書耕賣與中央貿易公司平尾初治計價304,000元，建房6棟及煉瓦坪水槽等用3,732,500元，附属物3,313,500元，共7,350,000元，於33年9月讓渡偽華鉄	本路員工宿舍	原主吳書耕賣與平尾初治
2	82	中正路253号（啟明路9号）	仝上	由大昌洋行吉田数馬以1,980,000元收樓房一棟，2,020,200元收平房三棟，附属物件價價54,800元，計4,055,000元，33年9月讓渡於偽華鉄	徐車段段長及馬于兩主任住樓下東屋X間，車務講習班住樓下中一间及營業所	
3	2	復興路228号（至德街8号）	出新所宿驛蒐買所及徐州配給所ニ充当建造物並ニ修理造作其他讓受ニ関スル件	樋口利義於民國34年3月7日以2,391,800元修理民人張集如之平房計186.8平方米，又以1,058,200元買收住宅浴堂便所防空壕計40.7平方米，共3,450,000元，均一併讓渡於偽華鉄	交警第二大隊三中隊	前遺漏
4	67	大馬路38号（即356号536号）	徐州鉄路相関銃隊宿泊所充当家屋造作讓受ニ関スル件	山本シメ於民國34年5月以1,450,000元補償金額讓渡於偽華鉄	現駐第二大隊第三中隊部	由山本シメ佔用無租用手續
5	89 20	大馬路32号（即363号）	徐州職員宿舍賃貸借契約書 徐州出張所員宿舍充当建物借入ニ関スル件	手島信子於民國33年3月22日以328,000元補償金額樓房平房面積164平方公尺，附属物18,465元，又自建事務室物置便所浴室計共333平方公尺，價97,980元，以國幣1,389元租用住少卿之土地房屋，月租由33年4月1日起租一年，以上列各項由手島信子讓渡於偽華鉄	現為和發祥棗店	
6	21 79	大馬路256号（即279号）	徐州大馬路職員住宅賃借契約締結書 徐州大馬路國員宿舍充当家屋造作讓受ニ関スル件	於民國28年5月1日以3,150元租賃白桂林樓房三间樓樓房六间計286.7平方米，民民國34年4月26日以修理補償金額1,650,000元，是喜藏讓渡於華鉄	現為白桂林本人開設恩復興羊肉館	日人堤喜藏與其訂約修繕去其字樣
7	22	徐州站北（即中央路北）	徐州辦事處事務所並ニ從業員宿舍用地借入ニ関スル件	偽華中租用偽華北交通股份有限公司土地7,180平方米，土地建築房屋由33年4月1日起至38年3月31日為期5年，年租聯銀3,890元，即儲備金216,111元	現為和務組稽副組長居住	
8	1 65	三馬路55号（即三馬路供架里1号）	徐州辦事處員社宅借入ニ関スル件 徐州職員代用社宅改修造作讓受ニ関スル件	樋口利義於民國32年3月31日以聯銀2,000元租賃莊容潤平房十四间計土地面積213平方米，房屋面積158.8平方米，並地積月租無租賃期為30年，另於33年5月以555,555元補償金讓渡於偽華鉄	本路員工宿舍	偽華中鉄租用
9	66	環城馬路45号（即舊57号）	徐州職員代收社宅借入ニ件フ造作補償並ニ建物一部買收書類	高宮孝新建房屋334平方米，外佔用房主張老軒平房計面積433平方米，於民國33年12月1日以四间價國幣200,400元及修理3棟費649,600元讓渡於偽華鉄	現為私立斯高小學及其他人佔用	係高宮孝二佔用付添房修理費共850,000元，為高宮孝讓渡於偽華鉄

44

事由	函送徐市範圍內接收敵偽產業清冊一份 表一紙請 查照洽商本路處理由
附件	
擬辦	
決定辦法	

交通部
津浦區鐵路管理局
浦兗段管理處工務組函

徐產字第293號

中華民國卅六年壹月廿九日

案准 前敵偽產業處理局徐州分處徐清字第四三九號公函囑將接收敵偽增建房屋設備列冊過處以憑會点清算又詢前浦徐產字第二二〇號函送接收敵偽戰時添設路產表是否包括接收敵偽增建全部財產在内等由

年 月 日 時到

35.12.20.000(A22)

收文 字第 號

查前次所送接收敵產清冊計六十八處內有隴海東綫及外站各處茲就徐州市範圍內開列清冊一份并附有估價以備參考另附原屬民地民房經敵偽路局收購其屋內裝修或一部分添建之敵產表一紙相應備函送達

查照并請嗣後

貴處對於冊表內所列房地各產如有處理情事先與本路洽商辦理為荷再者前敵產處理局徐州分處徐處字第八二七號函開于朱世才等請發還農場地一案亦已列入清冊并加註明合併附以聲明

此致

中央信託局

蘇浙皖區敵偽產業清理處派駐徐州專員辦事處

45

附清册一份
附表一纸

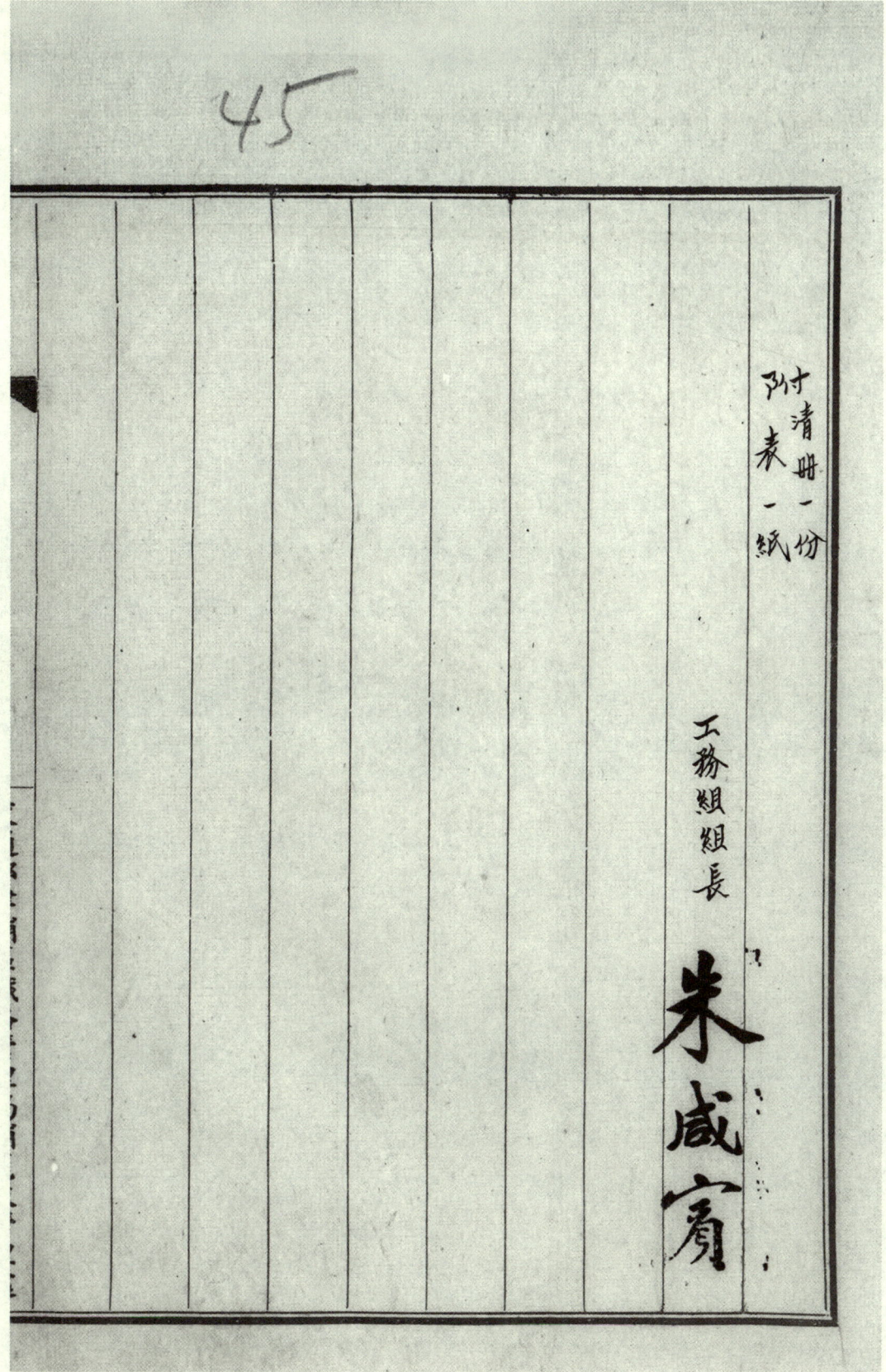

工務組組長
朱咸賓

津浦區鐵路管理局浦兗段管理處接收徐州敵偽產業估價清册

類别	座落地點	數量	每平方公尺估價	合計	當時佔用情形用途	接收後用途	備考
地畝	徐州下洪村	八三一四九二〇平方尺	三〇〇元	二四九四四七六〇〇〇元	徐州站擴張工事	徐州機務段檢車房	
〃	徐州子房鄉	八七九〇六七〇	〃	二六三七二〇一〇〇〇	徐州機務段甲檢車庫		
房產	〃	二八五六	一〇〇,〇〇〇	二八五六〇〇〇〇〇	徐州電氣段發電所		
地畝	徐州下洪村	五六七八四五〇	三,〇〇〇	一七〇三五三五〇〇〇〇	徐州站擴張土工(其迄)	現出租	
〃	〃	四八三五七九〇	〃	一四五〇七三七〇〇〇〇	徐州南側鐵路支線及線增設工事	工房堆貨倉庫	
〃	徐州子房鄉下淀鄉	二三九七七六〇	〃	七一九三二八〇〇〇〇	徐州站側線增設工事		
〃	徐州子房鄉	二一三四六四〇	〃	六四〇三九二〇〇〇〇	徐州電話交換所交換新築	電話交換所發報台	兩路共用
房產	〃	三七二〇〇	二〇〇,〇〇〇	七四四〇〇〇〇〇	徐州電話交換所	仝上	

地畝	徐州下洪村	三七、〇六九九〇 平方尺	三、〇〇〇元	二一、一二〇九七〇元	徐州住宅	扶輪新村
〃	〃	一六、六三六五〇	〃	四九、九〇九五〇	〃(其三)	〃
〃	徐州子房山	八、四七一六〇	〃	二五、四一四八〇〇	独身住宅	津浦新村
〃	徐州下洪村	五九、八九四二〇	〃	一七九、六八二六〇〇	徐州住宅(其一)	扶輪新村
〃	〃	四五、二三八四〇	〃	一三五、七五二〇〇	〃(其二)	〃
〃	〃	一三、二一〇九〇	〃	三九、六三七〇〇	〃(其三)	〃
〃	徐州市後倉巷二十六號	二二一二〇	〃	六六三六〇〇	社員住宅第十五宿舍	
房產	〃	四三八八七	二〇〇〇〇〇	八七七四〇〇〇	〃	〃
地畝	徐州市河北鎮地藏里	四一、〇四八〇	三、〇〇〇	一二三、一四四〇〇	昭和園住宅	龍海新村
〃	徐州下洪村	二五〇、一八七〇	〃	七五〇、五六一〇〇	徐州鉄路医院	仝上

47

房産	〃	四四八一	七七	二〇,〇〇〇	八九,六三五,四〇〇	〃	〃
地畝	〃	三八三五	〇〇	三,〇〇〇	一一,五〇五,〇〇〇	徐州給水所	抽水井
〃	〃	四〇四一五	八〇	〃	一二一,二四七,四〇〇	徐州貯炭場	仝上
房産	〃	一〇二〇	〇〇	二〇,〇〇〇	二〇,四〇〇,〇〇〇	〃	〃
地畝	徐州津浦鎮	七二六三	六〇	三,〇〇〇	二一,七九〇,八〇〇	徐州用品分庫	材料廠北庫
房産	〃	三二六五	五〇	二〇,〇〇〇	六五,三一〇,〇〇〇	〃	〃
地畝	徐州下洪村	二三七四四	九〇	三,〇〇〇	七一,二三四,七〇〇	徐州用品庫	材料廠南庫
房産	〃	二一〇六	九五	二〇,〇〇〇	四二,一三九,〇〇〇	〃	〃
地畝	〃	四九四七	〇〇	三,〇〇〇	一四,八四一,〇〇〇	鉄路學院	
房産	〃	五四五	〇〇	二〇,〇〇〇	一〇,九〇〇,〇〇〇	〃	

地畝	茅村徐州間	三五,七六九 平方公尺	三三	七五〇元	二六,八二六,九九七元	茅村徐州間水道	水道及貯水池	
〃	銅山縣高營鄉	四六七,八〇八	九〇	〃	三五〇,八五六,六七五	鉄路農場	農林場	即朱世才等請求發還之地
〃	〃	一五,七六七	三〇	〃	一一,八二五,四七五	愛路勸農場	〃	〃
〃	徐州八里鄉孟家溝	一七,三七五	〇〇	〃	一三,〇三一,二五〇	信號場	錯車小站	
房産	徐州市統一街	八五八	一七	二〇〇,〇〇〇	一七一,六三四,〇〇〇	鉄路局備用	第六宿舍（被軍佔用）	
〃	徐州下洪村	一四四	二八	〃	二八,八五六,〇〇〇	〃	医院員工宿舍	
〃	徐州市啟明路三四號	二三一	〇〇	〃	四六,二〇〇,〇〇〇	部長級宿舍	第三十一宿舍	
〃	徐州市啟明忠誠巷一〇號	一八五四	八〇	〃	三七〇,九六〇,〇〇〇	津浦賓館	津隴兩路招待所	
〃	徐州市河北鎮大堤頭	四一八三	〇八	〃	八三六,六一六,〇〇〇	隴海新村	仝上	
〃	徐州下洪村	四〇二九	四九	〃	八〇五,八九八,〇〇〇	扶輪新村	仝上	

地畝	徐州新河馬路五一號	一五二〇	〇〇	三〇〇〇	四五六〇〇〇〇〇	徐州社宅職員宿舍	
房產	〃	四九九	〇〇	二〇〇〇〇	九九八〇〇〇〇〇	〃	〃
〃	徐州站構内	八四	二九	〃	一六八五八〇〇〇	文具用品庫	工務段文具房
〃	〃	三二〇	三	〃	六四〇六〇〇〇	倉庫	工務段第一、二、三、四、五、六倉庫
〃	〃	九一	六九	〃	一八三三八〇〇〇	電壓車房	仝上
〃	〃	四	五〇	〃	九〇〇〇〇〇	廁所	仝上
〃	徐州大馬路三六三號	一九七	三〇	〃	三九四六〇〇〇〇	職員宿舍	
〃	徐州大馬路二七九號	二八八	七〇	〃	五七七四〇〇〇〇	徐州大馬路團員宿舍	
〃	啟明路九號	三八〇	〇〇	〃	七六〇〇〇〇〇	徐州代用社宅并集會所	
地畝	徐州站北方	七七八〇	〇〇	三〇〇〇	二三三四〇〇〇〇		

房産	徐州三馬路保安里一號	一五八八.〇平方尺	二〇,〇〇〇元	三一,七六〇,〇〇〇元	職員社宅
地畝	〃	二一三.〇〇	三,〇〇〇	六三九,〇〇〇	〃
房産	徐州環城馬路五七號	四六六四.〇	二〇,〇〇〇	九三,二八〇,〇〇〇	〃
〃	徐州大馬路五三六號	一六五七.〇	〃	三三,一四〇,〇〇〇	徐州鉄聯機關銃隊宿泊所
〃	徐州大馬路四三號	七二七.〇	〃	一四,五四〇,〇〇〇	
〃	徐州大馬路三五三號	五三.〇〇	〃	一〇,六〇〇,〇〇〇	
〃	徐州大馬路一三七號	五三四.〇三	〃	一〇,六八〇,六〇〇	
〃	徐州三馬路保安里七號	二五六.七四	〃	五,一三四,八〇〇	

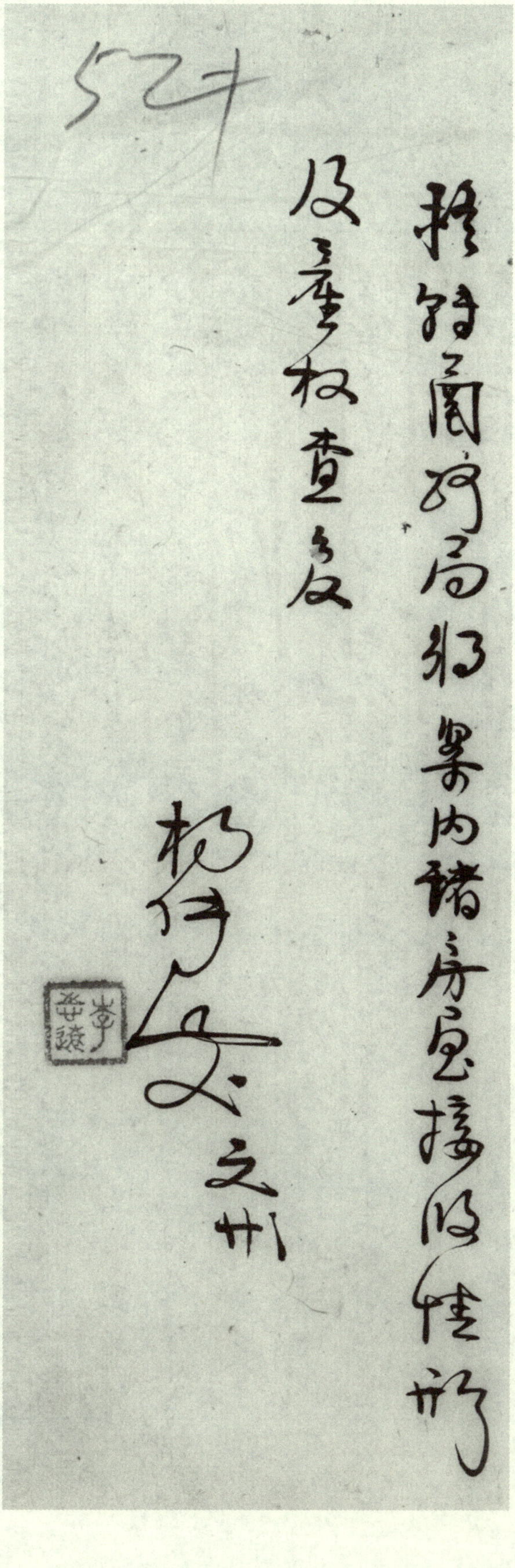

報告

三十六年九月十七日 於本分處

竊職奉查津浦路局所接管偽華中鐵路局房地產事，遵即到達該局產業課，由夏課長指派職員李斌先生會同各處妥切實查勘現况。茲僅將查勘情形臚陳於后：(一)大馬路三六三號房屋係偽華中路局宿舍，現改為新門牌三二號，為和泰祥藥店，經理朱振邦，據稱房主為趙立農。(二)大馬路二七九號房屋十八間，係敵九洲食堂，現改為新門牌二五六號，為恩復興羊肉館，經理白桂清，房主白桂林，據稱已經呈請市府發還。(三)新河馬路五號土地房屋，現改為大埧頭五五號，為津浦局宿舍，計日式房屋四幢，地皮房屋均屬路局。(四)敵明路九號現改為中正路二五三號，為津浦路局營業所，據李斌先生稱該處有業主兩家查案聲請，原有舊式瓦房六間(尚在)，另經敵建門面樓房上下約十間

蘇浙皖區敵僞產業處理局駐蘇辦事處徐州分處

53

報告

三十年　月　日　於本分處

後進壹幢約六間（五）徐州站北方地皮查該處係在本處造冰廠東面據李斌先生報称是項地皮為偽局所有僅於鉄道毗連地上经偽局建造日式房屋兩大棟現為該局機務處程處長住用（六）三馬路保安里一號現改為三馬路五五號為津浦局宿舍房主莊蓉涧以將貳千元租与偽局兹限為二十年除原有瓦房十三间外经敌建兩座计七间（七）環城馬路五七號現改為四五號房主張志軒曾為敌與亞產業公司計舊式房屋廿餘間現為房主及教会学校住用并未聲請（八）大馬路五三六號現改為三七號為交警總隊第二大隊第二中隊部住用房屋壹棟無業主以上八處均经職等切实查勘理應將经過報請

鉴核　謹呈

股長張鋳　呈　處理股核辦

秘書王

主任李

職　倪兆漢
　　陳啟文　謹呈

偽產業處理局駐蘇辦事處徐州分處

59

抄

蘇浙皖區
敵偽產業處理局駐京辦事處公函

事由：為准清查團核送津浦區鐵路管理局浦徐段接收偽華中鐵路管理分局浦徐段資產清冊到處處理情形函達查照由

案查前准接收處理敵偽物資工作清查團蘇浙皖區第二組核送津浦區鐵路管理局浦徐段管理處接收偽華中鐵路管理分局浦徐段資產清冊二十四份到處，經核其清冊係以整個鐵路資產為編造單位，並未按地域劃分，故須併案處理。除函請該處就戰前資產毀損後敵偽增益部份及遺留物資詳予填列，照現時市價辦理初步估價手續，分別列冊送處核辦，暨呈報大局核備外，相應函達，即希查照，為荷。此致

本局駐蘇辦事處徐州分處

中華民國 京三 一〇二四 號

地址：南京太平路三三九號

~~64~~ 61

收文第 213 號

文別	訓令
來文機關	省教廳
字號	教二 10246
文到日期	36年11月24日
附件	原文

事由	交辦	擬辦	批辦
為奉發還前送抗戰損失未合各表仰遵照更正從填四份呈憑存轉由		更正繕報 十一、廿四 雁賓	

2390
18
234
143
2390
40
282

62

江蘇省教育廳訓令　教〈字第〇八四〉號　中華民國三十六年十月七日

事由：為奉發還前送抗戰損失未合各表仰迅速改正重填四份呈報存轉由

令 省立徐州民眾教育館

案奉

江苏省政府卅六年中酉府民七代電開：「案准行政院賠償委員會本年九月十日京卅六一字第二八〇八號函開『案查前據貴省政府本年七月四日府民七字第二八八七〇號函送教育廳及所屬各機關抗戰損失報表囑辦理一案，當經以京(卅六)一字第1581號函復存俟審核彙辦在卷。茲已審核完畢，查有江苏省教育林第二林場等十八單位所列各節核與規定仍有不符之處，除將其餘所報各表登記彙辦外，相應檢還未合各表列舉並附審查單十八份，送請查照分別轉知依照審查圖註各點更正重報為荷』等由，准此，合行抄附清單連同未合各表及審查單電仰該廳迅予轉飭更正重報，毋稍稽延為要」等因，並附清單一紙、未合各表二十八頁、審查單十八份。奉此，除分行外，合亟檢發原表令仰遵飭迅速改正重報四份，以憑存轉，毋稍遲延為要。此令

計附發原損失報告單及審查單各四份

廳長 陳石珍

財產損失報告單

填送日期 64 年 月 日

	損失年月日	事件地點	損失項目	購置年月	單位	數量	價值（國幣元）		證件
							購置時價值	損失時價值	
28	26年—28年	徐州市環城路一號	民家草房	22年	座	一座拾間	3200元	9600元	
28	仝	仝	廣播電台	23年	座	一座九間	2.390元	38.240元	
29	仝	仝	[illegible]	26年	座	一座七間	3.150元	50400元	
28	仝	仝	農場辦公室	22年	間	八間	1.200元	3.600元	
28	仝	仝	農具保管室	24年	間	三間	850元	2.550元	
28	仝	仝	農產儲藏室	23年	間	二間	500元	1.500元	
28	仝	仝	雞舍	22年	間	六間	1.000元	3.000元	
29	仝	仝	牛房	24年	間	九間	850元	13.600元	
	仝	仝	豬舍	23年	間	四間	260元	4.160元	
	仝	仝	茅亭	24年	間座	三座	350元	5600元	
	仝	仝	花架	24年	座	四座	200元	3200元	
	仝	仝	溫室	22年	間	九間	1.000元	16.000元	
	仝	仝	鐵絲圍牆	23年	丈	620丈	1.250元	20.000元	
27	仝	仝	各種傢俱	21年至26年	件	750件	3220元	9.660元	
	仝	仝	農具	21年至26年	件	162件	1.250元	3.750元	
	仝	仝	農產品	26年	石	麥—300石 豆—260石	5000元	15.000元	
	仝	仝	養牛用具	24年	件	八件	35元	105元	
	仝	仝	養雞用具	22年	件	19件	120元	360元	
	仝	仝	養豬用具	23年	件	八件	30元	90元	
	仝	仝	耕牛	24年	頭	三頭	150元	450元	
	仝	仝	來克杭雞	22年	隻	125隻	380元	1140元	
	仝	仝	洛島紅雞	23年	隻	23隻	75元	225元	

65

27	26年[illegible]	徐州[illegible]號	蜜蜂	24年	群	56群	1.120元	3.420元	
27	仝	仝	[illegible]猪	23年	頭	57頭	1.140元	3.420元	
27	仝	仝	果木苗木	26年	株	3000株	3000元	9.000元	
27	仝	仝	花木	24年	畝	四畝	1.200元	3.600元	
29	仝	仝	中正堂門窗	25年	個	28個	240元	3.840元	
	仝	仝	中正堂舞台	25年	座	一座	820元	13.120元	
	仝	仝	中正堂檯椅	25年	張	708張	2.800元	44.800元	
	仝	仝	中正堂設備	25年	種	75種	1.150元	18.400元	
28	仝	徐州市東城路173號	門窗玻璃	21年至26年	個	128個	1.800元	5.900元	
27	仝	仝	辦公傢俱	21年至26年	件	1830件	4.520元	13.560元	
27	仝	仝	体育場設備	21年至26年	件	452件	920元	2.760元	
28	仝	仝	地下室	26年	個	一個	400元	1.200元	
28	仝	仝	電話設備	21年至26年			890元	2.670元	
27	仝	仝	步槍	25年	枝	40支	2000元	6.000元	
27	仝	仝	子彈	25年	粒	6000粒	800元	2.400元	
28	仝	仝	織布机	25年	架	二架	120元	360元	

印信

受損失者：江蘇省立徐州民眾教育館

填報者：趙光濤

廿九年照十五倍增加。

廿七八兩年照二倍增加

徐州市商會 收文第544號 35.1.18

事由：為奉電抄發抗戰損失查報表二份仰即遵照查報以憑彙轉由

徐州市政府代電 徐社二字第382號 中華民國三十五年元月15日

商會覽：案奉江蘇省社會處蘇社合字第二七號亥支代電內開「案准社會部合作事業管理局三十四年十二月合二字第一六五七六號代電開『案奉社會部三十四年十一月十八日社三字第一八五三三五號代電開查抗戰業已勝利所有自九一八事變以來遭受之損失亟應作精確之統計以為對外交涉及善後救濟之依據茲奉院頒抗戰損失查報表式七種其中「其七兩表應由本部所屬各合機關據實將其直接間接所受損失分別查填報部彙編統計除分電外合亟檢發表式電仰該局遵照於文到十日內填報並轉飭所屬於文到十日內查報彙轉為要」等因附抗戰損失查報表式二份奉此除分行外相應檢同原件即希查照辦理並飭屬遵照為荷』等由附抗戰損失查報表式二份准此除分電外合行抄發原表式兩份電仰該市遵照填報並轉飭所屬查報彙轉為要」等因附抗戰損失查報表式二份奉此除分電外合行抄發原表式二份電仰該 遵照迅報彙轉為要 市長駱東藩 社二字 印

附抗戰損失查報表式二份

14

轉各業遵照迅報以便彙轉 元、十九、

表式1 人民團体機關私人適用

財產直接損失彙報表

事件（註1）……

日期（註2）（名称）

地點（註3）

填報者　　　　　　　　　　填報日期　　年　　月　　日

分類	損失時價值（國幣元）	重要物品項目及其數量
共計		
建築物		
器具		
現款		
圖書		
儀器		
文卷		
医品		
衣物		
粮食		
其他		

註：（1）事件：即發生損失之事件如日軍轟炸日軍進攻等

（2）日期：即發生事件之日期如某月日或某年月日至某年月日

（3）地點：即事件發生之地點包括某市某縣某鄉某鎮某村

（4）文卷：文卷損失之價值如难以估計只須填入毀損及損失之文卷宗數

16

表式　人民团体機關公司行號合作社及私人通用

財產間接損失彙報表

填報者：（名稱）

（　年　月　日至　年　月　日）

分類	實际價值共計	摘要說明
共計		
迁移費		
防空設備費		
疏散費		
救濟費（註一）費		
撫邺費		
生產減少		
盈利減少		

註(1)　為本機關支出者

—北市府—

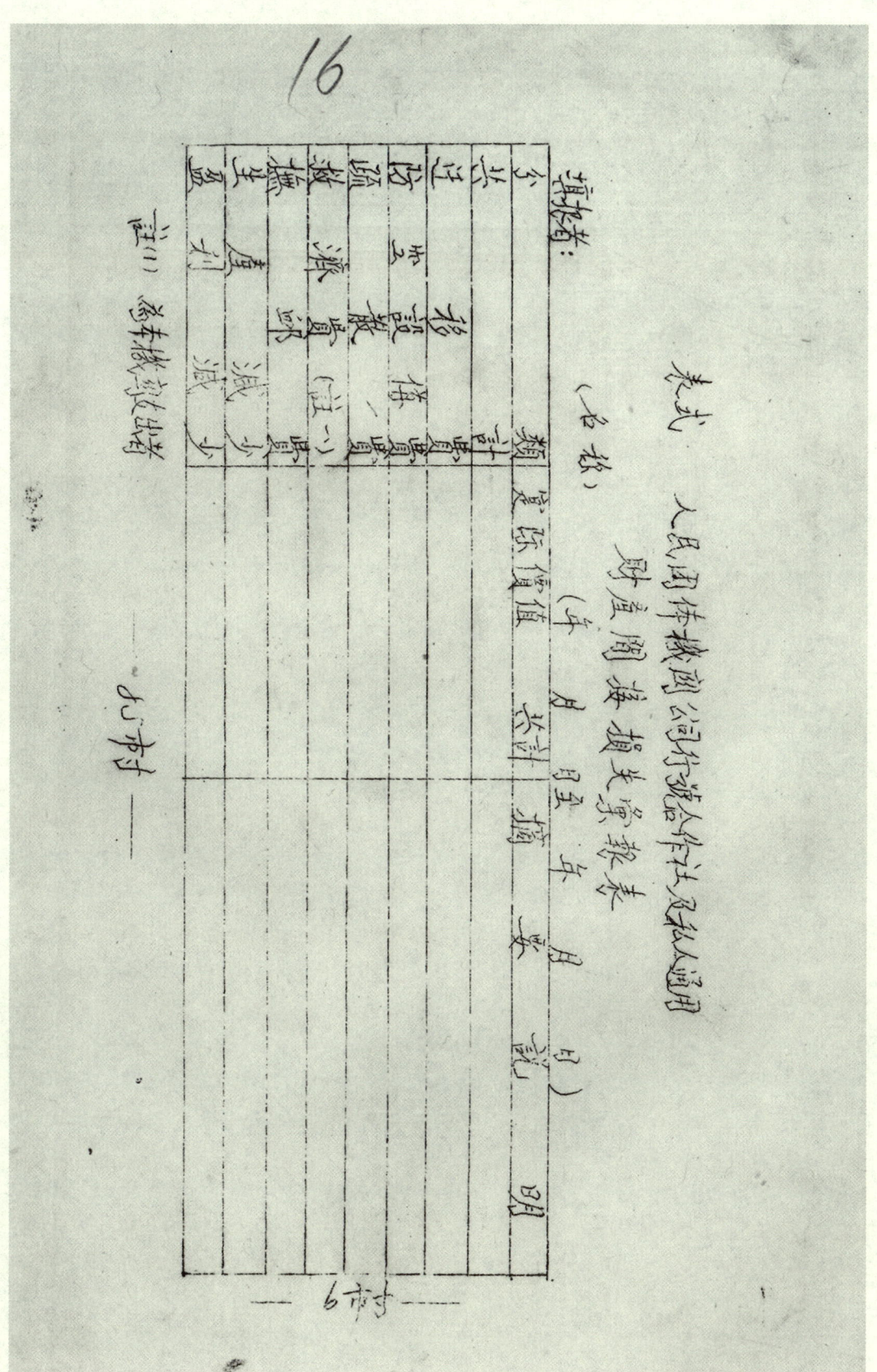

—第9—

18

徐州市商會籌備委員會訓令

總訓字第　號

民國三十五年元月二十三日

令各業公會

案奉

徐州市政府徐社二字第三八一號代電開：

「案奉江蘇省社會處蘇社合字第二一七号亥支代電內開

案准社会部合作事業管理局三十四年十二月合一字第一六五七六號代電開案奉社会部三十四年十一月二十日統三字第一一五三三五号代電開查抗战業已勝利所有至九一八事変以来遭受之損失極应作精確之統計以為对外交涉及善後救濟之依据並奉院頒抗战損失查報表式七種其中一、六七兩表应由本

部所屬各机关据实将其直接间接所受损失分别查填报
部汇编统计除分電外合亟检发表式電仰该局遵照於文
到十日内填报并转饬所屬於文到十日内填报汇转为要等
因附抗战损失查报表式二份奉此除分行外相应检同原件即
希查照办理并饬屬遵照为荷等由附抗战损失查报表式
二份准此除分電外合行抄发原表式两份電仰该市遵照填
报并转饬所屬查报汇转为要等因附抗战损失查报表式
二份奉此除分電外合行抄发原表式二份電仰该会遵照迅报
汇转为要。

等因，附发抗战损失查报表式二份，奉此，除分行外，仰即遵
照查报汇转为要！

此令。

附发：抗战损失查报表式二份

主任委員 王品生

表式　人民團體機關私人通用

財產直接損失彙報表

事件（註1）日軍進攻
日期（註2）（名称）民國二十七年五月十九日
地点（註3）徐州公園西前巷商會舊址内

填報者 徐州市綢緞業公會理事長陳純卿　　填報日期 三十五年元月三十日

分類	損失時價值（國幣元）	重要物品項目及其數量
共計	七百九十八元四角	
建築物		
器具	三百一十元	大辦公桌大寫字台各一張巻櫥文櫥書櫥各一個會議長台一張長櫈二十條高亭留声機一個唱片二打小鉄床一張辦公一切文具（筆墨盒、墨水、鉄丝盘等）茶壺大小各一把茶杯十個磚磁飯盌半打魚尾掛鐘一個電燈等
現物		
圖書	二十二元	書報雜誌不計項目江蘇省政府公報共七十餘冊
儀器		
文卷	八元	由民國十七年九月至民國二十七年五月止計九年零八個月文件全部損失圖記、長戳、官章各一棵私章三棵
醫藥用品		
衣物	四百四十六元四角	建絨小帽二打男女新單衣（褂褲約六十件）男女新夾衣（褂褲約十五件）各種零塊布尺人絲袜子五打漂白斜紋制服青華達呢制服各兩套白單帽二頂、台布一幅
粮食		
其他	約計十二元	會牌一面肥皂二打會旗一面國黨旗各一面總理遺像一幅

註（1）事件即發生損失之事件如日軍轟炸日軍進攻等（2）日期即事件發生之日期如某月日或某年月日至某年月日（3）地点即事件發生之地点包括某市某縣某鎮某鄉某村（4）文卷文件損失之價值如難以估計只須填入散損及損失之文件字數

徐州市綢緞業同業公會

36

食品業

事件：日机轟炸

日期：二十八年三月二十八日

地点：信州東馬路十二号

损失时价值：共计二千一百伍十元 房屋约四百元 器具约四百元 现款二百五十元 存货一千元 其他约一百元

重要物品及其数量（皆）：瓦房一间 玻璃柜台一具 架子四面 靠几二个 条几、方桌、帐桌、坐柜各一件 站柜二个 抽屉桌一个 凳子二个 麵粉一百袋 麸子一百五十麻袋及洋如袜子、筛子、烽炭、芋锅、供器、锅灶、应

用物品

填报者：閻院盛

事件：日军进攻时被纵火焚烧

日期：二十七年阴历四月十九日

地点：丰备南街港玖号

损失时价值：贰千四百五十元 居房捌百元 器具贰百元 现款贰百陆拾元

存货壹千贰百元

重要物品名目及其数量：居房叁间 柜台二具 架子二具 账簿钱柜各一

架子炉灶等 红糖贰千斤 油一千五百斤 洋油卅桶 光连毛边纸

纸卅令 芝蔴一千斤

填报者 丰备南街 同康祥

43

事件 轟炸焚燒搶掠

日期 二十七年四月

地點 大同街西口

損失時價值：店房門面樓上下及後房計四十九間時值五十萬元

後房全部傢具時值十五萬元

現款壹千壹百元

存貨全部存貨約值八十餘萬元

填報者 天福商店

事件：日軍進攻時被炸燬

日期：二十七年三月十九日

地點：徐州市月波鎮

損失時價值：共計三千九百元

店房五百元　器具弍百元　現款七百元　存貨弍千五百元

重要物品項目及其數量：一間市房、生財及日用器具約二十件、五金雜貨約兩千件、各種洋廣貨千餘件、

填報者：吳泰祥店主　吳其智

44

事件：日军进攻时被掳损失

日期：二十七年四月十八日

地点：大同街中段

损失时价值：共计贰佰万〇〇柒仟陆佰元

器具二十万元、现金柒千陆佰元

存货壹百八十万元

重要物品项目及其数量：门面楼上下及内房计四十一间无损，前后全部倾

保存物五十件、绸缎百货、五金、全部、

填报者　华丰泰

54

事件：日寇侵境时被搶擄掠

日期：民國二十七年七月十九日

地点：徐州大马路

損失时價值：共计五千元、房屋三千元、器具一千五百元、存貨五百元、

重要物品項目及其數量：瓦门面二间、瓦楼房二间、机器二架、玻璃櫥二个、檯桌子二个、账桌一个、书櫃一个、電表一个、電灯四个、镜框八个、穿衣镜二个、骨排凳四个、八仙桌一个、卅條布十疋、單夾服約四十套、

填報者：鼎勝服裝店經理人伍玉堂

事件：日奴侵临本市时被掳掠一空、

日期：民国二十七年五月十九日

地点：徐州市中山街大同西服店

损失时价值：共计一万三千一百三十九元、店房三千元、器具七千二百五十元、存货二千八百八十九元

重要物品项目及其数量：门面市房楼上下六间、后身楼房上下四间、玻璃门面一、货架一套、柜台三个、钱柜一个、账桌一个、衣橱二个、方桌一个、长条几一个、椅子四把、茶几二个、方凳八个、挂钟二个、作板六个、马凳四个、缝衣机二个、小方桌二个、铺板三张、长凳六条、大镜子二个、穿衣镜一个、电灯八盏、电表一个、西服呢服三十套、哔叽斜纹二十疋、哔叽线呢三疋、哔叽菜哈几布五疋、白斜纹布十疋、条子布五疋、店青比及六码、黄比及十三码、条子毛花呢三码、灰条花呢三码、灰华达呢六码、灰派力司十三码、店青粗毛呢五码、元色粗毛呢五码、半红灰粗毛呢六码、袖里绸三疋、法兰绒二尺条、厍布七疋、西装扣大小二十罗、铜扣十七罗、风紧扣五十罗

填报者：同泰服装店经理张广滨

79

徐州市商會
35.3.17
收文第612號

事由：為奉電抄發抗戰損失調查實施要點乙份仰遵照辦理由

徐州市政府代電

徐社二字第2178號
中華民國三十五年三月十五日

商会：案奉行政院三十四年十一月二十六日平捌字第二五七一號訓令內開：「查關於戰時公私損失之調查，前設有抗戰損失調查委員會直隸本院，專司其事，本年二月間該會奉令改隸內政部，所有調查辦法、查報須知及其他有關表格，早經該會分送查報有案。現戰事已勝利結束，該項公私損失亟待加緊調查，以便向敵索償，茲制定「抗戰損失調查實施要點」，除分行外，合亟抄發原件，令仰該省政府依照前項「抗戰損失調查辦法」、「查報須知」暨「人口傷亡及財產損失調查表」，迅將所屬各機關損失及該管地方人口傷亡人民財產損失切實查報，並登報暨佈告人民報告損失，呈由該管鄉鎮公所或縣市政府迅予核轉，該項調查工作應於文到後三個月內完成，並應將調查所得資料隨時逕送內政部抗戰損失調查委員會，如有問題，隨時逕與該會洽辦為要」等因，附抄發抗戰損失調查實施要點乙份，奉此，查該案業以徐社二字第一九三八號電催查報在案，除分函外，合亟抄發該要點乙份，電仰遵照查報為要。市長駱東藩寅 徐社二印

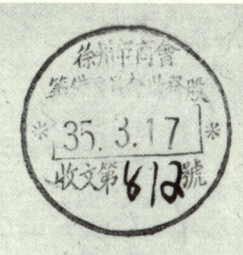

附抄發抗戰損失調查實施要點乙份

抗戰損失調查實施要點

一、有關全國性事業之損失，應由中央有關機關分別調查，彙送內政部抗戰損失調查委員會

甲、屬於經濟部調查之事項

（一）敵人毀壞及攫奪公營及民營工礦事業之損失

（二）敵人開採天然資源之損失

（三）因敵人經營工礦電器商業及其他生產事業所受之損失

（四）敵人徵發及蒐刮物資之損失

乙、屬於交通部調查之事項

（一）鐵路公路航業航空郵電及其他交通工具之損失

（二）因敵人經營交通事業所受之損失

丙、屬於財政部調查之事項

（一）敵偽徵收稅捐之損失

（二）敵偽破壞金融之損失

(三)敵偽發行鈔票所受之損失

(四)敵國公私機關團体或人民所欠中國公私機關團体或人民債務之損失

丁、屬於教育部調查之事項

(一)公立或私立各級學校財產之損失

(二)公私教育機關之損失

(三)古物書畫之損失

(四)文化事業之損失

戊、屬於禁烟委員會調查之事項

人民因被迫吸食毒品及種植毒品所受之損失

己、屬於粮食部調查之事項

(一)敵人徵發及擄奪粮食之損失

(二)敵人擄奪其他食品之損失

庚、屬於社會部調查之事項

(一)各種人民團体之損失

(二)合作社及合作事業之損失

(三)勞工福利之損失

辛、屬於農林部調查之事項

公營農林產品水產品及牲畜農具漁具等損失

壬、屬於水利委員會調查之事項

(一)堤防破壞及整治堤坊水道之損失

(二)泛濫區人民所受之損失

癸、屬於司法行政部調查之事項

(一)敵軍在各地屠殺之死亡損失

(二)敵軍逮捕被因我國人民因而死傷之損失

特飭各業公會切實調查俾便彙報 [illegible]

83

徐州市浴業同業公會公函第　　號

逕啓者頃准前復新池舖東揚復初函稱竊商有市房一所計六十八間坐落本市東車站津浦馬路三十號開設復新池澡塘廿餘年徐州淪陷時全部生財器具盡為日人佔有其損失數目及價值曾經詳列清單補呈徐州市政府轉呈在案旋奉社字第四九六七號批令內開呈暨附件均悉查抗戰損失調查業經飭屬辦理在案該民戰前既經營浴業仰逕向商會依式填報呈府備轉聽候處理所請向日人後藤直接交涉賠償一節暫勿庸議仰即知照此令附件姑存等因奉此相應將損失清單另抄一份隨函送達即希察收代轉至以為荷等由准此相應檢同原件備函轉請即希

損彙辦核轉　五、廿三、

貴會煩為代轉實紉公誼

右上

徐州市商會理事長黄

附抗戰損失彙報表一份　損失清單一紙

理事長張紹武

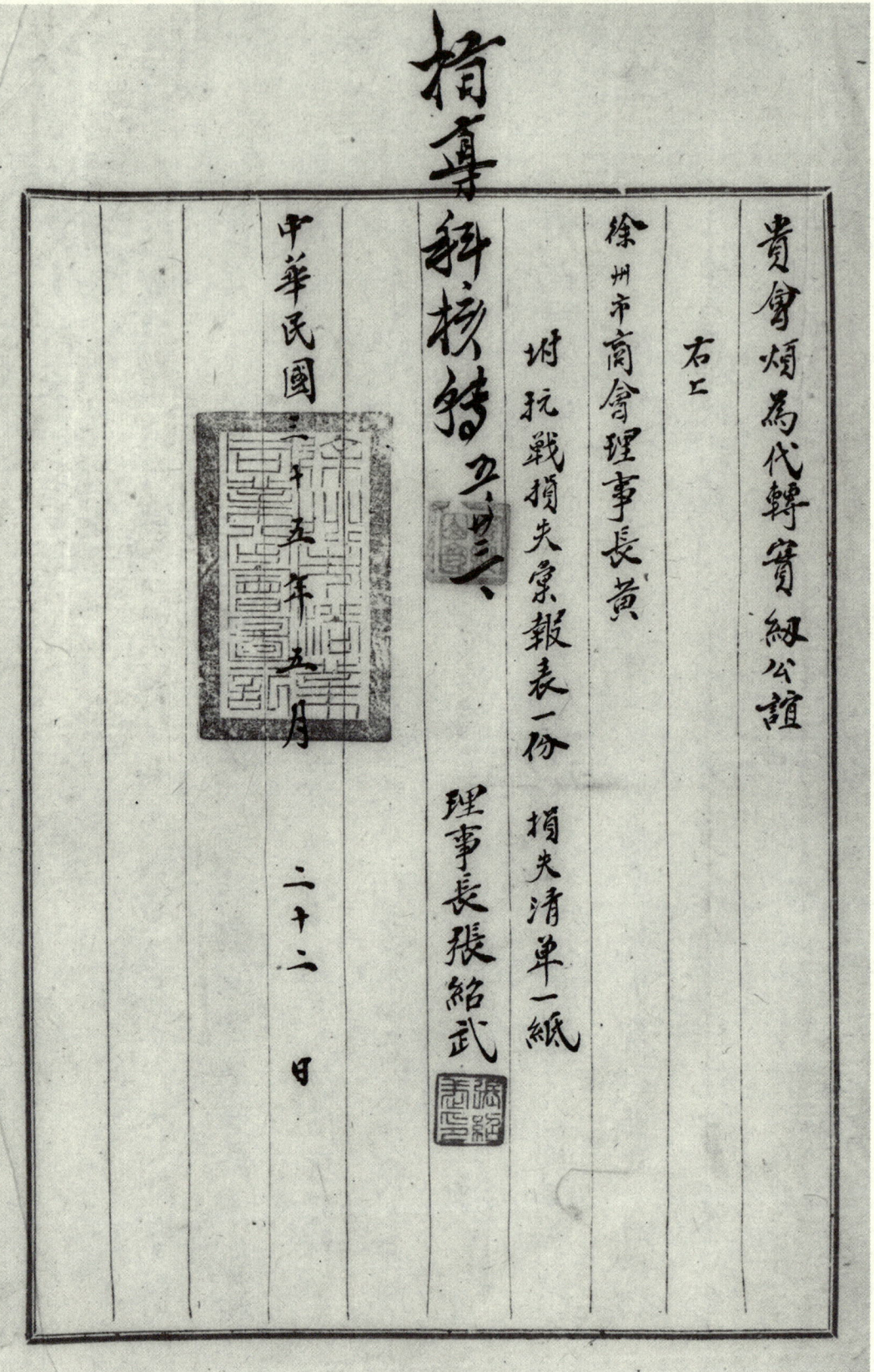

中華民國三十五年五月二十二日

84

浴業同業公會人民財產直接損失案報表　填報者前漢新池店東楊漢初

事件：日軍轟炸兩次及進攻佔據

日期：民國二十七年一月二十一日

地點：徐州市津浦馬路之西

共計損失：叁仟柒百捌拾壹萬柒仟玖百元

房屋：六十八間（房屋已呈市政府）

器具：二千五百萬〇〇七千九百元

存貨：壹仟貳百捌拾壹萬元

國藥業公會會員損失表 填報者林濟藥莊店東林慶雲

事件：日机轟炸及日寇進住

日期：二十七年五月十五日

地点：徐州市大馬路福安里內院

損失共計：陆佰叁拾万元

器具：叁拾万元

存貨：陆佰万元

重要損失項目及其數量：櫃台藥櫥桌椅木床及木箱約二百餘件

各種存貨藥貳佰五十件

国药业会员损失表

填报者　松茂祥药栈朱正邦

事件：日军攻占徐州及萧县

日期：二七年五月

地点：徐州大马路大金台旅馆斜对门

共计损失：柒万〇肆拾元

器具：叁千〇肆拾元

现款：贰千元

存货：陆万伍仟元

重要物品项目及其数量：店内全部生财及衣服被褥，现款银元及铜元，并店内存货及萧县存货肆仟件等等

87

國府業會產損失表　　塡報者楊聚恒簽字

事件：日軍進攻徐州蕭縣

日期：二十七年五月

地點：徐州馬市街三十六號及蕭縣城内

共計損失：拾萬〇柒千玖百元

器具：四千貳佰元

現款：七千七百元

存貨：玖萬六千元

重要損失項目數量：綢緞布匹春夏衣物樟樹鐵器銀幣等店内存貨及蕭縣存貨計拾五件

國語書會員損失表

梓欣成同記二份子

事件：日軍進攻徐州

日期：二十七年五月

地點：徐州大同街七東門口路北

共計損失：洋万肆千五百元

器具：壹千元

房屋：洋万叁千五百元

88

商業會員損失表

呈報者祥順成之行棧

事件：日軍進攻徐州

日期：二十七年五月

地點：徐州道平街八十五号及蕭縣城內

損失共計：捌萬捌千弍百伍拾元

器具：叁千伍百元

現款：捌千伍佰元

存貨：柒萬陸千弍百伍拾元

重要物品：包括同人二十餘名衣物被褥現款銀幣銅元等存在內

存貨及蕭縣存棧貨四十件等

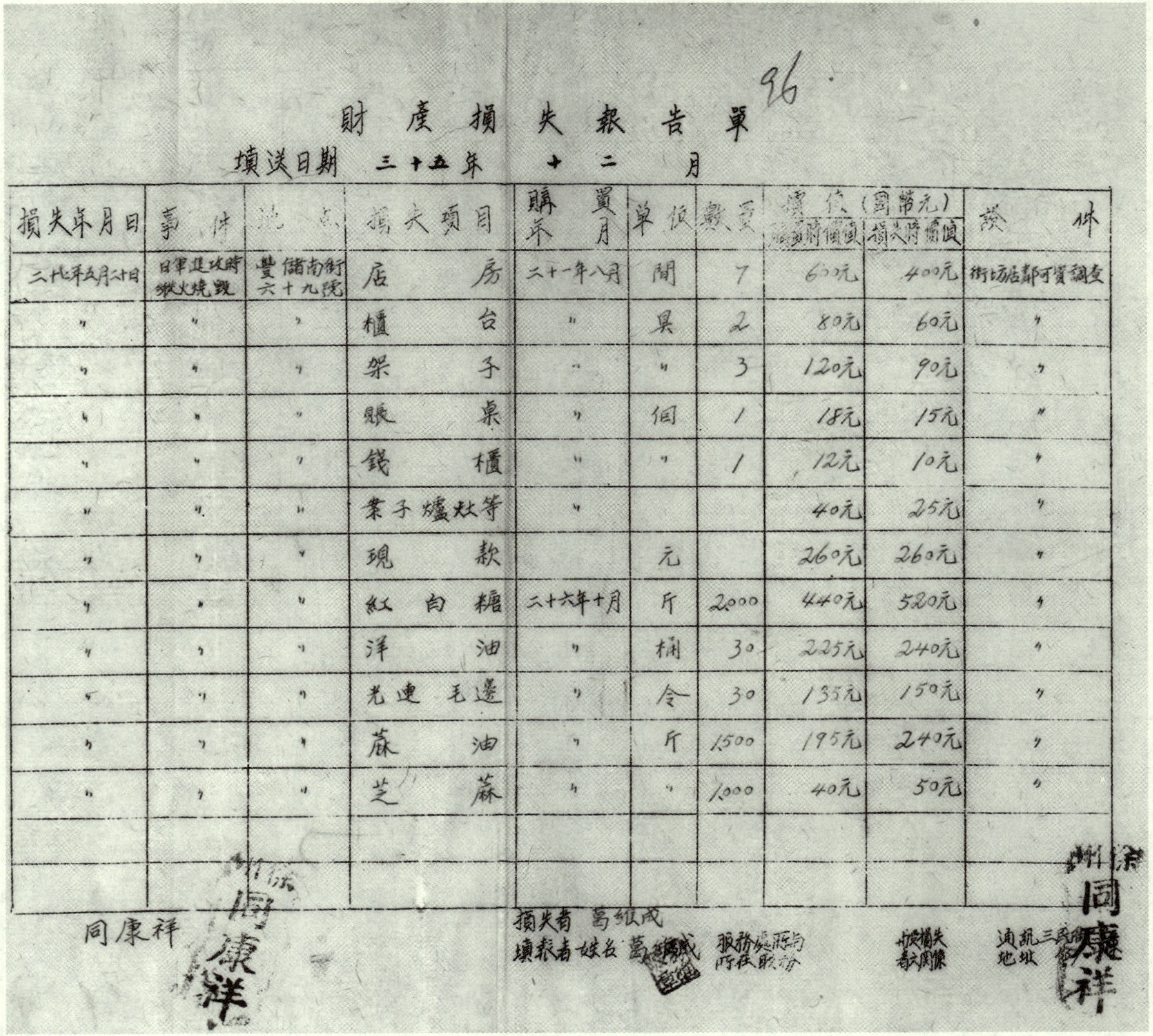

96

財產損失報告單

填送日期 三十五年 十二 月

損失年月日	事件	地點	損失項目	購置年月	單位	數量	價值（國幣元） 購置時價值	損失時價值	證件
二十七年五月二十日	日軍進攻時燃火燒毁	豐儲南街六十九號	店房	二十一年八月	間	7	600元	400元	街坊店鄰可資調查
〃	〃	〃	櫃台	〃	具	2	80元	60元	〃
〃	〃	〃	架子	〃	〃	3	120元	90元	〃
〃	〃	〃	賬桌	〃	個	1	18元	15元	〃
〃	〃	〃	錢櫃	〃	〃	1	12元	10元	〃
〃	〃	〃	桌子爐灶等	〃			40元	25元	〃
〃	〃	〃	現款		元		260元	260元	〃
〃	〃	〃	紅白糖	二十六年十月	斤	2000	440元	520元	〃
〃	〃	〃	洋油	〃	桶	30	225元	240元	〃
〃	〃	〃	光連毛邊	〃	令	30	135元	150元	〃
〃	〃	〃	蔴油	〃	斤	1500	195元	240元	〃
〃	〃	〃	芝蔴	〃	〃	1000	40元	50元	〃

同康祥

損失者 葛組成

填報者姓名 葛組成 服務處所與所任職務 與受損失者之關係 通訊地址 三民路

……營事業財產直接損失彙報表

（商業部份）

事件：日軍進攻及轟炸焚燒搶掠强佔等

日期：民國二十七年

地点：徐州市區

填送日期 三十五年 十二 月 三十一 日

分類	價值
共計	統計約肆仟壹百柒拾伍萬伍仟陸百壹拾元
店房	被燬五十一間約值伍拾壹萬伍仟壹百柒拾伍元
器具	共計約值貳仟伍百肆拾玖萬叁仟肆佰八十一元
現款	叁萬零陸百壹拾元
存貨	計值壹仟伍百柒拾壹萬伍仟陸百肆拾肆元
運輸工具	無
其他	柒百元

附損失報告單六十六張

報告者 徐州市商會理事長黃樂山

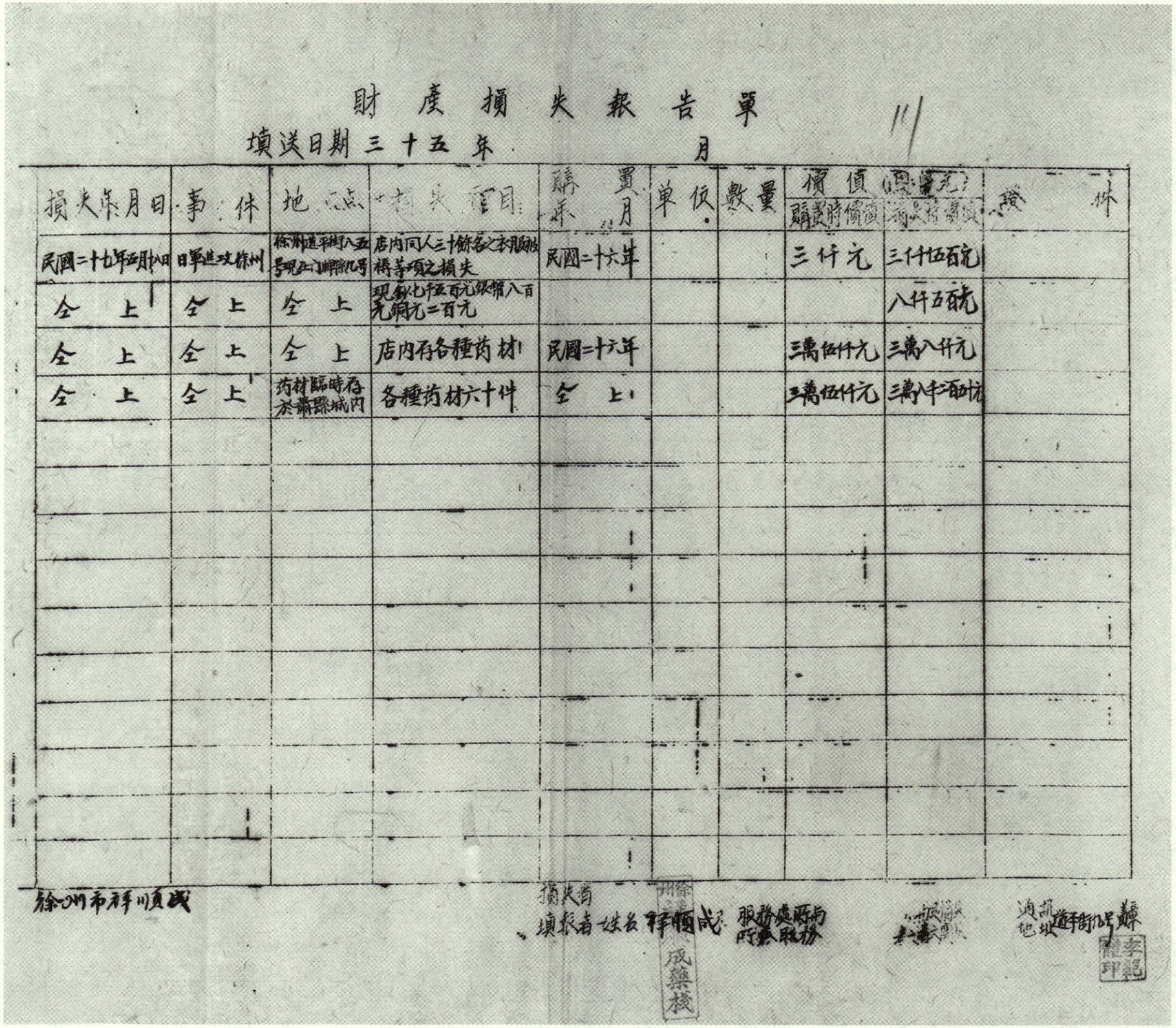

財產損失報告單 111

填送日期 三十五年　　月

損失年月日	事件	地點	損失項目	購置年月	單位	數量	價值（國幣元）		證件
							購置時價值	損失時價值	
民國二十七年五月十八日	日軍進攻徐州	徐州道平街八五號現在門牌九號	店內同人三十餘名之衣服被褥等項之損失	民國二十六年			三仟元	三仟伍百元	
仝上	仝上	仝上	現款七千五百元銀幣八百元銅元二百元					八仟五百元	
仝上	仝上	仝上	店內存各種药材	民國二十六年			三萬伍仟元	三萬八仟元	
仝上	仝上	药材臨時存於蕭縣城內	各種药材六十件	仝上			三萬伍仟元	三萬八千二百[illegible]	

徐州市祥順成

受損失者 徐州祥順成藥棧

填報者 姓名 祥順成　服務處所與所任職務

通訊地址 道平街九號

李範臣印

……營事業財產直接損失彙報表

（商業部份）

事　件：日軍進攻徐州時損失

日　期：民國二十七年五月十八日

地　點：徐州市内

填送日期　三十五年　月　日

116

分類	價值
共計	叁拾伍萬零壹百柒拾捌元
店房	
器具	藥櫥櫃台藥箱桌椅及店内用人衣服等項共價值壹萬二仟[illegible]八元
現款	計現款壹萬八千二百元
存貨	藥材計損失價值叁拾壹萬九千二百五十元
運輸工具	
其他	

附損失報告單　張

報告者　徐州市國藥業公會理事長李範體（印：李範體印）

2

中央信託局蘇浙皖區敵偽產業清理處

派駐徐州專員辦事處代電

案由：電呈第二十二次估價會議房屋估價說明表等件祈核示由

附件：如文

徐清字第1014號 第 頁

內有附件

中央信託局蘇浙皖區敵偽產業清理處兼處長吳鈞鑒本處第二十二次估價會議及提案業經於本年五月卅一日以徐清字第九八〇號電呈在案茲查本處會議關於房屋估價者計有本市宣武路八號敵建工程等三案理合遵照鈞處本年五月三日滬理估字第八九七五號代電將各該案接收情形處理辦法等造具說明表連同估價單平面圖會議紀錄等件專案報核伏乞示遵職李志遠叩徐清巳江印附呈說明表估價單會議紀錄各乙份平面圖二份

中華民國三十六年六月三日發

收文 字第5974號

第　次估價會議敵地產估價説明表

敵僞原名稱　地　點　接收情形　處理意見　備　註

敵同仁醫院　宣武路八號　本處查封地上建築先永贈　地主係裴雲鵬

第八分所　徐州市衛生所　孫　德　華

英大街十一號　請貸用　標　售　未據地主申請

敵人康振閣　巷六八十七號　接寄寄存寄檢　前來

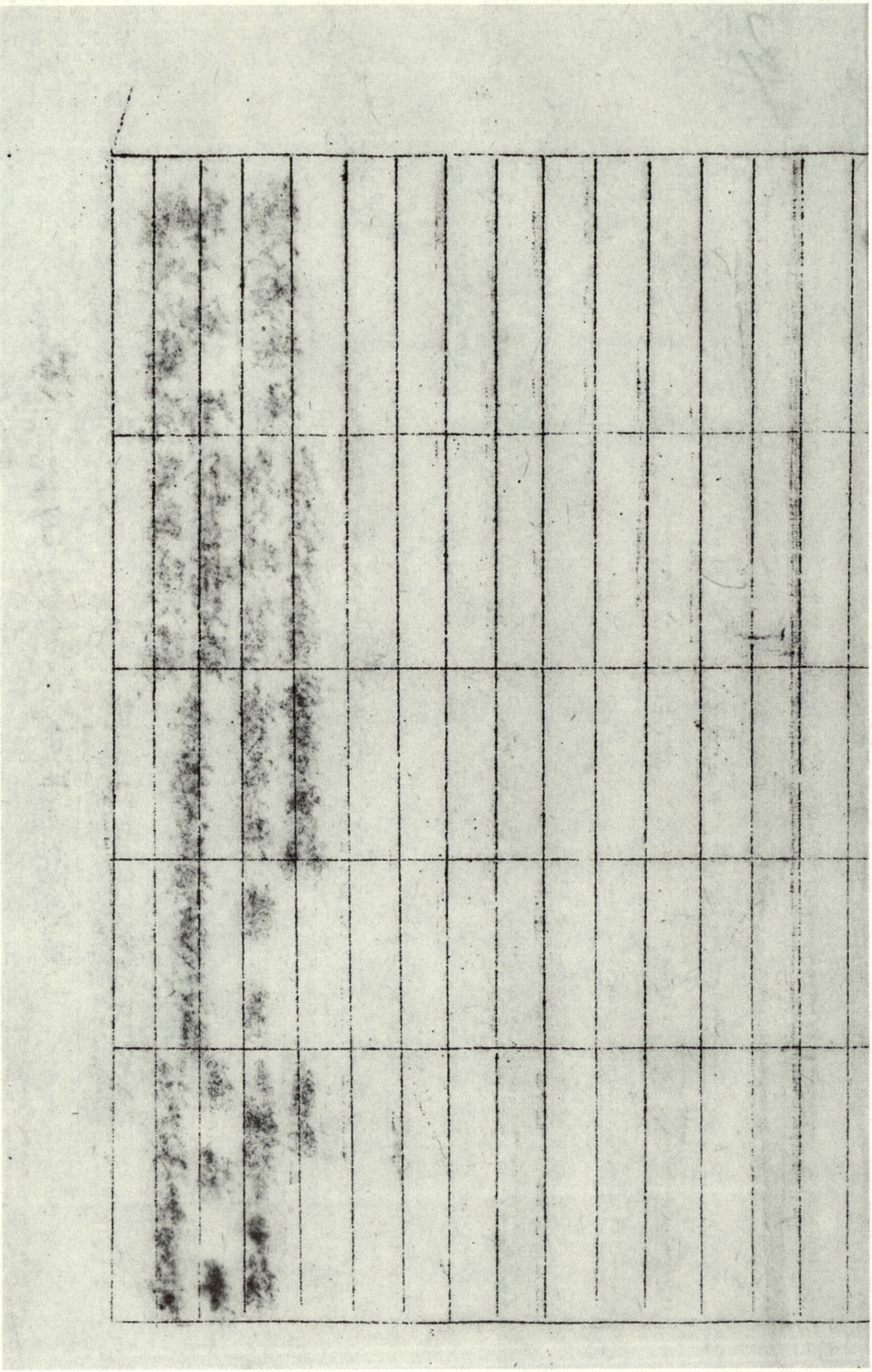

中信局敵產處駐徐專員辦事處廿二次估價會提案

宣武路八號徐州市衛生事務所（地主孫義實 孫德榮代表）敵真嘉屋醫院

工程名稱	單位	數量	單價	共價	折舊	實價	備註
1.辦公室	平方公尺	73.1	204.000	14.912.000	0.7	10.438.000	
2.医室及外科室	〃	136.35	180.000	24.543.000	0.7	17.180.000	
3.披屋	〃	26.82	150.000	4.023.000	0.7	2.816.000	
4.日式宿舍	〃	67.86	187.000	12.684.000	0.7	9.960.000	
披屋	〃	9.45	160.000	1.512.000			有地板天花板
5.中國式宿舍	〃	36.9	160.000	5.904.000	0.6	3.542.000	
6.紅磚圍墻	立方公尺	75.6	70.000	5.292.000	0.5	2.646.000	
						46.562.000	

英大街小里巷65號敵產（地主未有申請）（日人廣坂閣）

工程名稱	單位	數量	單價	共價	折舊	實價	備註
1.日本式宿舍	平方公尺	130.17	174.000	22.649.000	0.6	13.589.000	
2.披屋	〃	20.46	100.000	2.046.000	0.5	1.023.000	後墻借鄰壁
3.二層樓屋	〃	22.72	336.000	7.633.000	0.6	4.579.000	
4.炭棧室等	〃	17.52	160.000	2.803.000	0.5	1.401.000	
5.灰棚	〃	29.40	50.000	1.470.000	0.3	441.000	前後墻借鄰屋
6.石基土坯圍墻	公尺	30m	32.900	987.000	0.3	296.000	
7.洋井	口	1	1.200.000	1.200.000	0.7	840.000	附吋鋼管20呎
						24.169.000	

醬油廠物資估價表

名稱	單位	數量	單價	共價	備註
破鉢鉄鍋二個	市斤	1500	1.000元	1.500.000元	查獲物資
3/8"鉄板	張	3	3.100.000元	9.300.000元	寬6呎長20'
廢鉄皮	市斤	150	300元	45.000元	查獲物資
蒸氣鍋炉	部	2	10.000.000元	20.000.000元	3'6"×15'
騾子馬車	套	1	600.000元	600.000元	查獲物資

第二酒精廠物資估價表

橫式鍋炉	部	1	10.000.000元	10.000.000元	3'2"×18' 放置東車站（銹損）

馬達調整估價表

名稱	單位	數量	單價	共價	備註
三匹馬達	部	2	1.575.000元	3.150.000元	第一酒精廠
三十匹馬達	〃	1	10.500.000元	10.500.000元	柳泉出光酒精廠、損坏（零件不全備）

李梭

第二十八次估價委員會議紀議

時間　三十六年五月二十九日下午八時

地點　本處會議室

出席　王誠勛　黃漢樑（黃伯容代）　張克淑（市黨部）
　　　邵雍　張其奎　吳海麒（市政府孫競如代）
　　　李志遠（王煥培代）　王煥培

列席　李志遠（王煥培代）

紀錄　王遂甫

開會如儀

討論事項

（一）真武路八號敵真喜屋醫院（現為市衛生事務所）敵建工程

估價案。

議　決　照初步估價四六、五六八、〇〇〇元通過。

(二)英士街東巷六五號(日人廣坂崗)廠建工程估價案。

議　決　照初步估價八四、八六九、〇〇〇元通過。

(三)醬油廠物資(鐵鍋等件)估價案。

議　決　照原估價通過。

(四)第八酒精廠物資(鍋爐)估價案。

議　決　照原估價通過。

(五)馬達調整估價案。

議　決　照原調整估價通過。

128 69 0071 37

中央銀行

快郵代電

徐機字第貳拾壹號

江蘇省第九區行政督察專員兼党政接收委員會
副主任馮勛鑒案奉財政部駐京滬區財政金融特
派員辦公處滬財特字第一四〇九號令開案據偽
華興銀行清理處呈以徐州所有中日銀行為第十
戰區臨泉指揮所接收委員會全部接收請轉陸軍
總部令飭移交以便接收等情除轉呈陸軍總部請
令飭遵辦並指令外合行令仰該員就近洽商接收
具報等因奉此除向臨泉指揮所及華興銀行經理
立石洽商接收外相應電達即希查照轉飭該經理
在辦理移交手續未清楚以前暫勿離徐為荷中央

中華民國　年　月　日

第一頁

127 0070

68

中央銀行

快郵代電

徐機字第弍拾壹號

銀行徐州分行經理朱承畧卯丑馬印

抄知送業務局

二、廿三

中華民國三十五年二月二十一日

第二頁

78
~~138~~ 11780

40号

卅五年二月廿四日下午四时收到

事由	附件	擬辦	決定辦法
為請將日本寺廟產業列表見示並移予本府接管由		查照列表函覆 二、二六	

徐州市政府公函

徐地字第1480號

中華民國三十五年二月廿日

案奉

徐州綏靖公署綏總副字第〇四四三號丑哿代電開：

「案奉中國陸軍總司令部三十四年十二月二十九日接字第六四三號亥文代電開：『據中國佛學會呈請將中國各地之日本寺廟之產業予該會接管等情，除該日產以政府接收為原則

文 字第 號

日方房屋應由當地政府接管如須維持原容應由地方政府指派任務外電希查照」等因：奉此。除分電党政軍各機關遵照辦理外特電遵照」

等因：奉此。查本市日僑房屋現均由 貴會管理，関於房屋部份，究有若干，擬請查明列表見示，並於日僑遣移時，移交本府接管為荷！

此致

徐州日僑管理處

市長 駱東藩

校對李華亭

巻宗…經

徐州區日僑集中管理所查封日僑房舍座談會

時間：卅五年一月廿五日上午十时

地点：專署會議室

出席：市政府代表陳绍基
　　城防司令部代表宫伯良
　　戰俘管理處代表楊存松
　　專署代表王汝侄
　　日僑管理所　趙樹椿　林法玉　甄韶九

缺席　绥署

主席：王汝经　　紀錄：甄韶九

印送各出席机关呈绥署　先　卅五

開會如儀

主席報告（略）

討論事項

一、日僑集中騰出之房舍如何查封保管案

決議：一、由綏署城防司令部市政府戰俘管理處日僑管理所各派人會同查封，查封後由市政府城防司令部戰俘管理處暫為保管，由日僑管理所彙冊呈報綏署查記。

二、日僑遷移時由日僑管理所通知有關機關會同查封

52 2003

二、日僑遷移时秩序如何維持案

決議：由日僑管理所通知警察局按各該管轄區，到派警士負責維持秩序。

三、原指定之日僑集中地点如不架蓋席棚實難容納，如何增設集中地址案

決議：一、原指定之東海莊及中央市場改為東海莊、中央市場、西本願寺、日本澡塘附近。

二、蕭杆籌安搭蓋該事再集中指定地点。

三、現住各處之日僑人數在一百人以上者暫时不動。

臨時動議

一、請綏署及戰俘管理處派員指導

決議：由日俘管理所呈請綏署政治部并函戰俘管理處（各派一人）常川駐所指導并任宣導工作

閉會

中華民國卅五年正月廿貳日收

江蘇省政府代電

(艾)府民三字第　號
中華民國三十五年壹月拾四日

第一科
第986號

第九區專員公署

奉陸軍總司令何亥魚接電轉行政院戍省一電開日僑遣送回國事宜尚有變通可能茲與軍事委員會商定凡(一)在戰爭期中協助我國抗戰有確實證據者(二)依照日籍員工徵用通則所徵用之技術人員可准暫留我國等因希查照遵辦等因除分電各縣府外特電遵照江蘇省政府(艾)府民三子寒印

附日僑管理處存查
并分函調用機関查照办理

448
1108
4

3215

發字第11号

江蘇省第九區行政督察專員公署用箋

徐州區日僑集中管理所 公函

管字第　號

中華民國卅五年一月二十五日

逕啓者 查本所業經奉命成立所有管訓事項均由本所分函各機關調派人員辦理惟宣導一事極関重要擬請

貴部派員參加并希常川駐所俾便指導

相應函達即希

查照為荷 此致

綏署政治部

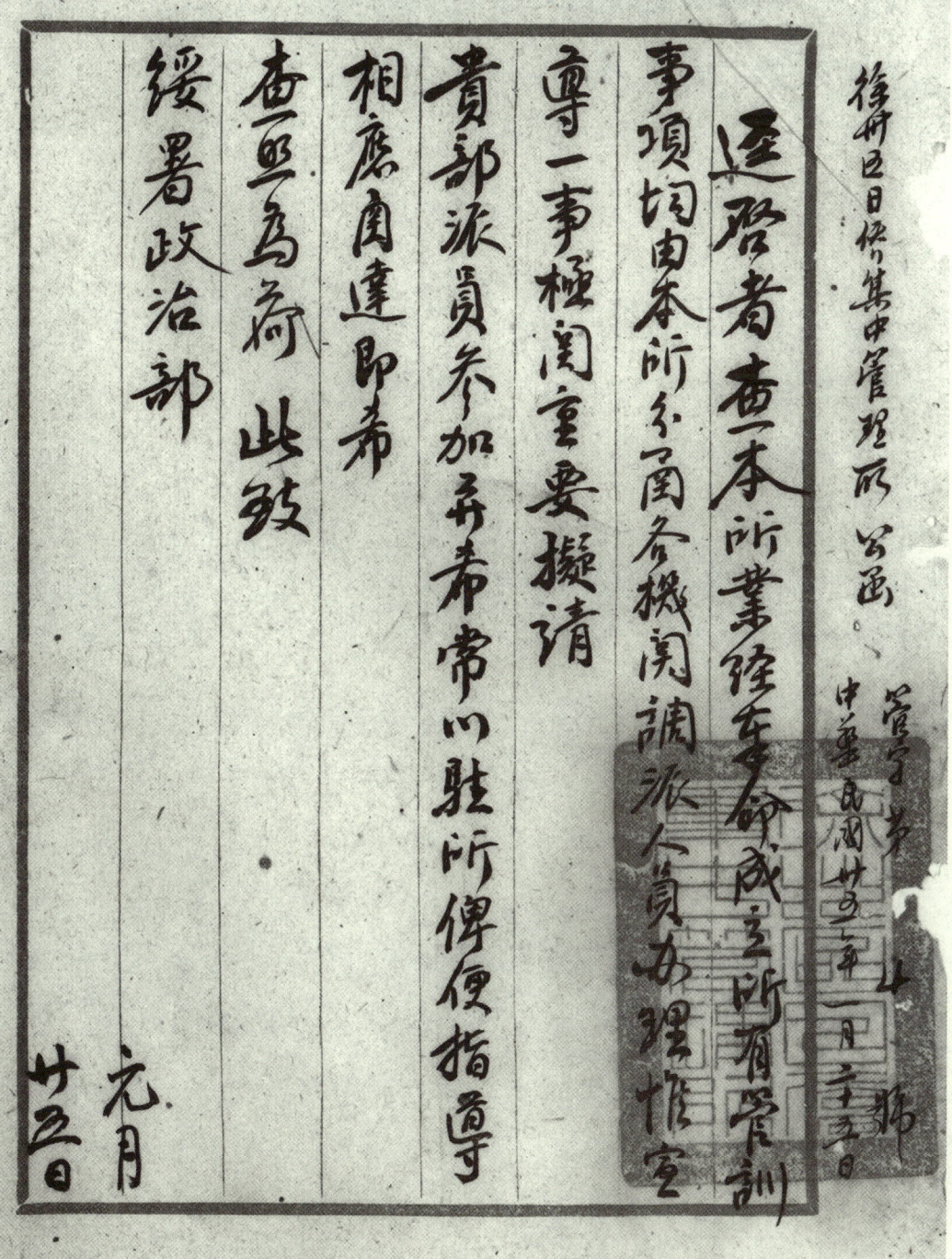

元月 廿五日

歎願書

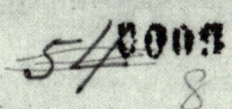

今般日橋集中居住ヲ命セラレ候處當東本願寺別院内ニハ柵泉炭礦引揚者モ含マレ終戦當時ヨリ集團生活ヲ持續シ現在ノ處分散生活ハ不可能ナルノミナラス人員ハ別紙ノ如ク多數ニシテ就中病人及姙産婦等モ相當數アリ此際移動スルハ甚タ難渋ヲ極ムルモノト存シラレ候間特別ノ御計ヲ以テ當院ヲ集中居住處ノ一トシテ御許可相成度様御取リナシ願度此段及歎願候也

左記

居住者連署

男（大小共）八拾九名
女（〃）六拾四名
合計 壱百五拾参名
昭和二十一年一月二十六日
願出人代表者
太宰不二丸
黒澤俊栄
学生会長加藤彦一殿

55-9

別紙

太宰不二丸
黒澤俊榮
山本福次郎
植田又四郎
龍真澄
永町守治
木村繁雄
山本留吉
堀江友三郎
岡本恭治
高橋辰美
佐川恭次郎

玉山康雄
栗生勉
佐藤醇二
阿部正助
板倉多市
小笠原行雄
池田正雄
田部谷作一
出井徳治
柿沼文作
森川繁一
仲四郎吉

笹山鶴松　金城哲次郎
糟谷良一　養淳
河井喜男　法元一二
森脇信　池田薫
原田幸一　宮城功
川本弘　安川聡道
元永一雄　西川八重
西村彦市　林正子
古川常一　高橋エク
濱本輝雄　小西文子
原田数雄　太田久美子
中西伸義　出崎良子
古賀一郎　伊藤金一郎

56 [redacted]

三澤三男
原田勇
小林春治
藤崎良雄
伊藤亀太郎
波多野正雄
村上長四郎
山森富一
岡村啓治

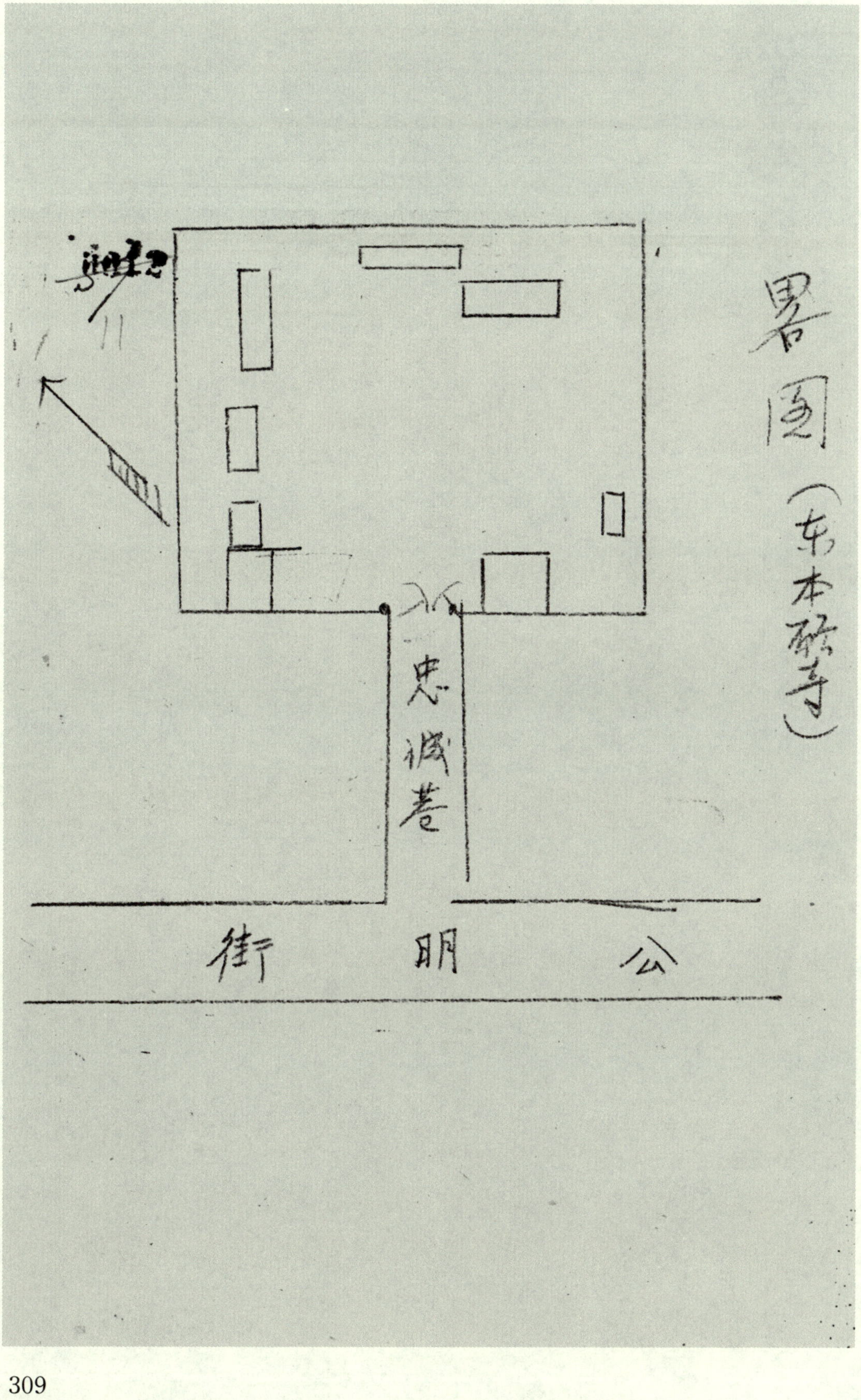
略图（东本愿寺）
忠诚巷
公明街

61 ~~5013~~ 14

卷15号

江蘇第九區行政督察專員公署稿紙

文別	事由
訓令	為令調查日韓德僑實際狀況造表具報由

送達機關	附件
徐州日本善後連絡部 韓国僑民团	

專員兼所長 元、三

秘書 元先

科長

擬稿員

中華民國卅五年一月廿九日

交辦	擬稿	繕寫	校對	蓋印	封發	歸檔
月日時	月日時	月日時	月日時	月日時	月日時	月日時

發文　字第　號

（全衔）训令　发总字第　号　卅五年　月　日

令徐州日本善后联络部
　韩国侨民团

案奉

江苏省政府卅五年府民四字第三九二号训令内开：案奉

行政院卅四年十二月卅一日平嘉字第29040号训令

开：云云。

此令。付抄发各省市集中管理日韩德侨

实际状况调查表式各十份 [illegible] 等因奉此，除分行外，

合行抄发表式，令仰该部、团遵照，于文到二日内切实调

查填表具报为要。

此令。

附抄发集中管理日韩德侨实际状况调查表式一份

兼所长　冯○○

0016

62

15

卷16号

江蘇省第九區行政督察專員公署稿紙

文別	公函
送達機關	無線電第八十九電台
附件	
事由	為函覆同仁醫院為維護公墓指定日僑集中地地無法變更由

專員兼所長 九、三〇、

秘書 文

科長

擬稿員

中華民國三十五年

交辦	擬稿	繕寫	校對	蓋印	封發	歸檔
月 日 時	一月廿九日 時	月 日 時	月 日 時	月 日 時	月 日 時	月 日 時

發文 字第 號

逕覆者：案准

貴台總信字第一三九號公函以關　案奉本部卅（五）

務信一第八十九號子灰代電開云云，近將各該日

僑政地集中以利軍訊等由，准此。查大馬路同仁

醫院係奉

徐州綏靖公署指定為日僑集中場所，暨呈准有案，礙難（未便）讓交，

准予暫時借用

逕相應函覆，即希

查照為荷。

此致

軍政部無線電總台第八十九電台

63 1017

16

啟明路新[illegible]旅社

軍政部無線電總台第八十九電台公函

總務字第一二九號

卅五年十二月廿八日

案奉

本部當務信一第八九號子灰代電開「茲派該台駐徐州為收發高級長官緊急特要軍電之專用無線電台限于廿日以前抵該地架設工作具報為要」等因本台業遵限開抵徐州所需架設住屋經向本市房屋管理處申請指派大馬路同仁醫院為本台办公處所惟查該院本(卅六)日復遷入日僑一批致本台無法進入工作為特函請

貴署查照并希轉飭日僑管理所迅將各該日僑改地集中以利軍訊至感公誼此致

專員公署

台長 蔣[illegible]

日僑管理所查復 久光

64 0021 20

發17號

江蘇省第九區行政督察專員公署稿紙

文別	事由
公函	為函復日僑集中地點及人數由
送達機關	
徐州軍運辦公處	
附件	

專員兼所長

秘書

科長

擬稿員

發文 字第 號

中華民國三十五年

交辦	擬稿	繕寫	校對	蓋印	封發	歸檔
月 日 時	一月廿一日 時	月 日 時	月 日 時	月 日 時	月 日 時	月 日 時

逕啓者：案准

貴屬輸總字第一號公函，以關於案奉

第三戰區鐵道軍運指揮部調電開：云云

相應函達，即希見覆，并由。准此，查本市

日僑集中地點為啟明路以北，黄黄河以清

路以東，黄河以西，東海莊中央市場一帶，

集中人數總計八千九百零四名。相應

函覆，希即

查照為荷。

此致

徐州軍運指揮部

30

卷2 3号

江蘇省第九區行政督察專員公署稿紙

文別	代電
送達機關	省政府
附件	
事由	為電覆集中管理日僑人數由

專員兼縣長

秘書

科長

擬稿員

中華民國三十五年

交辦	擬稿	繕寫	校對	蓋印	封發	歸檔
月 日 時	二月七日 時	月 日 時	月 日 時	月 日 時	月 日 時	月 日 時

發文 字第 號

徐州區日僑集中管理所代電　管總字第　號　卅五年十二月七日

主席王　鈞鑒　案奉　鈞府卅五、府民四字第四三五號子有代電奉悉　遵查職所集中管理之日僑人計男五千二百三十四名女三千六百七十口總共八千九百零四名謹覆

職馮〇〇丑虞印

徐州区日侨调查统计表

徐海区日本官兵善后连络部

报道者　偉孝

区别	性别	老	壮	幼	计	
徐州	男	一八一	三、八八〇	一、一七三	五、二三四	五六
	女	六六	二、四六三	一、一四一	三、六七〇	六四
合计		二四七	六、三四三	二、三一四	八、九〇四	一二〇

附记

一、年令在五十才以上者列入「老」者栏内

二、年令十六才以下者列入「幼」者栏内

69 0023

122

業19号

江蘇省第九區行政督察專員公署稿紙

文別	事由
呈	為呈報徐州區日僑集中管理所組織規程請鑒核由

送達機關	附件
江蘇省政府	

專員兼所長

秘書　科長　擬稿員

中華民國三十五年

交辦	擬稿	繕寫	校對	蓋印	封發	歸檔
月 日 時	一月卅日 時	月 日 時	月 日 時	月 日 時	月 日 時	月 日 時

發文 字第 號

案查職所奉令成立業經呈報在案自
應擬具組織暨辦事規程以資遵守謹
依中國境內日僑集中管理辦法之規定
擬具職所組織暨辦事規程是否有
當理合檢同組織規程具文呈請
鑒核示遵
謹呈
江蘇省政府主席王
附呈：徐州區日僑集中管理所組織辦事規程一份
徐州區日僑集中管理所兼所長馬〇〇

中華民國卅五年壹月卅

江蘇省民政廳訓令

(芸)民四字第○八八號

中華民國三十五年一月廿三日

令徐州市政府

案奉

江蘇省党政接收委員會本年一月十一日省接字第四四號訓令開：

「案奉第十戰區司令長官部上年亥江譯代電內開：『案據

軍政部開封區周特派員熹文酉寢經榜代電轉准陳部長

酉篠需經電開此次收容敵俘所需物資服裝管理醫葯等不論

直接與間接凡因收容敵俘所需用費概應詳細登記以便日後向

日方索還除分電外希即查照并飭屬遵照隨時列報核備等由

除分電外仰各遵照列報為要』等因合行令仰遵照列報為要」

等因除分令外合行令仰遵照辦理為要

此令

廳長王公璵

~~25~~ 28 ~~0029~~

25号

事由	擬辦	批示
為奉電應利用時機感化日俘僑特仰遵照由		

附件

江蘇省政府代電

黃府民(四)字第六九六號

中華民國三十五年六月六日

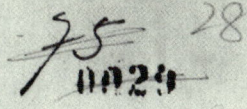

徐州日僑集中管理所為兼所長奉中國陸軍總司令部[illegible]
區現已集中之日本俘僑刻正陸續遣散回國各地未[illegible]
人力物力施予感化以期改正其錯誤思想，藉固世界永久和平。又貴部應即調用
原有精通日語文人員組織日俘教育機構輔導，先挑選日俘中之具資望有
由思想者予以訓練，然後再以之轉教育日俘，其教育方式以採取討論為原則
3、國內上海重慶北平廣西國外東京舊金山馬尼剌等處均有日語廣播節
目，前貴部接收之收音機擴大器等應全數發交日俘僑管理處所裝置收聽

~~76~~ 29

~~0036~~

其不足者亦應設法補充 4、利用接收器材裝配短波收音機錄收上列各台廣播節目編印日文譯報油印張貼每週又編成排卷一份 5、美國新聞處已在北平天津上海南京廣州等地設立辦公處所 當 部達令就近與以經常保持聯絡該處現有刊物如每日新聞及東京盟軍總部所辦每日週刊電影各片如大戰前奏曲 中國戰事 蘇聯戰事 英國戰事等片均由本部與美方商妥可隨時供給施教 6、中宣部現在另籌重要地點（除上海外）均辦有日文報紙 當 專加印分發日俘閱讀以上各點希即切實遵辦為要等因除分電外希就案除情形切寔遵辦并將辦理情形具報備查為要 江蘇省政府 貴府

民四戌魚 印

遵辦具報 三、十六

80
33
00934

18号

事由：為奉諭通知發給日僑越智俊三以下三十六名往滬護照由

批示

擬辦

附件

收到　月　日收文第　號

徐州綏靖公署戰俘管理處代電

徐州日僑管理所勛鑒綏署准日僑越智俊三以下三十六名先行遣送至滬等因奉此相應電達即請發給護照以利遄行為荷戰俘管理處處長高仁紱印

管總字第二七號
中華民國三五年二月八日

存查 二.八

~~81~~

34

0035

江蘇省第九區行政督察專員公署稿紙 蘇2 4

文別：呈

事由：為呈報制定日僑臨時外出證定期公出證請核備由

送達機關：徐州綏靖公署

附件：

專員兼師長

秘書　科長　擬稿員

中華民國三十五年

交辦	擬稿	繕寫	校對	蓋印	封發	歸檔
月　日　時	二月八日　時	月　日　時	月　日　時	月　日　時	月　日　時	月　日　時

發文　字第　號

查敝所管理集中日僑對其行動自應加以限制以昭慎重茲制定日僑臨時外出證及定期外出證兩種俾於日僑因事須到集中區以外時持用定期外出證限於日僑自治會職員因公外出時隨時佩帶除分發各僑遵照外理合檢同式樣備文呈報伏乞

鑒核備查並分飭所屬有關機關查照

謹呈

徐州綏靖公署主任顧

附呈：日僑臨時外出證、日僑定期外出證式樣各一份

全銜馮〇〇

8½ 0036
35

江蘇省第九區行政督察專員公署稿紙

警乙字 號

文別	公函
送達機關	市政府城防司令部各機關
件	
事由	為制定日僑臨時出証定期公出証函請查照由

專員兼縣長

秘書	科長	擬稿員

中華民國三十五年

交辦	擬稿	繕寫	校對	蓋印	封發	歸檔
月 日 時	二月八日 時	月 日 時	月 日 時	月 日 時	月 日 時	月 日 時

發文 字第 號

逕啓者：查本所管理集中日僑，各區轄制，暫飭紀律起見，特製發日僑臨時外出證，限於日僑因事到集中區以外時持用；又定期外出證限於日僑自治會職員及區保甲長因公外出時佩帶胸章。除呈報徐州綏靖公署核備並分函外，相應檢同各證式樣函請

查照轉飭所屬一體知照為荷。

此致

徐州市政府

城防司令部

憲兵營

附：日僑臨時外出證式樣各一份

日僑定期外出證

兼所長馮○○

83 36

0037

姓名	徐州區日僑自治會
	第　保第　甲
	職　名
	第　號

36-1 84 0038

存根	
徐州區日僑臨時外出證	
姓名	
事由	
時間	
備考	
中華民國三十五年　月　日	

管臨字第　號

外出證	
徐州區日僑臨時外出證	
姓名	
事由	
時間	
備考	
中華民國三十五年　月　日	

說明
查臨時外出證限於日僑因事到集中區以外時向日僑管理所申請認爲可行隨時填發持用

定期公出證

姓名	
徐州區日僑自治會	
第　區第　保第　甲	
職名	
第　號	

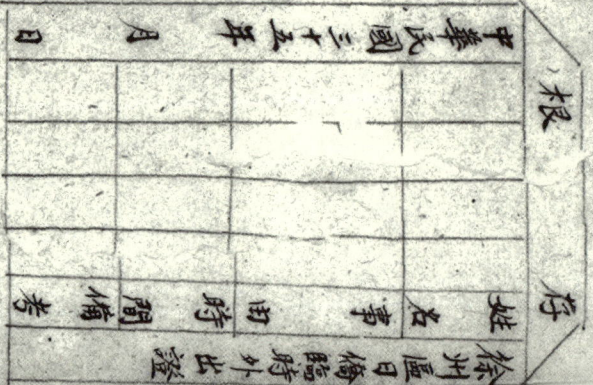

說明
查定期公出證限於日僑自治會職員及區長保長甲長因公外出時佩帶胸前其他日僑不准佩用

9号二

函各机関知照 二、六、三

中華民國卅五年 正月卅壹日收

第一科 第1058號

124

65

3967

江蘇省政府代電

(卅五)府民四字第 476 號
中華民國卅五年元月廿五日

第九區專員公署：奉第三戰區司令長官司令部三十四年杭副(一)字第

三(一)七五號亥陷代電開據日本官兵管理處處長胡琪三本年十二月杭管字第

65號亥文(二)午代電為日本官兵外出時攜帶物品均經集中營檢查發

有證明文件但臨時為地方團隊及部隊士兵或民眾無理取去如此不合手續恐

發生意外請轉飭制止等情查日軍現已集中管理如外出時攜帶物品

存 凡持有證件者一概不得强行繳收除分電外希即飭屬一体遵照等因除分電

外仰即飭屬一体遵照 江蘇省政府 (卅五)府民四子 有印

请日僑管理所核閱 办 二、六

86 0039
37

江蘇省第九區行政督察專員公署稿紙

建工6号

文別	事由
訓令	為令調查土木建築工程技術人才造冊呈報以憑轉报
送達機關	
徐州日僑自治會	
附件	

專員兼縣長

秘書　科長　擬稿員

中華民國三十五年

交辦	擬稿	繕寫	校對	蓋印	封發	歸檔
月日時	二月十日時	月日時	月日時	月日時	月日時	月日時

發文　字第　號

（全衔）训令　侨总字第　　號
卅五年二月　　日

令徐州日侨自治会

查本所曾奉

徐州绥靖公署主任谕令于日侨中遴选土木工程及建筑工程技术人才（能设计者）多人以备征用等因奉此合行令仰该会于文到二日内将徐州日侨土木工程及建筑工程技术人员（能设计者）及普通技工详细查明造册呈报以凭转报此令

兼所长冯○○

87 0041
39

江蘇省第九區行政督察專員公署稿紙

嵩27號

文別	事由
训令	為令日僑由本月十一日起四日內禁止外出由
送達機關	
徐州日僑自治会	
附件	

專員兼所長

秘書

科長

擬稿員 [印]

中華民國三十五年

交辦	擬稿	繕寫	校對	蓋印	封發	歸檔
月日時	二月十日時	月日時	月日時	月日時	月日時	月日時

發文字第號

（全銜）訓令 總字第 號

卅五年十二月 日

令日僑自治會

案奉

徐州綏靖公署令開由本月十一日起至十四日止所有日僑仍准外出其因[illegible]

合行令仰該會轉飭日僑一體遵照勿違日僑如見及要

此令

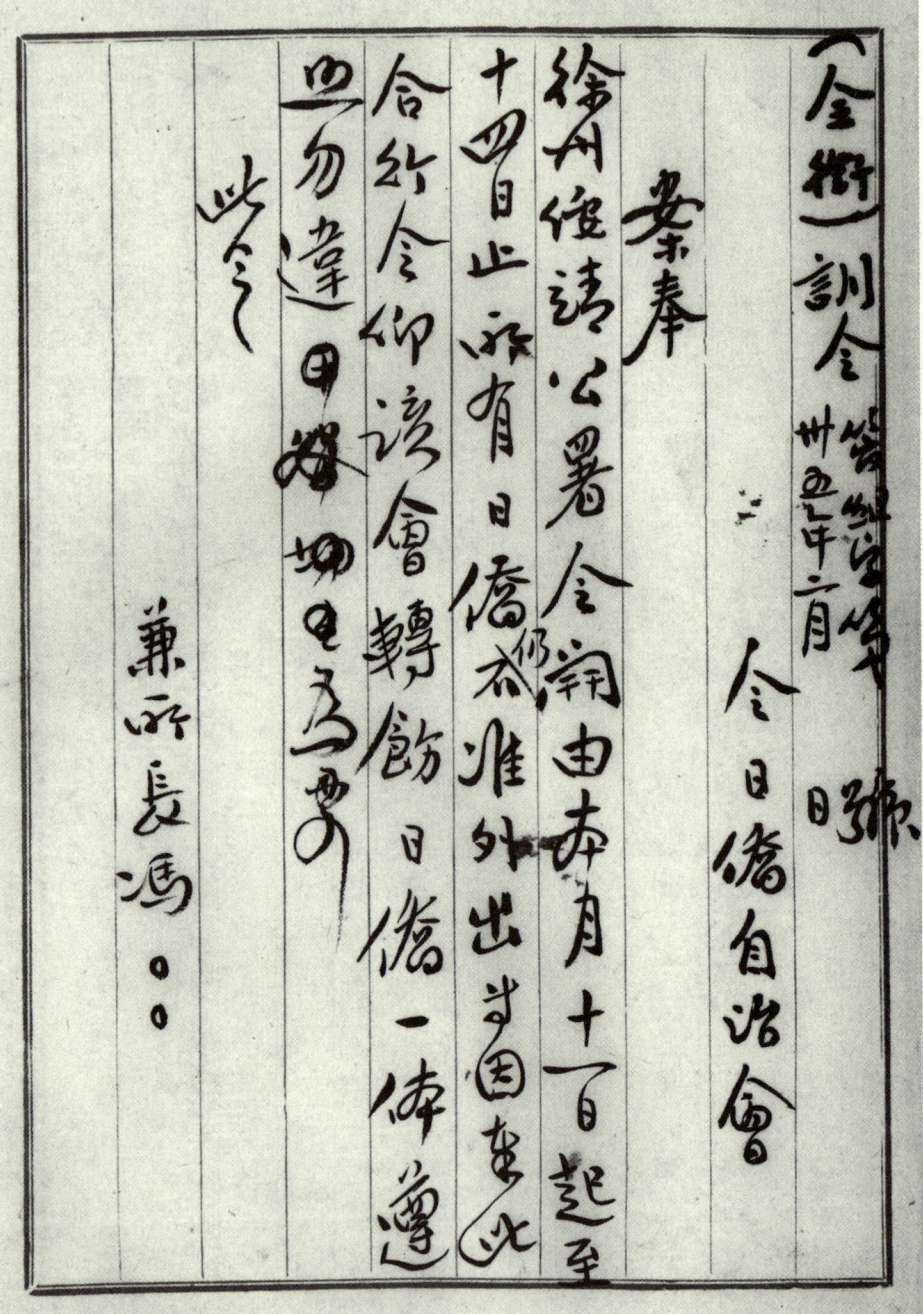

兼所長馮○○

220

~~104~~ 0047 45

二十三 198 並函

江蘇省第九區行政督察專員公署電務室譯電紙

來電機關號數	104
字數	40
電別	
收到日時	9月13日 時
譯出日時	9月13日 時
譯電員簽名	
事由	送日僑管理所辦
批示	

馮專員鑒：關於日僑每日副食給與，希增列猪肉二市兩，按市價計報。江蘇省政府〈35〉府民財四五文印

~~108~~ 49　　20

00051

第三方面軍司令部

改造日報館用箋

函字第八三號第一頁

逕啓者敝報館刊行日文報紙負有對日僑日俘文化宣導肅正其思想並灌輸以民主知識之使命刊行以來承

各界熱心愛護宣導工作日益開展除發行日報外並已陸續出版「改造周報」「改造論壇」「兒童新聞」「改造叢書」茲將敝報館出版刊物寄贈如下

改造周報第七期五份　改造日報每天十份　兒童新聞　五份

以上刊物均已交郵寄出至祈

查收關於

貴地日僑日俘人數及動態飭請

中華民國　　年　　月　　日

館址：上海湯恩路壹號　電話四二三九二——四

工務部：上海乍浦路四五五號　電話 四一二九二 / 四三五一〇 / 四一八六七

第三方面軍司令部
改造日報館用箋

函字第八三號第二頁

隨時示知並盼介紹對日言論著作以光篇幅無任感幸此致

徐州日僑管理處

中國陸軍第三方面軍司令部改造日報館

存 二、十六

中華民國卅五年二月六日

館址：上海湯恩路壹號 電話四二三九二——四

工務部：上海乍浦路四五五號 電話 四一二九二 四三五一〇 四一八六七

125　0068

發38

江蘇省第九區行政督察專員公署稿紙

文別	公函
送達機關	銅山縣三民主義青年團
附件	
事由	為函送派女團員於二月二十三日檢查日本婦女由

專員兼縣長

秘書

科長

擬稿員

中華民國三十五年

月日時交辦	二月廿日時擬稿	月日時繕寫	月日時校對	月日時蓋印	月日時封發	月日時歸檔

發文　字第　號

（全衔）公函　發組字第　號
卅五年二月　日

逕啟者查本所奉令遣送日僑經
本機關會議決定由
貴團派女團員四名負責檢查日
本婦女事於二月二十六日上午八时
以前到城防司令部集合一切檢查
辦法由城防司令部戴副所長理安指
揮相應函請
查照為荷
此致
銅山縣三民主義青年團

131
0073
171

45号

呈照 三〇

事由：核發日本本土寄交中國戰區日俘及日僑郵件辦法一份仰遵照由

徐州綏靖公署代電

務二字第四二五號

中華民國三十五年二月廿六日

徐州日僑管理所馮所長：奉總司令何丑删慎夢郵代電開：茲隨電檢發由日本本土寄交中國戰區日俘及日僑郵件辦法一份，希轉知各地日僑管理處（所）對於寄交各該轄區日僑之信件，由郵局彙集投遞時，應照本辦法第二條（辛）項代收或接收後轉發各該日俘僑等，因茲隨電檢附該項辦法一份，希即遵照。顧祝同丑有務二森 附件如文

校對李光武

72

由日本本土寄交中國戰區日俘及日僑郵件辦法

（一）中國戰區日本官兵及日僑寄往日本之郵件仍照中國陸軍總司令部所訂中國戰區日本官兵及日僑寄遞郵件限制辦法之各項規定辦理

（二）由日本寄來中國之日俘及日僑郵件照下列各項辦理

（甲）公事函件僅以關於遣送日俘僑歸國事項之普通信函明信片為限不得掛號或快遞

（乙）私人函件僅以關於純粹私人之普通明信片為限亦不得掛號或快遞

（丙）寄來中國之函件應由日本本土郵局妥為分揀寄交同一地方之函件應捆成一束用簽條標明寄交何地

（丁）凡寄交日俘之函件應加註「日俘函件」字樣寄交日僑或者應加註「日僑函件」字樣分別捆紮不得混合一處

（戊）函件應於捆紮後裝入郵袋內寄遞

（己）郵袋應於內裝函件收到後由下次郵班退還原寄郵局

（庚）寄交山西及平津兩地區之函件應封交天津局但寄塘沽本地者應封交塘沽局

寄交濟南及青島兩地區之函件應封交青島局

寄交河南及徐海兩地區之函件應封交徐州局但寄連雲港本地者

132 0074

應交來……

寄交武漢湖南安慶南京九江上海[illegible]

交廈門區之函件應封交廈门局

寄交廣州及汕頭區之函件應封交廣州局

寄交海南島及雷州區之函件應交海口局

（辛）各地區日俘及日僑函件經檢查後均由郵局彙總投交各該地區日本師旅團及日僑集中管理所代收並應由其分別指定接收函件人員備具正式公函將是項人員姓名及身份通知當地郵局郵局投遞日俘及日僑函件以投交此項指定人員為限不使一一按收件人姓名投遞

（壬）（子）進口函件經檢查後寄交當地日俘日僑者照（辛）項办理如有收件人不在當地者應於批註地名後退回郵局轉寄

（丑）如並非當地投遞之郵件而日本本土郵局未能照（丙）項分紮者於到達中國經檢查後統交當地日本官兵善後連絡部或師旅團批明其地名退回郵局轉寄交無法投遞之函件統退當地中國郵局

（癸）由日本寄交中國政府所徵用之日僑之函件如地址清楚可由中國郵局運行投交但須另行封紮

（三）中國在日戰俘及僑民與中國國內往來之郵件亦依同樣原則運遞即中國寄往日本之函件當另行捆紮封入袋內發交日本本土郵局接址投遞由日本寄來函件亦應另行捆紮封入袋內寄交中國郵局投遞亦以普通信函明信片為限

137 50079

卷63号

江蘇省第九區行政督察專員公署稿紙

文別	訓令
送達機關	趙樹椿
附件	
事由	為查明日本寺廟產業列表呈報憑核由

專員兼所長

秘書

科長

擬稿員

中華民國三十五年

發文	字第	號

交辦	擬稿	繕寫	校對	蓋印	封發	歸檔
月 日 時	二月廿六日 時	月 日 時	月 日 時	月 日 時	月 日 時	月 日 時

（全銜）訓令 發總字第 號
卅五年 月 日

令趙樹椿

案准

徐州市政府徐地字第一四八〇號公函開：

案奉

徐州綏靖公署云云移交本府接管為荷

等由，准此，查日本寺廟產業坐落及房屋數目本所無案可考，令行令仰該員將日本寺廟地址及房舍數目趕日查明列表呈報，以憑轉為要。

此令

兼所長馮〇〇

262

84

144

0686

41号

江蘇省第九區行政督察專員公署電務室譯紙

來電機關號數	字數電別	收到日時	譯出日時	譯電員簽名
482	161	月25日時	月25日時	

事由

批示 依限遵報 二八廿五

徐州日僑管理所馮惠所長奉中國陸軍總司令何丑真巳渙凱电開查關於韓台籍士兵人数地点及管理情形早経亥巧巳性凱电通令查报在卷近查各地多未遵照規定詳確报處茲因局部遣送繳費列已開支特再規定如下(一)須將所有全省市各軌台籍僑民人数分别查报(二)已由省市運出而須註明人数日期及運往地点(三)台籍俘兵应照戌真輝芳电由各战俘管理所移交各地省市政府与台僑一併管理以上三項即希遵办并限电到三日内报部等因除第一項已据該所丑齐代电冊报人数

145
85

0087

江蘇省第九區行政督察專員公署電務室譯紙

來電機關號數：182
字數：761
電別：
收到日時：7月25日　時
譯出日時：7月25日　時
譯電員簽名：

事由：

批示：

如有增減仍应具报外，至第二项希切实遵办具报。第三项戌真辉苗电业经本府以戌智政二代电转行专署在案，併仰知照。江苏省政府戌巧府民四丑叙印

14子 3089 87

事由：日俘聯絡處二二六號函一百五十處請給收據由
擬將該件後冊分令接收機關給予收據。

陸軍

昭和二十一年三月七日

徐海區日本官兵善後連絡部長

森 茂樹

徐海區日本官兵善後連絡部長印

徐州日僑管理處長

馮子固 閣下

接收未濟不動產ノ件

拜承陳者最近ニ市内散在日僑ノ集結及今間ノ上海移動ニ伴ヒ所有不動產壹百五個所殆ント大部分貴方御當局ヘ引渡セル處、右目錄ニ對スル接收手續未濟ニ付此際至急接收處理相成ル樣御高配相願度

尚右ニ關スル接收目錄ハ便宜當方ヘ整理保管

中ニテ御指示ヲ俟チ御提出可致筈ニ有之候

右御照會迄

昭和十五・七・大藏省）

284

150

90

0092

5號

日僑管理所安置事宜、會東二科

江蘇省第九區行政督察專員公署電務室

江蘇省第九區行政督察專員公署電務室譯電紙

來電機關	號數	字數	電別	收到日時	譯出日時	譯電員簽名
	34	126		3月6日 時	3月6日 時	

事由

批示

日僑管理所馮惠所長奉陸軍總司令何丑漾已慎凱電轉奉委座丑寒電略以各地業經集中之日人應由各省市軍政當局切實監督各管理所照日俘待遇定量補給如有舞弊情事立予嚴辦至其運輸與集中應先行妥擬計劃務使食粮燃料房舍之配給均有合理解決等因特電知照、江蘇省政府〈35〉府民四寅支印

93
152 0094

附卷

事由	擬辦	批示
為該所組織暨辦事規程毋庸訂定可遵本府所頒辦理由		

附件

江蘇省政府指令

(卅五)府民四字第一五一一號

中華民國三十五年三月九日

令徐州日僑管理所

本年一月廿日呈一件為呈送本所組織暨辦事規程祈荃核由

呈暨附件均悉希遵照本府亥有會秘代電附頒該所組織暨辦事規程辦理毋庸另行訂定仰即知照此令 件拓存

主席 王懋功

委員兼秘書長陳言代行

75号

日僑管理處 中華民國卅五年叁月九日 收

154 0097

95

逕

送 管 府

第 陳 條 科

107 號

江蘇省政府代電 (萱)府民財四字第 號 中華民國三十五年三月 日

第九區專員公署 奉中國陸軍總司令何五虞順健電開准軍政部陳部長轉據駐渝美軍連絡處(沚一七)備忘錄開接東京某訊在日本之中國人員及朝鮮人員遣返回國時除許自日圓一千元外現復許隨帶下列各物惟該物須為在日本或撤往之區域發行者A.郵政儲金存摺B.銀行存摺C.保險單D.支票滙票以及其他儲蓄証明凡屬日本金融機關發行而可向該處提取并能於日本支付者等情除電知東京戰俘處理團主任李華英外謹電鑒察并懇轉知各港口接收處為禱等由除分電外希知照等因除分電各縣政府外合行電仰知照

江蘇省政府(萱)府民財四寅 徵 印

1235

157 98 卷80 100

江蘇省第九區行政督察專員公署稿紙

文別	公函
送達機關	徐州警備司令部
附件	
事由	為據日本善後連絡部申請擬將前日本國民學校教員宿舍民主路十[illegible]號撥作為僑民集中所請迅准由

專員兼所長

秘書

科長

擬稿員

發文 字第 號						
中華民國三十五年						
交辦 月 日 時	擬稿 三月十日 時	繕寫 月 日 時	校對 月 日 時	蓋印 月 日 時	封發 月 日 時	歸檔 月 日 時

（全銜）代函 管綜字第 號 卅五年三月 日發

案據徐海區日本官兵善後連絡部長森茂樹呈稱查徐州日僑業經先後遣送惟殘留日僑自應集中收容現在白雲莊戰俘集中營業經滿員無法收容擬將徐州市民主路十二號前日本國民學校數員宿舍作為僑民集中收容所懇請函准等情據此查該部長所請各節尚屬實情似應函准相應函請

貴部俯准為荷

此致

徐州警備司令部

兼所長馮〇〇

162　103

105

徐州市房屋調整連續會議紀錄

開會地點：綏靖公署办公廳

時　　間：第一次三月十四日下午二時　第二次三月十五日上午九時

出席人員：

張世希　綏　署　駱東藩　市政府　李瑞新　鼎銘中學

縱春林　徐報社　王竹生　十九集团軍　王一飛　綏署總務處

劉建偉　警備部　戴靜波　新徐中學　苗啓平　國立徐師範

劉澤青　國立徐師範　趙漢民　軍政部接收組　王仲南　九一八中學

謝向之　徐州電燈廠　趙攸之　徐州電灯廠　王汶經　九區專署

李香谷　徐州師範　鄧潔泉　綏署政治部　趙光濤　民衆教育館

楊　義　交通警察總隊　吳光遼　第三綏靖區　張靜秋　私立立達中學

魯同軒　農業中學　耿明軒　兵站總監部　謝筱珊　省立徐中

郎鴻勳　國立卅八中學　楊文炳　徐州市党部　劉嘉樹　卅二總部

王欽琨　徐州鉄路局　高凌溪　徐州鉄路局　王　哈　憲兵營

吳振猷　空軍三大隊　盧志遠　徐州飛机修理廠　袁鑄青　軍務處

林蔭棣　第二地勤隊　張昇永　第三綏靖區　靳芳洲　十六兵站分監部

熊介生　五十二師　周麟祥　調查室　劉宗修　中美班

吳翊邦　十三分監部　王仲文　九十八軍　吳一舟　政治部

鄭　洛　十二分監部　戴鎮球　卅二總部

主　　席：張世希　紀　　錄：艾孚民

行禮如儀

主席報告：

本席奉命関於徐州市房屋調整問題召集各位共同討論原則分為三項一、繁榮市面凡屬商店房屋須儘量將舖面交由商店復業或開業楼上應租與軍政机関公務人員眷屬居住二、机関部隊佔用之學校房屋應從速讓出交與學校應用俾維教育三、民衆團体原有房屋應即交還各該團体復員办公

決議事項：

一、國立二十一中學應用前偽淮海學院第二院房屋（二百廿間）及大馬路三四八號（雲龍莊）五十四間

二、省立徐州師範應用前偽淮海師範房屋

三、國立徐州師範應用前偽淮海學院第一院房屋（二一〇間）

四、私立鼎銘中學應於南関段家花園原址復課現駐該原址之五十二師暫遷駐徐州鉄路局之扶輪新邨借駐

五、徐州女中師範學校現駐之綏署特務團三營九連應即迁讓俾便該校復課（總務處飭遵）

六、卅二總部應迁駐日本聯络部日聯部迁駐東兵營（由王處長劉司令会同卅二總部察看）

七、前偽淮海警察訓練所房屋暫借卅二總部特務營駐用爾後由市政府接收

八、商會工會慈會应各迁回原有會址办公 現駐商會之憲兵營之一部应即迁讓由市政府通知

九、婦女會应附女師範學校内办公

十、公務人員眷屬住宅应由市政府設法負責介紹市面樓上房屋租典但楼下仍須由商店营業詳細办法由警備部市政府商定公佈(按十三)

十一、已撤銷机関僅可留少数房屋办理結束不得佔用太大房屋警備部查明執行

十二、查封之漢奸房屋由總務處調查實警備部、市政府會商借給軍事机關眷屬居住办法以資調劑

十三、以後機関市民房屋問題由警備部市政府統籌办理

十四、電灯廠以近来煤價飛漲及廠方員工薪資增加無法維持准自本年二月份起每度電费暂收一百五十元(机關部隊半價)試办至三月底止再行核議

~~164~~ 105

74号

事由：處理台胞案轉仰遵照由

擬辦

批示

附件

江蘇省政府代電

（芸）府民四字第二〇二一號

中華民國三十五年三月三十日

徐州日僑管理所馮兼所長奉行政院本年三月九日節陸字第七〇五七號訓令開：「關於台人之處理前經陸軍總部擬具辦法五項呈經軍事委員會電准施行并經本院於三十四年十月十日以平一字第二四九〇〇號通行飭知在案查該項辦法在軍事接收時期自屬一時之計惟台灣今已設省台胞並已明令恢復國籍此後應受我國民待遇除過去曾任間諜或助虐行為應依法辦理者外可毋庸集中已集中者如無上述行為應即予解散至前在日軍中服務之台人仍應集中除分行外令仰遵照」等因除分行外合行

~~165~~ 106

0108

電仰遵照辦理具報江蘇省政府（亞）府民四寅陷印

0129

184

127

82号

江蘇省政府代電

府建民四字第一22283號

中華民國三十五年四月　日

事由：為飭知征用日籍技術人員其成績優良者得比照國人同等待遇由

徐州日僑管理所：奉中國陸軍總司令何寅銑湨總電開蘇奉委座寅真府交代電修正承部呈寄慎夢電關於徵用日籍技術人員辦法第三項如嗣徵用日籍技術人員按國際慣例不給工資惟得酌量給獎金其工作努力成績優良者得予續中國同等人員之待遇除分電外希遵照等因除分電各縣市外合行電仰遵照江蘇省政府府建民四[illegible]印

存查

九、九

274
1914
139
92号

江蘇省第九區行政督察專員公署電務室譯電紙

來電機關	號數	字數	電別	收到日時	譯出日時	譯電員簽名
江蘇省政府	一六九	一二四		4月20日 時	4月20日 時	

事由

批示：遵辦。卅

日僑管理站馮董站長△密。奉陸軍總司令何卯齊參健電開：查各地區日僑即將次第遣送定章，該省成立各地日僑集中營管理處暨港口運輸司令部，在任務完後，希轉飭自行結束，分別報請備查等因，特電希於任務完竣後，即自行結束，報府憑轉為要。江蘇省政府(卅五)府民の卯銑印

卅五年四月廿日下午五時收到

195
141
0143
35年5月6日
收字第1159號
社字第200號

江蘇省政府代電

(卅五)府民四字第　　號

(事由)為奉電日僑管理處所於任務完成即自行結束仰知照由

中華民國三十五年　月　日

徐州市政府

奉陸軍總司令何卯齊愛健電開查各地區日僑即將次第遣送完竣所有成立各地日僑集中營管理處所暨港口運輸司令部在任務完後希轉飭自行結束分別報請備查等因除分電徐海兩日僑管理所外合行電仰知照江蘇省政府(卅五)府民四卯陷

*2941

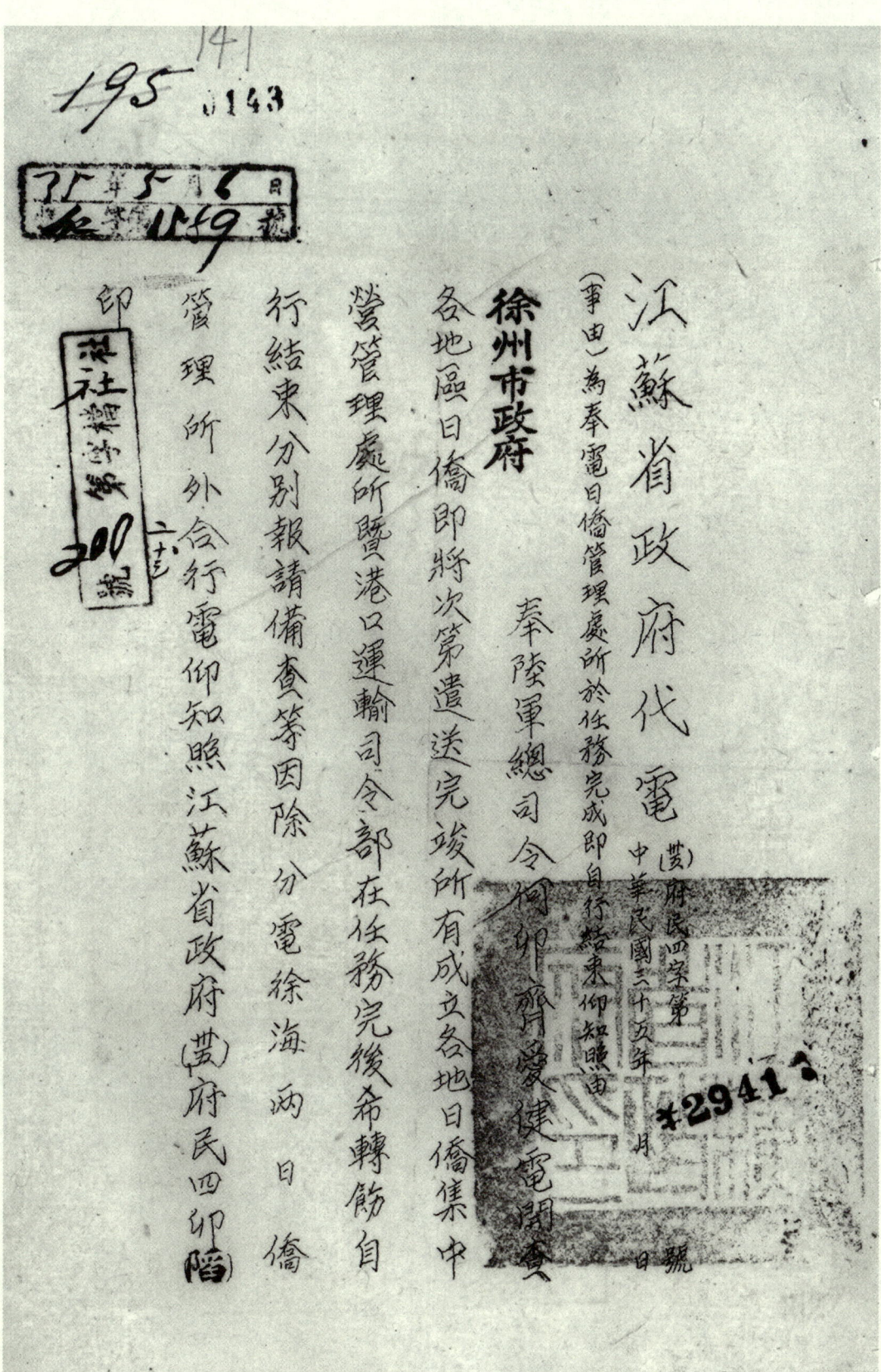

存查 151 0154 34 六册 外號

事由：為函詢徵用日僑狀況敬祈
查照由

擬辦

決定辦法

附件

徐州水電廠

文別：公函

電字第三六號

中華民國三十五年一月二十九日

案准

貴所查字第三號公函為調查各機關有無徵用日僑技術人員並希函知姓名任務等由准此相應填具徵用日籍及臨時留用技術員及事務員姓名任務報告表乙份隨函奉達即希

查照為荷

此致

徐州區日僑集中管理所

附 征用日籍及臨時留用技術員及事務員姓名仕務報告表乙件

徐州水電廠 經理 今井清輔

副經理 趙攸之

35

0155

征用及臨時留用日籍技術員及事務員姓名任務報告表

姓名	年齡	原籍	現住址	學歷	任務	備註
今井清輔	47	鳥取縣	徐州後倉巷21号	明治專門學校電氣工學科畢業	经理兼工務科長	征用
大泉光儀	29	秋田縣	徐州電北巷2号	尋常高等小學校畢業	工務科配電及徐州發電技術員	仝上
間部岩吉	48	神奈川縣	仝上	東京日本大學工科專科畢業	工務科柳泉發電所技術員	仝上
天納一雄	42	岡山縣	仝上	東京電机學校本科畢業	工務科技術員	該員業已停職但仍留廠辦理接收未了之業務
佐藤弘	35	山形縣	徐州後倉巷5号	山形縣酒田商業學校畢業	總務科事務員	仝上
山口武雄	36	神奈川縣	徐州電北巷2号	尋常高等小學畢業	工務科配電技術員	仝上
小林良雄	31	岐阜市	仝上	岐阜京町商業实務学校畢業	營業科事務員	仝上

徐州水電廠

153

0188

156

97号

江蘇省第九區行政督察專員公署稿紙

文別	送達機關	附件	事由
代電	青府	月报表七份	呈报日籍台僑集中管理月报表仰祈備查

專員 萬以長鴻

秘書

科長

擬稿員

中華民國卅五年

發文 字第 號	月 日 時歸檔	月 日 時封發	月 日 時蓋印	四月二六日 時校對	月 日 時繕寫	月 日 時擬稿	月 日 時交辦

表

徐州区日侨民事务管理所代电

管理字第　号

卅五年　月　日

主席王钧鉴：查徐集中管理之日韩日侨民经於三四月份分别遣送完毕并专电呈报在案兹遵将二三四月份日韩侨民事务管理月报月份依式填送完竣谨连呈第八全卽外理会检表电请鉴核备查职鸿子印卯校印附呈日韩侨民事务管理月报表共七份

176
157
0178

徐州區日僑集中管理所箋

徐州区日僑集中管理所一月份日僑集中月報表 中華民国 月 日

区分	男 成年	男 幼孩	女 成年	女 幼孩	合計
集中人数	四〇六一	一一七三	二五二九	一二四一	八九〇四
返国人数					
轉解人数					
死亡人数					
逃亡人数					
實有人数	四〇六一	一一七三	二五二九	一二四一	八九〇四

附記：查本月份集中管理日僑計共八千九百〇四名並無返国轉解及死亡逃亡情事合併說明

158
(1179)
177

徐州區日僑集中管理所箋

徐州區日僑集中管理所一月份韓僑集中月報表　中華民國　月　日

區分		集中人數	返國人數	轉解人數	死亡人數	逃亡人數	現有人數
男	成年	六〇〇					六〇〇
	幼孩	二四一					二四一
女	成年	六九七					六九七
	幼孩	二一八					二一八
合計		一七五六					一七五六

附記：查本月份集中管理韓僑計一千七百五十六名，並無返國轉解及死亡逃亡情事，合併說明。

161

0185

183

徐州區日僑集中管理所箋

徐州区日僑集中管理所一月份台民集中管理月報表　中華民國　月　日

區分		集中人數	遣国人數	轉解人數	死亡人數	逃亡人數	現有人數
男	成年	五					五
	幼孩						
女	成年						
	幼孩						
合計		五					五
附記	查本月份集中管理台民计壯年男子五名並無女人及幼孩特此注明						

江蘇省第九區行政督察專員公署用箋

徐州日僑集中管理所二月份日僑集中管理月報

區分		集中人數	遣回人數	封解人數	死亡人數	逃亡人數	實有人數
男	成年	四、〇六一	一、八〇〇				二、二六一
	幼孩	一、一七三	九〇二				
女	成年	二、五二九	九八二				
	幼孩	一、一四一	四九六				
合計		八、九〇四					八、九〇四

164 181

徐州區日僑集中管理所箋

二月份日僑集中管理月報表　年　月　日

區分		集中人數	遣回人數	特解人數	死亡人數	逃亡人數	實有人數
男	成年	四〇六一	二〇八〇				一九八一
	幼孩	一一七三	五二〇				六五三
女	成年	二五二九	一〇五三				一四七六
	幼孩	一一四一	五二七				六一四
合計		八九〇四	四一八〇				四七二四
附		本月份日僑於二十二日至二十三日兩次遣送四、一八〇名					
記		因天雨延期未能全數遣送完畢					

163 0187
185

徐州區日僑集中管理所箋

二月份韓僑集中管理月報表

區分		集中遣返國人數	移解人數	死亡人數	逃亡人數		現有人數
男	成年	六〇〇	五二				五四八
	幼孩	二四一	二四				二一七
女	成年	六九七	九二				六〇五
	幼孩	二一八	四九				一六九
合計		一七五六	二一七				一五三九

查留徐韓僑少數係於前由各埠轉來徐者

查有在上海南京等處於本月份有移解至韓集中返國情形

165 180

徐州區日僑集中管理所箋

三月份日僑集中管理月報表　年　月　日

區分	男 成人	男 幼孩	女 成年	女 幼孩	合計
集中人數	一、九八一	六五三	一、四七六	六一四	四、七二四
返國人數	一、五七七	五九八	一、〇一二	五三九	三、七二六
轉移人數					
死亡人數					
逃亡人數					
寄存人數	四〇四	五五	四六四	七五	九九八

附記

一、於本月一日前有日僑被徵用之技術人員外，全部遣送完畢

二、現有人數為各機關工廠留用之技術人員及其家屬

三、本年四月份起各機關工廠徵用之日籍技術人員由各機關自行管理，故四月份月報表未列

162

184 0188

徐州區日僑集中管理所箋

三月份韓僑集中管理月報表

區分		集中人數	遣回人數	特解人數	死亡人數	逃亡人數	現有人數
男	成年	五四八	一〇二				四四六
	幼孩	二一七	四〇				一七七
女	成年	六〇五	一〇五				五〇〇
	幼孩	一六九	一二八				四一
合計		一五三九	三七五				一一六四

徐州區日僑集中管理所箋

四月份韓僑集中管理月報

區分		集中人數	遣回人數	請解人數	死亡人數	逃亡人數	現有人數
男	成年	四四六	四四〇				六
	幼孩	一七七	一五七				二〇
女	成年	三〇〇	二七八				二二
	幼孩	四一	一〇				三一
合計		九六四	八八五				七九

附 留徐韓僑除志願從軍者七九名外全數於本[illegible]月二日遣送完畢

0192

~~151~~ 190

第一科

第1473號

中華民國三十五年叁月廿五日收

江蘇省政府代電

（　）府民四字第　號

中華民國三十五年三月　日

1342

第九區專員公署：案准軍令部卅四年六月未第四五〇六號申儉代電開：查我復員地區日僑散多，自不免間諜人員隱藏其間，偽裝廣鄉市，後患實屬可慮。除日僑當前處理問題另俟通知外，特先製就表式，隨電檢發，希即將所轄境內現住日僑依表確填具後為荷等由，附發日僑調查表式八份。准此，合行抄同原表式，電仰轉飭所屬各縣遵照確切查明，彙繳以內齊彙此項日僑填表具報，憑轉為要。江蘇省政府民四寅真印。附抄發日僑調查表式八份。

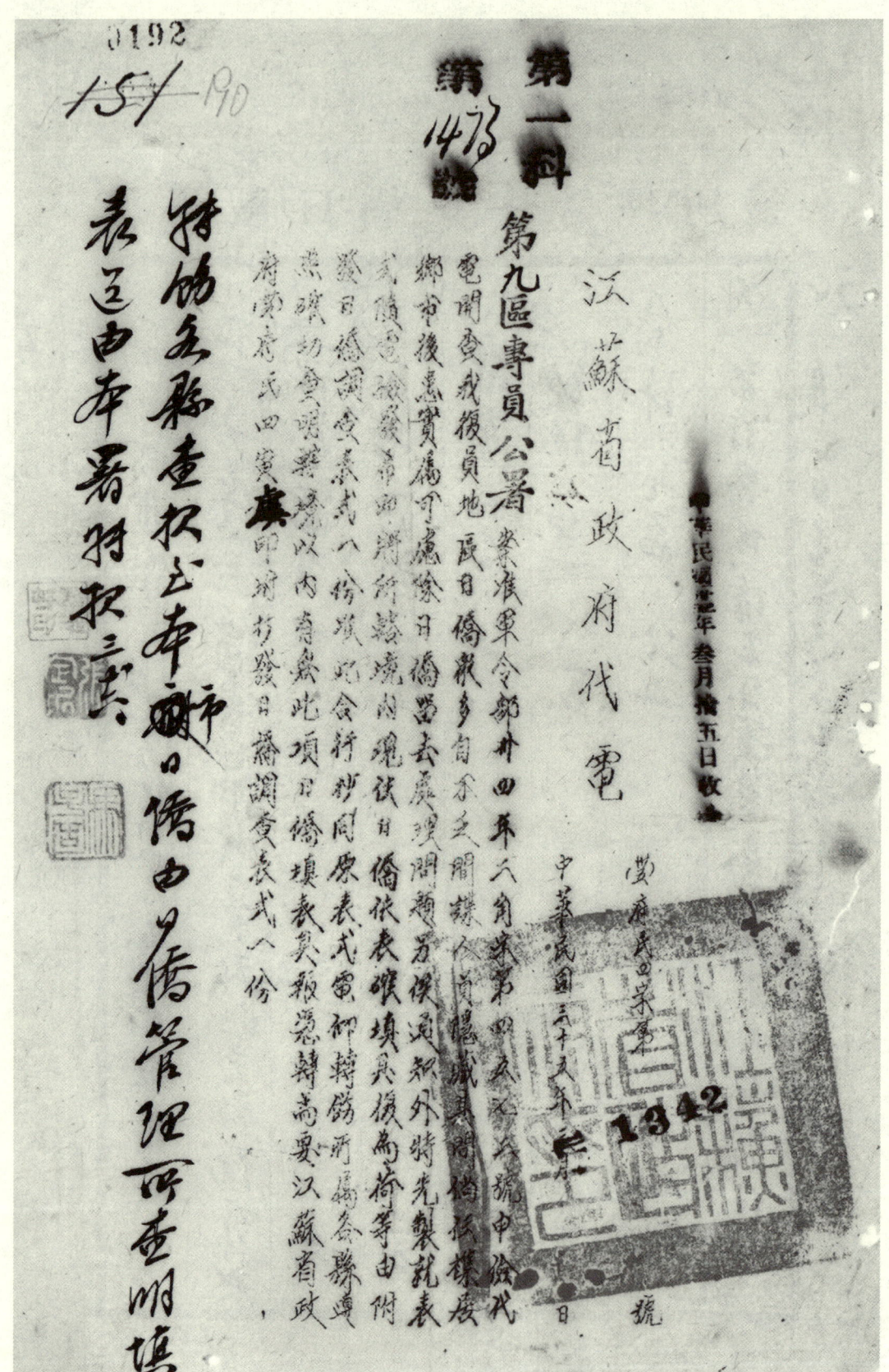

轉飭各縣查報並本市日僑由日僑管理所查明填表送由本署轉報三、六

123

0195

193

發刊年

江蘇省第九區行政督察專員公署稿紙

文別	事由
訓令	爲令報徐州區各机关征用技術人員清册由
送達機關	
日本善後連絡部	
附件	

專員兼所長

秘書　科長　擬稿員

發文字第號	中華民國三十五年
	月日時交辦
	三月三日時擬稿
	月日時繕寫
	月日時校對
	月日時蓋印
	月日時封發
	月日時歸檔

（仝銜）訓令　管總字第　　號

卅五年三月　　日

令徐海區日本官兵善後連絡部長森茂

查徐州區日僑業經先後遣送完畢所有各機關及工廠徵用技術人員計共若干急待彙報合行令仰該部長於文到三日內將徐州區徵用技術人員造具清冊呈報本所以憑核呈勿延為要

此令

兼所長馮〇〇

~~121~~ 194

11.1.9.15

第二酒精廠	二
汽车第一修理廠	二五
化学製造廠	四
第一酒精廠	一九
陶瓷製造廠	二
柳泉炭砿	六二
軍政部製紡廠	四
華中水電	七
汽车第二修理廠	八
軍政部第三修械廠	四〇
第一供応造酒廠	一二
煉油製造廠	五
華北電気公司	一一六
軍政部第二修械廠	四四

三一二
陸軍

(大阪・廣本納)

122 197
195

軍政部修械工廠　一〇

華北交通部鐵路局　二六七

合計　六〇七名

陸軍

（大阪・賣本納）

116
196
198

警68号
警69号

江蘇省第九區行政督察專員公署稿紙

文別	訓令 公函
送達機關	五十八軍 日僑自治會
附件	
事由	為加藤一三等二十三名技術人員准予徵用由

專員兼沂長

秘書

科長

擬稿員

中華民國三十五年

交辦	擬稿	繕寫	校對	蓋印	封發	歸檔
月 日 時	三月二日 時	月 日 時	月 日 時	月 日 時	月 日 時	月 日 時

發文 字第 號

（全銜）公函 發僑字第　號
訓令 卅五年元月一日

令徐州日僑自治會長加藤一彥

案准

貴

陸軍第五十八軍丑有總代電內開查敵軍工

云是為至感等由准此查所徵技術人員往本

所實地調查技術思想均極優良且自願

應徵准予留用暫不遣送除令日僑自治會函復第五十八軍外

遵照並外相應函請

合行令仰遵照即便遵照並

貴軍將徵用人員技術種類造冊見覆為荷

此致

此令

陸軍第五十八軍司令部

35.2.1.

徐州區日僑集中管理所日僑編組管訓办法

第一條　本所為便於管訓日僑身有所寄心有所托并各就範圍不致有絲毫越軌行動起見特根據中國陸軍總部頒布之中國境內日僑集中管理办法製定編組管訓办法（以下簡稱本办法）

第二條　凡散寓于徐州市内之日僑均應向本所指定之地区集中，于限期內不遵令集中之日僑本所不負保障其生命安全之責。

第三條　日僑集中指定地点係即指照那圖係

甲條例加以編組每戶設戶長一人十戶至十六戶為甲各設甲長一人十甲至十六甲為保各設保長一人按各保之駐地劃區每區設區長一人

第四條 各區之上得設自治會自治會長由日軍聯絡部推薦之所屬職員須任用日僑中之穩健覺悟份子自治會組織成立後須將組織情形報本所備查。

第五條 日僑遷往集中區後其戶口移動及臨時行動均由保甲會轄本所處理如左：

一、遷出遷入須會報本所核准出生入死須會報本所備查。

二、臨时到區外行動者須先申請核發臨时外出證

三、自治會及區保甲職員為因公務聯繫須不时到區外者得核發定期通行証

四、如搬運物品时得申請核發搬運証

五、各機関留用之日籍人員應團請本所填發條州區留用日籍人員出入証

六、每日上午六时前下午八时後為留住时間不准外出

第六條 自治會員及區保長由本所組訓宣導兩組會

同訓練之訓練期限以兩星期為限

第七條　自治會員及保甲長訓練內容除講習各項管理法令規章外并特別揭發日閥侵略罪惡及其慘敗之因果關係總理三民主義及我　領袖號召國人不念舊惡與人為善之博愛精神以啓發日僑民主和平之思想

第八條　日僑如不遵守規定管理者得由本所報中國法律制裁之

第九條　本辦法如有未盡事宜得隨時修正之

第十條　本辦法自核准之日施行之

29

0021

第一科办

保安科呈如文

事由	为函请通知日侨于文到一週内将所藏含有侵略性及誣蔑性之书刊送交贵处汇送绥署政治部审查处理希即查照办理由
附件	
拟办	转令日本总领事遵照办理并复之 共
决定办法	

徐州市政府公函

徐社三字第1034号

中華民國卅五年元月廿 日

逕啟者：案准綏署政治部三十五年元月十五日函開：「查本月十二日本部召開徐州各機關聯席會議決議第一案第四項係由貴府辦理相應檢同是項會議紀錄函請查照辦理為荷」等因查會議決議第一案第四項之規定「日僑藏存之含有侵略性及誣蔑性之書刊由市政府函請日僑管理處通知日僑於文到一週內送交該處彙送綏[illegible]

收文 第 字 號

年 月 日 時到

署政治部審查處理」等語紀錄在卷准此相應函請
貴所通知日僑將所藏含有侵略性及誣衊性之書刊於文到一週內送
交貴所彙送綏署政治部審查處理為荷

此致

日僑管理所

市長駱東藩

管字4號

35

9073

文別	代電
送達機關	綏署　省府
事由	電呈本所啓用圖記日期檢附印模電請核備由
附件	印模一紙

專員

秘書

科長　元、廿二、〇

擬

繕　一、廿二、

校

印

封發　一、二四

歸檔

江蘇省第九區行政督察專員公署代電　管字第　號

中華民國三十五年元月廿二日

綏署主任顧、省府主席王鈞鑒：查本所業經遵奉鈞署府電令於一月二日組織成立開始辦公，所有應用圖記亟應刊用以資信守，茲刊就木質圖記一顆，文曰徐州區日僑集中管理所，並於一月廿三日啓用，除分電報核外，謹附具印模一紙，電請核備。兼所長馮〇〇叩。子梗。管印。附呈印模一紙

0036

事由：為函送本局留用日籍技術人員名冊請查照由

批示	擬辦	附件

交通部徐州區鐵路局　函

中華民國卅五年二月十三日　人字第七一七號

頃准

貴所管字第三號公函內開「案奉江蘇省政府卅五府民三字第二一一五號卅五府民三子寒代電開：「奉陸軍總司令何亥魚接電轉行政院戌宥一電開日僑遣送回國事宜尚有變通可能茲與軍事委員會商定凡㈠在戰爭期中協助我國抗戰有確實證據者㈡依照日籍員工徵用通則所徵用之技術人員可准暫留我國等因希查照遵辦等因除分電各縣府外特電遵照」等因奉此查各機關有無

征用日僑技術人員本所亟需明瞭除分函外相應函請查照如有征用希將姓名

任務函知以便登記爲荷」

等由准此查本局留用日籍技術人員計有佐藤周一郎等八百四十七名惟仍有

逐漸淘汰及其自行辭職等情形相應檢同名冊一份送請

查照爲荷

此致

徐州區日僑集中管理所

委員沈[illegible]

校對

監印王允[illegible]

存查 二、十五

35.1.1——10000

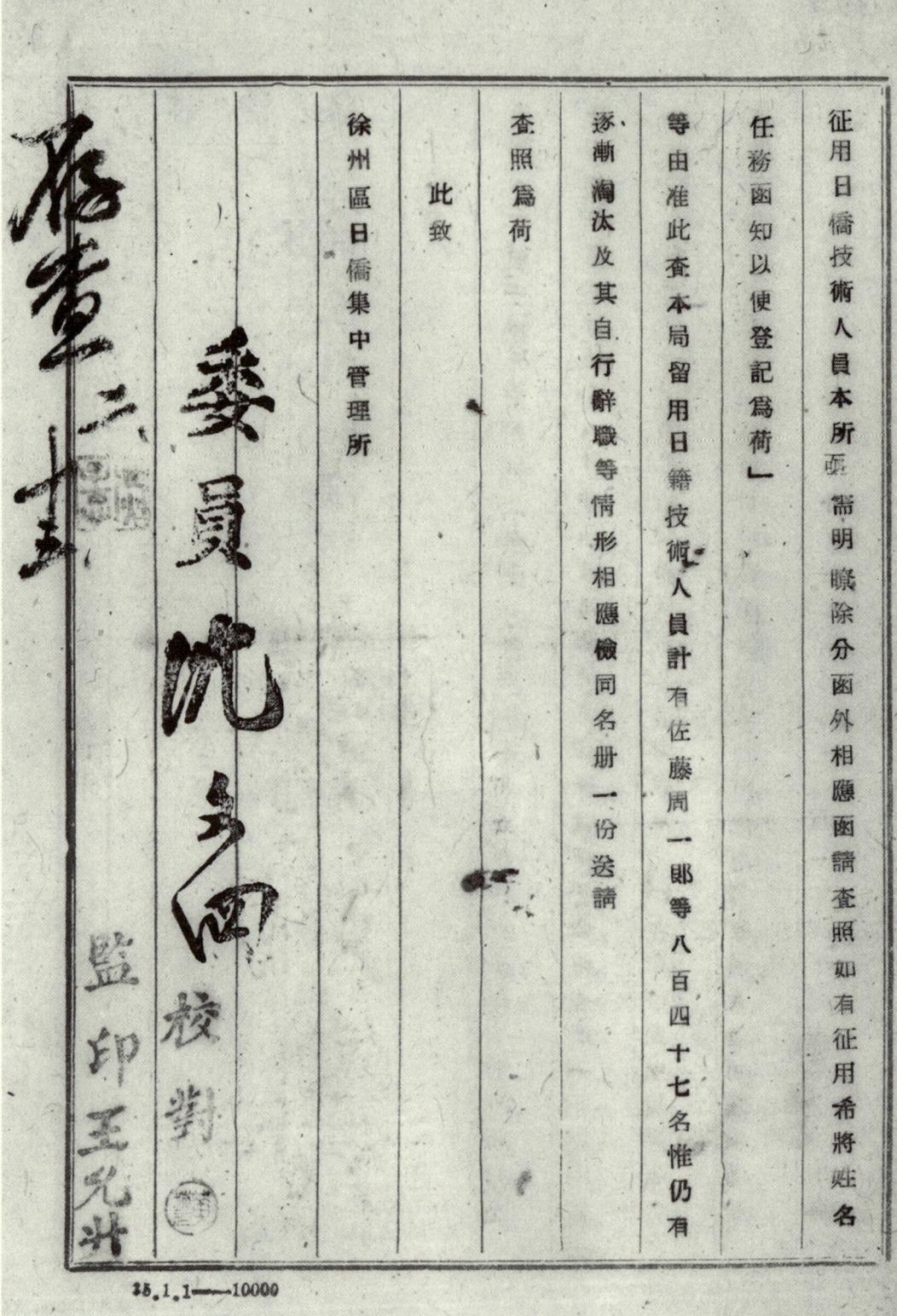

100

0056

56

30號

經濟部蘇浙皖區徐海接收委員辦事處公函

事由：為函請准將本處接管各工廠日籍技術人員暫時免除遣送由

附：如文

中華民國三十五年二月廿 日 函字第 號

三十五年二月廿三日收到

批示

擬辦

逕啓者查本處接收各工廠原有日[illegible]員頃聞均將隨同日僑遣送回國惟各該廠因于技術日人對于各廠生產關係仍須留用除將各廠留用日人列表附後并分呈外請將該日人等姓名免除以便照常服務為荷

收文 字第 號

此致

徐州日僑管理處

附留用技術日人一覽表

委員 吳挹一

圖後、留用人員准予暫免遣送
再轉飭自治會遵照 二十三、

監印楊慶雨

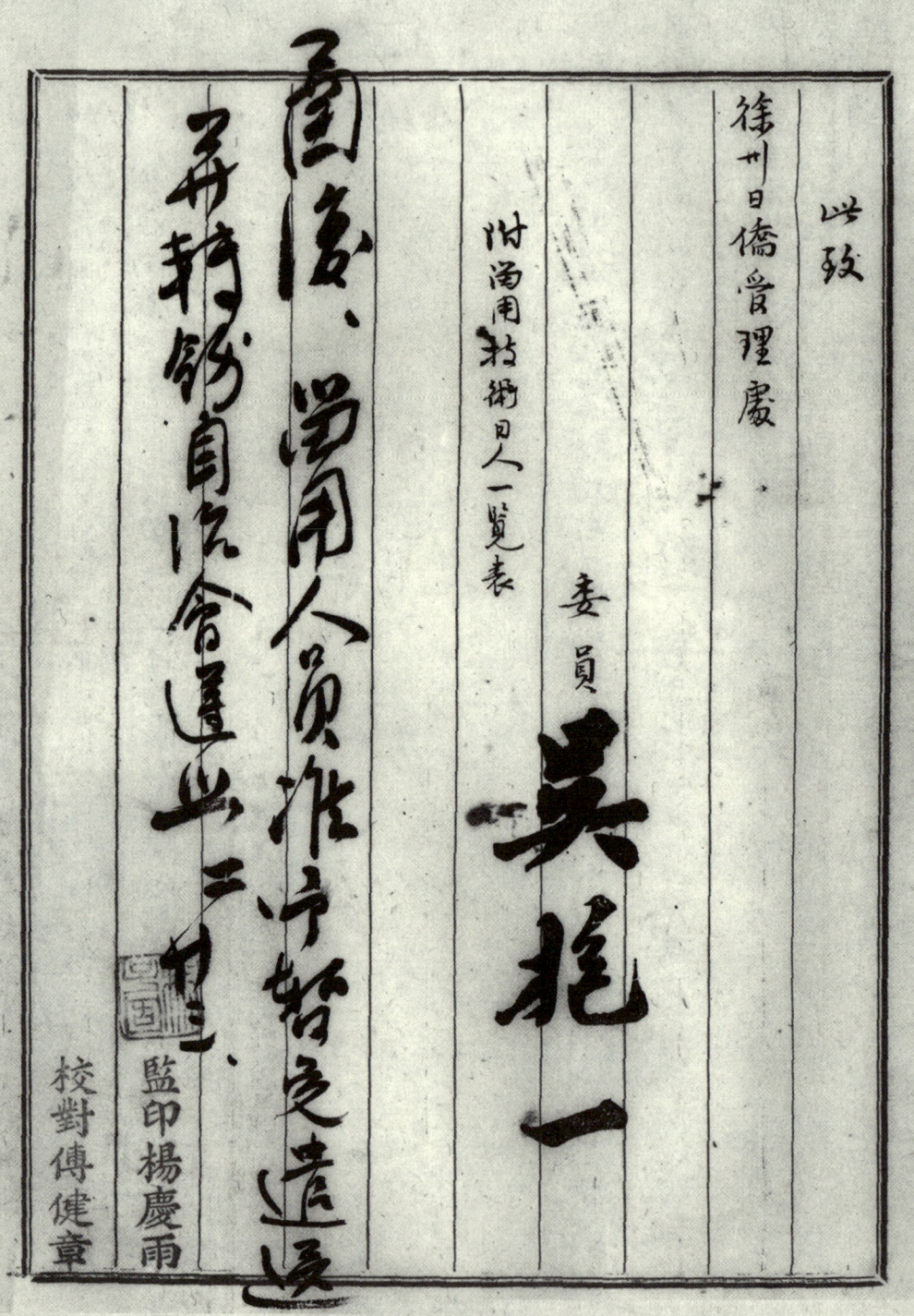

校對傅健章

101/ 0057

經濟部接管徐州市各工廠留用技術日人一覽表

姓名	服務廠所	現住址	備註
土屋咲一	大基第二飲料廠	小華街一五三號	已到集中營
宮本好美	仝上	仝上	
長井資夫	淮海化學研究所	奎東路一〇號	
藤田甚九郎	仝上	仝上	
中村一夫	興南公司	大馬路東海莊日僑自治會後邊	
伊藤正俊	興淮工業	豐財四街	
小池龍太郎	仝上	仝上	
田中正夫	仝上	仝上	

小~~池~~石康平	仝　上	仝　上	
海藤忠重	仝　上	仝　上	
三田一男	東亜煙草公司	環城馬路五九號	
香川晛三	仝　上	仝　上	
平林重盛	仝　上	仝　上	
秋山正登	仝　上	仝　上	
武林達夫	仝　上	仝　上	
河原莊太郎	帝國水產	津浦路北段	
堀池孝雄			
小澤正治			

~~102~~ 00158

58

西村八郎	仝上	仝上
野町正洋	仝上	仝上
山内要助	興亜酒造	三馬路二八號
高久慶助	仝上	仝上
横　　山	横山生計會社	仝上
佐藤杉山	鎌倉製造	啓明路十二號
山木寅吉	淮海興業	河北鎮二霸窩
藤野慎吾	仝上	仝上
渡边良藏	仝上	仝上
神政德	仝上	仝上

安里成	三仝上	仝上	
鈴木可也	仝上	仝上	
風向秀磨	仝上	仝上	
藤田昇	仝上	仝上	
弘寳清	仝上	仝上	
橋口王廣	仝上	仝上	
八島兼吉	仝上	仝上	
柳原松四郎	仝上	仝上	
小池嘉之	中華出光柳泉站		
合計			三十七人

117 0059　　433

陸軍第五十八軍司令部代電

59

憇字第 564 號

事由	為電請照冊列人員賜派日僑軍獸醫等各項技術人員由
批示	查照辦 二六
擬辦	
附件	如文

第　頁　共　頁

（發電請註明原來電年月日及字號）

徐州日僑管理處馮處長子固兄勛鑒：查敝軍於去歲自南昌奉命遂駐徐宿間地區担負徐宿段鐵道警之責刻因軍中軍獸醫等各項技術人員缺乏於業務上有徵用日技術人員之必要前曾電請上峯予以遣派奉電飭就徐州自行洽派等因經飭由本部軍醫處米處長兆麟就徐州現有日僑技術人員先行前往攷查據覆稱徐州日軍技術人員中有加藤一彥日隈三生等二十三名其學識技能思想行為等經詳加測驗甚為可用請電給派等語經查屬實茲特飭派該軍醫處二等正獸醫馬裕光攜電並附徵用日軍技術人員名冊一份前來敬煩查照准予照冊列人員賜派以利業務是為至感〃夫濤〃第五十八軍軍長曾道源副軍長唐宇縱丑有憇印

中華民國三十五年二月廿六日　點　分發

收電　字第　號

~~118~~ 0960

60

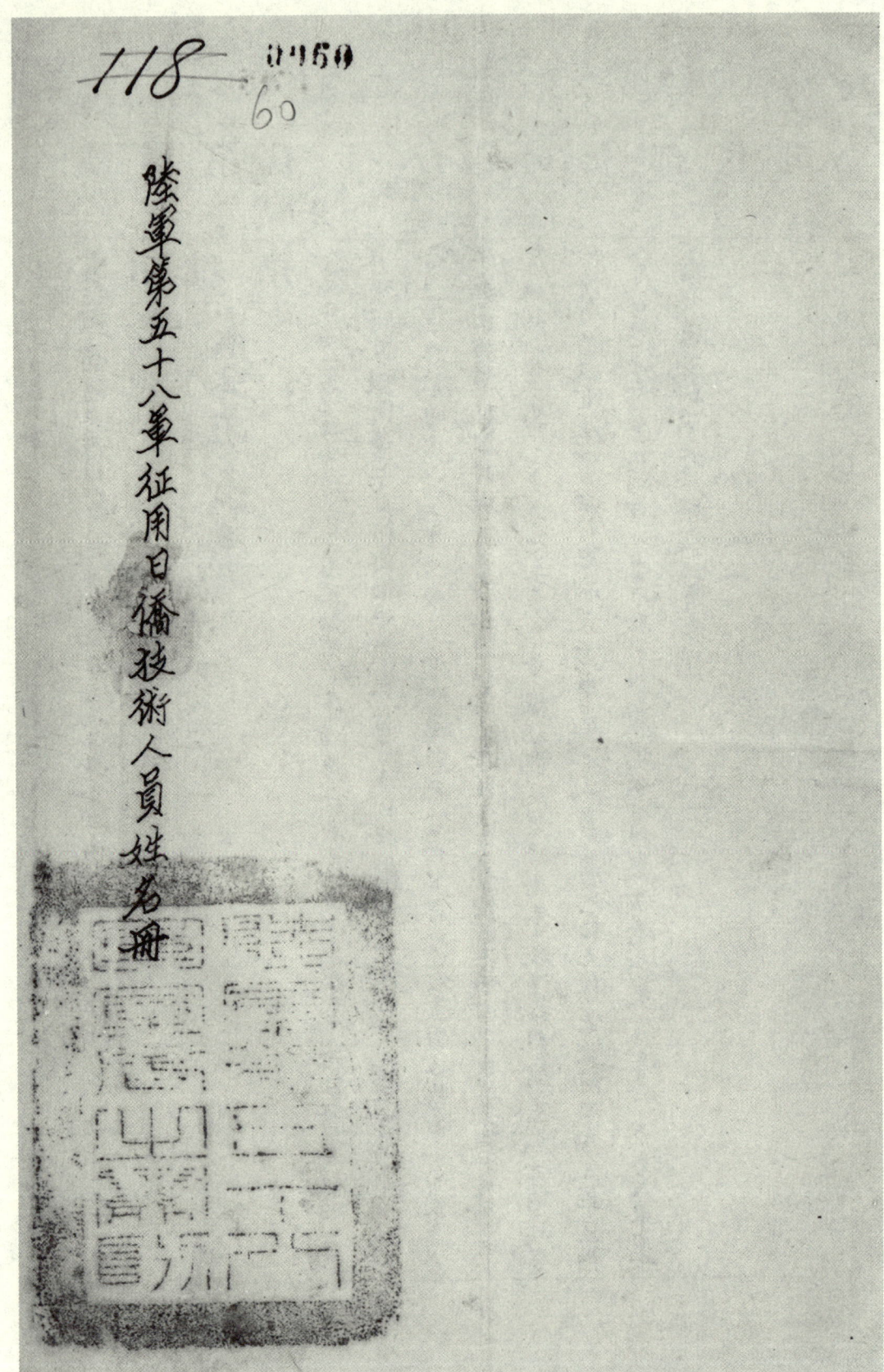

陸軍第五十八軍征用日僑技術人員姓名冊

119

61

陸軍第五十八軍征用日軍技術人員姓名冊

姓名	備考
加藤一彦	40 嘉兴聯合会事务长
日隈三生	
遠山清吉	
須藤哲次	
小澤信義	
中原鎮夫	
義廣長人	
山中光義	
大橋慶治	
甲斐義雄	

増田祐春
富田政人
鹿野進
安保史郎
園池梯吉
望月義雄
木村吉朗
波多野三郎
鹿野吉雄
嶋新吉
尾錢澄治
飯田

月

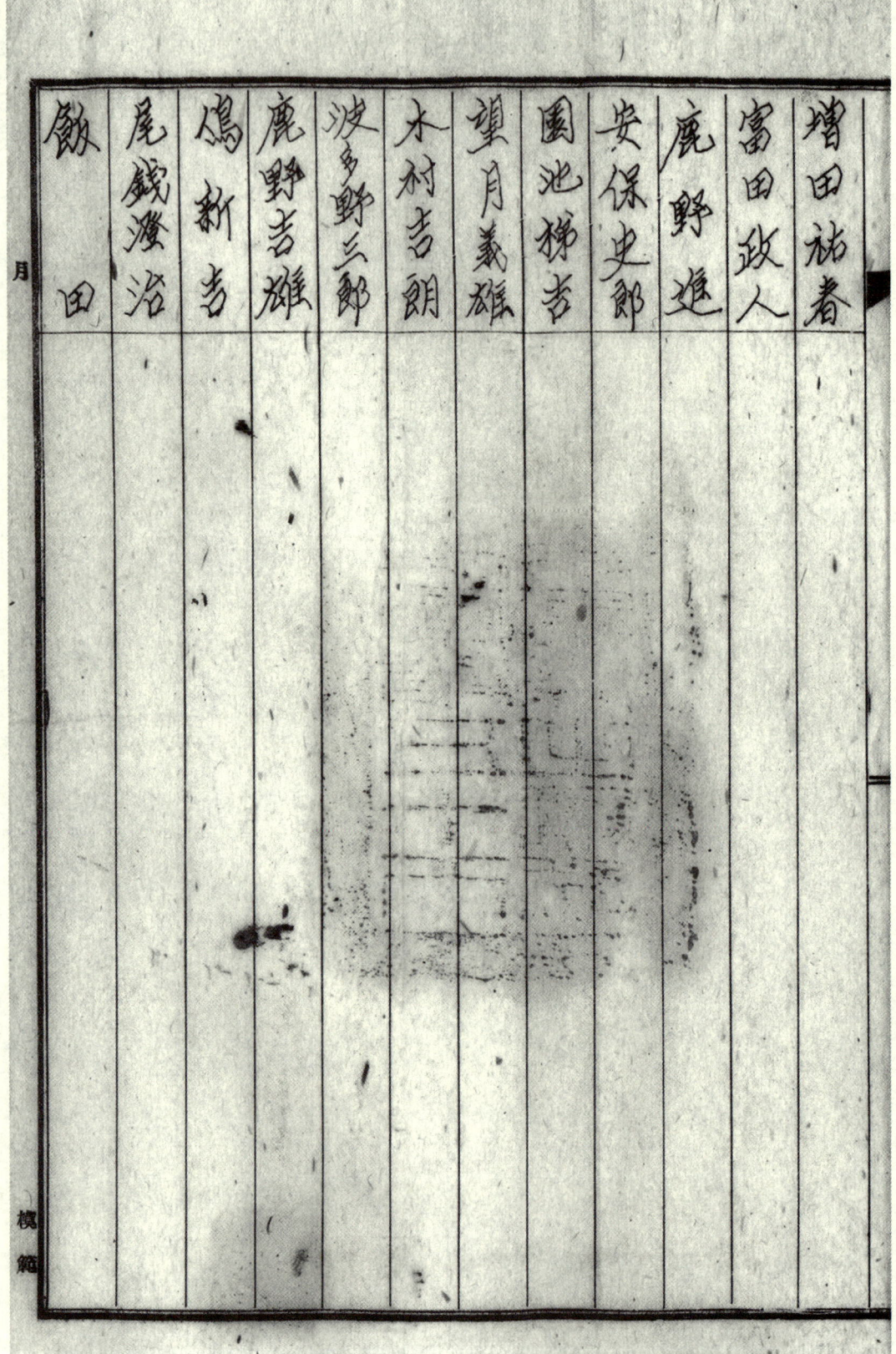

模範

一

住吉喜祐

以上計共二十三名

陸軍第五十八軍　軍長　魯道源

兼警處長　朱兆麟

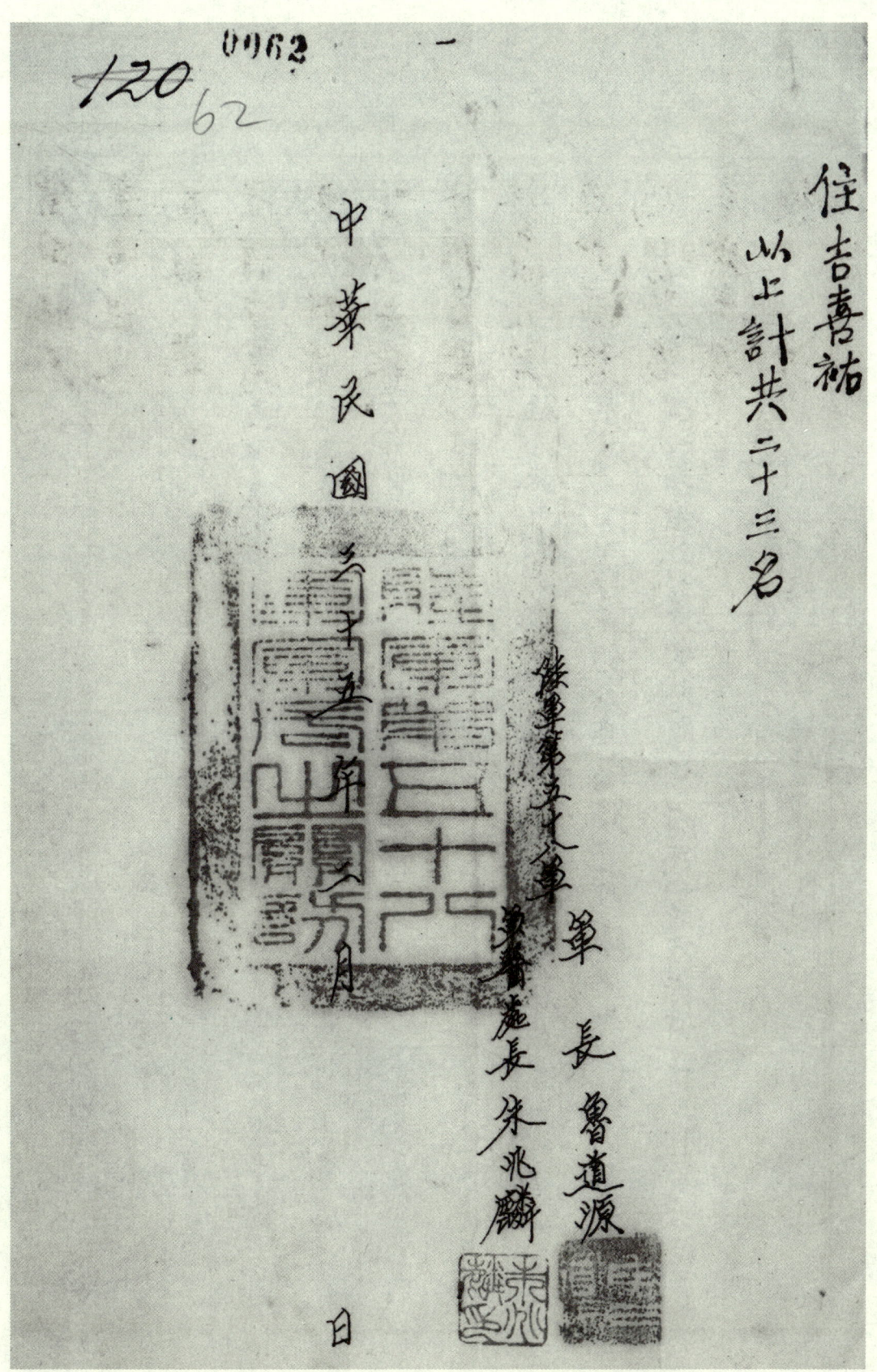

中華民國三十五年八月　日

中華民國卅五年 正月卅壹日收

存查 六、五

江蘇省政府代電 （卅五）府民字第478號 中華民國卅五年一月廿三日

第一科 第1057號

第九區專員公署：奉第十戰區司令長官司令部卅四年參字第四二六五號接彰亥迴代電開：茲奉中國陸軍總部亥皓性典電開：查前頒遣送日俘日僑歸國計劃一項，規定行李重量每人准帶其能自行攜帶之行李為限，茲特加以明確規定，每人准帶之行李為三十公斤以下，嗣後各港口對回國日俘僑行李之檢查，應依此原則辦理，除分令外，希知照等因，希即并飭各日僑俘管理處所知照等因，除分電外，合行電仰知照。江蘇省政府（卅五）府民四子有印

0063
63

諭日僑管理所核辦 二、六

4

0066

66

遣送日僑檢查須知

二、一、

一、被遣送之日僑不論男女一律施行細密檢查

一、日僑每人准許携帶法幣五千元（如係偽幣照中國政府所定比率折算）

一、日僑日常生活必需物品如衣履寢具手錶懷錶筆墨圖書（與作戰行為無關係者）准許携帶

一、日僑携帶衣物每人准許三十公斤（幼童除外）如超過三十公斤由各機關檢查人員會同封存

一、金飾品（金、銀、寶石）與有價值之貨品及日本貨幣及其他國家之各種錢鈔一律不准携帶，經查出扣除，由市政府保請公署城防司令部戰俘管理處專員公署負責檢查人員加蓋名章會同封存并加蓋名章，但

一、結婚戒指及紀念飾品准許携帶、

一、三民主義青年團女團員及婦女會幹事如檢查時如發現不准携之金銀寶石鈔須交付各機關檢查人員會同封存

徐州區日僑集中管理所製

5

0067

67

205

事由	擬辦	決定辦法
為定于本(三)月六日下午二时召開座談會希屆時參加指導由		

附件

徐州區日僑集中管理所公函

管字第　　號

中華民國三十五年二月五日

茲定于本(三)月六日下午十二時假九區專署會議室召開第二次座談會研討遣送日僑事宜希屆時參加指導為荷

此致

政治部

城防司令部
戰俘管理處
市政府
軍運辦事處

徐州區日僑管理所遣送日僑座談會紀錄

時間　三十五年二月六日下午二時

地點　第九區行政督察專員公署會議室

出席　徐州綏靖公署政治部代表諸葛彬

徐州綏靖公署政治部播音隊代表吳蔚三

徐州市政府代表陳紹泰

徐州市政府社會局代表李書林

徐州區日僑集中管理所鮑韶九

徐又新

趙樹椿

林德玉

缺席　徐州戰俘管理處　城防司令部

主席　畢逸鄉　紀錄　徐又新

開會如儀

主席報告（略）

討論事項

一、遣送日僑時秩序如何維持案

決議：由城防司令部憲兵營警察局派遣護路隊負責維持之

一、遣送日僑檢查辦法案

決議：一、由戰俘管理處函請（公署）政治部、憲兵營、城防司令部、警察局、軍運辦公處各派一人組織檢查組執行檢查日本男子要職

戰俘管理處統一指揮

二、由三民主義青年團派女團員暨徐州婦女會辦事處派五十人擔任檢查日本婦女

三、由日僑管理所製定檢查須知分發檢查人員遵照辦理

三、日僑搭運每日列車次數如何確定案

決議：由日僑管理所事前由鐵路函請（公署）運輸處規定每日運送（列車

二次（人數約五千七百五十人）以免檢查困難

四、請確定檢查日僑地點案

決議：由戰俘管理處視察決定檢查地點

六、遣送日僑如何派隊保護案
決議　由日僑管理所事前向綏靖公署連絡請求指定部隊保護
日僑財物如何接管案
決議　由市政府警察局城防司令部　綏靖公署總務處各派委員
查驗造冊封存
七、檢查日僑之各種錢幣金銀金飾寶石等如何保管封存案
決議、由市政府專員公署綏靖公署城防司令部戰俘管理處各
派委員會同查封並加蓋名章再召集有關機關商討保
管辦法俟中央銀行開幕或國庫到徐時再行送請接管
八、遣送日僑應予組織以免秩序紊亂案
決議：一、由日僑管理所命令日僑自治會自行組織每組定為五十人
一切事務由組長負責辦理之
二、指定熟悉中國語言者為副組長

24 0986　　　　卷45号

江蘇省第九區行政督察專員公署稿紙

文別	事由
電	為電報奉令遣送日僑情形由
送達機關	
省政府	
附件	

專員兼縣長

秘書

科長

擬稿員

中華民國三十五年

交辦	擬稿	繕寫	校對	蓋印	封發	歸檔
月 日 時	二月廿一日 時	月 日 時	月 日 時	月 日 時	月 日 時	月 日 時

發文　字第　號

電省政府

主席王鈞鑒：案奉徐州綏靖公署丑皓代電開：（一）留徐日僑八九〇四名，除徵用技術人員外，全數遣送回國，由二十三日起至二十六日止遣送完畢；（二）沒收日僑物資由警備部、市政府保管等因。奉此，遵即會同地方黨政軍各機關辦理一切遣送事宜。除另文詳報外，謹電奉陳。職馮〇〇。丑養印

26 0088

發.41号

江蘇省第九區行政督察專員公署稿紙

文別	事由
训令	為華東煤礦技術人員渡边宏紀等卅八名遣送回國由

送達機關
日本連絡部

附件

專員兼縣長

秘書

科長

擬稿員

中華民國三十五年

交辦	擬稿	繕寫	校對	蓋印	封發	歸檔
月 日 時	二月廿二日 時	月 日 時	月 日 時	月 日 時	月 日 時	月 日 時

發文 字第 號

（全銜）訓令 管總字第 號
卅五年二月 日

令日本官兵善後連絡部

案准

徐州綏靖公署戰俘管理處管總字第三八

號公函以開運路北云云即請查照為荷等

由附送名單一紙准此合行抄同名單令

仰該部長轉飭自治會遵照遣送為要

此令

附送名單一紙

兼部長馮〇〇

28號

29 0089

事由：為函送撤回日僑技術人員請查照由

收到 月 日收文第 號

附件

擬辦

批示

徐州綏靖公署戰俘管理處公函

逕啓者頃據華東煤礦辦公處華秘字第一四二號呈稱「遵照行政院之規定所有日僑非經許可徵用之技術人員一律不准留華」等情日僑技術員渡邊宏紀等三十八名名單隨函附送即請查照為荷

此致

徐州日僑管理所

附送名單一紙

管綏字第三八號

中華民國三十五年二月二十一日

發遣散人員洗予遣送回國

二三一

28

0090

遣散日籍人員名單

渡邊宏紀	森宗俊	佐々木富藏	花井宏
國宗茂	鶴谷武晴	杉尾利弥	福田良
永野秀夫	三澤三男	岡田泰茨	增野貞熊
末光正義	山田幸實	大隈清	江崎三郎
宮崎桂	伊藤金一郎	佐々木喜平	宮本滿
佐々木健吉	前澤忠一郎	田香進一	
中山真喜	古賀公平	鈴木潔	
西尾卓爾	岡部卓志	安田正人	
井手光行	新渡戸俊三郎	保科正道	
森武松	花村貞義	飯田尚良	
佐々木清夫	富田辰雄	谷正之	

閱
呈

日僑運輸管理會議紀錄

地點　本署會議所

時間　二月十九日下午二時

到會人員　蕭西清（駐署軍務處）張浩（戰俘管理處）唐可鐸（駐署總務處）
王雲齋（警備司令部）周文高（徐州軍運處）李漢章（徐州市政府）
王汝駿（專員公署）林與中（駐署軍務處）胡瑛（第五集站）
顧兆恩（駐署參謀處）王鵬翔（駐署軍務處）

紀錄　王鵬翔

主席　蕭西清

甲、主席報告

徐州日俘僑已由軍運處向陸軍總部洽商可于本月二十一日起至二十六日止陸續運至出口惟徐州日俘現須留用先將日僑八三八三名遣送回國

乙、討論事項

一、輸送日期及車輛

決議自本月二十一日起至二十六日止每天上午十八時必要時得延至下午三時開一列車共須四列車由軍運處周主任舉條

二、運輸時之日僑給養

決議由第五集站發給一個月給養由日僑管理所負責領發

三、日僑遺留物資之點驗處置

決議由特務團派兵歸警備部接收將各日僑集中區先行警衛由本署軍務總務二處警備部戰俘管理處市政府專員公署第五兵站各派一員由警備部負責召集責成會同點驗封存交由警備部市政府監管候命處理

四、遣送時之檢點

決議由本署軍務總務二處警備部市政府專員公署戰俘管理處軍運處派員協助並由警備部吳參謀長限定日期召集施行凡不合規定之物件一律沒收交由市政府領管聽候處理

五、日僑列車輸送期中應否派監督官及護送隊

決議參於以往輸送日俘經驗應派監督官及護送隊監督官由戰俘管理處擇富有監送經驗之軍官擬由本署派定之監護隊由五人師每一列車派充實之三個班護送

六、衛生問題

決議由日本區院派人負責到達港口後利用接收日本衛生材料醫治

七、宿舍問題

決議先電湯司令官準備

丙、散會

97

33号

卅五年六月廿二日收到

为遣送日侨规定各项希遵办由

徐州绥靖公署代电

徐州日侨管理所冯兼所长鉴：查徐州日俘侨奉准继续遣送

参二字第三六六号 卅五年六月廿日

出口经议决如下(一)日侨八三八、八三八、八三六名先行遣送，于本月廿三日起至廿六日正午四列车输送完毕(二)日侨补给由第五兵站发给一个月给养，由日侨管理所负责领发(三)日侨遗留物资由本署业务处、总务处、警备部、战俘管理处、市政府、专员公署、第五兵站各派一员会同点验封存，交由警备部、市政府监管听候处理，并由特务团派兵(归警备部指挥)将各日侨集中区先行警卫(四)遣送

35

1806

時之檢查由本署軍務處總務處警備部戰俘管理處市政府專員
公署軍運處派員担任凡超出規定之物件一律沒收交由市政府保
管處命處理（五）列車輸送期間監督官由戰俘管理處擇富有護
運經驗之軍官報署圖定派充監護隊由五人組每一列車派充實之
三个班由得力軍官一員率領受列車監督官指揮担任護送任務
（六）沿途衛生由日本醫院派員負責到達港口後則由日本衛生
材料醫治上六項除分令外仰即遵照顧視周密務期

校對 李光武

60　0118　118　62號

帥一　為奉頒遣送日俘僑帶回計劃附件仰即遵照由

徐州綏靖公署代電

勝六字第五一七號

民國三五年六月十一日

徐州日僑管理所鑒奉總司令何巳宥慎參代電開查日俘僑回國准許攜帶金錢數額照於前頒遣送計劃附件(B)內規定在案茲准其方通知一月十五日東京盟軍總部遣送日俘僑會議紀錄附件(C)關於日俘僑回國攜帶之金錢及證件與前訂計劃附件(B)之規定略有修正除該附件(C)內(一)日俘僑回國攜帶台灣銀行之圓鈔或兌換證券及(二)發還其被俘期間之全部欠薪之兩項照呈報委座尚待核示外其餘均准實施除分電外茲隨電檢附前頒遣送計劃附件(B)及東京會議紀錄附件(C)各一份希轉飭遵照等因附前頒遣送計劃附件(B)及東京會議紀錄附件(C)各一份奉此合將原電隨電抄發除分電外仰即遵照顧祝同寅棠務翊抄

附前頒遣送計劃附件(B)及東京會議紀錄附件(C)各一份

三十一

校對李光炎

附件 B5

一、違禁品及禁許攜帶之物品及

違禁品：下列物品係違禁品不得運出

一、爆炸藥　武器彈藥　獵槍刀或大刀

二、照相機　望眼鏡　遠鏡　野戰望遠鏡及光學儀器

三、金條或銀條金塊或銀塊未鑲之寶石藝術物品等項

四、股票

五、每人（敵人）祇能攜帶自來墨水筆一枝鉛筆壹枝及錶一只

六、珠寶及奢侈品而不合持有之身份者

七、超過正常所需之煙草雪茄香煙等

八、超過正常所需之食物

九、超過後列第二項A所載之衣服

十、歷史書籍及文件報告書統計數字及其他類似資料

二、准許攜帶之物品、下列物品及數量准帶出以服裝及私有物品

盥洗具　一套

毡毯（或棉花被褥）一套

棉花被　一條

冬季衣服　三套
夏季衣服　一套
大衣　一件
皮鞋　三双
短袜　三双
襯衫　三件
手提包　一件
手提袋　一件
其他顯明是個人物件合理之數量
三、攜帶款項之限止
軍官　日金五〇〇元
士兵　日金二〇〇元
僑民　日金一〇〇〇元

306 76 0134 134 63號

江蘇省第九區行政督察專員公署電務室譯　紙

來電機關	省府
號數	1441
字數	963
電別	
收到日時	7月17日14時
譯出日時	7月18日10時
譯電員簽名	

事由

批示　日僑管理所[illegible]　三十六

徐州日僑管理所馮惠所長奉委座執交丑養電開茲頒佈和
字第五號命令及附件全文如下希遵照办理軍事調處執行命
令和字第五号民國三十五年二月十八日於北平華北各國軍
及中共軍部隊長均鑒下開條款关於遣送日俘日僑返國事宜
業経調処執行部三委員同意簽署遣送日人回國办法关於盟
國所行之遣送日人回國之重要問題中國方面負此責任者為
中國國民政府美國曾经由中國戰區美軍協助此項工作并將
繼續加以協助此類美軍包括有在華美軍陸战隊對由各港口

0135

97 135

文

江蘇省第九區行政督察專員公署電務室譯電紙

來電機關	號數	字數	電別	收到日時	譯出日時	譯電員簽名
				月 日 時	月 日 時	

事由

批示

遣送回國之全盤計劃駐日盟軍最高統帥代表與中國戰區之美軍向已得有協议中國々民政府之代表亦已簽字於此計劃之上重慶三人會议所批准之有关停止衝突之文件中曾经規定自衝突地區遣送日人之工作亦為執行部之責任多数日人之滯留此間乃使華北不安之一因素故使此等日人離開目前所在地并保証其整然有序撤至各港口乃為執行部直接有关之工作此項運輸工作之速度必須依港口設備及船隻供應之程度而守据所能得到最可靠統計華北有日軍十二萬人及日

0136　3

78　136

江蘇省第九區行政督察專員公署電務室譯電紙

來電機關號數	字數	電別	收到日時	譯出日時	譯電員簽名
			月　日　時	月　日　時	

事由

批示

僑十八萬九千人尚待遣送回國上述數目中日軍八萬一千五百人及日僑十五萬四千人應由大沽登船其餘日軍三萬七千五百人及日僑三萬五千人應由青島登船執行部將協同中國政府及中國戰區美軍採取必要步驟以設立食伙供應所並設法輸送次第日人至登船港口執行部將採取可能及必要之步驟以確保為次項運輸工作所需要之鐵路用煤至於各地日人之輸送次序問題則將由執行部根據鐵路設備情況撤退途中生活狀況及彼等現在地區之食粮狀況以決定之船舶行期現

0137

4

29 .137

江蘇省第九區行政督察專員公署電務室譯電紙

來電機關號數	字數	電別	收到日時	譯出日時	譯電員簽名
			月 日 時	月 日 時	

事由

批示

已規定就港口設備而言大沽一港每日可遣送三千人青島一港每日可遣送一千五百人預料在將來此項速度可以增加現已獲得協議國軍及中共軍均將对輸送日人工作加以協助而不在任何方面加以阻撓以便能如協議所定之速度輸往各港口再对於華北日人应就船舶供應之最大可能範圍內從速遣送一点亦已獲得協議任何其他因素包括其他应執行之責任在內不得容其延緩此項輸送工作由連雲港及徐州地區遣送日人之工作似無須由執行部執行或協助此点留待協議連雲

0138

138

5

80

江蘇省第九區行政督察專員公署電務室譯 紙

來電機關號 數字 數電 別 收到 月日時 譯出 月日時 譯電員簽名

事由

批示

港地區之日人可由連雲港口遣送鉄路與運河交叉点以西之日人可由鉄路綫徐州運往上海為履行上開條款各部隊長於未接到其他通知前立即在各管區內自行協助遣送日俘日僑返國事宜至所經路綫及时间將由調処執行部訂定之并於此点執行小組將於必要时通知各部隊長國民政府主席蔣中正軍事調処執行部委員鄭介民葉劍英羅伯森寬等因特電希遵办江苏省政府〈35〉府民四寅九印

208

81

139

584

江蘇省第九區行政督察專員公署電務室譯電紙

來電機關號數	字數	電別	收到日時	譯出日時	譯電員簽名
158	179		7月17日 時	7月17日 時	

事由

批示　日僑管理所遣办具报

日僑管理所馮惠所長奉中國陸軍總司令何寅佚巳慎凱電開查韓籍人員不准征用並一併遣送回國經以丑養未慎凱電通令在案其遣送办法正與美方洽办中茲規定一、所有豫苏浙皖湘鄂閩各埠之韓籍官兵及僑民应即集中上海二、集中後官兵由第三方面軍韓國管理所集中補給僑民由上海市韓僑管理所集中補給三、運送日期及人數並时報查以上三項除分電外希遵照具報等因特電遵办具報憑轉爲要江蘇省政府<35>府民四寅銑印

85

0143

143

提簽

第一科

第18號

72年

中華民國卅五年叁月卅壹日 收

徐州綏靖公署代電

（卅五）參字第七八三號

三十五年三月三十日

事由：為遣送韓僑辦法希遵照由

九區專署馮專員鑒：查徐州韓僑原定三月三十日遣送上海，後因天雨各項任務執行困難致誤期，在茲天氣已晴霽，仍應遣送，並再規定遣送辦法如下：（一）遣送日期四月八日；（二）攜帶物品每人以四十公斤（被及限衣服被服）並裝攜帶必要之炊具；（三）孕婦及病僑由路局準備有蓬車輛以示優待；（四）攜帶款項以成人每人四萬元，孩童減半；（五）監督官及護送隊仍由二十八軍派充，並由韓僑管理所及韓僑集中營各派負責人員；（六）韓僑產業由專署市政府警備司令部會同登記負責保管；（七）其餘仍照前電之規定辦理。上七項仰即遵照。顧祝同卯世綏翊

擬對來元武

二十份
參加各
處外送
五區軍
政辦公處
份

~~86~~

01144

發

徐州區遣送韓僑會議紀錄

時間 卅五年三月廿四日上午十時

地址 第九區行政督察專員公署

出席機關及代表姓名 ~~綏靖公署軍務處代表~~

徐州綏靖公署軍務處代表王鵬翔

總務處代表郭性生

政治部代表夏強

整編司令部代表陳道瓊

警察局代表王瑞麟

第九區專員公署代表畢遐卿

市府代表 楊晉圃
保安司令部代表 孫兆範
日僑管理所代表 馬炬堂 鮑韶九
第五兵站總監部代表 胡瑛
憲兵公署調查室代表 陳希方
主席 龔逸軒 紀錄 徐又新
開會如儀
主席報告（略）
一、關於韓僑住所在遣送以前如何解
議案
決議

由徐州警備司令部第九區保安司令部派隊監視

二、關於指導團如何組織案

決議

由出席各機關派員組織之以推政治部任指導團長軍務處任副團長

三、關於沒收韓僑物資如何保管案

決議

由指導團接收後送交第九區專

员封存保管（公署）

四、关于检查韩伪各机关应派人数（及任职办法）案

决议

一、共分十组，每机关各派组长一人领导（负责）检查计划设计，以署调查室派职员三人，军务处一人，总务处二人，第九区专员公署、保安司令部、日伪管理所共派职员四人，警察局派职员五人，市政府五人，第五兵站总监部一人，警备司令部四人，宪兵营十人，政治部职员二十人，分组

~~88~~

0146
146

检查之

五、三月廿五日上午八时到第九区专员公署

集合每人发给饭食费一千元

四、韩侨候车及检查地点应以何

处相宜案

决议

以遣送日侨检查场为韩侨候车

及检查地址

六、韩侨给养如何规定案

决议

六、據四陸軍總部命令韓僑自行造冊送
本頁公署轉請第五兵站總部發七日
給養
五、韓僑給養自行準備之
七、關于遣送韓僑旅費如何籌措案
決議
由沒收韓僑錢款收支付歸第九區
本頁公署暫先墊付
八、關于運輸韓僑沒收傢俱汽車由
何處派遣案

89 / 01147

147

决议

由第五兵站总部派汽车二辆每日

给司机人饮食费二千元（由本员公垫）

（备函通知）

九、关于查封韩侨房屋内容保管案

决议

由特务团查封后交警备司令部

保管支配

十、关于韩侨携带物资内容规定案

决议

按照陆军总部命令应带物资与日

俘相同但于二十四日在车站临时宣布

之

十、關於查封房屋用何要封條案

決議

用警備司令部第九區專員公署會

銜封條（由專員公署印製）

十二、檢查須知及查訖記歸何處準備案

決議

由專員公署印製之

十三、関於韓僑財產究應如何接收案

決議

按照張軍總部命令與共接收日僑財產

辦法相同

十四、関於遣送韓僑一切事宜公推

總指揮案

決議

公推劉警備司令為總指揮

97 0155

徐民發0024

徐州綏靖公署政治部快郵代電

事由：為奉電各地集中日俘僑現正陸續遣送回國各地主官應利用現有人力物力施與感化教育等因電請查照由

批示

擬辦

附件

第　頁　共　頁

（覆電請註明原來電年月日及字號）

徐州日僑管理處所長勳鑒：奉主任顧支下總司令何子有政電節開：「（一）查各地區現已集中之日本俘僑刻正陸續遣送回國，各地主官亟應把握時机及現有人力物力施與感化教育，以期改進其錯誤思想，肇固世界永久和平。（二）調用原有精通日語日文人員組織日俘日僑教育机構，採用導生制，先挑選日俘日僑中之具有自由思想者予以訓練，然後再以轉教其他日俘日僑，其教育方式以採取討論為原則。（三）利用接收器材裝配短波收音机，錄取國內上海、重慶、北平、廣州，國外東京、舊金山、馬尼剌、澳州等處廣播新聞，編印日文壁報，張貼每連及獨立排各一份」等因。並奉批分飭本處各戰俘管理處及日僑管理所照該

三、廿六

中華民國　年　月　日　時　分發

收電　第　字　號

98

0156

156

發 90年

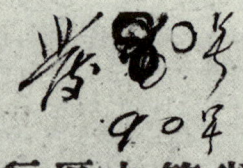

江蘇省第九區行政督察專員公署稿紙

文別	公函
送達機關	第五六路總部
附件	
事由	為遣送韓僑一百卅名請發給七天給養由

專員

秘書

科長

擬稿員

中華民國 卅 五 年

交辦	擬稿	繕寫	校對	蓋印	封發	歸檔	發文
月 日 時	三月廿六日 時	月 日 時	月 日 時	月 日 時	月 日 時	月 日 時	字第 號

（全銜）公函　管總字第　號　卅五年三月　日

案奉

徐州綏靖公署寅馬戌電以關於徐州韓俘僑

三月廿七日一律遣送上海集中待運，韓俘

一百卅名由第五兵站發七天給養等因

奉此，茲據韓俘遣送花名清冊收據

各一份，相應檢同冊據函請

貴部查照撥發為荷

此致

第五兵站總監部

附韓俘花名清冊領給養收據各一份

專員馮〇〇

遣送韓僑第二次會議記錄

時間　三十五年二月二十七日下午二時

地址　九区专员公署

出席机關代表姓名

徐州綏靖公署軍務處代表傅知重

総務處代表郭恒生

政治部代表李亮

警備司令部代表叶雨

九区专员公署代表畢逸村

保安司令部代表孫象蓮

警察局組長 王瑞麟
日俘管理所所長 馮祖堂
韓子新
調查室組長 陳希方
記錄 徐子新
主席 畢逸村
開會如儀
主席報告（從略）
討論事項：
一、關於檢查日俘携帶物品有三項規定（一）陸
軍總部頒發之准許携帶之物品清單（二）准許

携帶三十公斤（三）以商行携動者應予處刑．冀上列
三項究應採取何種方式、及簽呈中說明報國等、請公決案、
決議　請軍務處代表轉請核示分遵
二、遣送韓僑因雨延期、另定遣送日期
仍請從寬規定案
決議　請軍務處代表轉請核示分遵
三、韓僑商店已予分別查封、擬由韓國光復
軍負責保管、俟調查處理、可否、請
公決案
決議：通過

四、韓國光復軍眷屬請求續期遣送如何處理案。

決議：請軍務處代表轉請核示飭遵。

五、遣送韓僑需用火車數輛及沿途保護監督官須請總部飭令遵照案。

決議：通過，并請軍務處代表轉請核示。

六、接收之韓僑住室之木器等件擬將檢查清單轉交韓國光復軍負責點交可否，請公決案。

決議：通過。

明日再印

油印百份

精

檢查須知

一、准許攜帶衣服被服炊具、四十公斤（不限件數）（兒童減半）

二、准許攜帶現鈔四萬元（兒童減半）

三、注意檢查婦孺內衣有無隱藏金銀飾物（查出沒收）

四、注意檢查男衣領衣邊及食物內隱藏金器

五、韓僑到達集中地點須先施行個別檢查再一般檢查

六、查記完畢時發給查記證方准登車（以一人為原則）

七、韓人公文書件圖書照片不准攜帶（小孩玩具等不在此限）

八、檢查人員要態度和藹、執行認真

九、各组查出收之財物由各组登记加章转交监督委员会察收

十、

中華民國叁拾伍年叁月廿貳日收

為遣送韓僑規定各項辦法電希遵照由

要件 65号

徐州綏靖公署代電

卅五年三月廿八日 参二 805

九區專署馮專員鑒：奉總部寅銑寅巧兩電規定各地韓僑除宣撫團及綏靖區之光復軍支區隊外應悉數送上海集中待運等因查徐州現有韓僑兵及僑民一六二二名除光復軍第三支隊核准留安集官兵三八〇員名仍留原地外其餘官兵四五三名眷屬兵五名韓僑一四四名韓僑一七五六名合計二四一七名均應一律遣送並規定遣送辦法如下：（一）遣送日期本（三）月廿七日（二）運輸除給與韓僑由第五兵站發給七天韓僑自備之外韓僑起程時之檢查（准許攜帶物件與日俘僑同）由本署總務處洽部調查室警備司令部及市政府九區專署派員充任並由九區專署負責主持徵稱行任務必須態度和靄（四）遣管及護送隊由九區專署派遣上四項除分電外仰即遵照辦顧祝同寅馬務辦

第一科 第1481號

0165

-165

發日僑管理所注意辦理

三、廿八

監印 戴海岳

校對 李光武

468

遣送韩侨第八三次会议记录 三日

时间 三月三十日上午十时

地点 市府会议室

主席 张副代表

宪兵营 薛子冬

第五兵站 胡瑛

九区保安司令部 商子静

保安保警处 郑俊卿

军警处 白锦标

调查室 钱立廷

警备司令部 叶心湘

市警察局 王瑞麟

日侨管理处 冯毓声

九区专员公署 冯子周

毕逸村

市政府 杨秉国

侨务政治部 王安民

主席 冯子周 记录 冯毓声

行礼如仪

甲、报告事项（从略）

乙、决议事项：

一、関於遣送韩侨集中於台北地点及於台北县要否重新规定案。

决议——一、集中地点仍在圣道路南首扶轮新村附近广场

二、於台北县按第二次会议决议办理

二、奉令准许韩侨携带衣服被服计四十公斤、现钞四千元（四千湖币）及粮具外，其余物资应予没收案。

决议通过。

三、收没韩伪物资应如何处理案、

决议 一、由李罡部对会同警备司令部负责保管

二、听候上级指示处理

四、韩伪住屋指查及没收物资应如何处理案

决议 一、四月一日继续指查

二、案件封存地点指定本厚堂房

五、遣送韩伪工作人员应如何处理案、

决议 (一)各组人员不够增添(四月二日)金教到集中地点检查

(二)外派之宪兵司令部指派岳鼎文负责

110

0169

169

警士若干名，聽警備司令部指揮，會同查封韓僑住宅。

六、遣回惡韓僑時可否秘密行之案。

決議：由調查室與憲兵營派員秘密照辦。

七、檢查技術及應注意事項可否由政府確定案。

決議：由委員按照各机關代表之意見製定檢查須知，俾資擬行。

江蘇省政府代電
江蘇省保安司令部代電

蘇府保民四字第　號
中華民國三十五年三月　日

事由：為奉頒和字第五號命令轉仰知照並協助遣送日俘僑返國由

徐州市政府

奉委座執戌丑寒電開茲頒佈和字第五號命令及附件全文如下希遵照辦並轉調處執行命令和字第五號民國三十五年二月十八日於北平華北各國軍及中共軍部隊長均鑒下開條款關於遣送日俘日僑返國事宜業經調處執行部三委員同意簽署遣送日人回國辦法關於盟國所作之遣送日人回國之重要問題中國方面負此責任者為中國國民政府美曾經由中國戰區美軍協助此項工作並將繼續加以協助此類美軍包括有駐華美軍陸戰隊對由各港口遣送回國之全盤計劃駐日盟軍最高統帥代表與中國戰區之美軍間已得有協議中國國民政府之代表業已簽字於此計劃之上重慶三人會議所批准之有關停止衝突之文件中曾經規定自衝突地區遣送日人之工作亦為執行部之責任多數日人之滯留此間乃使華北不安之一因素故使此等日人離開目前所在地並保證其整然有序撤至各港口乃與執行部直接有關之工作此項運輸工作之速度必須依港口設備及船隻供應之速度而定據所得到最可靠統計華北有日軍十二萬人及日僑十八萬九千人尚待遣送回國上述數目中日軍八萬一千五百[illegible]萬四千人應由大沽

登船其餘日軍三萬七千五百人及日僑三萬五……以船執行部將協
同中國政府及中國戰區美軍採取必要步驟……供應處並設法輸
送次第日人至登船港口執行部將採取可能及必要之步驟以確保為次項遣
輸工作所需要之鐵路用煤至於各地日人之輸送次序問題則將由執行部根
據鐵路設備情況撤退途中生活狀況及彼等現在地區之食糧狀況以決定之
船舶行期現已規定就港口設備而言大沽一港每日可遣送三千人青島(港每
日可遣送一千五百人預料在將來此項速度可以增加現已獲得協議對軍
及中共軍均將對輸送日人工作加以協助而不在任何方面加以阻撓以便能於
協議所定之速度輸往各港口再對於華北日人應就船舶供應之最大可能,
範圍內從速遣送(一點亦已獲得協議任何其他因素(包括其他應執行之責
任在內)不得容其延緩此項輸送工作由連雲港及徐州地區遣送日人之工作
似無須由執行部執行或協助此點留待協議連雲港地區之日人可由連雲
港口遣送鐵路與運河交叉點以西之日人可由鐵路線徐州遷往上海為穩行
上開條款各部隊長於未接到其他通知前應即於各管區內自動協助
遣送日俘日僑返國事宜至所經路線及時間將由調處執行部訂定之關於
此點執行小組將於必要時通知各部隊長國民政府主席蔣中正軍事調處
執行部委員鄭介民葉劍英羅伯森究等因除分電徐海兩日僑管理所
遵辦外合行電仰知照並協助遣送為要江蘇省政府 江蘇全省保安司令部
(蘇)府保民四巖感印

125

184

徐運駐證第六五號

日僑通行證明書交付相成度件申請

昭和二十一年四月七日　徐海區日本官兵善後連絡部長 本[illegible]

（印：徐海區日本官兵善後連絡部長之印）

徐州日僑管理處長

馮子固閣下

特用式領隊人	姓名	荻秋次郎	年齡	四拾五歲	
	階級		率領或司行人數	外五百名（大人三百六十五名 小人一三五名）	
通行事由	爲引揚歸國	隨帶物品	總計壹千弍百六拾六個		
出發地	徐州	經過地點	浦口、南京	到達地	上海
旅行期間	自中華民國三十五年四月八日起至中華民國三十五年四月十五日止				
附記					

132

卅五年六月廿日 收字第1322

191

江蘇省政府代電

〔苎〕府民四字第　號

中華民國卅五年　月　日

事由：為奉電日僑遣送回國所需車船票費可由我方記帳借墊轉電知照由

徐州市政府

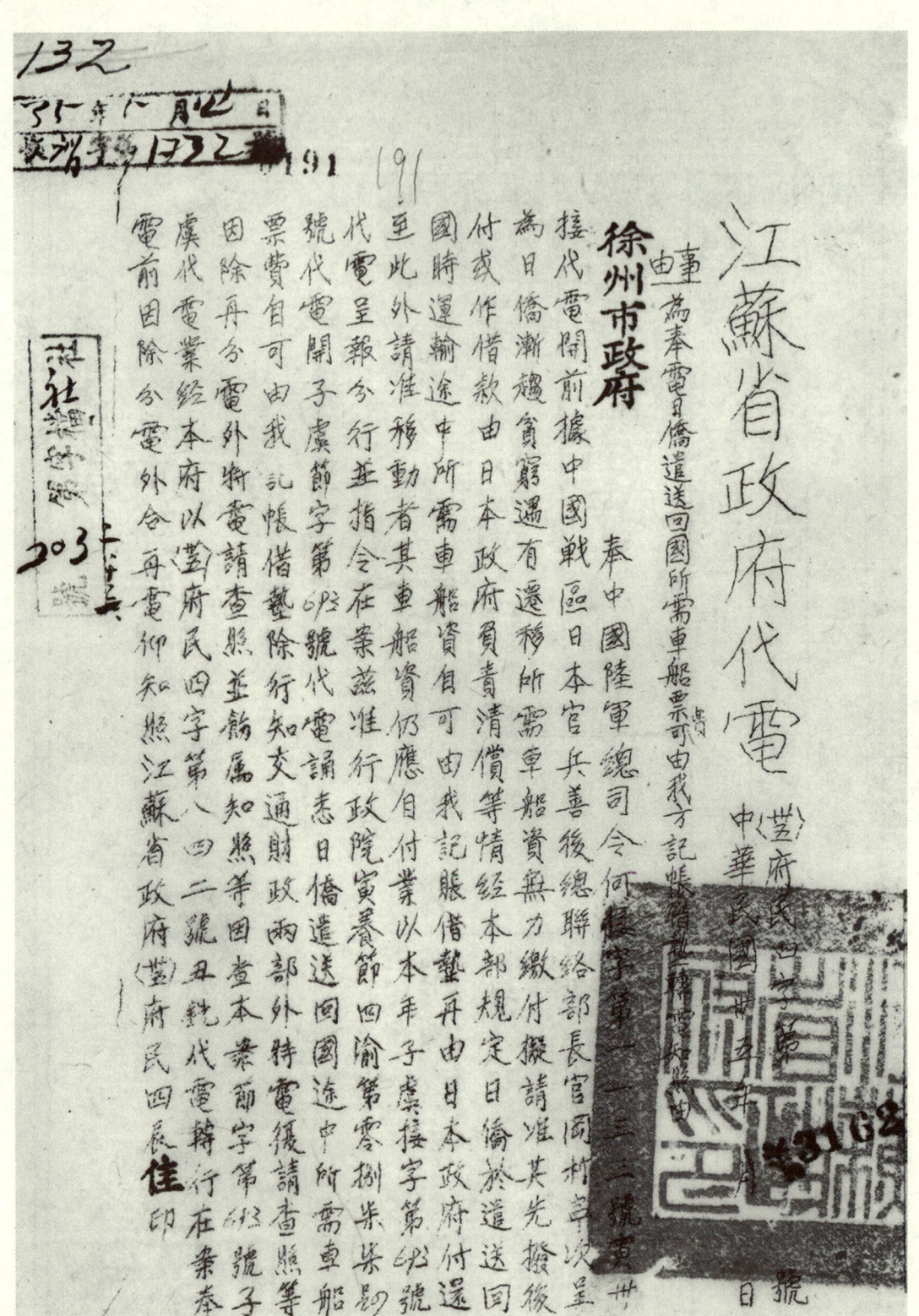

奉中國陸軍總司令何[illegible]字第一一三二號寅卅
接代電開前據中國戰區日本官兵善後總聯絡部長官岡村寧次呈
為日僑漸趨貧窮遷有遷移所需車船資無力繳付擬請准其先撥後
付或作借款由日本政府負責清償等情經本部規定日僑於遣送回
國時運輸途中所需車船資自可由我記賬借墊再由日本政府付還
至此外請准移動者其車船資仍應自付業以本年子虞接字第[illegible]號
代電呈報分行並指令在案茲准行政院寅養節四渝第零捌柒柒[illegible]
號代電開子虞節字第[illegible]號代電誦悉日僑遣送回國途中所需車船
票費自可由我記帳借墊除行知交通財政兩部外特電復請查照等
因除再分電外特電請查照並飭屬知照等因查本案節字第[illegible]號子
虞代電業經本府以〔苎〕府民四字第八四二號丑魚代電轉行在案奉
電前因除分電外合再電仰知照江蘇省政府〔苎〕府民四辰佳印

138

197

卅五年九月12日 收文第3727號

197

江蘇省政府代電

(卅五)府民四字第　號
中華民國三十五年九月　日

事由：嗣後征用日人解征回國時其攜帶錢款應由各地分設之日本善後連絡班換發日元兌換證由

徐州市政府

案奉國防部陳參謀總長本年八月十七日令二巡字第一七六二號代電開：查日本官兵善後連絡部撤銷後已於上海南京北平太原青島廣州漢口台灣等八處分設日本官兵善後聯絡班繼續辦理該連絡部一切未了事宜本部曾以(卅五)巴支(40)通電在案茲據天津市政府平梗代電稱：案據天津地區日本善後連絡部長枝本吉太郎呈略稱該部日內正式結束津市尚有日籍留用人員及其家屬今後如遇解職回國時其攜帶錢款究宜應如何辦理請鑒核等情據此查日僑返國攜帶日元兌換證依照前陸軍總部抄發東京盟軍總部召開之遣送日僑會議紀錄附件規定應由登船港之復員指揮發給復查過去日僑於津市口岸歸國時准帶一千日元係採用銀行匯款辦法由前日本正金銀行天津支店辦理該行由我方接收後即由該天津連絡部經程課繼續辦理該部收到日僑款項後以天津連絡部名義填發存款證交遣送回國日僑兌取現款因國幣與日幣[illegible]現[illegible]故換法幣與偽聯銀幣之比率處理茲該連絡部即將結束嗣後遇有日僑回國時其攜帶錢款是否仍應換領日元兌換證[illegible]應由何處負責辦理尚希明示規定等情俾資遵循復如遇有日人解征回國時仍准攜帶日元一千元其兌換證應就近向各地分設之日本官兵善後連絡班領發以外用特電行達希查照為荷等因除分行外合行令仰知照。江蘇省政府(卅五)府民四申　魚印

7699

140

35年7月13日　收文字第3287號

0199

199

江蘇省政府代電　省府民四字第　　號

中華民國三十五年七月　　日

江蘇全省保安司令部

事由：為日人准於徵用至本年底該縣境內具未遣送之技術人員仰即列冊報由

徐州市政府

案奉行政院本年七月廿七日節京叁字第六九九一號訓令開：「奉主席蔣（卅）午銑機秘處公代電，為日籍技術人員均准予徵用至本年底為止，屆時即予遣送返國，技術人員在工作偽日籍人員有志願長期徵用者，應將徵用者志願書及名冊等一併送報國防部憑辦，飭即轉飭遵照等因，除分行外，合行令仰遵照，並轉飭遵照」等因，查日籍員工應行遣送回日者，迭經通飭遵辦在案，茲奉令准予繼續徵用至本年底為止，合再轉飭遵照，並希將該縣境內未遣日人被徵用機關、姓名、職別、籍貫、擔任工作，於電到一週內查明列冊報府為要。江蘇省政府（卅）府保民四

申（？）印

7713

00035

待用

奉令以准内政部函抄發處理日人入籍辦法及處理韓人入籍辦法令仰知照由

蘇高等法院訓令　文字第　號

中華民國三十五年十一月　日

令銅山地方法院院長、首席檢察官

3495

奉

司法行政部本年十一月十六日京訓參字第七〇九三號訓令開：「案准内政部本年十月廿八日户字第九九一號公函略開：查處理日人入籍辦法及處理韓人入籍辦法前經本部呈請行政院核辦，茲奉行政院本年十月十四日節京陸字第一三六六六號指令略以：案經提出本院七六二次會議決議：暫照内政部所擬辦法辦理，仰即知照，等因。自應遵辦，除公佈並分行暨呈復外，相應檢同上項辦法各一份函請查照，並希轉飭知照等由，除分令外，合行抄發原附辦法各一份，令仰知照，並轉飭所屬知照。」

等因；附抄處理日人入籍辦法及處理韓人入籍辦法各一份。

奉此，除分令外，合行抄發原辦法令仰知照。

此令。

附抄處理日人入籍辦法及處理韓人入籍辦法各一份。

院長 孫鴻霖

首席檢察官 韓燾

中華民國[illegible]年十二月廿五日[illegible]

364

00036

處理日人入籍辦法

三十五年十月　日內政部公布

第一條　處理日人入籍依本辦法之規定辦理本辦法未規定者依其他有關法令辦理

第二條　日人於日軍在華佔領區域內入中華民國國籍者非經內政部核准一律無效

第三條　日本女子已為中國人妻者應依照中國國籍法之規定為取得中華民國國籍之聲請

第四條　國籍法關於外國人聲請歸化中國之規定對於日本人暫時停止適用

第五條　本辦法自公佈日施行

處理韓人入籍辦法 三十五年十月　日

內政部公布

第一條　處理韓人入籍依本辦法之規定辦理本辦法未規定者依其他有關法令辦理

第二條　韓人於日軍在華佔領區域內取得中華民國國籍非經內政部核准者一律無效

第三條　韓女已為中國人妻者應依照中國國籍法之規定為取得中華民國國籍之聲請

第四條　國籍法對於外國人聲請歸化中國之規定仍適用於韓人但以無戰犯嫌疑或其他不法行為者為限

第五條　本辦法自公布日施行

陆生

令知准侨务委员会函请转饬各司法机关对于侨民侨眷案件务从迅速审结
办理一案转饬知照由

江苏高等法院训令

文字第三[illegible]号

令铜山地方法院

中华民国十八年十一月十八日

奉

司法行政部本年十一月十八日第[illegible]训字第九四号训令开：

"案准侨务委员会本年八月二十日公函开：准本会汕头侨务局本年
十月十九日呈称：窃查潮属各县侨民侨眷每以细事涉讼案累，
司法机关于侨案每不理，且多层延把，免包围嗾理妥断，恳请设议
以良为侨民侨眷造福等情。据此，查侨民侨眷大多智识浅薄，
安份不谙国情及法律，又远离乡邦，每乘侨民此种不明手续，利欲勾结
司法人员朋比为奸，致意藉故侨民，兼致受害，间有因回国者

時間被拘入以致所限忽病獄歿，似法奚，言念及此，良可浩嘆。懇請
鈞院咨請司法行政部嚴查貪贓獄吏嚴懲，以資警惕，令各級司法機關對于
人民有關案件於受理後迅速辦理，以恤人民，期慰人望等情。除
指令外，相應函請查照，擬辦見復為荷等由，到部。查該院辦理案件
應力求妥速，迭經本部令飭在案，准函前因，除函復外，合行令仰知照，
並轉飭所屬一體知照。
等因。奉此。除分令外，合行令仰知照。此令。

院長 [illegible]

中華民國[illegible]年十二月廿五日 [illegible]

1657

14

清算股

摘由紙

來文機關	徐警備司令部
文別	代電
來文字號	法595
到文月日時	35年12月20日11時
附件	

事由	擬辦	批示	備註
為檢扣日僑物品電請派員到部接洽接收並驗據附報由	派員即辦迅復查照 十二、廿	速辦 憲 十二、廿二	請王繡貴兄接收具報 弼臣題 十二、廿三、

清118 收文 字第2713號

15

年　月　日　時刻（復文請註明來文月日及字號）

事由	擬辦	批示

附件

徐州警備司令部代電

法字第595號

中華民國三十五年十二月廿三日

蘇浙皖敵偽產業處理局公鑒案奉徐州綏靖公署法戰檢字第

115號代電開「查日俘笹岡正猪等十四名業經本署審判戰犯軍事

法庭偵查終結予以不起訴處分并呈奉國防部核准在案現該日

俘等即將遣送上海轉解回國其原住房內所有物件應行加以清

理希派員會同軍事法庭前往啓封由該笹岡正猪等自行整理并

按照日僑遣送回國攜帶物品之規定予以檢查其不合規定之物件即

行檢扣列冊具報」等因遵即會同軍事法庭前往清理除按照規

定准許攜帶物品外其不合規定之物件業已檢扣列冊存部除分案

呈報外所檢扣物品本部未便處理即希貴局派員到部按冊接收

并希賜據以便轉報為荷徐州警備司令趙後漢亥虞法軍

100 线机無業 1/4

交通部第二區電信管理局代電

事由　為通飭征用日員監督管理三原則

本區各局、線、段、隊、机、室、各電信聯絡專員、各機線工程專員：案准南京市政府三月九日府秘二(莫)字第(2827)號寅佳秘二代電開：案奉中國陸軍總司令部情撰案第(957)號訓令開：茲補充規定僱用日人原則如次：一、本國各機關及公用事業遇有需用日本技術人員之必要時，得遴選優良人員暫為僱用；二、僱用日本人員應受中國職員之指揮監督；三、遇有一部份技術工作有交由日本技術人員暫為管理之必要時，應加派中國職員妥為監視，並遴派中國職員接替其管理任務。希知照。等因奉此，除分電外，相應電達，查照為荷。等由；准此，合行電仰遵照。

局長安鐘瑞寅（印）
(1434)

人字第八四三四号
民國卅五年三月　日

錫收字第41号
卅五、四、二、到

張業務長
俞主任
吳主任
嚴密注意

錫收字第82号 卅五、四、六 到

事由 速 為奉電密飭注意日籍員工行動由

江蘇省第九區行政督察專員公署代電

民字第二四七號

中華民國三十五年四月二日

銅山電信局 案奉江蘇省政府(35)府保民四字第一八二七號寅有代電開"案奉中國陸軍總司令何情慎字第七八號丑哿慎總代電開奉 委座丑卦代電抄發日人荒川齋藤士屢等在平領導日技術人員組織秘密團体不法活動情報一件并飭對徵用日技術人員特加注意等因茲隨電抄發原情報一件希注意等因除分電各縣外合行抄同原件電仰對徵用之日籍員工應即密切注意為要等因奉此茲抄原情報一件電請對徵用日籍員工密切注意為荷專員馮不同卯冬民印 附抄情報一件

業 线 机

101

6/4

抄情報一件

日人荒川齋藤士屢等領導日技術人員多名在北平崇內大方家胡同內小方家胡同十四號荒川住宅組織秘密團体利用漢奸陳一鳴掩護秘密活動陰謀利金錢武器引誘不良份子混入我中央新收編部隊待機暴動并藏匿槍枝二千餘枝機関槍七挺及軽重武器甚多由日人坂本稔分存於平津兩地該板本稔与新編什牌軍第十八軍軍長田連仲部孫翔忱師長密有連絡時運槍枝及通訊器材接濟該軍

錫收字第86号 卅五、四、六、到

事由：為奉電轉知各機關工廠征用日僑必須呈准本署備案否則不得征用由

江蘇省第九區行政督察專員公署代電　民字第二四六號

中華民國三十五年三月三十一日

銅山電信局

案奉江蘇省政府(35)府民四字第一六八四號寅皓代電開查征用日籍員工前奉陸軍總部規定非因業務上或技術上特殊需要不得征用并規定如征用日僑應由受降主官核准征用日僑應由本府核准經通飭遵辦在案茲恐時久疏忽嗣後各機關工廠如征用日僑事先必須呈准本府有案否則不得征用除分電各縣外希遵照為要等因奉此特電查照為荷

專員馮不周　卯冬　民印

103 錢 楼 業

6/4

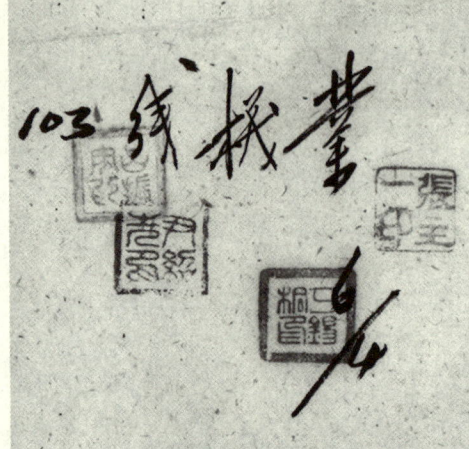

15

諭

奉

號第　頁

蘇浙日籍技術人村上俊介、井上利夫、湯川彰、山林繁治雄、小野四郎、岩峰儀一等六名之前往該廠服務，仰即照予工作，并將履歷表及到着日期併具報備查為荷。此致

徐州電燈廠

經理謝紉之

經濟部蘇浙皖區徐海接收委員辦事處用牋

中華民國　年　月　日

17

姓名	性別	年齡	籍貫	簡歷	學歷
村上俊介	男	二二	島根縣	中國空軍第二地勤中隊協力隊服務	水原高等農林學校畢業
井上利夫	仝	二三	福岡縣	仝右	宮崎高等農林學校畢業
湯川彰	仝	二八	福井縣	仝右	大阪工業專修學校高等部電氣科畢業
小林袈裟雄	仝	二四	岐阜縣	仝右	愛和工業學校電氣科畢業
水野四郎	仝	二六	神奈川縣	仝右	富士電機高等工業學校畢業
岩澤儀一	仝	二三	東京市	仝右	東京高等工學校畢業

21

總務科

事由：奉電轉知征用日籍技術人員其成績優良者得比照國人同等待遇由

江蘇省第九區行政督察專員公署代電 中華民國三十五年四月十三日 民字第二六四號

徐州電燈廠

案奉江蘇省政府(35)府建民四字第二八三號卯元代電開：

奉中國陸軍總司令何寅銑慎德電開：茲奉委座寅真府交代電：據本部子寒慎蓉電：關於徵用日籍技術人員，擬依法第三項如嗣徵用日籍技術人員，擬國際慣例不發工資，惟得酌量給獎金，其工作努力成績優良者得予領中國同等人員之待遇，除分電外，希遵照等因，除分電各縣市外，合行電仰遵照等因，奉此，相應電達，希即查照辦理為荷。專員□□□印

新人事股 查勤成績 簽請 經理核示

收文 NO 65 民國35年4月19

241

行之 如擬

經電字第六四號

經濟部徐州電灯廠代電稿

經濟部徐海接收委員吳鈞鑒：四月二十日密字第一三三號密令敬悉。自當遵照辦理。惟本廠工作重要，一日不可停頓，且技術人員缺乏，該員等離廠後工作不無影響，擬請遴派富有學識及實際經驗之電機專家二名，於該員等離廠以前來廠主持工務，實為感禱。徐州電灯廠經理諸□□叩印卯晨

總

徐州綏靖公署代電

事由：為留用日籍員工就限于五月底以前解職遣送電仰遵照由

勃二字第　號　三十五年五月十八日

徐州水電廠鑒：奉陸軍總部辰文循總寅發電開
中國境內各地日僑俘將次遣送完畢惟仍有少數機
制路用日籍技術員工以致影響遣送之計劃殊有未合茲
規定所有強制徵用及暫准限期遣送來文日籍員不就限于五
月底以前解職了以遣送更為妥之處又待遣送日除另電外希
即將該員等日係分電外仰即遵照限期解職待遣為要
顧祝同辰篠勃

技材奉光武

擬歸卷　五廿

閱

101
35 5 24

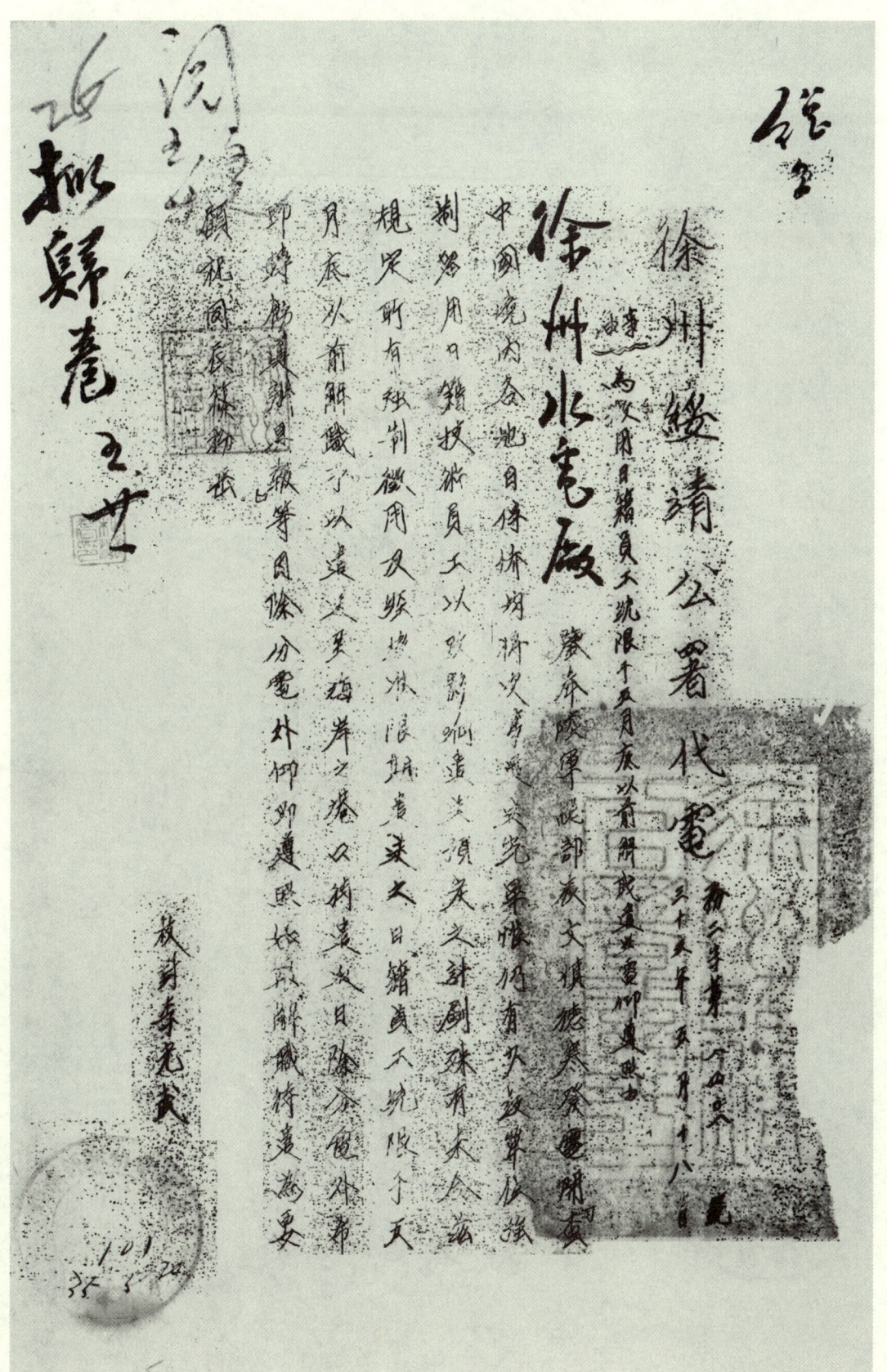

徐州綏靖公署代電

務人字第八〇八號

卅五年四月十八日

事由：為該廠留用日籍人員務予遣送並具報由

華中水電廠：

奉參謀總部卯微[illegible]健電開：各機關部隊學校工廠留用日籍人員不論志願留華與否總限于四月底以前遣至各集中營[illegible]于五月底前大部中間分別予遣送具報日等因。該廠留用日技術人員希速[illegible][illegible][illegible][illegible]作[illegible][illegible]學習[illegible][illegible][illegible][illegible]務予遣送並將遣送日期具報為要。顧祝同。卯[illegible]務刷

[illegible]對　李先武

收文　NO 675　民國35年4月26日

6

經濟部錦州電燈廠公函 電經字第 號

為函送檢同日籍技術員工調查表希查收由

逕啟者案准

貴廠六月二十四日管總字第四五號代電略開茲為明瞭各地區機

關部隊徵用志願留華服務之日籍技術員工計隨電附發

填表格式一份希即查填送廠以便彙轉等由准此相應依式

填就隨函奉達希請

查收彙轉為荷

此致

戰綫管理廠

附徵用日籍員工調查表一份

經理 謝

中華民國卅五年二月 日

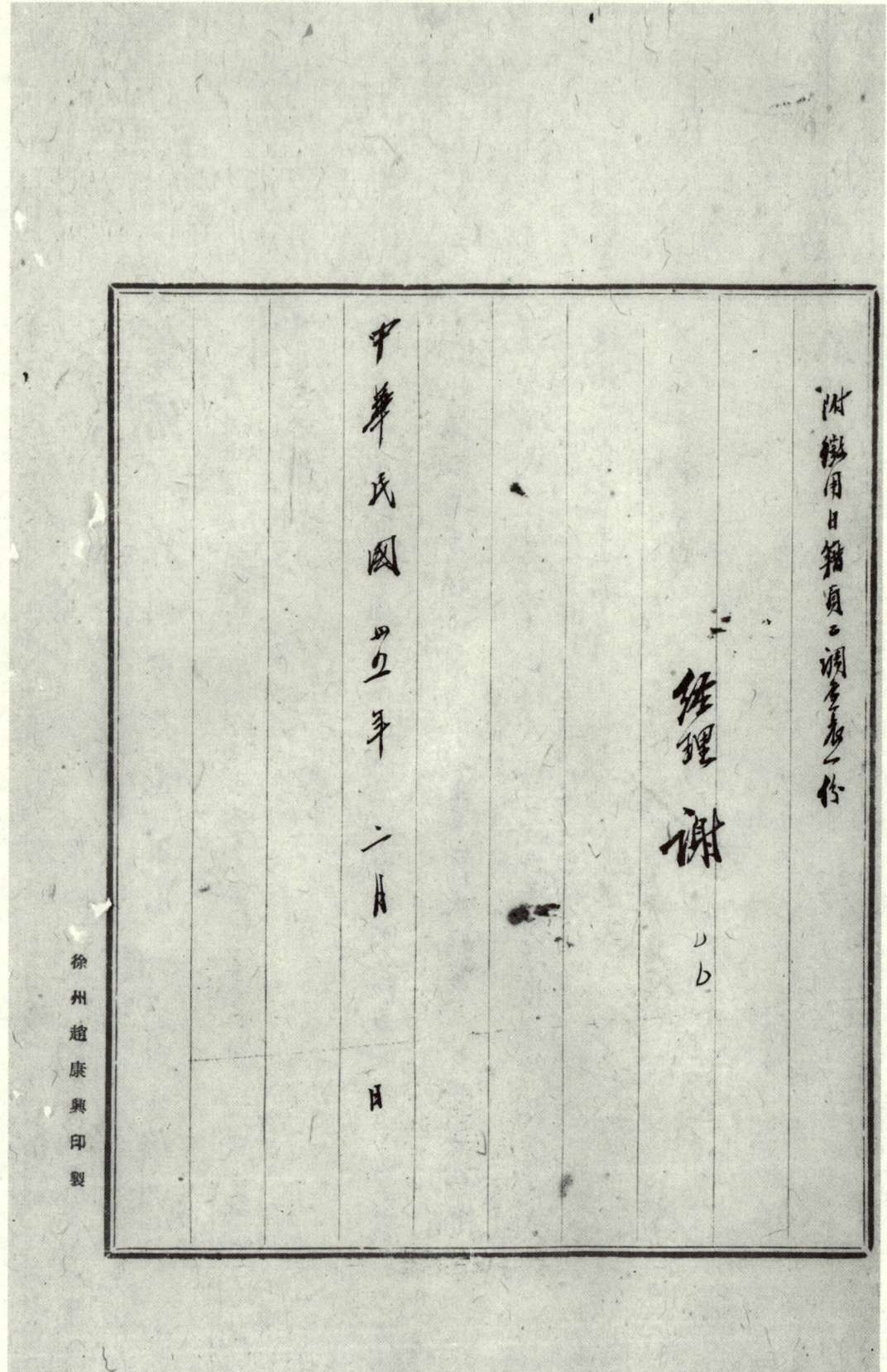

徐州趙康興印製

9

經濟部徐州電氣廠徵用日籍技術員工及眷屬一覽表

姓名	年齡	性別	籍貫	曾任職歷	学歷	現任職務	眷屬 關係	眷屬 生月年齡	備考
今井清翀	四七	男	鳥取縣	電氣事業約二十五年	高等工業電氣科畢業	技術顧問			
大泉光儀	二九	男	秋田縣	電氣機器修理約十五年	中等工業電氣科畢業	仝			

000

6 00016

文牘科收

中華民國卅六年叁月廿七日收到
744號

事由：為奉部令以蘇浙皖區逆產事項撥交中央信託局接辦案轉飭知照由

江蘇高等法院訓令　文字第一一一一號　中華民國三六年三月九日

令本院第三分院首席檢察官

案奉

司法行政部本年二月四日京36訓秘字第一八一六號訓令開：

「案奉行政院三十六年二月九日從捌字第一八九七八號代電開：蘇浙皖區逆產事項自處理局撤銷後撥交中央信託局接辦，除分行外，合亟電仰知照並轉飭知照。等因。奉此，除分令外，合行令仰知照並轉飭所屬知照。」

等因。奉此，除分令外，合行令仰知照。此令。

代閱

院長 徐鴻寳

首席檢察官 韓[illegible]

第 1 頁

2

35年3月20日 收文 字第932號

江蘇省政府代電（寅）府民四字第 號

中華民國卅五年 月 日

事由：為各機關工廠征用日僑必須呈准本府有案否則不得征用

徐州市政府覽：征用日籍員工前奉陸軍總部規定非因業務上或技術上特殊需要不得征用并規定如征用日僑應由受降主官核准征用日僑應由本府核准歷通飭遵辦在案茲恐時久疏忽嗣後各機關工廠如征用日僑事先必須呈准本府有案否則不得征用除分電外希遵照為要 江蘇省政府（寅）府民四寅皓 印

1684

5

徐州市政府摘由纸

来文機関	文别	来文字號	號目	来文日期	附件	備考
徐署	代电	字 號		35年 月 日		

事由	擬辦	批示
请饬查报留用日俘名单由	查本府暨所属单位均无留用日俘,拟呈复。十廿。	如拟

6　38 10 21
4238.53

秘書室　秘一收字第1151號

徐州綏靖公署代電　中華民國三十五年十月十　文　日　播字第　號

事由：為請即轉飭查報留用日僑名單由

徐州市政府駱市長勛鑒：頃准北平軍事調處執行部電轉據美方十月十日函略以關於協助中國遣送日僑工作俟於本年年底由駐華美軍移交執行部美方處理該部即將該事備便統計及整理報告計請協助供給在東北及中國本部以技術人員名義留用之日人名單包括姓名職務或技術僱用機關及地點家屬人數每人可遣回之日期等項請早日告知以資等語請即於酉有前航寄本部等由除分電外請即轉飭將留用日僑人員名單按內開項目查報憑轉薛岳酉篠信

侵華日軍戰犯
徐州審判檔案彙編

徐州市檔案局(館)　編

中册

國家圖書館出版社

中册目録

戰後接收敵僞産檔案(續)

W011

在蚌埠展開航空部隊
移讓兵器器材明細表

照數收訖 馬志良

已繳中國空軍第二地勤隊

副隊長馬志良點收

第二百二飛行場大隊長甲斐辰馬

3

	品目	単位	数量	摘要
車輌	九五式中等練習機	機	四	
	自動貨車	輌	七	二輌使用中
	側車	〃	一	
	飛行機給油機	〃	四	一輌使用中
	乗用車	〃	一	
	始動機	〃	一	使用中
	飛行機牽引機	〃	一	
	着陸場照明機	〃	一	使用中
	輾圧機	〃	五	
	被牽引式輾圧機	〃	六	
銃器	三十二年式軍刀	振	一	
	押収小銃	丁	一〇	
	三十年式銃剣	〃	二六	

陸軍

輜重兵器	輜重車	輛	二
	輓馬具	組	二
銃	八九式固定機関銃	丁	一〇
	携行銃工具	組	一
砲	二式固定機関砲	门	六
飛行場器材	簡易始動機	個	六
	簡易給油機	台	六
	繋留用具綱大	組	一六
	標示用具	〃	一
	對空望遠鏡	個	一
	運彈車	台	一
	三式爆彈捲上機	〃	一
	夜間着陸指導装置	組	一
	飛行機偽装網中	〃	一九

(東京・奥谷納)

4

品目		数量		摘要
修理器材	飛行機偽装網小	組	一九	
	鍛着ランプ	個	一	
	引出万力	〃	二	
寫眞器材	組立寫眞機乙	組	一	
	調薬器具	〃	一	
	圖工器具	〃	一	
照明器材	充電器具	〃	一	
	野外二瓩發電機	台	一	
雑器材	發動機運搬車	〃	一	
	尾橇台車	〃	一	
通信器材	九二式電話機	基	八	
	九二式小被覆線	巻	二〇	
	小絡車梃	個	四	

陸軍

通信器材	繰出線試	個	二
	九二式小絡車	〃	一〇
	九二式小線巻框	〃	二
	九七式嚢中電圧電流計	〃	一
	五ボルト絶縁計	〃	一
	通信器具箱	〃	一
	特殊受信機甲	組	二
機力器材	一噸引上滑車	個	三
	二噸引上滑車	〃	三
木工器材	鑿	挺	一
	十耗柄付螺廻	個	一
	寸分円刃螺錐	〃	一
鉄工器材	鋼尺	〃	一
	游標尺	〃	一

(東京・奥谷納)

ナ

品目		量位	数量	摘要
鍛工器械	鉄切鋏	挺	一	
	小はんだ鏝	個	一	
	三脚螺範	組	一	
	手万力	個	一	
	十本鑢	組	一	
雑器械	二式微光燈	個	一五	
	携行音響警報器	〃	四	
修理器械	自在スパナ	丁	二	
	平鑢	〃	三	
	半丸鑢	〃	三	
	三角鑢	〃	三	
	角鑢	〃	六	
	鑽孔錐	〃	一	

陸軍

区分	品名	単位	数量
弾薬	一式曳光徹甲弾弾薬筒	発	四三九二
	九三用保弾子	個	九九〇〇
	九五用保弾子	〃	八〇〇〇
	一式焼夷實包	発	三九〇
	一式徹甲實包	〃	一六八〇
爆薬	ダイナマイト	箱	一二三
	導火索	〃	一六
	雷管	〃	三
航空燃料	九一揮發油	本	六五
	九二揮發油	〃	三五
	鑛油	〃	一〇
	ヒマシ油	〃	一六
	作動油	〃	一
	アルコール	〃	一四

（東京・奥谷納）

品目	單位	數量	摘要
酸素發生劑	本	七五〇	
落下タンク	組	九二	
揮發油容器	本	三六一	

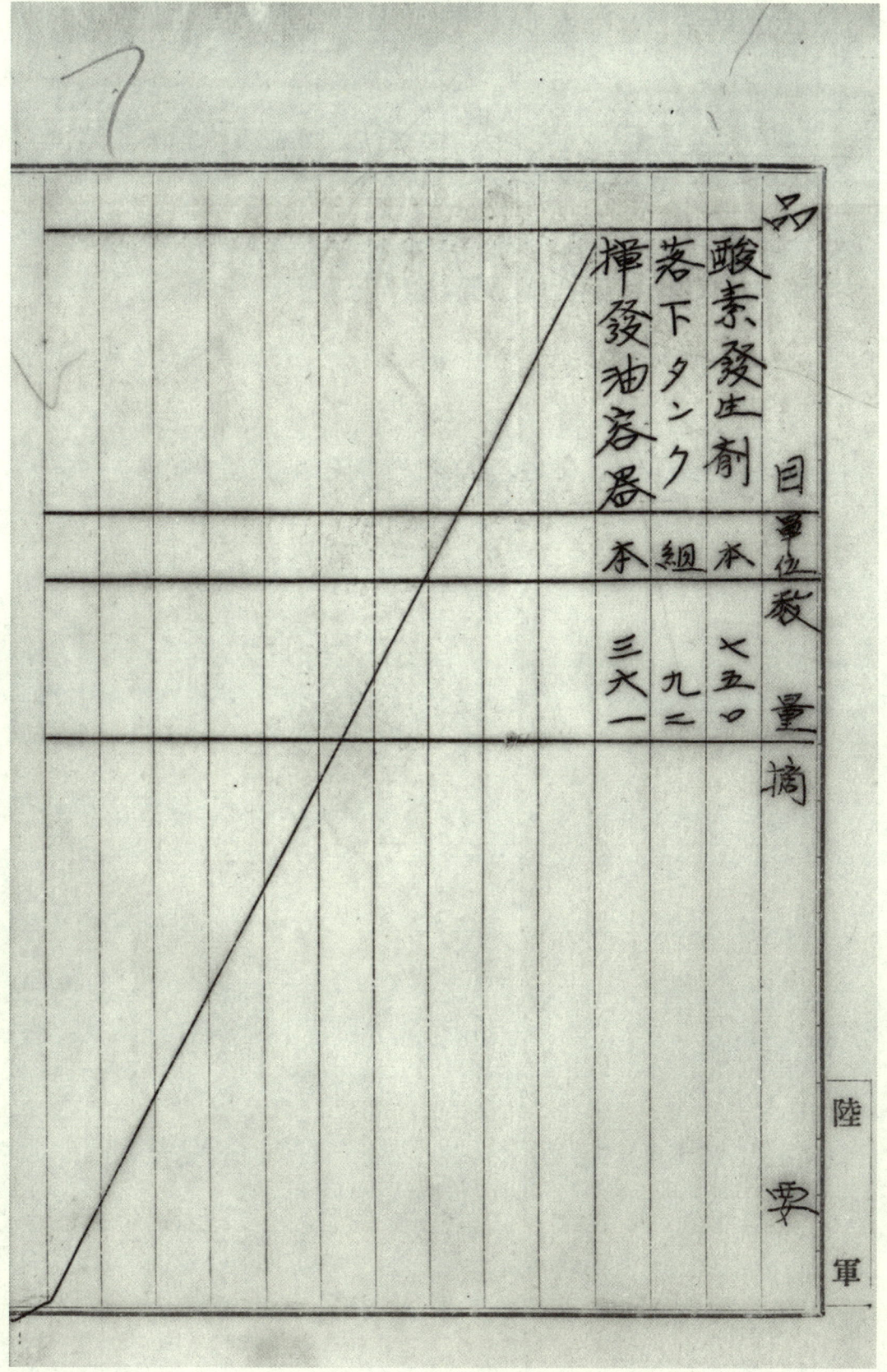

陸軍

8

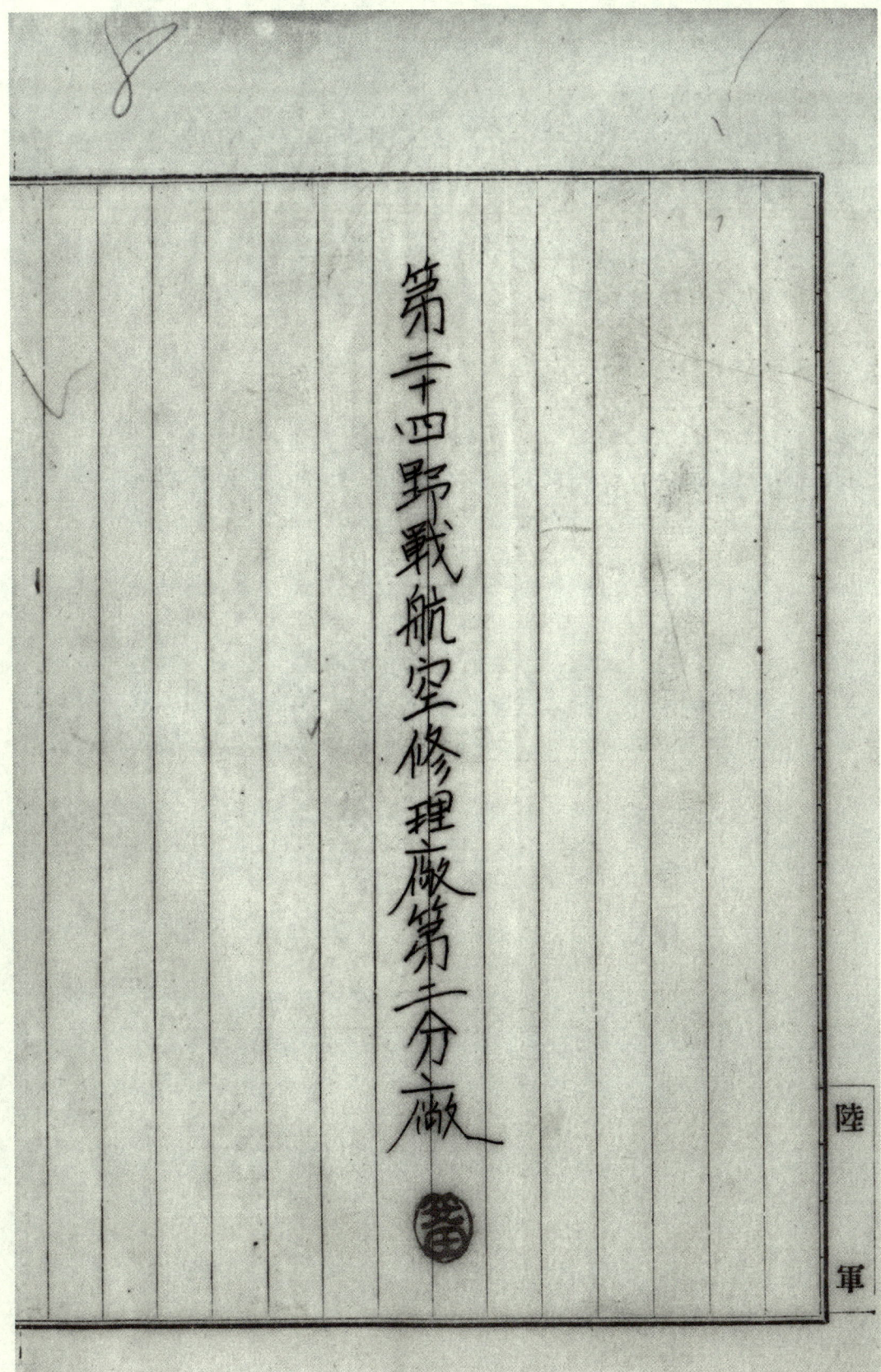

第二十四野戰航空修理廠第二分廠

（東京·奥谷納）

18

訂正書

在蚌埠展開航空部隊移譲兵器並器材表中第二十四野戦航空修理廠安田部隊ノ脂油品目中「航空機銃油」七十二立及「コストル油」七十二立ハ航空機銃油三罐（一罐五ガロン入）及ヒ「カストル油」三罐（一罐五ガロン入）ノ誤寫ニシテ訂正ス

第二百二飛行場大隊長
陸軍少佐 甲斐辰馬

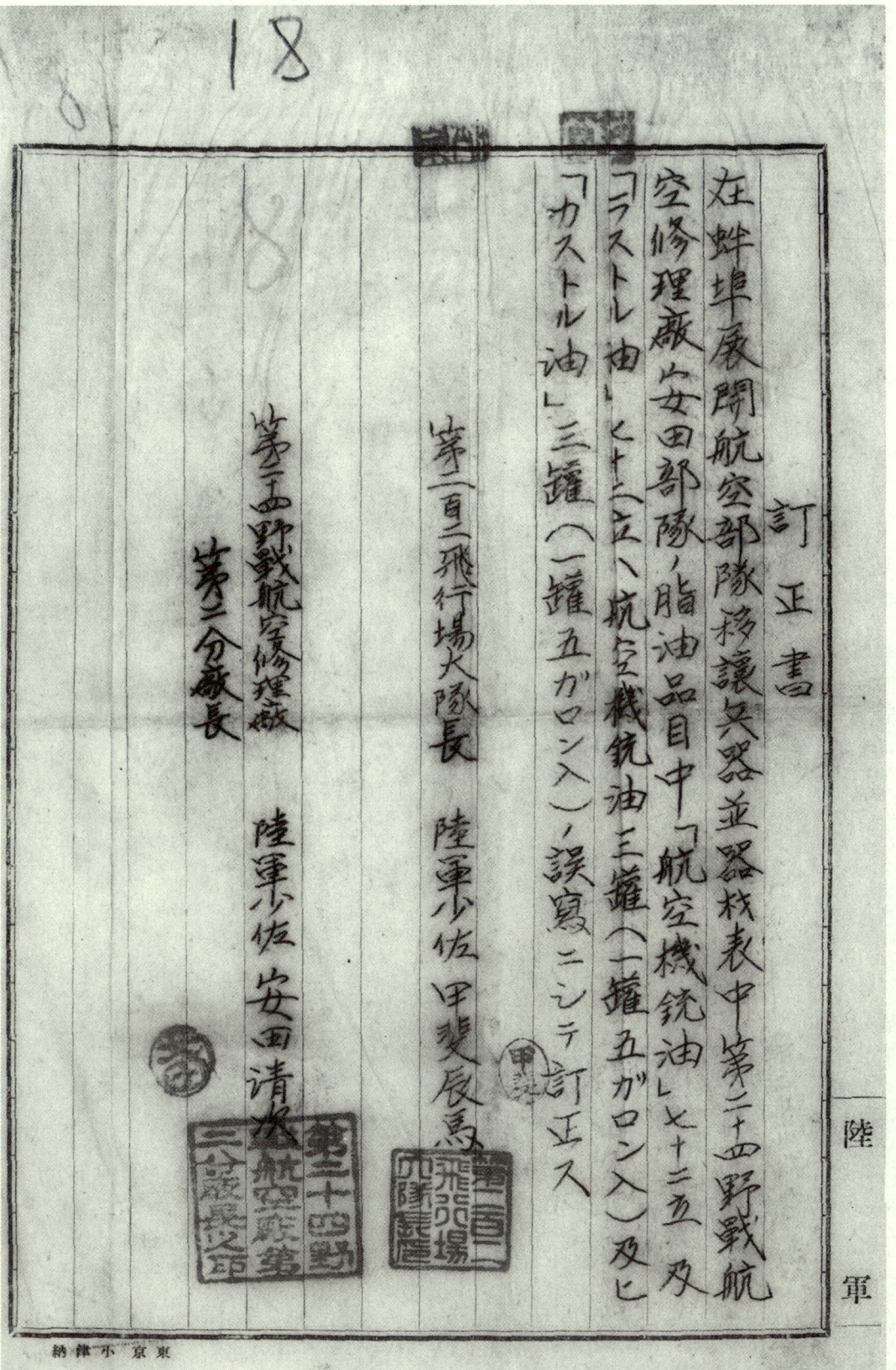

第二十四野戦航空修理廠
第二分廠長
陸軍少佐 安田清次

21

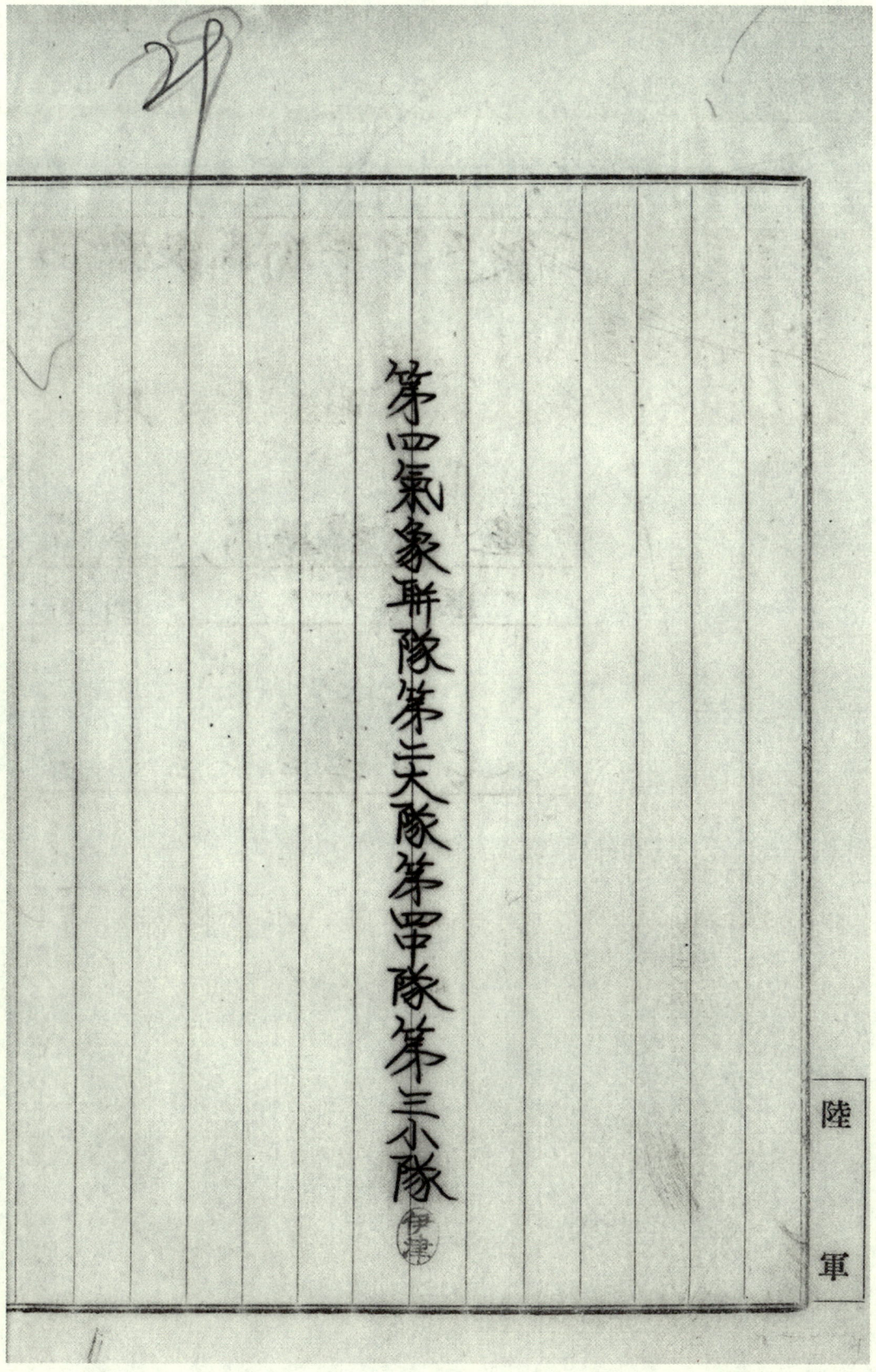

第四氣象聯隊第二大隊第四中隊第三小隊

伊津

陸軍

東京 小津納

30

氣象器材

品目	單位	数量	摘要
水銀氣圧計	本	一	以下使用中
空盒氣圧計	個	一	
自記氣圧計	個	一	
標準温度計	組	一	
最高最低温度計	組	一	
自記温度計	個	一	
自記濕度計	個	一	
通風温濕計	個	一	
雨量計	個	一	
自記風向計自記器	個	一	
自記風向計風向器	個	一	
自記風速計風速器	個	一	
自記風速計自記器	個	一	

陸軍

氣象器材

測風經緯儀	臺	二
浮力計	個	一
減圧弁	個	一
氣象板	個	一
覘板付羅針	個	一
標準時計	個	一
測秒時計	個	一
測風計算器	組	二
濾水器	臺	一
標柱	本	二
圖板	個	一
水準器	個	一
圖紙匣	個	一
圖引具	個	一

東京小津納

32

第五十一對空無線隊第三小隊

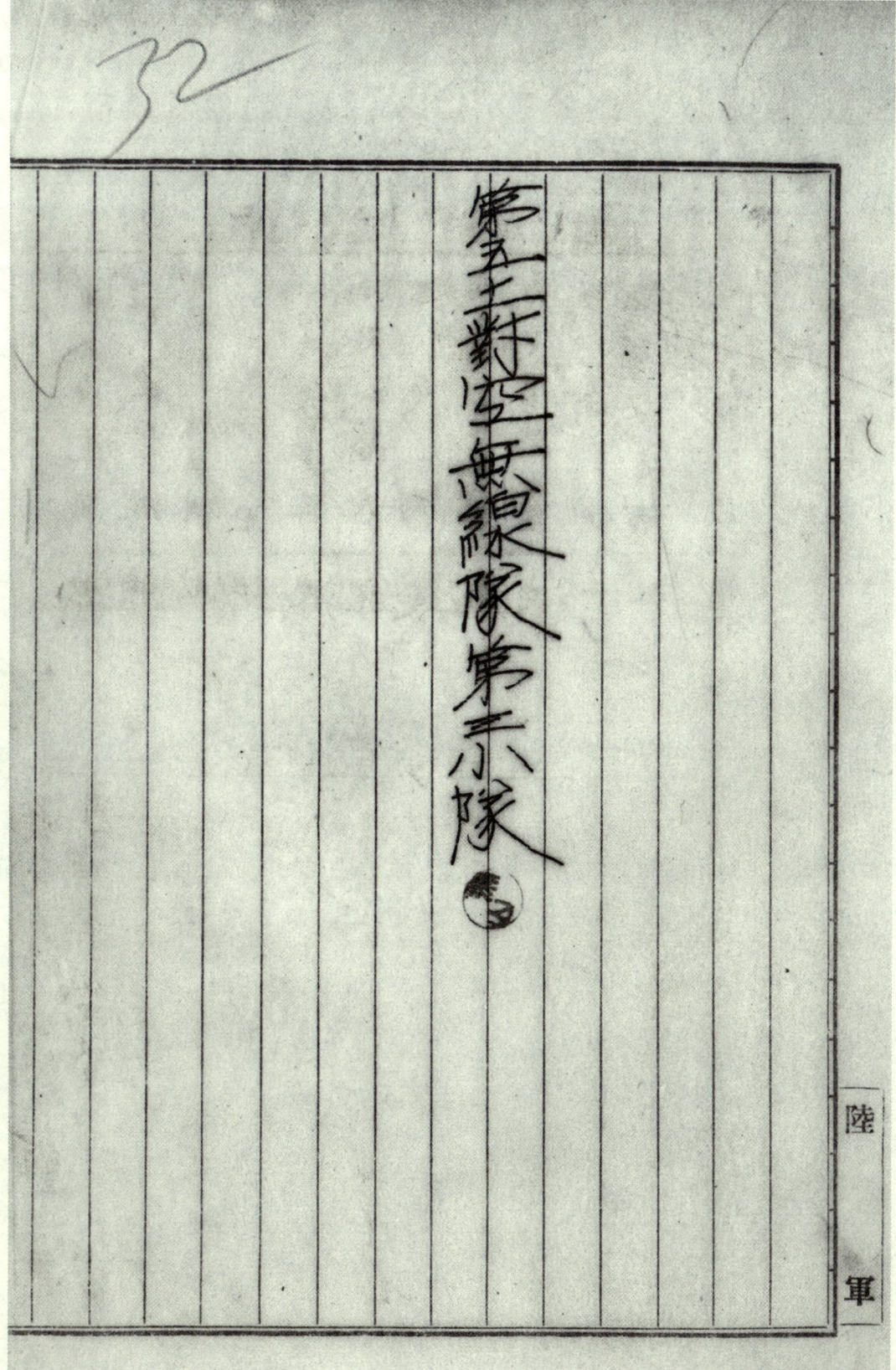

陸軍

(東京・奥谷納)

33

對空無線器材

品目	單位	數量	摘要
送信機	基	一	以下使用中
變調器	〃	一	
發動機	〃	一	
電動機	〃	一	
蓄電池(12V)	個	三	
同(6V)	〃	二	
配電盤	〃	一	
整流器(受信機用)	機	一	
充電器	〃	一	
電話機	〃	一	
電話線	巻	一	
受信機箱甲	個	二	
受信機箱乙	〃	一	

陸軍

昭和廿年九月廿四日

授受人野戰航空修理廠第二分廠長 小幡 學 （小幡）

徐州所在全航空部隊接收責任者 陸軍中佐 北鄉 紀 （北鄉）

第一工場

3

種別	機種	機数	状況 完	状況 修	発動機	プロペラ	装備状況 [illegible]	[illegible]	[illegible]	故障部位
飛行機	四式戦闘機 第一六〇二號	一		修	○	○	×	○	○	
飛行機	四式戦闘機 第一三八號	一	完		○	○	○	○	○	回轉計ナシ
飛行機	四式戦闘機 第一一三四號	一		修	×	○	○	×	×	
飛行機	四式戦闘機 第一八四七號	一		修	×	○	○	×	×	
飛行機	一式戦闘機 第八三七〇號	一	完		○	○	○	○	×	
飛行機	一式戦闘機 第一五五二四機	一	完		○	○	○	×	○	プロペラ振動 左發電機無し

摘要：完備ト修ト謂ヘ共飛行可能ナルモ之ハ細密点検整備ヲ要ス。
○ハ有
×ハ無

陸軍

機種別		機数	現況	発動機	プロペラ	装備品 [illegible]	装備品 [illegible]	装備品 [illegible]	故障部位	摘要
四式戦闘機	第三三七九号	一	修	×	×	×	×	×	両脚破損	
四式戦闘機	第七六二号	一	修	×	×	×	×	×	仝右	
四式戦闘機	第三三七六号	一	修	×	×	×	×	×	仝右	
四式戦闘機	第三〇九号	一	修	×	×	×	×	×	仝右	
九九式高等練習機	第三一一七号	一	完	○	○	×	×	×		
九九式高等練習機	第三三〇号	一	修	○	×	×	×	×	機体中破 両翼中破 右脚中破	
九五式練習機	第三七五一号	一	修	○	×	×	×	×	左発電機ナシ 前方支柱ナシ	

東京・八木商納

4

区分	品目	単位	数量	摘要
	飛行機牽引車	台	一	
	移動起重機	〃	一	
	六尺旋盤	〃	一	
	四尺旋盤	〃	二	
	手動截断機	〃	一	
	折曲機	〃	一	
	手動圧縮機	〃	一	
	縁曲機	〃	一	
	卓上ボール盤	〃	四	
	定盤	〃	二	
	鉄床	〃	弐	
	空気圧縮機	〃	八	
	電動截断機	〃	一	

陸軍

区分 品目	単位	数量	摘要
電動研磨機	台	一	
野外用手提電機	組	一	
〃三号〃	〃	一	
酸素熔接器	〃	一	
自動車用油圧杠重機	台	一	
油圧プレス	〃	一	
電動鑽機	台	一	
気動研磨機	〃	二	
炊事車	〃	二	
タンガー充電器	組	一	
[illegible]分離穴	穴	一	
油圧杠重機	箇	四	
箱型ジャッキ	〃	二	

(東京·奥谷 納)

5

区分	品目	単位	数量	摘要
	軽便研磨機	台	一	
	尾部度支持台	台	七	
	足踏式裁縫機	箇	一	
	翼受台	〃	四	
	熱處理器具	〃	一	
	酸素熔接機	組	一	
	飛行機修理器具	台	二	
	三シン	組	二	
	鋲着用具	台	八	
	膠着用具	箱	一	
	シヌゴーカ	組	一	
	発動機取付台	箱	一	
	機體支柱臺	組	一	
		〃		

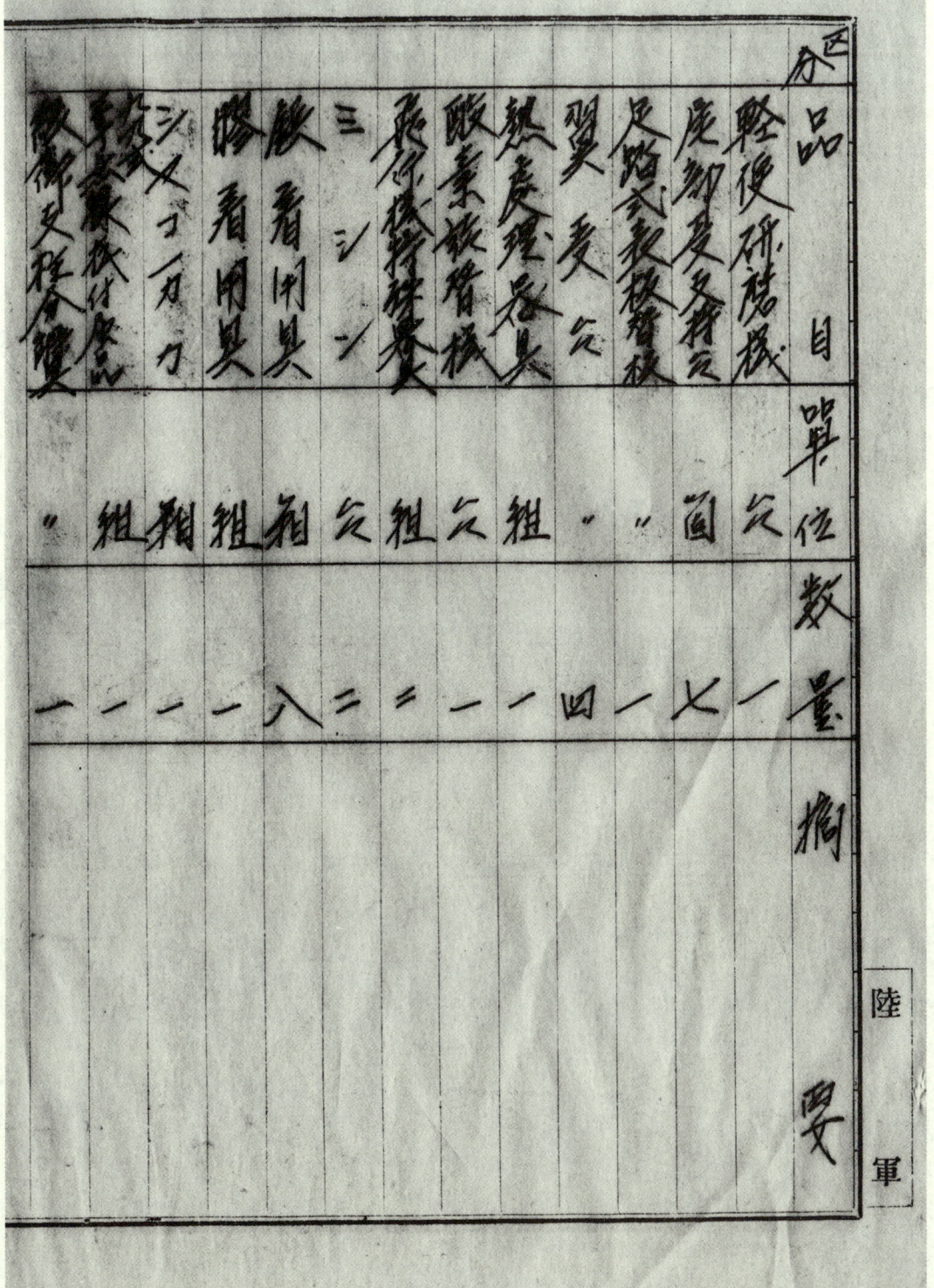

陸軍

区分	品目	単位	数量	摘要
	水検器	箱	二	
	水質試験器	〃	五	
	温度計、検験器	〃	一	
	測量部・	〃	一	
	図板部・	〃	一	
	自動車修理工具	〃	一	
	自転車専用工具	〃	一	
	精器工具	組	一	
	小型回路試験器	個	一	
	弾機修理器具	箱	三	
	エンジンクリーナー	個	五	
	携帯用蓄電燈	箱	一	
	点火時期検定器	〃	一	

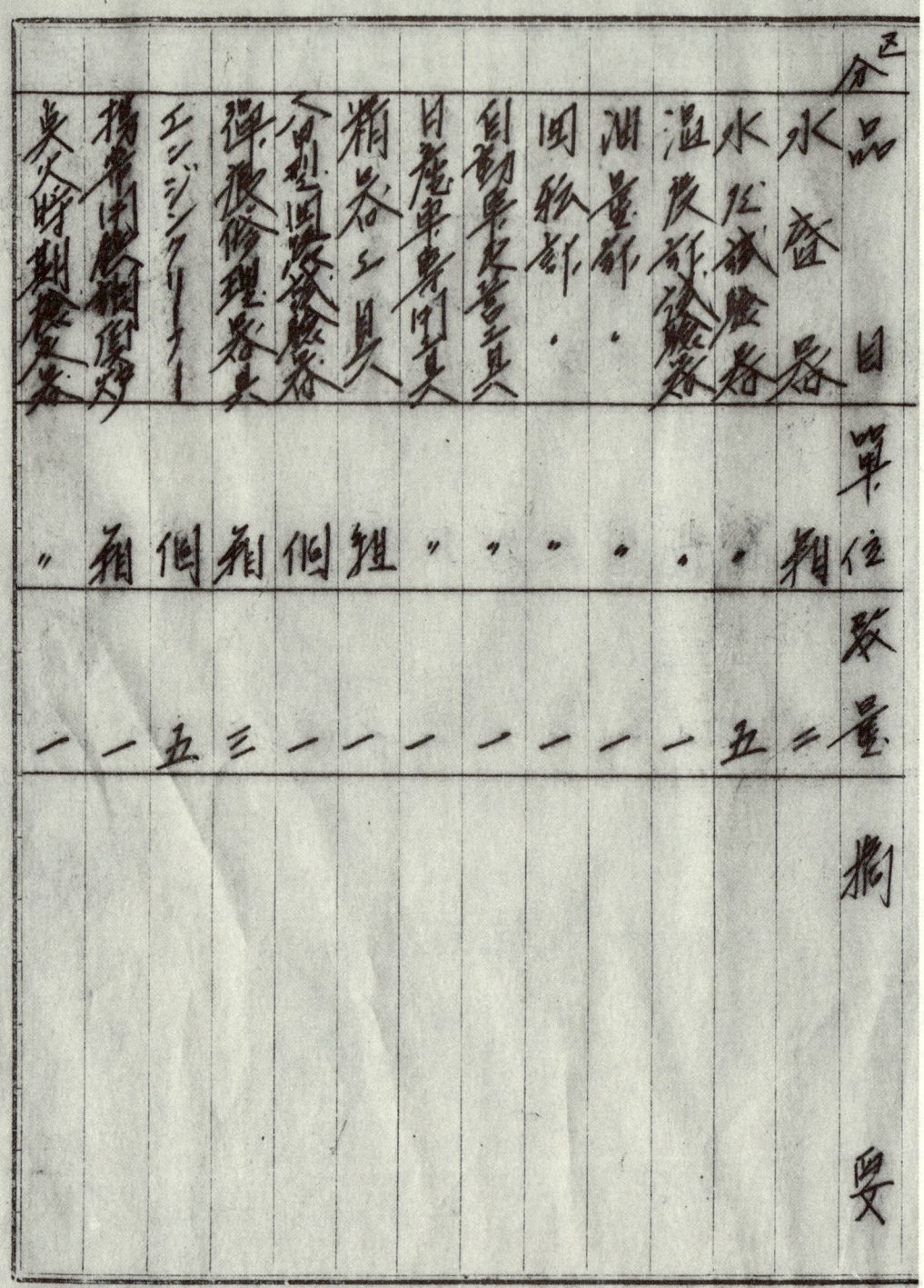

（東京・奥谷納）

6

正
分

品目	單位	數量	摘要
箱入特殊測鏡	箱	四	
トースカン	组	五	
作動筒分解具	〃	一	
水平儀	箱	一	
発電機工具	〃	一	
〃部品	〃	一	
迎角測定器	〃	二	
脚当鑽孔機	〃	一	
板金用離	〃	一	
歯輪抜具	〃	一	
気筒圧力部	箇	一	
打出修正具	箱	一	
自動車用小修理セット	〃	一	

陸軍

品目	单位	数量	摘要
野外用衛材装具	組	二	
箱リーコー	箱	四	
発疹検診用器材車	〃	二	
〃 乙	〃	三	
鍵スパナ	〃	五	
野外用グロベン装具	組	一	
（三六用）野外用衛材装具	〃	一	
（一六九）〃	〃	二	
（一三甲用）〃	〃	一	
（一二乙用）〃	〃	一	
微空螺瓶	〃	八	
ボーズナラシ	個	六	
ボーズナラシ台	〃	二	

(納谷奥·京東)

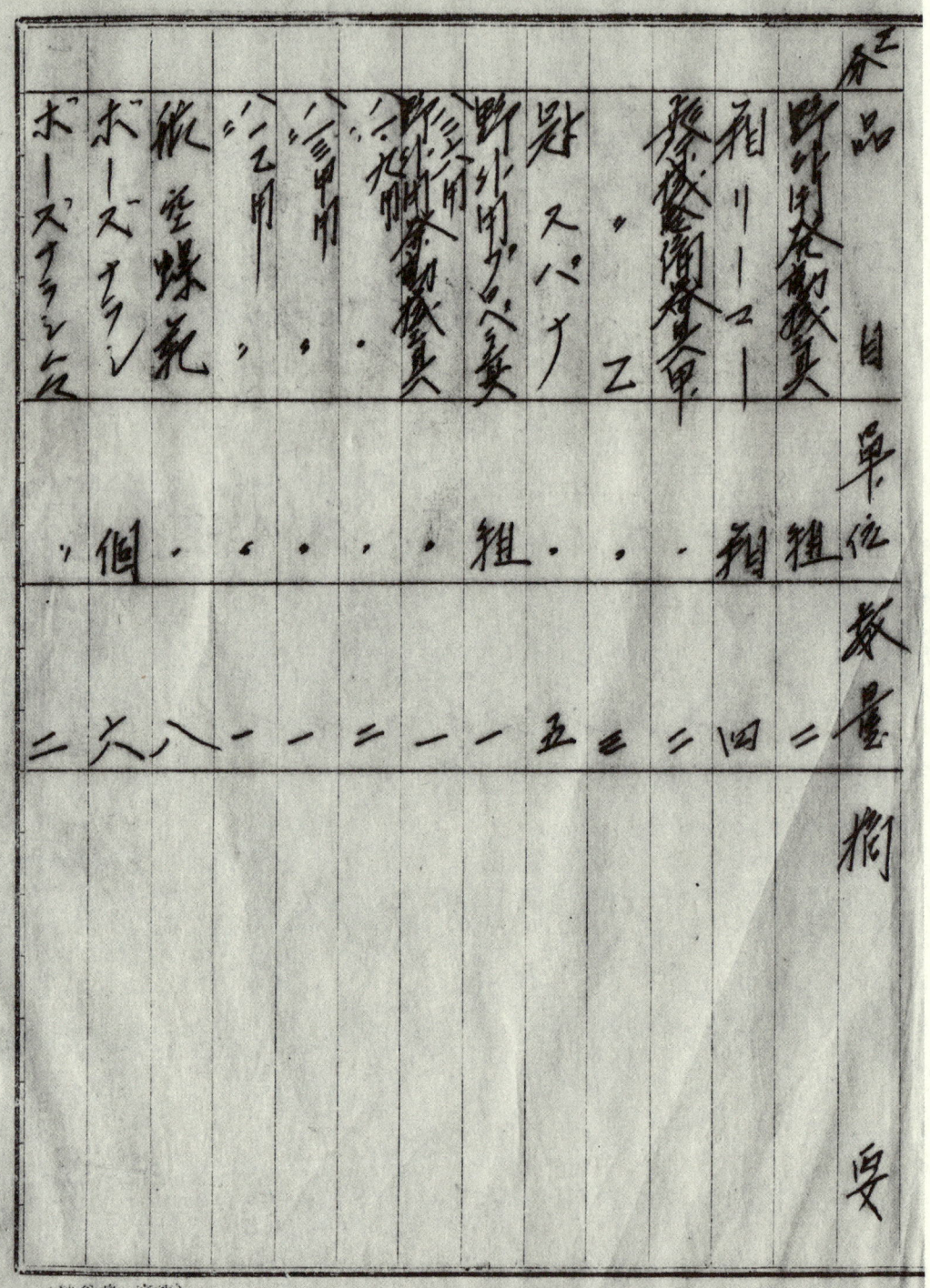

7

乙分 品目	單位	数量	摘要
軸承替器	組	一	附属品共
燃料補給ポンプ	〃	三	
円錐形昇降機	〃	二	
高圧空気ポンプ	箇	四	
尾輪輸送台	〃	二	
ガレリー	〃	三	
ハポンド鉄鎖	〃	五	
トロリー	〃	四	
トロリ式チエンジブロック	〃	一	
一瓲チエンジブロック	〃	一	
一瓲半 〃 〃	〃	一	
二瓲 〃 〃	〃	八	
五瓲 〃 〃	〃	一	

陸軍

三

品目	単位	数量	摘要
操縦索用測定具	箇	四	九九式使用
特殊スパナ(大)	〃	一〇	
発動機・燃料計[illegible]	〃	三	
点火栓検定器	〃	二	
ロート	〃	四	
均定盤	〃	五	
搭載器具	組	七	
特殊分度器具	〃	一	キ八十四用
遊標尺	本	一〇	
ワイヤゲージ	箇	六	
鋲鉄測器	〃	三	25/50mm
〃	〃	二	0/25mm
スコヤー	〃	二	

(東京・奥谷納)

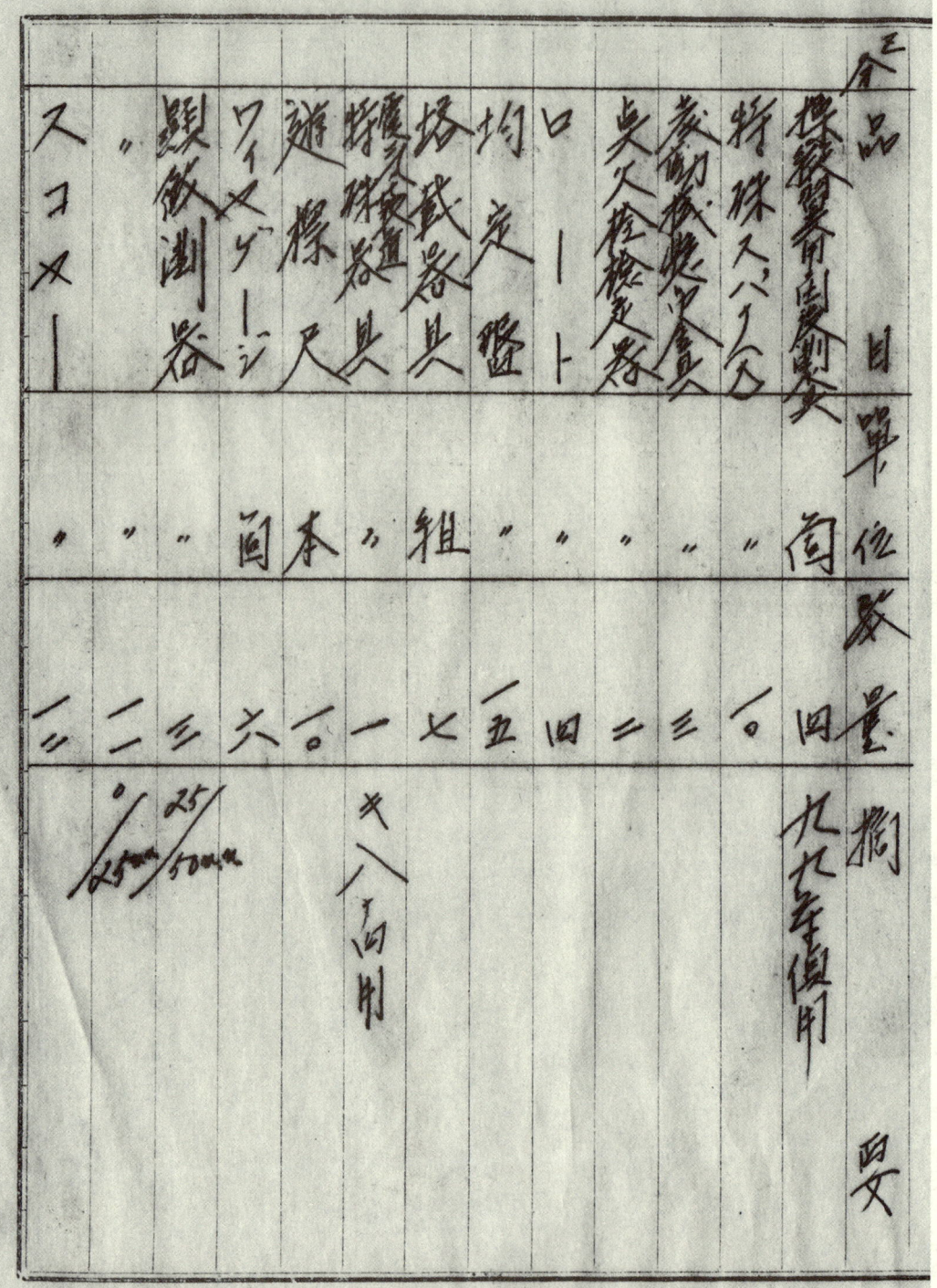

8

区分	品目	單位	數量	摘要
	鋼尺	本	一五	1000.3 500.1 300.10 150.1
	外径規	〃	六	
	内径規	〃	七	
	両脚規	〃	二四	
	分度規	〃	二	大小
	折尺	〃	三	
	鋼率梱ミ	箇	八	
	曲尺	本	四	
	厚計	〃	四	
	發端發張器	箇	一	
	ヤットコ	〃	五	
	氣筒内金測定器	〃	一	
	削ヘラ	〃	三一	(柄附共)

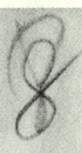

陸軍

品目	単位	数量	摘要
打抜	箇	四	5.8.10.15 m/m 各一.
ケガキ針	本	一〇	
眼鏡スパナ	組	五	六丁組.
封焊鑞	〃	八	
塩酸銅	箇	一	
小刀	本	三	
タガネ	〃	二〇	各種大小共.
輪帯入ラ	〃	二二	
屈折油銃	〃	一	
油銃	〃	一五	特殊油銃共
燃料弁鋏具袋	組	一	
革切	本	三	
油圧分解工具袋	組	一	

東京・八木岡納

区分	品目	單位	数量	摘要
	手搾台板	箇	一	
	鉗スパナ14耗	本	二八	
	〃 10〃	〃	四〃	
	〃 12〃	〃	五	
	〃 21〃	〃	六	
	両口ボックス5~6	〃	五	
	〃 15~16	〃	一一	
	〃 14	〃	九	
	〃 7~8	〃	九	
	特殊スパナ	〃	二一	
	鈑把	〃	一三	
	スパナ67	〃	一	
	〃 9X	〃	二	

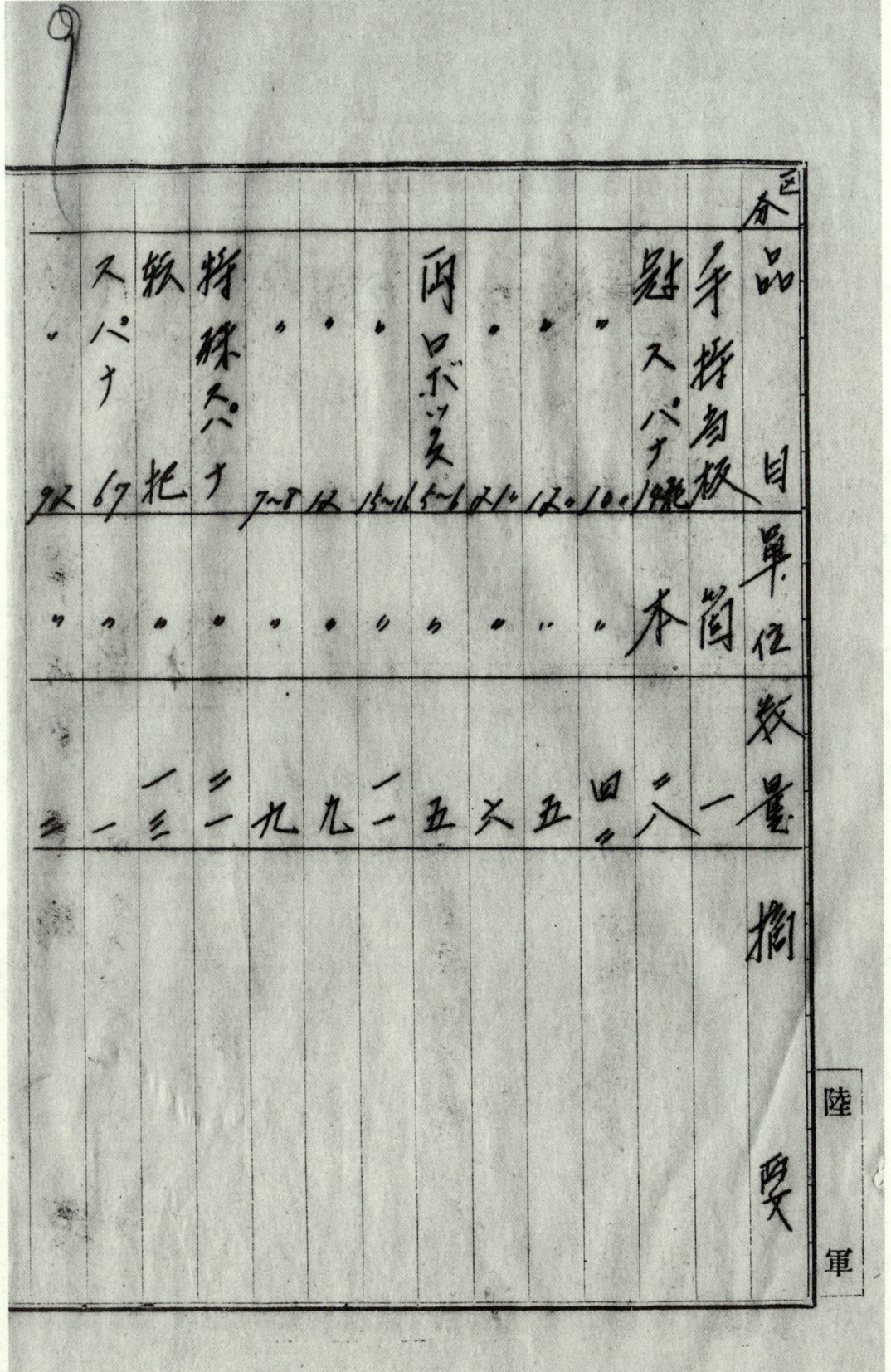

陸軍

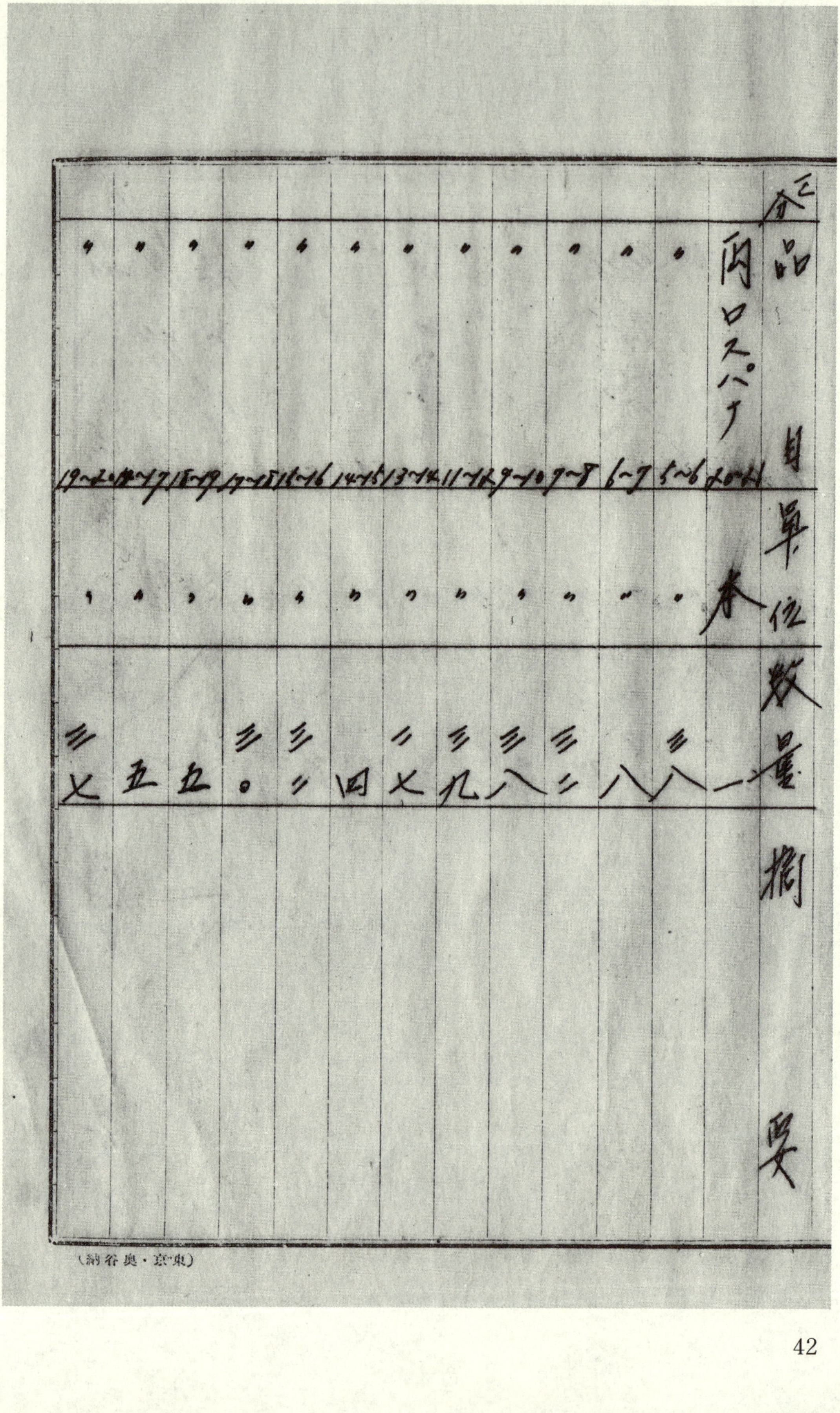

三
合

品目	単位	数量	摘要
丙ロスパナ 10~11	本	一	
〃 5~6	〃	三八	
〃 6~7	〃	八	
〃 7~8	〃	三二	
〃 9~10	〃	三八	
〃 11~12	〃	三九	
〃 13~14	〃	二七	
〃 14~15	〃	四	
〃 15~16	〃	三二	
〃 17~18	〃	三〇	
〃 18~19	〃	五	
〃 16~17	〃	五	
〃 19~20	〃	三七	

（東京・奥谷納）

10

分E

品目	單位	數量	摘要
両口スパナ 21~23	本	一	
〃 21~26	〃	一	
〃 23~25	〃	三	
〃 26~29	〃	二	
〃 29~35	〃	一	
〃 12~14	〃	一	
雑スパナ甲	〃	一	
〃 乙	〃	一	
片口スパナ 14	〃	三	
〃 18	〃	一	
〃 19	〃	四	
〃 21	〃	三	
〃 27	〃	二	

陸軍

品目	単位	数量	摘要
両口スパナ 29	本	一	
〃 25	〃	一	
〃 35	〃	一	
〃 32	〃	四	
〃 38	〃	三	
〃 36	〃	六	
〃 41	〃	一	
〃 43	〃	一	
片スパナ 7/16~13/32	〃	一二	
〃 5/16~3/16	〃	一	
〃 3/8~1/2	〃	一六	
〃 1/2~5/8	〃	一八	
〃 5/8~3/4	〃	二〇	

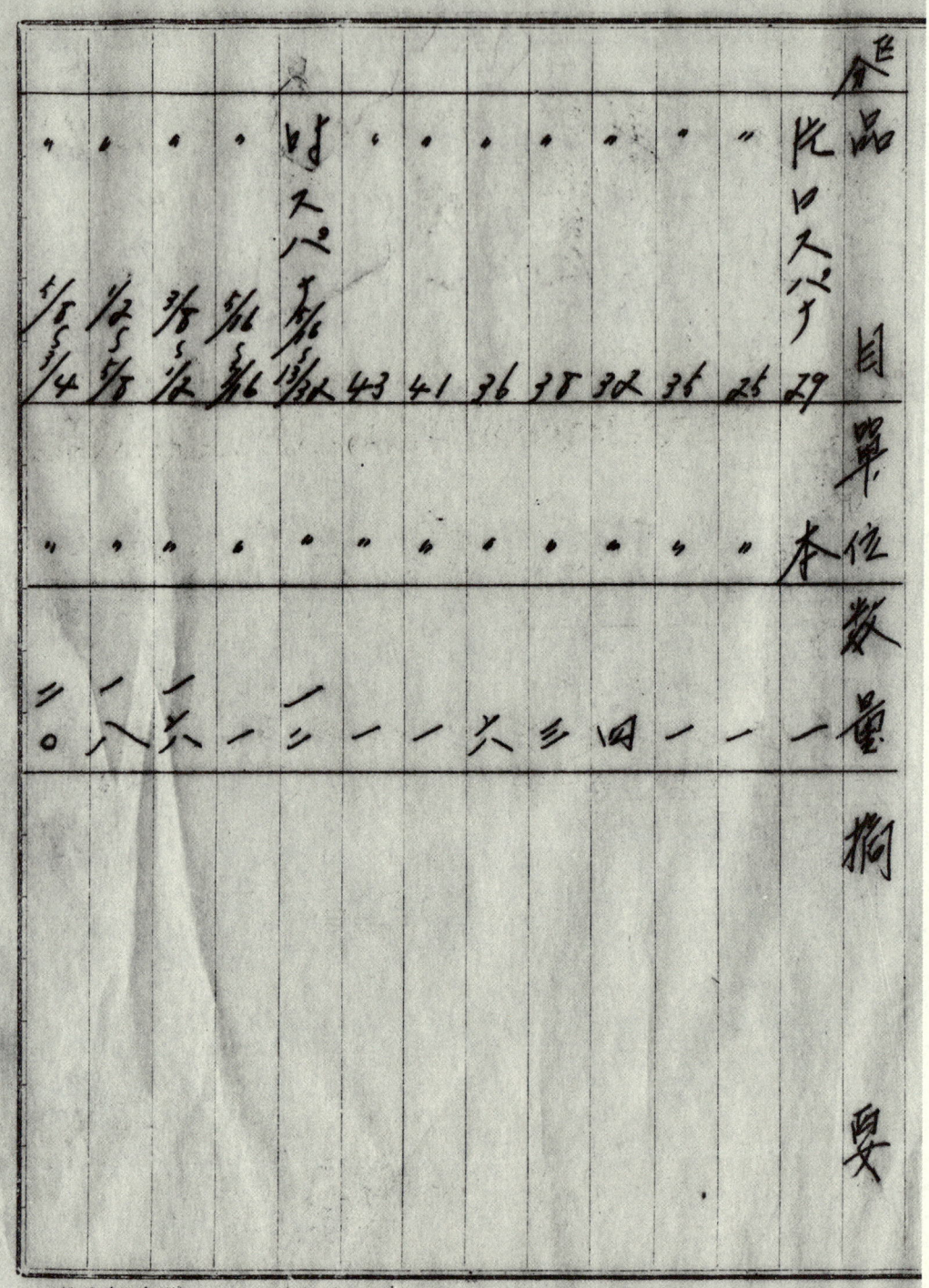

（東京・奥谷納）

11

区分 品目	単位	数量	摘要
片スパナ 7/8	本	三	
〃 19〜15	〃	一	
〃 7/8〜3/4	〃	三	
特殊スパナ	〃	五三	
片口〃	〃	六	
眼鏡〃	〃	二	
ボックス〃	〃	二	
三〇粍自在〃	〃	一一	
三五〇〃〃	〃	一七	
二〇〇〃〃	〃	一六	
一五〇〃〃	〃	一二	
一〇〇〃〃	〃	六	
両口スパナ 41〜37	〃	二	

陸軍

正 合

品目		単位	数量	摘要
両口スパナ	9-11	本	二	
片口 〃	27	〃	一	
〃	24	〃	一	
イギリススパナ	150	〃	二	
パイプレンチ	600	〃	四	
〃	400	〃	二	
〃	250	〃	三	
脱着用スナップ		〃	三〇	
〃 打抜 〃		〃	七五	
丸 鋲		〃	一二五	
半丸鋲		〃	五四	
平 鋲		〃	二六四	
角 〃		〃	一九四	

（東京・奥谷納）

12

乙分

品目	單位	數量	摘要
組鋲	本	三八二	
三角〃	〃	一七七	
掛引	箇	一	
織織作呈	〃	三	
一寸導卷	〃	一	
荒砥	〃	一	
仕上〃	〃	一	
青〃	〃	一	
金〃	〃	二	
アリ作呈	〃	一	
内丸鉋	〃	三	
右際〃	〃	二	
鏝卷	〃	二	

陸軍

品目	單位	數量	摘要
両歯鋸	箇	一	
菊座錐	〃	三	
弁〃	〃	二	
打出	本	一	
釘抜	〃	九	
錐	〃	九口	
油圧ポンプ	〃	二	
金切鋸	〃	九	
バルブグラインダー	〃	七	
鋳鐵グラインダー	〃	五	
火造箸	〃	五	
空氣圧力計	箇	一	
鈔目排	本	二二	

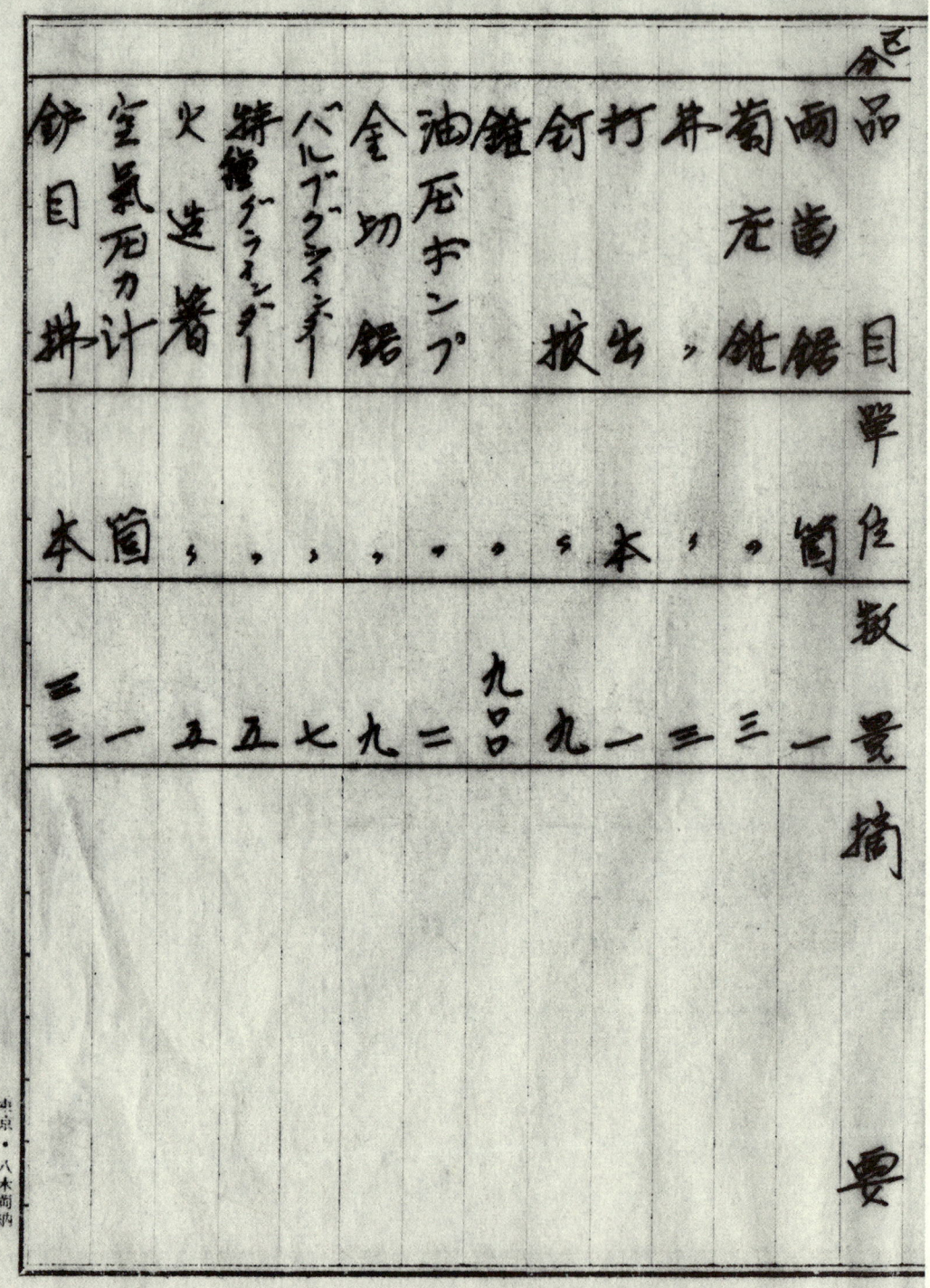

東京・八木商納

13

分

品目	単位	数量	摘要
タップ	本	八	
リーマー	〃	三〇	
万能鉗固抜	〃	二	
手動研磨機	箇	二	
豆ゲメツキ	〃	四〇	
管鉄打	〃	五	
手動鑚孔機	〃	九	
手持砥板	〃	三	
脱着用刀力	〃	二	
電気半田鏝	〃	一	
半田鏝	〃	一八	
活塞測定機	〃	一	
雑品部	〃	五	

陸軍

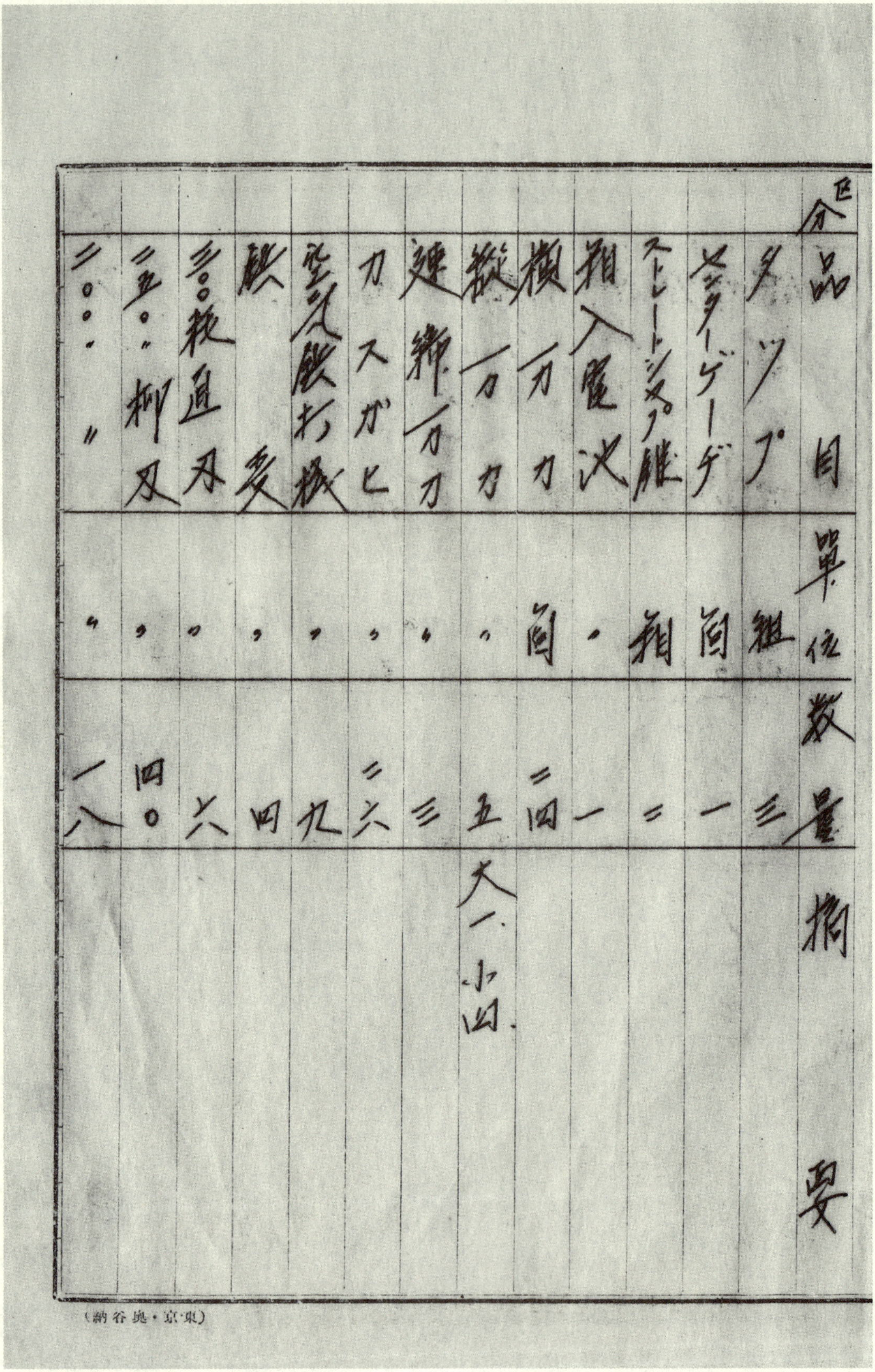

区分 品目	単位	数量	摘要
タップ	組	三	
ピッチゲージ	箇	一	
ストレートシャンク錐	箱	二	
箱入置洸	〃	一	
横刀刀	箇	四	
縦刀刀	〃	五	大一、小四
連綿刀刀	〃	三	
カスガヒ	〃	二六	
空気鉄打機	〃	九	
鉄変	〃	四	
三〇鞍直刃	〃	六	
二五〇〃柳刃	〃	四〇	
二〇〇〃〃	〃	一八	

（東京·奥谷納）

区分	品目	単位	数量	摘要
	二五〇粍直刃	箇	六	
	二〇〇〃エグリ刃	〃	一九	
	二〇〇〃直刃	〃	四	
	一五〇〃〃	〃	四	
	丸ペンチ一五〇粍	本	二〇	
	〃二〇〇〃	〃	四	
	蟹爪ペンチ	〃	三九	
	平ペンチ	〃	二七	
	割栓抜ペンチ	〃	二五	
	斜刃ペンチ	〃	二	
	喰切	〃	一二	大小共
	鍍着ランプ	箇	一三	
	水準器	〃	七	大六、小一.

陸軍

区分	品目	単位	数量	摘要
	鋸切	箇	二	
	弁松皇標	〃	三	
	鈔柄	本	一	
	赤油砥石	箇	一〇	
	白〃	〃	二	
	油差	〃	一〇	
	パナニ始動機	本	二	
	翼上作業台	箇	二	
	空氣壓縮用擧	〃	八	
	電球	〃	四	
	電動送風機	〃	二	
	ヒズミナラシ	〃	二	
	イチナラシ	〃	二	

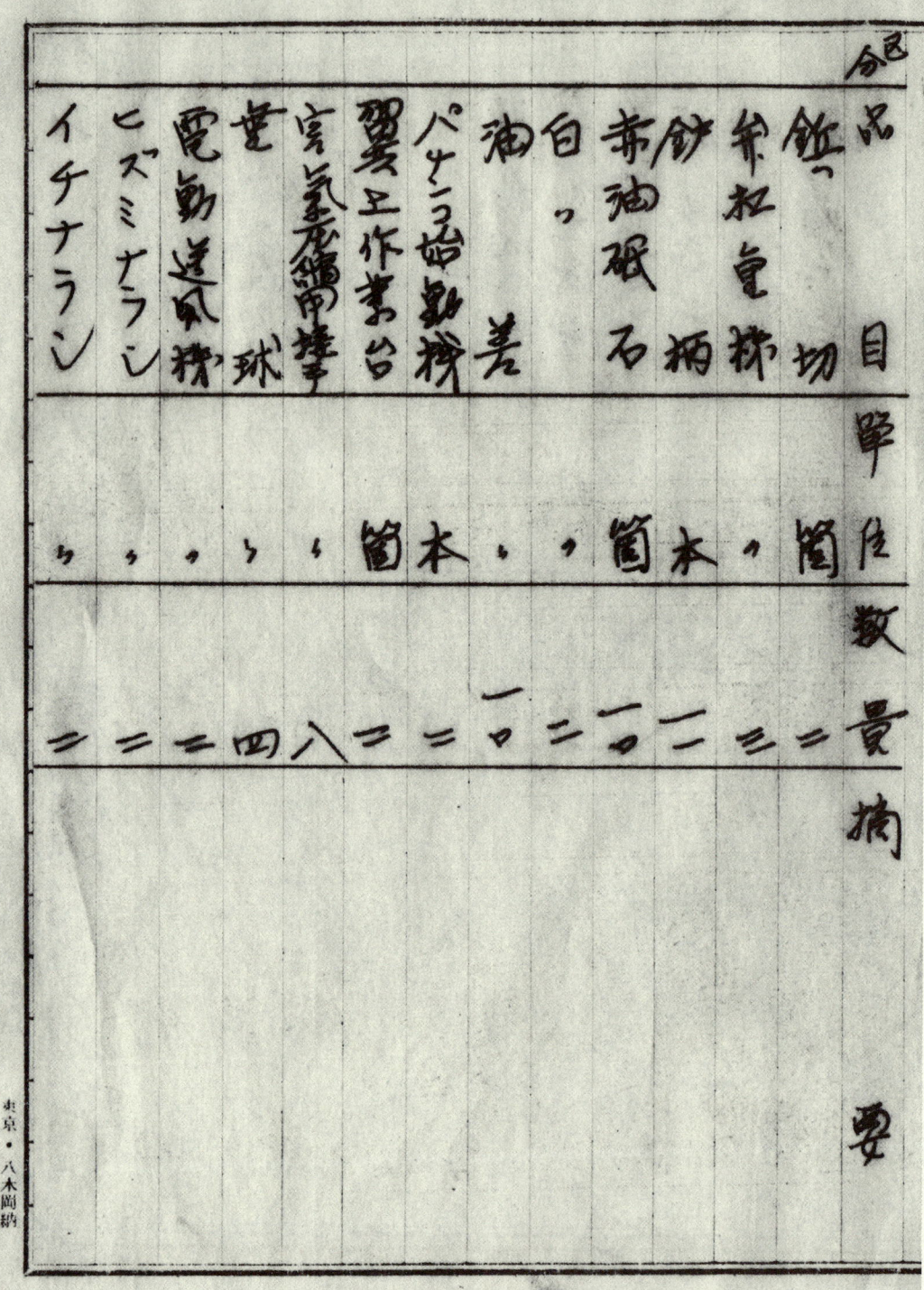

東京・八木岡納

品目	単位	数量	摘要
ナラシ心金	箇	二	
脚割栓開金具	組	三	
尾鈑スタンド	箇	三	
塗料吹付器	〃	九	内三ケ不足
薬研台	〃	一一	
打抜台	〃	一一	
手万力	〃	一八	
三種長螺廻	本	四〇	
四〃 〃	〃	一四	
六〃 〃	〃	一二	
クリップ組込	〃	一八	
鉄線切	〃	二	
舵鉄	箇	一〇	

陸軍

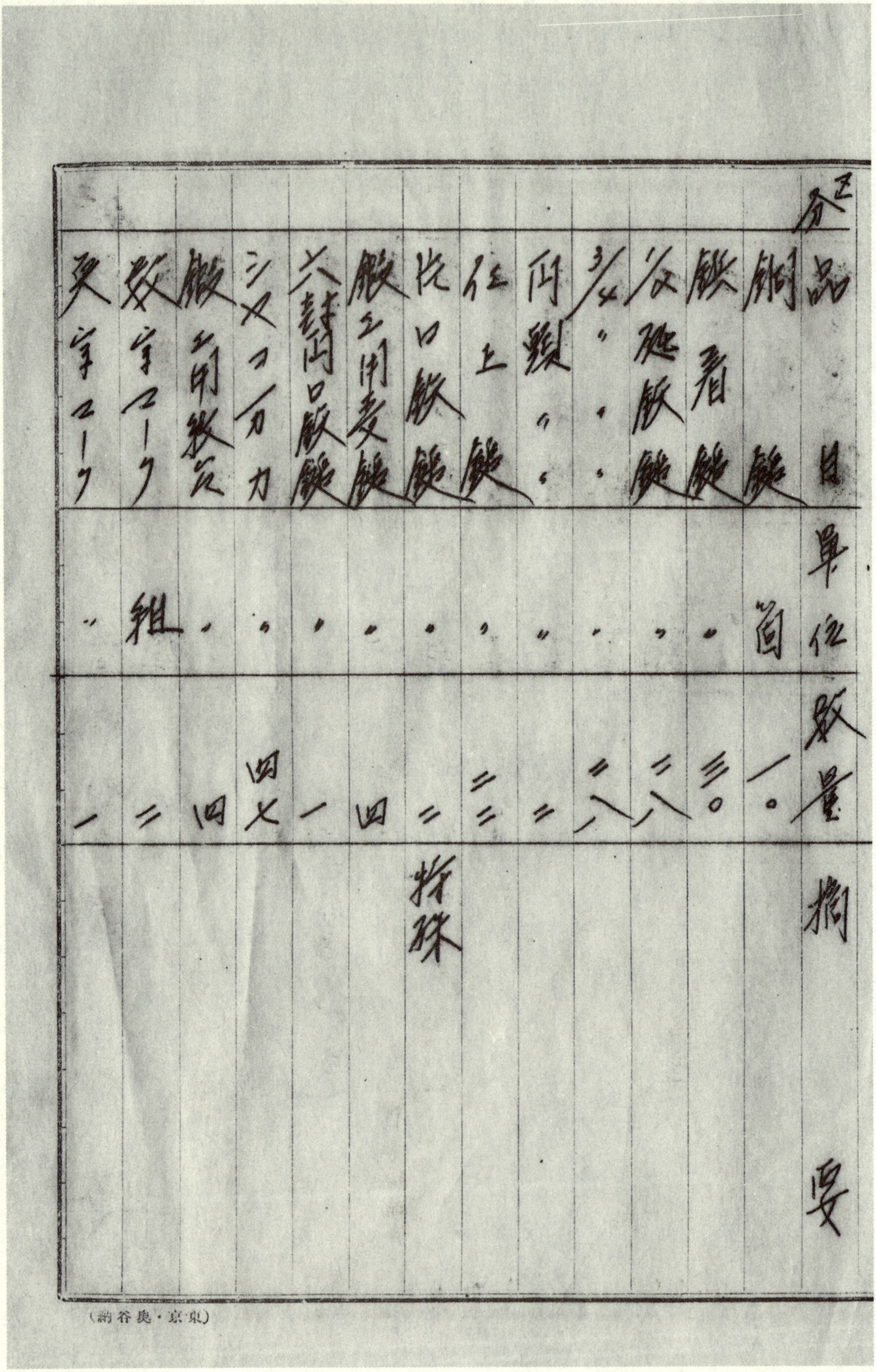

正分

品目	單位	數量	摘要
銅鍍	筒	一〇	
鉄着鍍	〃	三〇	
1/8 延鉄鍍	〃	二八	
3/4 〃 〃 〃	〃	二八	
丙類 〃 〃	〃	二	
仕上鍍	〃	二二	
先口鉄鍍	〃	二	特殊
鍛工用麦鍍	〃	四	
六詰口鉄鍍	〃	一	
シメコカカ	〃	四七	
鍛工用鉄穴	〃	四	
数字ローク	組	二	
英字ローク	〃	一	

(東京·奥谷納)

16

乙分

品目	單位	數量	摘要
電氣ドリル	箇	二八	
脚附洗滌皿	〃	三	
作業台	〃	八	
キヤタツ	〃	四	大中小共
押上ゲ台	〃	四	
台車	台	三	内一台不良
電線	巻	七	
木製定規	箇	五	
鉄板	本	一〇	
半田鏝	箇	五	
ゴムテープ	〃	八	
折尺	〃	二	
輕金属修理剤	缶	三	

陸軍

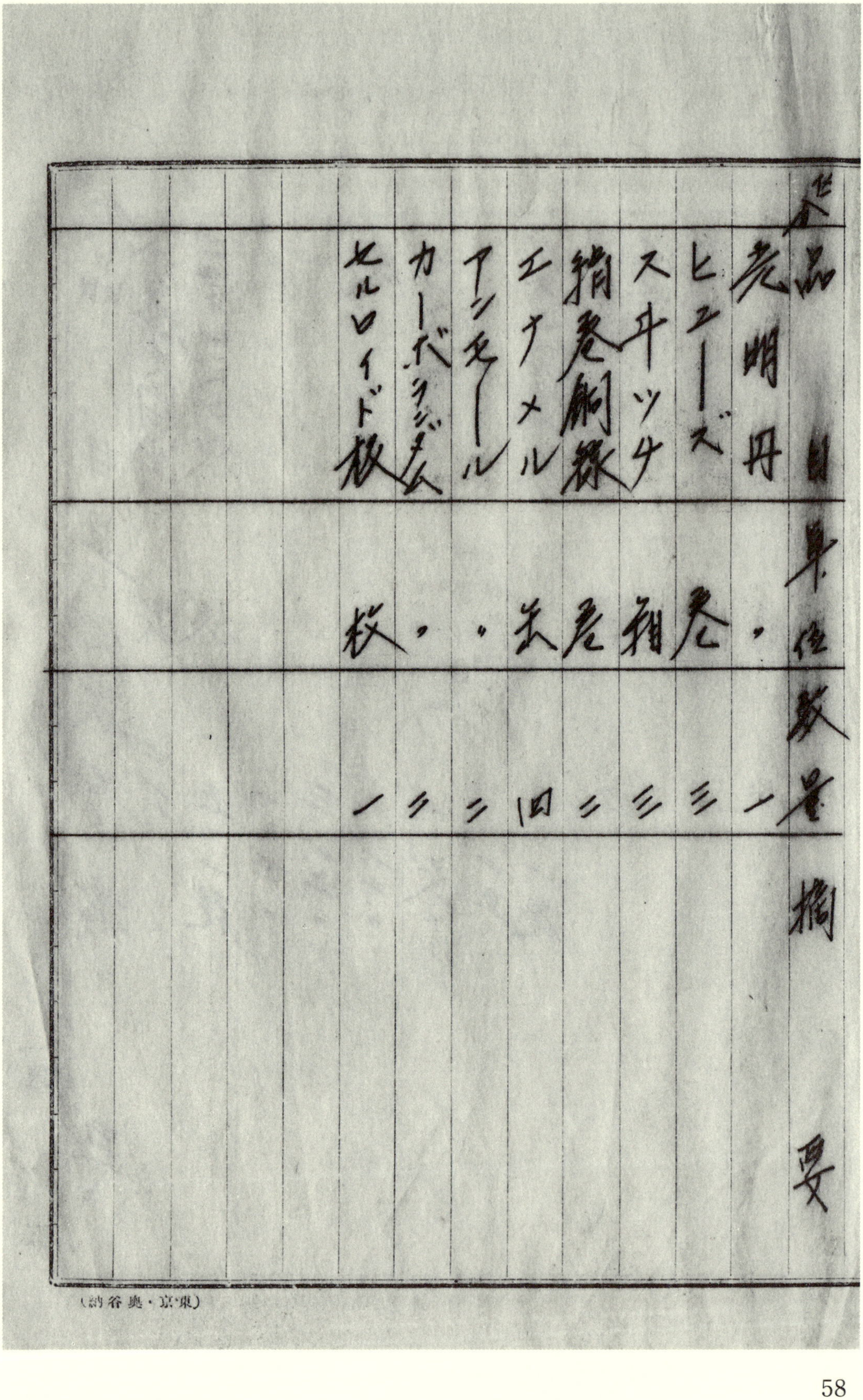

品目	単位	数量	摘要
光明丹	〃	一	
ヒューズ	巻	三	
スヰッチ	箱	三	
絹巻銅線	巻	二	
エナメル	缶	四	
アンモール	〃	二	
カーボランダム	〃	二	
セルロイド板	枚	一	

（納谷奥・京東）

41

第三類兵器之部

總紙數三三葉

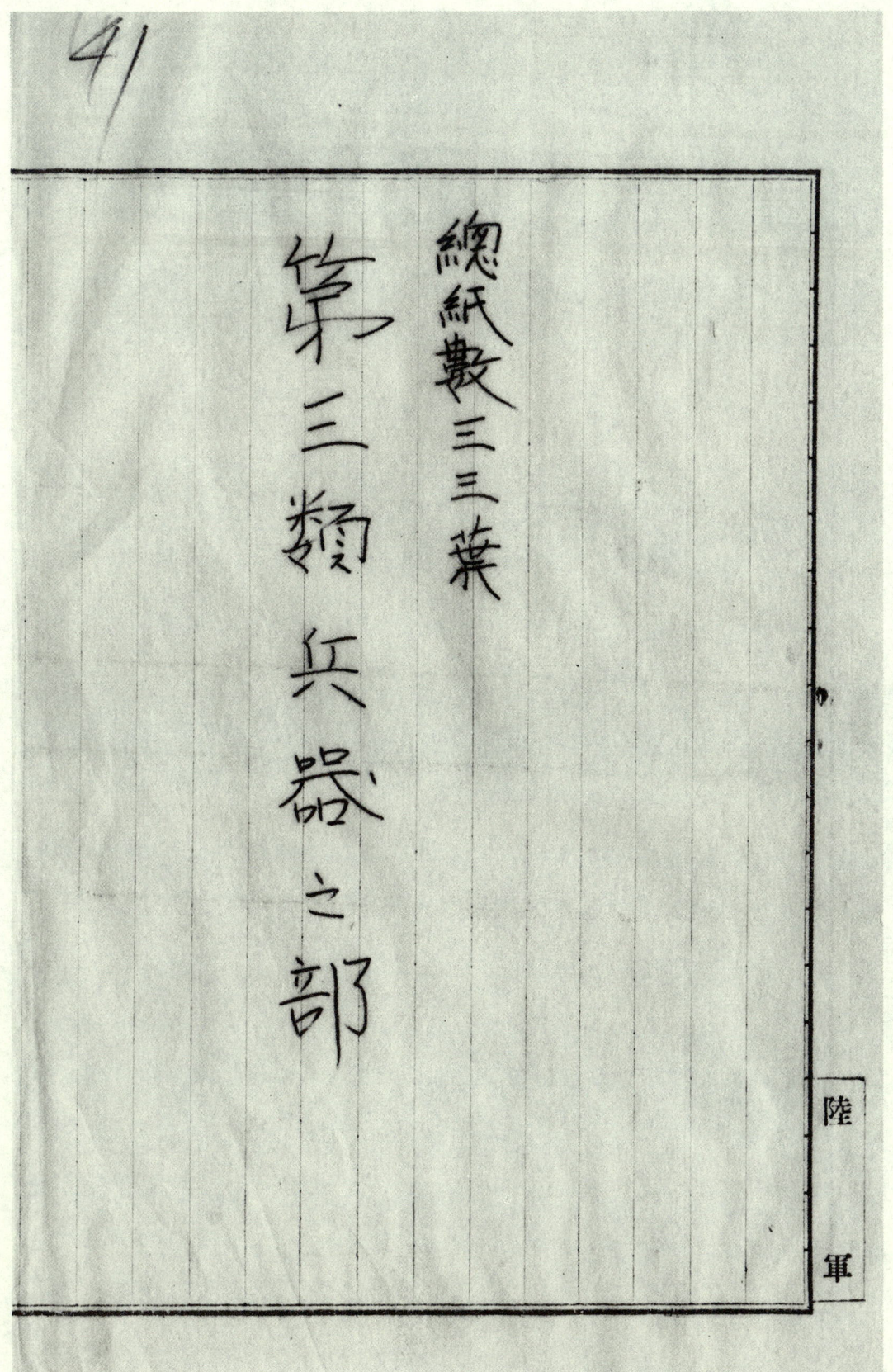

陸軍

東京・八木岡納

42

X

品目	規格	單位	員數	摘要
炭素工具鋼	七五粍	米	二〇、〇	
〃	六五〃	〃	三四三	
〃	五〇〃	〃	四九、七	
〃	四六〃	〃	三三、八	
三五炭素鋼	六〇〃	〃	四五	
〃	五〇〃	〃	五、〇	
〃	四二〃	〃	一八、〇	
〃	三二〃	〃	四〇	
〃	三〇〃	〃	一八、八	
〃	二八〃	〃	一六、七	
四五炭素鋼	六五〃	〃	七、二	
〃	四四〃	〃	三、五	
〃	四〇〃	〃	七〇、一	

陸軍

え

品目	規格	單位	員數	摘要
四五炭素鋼	三八粍	米	六、九	
〃	三二〃	〃	二一、四	
〃	三〇〃	〃	二〇、〇	
〃	二八〃	〃	七、五	
〃	一六〃	〃	六、〇	
〃	一四〃	〃	八、〇	
〃	八〃	〃	一四、六	
九五Kニッケルクローム鋼	四六〃	〃	五、八	
〃	四〇〃	〃	一〇、〇	
〃	二六〃	〃	六、〇	
〃	二五〃	〃	一、五	
〃	二一〃	〃	二〇、五	
〃	一八〃	〃	一九、五	

昭和一八、四、（奉監納）

43

九五Kニッケルクローム鋼	一五粍	米	二、〇
〃	四〇〃	〃	三、〇
〃	一六〃	〃	一一、〇
〃	一三〃	〃	三、〇
〃	三二〃	〃	三、三
八五K 〃	三二〃	〃	四、〇
〃	二八〃	〃	一〇、一
〃	一六〃	〃	一四、〇
〃	一四〃	〃	一六、三
〃	一二〃	〃	四五、五
〃	一〇〃	〃	二一、五
〃	八〃	〃	四七、九
一〇Kニッケルクロームモリブデン鋼	二八〃	〃	一五、五
〃	一二〃	〃	一八、〇

陸軍

品目	規格	単位	員数	摘要
ニロＫニッケルクロームモリブデン鋼	一六粍	米	一三.四	
肌焼依ニッケルクローム鋼	三四〃	〃	一.五	
〃	二四〃	〃	六.五	
軟鋼棒	二五〃	〃	五.〇	
角鉄	二〇×二〇	〃	一.二	
〃	一五×一五	〃	四.〇	
〃	一〇×一〇	〃	四.〇	
〃	二〇×八	〃	六.〇	
炭素工具鋼	五〇粍	〃	六.七	
〃	四六〃	〃	五.四	
四五炭素鋼	四四〃	〃	一四.三	
〃	二八〃	〃	六.〇	
〃	二六〃	〃	九.〇	

昭和一八、四、(米監納)

44

四五炭素鋼	二六粍	米	九・〇
〃	二四〃	〃	二・〇
〃	二〇〃	〃	二・〇
〃	一八〃	〃	二六・八
〃	一六〃	〃	四三・五
〃	一四〃	〃	四六・〇
二〇Kニッケルクロームモリブデン鋼	一〇〃	〃	六〇・〇
九五Kニッケルクローム鋼	四六〃	〃	三・三
軟鋼棒	九〃	〃	二〇・〇
三五炭素鋼	六〇〃	〃	一・八
〃	五〇〃	〃	一・三
〃	四〇〃	〃	五・八
〃	三六〃	〃	六・〇
〃	三二〃	〃	八・〇

陸軍

品目	規格	単位	員数	摘要
三五炭素鋼	三〇粍	米	六〇	
〃	二八〃	〃	四〇	
〃	二六〃	〃	五、八	
〃	二四〃	〃	一、一	
〃	一八〃	〃	三、〇	
〃	一六〃	〃	三八、〇	
〃	八〃	〃	二〇、〇	
二〇Kニッケルクロームモリブデン鋼	四〇〃	〃	二、五	
〃	三八〃	〃	六、〇	
〃	三六〃	〃	四〇	
〃	二二〃	〃	二〇、〇	
〃	二〇〃	〃	二〇、七	
〃	一八〃	〃	三八、〇	

昭和一八、四、(奉監納)

465
7

一一〇Kニッケルクロームモリブデン鋼	一六粍	米	二八〇
〃	一五〃	〃	二・五
〃	一四〃	〃	一二・〇
〃	一二〃	〃	三一・〇
九五Kニッケルクローム鋼	三二〃	〃	六・〇
〃	二六〃	〃	一六・〇
〃	一六〃	〃	一五・七
〃	二二〃	〃	九・〇
八五〃	三二〃	〃	一・二
三五炭素鋼	二八〃	〃	一〇・〇
ネベル黄銅棒	三六〃	〃	三三・〇
〃	二六〃	〃	一・六
〃	二四〃	〃	四・〇
〃	二二〃	〃	四・〇

陸軍

品目	規格	單位	數量	摘要
ネベル黄銅棒	四八粍	米	六・〇	
〃	三四〃	〃	二・五	
〃	二八〃	〃	二・五	
〃	一〇〃	〃	三・五	
〃	八〃	〃	一・八	
ネベル黄銅棒角	四五×五〇	〃	二・〇	
燐青銅棒第一種	三二粍	〃	三・一	
〃	一四〃	〃	一・八	
〃 第二種	三〇〃	〃	三・五	
高力アルミニウム合金棒角	二五×六五	〃	一・八	
〃 第二種棒	七五粍	〃	三・〇	
〃	七〇〃	〃	六・八	
〃	五五〃	〃	一八・五	

昭和一八、四、（寧監納）

46

9

高力アルミニウム合金第一種棒	五〇瓩	米	九、六
〃	四八〃	〃	四、三
〃	三八	〃	六、三
〃	三五	〃	三、〇
〃 第二種棒	三〇	〃	六三、〇
〃	二五	〃	二六、〇
〃	一八	〃	三〇、〇
〃 第一種棒	一七	〃	二〇、〇
〃	一六	〃	三六、〇
〃	一三	〃	二九、〇
〃	一〇	〃	一三四、〇
〃	八	〃	七一、六
アルミニウム棒	五〇〃	〃	一、一
〃	三二〃	〃	三、〇

陸軍

~~10~~

品目	規格	單位	員數	摘要
高力アルミニウム合金第一種管	六七×七〇	米	二、五	
〃	五七×六〇	〃	二、五	
〃	四六×五〇	〃	二、五	
〃	四八×五〇	〃	五〇	
〃	四三×四五	〃	三、四	
〃	三四×三六	〃	四、〇	
〃	三四×四〇	〃	四、〇	
〃	三〇×三二	〃	一〇、〇	
〃	三二×三五	〃	六、〇	
〃	三二×三四	〃	二、〇	
〃	四〇×五〇	〃	一、三	
〃	四二×四四	〃	五、〇	
〃	三〇×三一五	〃	五、〇	

昭和一八、四、(參監納)

47

高力アルミニウム合金第二種管	二四×二六	米	六、四
〃	二五×二七	〃	四、〇
〃	三〇×三二	〃	五、〇
〃	二四×二六	〃	一一、〇
〃	一八×二〇	〃	三〇、〇
〃	一二×一四	〃	三六、六
〃	一五×一七	〃	五、五
〃	一六×一八	〃	四、四
〃	九×一二	〃	五、〇
〃	一一×一二	〃	五、〇
〃	一〇×一二	〃	二、七
〃	一七×一八	〃	三、六
〃	一五×一八	〃	一三、〇
〃	一七×一九	〃	九、〇

陸軍

品目	規格	単位	員数	摘要
アルミニウム管	一〇×一二	米	九、一	
〃	二六×二九	〃	五、	
〃	三×五	〃	六、	
〃	五×一〇	〃	九、	
〃	五×六	〃	一、	
〃	四×六	〃	九、五	
耐蝕アルミニウム管乙	一三六×一六	〃	三、一	
〃	一、六×一四	〃	二、七	
黄銅管	九×一〇	〃	六、	
クロームモリブデン鋼管	六×八	〃	一四、	
接目無銅管	二五×二六	〃	一〇、	
〃	二二×二三	〃	一〇、	
〃	一二×一九	〃	一四、	

昭和一八、四、(奉監納)

48

接目無銅管	二四×二三	米	三、
〃	二六×二七	〃	四、
〃	一〇×一二五	〃	四、七
〃	五五×六	〃	一五、
〃	六×七	〃	二四、八
〃	三×一	〃	二、五
〃	五×六	〃	一、七
高力アルミニウム合金第一種板甲	一〇〇〇×二〇〇〇×一	枚	三
〃	六〇〇×一〇〇〇×一	〃	九
〃	〇、五×一〇〇〇×二〇〇〇	〃	九
〃	〇、五×五〇〇×二〇〇〇	〃	二四
〃	一×五〇〇×二〇〇〇	〃	八
〃	〇、四×五〇〇×二〇〇〇	〃	一二
〃	二×六〇〇×二〇〇〇	〃	一

陸軍

品目	規格	單位	員數	摘要
高力アルミニウム合金第一種板甲	〇・八×四〇〇×一二〇〇	枚	九	
〃	五×六〇〇×一二〇〇	〃	二	
〃	〇・四×一〇〇〇×二〇〇〇	〃	一〇	
〃	〇・五×一〇〇〇×二〇〇〇	〃	七	
〃　第二種板乙	一×八〇〇×一八〇〇	〃	二	
〃	一×一〇〇〇×二〇〇〇	〃	一三	
〃	一・二×一〇〇〇×二〇〇〇	〃	一〇	
〃	〇・八×一〇〇〇×二〇〇〇	〃	八	
〃	一・二×一〇〇〇×二〇〇〇	〃	五	
〃　第一種板甲	一・二×一〇〇〇×二〇〇〇	〃	九	
〃	一四×九六〇×九六〇	〃	二	
〃	一四×一〇〇〇×二〇〇〇	〃	二	
〃	二四×一〇〇〇×二〇〇〇	〃	三	

昭和一八、四、（本監納）

50

~~17~~

高力アルミニウム合金第一種板甲	五〇×四〇〇×二〇〇〇	枚	一
三五炭素鋼	六〇粍	米	二、
〃	四〇 〃	〃	一三、四
〃	三六 〃	〃	二、
〃	三二 〃	〃	四、四
〃	二六 〃	〃	五、五
〃	二〇 〃	〃	二六、之
〃	一八 〃	〃	一九、
〃	一六 〃	〃	九、
〃	一四 〃	〃	一三、
軟鋼板	一×八〇〇×一五〇〇	枚	一
〃	一×一五〇〇×二〇〇〇	〃	七
〃	一×(一〇〇〇×二〇〇〇	〃	四
〃	〇五×一〇〇〇×二〇〇〇	〃	五

陸軍

品目	規格	単位	員数	摘要
軟鋼板	一×一〇〇〇×二〇〇〇	枚	四	
〃	一×一五〇〇×二〇〇〇	〃	六	
一〇炭素板	一二×九〇〇×一五〇〇	〃	三	
黄銅板	一×九〇〇×二〇〇〇	〃	一	
〃	二×九〇〇×二〇〇〇	〃	一	
〃	三×九〇〇×二〇〇〇	〃	一	
アルミニウム板	一×一〇〇〇×二〇〇〇	〃	二五	
ファイバー	二×一〇〇〇×二〇〇〇	〃	五	
〃	三、八×一〇〇〇×二〇〇〇	〃	四	
四五炭素鋼	三二粍	米	六	
〃	二六 〃	〃	三五	
〃	一八 〃	〃	二四	
〃	一二 〃	〃	四四	

（原本冊、急）

51

19

四五炭素鋼	一四粍	米	五、
〃	一〇〃	〃	二五、
一〇Kニッケルクロームモリブデン鋼	一二〃	〃	三〇、
〃	一五〃	〃	一八、
九五Kニッケルクローム鋼	一八〃	〃	一三、
炭素工具鋼	五〇〃	〃	二、三
〃	四六〃	〃	五、五
平鉄	五×四〇	〃	四、八
高速度鋼第三種	二五粍	〃	一、一
〃	一六〃	〃	四〇
〃第二種	一〇〃	〃	二、三
ネベル黄銅棒	五〇〃	〃	三、五
燐青銅棒二種	五〇〃	〃	五、五
〃	七五〃	〃	一九、

陸軍

品目	規格	單位	員數	摘要
アルミニウム棒	三〇粍	米	二、四	
〃	一四〃	〃	二、	
高力アルミニウム合金棒第一種	三〇〃	〃	一三、	
〃	二六〃	〃	四、五	
〃	二〇〃	〃	四、	
〃	一四〃	〃	九、五	
〃	七	〃	二、	
〃	四	〃	一、九	
〃角棒第一種	一五×二〇	〃	三〇	
高力アルミニウム合金板第一種	一×一〇〇〇×二〇〇〇	枚	一七	
〃	一、八×一〇〇〇×二〇〇〇	〃	二	
〃	〇、八×一〇〇〇×二〇〇〇	〃	五	
軟鋼板	〇、八×一〇〇〇×二〇〇〇	〃	一五	

52

オイルコートパッキング	一、五×五〇〇×一〇〇〇	枚	二
スーパーシートパッキング	一、五×五〇〇×一五〇〇	〃	二
平面フェルト	五×一〇〇〇×五〇〇	〃	一四八
〃	三×一〇〇〇×五〇〇	〃	四〇
フェルト	五×一五〇〇	巻	一
〃	三×一五〇〇	〃	一
硝酸曹達		瓩	六五〇
エボナイト板	一〇×五〇〇×一〇〇〇	枚	三
〃	七×六〇〇×一〇〇〇	〃	一
硝石		瓩	一八〇
乾電池	平角一号	個	三二
〃	〃二号	〃	四
〃	〃C四号	〃	七
添		瓩	一

陸軍

22

品目	規格	單位	數量	摘要
カーボランダム	細目	瓩	二	
〃	中目	〃	二	
〃	荒目	〃	二	
窒鑛		〃	一	
亜硫酸曹達		〃	二、七	
黄銅丸鉄	二×二〇	〃	九、八	
アルミニウム丸鉄	二×二〇	〃	四、二	
〃	三×一〇	〃	三、八	
〃	五×二〇	〃	三、二	
〃	三×一二	〃	一、八	
〃	三、五×一〇	〃	二、	
高力アルミニウム合金丸鉄	二×一五	〃	二、一	
〃	三×二〇	〃	一、九	

([illegible]本欄 、[illegible])

53

-23

高力アルミニウム合金丸鉄	三×一四	瓩	〇、八
〃	三×二五	〃	二、五
〃	三×一七	〃	三、二
〃	四×一八	〃	五、二
〃	二×一四	〃	五、三
〃	二、六×一二	〃	二、九
〃	二、六×八	〃	二、二
〃	三、五×一五	〃	一、七
〃	三×一二	〃	五、五
〃	三、五×一六	〃	一、二
〃	二、六×八	〃	一、七
三号ボルトナット共	五×三七	〃	一、二
〃	五×四八	〃	〇、八
平小ねぢ三号ナット共	五×三五	〃	〇、九

陸軍

24

品目	規格	単位	数量	摘要
平小ねぢ三号ナット共	四×三〇	瓩	〇、九	
〃	四×二〇	〃	〇、七	
〃	三×二〇	〃	一、六	
二号ナット	四粍	〃	〇、三	
〃	五 〃	〃	〇、二	
三号座金	一二 〃	〃	〇、六	
三号ボルトナット共	三×一二	〃	〇、八	
三号ナット	三×四〇	個	二〇	
二号座金	五粍	〃	一〇〇	
三号ボルトナット	三×三〇	〃	二〇	
〃	三×一五	〃	一八	
三号座金	一〇号	瓩	〇、二	
二号発条座金	一〇粍	個	一〇〇	

[illegible]

54

25

割ピン	一、八×一五	新	一、六
〃	一、六×一〇	〃	二、
〃	一、四×二五	〃	一、
〃	一、五×二〇	〃	三、五
〃	四×六五	〃	〇、四
〃	二×二〇	〃	三、五
〃	一、五×二五	〃	一、五
〃	一、八×三〇	〃	四、五
〃	二×三五	〃	一、五
〃	一、四×一五	〃	五、五
〃	一、四×二〇	〃	四、五
〃	一、五×二〇	〃	一、五
〃	一、八×二五	〃	三、〇
〃	四×六五	〃	〇、五

陸軍

品目	規格	單位	數量	摘要
割ピン	一五×三〇	本	二、五	
〃	一×一〇	〃	一、〇	
〃	一五×二五	〃	二、〇	
〃	一五×一五	〃	二、〇	
〃	一二×二五	〃	四〇	
〃	一四×一〇	〃	一、	
〃	一二×一五	〃	一、	
〃	一〇×一〇	〃	〇、五	
〃	二×一五	〃	〇、五	
〃	三×二五	〃	二、	
〃	三×二〇	〃	一、五	
〃	一八×三〇	〃	四五	
紙紐		個	三〇	

55

27

鋳鉄鑢削	四粍	瓩	六、
〃	五〃	〃	一三、
鉄鑢削	四〃	〃	二、一
ステライト熔接棒		〃	二、八
鉄捍着棒	二粍	〃	五、
鋳物着棒	四〃	〃	五、
黄銅着棒	一〃	〃	五、
鉄着棒	四〃	〃	五、
黄銅着棒	五〃	〃	五、
ピアノ線	九#	〃	三、
〃	三〃	〃	一、五
亜鉛引鉄線	一八〃	〃	五、
〃	二〇〃	〃	五、
銅線	二二〃	〃	三

陸軍

~~30~~

東京・八木岡納

57

31

品目	規格	單位	員數	摘要
亀ノ子束子		個	一五〇	
平織木綿テープ	一糎	巻	一〇	
〃	五〃	〃	一八	
〃	一六〃	〃	三〇	
〃	二五〃	〃	四八	
〃	三〇〃	〃	一〇	
〃	四〇〃	〃	五	
鋲目拂		個	一〇〇	
橫刷毛	一〇糎	〃	八	
〃	九〇〃	〃	一二	
筋違刷毛	六〇〃	本	八	
	二〇〃	〃	四	
洗滌刷毛		〃	一五	

陸軍

品目	規格	單位	員數	摘要
鉄製作業筆	中	本	一三	
横刷毛	一吋幅	〃	一〇	
木綿毛羽出テープ	八〇〃	巻	二	
〃	六〇〃	〃	三	
〃	五〇〃	〃	四	
〃	四〇〃	〃	四	
〃	三〇〃	〃	一五	
〃	二五〃	〃	一五	
亜麻テープ	四〇〃	〃	三	
〃	二五〃	〃	一〇	
三ツ股ソケット		個	三〇	
鉋柄	本	本	一三	
東郷テープ		巻	五〇	

昭和十七、六、（泰愛納）

48

秘

ゴム引テープ		巻	八
木槌	小	本	五
鉄槌柄	大	〃	一〇
エボナイト棒	四〇粍	米	三五
〃	三〇〃	〃	三五
ベークライト棒	二五〃	〃	二〇
鋼索針		本	五
翼縫針	一・五×三〇〇	〃	四〇
〃	二・五×三五	〃	一〇
〃	二・五×二六〇	〃	二〇
〃	一・五×二六〇	〃	六
一号中締帯板	三〇〇粍	〃	一三〇
〃	三二〃	〃	二〇〇
〃	三五〃	〃	六〇〇

陸軍

一七七

品目	規格	單位	員数	摘要
一号中締帯板	三七〇枚	本	二〇五五	
〃	四〇〃	〃	二二〇	
〃	五〇〃	〃	五一〇	
〃	七五〇〃	〃	一五	
紙鉸	一号	枚	六六九	
〃	二〃	〃	二四五	
〃	三〃	〃	三八五	
〃	五〃	〃	八〇	
〃	一〇〃	〃	三〇	
〃	六〃	〃	二五	
耐水紙鉸	五〇廿	〃	七五	
〃	八〇廿	〃	一四三	
〃	二八〇廿	〃	四二	

55

品名	規格	単位	数量
布鈑	四号	枚	一三〇
〃	六〃	〃	二三五
〃	七〃	〃	二〇三
〃	八〃	〃	三三九
〃	九〃	〃	八〇五
〃	一〇〃	〃	三二
赤血塩	五〇〇瓦	缶	三.五
ハイポ		〃	一〇
硫酸曹達		〃	〇.五
臭化加里		〃	一〇
キシロール		〃	〇.五
硝酸曹達		〃	四.五
異性重亜硫酸加里		〃	六.五
樟脳油		〃	〇.五

陸軍

品目	規格	單位	員数	摘要
塩化安門		瓩	〇.五	
硝酸加里		〃	二〇〇	
鉄鑢削	三粍	〃	三〇〇	
蝶番	三吋	個	一〇	
〃	六〃	〃	六〇	
〃	二〃	〃	二四〇	
洋釘	八〇粍	瓩	四〇	
亜鉛引鉄線	一六#	〃	四	
紙荷札		枚	三〇〇〇	
木栓	-1-	個	五	
ラッカーエナメル	一缶	立	二〇	
〃	線	立	一二	
亜鉛引鉄線	一八#	瓩	〇.五	

60

37

ラッカーエナメル	青	瓩	三五.〇
銀ニス		〃	一五.〇
木製プロペラ塗料		缶	四
偽装塗料	青緑色	瓩	五〇
軽金属熔接剤		缶	九
エナメル銅線	四三#	瓩	一.五
〃	二八#	〃	〇.三
〃	三六#	〃	〇.八
〃	一八#	〃	〇.五
二重絹巻銅線	三八#	〃	二.〇
〃	三七〃	〃	一.〇
〃	三六〃	〃	一.〇
高圧電纜	二二粍	米	一五〇
〃	九〃	〃	一〇

陸軍

品目	規格	單位	員数	摘要
高压電纜	二芯	米	三六九	
横刷毛	一五〇粍	本	五	
〃	七〇〃	〃	五	
筋違刷毛	六〇〃	〃	八	
〃	四五〃	〃	五	
〃	九〇〃	〃	四	
〃	三五〃	〃	一〇	
〃	二五〃	〃	三	
〃	二〇〃	〃	六	
〃	一五〃	〃	一〇	
竹箒		〃	五〇	
乾電池	平角三号	個	五	
〃	乙四号	〃	一六	

61

~~37~~

單ソケツト		個	二六
二股ソケツト		〃	三三
スヰツチ		〃	三二
膠		瓩	四五
ナフタリン球		〃	四〇
粉		〃	〇三
樟腦	五〇瓩入	個	一七
磨粉		缶	一〇
白鑞		〃	一五
光明丹		〃	一五七
可熔片	一A	個	三
〃	四〃	〃	一
〃	一〇〃	〃	一
〃	七〇〃	〃	六

陸軍

品目	規格	單位	員數	摘要
糸ヒューズ	五〇A		二	
〃	三〇〃		一	
ゲージ硝子管	三〇×二〇〇	本	三九	
〃	三〇×八×六〇〇	〃	三〇	
〃	三×九×六〇〇	〃	一五	
〃	八×五×六〇〇	〃	一四	
スポンヂ		個	五	
紙紐		巻	四	

41 62

アルミニューム鋲		瓩	五〇・〇
〃 沈頭鋲		〃	四〇・〇
割ピン		〃	八二・〇
ボルトナット		〃	一六・〇
座金		〃	三・〇
軟鋼丸鉄		〃	五二・〇
電球	一〇〇V×三〇W	個	七〇
〃	一〇〇V×四〇W	〃	四五
〃	一〇〇V×五〇W	〃	二〇
〃	一〇〇V×六〇W	〃	二八
〃	一〇〇V×一〇〇W	〃	四
〃	一〇〇V×二〇〇W	〃	四
自動車前照灯		〃	一〇
豆電球		〃	五五

陸軍

以上

品目	規格	単位	員数	摘要
銅鋲		瓩	一六〇	
金剛砂テープ		巻	八一	
黄銅桿着棒		瓩	四八〇	
アルミニューム桿着棒		〃	一八〇	
鉄鑞		缶	五	
アルミニューム溶接剤		個	七	
アンモール		瓩	三	
松脂		〃	五	
ベルトレーシング		〃	五	
差込錠		個	二〇	
ニクローム線		瓩	一〇	
黄銅線		〃	五	
鳩目		個	二〇〇〇	

63

亜鉛引鉄線	二粍	瓩	二〇
オイルシートパッキン		枚	七
電線取付碍子		個	九〇
硝酸加里		〃	三〇
鋳物桿着棒		瓩	一〇
一号片燃特殊鋼索		米	三〇
合成硝酸曹達		瓩	四〇
日立リノテープ		巻	六〇
硼酸		瓩	五
艶消漆		〃	一
金剛砂	荒目	〃	三
朴炭		〃	一
完全透写紙		巻	七
四塩化炭素		瓩	一

陸軍

丗

品目	規格	單位	員數	摘要
紙荷札		枚	一〇〇〇	

東京・八木商納

66

~~46~~

木綿杉織テープ	五分巾	巻	五	
切出刷毛		本	六〇	
金剛砂砥石		個	八	
耐刃バイトコロンビア	五/八×二〇	〃	一二〇	
完成バイト		〃	一三〇	
合砥石		〃	三	
油砥石	赤	〃	四	
銅ハンマー		〃	一	
割栓抜ペンチ		〃	四	
鉄切鋏		〃	一	
蟹爪ペンチ		〃	七	
鉄槌柄	大	〃	二〇	
〃	小	〃	一〇	
油銃		〃	三	

陸軍

收

品目	規格	單位	員數	摘要
油砥石	六本組	組	三	
ガレヂランプ		個	二	
石綿手袋		足	一	
自在スパナ	二〇〇粍	個	二	
油差		〃	五	
米式ピッチゲーヂ		〃	六	
〃センターゲーヂ		〃	五	
手萬力		〃	一	
遊標尺		〃	二	
海老萬力		〃	一	
外経規		〃	五	
センターゲーヂ	六十度	〃	九	
管切断器		〃	一	

東京・八木岡納

66

~~48~~

自在スパナ	二〇粍	個	三	
電動鑽孔器		〃	一	
長螺廻シ	六本組	組	一	
木工用外径規		個	一	
鉄槌	3/4封	本	四	
噴霧塗装器		個	一	
パイプ切		〃	一	
角ヤツトコ		〃	一	
小型バイス		個	一	
斜刃ペンチ		本	七	
溶接器	小	個	一	
内径規	二五〇粍	〃	三	
蟹爪ペンチ	一五〇〃	〃	九	
鉄切鋏	直刃		一	

陸軍

品目	規格	單位	員數	摘要
外径規		個	三	
鉄切エグリ刃		〃	二	
モンキーレンチ		〃	五	
鋼線切		〃	二	
油砥石		〃	二	
厚計ゲーヂ		〃	三	
手廻グラインダ		〃	二	
皮板ポンチ		〃	二	
管曲		〃	一	
縁曲		〃	一	
電気盤陀蠟	三/四封	〃	二	
片頭鉄鎚		〃	二	
木螺子廻シ		〃	一五	

67

56

鋲鉄、槌		本	二
先細ペンチ		個	二
自在スパナ	二〇〇粍	〃	五
両口スパナ	一六×一五	〃	三
〃	一四×一三	〃	三
モンキスパナ	三〇〇粍	〃	四
〃	二〇〇〃	〃	三
〃	一〇吋	〃	五
モンキレンチ	三〇〇粍	〃	五
パイプレンチ		〃	四
カーボランダム		〃	一
長螺廻シ		〃	二
木工萬力	六吋	〃	一
鶴ハシ		〃	五

陸軍

品目	規格	單位	員數	摘要
ゴム手袋		足	二	
調整リーマー		個	二	
オードキングビンリーマー		〃	二	
鉋		〃	一	
罫畫針		本	五	
組スパナ	S型	組	三	
西洋釘抜		個	七	
圖着		〃	一	
検査刻印		〃	五	
荒砥		〃	四	
砥石	青	〃	二	
横万力	一百粍		一	
引出万力	四吋		一	

48

手廻送風機		個	四
パイプ万力		〃	一
卓上電話機		〃	一
飛行機用偽装網		〃	五
洗滌台	木製	〃	一
机		〃	二
電気膠鍋		〃	一
前面ウインド		〃	三
野外用腰掛		〃	百
吹流中高速用		〃	一
〃 中速用		〃	一
訢号皿		〃	五
鉄槌柄	大	〃	二五
〃	中	〃	三〇

陸軍

6

55

品目	規格	単位	員数	摘要
海老万力		個	一	
手万力		〃	一	
鉄線切り		〃	一	
平鑿	一寸	〃	一	
ガレゲランプ		〃	三	
消火器		〃	四	
研磨機用砥石		〃	七	
油銃		〃	五	
空気ポンプ	自転車用	〃	一	
調整リーマー		本	二	
罫書針		〃	四	
空気ハンマー	八粍	個	一	
ノギス		〃	一	

東京・八木岡納

69

54

ミーリングバイス		個	一	
油砥石		〃	六	
カーボランダム		〃	一	
内径規	二五〇粍	本	三	
円匙	石炭用	個	二	
両頭鉄鎚		〃	三	
熔接用眼鏡		〃	二	
噴霧塗装器		〃	一	
丸ペンチ		〃	六	
萬能并座修正器		〃	一	
鉸柄		〃	四	
木槌		本	六	
螺子切り		個	二	
荒砥		〃	三	

陸軍

[illegible]

品目	規格	單位	員数	摘要
標示用具		個	一五	
消火器掛金具		〃	一三	
〃　発射器		〃	二二	

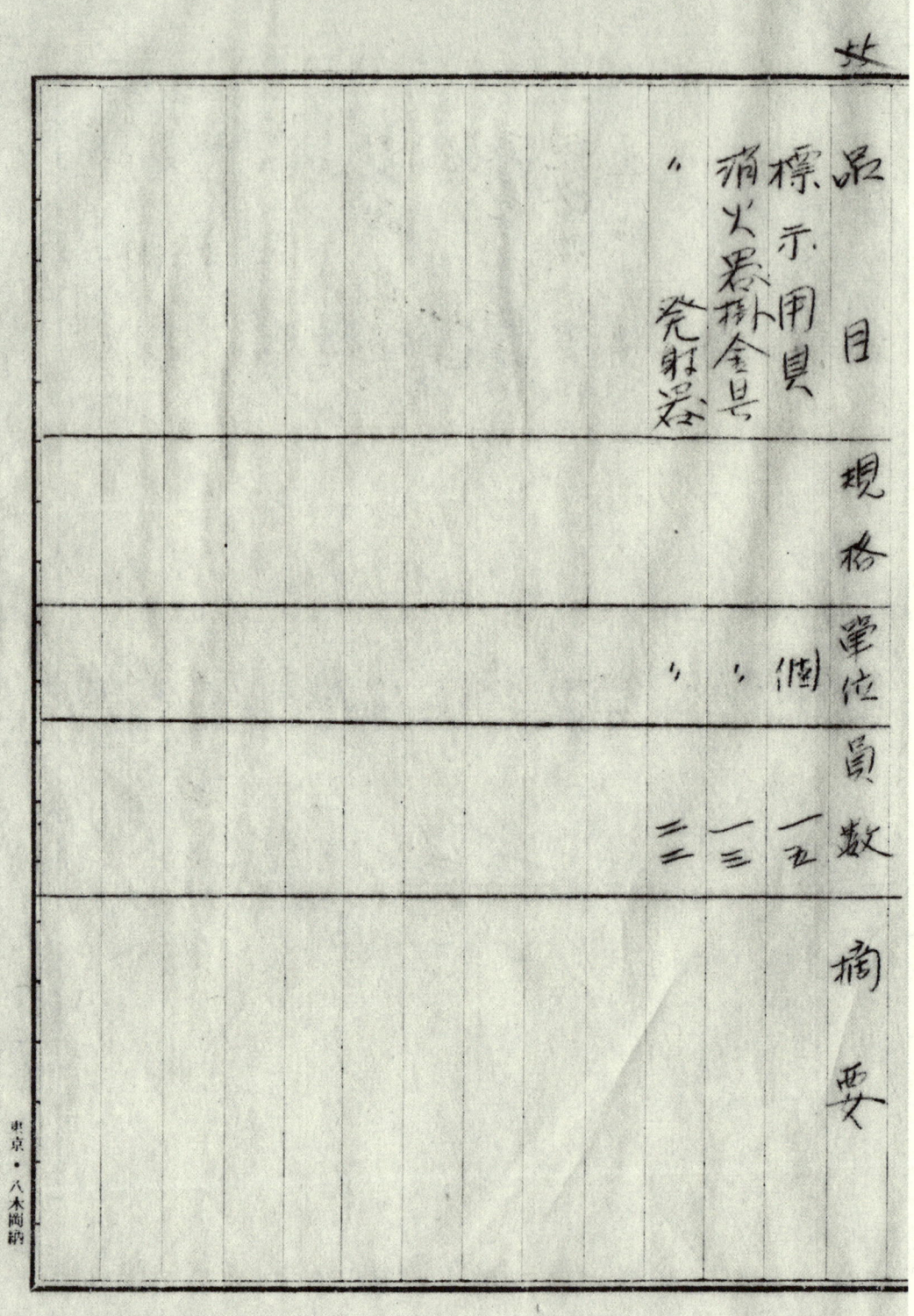

70
56

品目	規格	單位	員數	摘要
謄寫用原紙		枚	四〇〇〇	
複寫紙	半紙赤	〃	三六〇	
〃	〃青	〃	三六	
〃	〃黒	〃	五〇〇	
両面罫紙	上	〃	二五〇〇	
〃	下	〃	一六〇〇〇	
天気図用紙		〃	六〇	
規格版半罫紙		〃	九〇〇〇	
通信紙	複式	册	一〇〇	
虫ピン		箱	七	
糊粉		個	一	
ホッチキス針		箱	一二	
美濃版全罫紙		枚	一〇〇〇	

陸軍

51

品目	規格	單位	員數	摘要
鉄筆		打	五	
規格版表紙		枚	三五〇	
兵器受領用紙		〃	五〇〇	
亜墨	白	本	五〇〇〇	
〃	青	〃	三五〇〇	
〃	赤	〃	二〇〇〇	
美濃版白紙厚		枚	一三九〇〇	
一重封筒	小	〃	三八三〇〇	
スタンプインキ	青	個	三〇	
不易糊		〃	二四	
美濃版洋白紙		枚	二八五〇〇	
墨汁	大	個	八	
〃	小	〃	四七	

東京・八木尚納

71

58

符箋紙 冊 六一
覺紙 〃 二百
タイプライター原紙 枚 六百

陸軍

品目	規格	單位	員數	摘要
カップグリース		缶	一一	
ペトロラタム		瓩	四九〇	内ドラム缶入二本
テレピン油	一八立入	缶	一三	
〃	五〇〇立入	本	三	
マシン油		缶	二	
変圧機油		〃	五	
モータ油		立	一九八	
モビールグリース		缶	七	
機銃油		〃	四	
開閉器油		〃	三	
代用洗滌油		〃	四	
航空作動油	第三〇二号	〃	一二	内五四立ドラム缶入二本
〃	第三〇一號	〃	一九	〃 〃 四本

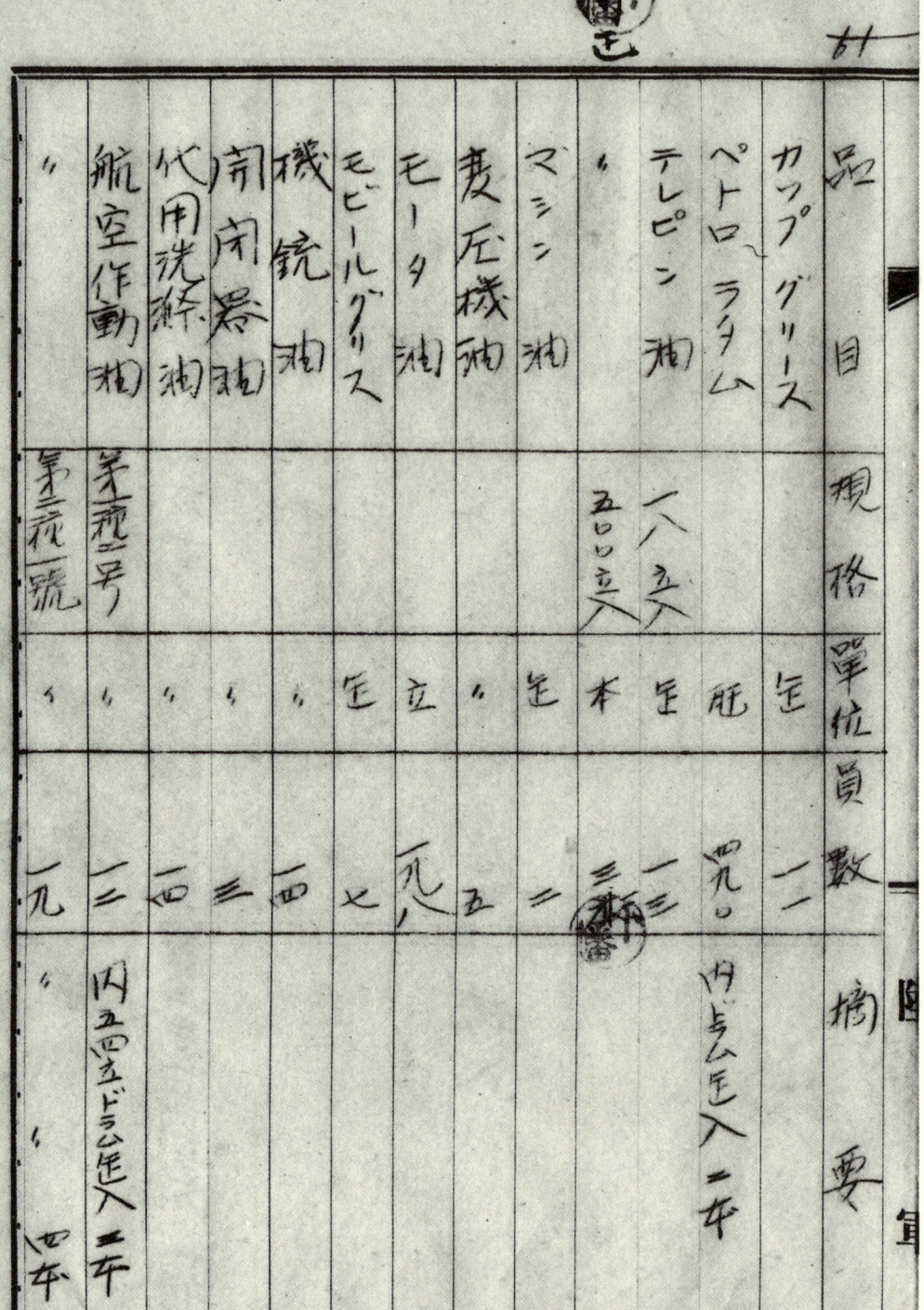

73

無水アルコール		缶	一	
高速度グリース		〃	三	
煉炭		瓩	五〇〇	
木炭		〃	三五〇	
グリゴール		立	五四	
グリセリン		〃	二〇〇	
白絞油		〃	二〇〇	
流動パラフィン	五〇〇瓦入	本	三	
パラワセリン	〃	〃	一	
浙生グリース	一瓩入	缶	二	
〃	五〇〇瓦入	〃	一五	
自動車用揮発油		立	六〇〇	
〃酒精		〃	一〇〇〇	
重油		缶	二〇〇〇	一八立入

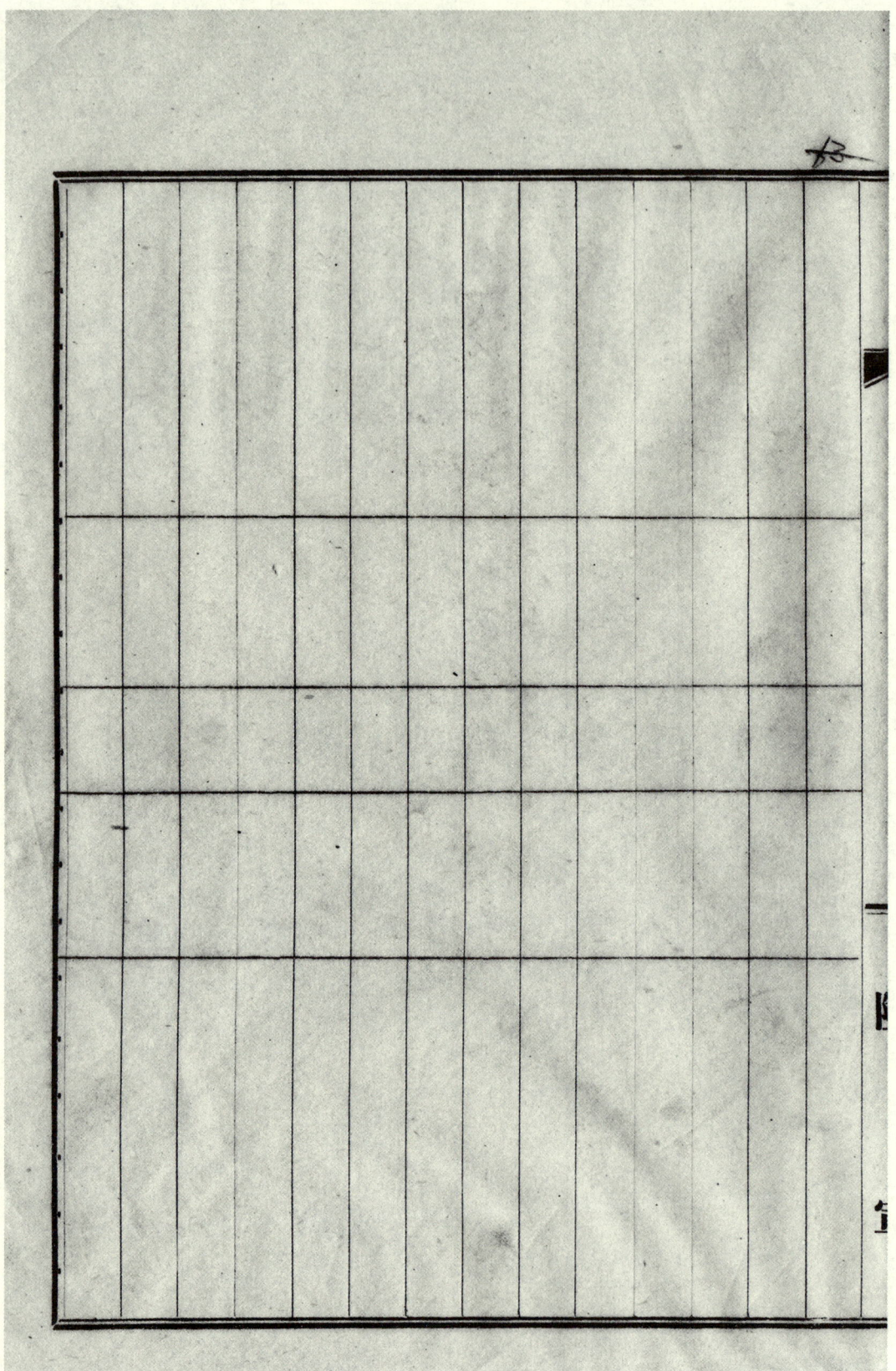

74

第四類兵器員數表
（表紙共四拾六枚）

陸軍

昭和十七、六、（泰豐納）

75

四類兵器員数表

八一乙部品

葉番	部番	品目	単位	数量	摘要
七〇四	五〜八四	可撓管	本	二	
一七六	三六	緊塞具	個	五	
四九四	一五二	〃	〃	四	
六八〇	四三	〃	〃	四	
四九三	一五〇	〃	〃	五	
七六八	七	〃	〃	四五	
四九五	一五三	〃	〃	五	
三〇六	一六	ブル環	〃	七二	
三五五	三〇	緊塞具	〃	三六	
三八二	二六	緊塞座金	〃	五	

三七六	四五	緊定座金	〃	一五
四五		〃	〃	三〇
八一	六	〃	〃	三六
九八	三〇	油止環	〃	六
九九	三一	球軸承緊定蓋	〃	一
三一六	二七	ゴム環	〃	五
〃	〃	〃		一〇
三一四	二五	〃	〃	五二
三二	六四	通気管口蓋	〃	四〇
二八九	七〜八五	ゴム環	〃	一〇三
一一五	四七	緊塞具	〃	一〇
六七八	四一	ゴム環	〃	一三一
一三三	五七	緊塞具	〃	廿四卅
八六六	三〇	保護環革	〃	九〇

76

四八八	一四四	緊塞具	個	五八	
七四	一〜八六	ゴム環	〃	一九六	
六八〜一	三四〜一	緊塞具	〃	二	
五〇二	一六七	ゴム環	〃	四	
三二一	三二	ゴム筒	〃	四〇	
八三〜一	八五	緊塞具	〃	三	
		送水ゴム管	〃	二	(甲)
		〃	〃	二	(大)
二八〇	二〜五五	ゴム管	〃	四六一	
六九四	六六	〃	〃	一〇〇	
六九四	一六〇	〃	〃	一〇〇	
		気管	〃	二	
		〃	〃	一	
		気化器	〃	一	

大

葉番	部番	品目	單位	數量	摘要
		氣化器	個	二	
四八	四八	座金	〃	九四	
四九	四九	割ピン	〃	二〇	
五二	五三	植ボルト	〃	三	
五三	五四	ナット	〃	一〇	
五四	五五	ばね座金	〃	五六	
七九	四	ナット	〃	六〇 (struck through)	
八四	一四	〃	〃	八〇 (struck through)	
一一三	四五	ばね座金	〃	三〇 (struck through)	
一三五	七二	ナット	〃	一五	
二三九	六	止環	〃	三〇 (struck through)	
二五二	二	上部ばね受	〃	四〇	
二九	二七	ナット	〃	五〇	

軍

5ヶ 77

三一二	二七	ナット	〃	七八
四一	四〇	〃	〃	二一三
四二	四一	ばね座金	〃	四七八
一九〇	七	結合ボルト	〃	四
二〇三	二〇	廻止板	〃	一七
二二二	四	止螺	〃	二二
二二六	一〇	〃	〃	八
二二九	一五	固定板	〃	一四
二三〇	一六	座金	〃	二三八
二四〇	七	軸[illegible]	〃	一五
二五〇	九	止環	〃	一八〇
二五八	一七	〃	〃	一九〇
二六六	三三	下部ばね受	〃	二七
二六七	三五	弁槓桿室蓋保持章	〃	四八〇

6

叢番	部番	品目	単位	数量	摘要
二七〇	三九	植ボルト	箇	二三〇	
三三五	一〇	歯輪傳導用軸	〃	一	
二三六	一一	〃歯車	〃	三	
三四七	二二	〃	〃	二	
三五二	二七	油止環	〃	一四	
三六〇	四	ばね座金	〃	三六〇	
四四三	九四	燃料排気口	〃	八	
四七四	一二九	緊定座金	〃	六〇〇	
六二二	一三五	発電気取付部緊定螺	〃	一五〇	
六二三	一三六	緊塞器	〃	五	
六二五	一三八	機発電気取付部緊定具	〃	五〇	
二二七	一一	副連接桿軸	〃	三五	
二三一	一七	止螺	〃	一四	

78

二五七	一六	楔環	個	二三二	
二六四	一三	吸気弁準	〃	二四	
二六五	三二	排気弁準	〃	四三	
二六八	三六	弁槓桿台蓋	〃	一七	
二七三	四二	座金	〃	七八六	
二八九	六九	ばね座金	〃	二七〇	
二九一	一	吸気弁槓桿	〃	二六	
二九二	二	〃	〃	二五	
二九九	九	ばね座金	〃	三〇	
三〇四	一四	被筒	〃	一六	
三七八	二二	気化器取付ボルト	〃	一四七	
三九四	三九	割ピン	〃	五四	
四〇三	四八	油止環	〃	二五	
四五三	一〇五	座金	〃	五三	

8

蕉番	部番	品目	単位	数量	摘要
四六四	三七	ばね座金	個	一〇	
四五八	二〇	〃	〃	五	
二七二	四一	〃	〃	二三一	
四六八	一二	蓋ねぢ	〃	一	
六六	六九	ニップル	〃	二	
一九六	一三	割ピン	〃	二〇	
二八七	六七	ナット	〃	一一三	
一六	一一	〃	〃	二四〇	
一四	九	座金	〃	一九六	
一七	一二	ばね座金	〃	四五六	
一八	一三	座金	〃	六八三	
二〇	五	ナット	〃	三三〇	
四五六	一〇八	燃料管	〃	四	

78

票番	部番	品目	単位	数量	摘要
二五一	一〇	排気弁	個	四〇	
二五四	一三	中間弁ばね	〃	五四	
二五三	一二	外側弁ばね	〃	七〇	
二五五	一四	内側弁ばね	〃	七九	
二五六	一五	吸気弁	〃	二〇	
三〇三	一三	弁動桿	〃	二三	
		排油口過室	〃	一	
二六七	三五	緊塞具	〃	七二	
		以下空欄			

葉番	部番	品目	単位	数量	摘要
一六六九	二四四六八	三號[illegible]付ナット	個	三	
一六八二	二五三三九	銘板	〃	一	
一六九八	二八〇三四	軸	〃	一	
一六九九	二八六五九	ばね	〃	一	
一七一二	二六三一一	注入口口金	〃	一	
一七〇七	一六七六〜七	下巻軸螺	〃	三	
一七一八	二五二六〜一〇	下巻[illegible]金具	〃	三	
一七三九	二五三五九	引手	〃	二	
一七四四	二四二四一	索動型	〃	七	
一七四五	二六六九〇	索止	〃	一〇	
一七四九	二一四六八	駐筒	〃	一	
一七五四	二五九一八	軸棒	〃	一	
一七六二	三一四七〇	索結合金具	〃	一	

13 87

一七六七	四六七四一	滑車承	個	一
一七六九	二五九三三	扇動板	〃	三
五二一	二五八九六	〃	〃	七
五三四	一九五一四	環ばね	〃	八
一七九四	二二三七八	ばね	〃	一〇
一八〇四	二七二九一	丈ヘボルト	〃	三
一八二〇	二七五三二	照準眼鏡取付環	〃	一
一八二一	二七五三八	照準前方支基	〃	一
一八二七	二七五三七	ボルト	〃	一
一八六四	三八一四四	ピン	〃	一
一八六五	三八一三〇	撞桿	〃	一
一八六六	三八一三一	〃	〃	一
一八六七	三八一三二	〃	〃	一
一八七三	二六七二七	ナット	〃	一

薬番	図番	品名	単位	数量	摘要
一八八八	二五	塩粉	個	五〇	
		一号電球	〃	一	
一八四〇六	六〇	端末金具	〃	五	
一二〇〇二		二方接手	〃	五	
[illegible]		燃料ポンプ部品	〃	二	
二三四六	二七四八六	調整ナット	〃	二	
二三一二	二七一三〇	中空ボルト	〃	一	
〃	二六二二三	ピトー管覆	〃	一	
二二二一	二七五七一	盲蓋乙	〃	三	
二二二〇	二七五一六	〃甲	〃	二	
一九七一	三三四七三	シャックル	〃	三	
一九八三	二五八二〇	絶縁板	〃	二	
二六〇〇	二五七六七	ばね	〃	二	

15 ぬ

二〇〇一	二五七六八	ピン	個	一
二〇〇二	二五七六九	抜ミ	〃	一
二〇五九	二四六三一	金	〃	一
四二二九一		燃料調整弁	〃	二
二一一四	四六六二七	押鉛	〃	一
三一一四	四六六二三	〃	〃	一
二一六六	一五四九四	緩衝片	〃	一〇
九三七	二〇六七八	特殊ボルト	〃	一一六
二〇	一八八三〇	ナット	〃	二〇
二四	六六〇六〜六	四小ねぢ	〃	三九
三四	四七三七六	丸小ねぢ	〃	二〇
四九	一七〇〇三	ばね	〃	一
五〇	五九九二二一	六耗三号ナット	〃	四六
五三	一六六六三	ボルト	〃	二五

陸軍

X6

葉番	部番	品名	単位	数量	摘要
五四	一八七四二	ナット	個	三九	
五六	六五四五六〇〃	六八三〇五 有頭[illegible]	〃	一〇	
五六	六五四五六〇三四六八一〇五	〃	〃	一〇	
六三		接手	〃	四	
六四	二四四三八	ばね受	〃	三	
七二	一八七三九	紙頭小ねぢ	〃	七	
七九	二六六五七	抜止ナット	〃	六一	
八二	一八七〇一	作用板	〃	二	
八八	二四四〇三	支持金具	〃	二	
八九	二四三四〇	丸ブッシュ二五×〇、四	〃	二〇	
九二	四六〇七三	把手	〃	一	
八九	二四三四六	丸ブッシュ二六×六	〃	一〇	
八九	二四三四〇	〃 五五×五	〃	二〇	

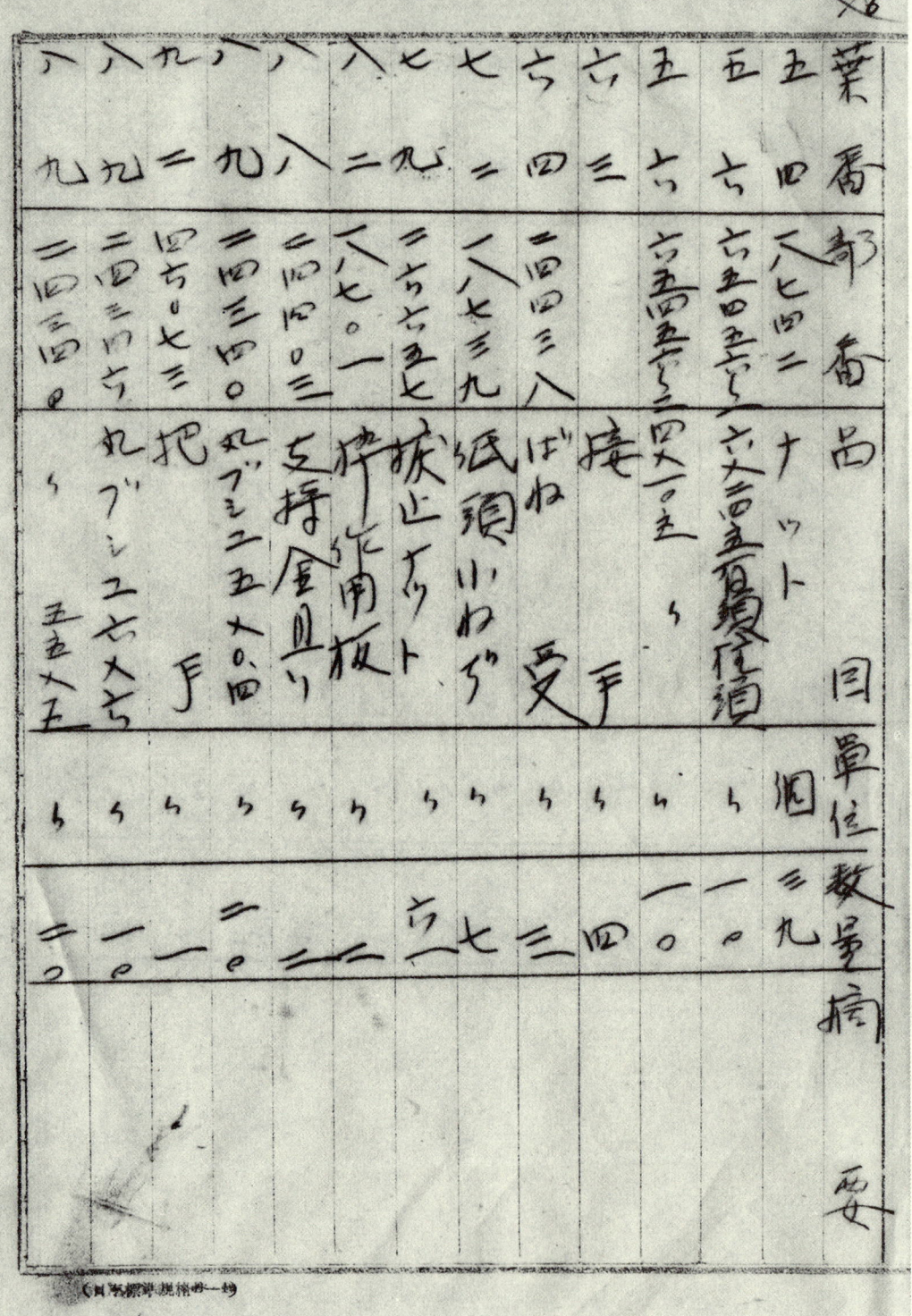

83

八九	二四三四〇	丸ブシユ一〇×五	個	二〇
八九	二四三四〇	〃 八×四[illegible]	〃	二〇
九〇	二四四〇四	文天金具〃八×五	〃	一
九二	二四四〇五	索止	〃	一
九四	四一〇七四	操作環	〃	一
九四	一二〇九三	端末完	〃	二〇
一〇〇	一四七四三	端末線	〃	一
一〇一	一二〇九七	索や[illegible]	〃	五〇
一〇二	一二九五	外ねぢ接手	〃	一
一〇三	一三九六	内ねぢ〃	〃	二
一〇四	一二〇九八	ナット	〃	二〇
一六六	一六六一六	緊帯金具〃[illegible]	〃	五
〃	〃	〃 右ねぢ	〃	五
一六七	一六六二七	緊帯	〃	五

陸軍

78

業番	部番	品名	單位	数量	摘要
一七四	二七七六〇	ぴん	個	五	
二〇三	一九二二六〜二	座金	〃	二五	
二〇三	一九三六〜三	四粍三號ナト	〃	三四	
二〇三	一九三二六〜一	発動機架取付ボルト	〃	三	
二〇七	二三四五四	蝶番軸棒	〃	二	
二〇八	九〇四二八	保護環	〃	四	
二二八	九〇四三六〜六	案内片	〃	一〇	
二七九	二五四三五	止ぴん	〃	三	
二三〇	八〇一三七〜七	案内片	〃	五	
二八八	二四三二二	連続桿	〃	一	
二九一	二五四四〇	軸受桿	〃	二	
二九四	二五四四六	積桿	〃	一	
二九五	二五四四七	ぴん	〃	五	

（日本標準規格…）

84

二九六	二五四四八	把手	個	一
二九七	二五六三八	握り	〃	一
三一七	二五三四四	滑車函	〃	一
三二三	二四二四一	平ブシユ	〃	一〇
〃	〃	ブシユ 一四×七	〃	七
〃	〃	平ブシユ 二四×一〇	〃	五
〃	〃	〃 一四×四五	〃	五
〃	〃	〃 一四×四五	〃	五
〃	〃	〃 一〇×一〇	〃	五
〃	〃	〃 一〇×四五	〃	一〇
〃	〃	〃 八×八	〃	五
〃	〃	〃 二四×一六	〃	一〇
〃	〃	〃 一六×二五	〃	五
〃	〃	〃 八×一〇	〃	八

葉番	部番	品目	單位	数量	摘要
三五二	二四二五三	三級ボルト六×百四	個	一〇	
〃	〃	〃 六×一八	〃	五	
〃	〃	〃 五×一〇	〃	三	
〃	〃	〃 一六×四	〃	八	
〃	〃	〃 六×四〇	〃	四	
〃	〃	〃 六×五二	〃	一〇	
〃	〃	〃 八×一〇	〃	二	
〃	〃	〃 六×二二	〃	七	
〃	〃	〃 五×四〇	〃	二	
〃	〃	〃 八×一二	〃	二	
〃	〃	〃 六×四八	〃	一〇	
〃	〃	〃 一四×四〇	〃	四	
〃	〃	〃 八×三四	〃	八	

85

乙ノ

三六〇	四六二七四	壁板補強左	個	六
〃	四六二七二	右 〃	〃	六
三八二	一八九〇	軸頭 ℓ=8	〃	四〇
三七九	二六〇〇二	索動 板	〃	六
三八二	一八八九〇	軸頭 ℓ=6	〃	四〇
〃	〃	〃 ℓ=10	〃	一〇
〃	〃	〃 ℓ=7	〃	一〇
三八九	二五九六	索誘導 片	〃	二
四〇九	一四八八	ね5″ 栓	〃	四〇
四一九	四六六六	点検 窓	〃	一
四四九	二五四九九	繞合ピン	〃	六
四五三	二五三五五	蝶番ピン	〃	二
五二〇	二五八九五	索動板	〃	六
一〇一四	二四五三〇	止金	〃	四

陸軍

葉番	部番	品目	單位	數量	摘要
一〇二七	二四九六〇	軸	個	二	
一〇二八	三五二一一	ばね受	〃	一	
一〇四六	一六三一三	管ナット	〃	二	
一〇四九	二四九一五	ねぢ先	〃	二	
一〇五〇	四六三〇四	連結管 ㇾ=280	〃	一	
一〇五四	二四八二七	ねぢ先	〃	一	
一〇五八	一九〇二一	振子槓桿	〃	一	
一〇六一	二四四六四	間管	〃	一	
一〇六二	六五八二五	制限子	〃	一	
一一〇六	二五二〇二	索車	〃	一	
一〇八九	二五二〇四	外筒	〃	一	
一一〇八	二〇三五三	眼付螺子	〃	一	
一一二五	一五六八七	丁型接手	〃	二	

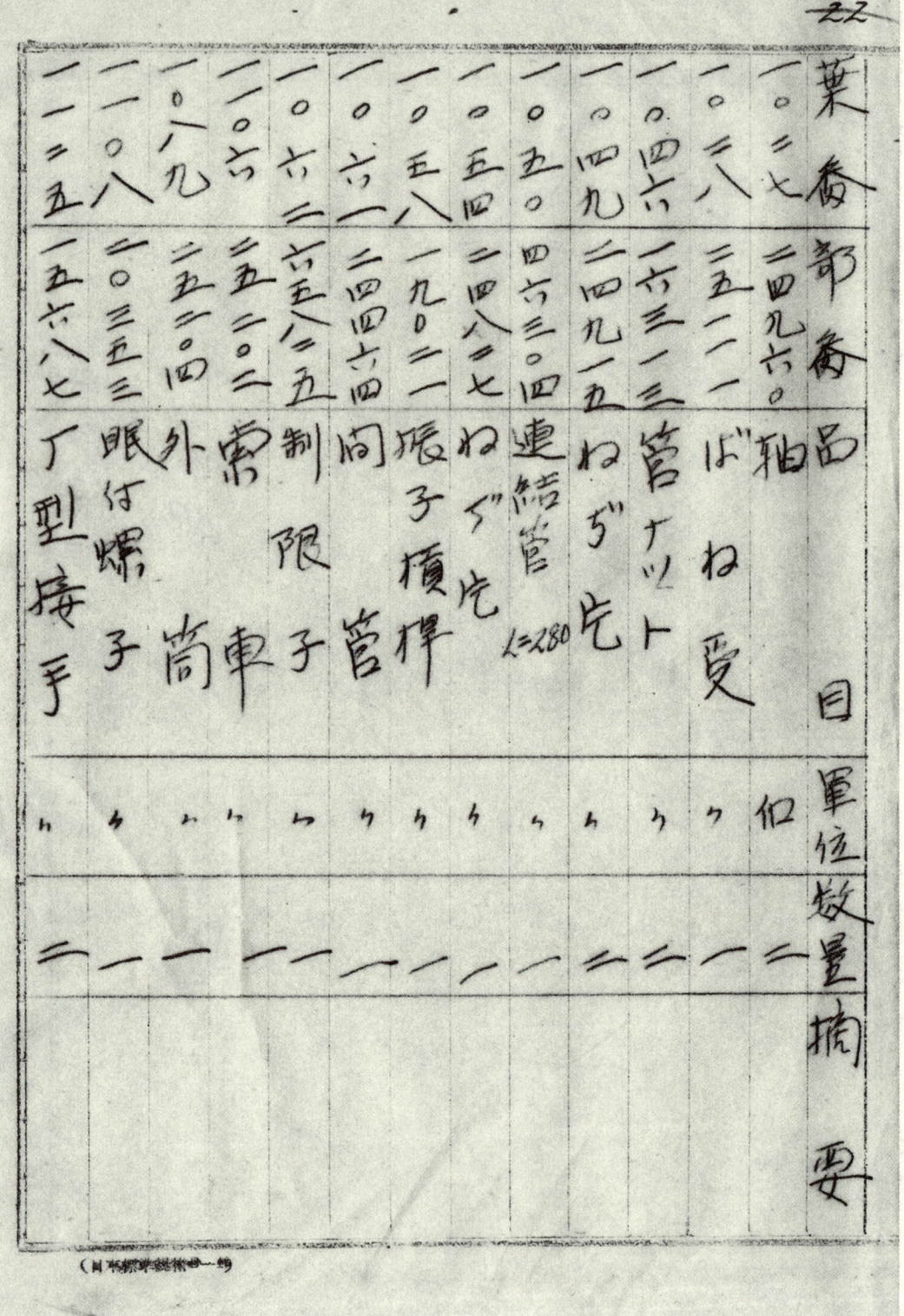

86

一一三一	二三九三六	留金	仝	二
一一五四	一八三九九	塡管	〃	一〇
一一七七	二四一七〇	ばね	〃	二
一一八三	二六二二七	留金	〃	二
一二〇〇	二六五一六	ばね	〃	二
一二〇二	二六二六九	塡管	〃	一〇
一二一四	二四八九三	締付管	〃	一
一二一五	二五五六三	塡杯	〃	一〇
〃	〃	〃	〃	六
一二三四	二二六五六	排炎弁	〃	二
一二四一	二四〇一七	締付鏍	〃	二
一二四八	二四〇二五	座金	〃	一
一二四九	二四〇二杖	隔管	〃	一
一二五〇	二四〇二七	座金	〃	二

実番	部番号	品目	単位	数量	摘要
一二五二	二四七七五	盲蓋	個	二	
二二五三	二四七七六	防塵覆	〃	一	
一二七〇	九六一六	ぱたん	〃	四	
一二七一	一七一九五	ぱね	〃	九	
		燃料導管	〃	一	
一二八七	一九一九一	ねぢ栓	〃	四六	
一二九一	一八六三五〜七	管	〃	九	
一三二四	一七一九三	座管	〃	五	
一三二九	一六四四七	又	〃	五	
一三三七	一六五〇八	傘型歯車	〃	一	
一三三八	一六五〇九	〃	〃	五	
一三五二	一七九五〜一	滑車	〃	一二	
一三六七	一六四五〇	ぴん	〃	二	

之5　87

一三六九	一九五六八	索眼	紅	一八
一三八六	二五六九〇	軸管	〃	一
一八八八	二八八一五	ばね	何	二
一三九三	二七七七二	〃	〃	一
一三九四	二七七七三	〃	〃	一
一四〇一	六六二五七〜	五×一〇丸小ねぢ	〃	七〇
一四二六	二五三六九	横桿	〃	一
一四三三	六五八四九	索指示金具	〃	一
一四三一	二三四一三	軸	〃	一
一四三二	二五四一四	ばね	〃	一
一四三八	一六七九	廻り止	〃	五
一四四二	二四九三四	索端金具	〃	六
一四四四	二二四一七〜八	押ねぢ	〃	五
一四五六	二七五五二	索誘導金具	〃	五三

陸軍

26

葉番	部番	品目	単位	数量	摘要
一四六四	二七四九〇	握戸	個	一	
一四七四	二七五〇六	鉛板	〃	一	
一四九八	一九六九八	軸棒	〃	二	
一四九六	一九六九六	連結棒	〃	一	
一四九九	二五四八七	軸		二	
		以下空欄			

昭和十七、六、(本鑑納)

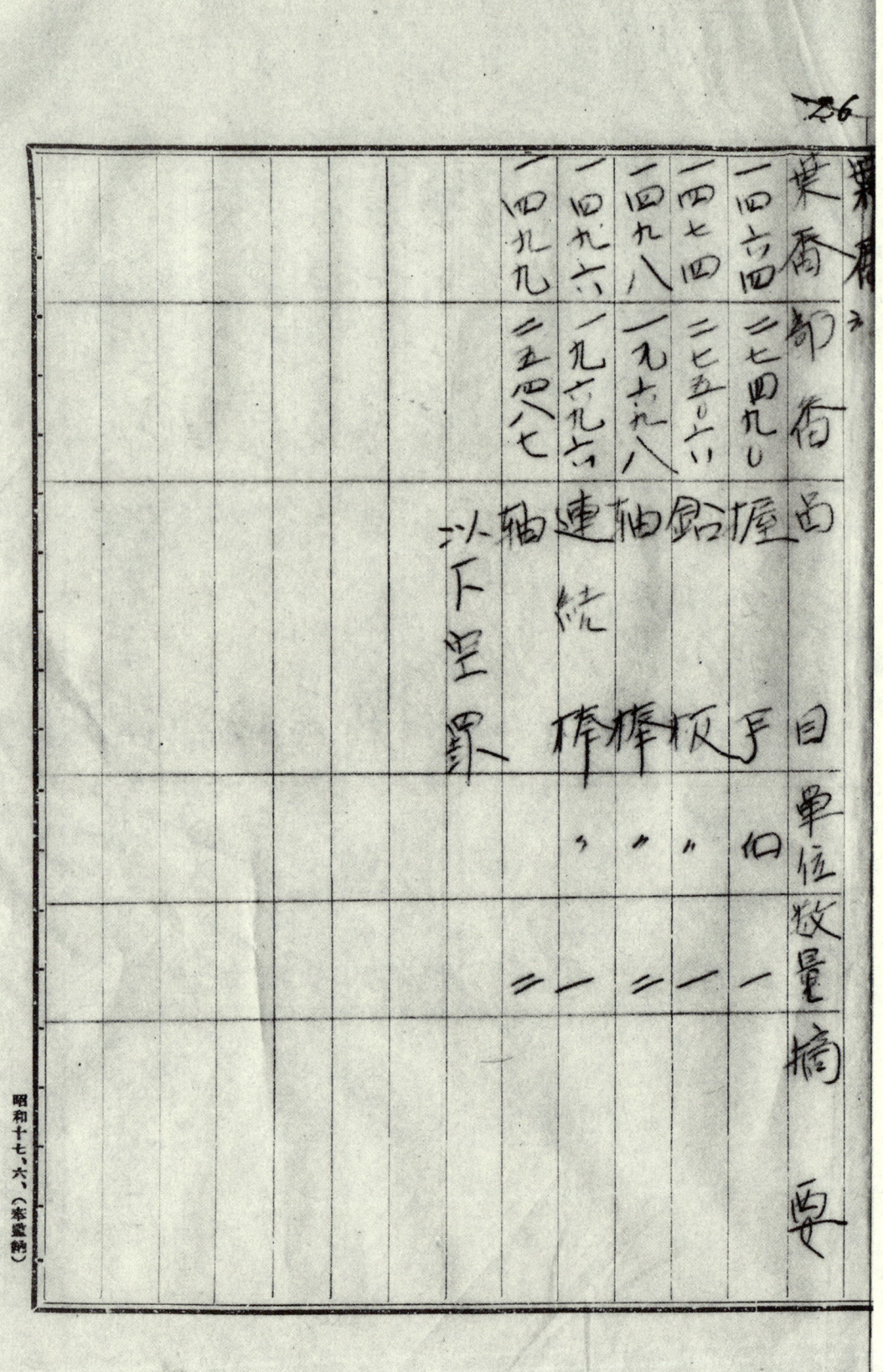

28 88

八三四一一型部品

葉番	部番	品目	単位	数量	摘要
三五七	三四	弁槓桿蓋	個	六	
四七〇	七七	弁従動桿	〃	七	
四七六	一七	弁動桿覆	〃	七	
〃	八三	止環	〃	七〇	
四七四	八一	ばね	〃	五	
四四一	一二	弁槓桿軸ナット	〃	八	
四四〇	一一	軸受ブシユ	〃	二	
三四〇	八	弁ばね小	〃	三	
二三六	四六	球面環	〃	四	
六〇	六六	取付ボルト	〃	二	
二	六	軸受ブシユ	〃	一	
一〇二	一九	取付ボルト座金	〃	三	

一九	一九	座金	〃	一六
三〇三	九	軸金ボルト	〃	一
六二	六八	軸ボルト	〃	二
七	七七	曲軸ボルト金	〃	三〇
三三八	四八	止めねじ	〃	七
二八五	二〇	軸ボルト	〃	四
三一九	九	曲軸接合ボルト	〃	二
上	四二	転子	〃	二五
三三八	三二	排気弁	〃	五
〃	一	吸気弁	〃	六
一二六	三六	中内歯車	〃	一
四一〇	四	ピストンピン	〃	七
四一九	五	副連接桿	〃	一
三〇九	四一	又環	〃	一

29 89

四四四	四九	副連外環	个	一
四三二	三	圧子弁	二	六
四一二	七	ピストンピン油	〃	三ッ
		前列吸気管	〃	五
		後列〃	〃	五
		前照灯	〃	二
七四七	二八	パッキン	〃	五
七四八	二九	〃	〃	五
七七九	七六	〃	〃	五
八二二	一七	〃	〃	八
八二五	二ッ	〃	〃	五
八二六	二一		〃	五
四四四	一五	吸気弁動桿	〃	七
四四五	一六	排気〃	〃	七

葉番	部番	品目	單位	数量	摘要
四四八	二五	被筒接續ゴム環	個	二〇	
五五〇	六〇	舌付座金	〃	三〇	
五六七	七八	後部油止環	〃	八	
六八〇	八	パッキン	〃	五	
六二五	一四六	〃	〃	五	
六八三	一四	一号燃料ポンプ	〃	二	
六九一	一二	油管	〃	二	
四三九	九	齊積桿軸	〃	一〇	
三三九	七	ばね　中	〃	一〇	
三三八	六	〃　大	〃	一〇	
三四〇	八	〃　小	〃	一〇	
三三七	五	排気弁楔環	〃	四	
三三六	四	吸気〃	〃	四	

二三 31 10

三一〇	一七	爪付座金	個	五
四三〇	一	弁槓桿	〃	五
四三一	二	〃	〃	五
四一二	七	ピストンピン栁	〃	四
		弁槓桿室蓋パッキン	〃	五〇
三六一	四一	導風板取付ボルト	〃	一〇
四一〇	四	ピストンピン	〃	四
三六〇	四〇	シリンダーパッキン	〃	五〇
四四六	一七	弁動桿覆	〃	六
		吸気弁	〃	二
一五一	九八	パッキン	〃	五
三三四	二	排気弁	〃	四
二四八	六〇	パッキン	〃	三
二五六	八一	〃	〃	五

葉番	部番	品目	單位	數量	摘要
二五九	八六	パッキン	個	五	
二六六	九三	〃	〃	五	
二七〇	九九	〃	〃	八	
二八七	一一八	〃	〃	五	
一一一	一九	油止環	〃	一二	
七四	九二	可撓管	〃	一	
七一	八五	吸気弁函室パッキン	〃	八	
三八	三八	吸気室パッキン	〃	二	
三七	三七	隔壁板パッキン	〃	二	
		舌付座金	〃	一〇〇	
二九	二九	ナット	〃	三〇	
A	三八	一号並型ばね座金	〃	三三八	
	A一七	六角二号ナット	〃	二〇	

33 91

三五三	二三	排気弁止環	個	二〇
三五二	二二	吸気弁止環	〃	二〇
三九四	八三	接續ゴム管	〃	三
七七	六八	緊塞具	〃	二五
		気筒緊塞具	〃	一三四
三六	三七	ゴム管	〃	四八三
七一	八五	緊塞具	〃	二
二八一	五八	ゴム環	〃	七九三
七八八	一九	〃	〃	三八
三一五	二六	〃（短）	〃	一五三
		以下空欄		

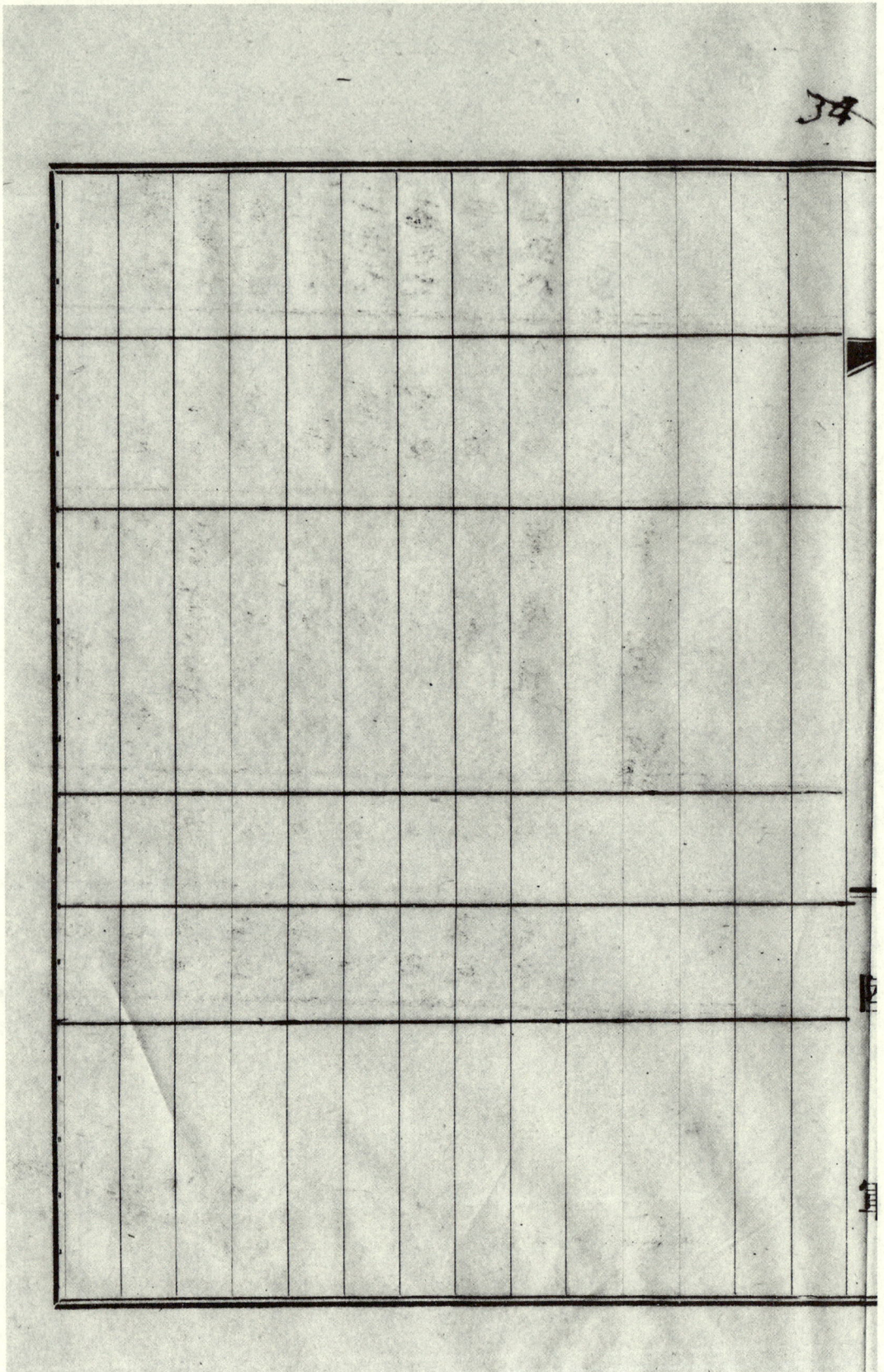

35 P2

八一三甲部品

葉番	部番	品目	單位	數量	摘要
五六二	二〇	紧寒具	個	五〇	
五八〇	三八	〃	〃	五〇	
六〇	四	〃	〃	五〇	
一九七	五七	〃	〃	二	
五七七	三五	〃	〃	五	
六四二	五	〃	〃	五〇	
三五八	二	紧寒具	〃	一〇〇	
	以下空欄				

キ九部品

葉番	部番	品目	単位	数量	摘要
二六	一〇	尾輪靴	個	一	
一三七	ア一九~一四	ブッシュ	〃	二	
	四九A~四三~三	緩衝ゴム	〃	二	
八〇	H二~四	燃料可撓管	〃	一	
四二	A三五	操縦席用附椅子	〃	一	
一二	一三	燃料タンク油量計	〃	二	
	以下空欄				

八三一一五型部品

葉番	部番	品目	單位	数量	摘要
五九二	七〇	緊塞具	個	六〇	
七七	三八	〃	〃	一〇〇	
五一二	一三一	ゴム環	〃	五	
五九二	七〇	緊塞具	〃	四六	
三七四	六	填物	〃	一八四	
		ゴム管	〃	一一五	
六〇四	七	緊塞具	〃	一〇〇	
一六八	四八	填物	〃	六	
一六五	四五	緊塞具	〃	一〇	
		ゴム環	〃	二六	
三四三	一〇四	〃	〃	一	
三五八	二	主連接桿軸承	〃	一	

葉番	部番	品目	單位	數量	摘要
		副転接近軸	個	九	
三六〇	三	連接桿軸承	〃	二〇	
		弾ばね	〃	一三	
二四九	九	吸気弁	〃	九	
		排気弁	〃	九	
		油止環 甲	〃	五〇	
		〃	〃	二二	
		活塞環	〃	五〇	
	二八	〃	〃	七二	
	三五〇〜一	〃	〃	八	
三四	一二	歪輪軸承	〃		
三五二	三	活塞軸止金具	〃	二五	
		弁動桿	〃	三	

39 94

			弁動桿	個	一
			活塞軸	〃	六
四五六	七四	扇車軸	〃	一
		転子軸承	〃	一
四〇一		緊塞具	〃	一
四二〇		〃	〃	八
三二七	八二	気筒取付緊塞具	〃	三〇
三七四	六	填物	〃	四〇
		気筒	〃	九
五五四	二九	緊塞具	〃	五
四三〇	四八	緊塞具	〃	三
四〇四	二三	舌付座金	〃	七三
三八八	六	電纜支持環植ボルト	〃	七
三八七	五	座金	〃	九五

三七二八	五	排気管	個	九
三六六	九	中心金板取付ねぢ	〃	二
三六七	一〇	活塞體受筒	〃	一
三六四	七	軸受筒	〃	二
三六三	六	塞ねぢ	〃	三
四六九	八八	球面軸受調整板	〃	二
四六八	八七	球面軸承	〃	二
四六七	八六	球面座金	〃	一
四六五	八一	前部爪付座金	〃	一
四六二	八〇	抑止環	〃	一四
四五九	七七	〃	〃	一一
四四八	六六	緊塞具	〃	二〇
四四四	六二	〃	〃	一八
四四〇	五八	〃	〃	七三

陸

軍

41 95

四三八	五六	指示板	銅	二
五四三	一八	植込ボルト	〃	二
五四〇	一五	座金	〃	五〇
五三五	一〇	後蓋軸受筒	〃	五五
五三八	一三	舌付座金	〃	一五二
五二一	一四〇	緊塞具	〃	八
五〇一	一二〇	〃	〃	八
五〇〇	一六九	接續ねぢ	〃	六
四九九	一一八	緊塞具	〃	一八
四九三	一一二	燃料可燒耐油管	〃	八
四七四	三九	ばね	〃	二
五四九	三四	緊塞具	〃	四
五五一	二六	〃	〃	六
五五二	二七	磁石発電機取付緊塞具	〃	一〇

葉番	部番	品目	数量	単位	摘要
五五四	二九	燃料ポンプ取付緊塞具	個	九	
五五五	三〇	油ポンプ取付緊塞具	〃	一	
五五六	三一	[illegible]取付緊塞具	〃	三	
五五七	三二	可変節プロペラ給油切換弁	〃	五	
五七三	七一	座金	〃	二〇	
五八〇	五八	填物	〃	一二	
五五六	三六	遊車	〃	一	
六八九	九〇	ナット	〃	七	
六八七	八八	ボルト	〃	一〇	
六七九	八〇	緊塞具	〃	一五	
六六七	四九	〃	〃	一〇	
六六三	六五	締付座金	〃	一〇	
六五九	六	ばね座金	〃	二〇〇	

43 96

六五三	二八一	緊塞具	個	二〇
六二五	二九	座金	〃	一三〇
六一〇	一三	取付ねぢ	〃	一〇
六〇九	一二	緊塞具	〃	六〇
六九三	九七	填物	〃	三
六九八	一〇〇	緊塞具	〃	九
七〇〇	一〇二	〃	〃	一五
七〇二	一〇四	〃	〃	一〇
七一九	二八三	ナット	〃	二〇
七二四	一二九	緊塞具	〃	二〇
七三二	一三五	〃	〃	一三
七四一	一四四	〃	〃	五
七五四	一五七	〃	〃	五
七九二	一九五	緊塞具	〃	五

葉番	部番	品目	単位	数量	摘要
八一五	三七	舌付座金	個	一〇	
五九八	二	緊塞具	〃	二	
八六〇	二六九	〃	〃	五	
九二四	四三	支持	〃	四	
九二二	四一	緊塞具	〃	一五	
九一三	三三	弁ばね	〃	二	
九一二	三二	油圧調整弁	〃	一	
九一〇	三〇	緊塞[illegible]	〃	二	
九〇六	二六	真空ポンプ伝動槓手	〃	一	
九〇四	二四	押ねぢ止板	〃	九七	
九〇二	二二	排泄側動[illegible]	〃	六	
八九七	一七	歯車	〃	一	

以下空欄

45

97

八三五部品

葉番	部番	品目	單位	數量	摘要
六二二	三八	支持金具	個	二〇	
二八六	一四	軸受柳環	〃	一	
六四五	一七	緊塞具	〃	三〇	
六三四	六	植ボルト	本	二	
六三〇	二	緊塞具	個	十一	
六五一	三	〃	〃	〃	
六四七	九	緊塞具(乙)	〃	三〇	
六五七	九	支持金具	〃	一	
六二六	三九	電纜止金具	〃	二五	
六八九	二七	座金	〃	一〇	
六五〇	二二	緊塞具	〃	二五	
六六七	七	取付板	〃	一	

陸軍

葉番	部番	品目	単位	数量	摘要
六三三	五	緊塞具	個	八	
六四九	二一	ばね受	〃	二	
六三二	四四	傳動歯車	〃	一	
三四五	四〇	袋ナット	〃	二	
三六四	五九	接續ねじ	〃	一	
四一九	二三	止桿	〃	七	
三九三	一〇	柳桿	〃	一	
四八三	三五	上部鍔	〃	七	
四八一	三三	下部鍔	〃	七	
五〇一	一二	前部軸受筒	〃	二	
五〇二	一三	後部軸受筒	〃	一	
四八二	三三	下部鍔	〃	一四	
四二五	二九	吸氣弁動桿	〃	一四	

98

47

四二六	三〇	排気弁動桿	個	一四
四七六	二八	連絡桿	〃	二
六六二	二	導風板(左)	〃	一
六六三	三	〃(右)	〃	一
六六四	四	〃(上)	〃	一
六六一	一	〃(前)	〃	一
六六五	五	〃(後)	〃	二
九〇	四五	隔筒	〃	一
三一八	一六	弁ばね(小)	〃	三三
三一七	一五	〃(中)	〃	六
三一六	一四	〃(大)	〃	四〇
七二	二九	排油管	本	一
三一	二四	緊塞具	個	八
四一	三四	球面座金	〃	六〇

陸軍

~~48~~

葉番	部番	品目	單位	數量	摘要
三二	三四	植込ボルト	個	四	
二五	二五	〃	〃	四	
A一五	一八	ばね座金	〃	五〇	
三七	三〇	駐栓	〃	一	
一一	六	座金	〃	六	
一〇	五	ナット	〃	一	
二八	二一	合心栓	〃	一	
一二	七	ナット(乙)	〃	一	
五三	八	駐栓	〃	一	
一九	一一	植込ボルト(甲)	本	三	
二〇	一二	〃(乙)	〃	一	
二一	一三	〃(丙)	〃	一	
三九	三二	取付ボルト	〃	三	

東京・八木岡納

四二〇	二四	下部碇子受	個	九
三四八	四三	緊塞具	〃	四八
四三九	四三	隔筒	〃	一
五四二	三	緊塞具	〃	一〇
四二九	三三	座金	〃	一〇
四三四	三八	上部碇子受	〃	二
四三八	四二	軸受筒	〃	一
四五三	六	駐栓	〃	三
四四二	四六	ナット	〃	二
四三六	四一	固定ナット	〃	一
四四一	四五	座板	〃	二
四一五	一九	軸受筒	〃	一
五六五	一六	吊上環	〃	五〇
四三五	三九	調整ねぢ	〃	一〇

葉番	部番	品目	單位	數量	摘要
四四〇	四四	傘種桿軸	本	三	
五〇六	一七	緊定ねぢ(甲)	〃	一	
五六四	二五	調整ねぢ	個	一	
五一二	二三	調整座板	〃	一	
二七一〜二	一三四	座金	〃	二	
四三一	三五	袋ナット	〃	一八	
五二七	三九	取付丸りいねぢ	〃	四	
三八七	五	活塞軸	〃	二	
四〇八	一二	緊定ボルト	〃	五	
四一〇	一四	緊定軸	〃	二	
四一六	二〇	弁従動桿	〃	九	
三〇〇	二八	取付ボルト	〃	一	
三二四	二二	緊塞具	〃	七三〇	

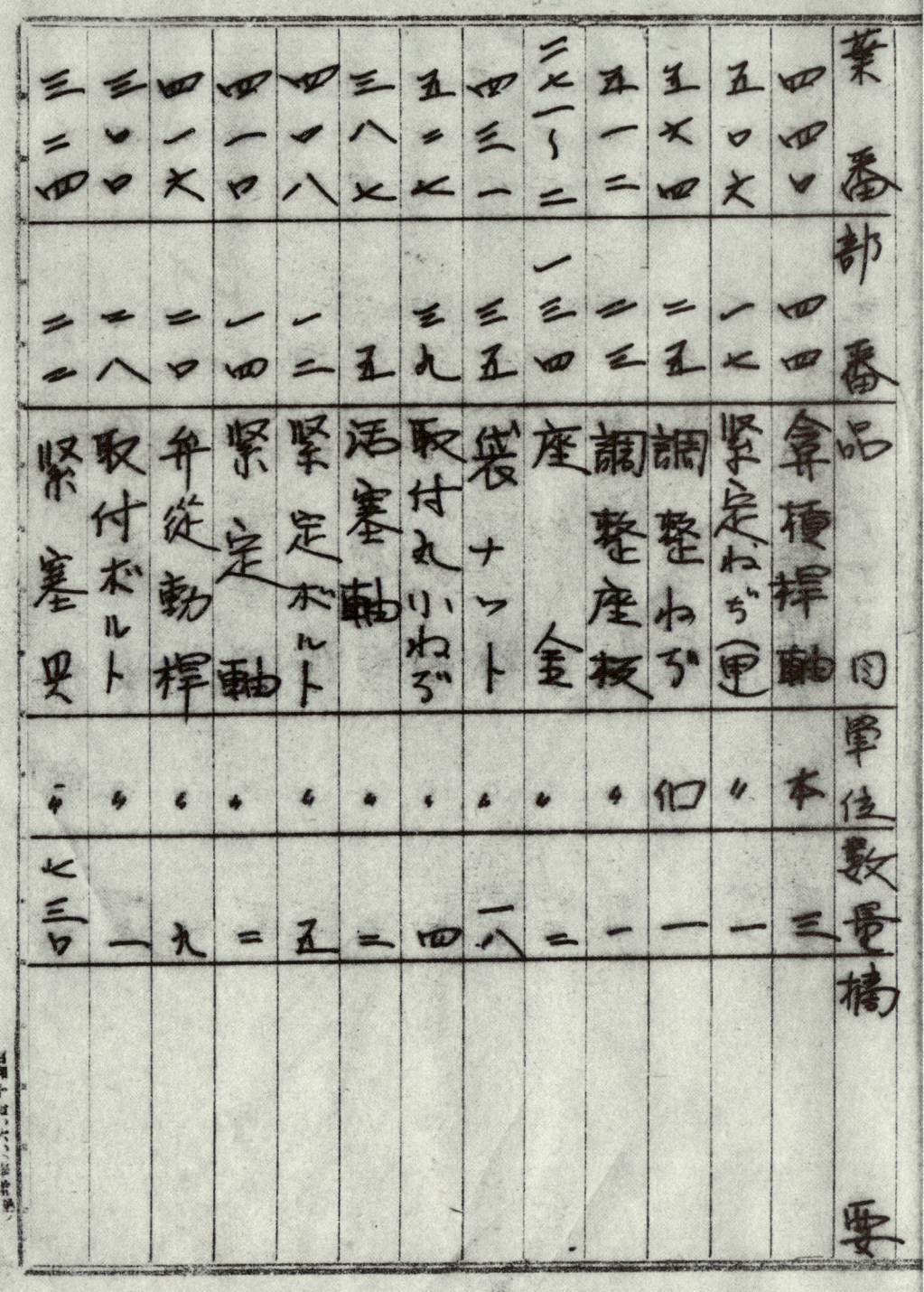

100
51

四五五	八	座金	個	三〇
四七〇	二一	緊塞具	〃	七〇
四六〇	一三	〃	〃	一三
四六七	一〇	注射金具	〃	三
四六四	一七	嵌栓	〃	二
四五四	七	ナット(甲)	〃	三
四七七	二七	緊塞具	〃	一四
三三二	三〇	接續管(乙)	〃	四四
三七五	二〜八一	ばね上受	〃	二六
六一七	三二	電纜番號環	〃	二〇
三八六	三	活塞軸及受筒	〃	二
六〇六	二一	緊塞具	〃	一四〇
六二〇	三五	装鐙番號環	〃	二五
六一五	三〇	接手ナット(丙)	〃	六

葉番	部番	品名	單位	數量	摘要
六一二	二七	覧塞具	個	一九〇	
六二〇	三五	装錠番號牌	〃	一五	
六一八	二三	電纜端末金具	〃	二五	
六一五	二〇	接手ナット上面	〃	六	
三五九	五四	緊塞具	〃	二〇	
三三四	三二	〃	〃	五四	
三二五	二三	植込ボルト	本	一〇	
三六三	六八	緊塞具	個	四	
三四三	三八	袋ナット	〃	三	
四二二	一六	〃	〃	二	
三四〇	三五	接続わぶ	〃	三	
三七五	二～七二	軸受筒	〃	一	
四二四	二八	〃	〃	二	

53 101

四二八	三二	弁動桿敵筒	仝	一〇
四三	三七	小ねぢ	〃	一
一四一	一八〜一〜一〇	支持金具	〃	一
二四	一七	緊塞具	〃	三〇
二七	二〇	緊定座金	〃	一三〇
B一七		ばね座金	〃	五〇
五二	七	油止外環	〃	一
二四	一七	緊塞具	〃	一〇
一九七	五七	〃	〃	一〇
二一二	七二	緊塞具	〃	一八
二〇六	六六	〃	〃	一〇
二三五	九五	〃	〃	六
二〇二	六二	伝動歯車軸	〃	一
二二〇	・八〇	緊塞具	〃	二〇

~~54~~

葉番	部番	品名	單位	數量	摘要
二四〇	一〇〇	緊塞具	個	二〇	
二三三	九二	緊塞具	〃	一五	
二一七	七七	植込ボルト	〃	五	
一九二	五二	軸受筒（車）	〃	一	
二四六	一〇六	緊定金具	〃	一〇	
二二三	八三	植込ボルト	本	一	
二六一	一三一	接続ねぢ（車）	個	一	
二四四	一〇四	ばね	〃	一	
一三八	九八	〃	〃	一	
二四三	一〇三	ナット	〃	三〇	
一九八	五八	植込ボルト	本	一	
		以	下空	欄	

102

名称 キ八五部品

葉番	部番	部品	単位	数量	摘要
一四八	七	排油管	本	二	
一五九	一八	還油管	〃	一	
三七五五	七五	安定座金	個	五	
五三九	一四	植込ボルト	本	四	
五八	四九	緊、定具	個	二〇	
三八六	四	植込ボルト長	本	二五	
一二六	一二〇	鉄止ナット	個	二〇	
八七二	四一	中間歯車	〃	六	
七	一	吸気弁	〃	一〇	
三三八	二	排気弁	〃	二〇	
三〇一	一三	起動歯車	〃	二	
五一六	四四	遠心伝導歯車	〃	一	

56

葉番	部番	品名	單位	数量	摘要
四三七	六六	中間歯車	個	一	
二七	二二	後部油軸伝子軸承外環	〃	一	
四九一	一八	扇車歯車	〃	一	
三四三	七	弁ばね中	〃	三〇	
三四四	八	弁ばね小	〃	三〇	
三四二	六	弁ばね大	〃	一四	
三三七〇	一	軸承及ブッシュ	〃	一	
		扇車	〃	一	
二八	二三	緊定環	〃	一	
七五四	一	緊定線	〃	三	
二二九	五六	植ボルト	本	二	
一九六	六〇	止環	個	五	
一四一	八〜八一	弁軸承	〃	一	

六八	六六	軸承	個	二
一〇六	二七	油止環	〃	五
一一八	四一	緊定ねぢ環	〃	二
六四八	一二	緊ねぢ	〃	七〇〇
三二六	三四	回止環	〃	四
一九八	一八	緊定ねぢ	〃	一
三一三	一七	緊定座金	〃	一〇
一〇〇	二〇	〃	〃	一〇
五〇三	三六	前部油栓環	〃	二
一〇三	二四	軸受筒	〃	一
四九二	一九	間座	〃	一
四四八	七八	下部左子受	〃	一
五五四	八三	緊塞具	〃	一五
五一九	四七	ばね	〃	一

58

葉番	部番	品名	単位	数量	摘要
五五五	八四	フン霧ねぢ	個	四	
四四一	七〇	固定ねぢ筒	〃	四	
四五一	八一	ばね	〃	一三	
四七六	三	取付ボルト	〃	八	
六五一	一五	電纜端金具	〃	一五	
五七五	一一一	ニップル	〃	二	
四九五	二二	植ボルト	〃	四	
四一二	一一	軸承	〃	四	
四〇七	四	調整ねぢ	〃	五〇	
六五八	六～二九	電纜ル柳へ金具	〃	二五	
三四四	一〇	柳へ楔	〃	四	
五〇四	三二	緊定ねぢ	〃	四	
二二五		植ボルト	〃	四	

59 104

四一〇	九	轉子軸	個	一四
四〇八	七	轉子	〃	三
五〇五	三三	緊定座金	〃	二〇
三四五	九	ばね上受	〃	三〇
四四七	七七	弁従動桿	〃	三
三八	三三	座金	〃	三八
四〇五	二	弁桿槓	〃	七
二〇	一四	ばね座金	〃	五〇
一五七	一六	〃	〃	二五〇
三一	二六	緊塞具	〃	四〇〇
二九	二四	駐栓	〃	六
一〇九	三〇	緊定ねじ環	〃	二
九三一		緊定座金	〃	三〇
二〇九	三三	〃	〃	三〇

葉番	部番	品目	單位	数量	摘要
三二四	三二	緊定座金	個	六〇	
七七	七五	座金	〃	五〇	
七六	七五	ボルト	〃	三	
五四	五七	緊塞具	〃	三〇	
三〇	一二	キー	〃	二	
三四一	五	排氣弁操環	〃	四	
四四	三九	螺座	〃	一〇	
六一	五八	緊定座金	〃	二〇	
二五四	八四	ニップル	〃	三	
二六一	九四	ナット	〃	二〇	
二六七	九六	緊定座金	〃	六〇	
三七八	四八	間座	〃	一〇〇	
八三	二一八六	ナット	〃	一〇	

二八四	一一五	緊塞具	個	二五
八三二	八五	〃	〃	一五
四二	三七	〃	〃	一〇
一三八	六九	〃	〃	五
二七六	一〇七	〃	〃	二〇
一三一	六二		〃	三
一一三	三四	キー	〃	一〇
二六一	九〇	緊塞具	〃	二五
二五八	八七	〃	〃	二〇
一二四	五四	〃	〃	一〇
二九四	一一三七	〃	〃	一五
二八三	一一四	〃	〃	一四
一〇八	二九	〃	〃	一〇
一〇七	二一	接續臺車	〃	二

葉番	部番	品目	単位	数量	摘要
一一四	三五	小ねじ	本	四	
一九二	一六	緊定金具	個	二	
一二	六	取付ボルト	本	五	
		以下空欄			

106

名稱 キ四四部品

葉番	部番	品目	單位	數量	摘要
一八	四〇〇八〇七	燃料可撓管	本	一	
三五四	四一[illegible]〇三八	油圧用可撓管	〃	三	
一六五	四〇一三四四	〃	〃	五	
四〇〇	四一三三四〇	二五粍潤油可撓管	〃	二	
二〇七	一〇〇九七三	一四粍可撓管	〃	一	
四二	四〇一三七二	一六粍 〃	〃	一	
一六三	四二〇三一九	燃料可撓管	〃	五	
一六四	四〇〇八九三	一 〃	〃	四	
二〇七		一四粍燃料可撓管	〃	一	
四八	一三八三五B	一三粍 〃	〃	一	
一八	四〇〇八〇七	燃料可撓管	〃	一	
二一三	一〇八〇〇九	六粍特殊可撓管	〃	六	

業番	部番	品目	單位	數量	摘要
三七五	一〇四〇一〇	ばね	個	一	
六一三五		油圧発生器	〃	五	右
一〇九	一三六三八	滑車	〃	一	
一〇五	一三一三四三	〃	〃	一	
一一三	一三一六四〇	〃	〃	一	
一〇七	一三一三五七	〃	〃	一	
三七九	四〇八三三	昇降舵用槓桿	〃	一	
一三七	四〇三八〇	尾輪開閉器	〃	一	
五三二	一〇四五〇	特殊ボルト	〃	五	
一二	一〇七三四九	六粍特殊ボルト	〃	二〇	
		二〇A可溶片	〃	二〇	
		三〇A〃	〃	一〇	
一〇一	一〇九七四	三五号滑車	〃	一	

65 107

一〇八	一二一六三八	二五号滑車	個	一
一一三	一三六六四三	二〇号〃	〃	一
	K二	二極接續器	〃	一
三〇〇一	四二四三	二極電纜接續器	〃	二
二一三四	四四二七六	信号灯	〃	二
四一五	四〇二一九五	油圧用調整器	〃	一
五三一	一〇七九一二	地絡線	〃	五
五九	一二四七四九	六粍三〇ミリ	〃	二
一四一	一三〇三三〇	索車	〃	一
二九四	一〇七二二	油量計	〃	二
八七	一〇七〇四〇	接續ゴム	〃	五
九二	一〇四八七〇	燃料注入口覆	〃	一
一九六	四〇二二九一	燃料調圧弁	〃	一
一一五	一三一六四一	増車	〃	一

~~86~~

葉番	部番	品目	単位	数量	摘要
二六六	一三〇〇六五	座金	個	四〇〇	
二六三	四〇〇五五四	腕金具	〃	二	
	七〇〇四八三	尾輪支柱組立	〃	三	
四二	四〇〇二七三	一六粍燃料可撓管	〃	一	
一六四	四〇〇八七三	燃料可撓管	〃	四	
四八	一三八三五三	一三粍燃料可撓管	〃	一	
一三三	四一〇三九	燃料可撓管	〃	五	
二一三	一〇八〇九	六粍特殊可撓管	〃	一	
三七		一四粍燃料可撓管	〃	一	
四〇〇	四二三四〇	三五粍油防油可撓管	〃	一	
四五七	一a	ピストン	〃	四	
四一三	八a	ピストンリング	〃	一九	
七三九	四二三四〇	可撓管	〃	五	

~~67~~ 108

二〇七	六	四一八	八〇〇〇〇三	四〇三六九	九〇					三九四	六三		二五
一〇〇九七二	九〇〇三一八九	四〇一四三三			六〇〇九九二	三〇九九	二四四一	八〇〇七五	一〇七〇六五	一〇三八九八	一一五五四〇		一一〇四五六
可撓管	足踏桿	尾輪作動筒	手動ポンプ	カウルフラップ作動筒	下ゲ翼作動筒	流速利集弁	氣筒導線	尾輪組立	卓横口被覆	尾輪軸	不帰弁	回轉計(てしきこグル)	玉碍子
個	〃	〃	〃	〃	〃	〃	組	箇	〃	〃	〃	〃	〃
一	一	一	二	一	六	一〇	三	二	二	二	二	一	二

葉番	部番	品目	單位	数量	摘要
	九〇〇九〇二五	皿小ねじ	個	八三	
三五一一	一〇〇六二	固定栓	〃	六五	
	一〇四五〇	特殊ボルト	〃	三	
	一〇A	可熔片	〃	一〇	
二九〇	一〇八三九三	引張ばね	〃	五	
一七	四〇一九三六	引込線碍子	〃	二	
	一三〇二九〇	発動機架後衛ゴム	〃	四〇	
	一〇〇六三	止金	〃	三八	
	二四四六六	羅針盤用電球	〃	一〇	
		以下空欄			

67. 109

計器部品			
一七〇	アンクル	本	一
	指針	〃	三
三一	蓋螺	〃	二
一三一	下部蓋輪	〃	二
	回転計端子	〃	五
一九	目盛板	〃	七
	天神	〃	五
九二	核桿甲	〃	一
一七	硝子板	個	四
九八	損桿	本	一
	狼芽発條	〃	五
	座金(乙)	〃	三
	桿計	〃	一

葉番	部番	品目	單位	數量	摘要
		止環	本	二	
		短絡端子	〃	五	
六四一三		平子ねじ	〃	五	
｜		白金短螺	〃	六	
八四一四		短指乙	〃	二	
		歪輪	〃	一	
四九一七		ゴム栓	〃	一二	
六〇八	一五	電鎖端末[illegible]	〃	一五〇	
		調整桿	〃	一	
		絶縁板	〃	三	
五九	二七	座金	〃	七	
四三一二		接手ナット	個	一〇	
		復還發條	〃	二	

八四-四〇		端子甲	本	三
八〇-一九		力ム	個	五
		接桌長螺	本	四
八〇	三九	導線	〃	三
		配電子	〃	二四
		桌大座金	個	二
七五-三四		座金甲	〃	七
		絶緣管	〃	二
		回座	〃	七
		蓄電器	〃	二
		配電盤車	〃	一
七七	三六	座板	〃	二
		回座甲	〃	一〇
		發條	〃	三

業番	部番	品目	単位	数量	摘要
一〇一五		通風金物	個	二	
		刷子枠	〃	七	
		球軸承乙	〃	一	
		皿小ねぢ	〃	一五	
		刷子キ	〃	一	
		緊定螺	〃	三	
		刷子押甲	〃	六	
		丸小ねぢ	〃	五〇	
		ボールトナット	〃	一一	
		三/8×三八 ボールトナット	本	一三	
		6×8×20 溝付ボールトナット	〃	一〇	
		4×14×8 ボールトナット	〃	一三	
		五粍ナット	個	九八	

73 111

3×44 ボールトナット	本	一五
3×53×10 ボールトナット	〃	二〇
6×4×12 ボールトナット	〃	二〇
6×14×10 溝付ナット	個	二〇
3×16×10 ボールトナット	本	一五
6×30×10 溝付ナット	〃	一五
3×38×10 ボールトナット	〃	二一
4×30×8 ボールトナット	〃	三〇
6×60×13 ボールトナット	〃	一五
3×48×50 ボールトナット	〃	二一
3×6×4 ボールトナット	〃	一四
四粍ナット	個	一〇
3×38×7 ボールトナット	本	二〇
3×44×8 ボールトナット	〃	一五

陸軍

葉番	部番	品目	單位	數量	摘要
		6×18×10 ボルトナット	本	一五	
		6×26 四角ナット	個	一五	
		6×14×12 ボルトナット	本	四〇	
		6×14×10 ボルトナット	〃	一五	
		可熔片 一五A	〃	一〇	
		〃 四〇A	〃	一〇	
		受送信レセック	個	二	
		空中線端子	〃	一	
		電波端子	〃	二	
		ネオン管	〃	三	
		氧化[illegible]	〃	四	
		平滑蓄電器甲	〃	二	
		高周波濾整蓄電器	〃	一	

(日本標準規格[illegible])

~~45~~ 112

対空二号	変七八	ウオーダム継電器	個	一
〃		雲母蓄電器	〃	二
〃		固定抵抗器	〃	一三
〃		七号一〇K固定抵抗器	〃	一一
〃		1/2ム四〇〇Ω固定抵抗器	〃	一
〃		排気管緊塞具	〃	四
〃		點火栓	〃	一
〃		七号五〇KΩ固定抵抗器	〃	一
〃	送一七	グリッド抵抗器	〃	四
対空二号		6×20 大角ボルト	本	二〇
〃		気化器主噴子	個	二
〃		気筒緊塞環	〃	一
〃		活塞環	〃	一〇
〃	変五五	音色調整器	〃	一

陸軍

葉番	部番	品目	単位	数量	摘要
·	負一三	同調回路棒線	個	一	
変圧		表示灯ソケット	〃	八	
		紙蓄電器四五号	〃	六	
対空二号	配五	蓄電池端子	〃	一	
		一五〇V〇、〇五N雲母蓄電器	〃	五	
		紙蓄電器	〃	二	
		〃九〇八	〃	二	
対空二号		低左刷子	〃	九	
〃		½V五〇〇KΩ、固定抵抗器	〃	五	
〃	変九八	直接抵抗[illegible]	〃	一	
〃		低周波変成器	〃	一	
〃九六飛三	直	出力側低左刷子	〃	一	
〃	負抵九	中成周波拡大器、反結合蓄電器	〃	一	

~~77~~ 113

九六飛三	受抵五四	1/4 五KΩ固定抵抗器	個	五
〃	送二一	六号大型二七KΩ固定抵抗器	〃	一
〃	受高三六	1/2L 一〇KΩ固定抵抗器	〃	二
〃	送二〇〇 四〇〇	一〇〇V〇.〇〇〇二九μF雲母蓄電池	〃	二
〃	受低三三	一〇〇V〇.〇〇〇五μF雲母蓄電器	〃	六
〃	送二	l 〃三七 中型線端子	〃	九
〃	送二一 六〇	L2 七 真空管承	〃	一
九六飛二	受高 受低 二二八	l 七 〃三定 真空管承	〃	二
九六飛三	送六	一〇〇V〇.〇〇五μF雲母蓄電器	〃	二
〃	受高三五	1/4 二KΩ固定抵抗器	〃	二
〃	送三一	1/2 ム3 固定抵抗器	〃	五
情報	送三〇	六号型五〇KΩ固定抵抗器	〃	一
〃	受二六一 三〇	一号型 一〇〇V〇.〇〇三五M 雲母蓄電器	〃	一
〃	〃 六三	六号型三MΩ固定抵抗器	〃	一

陸軍

葉番	部番	品目	単位	数量	摘要
情報	受三六七一 三四三七 三五八	固定抵抗器 ½ 六号型 5KΩ	個	三	
九四飛二	受 二三	周波数変換	〃	二	
〃	変調 三	送話器変圧器 1/30	〃	二	
〃	変 一七	三五V 低圧回路抵抗器	〃	二	
〃	三八二	受信高圧回抵抗器甲	〃	五 二	
九四飛一三号	変 六	音声拡大管陰極抵抗器	〃	一	
〃 三号	〃 一四	陽極塞流線輪	〃	四	
〃	受 六〇	変圧器	〃	一	
〃	送 一九	雲母蓄電器	〃	三	
〃	送 二五五 三四六	雲母蓄電器	〃	四	
HZ 〃 〇一八		座金	〃	一〇	
九六飛三	送 二三	変調管塞流線輪	〃	一	
〃	〃 二九	送話機変圧器	〃	二	

(日本標準規格一號)

~~29~~ 114

九六飛三	属	受話器	個	一
〃	直	出力側高圧刷子	〃	一
〃	送一三	發張同調蓄電器	〃	一
〃	受高六	補整蓄電器	〃	一
〃	送四	空中線転換継電器	〃	一
〃	送一、三	ℓ=四、五 空中線端子	〃	八
〃	受高五八	雲母蓄電器	〃	七
〃	送七	雲母蓄電器	〃	七
	受低三六〇六	一〇〇七 二五〇	〃	一
	送一九	一〇〇〇 〇.〇〇〇一	〃	一
九六飛三	受抵三一	3/ℓ 7Kℓ 固定抵抗器	〃	一
〃	受変三三九	3/L 一六〇Kℓ 固定抵抗器	〃	二
〃	送二四	〇.〇〇〇V 〇.〇〇〇四KM 雲母蓄電器	〃	五
〃	〃一五	1/L 1M几 固定抵抗器	〃	四

陸軍

葉番	部番	品目	單位	數量	摘要
九六飛三	送三三五二	五〇．〇M電解蓄電器	個	五	
〃	負抵五〇	1/ム三KΩ固定抵抗器	〃	二	
	送負[illegible]	一号型三〇KΩ固定抵抗器	〃	三	
九六飛三	負抵五〇	一L二二KΩ固定抵抗器	〃	二	
呂号	送負三四	一号型一〇KΩ固定抵抗器	〃	二	
〃	負[illegible]	一号型五KΩ固定抵抗器	〃	二	
〃	送負[illegible]	一号型五〇KΩ固定抵抗器	〃	八	
	負[illegible]	一号型二〇KΩ固定抵抗器	〃	五	
対空二号		11×8六角ボルト	本	三〇	
〃		10×35六角ボルト	〃	二〇	
	変長	ラオ1タス継電器	個	一	
対空三号		5×20連結螺締付ボルト	本	九	
〃		皿頭ねぢ	個	一〇	

81 115

対空号		6×33丸頭ねぢ	個	一〇
〃		三粍六角ボルト	本	二〇
〃		5×13丸頭小ねぢ	個	二〇
〃		四粍六角ナット	〃	二〇
〃		4×20丸頭小ねぢ	〃	二〇
〃		調整器發條	〃	二
〃		茄子環	〃	一
〃		五粍六角ナット	〃	二〇
〃		熱分流器	〃	一
	送受	電源端子	〃	一
	受抵	沪波蓄電器甲	〃	一
	受抵器	固定抵抗器	〃	一
		変圧分圧器	〃	一
対空二号		曲軸締付ナット	〃	五

葉番	部番	品目	単位	数量	摘要
対空三号		六粍六角ナット	個	二〇	
〃		八粍六角ナット 高周波拡大管	〃	一〇	
九六飛三	受高	反結合蓄電器	〃	一	
キ一		送話器側路蓄電器	〃	一	
九六飛三	キ四	地線端子	〃	九	
〃	受高三八	受話器ジャック	〃	七	
〃	〃九[illegible]	高周波拡大器 陰極抵抗器	〃	一	
〃	〃二九	音量調整器	〃	二	
〃	キ五	送話器ジャック	〃	一	
〃	キ八	電線開閉器	〃	一	
		高圧分圧器	〃	一	
		空中線端子	〃	一〇	
		九七[illegible]計部品	〃	一	

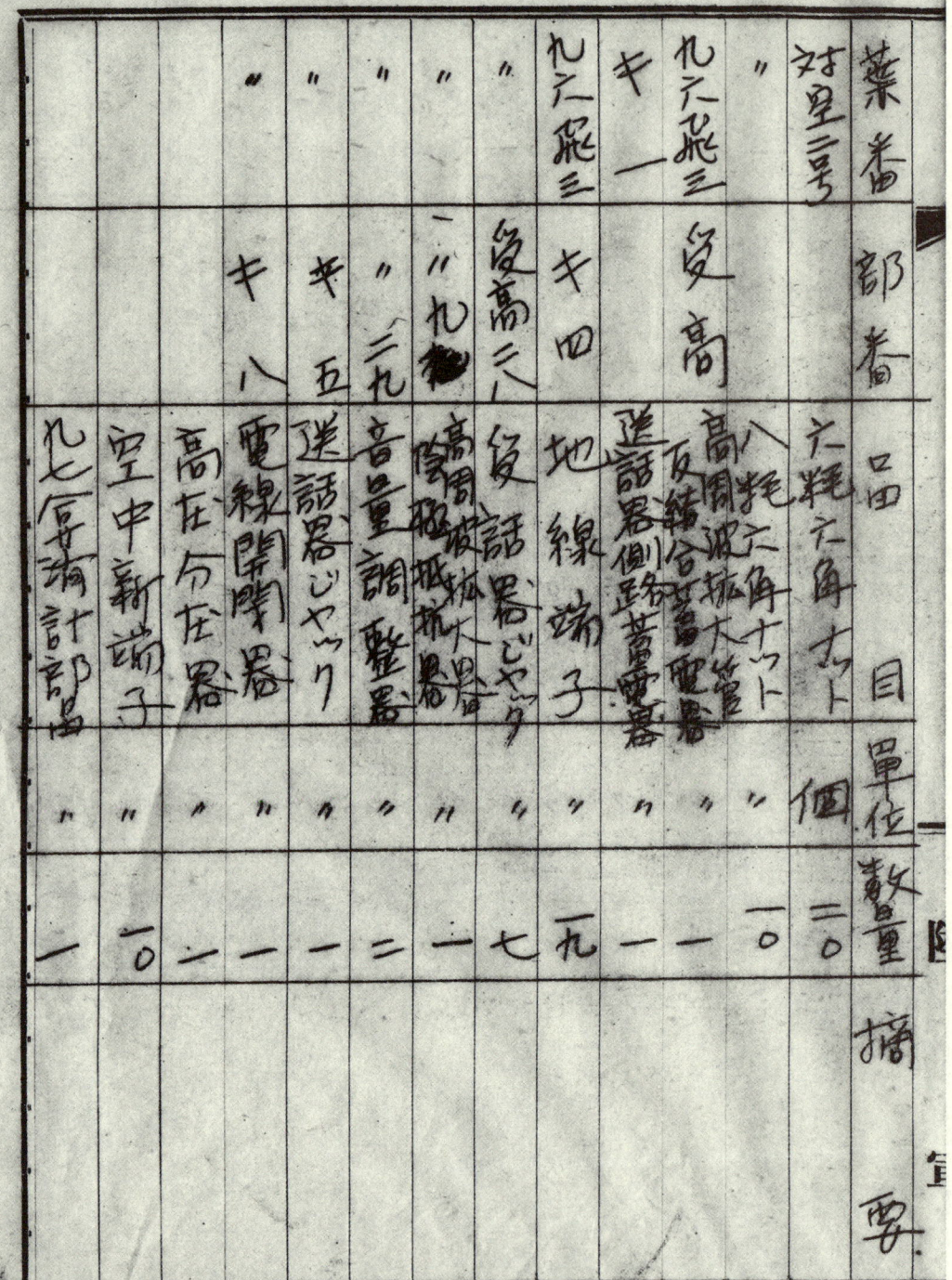

116

真空管

業番	部番	品目	単位	数量	摘要
UZ	四七〇	真空管	箇	二	
UT	六B七	〃	〃	二一	
UX	八六五	〃	〃	一八	
MC	八〇四	〃	〃	一〇	
UY	三七	〃	〃	二二	
UZ	七八	〃	〃	五八	
UY	一三三A	〃	〃	一〇	
UZ	七九	〃	〃	一三	
〃	四七G	〃	〃	九	
〃	一三三G	〃	〃	二	
E	二〇五三	〃	〃	二	
UF	二一〇B	〃	〃	二	

葉番	部番	品目	單位	數量	摘要
4乙	四七D	真空管	箇	二	
4Z	一三五	〃	〃	三	
4F	一二A	〃	〃	五	
4T	四F七	〃	〃	六	
4Y	八0七A	〃	〃	二	
4Z	七七	〃	〃	五	
4F	一0PA	〃	〃	六	
〃	一三四	〃	〃	三	
4	三六D六	〃	〃	四	
4T六A七		〃	〃	二0	
4Z	一三三D	〃	〃	三	
		以下	空	白	

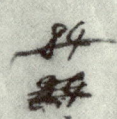

お117

八九式旋回機関銃部品

葉番	部番	品目	單位	數量	摘要
一	二一～三	彈呉矢	個	三	
	三二～六一	分解器	〃	一	
		復座ばね大	〃	二	
		〃小	〃	二	
		安全ばね	〃	四	
		誘導子各	〃	五	
		抽筒子ばね	〃	三〇	
		支桿駐栓	〃	一〇	
		円子負被駐ばね	〃	四	
		保桊子	〃	二	
	三三～三一	連鈎	〃	一三	
		保桊子ばね蓋	〃	三	

№6

葉番	部番	品目	單位	数量	摘要
		弾倉駐子ばね	個	二	
	一三-一-四	活塞頭	〃	二	
	七-一-一-七	円子受上各	〃	八	
		照門環	〃	二	
		引金ばね	〃	二	
		弾倉遊輪蓋 螺駐筍子ばね	〃	一	
		引鉄軸	〃	三	
		碍子豆	〃	三五	
		遊頭槓桿	〃	一〇	
		撃発機器	〃	三八五	
		大槓桿ばね	〃	一	
		保莢ばね	〃	三五	
		駐子軸	〃	一三八	

118

	各種鋲	個	一三八
	引鋲	〃	二八
一九・五・一	得子完	〃	一〇
	安全子ばね	〃	三五
	洗頭	〃	六
	前方蓋板駐栓ばね	〃	三
	塞板	〃	五
	大槓桿ボルト	本	三四
	〃ナット	個	四〇
	蝶番軸	〃	三
	復座ばね検査器	〃	二
	保莢子ばね	〃	五三
	送弾子ばね	〃	三五
	安全子	〃	一〇

葉番	部番	品目	單位	数量	摘要
	一九ー八	碍子ばね	個	三	
		装填架甲	〃	二	
		〃 乙	〃	二	
		ガス筒駐子	〃	二	
		駐鍵	〃	八	
		連結桿座板	〃	一四	
		送弾子軸	〃	一〇	
	一九ー五	上壁	〃	一	
		撃茎ばね	〃	一〇	
		洗矢刷毛	〃	五	
	一三〜二〇	安全子ばね軸	〃	一〇	
		遊壁	〃	二	
		弾子座			

~~88~~ 118

送彈子乙 個 百

駐子座 〃 二

以下空罫

中央信託局蘇浙皖區敵偽產業清理處處長劉鈞鑒：本年三月八日滬理財原字第四四八號代電謹抄表遵查前奉滬清字第三七九九〇號代電令接管日人清冊三件，敵產日冷凍製冰株式會社所在場所為係浦東海塘灘並該課查收告表第六五二號內註明為未接收物件，奉交令案乃接收外尚餘為大東工業株式會社（即大東橡膠廠）及吉福鐵廠兩冊經與聯合勤務總司令部後勤汽車修造廠接收清冊與兵工署第廿修械廠接收清冊逐一核對，尚無重複誤，奉電前因，理合陳請鑒核。李志山 徐清寔（印）

4

簽呈 三十六年三月二十八日 于本分處

奉

諭核对總局移来沪清字第三七九〇號日人清册三份经查内中有一份屬東海縣本處無法核对外其餘二份均于接管机関移来清册核对並無缺少，理合簽請

鑒核

股長 張、

轉呈

處長 戚

鑒核

王積貴 謹簽

（附清册三份）

況擬核对並無短缺擬即呈復 三、廿九

懷 三/卅

日商產業報告表

番號記號 SKへ 第115番

商號（本名／華名）	吉福鉄廠	原所在地	虹口 南潯路新發街263號	資本金	（公稱五户万元）（拂込）
責任者（負責人）（職務／氏名）	代表者 吉福利滿 （現住所）上海市家宅路西参号	經營型態	個人		

主業	大分類	地方資產	兼業	
	小分類	機械器具工業	取扱品目	諸機械修理製造

12

第33字第　號附件　紙

財產調查書（一月二十日現在）

項目			被接收（押收）物件【被接收（含有被沒收）物件】(A) 數量	價格（九月十二日時價）(C.R.B.)千元	接收／押收 區列	實施機關	未接收物件【未接收物件】(B) 數量	價格（九月十二日時價）(C.R.B.)千元	所在場所（存放地點）	封印機關（查封）	合計 (A+B) 數量	價格 (C.R.B.)千元
資產	物資	土地				軍政部						
		建物（房產）		30.000 ~~23.910~~	接收	〃						30.000 ~~23.9?~~
		機械設備		~~(2,944,600)~~ 2.945.150	〃	〃						~~(2,944,600)~~ 2.945.150
		有價證券										
		什器（生財）		~~4.520~~ 3.800	〃	〃						~~4.520~~ 3.800
		現金（現鈔）										
		銀行預金（銀行存款）										
		商品										
		材料		~~60.4?0~~ (450.000)	〃	〃						~~60.4?0~~ (450.000)
		~~建築~~										
		小計		~~31.000~~ ~~325.880~~ ~~(3433.120)~~ 3.432.950		〃						~~31.000~~ ~~325.880~~ ~~(3433.120)~~ 3.432.950
	其他資產	賣掛金（應收貨款）										
		貸付金（應收貸款）										
		受取手形（應收票據）										
		受取小切手（應收支票）										
		前渡金（暫付款項）										
		小計										
	合計											
負債		買掛金（應付貨款）										
		借入金（應付借款）										
		支拂手形（應付票據）										
		支拂小切手（應付支票）										
		前受金（暫收款項）										
		保證金（已收定洋）										
		預リ金（寄存款項）										
		預リ品（寄存物品）										
		倉庫受託品（寄存貨品）										
	合計											

徐

13

日·商產業報告表

NO.1580

登錄番號記號	記號	番號
	S 乙—15	第130番

地方資產

商號	(日本名)(華名) 大東工業株式會社 徐州工場	原所在地	徐州市廣壽路 王陵路一六号	資本金	(公稱　　　　(拂込)	主業	大分類	~~化學工業(七)~~	兼業	
責任者(負責人)	(職務)(氏名) 代表取締役 工場長 福山	(現住所) 上海寶安路		經營型態	株式会社		小分類	~~(18)~~ 化學工業	取扱品目	ゴム製品

地方資產(化學工業) 財產調查書(一月二十日現在)

項目		被接收(押收)物件【被接收(含有被沒收)物件】(A) 數量	價格(九月十二日時價)(C.R.B)千元	接收押收區別	實施機關	未接收物件【未接收物件】(B) 數量	價格(九月十二日時價)(C.R.B.)千元	所在場所(存放地點)	封印機關(查封)	合計(A+B) 數量	價格(C.R.B.)千元
資產 物資	土地										
	建物(房產)	明細別紙	680.090	接收	~~第一〇一~~ 軍政部					明細別紙	680.090
	機械設備	〃	~~3.855.100~~ 3.823.100	〃	~~第一〇二~~ 〃					〃	~~3.855.100~~ 3.823.100
	有價證券										
	什器(生財)	〃	42.700	〃	第三〇一 〃					〃	42.700
	現金(現鈔)										
	銀行預金(銀行存款)										
	商品										
	原料	〃	2.692.530	〃	〃					〃	2.692.530
	補助材料	〃	458.000	〃						〃	458.000
	小計		~~7.728.420~~ 7.696.420								~~7.728.420~~ 7.696.420
其他資產	賣掛金(應收貨款)										
	貸付金(應收貸款)										
	受取手形(應收票據)										
	受取小切手(應收支票)										
	前渡金(暫付款項)										
	小計										
合計			~~7.728.420~~ 7.696.420								~~7.728.420~~ 7.696.420
負債	買掛金(應付貨款)										
	借入金(應付借款)										
	支拂手形(應付票據)										
	支拂小切手(應付支票)										
	前受金(暫收款項)										
	保證金(已收定洋)										
	預り金(寄存款項)										
	預り品(寄存物品)										
	倉庫受託品(寄存貨品)										

軍 字第 號 附件 紙

14

日僑產業報告表

NO 657

番號記號 ハ12 第5番

木 116

商號（日本名）（華名）	黄海冷凍製氷株式會社	原所在地	上海北京路六九〇号	資本金	（公稱）貳拾五萬圓（拂込）貳拾五萬圓	主業 大分類	食品工業	兼業	製氷
責任者（負責人）（職務）（氏名）	取締役社長 若林秀雄	（現住所）	神戸市灘區篠原北町一ノ八七	經營型態	株式會社	小分類	冷凍業	取扱品目	鮮魚冷凍

食品工業

財產調查書（一月二十日現在）

項目			被接收（押收）物件【被接收（含有被沒收）物件】(A) 數量	價格（九月十二日時價）(C.R.B)千元	接收押收區別	實施機關	未接收物件【未接收物件】(B) 數量	價格（九月十二日時價）(C.R.B.)千元	所在場所（存放地點）	封印機關（查封）	合計 (A+B) 數量	價格 (C.R.B.)千元
資產	物資	土地						~~1,256,000~~				
		建物（房產）						1,256,000 ~~955,000~~	淮海省東海縣墟溝			1,256,000
		機械設備						955,000	仝			955,000
		有價證券										
		什器（生財）						56,400	仝			56,400
		現金（現鈔）										
		銀行預金（銀行存款）										
		商品										
		小計		0				2,267,400				2,267,400
	其他資產	賣掛金（應收貨款）										
		貸付金（應收貨款）										
		受取手形（應收票據）										
		受取小切手（應收支票）										
		前渡金（暫付款項）										
		小計										
	合計			0				2,267,400				2,267,400
負債	買掛金（應付貨款）											
	借入金（應付借款）											
	支拂手形（應付票據）											
	支拂小切手（應付支票）											
	前受金（暫收款項）											
	保證金（已收定洋）											
	預リ金（寄存款項）											
	預リ品（寄存物品）											
	倉庫受託品（寄存貨品）											
	合計											

字第 號 附件 紙

5-0

清算股

中央信託局蘇浙皖區敵偽產業清理處代電

滬理財物字第9935號

中華民國三十六年五月十六日

事由	奉院令轉飭追究徐州地區日人產業物資重行檢發日人原册希即遵照办理另黃海冷凍製冰株式會社一案併應查究具報由
擬辦	除已知之接收者已經徐結一三○號呈報外，無法接收者擬即派員查明報并設法追究，查明該廳備案，黃海冷凍製冰株式會社係屬海州專員辦事處接管，擬電該處飭查究追報
批辦	唐

派駐徐州專員辦事處鑒：案據本年二月四日徐清字第一三○號呈：呈報核對日人清册困難情形，造具核對清册連同原頒清册請予核賜轉等情。據此，除報經第138次審議會洽悉外，并經將該核對清册於本年三月廿八日以沪審物六三一三

（覆文務請叙明相關來文之字號及日期）

1622
5 19 15

號代電轉陳行政院核備在案茲奉行政院本年五月五日
從拾字第16981號指令內開，代電暨附件均悉徐州地區日人移
交清冊所列產業物資仍應設法追究查對依法處理仰即遵
照並轉飭遵照等因奉此自應將該日人原冊重行檢發希
即遵照办理如日人產業物資確有無法接收情事應由該處
詳細臚陳調查經過以便轉陳復據該處三月卅一日徐清字
第466號代電以奉發原清冊三份除大東工業株式會社吉福
鐵廠敵人產物核無鈔少外關于黃海冷凍製冰株式會社
無案可稽等情查該黃海冷凍製冰株式會社一案仍應由
該處遵照院令切實查究具報為要兼處長吳任滄沪
理財物局冊（9735）
附發徐州地區日人被接收財產清冊一冊

在保州地区
日人被接収財產清冊

政経調第21号

58

徐州地區接收財產明細表

CRB

單位　儲備券　元

57 No.1

徐州ニ於ケル接收概況（昭21.4.2）

1. 接收機關ノ推移

i. 第十戰区臨泉指揮所接收委員会

イ. 民國34.8.21 設置

第十戰区司令長官 李品仙

ロ 第十戰区副司令長官 何柱國 徐海地区ノ接收責任者ヲ命ゼラル

（民國34.9.4.）

ハ. 徐海区接收管委員会主任委員ニ第十九集團軍司令官 陳大慶任命サル

（附） 徐海区接收委員会系統表

54 No.22.

- 主任委員
- 副主任委員
- 秘書長
- 副秘書長

（以下各部门均隶属于上列委员会）

- 弁公廳(文書)
- 第一組(軍需物品)
- 第二組(軍糧經濟)
- 第三組(軍需工業工廠)
- 第四組(文化.教育)
- 總務組(庶務.經理)
- 汽車總隊(各種車輛)
- 房產土地清理處

2. 第十戰區司令長官徐州指揮所

前記臨泉指揮所ハ民國34.10.5ヲ以テ業務ヲ終了シ徐州指揮所トナル主任委員ニ弁中將任命サル

3. 綏靖公署(主任顧祝同)ノ設置ニ依リ徐海區日本官兵弁理處、日僑管理處、城防司令部(警備司令部ノ後身)等各機関並立シ接收モ亦全ク統制ナク責任ノ所在明ナラザルモノ多シ

No.3.

2. 接收様式

原則トシテ財産目録四部ヲ移交人側ニ於テ作製 接收人ハ領事館員立会ノ下ニ接收物件ヲ目録ニ照シ點検ノ後 接收人、移交人双方捺印シ二部ヲ接收人側ニ一部ヲ領事館側ニ預リ残リ一部ヲ移交人ニ携行セシメアリ 領事館ニ於テ預リタル目録ハ既ニ本省ヘ携行済

3. 邦人財産中、接收済並ニ未接收ハ別表ノ如ク夫々230件 83件(民國35年2月末現在)ナルトコロ 未接收83件中ニハ柳泉炭鉱、正金、鮮銀等ノ銀行其ノ他接收ノ運ビニ至ラズ 財産目録未調整ノモノ相当数除外サレアリ 之ガ整備ハ目下徐州ニ於テ継続中ナリ。

徐州地区邦人財産總括表(賠償芳建示表)

(昭和二十一年三月二十日現在)

記号	業種別	接收済 件数	接收済 価額	未接收 件数	未接收 価格	合計 件数	合計 価格	備考
A	振興系会社	6	615.892.190.58	1	30.000.000.00	7	645.892.190.58	対財産總額
C	麺粉廠	2	6.279.933.000.00			2	6.279.933.000.00	接收済七二・四%
D	国有財産	1	1.088.525.000.00			1	1.088.525.000.00	未接收二七・六%
E	土木建築	6	125.310.000.00	9	5.042.060.000.00	15	5.167.370.000.00	
F	金融業	2	1.968.750.000.00	1	60.000.000.00	3	2.028.750.000.00	
G	倉庫業	1	338.017.400.00	3	384.210.300.00	4	722.227.700.00	
H	運輸通信業	2	2.444.465.000.00			2	2.444.465.000.00	
K	機械器具業	8	20.589.656.610.00			8	20.589.656.610.00	
L	化学工業	15	18.568.360.517.88	1	50.000.000.00	16	18.618.360.517.88	
M	纖維工業	2	2.815.004.000.00			2	2.815.004.000.00	
N	食品工業	7	4.646.765.509.62			7	4.664.765.509.62	
O	雑工業	6	3.592.791.628.00			4	3.592.791.628.00	
P	民團及厚生公團	6	482.052.000.00	6	21.726.100.000	12	22.208.152.000.00	

Q	医業	8	7.949.520.000.00	1	154.360.000.00	9	8.103.880.000.00
R	文化事業 文化施設	6	1.699.691.377.25	9	3.529.892.430.00	75	5.229.583.807.25
T	物品販売業	26	765.819.919.11	9	35.649.000.00	35	801.463.919.77
U	雑業	24	2.234.773.590.00	1	4.485.548.500.00	25	6.720.322.090.00
V	貿易蒐買	63	53.113.126.895.06	37	13.519.099.500.00	100	66.632.226.395.06
W	個人資産	39	482.614.000.00	5	513.628.000.00	44	996.242.000.00
	合計	230	129.819.068.638.16		49.530.542.730.00		179.349.611.368.10

58

徐州地区接收財産業種別集計表（餘備考建示）

記号	業種別	家屋	商品	家具什器	家屋造作	機械器具
A	振興会社	200.259.851.65	136.431.381.44	14.614.566.20	4.054.303.95	94.892.865.44
C	麺粉廠	540.000.000.00	4.550.936.000.00	42.077.000.00		1.146.920.000.00
D	國有財産	492.313.000.00		556.212.000.00	40.000.000.00	
E	土木建築	69.800.000.00		510.000.00	55.000.000.00	
F	金融業	1.350.000.000.00		618.750.000.00		
G	倉庫業	150.000.000.00	172.087.400.00	10.930.000.00	5.000.000.00	
H	運輸通信	292.400.000.00		52.370.000.00		1.255.895.000.00
K	機械器具工業	1.601.822.610.00	1.358.414.000.00	16.547.540.000.00	92.000.000.00	979.880.000.00
L	化学工業	6.538.040.000.00	5.794.147.050.00	909.165.467.88	123.000.000.00	52.04.008.000.00
M	纖維工業	361.000.000.00	車輌品 320.954.000.00	5.610.000.00		2.127.440.000.00
N	食品工業	1.537.695.000.00	1.460.817.008.81	66.812.000.00	3.090.000.00	1.448.290.000.00
O	雑工業	957.500.000.00	1.175.200.000.00	89.092.000.00		1.173.750.000.00

現金	預金	土地	開發費	薬品医療器	合計	件数
135.995.486.83	3.474.998.38	20.200.000.00	4.065.756.69		615.892.190.58	6
					6.279.933.000.00	2
					1.088.525.000.00	1
					125.310.000.00	6
					1.968.750.000.00	2
					338.017.400.00	1
843.800.000.00					2.444.465.000.00	2
					20.559.656.610.00	8
					18.568.360.517.88	15
					2.815.004.000.00	2
148.061.500.81					4.664.765.509.62	7
137.863.195.00	59.386.433.00				3.592.791.628.00	6

徐州地区接收財産業種別集計表

記号	業種別	家屋	商品	家具什器	家屋造作	機械器具
P	民團、學生会團	53.200.000.00	19.302.000.00	75.900.000.00	333.650.000.00	
Q	医業	1.035.000.000.00		211.000.000.00	1.035.000.000.00	
R	文化事業 文化施設	809.534.000.00		196.840.000.00	37.000.000.00	655.555.000.00
T	物品販賣業	269.885.566.46	205.164.958.38	39.337.094.93	251.432.000.00	
U	雑業	2.662.000.000.00		258.993.590.00	313.280.000.00	
V	貿易、薑買	12.309.031.191.12	58.497.229.065.84	1.008.507.000.00	1.274.900.000.00	
W	個人資産	200.000.000.00	-	32.023.000.00	250.591.000.00	
	合計	30.429.481.519.23	53.690.682.584.49	20.746.283.719.01	3.817.397.303.95	14.056.650.565.44

現金	預金	土地	開發費	薬品医療器	合計	件數
					452.052.000.00	6
				5.668.520.00	7.949.520.000.00	8
113.949.34	648.427.91				1.699.691.377.25	6
					765.819.919.77	26
					2234.773.590.00	24
7.378.072.08	16.051.566.00				53.113.126.890.06	63
					482.614.000.00	39
1.276.212.204.06	79.591.405.29	20.200.000.00	4.068.756.69	5.668.520.00	129.819.066.638.16	230

No1.

徐州地区未接收財産業種別集計表 (儲備券建)

記号	件数	業種別	家屋	商品	家具什器	造作	施設	計
A	1	振興系会社	30.000.000					30.000.000
E	9	土木建築	5.011.905.000			30.155.000		5.042.060.000
F	1	金融業	60.000.000					60.000.000
G	3	倉庫業	384.212.300					384.210.300
L	1	化学工業	50.000.000					50.000.000
P	6	民團、厚生	21.665.800.000				60.300.000	21.726.100.000
Q	1	医業	154.360.000					154.360.000
R	9	文化	3.082.035.430		431.277.000	16.580.000		3.529.892.430
T	9	物品販賣業	35.370.000		274.000			35.644.000
U	1	雑業	3.476.622.000 ~~3.426.622~~		378.886.500	630.040.000		4.485.548.500
V	37	貿易蒐買	11.541.033.500	110.000.000	188.400.000	1.679.666.000		13.519.099.500
W	5	個人資産	430.023.000			83.605.000		513.628.000

No2

95

記号	件数	業種別	家屋	商品	家具什器	造作	施設	計
計	83		45.921.359.230	110.000.000	998.537.500	2.440.046.000	60.300.000	49.530.542.730

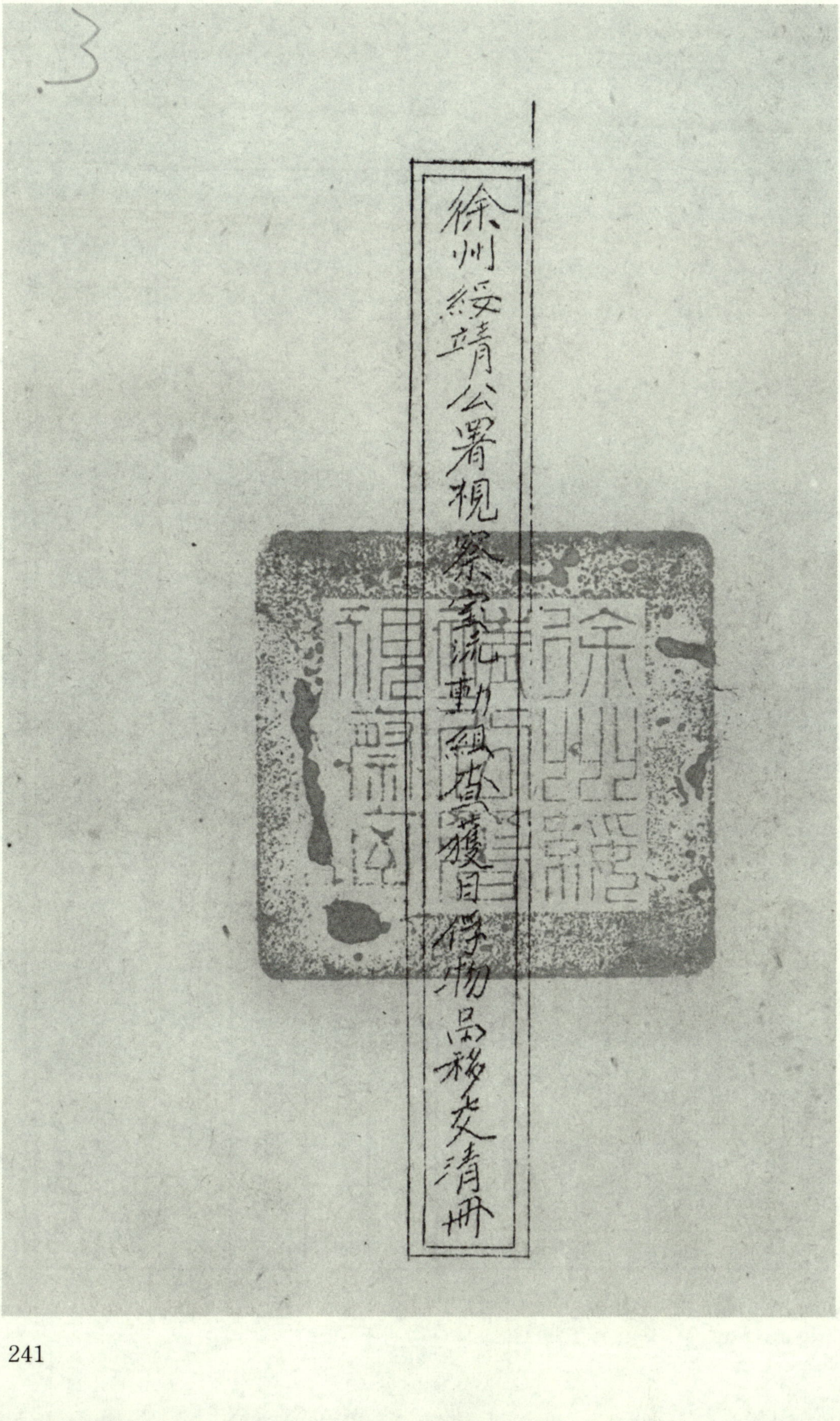

3

徐州綏靖公署視察處流動組查獲日俘物品移交清冊

4

徐州綏靖公署視察室流動組查獲日俘物品移交清册

品名	單位	數量	來源	備攷
汽油	桶	柒	依函查獲交室	重量不等
白報紙	箱	拾四	仝上	内有三個半箱
太製腊燭	小箱	弍箱半	仝上	均半箱
鐵鍬	把	伍拾	仝上	四拾柒把

移交

接收 中央信託局蘇浙皖區敵偽產業清理處派駐徐州專員辦事處 專員李志遠

中華民國三十六年一月　日

12

曾　尚

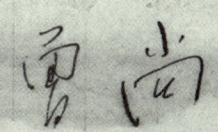

蘇浙皖區敵偽產業處理局駐蘇辦事處蘇州徐州（？）辦事處

文別	事由
代電	電送接收祝寀室移交查獲日偽資物清冊一份請鑒備由
送達機關	
揚處	
類別	
附件	
附交接清冊一份	

簡派專員　李兵（？）　元、十八

秘書　元十八

專員　稻（？）　元、廿、八

股長

股員

辦事員

中華民國卅六年

到股	擬稿	判行	繕寫	校對	印發	歸檔
月　日	元月十八日	月　日	月　日	元月廿日	元月廿日	元月廿日

發文清字第67號

檔案清字第147號

（ロ）蘇北工商業者名錄（五十音順）

徐州

商號（華文又は歐文名）	代表者及幹部	營業所々在地	電話番號	本店及支店所在地	營業種目
伊田洋行	行主 三枝源太郎	大馬路月波街			農產物及ビ雜貨
伊藤忠商事會社支店		大馬路			棉花、綿糸布、雜貨
石井公濟堂		中樞街一二三		本店 青島	藥種
松生堂大藥房	店主 竹山清治 經理 竹山春雄	公明街一五二	一五三		藥品、化粧品、醫療器械、衞生材料、高麗人參、卸
大阪朝日新聞支局	高野一郎	城內			新聞通信
大阪每日新聞支局	千葉忠也	城內			新聞通信
岡光藥局	岡光樊	公明街	一〇二	本店 吳市新水通一丁目	藥品、調劑
カネキ[illegible]出張所		城內		本店 神戶 出張所 天津、濟南、青島	自動車及部分品、雜貨販賣
華幸飲料工業會社	專務 中野一英	大同街		本社 北京	
華北石炭販賣公司	所長 植田敏猷 經理 井上清澄 顧問 麥田彰	少華街六	二一五	天津、濟南、保定、石門、 事務所 新鄉、開封、太原、塘沽、青島、上海	石炭、骸炭、副生產品
華北電信電話會社電報電話局	局長 堀井政彌	大同街		本店 北京	
興亞酒造場		驛前			清酒釀造
國際運輸會社支店	支店長 池川重吉	津浦馬路一二六	四一—四六	本店 大連	海陸運送、倉庫業
濟南銀行出張所	主任 黑岩重雄	大馬路八六	三七一—三七二	本店 濟南二馬路	預金、貸付、手形割引、一時預リ保護預リ等、銀行業一般
三共商會	店主 安重錫	公明街一六二	二〇六	支店 開封、商邱、宿縣	麵粉、砂糖、石油、煙草、食料品、綿糸、綿布、農產物一般販賣
山東公司支店	支店長 小島富一	公明街		本店 濟南 支店 天津、開封、商邱	雜穀、皮革、雜貨、貿易、卸
徐州石灰工場		大馬路			セメント製造
徐州東亞新聞社	社長 二階堂三郎	城內			

商號（華文又は歐文名）	代表者及幹部	營業所々在地	電話番號	本店及支店所在地	營業種目
徐州燿華電氣公司	處長 歌代順郎	牌樓鎭一	二三、二四、五一六		電氣事業
徐州煉瓦工場		大馬路			煉瓦製造
商務會	顧問 唐澤由雄	城内			
食道園	松山榮三	大同鎭郵局巷	一七三		朝鮮料理
白木公司		大馬路月波街		本店 東京	農産物買付、雜貨販賣
津浦ホテル		啓明路			洋式ホテル
瑞鮮洋行店	主 橋本春夫	大同街一一四	一五二		綿糸布、雜穀、食料品、雜貨卸小賣
蘇北新民報社	社長 黒川重幸	中樞街			
大華洋行		大馬路二三三	一五四	本店 大連 支店 天津	各種織物、衣類、食料、雜貨
大信洋行出張所		公明街一二三		本店 大連 支店 青島、北京、天津、濟南、太原	鐵材、建築材料、機械工具
大二洋行		城内		本社 天津 出張所 北京、青島、濟南、海州、張家口、大同、石門、太原、開封	木材
泰冶洋行支店		城内		本社 北京 支社 濟南、石門、太原、海州、青島、開封、新鄉等	鐵材、紙、工業藥品、特産物
高松洋行店	主 高松安次郎	豐財鎭中大路五	一二二		雜貨、雜穀貿易、自動車運輸、火柴聯營社經銷店
千葉屋旅館	館主 川崎文次郎	大同街			
中華航空會社出張所	所長 東海林政治	大同街二	一六五	本社 北京内三區國會街五〇	航空機ニ依ル輸送業、航空機ノ賃貸借
中國聯合準備銀行	經理 貴島清	大同街四四		本店 北京	
朝鮮銀行派出所	主任 富原守保 代理 堀江直枝	大同街	二三二	本店 京城	一般銀行業務
つるやホテル		大同街			旅館
筑波洋行支店	主任 尾島男二	鎭平街五	二一七	本店 濟南四太馬路緯三路角 支店 青島、開封	電氣機械、電灯照明、内外線工事、電氣看板、ネオンサイン、設計工事請負

徐州

名稱	役職	氏名	所在地	電話	本支店	營業
天興洋行	店主	松村喜三治	大同街九三	一三九、一四九	支店 徐州宣德街五八	食料品、雜貨、米穀類、煙草、洋品、化粧品、小間物、反物、文房具、雜貨、金物、陶磁器、履物、世帶道具一式
トヨタ自動車會社	主任	村山浩	城外大馬路			自動車修理
東亞商事公司支店	社長／支店長	元濱八十八／須々木寛	文亭街七八	一七四	本店 濟南／支店 青島、開封、海州	東亞煙草發賣
東洋木廠			城外		本社 青島／出張所 天津、北京、大同、濟南、海州	木材
同盟通信社支局	支局長	赤羽三千彥	大同街一四一	三〇		ニュース、經濟通信
堂本洋行		堂本伊三郎	中山鐵英士街一六	一〇三	支店 青島江蘇路三七、宿縣大河南街七七	貿易商
南華商行			城内		本店 天津／支店 宿縣、蚌埠、新安鎭	雜穀、食料品
南海公司			公明街		本店 青島	棉花、桐材、土產物
西本洋行支店	支店長	竹下武一	公明街			貿易、雜貨
日本居留民會	民會長／理事	和田景治／島谷恒逸	大同街			
日本鋼管會社利國鐵山事務所	所長	中井俊平	大同鐵公明樓東巷一〇	一五九	本社 東京市丸ノ内一ノ二	鐵鋼業
日本製鐵會社鑛業所	所長／總務／技術	室木隆三郎／鴨井正義／川崎作市	大同街	二三四	本店 東京市麹町區郵船ビル五階	鑛業
日本水產會社事務所			津浦馬路			製氷、冷凍、冷凍魚、海產物、販賣
日の丸旅館	館主	高山秀雄	城内			旅館
廣島商事會社			啓明路三二			タクシー業、自動車部分品、機械工具、鑛油、雜貨販賣
廣屋吳服店	店主	馬場廣治	大馬路			
豐興麵粉廠	廠長	堀重德	鐵平街東口八	一三五	本店 青島邱縣路七八／支店 濟南、天津	小麥粉製造販賣
增幸洋行出張所			公明街			砂糖、麥粉、綿糸布、雜穀、棉花、製油原料
滿蒙毛織會社出張所			啓明路			毛織物
三井物產株式會社	主席	濱田秀雄	月波鐵大馬路内段三九四	二二七	本店 東京	一般輸移出入貿易、問屋、運送代理業、製材、造船、工事請負
大和ホテル	館主	黒石精三郎	大同街	一二六	支店 海南島	ホテル及土木業

徐州名錄（五十音順）

（ア）

淺野物產株式會社徐州出張所
徐州白雲路一號 電八五
【所長】吉田 博 〔本〕東京
〔營〕皮革、豚毛、機械、金物、工業藥品、雜穀、食料品、麥酒、煙草

旭物產株式會社徐州出張所
徐州公明街三二〇
【代表】田中 定吉 〔本〕濟南
〔營〕雜穀、棉花、土木機器類及其他貿易一般

荒木工務所
徐州大同街 電二六
【所主】荒木 勝榮
〔營〕土木建築請負、家具製造

安宅產業株式會社徐州出張所
徐州公明街一一三號 電七五
【所長】新谷 俊介
〔營〕貿易一般 〔本〕大阪

（イ）

伊田洋行
徐州啓明路一一六號 電二五
【行主】三枝源太郎
〔營〕文具、紙類、運動具、製圖測量機械、度量衡計器 〔支〕開封

石井公濟堂
徐州新生路 電二四一
【店主】石井 健三
〔營〕藥品、化粧品、藥局

〔支〕徐州中樞街一二三 電四〇

岩田產業株式會社徐州出張所
徐州啓明路南二八號
【所長】田中 靖雄 〔營〕貿易
〔本〕大阪

（エ）

一郡商會徐州出張所
徐州大馬路兵站前 電六六
【代表】一郡益太郎 〔本〕青島
〔營〕雜穀、雜貨、皮革、土木建築

㈱永順洋行徐州出張所
徐州新生路二ノ五號 電一〇四
【所長】矢田部周吉
〔營〕雜穀綿布及一般貿易 〔本〕開封

（オ・ヲ）

衛生堂藥房
徐州公明路三六〇號 電一五
【店主】竹山清治【經理】竹山春雄
〔營〕藥種、化粧品

大倉商事株式會社徐州出張所
徐州啓明路三八 電六六
【所長】花幡 利彥
〔營〕貿易一般 〔本〕東京

大島洋行製材所
徐州新河馬路五五號 電四〇
【代表】大島 五六 〔本〕岡山縣玉島
〔營〕製材、建築材料

大林商店
徐州大馬路中央市場 電五二一
【店主】大林 誠一
〔營〕鮮魚、食料品、酒類、野菜

王蘭記
徐州馬市街
【經理】王 蘭溪
〔營〕漆油業

岡光藥局
徐州公明街一二三 電一〇
【代表】岡 光毅
〔創〕昭和十三年 〔資〕五萬圓
〔營〕醫藥、衛生材料、醫療具、酒類、ゴム製品卸小賣 〔本〕吳市平原町

（カ）

加藤物產株式會社徐州出張所
徐州啓明路一一八號 電六六
【所長】武田 末吉
〔營〕土產物及雜貨交易 〔本〕神戶

華幸飲料工業株式會社
徐州啓明路 電三九
【代表者】溝田 實作
〔營〕清涼飲料製造
【親會社】增幸洋行

華豐公司
徐州二馬路鼎新里一三號
【經理】丁 溥設
〔營〕雜貨

華北運輸股份有限公司徐州支店
徐州津浦馬路一二六號 電二二一七
【支店長】大坪 英雄
〔營〕海陸運送、倉庫業、保險
〔本〕大連 〔支〕北京

華北小麥協會徐州支部
徐州啓明路一三七 電六九
【支部長】堀實德【業務主任】塚本龍右衛門
〔創〕昭和拾六年【事業】小麥、小麥粉の統制機關
〔本〕北京 〔支〕開封、新鄉、濟南

華北交通株式會社
徐州驛（徐州東站 電六六）
徐州自動車營業所（徐州興財巷 電六六三）
徐州鐵路辦事處（徐州津浦馬路 電六二、六七、六八、六九、三二）

華北石炭販賣股份有限公司徐州販賣事務所
徐州啓明路北一二四號 電三五、八三、八六、八九
【所長】遠藤 情【經理係主任】山口銀太郎【販賣係主任】鹽田 鄭
【中興出張所主任】長谷川三之二
〔創〕昭和十五年 〔資〕二千萬圓
〔營〕北支炭、コークス販賣
〔本〕北京 〔出〕中興、徐州、蚌埠、柳泉、三鋪、宿縣、運河、淮陰

華北纖維協會徐州出張所
徐州啓明路二七號
【所長】平野元三郎
【事業】纖維品の需給調整及價格の統制 〔本〕北京 〔支〕華北主要都市

華北電業股份有限公司徐州支店
徐州[illegible]北巷 電三〇、二四
【支店長代理】浦田 末廣【工務係長】澤井 清
〔創〕昭和十五年 〔營〕發電、送配電
〔本〕北京【營業所】海州、連雲港

華北電信電話株式會社
徐州電報電話局（徐州大同街）
局長室 電五二〇、庶務係 電七〇、電報受付配達係 電三〇、電報通信檢查係 電四三、電話係 電一〇〇、
徐州總局（徐州啓明路）
局長室 電三〇〇、庶務係 電五三、工事係 電五〇、工員詰所 電一〇五、搬送室 電六〇、無線所 電五二

華北東亞煙草株式會社徐州工場
徐州環城馬路五九號 電六六
【工場長】矢島 正
〔營〕煙草加工 〔本〕北京

金田洋行
徐州新莊路 電二二〇
【店主】金城 香原
〔創〕昭和十四年 〔資〕五拾萬圓
〔營〕穀類、綿糸布、食料雜貨、煙草、豆粕及油類、建築材及賣花
〔支〕濟南、海州、宿遷、阿湖鎮、徐城莊

象松株式會社徐州出張所
徐州大馬路一九〇號 電六六
【主任】石川 環夫
〔營〕棉花、綿糸布及其他各種纖維品、土產物、機械器具、藥品、油脂、ゴム製品、海產物、雜貨
〔本〕神戶 〔支〕內外主要都市

鐘淵商事株式會社徐州出張所
徐州統一街六一 電六六
【所長】牧田 正夫
〔營〕貿易
〔本〕神戶 〔支〕北京、天津等

（キ）

義記棧
徐州正大街戸東巷一四
【經理】單漢章、江鈞銘
營 土產問屋及運送業

義源湧
徐州統一街一七二號
【經理】郭桂元
營 染物業

義興恒記
徐州正大街二〇
【經理】高蘭亭
營 雜貨

義合公
徐州南馬路八三
【經理】陳正明
營 麻袋

義生祥
徐州馬市街一七
【經理】趙錦甫
營 雜貨

義順
徐州英士街二一號
【經理】齊立茂
營 銅器製作業

吉祥公司大藥房
徐州啓明路三十號 電三
【代表】新田宜
設 昭和十三年
資 十萬圓
營 醫療實藥、化粧品、處方調劑、煙草卸賣業
本 濟南 支 天津、濟寧

協華公司支店
徐州大同街九三 電三三
【支所長】田端善一郎 本 濟南
營 電氣機械器具、電氣工事請負

協記補棧
徐州正大街八 電四二
營 砂糖、雜穀、南貨問屋

協成
徐州公明街二二一號
【經理】范忠信
營 鐵器製作

（ケ）

景記行
徐州道平路
【經理】陳子燦
營 煙草

慶和棧
徐州大巷口四二號
【經理】朱成三
營 雜貨問屋

元亨利
徐州公明街一二二號
【經理】高玉汝 營 紗布業

元和糧棧
徐州南馬路一四八 電六九
營 糧類

源大棧
徐州正大街文治巷一七
【經理】張雲九
營 雜貨問屋

（コ）

恒順公司
徐州津浦馬路二六
【經理】徐恒齋
營 雜貨

公鑫商會
徐州大馬路一九八號 電一五
【代表】水上定次
營 土產物及諸雜貨貿易、飲食料品販賣

公和興
徐州道平路四號
【經理】武耀軒
營 織材、金物

江商株式會社徐州出張所
徐州啓明路一二二 電六六
【所長】川上弘
營 貿易 本 大阪

興亞酒造場
徐州二馬路二七 電四五
【代表】池田金吾
【工場長】池田德五郎 【技師長】淺野篤一
營 清酒、葡萄酒、燒酒、支那酒等釀造

興和洋行
徐州大馬路七三號 電一三
【代表】光富賢三
營 食料品及家庭用具

廣聚和木行
徐州環城馬路東菜街四
【經理】傅潤德
營 木材、製材

廣和糧棧
徐州大巷口三五 電一四
營 穀類問屋

合記
徐州興仁街一〇九號
【經理】邢子英
營 油脂蠟燭

合順
徐州興仁街二七號
【經理】王鴻之
營 皮革

國分屋百貨店
徐州大同街九三號 電三三
【店主】國分三郎
營 食料品、洋品、世帶道具、化粧品、文具、鮮魚、肉、野菜

（サ）

濟南銀行徐州支店
徐州大馬路八一號 電三一・
【支店長】馮岩東
【代理】安藝晃
設 昭和十五年 資 百萬圓 營 預金爲替、貸付、取立、手形割引、一身保護預り等、銀行業一般
本 濟南 支 青島 出 張店、德縣、歸德

櫻屋
徐州大同街九二 電
【店主】石山泰輔 營 質業

櫻洋行
徐州啓明路二一八
【代表】森下新太郎 營 貿易

三共商會
徐州公明街一六二號 電六八
【店主】安重錫 【食料雜貨】 【交涉】
設 昭和十三年 營 燐寸、石油、砂糖、煙草、食料品、綿糸、綿布、麻袋、洋燭、畜產物、農產物
支 開封、濟南、宿縣

三興株式會社徐州出張所
徐州啓明路一二五號 電三五
【所長】山本榮三郎 設 昭和十五年
營 綿花、綿糸布、絹人絹糸布、纖維屑、布帛製品、小麥、高粱、粟、玉蜀黍、落花生、大豆、胡麻、油脂類、生藥、ゴム製品、機械工具
本 大阪

三幸洋行
徐州啓明路三五 電一三
【代表】高木勇 營 土產物、食料雜貨、綿糸布、工業用品、生產材、砂糖其他 出 上海、天津、蚌埠

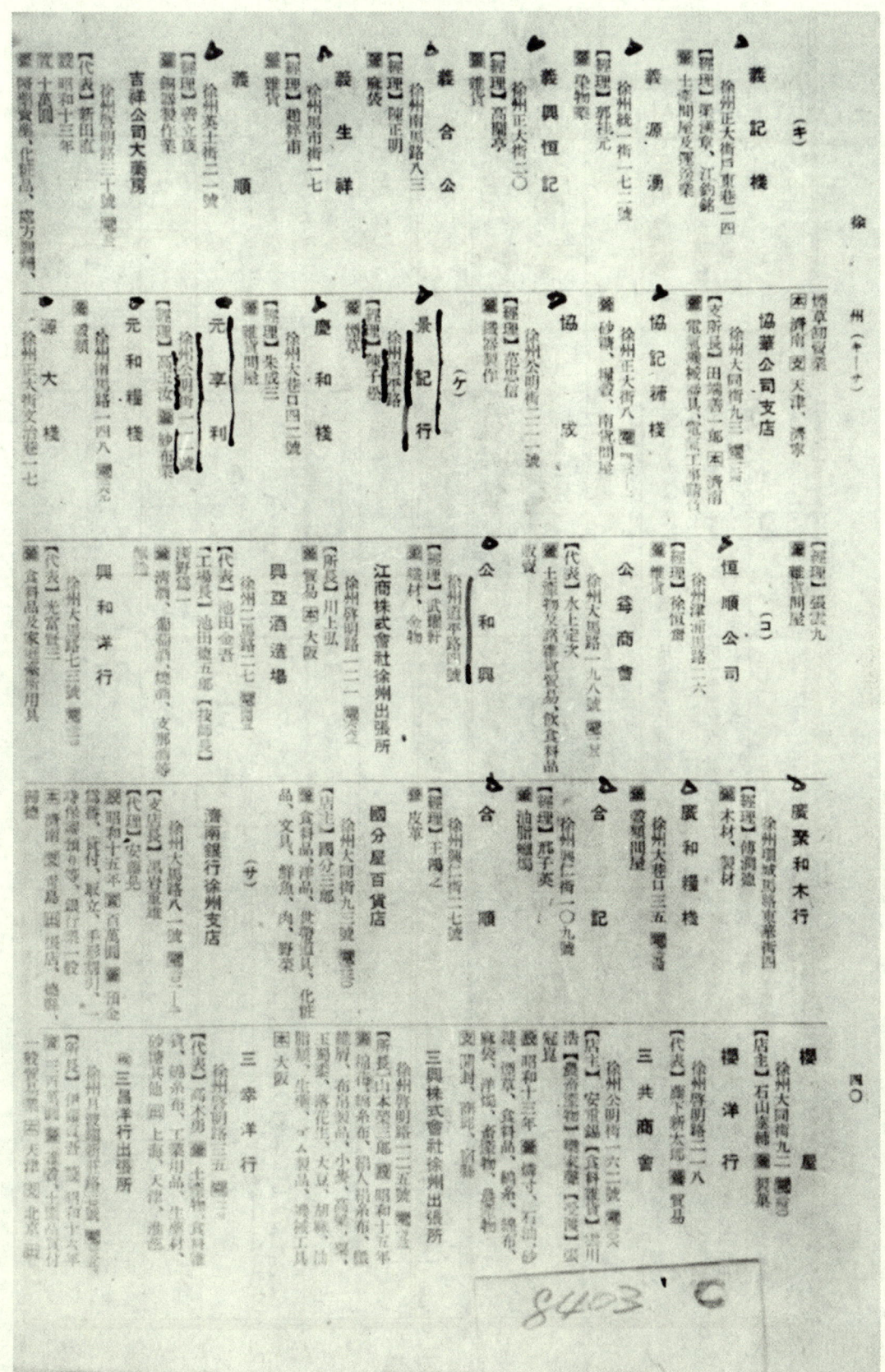

㈱三昌洋行出張所
徐州 電
【所長】伊藤 設 昭和十六年
資 三百萬圓 營 土產、一般貿易業 本 天津 支 北京

東京、大阪、上海、香港、濟南、青島、張家口、大同、太原

三洋公司

徐州啓明路
【代表】春日井勇吉
營 貿易

▲三龍公司

徐州正大街八
【經理】孫希堤 營 貿易

山東恒産株式會社 徐州出張所

徐州大馬路二三一號 電[illegible]
【所長】永野道人
營 土木建築請負、貸家、保險
本 濟南 國 青島、張店、德縣、天津、北京、臨城

（シ）

△志華

徐州公明街一二七
【經理】陳穂卿 營 棉織物

▲聚泰號

徐州道平路一九號
【經理】許惠堂 營 食料品

▲祥順成

徐州道平路三三號
【經理】李錦倫 營 [illegible]

徐州企業社

徐州北站前
【代表】金森伸一 營 メリヤス製編

徐州興業金融組合

徐州西站路六號 電一〇五
【組合長】平山勝雄【理事】石井義浩 營 金融

徐州市合作社聯合會

徐州正大街五三 電二八
【理事長】周思靖【常務】相壇倉次【總務科長】王友三【事業科長】于長美

△徐州市商會

徐州快哉亭公園 電[illegible]
【會長】耶鑑泉【副會長】武敬九【常事】李鴻堂、高玉汝、張田坡、劉翊生、曹馥民、陳純卿、宗朝倫、孫秀峰、劉文彬【監察】高爾亭、楊承烈、張星橋、于鴻之、趙梓甫

△徐州市政府

徐州文亭街 電[illegible]
【市長】周思靖【顧問】五十嵐廣司

徐州食料雜貨組合

徐州大同街商工會議所内
【組合長】竹下武一

徐州生活必需品卸賣組合

徐州大同街商工會議所内
【代表】中山太郎
設 昭和十八年五月

徐州地區雜穀商同業組合

徐州啓明路公會堂内
【理事長】中山太郎
【副理事長】谷村繁吉

徐州日本居留民團

徐州大同街四七 電[illegible]
【民團長】高濱家【收入役】山門勇
【議長】大川眞【副議長】唐津由雄

徐州日本商工會議所

徐州市大同街二〇二號 電[illegible]
【會頭】高松安次郎【副會頭】中山太郎【常議員】竹下武一、笠木弘、細田賢作、鈴木源吾、遠藤精【理事】中村勝【議員】大林誠一、小久保一彌、横山正夫、大村實、石山泰輔、鈴木謙介、星野廣榮、竹山清治、谷村繁吉、岡光與、眞松仁平、岡田雅行、荒木勝榮、松本榮次郎、吉村長逸、三枝源太郎、大坪英雄、荒谷光次、馬場廣治、國分三郎、中井俊平

▲徐州日本總領事館

徐州啓明路 電[illegible]
【領事】吉竹貞治

徐州煉瓦製造所

徐州河北鐵塔子街 電[illegible]
【代表者】山本定三
營 煉瓦、瓦製造

徐州無盡株式會社

徐州公園路二〇二 電[illegible]
【社長】馬場源一【取締】高橋四郎、田中鶴五郎、川崎文四郎
【監査】西 正之
營 無盡金融

昌隆棉行出張所

徐州太平街一二號 電[illegible]
【主任】峰村勝司 設 昭和十五年
資 貳拾五萬圓
營 棉花、雜穀、煙草、雜貨、綿糸布、人絹糸布
本 山東省張店大馬路

白石公司

徐州大同街大巷四二號 電[illegible]
【代表】眞松仁平
營 雜穀及其他土産物買付

▲白木公司徐州出張所

徐州大馬路一三九 電[illegible]
【所長】大谷正太郎 本 東京
營 食料品、雜貨、機械器具、建材
纖維製品、化粧品小間物

信記洋行徐州出張所

徐州鶴園街七四 電[illegible]
【所長】市川孝一
營 雜穀油脂及其他土産物

△信成公司

徐州三大路一二一
【經理】蔣子君
營 貿易

新唱蓄音器店徐州支店

徐州公明街三五八號 電[illegible]
【店主】渡邊藤 本 濟南
設 昭和十五年八月一日
營 各社レコード特約店、華北廣播協會指定商、レコード、樂器、ラジオ、蓄音器

△新浦公司

徐州西質街四三
【經理】于東海
營 貿易

津浦ホテル

徐州啓明路 電[illegible]、一〇三一
【經營】川崎文四郎
設 昭和十五年 資 四十萬圓

（ス）

スミレ洋品店

徐州大馬路三七九號 電[illegible]
【店主】荒谷光次
營 洋品雜貨、服地

（セ）

△西盛號

徐州公明街三七八號
【經理】李廣志 營 綿糸

（ソ）

蘇北日東度量衡器製作工廠

徐州文亭街九〇號 電[illegible]
【代表】渡邊虎太郎【經理】孫鼎存【副經理】渡邊虎太郎【工場長】安田昌[illegible]
設 昭和十五年 資 三十萬圓 營 各種度量衡器、防化學器、測量器製作 出 濟南經一路緯四路八號

蘇淮商業銀行

徐州大馬路
【經理】孫耀眞【副經理】紀式鈞
設 昭和十八年五月 資 二百萬圓
營 商業金融

蘇淮地區移出入組合

徐州啓明路 電[illegible]
【組合長】稲月喬太郎【副組合長】趙啓甫【專務】唐津由雄

蘇淮地方煙草卸賣配給組合

徐州啓明路一四〇 電[illegible]
【理事長】岡本正二【理副事長】姜

志新、中西末松

蘇淮特別區合作社聯合會
徐州中大街五三　電六八
【理事長】楊樹誠【副理事長】楊葆毅【常務】久留豪三

▲蘇淮特別區行政公署
徐州啓明路　電一二
【行政長官】郝鵬

▲蘇淮特別區糧棧聯合會
徐州公園快哉亭　電
【會長】祁鑑泉

（タ）

㈱田附商店徐州出張所
徐州新社路一二一
【主任】西河健三、島田錦男
營 貿易 本 大阪

㈱田附駒商店徐州出張所
徐州公明街二〇〇
【代表】小林仁　營 貿易 本 大阪

大信洋行徐州出張所
徐州公明街一二二　電
【所長】大工原正
營 金物、鐵材、建材 本 大連

大南貿易公司
徐州興仁街六五　電
【代表】中島寬吉　營 貿易

㈱大丸徐州出張所
徐州太平街廿七號　電
【所長】鈴木謙介【次長】柏木稔磊
設 昭和十六年 資 一千五百萬圓
營 小麥、雜穀、油料、油脂、雜貨材木、食料品、罐詰、酒、藥品、工業原料品買付、一般貿易卸賣
本 大阪 支 京都、神戶、天津 出 支那南方各地

大丸商行
徐州大馬路一〇〇號　電
【行主】中丸金太郎 設 昭和十三年 資 二萬圓 營 官衙御用達、食料、雜貨、家庭用品卸小賣、土產物賣買、煙草卸、綿製品、綿糸布

大陸興業公司
徐州大馬路四七號　電
【代表】平山龍雄 設 昭和十四年九月 資 五十萬圓 營 陸軍御用達煙草、綿糸布、綿製品、雜貨、漢藥及現地產木材並特產物賣買 出 固鎭、靈璧、泗縣、蚌埠、懷遠

▲太和源
徐州道平路五七號
【經理】劉雨生 營 雜貨

泰信洋行徐州出張所
徐州啓明路　電
【主任】井上武夫 設 昭和十六年 資 一百萬圓
營 雜穀、綿糸布、工業藥品、礦油食料品、一般雜貨
本 天津興亞第一區宮島街二四 支 青島、上海 出 北京、彰德、石門新鄉、海州、邯鄲【工場】北京、青島

泰和公司
徐州二馬路二七
【代表】北橋陽 營 貿易一般

高島屋飯田株式會社徐州出張所
徐州錦平街五　電
【所長】福士次郎
營 貿易 本 東京

高松洋行
徐州中大路五號　電
【行主】高橋安次郎
營 貿易、雜貨、運輸

㈱竹中商店徐州出張所
徐州啓明路南三二號　電
【所長】宍戶一浩
營 貿易 本 大阪

竹村棉業株式會社徐州出張所
徐州啓明路二五三
【所長】中西正一
營 貿易 本 大阪

㈱俵商店徐州出張所
徐州勝麥路新五七號　電
【所長】角田一夫 營 貿易

（チ）

千葉屋ホテル
徐州大同街　電
【經營】川崎文四郎【代理】川崎末雄 營 旅館 設 昭和十三年

中華出光興產株式會社徐州出張所
徐州啓明路一〇一號　電
【所長】田原茂 本 上海
設 昭和十四年 營 石油製品一切、油脂類、ワレオソート、コールタール、カーバイド、塗料、機械器具、電氣用品、化學製品販賣、雜穀、土產物買付

中華航空株式會社
徐州出張所　徐州大同街　電
東飛行場　徐州東站外　電
營 旅客及貨物空輸 本 上海

中國三洋貿易股份有限公司徐州出張所
徐州啓明路一一九　電
【所長】春日井勇吉
營 貿易 本 北京

中國聯合準備銀行徐州分行
徐州大同街四三　電
【經理】楊潔【顧問】景山節郎
營 國立銀行 本 北京

朝鮮銀行徐州支店
徐州大同街五四　電
【支店長】大村實【代理】鶴崎敏武
本 京城

▲沈記
徐州奎山巷一七號
【經理】沈錦岐 營 綿織業

（ツ）

ツルヤホテル
徐州大同街一一〇號　電
【館主】淺原通男 設 昭和十三年
營 旅館業 本 濟南

（テ）

帝國水產統制株式會社徐州工場
徐州津浦馬路　電
【代表】岡田輝行
營 水產物統制

▲鼎興公記
徐州複市東街二一
【經理】陸玉如
營 雜穀雜貨

天惠洋行
徐州南馬路二八〇
【代表】永田善積
營 貿易

天泰洋行
徐州二馬路八號　電
【行主】林本榮次郎
營 木材、建材、雜貨

（ト）

合名會社東亞商事公司徐州支店
徐州［illegible］路　電
【支店長】［illegible］
營 華北［illegible］代理店
出 ［illegible］

東亞新報社徐州支社
徐州正風巷一五　電
【支社長】西田一夫
營 日刊新聞發行 本 北京 支 天津、太原、石門、濟南、東京、大阪

東亞製粉株式會社寶興工場
徐州錦平街東口八　電
【代表】橫山正夫
營 製粉

東亞製藥公司
徐州［illegible］街一九號
【代表者】笠木弘
營 製藥

8403　C

東亞聯盟中國總會蘇淮特別區分會
徐州啓明路 電
【書記長】郝 鵬【常務】闞家梅
【總務】劉國文【指導部長】關博彥
【開發部長】劉捷【訓練處長】徐炎平

東華產業株式會社徐州出張所
徐州公明路一一二 電二
【所長】武田忠猷 設 昭和十六年
營 貿易
本 天津 出 青島、上海、京城

東光公司
徐州新莊路一 電三三
【代表】寺田增太郎
營 貿易、搾油業 本 上海

東光煉炭廠事務所
徐州啓明路一二五 電三三
【所長】小瀧完觀
營 煉炭製造販賣

東興商事株式會社徐州出張所
徐州正大街五一
【所長】白川永吉
營 雜穀雜貨

東野洋行
徐州啓明路一二五號 電一〇五
【行主】東野英一
營 雜貨

東洋棉花株式會社徐州出張所
徐州啓明路
【所長】藤村三郎
營 棉花、綿絲布、人絹絲布、雜貨及貿易一般 本 大阪 支 內外樞要地

㈱東洋木廠徐州出張所
徐州啓明路二四
【所長】內田 弘
營 木材、建築材料
本 青島 出 天津、北京、大同、海州、濟南

同益祥
徐州聖德街一五號
【經理】丁森周
營 運送業

同順公司
徐州三馬路四一
【經理】成得雲
營 糧穀、雜貨

同祥
徐州公明街四二三號
【經理】劉文彬
營 酒類

社團法人 同盟通信社徐州支局
徐州大同街六二 電二〇
【支局長】植松孝義
營 新聞通信 本 東京 支 內外樞要地

銅山縣公署
徐州文亭街 電一九
【縣長】劉玉璣
【顧問】齊藤茂巳

銅山縣合作社聯合會
徐州正大街五三 電二八
【理事長】蘇格忱【理事】王克壯
【顧問】伊東 功
【事業】產業組合

堂本洋行
徐州公明街一九九號 電二〇
【行主】堂本伊三郎
營 活版印刷、貿易

德記棧
徐州道平路
【經理】梁鴻案
營 南貨業

豐島株式會社徐州出張所
徐州新莊路
【所長】伊丹一郎
營 貿易

（ナ）

㈱內外化學工業公司徐州出張所
徐州南關賓福里 電三九
【所長】大江宗丸
本 濟南
營 石鹼製造及其他油脂工業

中尾洋行徐州支店
徐州公明街二〇〇號 電六、一二
【支店長】網本德吾
設 昭和十三年六月 資 一百萬圓
營 東洋製紙、濟南造紙廠、三菱商事、致敬セメント、キリンビール代理店、羊毛皮土產物、糧穀、綿絲布、海產物、砂糖、油脂、雜貨卸業 本 濟南 支 開封、青島 出 濟寧、宿縣商邱、棗莊滕縣

南晶洋行
徐州騾市街
【行主】新井南七
營 獸皮買付

（ニ）

西木洋行徐州支店
徐州公明街四三 電三〇
【代表】竹下武二、西木 弘
營 食料品雜貨、軍用達
設 昭和十三年 資 二萬圓
本 濟南 出 宿縣

日華興業株式會社徐州出張所
徐州公明街三二五
【所長】佐々木清信 營 貿易

日鐵鑛業株式會社弧山炭礦派出所
徐州段公祠巷七〇 電三
【代表】鶴井正義
營 石炭採掘 本 東京

日本鋼管株式會社利國鐵山事務所
徐州啓明路一一九號 電三九
【所長】中井俊平
營 鐵山開發 本 東京

日綿實業株式會社徐州出張所
（日信洋行）
徐州馬市街三五 電六
【所長】熊谷清郎
設 昭和十五年 資 二百萬圓
營 棉花、羊毛、青麻、駱毛、其他各種纖維、皮革、綿糸布、人絹糸布、毛織物、メリヤス製品、布帛製品其他各種纖維製品及纖維屑、小麥、米、落花生其他各種土產雜穀及油脂、砂糖、罐詰其他食料雜貨、化學製品、工業藥品、一般雜貨、木材、煙草、茶、保險代理業
本 大阪北區中ノ島二ノ一〇
支 內外重要都市

（ハ）

合資會社 博通公司徐州支店
徐州大馬路一九一號 電三三
【支配人】小久保一彌
營 石炭、各種纖維及同製品、雜穀土產物、煙草、ゴム製品、木材、食料品、一般雜貨
本 濟南 支 青島、北京、濟寧、台兒莊 出 宿縣、淮陰、淮安、泗陽、宿遷、蒙河、皂河、窯灣、新安鎮、泰安、兗州、曲阜
【炭礦】山日曲阜八寶山

㈱服部商店徐州出張所
徐州啓明路二八
【所長】下條武夫 營 貿易

（ヒ）

廣島商事株式會社徐州出張所
徐州啓明路九四 電三〇
【所長】林 正則
營 自動車自轉車部分品
本 青島 支 濟南

廣屋吳服店
徐州大馬路二號 電二〇、二
【店主】馬場廣治【吳服】澤草春生
【洋品】芝原貞見【工業】澤草春生
【保險】小西三【市場店】藤原治郎【廣屋洋行】馬場英雄
設 昭和十四年 資 五十萬圓
營 吳服、洋品、各種糸布、化粧品、玩具、皮革、製品、文具、瓷器販賣、綿布類加工、雜穀、油脂類、雜貨、交易 本 滋賀縣[illegible]川町 支 開封、商邱、淮陰

（ホ）

豊祥洋行徐州支店
徐州南關正大街 電（三）
【支店長】金尾針治
營 麻袋、麻布、麻糸、綿糸布、雑作、工業藥、砂糖
取 青島 支 海州、開封、駒水口

北支自動車工業株式會社徐州營業所
徐州啓明路一二五 電（三四）
【所長】高橋 正
設 昭和十四年 資 千二百五十萬圓
營 自動車及部分品、石炭瓦斯發生爐及部分品販賣並修理 本 北京西安門四號
【工場】天津南開馬廠道一號 支 張家口興亜大街 出 北京、濟南、開封、大原、青島、石門、張家口、大同、厚和、包頭、東京、保定、徐州

（マ）

増幸洋行徐州出張所
徐州啓明路一二二 電二九
【所長】織田實作 設 昭和十三年
營 砂糖、小麥粉、各種食料品、清涼飲料、綿糸布、人絹糸布、纖維及製品、燐寸、紙類、ゴム同製品、建築材料、機械器具、金物類、染料、工業製品、天蠶材、南北貨、油脂原料、植物油、米、麥、雑穀、飼料、豆類、農産物、麻製品、麻袋、包裝材料、皮革、獸毛、木蠟物、畜産物、肥料、硫安、茶、化粧品、石鹸
本 上海 支 支那主要都市

又一株式會社徐州出張所
徐州啓明路一二三 電（三三）
【所長】鶴田惠三
營 綿花、綿糸布、人絹糸布、布帛製品、畜産物、農産物、雑貨一般
本 大阪 支 天津、青島、濟南 出 張家口、厚和、北京、唐山、保定、石門、彰德、新鄉、開封、海州、芝罘

丸永株式會社徐州出張所
徐州市統一街六一 電（一〇二）
【責任者】渡邊喜久雄
設 昭和十六年
資 二百萬圓
營 棉花買付、綿人絹糸布、毛糸毛織物、光棉人織糸輸出卸業、機械器具、建築材料、化學工業品、食料品、雑貨卸移出入、農産物畜産物、鑛産物、水産物買付移出入業
本 大阪 支 東京、濱松、名古屋、福井、奉天、天津、青島、上海 出 神戸、大連、營口、安東、通化、北京、張家口、石門、包頭、新鄉、濟南、淮縣、海門、南通、常州、南京、蚌埠、蕪湖、漢口、厦門、廣東、香港、バンコック、サイゴン、ラングーン

萬興商號
徐州馬市街 電（一〇〇）
【經理】邢鑑泉
營 砂糖、雑貨問屋

萬盛恒
徐州大馬路二〇一號
【經理】張子彬
營 自轉車

滿蒙毛織株式會社徐州出張所
徐州啓明路六二號 電（三〇）
【主任】星野廣榮
設 昭和十五年 資 三千萬圓
營 毛糸、毛織物、フエルト帽子、綿糸、綿毛、メリヤス、布帛製品被服原材料の製造販賣、諸官廳諸學校其他特殊團體の被服調製並に販賣、羊毛、獸皮、駱毛、小麥、雑穀、土産物の收買並に販賣
本 奉天 支 新京、京城、名古屋、北京、張家口 出 北京、天津、濟南、石門、太原、開封、青島、上海
【工場】奉天、北京、天津、厚和

（ミ）

三井物産株式會社徐州出張所
徐州啓明路一二三八 電（二一）
【所長】中山太郎【代理】川端正雄
營 貿易一般
本 東京 支 内外主要都市

三菱商事株式會社徐州出張所
徐州公明街二〇〇號 電（一）
【所長】谷村繁吉【代理】稲日高太郎【業務會計】小島正信【燃料金屬機械雑貨】松山久【小麥】田邊重信【雑穀】篠澤由之【油肥】河端八郎【雑貨綿業】川村悦三郎
設 大正七年
本 東京 支 北京、天津、青島、濟南、張家口

南起業株式會社徐州支店
徐州正大街三九 電（六）
【支店長】吉村長造
營 綿糸布雑貨 本 青島

（ム）

村井洋行
徐州大馬路三九八號
【行主】村井覺藏 營 食料品雑貨

（ヤ）

八木商店徐州出張所
徐州統一街六一
【所長】東力源一郎
營 綿糸布雑貨 本 大阪

山口商店
徐州啓明路一二三
【代表】山本直治 營 雑貨

大和ホテル
徐州大同街六五號 電（三六）
【主】黒石精三郎【土木部】田中繁男【旅館部】黒石寅【貿易部】山崎西郎
設 昭和十三年六月 資 三十萬圓
營 旅館、土木請負、貿易

（ヨ）

曜華公司
徐州正大街五一
【經理】柴華濱
營 雑貨

㈱横山生計工業有限會社
徐州三馬路一〇號 電（六）
【代表】横山武雄【取締】平山照重【監査】竹下武一【常務】津島伊作
設 昭和十八年三月 資 二十五萬圓
營 味噌醤油製造業、食料油脂、清涼飲料水、醤油製造、雑穀精白並に一般食料品加工
支 濟南

（リ）

利源貿易公司
徐州大正街九四
【經理】莊明軒
營 貿易

柳泉炭礦股份有限公司（日華合辦）
江蘇省銅山縣柳泉
【董事長】余識模【常務】岸...
【董事】河崎泉、胡伯年、陳維...
【監査】齋藤三郎右衛門、曹...
【總務部長兼總務處長】河崎泉一【...】
務品長兼工務處長】三澤義...
理處長】瀬川恒夫郎【...】
張大齋【警務處長】井上勝...
院長】栗栖文郎【柳泉小學校長】
李子俊【採礦處長】吉村...【合作社補導委員長】郭志...【...處長】王克明
設 昭和十八年一月 資 ...
萬圓 營 石炭の採掘並販賣、炭礦業に對する投資並融資、前各號に附帶する事業【事務所】北京、天津、青島、濟南、東京 出 徐州啓明路一一七 電（一〇）

（ロ）

魯興銀行徐州分行
徐州公園街二八號 電（一）
【經理】王孚昌【襄理】張...
設 中華民國十九年 ...
...

經理　襄理　文書　營業　會計　出納

交通總行管理處公函用牋

函附日偽機構事業資產餘報表及塡表須知希洽照塡報由

逕啓者茲隨函附去日偽機構事業資產餘報表八份塡表須知一份至希查收就已接收各項事業照表列各項以一單位依式塡用四份寄處以便轉報至該表內估價一欄應依照民國廿六年之物價爲標準務須詳加考核不令稍涉虛浮以便結算接收總價作爲政府對敵要求賠償時抵冲一部份賠款之用併希洽照迅辦具報爲要此致

徐行

總管理處啓

附件

中華民國卅五年七月廿九日通稽字第一號全頁（總六）

日偽机構事業資產接收簡報表填表須知

（甲）

（一）本表長四五公分寬三十八公分印製時須照此尺寸式樣以便裝訂

（二）資產名称項下不敷填用時可接用第二頁或第三頁惟印製時將接收前後狀況略去以免重複其式樣尺寸與第一頁同

（三）如接用第二頁時在第一頁末应累計總價值之合計数字並註明接下頁字樣第二頁首註明承上頁字樣並照錄上頁總價值合計數字

（四）本表表首应加蓋報告机関印信

（五）如本表接收前後狀況不敷填用時应另附詳細說明（包括負責人及重要職員名單或組織副協裏理及董事監察人名單設計圖樣工作程序或其他資料清單員工名單等）資產名称項下除照式填明外应另附接收清冊（包括資產負債表或科目餘額表資產目錄債權債務清單重要契約証券清單）

（六）除十一月份以前接收各單位应即補齊彙送外以後每次接收案应於接收後一星期內填報

（七）已報各案如接收清冊及詳細說明經已彙送者本表仍請照式填寄惟請註明附件寄送日期及文號以便併案办理如已報而未附說明及清冊者除須送本表外附件应一併附送

(八)本表由報告机関自行印發

(一)報告机関係指各部會指定在某区内之主管机関如某区特派員辦公處

(乙)

(二)接收机関係指实際負責接收責任之机関

(三)被接收机関係指被接收之日偽机関或企業組織或私人產業等每單位填報一份

(四)接收前後係指接收前後之狀況

(五)名称及所在地係指接收前後該被接收机関之名称及所在地

(六)事業性質係指所接收之机関屬於何項範圍如鐵路航輪電訊屬於交通類煤礦鉄礦電廠等屬於經濟類報館電影屬宣傳類行政机構屬於行政類等

(七)隸屬係指被接收机关以後原屬於何机関主管其後有何改隸及接收後隸於何机关

(八)組織概況係指戰時結束在接收時之实際組織概況及接收後之組織概況

(九)工作能力係指對事業机关而言如煤鉄礦每月可產煤鉄若干噸紗廠每月可生產何支紗若干件布若干疋等

(十)資產名称本欄内可照下列分類依次列入不動產行政設備事業

設備物資現金証券珍寶及其他惟須詳細註明每項資產名称

(十一)說明指接收產業中物品機件等之式樣及何國製造以示區別

(十二)單位應一律用標準制如煤用公噸棉花用市担機件称部米糧用市石等

(十三)數量係指接收之總數量

(十四)單位估價係指每單位估計之價值該項估計價值以民國二十六年時（抗戰前）各地物價作為標準以法幣計算如所接財產業經使用並非全新應視該財產估計使用年份予以合理折舊後列入為單位單價該項折舊標準應照各部會局所定各種機器器材及其他財產之壽命年予以折算如接收同一名称之財產在一件以上但有新舊不同時應予分別估價列入

(十五)總價值係指單位估價及數量之積

(十六)損壞狀況係指接收時之損壞情形或以百分數表示之

(十七)備考為上列各項之補充說明或記載各項資產接收後之處理應用

(十八)合計在每表末後應填明總價值一項之合計以便統計

行政院收復區全國性事業接收委員會印發

經理　稟　文書　管叢　會計　出納

交通部總管理處公函用箋

財部電發接收國內日本產業賠償我國損失記帳辦法轉希洽照由

逕啓者奉財政部京資秘字第六七九一號代電內開

奉行政院節京三字第二〇九七號訓令開查接收國內日本產業賠償我國損失記帳辦法業經本院本年五月十四日第七四二次會議決議通過並經國防最高委員會核准備案除分令外合行抄發原辦法令仰遵照並轉飭遵照等因附發接收國內日本產業賠償我國損失記帳辦法一份奉此除分行外合行抄發原辦法電仰遵照轉飭遵照

等因附特抄同原附該辦法一份隨函轉達希洽照此

徐行

附件

總管理處啓

中華民國三十五年十月十八日滬稽字第四號　全　頁（總六）

接收國內日本產業賠償我國損失記帳辦法

第一條　接收國內日本產業賠償我國損失應依本辦法專案記帳

第二條　左列各款不得作為賠償之用

一、陸海空軍之軍械軍艦飛機及其他軍事用品

二、佔用我國之一切產業

三、日人使用偽中央儲備銀行偽聯合準備銀行等之鈔券及性質類似之偽組織資金所經營之產業

四、日人在我國所強佔之土地及強佔之鑛產

第三條　左列各款得作為賠償之用

一、日本在華經營事業之資金及由其資金所置備之產業

二、自日本運入我國各地工廠礦場鐵路電訊等事業之機器材料及有關設備

三、日人在我國所有產業及房產

第四條　日人在華經營事業之組織原有資本債劵及在華開支均應檢查清冊列單具報

第五條　接收日本產業應分可充賠償產業及非賠償產業分別專帳記載

第六條　接收日本產業應詳加檢查其應計算折舊或耗竭者應減除其折舊或耗竭核定作價再行入帳

第七條　接收日本產業記帳單位概以國幣為準如原值以日幣或偽幣計算者應按各該收復區國幣與日幣或偽幣之折合率折成國幣再行入帳

第八條　各收復區敵偽產業處理局及其他有關機關應將接收日本各項產業之專帳記載表冊送由賠償委員會彙案核轉行政院核辦

第九條　接收日本各項產業如經行政院核定出售租賃或繼續經營後各接收機關應即以「接收敵偽財產租賃收入」「接收敵偽營業盈餘收入」「接收敵偽財產及物資售價收入」三科目分別處理

第十條　本辦法自公佈日施行

經理 襄理 文書 營業 會計 出納

交通銀行總管理處公函用箋

准財部代電關于接收敵偽非軍用物資已由軍部移交各主管部處

理應查明陳報希洽遵辦理具報由

逕啓者准財政部財庫一字第一一五一六號代電開「案奉行政院本年十月廿四日節京拾字第一六七九二號訓令開「奉國民政府本年十月十六日府交京字第七四六七號代電開據國防部陳參謀總長呈報接收敵偽軍用物資辦理經過情形關於非軍用物資擬稱均已移交各主管部接管處理希即分飭各部查明報院彙核等因除分令外合行令仰遵照辦理」等因奉此除分令外相應電仰遵照辦理」等由除分函各有關行外即希 洽遵辦理具報此致

徐行

總管理處啓

中華民國三五年十一月十日滬稽字第十一號 全頁（總六）

交通銀行總管理處公函用牋

財部電發修正加速處理敵偽產業辦法轉達洽照由

逕啟者奉財政部庫一字第三九三七八號代電開「查加速處理敵偽產業辦法業經本部於本年五月[illegible]日以財庫壹字第一()八三三號訓令轉飭在案茲奉行政院本年十一月一日(36)七外字第四四九一四號代電開查處理敵偽房屋原係規定限國家行局及政府機關作辦公用之房屋由財政部價購後交由中央信託局經租其餘一律標售嗣爲顧及遷讓困難及便利處理乃有由現住用人洽購之改定實施以來成效未著茲爲避免流弊特嚴格規定祇准機關學校可以洽購其餘無論何人均須參加投標購買以昭公允并經將加速處理敵偽產業辦法有關房地產部分加以修正除呈報并分行外特抄發修正辦法電仰遵照等因除

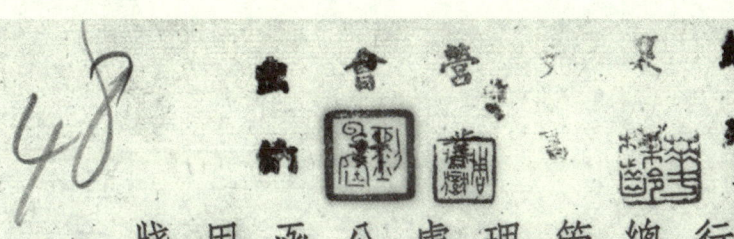

中華民國三六年十一月廿八日稽字第22號 一頁

49

交通銀行總管理處公函用牋

分行外相應抄發修正辦法竝請查照

等因到處除分函外合行抄同該項修正辦法一份隨函附達至希洽照此致

徐行

附件

總管理處啓

中華民國三六年十一月廿八日 稽字第22號 二頁 （總六）

加速處理敵偽產業辦法

卅六年三月卅一日從10字第一一四〇九號代電頒行
卅六年 月 日 字第 號代電修正

一、中央信託局依照經濟緊急措施方案加緊出售敵偽產業特訂定本辦法

二、本局出售敵偽產業（包括日僑德僑偽產業偽組織產業及逆產）各區售款總額每月以壹千億元爲目標其分區配額另訂之

三、出售敵偽產業依照左列方式辦理

(甲)物資 以標售爲原則其數量過少者並得兼採指售方式工廠所需原料得按實際需要酌予配售

(乙)房地產 (一)敵偽房地產以標售爲原則但機關學校得予洽購

(二)私有土地上敵有房屋 估價售與原地主如地主不願承購時立予標售

(三)敵人征購臨時土地 除政府確有需要得依法征用者外其餘一律重行估價由原地主購回

(丙)工廠 (一)敵偽工廠 以標售爲原則其須估價讓售或標租者應呈送行政院核准

但政府機關不得參加投標及請估價讓售

(二)敵佔工廠 發還原業主其敵佔所增益部份估價由原業主承購

(丁)其他產業 以標售爲原則其須估價讓售或標租者應呈送行政院核准

51

四、出售敵偽産業概須收取現款解交國庫

五、出售敵偽産業情形應按旬呈報行政院

六、本辦法呈奉核准施行

737

交通銀行譯電紙

總行處來成密電一件

36年1月27日10時20分到

收電第 號 電局第 號

第 号

奉財部電開查接收清理敵偽金融機構費用報支辦法已由部呈院核示俟奉准即可通行各接收行局處應先將截至上年(12)月底止每月所支清理費用總額於電到三日內逕電報部並分報各該總行局處核洽並彙編齊全報部以憑核對仰即遵照急電轉行辦理等因轉希洽遵分別查報總0125

161

接收清理敵偽金融機構費用報支辦法

一、接收敵偽金融機構報支清理（包括接收整理）費用悉依本辦法之規定

二、清理費用包括人員薪津及辦公所需一切直接開支其利用各行局原有人力物力並非專為辦理接收清理事務而支出之費用不得攤入計算

三、人員薪津得依照國營事業機關人員待遇辦法之規定辦理其所得總額不得高於各級公教人員相當等級所得百分之三十留用人員在未經報部核准前得按當地情形酌給生活費用

四、各地行局辦理接收清理事務支付各項費用應極力撙節並應按月造具清理費用清單連同單據送由各該總行局核明彙編會計總報告連同單據送部查核其已奉部核准單獨成立清理機構者所需人員薪津及各項費用並應事先照核定編制核實估計編造預算附具說明送部核定仍按月造送會計報表連同附件送部查核

五、清理費用由被清理機構資產中儘先支付

六、本辦法經呈准後施行並得隨時呈准修正之

145

交通銀行總管理處公函用牋

財部核定督導接收敵偽金融機構整理清理辦法隨函轉達希洽遵由

逕啓者案奉財政部京督秘字第一三三八四號代電內開

查接收敵偽金融機構之整理清理迭經本部隨時專案核定各項原則及辦法先後督促辦理爲便利各該指定整理清理機關工作及劃一步驟加强工作效能起見自有訂定統一辦法之必要茲經本部清理敵偽金融機構督導委員會參酌過去成案及觀察實際整理清理情形加以綜合補充擬定「財政部督導接收敵偽金融機構整理清理辦法」核屬可行除分行外合行電仰遵照辦理

等由到處用特抄同原附辦法一份隨函轉達至希洽遵此致

徐行

總管理處啓

中華民國三五年十二月卅一日滬稽字第十四號全頁

（總六）

附件

15

財政部督導接收敵偽金融機搆整理清理辦法

一、總則

第一條　凡本部指定各行局處接收敵偽金融機搆之整理清理工作均依照本辦法辦理之

第二條　負責接收各敵偽金融機搆之行局處（以下簡稱接收行局）於接收完竣後應即將接收情形繕具報告並連同具有原移交人及接收人簽署蓋章之原始接收清冊各四份除原指定接收人自存一份外餘呈各該總行局分别存轉財政部及該區敵偽產業處理機關各一份其在東北區及台灣省者應分别加送財政部駐東北區財政金融特派員辦公處及台灣省行政長官公署財政處一份

若原始接收清冊不足分配則應加繕副本由負責人蓋章註明與原始接收清冊無異字樣分送上列機關備核

第三條　接收行局除經財政部另行核定者外即為整理或清理行局各行局辦理接收整理清理工作人員由各該總行局統籌指定專責辦理並繼續指揮監督

第四條　各接收行局於編造各敵偽金融機搆之接收及整理清理報告時應依下列辦法彙集

甲、各總行局應將接收整理清理敵偽金融機搆之報告按

146

每一機構彙核轉送財政部但前已送繳財政部財政金融特派員辦公處者得予註明免予重送

乙、被接收之敵偽金融機構可分為敵性及偽性兩大類關於敵性者分總行在我國及不在我國兩種關於偽性者分被劫持及戰時新設兩種敵性金融機構總行在我國者應將其接收整理情形彙集於其總行之接收機關彙造總報告總行不在我國者則以其分支機構之原管轄區為單位分別彙造報告偽性金融機構之接收清理報告俱應彙集於其偽總行之接收機關編造總報告

第五條　各敵偽金融機構之資產負債數字及整理清理期間收付款項之記帳單位得以偽幣原幣表示但應按規定比率折成法幣如為敵軍用手票與法幣無比率時可仍列原幣其原有外幣或法幣帳户者仍按原幣記帳但均應加以註明

第六條　接收敵偽金融機構之庫存貨幣金銀証券珍寶飾物及原封保管品應悉數暫送中央銀行專户保管報部核辦

二、債權債務之整理或清理

第七條　接收敵偽金融機構後應即清查其資產負債確數分別加以整理清理整理敵性金融機構時應追回債權其債務除依第八條辦理外暫不清償俟敵國履行賠款後再行核議

第八條　至清理偽性金融機構時應先收回債權其債務除敵偽性及附逆者一律扣留報部核辦外餘得酌予償付

敵偽金融機構間債權債務除敵性金融機構相互間者及偽性欠負敵性者均暫不清償外餘應互相抵銷其差額並予清償至敵偽金融機構與其他非金融範圍敵偽機構債權債務之互相抵銷應以彼此互有債權債務足資抵冲之機構為限即一經抵銷同一機構之債權債務即為同數之減少

第九條　敵性機構或公私團體及偽政府或團體所負債務如附有抵押品或在各該敵偽金融機構尚有其他債權者毋須通知即以其抵押品或其他債權抵償其無抵押品或其他債權或債權及抵押品變價不足抵償者得商同該敵偽機關團體之接收機關或團體就其所接收該敵偽機關團體之總資產項下迅即清償

第十條　各項債權無法追收者應將催收經過及無法追收之原因詳細報部核定處理

三、財產之處理

第十一條　接收敵偽金融机構之財產除整理清理工作公務上所必需留用者外其餘均應儘速洽由敵偽產業處理机關處理

保情形特殊者得先報部核准再行移付處理如有價款收入應暫送中央銀行專戶保管仍歸各該敵偽金融機構清理或整理範圍並報部備案俟整理清理完竣再將其剩餘數額洽由敵偽產業處理機關彙繳國庫

上項公務留用之財產於整理清理工作結束時應一併移交敵偽產業處理機關處理補行入帳並報部備案

第十二條 接收敵偽金融機構財產中其應予發還原主者統應洽由敵偽產業處理機關查明確實証據憑保領回不得自行處理

四、附則

第十三條 接收敵偽金融機構於整理或清理完竣後應造具迄至當日止之資產負債表連同尚未處理財產清冊等有關表冊一併報部結束

第十四條 凡本部前此公布敵偽金融機構之接收整理清理有關法令與本辦法有抵觸者應參酌本辦法修正之

第十五條 接收及整理清理敵偽金融機構經費之報銷辦法另訂之

第十六條 本辦法自核定之日起施行

154

副襄理　文書　營業　會　出納

卅360

交通銀行總管理處公函用牋

財部代電以接收敵偽金融機構於整理清理完畢後應編具清理或整理結報告報部備核希洽照辦理具報由

逕啟者案奉財政部京會稿字第一六九三〇號代電內開

查本各行局庫接收敵偽金融機構之整理清理工作限期結束一案業由部以京會稿531 1938號代電通行在案各敵偽金融機構於整理或清理完畢後應即編具清理或整理結報告一式三份報轉本部備核該項報告內容除應依照部頒管理接收敵偽金融機構整理清理辦法第十三條之規定辦理外並應包括下列各項㈠整理或清理經過㈡無法收回債權或財產明細表（附表式）㈢財產處理情形一覽表（附表式）合行電仰遵照辦理等因到處用特抄同原附表式隨函轉達至希洽照辦理具報此致

徐行

總管理處啓

中華民國三十六年二月廿一日　稽　字第　三　號　全　頁

附件

（總六）

1. (清理機關名稱)行局接收敵偽(金融機構名稱)無法追收債權或財產明細表

共＿＿頁
第＿＿頁

債權戶名或財產名稱	數量	催收經過	無法收回緣由	報部文件		奉准文件		附註
				日期	文號	日期	文號	

主管人＿＿＿＿＿＿ 覆核＿＿＿＿＿＿ 製表人＿＿＿＿＿＿

說明：無法收回之債權或財產如未曾報部者「報部文件」及「奉准文件」兩欄可不填寫其已報部尚未奉准者「奉准文件」欄亦可不填

2. （清理機關名稱）行局接收敵偽（金融機構名稱）財產處理情形一覽表

共＿＿頁
第＿＿頁

財產名稱	數量	處理情形				附註
		處理日期	處理方式	變價款額	價款存放銀行户名	
				元		

主管人＿＿＿＿＿＿　覆核＿＿＿＿＿＿　製表人＿＿＿＿＿＿

說明：(一)財產名稱應依庫存有價證券房地產生財（可簡列總數）車輛等分項填列

(二)如某項財產已移付處理機關處理惟截至填報本表之日尚未變價時則變價款額可填處理機關之價數並在附註欄註明至價款存放銀行户名欄可不填寫

165

596

經理 襄理 文書 營業 會計 出納

交通銀行總管理處用函箋

財部電發蘇浙皖區敵偽產業處理局結束辦法暨中信局蘇浙皖區敵偽產業清理處組織規程各一份希洽照由

逕啟者奉財政部財庫一字第二〇一五六號代電內開

案奉行政院卅五年十二月二十六日節京拾字第二五一三一號訓令開

「據蘇浙皖區敵偽產業處理局呈稱「案奉鈞院本年十二月二日節京拾字第二一七八五號代電開：『蘇浙皖區敵偽產業處理局應於卅五年十二月底予以撤銷所有未了案件及未經處理之產業物資均交中央信託局另設專處依照院頒辦法及該區處理敵偽產業審議委員會之決議繼續辦理其對外文件並着由審議委員會秘書長具名行之現有人員除少數辦事得力者可於節別後調派中央信託局服務外其餘均應依[illegible]

中華民國卅六年四月一日稽字第八一號 一頁 （總六）

166

交通銀行總管理處公函用牋

擬定給付遣散仍希迅即將該結束辦法呈核」等因奉此茲擬具處理
局結束辦法并附中央信託局蘇浙皖區敵偽產業清理處組織規程呈請
鑒核指令祇遵並祈分令財政部轉行中央信託局知照」等情該局所擬
結束辦法暨所附「中央信託局蘇浙皖區敵偽產業清理處組織規程」
應准備案件合行抄發原件令仰遵照并轉飭遵照」等因奉此除分令外
合行抄發原件電仰遵照
等因到處用特抄同原辦法等各一份隨函轉達至希洽照此致
徐行

總管理處啓

附件

中華民國卅六年四月一日 [illegible]字第八 號 二頁

（總六）

167

蘇浙皖區敵偽產業處理局結束辦法

關於機構者

一、蘇浙皖區敵偽產業處理局（以下簡稱處理局）遵照院令于卅五年十二月卅一日撤銷未了案件及未處理產業（包括敵偽產及逆產）均移交中央信託局繼續辦理于移交及公告後即將關防印信繳銷

二、中央信託局（以下簡稱中信局）專設蘇浙皖區敵偽產業清理處（以下簡稱清理處）就處理局現有各單位分別裁併調整於處內設下列各組其組織規程另訂之

一、總務組　二、帳務組　三、財務組　四、估價組　五、審查組　六、逆產組

七、專員室　八、各種小組委員會

三、蘇浙皖區處理敵偽產業審議委員會（以下簡稱審議會）遵照院令應繼續存在

并成立審議會秘書處于秘書長下設秘書二人辦事員四至六人

四、處理局原有之關支審核委員會及會同法院組織之蘇浙皖區逆產處理委員會均繼續存在隸屬於審議會

五、處理局原有之德僑產業清理處併入中信局其清理辦法另定之

六、處理局原有之京蘇浙皖四辦事處及各辦事分處一律撤銷惟事務特繁之地區得暫設清理分處或派駐專員統限于卅六年三月底撤銷

168

（總三）

中央信託局蘇浙皖區敵偽產業清理處組織規程

（一）中央信託局奉 行政院命令專設「蘇浙皖區敵偽產業清理處」（以下簡稱本處）負責接管並處理蘇浙皖區敵偽產業處理局經辦該區敵偽產業及逆產之未了事項

（二）本處設處長一人綜理全處事務副處長一人至三人佐理處務

（三）本處置左列各組

一、總務組 二、帳務組 三、財務組 四、估價組 五、審查組 六、逆產組

各組職掌視有關事項及事實需要隨時分配之

（四）本處各組設組長一人秉承處長辦理各該組事務必要時得設副組長一人襄助之

（五）本處各組得分科辦事各科設主任一人得設副主任一人辦事員、助理員、練習員若干人

（六）本處設專員若干人辦理處長指定事項暨輪迴督導外埠各地敵偽產業清理事務

（七）本處得視事實需要設置各種小組委員會其辦法另訂之

（八）本處為處理外埠未了事項得在處理局原有辦事處各地暫設分處

（九）本處會計獨立

（十）本處於任務終了時呈請行政院撤銷之

（十一）本處辦事細則另行擬訂呈請中央信託局局長核定之

（十二）本規程呈行政院核定後施行並呈報中央信託局理事會備案

169

蘇浙皖區處理敵偽產業審議委員會
中央信託局蘇浙皖區敵偽產業清理處
組織系統表

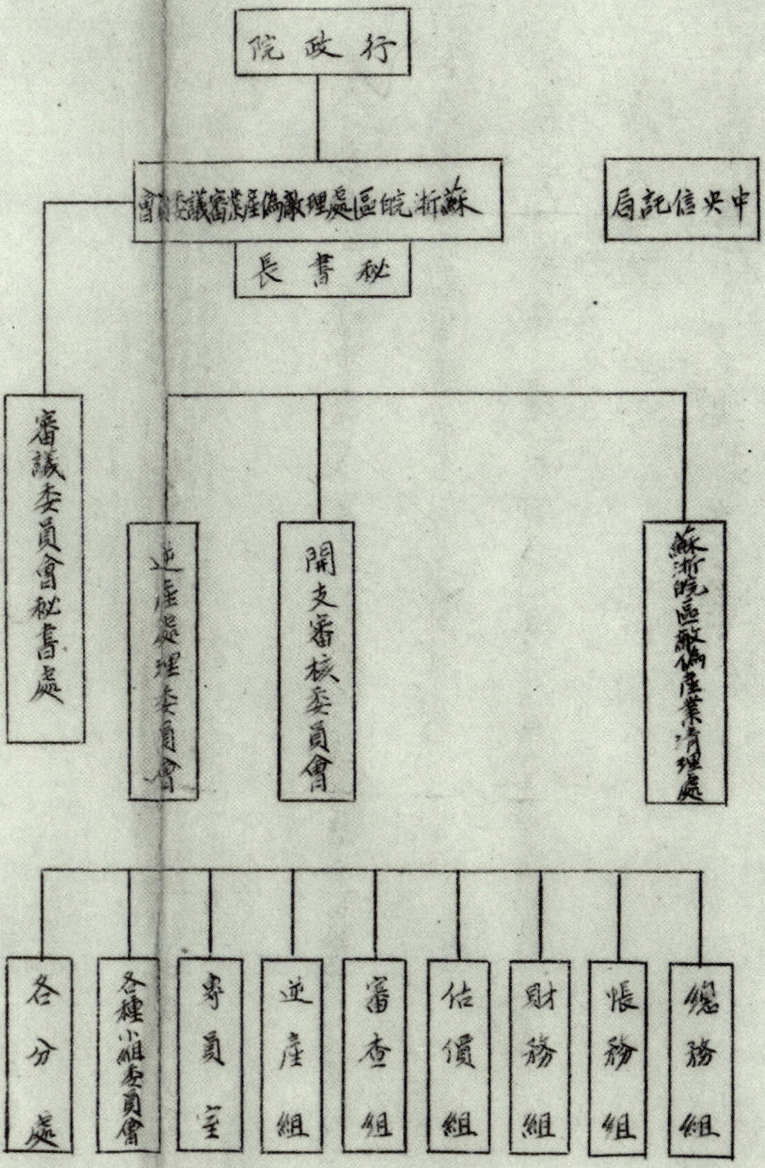

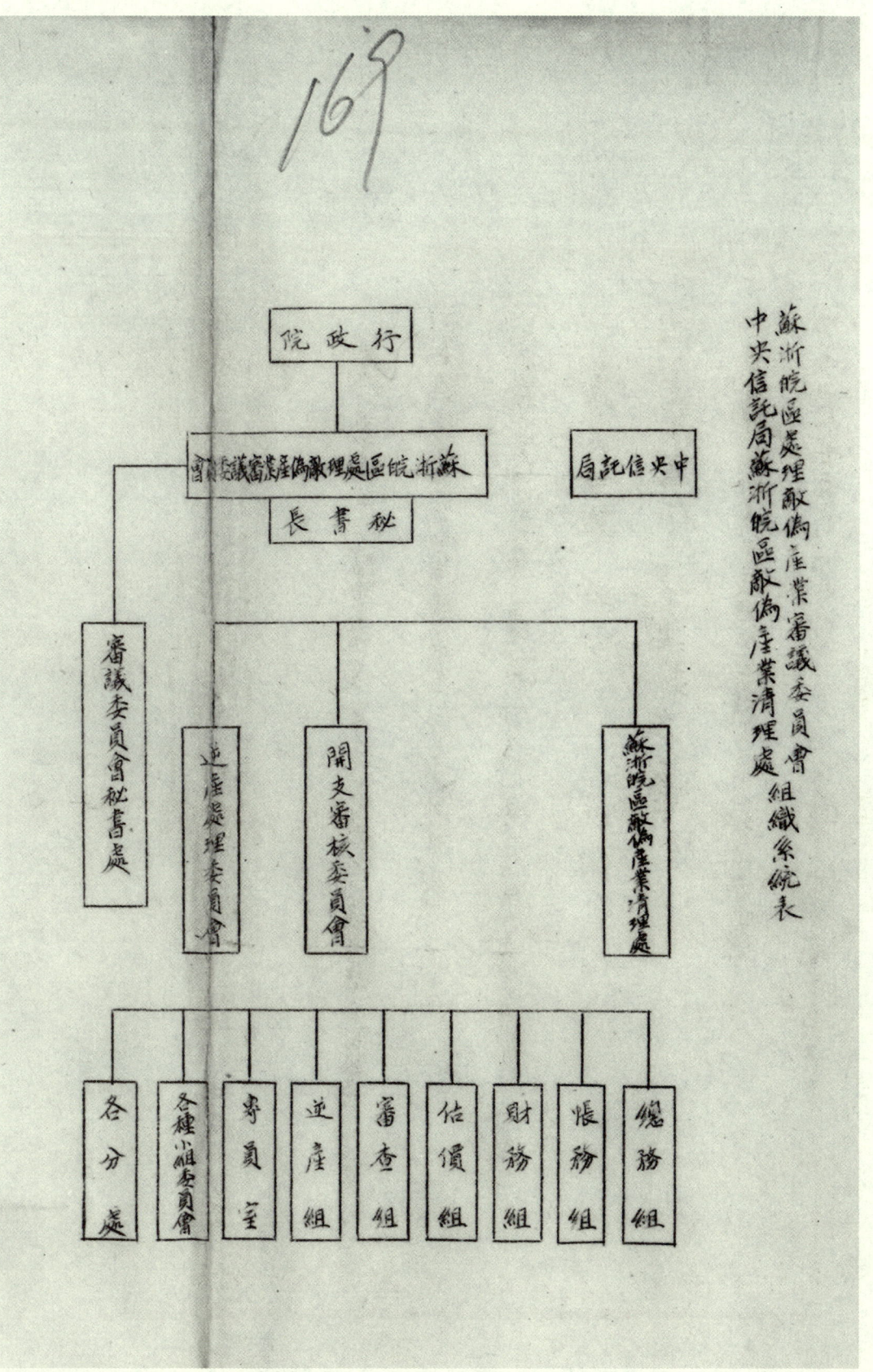

174

经理
汇业
文书
营计
会
出纳

1008

交通部全国特派员办公处总管理处公函用笺

抄附加速处理敌伪产业办法一份希洽遵由

迳启者奉财政部京督秘字第一一三二四号训令内开

「案奉行政院本年三月卅一日从拾字第一一四〇九号代电开「兹奉

国民政府主席核定加速处理敌伪产业办法饬遵照办理等因自应遵

照除分行外合亟抄发原办法仰即知照」等因奉此除分行外合行抄

同原办法仰即知照

等因到处用特抄同原附加速处理敌伪产业办法一份随函附达至希

洽遵此致

徐行

附件

总管理处启

中华民国三十六年五月二十九日 稽字第11号 全 页

（总六）

175

抄件

加速處理敵偽產業辦法

一、中央信託局依照經濟緊急措施方案加緊出售敵偽產業，特訂定本辦法

二、本局出售敵偽產業（包括日僑德僑產業偽組織產業及逆產）之售款總額每月以一千億元為目標，其分區配額另訂之

三、出售敵偽產業依照左列方式辦理

甲、物資以標售為原則，其數量過大者并得兼採拍賣方式，工廠所需原料得按實際需要酌予配售

乙、房地產

(一)空地及空屋一律標售

(二)里弄房屋得由現住戶按市價估價承購，免予標售，必要時并得分宅出售

(三)其他房屋現住戶亦得請求按市值估價承購，但須呈經行政院核准

(四)私有土地上敵建築房屋估價售與原地主，如地主不願承購時，得售與現住戶或予標售

(五)敵人征購圈購土地，除政府確有需要得依法征用者外，其餘一律重行估價由原地主購回

丙、工廠

(一)敵偽工廠以標售為原則，其須估價讓售或標租者，應呈經行政院核准，但政府機關不得參加投標及請估價讓售

(二)敵佔工廠發還原業主，其敵佔時所增益部份估價由原業主承購

丁、其他產業以標售為原則，其須估價讓售或標租者，應呈經行政院核准

四、出售敵偽產業概須收取現款，解交國庫

五、出售敵偽產業情形，應按旬呈報行政院

六、本辦法呈奉　核准施行

180

襄理　文書　營業　會計　出納

交通銀行總管理處公函用牋

財政部電發督導接收敵偽金融機構整理清理辦法補充辦法八項希

洽照辦理由

逕啓者奉財政部督秘字第三一二八九號代電內開

「查本部清理敵偽金融機構業務曾奉行政院令飭應加强效能限期結束當由部訂定督導接收敵偽金融機構整理清理辦法通行照辦並分別限於本年2 4 6月以前整理清理完竣結束將剩餘資產移交敵偽產業處理機關各在案玆以此項清理結束期限業已屆滿而據報處理機關對移付處理之財產多未能迅速變價致使整理清理帳務無法結算爲免影響此項整理清理業務結束期限起見特訂定督導接收敵偽金融機構整理清理辦法補充辦法八項除分行並呈報行政院備案外合行檢同

中華民國卅六年八月十二日　稽字第一四號　壹頁　（總六）

181

交通銀行總管理處公函用牋

允辦法電仰遵照辦理
等因到處用特抄同該項補充辦法一份隨函轉達至希
洽照辦理此致
[seal: 鄭印忠鉅]
徐行
附件
總管理處啓 [seal]

中華民國卅六年八月十二日 稽字第一四號 貳頁
（總六）

財政部督導接收敵偽金融機構整理清理辦法補充辦法

第一條　凡本部指定各行局處接收敵偽金融機構之整理清理工作除依照部訂督導接收敵偽金融機構整理清理辦法辦理外依照本辦法辦理之

第二條　接收敵性金融機構財產依照左列四項規定辦理：

甲、各種動產及不動產除應收敵偽債權外於移付敵偽產業處理機關處理時即一律按照原帳面餘額冲帳

乙、上項動產及不動產價格無原帳可稽但政府有規定者如黃金白銀外幣鎳幣銅幣制錢等得按接收時規定價格冲帳

丙、上項動產及不動產價格無原帳可稽政府又無規定者得由整理機關按接收時市價估定冲帳

丁、所持有之應收敵偽債權（包括有價證券）於整理期限內無法收回者即一律按照原帳面餘額冲轉損益帳但敵偽有價證券部份仍應詳細列冊報部備查其已依照規定向中中交農四行登記向敵索賠者並應專冊造報

第三條　接收敵性金融機構之應付敵性債務（即「敵性金融機構欠負敵性機構或個人之款項」）應一律以「敵性債務」科目

冲帳

第四條　接收偽性金融機構財產應於清理期限內依照部訂督導接收敵偽金融機構整理清理辦法第十條之規定悉數移付處理完結依限結束

如上項財產因敵偽產業處理機關未能於清理期限內處理完結其未了帳務結束事宜除偽中央儲備銀行部份專案核辦外均由原清理行局派員兼辦不得再行報支清理費用

第五條　接收偽性金融機構之應收敵性債權（即敵性機構或個人欠負偽性金融機構之款項）於清理限期內無法收回者即一律按原帳面餘額以「向敵索賠」科目冲帳

第六條　接收清理（整理）費用如接收各該機構庫存及收回債權仍不敷支應時得商由接收其他敵偽金融機構資產暫墊報部備查

第七條　接收清理（整理）敵偽金融機構費用除依照部訂接收清理敵偽金融機構費用報支辦法辦理外於報請核定後一律在各該敵偽金融機構損益項下以「清理（整理）費用」科目列帳

第八條　本辦法自本部核定之日起施行

184

交通銀行總管理處公函用箋

財部電告行政院核定軍事機關部隊佔用敵偽產業物資解決辦法希

洽照由

逕啟者奉財政部財會秘字第三五四六九號代電開

案奉行政院本年八月廿五日卅(六)七外字第三三七九六號代電開「

據本院秘書處案陳聯合勤務總司令部卅六年工調字第三二四六號

午皓代電略稱「軍事機關接管使用敵偽營房爲數不多泰半駐用敵

偽廠場倉庫株式會社等房屋如遵鈞院電令規定移交敵偽產業處理

機關處分事實上殊多困難因新建營房倉庫場廠限於預算不能立即

大量興建且緩不濟急當此全國總動員勘亂建國之際所有軍需工廠

均專生產各地倉庫目前存儲軍需物資尚感不敷使用仍懇俯准本

中華民國三六年十月六日稽字第川號一頁

(總六)

195

交通銀行總管理處公函用牋

卅六工調字第二五五一號代電所擬辦法轉飭敵偽產業處理機構查照辦理等情查軍事機關部隊佔用敵偽產業物資迭經本院規定處理辦法飭遵在案茲再根據法令及本院歷次指示所訂定解決辦法五項於下㈠軍事機關部隊佔用房屋物資與各該機關部隊中個人佔用者嚴格劃分各別處理㈡確爲軍事機關部隊應用之軍用物資一概准予轉帳非軍品與軍事完全無關者應交處理機關如已出售或應用應作價解庫軍用品與非軍用品之區分按照本院歷次命令辦理㈢部隊所用營房及軍事機關所用辦公房屋應緊縮使用依院令須將所有房屋專案呈請核定應再根據實際需要情形會商處理機關撥用報院核准㈣個人佔用房屋限期交出如願承購准由處理機關估價交原住用

中華民國三十六年十月六日 稽字第17號 二頁 （總六）

193

交通銀行總管理處公函用牋

優先承購限期交款逾期即强制提出（由處理機關請法院執行）㈤個人佔用傢具物資應交還處理機關處理已消耗之物資應估價限期繳款解庫未消耗之物資如佔用人尚有需用可由處理機關估定價格限期繳款承購逾期即强制交出除分行並由本院及國防部財政部各派員會同出發督促執行外仰即遵照等因除分行外合行電仰遵照等因到處除分函外合函轉達即希洽照此致

徐行

總管理處啓

中華民國三六年十月六日稽字第17號　三頁　（總六）

總務　稽　文書　營業　會　出納

南京通銀行公函用牋

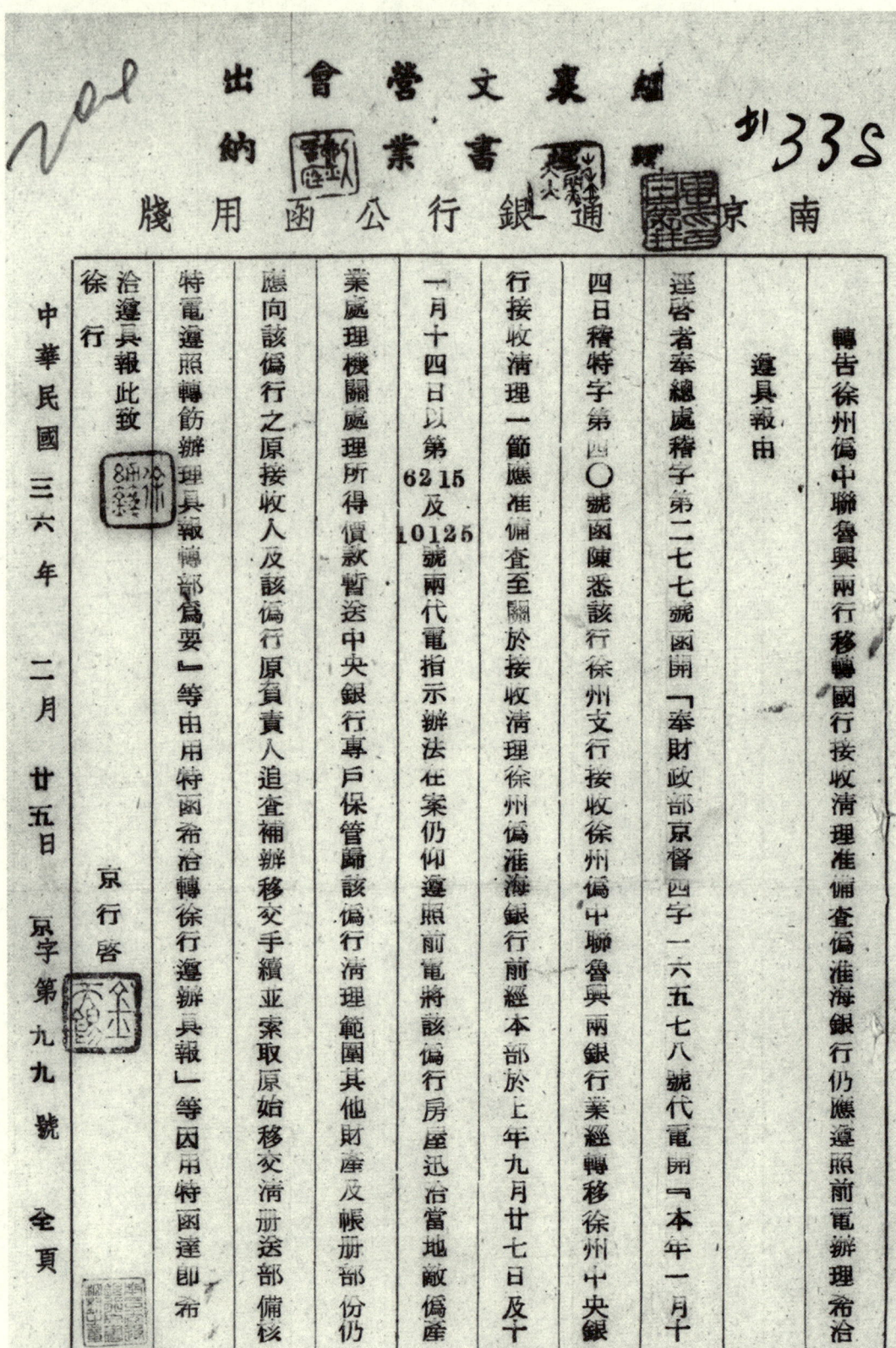

轉告徐州偽中聯魯興兩行移轉國行接收清理準備查偽淮海銀行仍應遵照前電辦理希洽

遵具報由

逕啓者奉總處稽字第二七七號函開「奉財政部京督四字一六五七八號代電開『本年一月十四日稽特字第四〇號函陳悉該行徐州支行接收徐州偽中聯魯興兩銀行業經轉移徐州中央銀行接收清理一節應准備查至關於接收清理徐州偽淮海銀行前經本部於上年九月廿七日及十一月十四日以第6215及10125號兩代電指示辦法在案仍仰遵照前電將該偽行房屋迅洽當地敵偽產業處理機關處理所得價款暫送中央銀行專戶保管歸該偽行清理範圍其他財產及帳册部份仍應向該偽行之原接收人及該偽行原負責人追查補辦移交手續並索取原始移交清册送部備核特電遵照轉飭辦理具報轉部爲要』」等由用特函希洽轉徐行遵辦具報」等因用特函達即希洽遵具報此致

徐行

京行啓

中華民國三六年二月廿五日　京字第九九號　全頁

201

總裁　經理　文書　營業　會計　出納

南京通商銀行公用牋

轉知關於接收偽淮海銀行事希洽辦具報由

逕啓者京字第一九七號函陳接收偽淮海銀行事迄無端緒擬請由財政部函飭蘇農總行轉催該徐分行移交祈核轉等情已悉當經轉陳在案茲奉總處稽字第二一九六號函復略以此案經即轉陳財部核辦去後茲奉財部財督四字第三三四七五號代電開「本年八月一日稽特字第七四二號函呈悉偽淮海銀行房屋由江蘇省農民銀行徐州分行借用迭洽移交均未據辦理一節已由部令飭江蘇省農民銀行轉飭徐州分行移交如該蘇農徐分行確需應用該項房屋可會同該交行徐州支行洽由當地敵偽產業處理機關處理至該偽行之原始移交清册及未移交之其他財物帳册並已由部電請國防部追查補交矣仰即轉飭遵照辦理具報」等因

中華民國卅六年九月廿三日京字第四四四號　一頁

202

南京交通銀行公函用箋

到處合函轉達卽希轉飭徐行洽辦具報等因用特轉希
洽照此致
徐行
京行啓

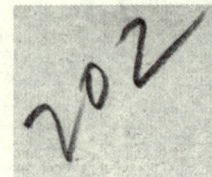

中華民國卅六年九月廿三日京字第四四四號 二頁

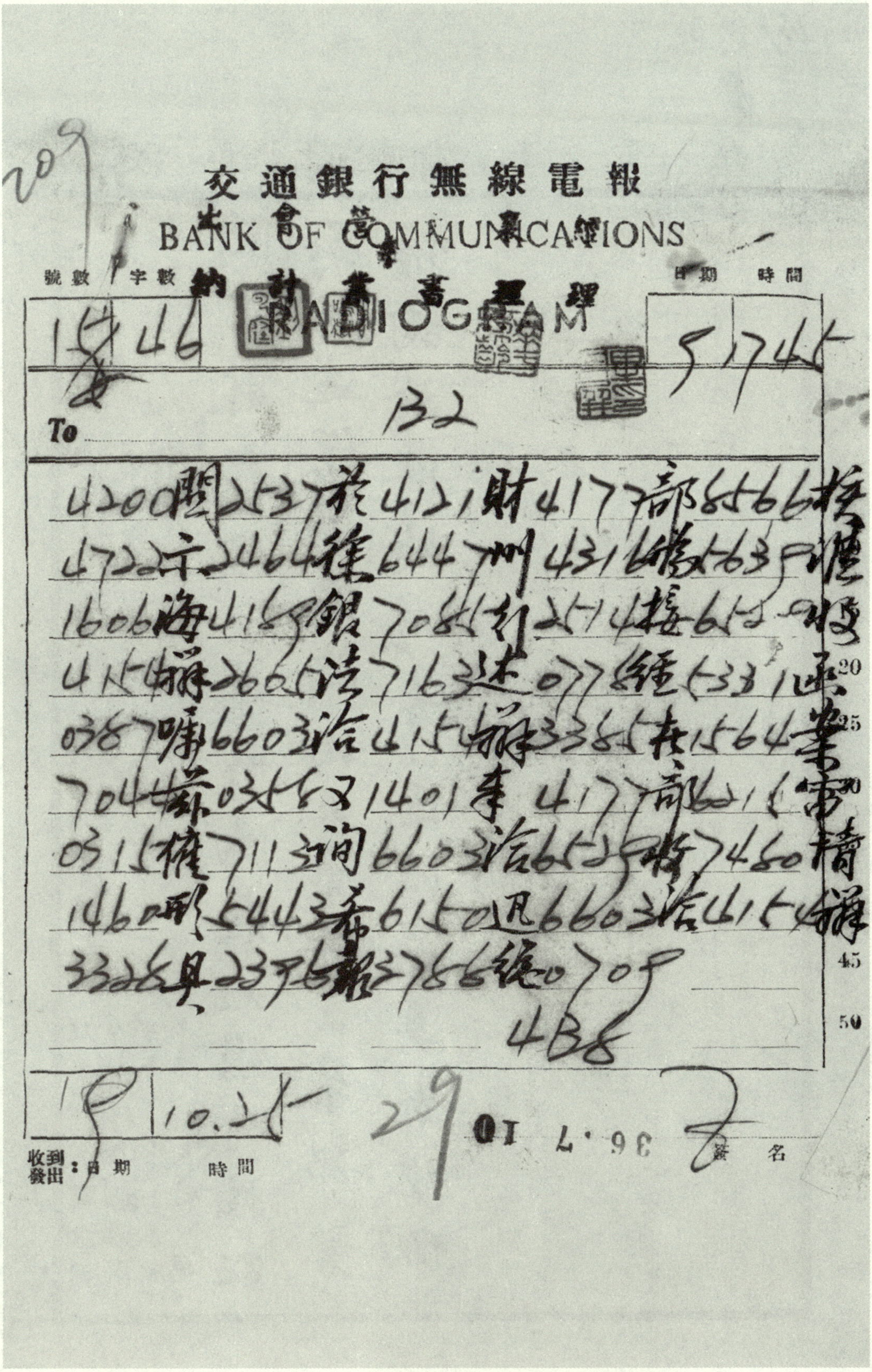

交通銀行無線電報

BANK OF COMMUNICATIONS

RADIOGRAM

號數	字數	日期	時間
1846	46	5	1746

To B2

18	10.28	36.7.10

收到 發出：日期　時間　簽名

210

交通銀行譯電紙

第 22 號

總行/處來成密電一件

36年7月10日10時24分到
7月9日17時45分發
電局第 號
收電第 號

關於財部核示徐州偽淮海銀行接收辦法迭經函囑洽辦未果茲又奉部電催詢洽收情形希迅洽辦具報總明

報告　於本分處　三十五年八月二十二日

職等　奉

鈞座指派前往查勘大郭莊日本建造板本窰業公司及北関磚窰製造廠日本窰業公司等三處當日於上午會同經濟部徐科長前往實地查勘即至大郭莊磚瓦廠看管人樊某指明土磚窰貳拾座現全被駐軍拆毀殆盡只壹座現正由駐軍八十八師六十二旅一八六團三營七連班長何毅秋率領士兵二十餘名拆用磚瓦當詢問情由據云係奉團長殷心如命令拆用此磚為在附近山中築造碉堡工事恐三日以內全部成為平地現尚存有全烟囱尚壹座已由本處條戳字封條玖號貼於烟囱之上十二時許即赴子芳山查勘日本建造石灰窰共四座石牆垣參間此處不屬移交册內擬另案再行辦理下午二時赴

北関查勘磚瓦窰業造廠該處原為土窰拾座現已坏參座草房共拾大間皆毀坏不堪地基約四十畝有餘係官有磚井三眼尚齐全當由本處條敵字封条拾号貼於備藏室內上在該廠以南即為日本窰業公司地基約四餘畝機器机件全部損没尚存窰業共壹座共三十二個洞門內部尚全烟囱壹座齐全該處洋瓦房式座壹座毀坏工人宿舍拾座已坏壹座尚留製瓦机件壹部要零件全無磚井四眼尚齐全窰內及房內被山東各縣難民居住已由本處條敵字封条第拾壹号貼於洋瓦房上於三時半返回公明街二四号日式瓦房壹所樓上下共計拾間原為經濟部接收現移交本處當由條敵字第拾式号封条查封以上四處均經職等實地查勘謹將經過情形查勘意見 呈請

鑒核示遵 謹呈

秘書 錢

主任 李

職等 張其鑫 陳敬文 潘禮生

大郭庄板本梨窰磚廠

查勘日期 八月二十八日

大窰共六座完全拆毀

製磚機件窰上原有房屋十二間全由敵軍拆毀窰內磚瓦現已

由第三十二集團軍八十六師六五旅一八六團第一營第三連第

七班班長何殿秋率領兵共六十餘名尚在拆毀中該團長為

殷心如地基係泥甬

地基上尚留有全煙筒壹個

封條係敵字第九號貼在煙筒之上

北関日本窯業公司

查勘日期八月二十一日

地基約一四〇餘畝

磚窰壹大座共叁拾貳個窰洞（每洞每日可出磚一万二千塊）輪燒

具已完全損没機件材料完全無，尚留有煙筒壹個，窰內住有山東各縣難民

洋瓦房叁所已壞壹所（住有山東各縣難民）

工人宿舍共拾座每座有八、九、十間不等毀壞一所磚坯時間已久，陰雨太多十分之八九不能用

共四個，存倉

製洋瓦機已壞零件全無

封條徐敵字第〃號貼於洋瓦房存倉（二、壹）所上

9

北関磚窰製造廠

地基 約四十又畝有餘

儲藏室草房三間

賬瓦窰草房九間 } 完全壞

坯工草房四間已毀壞土窰共拾座内有叁座已壞不能用

井三眼「齊全」

封條係敵字第10號貼於儲藏室之上

查勘日期八月二十八日

公明街貳六房屋查訖

樓上四間樓下六間共〤間

房內傢俱全無

封條係敵字第〤號貼於大門之上

住房人　聯合後勤總司令部第九兵站醫院

10

發文　於本處　會二十八日

竊職奉　鈞會令處理局派員查勘徐州煤礦被毀情形，遵即於

昨日（廿八）上午九時前往處理局，洽同該局張股長及參事等一行於十時

出發，下午六時返回，先後將該礦各部份全部查勘完畢，現將詳細情形述後：

一、原賈汪本窰業公司——該窰位於徐州火車站鐵路東，距徐約八華里，原有小

窰十數座，輪轉窰一座，工人宿舍十餘間，現為駐軍將小窰及工人宿舍全部拆毀，輪

轉窰窰身正在拆毀中，經該窰主即制止，亦無法修理，應用標剩煙筒一具尚巍然

存在。該地現駐軍為八八師第二旅八八大團八營　段　華君帥向駐軍交涉制止破壞，

謂奉上級命令拆建碉堡，可向上級交涉　該　華以該軍旅團部距離甚遠，

故未往交涉，該時擬請處理局應將煙筒之點有餘料等先予拆卸保管，

以免東遭再加毀損。

二、原賈汪及製造廠——該廠分兩部份，均在廠計四座，磚廠房八所，位於徐東二里許

小房山煤礦窰，已為駐軍拆毀，傢具尚大致完整，惟廠房門窗已如數修理

亦須大量資本，故標賣不易。磚瓦窯在綏西北北關西，有磚窯十座，又八宿舍

三間，工作房九間，儲藏室六間，共三眼，磚窯用第七、八、十號，均係第五大形號，完

好，其餘略予修理即可適用。計完好房屋均草蓋，補宿舍、儲藏室已毀坍

傾，僅餘工作房，亦須修理，磚坯可用者十分之六，八號窯尚點有餘較多，第十

號封條於儲藏室。

三、原徐州窯業公司：該窯位於徐北北關西南，係灰漿造的，此連近東有輪

轉窯（八卅八〇）八座，工作房六間，工人宿舍十餘間，共數眼，窯業工頭建築及四周邊緣

均為前駐軍拆毀，但如修理尚可適用。工作房八座較完整（八所已將塌坍），工人宿舍

有六所已坍，餘已改建補修，房屋均已毀，未完好工作房甚大，可開十餘間，宿舍較小，十

間均近廿間，經處理劃點，有餘較多，第十一號封條於工作房。

四、原板本事務所一，位於新城路六四號（為前明衛三大寺）三層大底四樓，又八間，又五房

前存家具已無現，為難著錄，其餘現均點驗，謹呈。

委員吳

寶濤

47

中央銀行徐州分行函稿

總號 360

分號 徐机230

發 蘇淮區清查團第三組

事由 為[illegible]附送清冊由

[illegible]年[illegible]月

附件 如文

中華民國卅五年十月九日送稿

中華民國卅五年十月十二日繕發

經理

文書課

擬稿

繕錄

校對

案准十月八日

大正內開：：查徐州前敵總部所設立之銀行由貴行接收一部所有接收物資數額及實經情形希即列表連同原物清冊一併檢送以備清查等由自應遵辦前總部奉令接收之各敵偽銀行情形分別陳述如左：

(一)偽中央儲備銀行徐州分行　查該行在本部未到徐時已由徐屬黨政接收委員會接收並在該偽行庫內搜有第三十八軍迫其遷讓遂無之說亦接收器物僅遷出一部俟其移即為駐軍所用關於各部隊繼續接駐留用器物均已不可究詰接委會結束後其所接之文件即交由江蘇省第九區行政督察專員公署接管迨本部派員往接收所得清冊係由該專員公

（二）伪华兴银行　查该伪行所有帐表器具係由前第十

战区徐州接收所交通会理处科长白晓波接收並留

驻该行处内本行本年奉令接收西西该

该所转办移交遂让出处所遂由本行前往该所於本年二月廿五日按行递

江苏区第九督察专员公署所派邹開斌科长及该所主副发会芝惠

同该所着该伪行经理王石安携带经由白晓波签盖立

收之原始清册办理点交证知接收之时所有留铁柜科目楼

其物秘其六十六件且均破损经该王石安指认云非原备

物而前晃委员会之帐表其件携之石安移均随存密案

间据内以驻军不许移动故未能移出保管其清及至

頃據稅務處呈稱所有當經面詢王副監據答當
時係由白晚波接收後面詢方知究竟遂由本行收實際
收到之物六具收據交該所收執並將原指清冊備
查對茲白晚波出面交一面即據情分別係報財政部
駐京辦事處財政委員會特派員繳冊繳請署者一面函呈請
警備司令部查案署及日本領事館好請行經
理之后又如拟出係經由理務交並由財政委員會特派員
電請陸軍總部轉飭該白晚波到案免在港而白
晚波接經俄邊不見即該俄行經理之後又亦已於本年四月
間請日僑遣送赴滬轉日近延至今終因無人負責移交迄未能

49

予以接收所遗行屋一所现由本行作为堆存伪券及宿舍之用。此项情形业经分报财政部驻京沪区财政金融特派员

（三）伪联合准备银行 该行前由军政部开封区特派员办公处第一接收组接收完毕。财政部驻京沪区财政金融特派员办公处电饬徐州交通银行负责接收在案。旋于本年八月十五日又奉本总行业务局机构检查处检字第一〇九三号电饬，由本行接收清理。迭经函请交行将该伪联准分行接收部份移送，迭经去函，于九月廿三日始准函复，随于廿六日派员至该行洽办接收，现正将前项（根据交行所送移交清册）（关于该伪行原接清册未曾收到）接收文件、接收册目数字详加清

由京沪区……交核查……秘书处……交南京分行查……徐州办事处

月　日

关于中国、交通两行由伪州设储蓄经理与驻用

（四）伪朝鲜银行　查该行（于四月六日奉）财政部驻京沪区财政金融特派员办公处电饬中国农民银行徐州办事处负责接收，（旋于本年八月十九日奉）本总行金融业务机构检查处电饬改由本行接收整理，迭经上海中农行将前接收文件移送过行，迄未准复。该行之交通完作中农行之地。

（五）伪正金银行　查该行于本年三月五日奉财政部京沪区财政金融特派员办公处财特字第四八九〇号电饬由本行接收而[illegible]该行负责人高[illegible]（于早期）[illegible]

[illegible]（正）派员赴沪办理，经过请参有关机关转饬该日人回交，核查
经本行派财政部驻京沪区财政金融特派员办公处[illegible]奉示知与交南京[illegible]
终办理移交手续，迄未见到，故未能接收该行行[illegible]
交院由空军（第三大队）营房借住

（六）伪苏淮商业银行　该伪行自敌军投降后即告停业，所有行屋及一切器具等物，多被该伪行经理任达夫转卖与大成实业社，事后该任达夫即逃匿无踪

查本行未接收前，经由江苏省党部接收委员会苏接字第七九六号案代电陈奉财政部驻京沪区财政特派员公署卅四年十二月廿六日及本年一月五日代电饬由本行就近监督清理等语

迹，业正请第九区专员公署查缉，此后何处去向，殊难逐悉，或已回济南原籍，伊因手知其详细住址，业经四行追来到案，此间又别无负责之人，故至今未能顺利监督清理，拟乞转饬财政部驻京沪区财政特派员公署派员[illegible]

以上各节均系本行接收徐州敌伪银行之经过情形，惟此前由相应检同江苏省第九区行政督察专员公署……

路伪中储乃原负责人（杨伟惠代表弟凤礼）所造之移交清册壹份送请

查照为荷。此致

华兴银行经由白晓陂签名盖章之清册已经……本行出给徐州接收……被敌毁坏器具收条乙纸

中央银行徐州分行稿纸

冀热辽区清查团第三组

附件

一

華興銀行徐州支行接收狀況報告

十月一日第十戰區駐徐指揮所徐海地區接收委員會來令停止營業，由起十月二日起分類整理業務，接收之用，十月五日接令翌六日接收，一切現款同時有令九日施行業務之接收，其餘整理一切修蓋之，使用帳簿等各款文具未使用帳簿等業務用品之所裝成，房產其他附屬什器備品等目錄，九日奉令延期到十二日施行，至到十二日交替接收，此時整理狀況列下：

(一)傳票　收三千箱子內

(一)特序及重要書類　收方一鐵庫內

(一)各帳未用帳簿等　收玻璃書架內

(一)帳簿類　收方二鐵庫內

(一)文具類　收方三鐵庫內

三、别金须移出报营业室内一目瞭然

停止营业之后华籍行员完全退行，日籍责任者只之石冈东力源一郎、之二名担当守此银行

此后在给日侨完全集中指定地区内，因此银行亦在集中区外之结果，中央军队进驻徐州，若每日来数部分要求借房随谢说明未接收之情事拒绝之，然后到十月十九日第十战区长官部副长白振东氏来行要求临时借本银行房间充军之用，同时带兵强借，此随时我方说明未接收前之一切情事了解其意，只用楼上营业室一切一概不动之宣言，到此我方无法拒绝，同日退出银行之事即报告当局，翌十二日上午时报到

90

徐州警備司令部一切情事同時提出報告。於十月二十七日接令提出房屋目錄，接收房屋。此時各屋內一切破壞之外，營業室整頓之前，各項物品亂雜放置，再度整理。當時對白副官之要求保留一切，以至現在一切重要帳簿一概不見，無法追求。營業室內兵器、金庫內原有何件，聞放置之

中央銀行徐州分行稿紙二

108

一

中央銀行用箋

字第　　號第　　頁　　年　　月　　日

快郵代電

稽字第653號　卅五年十月廿一日

徐州分行：奉准財政部卅五年十月四日京錢秘228號代電開：奉行政院卅五年九月□□字第2097號訓令開：查接收國內日本產業賠償我國損失記帳辦法草案，經本院本年九月十四日第762次會議決議通過，並經國防最高委員會批准備案，除分令外，合行抄發原辦法，令仰遵照，並轉飭遵照。計附發接收國內日本產業賠償我國損失記帳辦法一份。奉此，除分行外，相應抄發原辦法，電請查照轉飭遵照等由，附件到行，相應隨電抄附損失記帳辦法一份，希即遵照辦為荷。總行。稽□校□[?]

1162 印

附件

85-6-1008

接收国内日本產業賠償我国損失及帳務辦法

第一條　接收国内日本產業賠償我国損失應依本辦法專案記帳

第二條　左列各款不得作為賠償之用

一、陸海空軍之軍械軍艦飛机及其他軍事用品

二、佔用我国之一切產業

三、日人使用偽中央儲備銀行偽聯合準備銀行等之鈔券及性質類似之偽組織資金所經營之產業

四、日人在我国所強佔之土地及強佔之礦產

第三條　左列各款得作為賠償之用

一、日本在華經營事業之資金及由其資金所置備之產業

二、自日本運入我国各地工廠、鋼鐵、鐵路、電訊等事業之机器材料及有關設備

三、日人在我国所有產業及房產

第四條　日本在華經營事業之組織原有資本債券及在華事業所支付應檢查清冊列單具報

第五條　接收日本產業應分別充賠償產業及非賠償產業分別手續記錄

第六條　接收日本產業之應詳加檢查其應計算折舊或殘損者應

减除其折旧或耗竭核实作价再列入帐

第七条　接收日本产业记帐单位概以国币为准以原值以日币或伪币计标者应按各该收复区国币与日币或伪币之折合率折成国币再转入帐

第八条　各收复区敌伪产业处理局及其他有关机关应将接收日本各项产业之手续记载表册送由赔偿委员会汇案核转行政院核办

第九条　接收日本各项产业如经行政院核定出售租佃或继续经营后各接收机关应即以「接收敌伪财产租赁收入」「接收敌伪营业盈余收入」「接收敌伪财产及物资售价收入」三科目分别处理

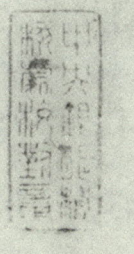

第十条　本办法自公布日施行

117

去電太長改用代電繕發可也

中央銀行徐州分行電稿紙

去電處所名銜	稽核處
三十五年十一月十三日 午 時 分	擬稿 發出

稽核處(LSRC)(1111)鈞電李志寶聯行李命樞收之各款係偽[illegible]機構除偽中儲總行各項帳冊均經運京清理偽中儲行撥交本行清理外其餘偽華興商業銀行敵正金三行因無人辦理移交迄未接收故無清冊可稽至交通銀行移送之偽中聯銀行各項帳冊均皆霉爛不堪未能清理即近准中農行移送之朝鮮銀行帳冊計有帳冊四百四十餘本活頁帳二千五百餘頁且大部份用日文記載不易辨認是否存有該匯款被凍結在內各情為實難確查李寶前因理合陳復敬祈鈞鑒為禱徐行(1113)

經理

關係系

擬 譯 電員

128

中央銀行徐州分行代電稿

總號 979
分號 沪稽 17

發 稽核處

事由 陳爲匯票存根二份因無人負責移交未能按收並補辦手續收回原信函紙注意辦理

附件 收文

中華民國 廿 年 十 月 十三 日 送稿
年 月 十三 日 繕發

經理

文書課

擬稿
繕錄
校對

稽核處鈞鑒(1005)鈞代電奉悉飭查各節謹分別臚陳於後(一)查

西寧支店係奉財政部駐京滬區財政金融特派員(10305)代電飭由鄙行

負責接收華明現糧房屋暨家俱收回當即派員前往接收而該行

負責日人高瀨業已離綏赴滬當據情陳報特派員辦公處並代電綏

州日本(文有関機関及)總領事加藤日吉速飭該高瀨回行辦理移交手續均無成 西行要領

聯高瀨現避不到案此外又別無負責之人實屬無法追查所遺行屋

一所現為空軍第三大隊眷屬佔住迭經交涉收回終不置理

(二)徐州兩淮商業銀行於勝利後即告停業所有行屋及一切器俱

均被該行經理倪逆夫轉賣與大成實業社事後即以畏罪潛逃

聯行奉令監督清理該行人員均已星散無人負責曾電請江蘇省

第九区行政督察专员公署暨前党政接收委员会刘主任冯子固近

缮印案卷表后，嗣非复称作遂未已四处此外别无负责人员事务原籍周任寓

所以未能依刘案移交，以上各节均经分别陈报在卷

本处前因陰行乡行工前送之接收日伪现金存款及银证券、珍

宝、饰物报告表及接收日伪资产估价表随电补来各一式备案

分理合陈复，敬祈鉴詧为祷。徐州分行（1012）世印

132

接收機關

接收日偽現金存款項金銀証券珍寶飾物報告表

年 月 日製

接收機關	被接收機關	原屬日偽或偽	接收品類別 日期	票面或色	名稱	單位	件數	金額或重量 共計	單位	存儲情形 日期	金額或重量 單位	銀行	戶名	日期	金額或重量	單位價格	用途	核准機關	實存金額或重量	單位	備註
中央銀行徐州分行	偽中儲行金融檢查處	偽	5/9		儲備券			25,651	00												7.10 劃據京行收清理處帳
〃	中儲銀行福利社	〃	5/9		〃			3,577,996	13												〃 〃
〃	中儲支行出納課	〃	27/3		〃			2,328,281	51												劃京行收
〃	〃	〃	27/3		聯銀券(庫存)			4,046	91												劃清理處帳
〃	〃	〃	27/3		[illegible]現洋			1,756	00												
〃	〃	〃	27/3		寄存提存款			19,832	25												劃
〃	〃	〃	27/3		聯銀破損庫券			19,792	00												內價券 5765
〃	〃	〃	8/3		收據(儲券)			1,079,751,0000													此款係專署交來 6/3劃京清理總處
〃	〃	〃	8/3					770,000,0000													騎二軍退償之款 〃 〃
〃	中儲行徐州支庫	〃	25/3		中儲輔幣券			833,00000													
〃	〃	〃	25/3		中儲破損券			2,400,0000													
〃	日領館		3/3		儲券			48,455,0000													

主管長官

製表

141

中央銀行用箋

快郵代電

徐州分行鑒0915滬檢字第八號代電悉查貴分行滬檢字第七號代電檢送之接收日偽現金存款金銀證券珍寶飾物報告表及接收日偽資產估價報告表不敷存轉希再各補送二份以便轉報再關於正金蘇淮兩行未能接收一節前准滬檢字第一號函以「正金支店負責日人高瀨蘇淮經理任逢夫均早已離徐正金房屋又為空軍佔住均屬無法接收」等語查該日人高瀨及蘇淮經理任逢夫已否轉請當地軍警機關追緝該正金蘇淮兩行有無其他人員在徐應即設法追查該敵偽行庫存賬册及資產情形又正金房屋既為空軍佔住該空軍究係何番號屬何系統並應交涉收回本行辦理接收淸理敵偽金融機構工作結束在即所有未能接收之敵偽行應即切實查明報轉財部核辦以資結案特電查照從速辦理具報為荷稽核處 1005

稽 字第 566 號第 全 頁 年 月 日

35.8.100S

149

中央銀行徐州分行函稿

總號	1287
分號	徐稽51

發：總稽核處

事由：陳報接收徐州敵偽中儲和接收情形（插：檢送本行接收清冊）並業由呈報接收華興三行情形編核財產接收以及結束由

附件：如文

中華民國卅五年十二月卅日送稿

年 月 廿 日繕發

已發

經理

文書課

擬稿 雲

繕錄

校對

案查联行年前接收之徐州各敌伪金融机构计有伪中央储备银行徐州分行、伪华兴银行、伪中国联合准备银行、敌朝鲜银行、敌正金银行、伪苏浙皖商业银行等六处，兹将办理情形分别胪陈如左：

（一）伪中央储备银行徐州分行 查该伪行在联行未到徐时已由绥靖党政接收委员会接收，并在该伪行库内起出，旋有第三十八军迫其迁让，遂由该会接收器物仅运出一部份，其余即为驻军留用。嗣各部队辗转接驻，留用器物均已无可究诘。接委会请求将其所接各件即交由江苏省第九区行政督察专员公署接管。迨联行来徐接收，所得清册系由该专员公署会同伪中储行原负责人杨伸志所派代表朱凤礼按照实际

150

点交各件造册移交，故历任清册，职行根本即未曾收到。以上各情均经于接收后陈报

钧处，并分陈秘书处、南京分行、财政部驻京办事处暨财政金融特派员办公处、财政部清理伪中央储备银行总处各在案。所有该伪行全部账册表报文卷等件，均已运往南京，交由清理伪行总处接收清理。移交原始清册副本曾由伪储理场悼改志送陈清理总处查案。该伪行之屋除一、二层现由职行接收应用外，其余三、四层当经空军接司令部陆空联络组借用，迭经商请迁让，未获洽允，现已与该组办妥借用手续，并订明俟军用不需时即行归还。

中央银行徐州分行稿纸二

（二）偽華興銀行　查該偽行所有帳表器具等件，係

由前第十戰區徐州指揮所派遣貴錢科長白曉波

接收，無留駐該偽行處內職員等接收於本年一月間

撥（徐）交，經呈請該行辦理移交並述請出處，直至同年二月

廿日始行遷出，遂由職行前請，經蒙第九區專員公署

所派鄭科長同繼及該行之副管理會同認明，着該

偽行經理孟君要撥貴經由白曉波簽蓋之點收清冊各點

移交，詎知接收之時所有留存帳櫃桌椅等物，總共七十六

件，具被搬移，經該孟君之南場指認，云係非

原物，而最關重要之帳表等件，據孟君云移均遺失

151

3.

業聞據內以駐軍不准搬動故未能移出保管等語及
至今日各方證據經視察屢變迄無所有當經面詢副
官接答當時係由白曉波接收須面詢白君方知究竟
並由職行將實際收到各物出具收據交該所收執並將
曾經白曉波呈送蓋印之原始接收清冊當行備查一面即接
情形陳報財政部駐京辦事處財政金融特派員
務經請示徐州警備司令部九月五日
並派日本銀行分館將該行經理主管人員扣留俾便清理接
收並由財政金融特派員電陳陸軍總部轉飭該白
曉波到案各在案而白曉波始終躲避不見即該行

中央銀行徐州分行稿紙二

經理立石已於前因枯待已久生活發生恐慌於同年四月間
隨日僑遣送赴滬歸日迄延至今終因無人負責辦理接
收遂未能予以接收清理所遺房屋一所現由職行作為
代為接收撥存備中方及同仁青康宿舍之用以上情形亦
經陳報
鈞處並分報南京分行財政部駐京滬區財政金融特派員辦
公處在案
(三)偽中國聯合準備銀行　該行初由軍政部開封區特派
員辦公處第一接收組接收嗣由財政部駐京滬區財政金融
特派員辦公處電飭鄭州交通銀行負責接收其業務於

152

4.

本年八月十五日奉
鈞處業務股函職行接收清理道縣敵產正面前請交通銀
行徐州支行於九月廿三日接收以後，經於同月廿八日派員前
往會同點收手續並將該行所有帳表文卷庫存鈔券
等件集中職行，會同該行所派人員依照清冊開始清點，
惟查該件因庫內潮濕大部均已霉爛，文卷部份原箱無從
且清冊未曾載明細數，僅鈔券部份有三箱已霉爛不能清點，
且有鈔少所有鈔票十五箱均裂縫破爛不堪，整件
零亂無法清點，木箱亦支離破碎，庫存鈔券因有一部
份霉爛無法清點與清冊數目不符，經於十月廿六日將清

中央銀行徐州分行稿紙二

冊退還該行，請重行加註更正。嗣經該行准後送經核，於十二月二日將清冊檢送過行。經因未將原註准入其總數項下，亦有偽聯銀輔幣亦屬未列入，故又退請另行更改通知，至十二月十七日方克辦妥簽蓋手續。該項移交清冊曾已於十二月廿四日密送

鈞座並分別陳報分處查考。關於該偽行清理工作，現正由

（所有原始清冊接收該行送據已被開封送特派員辦公處第一接收組撥查，未曾……此已經由路部查……）（單該行）

鈞座指派來錢之王蕙庭先生會同職行人員積極辦理中。至該行之屋宇由徐州敵偽產業處理局駐用。

（四）朝鮮銀行　查該敵行係於本年四月六日奉財政部京滬區財政金融特派員辦公處密令中國農民銀行

153

5

徐分行丁家负责接收，旋于本年八月十六日奉
钧电饬将由职行接收整理，送经还面商，请中农行洽接
收。至该行于十月中旬始派该行运送驳运清册前来。同
月廿七日即由职行派员前往办理交接手续，并会同该行
人员依册清点，计有帐册四百四十余本，清单帐贰千五百余只，
且大部均用日文记载，不易辨认。所有该敌行档案原始清
册，接中农行正隆银行当（接收之初）进驻该银行之地为之他主，案章年
周铜山分团部估用，其情经职行转（函）铜山分团去后，旋准复云：前於
进驻之时，系在宋主任化纯任内，现任徐海区团书记长何复
又转请宋书记洽复，据答该团进驻职行，系第十战

區防衛指揮所接合委員會批准出據借用即由該會第
二組將其所存之條供一部送冊點交本所有該項借用條具清冊
業於本年十月十四日送達清查團查照在案並據稱已將原
商請將送交清查團之清冊取回檢送過行以便參考當奉准
後該行之整理工作中國農民銀行續辦無不妥行如閱於
該行整理工作並已由
鈞會指派王蓋臣[illegible]君會同聯行人員積極進行中

(五)新正金銀行　查該行於本年三月五日奉財政部騐字第
區財政金融特派員財特字第四八九〇號電飭由聯行接
收整理而該行負責人高瀨已能親赴派職經迭請免

154

6

各機關轉飭該日人四條亦經移交手續迄未見到故未
能接收以上各情均經陳報
鈞處並分陳秘書處暨分行及財政部駐京辦事處財政
室轉飭遵照辦理各在案該行之房屋由空軍第
三大隊借[illegible]宿舍迭請騰空歸還接收均置之不理
(六)偽蘇淮商業銀行　該偽行自敵軍投降後即告停
業所有行屋及一切器具等物而被該偽行總經理徐逆夫
轉賣馬大成實業社事後該徐逆夫即畏避無蹤
查敝行來徐後業前即經由江蘇省黨政接收委員會淮
~~[illegible]~~陳奉財政部駐京辦

函财政金融特派员卅四年十二月卅一日及本年一月卅一日
代电暨附由 敌伪就近监督清理并迳即函请第九区专员
公署查催 储 该区迳派到案专员调派迳复以该员已回济
南原籍经国来部详细条陈监清追缉此间文别发复
责之人故已令饬来部监督清理以上各情均经分别除
指令在案
以上所陈各节均系敌行接收续办敌伪金融机构经过情形除
伪中联行放款解行正由敌行积极分别整理及伪中储行部份
已迳交南京该伪行清理组迳交清理外其余三行均以情形特殊未 前以本年度前半年办了 另责成人来西办理移交
能顺利接收理合检同伪华兴银行经由白晓波签呈之稿文

准函嘱第十战区总指挥所接收委员会接收伪华兴银

行库存现金计伪联币贰仟壹佰叁拾捌万捌仟零零拾肆元之

经过，请示如何办理等由。查伪华兴银行接收状况报告中日文各（负责人[illegible]具之）

壹本。查我行出给收到伪行指挥所交来破旧零星券收条

当衹照贵处覆电附来拟请收据，以伪行未能接收情形（并收到伪行接收伪华兴银行库存现款）

转报财政部核示，以资结束。案查前令有[illegible]于

鉴核为祷。谨呈

鉴核。

附件

由整理改为保管救济银行，系中联银行工作，因我行人手奇缺，日常工作已感应付不自，本月廿五日起在营业时间终了后勉由各抽调四人会同刘委员、吕君办理合并陈报。

170

財政部督導接收敵偽金融機構整理清理辦法

一 總則

第一條 凡本部指定各行局處接收敵偽金融機構之整理清理工作均依照本辦法辦理之

第二條 負責接收各敵偽金融機構之行局處（以下簡稱接收行局）於接收完竣後應即將接收情形繕具報告並連同具有原移交人及接收人簽署蓋章之原始接收清冊各四份除原指定接收人自存一份外餘呈各該總行局分別存轉財政部及該區敵偽產業處理機關各一份其在東北區及台灣省者應分別加送財政部駐東北區財政金融特派員辦公處及台灣省行政長官公署財政處一份

若原始接收清冊不足分配則應加繕副本由負責人蓋章註明與原始接收清冊無異字樣分送上列機關備核

第三條 接收行局除經財政部另行核定者外即為整理或清理行局各行局辦理接收整理清理工作人員由各該總行局統籌指定專責辦理并繼續指揮監督

第四條 各接收行局於編造各敵偽金融機構之接收及整理清理報告時應依下列辦法彙集

甲 各總行局應將接收整理清理敵偽金融機構之報告按每一機構彙核轉送財政部但前已送繳財政部財政金融特派員辦公處者得予註明免予重送

乙 被接收之敵偽金融機構可分為敵性及偽性兩大類關於敵性者分總行在我國及不在我國兩種關於偽性者分被劫持及戰時新設兩種敵性金融機構總行在我國者應將其接收整理情形彙集於其總行之接收機關彙造總報告總行不在我國者則以其分支機構之原

（第一頁）

管轄區為單位分別彙造報告偽性金融機構之接收清理報告俱應彙集於其偽發行之接收機關編造總報告

第五條　各敵偽金融機構之資產負債數字及整理清理期間收付款項之記帳單位得以偽幣原幣表示但應按規定比率折成法幣如為敵軍用手票與法幣無比率時可仍列原幣其原有外幣或法幣帳目者仍按原幣記帳但均應加以註明

第六條　接收敵偽金融機構之庫存貨幣金銀證券珍寶飾物及原封保管品應悉數暫存中央銀行專戶保管報部核辦

二　債權債務之整理或清理

第七條　接收敵偽金融機構後應即清查其資產負債確數分別加以整理清理整理敵性金融機構時應追回債權其債務除依第八條辦理外暫不清償俟締結和約履行賠款後再行核議至清理偽性金融機構時應先收回債權其債務除敵偽性及附逆者一律扣留報部核辦外餘得酌予償付

第八條　敵偽金融機構間債權債務除敵性金融機構相互間者及偽性欠負敵性者均暫不清償外餘應互相抵銷其差額並予清償至敵偽金融機構與其他非金融範圍敵偽機構債權債務之互相抵銷應以彼此互有債權債務且資抵沖之機構為限即一經抵銷同一機構之債權債務即為同數之減少

第九條　敵性機構或公私團體及偽政府或團體所負債務如附有抵押品或在各該敵偽金融機構備有其他債權者毋須通知即以其抵押品或其他債權抵償其無抵押品或其他債權或債權量抵押

品變價不足抵償者得請同該敵僞機關團體之接收機關或團體就其所接收該敵僞機關團體之賸餘資產項下迅即清償

第十條　各項債權無法追收者應將催收經過及無法追收之原因詳細報部核定處理

三　財產之處理

第十一條　接收敵僞金融機構之財產除整理清理工作公務上所必需留用者外其餘均應儘速洽由敵僞產業處理機關處理但債務部份債權者得先報部核准再行移付處理如有留款收入應存繳中央銀行專戶保管仍俟各該敵僞金融機構清理或整理完畢並報經部核准後整理清理完竣再將其剩餘款額洽由敵僞產業處理機關核收撥帳

上項公務留用之財產於整理清理工作結束時應一併移交敵僞產業處理機關處理并行入帳並報部備案

第十二條　接收敵僞金融機構財產中其應予發還原主者統應洽由敵僞產業處理機關查明確實證據保領後不得自行處理

四　附則

第十三條　接收敵僞金融機構於整理或清理完竣後應造具迄至當日止之資產負債表連同尚未處理財產清冊等有關表冊一併報部結束

第十四條　凡本部前此公布敵僞金融機構之接收整理清理有關法令與本辦法有抵觸者應參酌本辦法修正之

第十五條　接收及整理清理敵僞金融機構詳實之報銷辦法另訂之

第十六條　本辦法自核定之日起施行

177

中央銀行徐州分行代電稿

中華民國 卅六 年 二 月 十八 日送稿

年 月 卅 日繕發

總號 207

分號 綜核19

發 稽核處

事由 陳復戰剁事令被俘被難及失蹤人員調查表 俟調查後再行編製請予察核並請轉呈財政部以資鑒核由

附件 如文

經理

文書課

擬稿

繕錄

校對

收文 365

稽核處鈞鑒：稽字第0764號鈞代電奉悉。查戰前奉命接

收清理整理之敵偽金融機構計有偽中央儲備銀行徐州支行、偽華

興銀行徐州支行、敵朝鮮銀行徐州支店、偽中國聯合準備銀行徐州支

行、敵正金銀行徐州支店及偽蘇淮商業銀行等六處，關於偽中

儲行部份全部館表等件均已移送南京該偽行清理接交案

接清理在案。其餘五家該敵偽行部份除情形特殊者未能予

以接收外，其餘均經分別清理蔵事，謹將分行接收當時經過情形編

製清單隨電陳奉，敬祈鑒核備轉財部以資結束為禱。徐州

分行 0218 附件

中央银行徐州分行接收敌伪金融机构处理经过清单

敌伪金融机构名称	接收处理经过情形
(一)伪华兴银行徐州支行	该伪行徐州支行原由第十战区临泉指挥所交通处科长白晓波接收，迨我行奉令接收清理，该白晓波即避匿，未经造册办理移交，故未能接收，业经专案陈报，钧处转请财部结案
(二)敌朝鲜银行徐州支店	该敌行整理工作经已告竣，所有整理报告及有关表报均于一月十六日以徐总字第七号函陈报，钧处并请转呈财部在案
(三)伪中国联合准备银行徐州支行	该伪行清理工作已告蒇事，所有清理报告及有关表报业于一月廿日以徐总字第八号函陈报，并分函北平分行接收伪中国联合准备银行清理处备案
(四)敌正金银行徐州支店	该敌行当本行奉令接收之初，该行负责日人高畑已离徐

他去，无从接收，已专案陈报（[illegible]）钧部，并请转饬财部备案。

（五）伪华北商业银行

该伪行系前财政部驻京沪区财政特派员办公处派员（[illegible]）接收，令饬我行照办清理，因该伪行负责人员均已离往，无法清理，已督促理数，请转财部核示。

（六）伪中央储备银行北京分行

关于该伪行所有全部帐册表报文件，于接收后均经移送南京该伪行清理总处会案清理在案。

中央銀行用箋

摘由：函轉關於接收敵偽金融機構之財產應加緊標售依照整理辦法及經濟緊急措施方案之規定儘速洽由敵偽產業處理機關加緊處理希洽照遵辦具報以憑轉部由

准財政部本年二月廿日京督秘字第九二二二二函開：

「查接收敵偽金融機構之財產除整理清理工作公務上所必需留用者外其餘均應儘速洽由敵偽產業處理機關處理業於部頒督導接收敵偽金融機構整理清理辦法第十一條明文規定並已通行照辦在案茲 國防最高委員會通過之經濟緊急措施方案關於平衡預算丙項復規定政府所控制之敵偽產業應由各主管機關加緊標售所有接收敵偽金融機構之財產自應依照上項辦法及方案之規定儘速洽由敵偽產業處理機關加緊處理以配合經濟緊急措施並期整理清理工作早日結束除分行外相應函達即希查照並轉飭切實遵照辦理具報轉部」

等由到行除分函外相應函達

稽 字第1609號第一頁 年 月 日

36. 2. 10000

中央銀行用箋

査照遵辦具報以憑核轉爲荷

此致

徐州分行

總行

稽核處副處長 武鏞

稽字第1609號 第二頁 卅六年三月十一日

36.2.100000

中央银行徐州分行接收敌伪银行徐州支店

无法追回债权或财产明细表

债权户名或财产名称	数量	催收经过	无法收回缘由
同业存款 联银伪中央储备银行徐州分行户	伪储券一、四三三、〇三〇.六三元	经移由财政部清理伪中储行债务处依照办理	刻正由该部以该款应候统筹拟部处理
暂付款项 华中电信电话会社电话权益保证金	伪储券四七二.二二元	经转由山东电讯局洽依照办理	刻准该局函复以该款三年前华北系所有播
又 华中水电会社电灯保证金	伪储券一、六六〇、〇〇〇.〇〇元	经移由电灯厂洽依照办理	刻准该厂函复以该款系为转其电费欠付二六九、二二三.〇〇元应予清偿方能收回而相抵不敷应归其实数负责余额应否清偿
贴现放款 徐州日商杂谷组合	伪储券一五三〇、〇〇〇.〇〇元		该机关现不明确往何处无法催收
押汇承兑（新泰洋行）	伪储券三〇〇、〇〇〇.〇〇元		又
往来透支各户	伪储券一五六、二〇九、五三二.六二元		均係敌性洋行无法追收
存放外埠同业各户	伪储券一、八六九、〇六五、三二七元		均係敌性银行远在日本无法追收
外埠同业透支各户	伪储券九二五、〇四九.九三元		又

（衡阳）财产管理情形一览表

财产名称	数量	管理情形	附记
房屋二所	地基二〇三五坪，砖壁瓦顶二栋，大小房间四十六间，营业室一间，库房一间，库门二扇，库内铁柜内一件	该屋现由衡州中农行接收应用，并由敌伪产业管理机关核定估价二九五、九〇六、三〇〇元，另加一成价拨该行在案	
三匹马力马达	一個	该项马达、铁檯系由衡州中农行接收应用，并由敌伪产业管理机关估定价格三五〇、〇〇〇元，价让该中农行在案	
铁檯	三個		
库存现金 敌储备钞券	九八五、五三五元	现由本行保管，听候处理	
又 日本银行钞券	六九二、〇〇〇元	又	

繕一式五份

中央銀行徐州分行經理敵行鮮銀行徐州支店接收報告

資產類：

(一)房屋：

行址：徐州市彭城路一三〇號

地基：二〇九．三一七坪

構造：磚壁瓦頂二層樓

內部：大小房間四十間

營業室一間

庫房一間

庫門二扇

庫內設柱門一付

房屋帐面价格壹億元之营业用器具帐面估价壹仟萬元

(二)雜項：

三匹馬力馬達　壹個

鐵　櫃　叁個

上列物項均移由徐州中國農民銀行接收應用並由此間敵偽產業處理机關估价讓售經轉函該處理机關将辦理情形洽復去後旋准該處徐清字第一二二三號代電以關於敵移歸列售馬達鐵櫃共件作價國幣三、五〇〇、〇〇〇元作讓與中國農民銀行一房屋核定估價二九五、九〇六、三〇〇元之原業主已放棄優先承購權業經本處送案

清理密電遂請分照原核定價格另加一成准予價撥等語

（三）庫存現金　（詳現金明細表）

A、帳載數額：四、一四一、九一三、六七五、六〇元

中儲券：四、一四一、六七九、一七八、三九元

日補助幣：三八、一三四、七二元

日小額紙幣：一九六、三六二、四九元

B、實存數額：四、一四一、七五八、二四三、六四元

中儲券：四、一四一、六七九、一七八、三九元

日補助硬幣：九、八五五、二五元

日小額紙幣：六九、二一〇、〇〇元

查上開實存數係中儲券四、二四一、六七九、一七八、三九元，收妥存公行未接收前已由前第十戰區聯合指揮所接管委員會於卅四年十月五日將款撥交華北綏第二歸收撥帶查案其餘詳清表

(四)保管品：

A.債券　四〇、三九〇、五〇〇日元（附債券清表存）

B.証券　二〇張（附証券清表存）

(五)再結現契約中日文共七份

債權類：

(一)結現放款：有借與日商糧穀組合之戶數額為一五、三〇〇、〇〇〇、〇〇〇元由計七十五筆，每筆另指借出人為三井十筆，大連

246

十四笔、大丸四笔、江商七笔、大陆五笔、日绵八笔、三菱
九笔、东亚七笔、中原四笔、兼理四笔、兼绵三笔。

（二）挪用款：有新泰洋行二笔共计三〇、〇〇〇、
〇〇〇元（附明细表）

（三）结束透支户：有台湾伊三郎、中华理化工业公司及金中
代洋行三笔共计一五六、一二〇、九五三、六二元（附明细表）

（四）移转本市同业：有伪中央储备银行一笔计二一、五二一、〇一三、
六三元结还伪财政部清理伪中储行总处移交结算

（五）移转外埠同业：计有日本东京都四家、横滨、札幌正金、
帝国银行、朝鲜兴业、全鲜北国、小樽帝国、大和合同

仙台、安田、鹿儿岛、常阳、静冈、和歌山之和、高松、相十四、长崎十八、冈山三菱、富山北陆等十八户，共计一、八二九、〇六七、三七元（附册细表）

（六）纺织同业透支：计有鹿儿岛、常阳银行、纺织殖产、东城商业银行等三户，共计九二五、四九九、九三元（附册细表）

（七）结付款项：计一、六六〇、四七二、二二元，为电信电话会社之电话保证金及华中水电会社电灯大表保证金，经专函华中电信局洽催，惟据通知发放，旋准该局复称该款列为积欠电费清偿二、六五九、二三〇〇元，两相抵扣，不敷者虽未能收回（附册细表）

249

債務類

各科目詳細資產負債對照表

248

接收整理朝鮮銀行徐州支店

~~手許~~現金~~種類別~~明細表

根據
民國~~昭和二十年~~卅四年十月一日現在[illegible]

朝鮮銀行徐州支店

~~種~~類別		金額	
中央儲備銀行券	一萬圓券	834.440.000	
	五仟圓券	2.947.055.000	
	一仟圓券	310.702.000	
	五百圓券	45.035.500	
	二百圓券	244.400	
	一百圓券	3.380.500	
	拾圓券	446.790	
	五圓券	348.230	
	一圓券	11.145	
	小計	4.141.663.565	
	五拾錢券	12.550	50
	二拾錢券	1.881	
	拾錢券	911	40
	五錢券	268	45
	一錢券	2	04
	小計	15.613	39
	合計	4.141.679.178	39
日本補助貨 別紙明細表参照		38.134 ~~39.774~~	72 ~~99~~
日本小額紙幣 〃 〃		196.362 ~~194.722~~	47 ~~22~~
總計		4.141.913.675	60

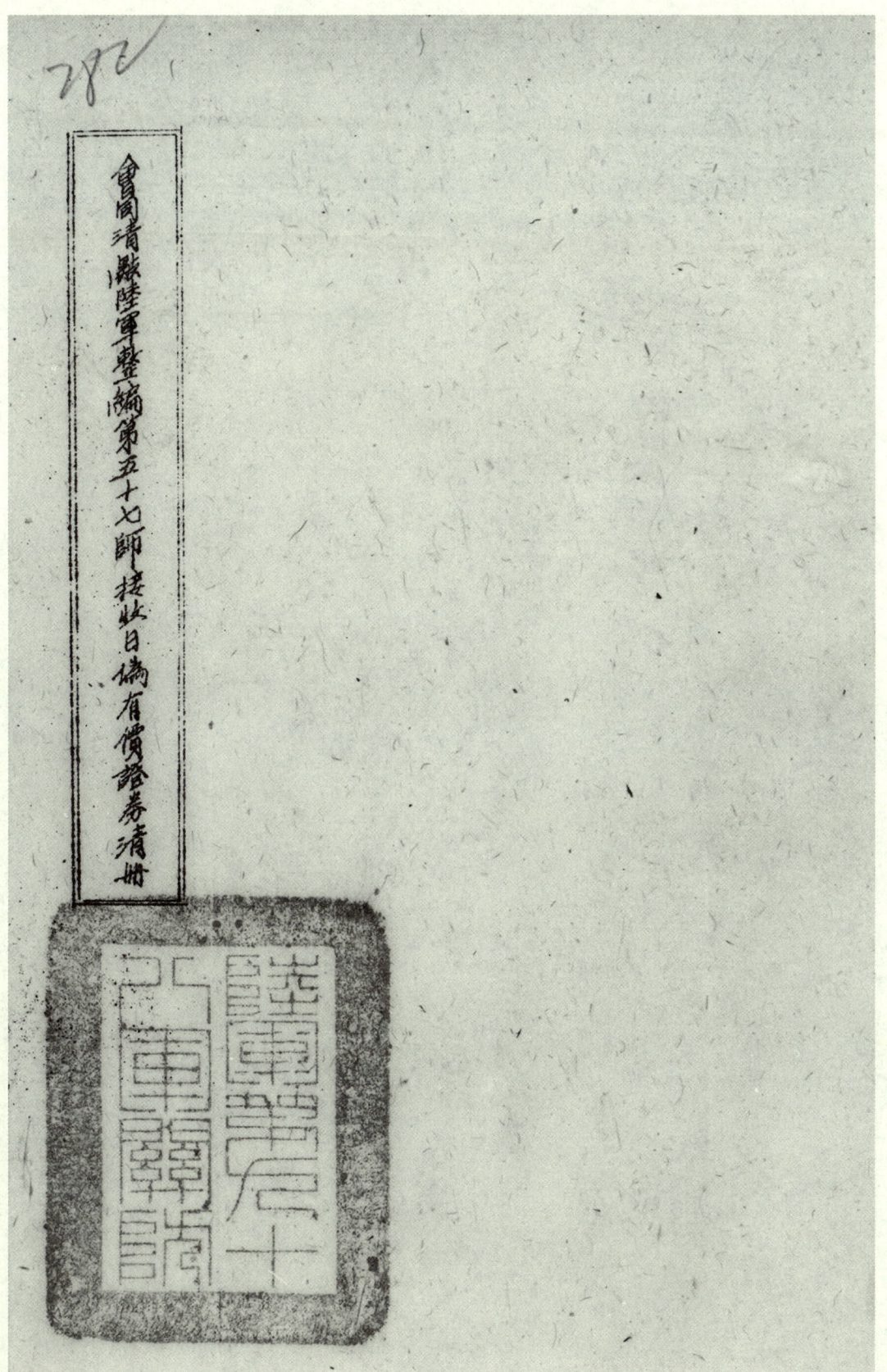

10/.. 再收据 拾錢[illegible] 指抄而歧

(1)

會同清點陸軍整編第五十七師接收日偽有價證券清冊

788

會同清點陸軍整編第七十師接收日滿有價證券清冊

户名	品名	數量	券別	金額	備攷
松本利雄等	小切手	107張	日金	一〇二〇、六二八.〇〇	
上西泰山郎等	〃	611〃	聯銀	一六一、五七六、四九三.六六	
中村正明等	普通通帳	149冊	〃	二八〇、七八一、二八九	
鐵卷子等	特殊通帳	156〃	〃	二六、九九四、五三七.三	
北島大郎	華北電々社員貯金通帳	1〃	〃	三八、三九六.五	
橋本識三	特種活存摺	1〃	〃	二、四三二.三	
	戦時贈畜債券	186張	日金15元面	二七九〇.〇〇	
	戦時報國〃〃	154〃	日金10元面	一、五四〇.〇〇	
	大東亞戦争割引國庫債券	55〃	〃	五五〇.〇〇	
	〃〃	60〃	日金20元面	一、二〇〇.〇〇	
	〃〃	8〃	日金30元面	二四〇.〇〇	
	〃〃	8〃	日金50元面	四〇〇.〇〇	
	大東亞戦争國庫債券	1〃	日金25元面	二五.〇〇	

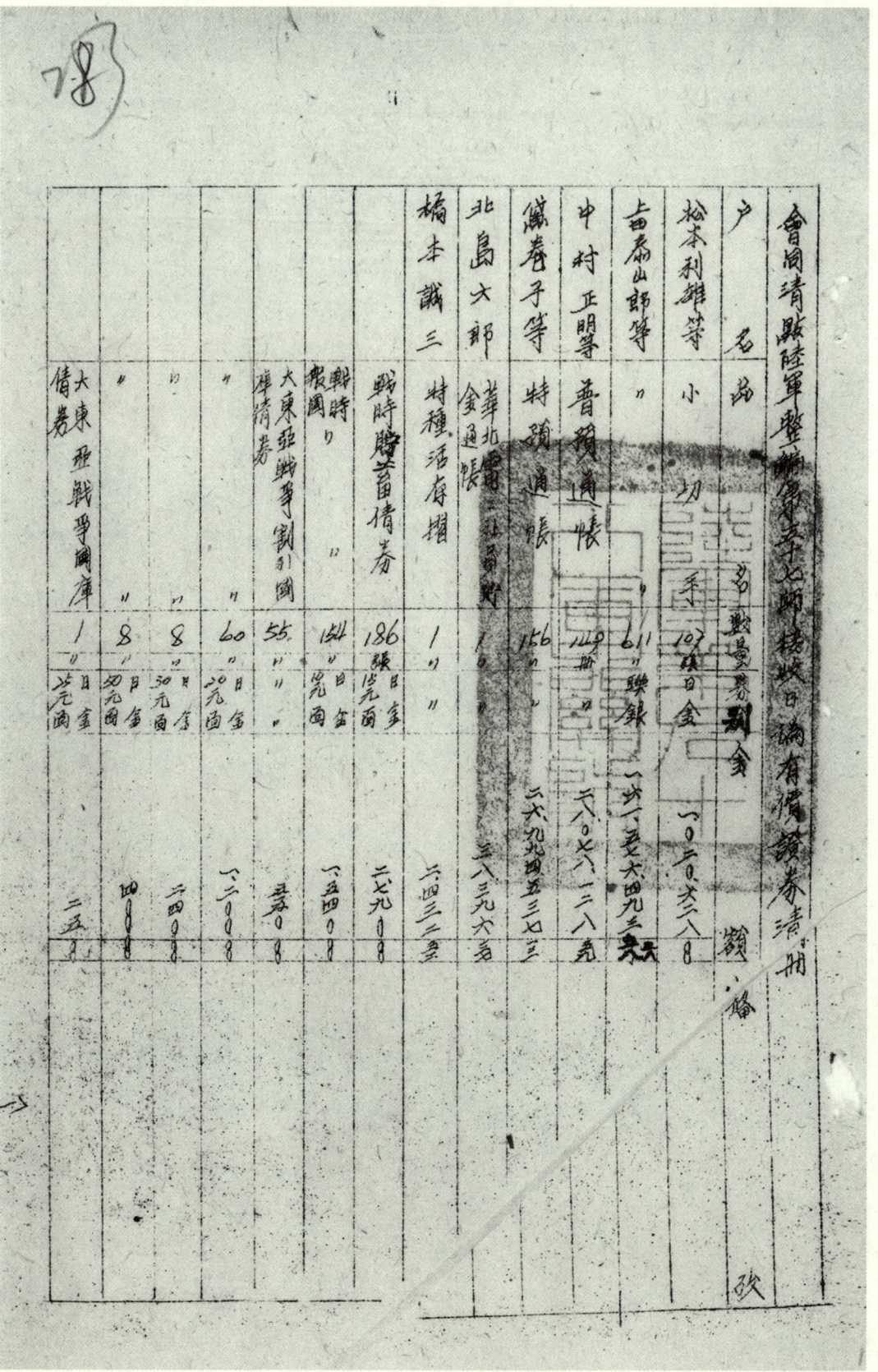

〃	40 張	100 円元 金	四〇〇〇
〃	9 〃	50 円元 金	四五〇
〃	4 〃	1000 円元 金	四、〇〇〇
〃	4 〃	500 円元 金	二、〇〇〇
大東亞戰爭特別國庫債券	10 〃	1,000 円元 金	一〇、〇〇〇
〃	1 〃	500 円元 金	五〇〇
〃	6 〃	100 円元 金	六〇〇
支那事變賜金國庫債券	5 〃	300 円元 金	一、五〇〇
〃	7 〃	200 円元 金	一、四〇〇
〃	1 〃	400 円元 金	四〇〇
〃	1 〃	20 円元 金	二〇
〃	8 〃	50 円元 金	四〇〇
〃	1 〃	60 円元 金	六〇
〃	2 〃	70 円元 金	一四〇
〃	3 〃	90 円元 金	二七〇

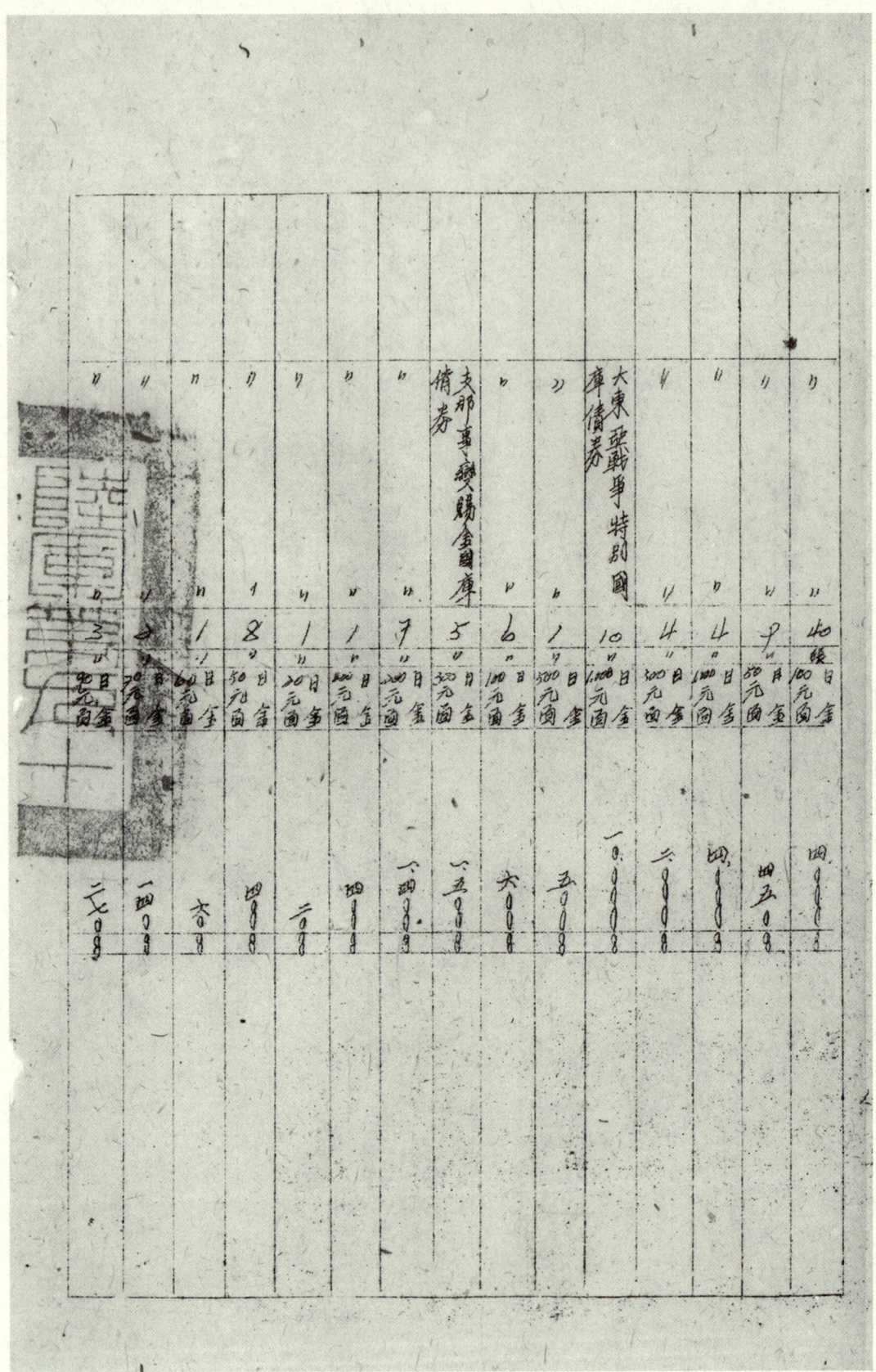

284

支那事変特別国庫債券	3	〃 金 10元面	三〇〇
〃	2	〃 〃 元面	五〇〇
〃	4	〃 金 1000元面	四〇〇〇
〃	1	〃 日金 500元面	五〇〇
北支開発債券	1	〃 聯銀 1000元面	一〇〇〇
〃 〃	8	〃 聯銀 100元面	八〇〇
定期預金証書	10	〃 聯銀	七六五四三・三七 七五六四二・三七
〃 、	7	〃 満幣	六五〇〇〇
通知預金証書	二〇	〃 聯銀	七九六〇・弐
割増金定期預金証書	7	〃 〃 〃	二六二〇〇
小 会 元	2	〃 〃 金	六〇〇
華北電々住宅組合債券	6	〃 聯銀 50元面	三〇〇
華北電々消費組合債券	1	〃 〃	五〇〇
満洲帝国儲蓄債券	6	〃 満幣 10元面	六〇〇
満洲郵政定額儲金証書	4	〃 満幣 20元面	八〇〇

〃 〃 小張 補幣 四〇〇〇

偽中國聯合準備銀行支票 又〃 現銀 一八、一〇〇、〇〇〇

中村華千等 愛國儲金帳 又冊 〃 一六九六九三

會同清點人

陸軍暫編第五十七師師長 段霖茂

軍需處長 戴鏡之

中央銀行徐州分行 經理

出納系系長

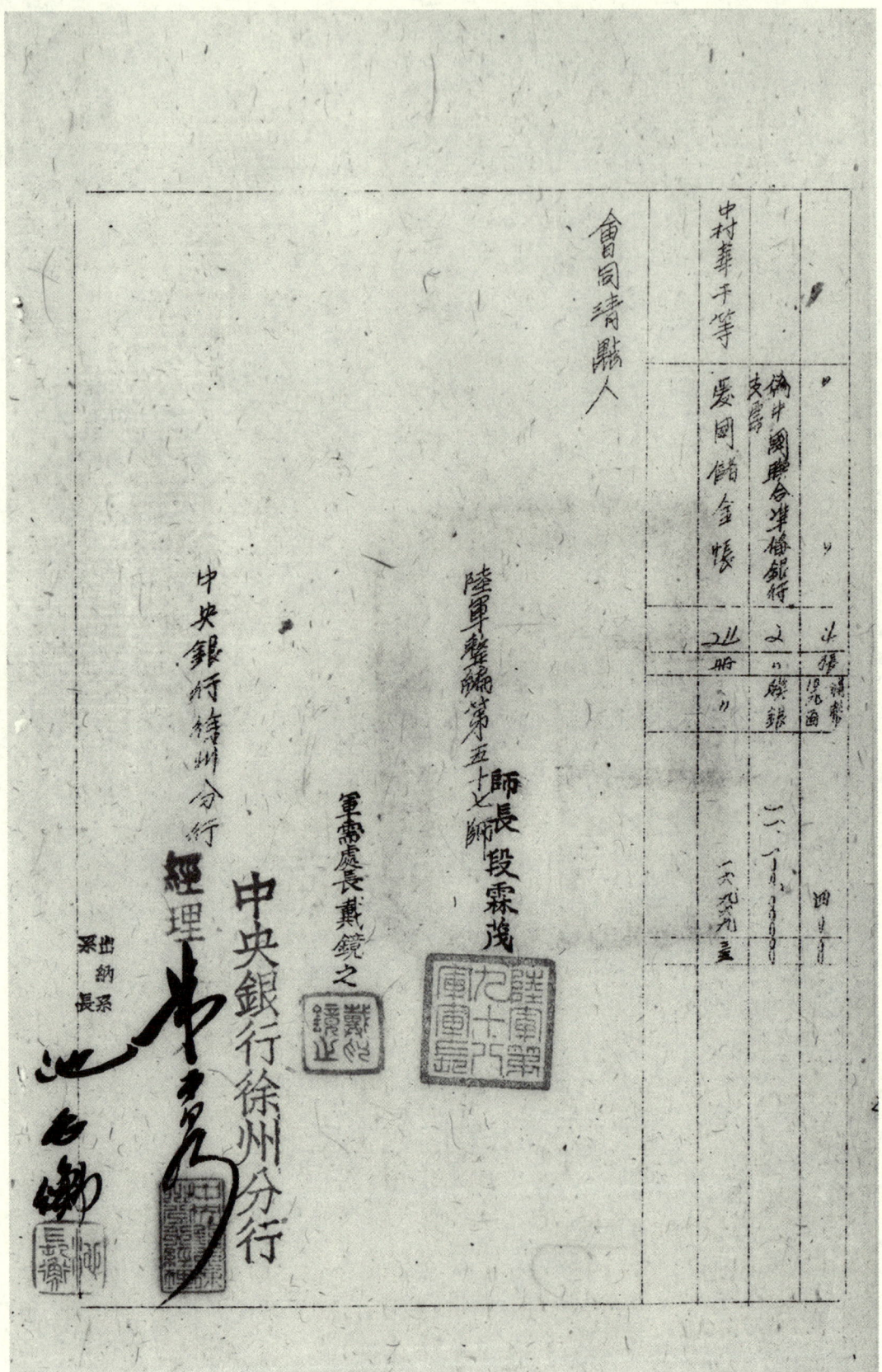

中央銀行徐州分行

285

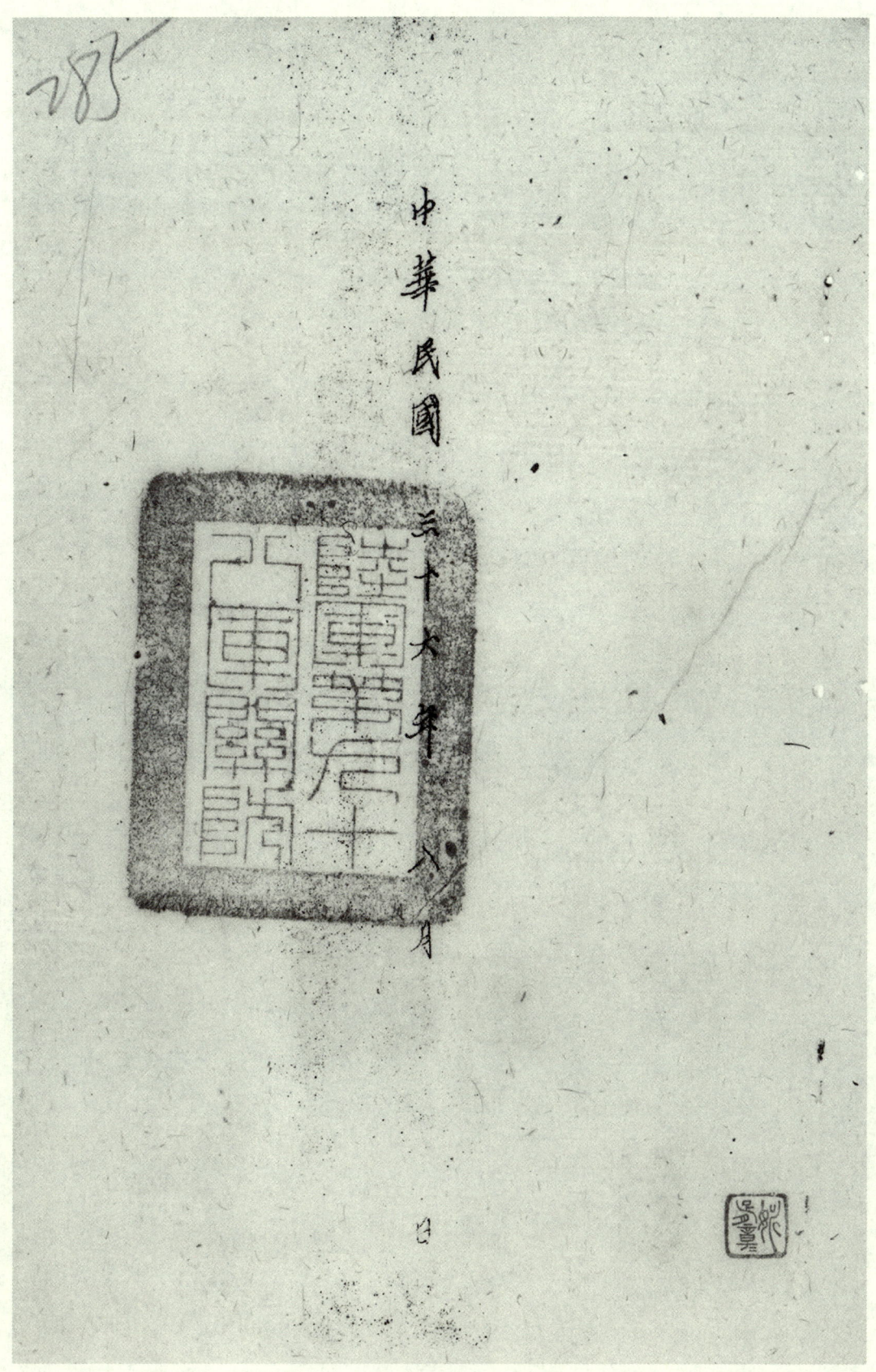

中華民國三十六年八月 日

297

中央銀行徐州分行代電稿

中華民國卅六年三月十四日繕發

年　月　日送稿

總號 3415

分號 行秘29

發 秘核處

事由

陳復關於接收日偽儲備銀行徐州分行事一案辦理情形請核示由

附件

經理 [stamp]

文書課 [stamp] [stamp] [stamp]

擬稿

繕錄

校對

收文 568

秘书核处询签0225稽字第1271号询代电奉悉。查所示各数除日侨
存余缴状项下敌鲜银行券部份应为一一五四元，日本银行券应为四
五、五〇三元及接收日军第十二军连云港出张所项下送金小切手伪联币
部份应为一〇一、八〇〇元，与伪联币应为一九三二万余，其余数字均皆符合。并
遵已将敌伪部份分别性质（敌伪部份）解库保管，能否处理仍候部令依照核
定比率折合法币解交国库，分立案并所请洽同原送机关开封
查明。接收日军第十二军连云港出张所之日本钞交国库，库券验有伪记
号十一包，内各件名称、各项数额、种数、附带息票起讫期数及送金
小切手书通预金帐，其权责之间，余已嘱遵经转知整编五十七师
洽办去后，旋准该师指派戴附员来行面洽，并即先将一包拆封

298

查照兩內封文件凌亂複襍毫無系統抑且均用日文記載不易
辨認無法裝表該師戴附員亦以無從著手即返還原命
等由當因理合將辦理經過據情呈復敬祈鑒核為禱謹呈
端分引 0314

300

中央銀行徐州分行
到文簽

某處來	稽核處
總號	568
分號	稽1271
事由	關于接收日偽僑敵偽鈔票一案電達查洽办理具報由
附件	
中華民國	36年3月1日到
經理	先以另函請知照派員来行啓封點收再行報
文書課	

程陽復

已辦復 三、十四

轉速知照 三、三

3001

中央銀行用箋

快郵代電

徐州分行鑒：准財政部二月六日二六〇〇一九八號代電開：「案准聯合勤務總司令部政字七五九四號子眞代電開准徐州綏靖公署戌齊實經元第一三一三號一三一五號兩代電轉據整五七師報繳接收連雲港運輸司令部繳呈日俘僑存餘現款計僞中儲券一億〇九三〇萬元僞聯銀券六四萬四〇〇〇元僞滿券三〇元僞朝鮮銀行券一一一五四元日本銀行券四五〇元原封有價證券十一包及接收日軍第十二軍連雲港出版所解繳法幣三〇三九萬〇九三四元五〇分日本賜金國庫債券八九一〇元利金表八九一〇元送金小切手僞聯幣十萬〇一八〇元僞儲幣一九三〇萬元普通預金帳登扣合僞聯券九萬〇二五五元三八分

稽 字第 1271 號第 一 頁 年 月 日

36.1.100000

301

中央銀行用箋

均經點交徐州中央銀行等由附保管證七份准此除復准備查外茲檢附
原件電請查照辦理洽復等由暨附件到部查原電所稱接收日俘僞敵僞
鈔票其敵鈔應由貴行保管彙案處理僞鈔應依照規定比率折合法幣解
庫至接收日軍第十二軍連雲港出版之日本賜金國庫券暨有價證券拾
壹包原電未詳列名稱票面數額張數附帶息票起訖期數應請貴行轉行
徐州分行洽同原送機關開封查明列表報轉本部以憑查核又送金小切
手及普通預金帳亦應一併查明其權責之關係除電復轉知洽辦外相應
電請查照轉行辦理見復□等由相應電達即希查洽辦理具復爲荷稽核

稽字第1271號第二頁卅六年二月日

36.1.100000

302

中央銀行徐州分行發文稿

中華民國卅六年六月廿日送稿

年七月（二）日繕發

已發

總號	728
分號	徐稽[illegible]

發：稽核處

事由：陳復關於接收徐州偽中儲行及該行錄行儲蓄存款[illegible]請核示[illegible]材部由

附件：

經理 （印）

文書課 （印）

擬稿 [illegible]

繕錄

校對

稽核處詢簽0602 稽字第3769號詢我處查覆關於徐州偽中聯分行
敵偽鮮銀分行各該收回債權或財產明細表及財產處理情形一覽
表分別飭辦各點謹陳復如后：（一）關於偽中聯分行部份（一）經函准中央
信託局蘇浙皖區敵偽產業清理處派駐徐州專員辦事處徐清字
第1215號代電復開：「偽中聯徐州分行生財器具係於卅五年三月間
由本處經局徐州分處標收處所估價一、三〇六、一一五元之現內本處
繼續應用糙米五三四九市斤前准貴分行卅五年十月十七日徐枝字第
二三四號函轉交糧食經兩次標售無人承購已作價九四〇、八〇〇元
現撥與銅山縣警察局函取出保證金李國秀領收抵補偽聯部
一八〇、〇〇〇元照章應撥黃雲仲繳係電報（另案）、詳語（二）取出處置保證金

京鈞密0617號字第4137代電以蘇浙財部0527京錙富二字第3914號代電可

不必收回，若因自應查追者。（三）庫存偽鈔計偽聯銀券二、四〇五、七三八、七八元

及偽中儲券六六六、五九、六八四、四五元，業經折交清理處（於本年六月廿五日）掌解國庫

偽聯銀元八二二元，內係舊幣一元，實存八二一元，亦已（於本年六月廿五日）依照規定價格以每元

兩合法幣壹元之收據入賬，敵偽同業銀行業務財務部清理偽組織

處理綜合核算存。（四）偽組織接收清冊經轉呈核示

敵偽公部第一補給區司令部洽收去後，尚未准復，因於敵

偽組織部份一、經呈准中央信託局敵偽產業處理委員會蘇浙皖區

字第0115號代電復聞，經將偽組織鐵櫃估價三五〇、〇〇〇元

價讓與中國農民銀行，房屋核定估價一九五、九〇六、三五八元，產業主

已放弃优先承购权者，业经本会通知清理处电达该行照原核定价另加成数办理价拨）并请二、为俾中纺行之存款项已准财政部清理俾中纺行结束统轧清算（三）本行现金均借日辅助偿还及少数存部存款项均由我行登记借贷转账处理（四）结付款项所欠电费计国币二六七九·二一三元，电行借记中纺帐一·六六〇·[illegible]元两相轧抵不敷者，据本会前因，理合将遵办情形分条缕陈，敬祈鉴詧，并请转饬财政部查洽为祷。锦州分行 1624

（四）關於該偽行原物接收清冊前來，均已飭向前軍政部閩台區特派員辦公處逕洽接收，當以該閩台區特派員辦公處業已結束，[illegible]經詢准閩台區來引，轉聯合勤務總司令部第一補給區司令部接辦，當即轉函洽詢去後，茲准第五兵站總監部經會清字第[illegible]號已寒代電略稱：「案奉第一補給區司令部交下貴行已冬代電敬悉，查本部上年奉令接收前軍政部閩台區特派員辦公處所屬之徐州第二倉庫時所有物資兩次，所有物資接管清冊均於上年[illegible]經報[illegible]代電呈至總局、本部核備在卷，當移交之際，並未附有該偽行原物清冊，茲之該特派員辦公處結束後，其未了業務亦未移交本部接辦，歉難照檢送繕冊偽中儲行原物清冊三本，因未准該處移交，無案可稽，歉難照辦」等由。

中央銀行徐州分行

到文簽

來處	稽核處
總號	1385
分號	稽卅3769
事由	代電復准財部代電關于接收徐州储中聯行及敵朝鮮銀行應洽各点希查照辦理具報
附件	
中華民國	卅六年六月六日到

經理：存 六

文書課

交會計 交出納 存 [illegible]

副送 [illegible] 稽核

306

中央銀行用箋

快郵代電

徐州分行鑒准財政部京督二字第二三九一六號代電開「0331滬央稽字第833號代電暨所附徐州偽中聯行敵朝鮮銀行無法收回債權或財產明細表及財產處理情形一覽表均奉悉茲分別核復如後關於偽中聯行部份一、徐州偽中聯行所有財產前准聯合勤務總司令部檢送前軍政部開封區特派員第一接收組所移交清冊尚有當地敵偽產業機關接收生財器具等項應請轉飭連同附表所列食糧及存出保證金（押租）一併商洽該處理機關變價或先行估定價額入帳二、存出電燈保證金可照本部所訂督導接收敵偽金融機構整理清理辦法第八條之規定辦理三、庫存偽鈔因該偽行接收較遲雖已逾收兌限期仍請由貴行徐州分行補兌法幣彙解國庫庫存日券照規定辦法暫行保管依照規定登記以備向敵索償庫存現銀元應請由貴行依照規定價格收購入帳至存放同業款項應由該偽行清理處彙總清算四、該偽行原始接收清冊經函准國防部發交聯合勤務總司令部電復轉飭移交應請轉飭逕洽接收查核如接收項目與原始清冊有不符合處仍應追

稽字第3769號第一頁 年 月 日

307

中央銀行用箋

查補報備核關於敵朝鮮銀行部份一、房屋馬達鐵櫃應儘速洽由敵偽產業處理機關估價出售價款照上項本部訂整理辦法第十一條之規定辦理二、與偽中儲行之存放款項應請依照上項部訂清理辦法第八條之規定與該偽行清理處統軋清算三、庫存現金可洽由敵偽產業機關彙解國庫日鈔照規定登記以備向敵索賠四、暫付款項所欠電費應查明與電燈保證金抵銷其差額暫不清償以上各節統希轉知照辦並於整理清理結束時依照本部整理清理辦法第四及第十三兩條與本部京督秘155 0213代電之規定分別彙造清理及整理總報告報轉本部備核」等由查本案前准貴分行0308徐稽字第25號代電經即轉財政部核辦在案茲准前由相應電達即希查照辦理具報為荷稽核處0602印

稽字第3768號第二頁

卅六年六月日

324-1

(一)抄送清册壹封無訛

(二)已於本年十二月八日掣給敵產處理局徐字[illegible]保管品收據一紙

324-2

抵繳稅款計數條　　No. 7

茲代收 鹽 稅款

$ 壹仟柒百萬元正 (17,000,000)

上列款項業經代收請

查照入冊

收稅處收款員　　　具　　年　月　日

國庫徐州支庫

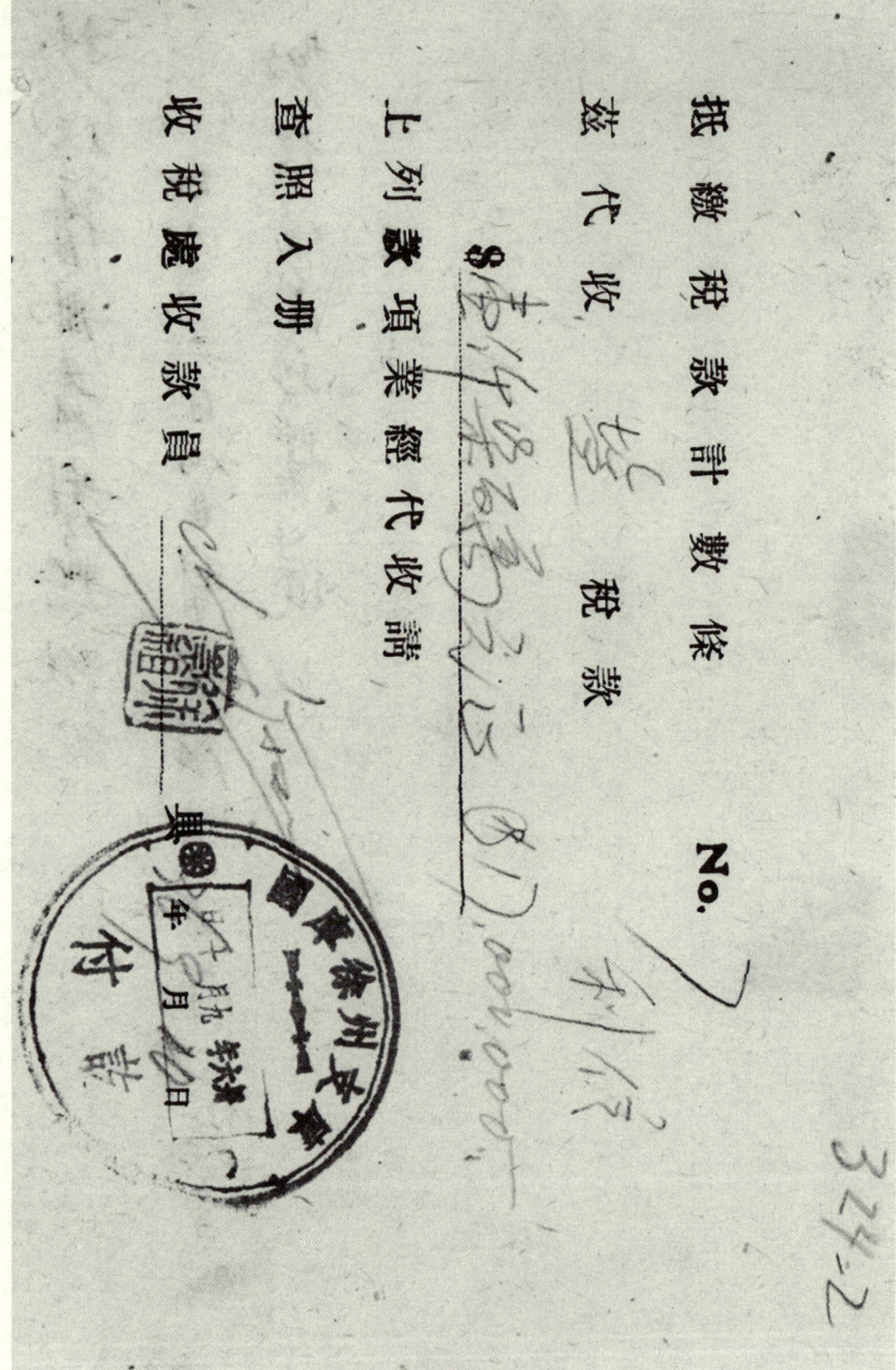

付訖

324

中央銀行徐州分行
到文簽

來處	中信局敵偽產清理處徐處
總號	2586
分號	2547
事由	抄送潘軍整編69師在連雲港接收日偽有價證券移交貴行接收清冊請查核由
附件	抄清冊一份
中華民國	36年12月1日到

經理 朱六元?

會計 [illegible]

文書課

歸檔 接收 中儲 尚行 卷

中央信託局蘇浙皖區敵偽產業清理處

派駐徐州專員辦事處代電

徐清字第2547號　第　頁

案由：抄送陸軍整編第五七師在連雲港接收日偽有價証券移交貴行接收清冊請查復由

附件：如文

中央銀行徐州分行公鑒：案奉中央信託局蘇浙皖區敵偽產業清理處本年十月廿七日滬理金字第二二一六七號代電內開：「案准財政部庫一字第三六〇二七號代電，以轉准陸軍總司令徐州司令部電，以整編五十七師上年由連雲港接收日偽有價証券業經點交中央銀徐州分行收訖，檢送接收清冊，轉囑查照等由。查此項有價証券應由中央銀行出掣保管收據，交由該處接收處理，其在當地能加處理變現者，可由該處就地辦理，至日偽債券等可妥寄本處彙辦。除電中央銀行徐州分行查照辦理外，特抄發原清冊乙份，電仰知照」等因，附抄冊一份。奉此，相應抄同原附件，電請查照見復，以便辦理為荷。中信局敵產處駐徐專員辦事處徐清戌儉印。附抄清冊一份

中華民國三十六年十一月廿八日發

收文　字第　號

338

中央銀行徐州分行公函稿

中華民國 卅五 年 二 月 卅 日送稿

年 月 日繕發

總號	113
分號	徐机36

發：敵產處理處

附件：

事由：復為前准將日銀館寄存事保管之物資三筆轉入各戶名請將本行所存之保管租繳 請希查照見復由

經理

文書課

擬稿

繕錄

校對

收文336

中信局敵產處駐徐專員辦事處公鑒：准徐清字第2906號子感代電悉，以偽聯列庫存偽券六六七、五三九、六八四、四五九元日鈔館偽儲券四八、四五五、〇〇〇、〇〇〇元，徐州綏靖公署經理處交偽中儲券二四四、四二五、六三四、〇〇〇元，均應轉入第221號專戶存儲，以便案解等由。准此，查本分行接收偽省日鈔館（及徐州綏靖公署經理處）交來偽券時，曾分別出給第二號及第卅八、五十號保管證三紙，如須將上款轉入貴處專戶，應請將本分行前出保管證三紙繳請，俾符手續。相應電復，即希查照辦理是復為荷。徐州中央銀行分行子魚

358

中央銀行徐州分行接理敵朝鮮銀行徐州支店總報告

資產類：

(一)房屋：

行址：徐州市啓明路一三〇號

地基：二〇九、三八坪

構造：磚壁瓦頂二層樓

内部：大小房間四六間

營業室一間

庫房一間

庫門二扇

庫內鋼捲門 一付

房屋賬面價格壹億元營業用器具賬面估價壹仟萬元

（二）襍項：

三匹馬力馬達 壹個

鋼櫃 叁個

上列兩項均移由徐州中國農民銀行接收應用並由此間敵偽產業處理机關估價讓售經轉函該處理机關將辦理情形洽復去後旋准該處徐清字第一二一五號代電以關於敵朝鮮銀行馬達鋼櫃等件作價國幣三六五〇、〇〇〇元價讓與中國農民銀行房屋核定估價二九五九〇六、三〇〇

359

元原業主已放棄優先承購業經本處遵奉清理處理逆產辦法並原核定

價格另加一成准予價撥等語

(三)庫存現金（詳現金明細表）

A、賬載數額：四、〇四、九〇三、六七五、六〇元

中儲券：四、〇四、六七九、〇七八、三九元

日補助幣：三八、〇三四、七二元

日額紙幣：〇九六、三六〇、四九元

B、實存數額：四、〇四、七五八、〇四三、六四元

中儲券：四、〇四、六七九、〇七八、三九元

日補助硬幣：九、八五五、二五元

、日系額紙幣、　六九、二一〇、〇〇元

查上開實存敵偽中儲券四、一四一、六七九、一七八、三九元（款存本分行未接收

前已由前第十戰區臨泉指揮所接管委員會於三十四年十月五日掃

數提去並出給第二號收據一紙存案其餘詳清表

（四）保管品

A、債券　四、三九〇、五〇〇日元（附債券清表一份）

B、股券　二〇張（附股券清表一份）

C、再貼現契約中日文共七份

債權類、

（一）、貼現放款、　有徐州日商糧穀組合（一戶數額為（五、三〇〇、〇八、〇〇元）

360

內計七十五筆各筆票據背書人為三井十筆大建十四筆大丸四筆江商七筆大陸五筆日綿八筆三菱九筆東亜七筆中尾四筆興理四筆樂綿三筆

（二）押送票據二 有新泰洋行二八筆共計二〇、〇〇〇、〇〇〇、〇〇元（附明細表）

（三）往來透支戶二 有堂本伊三郎中華理化工業公司及千全代洋行三筆共計一五六、〇二〇、九七二、六六〇元（附明細表）

（四）存放本埠同業二 有儲備中央儲備銀行（華行）一〇五二〇〇一三八三元 經奉准財政部清理儲中儲行提案務須統一執行清算

（五）存放外埠同業二 計有敵本京都田帝横濱札幌函館帝國

銀行從澤共業金澤、北國、小樽、帝國、大分合同、仙台、安田、鹿兒島、帝國、靜岡、和歌山之和、高松百十四、長崎十八、岡山、三菱、富山、北隆等十八戶，共計一八二九、〇六七、三七元（附明細表）、

（六）外埠同業存支：計有鹿兒島、帝國銀行、朝鮮殖產、京城商業銀行等三戶，共計九二五、〇四九、九三元（附明細表）

（七）暫付款項：計一、六六〇、四七六、二二元，為電信電話會社之電話保證金及華中水電會社電燈大表保證金，經去函徐州電信局洽催歸還，去後旋准該局復稱：該款係為積欠電費法幣一〇、六七九、二一三、〇〇九元兩抵軋，概不敷尚鉅，未能收回（附明細表）

361

債務類：

各科目詳資產負債對照表

364

朝鮮銀行徐州支店庫存現金資務清表

幣類	數量	數額 日元	備註
50錢銀幣	一八七三〇個	九、三六五、〇〇日元	日本銀幣
10錢鎳幣	四〇〇九個	四〇〇、九〇日元	日本鎳幣
1錢 〃 〃	八九三五個	八九、三五日元	〃 〃 以上輔助硬幣共計九、八五五、二五日元
50錢鈔票	一一三〇〇〇張	五六、五〇〇、〇〇日元	日本鈔票
十元券	三四〇張	三、四〇〇、〇〇日元	日本券
一百元券	二一張	一、〇〇〇、〇〇日元	朝鮮券
十元券	一八〇七張	一八、〇七〇、〇〇日元	
五元券	三〇〇張	一、五〇〇、〇〇日元	

一元券	一七〇張	一、七〇〇、〇〇〇日元	朝鮮券
		七九、〇六五、二五日元	以上紙幣共計六九、六〇、〇〇日元

365

朝鲜银行徐州支店保管品债券清单

名称	票面额	数量	数额（日元）	备注
报国债券	10元	四〇张	四〇〇、〇〇日元	
又	5元	一张	五、〇〇日元	
储蓄债券	15元	一张	一五、〇〇日元	
又	7.50元	四三张	三二二、五〇日元	
报国债券	10元	四七张	四七〇、〇〇日元	
又	5元	二四张	一二〇、〇〇日元	
储蓄债券	15元	二一张	三一五、〇〇日元	
又	7.50元	六二张	四六五、〇〇日元	

報國債券	10元	九張	九〇、〇〇日元
又	5元	二〇張	一〇〇、〇〇日元
儲蓄債券	7.50元	二張	一五、〇〇日元
國庫債券	20元	一張	二〇、〇〇日元
儲蓄債券	15元	三張	四五、〇〇日元
又	7.50元	八張	六〇、〇〇日元
報國債券	10元	三〇張	三〇〇、〇〇日元
又	5元	十六張	八〇、〇〇日元
儲蓄債券	15元	六張	九〇、〇〇日元
又	7.50元	七張	五二、五〇日元

366

報國債券	10元	二張	二〇、〇〇日元
儲蓄債券	15元	二張	三〇、〇〇日元
報國債券	5元	一張	五、〇〇日元
儲蓄債券	7.50元	二張	一五、〇〇日元
報國債券	10元	一張	一〇、〇〇日元
又	5元	五張	二五、〇〇日元
儲蓄債券	15元	七張	一〇五、〇〇日元
又	7.50元	九張	六七、五〇日元
報國債券	10元	一七張	一七〇、〇〇日元
儲蓄債券	15元	一六張	二四〇、〇〇日元

又	7.50元	一張	七、五〇日元
報國債券	10元	二張	二〇、〇〇日元
又	5元	八張	四〇、〇〇日元
儲蓄債券	15元	一三張	一九五、〇〇日元
又	7.50元	一七張	一二七、五〇日元
報國債券	10元	八張	八〇、〇〇日元
儲蓄債券	15元	十六張	二四〇、〇〇日元
報國 又	5元	一張	五、〇〇日元
又	5元	二張	一〇、〇〇日元
儲蓄債券	7.50元	一張	七、五〇日元

367

儲蓄債券	15元	三張	四五、〇〇日元
又	7.50元	七張	五二、五〇日元
報國債券	10元	四張	四〇、〇〇日元
又	5元	三張	一五、〇〇日元
儲蓄債券	15元	二張	三〇、〇〇日元
又	7.50元	七張	五二、五〇日元
報國債券	10元	二張	二〇、〇〇日元
又	5元	七張	三五、〇〇日元
儲蓄債券	15元	五張	七五、〇〇日元
又	7.50元	二六張	一九五、〇〇日元

報國債券	10元	二七張	二七〇.〇〇日元
又	5元	五張	二五.〇〇日元
儲蓄債券	15元	五九張	八八五.〇〇日元
又	7.50元	一二張	九〇.〇〇日元
報國債券	10元	三張	三〇.〇〇日元
又	5元	一張	五.〇〇日元
儲蓄債券	15元	三張	四五.〇〇日元
又	7.50元	五張	三七.五〇日元
報國債券	10元	二張	二〇.〇〇日元
又	5元	二張	一〇.〇〇日元

368

儲蓄債券	7.50元	三張	二二、五0元
報國 〃	10元	三張	三0、00元
儲蓄 〃	7.50元	五張	三七、五0元
報國債券	10元	六一張	六一0、00元
儲蓄 又	30元	一五張	四五0、00元
又	15元	四六張	六九0、00元
又	7.50元	二一張	一五七、五0元
報國債券	10元	四張	四0、00元
又	5元	三張	四五、00元
儲蓄債券	15元	六張	九0、00元

又	7.50元	二〇三張	一、五二二、五〇日元
報國債券	10元	一張	一〇、〇〇日元
又	5元	一張	五、〇〇日元
儲蓄債券	15元	六張	九〇、〇〇日元
又	7.50元	四張	三〇、〇〇日元
報國債券	10元	二張	二〇、〇〇日元
又	5元	一張	五、〇〇日元
儲蓄債券	15元	一張	一五、〇〇日元
又	7.50元	二二張	一六五、〇〇日元
報國債券	10元	八張	八〇、〇〇日元

369

報國債券	5元	一張	五、〇〇日元
儲蓄債券	15元	一張	一五、〇〇日元
又	7.50元	二四張	一八〇、〇〇日元
報國債券	10元	三張	三〇、〇〇日元
儲蓄 又	15元	三張	四五、〇〇日元
又	7.50元	七張	五二、五〇日元
報國債券	10元	一〇張	一〇〇、〇〇日元
又	5元	一六張	八〇、〇〇日元
儲蓄債券	15元	三張	四五、〇〇日元
又	7.50元	五七張	四二七、五〇日元

報國債券	10元	二張	二〇、〇〇日元	
儲蓄 又	15元	一張	一五、〇〇日元	
又	7.50元	三張	二二、五〇日元	
報國債券	10元	七張	七〇、〇〇日元	
又	5元	三張	一五、〇〇日元	
儲蓄債券	15元	八張	一二〇、〇〇日元	
又	7.50元	一七張	一二七、五〇日元	
報國債券	10元	一張	一〇、〇〇日元	
又	5元	一張	五、〇〇日元	
儲蓄債券	15元	七張	一〇五、〇〇日元	

370

儲蓄債券	750元	三張	二、二五0日元
報國債券	10元	四張	四0、000日元
又	5元	八張	四0、000日元
儲蓄債券	15元	三張	四五、000日元
又	750元	四三張	三二、二五0日元
報國債券	10元	七張	七0、000日元
又	5元	六張	六0、000日元
儲蓄債券	15元	二張	三0、000日元
又	750元	七張	五、二五0日元
報國債券	10元	六張	六0、000日元

又	5元	百張	五〇〇日元
儲蓄債券	15元	二張	三〇、〇〇日元
又	7.50元	一八張	一三五、〇〇日元
報國債券	5元	九張	四五、〇〇日元
儲蓄債券	7.50元	二張	一五、〇〇日元
國庫債券	1万元	一張	一〇、〇〇〇、〇〇日元
又	50元	四張	二〇〇、〇〇日元
又	100元	一張	一〇〇、〇〇日元
報國債券	1元	三張	三、〇〇日元
又	5元	一張	五、〇〇日元

371

報國債券	10元	四張	四0、00日元
国庫債券	100元	五張	五00、00日元
又	1000元	一張	一、000、00日元
又	20元	三張	六0、00日元
又	10元	二張	二0、00日元
又	100元	一五三張	一五、三00、00日元
又	50元	四張	二00、00日元
合計		一、五六五張	四0、三九0、五00日元

372

朝鮮銀行徐州支店証券清表

名称	票面額	数量	数額	備考
海州住宅信用组合证券	30000元	二〇張	六〇〇〇〇〇.〇〇元	偽儲券 户主石井健三
教育结婚資金保险证券	2000元日金	一張		户主石井美纪子
生命保险证券	300元日金	一張		被保险者 石井達夫
徵兵保险证券	1000元日金	二張		已过期
普通养老保险证券	3000元日金	一張		被保险者 石井健三
养老生命保险证券	3000元日金	一張		又
定期存单		一張	三〇五、五五五.五五元 偽儲券	户主北村文雄 已过期
存单		一張	二、〇〇〇、〇〇〇.〇〇元 偽儲券	户主石井健三 已过期

定期存单	五九六,四九九,九九 二三八,四四〇,〇〇 八四五,〇〇〇,〇〇	三张	一六四九,四九九,九九九元 储备券	户主 永久镇雄 已过期
又		一张	一五,八七三,七五 又	藤田忠夫 已过期
又		一张	一六,七七七,七八元 储备券	户主 今田安平 已过期
又		一张	三六,〇〇〇,〇〇〇元 又	户主 伊藤
又	八〇〇,〇〇〇,〇〇 一,〇〇〇,〇〇〇,〇〇 五,〇〇〇,〇〇〇,〇〇 一〇,〇〇〇,〇〇〇	四张	八,〇〇〇,〇〇〇,〇〇〇元 储备券	户主 岩本 数平 忠和 忠治 美子 已过期
合计		二〇张		

00007

文牘科

事由：奉部令准軍令部函為日本官兵於日政府投降後故意盜賣或毀壞軍械者應依我國軍法審理仰知照由

江蘇高等法院訓令

文字第158號

中華民國三十五年一月廿六

令銅山

案奉

司法行政部本年一月十九日京訓刑字第八二號訓令開：「准軍令部函開：『查日本在華官兵於日政府簽訂投降協定後，故意盜賣或毀壞軍械者甚多，經戰爭罪犯處理委員會研究結果，對此違法行為，應由該犯所隸受降區主管機關部隊依我國軍法審判程序審理，除已承辦會令通令陸軍總部暨各戰區、方面軍、司令部、台灣警備總部外，相應函請查照』等由，准此，合行令仰知照，並飭屬一體知照」等因，奉此。除分令外，合行令仰知照。

此令。

院長 孫鴻霖

首席檢察官 韓燾

196

00029

存查 十二代 十二十六

閱

事由 令核發日本國外資產之收入應照保管辦法遵照由

江蘇省高等法院訓令 文字第 0642 號

中華民國卅六年 月 日

令銅山地方法院

案奉

司法行政部本年九月十八日京訓總字第四八八五號訓令開：「案奉 行政院本年八月十五日節京檢字第八九六六號訓令開：外交部呈稱：准美國駐華大使館本年六月八日來照，以遠東委員會關於日本國外資產轉移之政策，業經美英中蘇四國代表共同接洽之建議，請予同意，其所希望之效果為：（一）調查及登記在各國境內存依及應行遣送回國之日本人之資產（二）除對遣送回國日本人適當之生活費用外，保留所有接收資產之收入（三）說及對於被拘禁之惡劣及不良之日本人

於敵偽將給予政府或政府許可某人之權益及收益視此種取得權利於接收資產或其收入
內予以分付等語查美方建議及所希望之數點與我國政策尚無不合本部業經分令同
意應請鈞院轉飭有關各部會及其他敵偽產業處理局注意遵辦俾得於接
收敵偽資產應將敵產收益存款嚴行劃分以便於接管資產分別記帳以免混淆
等情應准照辦除指復并分行外合行令仰遵照等因奉此除分令外合亟
行令仰遵照并轉飭所屬遵照
等因；奉此，除分令外，合行令仰遵照。此令。

院長 孫鴻霖

首席檢察官 韓燾

中華民國卅五年 拾月 拾壹日收到
261

自民國三十四年十一月十四日
至民國三十五年一月十八日

軍政部開封區徐州第一供應廠製粉廠移交原接收日本東亞製粉廠敵產部份移動收付清冊

14

傢俱移動表（軍政部第一組當時）

名稱	單位	軍政部接收數目	收	賬付	賬現存	備考
防空簾	個	大一七 小一三一	|		大一七 小一三一	
以外雜外類 床	〃	三	三	‖	六	新買的
〃洋鎬	〃	一	|	一	〇	
〃洋車外帶	〃	一	|	一	〇	
〃市秤	〃	|	一	一	〇	
桌子類	〃	三二	三	|	三五	新買的
衣架	〃	三	|	一	二	軍政部接收前臨時指揮所借去
汽車	〃	一	|	一	〇	臨時指揮所以前被汽車總隊接去
洋車	〃	四	|	一	三	軍政部接收前臨時指揮所借去
小車	〃	七	|	七	〇	原係宜興粉廠發還原主

市磅	個	一三	一	七	五	原係宝六粉廠 發还原主

[illegible]二七

小麥現存一覽表

民國三十五年二月十八日現在

倉庫名	十一月十五日軍政部接收數目 袋數	十一月十五日軍政部接收數目 斤數（公斤）	入庫 袋數	入庫 斤數（公斤）	出庫 袋數	出庫 斤數（公斤）	民國三十五年二月十八日現在實存小麥數目 袋數	民國三十五年二月十八日現在實存小麥數目 斤數（公斤）
壱号倉庫	一,三二〇	九九,六八〇	｜	｜	一,三二〇	九九,六八〇	｜	
南大院	二二四	一四,七九九	｜	｜	｜	六九.五	二二四	一四,七二九.五
小計	一,五四四	一一四,四八一	｜	｜	一,三二〇	九九,七五五	二二四	一四,七二九.五
壱号倉庫	三〇〇	一八,〇〇〇	｜	｜	｜	｜	三〇〇	一八,〇〇〇
西院	一八二	一〇,九二〇	｜	｜	｜	｜	一八二	一〇,九二〇
南大院	一,〇八三	六四,九八〇	｜	｜	｜	｜	一,〇八三	六四,九八〇
畜力倉庫	二,九八七	一七九,二二〇	｜	｜	｜	｜	二,九八七	一七九,二二〇
福聚木行	一,三八四	八〇,五八〇	｜	｜	｜	｜	一,三八四	八〇,五八〇
小計	五,八三六	三五三,七〇〇	｜	｜	｜	｜	五,八三六	三五三,七〇〇

合计　七三八〇　四六八、八一　十　一三二〇　九九七五一·五　六〇六〇　三六八四二九·五

15

麺粉現存一覧表

（軍政部第一組當時）

品別	等級	軍政部接收數目	收賬	付賬	現存	備考
麺粉	一等綠大錢	壹七〇		壹七〇	〇	職員月薪尉房
麺粉	二等藍大錢	弍弍七九		弍〇〇	弍〇七九	現賣
麺粉	適粉	弍三	四、五七〇	四、〇〇四	五八九	開撥麺收賬 十二月一月二月職員月薪付賬
合計		弍四七弍	四、五七〇	四三七四	弍、六六八	

麩皮現存一覧表

品別	內容重量	軍政部接收數目	收賬	付賬	現存	備考
麻袋麩	每包六〇公斤	七三七		七三七	〇	現賣
布袋麩	每袋三〇公斤	三、八〇二			三、八〇二	
草袋麩	每袋三五公斤	四、八一〇		四八一〇	〇	現賣

草袋麸	每包二八公斤	叁八壹六		五七四	叁贰四贰	現賣
麻袋麸	〃五〇公斤	四〇			四〇	
麻袋麸	〃六〇公斤	壹七	壹、叁四七	壹、四五四	〇	開撥麸收賬 現賣付賬
合計		壹叁、叁壹贰	壹、叁四七	七、五七五	七、〇八四	

副製品現存一覽表

品别	内容重量	軍政部接收數目	收賬	付賬	現存	備考
草貨	每包七八公斤	壹叁			壹叁	
秕麦	〃五二五公斤	叁四	五〇	八四	〇	開撥出的收賬 現賣的付賬
碎豆	〃九五公斤	六	九	一五	〇	仝上
合計		五叁	五九	九九	壹叁	

83

現金收支一覽表（民國三十五年二月十八日）

自三十四年十一月十四日至三十五年二月十八日

摘要	日期	金額		備考
黨政接收委員會移交現金	十一月十四日	六六六、五六一	七八	
十一月十四日至二月十八日		一六四〇二八八四	〇〇	
〃 〃		一四、二二三、五七〇	七〇	
計	二月十八日	二、八四五、八七五	〇八	

欠款未繳

名稱	十一月十四日移交	收項	付項	現欠	備考
欠款未繳	四六、三二、七七〇、五〇	四六、八二〇、〇〇	二、九二、七四、〇〇	二、三二八五、六五〇	資產之部

受託保證金收支表

名稱	十一月十四日移交	收項	付項	現存	備考

名稱	十二月十四日移交	收項	付項	現存	備考
受託保証金	八四六九八九〇	〇三五〇〇〇〇〇	八〇三五〇〇〇	四五八六三九〇〇	負債之部
存款未付	七九八四八六一	三八八二〇〇〇		一八六六八八六一	負債之部

寄託保証金

名稱	十一月十四日移交	收項	付項	現欠	備考
寄託保証金			四五〇〇〇〇	四五〇〇〇〇	資產之部

移交人軍政部開封區特派員辦公處第一接收組專員兼組長　蔣紀珂

軍政部開封區徐州製粉廠副廠長　黃興鹽

曲聲喬

監交人軍政部開封區特派員辦公處審核科中校主任科員　何守中

接收人糧食部江蘇田賦糧食管處督導　劉東如

中華民國三十五年二月十八日

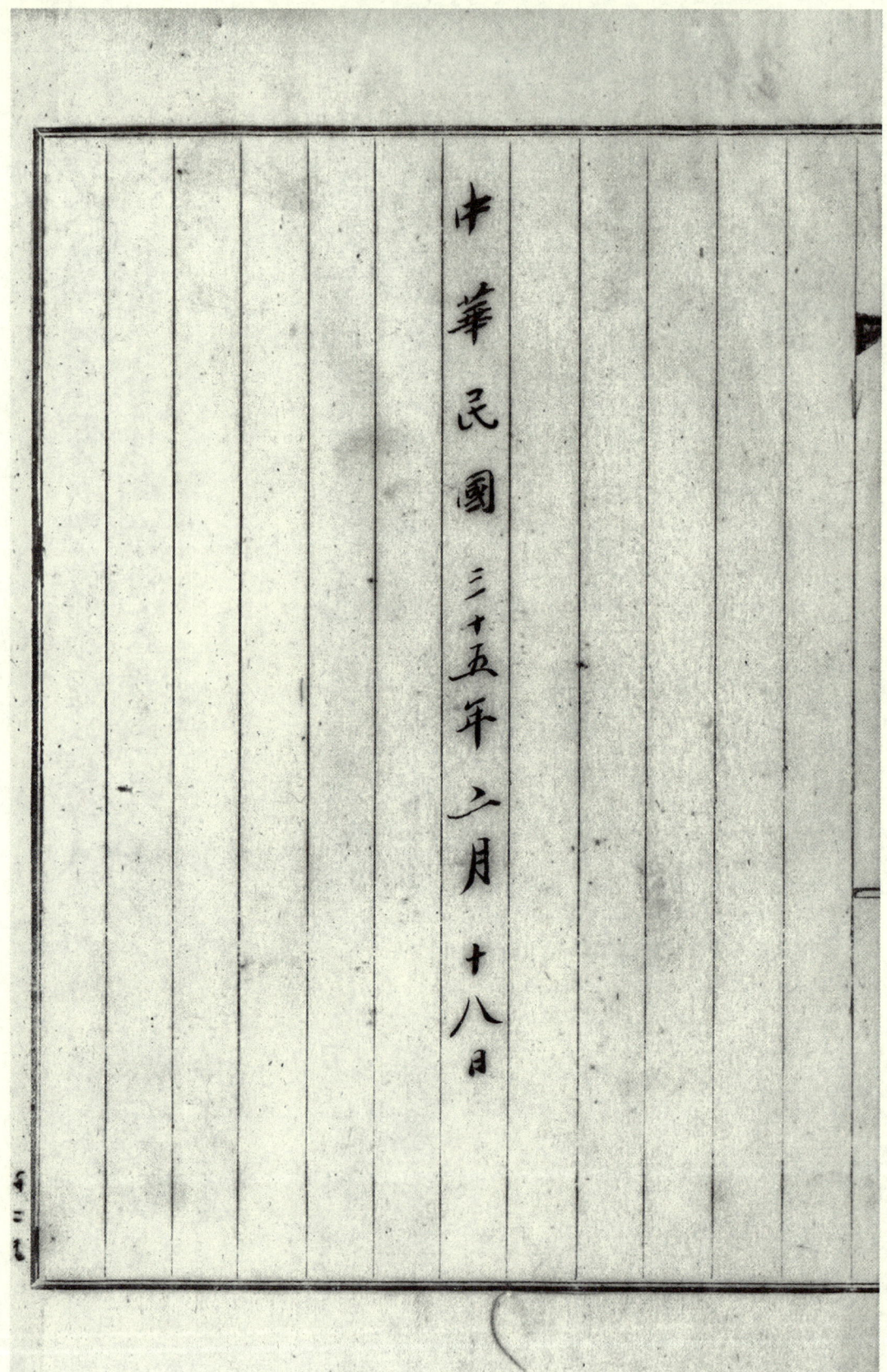

38

自民國三十四年十月十四日
至民國三十五年二月十八日

軍政部開封區徐州第一供應廠製粉廠移交原接收日本東亞製粉廠資產負債對照表

資產負債對照表

民國35年2月18日

資產科目	小計	合計	負債科目	小計	合計
固定資產			固定負債		
機械建築	7,168,000.00				
傢俱	138,731.00	7,306,731.00			
流動資產			流動負債		
原料	456,073.56		應付支票	9,340,118.01	
成品	2,745,590.00		貼現票據	7,700,000.00	
樣物	325.00		受託保證金	4,258,639.00	
材料	13,990,965.72		存款未付	118,668.61	
欠款未繳	2,228,516.10		青島東亞	304,090.51	
現金	2,845,875.08				
活期存款	451,526.77				
擡組借款	18,994,000.00				
寄託保證金	45,000.00				
本期純損失	4,692,883.24	46,418,579.89	上期純益積金	32,003,794.76	53,725,310.89
		53,725,310.89			53,725,310.89

40

移交人 軍政部開封區特派員辦公處第一接收組專員兼組長 蔣紀珂

軍政部開封區徐州製粉廠副廠長 黃興涵

曲馨喬

監交人 軍政部開封區特派員辦公處審核科中校主任科員 何守中

接收人 糧食部江蘇田賦糧食管理處 督導 劉東如

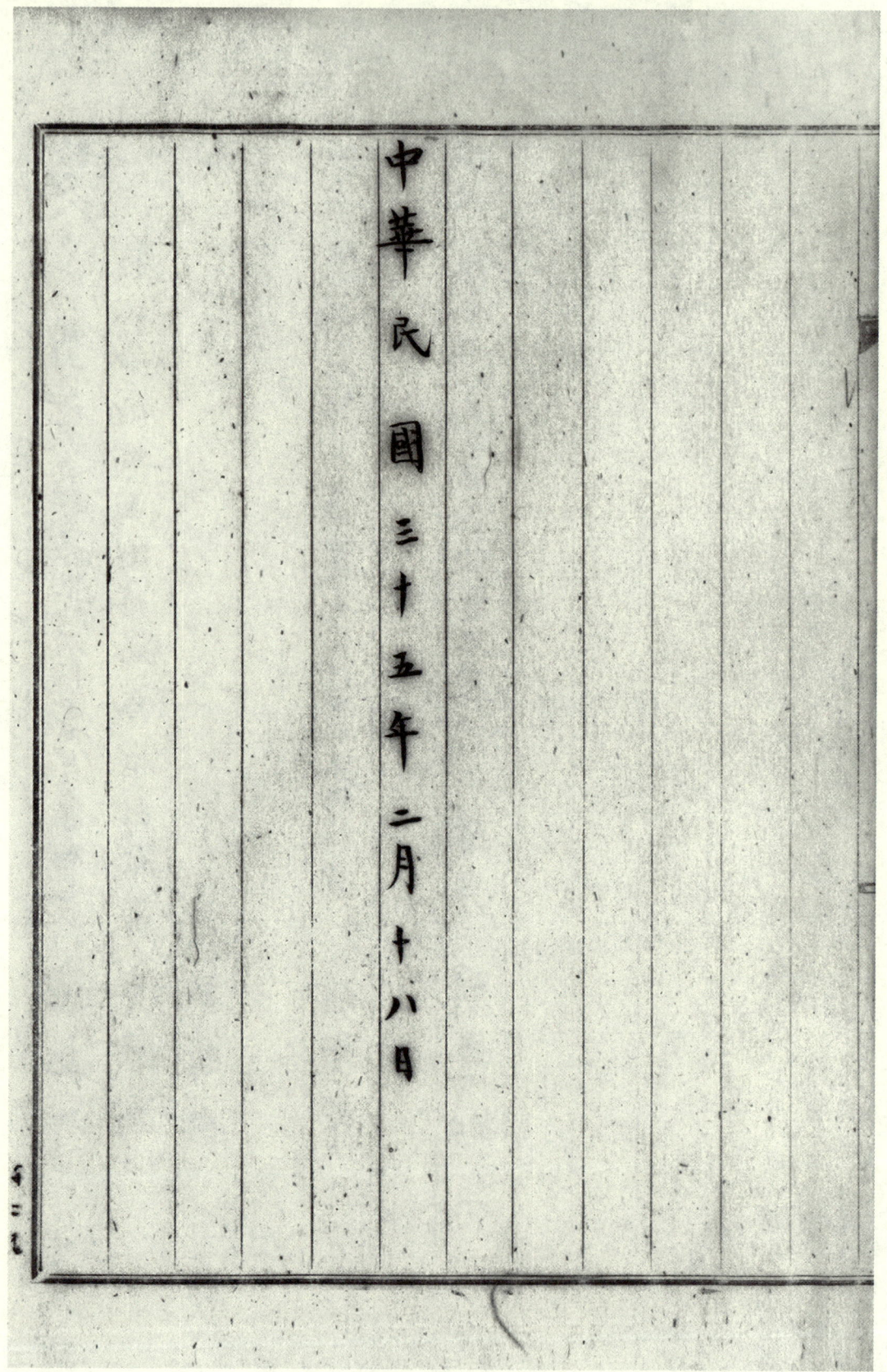

中華民國三十五年二月十八日

劉昊青
着何將勳 查明

25

江蘇田賦糧食管理處接收東亞製粉廠三十五年二月十八日起四月三日止物資變動清冊

26

民主路
北項
經鎮公所
借用

江蘇田賦糧食管理處接收東亞製粉廠物資移動清冊

自民國三十五年二月十八日
至民國三十五年四月三日

建築物

名稱	單位	軍政部移交數目	收入數	支付數：移交本處徐海晴運處數目	支付數：標賣數目	現存數	備攷
日人宿舍	所	叁	—	—	—	叁	
合計		叁	—	—	—	叁	

裝製機械

名稱	單位	軍政部移交數目	收入數	支付數：移交本處徐海晴運處數目	支付數：標賣數目	現存數	備攷
平篩	台	叁	—	—	—	叁	
清砂機	台	貳	—	—	—	貳	
予備磨輥子	根	壹五	—	—	—	壹五	四〇吋×一〇吋
電動機	台	壹	—	—	—	壹	二〇馬力

抵抗器	電動機	水泵	篩麥機	烘乾機	合計
台	台	台	台	台	
叁	壹	壹	壹	壹	弍八
—	—	—	—	—	—
—	—	—	—	—	—
—	—	—	—	—	—
叁	壹	壹	壹	壹	弍八
一〇KW	二馬力				

对 七、十七

31

七月十日 標

原料

品稱	軍政部移交數		收入數		支付數				現存數	
					移交本處徐海轉運處數目		標賣數目			
	袋數	公斤	袋數	公斤	袋數	公斤	袋數	公斤	袋數	公斤
壞小麥	六〇六〇	三六八四九九.五	—	—	—	—	四四八	二八三四〇.五	五六一二	三四〇〇八九
合計	六〇六〇	三六八四九九.五	—	—	—	—	四四八	二八三四〇.五	五六一二	三四〇〇八九

30

麵粉

名稱	單位	軍政部移交數	收入數	支付數（移交本處徐海區購運數目）	支付數（支付）	現存數	備考
藍大錢三等	袋	二,〇七九	—	—	—	二,〇七九	
通粉	〃	五六三	—	—	一四六	四一七	三月分薪金
計	〃	二,六四二	—	—	一四六	二,四九六	

麩皮

名稱	單位	軍政部移交數	收入數	支付數（移交本處徐海區購運數目）	支付數（支付）	現存數	備考
布袋麩	袋	三,八〇二	—	—	—	三,八〇二	霉爛三分之二
草袋麩	〃	三,三四二	—	—	—	三,三四二	霉爛
麻袋麩	〃	四〇	—	—	—	四〇	霉爛
計	〃	七,〇八四	—	—	—	七,〇八四	

副製品

名稱	最後軍政部移交數	收入數	支付數：移交金[illegible]海區臨道尹公署	支付數：支付	現存數	備考
草實裝	一三	—	—	—	一三	

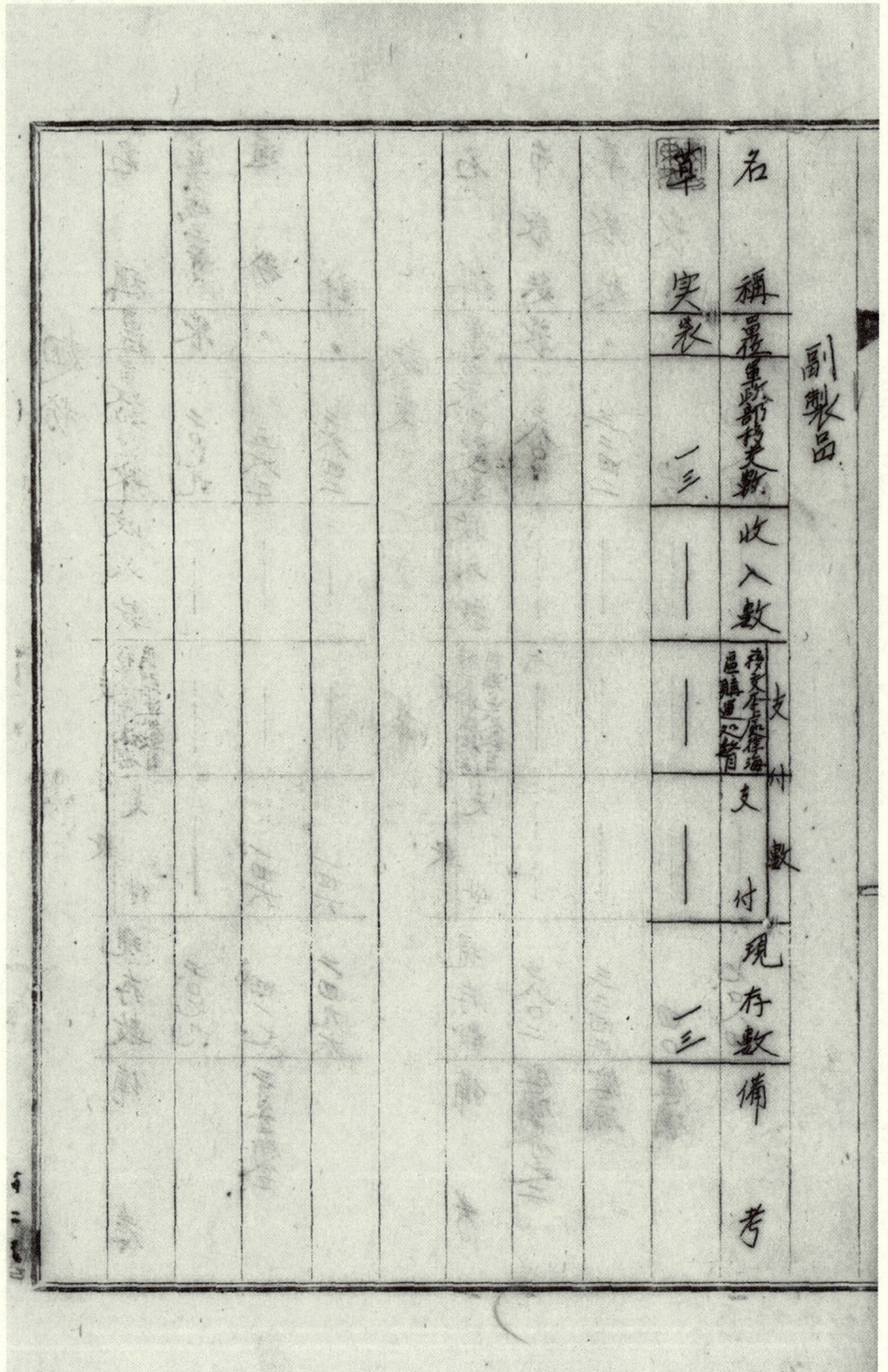

江蘇田賦糧食管理處督導 劉東如

37

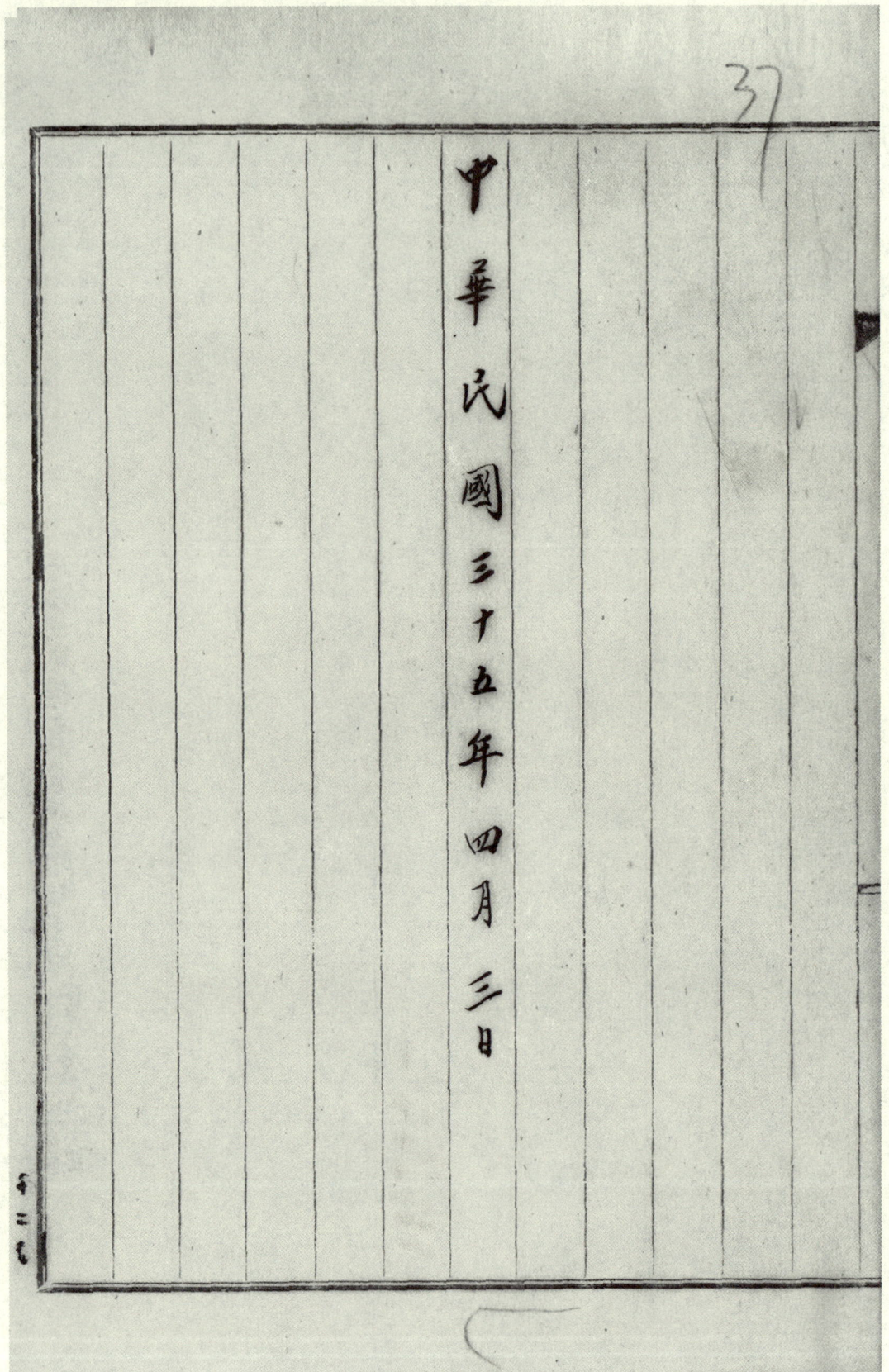

中華民國三十五年四月三日

抄往

軍政部開封區第卅木材廠移交原接收日本太二木廠材清冊

軍政部第卅木材廠廠長 魏介權

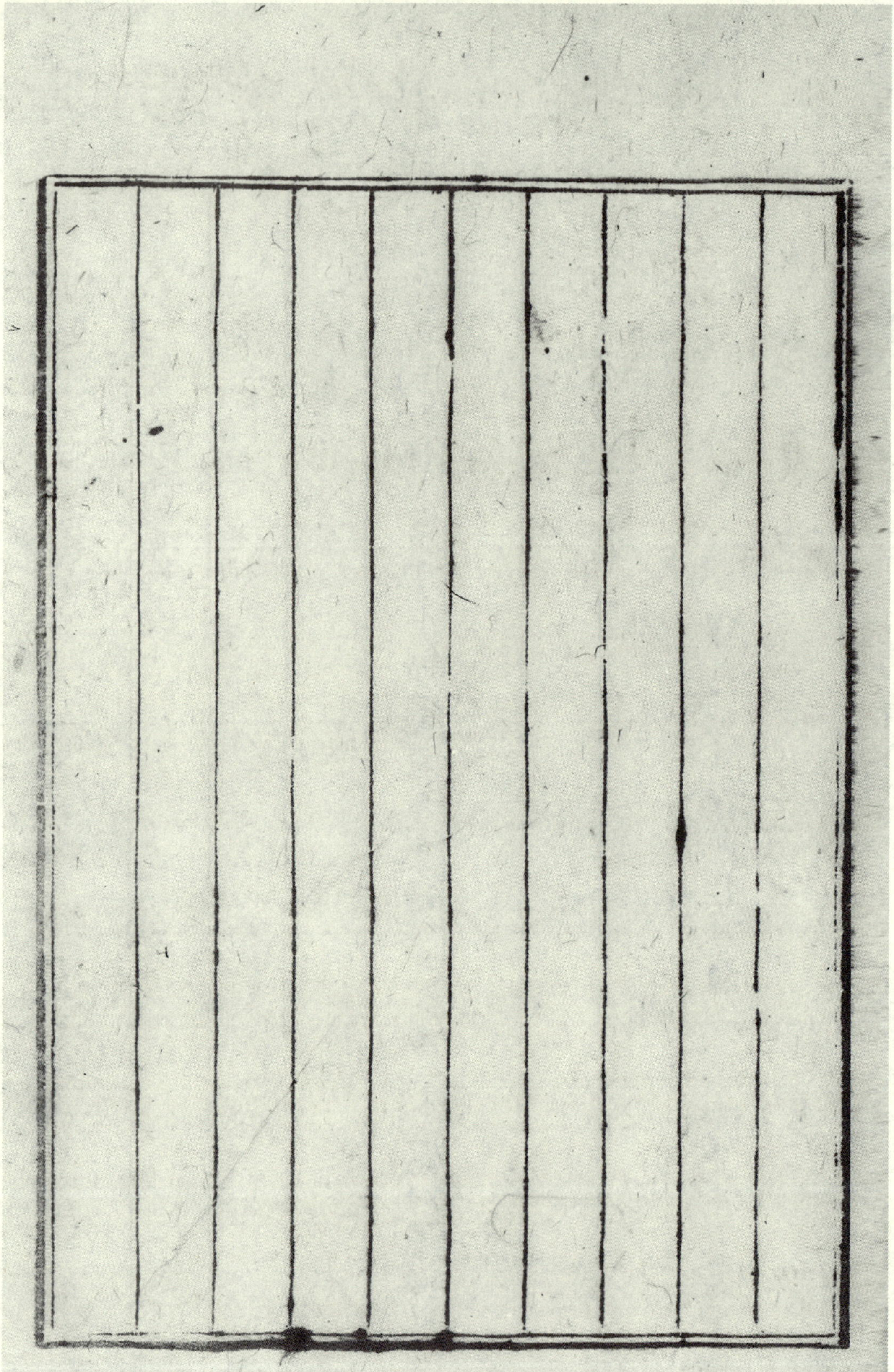

18

類別	品名	单位	原接收數量	營業動態 收入	營業動態 支出	移交數量	備註
机器	四十四吋带鋸机	架	一			一	完好
〃	四十二吋带鋸机	〃	一			一	〃
〃	三十吋带鋸机	〃	一			一	〃
〃	元鋸机	〃	一			一	〃
〃	製箱机	〃	三			三	待修
〃	錯鋸机	〃	一			一	完好
〃	五〇馬力馬達	部	一			一	〃
〃	三〇馬力馬達	〃	一			一	〃
〃	五馬力馬達	〃	一			一	〃

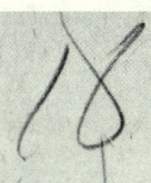

〃	一〇馬力馬達	〃	一	一	〃
〃	二馬力馬達	〃	一	一	〃
〃	变压器（紙装三〇K）	個	三	三	〃
〃	一〇〇K配電盘	〃	一	一	〃
像	俱辦公桌	張	七	七	〃
〃	書箱	個	二	二	〃
〃	小鉄庫	〃	一	一	〃
〃	衣柜	〃	二	二	〃
〃	大搬車	輛	一	一	〃
〃	消防車	〃	一	一	〃

像俱	洋車	輛	一			一	奉令繳經 完好
消耗品	帶鋸	尺	二,五〇〇			二,五〇〇	已由局方運去 完好
〃	圓鋸	片	六			六	完好
〃	膠帶	尺	三九〇		九〇	三〇〇	〃
〃	砂輪	塊	三七〇		一七〇	二〇〇	〃
〃	鋼錯	個	三六〇		一六〇	二〇〇	〃
〃	漆珠	〃	二七		一二	一五	〃
〃	油漆	缶	一五		五	一〇	〃
〃	元木	根	五七		四三 二〇四	〇	〃
〃	川箱板	塊			七四〇	〇	〃

〃	板皮	立方			一〇	〇
〃	三尺長三寸方子	根			四〇〇	〇
〃	五尺長三寸方子	〃	一五〇		一五〇	〇
〃	六尺長一五寸方子	捆	一二〇		七〇	五〇
〃	五尺長一寸方子	〃	一六〇		六〇	一〇〇
〃	五分七尺板条	根	一〇〇〇		一〇〇〇	〇
〃	五分板	捆	八八		八八	〇
〃	六尺長三寸方子	根	四〇〇		四〇〇	〇
〃	板条	堆	八		八	
〃	杉木	根		七〇	七〇	

〃 〃 〃 〃 〃 〃 〃 〃 〃 〃 〃 〃 〃

20

軍政部開封運輸所木材廠移交傢俱備品清冊

名稱	數量	備註	名稱	數量	備註	名稱	數量	備註
清栽品大方木	根		三〇〇	三〇〇	〇			
〃	三尺長三丈 二尺寸方	〃		二〇〇	二〇〇			
〃	四尺長三丈 一尺寸方	〃		四七九丈	四七九丈			
〃	一寸板			八	八			
銅盆	一个		印盒	二隻				
大號鐵鍋	一口		大銅夾	四个				
壺夾	二个		茶壺	一把				
招牌	一块		椅子	二把				

[illegible]畫	四个	國旗	一面
吸墨器	二只	鉄圓章架	一个
三角尺	一个	烟筒	八节
主席像	一幅	尺子	二个
茶碗	四个	銅墨盒	三个
洋幔架	一幅	鉄綫盒	三个
中式鉄鍋	一口	國父像	一幅
新書器	一个	飯碗	百个
算盘	二个		
印泥	二盒		

21

軍政部開封區特派員办公處第一接收組組長 蔣紀釿

交通部徐州鐵路局局長 沈文泗

移交人 軍政部開封區徐州木材廠廠長 魏台權

接收人 交通部徐州鐵路局鋸木廠專廠長 林樹棠

監交人 〃 〃 會計主任 章世勤

〃 〃 材料股主任 任中庸

中華民國卅五年十二月

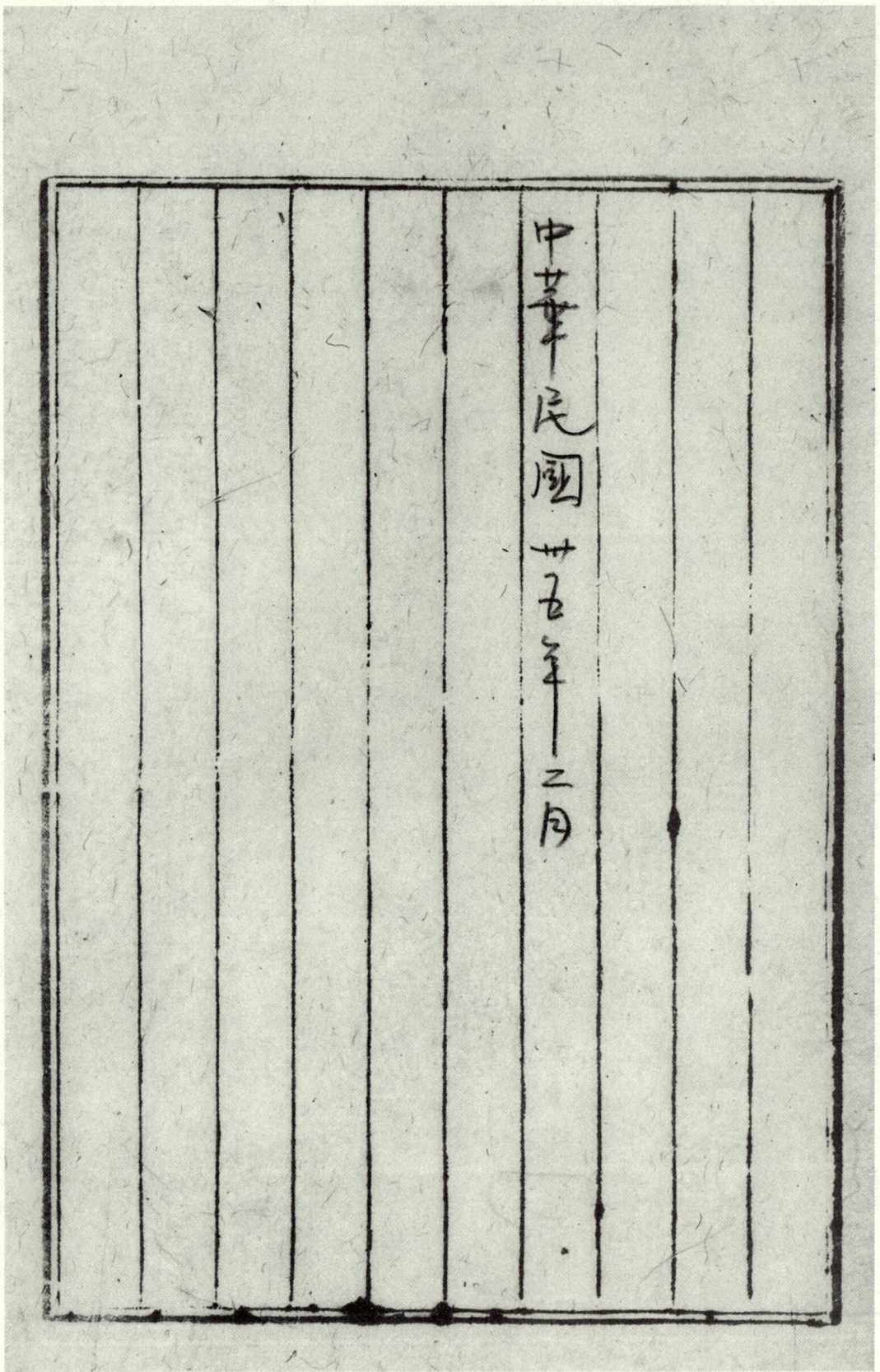

34年11月14日
總收 字第468號

接收委員會

1553号

呈

交三組查核辦理

事由	擬辦	決定辦法	備考
為填具申請書收回日寇領事館強佔民房土地由			
如文			

件號

呈字第 號 年 月 日 時到

收文 字第 號

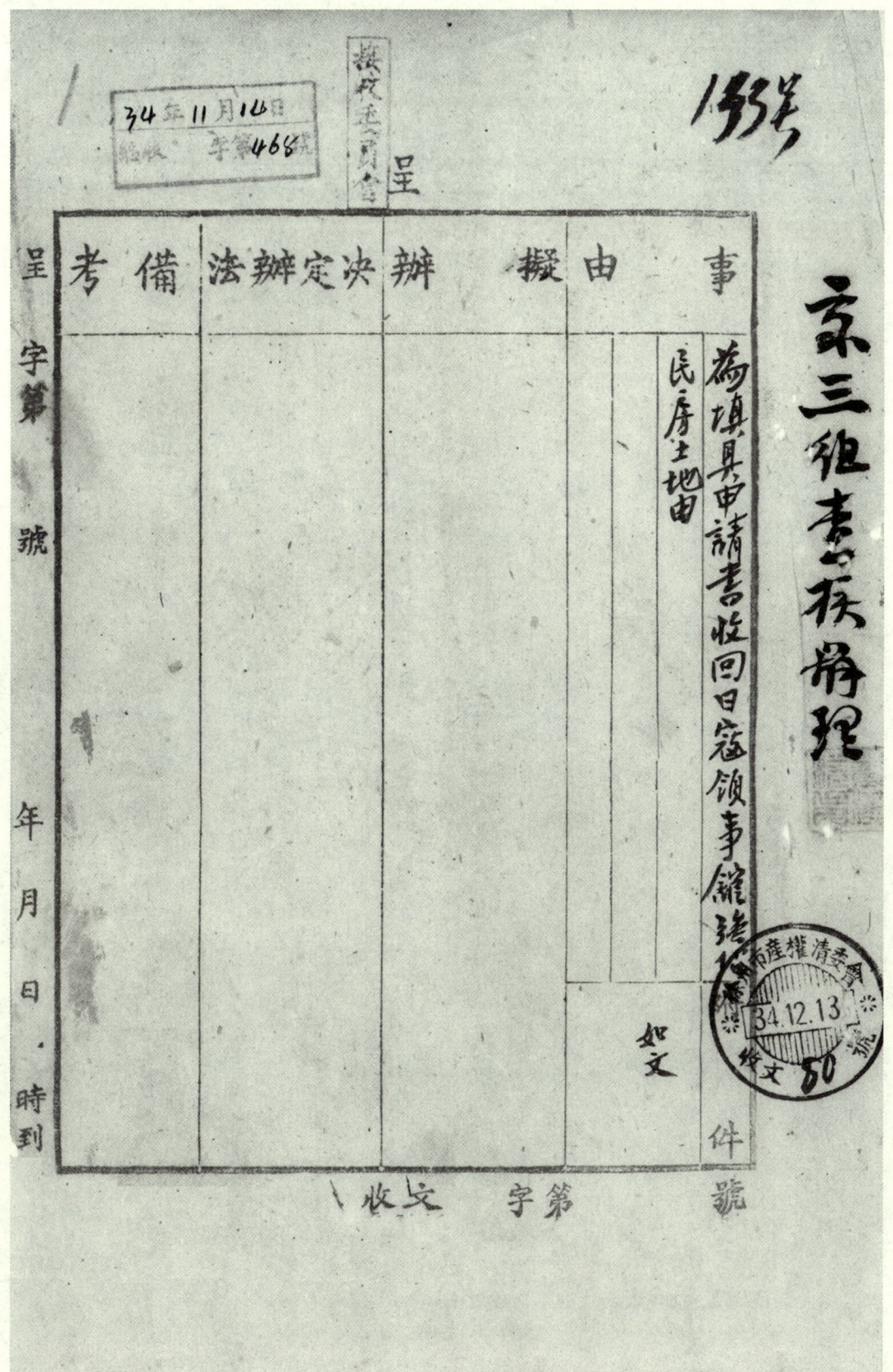

房地產權清委會 34.12.13 收文 80 號

具呈人李鳳居等　年六十五歲　徐州　住津浦鎮太平窪七號

呈為呈請依式填申請書收回日敵領事館強佔民房及土地仰祈鑒核俯准發還事竊民等居住徐州皆係多年或數世各有土地數分並自建住房（土地數及房屋間數詳於申請書中）坐落月波鎮開明街東街一帶全家賴此聊蔽風雨以資謀生不幸二十七年五月十九日徐州被日敵佔駐而日商隨軍前來因此日敵建築領事館竟指定民等房屋土地為領事館址斯時日寇凶頑殘暴又利用特務機關勢力嗾使偽徐州市政府為虎作倀強迫以低微代價收用並迫令各將契約交出本鎮鎮長當時在場可証民等處其淫威壓迫下若拒絕則生命立有不虞不得已祇有忍痛任其摧殘揉躪然徐州民房土地被日寇佔用不一而足因之住房已感恐荒民等

養命住屋土地一旦被日敵領事館佔用立須搬讓則各家流離失所無處棲宿痛苦真有怵不忍言者也今幸日敵降伏凶焰消失且蒙鈞座視民如瘍頒示收回日敵佔用民房土地申請書式樣足仰出民水火登諸衽蓆之德意除依式各填具申請書二份隨文呈送外理合聯名具呈仰祈

鑒核俯准發還以伸正義而維民命實為德便謹呈

江蘇省徐屬黨政接收委員會主任董 副主任馮

附申請書 份 證明書一份

具呈人李鳳修 [印]

鄭本貽 [印]

王智全 [印]

蔡張氏　劉聚合

張子彬　沙居生

王文信　王福全

張有濟　王瑞堂

王永盛　閻守信

張有志　張懷德

李鳳奎　劉傳儒

洪德臣　李廣德

王德發　石文魁

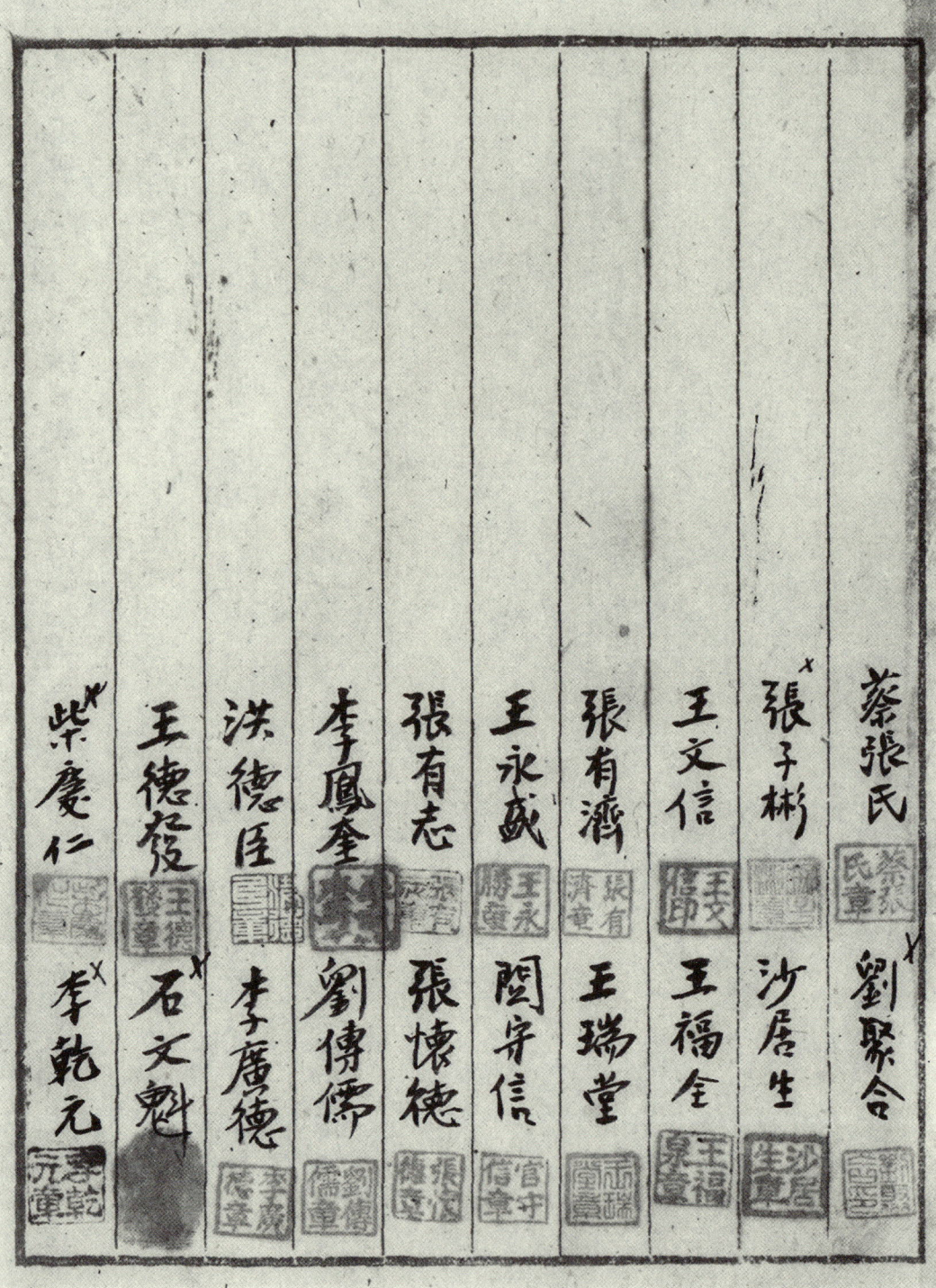

柴慶仁　李乾元

張道修 張道修章

彭新三 彭新三章

劉廣鑄 劉廣鑄章

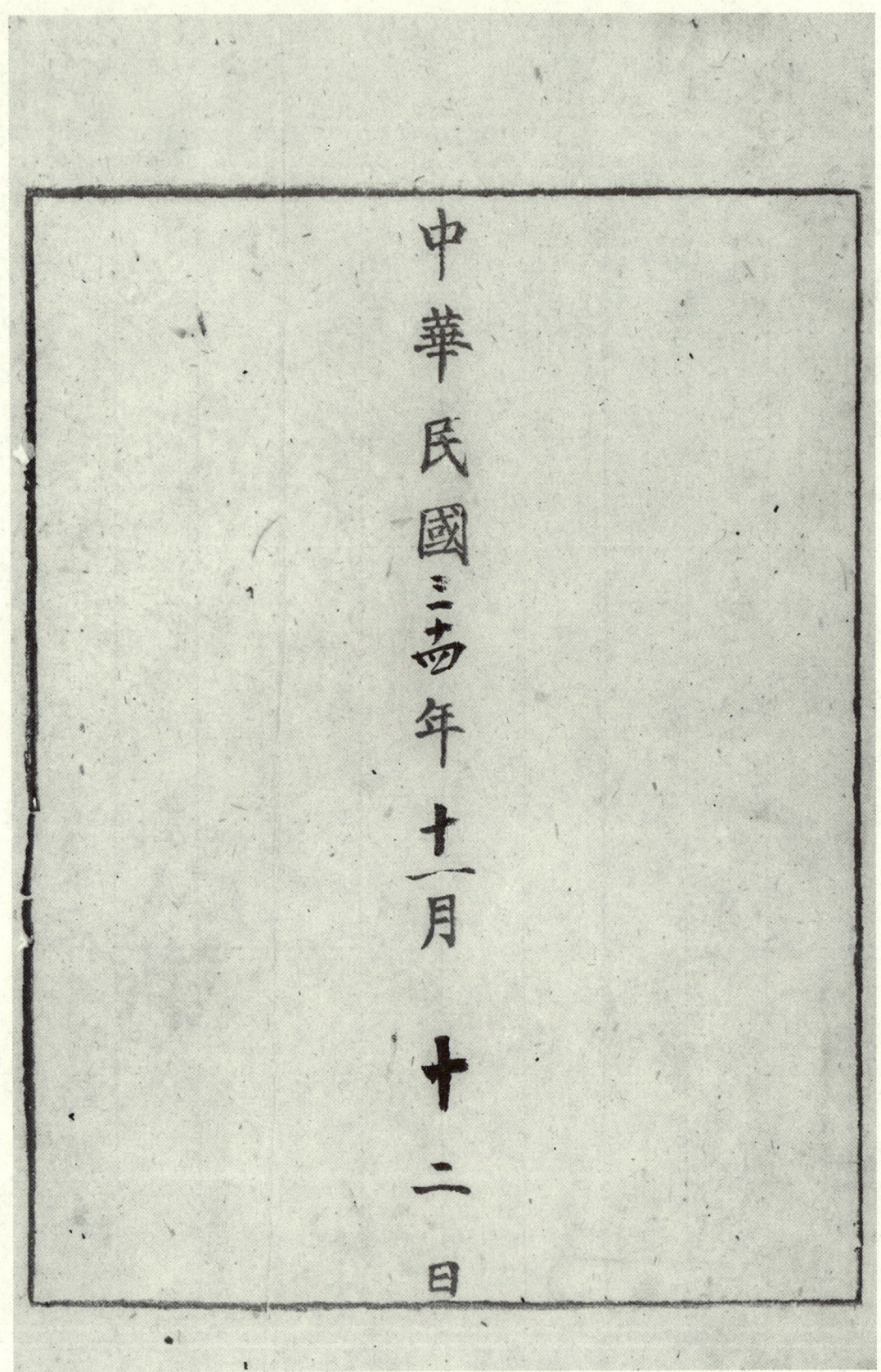

中華民國三十四年十一月十二日

4

證明書

為證明事茲有本鎮居民李鳳臣等房屋土地坐落月波鎮開明街及開明東街一帶於二十九年確被日本領事館強行收買並將該民等所有管業契約予以收回理合證明

證明人　月波鎮鎮長彭壽喬

總共二十七户

王文信之五弟婦胡王聖瑞已另案申請，本條一㕥，應併案辦理。

係一户

審核李凤臣等申請發還日軍[illegible]所佔房地情形表

卅六年五月十六日

申請人姓名	初次申請書 房屋	初次申請書 地皮	登記或所契約遺失	二次申請書 房屋	二次申請書 地皮	批准冊列數目 房屋	批准冊列數目 地皮	本府初次調查	批准發給拆除費數目（係聯幣）	本府二次調查 房屋	本府二次調查 地皮	本府二次調查 登記	本府二次調查 改建	本府二次調查 發款	備攷
李凤臣	二一間	五分二厘	已登	二一間	七分二厘	二一間	七分二厘	係一總調查表，公推代表李凤臣、王文信二人辦云：申請人爲二十三户，房屋共三百五十二間，地皮共二十二畝三分	房二一間 地七分二厘 二八〇元五角	二一間	五分二厘	已登	無	六〇元五角	申請地皮數前後不符
鄭本昭	七間	五分	〃	七間	五分	七間	五分		房七間 地五分 二三三元三角七分	七間	五分	〃	〃	二三三元三角七分	
王智全	六間	七分	〃	六間	七分	六間	七分		房六間 地七分 一九四元二角一分	六間	七分	〃	〃	一九四元二角七分	批准發給拆除費數與本府調查數尾數不符
王智全	四間	二分八厘	〃	四間	二分八厘	四間	二分八厘		房四間 地二分八厘 二一九元	四間	二分八厘	〃	〃	二一九元六角二分	核准發給拆除費數與本府調查數尾數不符
蔡張氏	九間	三分三厘	〃	九間	三分三厘	九間	三分三厘		房九間 地五分 一九六元	九間	三分三厘	〃	〃	一九〇元	申請地皮數與批准發給拆除費內所列地皮數不符
張子彬	三間	三分五厘	未登	二次未申請		未准			未准	三間	三分五厘	未登	〃	七五元	未登記暨所契約遺失
王文信	七三間	二畝四分五厘	已登	七三間	三畝〇五厘	七三間	三畝〇五厘		房七三間 地三畝〇五厘 一、〇八〇元	七三間	二畝四分五厘	已登	新式平房三座	一〇八〇元	申請地皮數前後不符
張有峰	一八間	一畝三分	〃	一八間	一畝三分	一八間	一畝三分		房一八間 地一畝三分 一〇一元五角	一八間	一畝三分	〃	無	一〇一元五角	

仲一户

王永盛	一〇间	五分	〃	一〇间	五分	一〇间	五分		房一〇间 地五分 一〇〇元	一〇间	五分	〃	〃	一〇〇元	
張有志	二五间	一畝二分五厘	〃	二五间	一畝二分五厘	二五间	一畝二分五厘		房二五间 地一畝二分五厘 二〇〇元	二五间	一畝二分五厘	〃	西式楼房一座	三九〇元	拟权发给拆除费与本府调查数不符
張有志	三七间	二畝六分	〃	三七间	二畝六分	三七间	二畝六分		房三七间 地二畝六分 五〇〇元	三七间	二畝六分	〃	無	一六〇元	拟权发给拆除费与本府调查数不符
李鳳奎	四间	三分八厘	〃	四间	三分八厘	四间	三分八厘		房四间 地三分八厘 一二〇元五角	四间	三分八厘	〃	〃	一二〇元五角	
洪德臣	九间	三分	〃	九间	三分	九间	三分		房九间 地三分 一四〇元二角一分	九间	三分	〃	〃	一四〇元二角一分	拟权发给拆除费数与本府调查数尾数不符
王德茂	九间	二分六厘	〃	九间	二分六厘	九间	二分六厘		房九间 地二分六厘 一三二元	九间	二分六厘	〃	〃	一三二元	
榮慶仁	三十餘间	一畝七分	未登	二次未申请		未报			未报	三十餘间	一畝七分	未登	〃	（七〇〇元）	未登权据所契约遗失
張道脩	一八间	二畝	已登	一八间	二畝	一八间	二畝		房一八间 地二畝 四五〇元	一八间	二畝	已登	〃	四五〇元	
刘廣鑄		二分	〃	三间	二分	三间	二分		房三间 地二分 三〇九元九角二分		二分	〃	〃	三九元九角二分	申请房屋总有無及所拟发给拆除费数与本府调查数不符
刘聚合	一三间	三分七厘	未登	二次未申请		未报			未报	一三间	三分七厘	未登	〃	七五元二分	未登权据所契约遗失

110

沙居生	二四间	九分五厘	已登	二四间	九分五厘	二四间	九分五厘		房二四间 地九分五厘 一二〇元	二四间	九分五厘	已登	無	一二〇元	
王福全	九间	七分	〃	九间	七分	九间	七分		房九间 地七分 一五四元	九间	七分	〃	〃	一五四元	
王瑞堂			〃	三间	二分	三间	二分		房三间 地二分 一八〇元	三间	二分	〃	〃	一八〇元	無有申诉書
闫宗信	二间	一分	〃	二间	一分	二间	一分		房二间 地一分 一五元	二间	一分	〃	〃	一五元	
張怀德	一三间	五分	〃	一三间	五分	一三间	五分		房一三间 地五分 二六四元	一三间	五分	〃	瓦棚六小间	二六四元	
石文祥	四间	六厘	未登	二次未申诉		未报			未报	四间	六厘	未登	無	一六元五角	未登报亂後契約遺失
刘傳儒	三八间	三畝一分	已登	三八间	三畝一分	三八间	三畝一分		房三八间 地三畝一分 八八六元	三八间	三畝一分	已登	〃	八八六元	
李廣德	七间	五分	〃	七间	五分	七间	五分		房七间 地五分 二一一元五角	七间	五分	〃	〃	二一一元五角	
李乾元	四间	一分七厘	未登	二次未申诉		未报			未报	四间	一分七厘	未登	〃	二三元	未登报亂後契約遺失
彭新三		一畝	已登		一畝餘		一畝餘		地一畝餘 二五〇元		一畝	已登	〃	二五〇元	申诉畝数有[illegible]不符

王安清 初次 未申請

已登 一二間 七分 一二間 七分

房一二間 七分 一六〇元

二分 已登 無 一六〇元

申請有房屋十二間本府調查並無房屋及申請數與本府調查數不符

市政府地政科

紅契遺失聯合聲明

鄰人等有坐落東關外宅基地皮，計五家，共三畝七厘五毫有餘，於淪陷後被日本領事舘估用，除張子彬紅契未收，其餘四家紅契盡被强行收去，遺失。除向徐州市政府及稅捐稽征處申請補契外，對該地皮如有異議者，於五日內向代表人交涉可也。

劉聚合 張子彬 石文魁 李乾元 柴慶仁

代表人 柴慶仁 奎樓巷四號 張子彬 大馬路一九○號

六月十五日

紅契遺失聯合聲明

鄰人等有坐落東關外宅基地皮，計五家，共三畝七厘五毫有餘，於淪陷後被日本領事舘估用，除張子彬紅契未收，其餘四家紅契盡被强行收去，遺失。除向徐州市政府及稅捐稽征處申請補契外，對該地皮如有異議者，於五日內向代表人交涉可也。

劉聚合 張子彬 石文魁 李乾元 柴慶仁

代表人 柴慶仁 奎樓巷四號 張子彬 大馬路一九○號

六月十六日

紅契遺失聯合聲明

鄰人等有坐落東關外宅基地皮，計五家，共三畝七厘五毫有餘，於淪陷後被日本領事舘估用，除張子彬紅契未收，其餘四家紅契盡被强行收去，遺失。除向徐州市政府及稅捐稽征處申請補契外，對該地皮如有異議者，於五日內向代表人交涉可也。

劉聚合 張子彬 石文魁 李乾元 柴慶仁

代表人 柴慶仁 奎樓巷四號 張子彬 大馬路一九○號

六月十四日

紅契遺失聯合聲明

鄰人等有坐落東關外宅基地皮，計五家，共三畝七厘五毫有餘，於淪陷後被日本領事舘估用，除張子彬紅契未收，其餘四家紅契盡被强行收去，遺失。除向徐州市政府及稅捐稽征處申請補契外，對該地皮如有異議者，於五日內向代表人交涉可也。

劉聚合 張子彬 石文魁 李乾元 柴慶仁

代表人 柴慶仁 奎樓巷四號 張子彬 大馬路一九○號

六月十八日

紅契遺失聯合聲明

鄰人等有坐落東關外宅基地皮，計五家，共三畝七厘五毫有餘，於淪陷後被日本領事舘估用，除張子彬紅契未收，其餘四家紅契盡被强行收去，遺失。除向徐州市政府及稅捐稽征處申請補契外，對該地皮如有異議者，於五日內向代表人交涉可也。

劉聚合 張子彬 石文魁 李乾元 柴慶仁

代表人 柴慶仁 奎樓巷四號 張子彬 大馬路一九○號

六月十七日

116

江蘇省徐州市政府稿紙

文別	代電
事由	為電請轉函空軍總部飭令徐州空軍第三大隊騰讓前日本銀行舊館房地速予接收手續否知本府即予征收使用請核示由
送達機關	江蘇省政府
附件	

市長

秘書主任

秘書

科長

擬稿員

中華民國卅六年 十二月廿日 交辦 十二月廿日 擬稿

中華民國卅六年十二月六日

中華民國卅六年十二月六日

發文 字第 號

全銜代電 府地字第2858號

江蘇省政府主席王鈞鑒：前據市民李鳳臣等卅户申請發還中正路中山路南日本銀行所佔地段一案，核其申請土地面積共計廿六畝，該民於民國廿九年二月經敵偽物資機構發給偽鈔（聯銀）八千一百卅

二元一角五分，其地上原有房屋四百余间，全被拆除，新
建西式平房三座、楼房一座、瓦棚六间，查该项房
地均合办公之用，曾于去年六月廿二日呈请核拨在案，
嗣因该房为徐州空军以第三大队驻用未拨
给，惟业悬已久，现该处仍为徐州空军以第三大队
驻用，以该业要待清理，经于本年十月廿三日迳函请
该队办理征收手续，迄未见复，兹为遵限结案起
见，迳将该业处理情形电请审核转函空军总司
令部饬令徐州空军以第三大队对该项房地为该长
期使用，速办征收手续，俾早结案，否则本府即予
依法征收，作为公之用，如何之处，敬乞核示祗遵。谨呈徐
州市长骆○○

叩咸（鱼）附地

东

在徐州地區金融機関調査

1. 金融機関

(イ)名　　稱　朝鮮銀行徐州支店

(ロ)所在地　徐州市啓明路一三〇號

(ハ)本店所在地　朝鮮京城府南大門通三丁目一九〇番地

(ニ)資本金　金八千万円

(ホ)當地区開設年月日　昭和14年　1月

(ヘ)代表者　支配人 大村実 (旭園)

(ト)法的人格　法人

2. 現有資産

	使用区分	棟数	建坪	構造	類別	價格又ハ造作費
建物	営業所	1	209.317	鉄筋コンクリート造瓦葺二階建 地下室付・宿舎	甲	50億元
	全附属倉庫	1		〃 〃 平家建	〃	
	舎宅	1	97.298	〃 瓦葺二階建	〃	帳簿價格 1億元
	全附属倉庫	1		〃 〃 平家建	〃	

金庫	大サ	79c 79c 121c	58c 48c 41c	71c 64c 117c	78c 40.5c 64c		計
	員数	金庫 1	営業所 1	宿舎用 1	送金用 1	移動スルモノ	4
	移動可取付	移動可	〃	〃	〃	取付ケルモノ	建物附屬大金庫 1
	価格	5,000,000	3,000,000	3,000,000	1,000,000	合計	12,000,000
公債ノ保有量							
其他有価証券保有量							
其ノ他	仮払明細書添付 5億				帳簿價格 1億6万元		
資産合計	56億				1億6万元		

3. 現有資産ト負債ノ差引

現有資産総計	負債總計	差引
30.765.163.777.88	25.372.396.426.20	5.392.767.351.68

昭.20.9.20現在

徐州市啓明路一三〇號

朝鮮銀行徐州支店

71

蘇浙皖區敵偽產業處理局移交國營工廠評價單

（原料，物料，成品，半成品）　廠名 徐州服务厂　地址 徐州大坝头

品名	說明	數量	限價或市價 單價	限價或市價 總價	折舊率	評定價值 單價	評定價值 總價	備註
牛油		2940斤				300	882,000	品质不良
花生油		2904 〃				600	1,742,400	
碱面		3074 〃				100	307,400	硬化
大粉		60袋				2,000	120,000	〃
煤		47,397斤				500,000	2,469,850	
花生饼		6块						现存根[illegible]
颜料		90包				10,000	10,000	硬化(黑色)
香料		398两				每桶20,000	40,000	[illegible]桶
總結							共5,571,650	

35年12月24日　正副主任委員　組長　評價者

72

蘇浙皖區敵偽產業處理局移交國營工廠評價單

(機器設備 原動力)　廠名 徐州肥皂廠　地址 徐州大壩頭

名稱	數量	單位	式樣	尺寸	說明	附件	製造者 年份	製造者 國別	製造者 廠名	單價 1941年 國外價格	單價 1941年 再生產價格	目前國外價格加運什費	照目前匯率折國幣	目前再生產價格	折舊%	評定單價	總價	備註
肥皂模型机	3	部														150,000	450,000	
香皂模型机	1	〃														150,000	150,000	
大型洋烟製造机	16	〃														50,000	800,000	
小型 〃	4	〃														30,000	120,000	
香皂製造机	2	〃														350,000	700,000	
衣帶卡	5	個														2,000	10,000	
高压釜	1	〃														10,000	10,000	
真空唧筒	1	〃														200,000	200,000	
華帝製造机	1	〃														150,000	150,000	
肥皂冷却机	29	〃														500	14,500	
肥皂乾燥机	300	〃														500	150,000	
鹹化釜	7	〃														50,000	350,000	
攪拌棒	8	本														2,000	16,000	
鉄烟筒	3(10) 4(4)	〃														20,000 1,000	64,000	
鉄銑	3	把														2,000	6,000	
馬達	1	個			15馬力												1,500,000	
〃	1	〃			20〃												420,000	
總结																	共5,110,500	

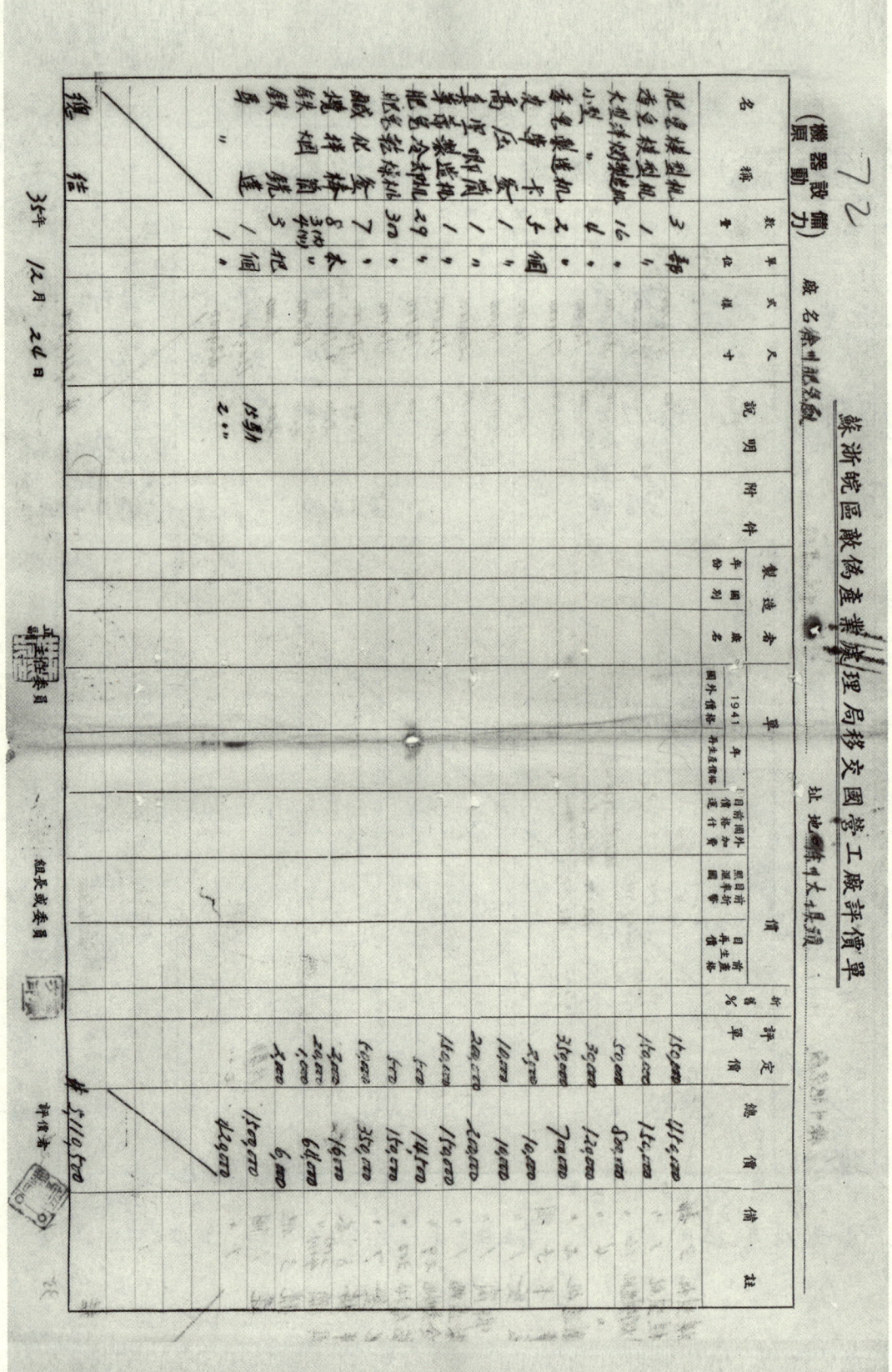

35年 12月 24日　正副主任委員　組長或委員　評價者

75

蘇浙皖區敵偽產業處理局移交國營工廠評價單

(原料，物料，成品，半成品)　廠名 徐州化學廠　地址 徐州奎東路20號

品名	説明	數量	限價或市價 單價	限價或市價 總價	折舊率	評定價值 單價	評定價值 總價	備註
玻璃器具		1組				150,000	150,000.—	
試驗藥品		1〃				350,000	350,000.—	
[illegible]料		1口				150,000	150,000.—	
實驗桌		1張				40,000	40,000.—	
化學圖書		1組				800,000	800,000.—	
文具		1套				5,000	5,000.—	
台秤		2座				50,000	100,000.—	
硫酸		6噸				1,200,000	7,200,000.—	
土硝		40〃				800,000	32,000,000.—	原接收40噸單子上[illegible]第二修械所借150噸(30包)餘10包
洋灰		0.5〃					20,000.—	
硫酸銅		1〃				400,000	400,000.—	
[illegible]煤		1堆				60,000	600,000.—	
金庫		1座				300,000	300,000.—	
沙發		1套				40,000	40,000.—	
黑板		3面				5,000	15,000.—	
食櫥		1張				30,000	30,000.—	
公文櫥		1座				20,000	20,000.—	
書架		1〃				10,000	10,000.—	
凳子		11〃				5,000	55,000.—	
椅子		6把				10,000	60,000.—	
辦公桌		10張				35,000	350,000.—	
總結							共42,695,000	

35年12月24日　　正副主任委員 [stamp]　組長 [stamp]　評價者 [stamp]

76

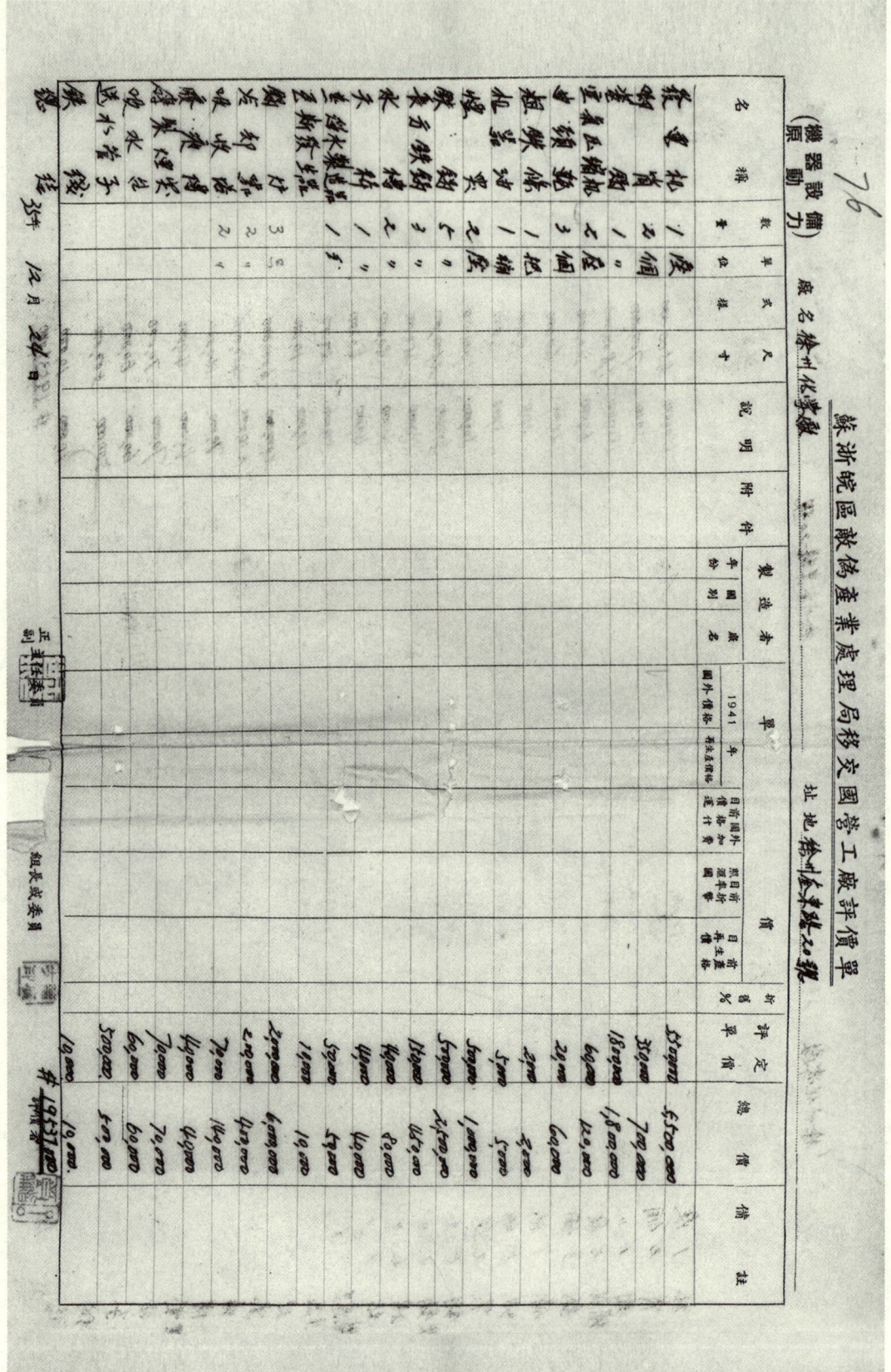

蘇浙皖區敵偽產業處理局移交國營工廠評價單

(機器設備 原動力)　廠名 徐州化學廠　　址地 徐州奎東路20號

名稱	數量	單位	式樣	尺寸	說明	附件	製造者 年份	製造者 國別	製造者 廠名	單價 1941年 國外價格	單價 1941年 再生產價格	目前國外價格加運什費	照目前滙率折國幣	目前再生產價格	折舊%	評定單價	總價	備註
發電机	1	座														5,500,000	5,500,000	
喞筒	2	個														350,000	700,000	
釜鍋	1	〃														1,800,000	1,800,000	
空氣压缩机	2	座														60,000	120,000	
曲頸甑	3	個														20,000	60,000	
粗鉄條	1	把														2,000	2,000	
机器油	1	桶														5,000	5,000	
煙突	2	座														500,000	1,000,000	
鉄鍋	5	〃														500,000	2,500,000	
長方鉄鍋	3	〃														150,000	450,000	
水槽	2	〃														40,000	80,000	
天秤	1	〃														40,000	40,000	
蒸餾水製造器	1	套														50,000	50,000	
瓦斯發生器																10,000	10,000	
鍋炉	3	座														2,000,000	6,000,000	
冷卻器	2	〃														200,000	400,000	
吸收塔	2	〃														70,000	140,000	
發酵腸																40,000	40,000	
凝聚煙突																70,000	70,000	
吸水缸																60,000	60,000	
送水管子																500,000	500,000	
鉄綫																10,000	10,000	
總結																	# 19,537,000	

35年 12月 24日　　正副主任委員　　組長或委員　　評價者

83

蘇浙皖區敵僞產業處理局移交國營工廠評價單

(原料，物料，成品，半成品)　廠名 第一酒精廠　地址

品名	說明	數量	限價或市價		折舊率	評定價值		備註
			單價	總價		單價	總價	
汽車		1輛				600,000	600,000	(損坏)
玻璃		7箱				30,000	210,000	
汽水瓶		750个				60	45,000	
大鉄筒		135只				8,000	1,080,000	
石油听		133只				2,000	266,000	
柳籠		479只				500	239,500	
蓆子	(角)	410枚				600	246,000	
〃	(包)	1200〃				1,200	1,440,000	
牛皮		75張				22,000	1,650,000	
羊毛		570斤				1,000	570,000	
20石桶		3本				160,000	480,000	
7〃〃		1〃				100,000	100,000	
半切〃		2〃				40,000	80,000	
杓(大)		2〃				4,000	8,000	
〃(小)		1〃				3,000	3,000	
片子		1个				2,000	2,000	
梯子		1〃				6,000	6,000	
打字机		1台				50,000	50,000	(已坏)
人力車		1輛				100,000	100,000	〃
馬車		1〃				100,000	100,000	
鐘表		2个				40,000	80,000	
麻袋		300条				350	105,000	
箱子		48个				4,000	192,000	
原酒瓶		67〃				4,000	268,000	
〃箱		29〃				400	11,600	
濾过紙		4200張				10	42,000	
節		2个				2,000	4,000	
洗〃头	(大)	44〃				1,000	44,000	
〃	(小)	30〃				600	18,000	
濾片[illegible]		4枚				2,000	8,000	

35年 12月 24日　正副主任委員　組長　評價者

85

蘇浙皖區敵偽產業處理局移交國營工廠評價單

（原料，物料，成品，半成品） 廠名 第一酒精廠 地址

品名	說明	數量	限價或市價 單價	限價或市價 總價	折舊率	評定價值 單價	評定價值 總價	備註
高粱		12袋				5,500	66,000	
硼砂		10包				500	5,000	
曹達灰		400瓩				4,000	1,600,000	
原酒		1,250升				2,000	2,500,000	
蘭萄酒精		42本				40,000	1,680,000	
滾佟色素		3,930瓩				40	157,200	
過錳酸鉀		2,730 〃				10	27,300	
炭酸加里		870 〃				2	1,740	
總值							$6,037,240	

35年12月24日　　正副主任委員　　組長　　評價者

蘇浙皖區敵偽產業處理局移交國營工廠評價單

（機器設備 原動力）　廠名 第一酒精廠　地址 —

名稱	數量	單位	式樣	尺寸	說明	附件	製造者			單價					折舊%	評定單價	總價	備註
							年份	國別	廠名	1947年 國外價格	1947年 再生產價格	目前國外價格加運什費	照目前滙率折國幣	目前再生產價格				
酒精分溜器	2	套														900,000	1,800,000	
電動机	2	部	5HP 3HP													770,000 500,000	1,270,000	
電力抽水机	1	〃														120,000	120,000	
横式鍋炉	1	〃														1,000,000	1,000,000	
手揿抽水机	14	個														20,000	280,000	
皮帶	50	尺														1,200	60,000	
鉄管	40	米														1,500	49,000	
粗鉄綫	40	磅														900	36,000	
水槽	1	套														94,000	94,000	
玻璃製造機器	1	組														500,000	500,000	
鏈	2	个														10,000	20,000	
照明用器	1	〃														10,000	10,000	
鉄錘	2	〃														4,000	8,000	
管子鉗	1	〃														6,000	6,000	
鏈条鉗子	3	〃														4,000	12,000	
采板鉗	4	〃														3,000	12,000	
銼刀	4	〃														3,000	12,000	
鉋刀	2	〃														3,000	6,000	
冷却器	10	个														20,000	200,000	
水管帶	1	個														500,000	500,000	
鉄板	10	条														20,000	200,000	
濾過器	1	只														200,000	200,000	

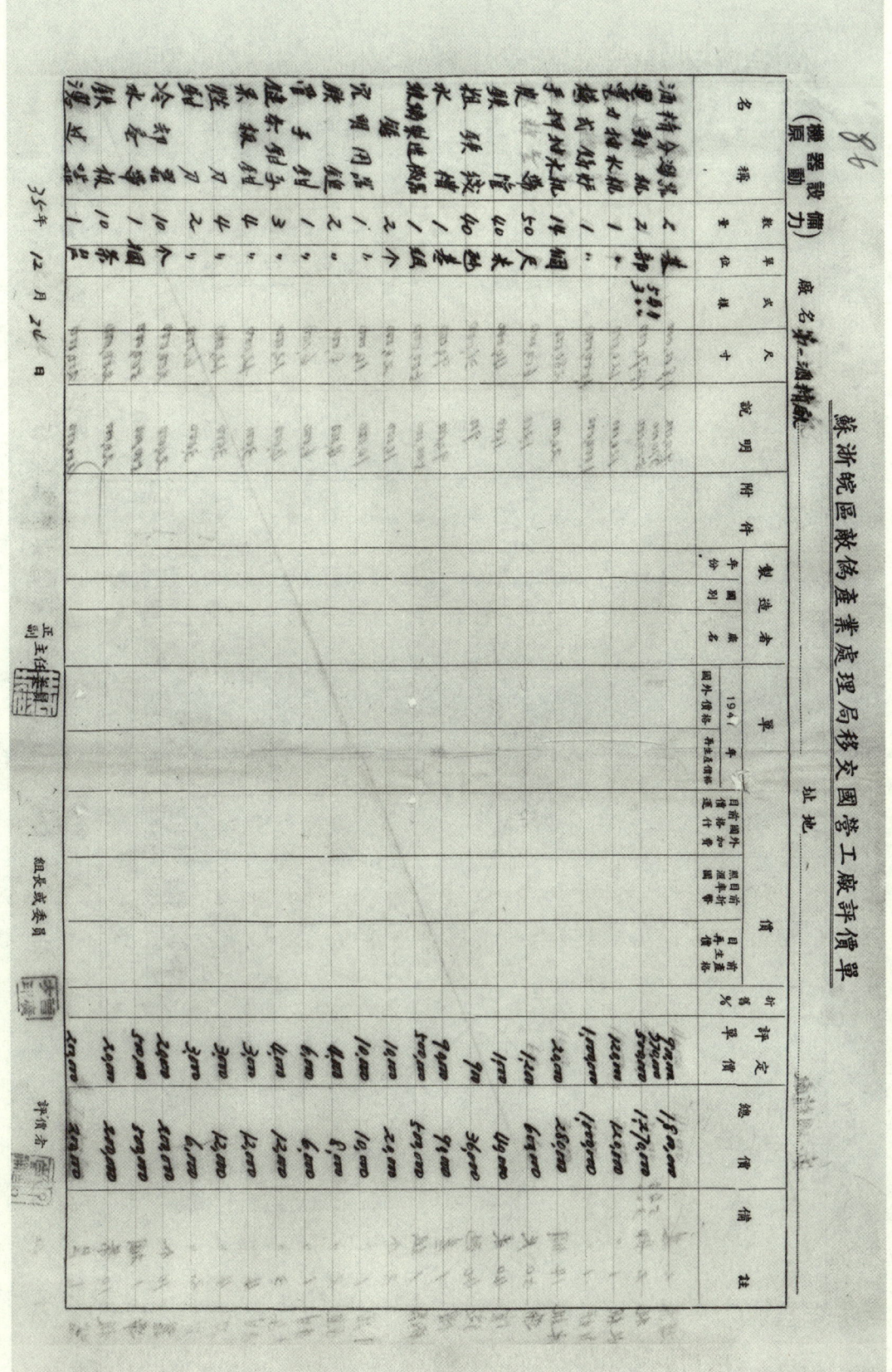

35年 12月 24日　正副主任委員　組長或委員　評價者

87

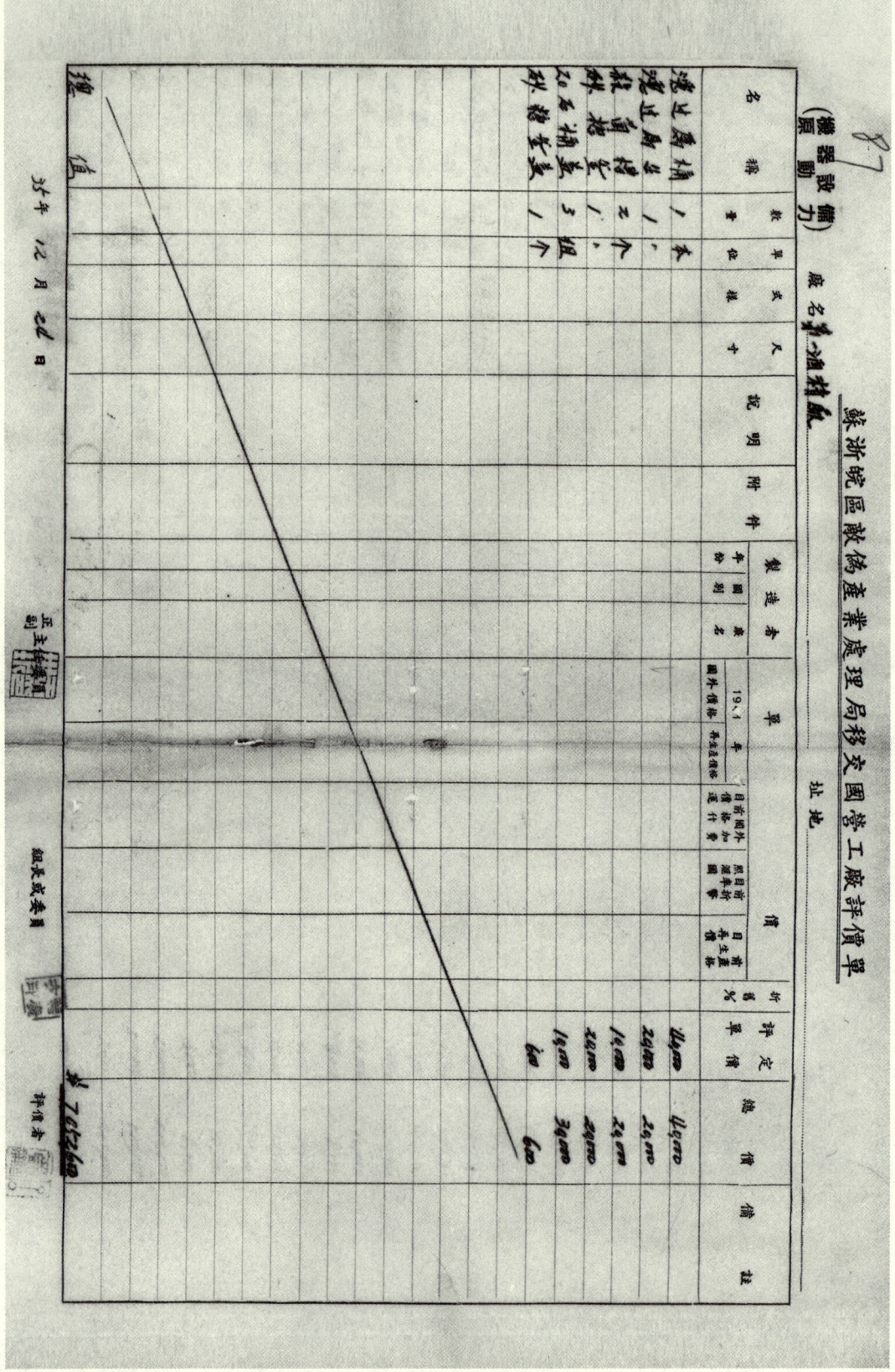

蘇浙皖區敵偽產業處理局移交國營工廠評價單

（機器設備 / 原動力）　廠名 第一酒精廠　　址地

名稱	數量	單位	式樣	尺寸	說明	附件	製造者			單價					折舊%	評定單價	總價	備註
							年份	國別	廠名	19　年國外價格	19　年再生產價格	目前國外價格加運什費	照目前滙率折國幣	目前再生產價格				
濾过扇桶	1	本														40,000	40,000	
濾过扇盖	1	〃														20,000	20,000	
殺菌槽	2	个														10,000	20,000	
砂糖釜	1	〃														20,000	20,000	
20石桶盖	3	组														10,000	30,000	
砂糖釜盖	1	个														600	600	
總值																	¥ 7652600	

35年 12月 24日　　正副主任委員　　組長或委員　　評價者

91

蘇浙皖區敵偽產業處理局移交國營工廠評價單

（機器設備 原動力）　廠名 徐州製肉廠　　　　地址 徐州中正路229號

名稱	數量	單位	式樣	尺寸	說明	附件	製造者 年份	製造者 國別	製造者 廠名	單價 194　年 國外價格	單價 194　年 再生產價格	目前國外價格加運什費	照目前匯率折國幣	目前再生產價格	折舊%	評定單價	總價	備註
肉棉機	2	部			不全											500,000	1,000,000	6匹馬
肉切機	1	〃														200,000	200,000	4〃〃
肉醬機	1	〃														500,000	500,000	3〃〃
攪拌機	1	〃														400,000	400,000	6〃〃
乾燥機	1	〃														600,000	600,000	小型真空2吋型
吸氣機	1	〃														100,000	100,000	
柴油發動機	1	〃														500,000	500,000	3.5馬力
蒸氣原動機	1	〃			不全											500,000	500,000	15馬力 [illegible]
肉醬型	1	份														40,000	40,000	
木桶	1	個														4,000	500,000	
鐵軸	5	索														8,000	40,000	
大鍋	3	口														5,000	15,000	
磅秤	1(大) 1(小)	個														50,000 15,000	65,000	
掛衣架	2	〃														10,000	20,000	
掛鐘	1	〃														20,000	20,000	
電話機	1	〃														100,000	100,000	
報紙架	1	〃														5,000	5,000	
事務桌	1	〃														30,000	30,000	
沙發	4	件														20,000	80,000	
書棚	4	個														75,000	300,000	
總值																	共 5,015,000.	

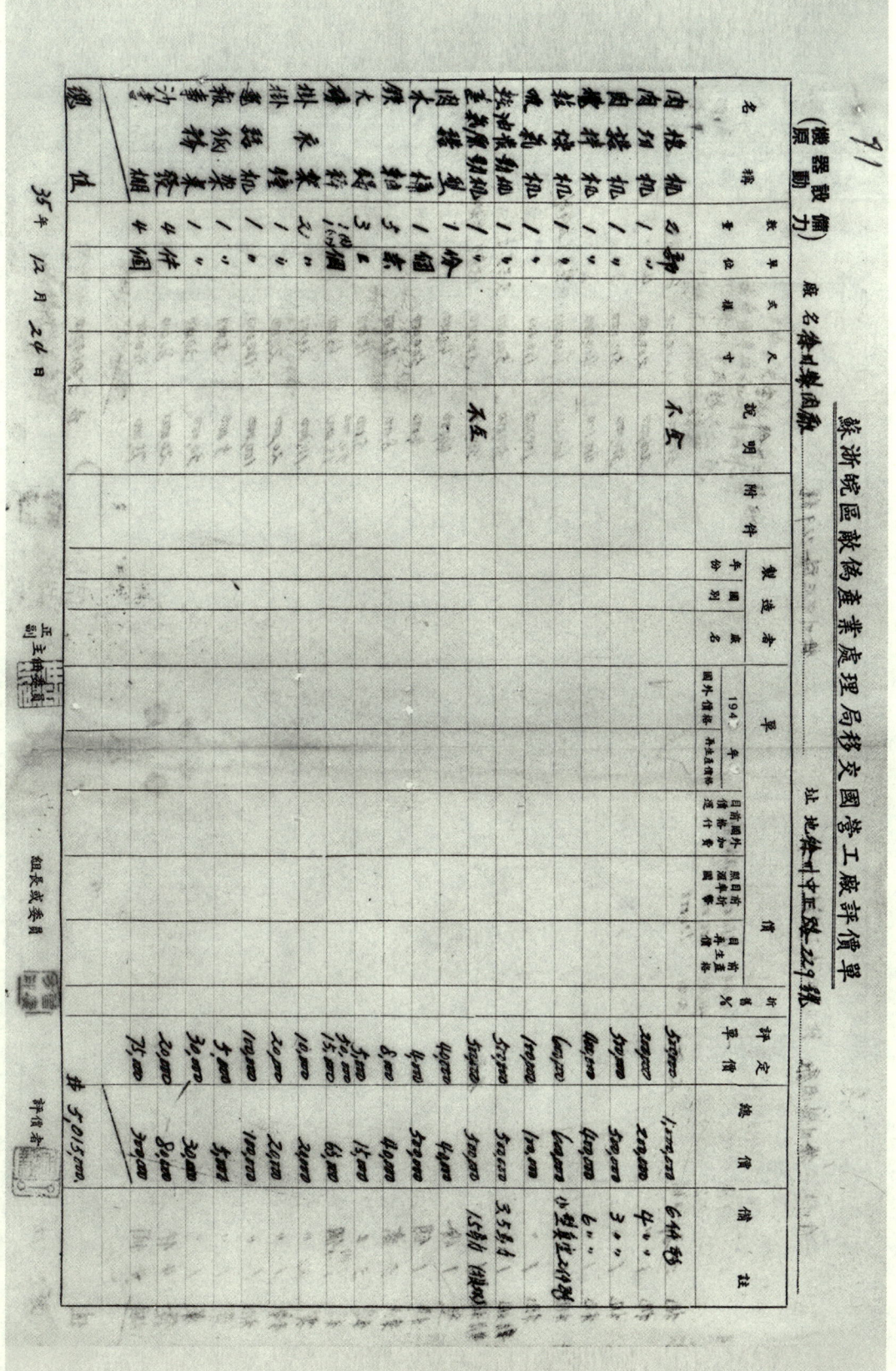

35年 12月 24日　　正副主任委員　　組長或委員　　評價者

99

蘇浙皖區敵僞產業處理局移交國營工廠評價單

(原料，物料，成品，半成品)　廠名 徐州造紙廠　地址 徐州新興街82號

品名	說明	數量	限價或市價 單價	限價或市價 總價	折舊率	評定價值 單價	評定價值 總價	備註
賬桌		2個				30,000	60,000	
椅子		2〃				12,000	24,000	
井		1〃				150,000	150,000	
大板紙		200噸（49噸）				100,000	20,000,000	
更生紙		44令				15,000	660,000	
總結							＃20,894,000	

35年 12月 24日

正副主任委員　　組長　　評價者

100

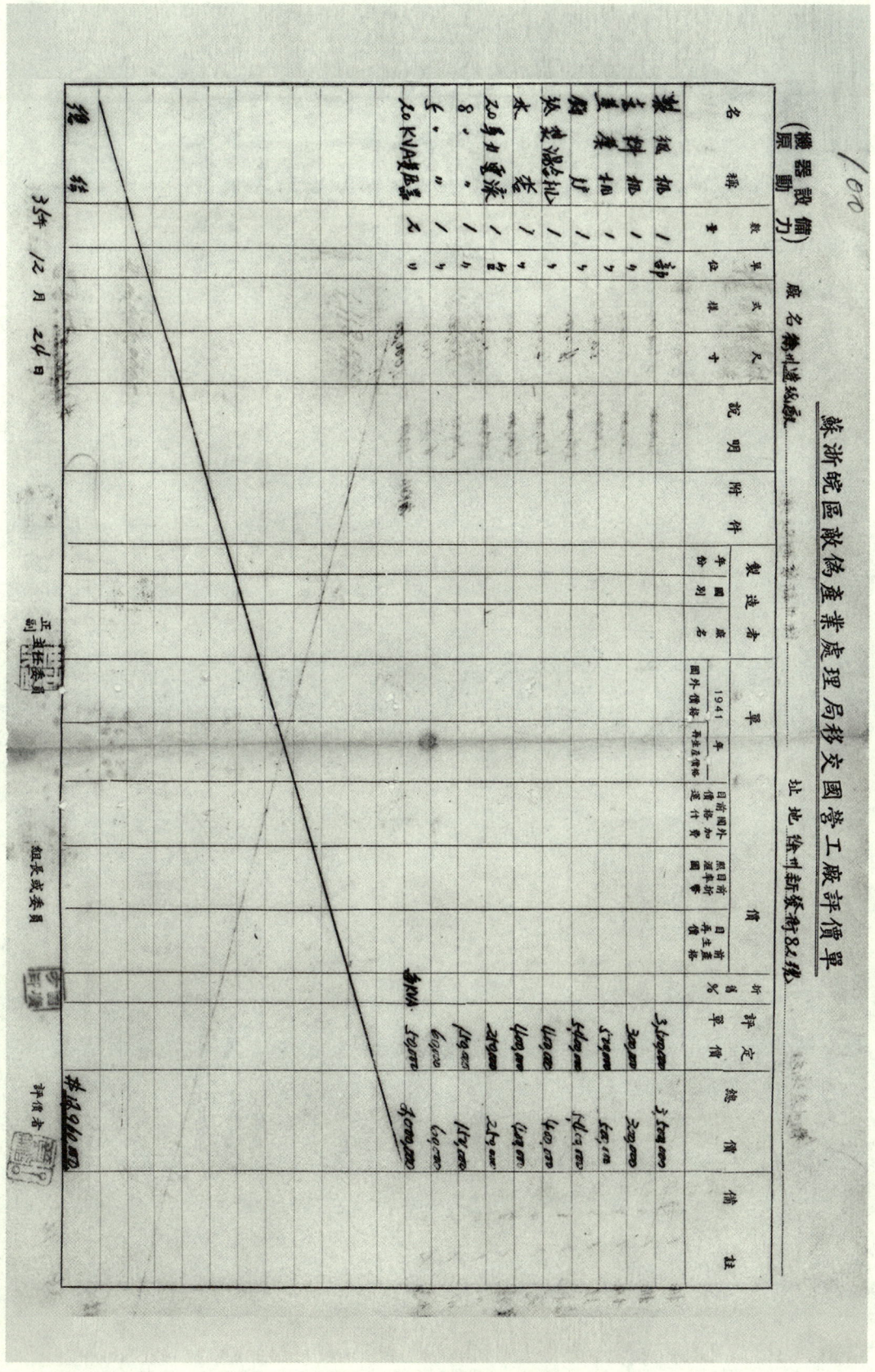

蘇浙皖區敵偽產業處理局移交國營工廠評價單

(機器設備 原動力)　廠名 徐州造紙廠　　地址 徐州新發街82號

名稱	數量	單位	式樣	尺寸	說明	附件	製造者			單價					折舊%	評定單價	總價	備註
							年份	國別	廠名	1941年 國外價格	1941年 再生產價格	目前國外價格加運什費	照目前匯率折國幣	目前再生產價格				
製紙機	1	部														3,500,000	3,500,000	
裁料機	1	〃														300,000	300,000	
蒸煮機	1	〃														500,000	500,000	
鍋爐	1	〃														5,400,000	5,400,000	
紙漿混合机	1	〃														400,000	400,000	
水塔	1	〃														400,000	400,000	
20馬力電滚	1	台														250,000	250,000	
8〃〃	1	〃														150,000	150,000	
5〃〃	1	〃														60,000	60,000	
20KVA變壓器	2	〃													每KVA	50,000	2,000,000	
總結																	#12,960,000	

35年12月24日　　正副主任委員　　組長或委員　　評價者

104

蘇浙皖區敵僞產業處理局移交國營工廠評價單

(機器設備 原動力)　廠名 第二酒精廠　地址

名稱	數量	單位	式樣	尺寸	說明	附件	製造者 年份	製造者 國別	製造者 廠名	單價 1941年 國外價格	單價 1941年 再生產價格	目前國外價格加運什費	照目前滙率折國幣	目前再生產價格	折舊%	評定單價	總價	備註
造酒製造机	2	部														400,000	800,000.-	
抽水机	2	"														60,000	120,000.-	
原料装入机	1	"														250,000	250,000.-	
磅秤	1	個														50,000	50,000.-	
开頭	1	"														10,000	10,000.-	
温度表	8	"														2,000	16,000.-	
比重器	7	"														5,000	35,000.-	
修理器	20	"														1,600	32,000	
雜器具	5	件														1,000	5,000	
鉄管子	1	根														5,000	5,000.-	
[illegible]鍋	2	口														12,000	24,000.-	
總結																	$1,347,000	

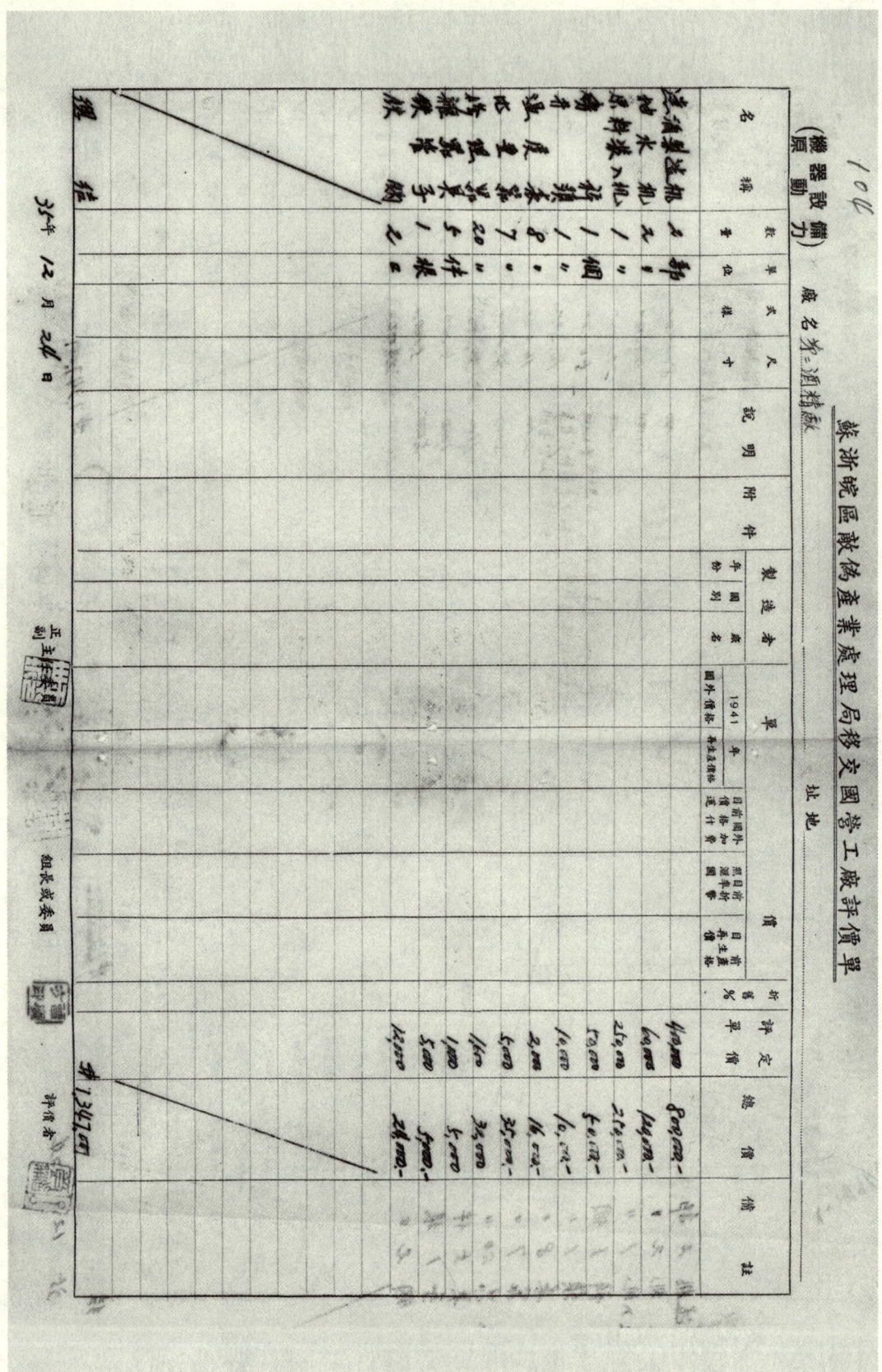

35年 12月 24日　正副主任委員　組長或委員　評價者

107

蘇浙皖區敵僞產業處理局移交國營工廠評價單

1.

(原料，物料，成品，半成品)　廠名 徐州鍋木廠　地址 徐州大壩頭55

品名	説明	數量	限價或市價 單價	限價或市價 總價	折舊率	評定價值 單價	評定價值 總價	備註
寫字枱		19張				30,000	570,000.	
轉椅		7個				10,000	70,000.	
金庫	(手提)	1〃				10,000	10,000.	
鉄書櫥		2〃				50,000	100,000.	
沙發		2套				10,000	20,000.	内小型二个破坏
木書櫥		2個				20,000	40,000.	
衣架		1〃				3,000	3,000.	
掛鐘		1〃				30,000	30,000	
洋車		1輛				10,000	10,000	破坏不能用
飯桌		2台				10,000	20,000	
車(平車)		3輛				50,000	150,000	破坏待修
炉子		3個				20,000	60,000	
收音機		1〃				40,000	40,000	待修
金庫		1〃				180,000	180,000	無鑰匙[illegible]不明
鍍鐵板		9塊				3,000	27,000	
食器		1套				20,000	20,000	
大鍋		1口				5,000	5,000	
總計							$1,355,000.-	

35年 12月 24日　正副主任委員　組長　評價者

108

蘇浙皖區敵僞産業處理局移交國營工廠評價單

(原料，物料，成品，半成品)　廠名 徐州鋸木廠　地址 徐州大壩頭55號

品名	説明	數量	限價或市價 單價	限價或市價 總價	折舊率	評定價值 單價	評定價值 總價	備註
原料：								
板材	2107	方	(約25根)		[illegible]	5,000	125,000.-	
原材	15	石				5,000	75,000.-	
大(無根)鋸	2	台				30,000.	60,000.-	
總計							₱260,000.-	

35年12月24日　正副主任委員　組長　評價者

109

蘇浙皖區敵偽產業處理局移交國營工廠評價單

(機器設備 原動力)　廠名 徐州鋸木廠　　址地 徐州大壩頭55號

名稱	數量	單位	式樣	尺寸	說明	附件	製造者 年份	製造者 國別	製造者 廠名	單價 1941年 國外價格	單價 1941年 再生產價格	目前國外價格加運什費	照目前滙率折國幣	目前再生產價格	折舊%	評定單價	總價	備註
四八吋帶鋸	1	台														3,500,000.	3,500,000.	
三八吋〃〃	1	〃														3,000,000	3,000,000.	
二三〃〃〃	1	〃														800,000	800,000.	
圓鋸	1	〃														500,000	500,000.	
帶鋸銼鋸機	3	〃															250,000	
圓〃〃〃〃	1	〃														30,000	30,000	
機械鉋	1	〃														400,000	400,000	
40馬力電動機	1	〃															3,600,000	
30〃〃〃〃〃	1	〃															2,700,000	
50KVA變壓器	1	〃														每KVA 30,000	1,500,000	已經損壞不能用
15〃〃〃	2	〃														〃 50,000	1,500,000.	
圓鑽	1	個														10,000	10,000	
鋸條	609	尺														2,000	1,218,000	
圓鋸片	15	枚														20,000	300,000	
配電用器閘	1	套														600,000	600,000	
鋼銼	14	枚														2,000	28,000	
水平器	1	個														40,000	40,000	
皮帶卡螺絲	41	〃														200	8,200	
滾珠	5	〃														20,000	100,000	
銀銲	57	尺														400	22,800	
機器鐵作用具	1	套														150,000	150,000	
皮帶輪	1	個															50,000	

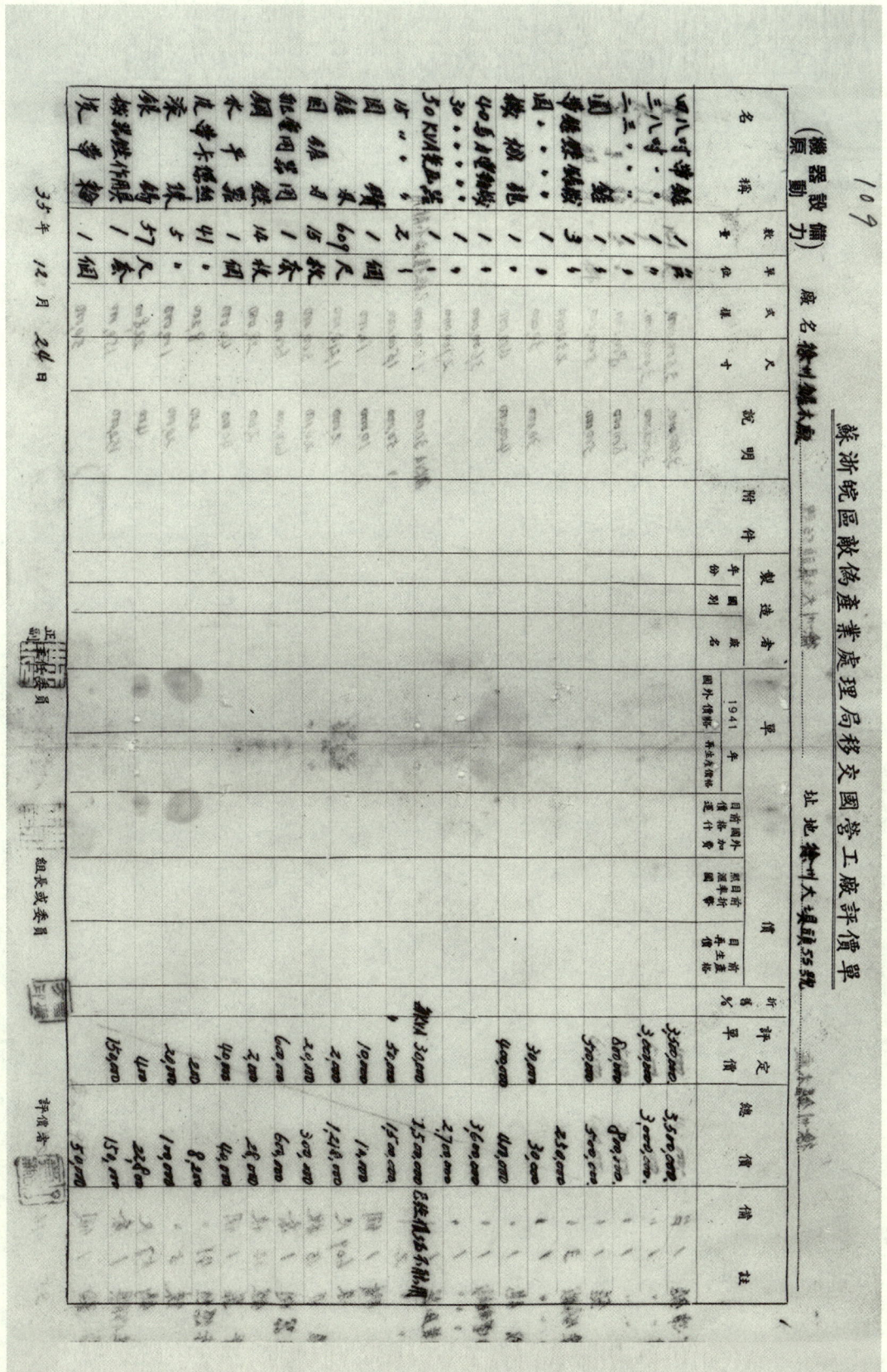

35年 12月 24日　　正副主任委員　　組長或委員　　評價者

民國三十五年三月十五日 第貳拾貳份之第拾五號

紙数 表紙共十三枚

鐵道第十四聯隊第二大隊（駐宿縣）繳交器材清冊

清冊編號	7號
案由	鉄道十四聯隊材料清冊
性質	普通
備註	二本

4116

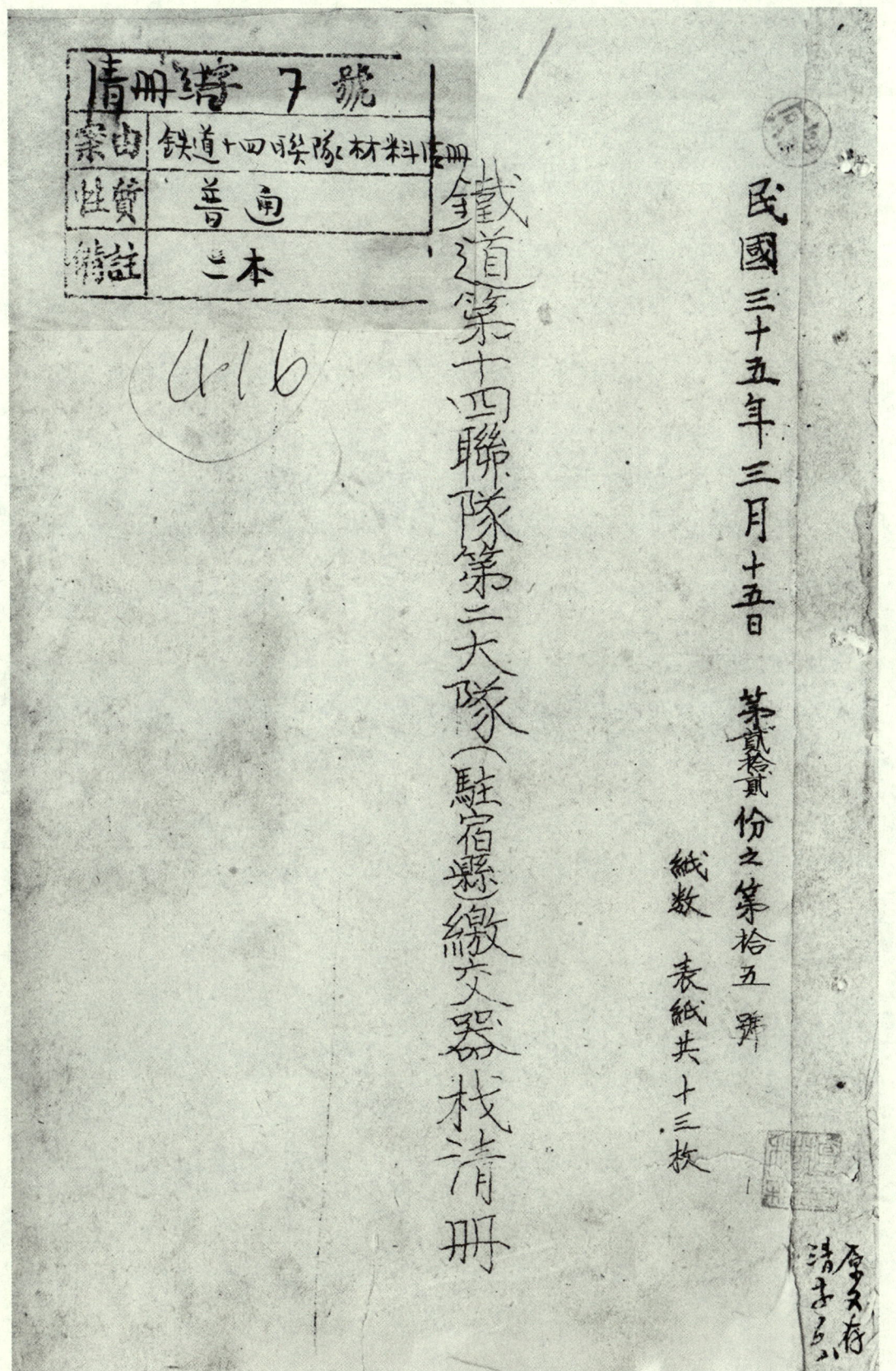

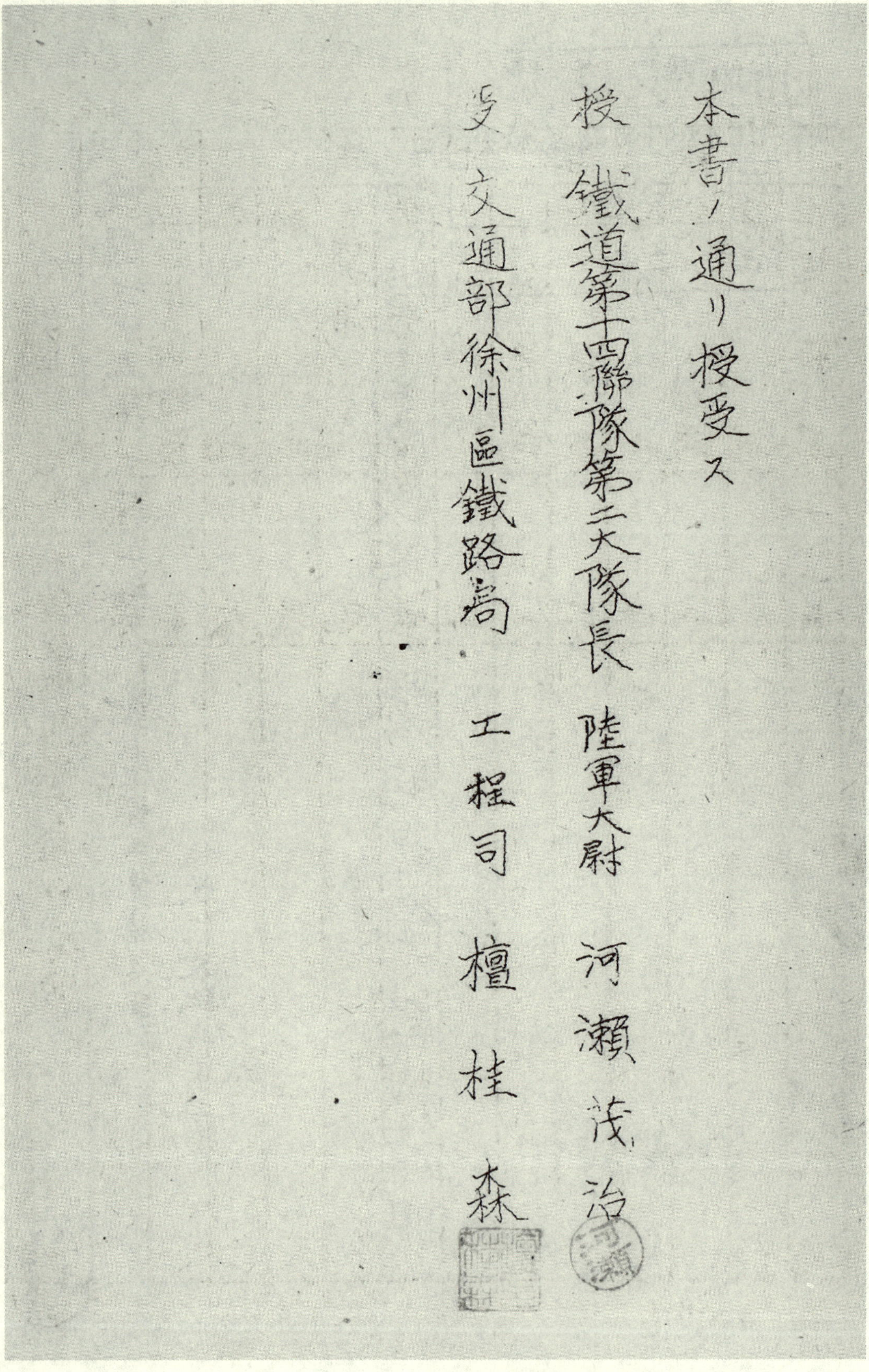
本書ノ通リ授受ス

授 鐵道第十四聯隊第二大隊長 陸軍大尉 河瀬茂治

受 交通部徐州區鐵路局 工程司 檀桂森

2

No. 1

鐵道第二聯隊第二大隊（駐宿縣）繳交器材清冊

	品目	員数	摘要
近接戦斗	九三式両手鐵條鋏	三	
渡河器材	大綱	六	
	絡車	六	
	分解式築頭々体	五	
	仝 五重ボルト	四	
	三口艇築頭	三	
	二口艇築頭	一	
	心矢 大	三	
	心矢 小	一	
	張綱	二二	
	幹綱	一〇	
	九五式浮胴衣	一九	

河器材	95一輕操舟機甲	五
	95一輕操舟機屬品箱	三
	波除	一
	櫓ベソ	四
	垢取	五
	櫓合具	九
	櫓	一
	鈎竿	六
	櫓合綱	九
	早緒	四
	一瓲單滑車	三
鐵道	手合圖燈	一五
	手合圖旗	一五
	軌道杠起器	五

3

No.2

品目	員数	摘要
鐵道器栈		
軌條運搬器	六	
大鹿足挺	四八	
長接續スパナ	二二	
短接續スパナ	二四	
大釘着鎚	五二	
鐵製鴇鍬	九五	
木製鴇鍬	二〇	
余高尺	二	
92軌間定規	八	
携帯軌条截断具 軌條鏨	一	
〃 軌條鋸	一	
〃 扶布	一	
〃 軌條鋸刄	一	

鐵道器械	
携帯信号具 携帯手合圖旗 赤旗	二
〃 緑旗	二
〃 携帯手合圖燈	一
〃 携帯手合圖灯属品鑵	二
〃 〃 ローソク入	四
携帯検車具 大平鏨	六
〃 六粍栓抜	七
〃 三粍栓抜	七
〃 中自在スパナ	六
〃 小長柄スパナ	六
〃 一號油銃	六
〃 手鎚	五
〃 拭布	一
23. 接續スパナ	八

4

503

品目	員数	摘要
鐵道器械		
ボルト袋	五	
軌間定規	三	
勤務用鞄	八	
廣軌保隔鐵	四	
軌條鑿	五三	
脱釘器	五	
携帯釘着鎚	一〇	
携帯鹿足梃	一四	
輕便鹿足梃	六	
小鹿足梃	四	
手押車燈	一	
十八吋管スパナ	二	

区分	品名	数量	備考
鐵道器械	十吋自在スパナ	七	
	六吋自在スパナ	四	
	丸木鑚孔器螺錐	二	
	廣軌々道轉台車	一	
	車輌分解中挺子	一	
	敷設補助車	一	
	22税線器	一	
	23複線器	一	
機力器械	91一瓲捲揚機	一	
	92一五瓲杠重機	六	
	93三瓲杠重機	四	
	二瓲單滑車	五	
	一瓲二重滑車	三	

12

No. 11

鐵道第十四聯隊第二大隊借用器残繳交員数表

	品目	員数	摘要
鐵道	手合圖燈	二	
鐵道	手合圖旗	三	
鐵道	携帯検車具手鎚	一	
鐵道	大鐵線鋏	二	
通信	着脱式手入具	一	
測量	プライヤー六吋	一	
木工	大玄翁	一二	
木工	弋槌	二	
木工	八分円双螺錐	三〇	
木工	一寸平鑿	七	
木工	小目立鑢	四	

鍛工
油砥
一

右ハ徐州地區繳交器材ニシテ鐵道第十四聯隊材料廠ヨリ借用中ノモノナルモ宿縣ニ於テ繳交ス。

2

摘由紙

來文機關	總局
文別	訓令
來文字號	44153
到文月日時	35年8月20日2時
附件	
事由	為令將日本化學工業之廠迅將該機件及其廠房屋全部經管接收委員妥理辦法具報由
擬辦	擬查案正詢經濟部是否需要運用該批機件之意見無需即可提交經濟委員會審議處理之
批示	如擬 大白、
備註	清算股

清35 收文條字第1384號

蘇浙皖區敵僞產業處理局訓令

滬處字第441號

中華民國三十五年八月廿八日

事由：

令徐州分處

案准經濟部特派員辦公處發字第1341號函開案據本處徐海接收委員吳抱一本年七月三十日呈稱查本處前據調查員冀叔亮報告徐市中正路濟衆橋畔路南有日本化学工廠一所房屋倉庫設備尚稱完整除廠屋現歸陸軍獨立工兵第一團駐紮外查尚有机件器具等均散置院中風雨剝蝕殊爲可惜且可爲酒精廠製造之用應如何處置請察奪等情當經令飭第一酒精廠派工前往起運並函獨立工兵第一團團部查照去後茲據該酒精廠廠長王世俊呈報此項机件計有煤球製造机一件草蒲一件已壞吹風机一件暖氣裝置七片業經派員搬運回廠存庫保管等情到處理合將取回日本化学

（覆文務請註明發文日期及字號）

31

工厂机件情形具文呈报，伏乞鉴核等情。除指复应将该项物资清册送函贵徐州分处洽办具报外，相应函达，即希查照为荷」等由。准此，合行令仰遵照，将该项机件及其厂房，会同经济部特派员办公处接收委员会妥拟处理办法具报为要。」

此令。

局长 刘攻芸

5

摘由紙

來文機關	經濟部訪海接收委員辦事處
文別	公函
來文字號	分91
到文月日時	35年8月21日11時
附件	
事由	為函送取回日故化學工廠機件等清冊請查照辦理由
擬辦	該廠房屋擬請派員查明是否敵產，務將四機件擬提至估價委員會審議，擬請經濟部先將其估價以便提案。八、廿二
批示	如擬 八、廿三 代
備註	清算股

清6 收文綜字第1269號

6

經濟部蘇浙皖區徐海接收委員辦事處　箋

事由：為函送收回日敵化學工廠機件等清冊請查照办理由

中　八　廿一　日　五九

案查前接調查員賈斯亮報称徐州市清泉橋畔偏南有日本化学工廠一所，房屋倉庫完整，除廠屋現归陸軍独立工兵第一团注扎外，尚有機件器具等均散置院中等情，當經令飭第一區特派員前往該廠，並函独立工兵第一团团部查照去後，旋接該區特派員徐世俊呈报，此項機件計有燒球製造機一件、幫浦一件、電吹風機一件、暖氣裝置七[illegible]，業經派員工搬運回廠存庫保管等情到处，即經呈报本區特派員備查，當奉第一三〇三一號指令内開：「呈悉。除特函蘇浙皖區敵偽產業處理局查照外，仰將該項物資清冊呈送，以憑彙送處理局併案核辦具報」等因，奉此相應

7

第　號　第二頁　共　頁　年　月　日

將前次接件妥造冊一併函請
查照办理为荷！
此致
敌伪产业处理局苏浙皖
计附清册一本
委員 吳挹一

經濟部徐海接收委員辦事處

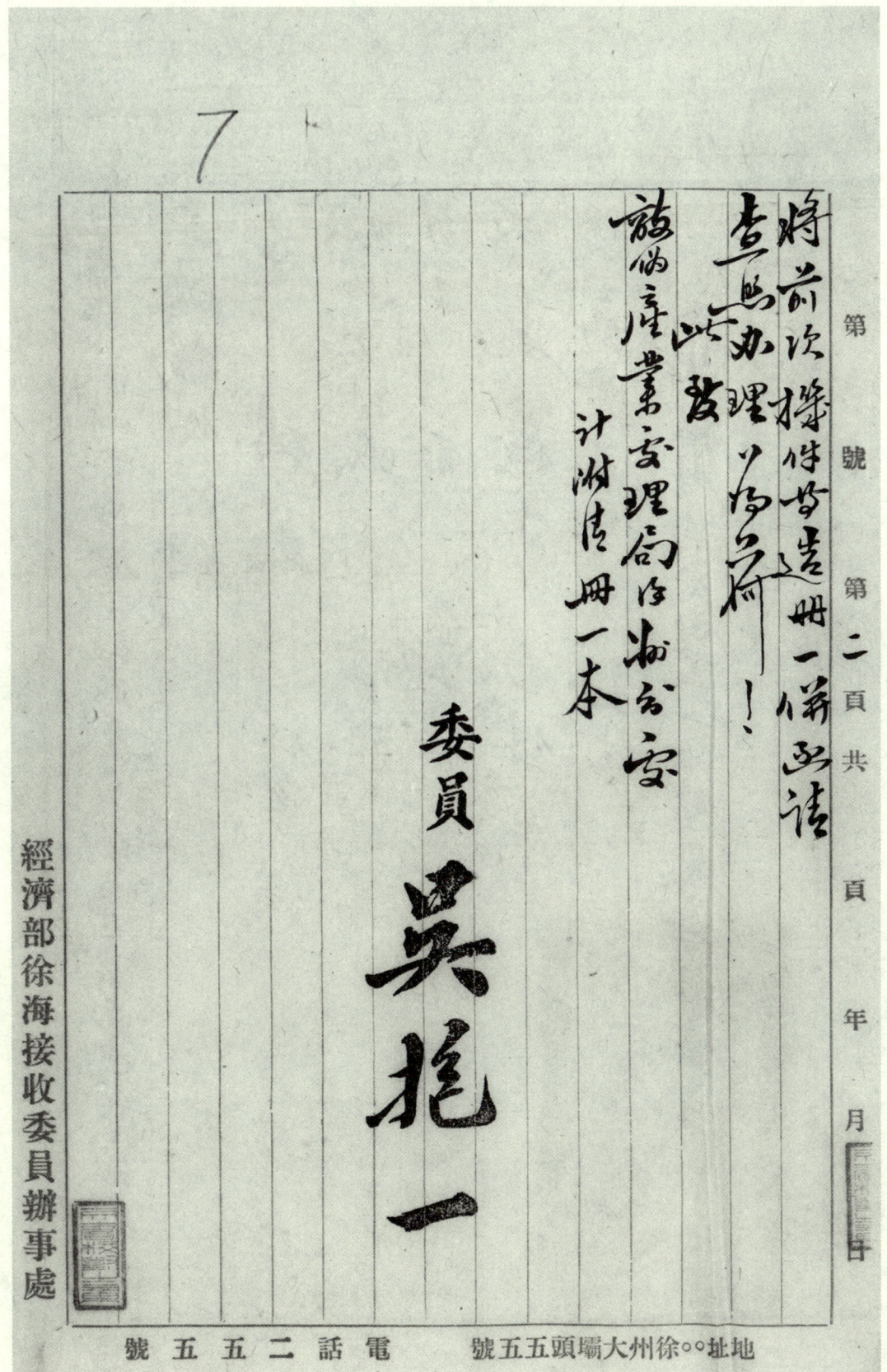

地址○○徐州大壩頭五五號　電話二五五號

經濟部蘇浙皖區徐海接收委員辦事處收回日敵化學

工廠機件清冊

名稱	數量	備註
煤球製造機	一件	
幫浦	一件	已壞
吹風機	一件	
暖氣裝置	七只	

上開機件均交由第八酒精廠存庫保管

2

中央信託局蘇浙皖區敵偽產業清理處代電

(37)滬理外字第 30779 號

中華民國三十七年 七月 八日

事由	擬辦	批辦
	擬送中央行查照辦理見復並飭分處照轉具報	

派駐徐州專員辦事處：六月廿日清字第3019號代電悉。查徐州中央銀行代保管之日領館偽儲券及徐州綏署經理處所交偽儲券，應由該處逕洽該央行說明保管經過情形，四之實際情形，並設法將款轉入該央行國庫分庫，並於存繳

(覆文務請敘明相關來文之字號及日期)

本處地址　上海仁記路七十四號六樓　(甲)

5988

款由全省仰即并迳洽办仰将该项缴款由第一批收拨及第

三批拟由桂拨具报为要德文（37）访理财处寅艳（30779）

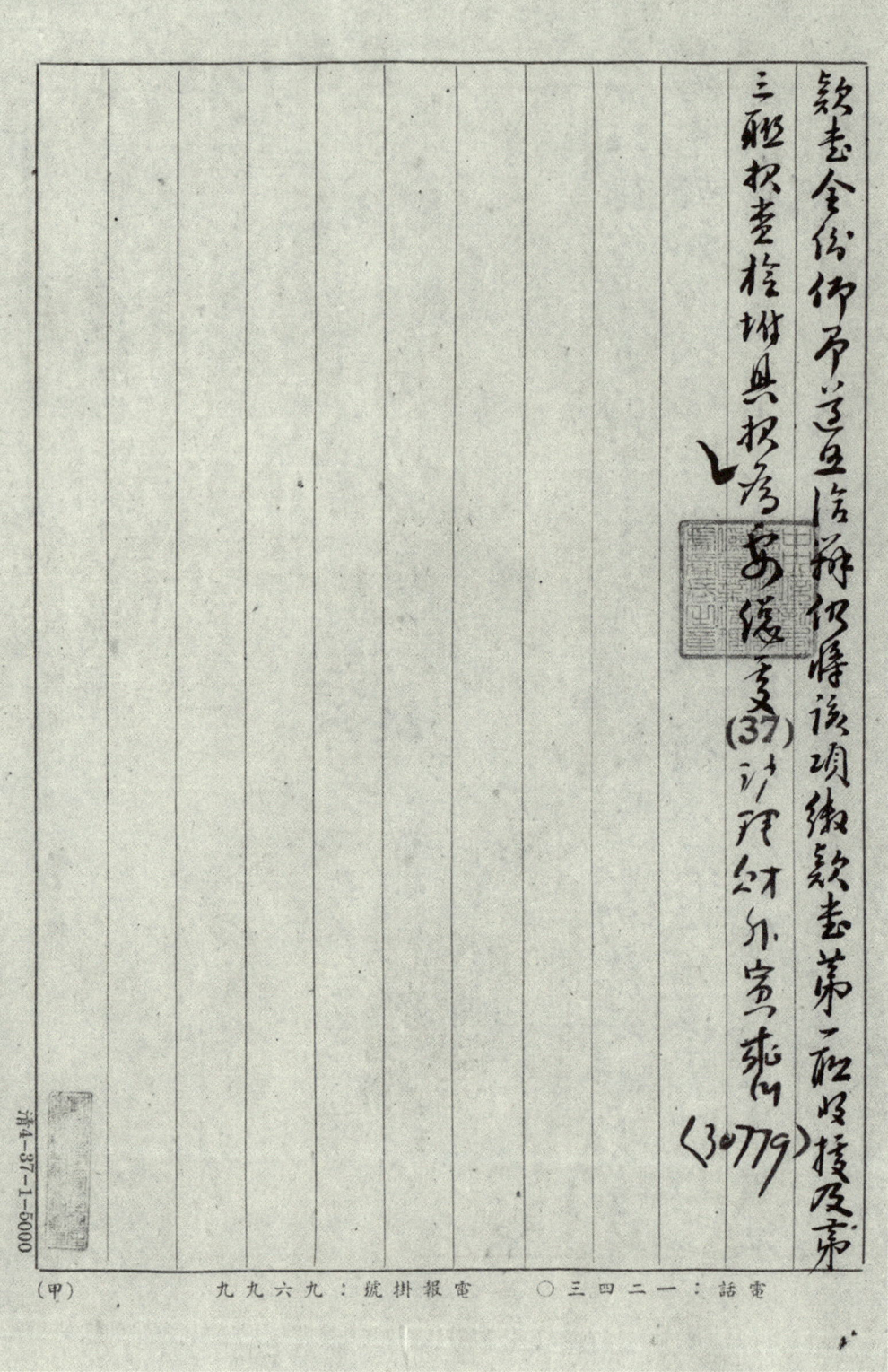

中央信託局蘇浙皖敵偽產業清理處

收入總存款收入日報表

編製機關 國庫徐州支庫 37年度

科目 財產及物資售價收入

中華民國 37年 5月17日

庫字第 61號第 66頁

款項所屬 年度	款項所屬 月份	總預算 門	總預算 部	細目	收入機關	摘要	金額（千 百 十 億 千 百 十 萬 千 百 十 單）	備考
37	5			財產及物資售價收入	財政部	計1筆	144644517	國庫管理
								附報查聯1紙
				合計			$144644517	

長十公分 寬廿五公分

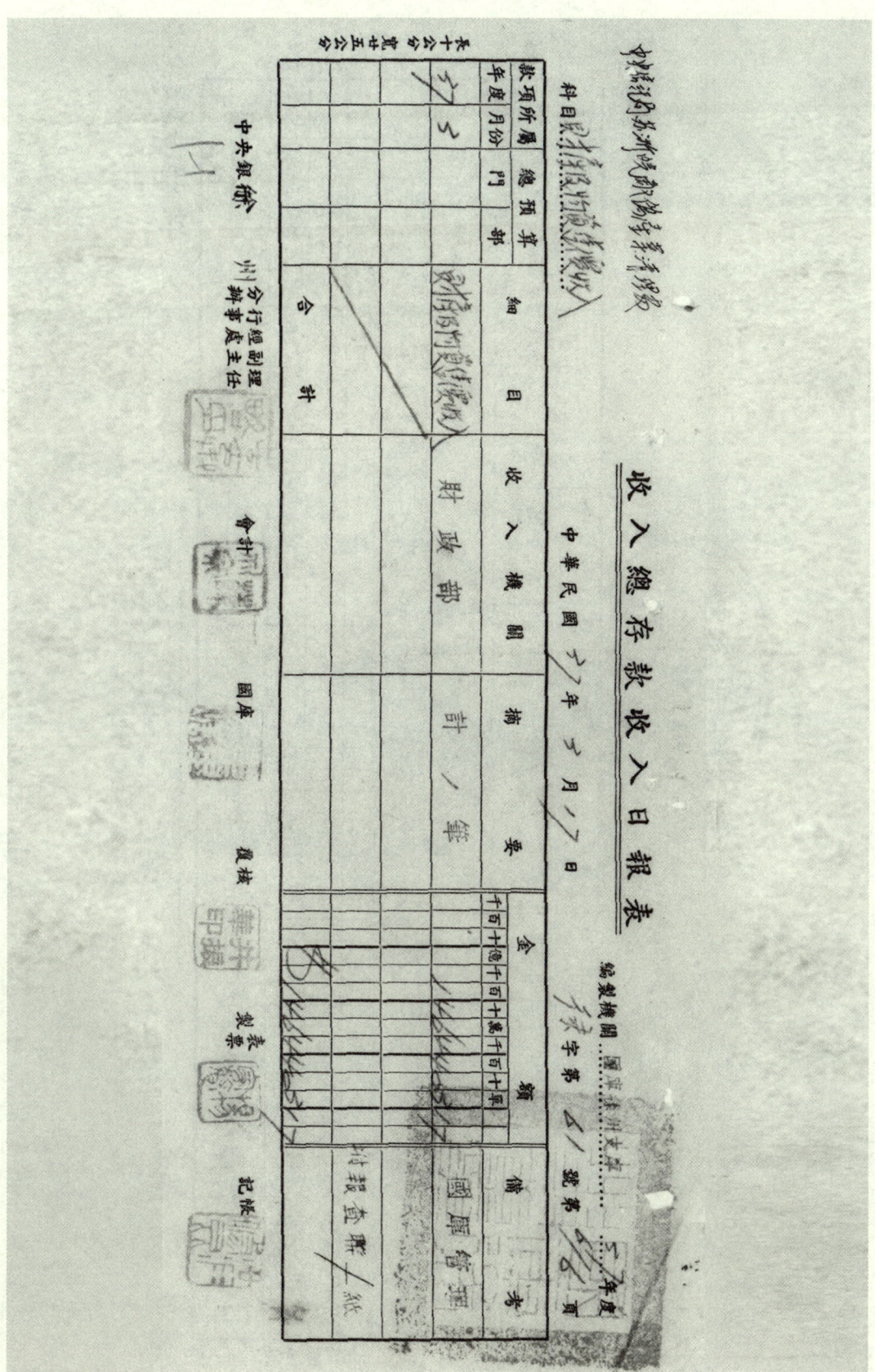

中央銀行徐州分行經副理 辦事處主任 　會計 　國庫 　覆核 　製表票 　記帳

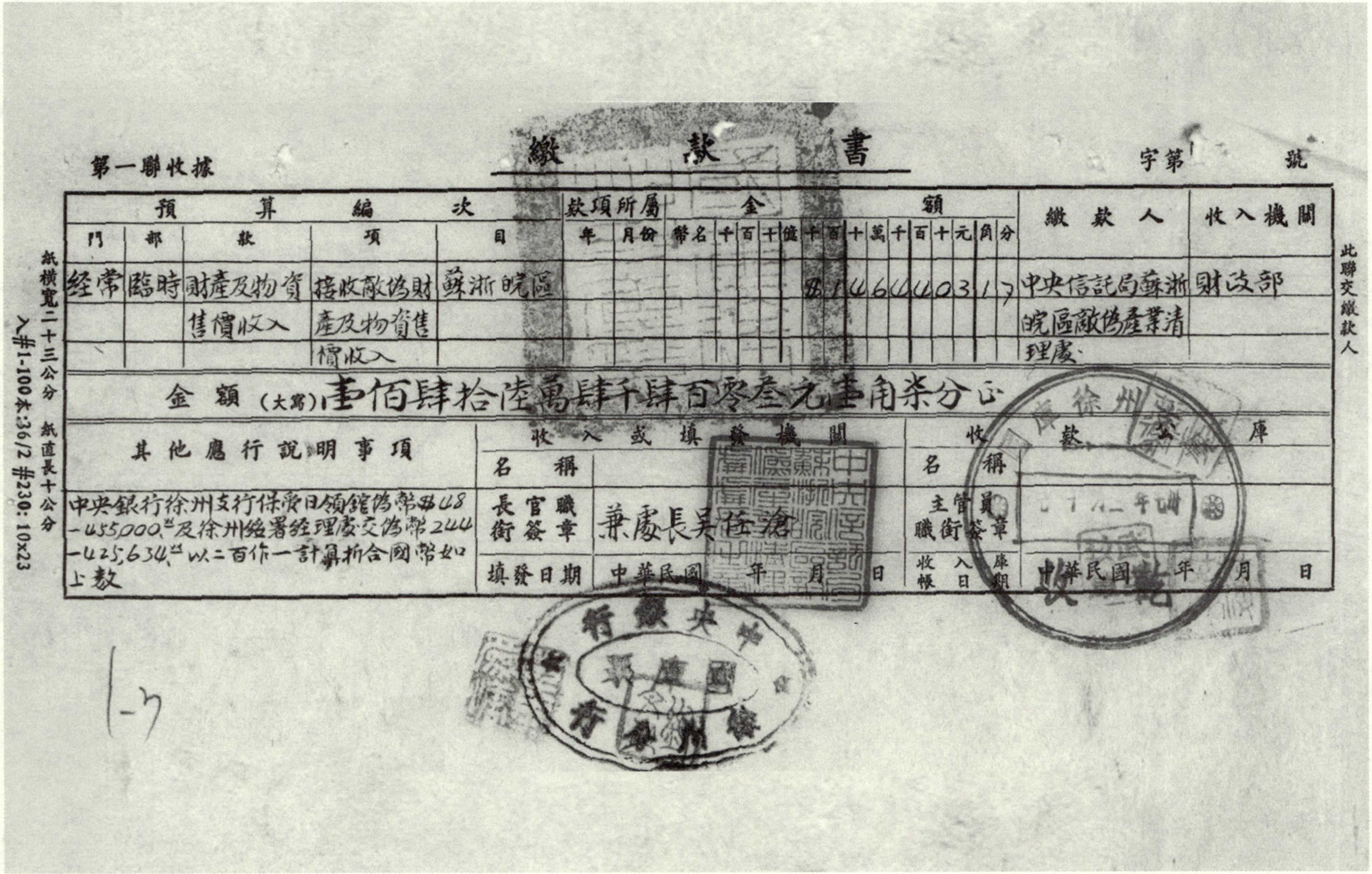

第一聯收據

繳款書

字第　　號

預算編次					款項所屬		金額	繳款人	收入機關
門	部	款	項	目	年	月份	幣名 十 百 十億 千 百 十 萬 千 百 十 元 角 分		
经常	臨時	財產及物資售價收入	接收敵偽財產及物資售價收入	蘇浙皖區			$1464403.17	中央信託局蘇浙皖區敵偽產業清理處	財政部

金額（大寫）壹佰肆拾陸萬肆千肆百零叁元壹角柒分正

其他應行說明事項	收入或填發機關		收款公庫	
中央銀行徐州支行保管日領館偽幣$448-455000.00及徐州絲署经理處交偽幣244-425,634.00以二百作一計算折合國幣如上数	名稱		名稱	
	長官職銜簽章	兼處長吴任滄	主管員職銜簽章	
	填發日期	中華民國　年　月　日	收入帳日庫期	中華民國　年　月　日

紙橫寬二十三公分 紙直長十公分

入#1-100本:36/2 #230: 10x23

此聯交繳款人

1-7

9

如擬 二十六

清算股

退卷

中央銀行徐州分行

快郵代電

徐机字第三六號

中信局敵產處駐徐專員辦事處公鑒：准徐清字第2906號子感代電，以偽聯行庫存偽券六六七五〇九六八四四五元，日領館偽儲券四八四五五〇〇〇、〇〇元，徐州綏署經理處交偽中儲券二四四四二五六三四〇〇元，均應轉入第221號專戶存儲，以便彙解等由。准此，查本分行接收保管日領館及徐州綏署經理處交來偽券時，曾分別出給第二號第卅四號保管證三紙，收須將上款轉入該處專戶，應請將本行前出保管證三紙繳銷，俾符手續，於應電復，即希查照辦理見復為荷。徐州中央銀行分行艷

中華民國三十七年二月四

第 全 頁

擬據情轉呈日領館及國防部
檢據科呈以便論收轉賬 二十八

收文 第5780號 37年2月5日

18

中央銀行徐州分行郵代電

徐机字第二九五號

中信局敵產處臨時派駐徐州專員辦事處公鑒：奉本總行發行局十月三十一日電開，貴處保管項下偽中儲券折合之法幣，除交行移交接收偽聯行庫存偽券（六六六五〇九六八四四五）之一筆外，其餘均應會同原交機關及處理局辦繳國庫，並將交付日期、經過情形及折合法幣數字報局等因。奉此，自應遵將查本分行保管項下之偽中儲券尚有徐州日本領事館交來保管之偽中儲券四八四五五〇〇、〇〇〇之徐州綏靖經理處交來保管之偽中儲券二四四四二五六三四〇〇之及貴處交來保

中華民國　　年　　月　　日

第一頁

十、廿九

5324
11 14

中央銀行徐州分行

快郵代電

徐机字第二九五號

券之偽中儲券五六五八六五○○、○○之等三筆均經折合法幣存入專户聽候處理尚未清結茲查前因陷日領事館及海關經理處均經撤銷未能通知外於應電達即希查照派員來行將上項偽幣解繳國庫見復為荷中央銀行徐州分行戌元

中華民國三十六年十一月十三日

第二頁

17

中央信託局蘇浙皖區敵偽產業清理處臨時派駐徐州專員辦事處代電

徐清字第四六九八號 第一頁

案由：關於申請回贖本市西關鎮偽淮海省磚灰製造所土地乙案報請核示由

附件：

中央信託局蘇浙皖區敵偽產業清理處處長吳鈞鑒本年七月廿九日同月廿日滬理工字第四○三六五號及同字第四三五五號代電均謹悉案查關於張五葉等主張產權部份經於本年九月二十五日以徐清字第四五八七號代電報請核示在案茲據該民等連署呈稱：竊民等座落徐州市西關鎮高堤南坡地四十七畝餘前被敵偽組織強圈購用一案業經呈奉徐州市政府三十七年一月二十四日府五字第○○八七六號通知准予按照物價指數備價回贖並遵章迭請鈞處惠予估價各在案經于本年九月二十八日奉鈞處(37)徐清字第四六○三號通知以本案內土地經偽市府發價征收如以麥價核算尚屬相當

中華民國三十七年十月九日發

收文　字第33675號

4698

18

第　號第 二 頁共　頁

除轉請核示俟奉指復後再行飭遵外合先通知知照等因奉此自應遵辦曷瀆緣本案土地大半係屬塋地尚有墳墓存在前以敵偽時期不顧人道强迫圈購建窯廠民等飲痛忍受曷言同意茲將詳細事實特再分陳如左：(一)敵偽組織强行圈購之土地原係塋地內有墳墓十六〔七〕座均為業主先祖墳塋在中國風俗人民對塋地尤為尊重表示人道孝義觀念至深但敵偽蠻橫不顧仁義道德强圈購用忍痛莫訴幸獲勝利政府體恤至殷被敵强佔强購私人土地依法清理發還惟民等墳地至今仍未執業殊為遺憾應請早日發還以安民望(二)地上敵偽建築物計有土窯數座土井二口草屋兩間勝利後因該處靠近隴海東道迭遭駐軍破壞草屋二間早已無存尤以三十六、三十七兩年秋季徐市大雨連綿敵內土窯數

中央信託局蘇浙皖區敵偽產業清理處派駐徐州專員辦事處

地址：徐州統一街二十一號　電話 一六九 二六一 號　電報掛號九六九九

19

座全被風雨沖蝕倒塌一片荒塚已非窯廠模型既無法利用更無管制之必要（三）土地當時被敵偽強圈購用後僅按低價發給偽幣每畝千元比較時值價格相差太半且地上種植田禾棵粒未收全被剷除所發之價實不足補償當時損失（四）遵照行政院頒佈收復區土地權利清理辦法第六條規定及本年三月十八日鈞處召集談話原議依照時值繳價回贖返還產權利民等雖經濟破產因係塋地甘心節食枵腹遵從原議繳納價款回贖俾早執業以上陳述各點確屬事實理應繳價發還非獨充裕國庫且亦體恤民情為此具情懇祈鑒核迅予轉呈上峯俯准估價發還以便繳款而資執業實為德便等情究應如何之處理合報請鑒核迅賜示遵職朱祿曾叩徐清國佳印

中央信託局蘇浙皖區敵偽產業清理處派駐徐州專員辦事處

地址：徐州統一街二十一號　電話 一六九 二六一 號　電報掛號九六九九

事由	呈為民等私人土地前被敵偽強購迄未蒙估價回贖謹再具情陳述事定仰祈 鑒核俯准迅予估價以便繳款回贖俾早執業而維生計由
附件	
擬辦	
批示	

年　月　日　時到

呈

字第　號

中華民國三十七年十月八日

竊民等座落徐州市西閣鎮高堤南坟地四十七畝餘前被敵偽組織圈購徵用一案業經呈奉徐州市政府三十七年一月二十四日府五字第零零八七六號通知准予按照物價指數備價回贖並遵章迭請敵偽產業清理處臨時駐徐辦事處惠予估價回贖各在案經于本年九月二十八日奉敵偽產業清理處臨時駐徐辦事處徐清字(37)第四六〇三號通知以本案內土地經偽市府發價徵收如以麥價核算尚

收文　字第　號

屬相當除轉請核示俟奉指復後再行飭遵等因奉此自應遵示冒瀆緣本業土地大半係屬塋地尚有坟墓存在前以敵偽時期不顧人道強迫圈購建築窯廠民等飲痛忍受易言同意茲將詳細事宜特再分陳如左：

一、敵偽組織強行圈購之土地原係塋地內有坟墓十六七座均為業主先祖坟塋在中國風俗人民對於塋地尤為尊重表示人道孝義觀念至深但敵蛮橫不顧仁義道德強圈購用忍痛莫訴幸獲勝利政府體恤至殷被敵強佔強購私人土地依法清理發還惟民等坟地至今仍未執業殊為遺憾應請早日返還以安民望。

二、地上敵偽建築物計有土窯數座土井二口草屋兩間勝利後因該處靠近隴海車道迭遭駐軍破壞草屋二間早已無存尤以卅六七兩年秋季徐市大雨連綿廠內土窯數座全被風雨冲蝕倒塌一片荒塚已非窯廠模型既無法利用更無管制之必要。

三、土地當時被敵偽強圈購用後僅按低價發給偽幣每畝千元比較時值價格相差大半且地上種植田禾棵粒未收全被剷除所發之價寔不足補償當時損失。

四、遵照行政院頒佈收復區土地權利清理辦法第六條規定及本年三月十八日敵偽產業清理處徐州辦事處召集談話原議依照時值繳價回贖返還產權民等雖經濟

11

破產因係埜地甘心節食枵腹遵從原議繳納價款回贖俾早執業。
以上陳述各點確屬事實理應繳價發還非獨充裕國庫且亦體恤民情爲此具情
懇祈
鑒核迅予俯准估價發還以便繳款而資執業實爲德感！
謹呈
中央信託局蘇浙皖區敵僞產業清理處

具呈人業主十三户代表張立業
瞿榮先
范香遠
高興華
鋪保　隆元號
經理　瞿庭芸
地址　徐州市統一街一六〇號

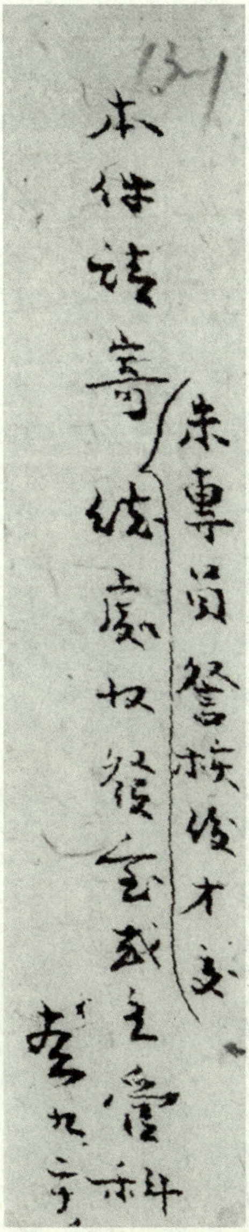

131

本件請寄（朱專員簽核後才交）總處收發室轉交會計科

[illegible]九、二

13

中央信託局蘇浙皖區敵偽產業清理處
臨時派駐徐州專員辦事處代電

案由	為徐州監獄價撥兩窰場業除一部已經洽辦外電請鑒核示遵由
附件	卷一宗

徐清字第4587號 第 頁

註：有附件

中央信託局蘇浙皖區敵偽產業清理處處長吳鈞鑒本年七月廿九日(37)沪理工字第四〇三六五號代電謹悉除坂本窰廠烟囱地主無意承購似可予以標拆外查其餘經將奉電原文錄轉徐州監獄查照在案茲將該監獄天子業字第五六九號代電復開「(37)未銑徐清字第4364號代電敬悉本監茲因亟須將該窰之面積圖樣及機器鉄軌等名称數量價格詳細呈報上峯請款俾求早日生產起見敬希貴處准將是項有關文件圖說詳細情形迅賜查覆以憑竚候轉呈至該窰所估價款囑於三個月內依期清繳一節未知應至何日為止並其交款手續又應如何敬希一併賜覆至紉公誼」等由並查關於偽淮海省磚瓦製造所一節迭據該原地皮主張立業等十三户申請該基地產權前来經呈奉鈞處(36)沪理查房字第六六九一號代電略以該煉瓦廠係整個機構土地房屋應一併標售較易獲取善價故即使查明確係強買亦祇應付各該土地所有人酌補償金以

中華民國三十七年九月廿五日發

收文 字第 號

4587

14

第　號第　頁　共　頁

示體恤未便准其各個回贖當經通知張立業等知照並分洽市府去後旋以市參議會與該業主叠次來文主張產權而市府通知復與本處處理辦法有異致久懸未決嗣經召集張立業等來處談話僉称以地上共有祖坟十一座關係重大不願放棄回贖權利等語紀錄在卷並經於本年四月十日及同年六月十五日分别以徐清字第三四二七號及第三九五一號代電陳明緣由並簽具意見呈核各在案正候裁示間即經准徐州監獄奉令價撥来文轉奉前因並准前陸軍司令部徐州司令部徐禮字第一一〇號代電畧以該處敵偽產磚瓦窰廠撥給徐州監獄為人犯價業之用從事勞力生產事屬可行等由處查該製造所僅有土田四七·二六九九畝並存水井三口地上並無建築雖屬偽府發價征購之產惟已失工廠之本質且未經奉有確定的補償金之明文倘遽予價撥第恐引起抗訴糾紛情事茲為妥慎起見除先將徐州窰業公司部份之估價圖表電復該獄依照規定撥款外關於(一)張立業等申請部份之地皮及水井三口是否仍由該獄繳價並應否補償價金其標準如何確定(二)坂本窰烟囱如何調整標賣理合檢附張立業等申請卷一宗電請鑒核迅賜示遵以便電達該監獄及轉飭

中央信託局蘇浙皖區敵偽產業清理處派駐徐州專員辦事處

15

張立業等知照爲禱職朱祿曾叩(37)徐清申有印坿僞字第五四號卷一宗

第　號第　頁共　頁

中央信託局蘇浙皖區敵僞產業清理處派駐徐州專員辦事處

地址：徐州統一街二十一號　電話一六九 二六一號　電報掛號九六九九

25

行政院（代電）

事由	擬辦	說明	批示
徐州北關啟遠窯廠准由徐州縣擬徵現承購田			

中華民國卅七年九月三日時發出	發文 四七 字第 38964 號 附件	中華民國 年 月 日 時收	收文 字第 號	中華民國 年 月 日 時交辦	中華民國 年 月 日 時擬辦

蘇浙皖區處理敵偽產業審議委員會、據本院秘書處轉陳
該會本年七月廿九日滬審二字第四〇三六四號代電、關於徐州
監獄請撥用徐州北關敵逆窯廠一案、應准繼現承購、除指
令司法行政部外、仰即知照。
行政院 中江七外

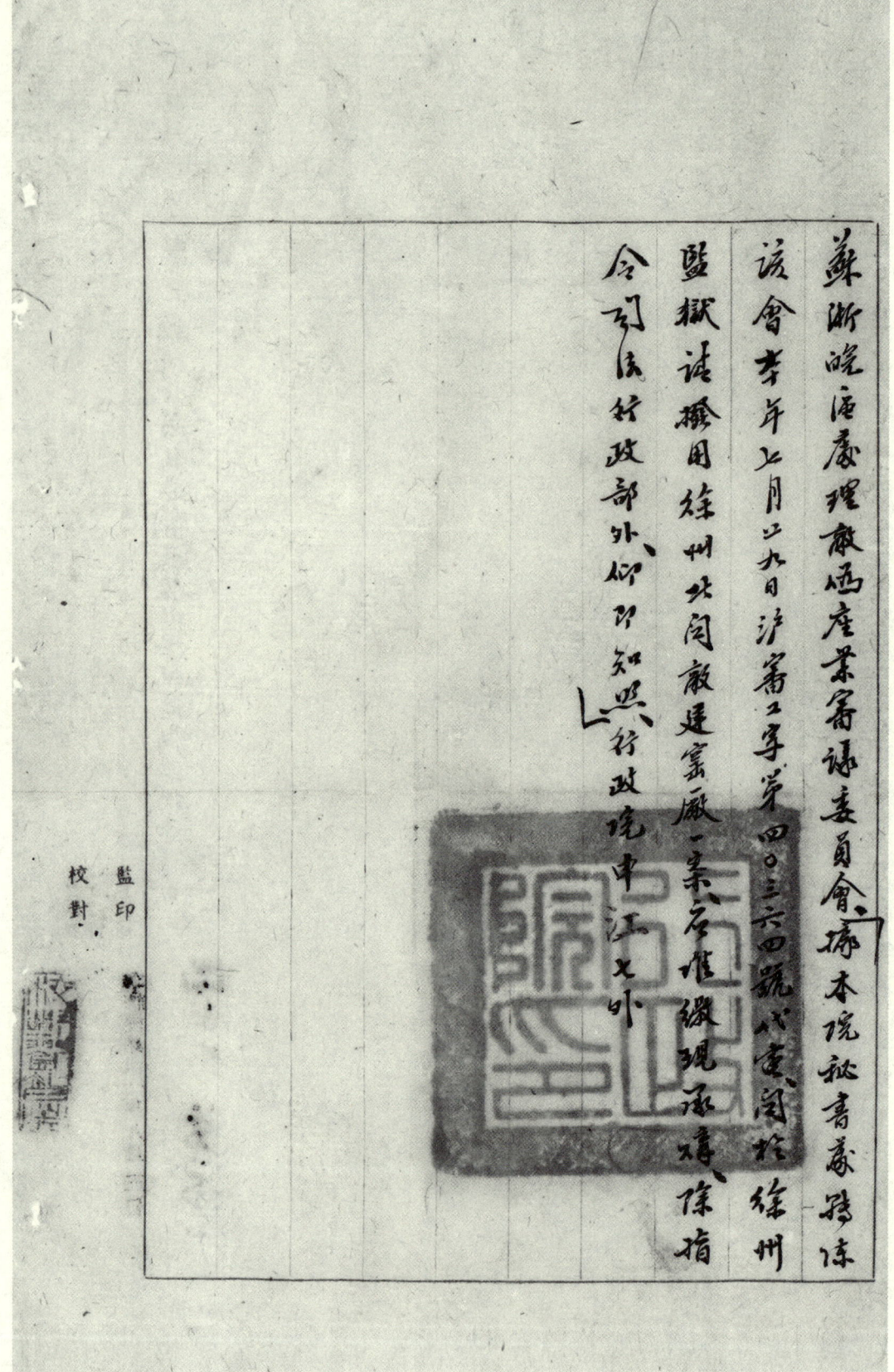

監印
校對

31

中央信託局託蘇浙皖區敵偽產業清理處公文稿

文別	代電
送達機關	徐州專處
送達機關地址	
事由	關於徐州三敏產業案敵處理办法及核定估价書電希知照逐办具報由
主辦單位	二、敵组
先送會簽	1. 估价组 2. 審查组 3. 財務组
後送會簽	處 組 科
隨文附件	檢送原件 抄附文件 共 件
繕封後交何人	

職別	簽署
處長	七、廿
副處長	
總秘書	七廿
總會計	
組長	七、廿六
副組長	七、廿、
專員	七廿
科主任	七廿
副主任	
擬稿	七廿

呈判	三十 年 月 日
繕寫	三十 年 月 日 時
校對	三十七年七月廿 日 時
封發	三十七年七月廿九日 時

檔號

發文(37)滬理 二 字第 40365 號 組號 二 字 1557 號

3020

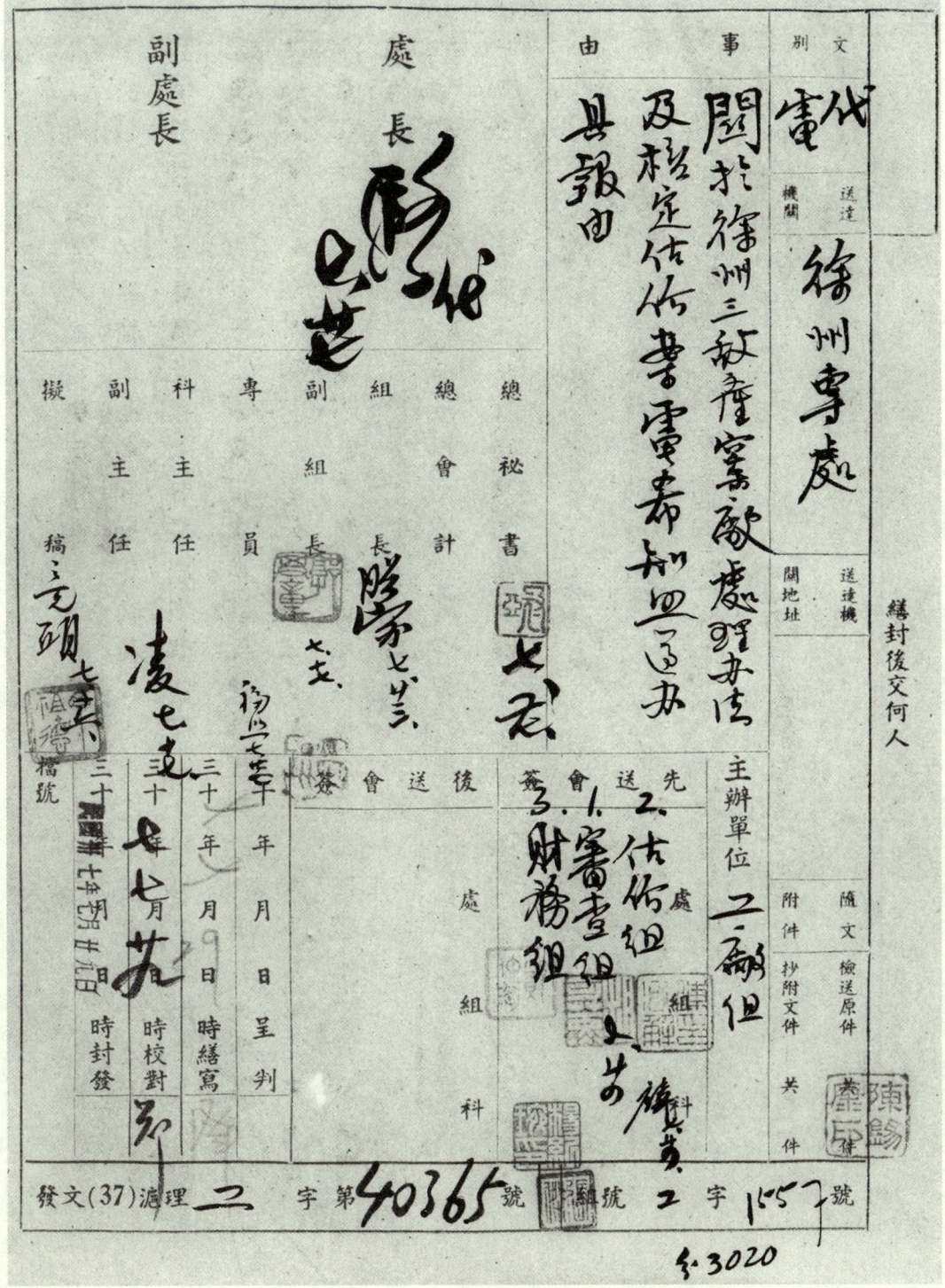

臨時派駐徐州專員办事處：徐清字3444、3951及3964號各代電暨附件均悉。關於徐州監獄請撥啟昌窯廠一案，經核似可准予照款價讓，已由本區審議會電送行政院秘書處請轉陳核示，俟得復後以再行飭知。至各窯廠估價業經核估完竣，計日本窯業公司磚窯房舍水井等值一，九五五，三二〇，〇〇〇元，又製瓦機及鐵軌值五四，四〇〇，〇〇〇元，共值二，〇〇九，七二〇，〇〇〇元，仍准海省磚窯製造所之水井等值二五七，二五〇，〇〇〇元，土地值七九，〇四八，五〇〇元，共值九六三，九八五，〇〇〇元，以上兩廠及由徐州監獄承購，依照規定應加三成，於三個月內清繳之。至坂本窯業公司之烟囱一具，計估值為七五，〇〇〇，〇〇〇元，准予通知各地主限期十日繳價承購，逾期即行標售，希即知照，並將辦理具報為要。接收處 印 理工

午 諮（40361）

（注意：文稿字跡務請繕寫清晰。內容改動後務請隨改摘由。）

（函呈及代電稿長者請分開段落。引敍來文冗長者起訖自成一段。）

37.5.10000

32-1

中央信託局蘇浙皖區敵偽產業清理處

批 卅六年六月廿三日簽（收文戊27658号）悉 將日本窯業公司及北海有磚窯製造所二單位准由徐州監獄現款優先承購至坂本窯業公司之磚砌烟囱亦由該監獄現款優先承購後拆遷餘和由行政院秘書處~~本處徐州辦事處~~

並請估價組指派正式估價單式份

鴻翔 七.卅

上開所叙收戊27658土地情形及明细表示尤等指令

文 十卅

32-2

中央信託局蘇浙皖區敵偽產業清理處

32-2

處理原則業經本月廿三日簽准

請

財務組併擬辦理

樓 廿九

送

工敬組核辦

陶 七九

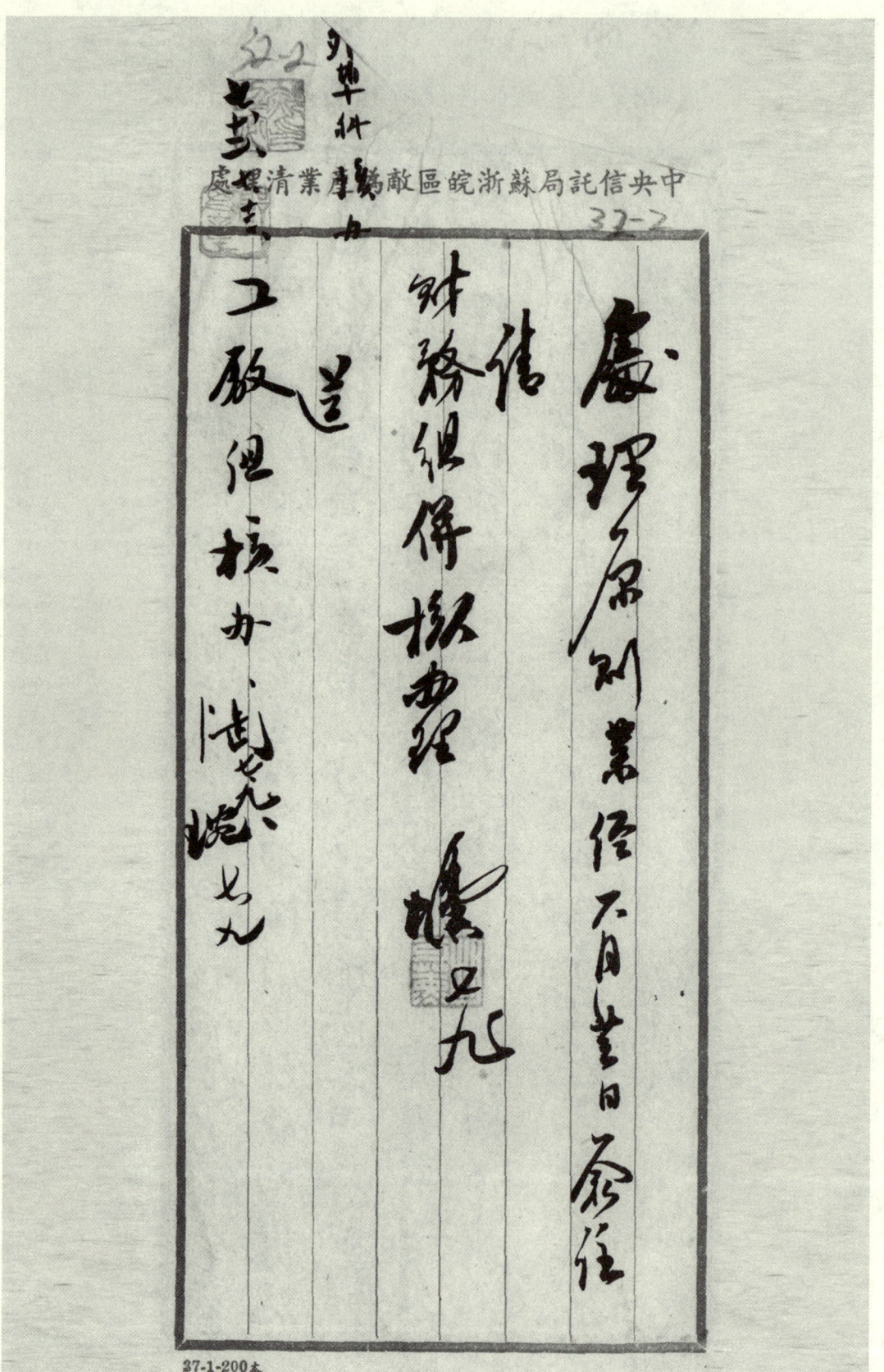

37-1-200本

查徐州專案所報日本窑業公司等三窑場資產業經分别
復估完畢，分列如下：

一、日本窑業公司之磚窑、房舍、水井等，該案原估價為三九一，〇六四，〇〇〇元，蘇撥現值調整為一，九五五，三二〇，〇〇〇元；又製瓦機及鉄軌兩項原估價為二一，六〇〇，〇〇〇元，蘇撥現值复估為五四，四〇〇，〇〇〇元，兩共總值為二，〇〇九，七二〇，〇〇〇元。

二、淮海省經理統办局磚窑製造所之水井土地，該案原估價為三九一，九三六，〇〇〇元，蘇將水井部份按現值調整為二五七，二五〇，〇〇〇元，土地部份調整為七〇九，〇四八，五〇〇元，兩共總值為九六六，二九八，五〇〇元。

三、板本窑業公司之磚砌烟囱，該案原估價為一五，〇〇〇，〇〇〇元，蘇撥現值調整為七五，〇〇〇，〇〇〇元。

上列各項調整及复估價格擬請兄楊副主任嗣範陳主任鍾彝

原卷送存

審查、財務組核辦

薛? 度 七、七

附 七.七

登記 七、八

淮海肴窯廠土地前於五月初旬據徐清字3427代電以每畝七、二○○、○○○元准予備查在案茲勉照滬區食物倍數調整每畝以一五、○○○、○○○元計錄、四七.二六九九畝合計為七○九、○四八、五○○元正

范 六、七、

中央信託局蘇浙皖區敵偽產業清理處

37.3.500.

332

中央信託局蘇浙皖區敵偽產業清理處

徐州日本窰業公司、淮海省窰廠、日本坂本窰業公司三單位房屋、水井、烟囱、磚窰所估價格、按現下建築材料指數一、九二七、〇〇〇倍推祘、原估價似嫌較低、擬按原估價普加四倍計

日本窰業公司調整為國幣一九五五、三二〇、〇〇〇元正

淮海省窰廠調整為國幣二五七、二五〇、〇〇〇元正

坂本窰業公司調整為國幣七五〇、〇〇〇、〇〇〇元正

七、六、

37-1-200本

33

中央信託局蘇浙皖區敵偽產業清理處對文簽

估價組

來文機關	事由	擬辦	說明	批示
徐州專處	函復查明日本窑業公司輪轉窑建造情形由	送請楊副主任蔚範併案辦理 韓岗		

來文號數	徐字4042號
來文日期	清月日
文別	函
到日	三十七年七月 日
附件	

（覆文請注意來文號數及來文機關地址）

37-5-10000

2114 2

收文號數 戌 28476

3·3030·3020

555

中央信託局蘇浙皖區敵偽產業清理處

臨時派駐徐州專員辦事處代電

徐清字第3407號

案由：為電陳三窰場審核產權及估價情形電請核示由

附件：如文

中央信託局蘇浙皖區敵偽產業清理處兼處長吳鈞鑒案查本處前接收經濟部徐海接收委員會移交之徐州煉瓦廠三單位一案前經第四次估價委員會提估報奉前處理局三十五年十二月四日沪弍字第五七五九〇號指令准予備查在案查該三窰場接收時設備早不完備後屢遭駐軍破損原估之狀態亦已變易益以各地皮主申請產權糾紛久懸未決以致迄未標售茲謹按照最近實地勘估各窰情形與審核產權經過分陳如下(一)敵窰業公司位於徐市北關外約五里之遥前党政接委會所送清冊計載接收土地一四五畝其中七十四畝八分八厘七毫(老畝約)屬於陳占選邵光臣等九人所有又三十二畝一分(老畝)屬王更新一人所有均經先後呈奉鈞處沪理查字第三五三九號沪理查房字第一七八〇五號與同字第六三九一號代電分別發還在案茲經派員會同徐州市政府地政科派員攜帶測量儀器實地測量結果與市府前發給該民所有權狀所載畝分完全相同查明該公司移交之一四五畝確為

中華民國三十七年四月十日發

收文 字第 號

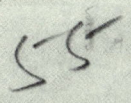

注意 有附件

市畝內除已發還之十人土地外其餘經調查均屬舊黄河護堤之官地（詳附分戶面積表）該河堤既係敵圈入之官地並與護黄有關似應免予處理該地上敵建磚窰房舍烟囱水井等（均附在私有土地部份）計估價為三九、〇六四、〇〇〇元又製瓦機及鉄軌係由京局代售會派員代估計一、六〇〇、〇〇〇元兩共為四〇、六六四、〇〇〇元（詳附單図）查該窰土地私有部份既已全部發還如予標賣闗於得標者洽租與就地取土等問題必多困難似仍宜准各地皮主協意承賸以便處理（二）偽淮海省經理統辦局磚窰製造所位於敵窰業公司之西該基地前據張立業等十三戶申請發還前来業經呈奉鈞處沪理查房字第六六九一號代電畧開「應由該處會同徐州市政府辦理至當時出售與偽省府是否強迫應視收買之價與當時市價是否相差懸殊以决定有無強迫之標準惟該廠係整個機構土地房屋應一併標售」等因遵經派員與市府洽辦結果僉以收買時一定之官價作為參攷以致是否有強買性質殊難確定茲該地經一再就地區土已成冲窪不平之狀態經依據徐州市政府地籍整理處所訂第十一等級市區内農地訂價每畝七、二〇〇、〇〇〇元計連同水井共估價為三九、七九三、〇〇〇元（詳附

中央信託局蘇浙皖區敵偽產業清理處派駐徐州專員辦事處

地址：徐州統一街二十一號　電話 一六九 二六一號　電報掛號九六九九

第　號第　頁共　頁

57

單）所有土式小窰已全部毀壞擬免予估價並為顧及該地上有該民等祖墳十一座未便勒遷關係擬准該民等協意優先繳價具領（三）坂本窰業公司位於市南大郭莊距市區約十五里之譜該基地前據該土地代表人孫培基申請業經呈奉鈞處沪理查房字第九八三九號代電准予發還在案查該窰場經駐軍破壞情形已疊經據情呈報在卷現所存者僅烟囱一具原為洋灰砌磚囱身因削磚造成圓形之故完整之磚極少按拆卸人工計算或許不敷費用茲擬從低酌估為一五0,000,000元通知各地主協意承購如不願承購再予試行標拆

綜上所擬是否有當理合檢同圖表等件電請鑒核示遵臨時派駐徐州專員辦事處（37）徐清卯灰印附三窰前後情形比較表一份日本窰業圖單四紙淮海窰與坂本窰估價單各一紙

中央信託局蘇浙皖區敵僞產業清理處派駐徐州專員辦事處

地址：徐州統一街二十一號　電話一六九　二六一號　電報掛號九六九九

日本窯業公司煉瓦廠
淮海省經理統辦句磚窯製造所
日本板本窯業公司
三窯廠土地建築設備情形比較表（自前經濟部接收時期至三十五年四月上旬）

日本窯業公司煉瓦廠（即經濟部第廿煉瓦廠）

類別	品名	接收時實有數目	四月上旬實有數目	備註
廠基	土地	一四五	全部被遷	內中六畝偽官有舊業提係地
建築物	轆盤窯	一	一	南中市(4)項
仝	洋瓦工廠	二	二	南中市(1)(2)頁
仝	工人宿舍	一〇	七	南中市四(2)附(7)兩(8)(9)廣七幢係三幢倒塌
原料品	磚坯	六〇	無	經濟部接收時即全部搬掠
設備	製洋瓦機	一	殘存	估價呈核
〃	井	四	殘存	仝

淮海省經理統辦句磚窯製造所（即經濟部第卅煉瓦廠接收之部）

類別	品名	接收時實有數目	四月上旬實有數目	備註
所基	土地	四〇.三六九九	四七.三六九九	估價呈核
建築物	磚窯	一〇	殘毀不能利用	經濟部接收時即損毀
仝	瑠工住屋	四	全部倒塌	仝
仝	磚窯儲藏室	三	仝	仝
仝	晒坯瓦房	九	仝	仝
設備	水井	三	殘存	估價呈核
仝	洋瓦模	二	損毀	
仝	脊瓦模	一	仝	

日本板本窯業公司（經濟部接收）

類別	品名	接收時實有數目	四月上旬實有數目	備註
所基	土地	一	／	租用民地經濟部時期即發還
建築物	事務所	一	一	三十八次估價金額呈准由地主訂案取償發還
仝	轆轉窯	一	僅剩烟囱子窯身全部為軍八拆移	估價呈核
仝	工人宿舍	三二		經濟部時期被軍拆損
傢俱	辦公桌	一	／	前由係卅小處標賣至案
仝	金庫	一	／	仝
仝	衣架	一	／	仝

88

經濟部蘇浙皖區特派員辦公處公函

蘇字第1507號

中華民國卅五年八月十六日

事由	批示	擬辦
據報大郭莊窑灰製造三廠業已估價副後關於處理事宜是否可由本處接收委員逕洽貴徐州分處辦理請查核見復由		

附件

據本處駐徐海接收委員吳挹一呈稱（本年八月六日）「案查前准處理局徐州分處徐清字第六一號函覆本處函知大郭莊板本窑等處被駐軍拆毀情形一案以敵

收文　字第　號

8/18

2.2148 ...

偽在近郊遺留之小型工業既不便管理且無國營價值亟
應先謀處理此類工業凡在貴處接管項下者即希迅
予按現時價值核實初步估價列表過處以便提交估
價委員會審議處理等由當以所屬大郭莊窰灰製
造廠所既屬小型工業復處駐軍區域時遭拆毀保管
困難有提先謀取處理之必要經令飭徐州煉瓦廠經理
尹新農將負責保管之徐州窰業公司板本窰業公司
窰灰製造廠三處所有資產（動產及不動產）按照時
價作初步估價詳為列表送處以便核請轉去後茲據
該經理尹新農呈送估價清冊前來除抄冊函送處理

89

局徐州分處核辦外理合將各該製造廠所提先謀取處
理緣由連同估價清冊一併具文呈請鑒核備查等情
附呈估價清冊三份到處查本處結束在即所有接管
徐州各工廠及物資亟應早予處理關於此項工作是否
貴局已授權 貴徐州分處主持辦理嗣後可否即由該
接收委員逕行洽辦俾臻捷便除將原冊抽存二份外
相應檢同該項清冊一份以便早日完成處理手續之處
轉請查核見復為荷此致
蘇浙皖區敵偽產業處理局
附清冊一份

特派員 張茲闓

90

抄件

經濟部接收徐州日本坂本窰業公司估價清册

2144

91

經濟部接收徐州日本坂本商業公司估價清冊

類別	品名	現在實有數目	單位	價值 工	價值 料	計數	合計	備考
所基	土地							係租民地
建築物	事務所	一	所			五〇〇,〇〇〇	五〇〇,〇〇〇	該事務所係二層樓上下計十二間建造良好
〃	輸精窯	一	座	三,〇〇〇,〇〇〇	一〇,〇〇〇,〇〇〇	一三,〇〇〇,〇〇〇	一三,〇〇〇,〇〇〇	
〃	大宿舍	三二	坪					該舍係小且係草蓋均被駐軍損壞
傢俱	辦公桌	一	件			五,〇〇〇	五,〇〇〇	
〃	金庫	一	〃			一〇,〇〇〇	一〇,〇〇〇	
〃	衣架	一	〃			八,〇〇〇	八,〇〇〇	
總計							一三,五二三,〇〇〇	

抄件

93

經濟部徐州煉瓦廠接收日本窯業公司估價清冊

經濟部徐州煉瓦廠接收日本窑業公司估價清冊

類別	品名	現在實有數	單位	價值 工	價值 料	計數	合計	備考
廠基	土地	一四五	畝	一〇、〇〇〇		一〇、〇〇〇	一四五〇、〇〇〇	
建築物	輪窯	一	座	四五〇、〇〇〇	一五〇〇、〇〇〇	一九五〇、〇〇〇	一九五〇、〇〇〇	該窑已被部隊拆損不堪，迭經呈報在案
	洋瓦工廠	二	所	六〇〇、〇〇〇	二〇〇〇、〇〇〇	二六〇〇、〇〇〇	五二〇〇、〇〇〇	每所約六間頗有損坏
	工人宿舍	一〇	〃	一八〇、〇〇〇	四八〇、〇〇〇	六六〇、〇〇〇	六六〇〇、〇〇〇	該舍低小
原料品	磚坯		萬	二〇、〇〇〇		二〇、〇〇〇	一二〇〇、〇〇〇	土坯原已損失甚大，近又經數月又損坏甚多，以上約量估價
設備	製洋瓦机	一	座	四〇〇、〇〇〇		四〇〇、〇〇〇	四〇〇、〇〇〇	該机器简单附件不全
		四	眼	二〇〇、〇〇〇	三〇〇、〇〇〇	五〇〇、〇〇〇	二〇〇〇、〇〇〇	
總計數				六〇〇〇、〇〇〇	一七八〇、〇〇〇	二三七八〇、〇〇〇	四九四〇〇、〇〇〇	

抄件

經濟部徐州煉瓦廠接收淮海省經理統辦局磚窯製造所估價清册

經濟部徐州煉瓦廠接收淮海省經理統辦局磚窰製造所估價表

類別	品名	現在實有數目	單位	價值 工	價值 料	計數	合計	備考
所基	土地	四七、三六九	畝	一〇〇、〇〇〇		一〇〇、〇〇〇	四七三六九〇〇	
建築物	磚窰	一〇	座	一五〇、〇〇〇	一四〇、〇〇〇	二九〇、〇〇〇	二九〇〇、〇〇〇	該窰廠損坏不堪僅有四座已經修理可用
	坯工住宅	四	間	二〇、〇〇〇	一〇、〇〇〇	三〇、〇〇〇	一二〇、〇〇〇	該住宅係土墻草蓋且矮小
	磚窰儲藏室	三	〃	八〇、〇〇〇	五〇、〇〇〇	一三〇、〇〇〇	三九〇、〇〇〇	土墻草蓋且有損坏
	晾洋瓦房	九	〃	八〇、〇〇〇	五〇、〇〇〇	一三〇、〇〇〇	一一七〇、〇〇〇	土墻草蓋且有損坏
設備	水井	三	眼	二〇〇、〇〇〇	三〇〇、〇〇〇	五〇〇、〇〇〇	一五〇〇、〇〇〇	
	浮瓦模	二	套					該模原為木製損不能用
	脊瓦模	一	〃					該模原為木製損不能用
總計數				[illegible]	一一八〇、〇〇〇	一〇八一六九〇		

革命文獻與民國時期文獻
保護計劃

成果

侵華日軍戰犯
徐州審判檔案彙編

徐州市檔案局(館)　編

上册

國家圖書館出版社

革命文獻與民國時期文獻整理出版
編纂委員會

革命文獻與民國時期文獻整理出版
學術顧問

（按姓氏筆畫排序）

《侵華日軍戰犯徐州審判檔案彙編》
編委會

前　　言

第二次世界大戰結束後，爲懲處戰争罪犯、伸張正義、重建世界秩序和維護世界和平，同盟各國依據《波茨坦公告》等一系列國際文件，開始組織軍事法庭對日本戰犯的戰争罪行進行審判。除衆所周知的東京遠東國際軍事法庭對日本甲級戰犯進行的審判以外，還在四十多地組織軍事法庭，對日本乙、丙級戰犯進行審判。在中國，從1946年初至1949年1月，根據《戰争罪犯審判條例》等相關法律，在南京、上海、北平、漢口、廣州、瀋陽、太原、徐州、濟南、臺北等十個城市設立了軍事法庭，進行戰犯審判。其中南京軍事法庭直屬國防部，其他各地軍事法庭隸屬各戰區、行轅或綏靖區。

1946年4月1日，徐州綏靖公署審判戰犯軍事法庭成立，5月1日正式辦公，至1947年4月30日審判工作全部結束①。徐州綏靖公署軍事法庭的審判（以下簡稱"徐州審判"）是二戰後對日本戰犯審判的重要組成部分，是對侵略者的正義審判，與其他國内審判一樣，是對東京審判的重要配合。難能可貴的是，雖經時代變遷，當年徐州審判的檔案資料被保留下來，成爲徐州市檔案館館藏。這批檔案是當今研究日本戰犯審判珍貴的原始資料。

在"革命文獻與民國時期文獻保護計劃"的支持下，徐州市檔案館從館藏相關檔案中篩選出與徐州審判和戰後處理有關的檔案（1945年9月—1948年10月），彙編成書，主要包括以下四部分内容：

（一）徐州綏靖公署軍事法庭審判日本戰犯檔案，包括徐州綏靖公署成立的文件，檢舉戰犯通告，軍事法庭審判長、檢察官履歷，關

---

① 詳見本書第251頁：《江蘇高等法院第三分院爲陳報軍事法庭結束日期致司法行政部、江蘇高等法院呈》，1947年5月4日。

於偵查、搜集、檢舉、呈控日本戰犯罪行的文件，起訴書、判決書等；

（二）徐州審判剪報資料，主要内容是當時報刊上刊登的有關徐州審判的新聞；

（三）戰後接收敵僞産的檔案，包括日軍上繳的軍備器械清單，還有敵僞在徐州的産業物資清單等；

（四）日俘日僑韓僑遣送檔案，包括戰後有關遣送日僑和韓僑的文件、名單等。

本書是“革命文獻與民國時期文獻保護計劃”的成果。“革命文獻與民國時期文獻保護計劃”自2012年實施以來，國家圖書館全面開展了對二戰日軍罪行史料的收集與整理工作。已經出版有《遠東國際軍事法庭庭審記録》（全80册）、《遠東國際軍事法庭證據文獻集成》（全50册）、《横濱審判文獻彙編》（全105册）、《馬尼拉審判文獻彙編》（全53册）等。以上各書均由國家圖書館出版社出版。

本書選輯的檔案材料，按類編排，一般以一份文件爲一題，凡同屬一事、關係密切的多份文件，則合并爲一事一題。爲保持其歷史原貌，本書采用影印的方式出版，并在書前加編詳細的目録，標題由編者根據内容擬寫，著録每件檔案的事由、發文者、收文者、形成時間。因字迹殘缺或模糊而不能識讀者用□表示。

本書在出版過程中，得到國家圖書館出版社領導的大力支持，責任編輯鄧詠秋付出了大量的心血，在此致以衷心的感謝！

我們衷心希望，本書的出版能够對學界研究二戰日軍暴行、對日戰犯審判、戰後處理等問題有所裨益。

因學識和能力有限，本書在編選及編目等方面尚有不少疏漏，敬請方家批評指正。

編者

2018年10月

總目録

上册

中册

下册

上册目録

關於軍事法庭成立及檢察官審判官遴選的檔案

關於偵查、搜集、檢舉、呈控日本戰犯罪行的檔案

徐州綏靖公署審判戰犯軍事法庭起訴書、判决書

審判工作審結檔案

徐州審判報刊資料

戰後接收敵僞産檔案

審理戰爭罪犯卷

9

事由　令仰於文到一星期內遴選軍法審判官及軍法檢察官報部由

司法行政部訓令　京訓參字第[illegible]號

令江蘇高等法院院長孫鴻霖
首席檢察官韓燾

查十四年來，敵人縱橫於吾國境內，姦淫擄掠殺戮無辜，強寇所至，概成焦土，老弱婦孺，咸遭浩劫，犧牲之慘，史無前例，今猶屍骨遍地，血跡未乾。凡我同胞，莫不切齒痛恨，而含冤待伸者，不知有若干萬人。茲幸抗戰勝利，大亂已平，同盟國家，為伸張世界公理與人類正義，對於戰爭罪犯不得不加以懲處，以求恢復世界和平，而絕人類殘殺之禍源。關於戰犯之處理除國際戰犯應由同盟國特設之機構審判者外，概由我國軍事機關組織軍事法庭，依法審判。業經先後制定戰爭罪犯

江蘇高等法院檢察處 通用紙

18 19

江蘇高等法院檢察處

處理辦法、戰爭罪犯審判辦法及戰爭罪犯審判辦法施行細則通飭施行在案。查該省區之內，應設軍事法庭一所，依據戰爭罪犯審判辦法施行細則第三條規定，應由該院遴選軍法審判官二人及軍法檢察官一人，報由本部提請戰爭罪犯處理委員會呈請

軍事委員會委員長任命。合行令仰該院於文到一星期內，就該管推事檢察官中擇優照額保舉，先將姓名電呈來部，並隨即以航郵正式報部，以期便捷。此項人員可仍兼法院推檢職務。再對於該管區域內之敵人罪行，仍仰加緊督飭所屬多方認真調查檢舉，隨時報部以憑核辦。切切此令。

附發戰爭罪犯處理辦法、戰爭罪犯審判辦法、戰爭罪犯審判辦法施行細則、審判戰犯軍事法庭及所在省區高等法院一覽表各一份。

戰爭罪犯處理辦法

第一條 日本戰犯之逮捕應俟日軍繳械集中完畢在不妨礙受降工作及地方安寧秩序之範圍內由軍令部斟酌實際情況呈請 軍事委員會委員長隨時以命令行之

第二條 負有執行投降命令之戰犯應俟投降任務完畢時逮捕之但在逮捕前應予以密切之監視

第三條 全國各受降區日俘進入集中營後該集中營主任應即發給軍官佐士兵僱員經歷表令其各填寫四份分呈戰爭罪犯處理委員會軍令部陸軍總司令部及所屬戰區司令長官部或方面軍司令部備查。

前項表格經審查後如發見有戰犯時應令行逮捕之。

第四條　隸屬於日軍官兵善後總連絡部之戰犯由軍令部將戰犯名冊令行各戰區司令長官部及方面軍司令部轉飭所屬駐軍及憲兵隊等協同各該區之日俘(僑)集中營逮捕之

各戰區司令長官部或方面軍司令部如確知戰犯之犯罪事實或經人民告訴告發罪證確實者得逕行逮捕之

第五條　隸屬於日本政府之戰犯由戰犯處理委員會函請外交部照會美國政府轉飭日本本土佔領軍最高統帥逮捕後交付之

第六條　在東北九省之戰犯由戰犯處理委員會函請外交部

照會蘇聯政府轉飭遠東紅軍總部逮捕後交付之。

第七條 戰犯脫逃者由軍令部令行通緝之

前項戰犯逃出國境後如確知其所在時由外交部交涉逮捕之

第八條 應由同盟國特設機構審判之戰犯經逮捕後由軍政部所設之戰爭罪犯拘留所羈押之。

第九條 應由我國軍事法庭審判之戰犯經逮捕後由陸軍總司令部或所屬戰區司令長官部或方面軍司令部所設之戰爭罪犯拘留所或軍政部指定之處所羈押之

第十條 前二條規定拘留所之編制另定之

第十一條 戰爭罪犯審判辦法另定之。

第十二條　各軍事法庭審判戰罪案件確定後應將裁判書呈送戰爭罪犯處理委員會備查。

第十三條　戰犯經判決處刑確定後應送交軍政部指定之陸軍監獄或其他處所執行之。

第十四條　本辦法於非日籍之戰犯準用之

第十五條　本辦法自呈奉軍事委員會委員長核准之日施行。

审判战犯军事法庭及所在省区高等法院一览表

審判戰犯軍事法庭及所在省區高等法院一覽表

審判戰犯軍事法庭名称	所在省區高等法院名稱
廣州行營軍事法庭	廣東高等法院
武漢行營軍事法庭	湖北高等法院
東北行營軍事法庭	遼寧高等法院
徐州綏靖公署軍事法庭	江蘇高等法院
衢州綏靖公署軍事法庭	浙江高等法院
鄭州綏靖公署軍事法庭	河南高等法院
第一戰區司令長官部軍事法庭	河南高等法院
第二戰區司令長官部軍事法庭	山西高等法院
第十一戰區司令長官部軍事法庭	河北高等法院

江蘇高等法院檢察處 通用紙

江蘇高等法院檢察處

第十二戰區司令長官部軍事法庭	綏遠高等法院
徐州綏靖公署第一綏靖區司令部軍事法庭	上海高等法院
徐州綏靖公署第二綏靖區司令部軍事法庭	因該司令部係第四方面軍改編現仍駐湖南故暫以湖南高等法院為所在省區高等法院
台灣警備總司令部軍事法庭	台灣高等法院

戰爭罪犯審判辦法

第一條　日本戰爭罪犯除應由同盟國特設之機構審判者外依本辦法審判之本辦法未規定者適用陸海空軍審判法及刑事訴訟法。

第二條　前條戰爭罪犯由陸軍總司令部或犯罪地或犯人所在地之戰區司令長官部或方面軍司令部組織軍事法庭審判之無戰區司令長官部及方面軍司令部之區域由軍政部或中央最高軍事機關組織軍事法庭審判之。

第三條　軍事法庭應由所屬軍事機關派遣之軍法官三人及所在省區之司法官二人組織之

第四條　軍事法庭以司法官為庭長及審判長

通用紙

第五條　軍事法庭需用之書記官通譯等職員由所屬軍事机
關之長官任用或向其他机關調用之
第六條　軍事法庭員額及經費預算之編制由所屬軍事機
關之長官擬定呈請　軍事委員會委員長核定之。
第七條　軍事法庭判決之案件由所屬軍事機關呈請
軍事委員會委員長核准後執行
第八條　戰爭罪犯之處罰適用國際公法國際慣例陸海空
軍刑法其他特別刑法及刑法。
第九條　本辦法于非日籍之戰爭罪犯准予用之
第十條　本辦法自呈奉　軍事委員會委員長核准之日施行

戰爭罪犯審判辦法施行細則

第一條　本細則依據戰爭罪犯審判辦法訂定之

第二條　戰區司令長官部或方面軍司令部有變更者關於該區域戰犯之審判由與其變更前相當之軍事機關組織軍事法庭办理之

第三條　軍事法庭以軍法審判官五人及軍法檢察官一人組織之其中有所屬軍事機關遴選軍法審判官三人由所在省區高等法院遴選軍法審判官二人及軍法檢察官一人分別报請軍政部司法行政部提請戰爭罪犯處理委員會呈請　軍事委員會委員長任命之

第四條　軍事法庭之所屬軍事機關及所在省區之高等法院應準

備適當人選以備軍法審判官或軍法檢察官因故出缺時補充之

前項補充人員所需軍事機關應準備軍法審判官二人所在省高等法院應準備軍法審判官一人軍法檢察官一人通知軍事法庭

第五條

軍事法庭之長遇有軍法審判官或軍法檢察官因故出缺時得通知前條補充人員先行到庭執行職務再由所屬軍事機關或所在省高等法院依第三條規定之程序指請任命之

第六條

軍法檢察官執行職務適用刑事訴訟法關於檢察職權之規定

第七條　被告得依中國律師法選任律師為辯護人出庭辯護其未選任辯護人者應由軍事法庭所在地法院之公設辯護人為之辯護其無公設辯護人之設置者由審判長指定律師充之

第八條　關於戰犯案件各級法院檢察官各軍事法庭及各軍事檢察官均應行使偵查職權偵查結果應即移送該管軍事法庭辦理

第九條　前條有偵查職權之人員得隨時商請各地政軍機關或其他公私團體予以協助

第十條　戰犯案件概由軍法檢察官提起公訴

第十一條　軍事法庭關於訴訟之辯論及裁判之宣示應公開法庭行之

第十二條　在正式審判前軍事法庭之長得隨時指定軍法審判官一人或

二人進行審判中應行準備事項

第十三條　機關團體或地方人民得於審判時推派代表到庭陳述意見

第十四條　軍事法庭於必要時得派軍事法審判官三人及軍法檢察官一人赴犯罪地就地審判

第十五條　軍事法庭之法官書記官及通譯出庭時應着軍服法官並應配劍均由所屬軍事機關製備之

第十六條　本細則自呈奉　軍事委員會委員長核准之日施行

審理戰爭罪犯案

收卅五年二月九日院收文第一二三号

令仰遴選軍法審判官及軍法檢察官由

司法行政部訓令　京訓秘字第一二七號

民國三十五年二月七日

令江蘇高等法院院長

查該省區之內設有徐州綏靖公署軍事法庭一所應由該院遴選軍法審判官二人及軍法檢察官一人報請任命等經本部令飭遵照在案茲根據軍政部法字中國陸軍總司令部（現在南京）亦設有軍事法庭一所依戰爭罪犯審判辦法施行細則第三條規定應由該院遴選軍法審判官二人及軍法檢察官一人報由本部提請戰爭罪犯處理委員會呈請　軍事委員會委員長任命

江蘇高等法院檢察處

合行令仰該院於文到一星期內就該管推事檢察官中
擇優照額保舉先將姓名電呈來部隨即以快郵正式
報部以憑任擢其此項人員得由該院推檢互任并仰
遵照此令

秋 卅六年二月十五 院收文第一七七号

函以军事法庭及战犯拘留所定期成立请指派庭长审判官检察官莅锡办理由

第三方面军司令部公函 逕法字第二八三号 民国三十六年二月五日

案查前准

贵院卅五年十二月廿五日人字第六五三号公函于军事法庭之设置及审判官指派一案，经以元月五日逕法字第十九号电复在案。兹奉军委会子卅政特代电开「查关于战犯之处理审判前经本会订定战争罪犯处理办法及战争罪犯审判办法通饬施行在案。现各战区已裁撤变更，兹为便于实施起见，特再规定：（一）中国陆军总部及广州、东北行营、第一、第二、第十一、第十二各战区、台湾警备部均应于二月一日成立审判战犯军事法庭。武汉行营、徐州

江苏高等法院检察处 通用纸

鄭州衢州各綏署第一第二綏靖區司令部六處於一月十五日分別成立惟戰犯不滿十名之單位應暫緩設立(二)軍事法庭編制表經由本會制定一律設置軍簡三(二)階庭長一軍簡三階軍法檢察官一軍簡三階軍法審判官二軍薦一(二)階二軍薦二階主任書記官一軍委一(二)階書記官五軍薦一(二)階通譯二上尉副官一員一(二)等軍需佐一軍委三(四)階司書二軍委文書上士一下士傳達一上等兵傳達二名二等庭丁二名三等公役二名上等炊事兵三名合計官佐十八員士兵十一名(三)所有編制人員以專任為原則惟業務較簡之單位可斟酌情形分別調派兼任(四)編制內之軍法人員其中由該主之軍事機關或部隊遴選軍法審判官三人由所在省區高等法院遴選庭長一人軍法審判官一人及軍法檢察官一人

分別擬由軍政部司法行政部提請戰爭罪犯處理委員會呈請
軍委會核委並草擬戰犯拘留所應隨同軍事法庭成立編
制人員仍照本會前頒編制表規定（五）各軍事法庭及拘留所
經費預算書數應即根據規定之編制人數從速造報（六）關於
應由高等法院遴派之人員已由戰犯處理委員會咨請司法行
政部從速派定仍仰各該草擬就近洽商辦理以上各項除經分
制定戰犯審判辦法施行細則及軍事法庭編制表頒發外仰
即遵照辦理具報」等因奉此關於軍事法庭及戰犯拘留所已定
於六月十五日以前成立辦公地址暫定無錫相應函請
貴院指派庭長及軍事審判官軍法檢察官各一員於六月十日
以前蒞錫開始審判為荷此致

江蘇高等法院檢察處 通用紙

江苏省高等法院

司令官 汤恩伯

江蘇銅山地方法院檢察處公函稿

事由　為啟印視事請查照由

檢字第六號

中華民國十四年十一月日

崇奉

江蘇高等法院首席檢察官韓令派沈治邦暫代江蘇銅山地方法院首席檢察官并頒發木質太印壹顆文曰江蘇銅山地方法院檢察官印等因奉此遵於本月五日抵任先行借用院印佈告視事茲於同月八日啟用檢察官印除呈報并分別函令外相應函達即希查照為荷！

此致

貴院長

首席沈治邦擬稿

首席檢察官沈治邦

江蘇銅山地方法院檢察處稿

文別	呈
送達機關	高檢分處
事由	為呈報奉飭徐州綏靖公署軍事法庭檢察官視事日期仰祈鑒核備查由
首席	（簽名）
主任書記官	
檢察官	
書記官	

中華民國卅五年

五月廿一日	擬稿
月　日	核簽
五月廿一日	繕寫
月　日	校對
月　日	蓋印
五月廿一日	封發

發文檢字第二〇四號

案於本月二十三日奉

徐州綏靖公署主任顧挖軍字第一三五八號代電內開「茲調該處首席檢察官（云云）照敘至竹（？）」

遵照

等因遵於同月二十二日前往視事兼辦軍事法庭（檢察）署

18

檢察官職務理合備文呈報仰祈
鈞長鑒核備查
謹呈
江蘇高等法院首席檢察官韓

13-20

徐州綏靖公署快郵代電

務人字第1438號

事由	批示
以文 陳報高檢處	

銅山地方法院鑒茲調該院首席檢察官沈治邦員兼任本署軍事法庭軍簡三階檢官除分令外仰即遵照顧祝同辰馬務人遠

附件

第　頁共　頁

（覆電請註明原來電年月日及字號）

中華民國卅五年五月廿三日　午　點　分發

監印戴海岳

校對李光武

收電檢察字第1358號

中華民國　年　月　日收文　字第　號

由：調派樊煜暫在該處辦事由

江蘇高等法院檢察處訓令

蘇檢　第一三一二號
中華民國三十五年

令代理本院第三分院首席檢察官王之棕

茲派樊煜暫代淮陰地方法院檢察官，在該院未成立以前暫調該處辦事。合行檢發訓派令各一件，仰轉給領，仍將該員就職日期呈報備查。此令。

計發訓派令各壹件

首席檢察官　韓燾

監印　校對　紀毓鼎

江蘇高等法院第三分院檢察處　收文　字第　號

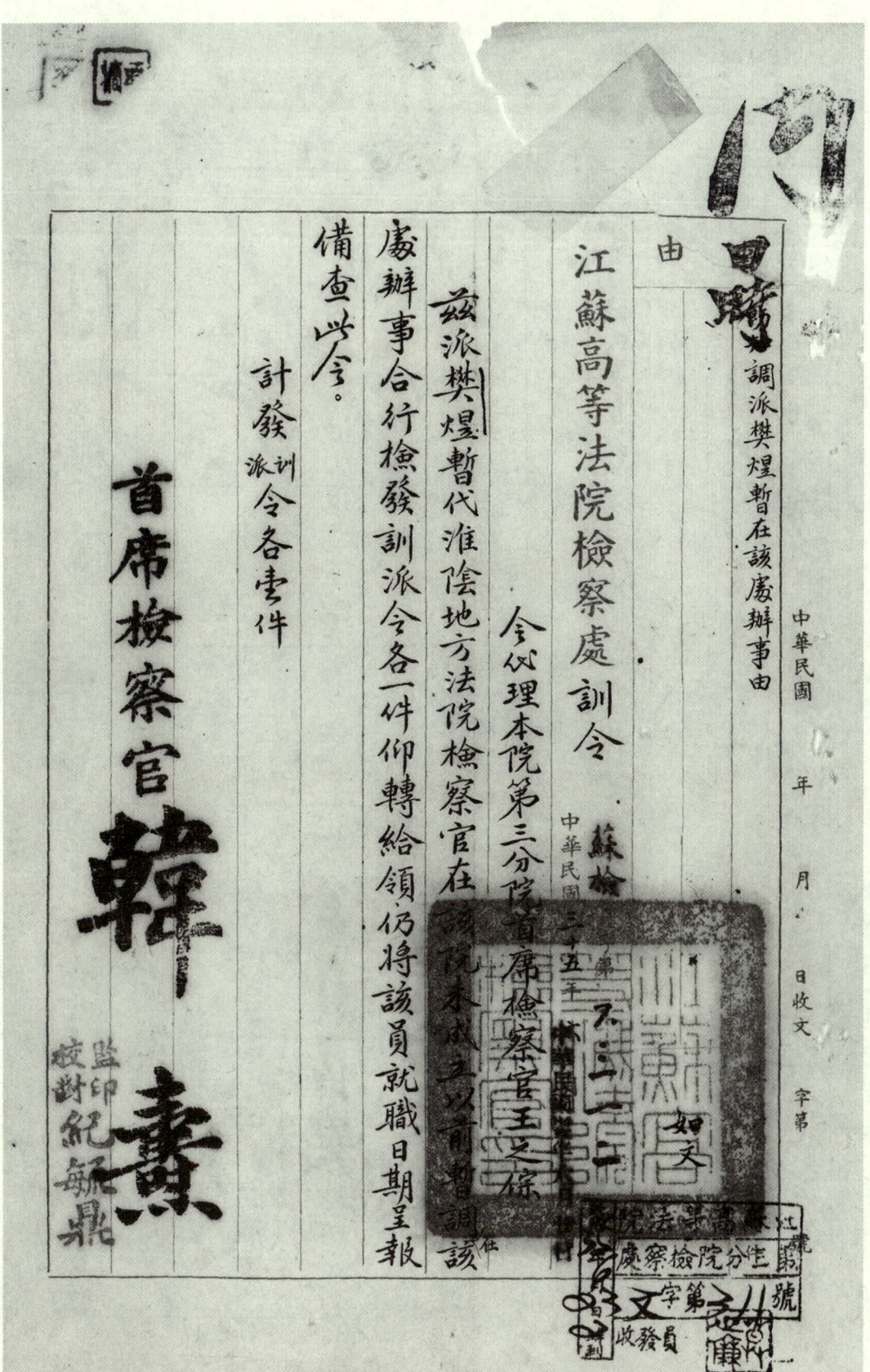

收發員

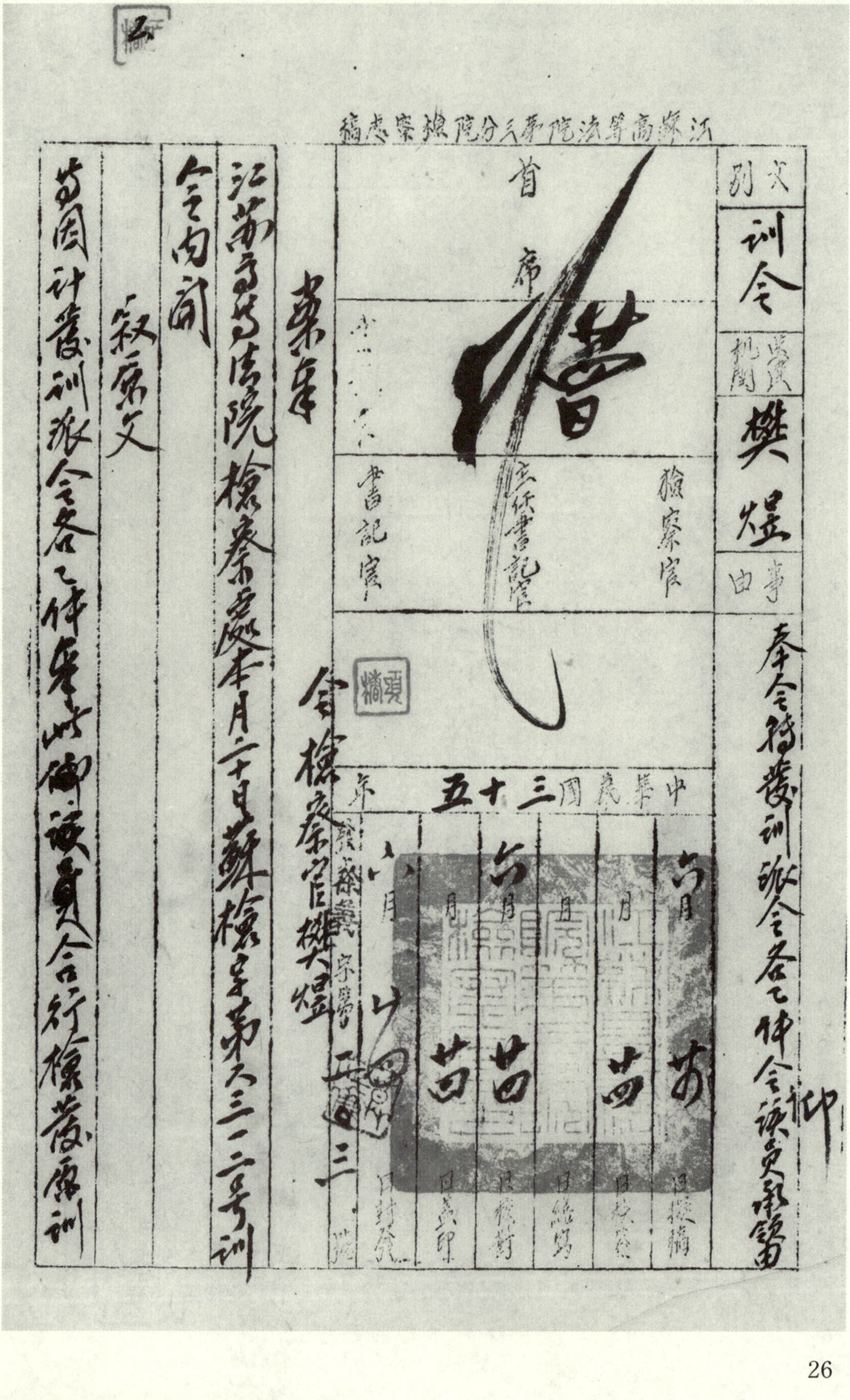
乙稿

江蘇高等法院第三分院檢察處稿

文別：訓令

受文機關：樊煜

事由：奉令轉發訓誡令各件令該員承辦由

首席 譜

檢察官

主任書記官

書記官

頭稿

中華民國三十五年

六月廿日擬稿

月 日校核

月廿日繕寫

六月廿日核對

月廿日蓋印

六月廿一日封發

發文檢字第五三號

令檢察官樊煜

案奉

江蘇高等法院檢察處本月二十日蘇檢字第六三一二號訓令內開

敘原文

等因計發訓誡令各件奉此御該員合行檢發原訓

派令各乙件，令仰该员遵照具领为要。

此令

附发原派训令各乙件

首席

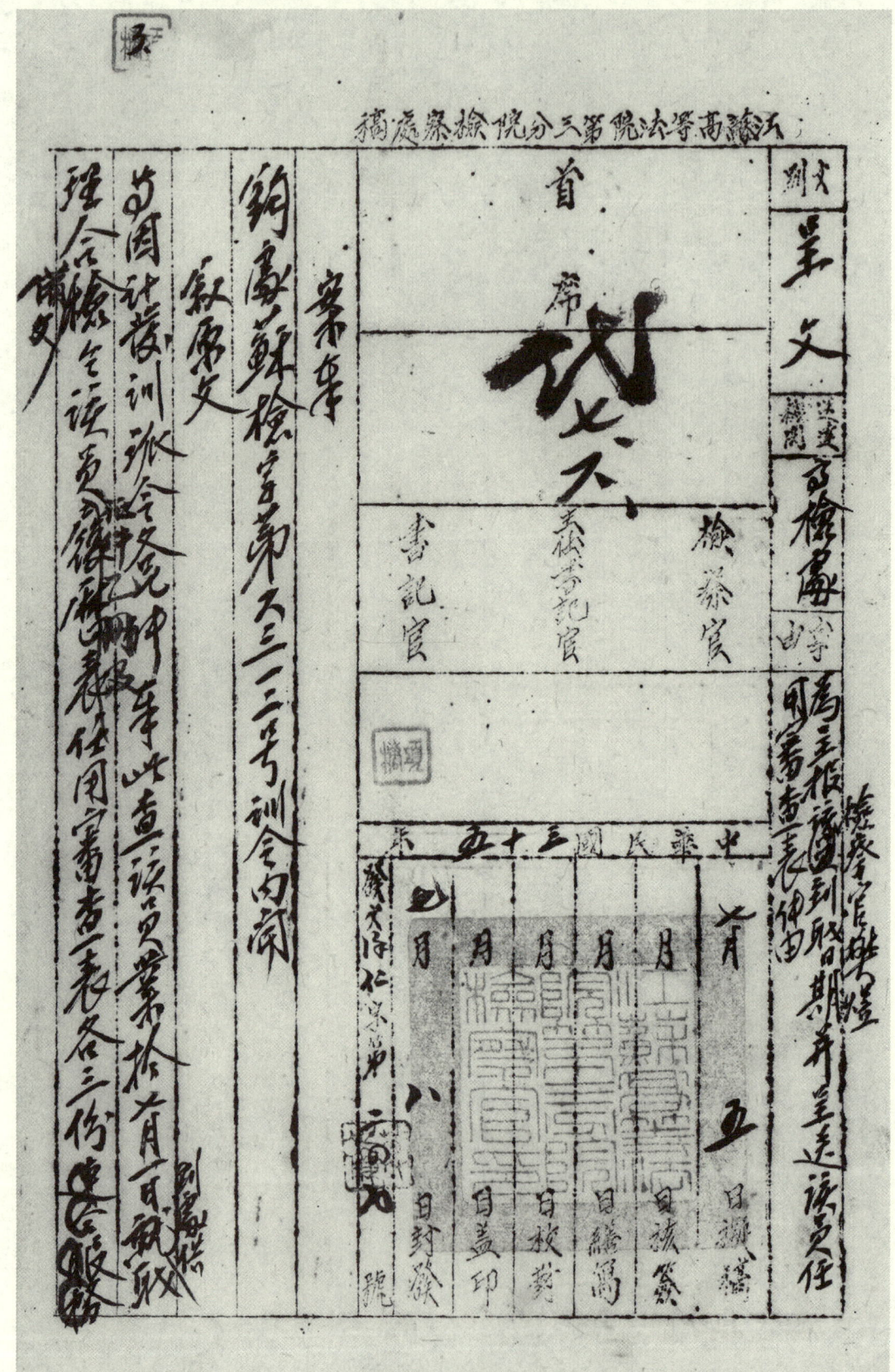

江蘇高等法院第三分院檢察處稿

別文	呈文
送達機關	高檢處
事由	為呈報該員到職日期并呈送該員任用審查表仰祈

檢察官

首席

主任書記官

書記官

中華民國三十五年

六月五日擬稿
月 日核簽
月 日繕寫
月 日校對
月 日蓋印
八月九日封發

發文鎮字第 號

案奉

鈞處蘇檢字第六三一二號訓令內開

敘原文

等因計發訓令及附件，奉此，查該員業於六月一日就職，理合檢同該員任用審查表各三份，備文

擬將□□學業成績各一冊隨文呈送伏乞

鈞處鑒核□□送審查實為公便

謹呈

江蘇省院首席韓

附呈送：記錄乙冊　全銜

履歷表三份

任用審查表二份

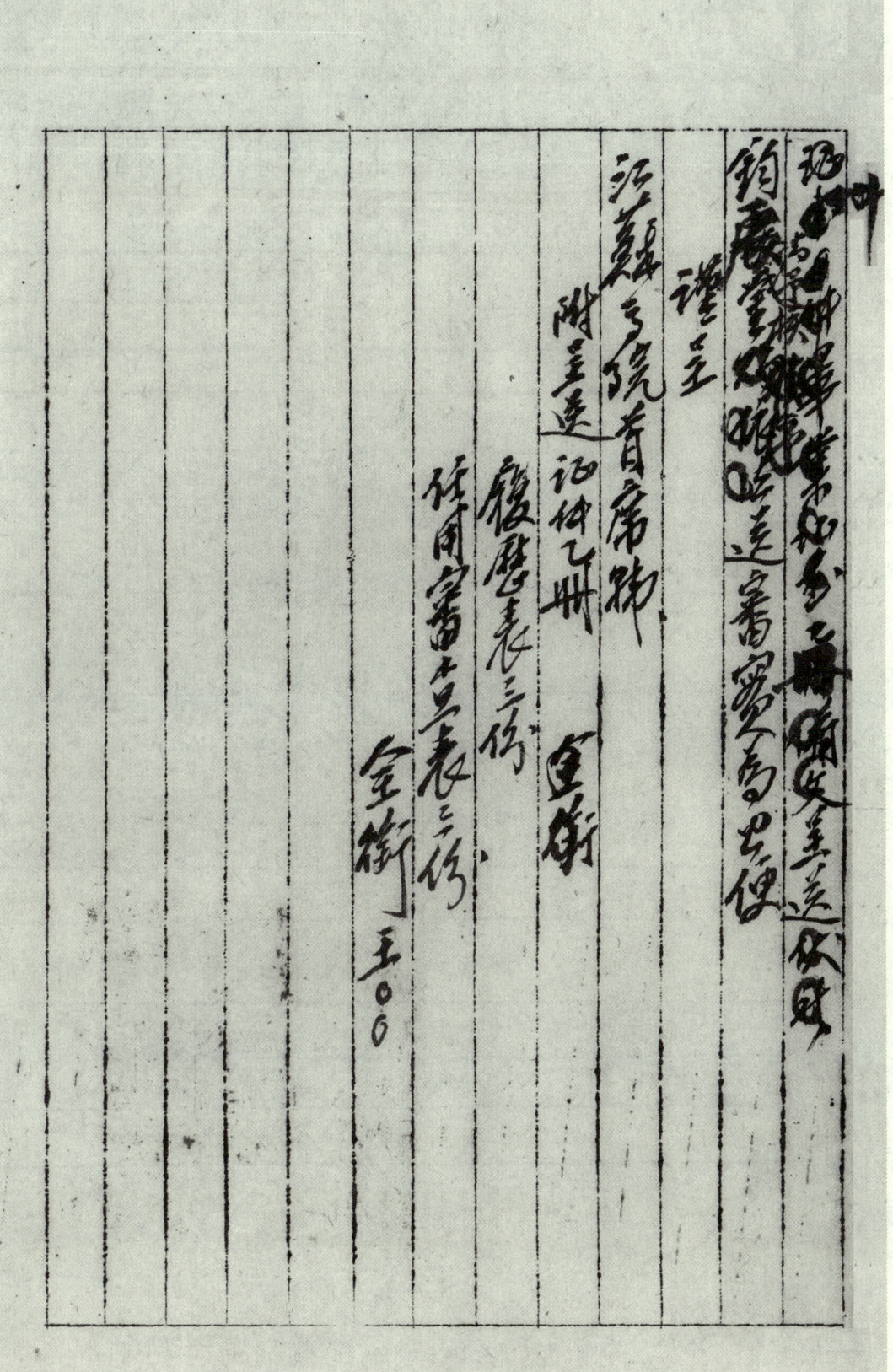

全銜　王○○

擬任人員送審書　中華民國　年　月　日　字第　號

茲擬任
送
審查請轉
審查見覆　此致
銓敘部

機關	江蘇高等法院第三分院檢察處
姓名	樊燿　別號 蔚宗　性別 男　年齡 三七歲　籍貫 河北省[illegible]縣
住址	永久：河北[illegible] 現在：徐州[illegible]
出身	北平朝陽學院法律系畢業
經歷	曾任職務：陸軍[illegible]；陸軍[illegible]；陸軍[illegible]；[illegible] 到職年月：三六[illegible]、二七二、二八五、三二[illegible]、三三二、三二六 卸職年月：二七二、二八五、三二二、三[illegible]、三三[illegible] 所支俸額： 證明文件：[illegible]號
銓敘經過	[illegible]
其他	證明文件：[illegible]
中華民國　年　月　日	擬任人員簽名蓋章
擬任官職	
擬俸	
級俸	
俸給	
貼照片	二寸半身近照
審查意見	
結論	適用資格條款　其他
職別	姓名　蓋章

中華民國　年　月　日

江蘇高等法院第一分院檢察處

職員履歷表

填表年月日

姓名：龔煜

出生年月日：光緒廿四年十月廿一日

別號：蔚宗

性別：男

住址：
現住：徐州彭城路二一二號
永久：淮陰清江北門外太平街

籍貫：江蘇清河

行性：

體格：

學歷：北平私立朝陽法學院畢業

考試：

訓練：

團青年籍黨：

團號證字號	黨派	地點	入團年月	黨證字號	地點	派系	入黨年月

研究類別	專長考察別種	外國文別國	方言種類	民族語言

經歷

三 高分院檢察處辦事現供斯職

官轉派充淮陰地方法院檢察官暫存江蘇

民國三十五年六月奉 江蘇高等法院首席檢察

原職

至三十四年十二月改編陸軍第九十六軍司令部仍繼任

民國三十二年二月任陸軍騎兵第二軍司令部簡三階軍法處長

民國三十一年十一月任暫編第十二師界首警備司令部同上校軍法處長

民國三十一年二月任界首警備司令部同中校軍法官

民國二十八年 月任陸軍騎兵軍司令部同中校軍法官

民國二十七年 月任陸軍騎兵第二軍司令部同少校軍法官

民國二十六年任陸軍騎兵軍司令部同上尉軍法官

閱

事由

日時

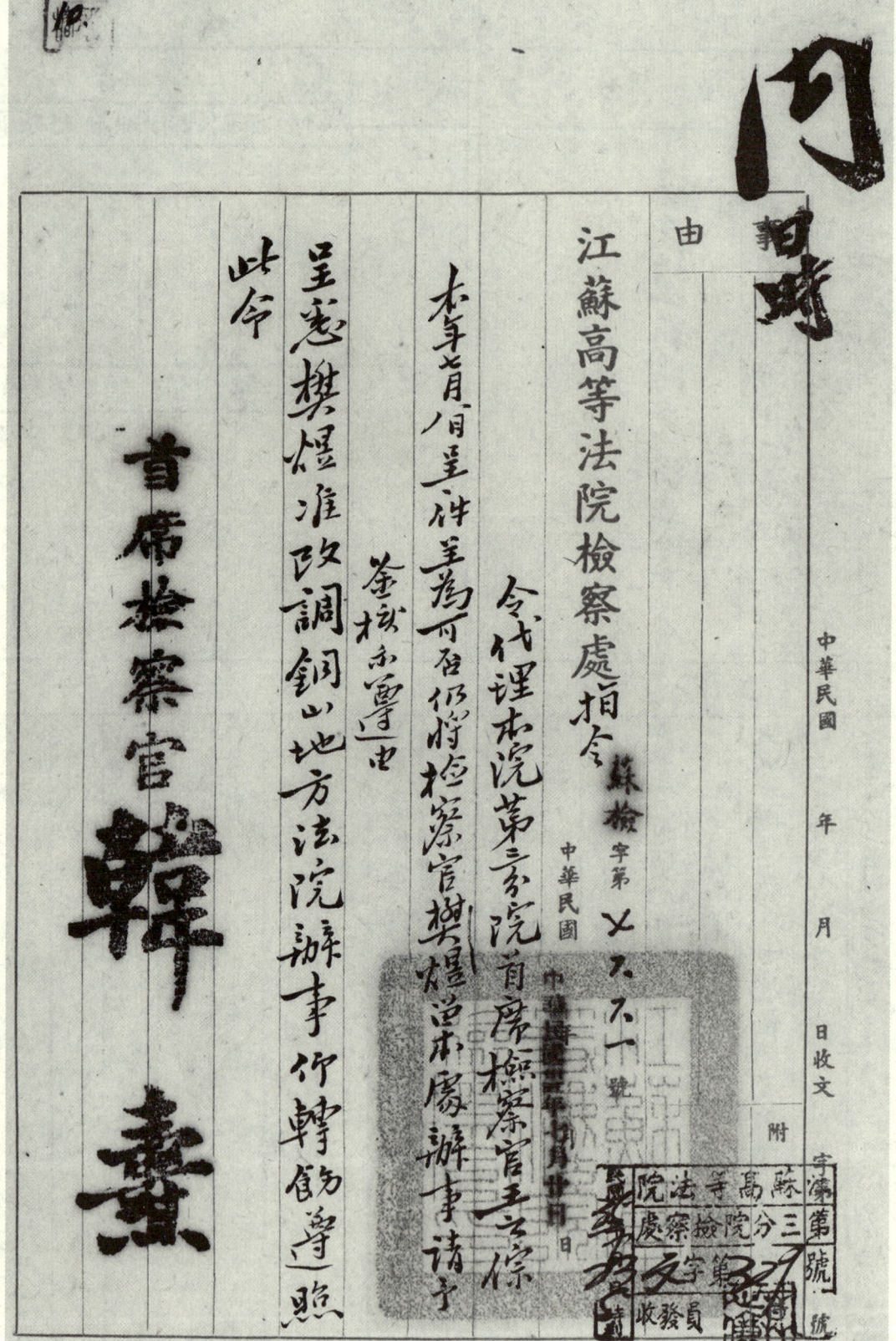

中華民國　年　月　日收文　字第　號

江蘇高等法院檢察處指令　蘇檢字第〤〤〤一號

中華民國　年　月　日

令代理本院第三分院首席檢察官王宗

本年七月八日呈一件呈為可否仍將檢察官樊熉留本處辦事請予

簽核示遵由

呈悉樊熉准改調銅山地方法院辦事仰轉飭遵照

此令

首席檢察官　韓燾

中華民國二十四年七月廿日

蘇高等法院三分院檢察處　文字第 3271 號　收發員

文別：訓令

送達機關：檢察官樊□□

為令知該員任用審查表件業已呈送並檢還原件由

首席

主任書記官

檢察官

書記官

中華民國三十五年八月五日	擬稿
月　日	核稿
月　日	繕寫
月　日	校對
月　日	蓋印
八月　日	封發

發文 徐義字第 三 號

令檢察官樊□□

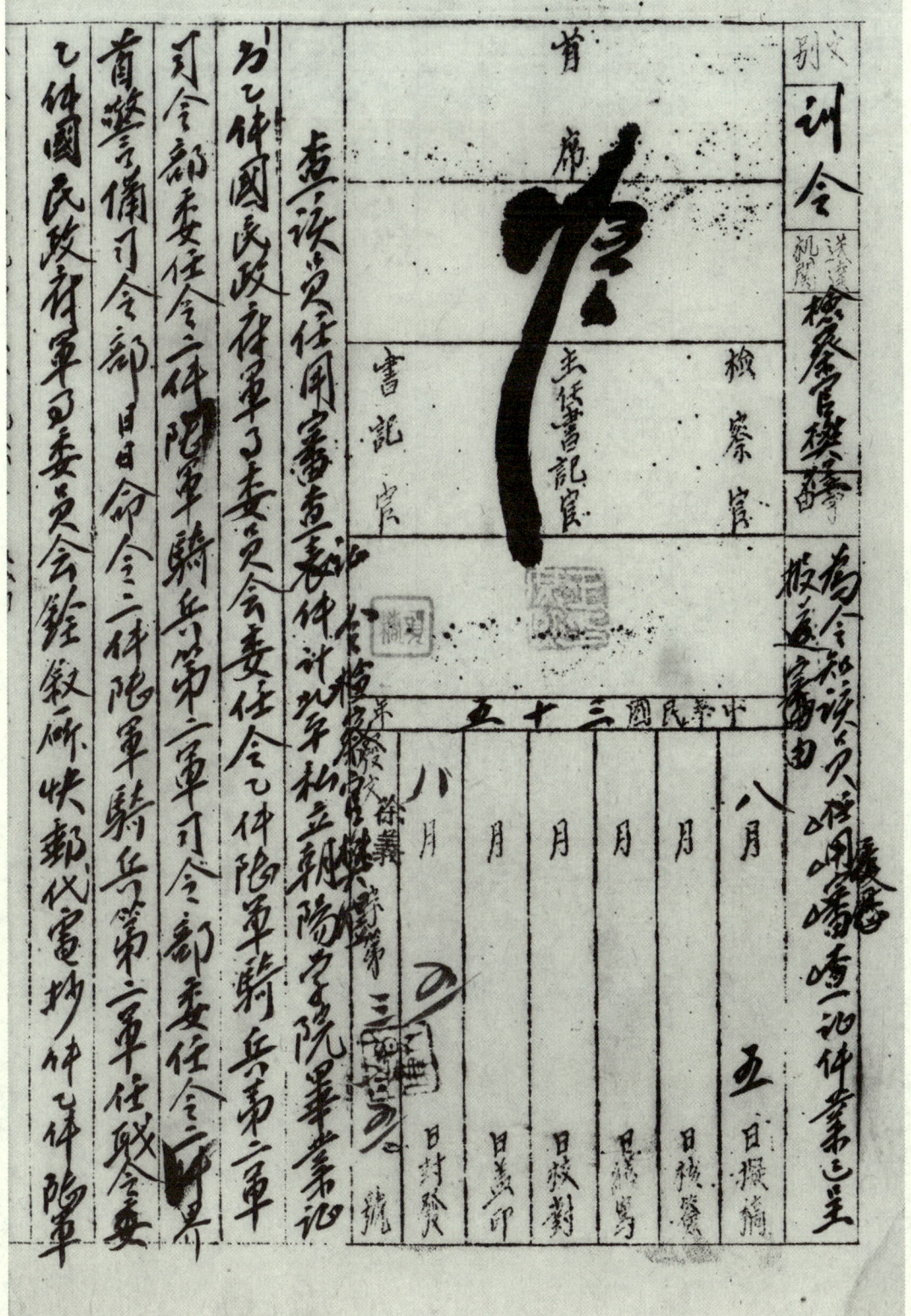

查該員任用審查表件，計北平私立朝陽學院畢業證書乙件，國民政府軍事委員會委任令乙件，陸軍騎兵第二軍司令部委任令二件，陸軍騎兵第二軍司令部委任令二件，暨首都警備司令部日日命令二件，陸軍騎兵第二軍任職令委乙件，國民政府軍事委員會銓敘廳快郵代電抄件乙件，陸軍

江蘇高等法院第三分院檢察處稿

第九十八軍司令部職員高戰證明書乙件業於七月八日轉

呈送審查案嗣後奉

江蘇高等法院檢察處蘇檢字第七八八八號指令以呈

件均悉除將該證件分別存轉外仰聽候審查表發

還等因奉此合行令仰知照

此令

首席

據呈請仍留檢察官樊煜在本院辦事由

中華民國　年　月　日收文

附

江蘇高等法院檢察處指令

檢字第八五一〇號

中華民國三十五年八月九日

令江蘇高等法院第三分院首席檢察官

三十五年七月二十七日呈一件為呈請仍留檢察官樊煜在本院辦事由

呈悉。該檢察官已調銅山地院辦事，仍飭遵照前令毋違。

此令。

首席檢察官　韓燾

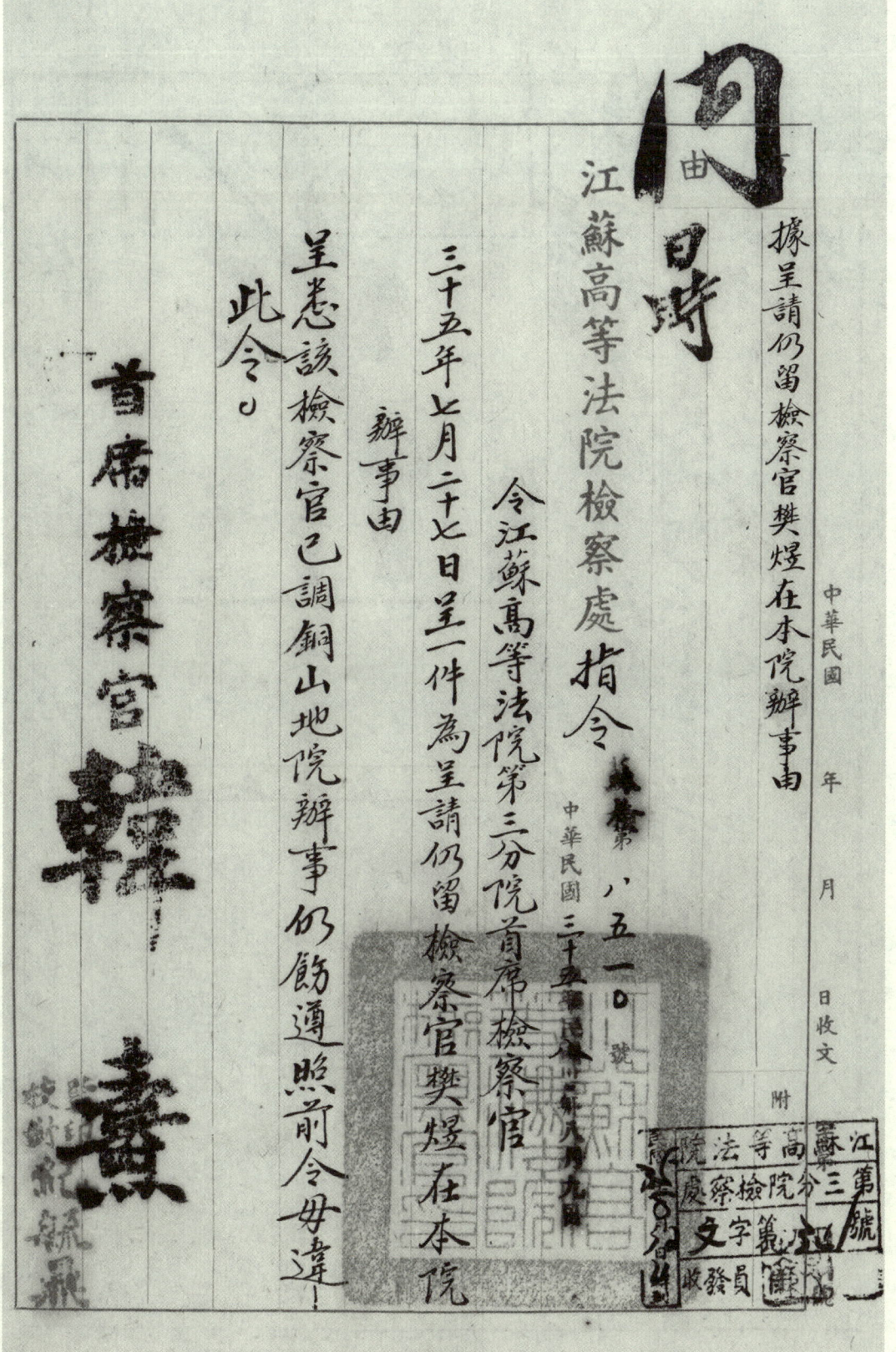

江蘇高等法院第三分院檢察處　第　號　文字第　收發員

文别	训令
送达	樊煜
事由	为奉饬该员改调铜山地院办事令仰知照由

首席

检察官

主任书记官

书记官

中华民国三十五年

八月十四日拟稿

月　日核稿

月　日缮写

月　日校对

八月十五日盖印

八月十五日封发

發文□字第三六九號

令检察官樊煜

案奉

江苏高等法院检察处苏检字第七九九一号指令内开：

「樊煜改调铜山地方法院办事，仰转饬遵照。」

等因，奉此，合行令仰知照。

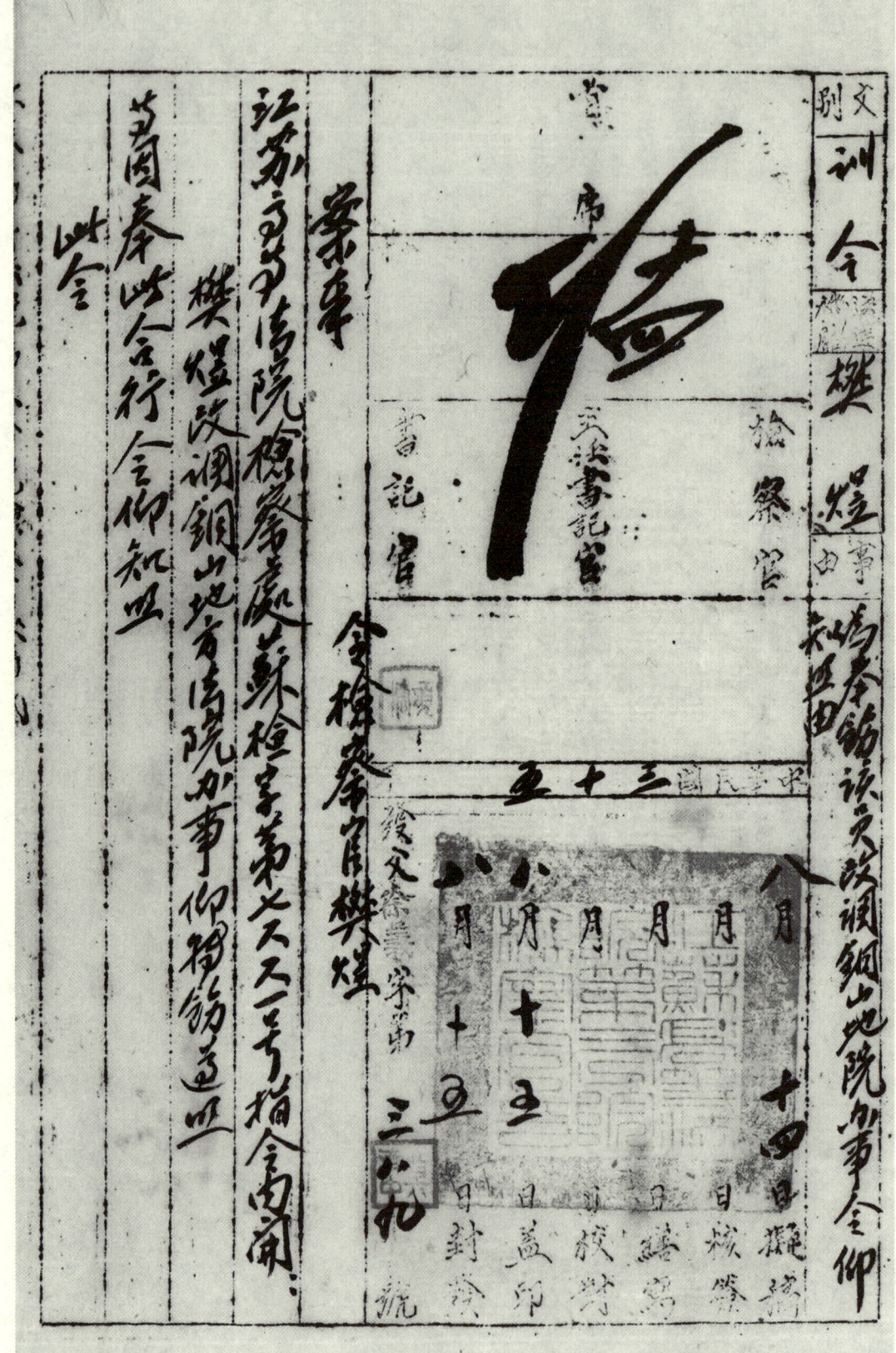

此令

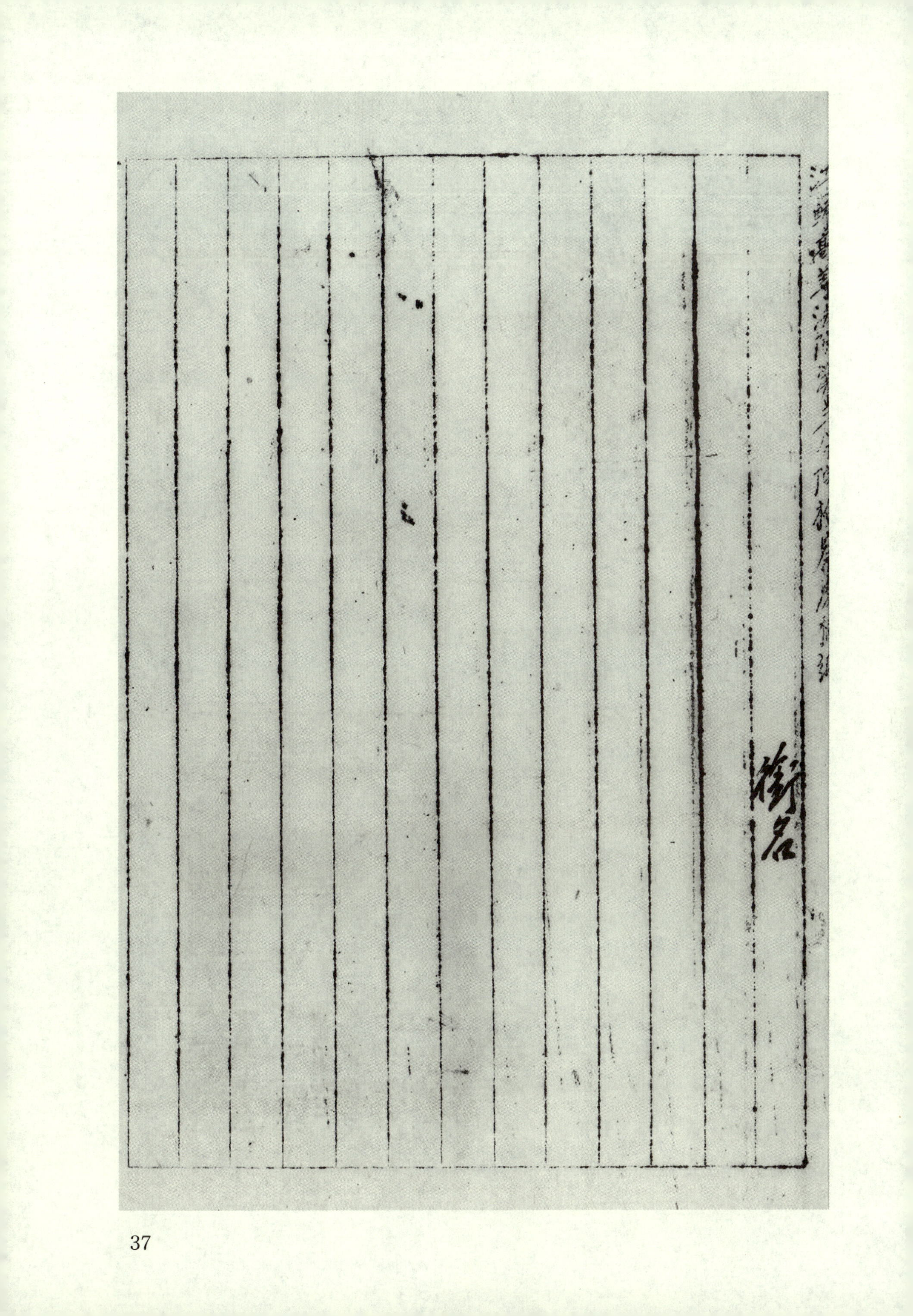

[illegible]

銜名

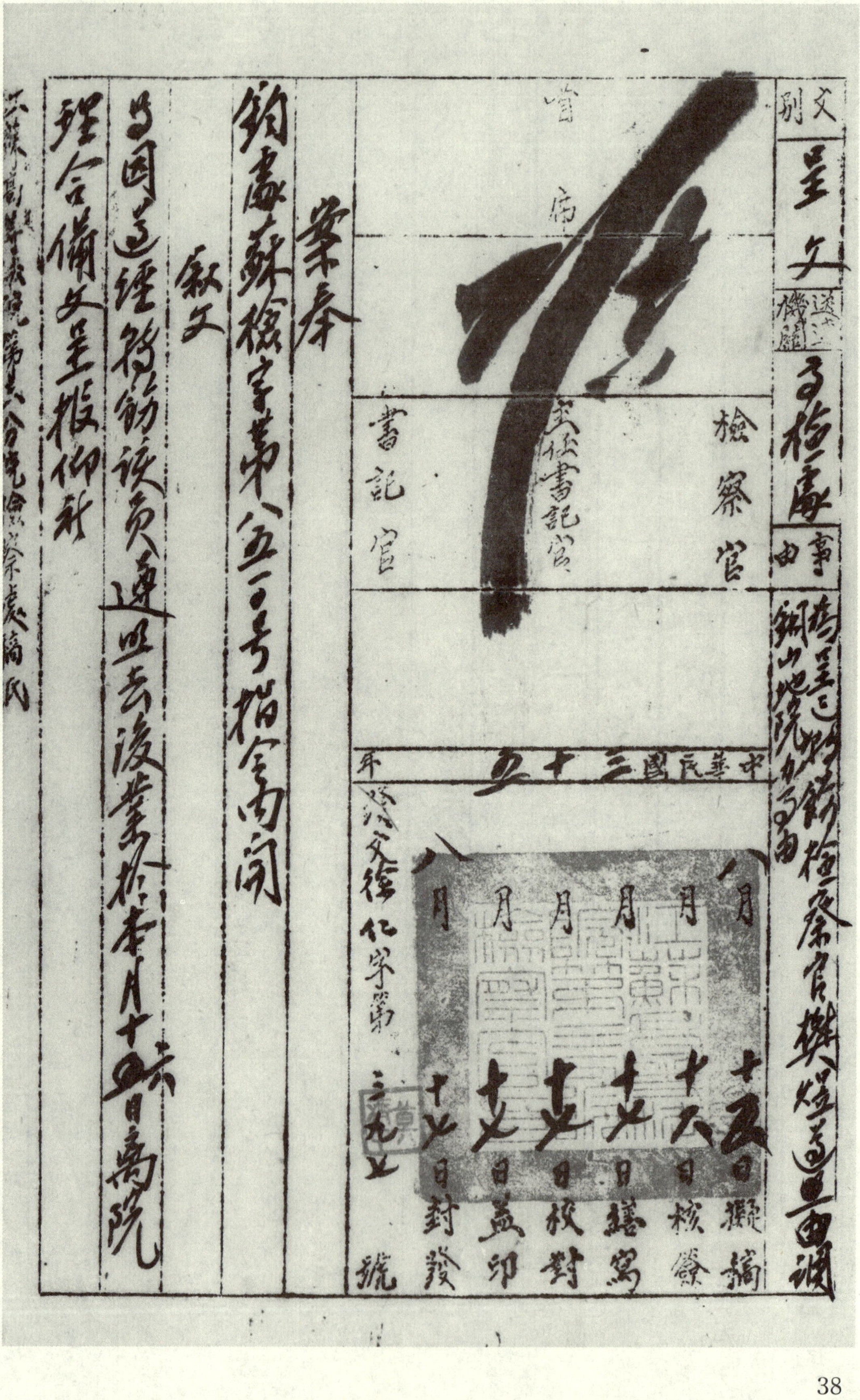

文別 呈文

機關 高檢處

事由 據呈送銷毀檢察官樊煜等遺失回函
銅山地院

中華民國三十五年

八月十五日擬稿
八月十六日核發
八月十六日繕寫
八月十六日校對
八月十六日蓋印
八月十七日封發

發文徐仁字第三九七號

檢察官

主任書記官

書記官

案奉
鈞處蘇檢字第八五〇一号指令內開
敘文
等因，遵經轉飭該員遵照去後，茲業於本月十六日寄院
理合備文呈報，仰祈
[illegible]

鑒核備查

謹呈

江蘇高院首席張

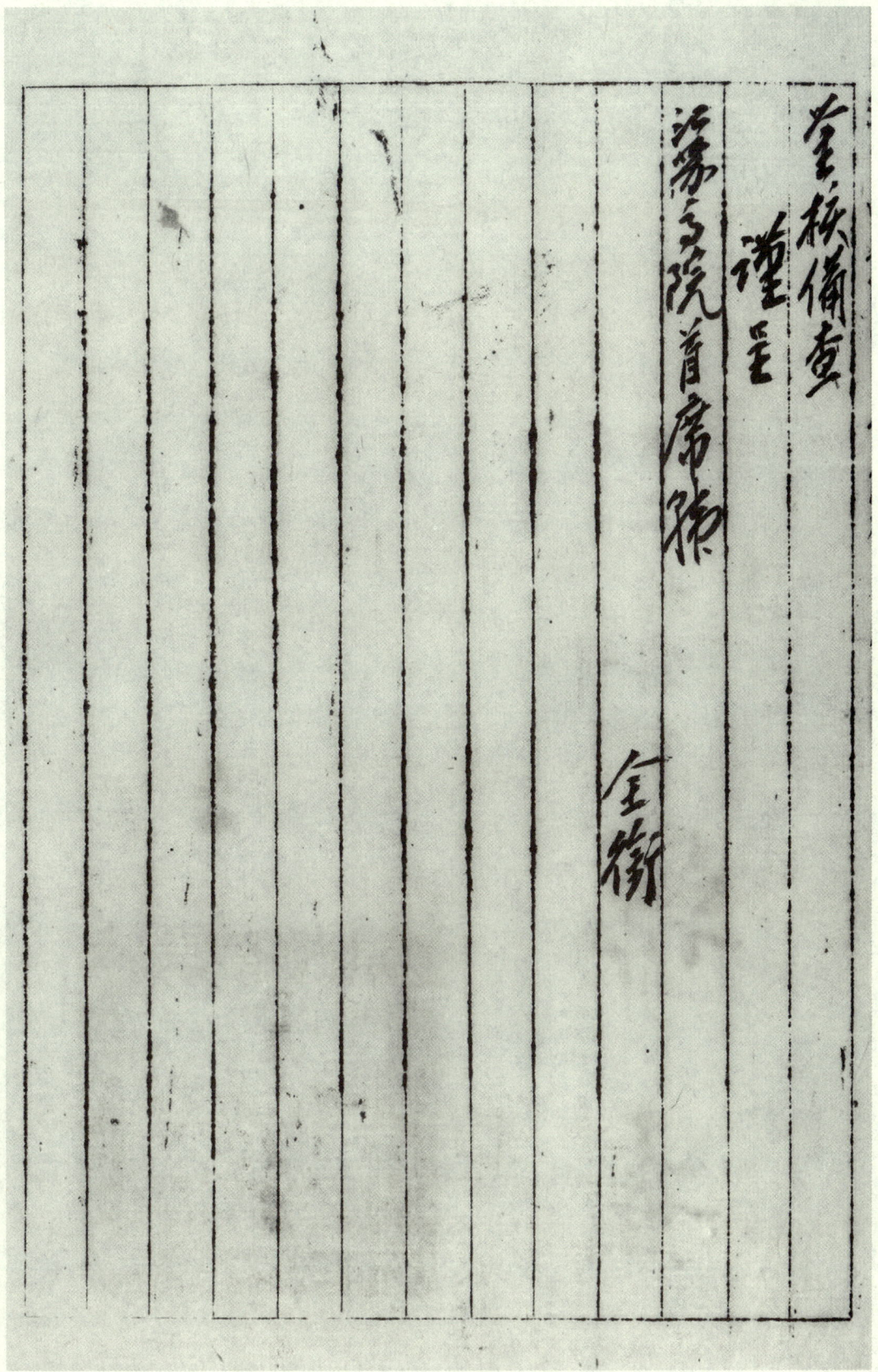

金衡

善榮 523

人

江蘇高等法院訓令

人字第七〇四〇號

民國三十五年四月八日

中華民國卅五年四月拾貳日發出 38

事由
奉令轉知該分院推事暨庭長懸缺茲以楊善榮核派由。

令本院第三分院院長陳珊

案

司法行政部本年四月一日京訓人一字第一三五零号訓令開：「查該院第三分院推事兼庭長懸缺，茲以楊善榮核派，叙荐任三級俸，除由部彙报動態外，仰將該員就職日期，按月彙报備查」等因；奉此。合行轉令知照，仍將該員就職日期，报凴彙轉並填具履歷三份，以資備查。此令。

院長 孫鴻霖

知照

18

69

19.

7

江蘇高等法院第三分院 呈 稿

事由：呈為呈報本院推事兼庭長楊善崇到職日期仰祈 鑒核備由

院長 [signature]

書記官長

書記官

民國廿五年四月廿日

交辦 廿日 附履歷表三份

擬辦 四月廿日 行

繕辦 月 日 發文院庭字第26號

印發 四月25日 封發 字第 號

案奉

鈞院本年四月八日人字第七〇四號訓令內開

「奉

司法行政部 錄原文至 以資備查」

等因；奉此，查該員業於本年四月十八日到院任職，理合填具履歷表三份，一併備文呈報，仰祈

鈞長核鑒。

謹呈

高等法院院長 鈞

附揭姜集之履歷表三份

金衡珠

職員履歷表

年　月　日填

姓名	出生年月日	學歷	考試	訓練	黨籍	青年團
楊善榮	民國紀元前十二年十一月十四日出生	安徽公立法政專門學校法律本科畢業 經由前司法部送入司法儲才館畢業	民國十五年冬经司法官考試及格	民國二十六年夏間調入司法院現任法官訓練所第三屆現任法官訓練班受訓	入黨年月：未入黨	

別號	性別	住址（現在）	住址（永久）	籍貫	外國文
仲華	男	本院	安徽巢縣柘皋西門	安徽巢縣	英日文

經歷

民國十八年三月经司法行政部部長魏派充湖南各地方法院候補檢察官同年四月湖南高等法院首席檢察官曹派充湖南長沙地方法院候補檢察官二十年七月司法行政部部長朱令派代理湖南長沙地方法院檢察官二十一年六月经銓敘部審查合格發給秘字第七五六號甄别证書二十三年三月司法行政部部長羅派署湖南長沙地方法院檢察官二十四年六月司法行政部部長王派署湖南高等法院第三分院檢察官二十五年十二月司法行政部部長王調署湖南高等法院第三分院推事三十年九月司法司行政部部長謝派署貴州高等法院第三分院推事三十一年三月司法行政部部長謝調署貴州高等法院第四分院推事同年十二月貴州高等法院院長劉令派暫代貴州高等法院第四分院院長職務三十二年四月仍回推事原職卅五年四月司法行政部部長謝調署江蘇高等法院第三分院推事兼庭長歷任湘黔等省法院檢察官推事及院長各職共十七年

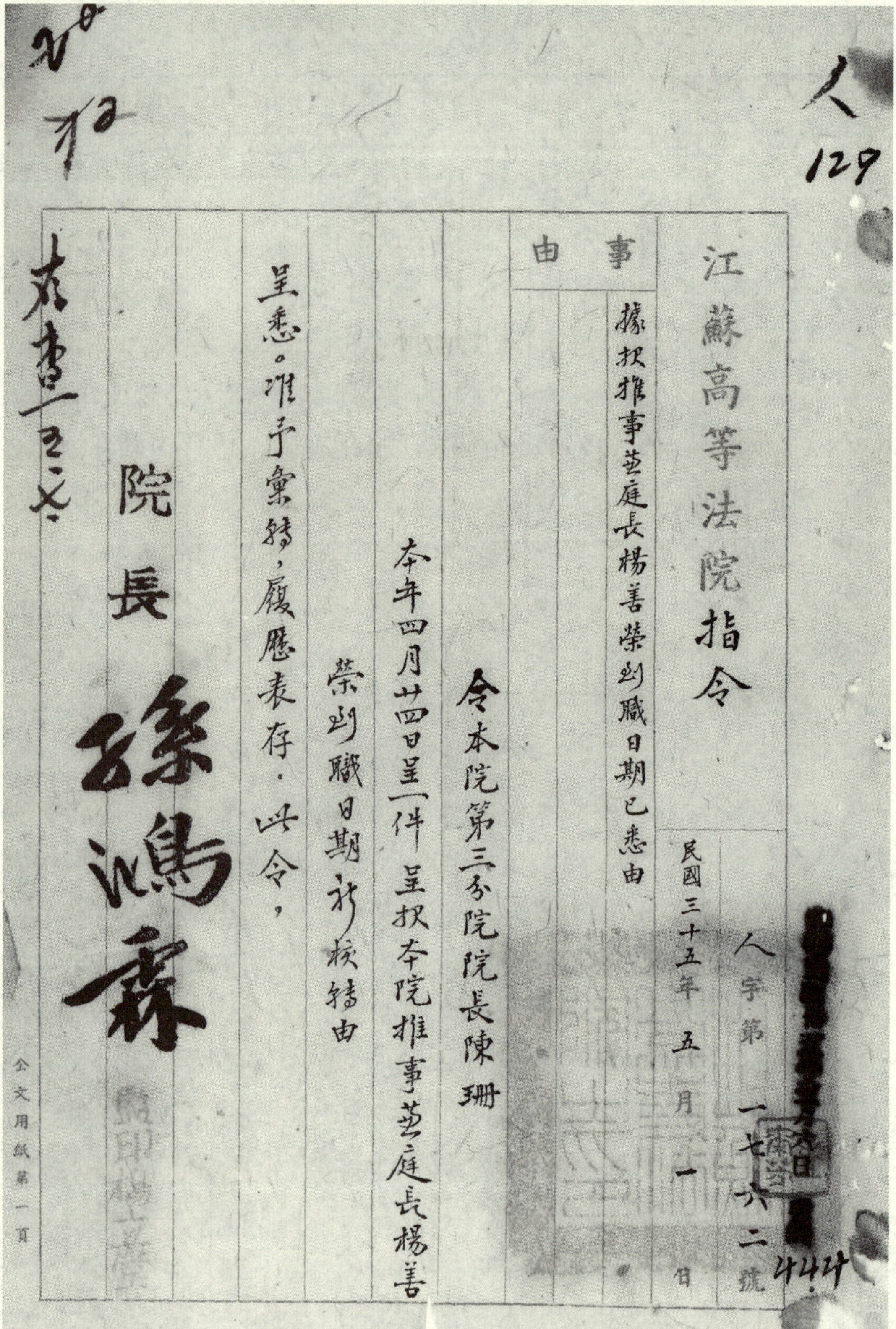
人
129

江蘇高等法院指令

人字第一七六二號

民國三十五年五月一日

事由 據报推事兼庭長楊善榮到職日期已悉由

令本院第三分院院長陳珊

本年四月廿四日呈一件，呈报本院推事兼庭長楊善榮到職日期祈核轉由

呈悉。准予彙轉，履歷表存。此令，

院長 孫鴻霖

公文用紙第一頁

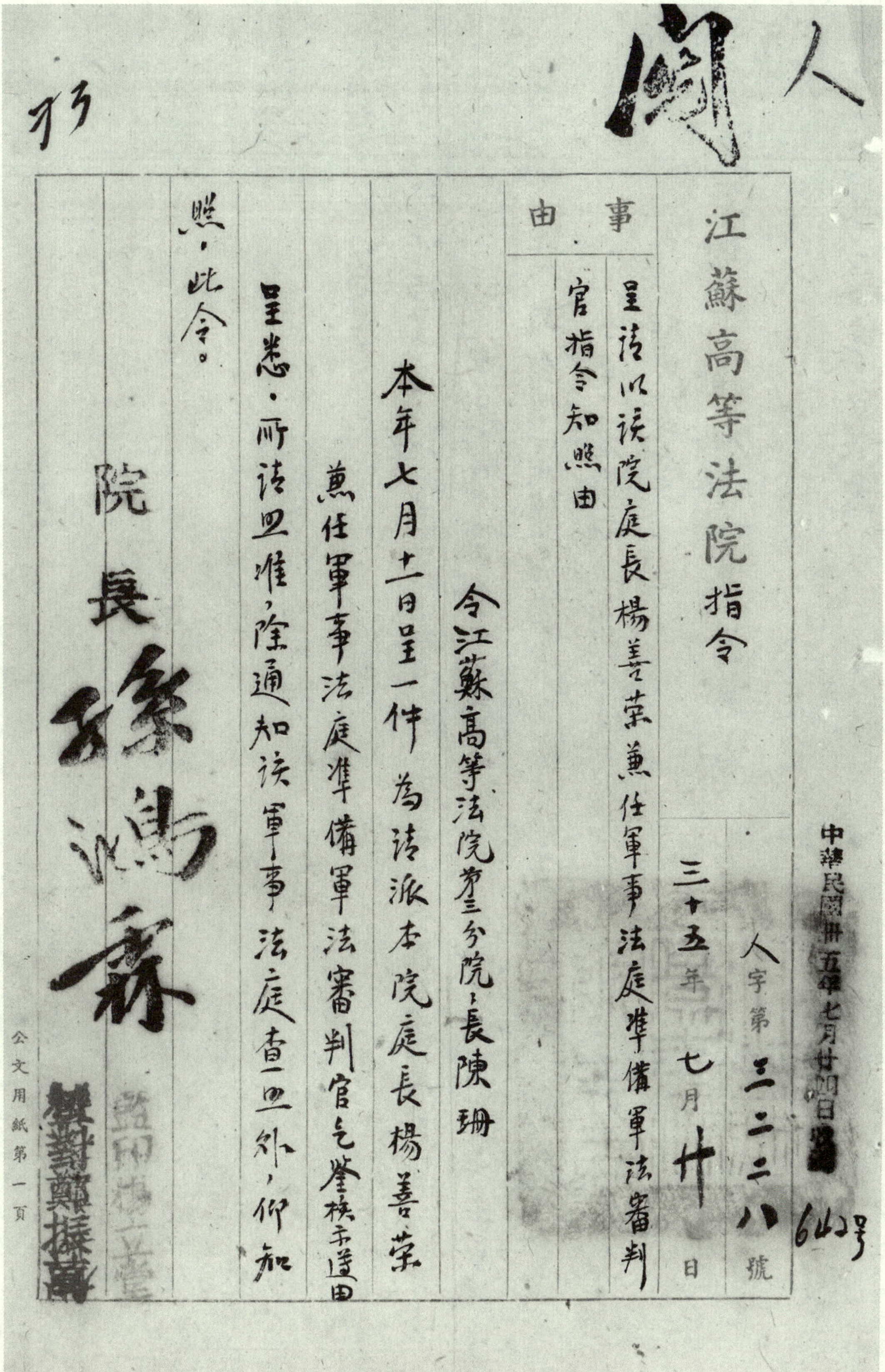

人 閱

行

江蘇高等法院指令

人字第三二二八號

三十五年七月廿日

中華民國卅五年七月廿四日 6102号

事由：呈請以該院庭長楊善榮兼任軍事法庭準備軍法審判官指令知照由

令江蘇高等法院第三分院院長陳珊

本年七月十二日呈一件，為請派本院庭長楊善榮兼任軍事法庭準備軍法審判官乞鑒核示遵由

呈悉。所請照准，除通知該軍事法庭查照外，仰知照。此令。

院長 孫鴻霖

公文用紙第一頁

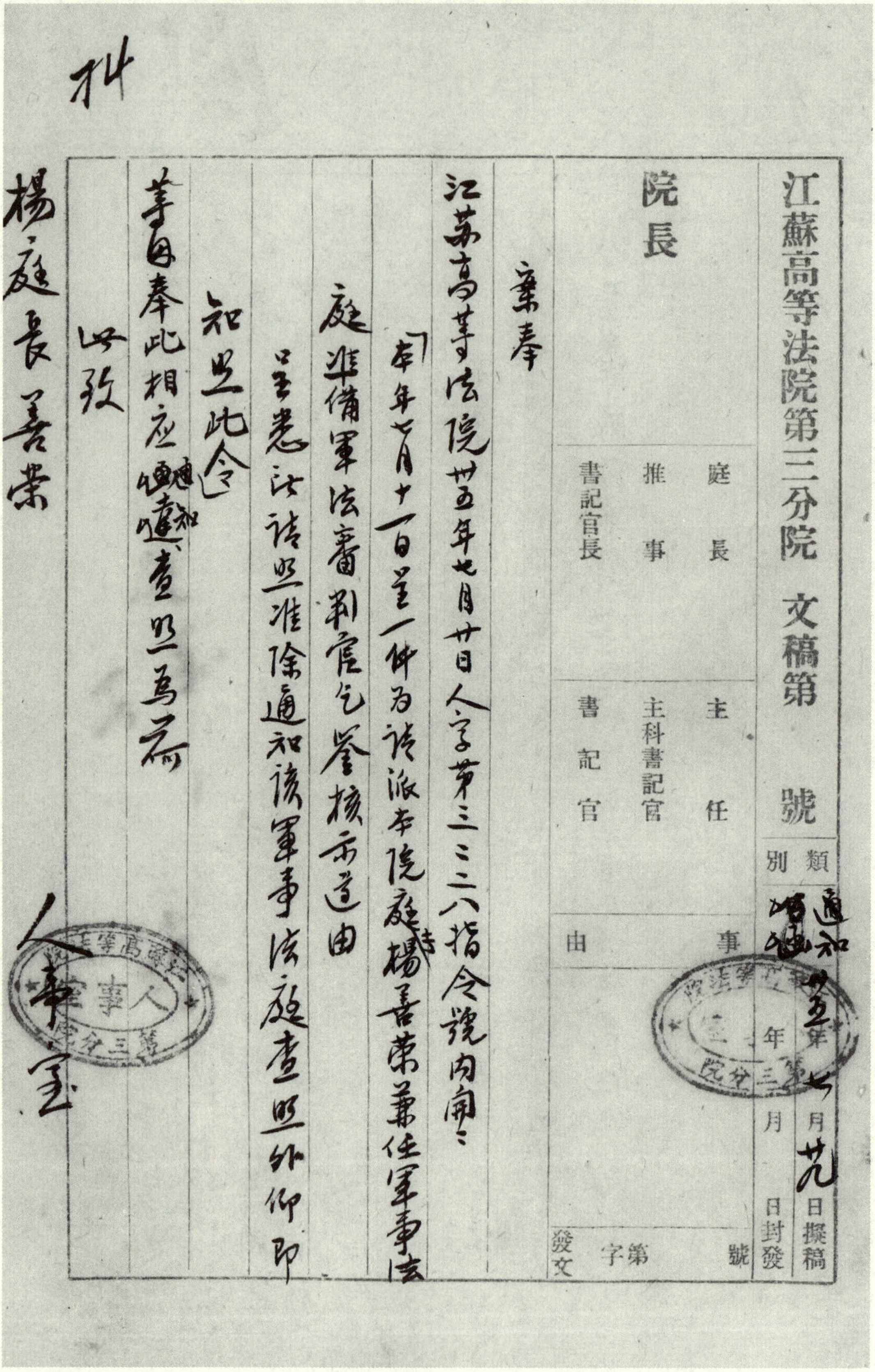
江蘇高等法院第三分院 文稿第　號

院長

庭長　推事　書記官長

主任　主科書記官　書記官

類別　事由　通知

卅五年七月廿九日擬稿

年　月　日封發

發文　第　字　號

案奉

江蘇高等法院卅五年七月廿日人字第三三二八指令號內開：

「本年七月十一日呈一件為請派本院庭長楊善棠兼任軍事法

庭準備軍法審判官乞鑒核示遵由

呈悉。該請照准，除通知該軍事法庭查照外，仰即

知照。此令。」

等因奉此，相應通知查照為荷

此致

楊庭長善棠

人事室

90
29

蘇高等法院 訓令

人字第六九〇號

由

奉令轉知該分院推事懸缺派錢松森代理由

三十四年十二月廿六日

令本院第三分院院長陳珊

奉

司法行政部本年十二月廿一日訓人一字第七七四四號訓令開：「查該院第三分院推事懸缺，茲派錢松森代理，除部令發由重慶實驗地方法院轉給外，飭將該員就職日期彙報備查」等因，到院，合行轉令知照，仰將該員就職日期，報憑彙轉。此令。

院長 孫鴻霖

楊立堂

公文用

99

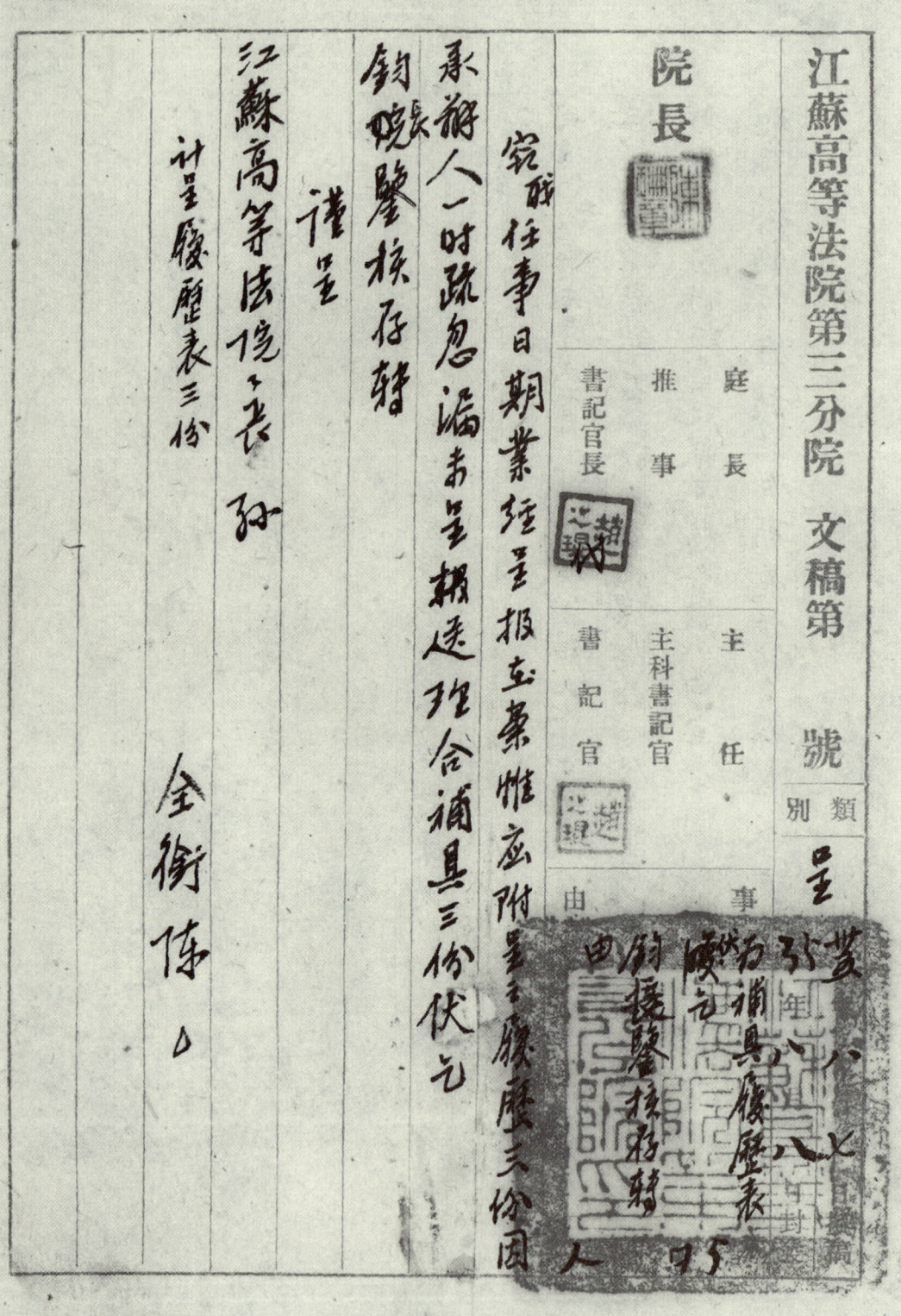

江蘇高等法院第三分院 文稿第 號

類別	呈

院長

庭長 推事 書記官長

主任 主科書記官 書記官

事由：為補具履歷表仰祈鈞鑒核存轉由

八月七日 八

竊職任事日期業經呈报在案惟應附呈之履歷三份因承辦人一时疏忽漏未呈報兹理合補具三份伏乞

鈞院長鑒核存轉

謹呈

江蘇高等法院院長孫

計呈履歷表三份

全衡陳○

職員履歷表

年　月　日填

姓名	陈珊
別號	海柯
性別	男
出生年月日	民國前六年七月
籍貫	江蘇泗陽
性行	溫和
體格	健強
通訊處	徐州馬市街59號
永久住址	泗陽老陳圩
學歷	國立中央大學法律系畢業；司法院法官訓練所第四屆法官班肄業
考試	中央及省市黨務從事司法工作人員考試初試再試及格
訓練	中央訓練團黨政訓練班第二十八期畢業
黨籍：入黨年月日	十四年三月十日
黨籍：地點	南京
黨籍：黨證字號	蘇字一〇〇九號
團籍	
專長及研究	
通曉外國語言	
著作與發明	

經歷

民國廿五年十月三日以正確推事分發安徽
派在安徽高等法院第一分院辦事
廿六年九月院令派代同院推事
廿七年二月分發湖南派充衡陽地方法院（以推事辦事）
辦事
廿八年一月改分貴州派充貴州高等法（以推事辦事）
院第二分院辦事
廿九年四月派署雲南高等法院第一分
院檢察官
仝年六月調署貴州大定地方法院院
長
卅三年一月調署貴州高等法院第四分
院院長
仝年四月兼獨山地方法院院長仝年十一月調訓兼任中央
卅四年五月兼靖江地方法院院長　訓練團訓育
卅五年十二月一日調任現職本年三月十日　幹事。
現任本年四月一日兼徐州綏靖公署
審判戰犯軍事法庭軍簡二階庭長

100

[illegible]啟印視事仰知照由

江蘇高等法院第三分院訓令 院字第 號

中華民國[illegible]

令江蘇銅山地方法院

案奉

江蘇高等法院三十五年二月十九日人字第六四號令開：「派本院第三分院推事錢松森兼代該院院長職務此令」等因並附發木質大印一顆文曰「江蘇高等法院第三分院印」奉此遵於同年三月一日啟用院印佈告視事除呈報並分函外合亟令仰知照并轉飭所屬知照！此令

兼代院長 錢松森

（印：江蘇高等法院第三分院印）

中華民國卅五年三月四日 收到

00128 145

事由 為令知接印視事日期仰知照由

閱

江蘇高等法院第二分院訓令 院字第十四號 民國卅五年三月廿二日

令江蘇銅山地方法院

案奉

司法行政部三十四年十一月一日人字第六九〇號令開：

「調派陳瑚署江蘇高等法院第二分院推事兼

院長此令」

等因奉此遵於本年三月十八日接印視事除呈報暨佈告

外合行令仰知照并轉飭知照

此令。

院長 陳瑚

中華民國卅五年三月廿三日收

135

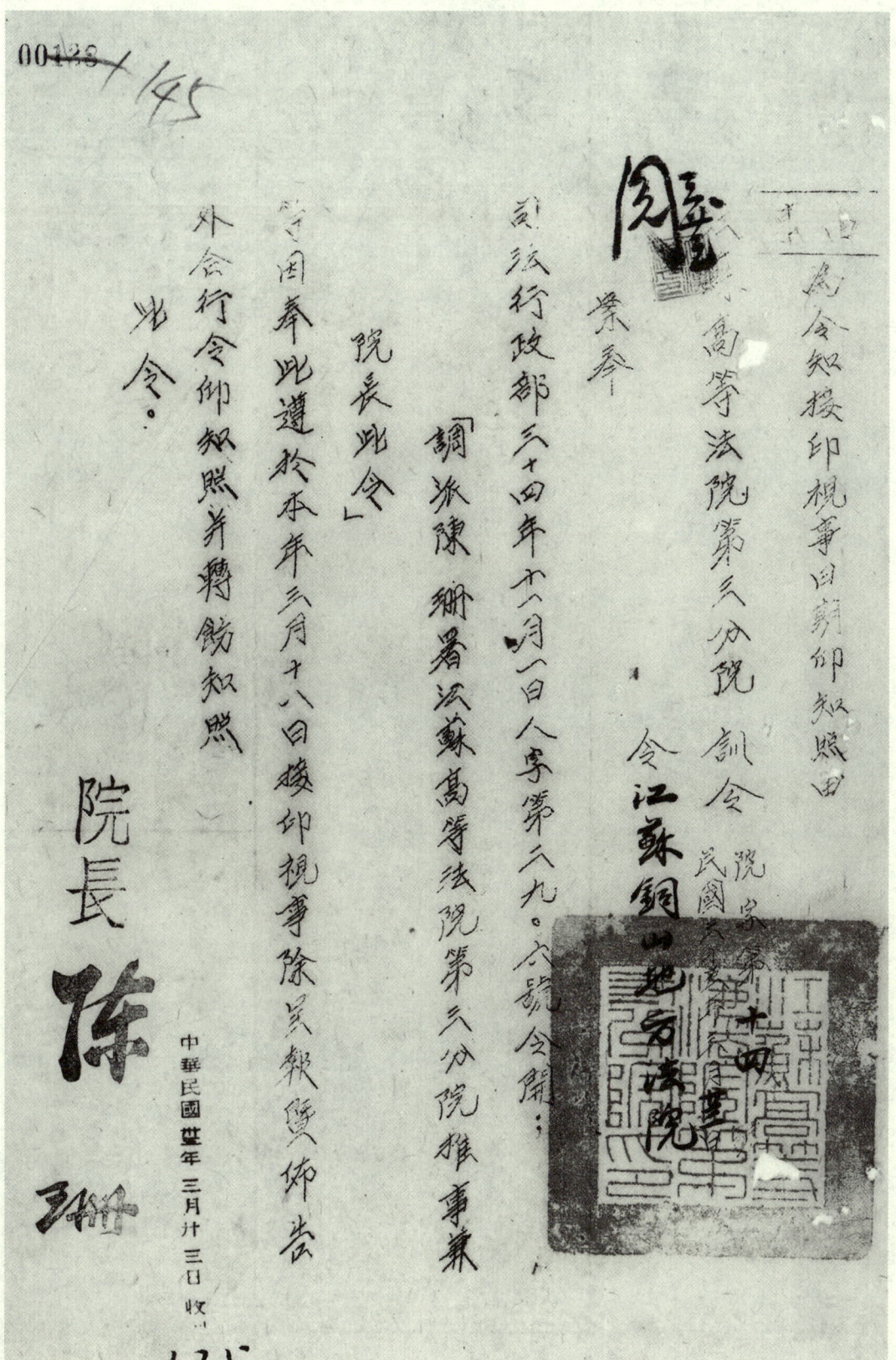

11. 000

閱

江蘇高等法院訓令

人字第四五〇號

民國三十五年三月四日

事由：令知派錢松森監盤該院交代事宜由。

令銅山地方法院院長仲漢楨、兼代職務夏秉蓉

查該院長等交代事宜，茲派本院第三分院推事兼代院長職務錢松森為監盤員，除分令外，合行令仰知照！

此令。

院長 孫鴻霖

中華民國卅五年三月十二日 收

79

公文用紙第一頁

507

桜田文474号

三月四日收

存查

江蘇高等法院第三分院公函

院字第四號

中華民國三十五年

敬啟者：

頃接高等法院三十五年二月十九日人字第六六四號令內開：「派本院第三分院推事錢松森兼代該院院長職務，此令。」等因。奉此，遵於同年三月二十日啟印視事，並正式開始辦公。除呈報並分令補告週知外，相應函達，即希查照為荷。此致

江蘇銅山地方法院檢察處

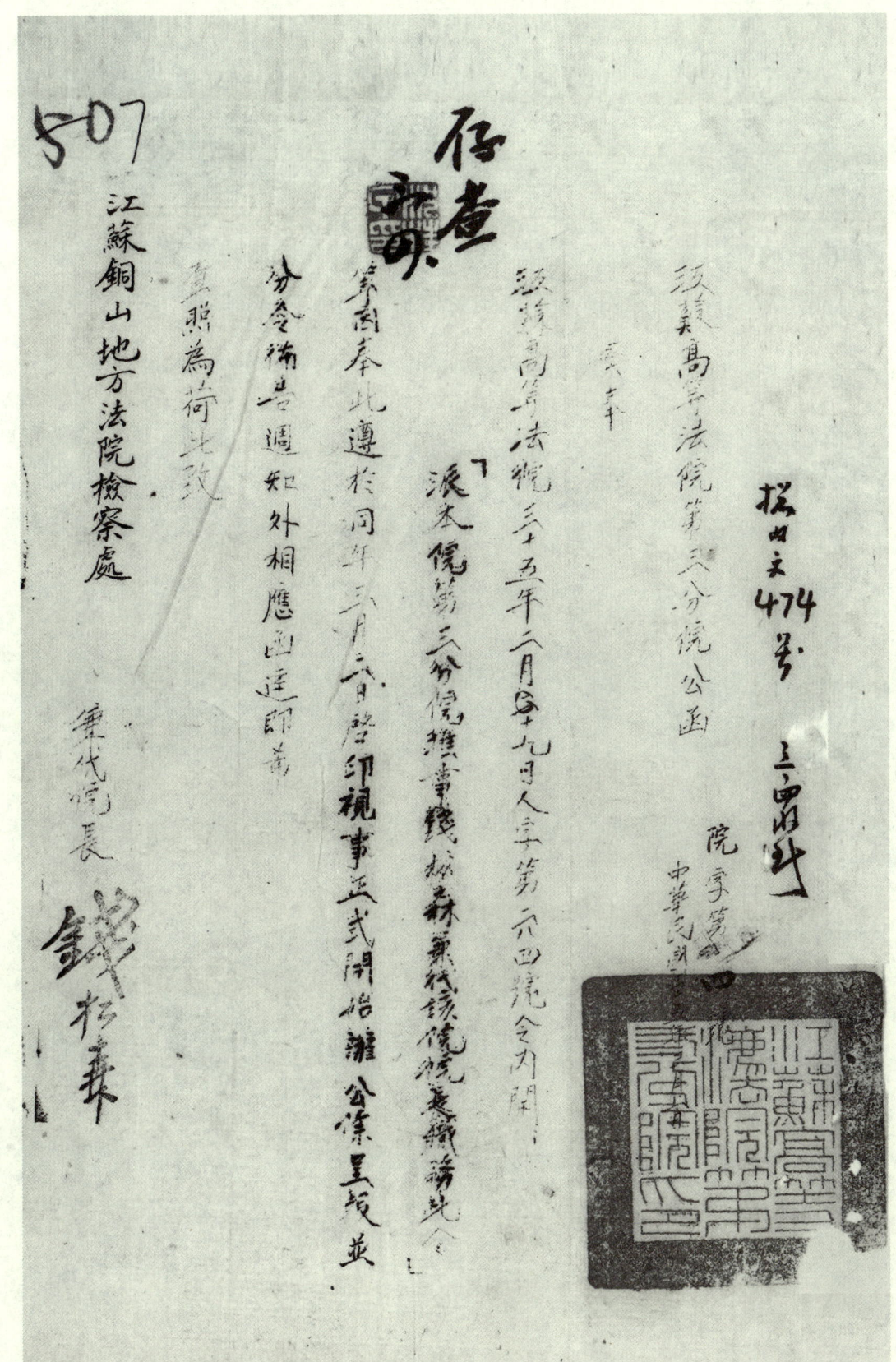

兼代院長　錢松森

附 15

存查

三、廿三、

事由
為函知接印視事日期即希查照由

據收文674號　三廿三收

江蘇高等法院第二分院公函

院字第十二號

民國二十五年二月廿二日

案奉

司法行政部二十四年十八月八日人字第二九〇〇號令開：

「調派陳琳署江蘇高等法院第二分院推事兼

院長此令」

等因奉此遵於本年二月十八日接印視事除呈報暨分行外相應函達即希

查照為荷

此致

江蘇銅山地方法院檢察處

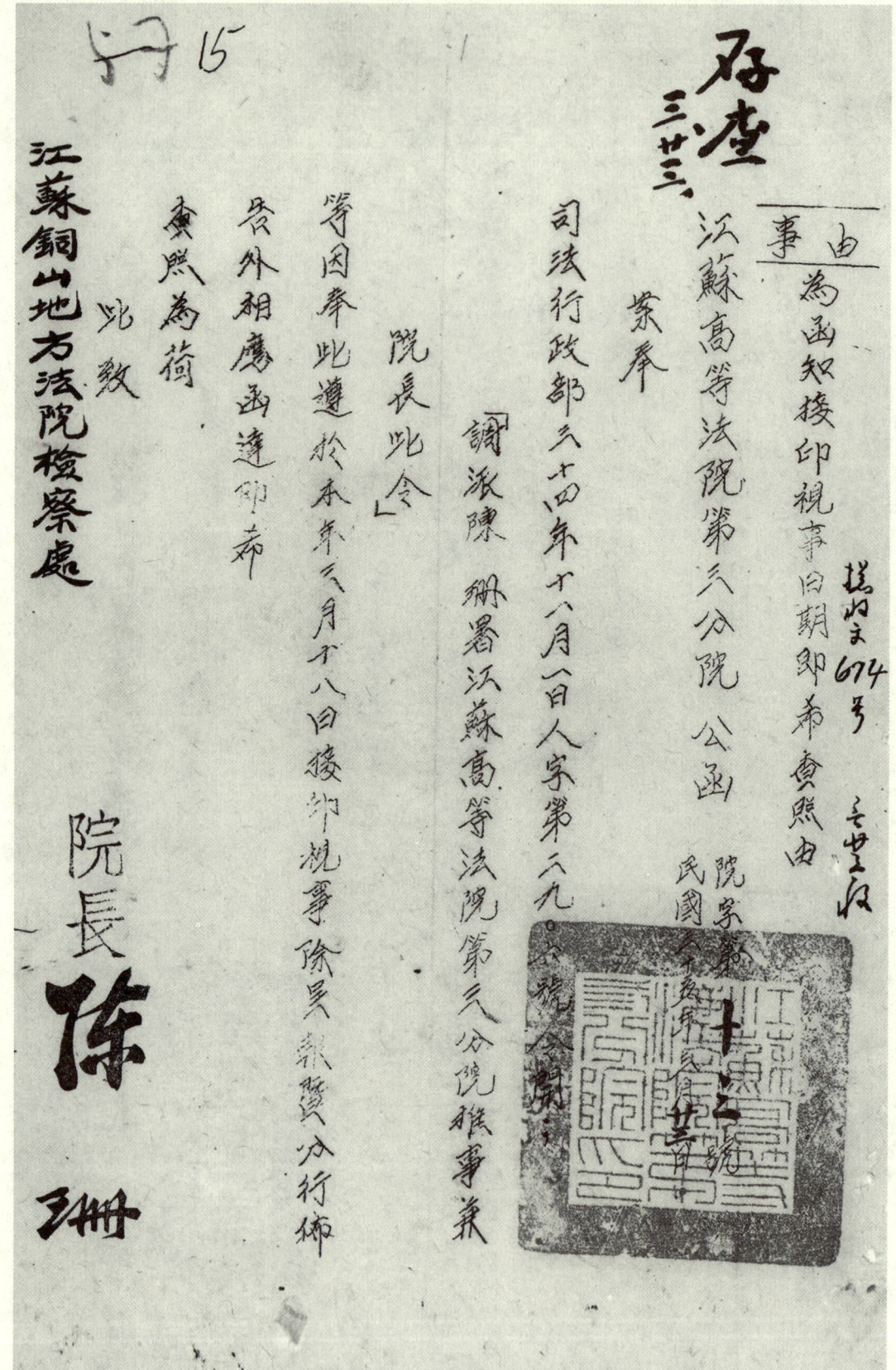

院長 陳琳

十

00041

47

呈

事由	擬辦	決定辦法	備考
為銅山律師公會籌備會正式成立請鑒核備案由	立案備查 六、廿八		
附件			

呈　字第　號　年　月　日　時到

收文　字第　號

48

具呈人銅山律師公會籌備會主任委員李　軒

為銅山律師公會籌備會正式成立呈請

鑒核備案事本會前於本年二月二十四日假農業中學舉行成立

會各機關代表及律師同人等到會十餘人並敦請

鈞院首席檢察官蒞會致訓行禮如儀並經確定軒為籌備會

主任委員趙修五律師孫士傑律師為籌備委員會址仍設於鼓

樓北街二六三號查律師登錄已有十餘人屆法定人數相距不遠

理合將本會正式成立情由具文呈報

鈞院鑒核備案謹呈

江蘇銅山地方法院首席檢察官

00042

49

具呈人李軒

李軒

50

中華民國三十

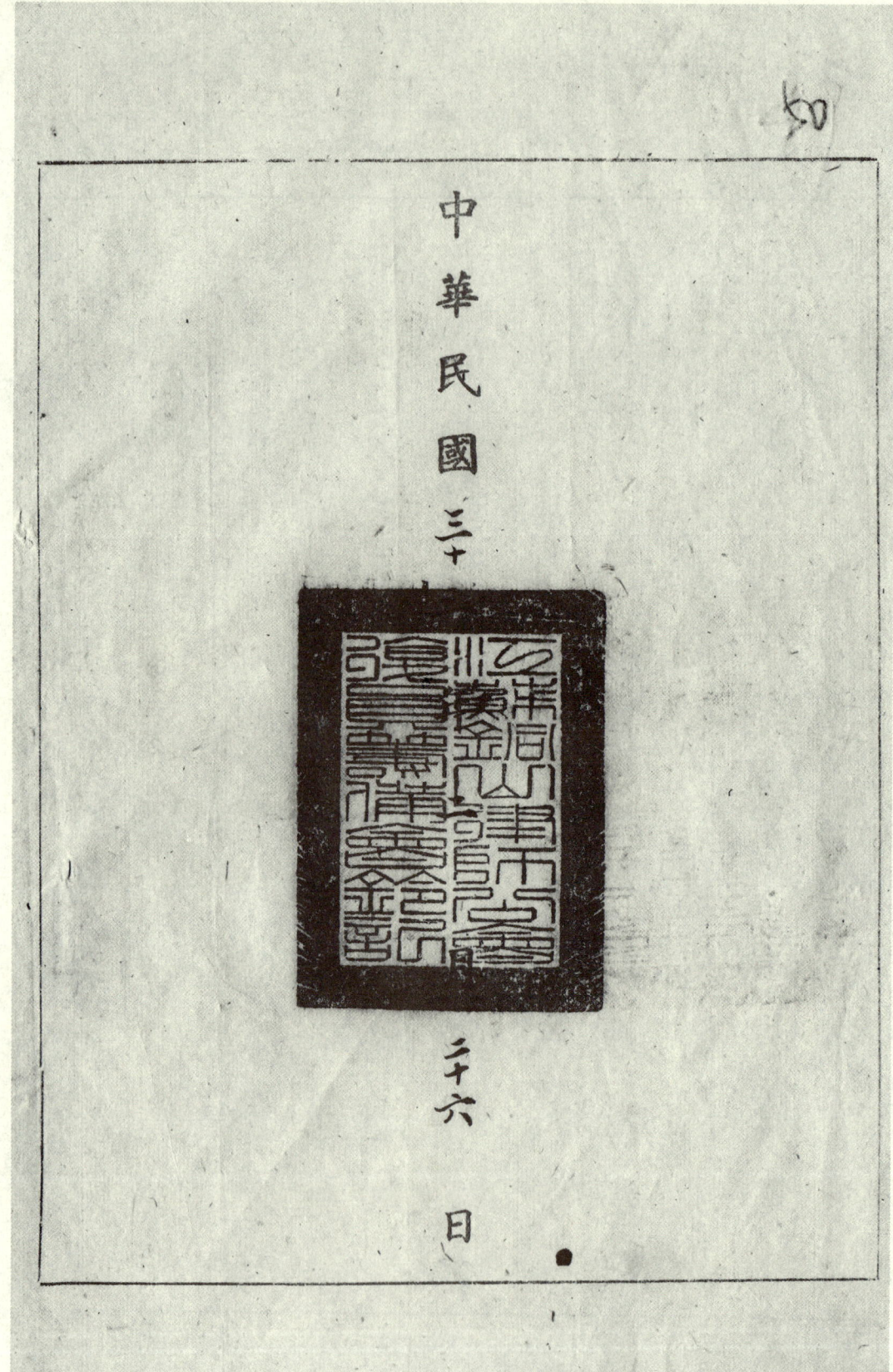

二十六日

江蘇銅山律師公會第[illegible]次大會會議紀錄

一、開會時間 三十八年五月[illegible]日下午四時

二、開會地點 徐州市大同街[illegible]飯店

出席者

高三分院檢察官張鳳翥　銅地院院長仲漢楨

銅地院首席檢察官沈治邦　綏署政治部代表賈　強

徐州市政府代表王毓英　徐市黨部代表孫克淑

銅山縣政府代表宋允文　銅山縣黨部代表蔡禾英

徐報社代表繼春霖　正義日報社代表梁　青

律師趙修文　孫大傑　劉永壽　王崎陵

莊允明　張龍揚　王步祥　張道振

張為漢　胡毓傑　祁慶墉　劉德煒

姜與基　魏多蘭　李　軒

缺席律師　黃永明

主席　李軒

紀錄　胡毓傑

二、開會如儀

三、主席報告。

1、勝利復員後一年內本會籌備之經過。

2、高二分院暨銅地院核准登錄業已参加本會之律師計趙修文等十八人、已滿法定人數、本會自應正式成立。

3、本會在復員籌備期間、多蒙徐市各界力予贊助、深表謝忱、並對本會前途之展望。

高二分院張檢察官鳳翥訓詞畧謂我國律師制度、不同于英美、並非強制的而為自由選任與否均可、銅山律師公會風紀良好、今後更資砥礪。

銅地院仲院長漢楨訓詞、畧謂律師為法院組織之構成要素、係奉指定案件、諸同仁均能按時盡力協助、足見同仁對於律師道德之重視、以後希望本此精神繼續努力。

銅山地院沈首席檢察官治邦訓詞、

1、本人于復員之初、因負代院長到徐、律師人數寥寥、不得已援照蘇東台前例暫以籌備會代正式公會、現律師人數已滿法定正式成立

2、本人非常快慰。

人
133

[illegible]卅五年五月六日
[illegible]
450

江蘇高等法院指令

人字第一七八四號

三十五年五月二日

事由：據呈准以王璧春等派代該分院書記官檢發院令二件仰轉給領由

令本院第三分院院長陳珊

本年四月廿四日呈二件為呈請委派王璧春王学思充任本院書記官及祈核委由

兩呈暨履歷表均悉。該分院書記官懸缺，准派王璧春王学思二員代理，各暫支委任十二級俸，院令附發，仰轉給領，仍將該員等就職日期，呈報備查，並飭檢取證件縂冊，填具任用審查表，呈候核轉，此令。

附發院令二件。

院長 孫鴻霖

奉仰
轉飭知照 五.七

公文紙第一四

校對

職員履歷表

填 日 月 年

姓名	出生年月日	學歷	考試	受訓
王肇泰	民國五年五月六日生	北平輔仁大學文學院政治系畢業 江蘇省立淮安高中畢業	各級入學考試	江蘇省高中學生集中軍事訓練

別號	性別	住址（現在）	住址（永久）	籍貫
冠東	男	徐州福國街四十四號	宿遷富貴街四十一號	江蘇宿遷

黨團籍

入黨年月	地點	黨證字號	入團年月日	地點	團證字號
民國廿五年六月	鎮江	未領			

特殊技術與著作	方言種類	外國文種類	考察國別	研究學科
	國語	英文		政治學

經歷

民國三十年三月充任陸軍第八十九軍三十三師第九十七旅第一九四團上尉軍需三十一年一月調充三十三師政治部少校科員三十二年六月調充陸軍獨立第六旅少校軍需卅四年九月任徐州雲龍中學校事務主任兼高中部公民科教員等職

91

職員履歷表　　年　月　日填

姓名	王學思
別號	繼聖
性別	男
籍貫	江蘇睢寧縣
通訊處（現在）	江蘇高等法院第三分院
通訊處（永久）	睢寧縣高作鎮
學歷	上海公立中國公學法學院法學系畢業
考試	
受訓	
國外留學	
語文	國語　外國文：英文

經歷

民國二十四年任如皋縣政府第一科一級科員

民國二十五年任第五戰區第五游擊司令部第二支隊上尉書記官

民國二十六年任睢寧縣縣政府第一科科長

民國二十七年任安徽第七區行政專員公署官鹽統制總處五河縣分處處長等職

44

江蘇高等法院第三分院 文稿第 號

院長

庭長 推事 書記官長

主任 主科書記官 書記官

類別：呈

事由：呈為呈報書記官高鴻翥、黃溍民、武山谷等到職日期仰祈鑒核由

卅五年六月十二日撰稿

卅五年六月十五日封發

發文人字第65號

案奉

鈞院本年五月十五日人字第二〇三九號指令飭將本院書記官高鴻翥、黃溍民、武山谷等到職日期具報備查等因，奉此。查高書記官高鴻翥于本年三月廿五日，黃溍民于同年四月一日，武山谷于同年三月十八日均先後到職任事，理合備文呈報，仰祈

鈞長鑒核。謹呈

江蘇高等法院院長 邵

全銜陳○

00027 45

江蘇高等法院第三分院行政卷宗

文牘科民國三十五年（文）字第拾七號第　冊

行政紀錄檔民國　年（　）字第　號第　冊

事由

處理戰犯法令卷宗

書記官長

書記官

附記

民國　年　月　日歸檔

行政卷宗殼面

00028 46

1. 密不摘由

2. 奉令為調查敵人罪行應包括法義兩國仰知照由

3. 為抄發法院處理漢奸並飭知敵國人民處理條例施行細則已廢止令仰知照由

4. 密不摘由

5. 奉部令准軍令部函為日本官兵於日政府投降後故意盜賣或毀壞軍械者應依軍法審判由

6. 密不摘由

7. 奉令為戰罪調查小組會同遠東國際軍事法庭檢察處調查〻〻由

8. 奉令以國民參政會建議以一般宗教團人無罪正其[illegible]一案轉令遵照由

9. 奉令日韓籍罪犯不得擅予遣送回國轉飭知照由

10. 奉令修正法院處理[illegible]條文令仰知照由

11. 奉令飭知對義附敵戰爭結束日期轉令知照由

12. 奉令關於戰犯之逮捕及引渡應由外交部經辦轉飭遵照由

13. 密不摘由

14. 密不摘由

江蘇高等法院第三分院

通用紙

查明具報

周

存

00029 47

事由 案

江蘇高等法院訓令 文字第 號

中華民國 年 月 日

中華民國卅五年 月 日 收到 1419 170

令 本院第三分院

中華民國卅四年十二月拾八日

奉

司法行政部三十四年八月二十七日訓刑字第五二〇三號令查關於調查敵人罪行案件迭經本部通令迅速辦理在案現戰事行將結束淪陷各地區亦均相繼收復所有有關敵人罪行資料自應火速搜集以資運用合再檢發敵人罪行調查辦法敵人罪行種類表及調查表結等件令仰該院長首席檢察官迅即翻印轉發各地司法機關即日指定專人負責依法查報並於進入淪陷區域時將敵人罪行調查辦法及敵人罪行種類表連同下列(一)凡親睹或身受敵人暴行者均可向當地司法機關控告並請求調查填具表結呈部(二)前項親睹或身受敵人暴行者亦可將暴行事實日期地點及暴行人姓名職位與其所屬長官之姓名職位等作一詳細報告(不拘格式用墨筆繕寫)並開明報告人姓名籍貫住址職業簽名蓋章呈遞縣司法機關核辦(三)同一案件見証人或被害人不止一人時可聯名辦理被告不止一人時亦應併案辦理(四)如

地院查表用办

48

有有関証據應一併呈繳縣司法机関核辦各項一併佈告人民週知各縣司法机関審核此類案件對於暴行人及所屬長官姓名職位填載或報告不詳者亦應儘可能商請當地軍政机関協助設法查填以期迅速仰即遵照并轉飭所屬一體遵照等因。查敵人罪行調查辦法、調查表、具結須知、結文甲乙二式、罪行種類表，前經本院令發飭遵在案。茲奉前因，除分行外，合行令仰遵照前發表式，詳切查明填載具報，勿延為要！

院長　孫鴻霖

首席檢察官　韓燾

事由　密不摘由

江蘇高等法院訓令

文字第一四九號

民國三十五年一月二十四日

令本院第三分院

奉

司法行政部三十五年一月七日訓渝參字第七三二號訓令內開：「案准軍事委員會上年十二月三日亥宮字第一一五八號代電檢送戰爭罪犯處理辦法及戰爭罪犯審判辦法與軍政部戰犯拘留所編制表及陸軍總司令部、各戰區長官部、各方面軍司令部戰犯拘留所編制表到部，合將原送該項辦法及編制表抄發令仰知照，并轉飭所屬一体知照」等因，并抄發戰爭罪犯處理辦法、戰爭罪犯審判辦法及編制表各一份。奉此，除分令外，合行抄發原件令仰知照。此令。

46

計抄發戰爭罪犯處理辦法戰爭罪犯審判辦法軍政部戰犯拘留所編制表及陸軍總部各戰區長官部方面軍司令部戰犯拘留所編制表各一份

院　長孫鴻霖

首席檢察官韓燾

00034

戰爭罪犯處理辦法

民國三十四年十一月呈奉委員長核准

第一條 日本戰犯之逮捕應俟日軍繳械集中完畢在不妨礙受降工作及地方安寧秩序之範圍內由軍令部斟酌實際情況呈請軍事委員會委員長隨時以命令行之

第二條 負有執行投降命令之戰犯應俟投降任務完畢時逮捕之但在逮捕前應予以密切之監視

第三條 全國各受降區日俘進入集中營後該集中營主任應即發給日軍官佐士兵僑員經歷表令其各填寫四份分呈戰爭罪犯處理委員會軍令部陸軍總司令部及所屬戰區司令長官部或方面軍司令部備查

第四條 前項表格經審查後如發現有戰犯時應令行逮捕之隸屬於日軍官兵善後總連絡部之戰犯由軍令部將戰犯名冊令行各戰區司令長官部及方面軍司令部轉飭所

58

屬駐軍及憲兵隊等協同各該區之日俘(僑)集中營逮捕之各戰區司令長官部或方面軍司令部如確知戰犯之犯罪事實或經人民告訴告發罪証確實者得逕行逮捕之

第五條 隸屬於日本政府之戰犯由戰犯處理委員會函請外交部照會美國政府轉飭日本本土佔領軍最高統帥逮捕後交付之

第六條 在東北九省之戰犯由戰犯處理委員會函請外交部照會蘇聯政府轉飭遠東紅軍總部逮捕後交付之

第七條 戰犯脫逃者由軍令部令行通緝之

前項戰犯逃出國境後如確知其所在時由外交部交涉逮捕之

第八條 應由同盟國特設機構審判之戰犯經逮捕後由軍政部所設之戰爭罪犯拘留所羈押之

第九條　應由我國軍事法庭審判之戰犯經逮捕後由陸軍總司令部或所屬戰區司令長官部或方面軍司令部所設之戰爭罪犯拘留所或軍政部指定之處所羈押之

第十條　前二條規定拘留所之編制另定之

第十一條　戰爭罪犯審判辦法另定之

第十二條　各軍事法庭審判戰爭罪案件確定後應將裁判書呈送戰爭罪犯處理委員會備查

第十三條　戰犯經判決處刑確定後應送交軍政部指定之陸軍監獄或其他處所執行之

第十四條　本辦法於非日籍之戰犯準用之

第十五條　本辦法自呈奉　軍事委員會委員長核准之日施行

00036 60

戰爭罪犯審判辦法

第一條　日本戰爭罪犯除應由同盟國特設之機構審判者外依本辦法審判之本辦法未規定者適用陸海空軍審判法及刑事訴訟法

第二條　前條戰爭罪犯由陸軍總司令部或犯罪地或犯人所在地之戰區司令長官部、方面軍司令部組織軍事法庭審判之與戰區司令長官部及方面軍司令部之區域由軍政部或中央最高軍事機關組織軍事法庭審判之

第三條　軍事法庭應由所屬軍事機關派遣之軍法官三人及所在省區之司法官二人組織之

第四條　軍事法庭以司法官為庭長及審判長

第五條　軍事法庭需用之書記官通譯等職員由所屬軍事機關之長官任用或向其他機關調用之

61

第六條　軍事法庭員額及經費預算之編制由所屬軍事機關之長官擬定呈請　軍事委員會委員長核定之

第七條　軍事法庭判決案件由所屬軍事機關呈請　軍事委員會委員長核准後執行

第八條　戰爭罪犯之處罰適用國際公法國際慣例陸海空軍刑法其他特別刑法及刑法

第九條　本辦法於日籍之戰爭罪犯準用之

第十條　本辦法自呈奉　軍事委員會委員長核准日施行

（四）

部戰犯拘留所編制表

職別	階級	員額	主管業務	備考
所長	上(少將)校	一	主管全所事宜	
管理員	中校	一	襄助主任办理全所事宜暨犯行為之攷核	
翻譯官	中校 軍荐一階	一	日本語文翻譯	
軍醫	二(三)等正	一	醫務事宜	
司葯	二(一)等佐	一	司葯卞工	
書記	軍委二階(同中尉)	一	公文冊報等	

(五)

63

司書	軍委三階（同少尉）	一	繕寫等
傳達	下士	一	
	上等兵	二	
炊事	上等兵	一	
	（三）等兵	二	
合計	軍官佐	七	
	士兵	六	

附記

一、警衛解護由配屬之部隊担任之

二、得按事實需要呈請增設必要之員兵

軍政部戰犯拘留所編制表

職別	階級	員額	主管業務	備攷
主任	上（少將）校	一	主管全所事宜	兼任
管理員	中（上）校	一	襄助主任辦理全所事宜	專任
日文翻譯官	中校（軍荐一階）	一	語文翻譯	專任
書記	軍委二階（同中尉）	二	公文冊報	專任
司書	軍委三階（同少尉）	一	繕寫	專任
傳達	下士	一		
	上等兵	二		

65

炊事	上(三)等炊事兵	二
合計	軍官佐	五
	士兵	五

附記

一、醫療衛生由軍政部軍醫署派員駐所辦理

二、警衛戒護由配屬之憲兵隊担任之

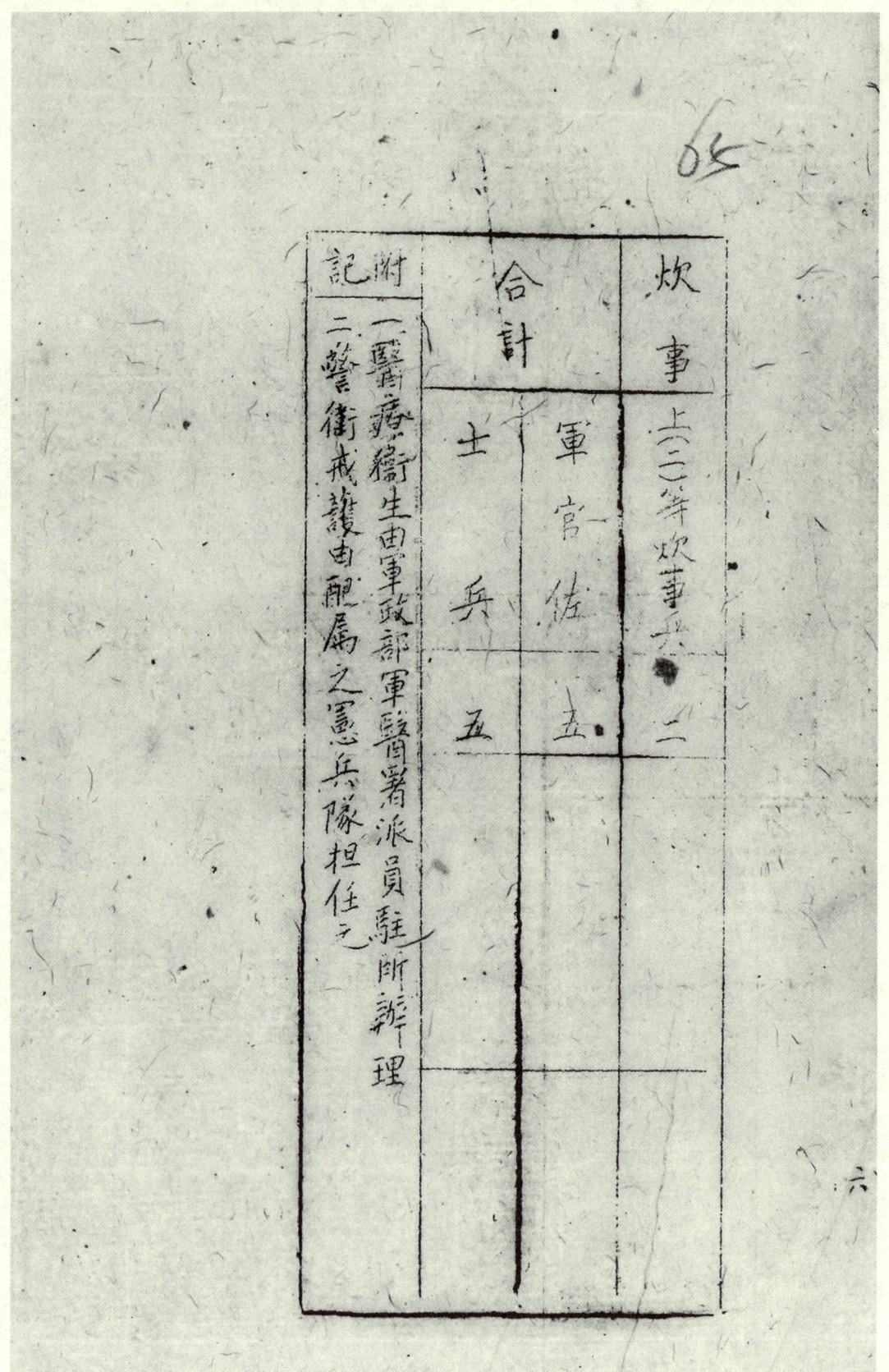

六

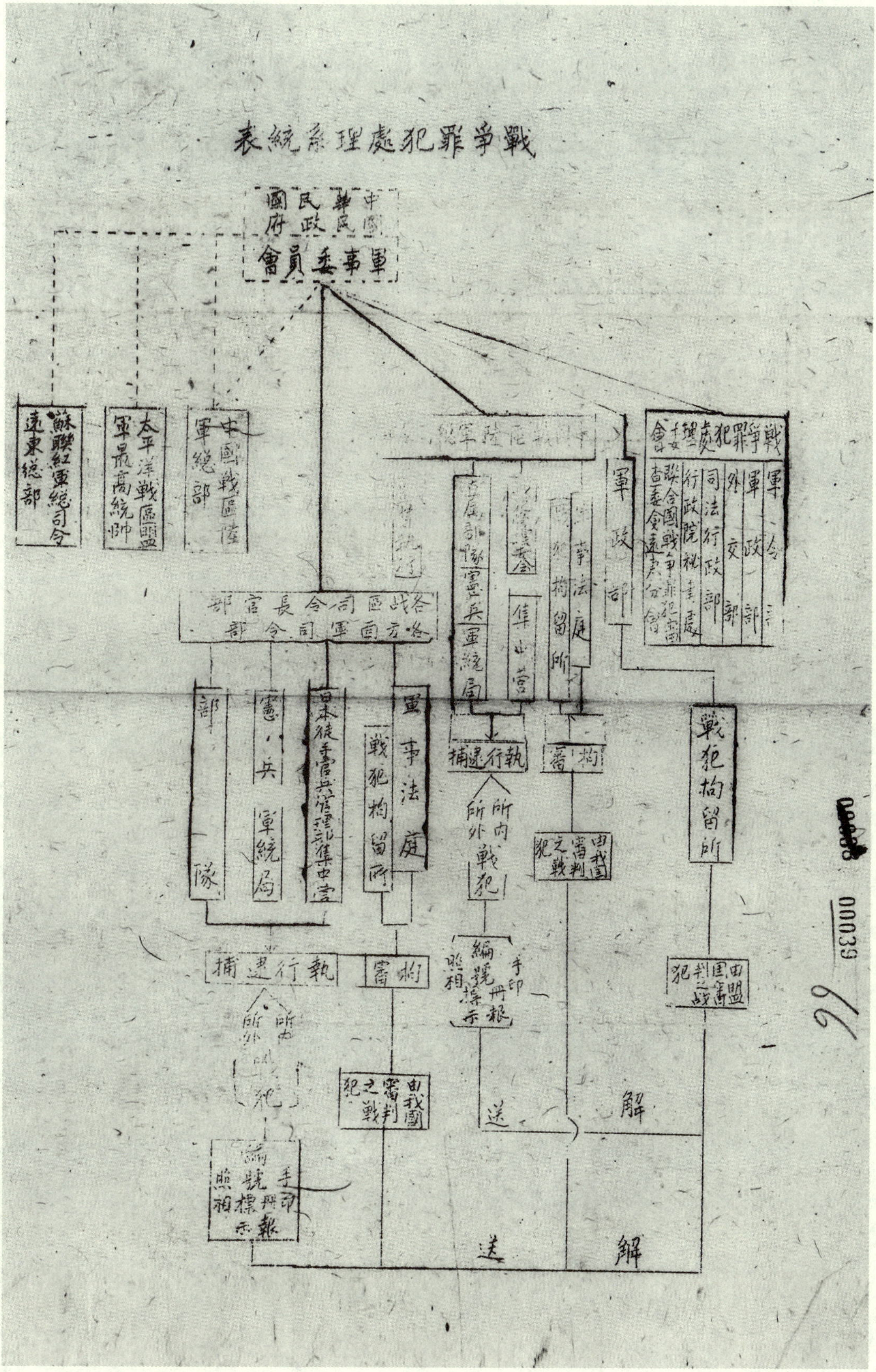

戰爭罪犯處理系統表
中華民國國民政府
軍事委員會
蘇聯紅軍總司令遠東總部
太平洋戰區盟軍最高統帥
中國戰區陸軍總部
戰爭罪犯處理委員會
軍令部
軍政部
外交部
司法行政部
行政院秘書處
聯合國戰爭罪犯審查委員會遠東分會
軍政部
各戰區司令長官部
各方面軍司令部
部隊
憲兵軍統局
日本徒手官兵管理部集中營
戰犯拘留所
軍事法庭
軍事法庭
戰犯拘留所
集中營
執行逮捕
審拘
所內 所外 戰犯
由我國審判之戰犯
戰犯拘留所
由盟國審判之戰犯
執行逮捕
審拘
由我國審判之戰犯
送
解
送
解

事由：奉部令准軍令部函為日本官兵於日政府投降後故意盜賣或毀壞軍械者應依我國軍法審理仰知照由

江蘇高等法院訓令

文字第158號

令本院第三分院

案奉

司法行政部本年一月十九日京訓刑字第八二一號訓令開：「准軍令部函開：、查日本在華官兵於日政府簽訂投降協定後故意盜賣或毀壞軍械者甚多，經戰爭罪犯處理委員會研究結果，對此違法行為應由該犯所隸受降區主管機關部隊依我國軍法審判程序審理，除已承辦會令通令陸軍總部暨各戰區（方面軍）司令部台灣警備總部外，相應函請查照等由，准此，合行令仰知照並飭屬一體知照」等因；奉此。除分令外，合行令仰知照。

此令。

院長 孫鴻霖

首席檢察官 韓燾

中華民國三十五年一月廿六日

00011

閱

事由 案示摘由

江蘇高等法院 訓令 文字第7663號

中華民國三十五年 月 日

中華民國卅五年四月廿九日

令本院第三分院

案奉

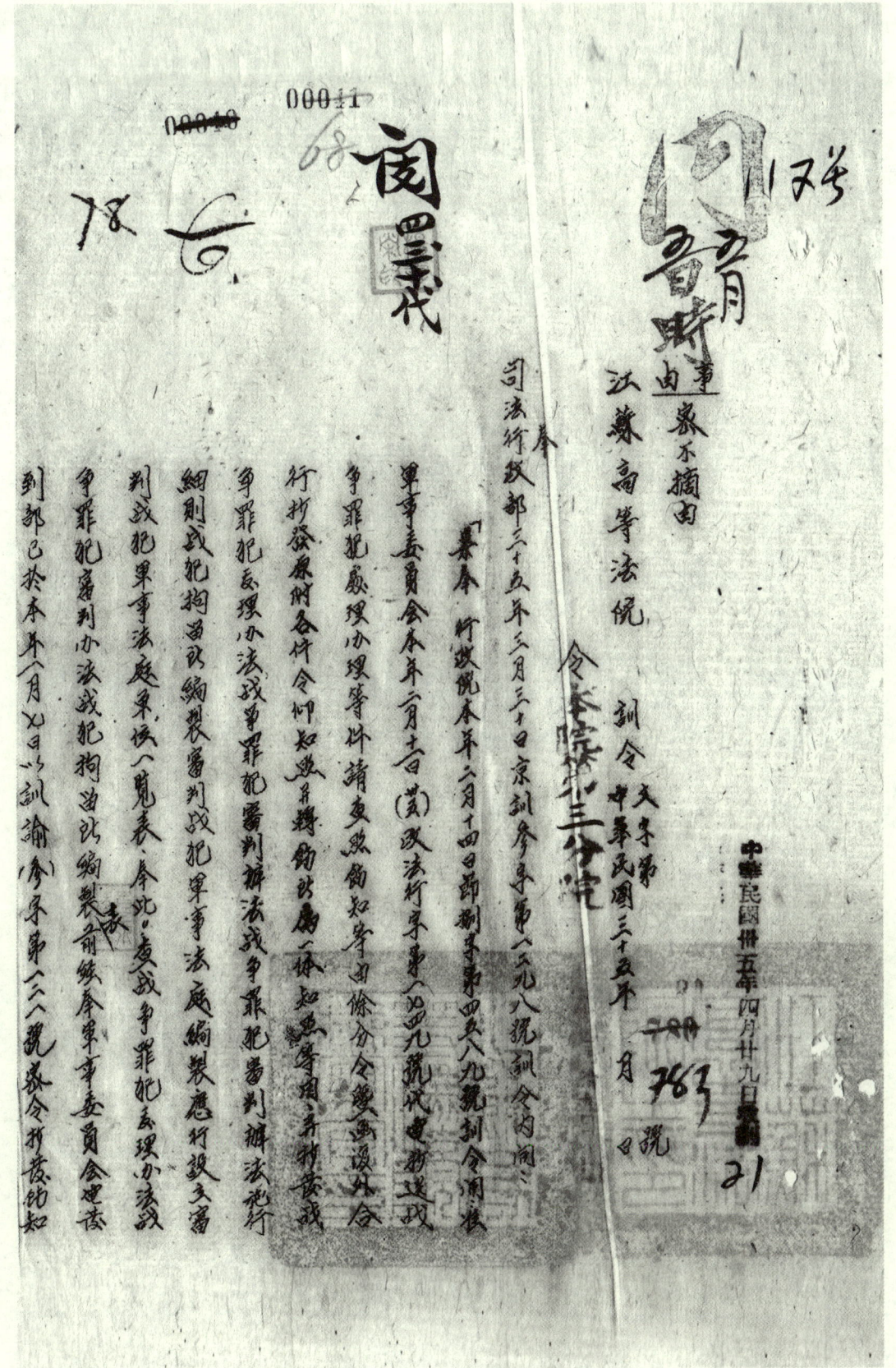

司法行政部三十五年三月三十日京訓參字第一二九八號訓令內開：「案奉行政院本年二月十四日節劉參字第四五八九號訓令開：據軍事委員會本年一月十七日（寅）篠法行字第一四四九號代電，檢送戰爭罪犯處理辦理等件，請查照飭知等因，除分令遵照外，合行抄發原附各件，令仰知照，並轉飭所屬一體知照等因，並抄發戰爭罪犯處理辦法、戰爭罪犯審判辦法、戰爭罪犯審判辦法施行細則、戰犯拘留所編製表、審判戰犯軍事法庭編製應行設立之審判戰犯軍事法庭案件一覽表。奉此。查戰爭罪犯處理辦法、戰爭罪犯審判辦法、戰犯拘留所編製表前經奉軍事委員會電發到部，已於本年一月九日以訓諭（參）字第一二八號通令抄發飭知

在案不再抄發外合將其餘各件抄發仰即知照并播飭所屬

一体知照。此令

等因，并抄發戰爭罪犯審判辦法施行細則，審判戰犯軍事法庭編制表，應行設立審判戰犯軍事法庭各單位一覽表各一件。奉此。查戰爭罪犯處理辦法，戰爭罪犯審判辦法，戰犯拘留所編制表，業經本院於本年一月二十四日以文字第一四九號令抄發在案。除分令外，合行抄發原件，令仰知照。此令。

計抄發戰爭罪犯審判辦法施行細則、審判戰犯軍事法庭編制表、應行設立審判戰犯軍事法庭各單位一覽表各一件

院　長　孫蔚如

首席檢察官　蔣燾

戰爭罪犯審判辦法施行細則

第一條　本細則依據戰爭罪犯審判辦法訂定之

第二條　戰區司令長官部或方面軍司令部有變更者關於該區戰犯之審判由與其變更前相當之軍事機關組織軍事法庭辦理之

第三條　軍事法庭以軍法審判官五人及軍法檢察官一人組織之其中審判官由軍事機關遴選軍法審判官三人另由該管區高等法院遴選兼審判官二人及軍法檢察官一人分別報請軍政部司法行政部提請戰爭罪犯處理委員會呈請軍事委員會委員長任命之

第四條　軍事法庭之成員由軍事機關及該管區高等法院應準備適當人選以備軍法審判官或軍法檢察官因故出缺時補充之

前項補充人員由軍事機關應準備軍法審判官二人由該管區高等法院應準備軍法審判官一人軍法檢察官一人通知軍事法庭

第五條　軍事法庭之長遇有軍法審判官或軍法檢察官因故出缺時得適知前條補充人員先行到庭執行職務再由該處軍事機關或戰區有區高等法院依第六條規定之程序報請任命之

第六條　軍法檢察官執行職務適用刑事訴訟法關於檢察職權之規定

第七條　被告得依中國律師法選任律師為辯護人出庭辯護其未選出辯護人者應由軍事法庭所在地法院之公設辯護人為之辯護其無公設辯護人之設置者由審判長指定律師充之

第八條　關於戰犯案件各級法院檢察官各軍事長官及各軍事檢察官均應行使偵查之職權偵查之後應即移送該管軍事法庭辦理

第九條　前條有偵查職權之人員得隨時商請各地政軍機關或其他公私團體予以協助

第十條　戰犯案件概由軍法檢察官提起公訴

第十一條　軍事法庭關於訴訟之辯論及裁判之宣示亦應公開法庭行之

~~00013~~ ~~00012~~
72

第十二條　在正式審判前軍事法庭之長得隨時指定軍法審判官一人或二人
人進行審判中應行準備事項

第十三條　機關團体或地方人民得於審判時推派代表到庭陳述意見

第十四條　軍事法庭於必要時得派軍法審判官三人及軍法檢察官一人
赴犯罪地就地審判

第十五條　軍事法庭之法官書記官及通譯出庭時應着軍服法官并
應佩劍均由所屬軍事機關裝備之

第十六條　本細則自呈奉　軍事委員會委員長核准之日施行

00011 ~~00013~~

73

審判戰犯軍事法庭編制表

職別	階級	名額（員）	名額（兵）	備攷
庭長	軍簡三(二)階	一		
軍法檢察官	軍簡三階	一		
軍法審判官	軍簡三薦一(二)階	二二		
主任書記官	軍薦一階	一		
書記官	軍委一(三)階	五		
通譯	軍薦一(二)階	二		
副官	上尉	一		
軍需	一(二)等軍需佐	一		
司書	軍委三(四)階	二		
軍需上士			一	
文書上士			一	
傳達	下士		一	
傳達	上等兵		二	

74

庭丁	二等		六
公役	三等		六
軍事兵	上等兵		六
合計		一八	一八

附記：一、人犯不滿十名之單位應暫緩成立軍事法庭，得送解其他有軍事法庭之單位依審判，但如有特殊情形必須在當地審判者，得於呈經軍事委員會核准後行之。

二、軍事法庭既有編制人員，以專任為原則，業務較簡之單位得斟酌情形分別調派兼任。

三、編制內之軍法檢察官（軍法審判官）應遴選優秀合格人員呈請核派。

四、軍事法庭之警衛事宜，由駐在地之機關或部隊派遣擔任。

應行設立審判戰犯軍事法庭各單位一覽表

單位名稱	成立日期	備攷
中國陸軍總司令部	二月一日	
廣州行營	二月一日	
武漢行營	二月十五日	
東北行營	二月一日	
第一戰區長官部	二月一日	
第六戰區長官部	二月一日	
第八戰區長官部		暫緩成立
第十一戰區長官部	二月一日	

第十二戰區長官部	二月八日	
徐州綏靖公署	二月十五日	
鄭州綏靖公署	二月十五日	
衢州綏靖公署	二月十五日	
第八綏靖司令部	二月十五日	
第六綏靖司令部	二月十五日	
台灣警備總司令部	二月八日	

附記：一、三六九、五七十戰區即將撤銷，關於收容該戰區業務之行營綏署綏靖區司令部應參照戰爭罪犯審判辦法施行細則第六條規定，均成立軍事法庭

二、各單位各因特殊情形不能即行組設軍事法庭時，應即報核

市83号

閱

四三九代

00016

77

事由 奉令為戰罪調查小組會同遠東國際軍事法庭檢察處調查官即往戰地蒐集證據仰尚同警務協有關單位儘量準備並予便利由

司法行政部訓令

字第1676號

中華民國三十五年四月 日

令江蘇高等法院第四分院院長、首席檢察官

中華民國卅五年四月廿四日

中華民國卅五年四月廿七日

1号

奉

國民政府軍事委員會

行政院 本年四月九日會令二京字第一〇三九號通令內開：

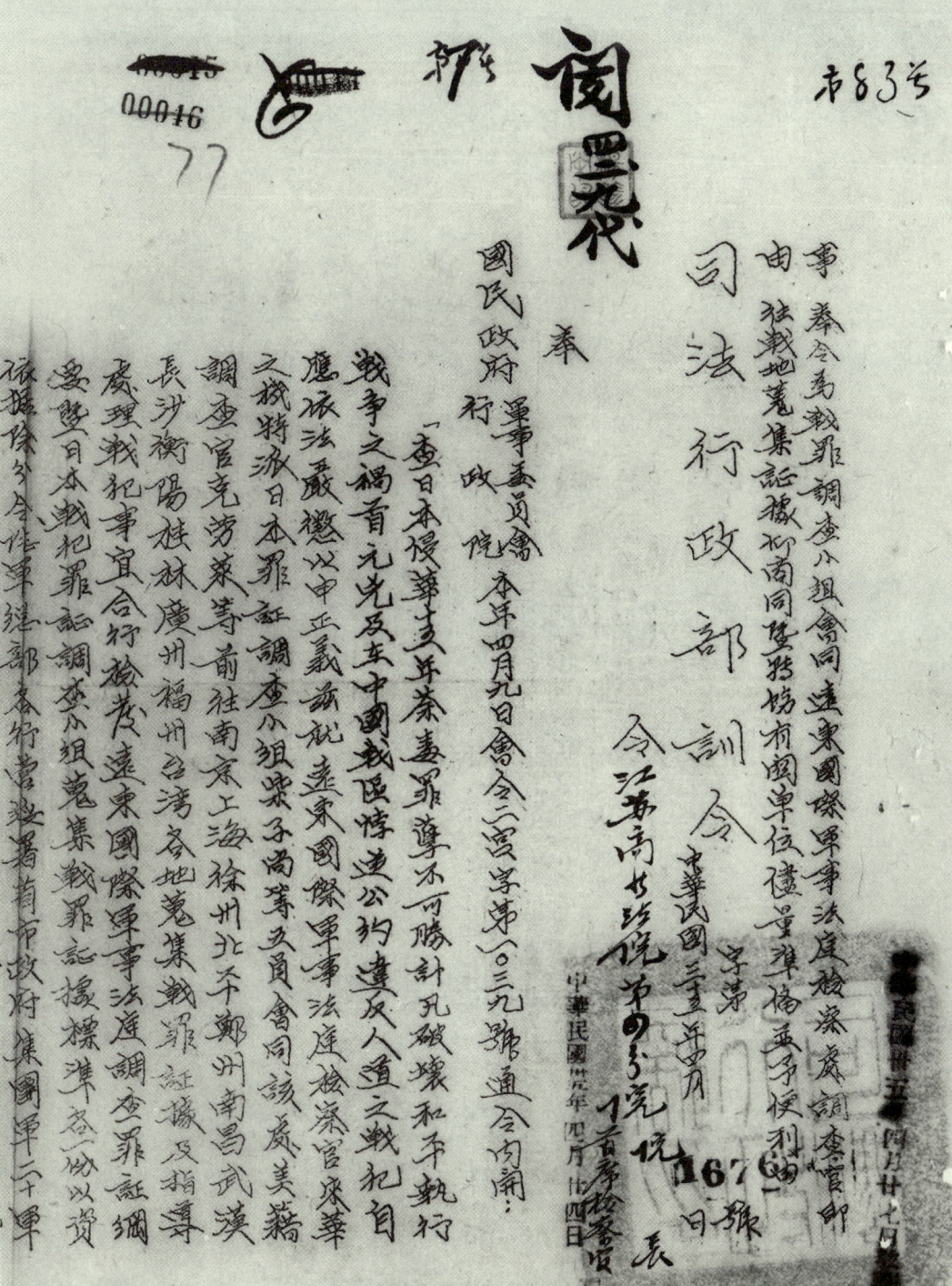

「查日本侵華十五年荼毒罪孽不可勝計，凡破壞和平執行戰爭之禍首元兇及在中國戰區悖違公約違反人道之戰犯，自應依法嚴懲，以申正義。茲就遠東國際軍事法庭檢察官來華之機，特派日本罪證調查小組柴子尚等五員會同該處美籍調查官克勞萊等前往南京、上海、徐州、北平、鄭州、南昌、武漢、長沙、衡陽、桂林、廣州、福州、台湾各地蒐集戰罪證據及指導處理戰犯事宜。合行檢發遠東國際軍事法庭調查罪證綱要暨日本戰犯罪證調查小組蒐集戰罪證據標準各一份，以資依據。除分令陸軍總部、各行營、綏署、省市政府、集團軍、二十軍

28

台湾長官部、淞滬警總部、京滬衛總部外，仰即遵照，并商同暨
轉飭有關單位充分準備，於該小組到達時適切提供，并予以
便利為要。此令」
等因，附遠東國際軍事法庭調查罪證綱要及日本戰犯罪證調查
小組搜集戰罪證據標準各一份，奉此。查調查小組前傳即將專機出
發，業經本部於本年四月五日電知沿途有關法院事先準備在案，現
該組正在洽撥專機，途中其路線可能增赴鄭州、福州、台灣等處，合行
抄發原附件，令仰參照準備，並商同暨轉飭有關單位儘量準備
資料，適時提供，並予以便利為要。此令。
抄發遠東國際軍事法庭調查罪証綱要及日本戰犯罪証調
查小組搜集戰罪証據標準各一份

司法行政部部長 謝冠生

監印 羅遠觀
校對 黄玉琪

~~00016~~

~~00017~~ 28

日本戰犯罪証調查小組搜集戰証據標準

一、戰罪種類：

子、破壞和平罪：凡計劃準備發動或從事侵略戰爭或計劃準備發動暨從事于違反國際條約協定或國際安全之戰爭或為完成上列行為而參加共同計劃或陰謀者

丑、違反戰爭法規及習慣罪：

1、謀害與屠殺——有系統之恐怖行為

2、將人質處死

3、對平民施以酷刑

4、故意餓斃平民

5、強姦

6、拐擄婦女強迫為娼

7、流放平民

8、拘留人民予以不人道之待遇

9、強迫人民從事有關敵人軍事行動之工作

10、軍事佔領期間有篡奪主權之行為

80

11、對佔領居民強迫徵募兵役

12、企圖奴化佔領區居民或剝奪其公民特權

13、搶劫

14、沒收財產

15、勒索非法或過度之捐款與徵發

16、貶抑貨幣與發行偽鈔

17、施行集體刑罰

18、肆意破壞財產

19、故意轟炸不設防地區

20、毀壞宗教慈善教育歷史建築物及紀念物

21、未發警告且不顧乘客與水手之安全而擊毀商船與客船

22、擊毀漁船與救濟船

23、故意轟炸醫院

24、攻擊與轟毀病院船

25、破壞其他有關紅十字之規則

26、使用毒氣
27、使用爆裂彈及其他非人道之武器
28、發佈盡殺無赦之命令
29、虐待俘虜與病傷人員
30、徵用俘虜從事不合規定之工作
31、濫用休戰旗
32、井中置毒
33、集體逮捕

寅、違反人道罪：戰時或戰前對於民眾之殺戮滅種奴役放逐其他不人道行為

二、戰罪期間：自「九一八」前後至日軍繳械為止

三、戰罪証據：

子、物証——應予搜集

1、計劃準備發動罪行之計劃書命令或其他公文

2、足以証明罪行之日記函件及其他私人文書

82

3、足以証明罪犯思想主張或行為記録之著作
4、足以証明罪行之函報及照片
5、敵人使用酷刑所用之刑具
6、被害者之遺骸集体坟塚或受傷者之傷痕照片
7、醫師或有関方面之調查書報告書或証明書
8、戰俘或戰犯之口供書自首書或報告書
9、非人道武器之破片或戰利品
10、見証人之見証書或陳述書

丑、証人——應予登記
1、被害人
2、被害人之親屬
3、罪行目擊者
4、參加罪行者或參加罪行計劃者

寅、凡屬有証據價值者皆應搜集之

[redacted]

00019 83

7、大東亞省

其他組織效能及控制情形

4、日本控制在華諸侵略機構之程度與日本政府之控制方法

八、雅片與痲醉毒品

1、受日勢力影響擴張之貿易增加情形

2、日本統治下中國偽政府實施毒化之情形

子、增加之情形

丑、實施之情形

寅、此種毒品貿易與日政府之聯絡關係

卯、蒙古與長春之雅片社

1、組織情形

2、日政府對於此種雅片社之管制

九、其他藉以形成日本侵略戰爭之諸事實及其他打擊人道良心之罪行而應歸咎其高級指揮負責者

附記：凡証人所敘述之詳細事實須加簽字與具結如可能亦希望繕

寫三紙

文件類

事由：奉令日韓籍罪犯不得擅予遣送回國轉飭知照由

中華民國卅五年九月廿拾日收到　第2332號　829號

江蘇高等法院訓令

文字第 [illegible] 號

中華民國三十五年九月十四日

奉

司法行政部本年九月四日京訓（刑）字第四五九六號訓令開：

「案據台灣高等法院院長楊鵬呈送遣送日籍刑事未決犯名冊到部，正核辦間，復據山西高等法院院長張秉鉞、首席檢察官郝毓琛電請核示日韓籍刑事已未決人犯可否遣送回國等情前來，經將情呈行政院核示去後，茲奉本年九月十六日節京捌字第五八八八號院令開：『呈悉。日韓籍刑事罪犯，除依法律不為罪或因反抗敵偽而受羈押或刑之執行應由法院裁定釋放外，其餘無論已決未決，案情重輕，均應依法偵查審判及執行，不得擅予遣

81

送回國除分飭國防外交二部及台灣省行政長官公署外仰即知照并轉飭知照。此令。等因奉此除指復外合行令仰知照并轉飭知照。」等因；奉此，除分令外，合行轉飭知照。此令。

院長 孫鴻霖

首席檢察官 韓燾

閱

00051 00056 00057 87

事由：奉令關於戰犯之逮捕及引渡應由外交、司法行政部會同辦理

中華民國卅五年十月拾五日收到 973号

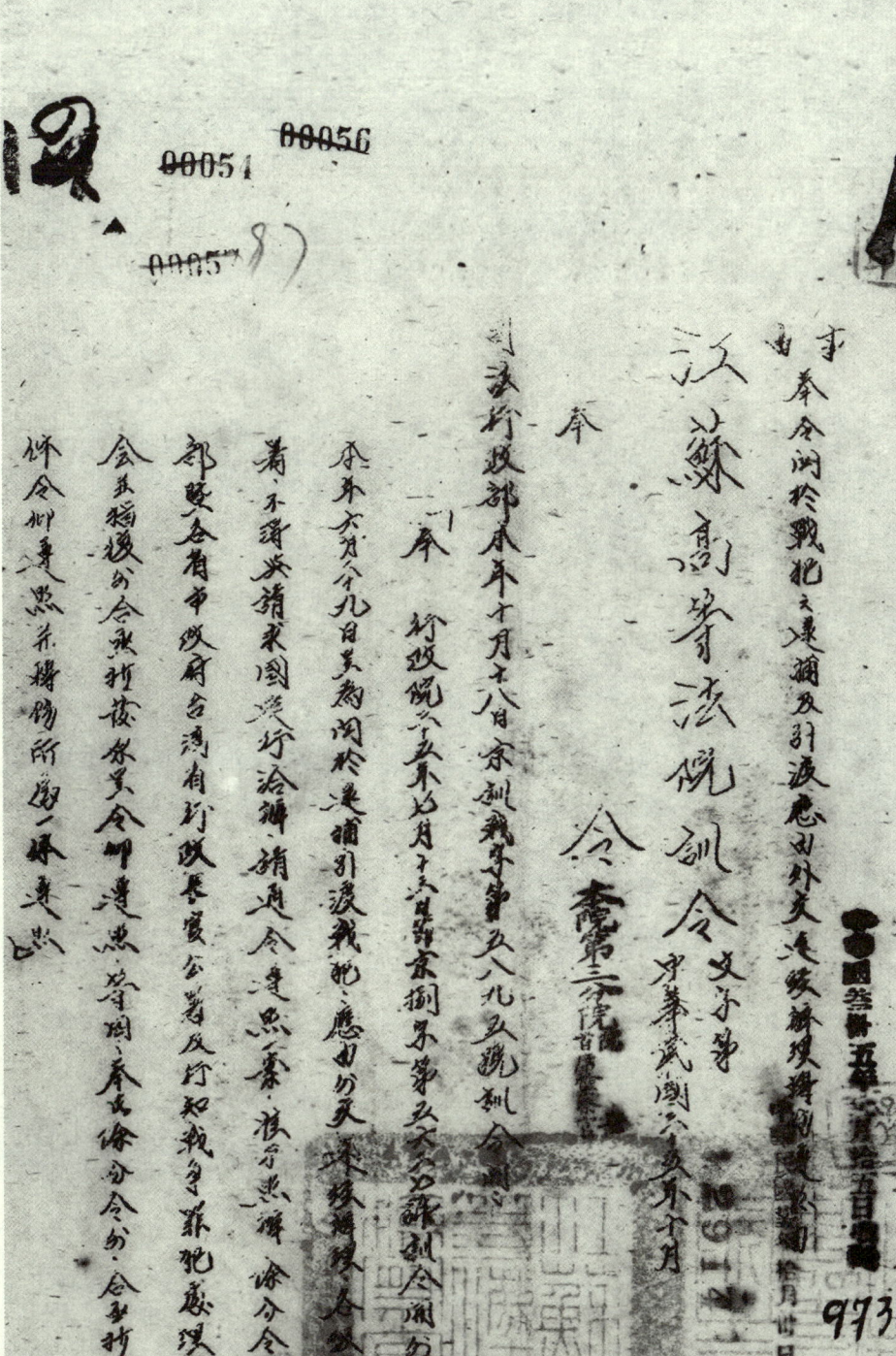

江蘇高等法院訓令 文字第 號

中華民國卅五年十月 日

令本院第三分院首席檢察官

奉

司法行政部本年十月十八日京訓戰字第五八九五號訓令開：

「奉

行政院三十五年九月十六日節京捌字第五六八五號訓令開：外交部

本年六月廿九日呈為關於逮捕引渡戰犯，應由外交、司法行政兩部辦理，各級地方法院

著，不得逕請求國際法庭洽辦，請通令遵照一案，核尚無不可，除分令國防

部暨各省市政府、台灣省行政長官公署及行知戰爭罪犯處理委員

會並指復外，合亟令仰遵照。等因，奉此，除分令外，合亟抄發原

件令仰遵照，並轉飭所屬一體遵照。

88

案關附抄發外交部原咨八件，奉此，除分令外，合行抄發原件，令仰遵照。

此令。

附抄發外交部原咨八件。

院長 孫鴻霖

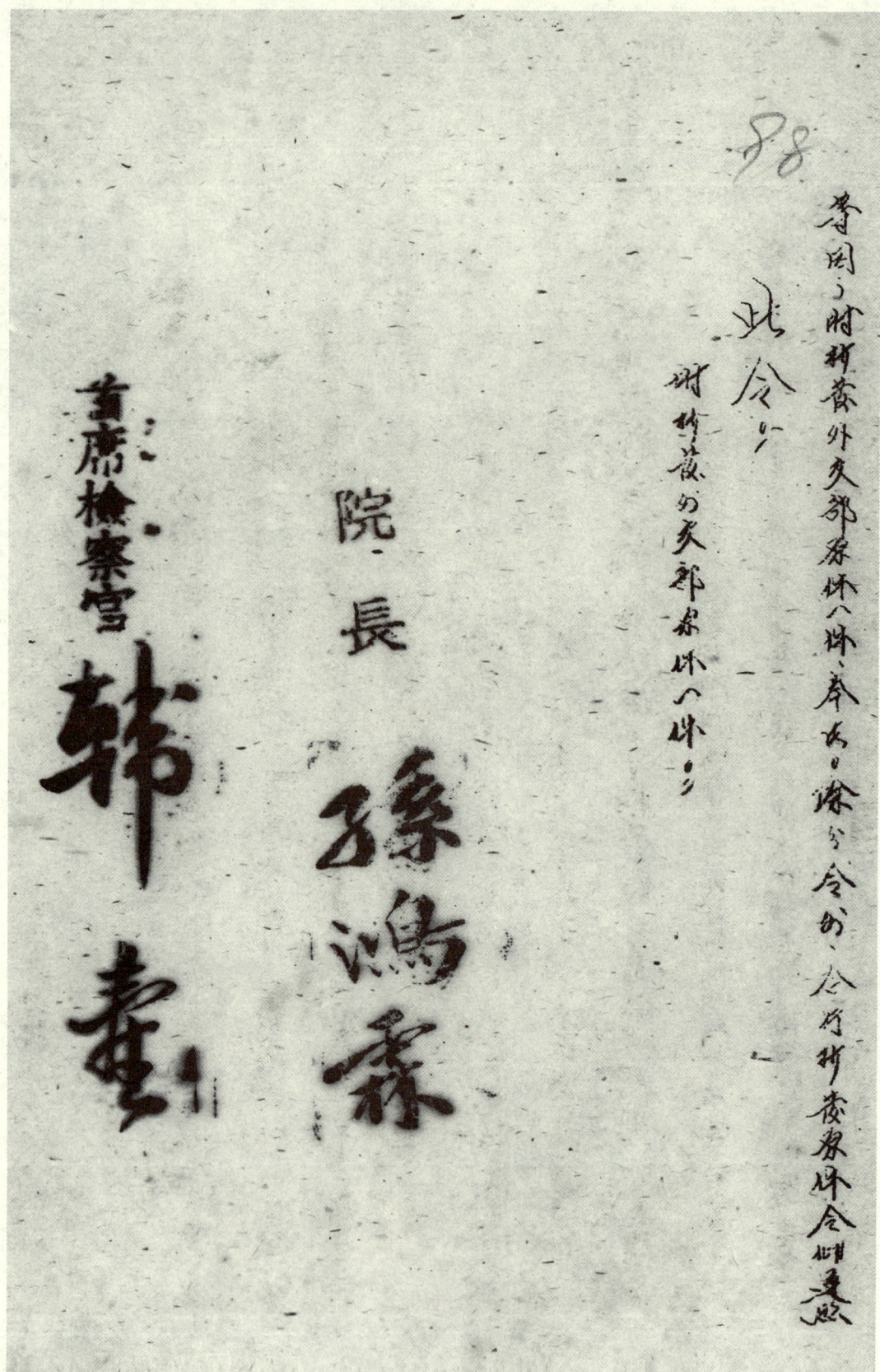

首席檢察官 韓燾

~~00057~~

00058 ~~00051~~

89

節略

查駐華美軍在我國逮捕引渡及審理戰犯種種迭與我國主權有違者論述不盡所及
舉其要領如（一）駐華美軍逕行洽商臺灣警備司令部發獲調查引渡戰犯林
樹村吉方將軍等八名及岡部利吉大將等十四名（二）駐華美軍逕行會同上海市警察逮捕
德意志籍公民 Karl von S. Fricke etc., Theodor Cornitius 及 Kuhlat Ottessie
等三名（三）駐華美軍逕行商准臺灣行政長官公署將日本戰犯從臺灣移
解上海拘押並請求援予審理（四）駐華美軍於本年五月廿八日會商菲律賓
郵私將現仍被押於中國境內之菲律賓籍戰犯多名移解馬尼拉受審以上四事均與
國際慣例不合且應予以糾正又聞後凡有美軍致其他國家請求逮捕引渡戰犯
以其他戰爭罪犯情事恐應由請求國經由外交途徑向本部提請核准後咨照地方官
署不得逕與該承辦機關洽商免損國體主權俾與合美國最高大使館經

400

合備文呈請

鈞核備鑒並令全國各省市政府令行遵從以示憲行政長官

公為人[illegible]

00035

秘一科收文字第520號

徐州市政府摘由紙

來文機關	省政府
來文別	代電
來文字號	府秘字3612號
來文日期	35年5月28日
附件	
備攷	
事由	准湯司令官電為軍事法庭檢察官偵查戰犯時希予協助等因仰遵照由
擬辦	抄件轉本市敵偽漢奸罪行調查委員會妥理
批示	駱東藩印

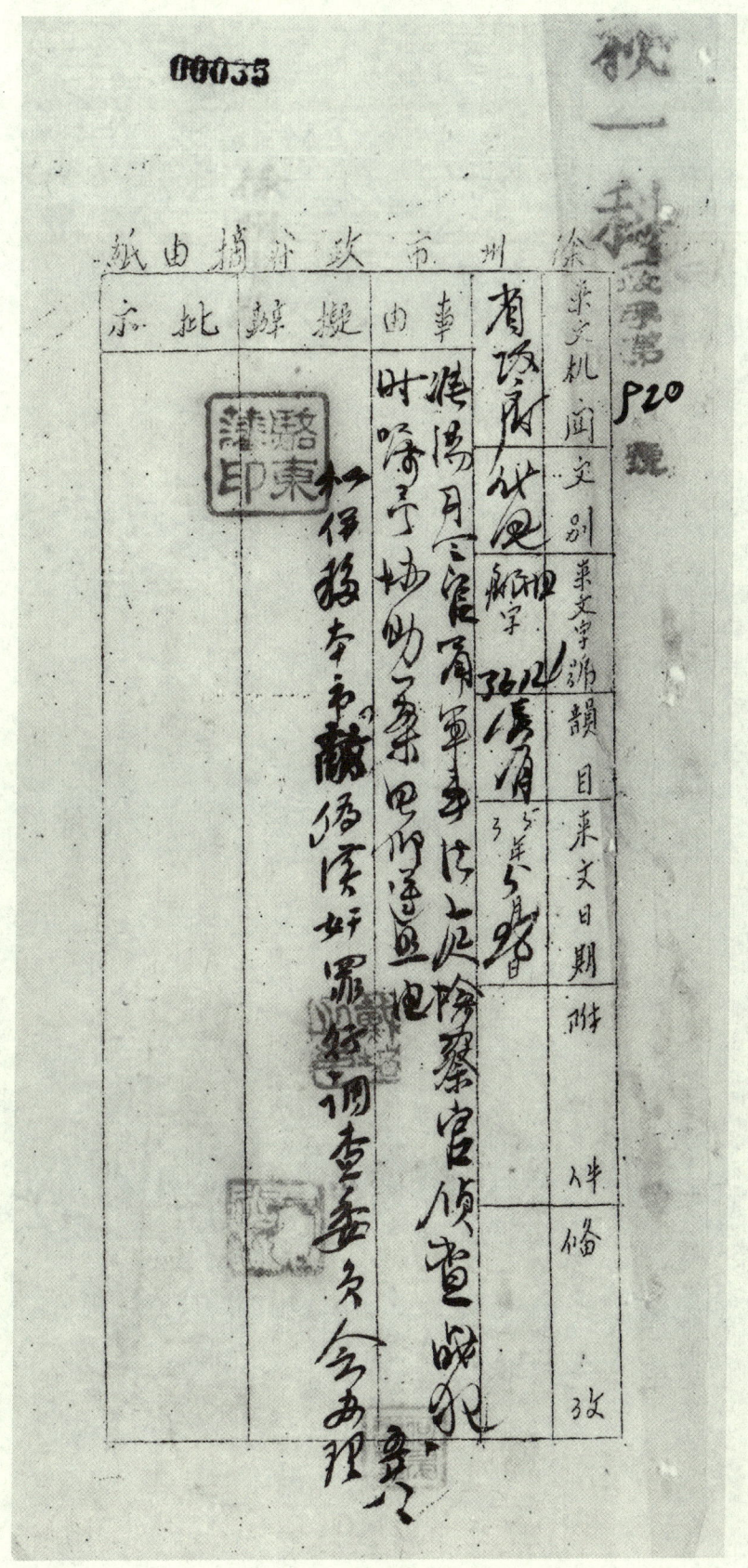

2

00036

江蘇省政府代電

（豈）府民四字第3614號

中華民國二十五年　月　日

事由：為准第一綏靖區湯司令官函為軍事法庭檢察官偵查戰犯時隨予協助一案電仰遵照由

徐州市政府：

准第一綏靖區湯司令官本年四月二十九日還法字第一八九六號公函開「案據本部軍事法庭軍法檢察官林我朋四月十五日簽呈稱『本部軍事法庭檢察官以來對於各機關移送及人民告發之戰犯連日予以偵訊，惟大部份証據欠缺，姓氏錯誤，以及犯行不詳，追訴困難，有時非予實地調查，難期妥善。查戰爭罪犯審判办法施行細則第三條編制，偵查中除檢察官一人外，既無司法警察可以指揮調動，又乏其他協助人員得資派遣，執难独力應付推動進行。又查該細則第六條載有「軍法檢察官執行職務，應適用刑事訴訟法關於檢察職權之規定」，按諸刑事訴訟法第二〇八條、二〇九條、二一〇條，凡管轄區域內之市長、縣長、警察、憲兵以及依法令關於特定事項得行司法警察之職權者，悉為司法警察官，均有協助檢察官偵查犯罪之職權。但本軍事法庭係屬初倡，對於上開轄區內各機關素乏聯絡，驟請協助，恐有運用欠周、指揮不敏之虞，殊非積極偵訊、慎重厥公所宜。因擬簽請鈞座分別函令上開轄區各機關，嗣後對於本軍事法庭檢察官請求協助調查偵緝、拘傳時，應予盡量切實協助，以利進行。抑或請由鈞座頒發軍法檢察官得隨時向上開各機關請予協助之証明文件，俾戰臨時隨帶，應用之處，聽候鑒核』等情。查所稱確屬實情，除由本部發給軍法檢察官檢察証外，相應函請貴府嗣後對於本部軍事法庭檢察官偵查戰犯請求協助調查偵訊拘傳時，惠予盡量協助，并轉飭所屬協助為荷」等由。除分電各縣市政府外，特電仰遵照協助為要。

江蘇省政府（豈）府民四

長 有 印

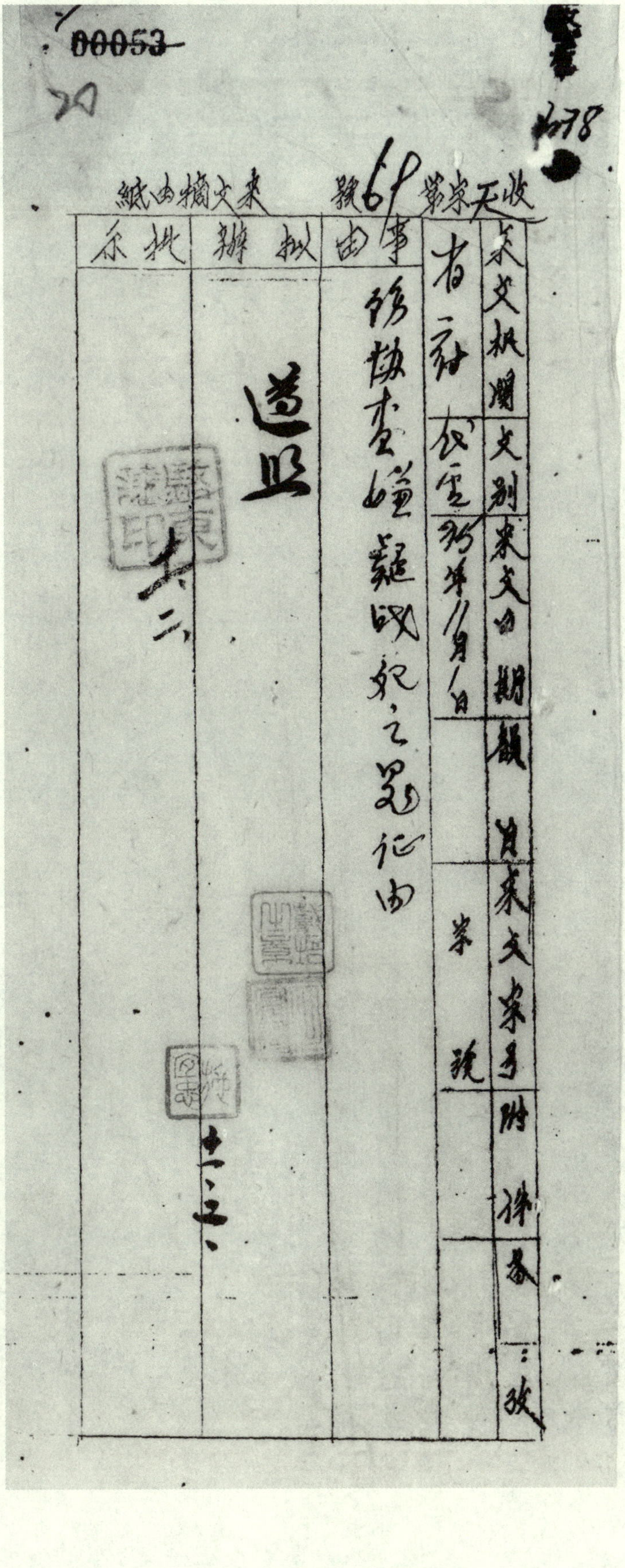
00053

1478

收天字第61號　來文摘由紙

來文機關	文別	來文日期	額	自來文字號	附件
省府	代電	35年11月1日		字　號	二張

事由：隨撿李鎰疑賊死之冤抑由

擬辦：遵照

十二、

批示：

十二、

軍法室

江蘇省政府代電

事由：為轉飭協助調查嫌疑戰犯之罪証由

（荃）府民四字第九六五三號
中華民國卅五年十一月廿三日

徐州市政府：

案奉國防部參謀總長陳本年十一月五日九悲字第〇〇二九號代電開：案據戰犯管理處正剡宮第九三二號呈稱：查戰犯之調查及搜証之工作範圍至廣，擬先將本處現經拘留各日籍嫌疑戰犯即予切實調查，惟地点不一，復費時間人事，經濟均感困難，茲為便利起見，特製嫌疑戰犯搜証調查簡表，分別函寄各犯以前任職地点之各有關机關或法團，請予協助調查，擬各犯姓名下列罪行欄內詳填寄還，以憑查核，除分別將各嫌疑戰犯名單列表遞寄各省市外，理合檢同表式呈請鑒核，暨俯賜轉行各省市通飭所屬縣市各机關一体協助，以利工作為禱等情，應准照辦，合將調查表式二份隨電送請查照，轉飭辦理為荷等因，附表式二份。奉此，除分令各區縣外，合亟抄發原表式，電仰遵照協助辦理為荷。主席王懋功（荃）府民四酉有

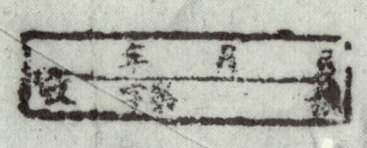

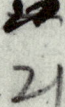

附抄發調查表式一份

法收字第 13 號

~~00073~~ 00002

法收字1163
2/14

徐州市政府摘由紙

來文機關	省政府
文別	訓令
來文字號	府秘法 280號
摘目	
收文日期	35年2月13日
附件	辦法細則一份
備考	
事由	為抄發戰爭罪犯處理審判辦法及細則令仰知照由
擬辦	存查 二、十四 單獨立卷
批示	

00003

35 3月19日
796

江蘇省政府訓令

令 徐州市政府

卅五府秘法字第二八〇號
中華民國三十五年三月七日

案奉

行政院三十五年二月十四日節捌字第〇四五八九號訓令以准 軍事委員會本年一月十一日卅五政法行字第一七四九號代電抄送戰爭罪犯處理辦法等件請查照飭知等由除分令暨函復外合行抄發原附各件令仰知照並轉飭所屬一体知照 等因計抄發戰爭罪犯處理辦法戰爭罪犯審判辦法戰爭罪犯審判辦法施行細則各一份奉此除分令外合行抄發原附各件令仰知照

此令

計抄發戰爭罪犯處理辦法戰爭罪犯審判辦法戰爭罪犯審判辦法施行細則各一份

主席 王懋功

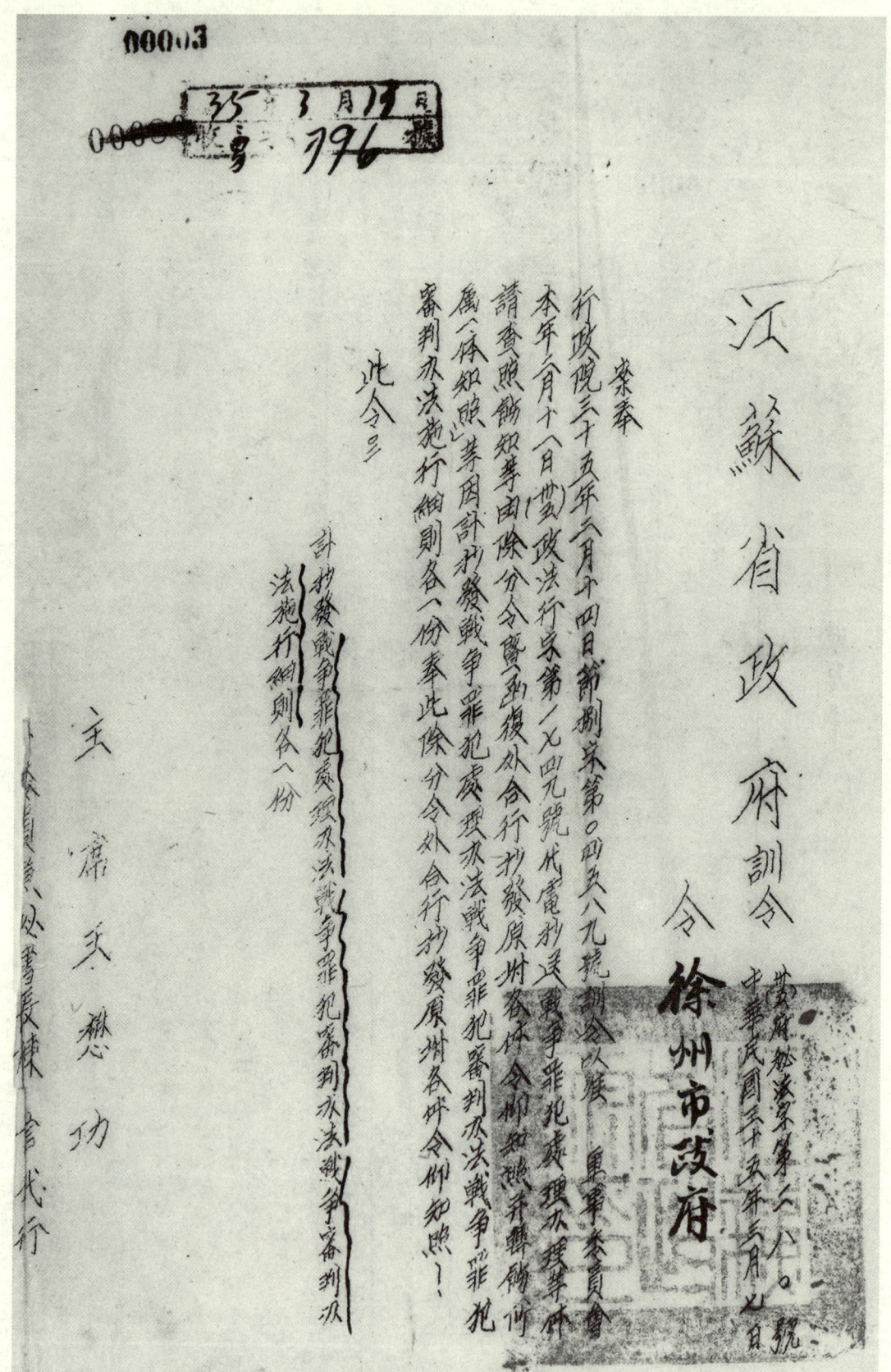

委員兼秘書長陳[illegible]代行

戰爭罪犯審判辦法施行細則

第一條 本細則依據戰爭罪犯審判辦法訂定之、

第二條 戰區司令長官部、或方面軍司令部、有變更者關於該區域戰犯之審判由承其變更前相當之軍事機關組織軍事法庭辦理之、

第三條 軍事法庭以軍法審判官五人及軍法檢察官一人組織之、其中由所屬軍事機關遴派軍法審判官三人、由所在省區高等法院遴派軍法審判官二人及軍法檢察官一人、分別報請軍政部司法行政部提請戰爭罪犯處理委員會呈請軍事委員會委員長任命之、

第四條 軍事法庭之所屬軍事機關及所在省區高等法院應準備適當人選以備軍法審判官或軍法檢察官因故出缺時補充之、前項補充人員所屬軍事機關應準備軍法審判官二人所在省區高等法院應準備軍法審判官一人軍法檢察官一人通知軍事法庭、

第五條 軍事法庭之長遇有軍法審判官或軍法檢察官因故不能執行職務時得通知前條補充人員先行到庭執行職務再由所屬軍事機關或所在省區高等法院依第三條規定之程序報請任命之、

第六條 軍法檢察官執行職務適用刑事訴訟法關於檢察官之規定、

第七條 被告得依中國律師法選任律師為辯護人出庭辯護其未選任辯護人者應由軍事法庭所在地法院之公設辯護人為之辯護其無公設辯護人之設置者由審判長指定律師充之、

一)

第八條　關於戰犯案件各級法院檢察官及各軍事長官及各軍事檢察官均應行

第九條　前條有偵查職權之人員遇必要時商請各地政軍機關或其他公私團体予以協助。

第十條　戰犯案件概由軍法檢察官提起公訴。

第十一條　軍事法庭關於訴訟之辯論及裁判又宣示應公開法庭行之。

第十二條　在正式審判前軍事法庭庭長得於必要時指定軍法審判官一人或二人使行審判中應行準備事項。

第十三條　機關團体或地方人民得於審判時推派代表到庭陳述意見。

第十四條　軍事法庭於必要時得派軍法審判官三人及軍法檢察官一人赴犯罪地就地審判。

第十五條　軍事法庭之法官書記官及通譯出庭時應着軍服法官並應佩劍其由所屬軍事機關調用者亦然。

第十六條　本細則自呈奉軍事委員會委員長核准之日施行。

0000[redacted]00005

戰爭罪犯處理办法

第一條　日本戰犯之逮捕應俟日軍繳械集中完畢後在不妨礙受降工作及地方安寧秩序之範圍内由軍令部斟酌實際情況呈請軍事委員會委員長隨時以命令行之。

第二條　負有執行投降命令之戰犯應俟投降任務完畢時逮捕之，但在逮捕前應予以嚴密之監視。

第三條　全國各受降區日俘進入集中營後設集中營長應即發給日軍官佐士兵僑員經歷表令其各填寫四份，分呈戰爭罪犯處理委員會、軍令部、陸軍總司令部及所屬戰區司令長官部、或方面軍司令部備查。前項表格經審查後如發現有戰犯時應令行逮捕之。

第四條　隸屬於日軍官兵善後總聯絡部將戰犯名冊令行各戰區司令長官部及方面軍司令部轉飭所屬駐軍及憲兵機關協同各該區之日俘(僑)集中營逮捕之。

各戰區司令長官部或方面軍司令部如確知戰犯之犯罪事實或經人民告訴告發罪証確實者得逕行逮捕之。

第五條　隸屬於日本政府之戰犯由戰犯處理委員會函請外交部照會美國政府轉飭日本本土佔領軍最高統帥逮捕後交付之。

第六條　在東北九省之戰犯由戰犯處理委員會函請外交部照會蘇聯政府轉飭遠東紅軍總部逮捕後交付。

(八)

第七條　戰犯羈押者由軍令部令行看守之。
　　　　前項戰犯逃出國境後如確知其所在時由外交部交涉逮捕之。

第八條　應由同盟國特設機構審判之戰犯經逮捕後由軍政部所設之戰爭罪犯拘留所羈押之。

第九條　應由我國特設機構審判之戰犯經逮捕後由陸軍總司令部或所屬戰區司令長官部或方面軍司令部所設之戰爭罪犯拘留所或軍政部指定之處所羈押之。

第十條　前二條規定拘留所之編制另定之。

第十一條　戰爭罪犯審判辦法另定之。

第十二條　各軍事法庭審判戰爭罪犯案件確定後應將裁判書呈送戰爭罪犯處理委員會備查。

第十三條　戰犯經判決刑確定後應送交軍政部指定之陸軍監獄或其他處所執行之。

第十四條　本辦法於非日籍之戰犯準用之。

第十五條　本辦法自呈奉　軍事委員會委員長核准之日施行。

00006

戰爭罪犯審判办法

第一條　日本戰爭罪犯除應由同盟國特設之機構審判者外依本办法審判之、
本办法未規定者適用陸海空軍審判及刑事訴訟法、

第二條　前條戰爭罪犯由陸軍總司令部或犯罪地或犯人所在地之戰區司令長官部或方面軍司令部組織軍事法庭審判之、無戰區司令長官部及方面軍司令部之區域由軍政部或中央最高軍事機關組織軍事法庭審判之。

第三條　軍事法庭應由所屬軍事機關派遣之軍法官三人及所在省區之司法官二人組織之。

第四條　軍事法庭以司法官為庭長及審判長、

第五條　軍事法庭需用之書記官通譯等職員由所屬軍事機關之長官任用或向其他機關調用之、

第六條　軍事法庭員額及經費預算之編制由所屬軍事機關之長官擬呈之請軍事委員會委員長核定之、

第七條　軍事法庭判決案件由所屬軍事機關呈請軍事委員會委員長核准後執行、

第八條　戰爭罪犯之處罰適用國際公法國際慣例陸海空軍刑法其他特別刑法及刑法

第九條　本办法於非日籍之戰爭罪犯準用之、

第十條　本办法自呈奉　軍事委員會委員長核准之日施行、

（五）

军法室

法收字第26號

00007

徐州市政府摘由紙

來文機關	文別	來文字號	來文日期	附件	備考
[illegible]	代电	[illegible]	[illegible]		

事由：[illegible]

擬辦：存照

批示：

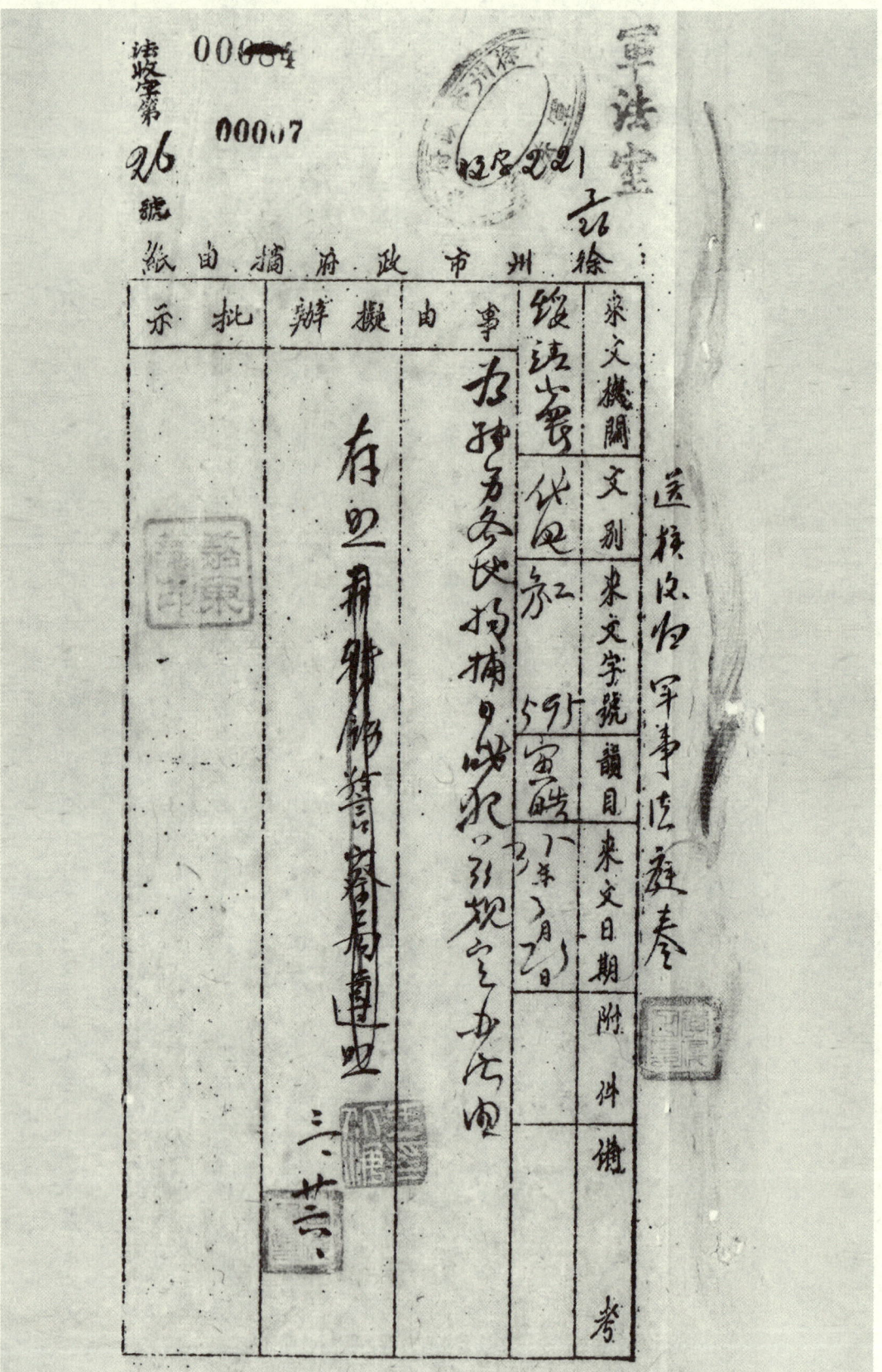

徐州綏靖公署代電　參(一)字第[illegible]九五號

事由：為轉飭各地拘捕日戰犯兹規定如下

徐州市路市長勛鑒：奉總司令何寅真輝台電開據日俘官兵善後總連絡部長官岡村寧次呈以各地拘捕日俘戰犯事前事後均不通知所屬連絡部於善後復員事宜多生障礙請飭至轉識閲嗣後予以通知以便直考等情茲規定(一)逮捕之戰犯如為日軍高級部隊長官實施逮捕時通知其所屬聯絡部為以便對其所負任務有所交代如該區連絡部長亦列為戰犯者俟該區連絡事宜結束後再予逮捕(二)其餘戰犯應統於逮捕後列準通知其師屬連絡部以便其稽考人數除呈報委座核備參報外希即查照並飭屬遵照等因希即知照並飭屬遵照為要顧祝同寅皓參二俘

中華民國三十五年三月　日

校對周錫常

監印戴海岳

法收字第340號

法字第00009 32

徐州綏靖公署快郵代電

法戰字第022號

事由：為我人民在作戰期內曾遭日本憲兵及軍民慘害甚多仰轉飭逕向軍事法庭呈控由

批示：

擬辦：擬轉飭警察局區公所廣為宣導 四、九

附件：

徐州市政府公鑒：查在華日本憲兵及其軍民於抗戰期內無惡不作，我人民遭其酷刑慘殺死亡與失踪者難以數計，現本署審判戰犯軍事法庭業於四月一日組織成立，在本市中正路十五號開始辦公，凡我被害人或其家屬以及各界人士，如舉出犯人姓名地點詳細事實暨搜集犯罪證據，逕向該庭呈控，即予法辦，除分電外，希轉飭廣為宣導為要。顧祝同 卯巧法戰印

監印戴海岳

中華民國 年 月 日 時 點 分發

電收 字第 號

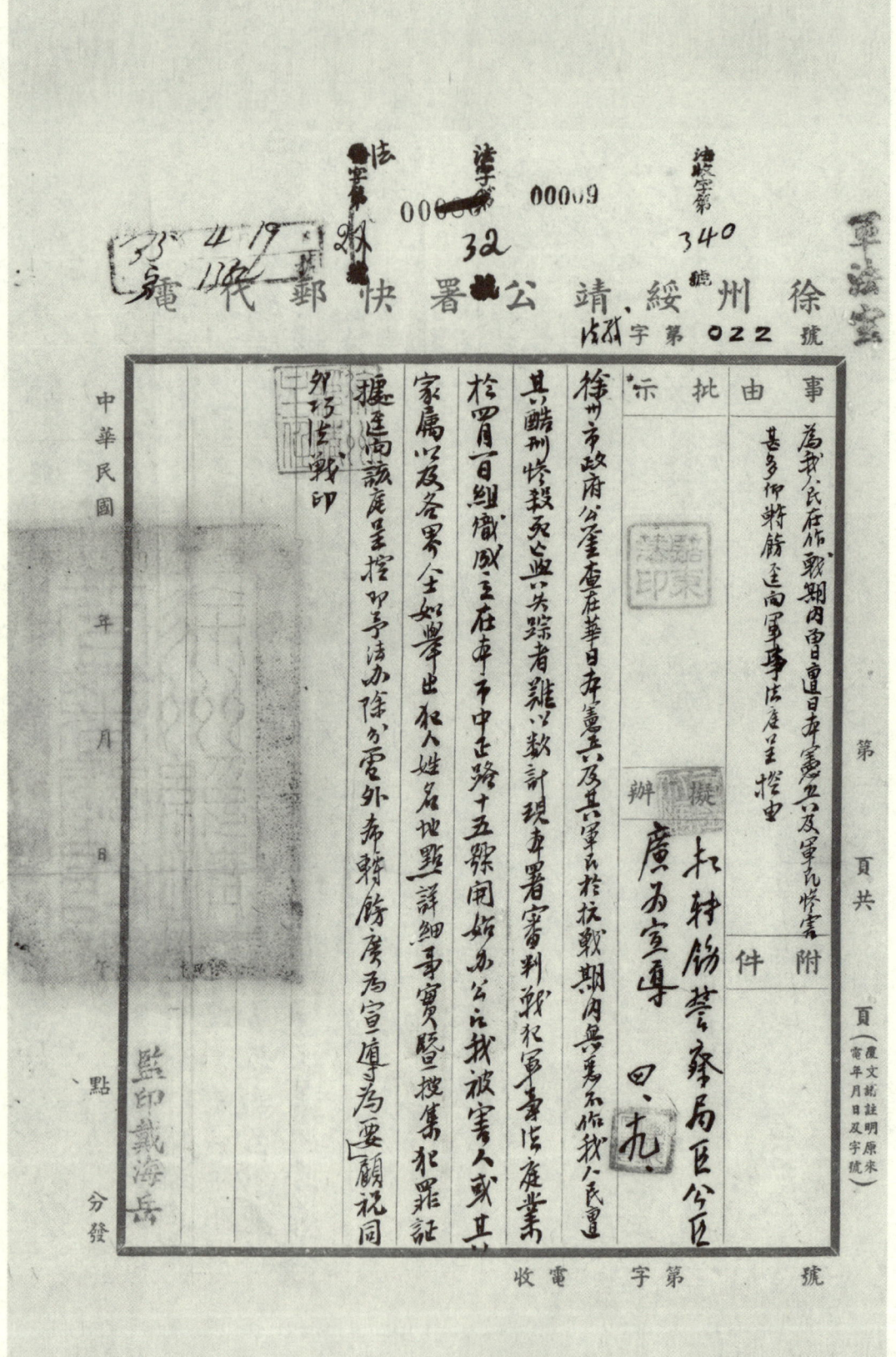

第 頁共 頁（覆文請註明原來電年月日及字號）

法[redacted]第33號

00011

12

法案字第436號

軍法室

徐州市政府摘由紙

來文機關	文别	來文案號	類目	來文日期	附件	備考	摘由	擬辦	批示
徐綏司令部	代電	法 2270	辰虞	35年5月7日	如文		電為搜集戰犯罪證并飭迅即偵報由 暨[illegible]	擬函市黨部并飭警察局自公所搜集戰犯罪證具報轉 五、十二	

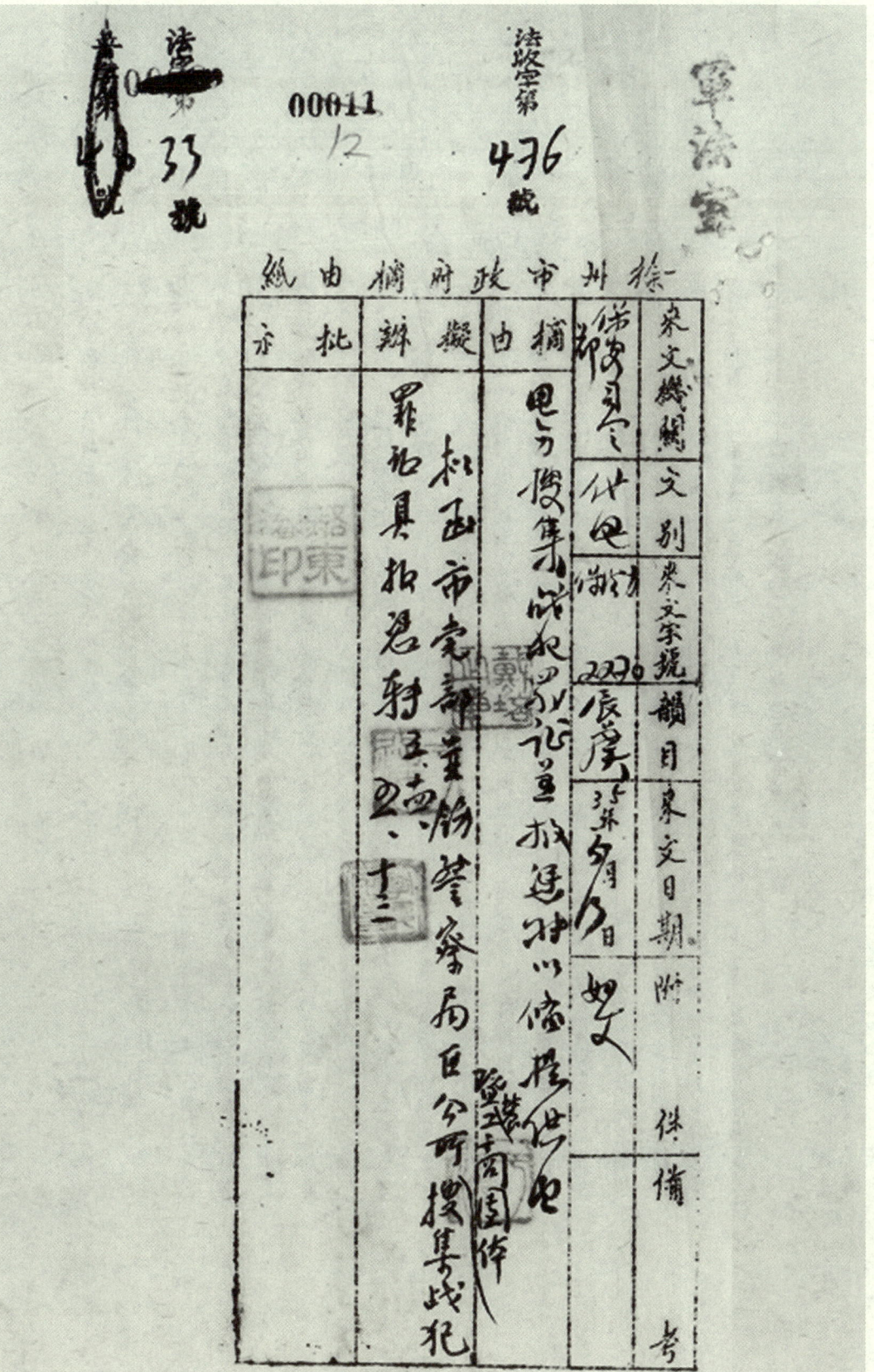

事由：電飭搜集战犯罪証呈报憑轉以備提供由

江蘇省保安司令部代電

保法字第　號
中華民國三十五年五月　日發

徐州市政府覽：案准八綏靖區司令部巡法字第一八六七號代電開：案奉國民政府軍事委員會行政院三十五年四月九日會令（一）侵字第一○三九號通令開：查日本侵華十五餘年，罪惡不可勝計，凡破壞和平執行戰爭之禍首元兇及在中國战區條逆公約違反人道之战犯，自應依法嚴懲，以申正義。茲就遠東國際軍事法庭檢察官來華之机，特派日本罪証調查小組柴尔尚等五員會同該處美籍調查官克芳萊等前往南京、上海、徐州、北平、鄭州、南昌、武漢、長沙、衡陽、桂林、廣州、福州、台灣各地蒐集战罪証據及指導處理战犯事宜，合行檢發遠東國際軍事法庭調查罪証綱要暨日本战犯罪証調查小組蒐集战罪証據標準各一份，以資依據。除分令陸軍總部各行營綏署省市政府集團軍廿軍台灣長官部战區淞滬警備部外，仰即遵照，并飭所屬同暨轉飭各方週知，俟該小組到達時，通力協助，并予以工作便利為要。此令。等因，附遠東國際軍事法庭調查罪証綱要及日本战犯罪証調查小組搜集战罪証據標準各一份。奉此，茲抄發附件，希即充分蒐集战犯證據，呈交本部軍法處，以備提供為荷。等由，并附遠東國際軍事法庭調查罪証綱要及日本战犯罪証調查小組搜集战罪証據標準各一份。准此，除分電外，合行抄發附件，電仰詳為搜集呈部，彙轉為要。兼司令王懋功、副司令黃巖山。辰處保法方印。附發遠東國際軍事法庭調查罪証綱要及日本战犯罪証調查小組搜集战罪証據標準各一份。

校對張長具
監印吳尭達

遠東國際軍事法庭調查罪証綱要

一、抗战前日本對華陰謀侵畧之計劃準備與挑衅行為

二、抗战發端之战爭責任：

(1)一九三七年七月七日盧溝橋战爭

(2)一九三七年八月十三日上海战爭

(3)一九三七年南京战爭

(4)一九四三年十二月間上海暨其他城市之事件

三、德日於發動或進行侵畧战爭之諸種合作

(1)德於未參加對華战爭前予日本之諸帮助

(2)德國在華活動與其駐日外交使節間之联絡関係

(3)德日合作中斯坦墨(Stahmer)之作為

甲、於其來華偽府大使前

乙、战爭初期內彼曾任中國偽府大使時之作為

丙、战爭期內繼任德國大使時之战罪行為

四、違反战爭法規國際條約與約定之战罪行為

(1)毒氣之使用

(2)細菌战——散播細菌

五、對人民之暴行

(1)南京大强姦與大屠殺

(2)日軍在其他城市之類似罪行

子、應負責任之指揮官
丑、罪行之性質與範圍
寅、罪行之期間
卯、受高級指揮官指使贊同或允許暴行之証據

六、對戰俘之虐待
(1)非人道虐待戰俘之確証
(2)虐待之程度與範圍
(3)高級指揮官所頒佈待遇戰俘方法之命令

七、日本侵華機構
(1)興亞院
(2)華北開發公司
(3)大東亞省
(4)其他組織機能及控制情形
日本控制在華諸侵畧機構之程度與日本政府之控制方法

八、鴉片與麻醉毒品
(1)受日勢力影响後之貿易增加情形
(2)日本統治下中國偽政府實施毒化之情形
子、增加之情形
丑、實施之情形
寅、此種毒品貿易與日政府之聯絡關係
卯、蒙古與長春之鴉片社
1、組織情形
2、日政府對於此種鴉片社之控制

九、其他藉以形成日本侵畧战争之諸事實及他打擊人道良心之罪行而應歸咎其高級指揮官者

附記：凡敵人所敘述之詳細事實須加簽字與具結如可能希望其親寫之供

日本战犯之調查及搜集战罪證據標準

一、战罪種類：

子、破壞和平罪：凡計劃準備發動或從事侵略战爭或計劃準備發動或從事于違反國際條約協定或國際安全之战爭或為完成上列行為而參加共同計劃或陰謀者

丑、違反战爭法規及習慣罪：

1. 謀害與屠殺——有系統之恐怖行為
2. 將人質處死
3. 對平民施以酷刑
4. 故意餓斃平民
5. 強姦
6. 拐劫婦女強迫為娼
7. 流放平民
8. 拘留人民予以不人道之待遇
9. 強迫人民從事有關敵人軍事行動之工作
10. 軍事佔領期間有僭奪主權之行為
11. 對佔領區民強迫徵募兵役
12. 企圖奴化佔領區居民或剝奪其公民特權

13. 搶劫

14. 沒收財產

15. 勒索非法或過度之捐款與徵發

16. 貶抑貨幣與發行偽鈔

17. 施行集體刑罰

18. 肆意破壞財產

19. 故意轟炸不設防地區

20. 毀壞宗教慈善教育歷史建築物及紀念物

21. 未發警告且不顧乘客與水手之安全而擊毀商船與客船

22. 擊毀漁船與救濟船

23. 故意轟炸醫院

24. 攻擊與轟毀病院船

25. 破壞其他有關紅十字之規則

26. 使用毒氣

27. 使用爆裂彈與其他非人道之武器

28. 發佈盡殺無赦之命令

29. 虐待俘虜與病傷人員

16

30. 徵用俘虜從事不合規定之工作

31. 濫用休戰旗

32. 井中置毒

33. 集体逮捕

負違反人道罪：戰時或戰前對於民衆之殺戮殲滅奴役放逐等非人道行爲

六、戰罪期間：自「九一八」前後至日軍繳械爲止

七、戰罪證據：

不、物證——應予搜集

1. 計劃準備發動罪行之計劃書命令或其他公文
2. 足以證明罪行之日記函件及其他私人文書
3. 足以證明罪犯思想主張或行爲記錄之著作
4. 足以證明罪行之電報及照片
5. 敵人使用酷刑所用之刑具
6. 被害者之遺骸集体坟墓或受傷者之傷痕照片
7. 醫師或有關方面之調查書報告書或證明書

8、或係或戰犯之口供書自首書或報告書

9、非人道行為之被虐或戰刑訊

10、見證人之見證書或陳述書

又、證人——應予登記

1、被害人

2、被害人之親屬

3、罪行目擊者

4、參加罪行者或參加罪行計劃者

寅、凡屬有證據價值者皆應搜集之

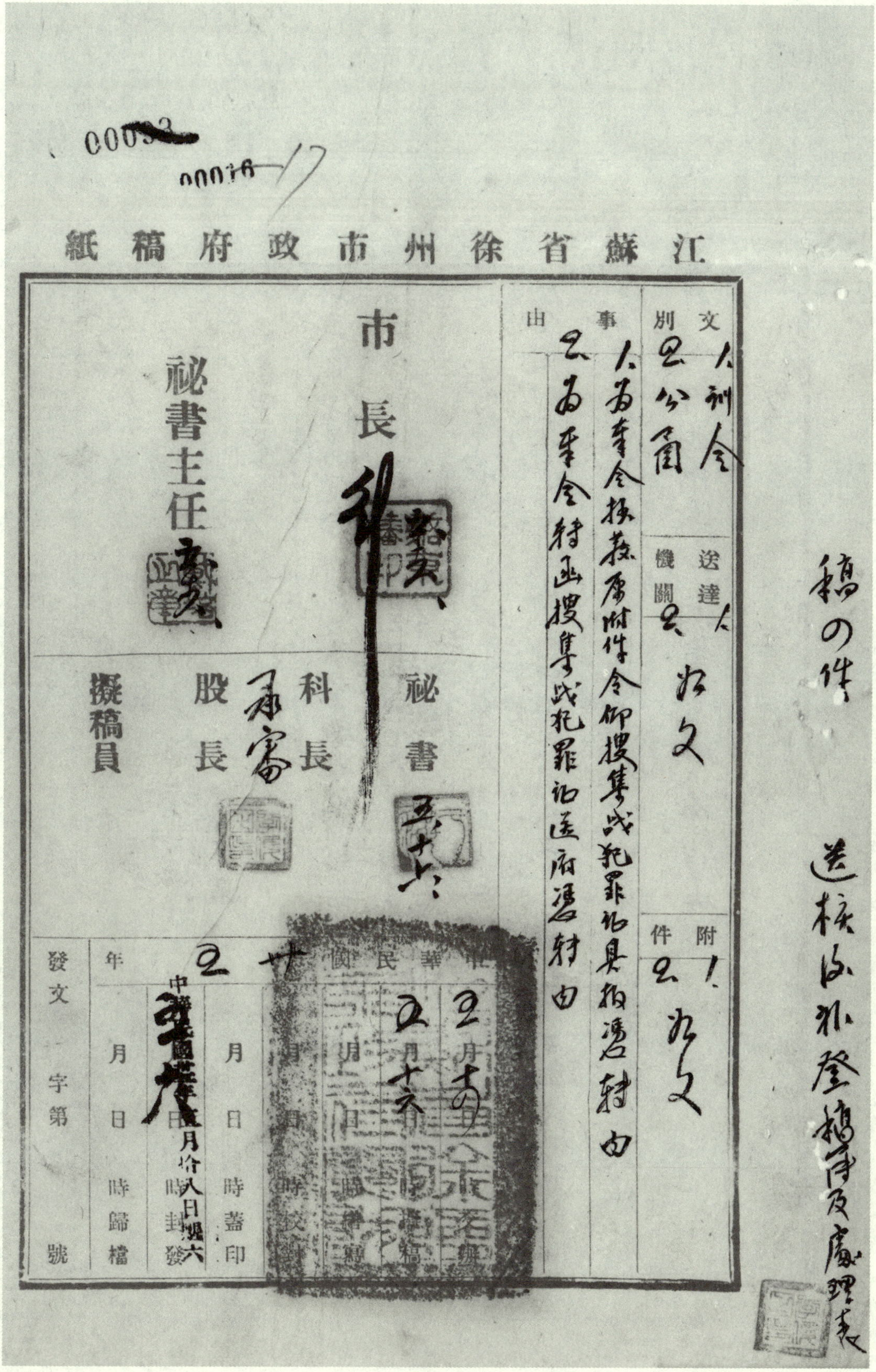
江蘇省徐州市政府稿紙

文別	訓令 / 公函
送達機關	均文
附件	均文
事由	令為奉令核發原附件令仰搜集戰犯罪証具報憑轉由 函為奉令轉函搜集戰犯罪証送府憑轉由

市長

秘書主任

秘書

科長

股長

擬稿員

年　月　日　時繕寫

月　日　時蓋印

月　日　時校對

月　日　時封發

月　日　時歸檔

發文　字第　號

中華民國卅五年五月拾八日發

18

（全衔）训令　府法字第　号

中华民国三十五年五月　日　5/28

令　警察局
　　区公所
　　农工商会

案奉

江苏省保安司令部本年长虞保法力字第2270号代电开：

「准第一绥靖区司令部诏诏代电：仰详为搜集呈部汇转为要」

等因附奉远东国际军事法庭调查罪犯纲要及日本战犯罪犯调查小组搜集战罪证据标准各一份，奉此，除分别函令外，合行令仰遵即详为搜集呈府汇转为要

此令

附發遠東國際軍事法庭調查罪行綱要及日本戰犯罪行調查小組搜集戰罪證據標準各一份

市長 駱○○

5191 號

（全銜）公函 府法字第 號

中華民國三十五年五月 日

案奉

江蘇省保安司令部本年辰虞保法力字第2270號代電開：

「准本市綏靖區司令部 卯卯 為要」

等因附發遠東國際軍事法庭調查罪行綱要及日本戰犯罪行調查小組搜集戰罪證據標準各一份，奉此，除分令外，相應錄抄附發原附件函達，搜集送府為荷。

20

呼致

市党部

樹牧莊（戍文）

市長駱〇〇

徐州市政府摘由紙

法收字第 308 號

總字第 24 號

來文機關	保安司令部
文別	訓令
來文字號	保法字1599
來文日期	37年4月17日
附件	
備考	

事由：為奉令規定各地拘捕日戰犯令仰所屬遵照由

擬辦：轉飭警察局遵照

以遵存 四、十二

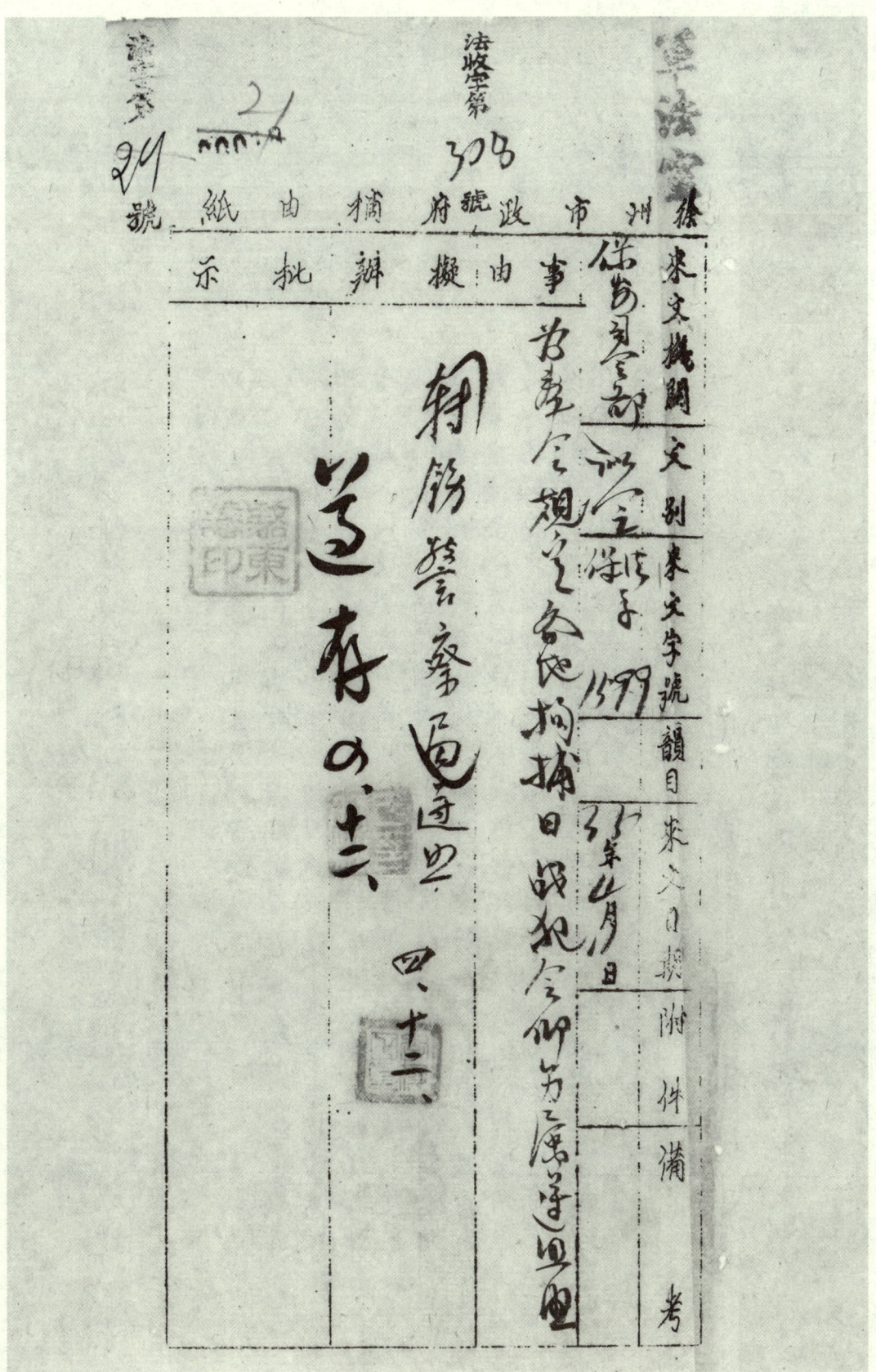

批示：四、十二

江蘇省保安司令部訓令

事由：為奉令規定各地拘捕日戰犯令仰飭屬遵照由。

保法字第1579號
民國三十五年四月五日

令徐州市政府

准省府核送奉

徐州綏靖公署參二字第五九五號代電開：「奉總司令何寅真禪士電開據日俘官兵善後總連絡部長官岡村寧次呈以各地拘捕日俘戰犯事前事後均不通知所屬連絡部於遣送後員事資多失陳擬請飭夫辦机關嗣後予以通知以便查考等情茲規定(一)逮捕之戰犯如為日軍高級部隊長官實施逮捕時通知其所屬聯絡部長以便對其所負任務有所交代如該區連絡部長亦列為戰犯者俟該區連絡事宜結束後再予逮捕(二)其餘戰犯應統於逮捕後列東通知其師屬連絡部以便其稽考人數除分報　委座核備並分報外希即查照並飭屬遵照等因希即知照並飭屬遵照為要」等因奉此除分別函令外合行令仰飭屬遵照為要！

此令。

總司令王懋功、

副司令賈韞山

晋字第 814 號

000[redacted]

00020

23

法收字第 133 號

4/18

軍法室

徐州市政府摘由紙

來文機關：綏靖區司令部

文別：代電

來文字號：綏法1671

韻目：卯齊

來文日期：35年4月 日

附件：

備考：

事由：為第一綏靖區軍事法庭暨戰犯拘留所應派組織戰 主持電知照由

擬辦：存 四．十八

批示：

事由：為第一綏靖區司令部軍事法庭暨戰犯拘留所在滬組織成立轉電知照由

江蘇省保安司令部代電

保法叙字第　號

中華民國三十五年四月八日

1671

徐州市政府：准江蘇省政府移送第一綏靖區司令部寅陳呈一球代電一件內開：「案奉委員長蔣子卅獨行電節開：『查關於戰犯之處理審判前經本會訂定戰爭罪犯處理辦法及戰爭罪犯審判辦法通飭施行在案，茲為便於實施起見，特規定該區於三月十五日成立軍事法庭暨戰犯拘留所，受理該區戰犯拘留審判等事宜』等因。本部軍事法庭暨戰犯拘留所遵於三月二十日在上海組織成立開始辦公，除分行並呈報外，特電請查照」等由。除分電各區縣市外，特電知照。兼司令王懋功　副司令賈韞山　卯齊保法叙印

校對張仁恩

監印吳光速

72

結14

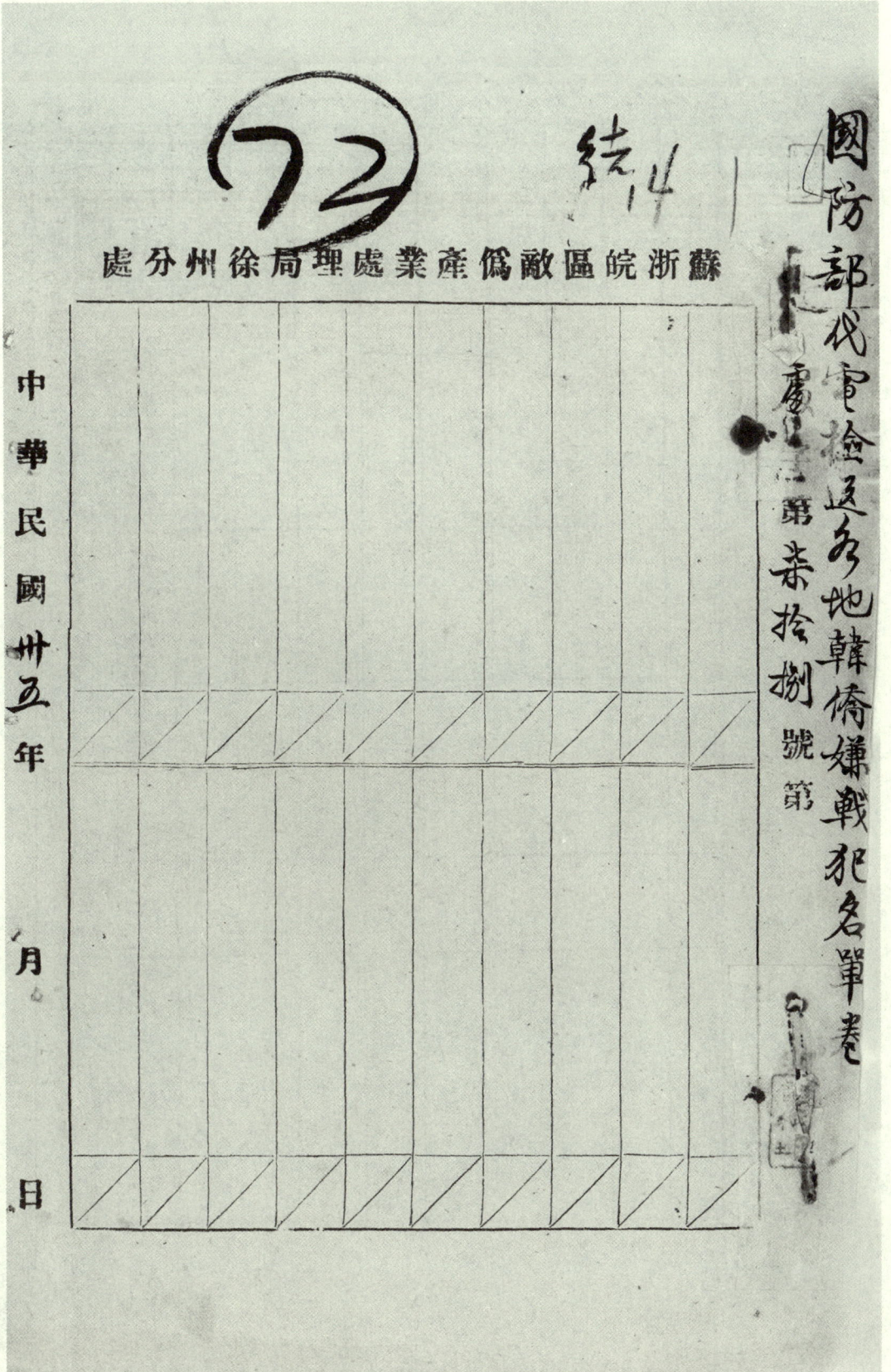

蘇浙皖區敵偽產業處理局徐州分處

國防部代電檢送各地韓僑嫌戰犯名單卷

處第柒拾捌號第

中華民國卅五年　月　日

No.-16

卷號	支78
案別	敵
品類	
敵偽產業原名稱	錦柳川廣雄
地點	敵憲兵隊系案
處理情形 產權	
處理情形 估價	
處理情形 結或未	结
備註	[illegible] 修參 #48439 文

6

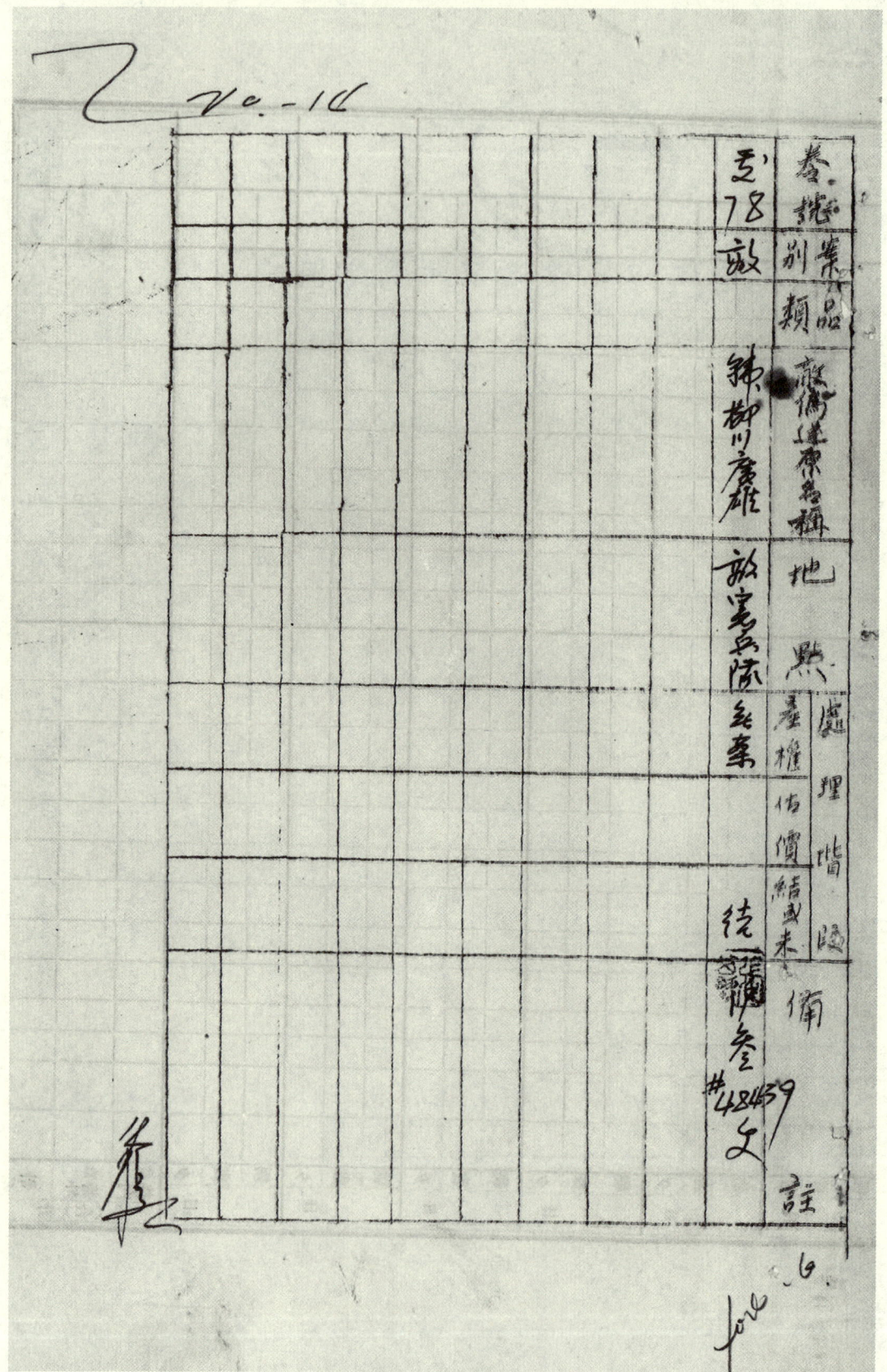

3

摘由紙

來文機關	文別	來文字號	到文月日時	附件
總局	訓令	48439	35年9月30日9時	名單一份

事由	擬辦	批示	備註
爲准國防部北電核送各地特僑嫌疑戰犯名單令仰知照由	擬交理股傳閱後存查 九卅	處 九卅	傳宗穩 處理股

處、78　收文 [illegible] 字第1660號

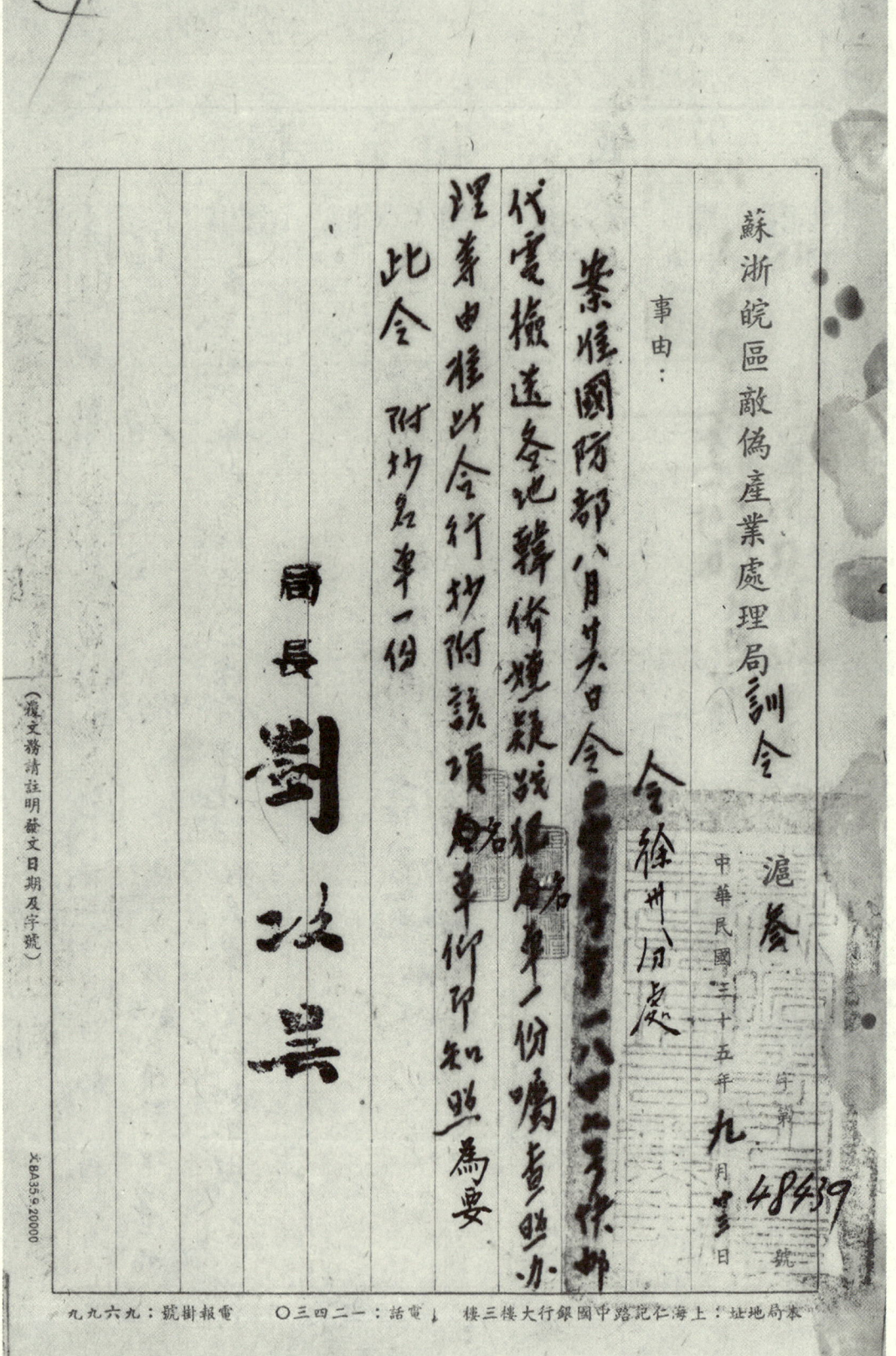

蘇浙皖區敵偽產業處理局訓令 滬發字第48439號

中華民國三十五年九月廿三日

令徐州分處

事由：

案准國防部八月廿六日令[redacted]代電撤送各地韓僑嫌疑戰犯名單一份囑查照辦理等由准此合行抄附該項名單仰即知照為要

此令

附抄名單一份

局長 劉攻芸

（複文務請註明發文日期及字號）

文BA35.9.20000

本局地址：上海仁記路中國銀行大樓三樓 電話：一二四三〇 電報掛號：九六九九

抄徐州韓籍嫌疑戰犯兩名

姓名	級職	年齡	籍貫	原服務部隊（機關）	罪行	拘捕機關	備考
陳茂松	翻譯	卅三	韓	徐州日憲兵隊翻譯	刑訊殺人陷人民奪產	徐州綏署軍事署軍法處逮捕已移送法庭	
柳川廣雄	〃	卅四	〃	仝上		〃 〃	卅五.七.十三.

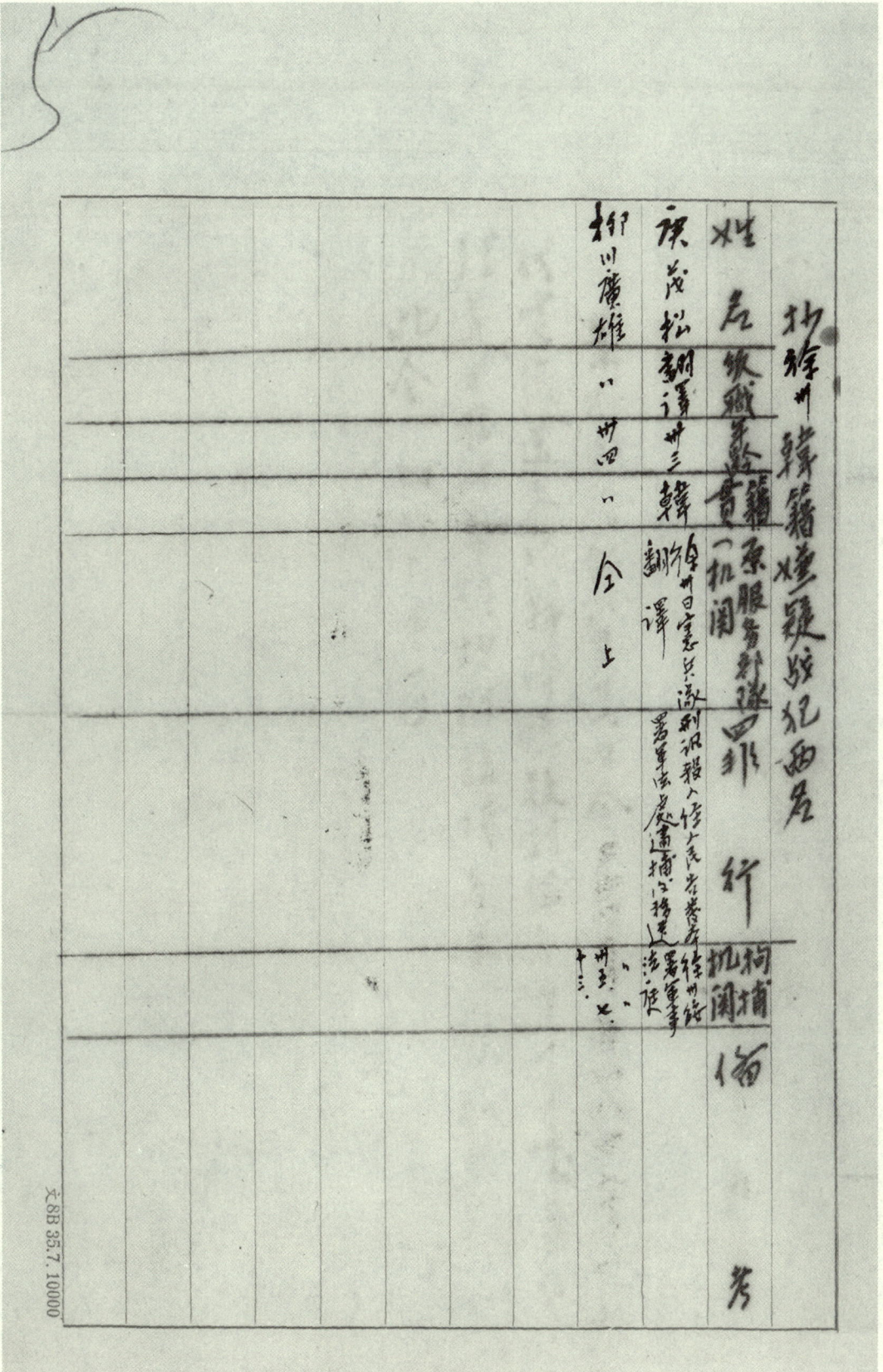

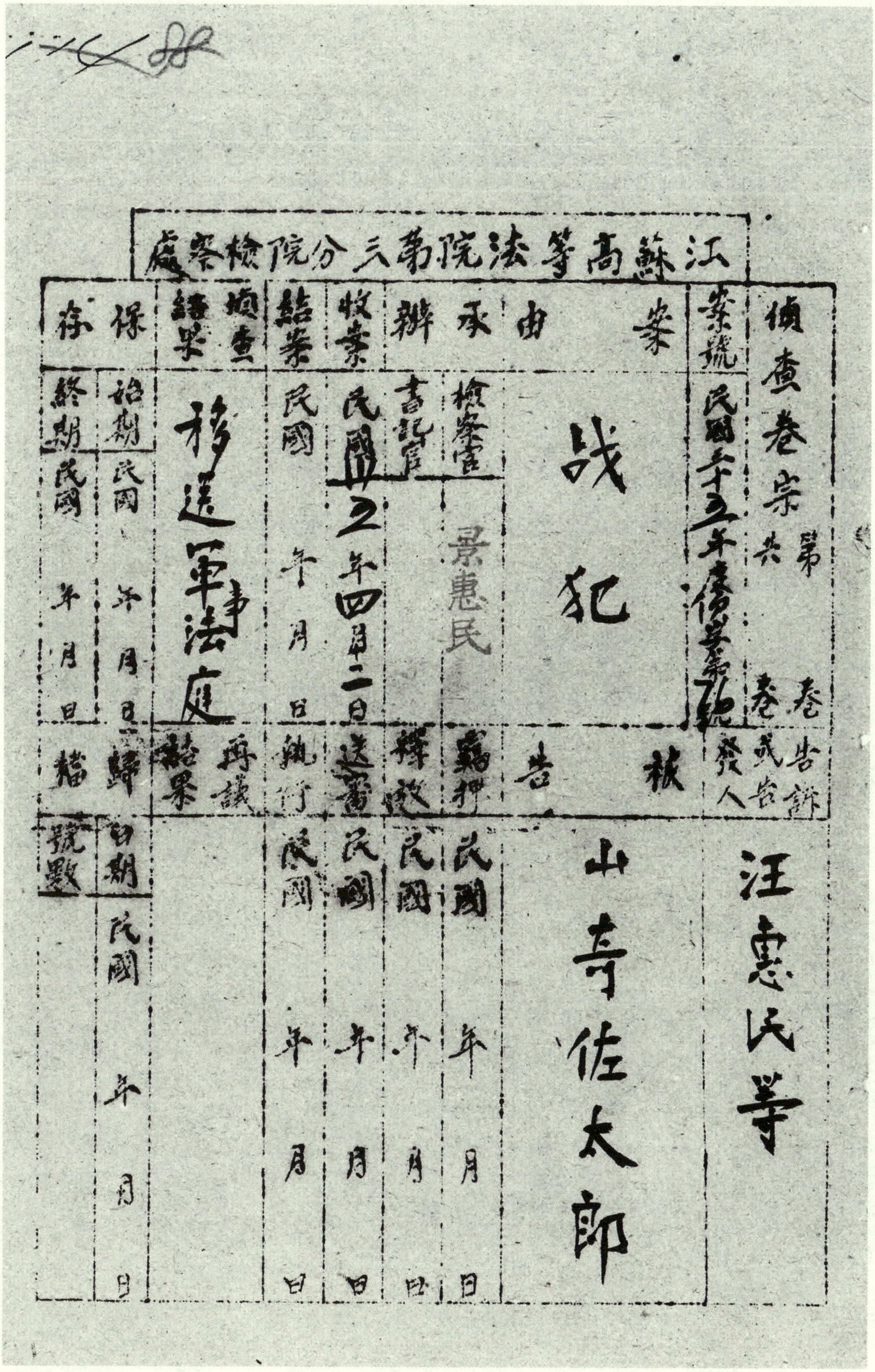

江蘇高等法院第三分院檢察處

偵查卷宗 共 卷 第 卷

案號：民國三十五年度偵字第 號

案由：戰犯

承辦：檢察官 景惠民；書記官

收案：民國卅五年四月二日

結案：民國 年 月 日

偵查結果：移送軍事法庭

保存：始期 民國 年 月 日；終期 民國 年 月 日

告訴/告發人：汪惠民等

被告：山寺佐太郎

羈押：民國 年 月 日

解繳：民國 年 月 日

送審：民國 年 月 日

執行：民國 年 月 日

再議結果：

歸檔：日期 民國 年 月 日；號數

江蘇高等法院第三分院檢察處稿

文別	代電
送達機關	徐州綏署軍事法庭
事由	為電請審訊戰犯山奇佐太郎 廿四名[illegible]呈文稱[illegible]請提訊法辦由

首席

檢察官

書記官

中華民國三十五年

四月十三日擬稿

四月十五日核發

月日繕寫

月日校對

月日蓋印

四月十八日封發

發[illegible]字第二六號

徐州綏靖公署軍事法庭公鑒：據碭山縣民汪惠民王桂山等十人聯名呈以前駐碭山日本憲兵隊軍曹山奇佐太郎甘殘害青年摧殘教育懇請提訊法辦以伸情冤而昭國紀一案查該戰犯[illegible]碭山淪陷期內殘殺拷打同胞摧殘文化[illegible]獄

家幸伍長折田伍長林伍長均助紂為虐，任意屠殺我抗戰同志及知識青年，實屬罪不可逭。據呈前情，相應檢同原呈電請貴庭迅向本市日俘管理處將該犯山喜佐太郎、重廿之、□原一併提案依法嚴訊，以伸國法而慰忠魂，實紉公誼。

此致

江蘇高等法院第三分院首席檢察官王○○元

印

附原呈乙件

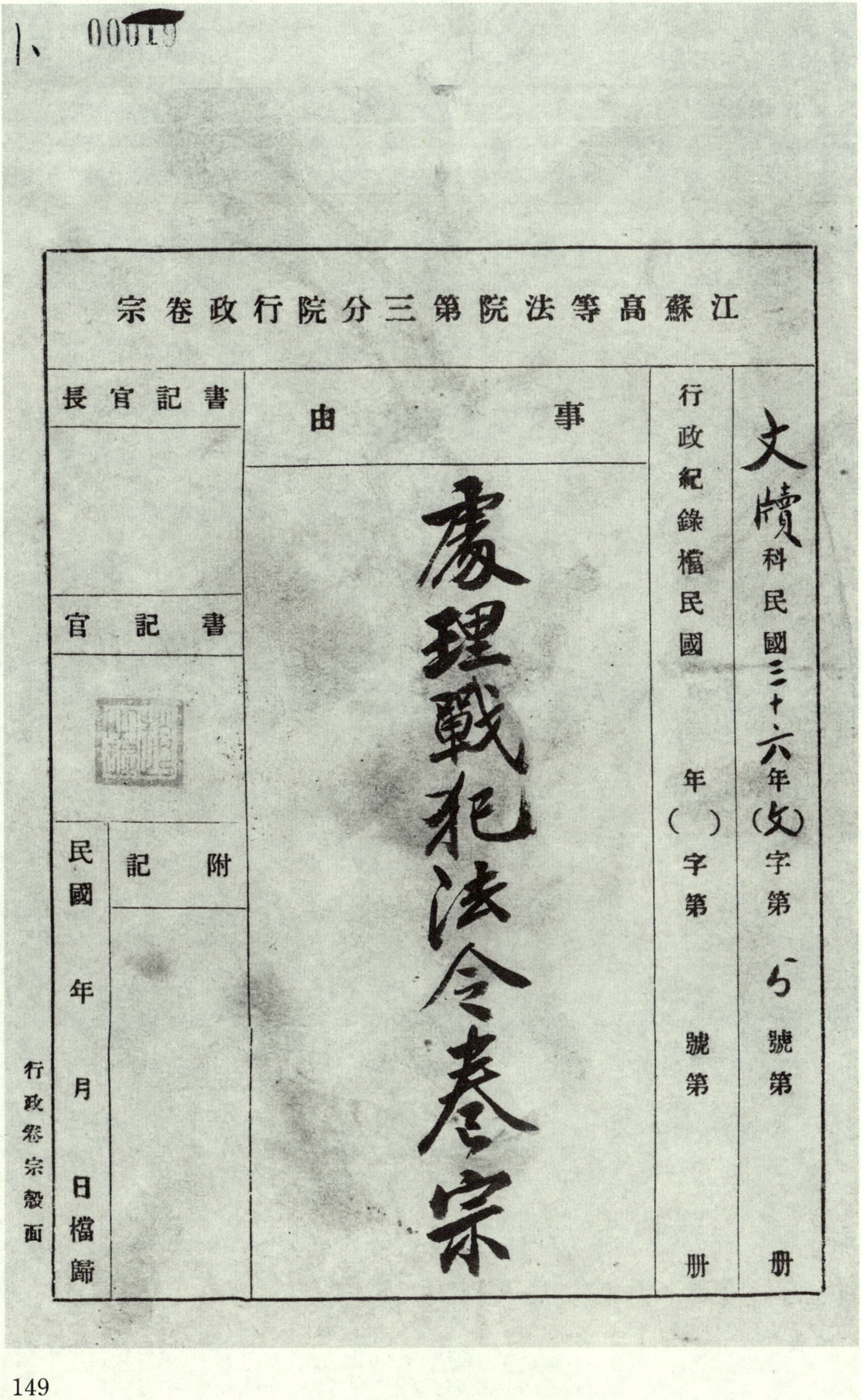

1、 00019

江蘇高等法院第三分院行政卷宗

文牘科民國三十六年(文)字第5號第　冊

行政紀錄檔民國　年(　)字第　號第　冊

事由

處理戰犯法令卷宗

書記官長

書記官

附記

民國　年　月　日歸檔

行政卷宗殼面

2.00

案由摘錄

編號	來文月日	原號	機關	種類	案由
1	6月5日	65	高院	訓令	奉令為關于美軍在我國逮捕引渡戰犯由
2	3月7日	1028	一	一	奉令為關于加緊進行審判戰犯由
3					
4					
5					
6					
7					
8					
9					
10					

江蘇高等法院第三分院 通用紙

江蘇高等法院第三分院

文木

閱

文

事由：奉令為關於美軍在我國逮捕引渡戰犯案令仰遵照由

江蘇高等法院訓令

文字第 六〇 號

中華民國三十六年一月 九 日

令 本院第三分院首席檢察官

奉

司法行政部卅五年十二月廿八日京訓(戰)字第八五九六號訓令開：「奉

行政院三十五年十二月十八日節京捌字第一八〇九九號訓令開

查美軍或其他國家在我國逮捕引渡戰犯應由外交途徑辦理各級地方官署不得與該承國逕行洽辦前經本院於本年七月十三日以節京捌字第五六六七號訓令通飭遵照及在案茲據外交部十一月廿六日東(35)字第一八四六六號呈以美軍在我國逮捕引渡戰犯(一)僅對美國人有犯罪行為之敵籍戰犯由駐華美軍通知當地軍警機關代為逮捕美軍可予以逮捕上之協助逮捕之後由美軍總部向國防部申請引渡(二)美軍審判戰犯之軍事法庭於美軍駐華期間暫在中國境內舉行戰犯之審判(三)非敵籍戰犯之逮捕或引渡仍應循正

存

常外交途徑辦理該鑒核等情准予照辦除指復暨分令國防部各省市政府台灣省行政長官公署遵照并行知國民政府文官處各行轅及戰爭罪犯處理委員會外合亟令仰遵照并轉飭所屬遵照等因奉此查美軍或其他國家交我國逮捕引渡戰犯應由外交途徑辦理各級地方官署不得與該求國逕行洽辦前經本部於本年十月十八日以訓戰字第五八九五號訓令通飭在案茲奉前因除分行外合亟令仰遵照并轉飭所屬遵照為要。

等因；奉此。查關於逮捕引渡戰犯應由外交途徑辦理，前經本院於卅五年十月卅日以文字第八九八四號訓令通飭在案。茲奉前因，除分令外，合行令仰遵照。此令。

院長 孫鴻霖

董濂 檢察官 韓燾

文牘科 律卅 三利四、

事由：奉令關於加緊進行審判戰犯工作一案轉飭知照由

江蘇高等法院訓令 文字第一〇二八號

中華民國三十六年三月七日

令蘇第三分院

奉

司法行政部本年二月廿六日京(36)訓戰字第二〇〇〇號訓令開：

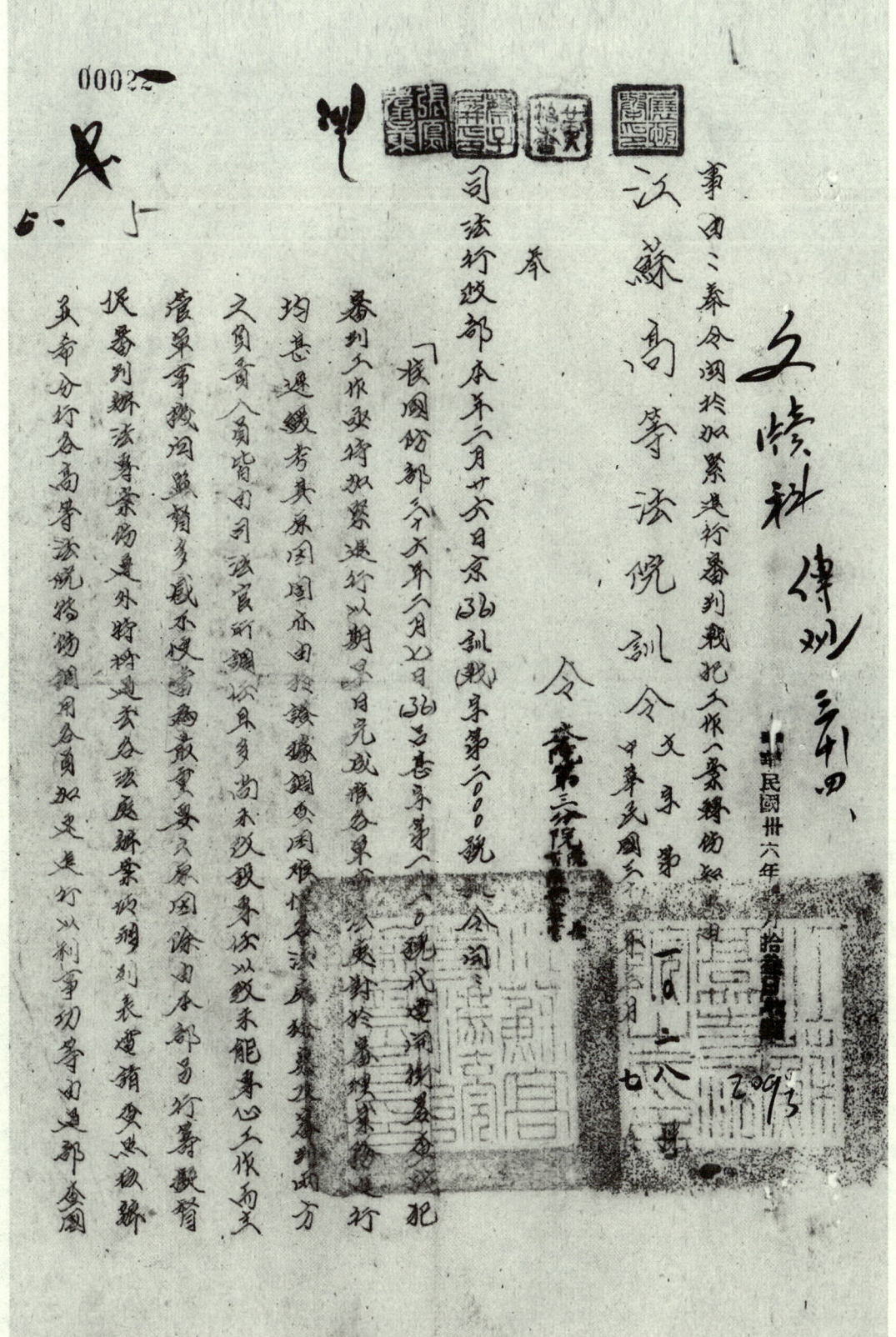

「准國防部三十六年二月七日(36)忠惠字第一〇〇一號代電開：查戰犯審判工作亟待加緊進行，以期早日完成。惟各軍事法庭對於審理案件之進行均甚遲緩，考其原因固亦由於證據調查困難，但各法庭辦案人員對於審判兩方之負責人員皆由司法官所調，以身多尚未改敘，以致未能專心工作，而主管軍事機關與贊多感不便，當為最重要之原因。除由本部另行籌擬督促審判辦法專案飭遵外，特將違令各法庭辦案承辦列表電請查照轉飭並希分行各高等法院將飭調用各員加速進行，以利事功等由，過部，查國

防部將送之各審判戰犯軍事法庭辦理案件情形統計表內所載各地軍事法庭辦理案件情形與現在羈押戰犯人數比較相差懸殊似此因循拖怠延擱置殊屬非是而上海軍事法庭（辦理僅有二案 山西太原軍事法庭辦理僅有三案 台灣軍事法庭）則迄未偵查審理尤屬玩忽殊負閱於加緊進行審判戰犯工作業經通飭本部軍事司於本年八月廿九日以京引列四字第四號代電通知有關各高等法院將協調用人員加速進行在案茲據前因除電復國防部外合再電仰各該高等法院分別將協參加戰犯審判工作人員努力振奮積極進行以利事功毋再延誤為要

等因。奉此。除分令外，合行令仰知照。此令。

院長 謝瀛洲

首席檢察官 韓燾

00024

8

文

鈔水

事由 為層奉關於定期截止檢舉戰犯乙案仰知照由

江蘇高等法院訓令 文 字第五七零九號

中華民國卅六年十二月初壹日收到

946

中華民國三十六年十二月廿四日

令本院第三分院

案奉

司法行政部三十六年十一月十四日京(36)訓戰字第一三零四四號

訓令內開：

「案奉 行政院三十六年十月二十四日(卅六)七法字第四三六零二號訓令開：「前據國防部電請定本年十月十五日為檢舉戰犯截止日期等情，經轉陳 國民政府備案及電復在案。茲奉 國民政府十月二十一日處字第一七二五號指令開：「准予備案」等因，除分令國防部外，合行令仰知照，并轉飭知照」等因，奉此，除分令

外合行令仰知照并轉飭所屬一体知照

等因，奉此，除分令外，合行令仰知照。

此令。

院長 鄭烈

首席檢察官 韓燾

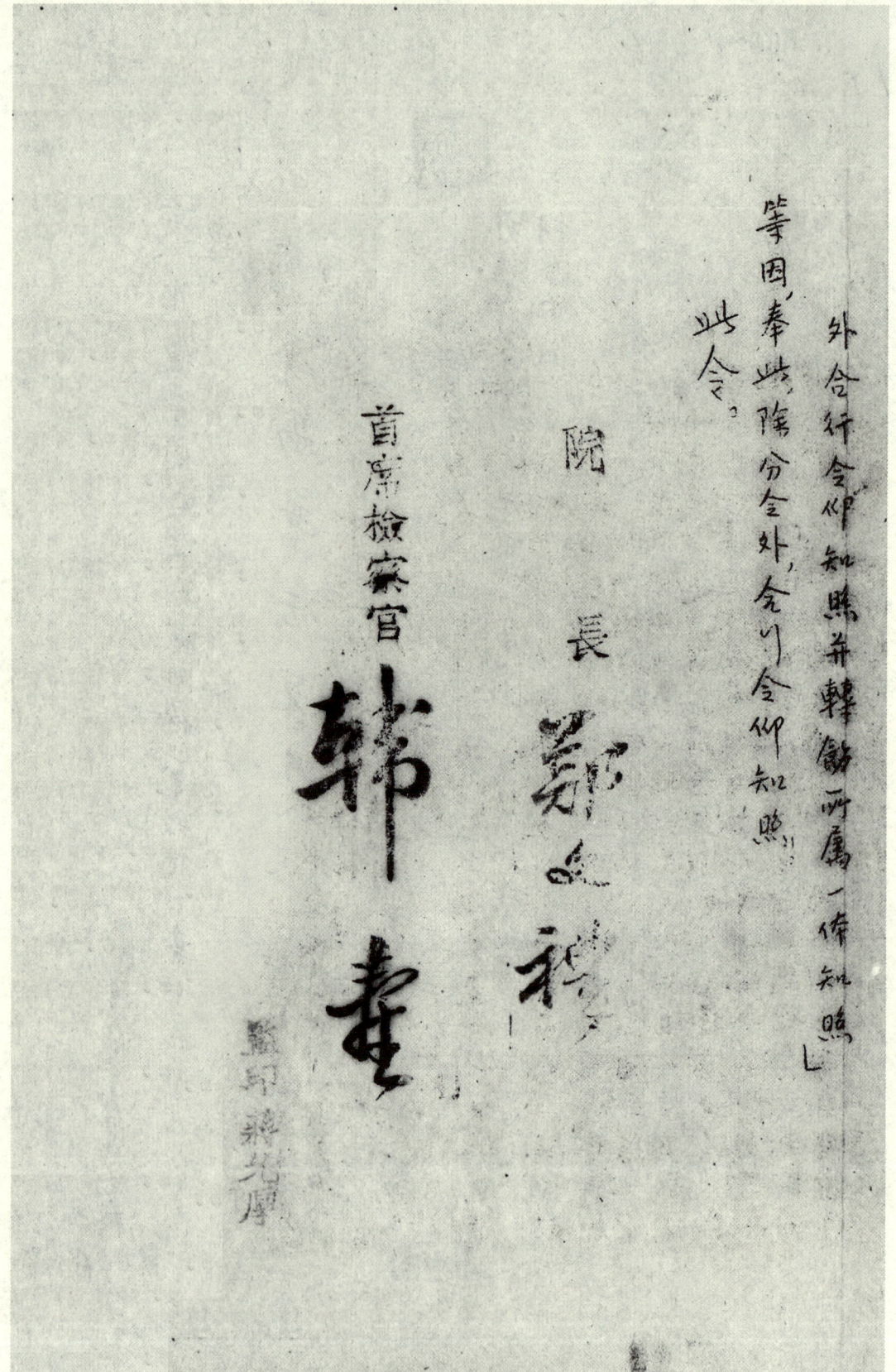

監印 韓光厚

0002

文

事為解釋戰爭罪犯審判條例所稱之外國軍人或非軍人是否
由　包括第三國軍民在內疑義令仰知照由

江蘇高等法院訓令

訓令　文字第五八〇四號

中華民國三十六年十二月十五日

令本院第三分院

案奉

司法行政部本年十二月八日京(36)訓刑(四)字第一四二二五號訓令內開：

「准司法院三十六年十月二十八日院解字第三六三八號公函開：前據本院秘書處簽呈為據司法行政部本年四月七日京(36)公刑(四)字第一五〇九號公函，以戰爭罪犯審判條例所稱之外國軍人或非軍人是否包括第三國軍民在內疑義，函請轉陳解釋見復等由，經合簽請鑒核等情，據此，茲經本院統一解釋法令會議議決：戰爭罪犯審判條例所稱之外國軍人或非軍人，凡與我國作戰或有敵對行為之國家之軍民均包括在內，相應函

中華民國卅六年十二月廿三日收到

1036

遵负照等因，除分行外，合行令仰知照，并转饬所属

以俾知照。

等因，奉此，除分令外，合行令仰知照。

此令。

院长 郑文礼

首席检察官 韩

21

法戰梭

民國三十五年十一月廿

416

徐州綏靖公署軍事法庭公函

事由：函复韓人松田秀河未列入戰犯由

案准

貴處本年十一月十五日徐處字第七三七號公函以韓僑松田秀河在華有無罪行囑查复等由經查奉頒各批戰犯名單及本庭受理戰犯案件中均無松田秀河之名相應函复即希

查照為荷

此致

蘇浙皖區敵偽產業處理局駐蘇辦事處徐州分處

兼庭長陳珊

第　頁

收文　字第　號

00104 收文第 116 號

國防部徐州軍人監獄籌備處（代電）

事由：為奉派籌設徐州軍人監獄電請查照由

受文者：徐州地方法院

一、屑奉 國防部〔37〕子刪呂登字第〔276145〕號代電略「以核定徐州設立軍人監獄准照丙種編制並先成立籌備處派錢渠軒為籌備主任飭遵辦具報」等因

二、茲於本年二月一日成立擇定本市延平路七號太和廠舊址為籌備處除呈報并分函外謹電請查照

主任 錢渠軒

發文 日期：二月十日 字號：成字第〇〇三號 駐地：延平路七號

徐州地方法院收發處 民國卅七年二月 日 時

第 頁

檔號

徐州綏靖公署審判戰犯軍事法庭檢察官起訴書

行(一)70号

民35年

/

徐州綏靖公署審判戰犯軍事法庭檢察官起訴書

被告 古性與三郎 男（[illegible]）年四十二歲 日本神奈川縣愛甲郡伊知村上伊知[illegible]

軍大尉

右開被告民國三十五年偵字第[illegible]號縱兵殃民殺人強姦擄人勒贖等罪一案業經偵查終結認為應行提起公訴茲將被告犯罪事實及證據並所犯法條開列如左

設

查日本自發動侵略吾國戰爭後即遣派大批暴戾兇頑之低級軍人來華組設所謂憲兵隊警備隊藉名為維持其軍風紀而實際上則為箝制我愛國志士言行殘害我良善人民之先鋒隊被告古性與三郎於民國三十二年四月派到安徽合肥任步兵第百一聯隊行李彈藥班長三十三年四月間准升中尉迄至三十四年又升任獨立警備步兵第一大隊中隊長三十四年八月復升任陸軍大尉在此二年四閱月時期成立古性部隊於合肥南門小洋樓內姦淫擄掠屠殺平民罪行多端罄竹難數（一）如於民國三十二年十一月二十六日被告連續帶領騎兵五十餘人至張忠華家誣以接近中央搶劫財物牲畜事後將張忠華張忠標弟兄及其侄張維銀綑綁架至合肥城羈押於第六女中縱狗咬咬吊打灌水施以酷刑拘禁二十餘日嗣經勒贖敵壳手槍兩枝子彈三百粒法幣五百萬始獲釋回（二）又於民國三十四年三月二十日在合肥西門外荷葉地鄉以未經歡迎之嫌指使狗咬朱盛傳[illegible]物並予以殘傷將身體肢解一一塊唆嗾部屬強姦朱盛傳之妻強勒法幣四五十萬（三）如縱容部屬擄劫婦女強迫為娼尤以被告以附逆該部

徐州綏靖公署審判戰犯軍事法庭 起訴書

觀音庵小尼姑勝傀年甫十八專爲其發洩淫慾之玩弄犧牲四閱獸行畢露俱經
八綏靖區司令部據實調查冊報在卷
按之關犯罪事實被害人張忠標張維銀并已死朱盛傳之兄朱盛發於被告獲案
時在第八綏靖區司令部軍法處一一指攻確鑿且經目睹其事之金文軒張
維武到庭証明歷述如繪且有結証並據陸軍第七軍司令部諜報組長覃榮
標等調查報告在案即被告雖未肯具體直承但已概括供認縱有所謂「我記
不清楚」「大概有這事」等類逃避之口吻純係諉卸之詞不足採取而被告之罪行洵堪
認定綜核被告縱兵殃民搶劫數唆強姦擄人勒贖實犯刑法第二十九條中華民
國戰時軍律第九條第十八條懲治盜匪條例第二條第一項第九款殘忍殺人
實犯刑法第二百七十一條第一項各罪再按凡人類無論男女一經遁跡空門六根
已淨矣被告竟覬覦女尼勝傀亦應據陸海空軍刑法第六十一條第二款論科案
察被告意思固有連續而行爲亦屬犯同種罪名且亦具數罪併罰之例請依刑
法第五十五條第五十六條[illegible]核處斷合依戰爭罪犯審判辦法第一条
第八條及原辦法施行細則第十七條刑事訴訟法第二百三十條第一項提起公
訴

中華民國三十五年六月十日

軍法檢察官沈治邦

右件証明與原本無異

中華民國三十五年六月十一日

書記官張衍傑

2

徐州綏靖公署審判戰犯軍事法庭檢察官起訴書

被告井上源一 男 年二十八歲 日本愛媛縣宇和島市石應宿遷

新安鎮憲兵分隊兵長

右開被告民國三十五年偵字第八號搶劫擄人勒贖等罪一案業經偵查終結認為應行提起公訴茲將被告犯罪事實及證據並所犯法條開列如左

被告井上源一於民國三十年三月十日(即日本昭和十六年)來華先至湖北咸寧在第四十師團第四十聯隊充當二等兵士因任意奉行違背國際公法之屠殺和清除政策害我地下工作人員積功擢升為兵長在新安鎮憲兵分隊任期內於民國三十三年廢曆八月二十五日清晨帶領敵偽憲警四十餘名前赴東寧高作鎮先至郝松濤藥店內藉口謂其家藏有電機溝通中央消息當搶劫銀錢首飾衣物等件約值二千萬之巨搜刮一空并將其店夥朱建業紀亮軒綁架至宿遷縣備極虐待施用電刑拘禁十餘日勒贖聯票七十三萬始獲釋回復往滕子漢家當抄獲國民党党證暨文件亦搶劫財物約千萬元當將滕子漢及其父心齋一併帶至宿遷摻遭電刑百般凌辱施以非人類待遇拘禁月餘勒索二十餘萬元方慶生還本庭奉令成立登報調查戰犯罪行即據被害人郝松濤等填具侵害四乙兩種表格訴追法辦查被告井上源一對於前開犯罪事實雖未清坦白直陳但已供認維時曾

帶憲警至睢寧高作鎮搜索反動電機等件乃係奉行所科長之命維有搶劫擄人勒贖行為或為便衣偵探等所為等語然訊據被害人郝松濤等當庭指訴被告帶領憲警到高作鎮如何指揮搜索並將被害人一行八人拘至宿遷如何殘酷刑訊說贖放回以及事後於上年十一月間在本市大同街曾相遇、、迭案核陳辭況痛呼籲悲忿歷言如畫如在目前當質諸被告大良猶未汎盡亦俯首無辭是本案犯罪事實洵臻明確審酌被告間所地搶劫兩案自係基於一個概括之犯意圖應論以一個連續犯陸海空軍刑法第八十四条之結夥搶劫罪而核其擄贖為刑法恐嚇取財之加重規定罪質與搶劫根本不同其間犯意亦自各別並無方法結果之關係不能認為擄贖與搶劫行為競合時應包括於他種搶劫行為之中而構成一個罪行排斥懲治盜匪条例之適用仍應論以連續犯懲治盜匪条例第二条第一項第九款之罪併合處罰（參照一九年上字第一五×一號判例二十年八月八日院字第五三×號解釋）再傷害拘禁固為搶劫擄贖之結果然既經合法告訴又不應忽置不論并應依刑法第二百×十×条第一項第三百零二条第一項第五十五条從一重處斷合依戰爭罪犯審判辦法第一条第八条及本辦法施行細則第十条刑訴法第二百三十

條第一項提起公訴

中華民國三十五年六月十日

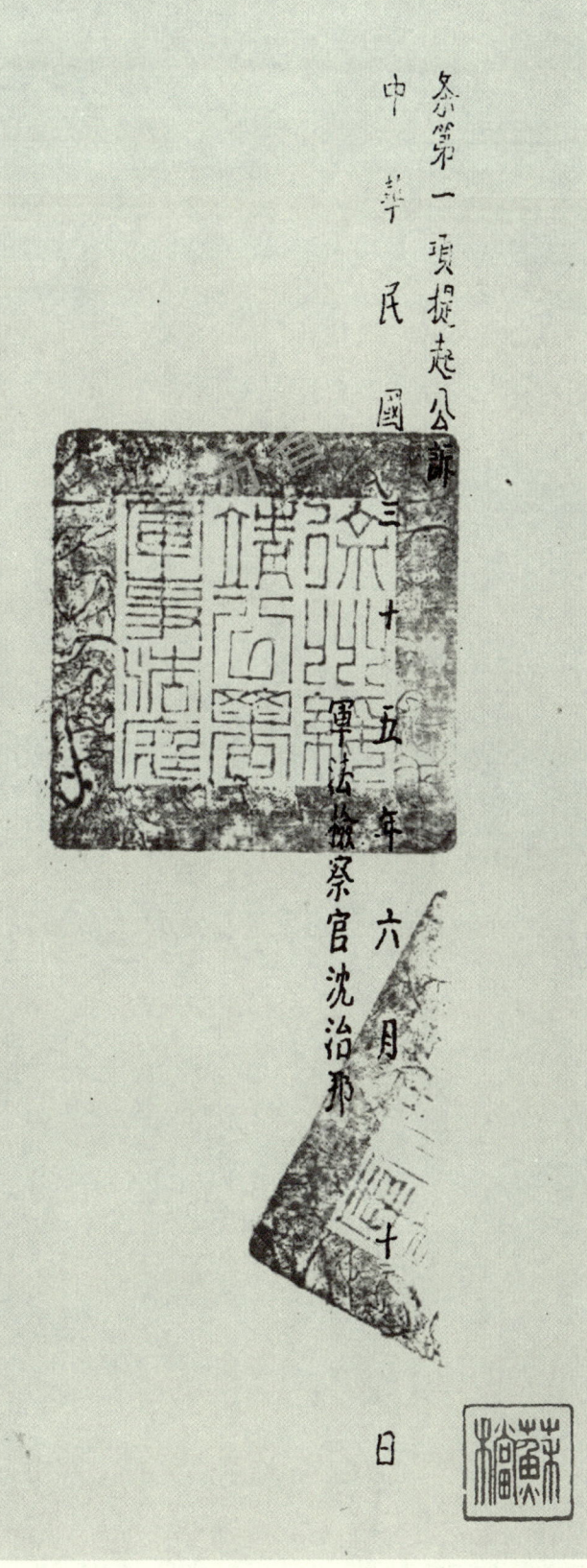

軍法檢察官沈治邦

徐州綏靖公署審判戰犯軍事法庭檢察官起訴書
被告入山博男年二十七歲日本岐阜縣任安八群新平村中鄉
前徐州日本憲兵分隊兵長
右開被告民國三十五年偵字第九號侵占公務上持有物一案業經
偵查終結認為應行提起公訴茲將被告犯罪事實及證據並所犯法
條開列如左
按日本自對吾國作侵略性戰爭後在控制各大城市區組設所謂憲
兵隊除箝制或殘害我愛國志士和良善人民外肆意攫取公私財物
藉以加强其陸海空集團之淫威而助長其兇燄本案被告入山博自
民國三十一年應征來華三十二年六月間至徐州憲兵分隊由二等
兵歷升兵長為徐州東站憲兵派出所負責人於三十三年八月二
十二日自杭州郵局運往天津北平等埠綢緞包裹計五十一袋價值
匪微途經徐州乃被告强行登車扣留幾經交涉方於同年十月十九
日由被告親筆出具收條而該項貨品為其吞沒本庭奉令成立即據
銅山一等郵局填具甲乙兩種結文函請扣留法辦并遣派代理人端
木淵到案訴追查前開自杭州郵局封寄天津北平等埠綢緞包裹五
十一袋持有搬出証件並經前偽全國商業總會具文証明不在統制物
資之列是該被告犯罪條件業已構成茲據辯謂扣留上項綢緞包裹
係奉憲兵派遣所所長長官永川之命而永川已無從傳質畢竟有無

[illegible]

斯項命令固無從臆斷被告果非憲兵派遣所負責人員何肯出具收條而上項包裹綢緞確在該被告實力支配持有之下自堪認定審核三十三年十月十九日所具之收條為銅山郵局接車員耿樸等親目所睹直接收受雖據諉為非其手書然經本檢察官當庭試筆結構姿勢酷似神肖并無二致顯見狡飾之詞不足憑信再按被告雖非吾國之公務員參以民國十年前大理院第一六六五號解釋依戰爭罪犯審判辦法第八條之規定得適用我刑法第三百三十六條第一項訴追合依戰爭罪犯審判辦法第一條及原辦法施行細則第十條刑訴法第二百三十條第一項提起公訴

中華民國三十五年七月十三日

軍法檢察官沈治邦

徐州綏靖公署審判戰犯軍事法庭檢察官起訴書

被告小川洋 男年三十九歲日本崎玉縣人前偽淮海省政府經濟顧問徐州日本總領事館領事

松崎秀憲 男年四十三歲日本長崎人徐州偽淮海省政府顧問輔助官

右開被告民國三十五年偵字第二四號販運鴉片偽造幣券及毀棄軍用兵器彈藥一案業經偵查終結認為應行提起公訴茲將被告犯罪事實及證據並所犯法條開列如左

被告小川洋自民國二十八年間在北平興亞院總務局充調查官半載後即來徐担任該院派遣員調查徐州一帶政治經濟情形以為侵虐之張本迨至興亞院解散復任徐州總領事館經濟領事兼偽淮海省政府經濟顧問為華中區經濟侵略之中堅人物因與偽省長郝鵬舉結識從此沆瀣一氣在此侵略戰爭中遂行其經濟侵略苛政如武裝𢇁購軍糧勒索征發擾害平民包庇販運鴉片及代用品意圖供行使之用偽造關金幣券乃於波茨坦向同盟國宣言投降後三日仍就原在偽淮海省兵工廠所有製造軍械機器以及砲彈軍用品等件俱被毀棄隱匿至被告松崎秀憲為小川洋輔助官然沙金生金利成先後報告徐州綏靖公署軍法處移解到庭查前開犯罪事實被告小川洋固狡展諉卸不肯直承然據松崎秀憲當蕆業之初已在徐州綏靖公署調查室暨軍法處供認因為美軍登陸儲備失通用效力故印新法幣以柳泉煤炭與海州食鹽為資源即小川洋亦不否認又包庇販

運鴉片業經先後自白被共犯不利於己之陳述如無諉過於人之處
自可為其他共犯之証據殊難以空言飾辯至關於毀棄隱匿製造軍
械機器暨砲彈等件徵諸徐州警備司令部據金利成具報由第二兵
工廠搜索砲彈一千七百餘發亦堪資証明而日人桑村在徐州綏靖
公署軍法處所述已查獲印墨四十六盒銅板四塊銅模五塊照像機
頭一個藥品等類尤足為偽造幣券之有力準據是本案被告犯罪事
實已獲有証明核其行為均不無共犯妨害國幣懲治條例第三條陸
海空軍刑法第四十七條第二項第一百零五條之俱發罪刑復按被
告偽造幣券吸收吾國物資擾亂金融其罪已不容逭而其販運鴉
片及代用品毒化吾國並[illegible]藉此降[illegible]中國人民之抗戰意志抑且獲
得巨額收入以供[illegible]軍事經濟之侵略用心險惡尤屬無可原恕
再在庭宣言投降後[illegible]毀壞[illegible]藏埋置[illegible]軍械機器並砲彈軍用品等件寔足
屬有背國際公法[illegible]均應請從重處斷合依戰爭罪
犯審判辦法第一[illegible]條及原辦法施行細則第十條特種刑事案
件第一條第一項[illegible]十條第一項提起公訴

中華民國[illegible]五年七月十七日

軍法檢察官沈治邦 印

右正本証明與原本無異

中華民國三十五年七月二十一日

書記官張衍傑

徐州綏靖公署審判戰犯軍事法庭檢察官起訴書

被告 膳英雄 男年五十三歲日本愛媛縣人日本陸軍士官學校畢業徐州憲兵隊大佐隊長

中屋義春 男年四十四歲日本高知縣人徐州憲兵隊戰務科科長

西川 所在不明

右被告民國三十五年偵字第一六號殺人一案業經偵查終結認為應提起公訴茲將被告犯罪事實及證據並所犯法條開列如左

被告膳英雄曾畢業於東京陸軍士官學校千葉步兵學校暨東京憲兵練習所為一高級職業軍官自民國三十一年(即昭和十七年)八月間來華初任漢口憲兵中佐隊長任期一年以清除我地下工作人員討伐我游擊部隊建立勳功於三十二年八月間擢升徐州憲兵大佐隊長統轄徐州海州宿縣新安鎮固鎮各分隊而碭山分遣隊屬於徐州分隊共有憲兵五百餘名煊耀一時罪惡昭著中屋義春西川為其部屬充任戰務科長書記等職緣被害人黃濬傑為山東湖田總局科長因魯境滕魚被共軍攻陷無以生存於民國三十三年七月間追隨該局長陳建勳輾轉奔逃途經徐州擬繞道轉赴皖省阜陽詎意於斯年十月十三日為徐州漢奸憲兵隊長楊永勝偵悉被捕送致被告膳英雄憲兵部隊屢經中屋義春嚴酷審訊施用電刑灌以涼水故意饑餓而在審訊時膳英雄西川亦在場嗾使終因搜獲湖田總局鈐記并

公文等件遂將黃濬傑剝皮屠殺買處死刑經黃濬傑乃子翼雲填具甲乙兩種結文告訴到庭查已死黃濬傑經被告膳英雄等非法逮捕嚴刑拷打施以酷刑並予以不人道之待遇將其剝皮殘虐屠殺買處死刑不惟黃翼雲陳訴懇切指証歷歷並經証人陳建勲証述「被告等如何捕獲黃濬傑拘禁於於市大同街減食餓斃如何施用電刑灌水灌油棍棒亂擊嗾犬狂噬如何由中屋義春承審嚴刑逼供以及膳英雄等潑塲嗾使」為身經其事親眼目睹」歷言悲忿義氣填膺經本檢察官反復詳詰先後一致毫無疵累是本案犯罪事實已獲有証據認定雖據被告等否認其事並據膳英雄述稱「在我憲兵防區內如有屠殺姦淫等情事應由我負責」按黃濬傑在徐州憲兵隊遇害時確為被告等任役期間審核兩造素昧生平自無仇怨若果無前開罪行諸常情又何從虛搆事實憑空誣指參以徐州前日本憲兵隊軍曹兒玉協供謂「中屋義春當戰務特高科長職掌偵察民衆的思想及行動和調查游擊隊動情在外殘殺中國軍民我聞見過的」等語(見本庭三十五年偵字第十四號偵查卷)尤足徵徐州日憲兵隊被告等之罪行確鑿無疑復按日本自對吾國發動侵略戰後積極在佔領各大城市中組設所謂憲兵隊警備隊藉名維持交通整飭其軍風紀而實質上則為箝制我愛國志士言行殘害我良善平民對於俘虜人員必須嚴予懲戒勿悞解人道主義而為個人對俘虜之情感所左右藉此妄冀獲得

享受之特權及光榮自詡為其日本民族之優秀性格此為東條陸相
致各集中營之訓令而為東京統帥部及其司令官完全獲悉并予默
認之一貫政策且日本憲兵部隊在各城市姦淫搶劫謀害屠殺諸種
罪行尤為一般公知顯著之事寔雖婦人孺子均能道之總核上述情
事以觀自不容被告等空言飾辯而任其倖逃刑責核其行為寔不無
共犯刑法第二百七十一条第一項之重大罪嫌殺人而施用殘忍行
為量刑尤應從重處斷合依戰爭罪犯審判辦法第一条第八条及原
辦法施行細則第十条刑事訴訟法第二百三十条提起公訴

中華民國三十五年七月二十四日

軍法檢察官沈治邦

8

徐州綏靖公署審判戰犯軍事法庭檢察官起訴書

被告膳英雄 男年五十三歲日本愛媛縣人日本陸軍士官學校畢業徐州憲兵隊大佐隊長

中屋義春 男年四十四歲日本高知縣人徐州憲兵隊戰務科科長

渡邊市郎 男年二十三歲日本琦玉縣人徐州憲兵隊憲兵

中島慎太郎 男年二十九歲日本島根縣人徐州日本憲兵隊兵長

兒玉燦 男年三十歲日本愛媛縣人徐州日本憲兵隊憲兵軍曹

白川義弘 男年二十七歲日本福岡縣人徐州日本憲兵隊陸軍憲兵兵長

中川恭治 男年二十六歲日本兵庫縣人徐州日本憲兵隊憲兵軍曹

西川 所在不明

山崎 所在不明

右開被告民國三十五年偵字第一四號虐待俘虜施用酷刑一案業經偵查終結認為應行提起公訴茲將被告犯罪事實及證據並所犯法條開列於後

被告膳英雄於民國三十二年八月間由漢口中佐隊長升任徐州憲兵大佐隊長中屋義春等為其部屬分任特高戰務科科長憲兵兵長軍曹等職管轄徐州海州宿縣新安鎮固鎮碭山等地區擁有憲兵五百餘名統制我民眾思想和行動並偵察我游擊隊及地下工作人員動態徒逞其一時淫惡權威不顧人道罪跡昭著路人皆知緣被害人陳建勳為山東湖田總局局長因魯境滕魚共軍攻陷無以生存於民

國三十三年七月間輾轉奔逃逃經徐州擬繞道轉赴皖省阜陽不意
於斯年十月十三日被徐州漢奸憲兵隊隊長楊永勝偵悉拘捕送致
被告憲兵隊部後一再經中屋義春永審兒玉協擔任紀錄渡邊市郎
等先後施用電刑灌以涼水棍棒亂擊嗾犬狂噬予以種切不人道之
待遇拘質兩月餘方慶生還本庭奉令成立即據陳建勳填具甲乙兩
種結文一再訴追查被告等對於上開犯罪事實固均空言否認或謂
來徐未久並未參與其事或謂在憲兵隊本部服務不問分隊事務各
等語按膳英雄長管徐州憲兵大隊統治分隊五六處憲兵有五百餘
人之多調度頻繁一任其遣派支配且係為該隊內部工作分配事務
外人何得而知且無檔册文卷可考核其辯解顯係企圖免責不足採信
況據被害人陳建勳當庭指訴於民國三十三年十月十五日先由中
屋義春主審兒玉協紀錄中島慎太郎與渡邊市郎先施用棍棒亂擊
繼之嗾犬噬咬終於灌以涼水復於同月約二十四五日仍由中屋義
春永審兒玉協紀錄刑求逼供白川義弘中川恭治實施電刑死而復
甦極盡其酷刑虐待等情審核其先後供狀如出一轍詳細推求不爽
分毫拘禁七十餘日與被告等朝夕相見接觸頻仍認識印像至為深
刻何致錯誤生平素昧又何致平空誣衊而陳建勳遇害之時又正值
被告血腥統治之期間總合上述說明告訴人之指證既無疑竇可尋
自足為認定犯罪事實之準據核其行為均不無共犯刑法第二百七

9

15

十八条第一項第三項之罪其施用種切傷害酷刑乃使人受重傷之當然結果依刑法原則低底行為為高度行為所吸食自不得於使人受重傷外更論以傷害罪惟被害人陳建勳雖任山東湖[illegible]縣局局長究為文職自非武裝抗戰人員所可比擬既經私行拘禁七十餘日均應依同法第三百零二条第一項併合處罰合依戰爭罪犯審判辦法第一條第八條及原辦法施行細則第十條刑事訴訟法第二百三十條提起公訴

中華民國三十五年七月二十五日

軍法檢察官沈治邦 印

右正本証明與原本無異

中華民國三十五年捌月二十七日

書記官張衍傑

10 3┤10元

徐州綏靖公署審判戰犯軍事法庭檢察官撤回起訴書

被告膳英雄 男年五十三歲日本愛媛縣人日本陸軍士官學校畢業 徐州憲兵隊大佐隊長

中屋義春 男年四十四歲日本埼玉縣人 徐州憲兵隊戰務科長

右開被告民國三十五年偵字第一四號虐待俘虜施用酷刑一案前經偵查終結認為應行提起公訴茲發現有應不起訴之情形特叙述撤回理由如左

按被告犯數罪時其一罪已受或應受重刑之判決檢察官認為他罪雖行起訴於應執行之刑無重大關係者得為不起訴之處分此為刑事訴訟法第二百三十二條所明定本件被告膳英雄中屋義春已因本庭民國三十五年度審字第一號等殺人案件均判處死刑依照前法條說明縱即起訴顯將來執行之刑無重大關係既經發見有以不起訴為適當之情形合依同法第二百四十八條第二百三十四條制作撤回書如右

中華民國三十五年九月四日

軍事法庭檢察官沈治邦（印）

右正本証明與原本無異

中華民國三十五年九月五日

書記官張衍傑（印）

案卷标题

日本战犯[illegible]中尉起诉判决书

1946年　月——19　年　月

拟题人 [illegible]　审核人 [illegible]

页数 2　编时号 ______

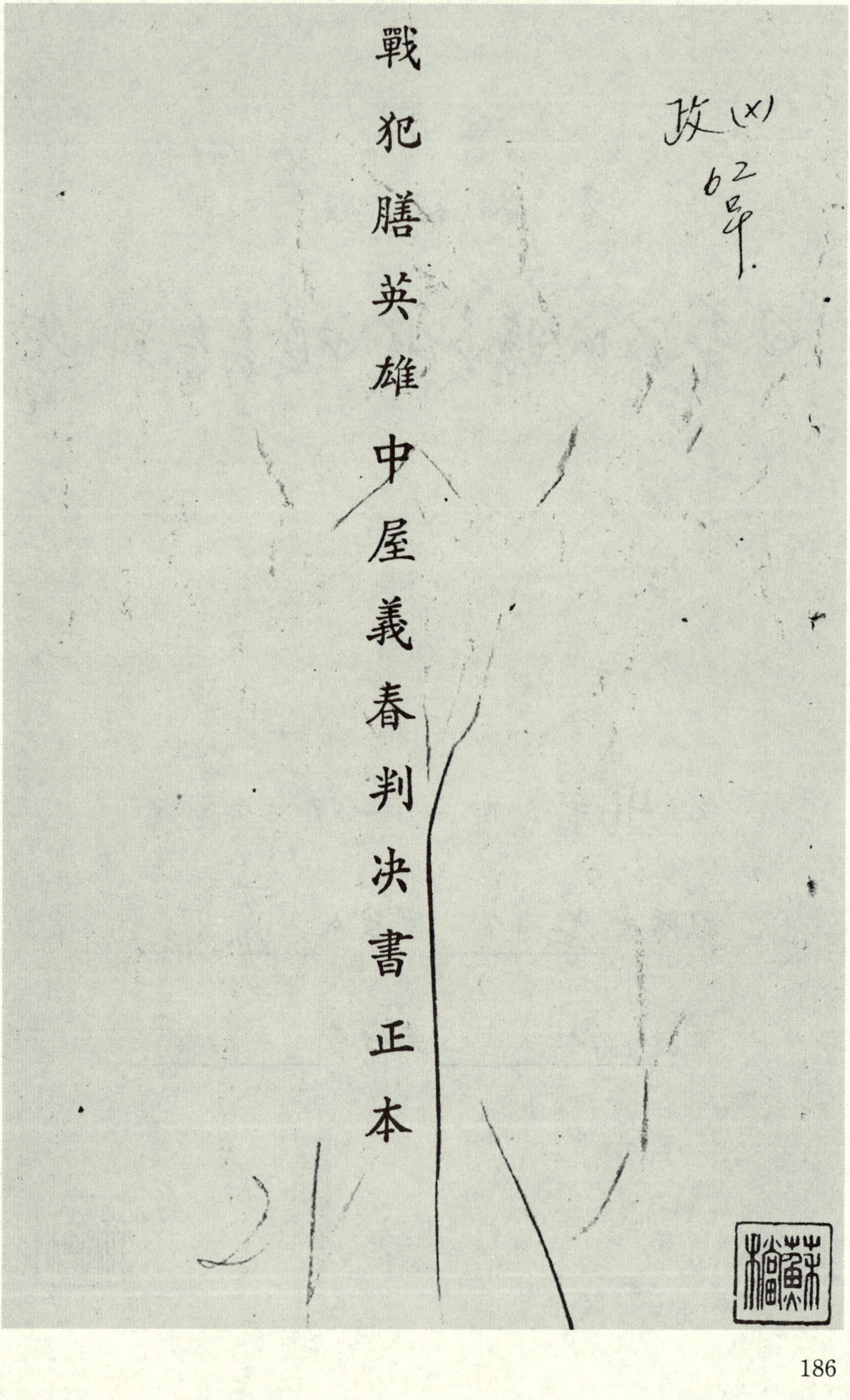

戰犯膳英雄中屋義春判決書正本

徐州綏靖公署審判戰犯軍事法庭判決

三十五年度戰字第二號

公訴人　本庭軍法檢察官

被　告　膳英雄　男，年五十三歲，徐州日本憲兵隊大佐隊長，住日本愛媛縣。

中屋義春　男，年四十四歲，徐州日本憲兵隊戰務科長，住日本高知縣。

右指定辯護人　劉永壽律師

右被告因戰犯案件，經公訴人提起公訴，本庭判決如左：

主　文

膳英雄，中屋義春共同謀殺，各處死刑。

事　實

膳英雄係徐州日本憲兵隊大佐隊長，控擄要衝，佈屬各地，對我陷區部隊及地下工作人員淸除搜捕，備極兇殘，迄今談虎色變；該隊戰務科長中屋義春，助桀爲虐，如虎添翼，民國三十三年七月間，有山東湖田總局科長黃濬傑，以所在滕魚地區陷於共黨，乃隨同該局局長陳建勳輾轉逃避來徐潛居，擬轉赴安徽阜陽，依附山東省府。詎因帶有印信公文，於同年十月十三日，爲日憲兵查獲送隊，羈押於大同街拘留所。至同月十八日，經中屋義春再度審訊，膳英雄及在逃共犯西川亦在場逼供，黃濬傑受盡非刑，雖歷灌水過電之苦，終不承認爲公務員，羞醜忿極，竟剝其皮，當場慘死。嗣由被害人之子黃翼雲訴經本庭拘交軍法檢察官偵查起訴。

理　由

查被害人黃濬傑，於民國三十三年七月間，以工作所在地區陷於共黨，逃徐潛居；至同年十月十三日，因攜有山東湖田總局印信公文，被日本憲兵查獲拘送隊部，羈押於大同街拘留所。被告中屋義春，於同月十八日，在所再度審訊，被告滕英雄及在逃共犯西川亦均在場，反復研詢，指揮逼供，被害人備受灌水過電種種酷刑，堅不吐實，被告等怒剝其皮，登時慘死等情；既經被害人之子黃翼雲具情呈訴，復經同時受審當場目擊之陳建勳一再到案具結證明，並演述被告等當時加害情形，聲嘶涕零，歷歷如繪。次查陳建勳於黃濬傑被捕後二日，爲徐州憲兵隊中國便衣隊長楊永勝拘送該隊，同押於大同街拘留所，已爲楊永勝於漢奸案中所供認，其於受審時，同受非刑，創痕尚在，且爲地方中上級之公務員，智能道德，均有相當素養，與被告素昧生平，毫無嫌怨，倘非親目所睹，確鑿無疑，決不敢具結證明，甘負僞證重責，而罹己於罪，陷人以冤。被告等徒以「大同街拘留所屬於憲兵分隊，拘捕人犯，係分隊業務，嫌疑人犯，由分隊逕送南京辦理，本隊無處罰之權，亦不能過問。拘留人數經常僅五六名，更無刑訊情事」云云，爲辯解微論〻供證不移，固非空言所能抵賴；即其所稱本分隊間，從屬關係，職權區分，及執行職務情形，亦顯然不近情理。况查大同街拘留所，闢有囚室二十四號之多，每號分押七八人，每餐發飯數大桶，經常押人在二百左右，一入其中，例須飽受棍擊，水淹，狗咬，灌油，灌水，過電種種酷刑，死則屍骨無存，生則僥天之幸各節，業經陳建勳指證甚詳。且外遣部隊動則拘捕數十人之多，迄今音信不通，生死無着，搶刦勒贖無所不爲，被害之家在本庭亦控案累累；更據該隊軍曹兒玉協另案供稱：「中屋義春〃當戰務特高科長，職掌偵察民衆思想及行動，調查遊擊隊情形，在外殘殺中國軍民，我聞見過的」等語。中屋義春其時尙蓄有鬍鬚，經陳建勳當庭指明，則亦自認不諱；果如其辯稱彼此無一面之機，而指認絕不能如是眞切。綜合前後證言，參觀互證，不惟堪認被告辯解純係虛托，尤足見其殘忍成性，積惡如山，毫無寬假之餘地。被告等同爲在場發縱指使之人，致黃濬傑死於非命，自應負共同謀殺之罪責，被害人僅一地方文職人員，並未帶有軍用物品，或任何情報材料，對社會秩序固無侵擾，對敵僞現狀亦無危害；被告等充任憲兵官長均達二十餘年，素知法律，乃竟以逼供不成，梟性發作，生死繫於一念，人命不及鴻毛，尤與國際條約及戰爭慣例大相違背；且加害極盡兇殘，慘無人道，就犯人知識，犯罪動機手段，以及公私所生之損害衡之，均應論處極刑，以正法典。

據上論結，依戰爭罪犯審判辦法第一條，第八條，海牙陸戰法規及慣例第四十三條，第四十六條、刑事訴訟法第二百九十一條前段，敵人罪行種類表第一款，刑法第二十八條，第二百七十一條第一項，判決如主文。

本件經軍法檢察官沈治邦蒞庭執行職務

中華民國三十五年九月三日

徐州綏靖公署審判戰犯軍事法庭

審判長 陳珊

軍法審判官 錢渠軒

軍法審判官 錢松森

軍法審判官　陳武略
軍法審判官　顧樸先

右正本證明與原本無異
中華民國三十五年九月四日
書記官　汪燦照

戰犯庚茂松判決書正本

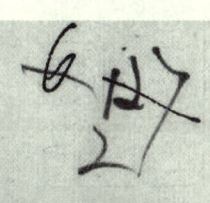

徐州綏靖公署審判戰犯軍事法庭判决

三十五年度審字第三號

公　訴　人　本庭軍法檢察官

被　　告　庚茂松（即于茂松）男，三十二歲，前徐州日本憲兵分隊翻譯，住朝鮮慶祥北道。

右指定辯護人　張爲漢律師

右被告因戰犯案件，經公訴人提起公訴，本庭判决如左：

主　文

庚茂松連續對非軍人施以酷刑，處死刑；連續拘留非軍人加以不人道之待遇，處死刑；執行死刑。

其他部分無罪。

事　實

庚茂松係朝鮮人，能操流利華語，日本發動侵華戰爭後，即應徵入伍，於民國三十年來徐州，任日本憲兵分隊翻譯，倚仗敵勢，對當時陷區人民，迭施暴行。受其毒害者，有徐州教會創辦之昕昕中學校長張君九，於民國三十二年十月十二日，無故爲徐州日本憲兵隊所拘捕，因堅不承認有暗通盟邦情形，庚茂松遂狐假虎威，動用酷刑；計第一次，以木棍猛擊其頭，致張君九當即昏去，第二次，於同年十二月八日，剝其衣服，以冷水澆身，嗣又未足，復將其置於冰桶內，幾致凍斃，過後並不給進食凡七天之久。又於民國三十二年九月十六日，有徐州商民陳兆生，因被誣爲游擊隊，爲徐州日本憲兵分隊拘押，交庚茂松訊問，以陳兆生矢口否認其事，乃施種種兇暴：計第一次，用煙頭火燙其膚，致痛極倒地，復以皮鞋猛踢其頭，繼則又將其置於冰桶內，上蓋釘刺木板，致陳兆生當時昏厥不省人事，第二次訊問時，又用大木棍痛擊二百棍，並用冷水澆其裸身，第三次，又逼其赤身露體在雪中跑步，並禁其進食數天。又於同月同日，有徐州商民王雲耕暨子福存，亦無故爲日本憲兵隊拘押，交由庾茂松訊問，又施慘酷體刑；計第一次用火燙及棍擊，第二次又用竹棍毆擊，第三次以凉水灌入其鼻孔，致王福存受傷甚重，釋出未久，因此死亡。迨本庭成立，由各該被害人等分別告訴，由本庭軍法檢查官偵查起訴。

理　由

本件被告庾茂松，於徐州淪陷期內，曾充日本憲兵分隊翻譯，在訊問被捕人民之際，常用棍擊水灌等等酷刑，已迭據其自白不諱。對於上開刑訊張君九之事實，亦爲其所自認，核與張君九到庭指供情形，一相符合，自堪認定。至被告先後對陳兆生及王雲耕父子，施以種種酷刑及不人道之待遇，不惟已據各該被害人等分別指訴如繪，不謀而合，且被害人陳兆生，至今嘴角耳朵等處，猶有火傷烙痕存在，罪證極爲明顯；雖被告對此否認其事，但被害人等均與被告素昧平生，毫無嫌隙，苟非確受暴行，決不致異口同聲一致到庭泣訴；且被告既已自認在日本憲兵隊對被捕人民常用刑訊，足證被害人所訴各節，並非出於虛構，殊爲明顯，罪跡昭彰，豈容空言狡展。查被害人等或係普通商民，或係教育界人，均非當時軍人，而被告竟爲虎作倀，對上開毫無反抗之人民，迭施酷刑及種種不人道之方法，顯與所有國際條約及戰爭慣例大相違背，應列爲戰爭罪犯。次查被告以嚴刑逼供之概括意思，先後對被害人張君九等施以酷刑達八次之多，自係連續犯；嗣又

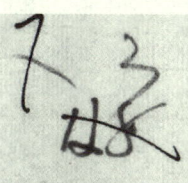

以餘怒未息，迭次不給被害人等進食及令裸身在雪地跑步等等，於實體上又連續另犯一罪，與前開罪名應合併處罰。查被告係日本屬國人民，曾受高等教育，於日本發動侵略戰爭時來華，助紂爲虐，對我國無辜人民迭施酷刑及種種慘無人道之待遇，凡經日憲兵訊問而不承認者，卽交由酷施非刑，並自稱爲活閻王，可見其兇暴陰毒之一般，其所使用刑罰之慘酷，爲世所罕見，受其摧害者，被害人王福存因而死亡，其餘被害人等非殘廢亦因傷虧弱，其犯罪之惡性及所生之損害，均極重大，已屬無可寬假，應處以極刑，以昭炯戒。至被告於民國三十一年十月二十一日，偕同敵僞憲警多人，至銅山縣屬趙家圩，將前軍事委員會調查統計局徐州組組長趙培芝，連同其父趙馨山及該組組員劉志福等三人逮捕，並搜去電台兩座，其後並將組長趙培芝，組員劉志福等三人，押赴南京，迄今下落不明一節；雖經被害人之家屬趙繼普、趙榮祖等歷歷指訴前來，但該趙培芝及劉志福均旣係當時軍統局人員，在徐相任工作，應以有軍人身份論，被告協同敵僞憲警，以有間諜情事，加以搜捕，尙難謂與戰爭慣例有違；其後送往南京，因而迄今生死不明，被告亦不負此罪責。至前據趙馨山狀稱，曾爲其子趙培芝被捕事，饋送被告僞幣四百元，但旣係出於自願，並非被告藉勢勒索，尙不構成任何罪名；關於此部份事實，旣不構成犯罪，應卽爲無罪之諭知，以昭公允。

據上論結，應依戰爭罪犯審判條例第一條第一項，第二條第二項，第四項，海牙陸戰法規第四十三條，第四十六條，刑事訴訟法第二百九十一條前段，刑法第五十六條，戰爭罪犯審判條例第三條第十六款，第十九款，第十一條，刑法第五十條，第五十一條第一款，刑事訴訟法第二百九十三條第一項，判決如主文。

本件經軍法檢察官樊煜萿庭執行職務。

中華民國三十五年十二月三十一日

徐州綏靖公署審判戰犯軍事法庭

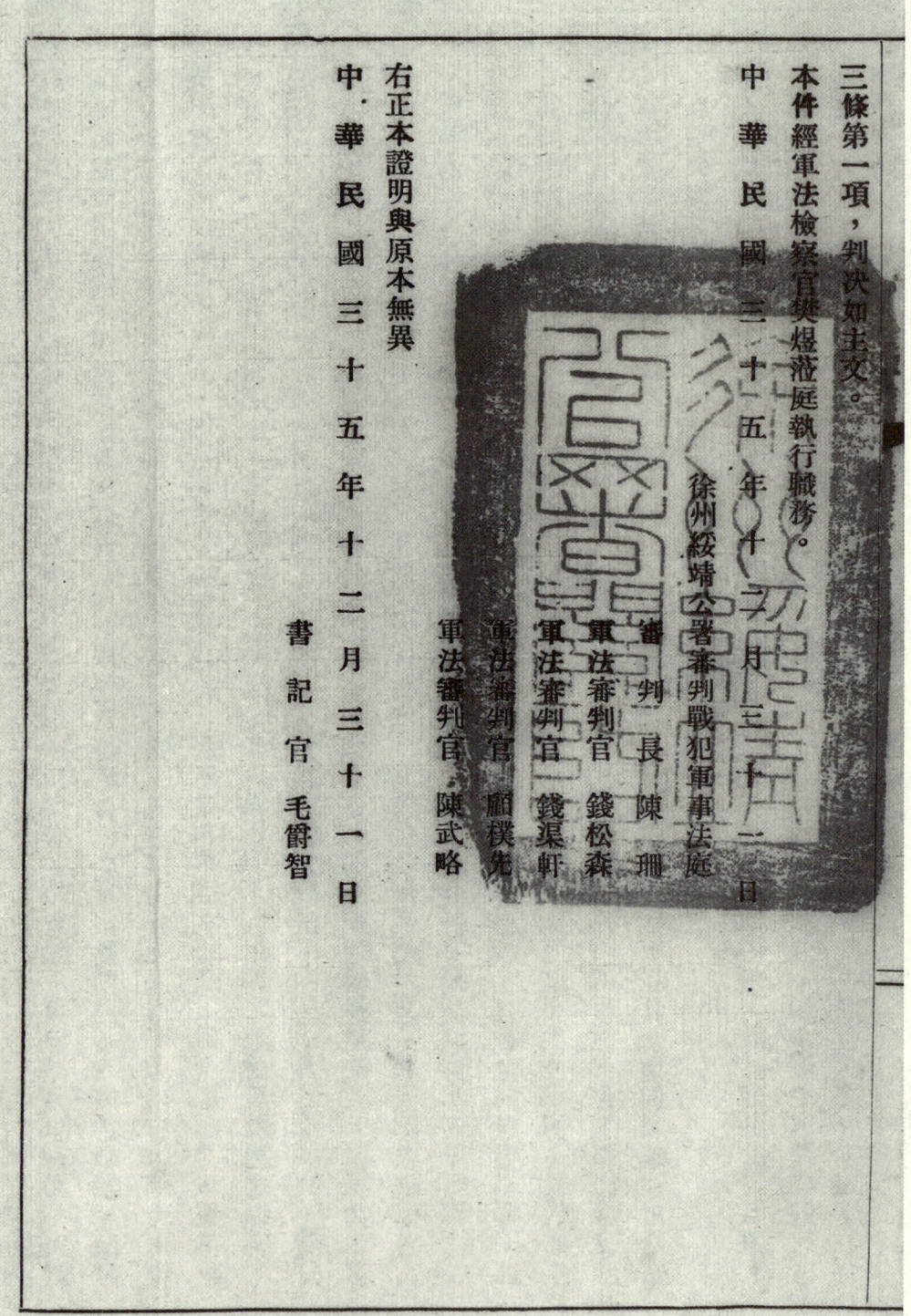

審判長 陳珊

軍法審判官 錢松森

軍法審判官 錢渠軒

軍法審判官 顧樸先

軍法審判官 陳武略

右正本證明與原本無異

中華民國三十五年十二月三十一日

書記官 毛爵智

戰犯渡邊市郎等判決書正本

徐州綏靖公署審判戰犯軍事法庭判決

三十五年度法字第二號

公訴人　本庭軍法檢察官

被告　渡邊市郎　男，年二十三歲，徐州日本憲兵隊憲兵，住日本崎玉縣。

中島愼太郎　男，年二十九歲，徐州日本憲兵隊兵長，住日本島根縣。

兒玉協　男，年二十九歲，徐州日本憲兵隊軍曹，住日本愛媛縣。

白川義弘　男，年二十七歲，徐州日本憲兵隊兵長，住日本福岡縣。

中川恭治　男，年二十六歲，徐州日本憲兵隊軍曹，住日本兵庫縣。

右指定辯護人　王峙陵律師

右被告等因戰犯案件，經公訴人提起公訴，本庭判決如左：

主文

渡邊市郎，中島愼太郎，白川義弘，中川恭治，共同對非軍人施以酷刑，各處有期徒刑十年。

兒玉協連續共同對非軍人施以酷刑，處有期徒刑十二年。

其他部分均無罪。

事實

渡邊市郎係徐州日本憲兵隊憲兵，中島愼太郎爲該隊兵長，兒玉協爲軍曹，白川義弘爲兵長，中川恭治爲軍曹，同隸於徐州日本憲兵隊長膳英雄暨戰務科長中屋義春之部下，專以搜捕我地下工作人員，摧殘我民族思想爲任務，民國三十三年十月十三日，有山東省湖田總局局長陳建勳，以所在滕魚地區陷於共黨，輾轉來徐，擬轉赴安徽阜陽，依附山東省府，詎爲僞徐州便衣隊長楊永勝所偵悉，密往拘獲，送交徐州日本憲兵隊，由隊長膳英雄發交戰務科長中屋義春承審，並由兒

玉協任紀錄　於同月十五日訊問時，以陳建勳堅不吐實，乃協同中島愼太郎，渡邊市郎，以棍擊其頭，以水灌其鼻，及嗾使嚙犬，迨同月二十四日左右，第二次偵訊時，又協同白川義弘，中川恭治，復用電刑及灌汽油等種種酷刑，致其受傷多處。迨日本投降後，由被害人陳建勳據情訴經本庭拘交軍法檢察官偵查起訴。

理由

查被害人陳建勳，於民國三十三年七月間，以所在地區陷於共黨，間道來徐。不意於同年十月十三日，爲僞便衣隊長楊永勝所查獲，拘交徐州日本憲兵隊，由該隊戰務科長中屋義春承審，兒玉協任紀錄。先後兩次協同渡邊市郎、中島愼太郎、白川義弘、中川恭治等，實施棍擊，犬咬，過電等酷刑，致使受傷多處；業據其具情呈訴，並到案描述當時被害經過，聲嘶涕零，歷歷如繪；即其右足脚根至今尚有犬咬傷痕，可以辨識。而其如何爲便衣隊長楊永勝所捕獲，又如何送交徐州日本憲兵隊究辦，已爲該楊永勝於漢奸案中所供認，有法院卷宗可查。至第一次刑訊之後，遍體鱗傷，血流如注；第二次受電刑以後，暈厥在地，始回拘留室時，已不省人事，又爲同號被押之王文奎所親眼目覩，經其到庭結證屬實。且本年五月二十四日，本庭派員偕被害人陳建勳往徐州日俘管理處，於數百日本官兵中，猶能一一指認被告等面目；被害人陳建勳與被告等素昧生平，毫無嫌怨，苟非痛遭非刑，身受委曲，決不致捨徐州日本高級官佐，而憑空誣陷士兵。基此參互以見，被害人所訴各節，自屬實情。雖被告等均以徐州日本憲兵隊之戰務科以辦理庶務爲目的，被告等均在戰務科辦理收發文電及案牘等工作，並未殘害我軍民等情事爲辯解；並對上開陳建勳被害事實，或則諉稱當時尚未來華，或則不在徐州，矢口否認其事，然查徐州日本憲兵隊戰務科機構龐大，有人員八名，科長中屋義春以調查民衆思想及行動，以殘害中國軍民爲目的；已據被告兒玉協於本年五月二十四日，在徐州日俘管理處訊問時，一一供認，有筆錄附卷可稽。被告等欲圖以戰務科以主辦庶務爲目的，冀卸罪嫌，不惟不近情理，且與共犯中之自述亦有不符，自難採信。至被告等一致所稱，本案發生時均不在徐州一節，無非以存卷之中國戰區日本官兵經歷表所載之來華日期及經歷地點，爲唯一辯解之詞。殊不知此項經歷表册，均係日本官兵於投降後自行塡載，而將所有檔案卷册一併焚燬，以圖滅跡，對此項自行塡載之表册，無從證明其眞實，自不足爲憑。且於本年七月十九日本庭檢察官於偵訊前刻，被告膳英雄公然在本庭後園，教唆被告等一律矢口否認，不露隻字，以免刑責等語，爲法警當場聽聞，報由軍法檢察官一併論告在案；無怪被告等對辯解之詞，異口同聲，如同一轍，自係受被告膳英雄之嗾使勾串，純屬虛言，殊無可信。次查陳建勳係一文職人員，並未挾有武器或戰鬬行爲，乃被告等對其濫施酷刑，至受傷多處，不獨有違國際法規及慣例，且亦觸犯中華民國刑事法規；雖陳建勳所受之傷害，尚未達於刑法第十條第四項所列各款之程度，但被告等當時實施犬咬，電刑，棍擊，灌水種種酷刑，無一不可隨時致人於身體重大損害，當時預蓄有致人於重傷之犯意，殊爲明顯，應比照刑法上之共同重傷未遂罪處斷。至被告兒玉協，雖二次刑訊，均担任紀錄工作，但既據當時參加謀議，實施酷刑，又在場任刑訊工作之一部，自應認爲有犯意之連續，及行爲之分担，應依連續共同正犯論，被告等利用其戰爭狀態，對非軍人一再濫施暴行，不顧人道，情節不能謂非重大，惟發縱指使之膳英雄、中屋義春等，已另案判處重刑。查被告等對被害人實施重傷雖係未遂程度，但其心性之險惡，及手段之殘酷，應從重處斷，不予減刑，以儆不法。

至被告等被訴拘禁陳建勳妨害其自由一節，姑不論其此項單純拘留行為，是否構成國防部本月十九日勤法戰字第五八八七號代電所例舉各款之戰罪，而陳建勳究非被告等直接拘押，兒玉協不過担任刑訊紀錄，其餘被告等亦係輪值性質，並非出於主動，對妨害自由罪嫌，尚屬不足，關於此部分，應即為無罪之諭知。再被告膳英雄，中屋義春部分，既經軍法檢察官以已判處重刑與本案之執行無重大關係，當庭聲明撤回起訴，紀錄在卷，關於此部分，自應不予受理，合併聲明之。

據上論結，應依戰爭罪犯審判辦法第一條，第八條，海牙陸戰法規及慣例第四十三條，第四十六條，刑事訴訟法第二百九十一條前段，敵人罪行種類表第三款，刑法第二十八條，第五十六條，第二百七十八條第一項，第三項，刑事訴訟法第二百九十三條第一項，判決如主文。

本件經軍法檢察官沈治邦蒞庭執行職務

中華民國三十五年九月二十七日

徐州綏靖公署審判戰犯軍事法庭

審判長 陳珊

軍法審判官 錢渠軒

軍法審判官 錢松森

軍法審判官 顧樸先

軍法審判官 陳武略

右正本證明與原本無異

中華民國三十五年九月二十七日

書記官 毛爵智

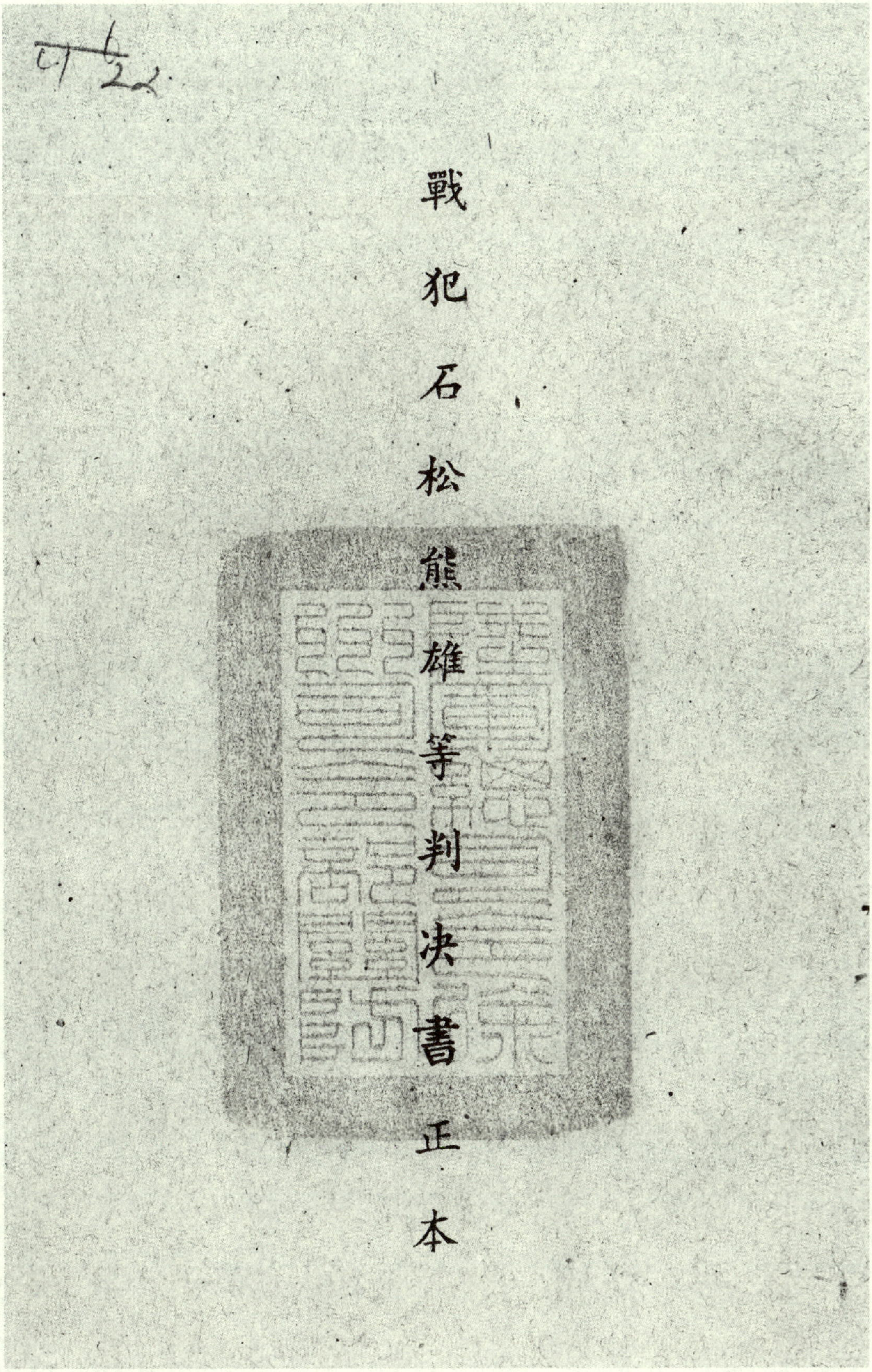

戰犯石松熊雄等判決書正本

(4)23

陸軍總司令徐州司令部審判戰犯軍事法庭判決

三十六年度戰字第五號

公訴人　本庭軍法檢察官

被告　石松熊雄　男，年三十九歲，前徐州日本憲兵分隊長，住日本福岡縣。

宮崎留吉　男，年三十六歲，前徐州日本憲兵分隊兵長，住日本長野縣。

小林正成　男，年四十歲，前徐州日本憲兵分隊伍長，住日本長野縣。

右指定辯護人　李　軒律師

右被告因戰犯案件，經軍法檢察官提起公訴，本庭判决如左：

主　文

石松熊雄共同對非軍人施以酷刑，處死刑；共同連續拘留非軍人加以不人道之待遇，處死刑；執行死刑。

宮崎留吉共同連續對非軍人施以酷刑，處有期徒刑十五年；共同拘留非軍人加以不人道之待遇，處有期徒刑十年；執行有期徒刑十五年。

小林正成共同連續拘留非軍人加以不人道之待遇，處無期徒刑；共同對非軍人施以酷刑，處有期徒刑十五年；執行無期徒刑。

其他部分無罪。

事　實

石松熊雄於侵華期間，歷任漢口、九江、海州、日本憲兵分隊長，積功升至少佐。三十四年五月間，調長徐州憲兵分隊，除大同街隊部外，並設外勤部於二馬路及火車站等處。其時因恐美軍登陸，控制尤嚴，遇有涉及我方地下工作嫌疑之人，卽捕施酷刑，慘無人道。小林正成係該分隊伍長。民國三十三年九月，服務大同街該隊拘留所時，曾兩次對被拘之平民周盛軒施以毒打。三十四年，又與兵長宮崎留吉同服務於二馬路外勤部，緣有豐縣縣黨部書記長蕭增耀，化名潛居本市東站王繼彬處就醫，爲敵憲兵偵悉，拘押該外勤部，於是年七月五六兩日，逼供不承，歷受水灌，火烙，棒擊等等酷刑，死而復甦者再。宮崎留吉兩次均在場實施，石松熊雄於第二次曾親自到場督刑，並猛踢蕭增耀之腹部，至勝利後始得脫險，迄今負傷未愈，半身殘廢。又有江蘇第九區專員公署經理主任姜文卿及電台台長戴振鵬等一行三人，來徐與他部聯絡，亦於同年七月二十二日，被拘於該外勤部，被該小林、宮崎等共同吊起，足不沾地，禁絕飲食，達五日之久，戴振鵬因係電務人員，且被小林等灌水多壺，奄奄一息，於勝利後得脫，現仍負傷甚重。經被害人等先後訴由本庭拘交軍法檢察官偵察起訴。

理　由

被告小林正成、前因另案判處罪刑，經國防部發回復審，應與本案合併審理，以節時力，合先說明。

查被害人蕭增耀，於民國三十四年七月五日，在本市東站王繼彬家，被敵憲兵逮捕，羈押於二馬路徐州憲兵分隊外勤部內，至勝利後始得脫險。被捕當日，由上午九時至下午六時，竟日慘受水灌，棍擊各種酷刑；次日由上午九時至下午十時，復受繼續不斷之拷審；除前項非刑外，並被熱鐵湯烙，遍體鱗傷，迄今未愈。腦神經及骨神經直無法醫治。兩次酷刑，均有被告宮崎留吉參與；被告石松熊雄，曾於第二次親自到塲督刑，且曾猛踢該被害人之腹。至同月二十二日，被害人姜文卿、戴振鵬等一行三人，亦被拘留該部，由小林、宮崎共同懸吊，達五日之久，禁絕飲食。戴振鵬因情節較重，復被該小林、宮崎共施酷刑，水灌、棍擊無所不至。現仍負傷就醫，臥牀不起各情；匪惟被害人等歷次到庭指證確鑿，且經當時爲姜文卿具保之姜郁周、胡幼如到案結證，聞戴振鵬受刑慘叫，及脫險後負傷情形，歷歷如繪。姜郁周時任僞月波鎭鎭長，描述敵憲兵肆虐情形，令人悚詫，矢口不移，犯罪事實，已極明顯。况本庭成立時，留徐日憲兵尙有二百餘人之多，各被害人具呈申告，經派員導向集中營，當衆辨認，一一指出。被告小林、宮崎經常在二馬路外勤部服務，該部屬於徐州憲兵分隊，被告石松時來時往，均經隔別向蕭增耀、姜文卿、姜郁周等訊問供證屬實，衆口一詞。被告等自稱與人無仇，與到案人證素不相識，前項供述固非挾嫌。且綜合全體辯論意旨，參觀互證，對被告等歷次犯行，亦無誤認。被告等時謂二馬路無外勤部之設立，時謂卽有或爲他人招謠，又謂所稱該部主持人山崎、林常夫、均係徐州憲兵隊本部人員，與分隊無關，小林正成且狡其時已調在三堡。支離搪塞，徒託空言，固無絲毫採信之餘地。卽據其所呈憲兵勤務分配表所列情形，本市外勤任務，亦歸分隊承担，無可假借。被告小林於三十三年冬，服務大同街憲兵隊拘留所時，曾於送飯及値崗時，兩次虐打在押平民周盛軒；經周盛軒指認明確，另案判處罪刑，呈送國防部覆核，以論罪科刑之法律見解欠當，發回覆審。其爲拘留非軍人而加以不人道之待遇，亦無可疑，自非空言狡展，所能諉卸罪責。被害人蕭增耀係黨務工作人員，戴振鵬等均服務江蘇第九區行政督察專員公署，雖從事抗戰工作，但非軍人。被告等實施前開罪行，不僅反乎常理，且爲任何國際公約及戰爭法規慣例所不容，顯已具備戰爭罪犯審判條例第三條第十六、十九兩款之犯罪條件。被告宮崎留吉之三次參與行刑，小林正成之三次予被押人犯以不人道之待遇，均係基於一個逼供及削減我抗戰力量之概括意思，其行爲自係連續。同時懸吊數人，又爲一行爲而侵害數個法益。施以酷刑，與加以不人道之待遇，目的各別，非出於同一犯意，應予合併論科。被告石松熊雄、雖僅於七月六日，第二次審訊蕭增耀親自督刑，但宮崎、小林均處於其監督指揮之下，而就其歷次犯罪，不惟未加防止，且公然督促，是其虐害人犯，原具有同一犯意，推由部屬實施，顯應負共同罪責。按其情節，實已超出同條例第九條消極共犯之程度。該被告曾受較高教育，充任憲兵隊長多年，而殘忍暴厲，至於此極。被害人等幸全生命，負傷迄今未愈，就犯人之智識，犯罪之動機，手段及犯罪所生之損害衡之，均應論處極刑，以維法紀。被告宮崎、小林智識較低，且行爲非全係出於自動，尚難認爲極惡，姑按其職務階級及犯罪情狀，分別酌科，以昭公允。至被訴搶刼蕭增耀、王繼彬、孟張氏等，僞幣及布疋火柴等等財物，固爲被告所否認；卽據孟張氏及其子昭前迭次供稱，均爲山崎、林常夫等所爲。蕭增耀據稱係林常夫、李翻譯所捕，事後被勒僞鈔，亦係交與李翻譯，尚難以推斷揣測之詞，遽令被告等負此項責任。

據上論結，依戰爭罪犯審判條例第一條，第二條第二款，刑事訴訟法第二百九十一條前段，海牙陸戰法規及慣例條規第四十三條，第四十六條，刑法第二十八條，戰爭罪犯審判條例第三條第十

47/25

六款，第十九款，刑法第五十六條，第五十五條，第五十條，第五十一條第二款，第四款，刑事訴訟法第二百九十三條第一項前段，判決如主文。

本件經軍法檢察官沈治邦蒞庭執行職務。

中華民國三十六年三月十日

陸軍總司令徐州司令部審判戰犯軍事法庭

審判長 陳珊

軍法審判官 楊耆榮

軍法審判官 錢渠軒

軍法審判官 顧樸先

軍法審判官 陳武略

右正本證明與原本無異

中華民國三十六年三月十日

書記官 毛爵智

戰犯石松熊雄判決書

三

戰犯井上源一判決書正本

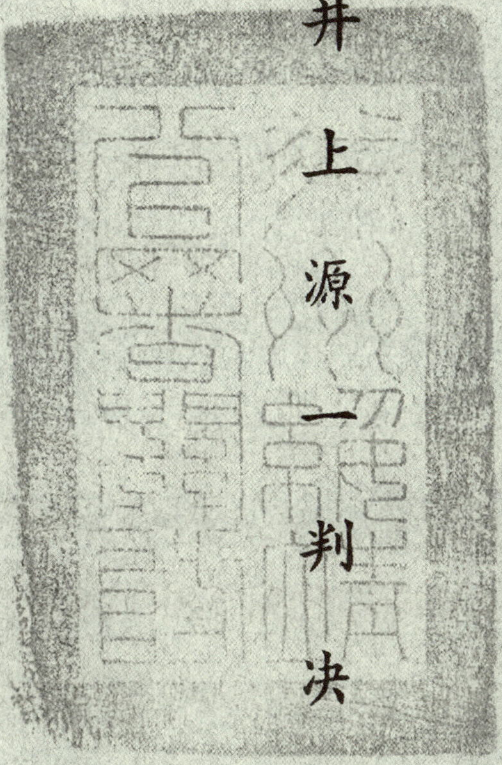

徐州綏靖公署審判戰犯軍事法庭判決

三十五年度覆字第一號

公訴人　本庭軍法檢察官

被　告　井上源一　男，年二十八歲，日本駐宿遷憲兵分隊伍長，住日本愛媛縣宇和島市鷹町八號。

右被告辯護人　孫士傑律師

右被告因戰犯案件，經國防部發回覆審，本庭判決如左：

主文

井上源一共同搶刼，處死刑；連續對非軍人施以酷刑，處無期徒刑；執行死刑。

事實

井上源一充日本憲兵有年，民國三十二年十月，由徐州分隊調入宿遷分隊，因功升任伍長。次年廢歷八月二十五日拂曉，奉令佐該隊所勛軍曹，率部數十名，至睢甯高作鎮，搜捕我地下工作人員，共同將該鎮富商郝松濤家銀鈔藥品及所有貴重財物，搶刼一空，損失達當時偽幣兩千餘萬元之鉅；並將其店夥朱建業、紀夢軒、及同鎮居民滕子漢、滕興齋、夏耀球、仲偉君、劉光前、李學儉等八人，拘帶宿遷，禁押多日，施以酷刑，共又勒索百餘萬元，始先後釋出。嗣經被害人等訴由本庭軍法檢察官偵查起訴。

理由

查告訴人郝松濤，在睢甯縣屬高作鎮開設藥店，家資殷實，民國三十三年廢歷八月二十五日拂曉，有日本憲兵一二十人，隨帶中國便衣隊數名，至其店內翻箱倒篋，將所有銀鈔藥品及一切貴重財物，搶刼一空，損失達當時僞幣兩千餘萬元之鉅。此項憲兵，係已故日軍曹所勛及被告井上源一所率領，該被告且先於所勛軍曹入郝家搜查，進門之後，首開銀櫃；郝宅前後正遭受洗刼時，被告身着披風，裏外指揮口裏不斷說話各情；匪惟告訴人迭次指供歷歷，矢口不移，且經在場目擊之孫緒明、張振起、朱建業、夏耀球等，在覆審前後，到庭隔別證述，如出一轍；該被告對於是日至高作鎭搜查，並曾入郝松濤家之事實，亦據自承，雖因畏罪狡展，托言擔任警戒，强調其軍紀良好，而堅決否認有搶刼情事，但均托諸空言，從未提出絲毫有利之反證，是其應負共同搶刼之罪責，至爲顯明，殊無掩飾諉卸之餘地。被告於搶刼之後，將郝松濤之店夥朱建業、紀夢軒，及同鎭居民滕興齋、滕子漢、夏耀球、仲偉君、劉光前、李學儉等八人，拘送宿遷憲兵分隊，禁押多日，向亦未加否認；滕興齋、滕子漢均爲無辜平民，固非軍人亦未從事任何地下工作，僅因涉有國民黨黨員之嫌，各經該被告庭訊三次，受盡電刑，慘無人道，滕興齋年逾花甲，幾致喪生，並經被害人先後指供綦詳，聞者咋舌，其爲對非軍人施以酷刑，亦屬毫無疑義。前開被拘人等，陷獄日久，時受非刑，焦急惶恐，被告挾其威勢，揑造罪名，藉以勒索郝松濤家僞幣七十餘萬元，滕興齋二十萬元，滕子漢夏耀球各十五萬元，仲偉君六萬元，然後釋放，各被害人更衆口一詞，確鑿可信；當時說合過付，據稱係經該憲兵分隊劉蔣兩翻譯之手，該翻譯等畏罪遠揚，無法獲案，是否爲借名敲詐，固尚不無問題；惟贓款一到，人卽由被告親自釋出，江翻譯且時伴被告開庭，事前復以代被告籌措婚費爲詞，向各被害人索款，蛛絲馬跡，不難推求；雖難謂其拘人之初，即俱有說贖之意圖，而其共同藉端勒索之罪行，要亦異常明灼；綜合被告辯解，除一味空言

83 52

抵賴，並推責於所助外，或承或諱吞吐其詞，均足見其技窮，了無可採。復查該被告始乘搜索以搶刼，繼藉案件而勒財，既無聯絡犯意，又係各別犯行，自應併合論罪。至酷刑拷打，雖非勒索之當然方法，但爲速達勒索之目的，自不惜過分摧殘，以促其就範，細核情節，尚不無方法結果之關係。同時同地受刑訊勒索者非止一人，是以一行爲而侵害數個法益，滕興齋父子三次受刑，先後兩次被勒，均係出於一個概括犯意，應依刑法第五十五，五十六兩條，論以連續而從一重處斷。被告身爲憲兵伍長，率部從事外勤，應如何遵守紀律，以達任務，乃竟相率搶刼於前，朋比勒財於後，被害人傾家蕩產，尚不顧惜，必欲絕其生路而後已，按諸國際公法及一切條約慣例之規定，固屬大相違背，出乎常情；即衡以犯罪動機及所生之損害，亦屬無可曲宥，應予分別情形，從重酌處，並依法定其應執行之刑。

據上論結，依戰爭罪犯審判條例第一條，海牙陸戰法規第四十三條，第四十六條，刑事訴訟法第二百九十一條前段，刑法第二十八條，戰爭罪犯審判條例第三條第二十四款，第十六款，第三十六款，第十一條，刑法第五十六條，第五十五條，第五十一條第一款，判決如主文。

本件經軍法檢察官祁步昆蒞庭執行職務。

中華民國三十五年十一月十七日

徐州綏靖公署審判戰犯軍事法庭

審判長 陳珊

審判官 楊善榮

軍法審判官　錢渠軒
軍法審判官　顧樸先
軍法審判官　陳武略

右正本證明與原本無異

中華民國三十五年十一月二十日

書記官　汪燦照

1.

戰犯齊藤弼州判決書正本

2. 36 48.

陸軍總司令徐州司令部審判戰犯軍事法庭判決

三十六年度法字第五號

公訴人　本庭軍法檢察官

被告　齊藤弼州　男，年四十歲，前日本賈汪煤礦常務董事兼礦長，住日本熊本縣。

右指定辯護人　祁慶墉律師

右被告因戰犯案件，經公訴人提起公訴，本庭判決如左：

主文

齊藤弼州共同謀殺二罪，各處有期徒刑七年；强佔財物，處有期徒刑七年；執行有期徒刑十年。

其他部分無罪。

事實

齊藤弼州係日本礦業技術人員，在華日久，深諳我國情形。民國二十七年夏，蘇魯邊區相繼淪陷，齊藤即於是年十月二十三日，率領人員五名，武裝佔據賈汪煤礦，易名柳泉炭礦，自任礦長。將原有礦警隊繳械，改編擴充，控制該地。因便利業務，乃將賈汪老礦至新礦間原路加寬，强佔居民高永清、丁玉福等數十家良田四百餘畝，分文不給。又圈韓塲民田三百九十餘畝作壕塹。民國二十八年，有農民黃志英，屈恒斌兩名，受僱入圈內收麥，同被該礦礦警捕獲槍殺。民國二十九年，賈汪外土圩曾爲地下游擊部隊攻入，（一云爲十八路軍）鎮內居民張王氏，涉有勾通之嫌，當被該礦警大隊第二中隊捕獲，翌日卽予活埋。勝利後，由徐州綏靖公署調查室檢舉，經第三綏靖區司令部扣送本庭軍法檢察官偵查起訴。

理由

查被告齊藤弼州，於民國二十七年十月二十三日，率同日籍職員，配備武裝部隊，至賈汪煤礦，强行佔奪，自爲礦長。爲便利業務，擴大佔領效果，乃將賈汪新礦至老礦之間原有道路加寬，稱爲工人大路，强佔居民高永清、丁玉福等數十家良田四百餘畝，分文未給，業經賈汪鎮鎮長劉永芳，該礦職員王鐵生，及被害人劉懷勤、劉成祥、楊茂山等一致結證，列表存案。被告圈佔韓塲地方民田三百九十餘畝作壕壟，於二十八年五月初四日，有鄉民黃志英、屈恒斌受僱入内收麥，被該礦礦警捕獲，嚴刑拷打後刺殺，更經該管柳河鄉鄉長呂世觀，被害人黃志英之胞兄黃志誠，目擊屍身之呂晏卿，指供歷歷，堪以證明。卽該被告對於强佔民田，亦不否認，乃時謂該田均係出錢購買，時又謂爲軍事徵用，應由日軍大隊長寺西負責，言出兩歧，固難信採；該路既名工人大路，位於新礦老礦之間，非供軍事，至爲顯明。縱爲駐守該礦附近之日軍修築，亦係該被告所發動，殊無疑義。至二十九年秋，賈汪外土圩曾被地下游擊部隊攻入，（一云爲十八路軍）該鎮居民張王氏，因涉有勾通之嫌，被該礦礦警第二中隊律子雲部捕獲，翌日即予活埋，全鎮週知，非特向在該礦礦警隊服務現任大隊長之樊長清，第二中隊分隊長李維新，職員高心田、董星五、王鐵生，居民朱如魁、樊自君、劉秉臣、邱伯歧等到案結證屬實，衆口一詞；卽該被告亦未否認其事，惟諉稱「關於活埋張王氏事情，是警務處長做的，我不知道」云云，是張王氏確被礦警活埋，已無疑問。該礦礦警隊係被告一手組織，爲礦服務，在體制上固應歸被告監督指揮，而該隊實際上一切行動，悉爲被告之命令是從，不僅樊長清、李維新等供述詳明，被告於勝利後，已不

二

3.

任礦長，尚能掌握此項武力，抵禦奸匪，確保安全，且據以表功，瀝陳無異。樊長清、王鐵生等供指張王氏之被害，係出諸被告命令，固近於推論，尚難謂有積極之證明，惟礦警隊既歸被告指揮監督，且任務單純，防區狹小，組織尤非龐大，犯罪原極易防止；而殺人重案，詎竟層見迭出，依戰爭罪犯審判條例第九條之規定，該被告自無解於謀殺共犯之責任。强佔財物及兩次謀殺，胥為國際公法及任何戰鬥法規慣例所禁止，所有罪行，均出於各別犯意，自應合併論處。黃志英、屈恒斌同時同地被殺，係一行為而侵害兩個法益。殺害之前，先予拘禁，加以不人道之待遇，并施酷刑，均屬於謀置死地之凌虐方法，合依刑法第五十五條從一重處斷。綜合本案情節，因犯罪所生之損害，雖不為不大，惟念該被告犯罪動機，既匪圖利私人，所負謀殺罪責，又係由於消極上未盡防止義務；且於勝利後督率礦警，維護地方，致該礦產未遭糜爛，亦尚不無微功，衡情殊非毫無可原之處。姑依法審酌情狀，各處較輕之刑。至謂被告於「七七」事變前任二十九軍顧問，追隨土肥原於華北宣撫班担任特務工作，主持平津一帶特工事宜，發動侵略，及二十八年春侵據賈汪煤礦時，曾俘護我五十一軍落伍運輸兵四名，加以殺害各節，固為該被告矢口所否認；且查被告僅於二十六年担任北平政務委員會日本經濟顧問之翻譯，業經當時駐平之現第三綏靖區司令官馮治安具文證明。在戰犯拘留所查獲照片四張，被告雖曾與冀東偽組織首腦殷汝耕合影，但亦不能推定其與土肥原有若何關係。此外又無其他發動參與侵略戰爭之證明，自未便入之以罪。證人劉永芳、樊長清、王鐵生等雖均供有五十一軍兵士四名被殺情事，但稱俘獲及以汽車押赴郊外槍殺，皆係日兵所為，縱屬真實，亦難推定為被告所主使，而遽令負責。再查賈汪煤礦，雖爲該被告武裝强佔，不無僭奪主權，惟其時地經淪陷，該管行政官吏已不得行使職權，依國際法學者一般主張：佔領國除不得另組獨立國家或政府外，有更換行政官吏之自由，該被告奉佔領軍之命令，强迫佔據礦場，自爲礦長，在國際法上亦尙難構成犯罪。

據上論結，依戰爭罪犯審判條例第一條，第二條第二款，刑事訴訟法第二百九十一條前段，刑法第二十八條，戰爭罪犯審判條例第九條，第三條第一款，第十六款，第十九款，第三十六款，第十一條，刑法第五十五條，第五十條，第五十一條第五款，海牙陸戰法規第四十三條，第四十六條，刑事訴訟法第二百九十三條第一項，判決如主文。

本件經軍法檢察官沈治邦蒞庭執行職務

中華民國三十六年四月三十日

陸軍總司令徐州司令部審判戰犯軍事法庭

審判長 陳珊

軍法審判官 楊善榮

軍法審判官 錢渠軒

軍法審判官 顧樸先

軍法審判官 陳武略

右正本證明與原本無異

中華民國三十六年四月三十日

書記官 毛爵智

4

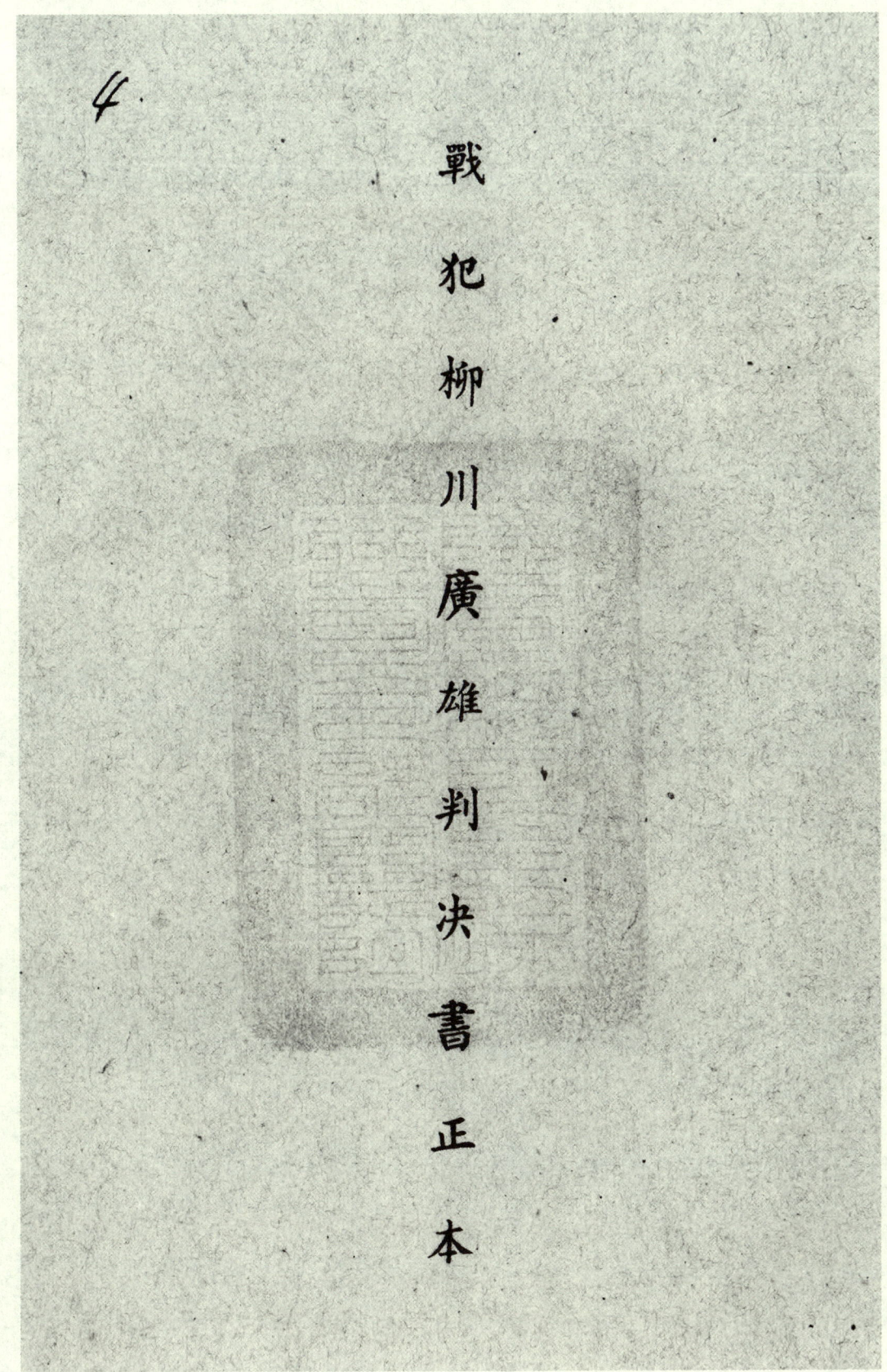

戰犯柳川廣雄判決書正本

陸軍總司令徐州司令部審判戰犯軍事法庭判決

三十六年度戰字第四號

公訴人　本庭軍法檢察官

被　告　柳川廣雄　男，年三十五歲，前日本九四三二及七九九五警備隊又名討伐隊翻譯，住韓國慶南。

右指定辯護人　張龍榜律師

右被告因戰犯案件，經公訴人提起公訴，本庭判決如左：

主　文

柳川廣雄共同謀殺，處死刑；強姦，處死刑；執行死刑。

其他部分無罪。

事　實

柳川廣雄在華多年，於民國二十九年入日本警備部隊一百三十五大隊（九四三二部隊）第四中隊担任翻譯，駐紮睢寧縣桃園地方。該地良民陳蘭亭，於是年九月六日至桃園趕集，被柳川廣雄指為偵探，拘押苦打後，即於同月九日，與不知名姓之日兵數名，將陳蘭亭拖往北門外槍殺。三十一年四月初十日，該柳川廣雄又與日兵四五十人，同往桃園西北丁山搜索，途遇居民孫傳祿，即施拘禁，隨至其家，復由柳川廣雄強姦孫傳祿之妹。勝利後，經人告由徐州綏靖公署軍法處拘案，移解本庭檢察官偵查起訴。

理　由

本案被告柳川廣雄，係與毫無牽連關係之庚茂松戰犯案合併起訴，庚案早經判決，以情節繁簡不同，分別審理，合先說明。

查被告於民國二十九年間來徐，任日本第一三五大隊第四中隊翻譯，駐紮睢寧桃園地方，担任警備工作，已爲向所自承。該處居民陳會然之父陳蘭亭，以農商爲業。是年九月六日（陰歷八月間）赴桃園趕集，爲被告拘捕，指爲偵探，至同月九日晚，與不知名之日兵數名，將陳蘭亭拖至北門外槍殺。至民國三十一年舊歷四月初十日，被告又與日兵四五十人，出發桃園西北丁山，該地居民孫傳祿，亦因涉有偵探之嫌，被縛禁車上，載至其家，被告乘勢將傳祿之妹强行姦污各節，非惟睢寧縣政府派員查明，具文在卷；且經被害人家屬陳會然、孫傳祿分別到案，一致供證屬實，歷歷不爽。被告乾兒王學金，時在桃園自衞團服務，專供驅策，被告殺害陳蘭亭，爲其親見；出發丁山，亦曾參與，强姦孫傳祿之妹，同去人衆週知；且「日兵不懂話，柳翻譯指東到東，指西到西，全聽他話」等情，更經王學金到案具結詳證，犯罪事實，極爲顯明，自屬無可狡展。被告既承認二十九年即至徐州，而又空言辯稱至三十二年始入日軍服務，初謂因彼與王學金很好，故認之爲乾爺，彼此情感極洽；待王學金爲不利被告之證言時，則又指爲挾嫌誣陷，時反時復，隨口變移，固益見其詞遁。且王學金於本庭受命審判官詢以魏長蘭、王學友等六人是否爲被告所殺時，則答稱不知，審酌情形，顯無絲毫挾嫌意態。迭命提舉有利反證，又均支唔其辭，參互以觀，胥足信爲托詞搪塞，了無可採。被告以一翻譯，利用敵勢，狐假虎威，乃竟隨意殘殺良民，强姦弱女，均遠越軍事行動之軌外。不惟出乎常情，有乖人道；且爲國際公約及任何戰爭法規或慣例所不容。兩罪犯意各別，自應合併論科。依刑法第五十七條第一、二、四、九各款，審酌情狀，分別處以極刑，以昭炯戒。至謂被告曾殺害睢甯魏集人民魏長蘭、夏彬然、郭炳新、王學友、黃兆朋、魏雲瑞等六名，雖有被害人家屬王作吉、夏胡氏、黃郭氏等到案指證，但經詳核供述，非係出於推想；卽得諸間接傳聞，且無當場目擊之人可供調查，與被告相處最密之王學金，亦稱不知其事，該被告更矢口不承，是魏長蘭等縱爲日兵所殺，尙難謂被告已有參與其事之證明。他若被訴放火及强佔財物部分，既乏具體事實，且無相當證據，亦難遽令該被告再負若何罪責。

據上論結，依戰爭罪犯審判條例第一條，第二條第二款，刑事訴訟法第二百九十一條前段，刑法第二十八條，戰爭罪犯審判條例第三條第一款，第四款，第十一條，刑法第五十條，第五十一條第一款，海牙陸戰法規第四十三條，第四十六條，刑事訴訟法第二百九十三條第一項，判決如主文。

本件經軍法檢察官沈治邦蒞庭執行職務。

中華民國三十六年四月二十三日

陸軍總司令徐州司令部審判戰犯軍事法庭

審判長 陳珊

軍法審判官 錢松森

軍法審判官 錢渠軒

軍法審判官 顧樸先

軍法審判官 陳武略

右正本證明與原本無異

中華民國三十六年四月二十三日

書記官 毛爵智

2415

戰犯松本芳雄判決書正本

22.16

徐州綏靖公署審判戰犯軍事法庭判决

三十五年度戰字第三號

公　訴　人　本庭軍法檢察官

被　　　告　松　本　芳　雄　男，年三十歲，碭山日本憲兵分遣隊軍曹，住日本島根縣。

右指定辯護人　莊允明律師

右被告因戰犯案件，經公訴人提起公訴，本庭判决如左：

主　文

松本芳雄共同連續對非軍人施以酷刑，處死刑。

事　實

松本芳雄，於民國二十八年隨軍來華，在北平憲兵教習隊畢業後，充當憲兵。三十年八月任徐州憲兵隊兵長，倚勢殘害我地下工作人員有功，擢升軍曹，派入碭山分遣隊；偵悉當地居民黄志忠、張海嶠、段廣勛、張永恩、武廣禮等五人，爲地方政府情報人員，乃與班長山崎，伍長平田等，於三十一年七月一日（廢歷六月初一日）侵晨，先後拘捕，連續施以刀刺，煙頭、烤燙，坐水缸種種酷刑，慘無人道。黄志忠等在碭山被禁十六日，受刑過度，已奄奄一息；又爲松本芳雄等親解徐州，從此生死莫明，迄今四載。迨本署日俘名單公佈後，被害人黄志忠之妻黄周氏前來指控，并於集中營人叢中認明，拘由本庭軍法檢察官偵查起訴。

理　由

查被告松本芳雄，於民國三十一年七月一日，與在逃共犯山崎班長等，將碭山居民黄志忠、張海嶠、段廣勛、武廣禮、張永恩等五人，先後拘捕，施以刀刺，燒煙頭，及坐水缸種種酷刑，死而復甦，痛楚哀號，聲聞街巷，衣褲破爛，血迹班班，面目憔悴，幾無人形；其後輾轉移解徐州等地，迄今四年有餘，生死莫明等情；匪惟被害人家屬一致指陳，歷歷如繪，且當時被告如何刺以軍刀，如何用燒着煙頭五枝七枝烤燙被害人之背腹，皮肉焦黑，又如何置放於水深及口之缸中，上懸釘板，使被害人不能直立，而浸入水中，至溺昏時放出，以人工將水排盡後，再行放入溺灌；經當場目擊之鄰佑居民張俊清到案結證，確聲淚俱下，犯罪事實，已極顯明。被告於偵查中，矢口否認曾到碭山，審判中始亦堅守前供，狡展搪塞，繼以人證鑿鑿，無可抵賴，始漸次吐露眞情；雖以圖卸罪責，并稱當時担任庶務，而推拘捕人犯任務於山崎，平田，但經核其曾抓到幾個中國人是聽到的，及我到車站是送平田伍長上車之供述，與被害人家屬黃如垣，黃周氏之指被告事先到家調查，及身着軍服親往拘捕，在站看守，武裝解送各節相印證，益覺其語言吱唔，情詞呑吐，實難自圓其說；此項弁解，殊屬無可採信。查被害人僅爲縣級情報人員，既非武裝軍人，更無任何敵對破壞行動，涉嫌捕押，是否爲職務上正當行爲，姑不具論，惟其濫施酷刑，殘忍暴戾，致被害人慘受重傷，奄奄垂斃，不僅於國際公法及一切條約慣例之規定大相違背，且重乖人道，更爲古今中外所罕聞。被告刑訊各被害人雖有多次，均係基於一個概括意思，同時刑訊五人，又爲以一行爲而侵害數個法益，均應依刑法第五十五，五十六各條處斷。總核被告秉性兇殘，手段酷烈，對無辜平民，肆意荼毒，其犯罪動機，固無可恕；而被害人一入虎口，迄今生死不明，是否爲被告所屠殺，或因傷重致死，雖難臆斷，惟犯罪所生之損害，實屬重逾尋常，應依法處

2317

以極刑，以昭炯戒。

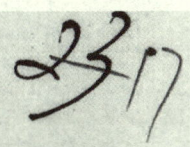

基上論結，依戰爭罪犯審判條例第一條，刑事訴訟法第二百九十一條前段，海牙陸戰法規及慣例第四十三條，第四十六條，戰爭罪犯審判條例第三條第十六款，第十一條，刑法第二十八條，第五十五條，第五十六條，判決如主文。

本件經軍法檢察官祁步騶蒞庭執行職務。

中華民國三十五年十一月二十二日

徐州綏靖公署審判戰犯軍事法庭

審判長 陳珊

軍法審判官 錢渠軒

軍法審判官 錢松森

軍法審判官 顧樸先

軍法審判官 陳武略

右正本證明與原本無異

中華民國三十五年十一月二十二日

書記官 毛爵智

5-136

戰犯小川洋松崎秀憲判决書正本

陸軍總司令徐州司令部審判戰犯軍事法庭判決

三十六年度覆字第二號

公訴人　本庭軍法檢察官

被告　小川洋　男，年四十歲，前徐州日本總領事館經濟領事兼偽淮海省經濟顧問，住日本崎玉縣。

松崎秀憲　男，年四十四歲，前偽淮海省經濟顧問輔助官，住日本長崎。

右指定辯護人　王理乾律師

右被告等因偽造貨幣及販運鴉片等案件，經國防部發回復審，本庭判決如左：

主文

小川洋、松崎秀憲均無罪。

理由

本件被告小川洋，被訴於投降前，在徐州日本總領事館經濟領事兼前偽淮海省政府經濟顧問任內，有夥同日本第六十五師團參謀長折田貞重及北野大佐等，共同計劃由上海購來機器材料等，偽造法幣及關金，用以套購糧食，意圖擾亂金融，危害民生，及與其輔助官，即被告松崎秀憲，共同由華北販運鴉片來徐漁利等事實。質之被告等固均否認其事。被告小川洋並謂「曾與軍部計劃，設若美軍在華登陸，偽中儲券流通困難時，擬印發物資交換券，以作救濟。但美軍尚未登陸，日本即已投降，故計劃亦未實行」等語。查核原告發文內，雖有「小川佐原藉用軍部之名義，由上海密購印鈔票機器，至徐市印製關金法幣，採辦軍糧，查出印墨四十八盒，銅板四塊，銅模五塊等，送軍法處有案」等語。（見前徐州綏靖公署軍法處卷第四頁）但經前徐州綏靖公署軍法處函覆，略謂「並無是項物件」等由，則原告發人所述，已與事實不盡相符。又據原告發文稱「被告迫淮海省各縣收買雜糧，以圖妨害民食。」（見同卷第五頁）現原告發人沙金生，劉成軒，金利成，均係韓人，遣送回國，所在不明，已屬無從傳詢。然就其文義推求，不難得知；所謂被告印僞票，購軍糧，卽指在僞淮海省區內採購而言。惟查當時吾國之法幣及關金，在淪陷區爲僞組織所禁止流通，衡情奪理，被告小川洋欲搜括民食，決不致僞造此項在當時所不融通物，殊可想見。次查中國國民黨中央調查統計局徐海區辦事處，雖謂「被告小川洋曾僞造中央儲備券一億萬萬元，三十二年在徐印造，載在僞中儲行報告，可函上海市政府查案證明，用以收買小麥糧食等。「但經本庭行文上海市政府調查，旋准函復，並咨轉財政部清理僞中央儲備銀行總處函復，略謂「對被告僞造僞中儲券一項，係無案可查」等語。中統局來函所稱情形，別無佐證方法，亦難採信。且被告在當時實際掌握徐海區經濟大權，對僞中儲券之發行，儘可假手其所扶植之僞政權實行，殊無自行設計僞造之必要。至被告所供擬設計印製物資交換券一節，既未有僞鈔發現，尙在設計中，並未着手進行，縱係僞造貨幣，亦在犯罪之預備階段。而戰爭罪犯審判條例，對發行僞鈔罪，並無處罰預備犯之規定。其他刑事法規，卽此項預備犯亦無處罰之明文規定，其行爲尙不成立犯罪。

第查關於被告等共同販運鴉片一節，原告發文內載有「小川洋命郝鵬舉由北京使飛機密運海洛英至徐發售」等語，質之被告小川洋，固矢口否認有販鴉片情事。雖被告松崎秀憲，曾在前徐州綏靖公署調查室供有「運大煙是有的」一語，但意義簡單，而原告發文對販運之時期，數量及經過情形等，別無提供證據方法，而該被告在審判中又翻口不認，雖又經本庭囑托中統局徐海辦事處調查，據函覆謂「小川洋曾握僞淮海省經濟大權，僞財政局禁煙局由其操縱，禁煙局是販賣毒品」等語，核與前開告發文所述互異，不相符合；其他又別無佐證，殊屬無從調查。被告等關於販運鴉片一節，其犯罪嫌疑，既無法證明，應均卽爲無罪之諭知。

據上論結，應依戰爭罪犯審判條例第一條，刑事訴訟法第二百九十三條第一項前段，判決如主文。

本件經軍法檢察官沈治邦蒞庭執行職務。

中華民國三十六年三月三十一日

陸軍總司令徐州司令部審判戰犯軍事法庭

審判長 陳珊

軍法審判官 錢松森

軍法審判官 錢渠軒

軍法審判官 顧樸先

軍法審判官 陳武略

右正本證明與原本無異

中華民國三十六年三月三十一日

書記官 毛爵智

65-57

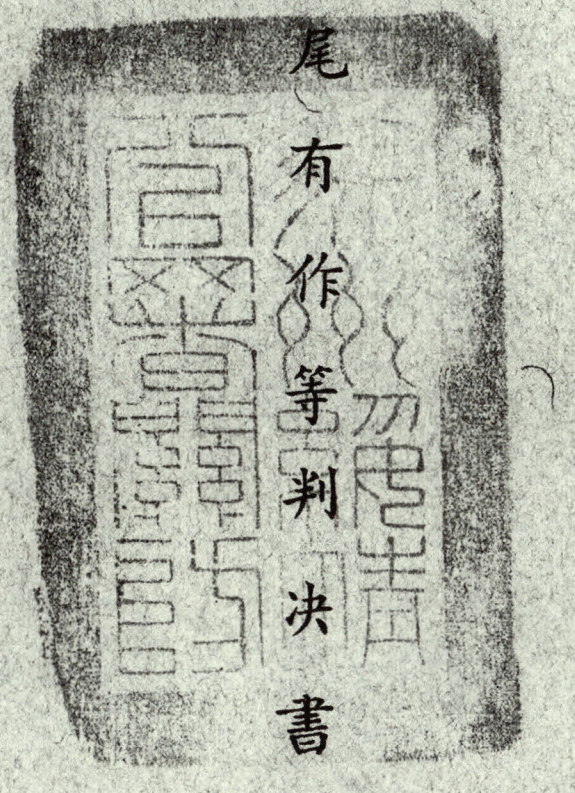

戰犯板尾有作等判决書正本

徐州綏靖公署審判戰犯軍事法庭判決

三十五年度法字第三號

公　訴　人　本庭軍法檢察官

被　　　告　板尾有作　男，年三十歲，徐州日本憲兵分隊兵長，住日本石川縣。

茅野喜重　男，年三十六歲，徐州日本憲兵分隊兵長，住日本長野縣。

市橋謙次　男，年二十六歲，徐州日本憲兵分隊兵長，住日本岐阜縣。

島田義和　男，年二十七歲，徐州日本憲兵分隊上等兵，住日本靜岡縣。

武仲彌五郎　男，年二十七歲，徐州日本憲兵分隊兵長，住日本岐阜縣。

右指定辯護人　王步祥律師

右被告因戰犯案件，經公訴人提起公訴，本庭判決如左：

主文

市橋謙次共同連續對非軍人施以酷刑，處無期徒刑；拘留非軍人加以不人道之待遇，處有期徒刑十五年；執行無期徒刑。

板尾有作、茅野喜重、島田義和、武仲彌五郎共同對非軍人施以酷刑，各處有期徒刑十二年。

其他部分無罪。

事實

市橋謙次、板尾有作、茅野喜重、島田義和、武仲彌五郎在徐州日本憲兵分隊充任兵長及上等兵職務有年，均派在大同街拘留所服務。民國三十三年廢歷九月二十四日，有沛縣良民周盛軒在家閑居，因涉有國民黨黨務工作人員之嫌，被捕解徐，押禁該所三十八日。於押期中，先後受山崎等刑審三次，第一次、在入所之第三日，由市橋謙次先用棍打，後施電刑，暈而復甦，甦而復打，血流如注；第二次、在入所第五日，先由板尾用木棍打頭，後由市橋謙次、島田義和、茅野喜重、武仲彌五郎共同灌水暈絕，鼻子噴血，市橋且猛踢周盛軒之腹，受傷甚重；第三次、在入所之八九日，又被市橋以鐵棍打穿頭部；以後又因在所內講話，適市橋値崗，當以利刀劈傷周盛軒之腕，并迫令跪於雪地，雙手上舉，由晨及暮，禁其飲食，毒打多次。周盛軒歷受酷刑，內損頗重，迄今尚黃瘦孱弱，即於本年五月間指認被告訴由本庭軍法檢察官偵查起訴。

理由

查被害人周盛軒，於民國三十三年廢歷九月二十四日晚，在家被日本駐徐憲兵隊拘捕，翌日由沛縣解押本市大同街該隊拘留所內，歷三十八日，始得釋出。其時被告市橋謙次，板尾有作等五名均在該所服務，並曾爲被害人送飯等情，固爲該被告等所承認；被害人被指爲沛縣黨部書記長，其兄且主持四縣黨務，逼令供出地下工作人員及電台所在，先後三次遭受酷刑，如右開犯罪事實欄內所臚舉，匪特被害人演述被害情形，指驗疤痕，歷歷可據，且經同時同室被押之證人李春元，到案具結證明，當時親見被害人受有刑傷，並向之泣述受刑經過無異，犯罪情節，至爲顯明；被告等對該所審訊人犯時施酷刑之事實，已不否認：惟以希圖倖免罪責，堅以渠等均係普通陸軍調入憲兵隊服務，無審案能力，不能行使憲兵職權，何能用刑等詞爲辯解，微論被告等之經歷表，均塡列爲憲兵，此項空言，尚不足信；即如其所云，確爲補助憲兵，平日任務爲守衛及開飯飼馬等雜役，則於審案時担任警衛，聽令行刑，亦為必有之事，何得持為無從施刑之理由。况據被告板尾供稱，在所與共服同類任務者，有二十餘人，其他憲兵有七十餘人，投降以後集中一營，被害人於二百餘名憲兵中，將被告等一一指認明確，果非受其殘虐，印象決不致如此之深；被告等始謂在押人犯中不知有被害人，繼而又承認曾代其送飯，時反時復，吞吐其詞，徒欲以空洞推論，掩飾罪行，要屬無可採取。被告等自命為文明國家國民，且均受有普通教育，竟對非軍人且未充當任何黨政職役之人，濫施酷刑及重乖人道之待遇，顯與所有國際條約及戰爭慣例大相違背，應列為戰犯，審判處刑。被告市橋謙次以嚴刑逼供之概括意思，先後與板尾等三次對被害人施以酷刑，其三次犯行，自係連續，因細故逞其兇性，令被害人竟日跪於雪地，雙手上伸，禁絕飲食，頻施毒打，顯對被害人加以非人道之待遇，與前罪既基於各別犯意，即應合併論科，心地陰狠，手段酷殘，處刑自應較重。被告板尾、島田、茅野、武仲僅參與一次施刑，量刑尚宜從輕。至被害人雖稱於被捕之時，曾被日憲兵搶去馬一匹，偽幣壹百五十餘萬元，及細軟等物，惟既據稱當時并未看到被告等五人；由沛解徐時，縱如其所稱有市橋、茅野二人在內，亦難推定該被告等有搶劫情事，此部犯罪，尚難謂已有證明。

據上論結，依戰爭罪犯審判條例第一條第一項，第二條第二項，海牙陸戰法規第四十三條，第四十六條，刑事訴訟法第二百九十一條前段，刑法第二十八條，第五十六條，戰爭罪犯審判條例第三條第十六款，第十九款，第十一條，刑法第五十條，第五十一條第四款前段，刑事訴訟法第二百九十三條第一項，判決如主文。

本件經軍法檢察官樊煜澄蒞庭執行職務。

中華民國三十五年十二月十六日

徐州綏靖公署審判戰犯軍事法庭

審判長 陳珊

軍法審判官 楊善榮

軍法審判官 錢渠軒

軍法審判官 顧樸先

軍法審判官 陳武略

右正本證明與原本無異

中華民國三十五年十二月十六日

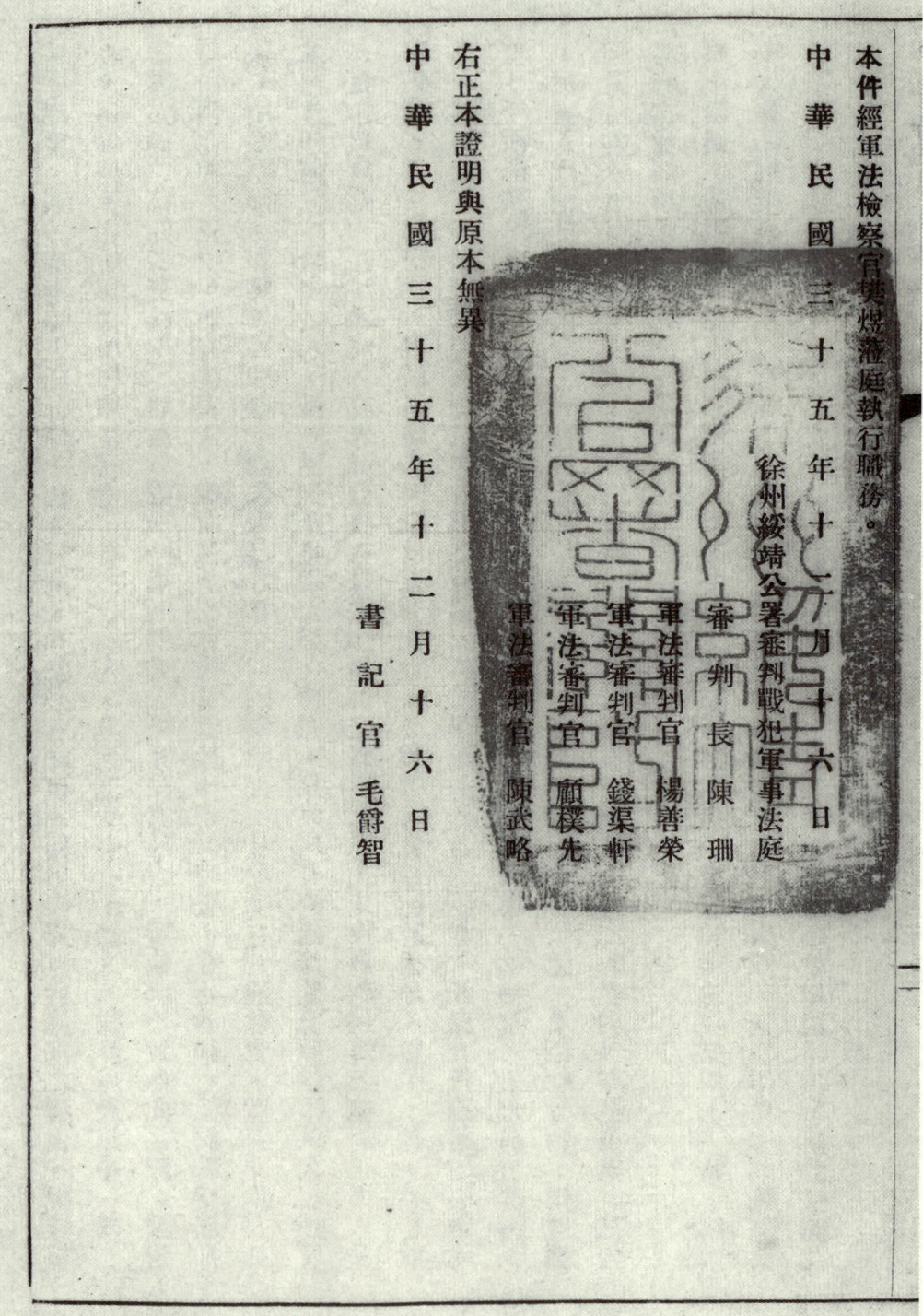

書記官 毛爵智

戰犯釘岡直判決書正本

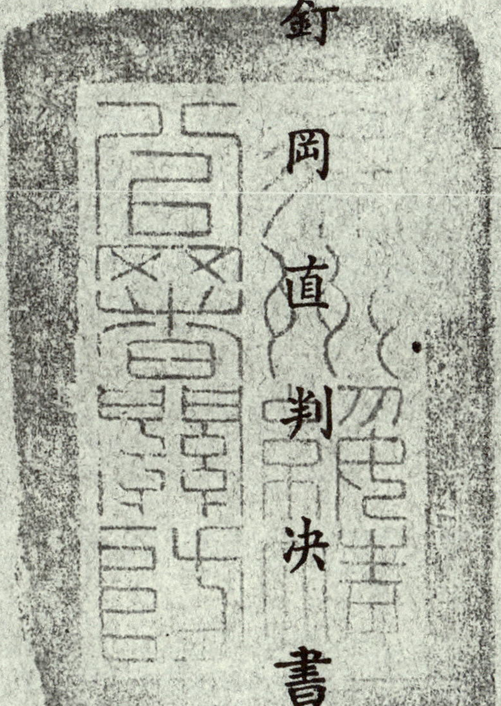

P6.25　36

徐州綏靖公署審判戰犯軍事法庭判決

三十六年度法字第四號

公　訴　人　本庭軍法檢察官

被　　　告　釘岡直　男，年三十九歲，前日本憲兵隊海州分隊長，住日本九州大分縣。

右指定辯護人　李　軒律師

右被告因戰犯案件，經軍法檢察官提起公訴，本庭判決如左：

主　文

釘岡直無罪。

理　由

本件被告釘岡直，原係日本憲兵隊海州分隊長。民國三十四年八月，日本宣告投降後，即將其所執掌之檔案文卷等，全部焚燬；此固爲其所自認不諱。惟此等檔案文卷，是否有關他人刑事被告案件之證據，經調查殊無確證可以認定。且並未受理。有他人刑事被告之案件，自不能基其焚燬文卷卽推定其有湮滅他人罪證之事實。其行爲尚難謂構成刑法第一百六十五條之犯罪。再查被告於民國三十四年七月在其憲兵分隊長任內，曾拘押吾國人民四人一節，既據其供稱，該四華人因在當時涉有詐欺及竊盜等情事，則被告以當時軍事佔領狀態，將其暫押，旋卽釋放，別無加以不人道之待遇；核其行爲，尚難謂違反國際公法及戰爭法規，不能以戰犯論。綜上所述，被告之犯罪，殊屬不能證明，應卽諭知無罪。

據上論結，應依戰爭罪犯審判條例第一條後段，刑事訴訟法第二百九十三條第一項前段，判決如主文。

本件經軍法檢察官樊煜菭庭執行職務。

中華民國三十六年一月二十五日

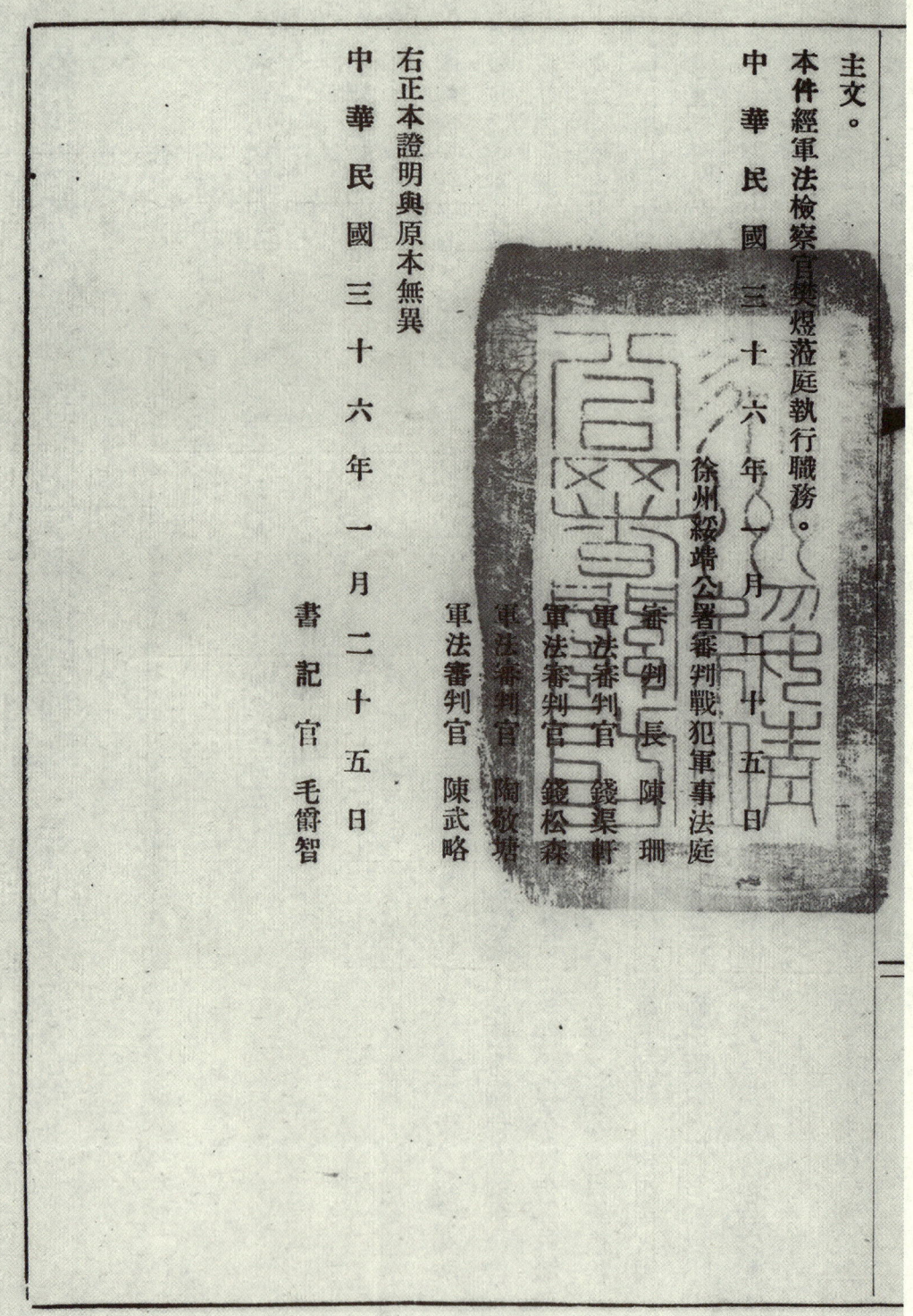

徐州綏靖公署審判戰犯軍事法庭

審判長　陳珊

軍法審判官　錢渠軒

軍法審判官　錢松森

軍法審判官　陶敬塘

軍法審判官　陳武略

右正本證明與原本無異

中華民國三十六年一月二十五日

書記官　毛爵智

0002

6.

分繕

江蘇高等法院第三分院 文稿第 號

類別	呈
三十六年五月四日擬稿	
36年5月3日封發	
發文 文字第 114 號	
院長	
庭長	主任
推事	主科書記官
書記官長	書記官
事由	為呈報軍事法庭結束日期請鑒核

竊查職於上年三月杪奉令兼任徐州綏靖公署審判戰犯軍事法庭庭長兼審判長，業於同年四月一日在所屬軍事機關籌組成立，由本院庭長錢松森兼任該庭審判官，徐州地方法院首席檢察官沈治邦兼任該庭主任檢察官，同院代理檢察官樊煌兼任檢察官，餘均係軍事機關委派軍法官充任。因庭址久未覓定，至上年五月一日始正式成立。共計收審人犯二百三十六名，經初步嚴密調查無戰犯嫌疑且未經列入戰犯名冊者，即由庭主持遣送回國。其經人告訴告發及其他機關移送者共七十四名，經偵查終結認為罪嫌不足予以不起訴處分，呈由國防部核准除遣送及開釋者共四十四名，移送他管者三名，越獄逃亡者二名，經判處死刑者八

0002

名處無期徒刑十四名處有期徒刑廿七名宣告無罪廿三名均經分別確定先後
執行在案至本年四月三十日審判工作全部結束除整理資料編製詳細工作報
告彙集裁判書類另文呈報外理合將結束日期先行具文呈請
鑒核
謹呈
司法行政部部長謝
江蘇高等法院院長孫

署江蘇高等法院第三分院院長陳〇

3558

綏署軍事特別法庭

偵訊日戰犯

大批日戰犯押徐候審理

希望受害者逕行檢舉

（本報訊）徐州綏靖公署軍事特別法庭，已開始偵訊在徐日戰犯，現羈押集中營之日戰犯及嫌疑犯，過去在我國各地之罪行，實不勝數，期受害者或目擊耳聞者，分類詳細臚列，向綏署軍特法庭檢舉，俾作為偵審戰犯之參考，計現在徐日戰犯及嫌疑犯有石松熊雄，羽鳥節造，吉川巽等二百三十七名，檢舉人務須將自己詳細住址及眞實姓名性別年齡署明。

一群吃人的魔王受審

在徐日戰犯名單

（卅年七月九日）

茲將現在徐日戰犯及嫌疑犯名單誌後：石松熊雄，羽鳥節造，吉川巽，佐野一人，杉山三男，畑中重信，土居久男，順田政雄，奧保、、山田正義，二宮正治，松本芳雄，野村治之，島田昌俊．小池左右次，中村久雄，松田勇，吉滿武夫，荒川治善，井上原一，八上鐵三，高木懸一，中山清持，永國夫，龜田秀夫，松山嚴，吉田淺一，上甲武，小柳三英，堤嘉幸，小林正成，黑崎兼助，川上四人，青木富士男，吉田正二郎，增井保，和田忠行，望月敬三，池本增夫，百石辨一，關尾光次，吉田猪一郎，池野羣，深井義治，安藤貞雄，山口條古郎，酉川洲，濱敏夫，吉田春吉，山口武郎，金子幸雄，角野武次，野間崎春一，田中久司，西谷幡郎，神毛茂，森木寬二，中島愼太郎，佐藤延三，柴田昇平，田崎修三，野田武士，大野和博，中野淸，吉岡賴繁，松本重太郎，大宮三男，竹島正二，金光純敏，近藤含義，中馬太志，廣田紀信，高瀨三男，鈴木正男，松崎武義，前原倉吉，增田靜夫，落合正志，水島太右工門，井上富士人，河合章，雄野金信，鈴木正二，水上信太郎，小寺與四郎，、北原林祐，關口萬，菅原壽幸，近江喜三郎，村上政治，佐藤昇二，官崎留吉，武仲彌五郎，三輪加彥，市橋謙次，大岩久平，藤田一，板尾有作，本吉國男，茅野喜重，後藤弘，山本長次郎，恒川重信，堲木德繁，稻田躍夫，神谷茂雄，入山博，細田太郎，鈴木長一，久禮忠久，前田二三夫，溝口廣次，土居秀宗，渡邊市郎，根石吉雄，大池準，佐久間信夫，西森政則，平岩正二，山下康男，北島義直，大塚八郎，糸木晴夫，伊藤茂，川邊彌，山田貢，松本三四二，岡崎芳夫，向山勤，高山喜久夫，田中久雄，成田德次郎，夏堀勝美，岸端政次郎，宮下忠治，龍光雄，小野隆一，守本利雄，岡野昇，佐古幾男，金子福二郎，梅尾喜一，赤地與志雄，河合金一，岡島貞夫，平木春雄，東義時，岡田博三，細間巧，江崎穎光，加藤六一，友田宏，相良正一，餅田守志，赤尾覺，石原俊平，長田重夫，松倉治市，宮本榮次，松本敏明，杉山正明，村山莊平，前田數憲，箕浦三一，井上作三，中野春好，麻生忠雄，飼淸弘，楢修，小林盛三郎，井藤茂一，中村豐志，鹽竹郁郎，景山眞吉，高月明，松下多喜夫，齋藤義雄，橋本直二，大崎勵，須田幸夫，小早川實治，吉川晴衛，清水正義，鈴木三好，木元義信，大久保秀雄，青木定二，松永山秋，島田義和，貝森勘三郎，驕英雄，中屋義春，島添廣吉，高谷卯之雄，伊東庫之助，井出忠，林松保，池永金次郎，平山敏雄，內田行雄，正木輝司，宰原浩，兒玉協，中川泰治，白川義弘，佐藤逸雄，仲本恭一，棟尾穗，望月幸一，前川正志，德永勝實，福島恒朝，武本高明，松島俊雄，續橋二夫，藤原健一，上田秀男，吉岡悟郎，井上正義，津川崇，半田政雄，角崎繁行，平井金一，市川英一，內志郎，福神武恬，上出嘉一，新井貞一，村井友作，彥坂右文，日野振宗，長谷川三郎，岸本盛雄，杉山功雄，吉田忍，橋本行雄。以上共二百三十六名。

戰犯古性與三郎 昨日宣判死刑

35.6.16、

（本報訊）戰犯古性與三郎，業經綏署軍事特別法庭審訊終結，於昨日下午三時三十五分，由庭長陳珊，檢察官沈治邦，陪審軍法官錢松森，顧樸先，陳武略等出庭，該犯簽提到庭後，即由陳庭長訊明姓名，起立宣讀判決主文：「古性與三郎連續結夥搶劫處死刑褫奪公權終身，殺人一罪處死刑，褫奪公權終身，執行死刑，褫奪公權終身，其他部分無罪」，經通譯宋景秋翻譯後，該犯面色頓變，然態度仍極鎮定，未辯一詞，旋庭長諭還押退庭，先後僅五分鐘。

（徐州）

今日上午公審

戰犯入山博井上源一

（本報訊）徐州綏靖公署審判戰犯軍事法庭，戰犯案件三十餘件，自經江蘇銅山地方法院首席檢察官沈治邦兼任軍法檢察官以來，雖值盛夏酷暑，偵訊戰犯工作仍積極進行，茲悉戰犯入山博，侵佔公務上持有物，與井上源一搶劫擄人勒贖等二案，業經偵查終結，提起公訴，確訂今日上午公審，茲將起訴書原文誌後：

起訴書原文

（一）被告入山博，男，年二十七歲，日本岐阜縣[illegible]安八郡新[illegible]

村中鄉，前徐州日本憲兵分隊兵長。

右開被告民國三十五年偵字第九號侵占公務上持有物一案，業經偵查終結，認爲應行提起公訴，茲將被告犯罪事實及証據，並所犯法條開列如左：

按日本自對吾國作侵略性戰爭後，在控制各大城市區，組設所謂憲兵隊，除箝制或殘害我愛國志士和良善人民外，肆意攫取公私財物，藉以加强其陸海空集團之淫威，而助長其兇焰，本案被告入山博，自民國三十一年，應征來華，三十二年六月間，至徐州憲兵分隊，由二等兵歷升兵長爲徐市東車站憲兵派出所負責人於三十三年八月二十二日，自杭州郵局運往天津北平等埠綢緞包裹計五十一袋，價値匪微，途經徐州，乃被告强行登車扣留，幾經交涉，方於同年十月十九日由被告親筆出具收條，而該項貨品，爲其吞沒，本庭奉令成立，即據銅山一等郵局塡具甲乙兩種結文，函請扣留法辦，幷遣派代理人端木淵到案訴追，査前開自杭州郵局封寄天津北平等埠綢緞包裹五十一袋持有搬出証件，並經補僞全國商業總會具文証明，不在統制物資之列，是該被告犯罪條件，業已構成，茲據辯謂扣留上項綢緞包裹，係奉憲兵派遣所所長長官永川之命，而永川已無從傳質，畢竟有無斯項命令，固無從臆斷，被告果非憲兵派遣所負責人員，何肯出具收條，而上項包裹綢緞，確在該被告實力支配持有之下，自堪認定，審核三十三年十月十九日所具之收條，爲銅山郵局接車員狄樸等親目所睹，直接收受，雖據諉爲非其手書，然經本檢察官當庭試筆，結構姿勢，酷似神肖，幷無二致，顯見狡卸之詞，不足憑信，再按被告，雖非吾國之公務員，參以民國十年前大理院第一六六五號解釋依戰爭罪犯審判辦法第八條之規定，得適用我刑法第三百三十六條第一項訴追，合依戰爭罪犯審判辦法第一條，及原辦法施行細則第十條刑訴法第二百三十條第一項，提起公訴

中華民國三十五年七月十三日

軍法檢察官沈治邦

（二）被告井上源一，男，年二十八歲，日本愛媛縣宇和島市石遮，宿遷新安鎭憲兵分隊兵長。

右開被告民國三十五年偵字第八號搶劫擄人勒贖等罪一案，業經偵查終結，認爲應行提起公訴，茲將被告犯罪事實及證據並所犯法條，開列如左：

被告井上源一，於民國三十年三月十日（即日本昭和十六年）來華，先至湖北咸寧，在第四十師團第四十聯隊充當二等兵士，因任意奉行違背國際公法之屠殺，和清除殺害我地下工作人員，積功擢升爲兵長，在新安鎭憲兵分隊任期內，於民國三十三年陰歷八月二十五日清晨，帶領敵僞憲警四十餘名，前赴睢寧高作鎭，先至郝松濤藥店內，藉口謂其家藏有電機，溝通中央消息，當搶劫銀錢首飾衣物等件約値二千萬元之巨，搜刮一空，幷將其店夥朱建業紀夢軒、綁架至宿遷縣，備極虐待，施用電刑，拘禁十餘日，勒贖僞票七十三萬始獲釋回，復往滕子溪家，當抄獲國民黨黨証暨文件，亦擎刼財物約千萬元，當

將豫子漢及其父心痛，一併帶至宿遷，慘遭電刑，百般凌辱，施以非人類待遇，拘禁月餘勒索二十餘萬元，方燮生還，本庭奉令成立登報調查戰犯罪行，即據被告人郝松濤等填具侵害甲乙兩種表格訴追法辦，查被告井上源一，對於前開犯罪事實，雖未肯坦白直陳，但已供認

，維時曾帶憲警至睢寧高作鎮搜索反動電機等件，乃係奉行所科長之命，縱有搶劫擄人勒贖行爲，或爲便衣偵探等所爲等語，然訊據被害人郝松濤等當庭指訴，被告帶領憲警到高作鎮，如何指揮搜索，並將被害人一行八人，拘至宿遷，如何殘酷刑訊說贖放，問，以及事後於上年十一月間，在本市大同街，曾相遇於途，察核陳辭，沉痛呼籲悲忿，歷言如訴，如在目前，當質諸被告天良，猶未泯滅，亦俯首無辭，是

本案犯罪事實，洵臻明確，審酌被告同時同地搶劫兩家，自係基於一個概括之犯意，固應論以一個連續犯陸海空刑法第八十四條之結夥搶劫罪，而核其擄贖，爲刑法恐嚇取財之加重規定罪，質與搶劫根本不同，其間犯意，亦自各別，並無方法結果之關係，不能認爲擄贖與搶劫行爲競合時應，包括於他種搶劫行爲之中，而構成一個罪行，排斥懲治盜匪條例之適用，仍應論以連續觸犯懲治盜匪條例第二條第一項第九款之罪，併合處罰，（參照一九年上字第一五七一號判例二十年八月八日院字第五三七號解釋）再傷害拘禁，固爲搶劫擄贖之結果

，然既經合法告訴，又不應恕置不論，並應依刑法第二百七十七條第一項第三百零二條第一項第五十五條，從一重處斷，合依戰爭罪犯

審判辦法第一條第八條，及原辦法施行細則第十條，刑訴法第二百三十條第一項提起公訴。

中華民國三十五年六月十日軍法檢察官沈治邦

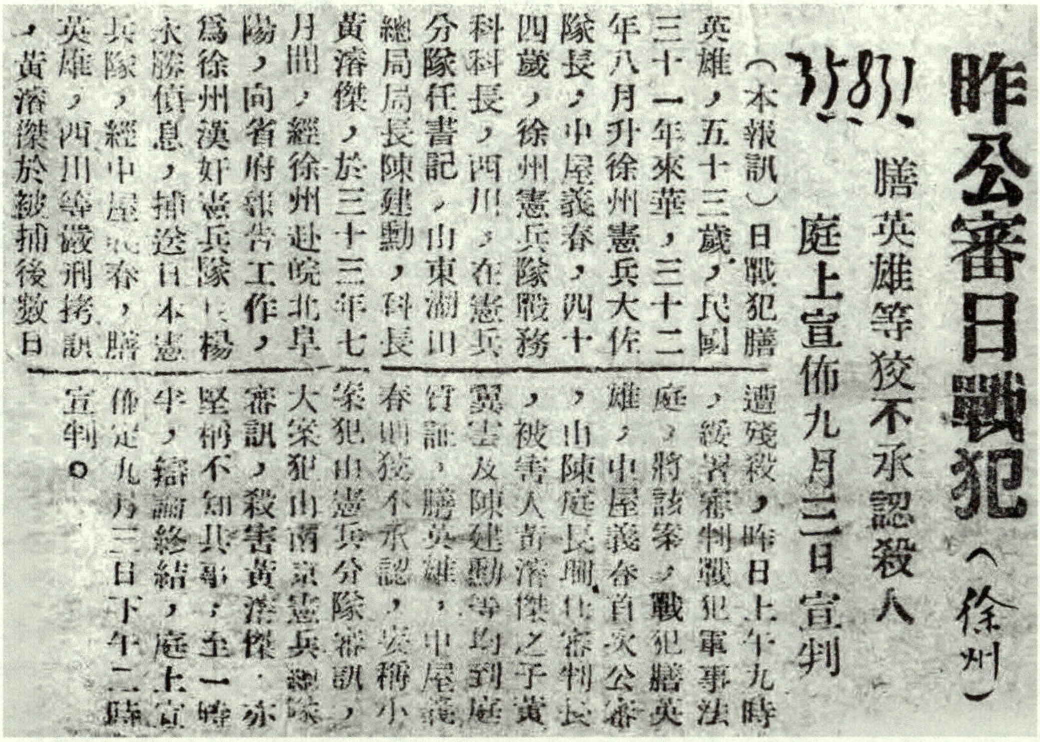

昨公審日戰犯（徐州）

膳英雄等狡不承認殺人

庭上宣佈九月三日宣判

（本報訊）日戰犯膳英雄，五十三歲，民國三十一年來華，三十二年八月升徐州憲兵大佐隊長，中屋義春，四十四歲，徐州憲兵隊戰務科科長，西川，在憲兵分隊任書記，由東湖川總局局長陳建勳，科長黃濬傑，於三十三年七月間，經徐州赴皖北阜陽，向省府報告工作，為徐州漢奸憲兵隊長楊永勝偵息，捕送日本憲兵隊，經中屋義春，膳英雄，西川等酷刑拷訊，黃濬傑於被捕後數日遭殘殺，昨日上午九時，綏署審判戰犯軍事法庭，將該案，戰犯膳英雄，中屋義春首次公審，由陳庭長珊任審判長，被害人黃濬傑之子黃翼雲及陳建勳等均到庭質証，膳英雄，中屋義春則狡不承認，妄稱小案犯由憲兵分隊審訊，大案犯由南京憲兵總隊審訊，殺害黃濬傑，亦堅稱不知其事；至一時半，辯論終結，庭上宣佈定九月三日下午二時宣判。

5594

膳英雄。中屋義春（徐州）

兩戰犯判死刑

他們從前是殺人的劊子手

【本報訊】日戰犯膳英雄，曾任徐州日憲兵隊長，中屋義春任憲兵隊軍務課長，以其在職期內，殺害我抗戰工作人員黃濟傑等，經綏署審判戰犯軍事法庭審訊終結，昨日下午三時宣判，判決主文：膳英雄，中屋義春共同殺人，各處死刑，各褫奪公權終身，俟呈准國防部後即予執行云

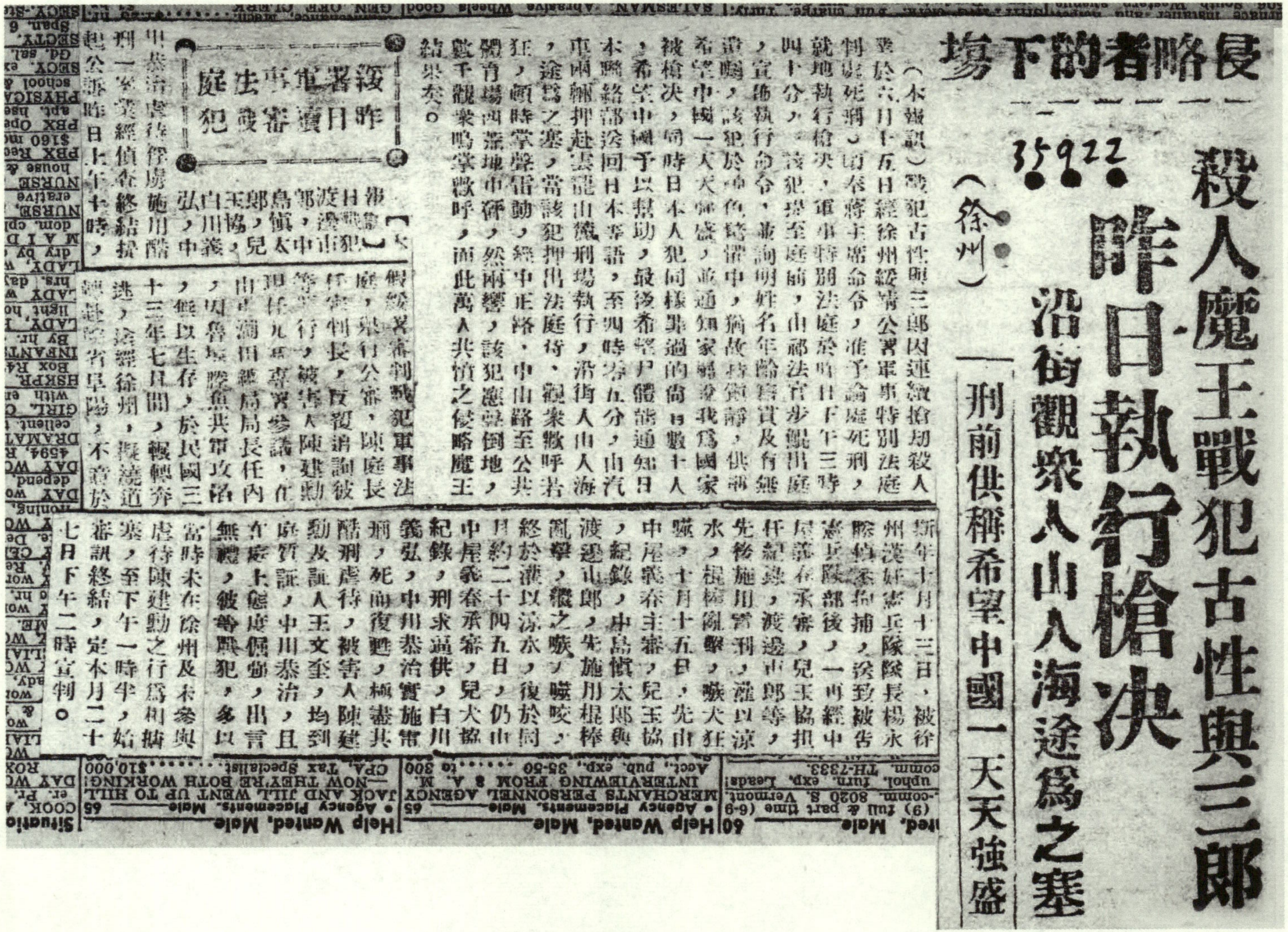

侵略者的下場

35922

殺人魔王戰犯古性與三郎

昨日執行槍決

（徐州）

沿街觀衆人山人海途爲之塞

刑前供稱希望中國一天天強盛

（本報訊）戰犯古性與三郎因連續搶劫殺人罪，於六月十五日經徐州綏靖公署軍事特別法庭判處死刑，（旋奉蔣主席命令，准予論處死刑，就地執行槍決，軍事特別法庭於昨日下午三時四十分，將該犯提至庭前，由部法官步驟出庭，宣佈執行命令，並詢明姓名年齡籍貫及有無遺囑，該犯於神色驚慌中，猶故持鎮靜，供稱希望中國一天天強盛，並通知家屬要我爲國家被槍決，同時日本人犯同樣罪過的尚有數十人，希望中國予以幫助，最後希望屍體能通知日本聯絡部送回日本等語，至四時零五分，由汽車兩輛押赴雲龍山鐵刑場執行，沿街人山人海，途爲之塞，當該犯押出法庭時，觀衆歡呼若狂，頓時掌聲雷動，經中正路，中山路至公共體育場西叢地中彈，然兩響，該犯應聲倒地，數千觀衆鳴掌歡呼，而此萬人共憤之侵略魔王結果矣。

綏署軍事法庭 昨日續審戰犯

【本報訊】戰犯[illegible]渡邊[illegible]鎮，[illegible]協川，王兒太郎中義，白[illegible]弘[illegible]中恭治虐待俘虜施用酷刑一案業經偵查終結，提公訴昨日上午十時，假綏署審判戰犯軍事法庭，[illegible]公審，陳庭長任審判長，覆訊詢被告，[illegible]行，被害人陳建勳[illegible]理任九[illegible]參議，在[illegible]由[illegible]調田[illegible]局局長任內，因[illegible]共軍攻陷，無以生存，於民國三十三年七月間，輾轉奔逃，途經徐州，擬繞道轉赴[illegible]省阜陽，不意於斯年十一月十三日，被徐州漢奸憲兵隊隊長楊永[illegible]捕，[illegible]到被告中憲兵隊部後，一再經中尾義春承審，兒玉協扣任紀錄，渡邊中郎等，先後施用灌水刑，以涼水，提棒亂擊，嗾犬狂噬，十一月十五日，先由中尾義春主審，兒玉協，紀錄，中島慎太郎與渡邊山郎，先施用棍棒亂擊，繼之嗾犬噬咬，終於灌以涼水，復於同月約二十四五日，仍由中尾義春承審，兒犬協紀錄，刑求逼供，兒白川義弘，中川恭治實施摑刑，死而復甦，慘毒其酷刑虐待，被害人陳建勳及證人王文奎，均到庭質證，人中川恭治，且在庭上態度倔強，出言無禮，被告等戰犯，多以當時未在徐州及未參與虐待陳建勳之行爲相搪塞，至下午一時半，始審訊終結，定本月二十七日下午二時宣判。

351116

兩個殺人魔王 昨日執行槍決

沿途觀衆如堵同聲稱快

（本報訊）前徐州日本憲兵大隊長膳英雄大佐，及其職務科科長中屋義春上尉，以虐待俘虜一案，經徐州綏靖公署軍事特別法庭判處死刑，昨日奉令執行槍決，下午三時將該兩犯簽提到庭，由祁檢察官出庭分別訊問姓名年齡籍貫後，即諭奉國民政府主席蔣令即執行槍決，有並問無遺言，該兩犯於神色驚惶中，態度猶極蠻頑，力言自奉令來華，此次判處死刑，心實不甘等語，三時二十分庭諭執行，即由大批軍警分乘汽車數輛押赴雲龍山刑場，是時門外觀者如堵，交通爲之斷絕，當兩犯綁出時，群衆自動報以熱烈掌聲，沿街成千成萬觀衆，較上次處決古性與三郎時猶有過之，軍樂在前引導，車時行時止，直至四時十分始抵刑場，兩犯跪定後，乃於觀衆掌聲中先後飲彈畢命。

（又訊）以殘害我國抗戰志士爲目的之前徐州日本憲兵大隊大隊長膳英雄，及其職務科長中屋義春，到徐任職計年餘，在此三年中，先後被其殘殺之我國抗戰志士，不可勝計，惟其中最殘忍之行爲，莫過於前山東湖田總局局長陳建勳及科長黃濟傑，被其捕獲所受之慘刑爲最甚，日寇投降後，該膳英雄及中屋義春兩殺人魔王，業經我當局扣押訊查，當經前山東湖田總局局長陳建勳（現任江蘇九區專署參議）向徐州綏署戰犯法庭予以檢舉，并令黃濟傑之子翼雲到庭指証，經多次審訊，判決對該兩犯處以極刑，并於昨日在本市雲龍山執行，當時觀者無不稱快，茲據陳氏將本案經過告知記者如下。

虐待俘虜事實經過

[illegible]

員周同，參加抗戰，自二十九年任山東湖田總局局長，至三十三年十月以在山東省滕魚邊境，受共匪壓迫，不能立足，遂率其科長黃濟傑偕赴阜陽（當時山東省政府所在地）述職行經徐州時，突被徐州憲兵隊[illegible]隊長[illegible]偵[illegible]，[illegible]別在兩處被捕，解[illegible]州憲兵隊羈押，[illegible]七十餘日，疊經膳英[illegible]英雄及職務科長中屋義春等施用各種苦刑，諸如木棒擊頭，狗咬，灌涼水汽油，過電等等慘無人道之刑法，陳氏始終未予承認，惟其科長黃濟傑，當時經陳氏目擊之下，被日寇實施絕[illegible]方法，立即致死，似此慘絕人寰之殘暴行爲，實爲古今中外所未有，陳氏於脫險後，遂轉赴阜陽，直迄勝利後，於回魯復員途中，道經徐州，轉任江蘇九區專署參議，因而偵知該日寇膳英雄等尚在羈押，追念殉難同志志切復仇，遂向徐州綏靖公署審理戰犯軍事法庭提起訴告，終得伸雪沉冤，此不僅爲陳氏私人之幸，實可告慰我抗戰被害烈士於地下也。

日戰犯徐州之虎

在徐鎗決

戰時爪牙密佈徐海魯豫
千萬人至今日始洩忿火

【本報徐州通訊】十五日下午兩點鐘，接到同業電話，說是綏署審判戰犯軍事法庭，定於三點鐘要鎗決兩個戰犯，要我在半小時以內趕往參觀。因爲這是徐州頭號戰犯第一次判處死刑的，雖然在九月二十一日會鎗決了一個古性與三郎，那是合肥的警備隊長，在徐州作惡而處死的戰犯這還是首次。

提起兩魔王 徐人有餘悸

記者準時的趕到戰犯軍事法庭，承顧樸先軍法官詳細叙說辦理這個案件的經過情形，他首先說：今天被執行鎗決的是兩個，一個是膳英雄，他是徐州，日本憲兵隊大佐隊長，男性，日已是五十三歲的人，住在日本愛媛縣；另一個是中屋義春，會做徐州日憲兵隊裏的中尉，戰務科長，男性，四十四歲，住在日本高知縣。

說起這兩個人，到今天徐州人士，沒有不談虎色變的，他們在徐州不知作了多少惡，殺了多少人？他們控據要衝，佈屬各地，對於我們淪陷區的部隊及地下工作人員的淸除和搜捕，眞是備極兇殘，筆難描述，膳英雄過去的轄區西至開封，北到臨城，東達海州，南及淮陰。他下面有二十一個單位有五百多名的殺人日本憲兵，那時眞是煊耀一時的『徐州之虎』。他還是日本士官的畢業生，至於中屋義春這個戰務科長，他是助桀爲虐，爲虎添翼，無所不爲，無惡不作的人。

湖田局科長 活生生剝皮

據說他們兩個這次被判死刑的緣因是這樣：在三十三年七月間，有山東湖田總局科長黃濬傑，因爲所在滕魚地區，陷於共軍，乃隨同該局局長陳建勳，輾轉逃避徐州，預備到安徽阜陽，依附山東省府。豈知因帶有印信公文，在同年十月十三日爲日憲兵查獲，於是被羈押在大同街的拘留所，在同月十八日經中屋義春再度審訊，非刑逼供，雖歷經灌水、過電、但黃科長始終不承認是公務員，於是羞醜忿極，竟然將黃濬傑活生生的剝皮，當場慘死。直到去年日寇投降，始經黃之子翼雲和陳建勳的指認控訴審訊確鑿後，呈報國防部轉奉蔣主席批准，才在今天下午三時執行。由此可知道我們要鎗決一個戰犯，是愼重又愼重，確實又確實的了。

宣佈執行令 至死猶倔强

二點四十分

審判戰犯軍事法庭的屋裏屋外，都擠滿了觀衆，徐州市民他們不是來看熱鬧的，他們實在對這兩隻虎恨之刺骨了。他們總覺得有今天，庶可稍稍平抑他們心胸的忿火。一會兒，一輛卡車運來了兩個囚徒，拘押到法庭上，法官問明姓名、年齡、籍貫以後，很莊重嚴肅的宣佈了執行的命令，並分別訊問他倆還有什麼遺言和托辦的事，豈知膳英猶倔强，曉曉不休，說他沒有錯，對於這項判決，表示遺憾，從那瘦削的面孔上，充份的透露出他們『至死不悟』的頑固。中屋義春也認爲是受冤而死，這軍國主義下薰陶的人們，眞是無法把他們洗滌的了。

結束了審訊，把他們重行押上卡車，那中正路上圍觀的千萬人們，都報之以熱烈的鼓掌，和叫喚，他們將恨，將怒，將忿一齊溶匯在一起，而形成這個偉大的場面。

警戒部隊車先導，囚車次之，我們的車隨行最後，這時又有了幾輛外賓的吉普車，連路旁觀衆，早已把中正路擠得水洩不通了，車行甚慢，到達雲龍山麓刑場的時候，已是三點半鐘。

虎隨鎗聲倒 千萬人稱快

刑場的四周那成千成萬的觀衆，每個都在靜候着最後的消息，每個都在注視着那兩隻吃人不吐骨的老虎。一聲鎗聲、膳英雄應聲而倒，接着中屋義春也伏下了，先後兩人被擊十三鎗，無一個不鼓掌稱快可見得除害除惡是人同心此的了。

初冬的雲龍山麓，照曬着西下的夕陽，本來是多美麗的北方原野，只可惜被這兩滴汚血所汚了，記者深深地惋惜。

歸來時訪問指認證人陳建勳先生（現任九區專署參議）他覺得膳英雄等的處死，當可以稍稍安慰地下被殘害的先烈於萬一的。（周決泉十五日，）

徐州鎗決日戰犯（上）押赴刑場途中（下）伏法後的遺骸

徐州綏靖公署審判戰犯軍事法庭公告

法戰檢字第四四四號

查戰犯野村治久於民國二十年來華歷駐漢口南京武昌揚州徐州等地充任該憲兵兵長伍長軍曹等職現經解送到庭仰原告發人即日來庭填具罪行調查表結以便進行偵訊至其他被害人或其家屬以及各界人士如知其罪行亦希列舉事實及可供調查之證據逕向本庭舉發以憑核辦

中華民國三十五年十二月六日

兼庭長 陳珊

戰犯松本芳雄昨日執行槍決

（徐州）

（本報訊）日本戰犯松本芳雄，於昨日下午三時由綏署軍事特別法庭提出，綁赴雲龍山西刑場執行槍決，此為本市槍決戰犯第三次，沿途觀衆人山人海，幾使刑車無法前駛。據軍事特別法庭佈告稱：松本芳雄參與侵略戰爭，民國二十八年任徐州日憲兵隊兵長曹長等職，派駐雲山一帶，連施暴行，殘害無辜民衆三十一年七月一日先後拘捕當地居民黃志忠張家恩張海峰段廣勳武廣禮等五人，非刑審訊，殘酷凌虐，後解徐州，迄今生死不明，事實昭著，罪證確鑿，十一月二十八日經綏署軍事特別法庭判處死刑云。

徐州綏署第三次

鎗決日戰犯

日憲兵曹長松本芳雄

曾殘害黃志忠等五人

（本報徐州通訊）二十六日下午三時，雨後初霽，顧樸先軍法官電話通知，綏署軍事法庭第三次執行鎗決日戰犯松本芳雄。

松本芳雄，這傢伙，三十歲的人，一看就知，他是個日本人，他生在日本島根縣，在民國二十八年隨軍來華，在北平憲兵教習隊畢業後，就充當憲兵。到三十年八月來到徐州任憲兵隊長，倚勢殘害我地下工作人員有功，擢升為曹長，派入碭山分遣隊工作，偵悉當地居民黃志忠、張海嶠、段廣勛、張永恩、武廣禮等五人，為我地方政府情報人員，乃與班長山崎，伍長平田等在三十一年七月一日（廢曆六月初一）侵晨，在不到五小時內，先後將其拘捕，連續地施以刀刺，烟頭烙燙，坐水缸等種種無人道的酷刑。黃志忠等在碭山被拘禁十六天，因為受刑過度，已奄奄一息，後來又被松本等親解到徐州，從此這五位同胞生死不明，直到而今。

據說松本芳雄是在綏署日俘名單發表以後，經被害人黃志忠的妻子黃周氏，在幾百日俘中指認出來的，尤其可氣而又可笑的，在審訊松本之初，死者黃志忠之父，老漢龍鍾，在庭上作證，說出松本芳雄會講一口中國話，要他憑良心的據實供認，那時的松本容態畢露，也只有矢口否認，『我沒有，我沒有……』。

今天在執行前到軍法庭上，法官問他有無遺囑，他還要至死不悟的嘮叨一番，說什麼『是山崎班長做的』。

綁赴刑場的途中，沿途觀衆人山人海，迫到雲龍山麓的公共體育場上，松本芳雄應着鎗聲伏地，結束了他作惡的一生。讓千萬人們來認識這可惡的遺骸！（二十六日、泱泉）35、12、30、

松本芳雄綁赴刑場執行鎗決

朝鮮戰犯庚茂松 昨日執行槍決

在徐充敵翻譯仗勢害人

號稱徐州活閻王

（本報訊）號稱徐州活閻王之戰犯朝鮮人庾茂松（即于茂松），昨日下午三時，由徐州綏署戰犯軍事法庭奉令綁赴雲龍山刑場執行槍決，沿街觀者如堵，叫好之聲不絕。茲將庾茂松犯罪事實誌後，庾茂松係朝鮮人，能操流利華語，日本發動侵華戰爭後，即應征入伍，於民國三十年來徐州，任日本憲兵分隊翻譯，倚仗敵勢，對當時淪區人民，迭施暴行，受其毒害者，有徐州教會創辦‧昕昕中學校長張君九，於民國三十二年十月十二日，無故為徐州日本憲兵隊所拘捕，因堅不承認，有暗通盟邦情形，庾茂松遂狐假虎威，動用酷刑，計第一次以木棍猛擊其頭，致張君當即昏去，第二次於同年十二月八日，剝其衣服，以冷水澆身，又未足，復將其置於冰桶內，幾致凍斃，過後並不給進食，凡七天之久，又於民國三十二年九月十六日，有徐州商民陳兆生，因被誣為游擊隊，為徐州日本憲兵分隊拘押，交庾茂松訊問，以陳兆生矢口否認其事，乃施極殘凶暴，計第一次用煙頭火燙其膚，致痛極倒地，復以皮鞋猛踢其頭，繼則又將其置於冰桶內，上蓋釘刺木板，致陳兆生當時昏厥，不省人事，第二次訊問時，又用大木棍痛擊二百棍，並用冷水澆其裸身，第三次又逼其赤身露體在雪中跑步，並禁其進食數天，又於同月同日，有徐州商民王雲耕，暨子福存，亦無故為日本憲兵隊拘押，交由庾茂松訊問，又施慘酷體刑，計第一次用火燙及棍擊，第二次又用竹棍毆擊，第三次以涼水灌入其鼻孔，致王福存受傷甚重，釋出未久，因此死亡，迨徐州綏署戰犯軍事法庭成立，由各該被害人等分別告訴，由該庭軍法檢察官偵查起訴，經判處死刑。

戰犯石松熊雄等 法庭定期審理

酷刑勒索終會自食惡果

（本報訊）徐州綏靖公署審判戰犯軍事法庭，定於本月二十五日上午九時，公審戰犯石松熊雄，小林正成，宮崎留吉等，連續對非軍人施以酷刑及勒索財物一案，被告石松熊雄，原係徐州日本憲兵分隊少佐分隊長，小林正成係該隊伍長，宮崎留吉係該隊兵長，均由被害人

檢舉扣押，茲將被告起訴書誌后：被告等民國三十五年偵字第十五，十二，二十一號戰犯案件，業經偵查終結，認爲應行提起公訴，茲將被告犯罪事實及證據幷所犯法條開列如後，被告石松熊雄，曾畢業於日本東京陸軍憲兵及千葉陸軍步兵學校，民國二十六年（即昭和十二年）間來華，對於侵略吾國戰爭，如上海，武昌，海南島，歙縣等處，無役不與，歷任漢口，九江，徐州憲兵分隊長，幷警務課長，任稱堪稱職業軍人，民國三十四年五月間，轉任徐州憲兵分隊長，適斯年七月二十二日，有江蘇省第九區專員公署無綫電台長戴振鵬，該署參議姜文卿者，因與沛縣縣長南取連絡，途經徐州車站，經該犯飭屬如宮崎留吉，小林正成等查獲，施以酷刑，灌注涼水，逼令承招爲馮子明東員部下，特務工作人員，旋經胡幼如等具保，幷繳給手搖機等物，延至同年八月十五日，始將戴振鵬釋回，但迄今傷害尚未痊癒，又於同年七月五日該犯等至本市東站王繼彬文具店內，拘捕趙增耀，逼令承招爲豐縣縣黨部書記長，慘施水，木，烙三種刑具，死而復甦者數次，直至投降，防衛疏虞，方得脫險，幷被

勒索黑頭火柴五箱，偽幣二千萬元，白洋布四疋，而王纖彬店內物品，全部沒收，并索去偽鈔一千七百萬元，總計約值一萬萬元，又石松熊雄，於民國三十四年五月二十日，飭部屬在逃山崎林常夫，并翻譯李某，帶領便衣二十餘人，將孟昭前之老母孟氏，帶隊嚴刑拷打，灌以涼水，當被起獲十五瓦無線電台及手搖機一架，拘禁兩月餘，始獲生還，本庭奉令成立，迭據被害人戴振鵬等先後分別據具甲乙罪行表訴追，經偵查屬實，查被害人戴振鵬姜文卿，或因病赴滬治療，或因任職遠方，雖未能如期到庭指訴，但審核其所具訴狀，與保人胡幼如，姜郁周分別指證，石松熊雄指令小林正成等勒索無線電台，以及一切營救具保情事，均無差異，證以已正法之徐州憲兵隊大隊長膝本雄，戰務科長中屋義春在徐之犯切罪行（參照民國三十五年偵字第十四號并三十五年戰字第二號卷宗），要難謂戴振鵬等所訴爲非眞實，况據被害人蕭增耀，歷述當時慘遭酷刑，如在目前，並指認二次刑訊石松熊雄爲實施正犯，而其全身所受重傷，尤以宮崎留吉加害爲最烈，已據當庭指認不諱，乃該犯等狡謂從未聞有其事，即共同被告小林正成，亦祇諉謂這件案，係戰務班長松林裂朝松所爲，他已回國，并未云無此事，乃竟根本推翻，諱莫如深，須知欲蓋彌彰，事證俱在，安容空言狡卸，應認前開犯罪事實確無疑問，又縱令部屬在逃山崎林常夫等，拘捕六十餘歲之老嫗孟張氏，與以不人道之待遇，施用酷刑，並勒索電台等情，迭據被害人孟昭前，孟張氏指攻歷歷，既在該石松熊雄任職期內，自自未便任其空言狡賴，核其行爲，實犯戰爭罪犯審判條例第二條第二款之罪，面有第三條第十六款第十九款第三十六款之暴行，惟審核石松熊雄連續侵害戴振鵬等法益雖有數個，究係單一之意思活動，反覆而爲數行爲侵害同一之法益，應依刑法第五十六條規定，加重其刑處斷，但以一罪論，復按本案被害人戴振鵬，蕭增耀等，縱即從事電台或黨務工作，究非敵對軍人，石松熊雄身爲隊長執行職務，應如何遵守紀律，識正立場，乃竟連續拘捕非軍人，施以酷刑，并勒索財物，徵諸國際公法及慣例，實屬不法已極，并請依同條例第十一條處以極刑，以昭炯戒，至被告宮崎留吉，小林正成職位較卑，處於被動地位，應請衡情酌處，令依同條例第一條第二十六條，刑事訴訟法第二百三十條第一項提起公訴。

軍法檢察官　沈治邦

3

中信局敵產處駐徐專員辦事處

文別	送達機關	類別	附件	事由
代電	總處		如文	為徐州空軍基地指揮部電送接收日俘服裝清冊，經本處前往接收該事，報請鑒備由

簡派專員 [illegible]

秘書 [illegible]

專員 [illegible]

股長 三卅八

股員 [illegible]

辦事員 [illegible]

中華民國 卅七 年

到股	擬稿	判行	繕寫	校對	印發	歸檔
月 日	三月廿八日	月 日	三月廿八日	三月廿八日	月 日	四月一日

發文 清字第 454 號

檔案 清字第 177 號

以事屬濟偽物資

代電

中央信託局蘇浙皖區敵偽產業清理處兼處長吳釗鑒：案准徐州空軍基地指揮部本年二月十日經丁徐字第〇〇二號函開「附錄原文」等由，當經派員前往抽册接收黄皮鞋等計十二項，又册外剩餘物資計蚊帳等三十五項，並經由該部交由本處接收在案。茲册內物資業經編造正式交接清册，並簽會印手續。其屬於册外剩餘物資部份，以該部未奉到交卸公函，未簽會印，致正式交接手續未簽，並由本處理合檢附正式交接清册及册外剩餘物資清册各乙份，報請鑒備。職李〇〇寅陷徐唐叩印附呈清册計式份

4

空軍總司令部徐州空軍基地指揮部送交接收日俘被服清冊

5

徐州空軍基地指揮部送交接收日俘被服清冊

品名	單位	數量
黄皮鞋	雙	六四八六
膠底鞋	〃	七八七
夾單衣	件	八七〇
夾單褲	〃	二七六
單單衣	〃	七九七
〃〃褲	〃	一六六九
雜囊	個	三八
便鞋	雙	一〇
鉄帽	頂	四八
夏襯衣	件	一六三六
〃〃褲	〃	一三六九
士兵短單褲	〃	一〇七

綁腿	付	三六五六
冬襯衣	件	一六五0
〃褲	〃	七八八
大兵呢大衣	〃	三八八
日軍便帽	頂	六八六
白上衣	件	一00
白下衣	〃	八八
工作衣褲	〃	七七
水壺	個	三四六
呢單衣	件	三00
〃〃褲	〃	四00
破工作衣	〃	一四0
棉工作褲	〃	六八
棉大衣	〃	一九

6

蒙布草帽	顶	六六〇	
長筒棉靴	双	一九七	
短筒靴	双	四六	
護腿	付	四八	
防寒手套	〃	一九六	
草帽	顶	六九四	
蚊帐	個	三〇四	
白布棉垫被	條	一五	
枕套	個	一五〇	
草褥垫	〃	六〇	因其草發霉已將乱草丢掉僅餘外皮 60个
枕頭	〃	三〇	
短皮鞋	双	一〇	
翻領外夾衣	件	三四	
大兵冬服	〃	二四八	

士兵冬褲	件	二四六
偽裝網	個	一〇〇
風鏡	〃	一〇〇
夏衣褲	套	一四六
縫紉機	架	六
縫紉小元機	個	六
大劃皮刀	把	四
剪刀	〃	六
拔針鉗	〃	六
熨斗	個	一
量頭尺	〃	一
針箱	〃	六
曲尺	〃	一
皮鞋機	〃	一

7

泡皮鉄合	装釘盒	小割皮刀	釘鏝	皮鉄	鉄衝	量脚器	鉄釘拐	拔釘鉗	雨衣	戰帽	飯盒
個	〃	把	〃	個	〃	〃	〃	〃	件	頂	個
[illegible]	[illegible]	[illegible]	六	四	[illegible]	[illegible]	九	[illegible]	五百	八	一六〇

8

移交人空軍某地指揮部

指揮官 朱偉民

軍需長 彭祖惠

接收人中信局敵產清理處派駐株州專員辦事處

專 員 李志遠

經手人 王積貴

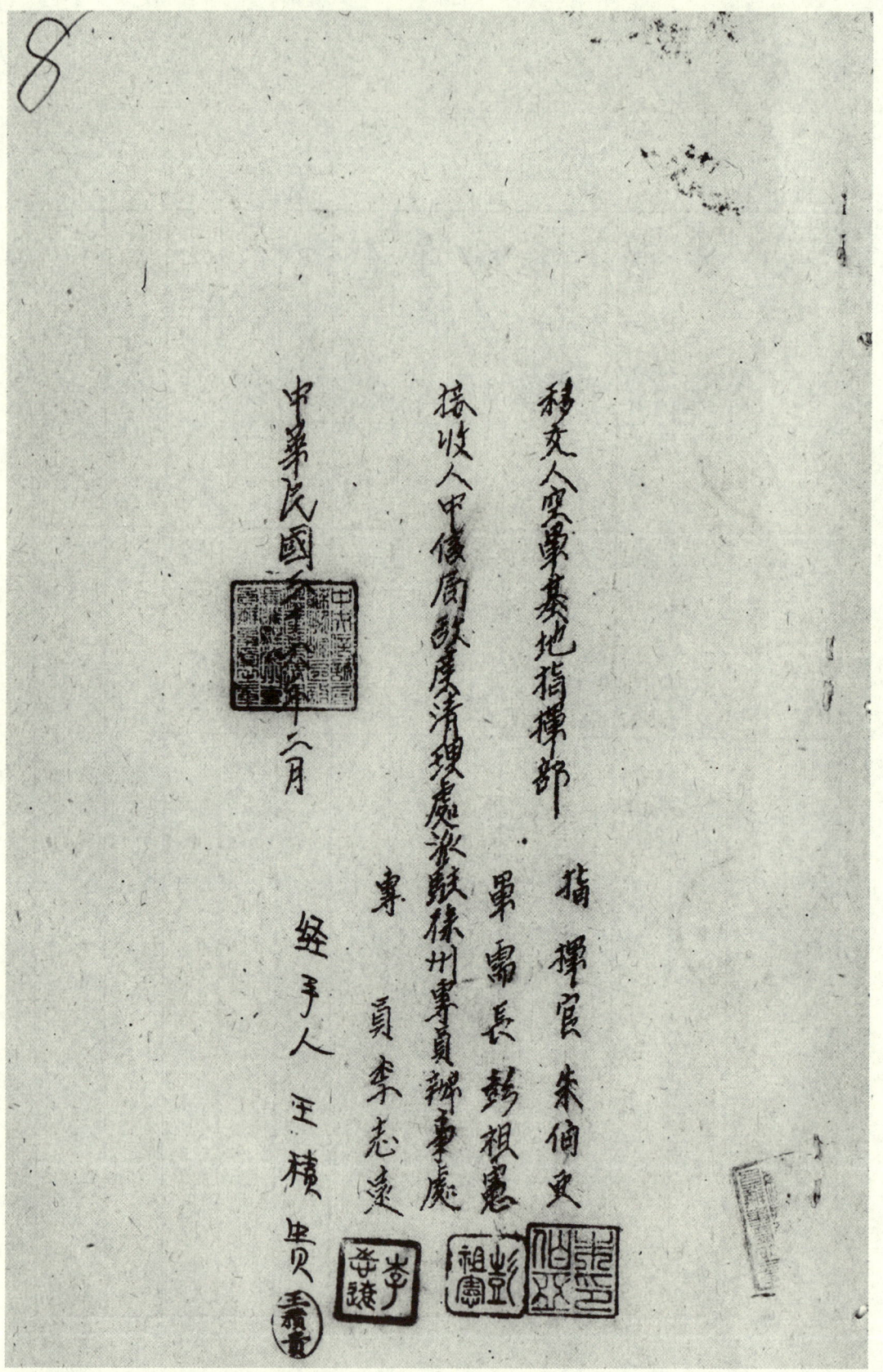

中華民國三十五年六月

徐州空軍基地指揮部移交冊外剩餘日俘被服清冊

10

徐州空軍基地指揮部移交冊外剩餘日俘被服清冊

品名	單位	數量	備考
夾軍褲	件	三0	
夾軍衣	件	三0	
白草墊	個	六	
白布單	個	七	
枕頭	個	五	
黃皮鞋	雙	三六	
軍毯	件	三八	破
蚊帳	個	五	
被子	件	三四	
膠底鞋	雙	四0	
蚊帳	個	二三	
航空袜	雙	一九	
便鞋	雙	三	

泥手套	付	六八
水壺	個	六七
綁腿	付	六六〇
枕頭	個	九
呢軍服	件	六〇
防蚊面罩	個	四五
呢大衣	件	九一
雨衣	件	八〇
單軍褲	件	六七
呢軍褲	件	五六
白下褲	件	六一四
白上衣	件	三六
紙雨衣	件	五〇
風鏡	個	六八
布鋼盔	頂	五

11

戦帽	頂	二八
布手套	付	一八
单軍服	件	一〇〇
長筒靴	双	三八
襪囊	個	九八
草帽	頂	三八
翻皮鞋	双	八

35

清管

事由：為電送接收日俘服裝請點收給據由

擬辦：查冊列各物雖不適用，然均屬軍用品，應予存倉庫負責核冊點收，並另繕正式收據，該冊八份辦理手續，各執一份外，請示核。

決定辦法：

附件：清冊

徐州空軍基地指揮部

文別：代電

徐丁徐字第　號

中華民國三十六年二月十　日

徐州敵偽產業處理局公鑒：案奉空軍總司令部按給需字叢二一六二九代電節開：「查各地區接收敵偽服裝，亟應澈底清理，按規定辦法如次：其不能利用者，着一律交送當地敵偽產業處理局處理，并取得收據」等因。查本部接收日俘服裝業經清理就緒，應送貴局處理部份，相應繕造本部接收日俘服服清冊，隨同現品一並電請查照點收給據，俾便報銷，至紉公誼。徐州空軍

收文 清118

收文第379號 36年2月12日9時

基地指揮部丑(灰)経丁[illegible]清册一份(現品如册)

36

度軍總司令部徐州度軍基地補給部送交接收清冊

徐州日軍基地指揮部送交接收日俘被服清冊

品名	單位	數量
黃皮鞋	雙	一四八八
膠底鞋	〃	七八七
夾軍衣	件	八七〇
〃〃褲	〃	二七八
單軍衣	〃	七九七
〃〃褲	〃	一三六九
雜囊	個	三八
便鞋	雙	一〇
鉄帽	頂	四八
夏襯衣	件	一六三六
〃〃褲	〃	一三六九
士兵類單褲	〃	一〇七

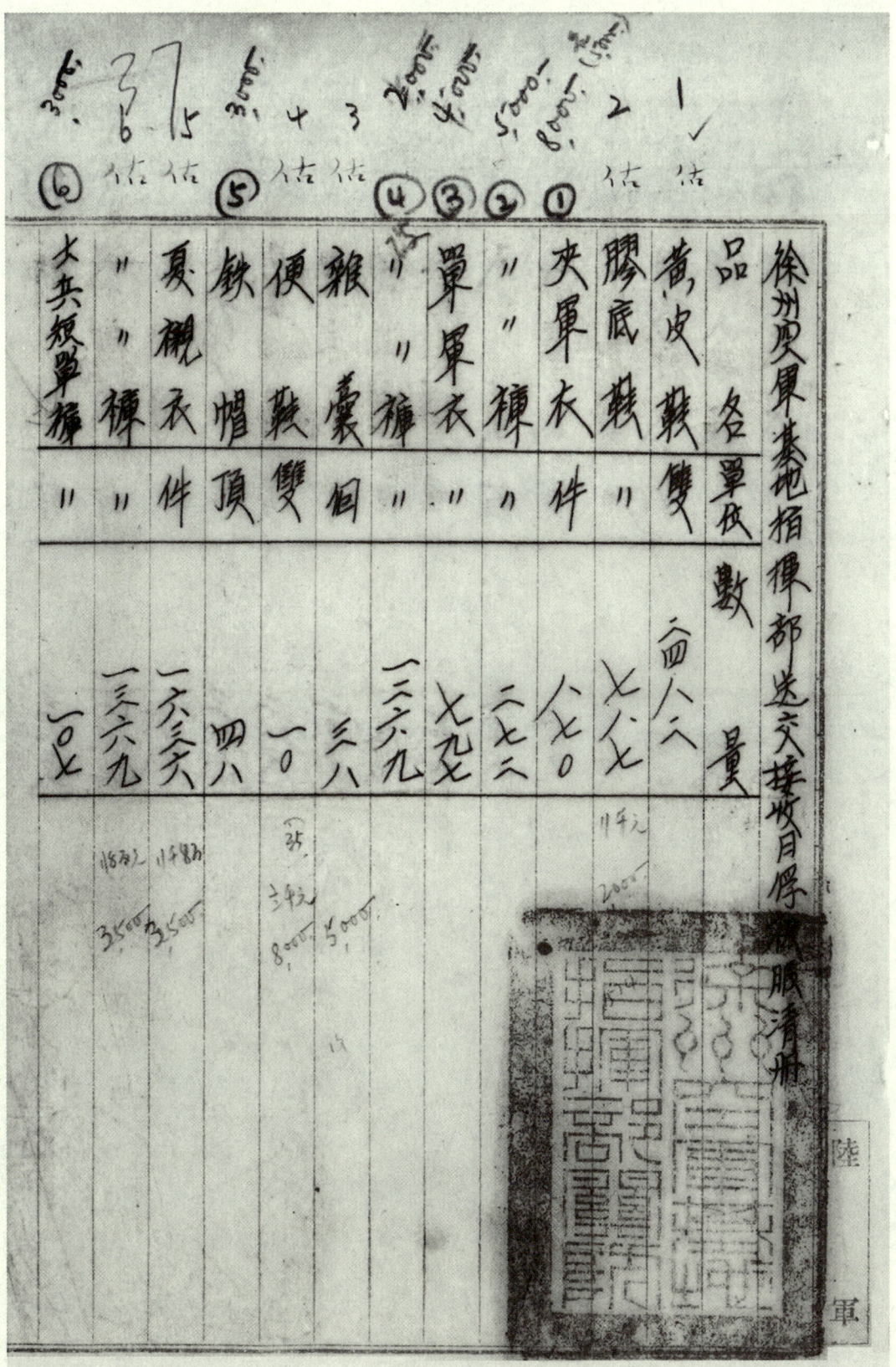

陸軍

24000　8000　12000　1000　請求依照 20000　1500

⑦	綁腿	付	三六五	
佔 7	冬襯衣	件	一三五〇	1183 4500
佔 8	〃〃褲	〃	七六八	1183 4500
⑧	士兵呢大衣	〃	三六八	
⑨	日軍便帽	頂	二六八	
佔 9	白上衣	件	一〇〇	1183 4500
佔 10	白下褲	〃	六八	1183 4500
佔 11	工作衣褲	〃	七七	25,000
⑩	水壺	個	三四八	
⑪	呢單衣	件	三〇〇	
⑫	〃〃褲	〃	四〇〇	
佔 12	破工作衣	〃	一四〇	1万元 18,000
佔 13	棉工作褲	〃	全部 六六八	公拆 7万元 70,000
⑬	棉大衣	〃	一九	

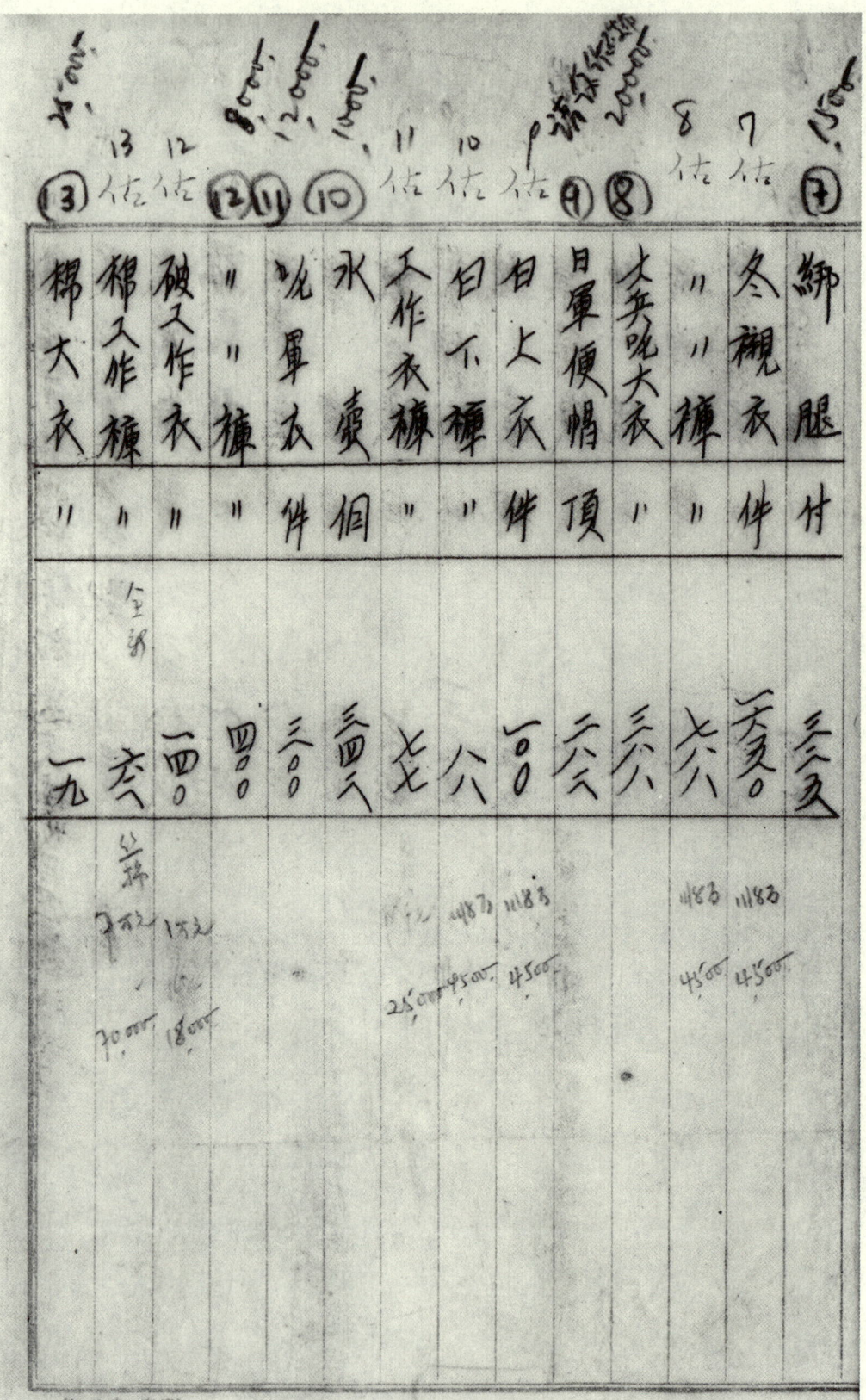

38

24 23 22 21 20 19 18 17 16 15 14

(16) 佔 佔 佔 佔 佔 佔 佔 佔 佔 (15) 佔 佔 (14)

品名	單位	數量	備考
棉布草帽	頂	二八〇	
長筒棉靴	雙	一九七	
短筒靴	〃	四六	
護腿	付	四八	
防寒手套	〃	一九六	
草帽	頂	二九四	
蚊帳	個	二六四	
白布棉墊被	條	一五八	
枕套	個	三六〇	
草褥墊	〃	六〇	因臭草發霉已摒乱草存褥僅餘需更留
枕頭	〃	三六〇	
短皮鞋	雙	一〇	
翻领外短衣	件	三六四	
大兵冬服	〃	二四八	

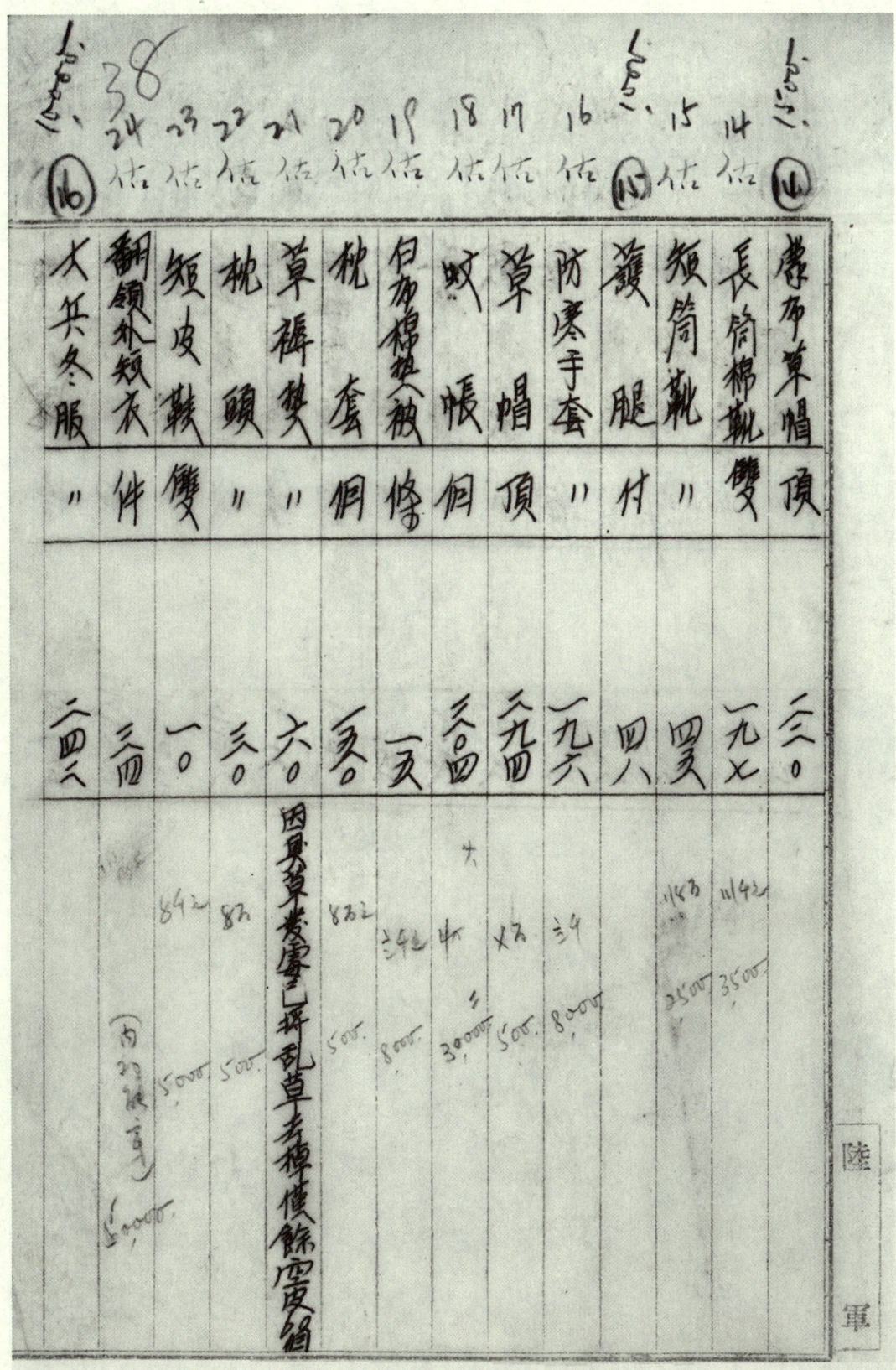

陸軍

編號	品名	單位	數量
⑰	大兵冬褲	件	二四一
⑱	偽裝網	個	一〇〇
⑲	風鏡	〃	一〇〇
估 25	夏衣褲	套	一四一
估 26a	縫紉机	架	二
估 27	縫紉小元機	個	六
估 28	大剪衣刀	把	四
估 29	剪刀	〃	二
估 30	拔釘鉗	〃	二
估 31	熨斗	個	一
估 32	量頭尺	〃	一
估 33	針箱	〃	二
估 34	曲尺	〃	一
估 35	皮鞋机	〃	一

1500元，係指 1500元

18元 14元 842

14元 15元 8元 1142 1142 842

1118元 842

1000 1500 800 500 500 800

2500 5000 2000

2000 5000

品名	單位	數量	估價
泡皮鐵合	個	二	
裝衣釘盒	〃	八	8,000
小割皮刀	把	三	
釘鎚	〃	六	2000
皮鐵	個	四	1,000
鐵衡	〃	三	
量脚器	〃	一	2000
鐵釘拐	〃	九	10,000
拔釘鉗	〃	一	8,000
雨衣	件	叁〇	25,000
戰帽	頂	八	

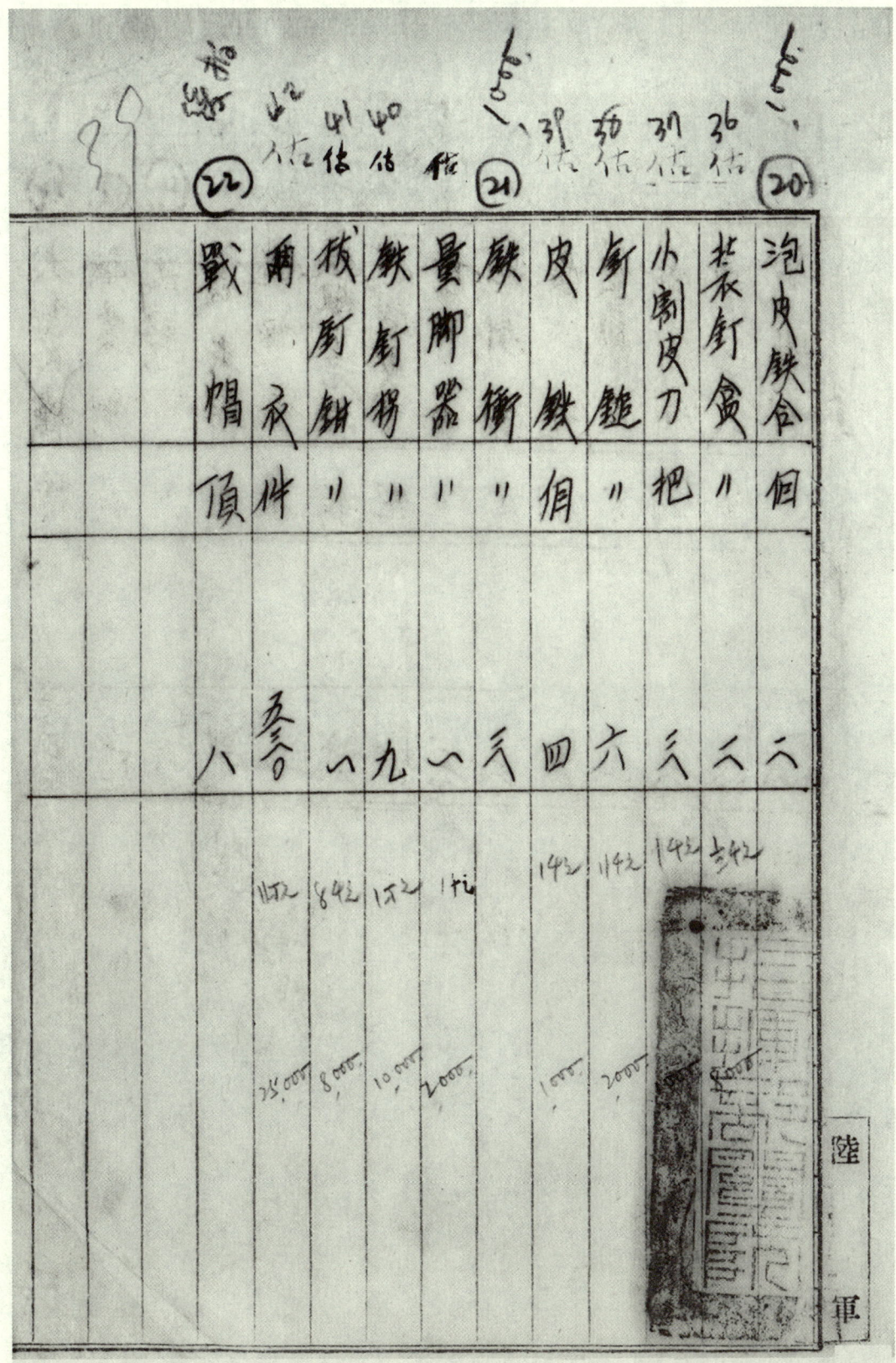

陸軍

14

報告

三十五年二月九日

於本分處

查第十次估價會議提案業經編製竣事除整備司令部移交物資屢經標售迄無受主擬請再行抑低估價以利拍賣外是否可行理合檢件簽請

核示

謹呈

秘書王

專員楊 轉呈

主任李

職張其[illegible]謹簽

可

蘇浙皖區敵僞產業處理局駐蘇辦事處徐州分處

中央信託局蘇浙皖區敵僞產業清理處派駐徐州專員辦事處第十次估價會提案

摘　　要	初步估價	決定價
(1) 本市五大路19號敵部隊駐軍宿舍房屋案（研勤技部十一支部）	333562,99.00	
(2) 本市中樞街僞麥作試驗場房屋案（江蘇麥作試驗場高三分院）	45.330.555.00	
(3) 津浦鎮蔡市街東華里敵軍用倉庫房屋案（七五糧秣庫）	263.881.680.00	
(4) 本市永康路12號敵實信局宿舍房屋案（實信局職員宿舍）	62.581.440.00	
(5) 本市大馬路257號僞煉瓦販賣所房屋案（王溪卿借住）	9.276.288.00	
(6) 本市中山路97號僞淮海省工程局房屋案（救濟總署黃泛區第三工作大隊）	76.294.876.00	
(7) 本市統一街194號僞淮海省工程局房屋案（南嶽部隊保據八院看守所）	24.033.742.00	
(8) 造酒廠傢俱物資（詳表		
(9) 肥皂廠動用原料及價撥泰運少尊案箱板木料		
(10) 寶興麵粉廠敵人播畫機件		
(11) 密古查發張運掏及物資案	4.360.350.00	
(12) 拍賣警備司令部移交日僞物資擬請複估案		
(13) 徐州廣播電台敵僞物資估價	207.990.00	

蘇浙皖區敵偽產業處理局駐蘇辦事處徐州分處　　徐清字第10號

第三聯　提撥証
（處理敵偽產業報告）

本局清算處核簽
下列各項物資或產業業經處理

物資或產業名稱	數量	單位	原屬敵偽機構名稱	估價 單價	估價 金額	實記 數量	實記 單價	實記 金額	處理損益
洋灰	240	袋	[illegible]	[illegible]	1,380,000—				
合計					1,380,000—				

中華民國35年10月18日　主管　秘書　清算股股長　上列價款已於35年10月18日收訖

承受或領撥機關	經濟部[illegible]	原清冊號數		處理經過
接收或保管機關	[illegible]廠	有關文件號數		申請價撥
存放處所及地點	仝上	估價委員會記錄	會次　之　議次　之	

蘇浙皖區敵偽產業處理局駐蘇辦事處[illegible]　　　　[illegible]字第 8 號

第三聯 提接証

（處理敵偽產業報告）

本局清算處核發

下列各項物資或產業業經處理

物資或產業名稱	數量	單位	原屬敵偽機構名稱	作價 單價	作價 金額	實記 數量	實記 單價	實記 金額	處理損益
[illegible]麩皮	3,242	袋	東亞粉廠	1,010.—	3,274,420.—				
合計					$3,274,420.—				

中華民國 35 年 10 月 8 日　　主管……秘書……清算股股長……　　上列價款已於 35 年 10 月 8 日收訖

承受或領接機關	江蘇田賦處	原清冊號數	[illegible]第1号	處理經過
接收或保管機關	仝上	有關文件號數	[illegible]3063	
存放處所及地點	東亞粉廠	估價委員會記錄	會次 2 議次 2	委託標賣

蘇浙皖區敵偽產業處理局[illegible]　　第……字第……11……號

第三聯提撥証
（處理敵偽產業報告）

本局清算處核簽
下列各項物資或產業業經處理

物資或產業名稱	數量	單位	原屬敵偽機構名稱	作價 單價	作價 金額	實記 數量	實記 單價	實記 金額	處理損益
陳[illegible]粉	39	袋	東亞粉廠	2,800.—	109,200.—				
合計					$109,200.—				

中華民國35年10月15日　主管……秘書……清算股股長　上列價款已於35年10月[illegible]日收訖

承受或領撥機關	田糧處	原清冊號數	No.1	處理經過 准函交貨	
接收或保管機關	宏光粉廠	有關文件號數	406—210	委託標售	
存放處所及地點	全上	估價委員會記錄	會次2 議次2		

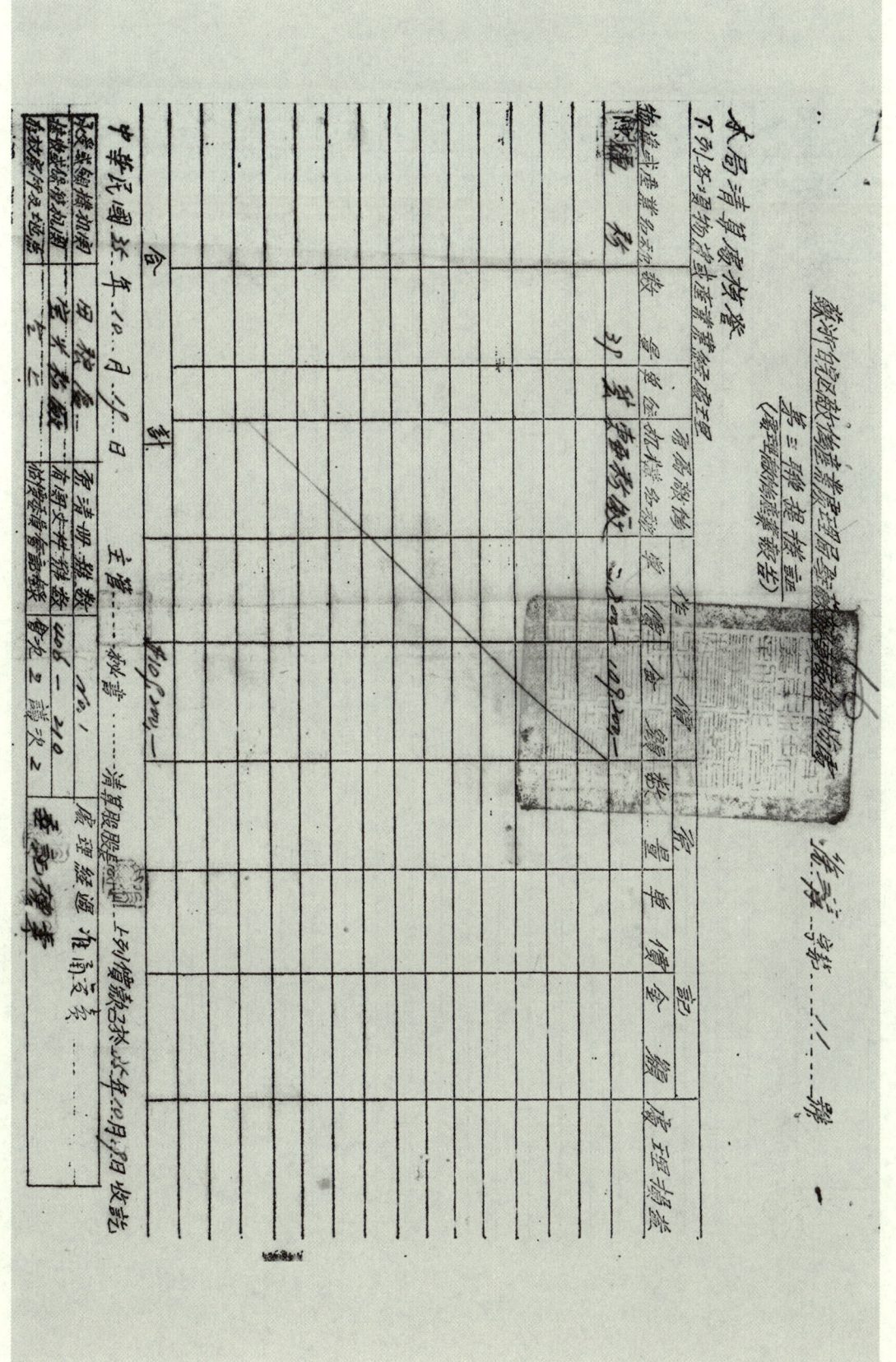

蘇浙皖区敵偽產業處理局駐蘇辦事處徐州分處　　白標清字第13號

37

第三聯 提據証
(處理敵偽產業報告)

本局清算處核營
下列各項物資或產業業經處理

物資或產業名稱	數量	單位	原屬敵偽機構名稱	估價		呈記			處理損益
				單價	金額	數量	單價	金額	
載貨卡車	1	輛	敵產	5,616,000.-	5,616,000.-				
合計					¥5,616,000.-				

副本

中華民國35年11月6日　　主管　　秘書　　清算股股長　　上列價款已於35年11月5日收訖

承受或領撥機關	經濟部	原清冊號數	—	處理經過
接收或保管機關	仝	有關文件號數	—	
存放處所及地點	仝	估價委員會記錄	會次— 議次—	公開標賣

55

航空委員會南京飛機修理廠徐州修理組移交日偽餘存糧秣清冊

航空委員會南京飛機修理廠徐州修理組移交日俘餘存糧秣清冊

品名	單位	數量	重量	備註
小豆	包	四〇	三五九〇市斤	連皮
麦仡	仝	壹四三	九九二七市斤	仝
餅干	箱	弍壹〇		
醬油粉	听	叁六		
乾菜	听	壹壹		
仝	箱	九		
香油	桶	壹	壹九七市斤	
麵粉	袋	壹七〇		

大米	袋	贰〇七	壹九四〇九市斤
加里粉	罐	叁	
包谷粉	袋	壹	
海带	—	—	壹四市斤
盐	包	壹	叁〇市斤

移交人 航空委員會南京飛機修理廠徐州修理組組長 麥念安

接收人 蘇浙皖區敵偽產業處理局駐蘇辦事處徐州分處主任 李志遠

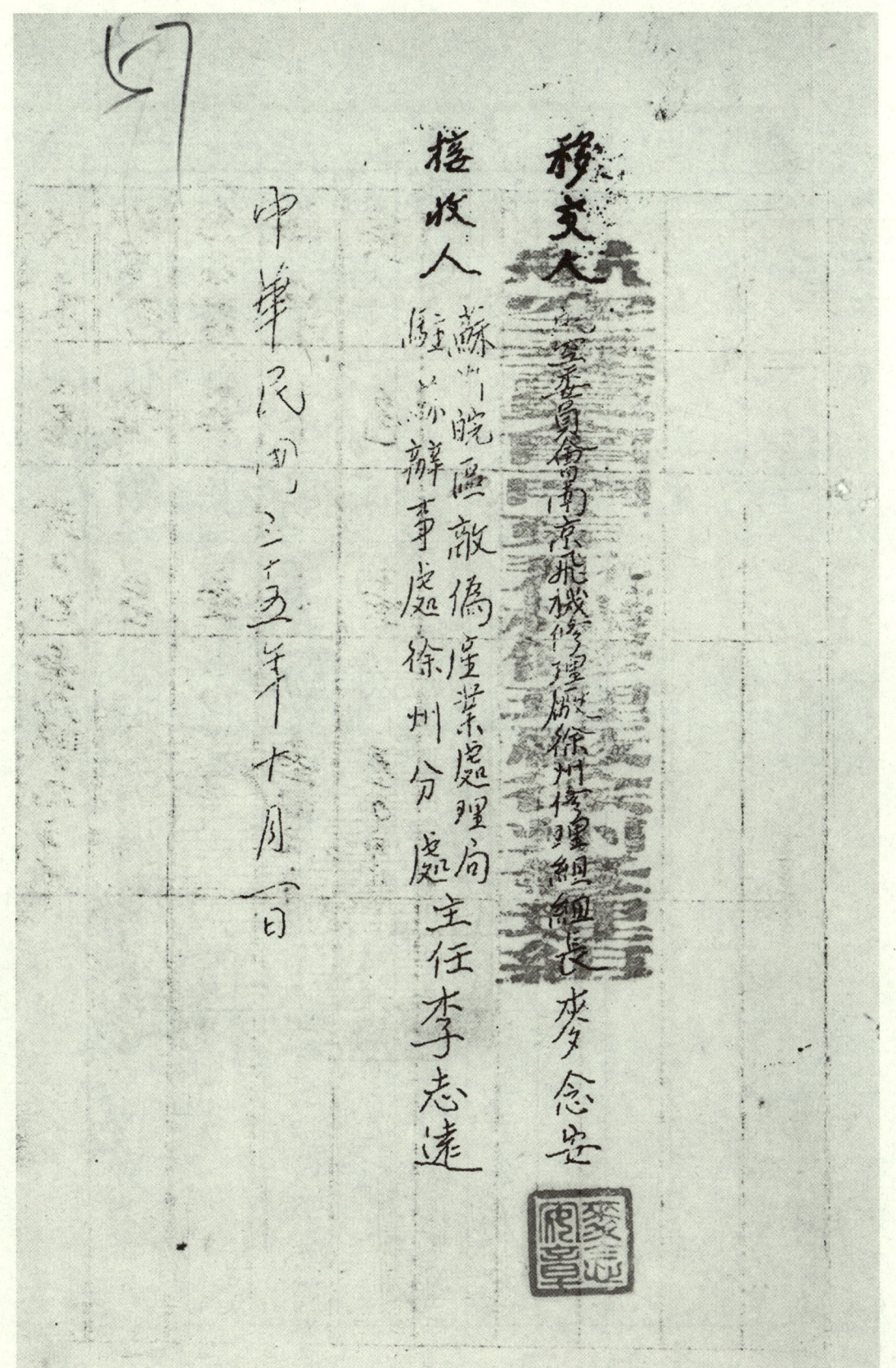

中華民國三十五年十月一日

58

本分處接收徐州飛機場日俘餘糧最低估價表

名稱	數量	估價單位	單價		備註
大米	二〇五包	每市斤	二五,〇〇〇	〇〇	上列各物內部微損
白小豆	四〇包	每斗	一,二〇〇	〇〇	較多必須標出後
麥片	一四〇包	每市斤	五〇	〇〇	得標人負責收之
麵粉	一五八袋	每市斤	五〇	〇〇	負量方能標準
海帶	一〇市斤	每市斤	五〇	〇〇	

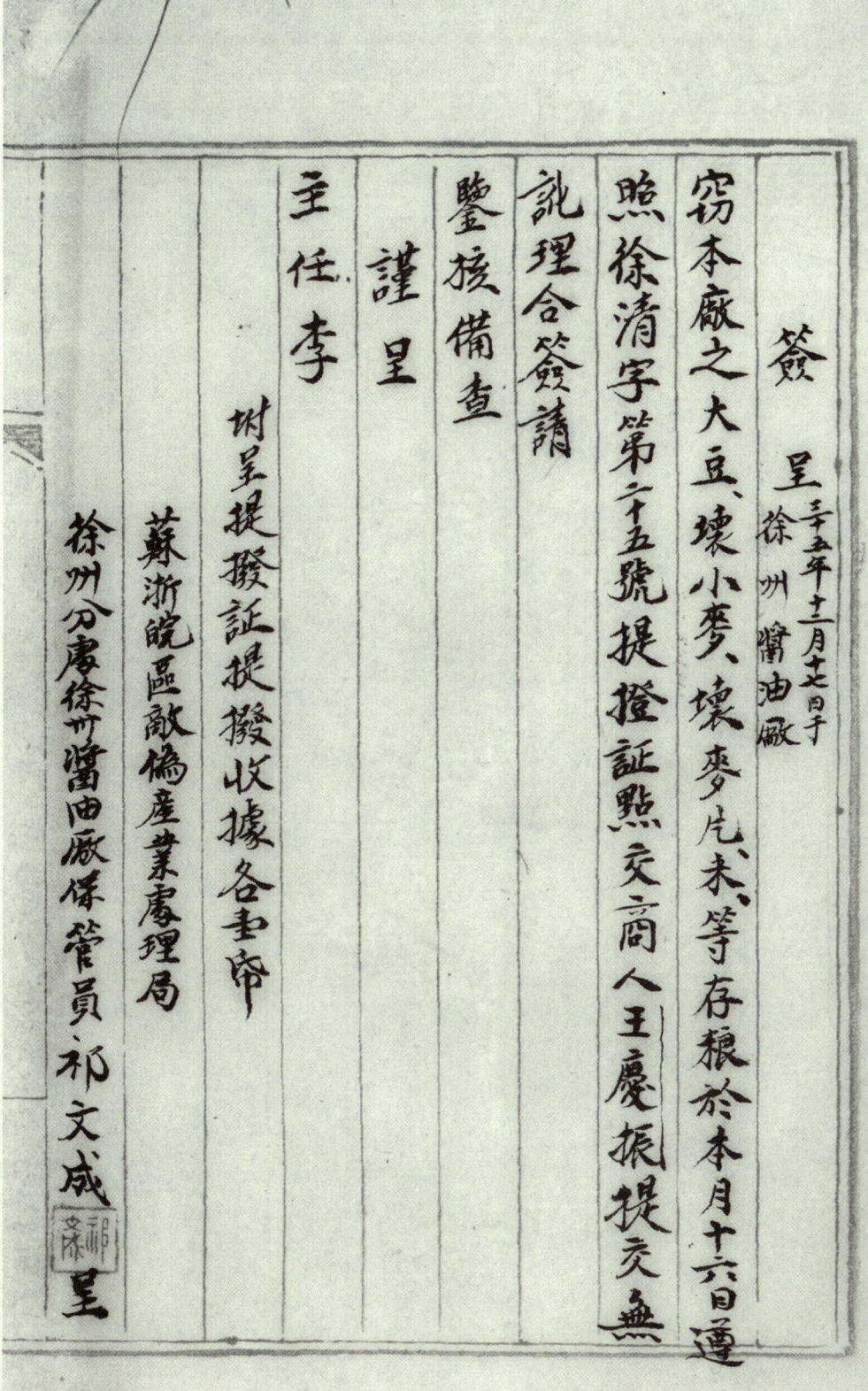

簽　呈　三十五年十二月十七日于徐州醬油廠

竊本廠之大豆、壞小麥、壞麥皮、米、等存粮於本月十六日遵照徐清字第二十五號提撥證點交商人王慶振提交無訛理合簽請

鑒核備查

謹呈

主任李

附呈提撥證提撥收據各壹份

蘇浙皖區敵偽產業處理局

徐州分處徐州醬油廠保管員、祁文、成　呈

徐州晋華圖書文具社監製

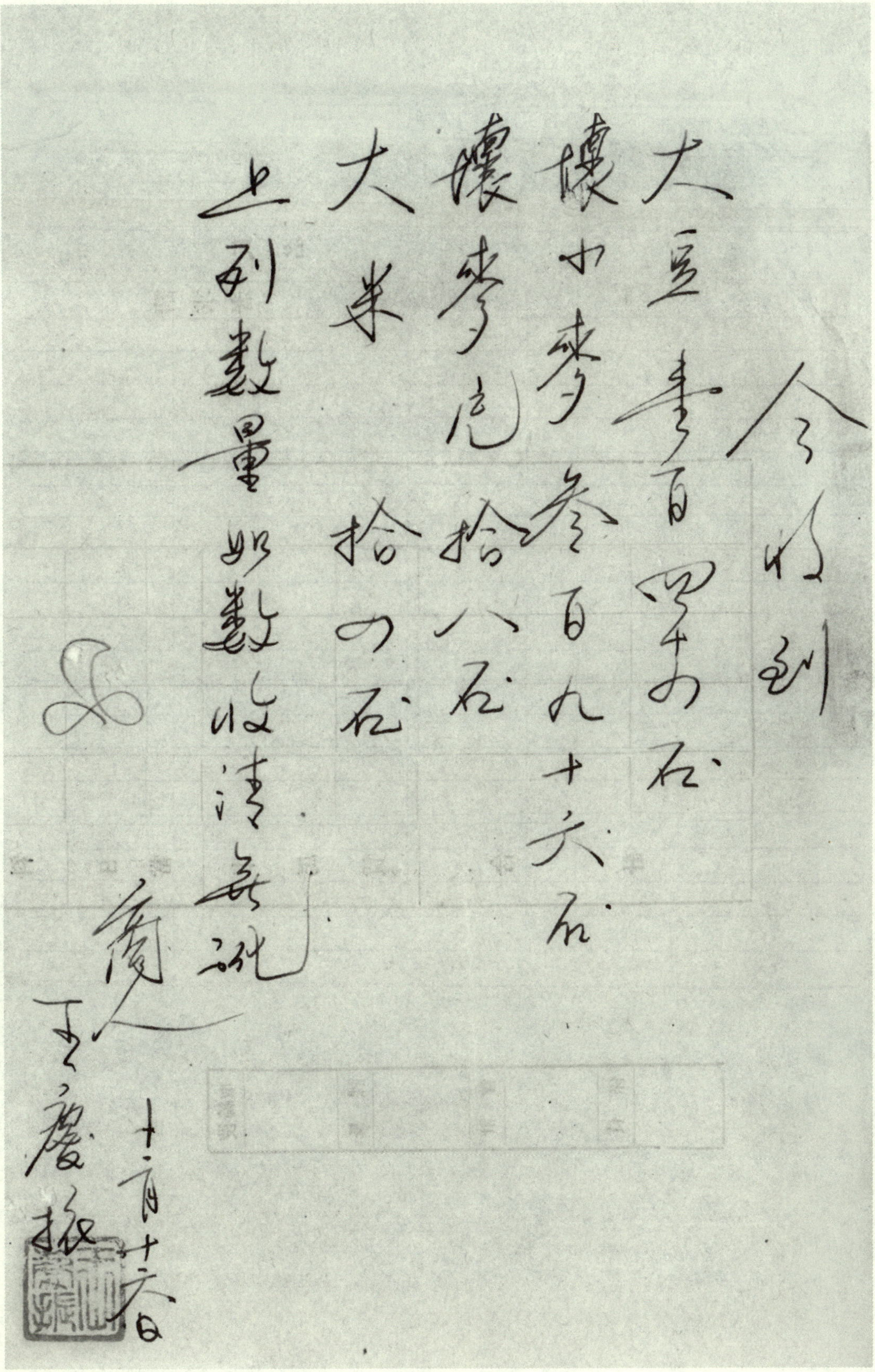
今收到
大豆壹百四十石
壞小麥叁百九十六石
壞麥乙拾八石
大米拾四石
上列數量如數收清無訛
衡
王慶據
十一月十六日

蘇浙皖區敵偽產業處理局[illegible]徐州分處　　徐清字第　乙　號

第一聯提撥證

江蘇[illegible]
徐州清理[illegible]處台鑒

下列各項物資或產業業經本局核准由……陸軍第十九集團軍……向

貴處提撥即希查明核發為荷

物資或產業名稱	數量	單位	原屬敵偽機構名稱	倉或存庫放處所名稱及地點	倉單或其他憑證號碼	備註
霉壞小麥	436	袋	東亞製粉廠	宝興倉庫		[illegible] 12.16市斤 [illegible]陸根

中華民國35年8月12日　　主管　　秘書　　股長

注意：(一)本聯交領撥機關連同正副提撥收據逕向接收或保管機關提撥物資或產業
(二)接收或保管機關將原發物資或產業撥交領撥機關或其人後應將本聯及提撥收據副本寄送本局清算股
(三)本聯僅作通知接收或保管機關撥發物資或產業之用實際提撥數量及名稱仍以領撥機關出給之提撥收據為準
(四)凡與本聯及提撥收據者接收或保管機關絕對不得將接收或保管之物資或產業撥交任何領撥機關或在其本身接收或保管範圍內自行留用
(五)如一張不敷填寫時得另附詳細清單作為本聯之附件

苏浙皖区敌伪产业处理局驻苏办事处徐州分处　　徐清字第　石　号

第三联提货证
（处理敌伪产业报告）

本局清算处核发
下列各项物资或产业业经处理

物资或产业名称	数量	单位	原属敌伪机构名称	作价单价	作价金额	记数量	记单价	记金额	处理摘要
蚕食小麦	436	袋	东亚制粉厂	1,860.00	810,960.00				
合计	436	袋			810,960.00				

中华民国35年8月12日　主管　秘书　清算股股长　上列价款已于35年8月12日收讫

承受或领拨机关	第十九集团军	原清册号数	粮第一号	处理经过
接收或保管机关	江苏粮食管理局	有关文件号数	产130号收据59号	
存放处所及地点	宝兴面粉厂仓库	估价委员会记录	会次1　议次1	

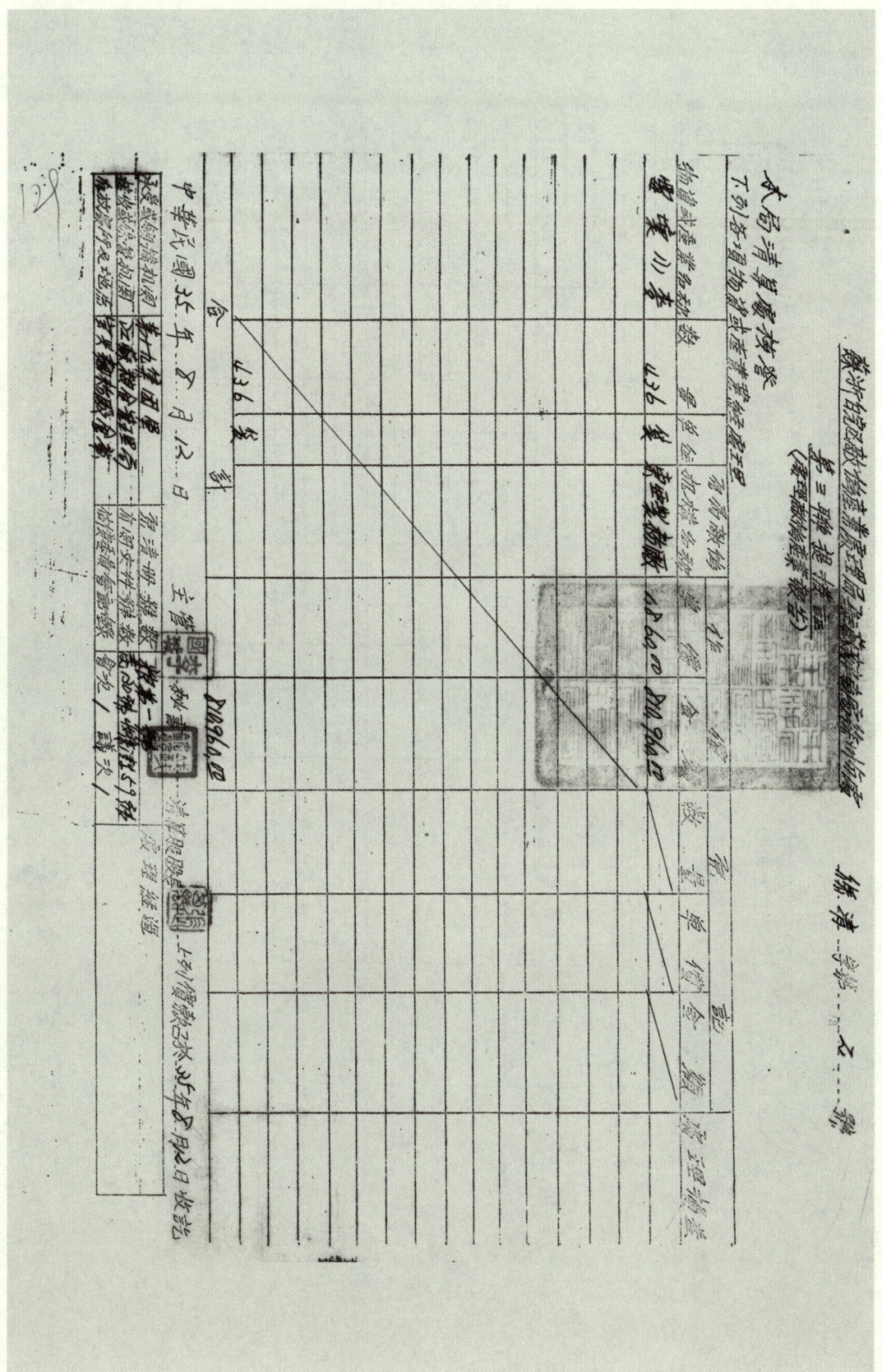

蘇浙皖區敵偽產業處理局駐蘇辦事處徐州分處　　　　徐清字第　3　號

第三聯提撥證

（處理敵偽產業報告）

本局清算處核營

下列各項物資或產業業經處理

物資或產業名稱	數量	單位	原屬敵偽機構名稱	作價：單價	作價：金額	登記：數量	登記：單價	登記：金額	處理摘要
發電機	1	座	華中水電公司						
鍋爐	3	只	〃						
合計									

中華民國 35 年 8 月 23 日　　主管　　秘書　　清算股股長　　上列價款已於　　收訖

承受或領撥機關	經濟部特派接收委員會	原清冊號數	1	處理經過
接收或保管機關	仝上	有關文件號數	徐三字第382008號	
存放處所及地點	賈汪柳泉	估價委員會記錄	會次　議次	

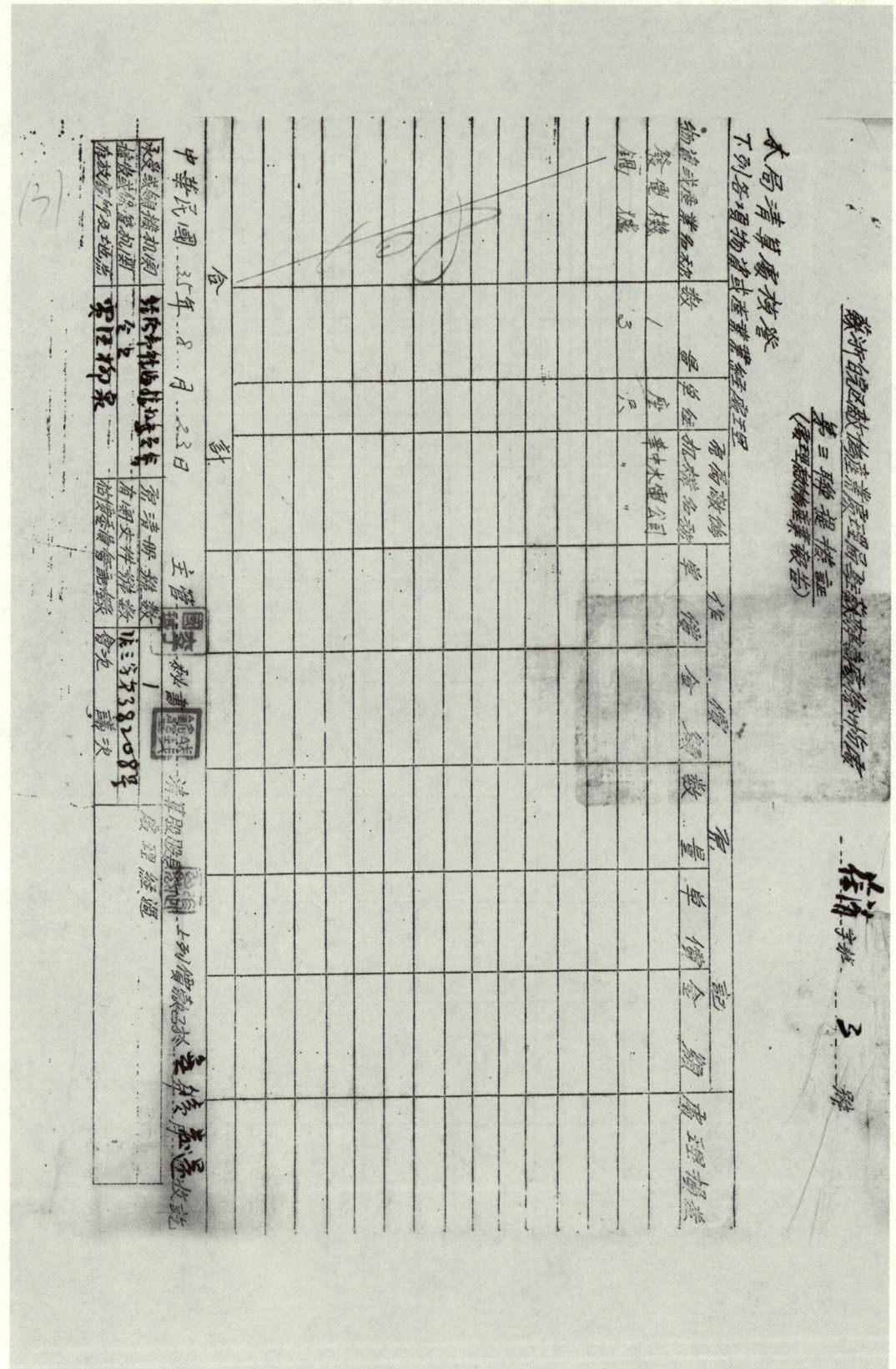

蘇浙皖區敵偽產業處理局[illegible]　　徐清字第 1 號

留底

江蘇[illegible]管理處
徐州[illegible]
台鑒

第一聯提撥證

下列各項物資或產業業經本局核准由 糧[illegible]劉[illegible]仁 向
貴處提撥即希查明核發為荷

物資或產業名稱	數量	單位	原屬敵偽機構名稱	倉或存庫校處所名稱及地點	倉單或其他憑證號碼	備註
霉壞小麥	300	袋	東亞製粉廠	寶興西院	[illegible]第1号	每袋毛重121.6市斤 霉壞並多土砂
〃	182	〃	〃	〃	〃第2号	霉壞
〃	562	〃	〃	寶興南院	〃第3号	全數霉壞並多砂土
〃	297	〃	〃	〃	〃第4号	霉壞
〃	1018	〃	〃	嘉力倉庫	〃第5号	全數霉壞並多砂土
〃	525	〃	〃	〃	〃第6号	霉壞砂土
〃	194	〃	〃	〃	〃第7号	霉壞
〃	99	〃	〃	〃	〃第8号	〃
〃	327	〃	〃	〃	〃第9号	霉壞 燗
〃	184	〃	〃	〃	〃第10号	霉壞
〃	429	〃	〃	〃	〃第11号	〃
〃	211	〃	〃	〃	〃第12号	〃
〃	550	〃	〃	福聚木行	〃第13号	霉壞多土
〃	734	〃	〃	〃	〃第14号	〃
合計	5612	袋				

中華民國35年7月12日　　主管　　秘書　　股長

注意：
(一)本聯交由領撥机關連同正副提撥收據逕向接收或保管机關提撥物資或產業
(二)接收或保管机關將該項物資或產業撥交領撥机關或承買人後應將本聯及提撥收據副本寄送本局清算股
(三)本聯僅作通知接收或保管机關撥發物資或產業之用實際提撥數量及名稱仍以領撥机關出給之提撥收據為準
(四)凡與本聯及提撥收據者接收或保管机關絕對不得將接收或保管之物資或產業撥交任何領撥机關或在其本身接收或保管範圍內自行領用
(五)如一張不敷填寫[illegible]清單作為本聯之附[illegible]

蘇浙皖區敵偽產業處理局駐蘇辦事處總務處　　　　徐清 字第 1 號

第三聯 提棧證
（處理敵偽產業報告）

本局清算處核營
下列各項物資或產業業經處理

物資或產業名稱	數量	單位	原屬敵偽機構名稱	作價 單價	作價 金額	實況記 數量	實況記 單價	實況記 金額	處理根據
霉壞小麥	300	袋	東亞製粉廠	1,860.00	558,000.00				
〃	182	〃	〃	1,860.00	338,520.00				
〃	562	〃	〃	1,860.00	1,045,320.00				
〃	297	〃	〃	1,860.00	552,420.00				
〃	1,018	〃	〃	1,860.00	893,480.00				
〃	525	〃	〃	1,860.00	976,500.00				
〃	194	〃	〃	1,860.00	360,840.00				
〃	99	〃	〃	1,860.00	184,140.00				
〃	327	〃	〃	1,860.00	608,220.00				
〃	184	〃	〃	1,860.00	342,240.00				
〃	429	〃	〃	1,860.00	797,940.00				
〃	211	〃	〃	1,860.00	392,460.00				
〃	550	〃	〃	1,860.00	1,023,500.00				
〃	734	〃	〃	1,860.00	1,305,240.00				
	5,612	袋							
合計					10,438,370.00				

中華民國35年7月12日　　主管……秘書……清算處股長　上列價款已於35年7月12日收訖

承受或領撥機關	糧商劉里仁	清冊號數	糧第壹號	處理經過 35年6月26日由估價委員會議決定照價（委託標賣）
接收或保管機關	江蘇糧食管理局	有關文件號數	蘇193 糧株清673	
存放處所及地點	貴光粉廠倉庫	估價委員會議錄	會次 1 議次 1	

135

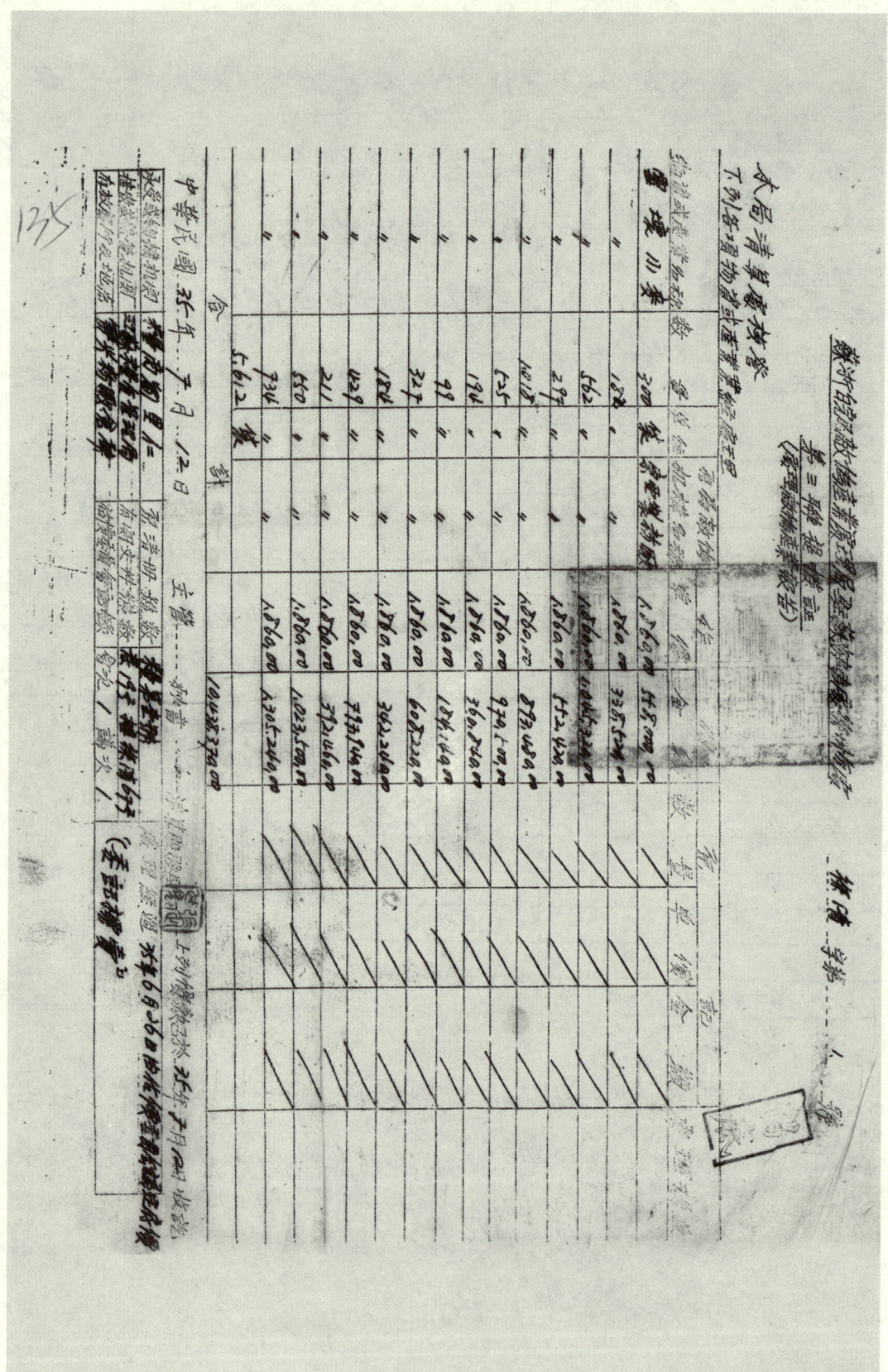

155

蘇浙皖區敵偽產業處理局駐蘇辦事處徐州分處　　徐清字第4號

第三聯 提撥証

（處理敵偽產業報告）

本局清算處核簽

下列各項物資或產業業經處理

物資或產業名稱	數量	單位	原屬敵偽機構名稱	作價 單價	作價 金額	原記 數量	原記 單價	原記 金額	處理損益
通粉	303	袋	東亞製粉廠	2,800.—	848,400.—				
合計					848,400.—				

中華民國35年9月13日　　主管　秘書　清算股股長　　上列價款已於35年9月13日收訖

承受或領購機關	田糧處	原清冊號數	田糧字第1號	處理經過
接收或保管機關	仝上	有關文件號數	寄字144號	委託標賣
存放處所及地點	蘇州四鄉倉庫	估價委員會記錄	會次二 議次七	

蘇浙皖區敵偽產業處理局駐蘇辦事處徐州分處 徐清字第40號

第一聯 提發證

製菓廠 台鑒

下列各項物資或產業業經本局核准由 孫傑 向

貴處提撥即希查明核發為荷

物資或產業名稱	數量	單位	原屬敵偽機關名稱	倉庫或存放處所名稱及地點	倉單或其他憑證號碼
糖飴	800	斤	明治製菓廠		

199

中華民國36年1月7日 交發 秘書 股長

注意：(一)本聯交與領發機關作為提撥收據憑向接收或保管機關提撥物資或產業

(二)接收或保管機關將應發物資或產業撥交領發機關或承買人後應將本聯及提撥收據副本彙送本局清算

(三)本聯僅作通知接收或保管機關撥發物資或產業之用實際提撥數量及名稱仍以領發機關出給之提撥收據為準

(四)凡無本聯及提撥收據者接收或保管機關絕對不得將接收或保管之物資或產業撥交任何領撥機關或承買人否則由接收或保管機關負責

(五)如一張不敷填寫時得另附詳細清單作為本聯之附件

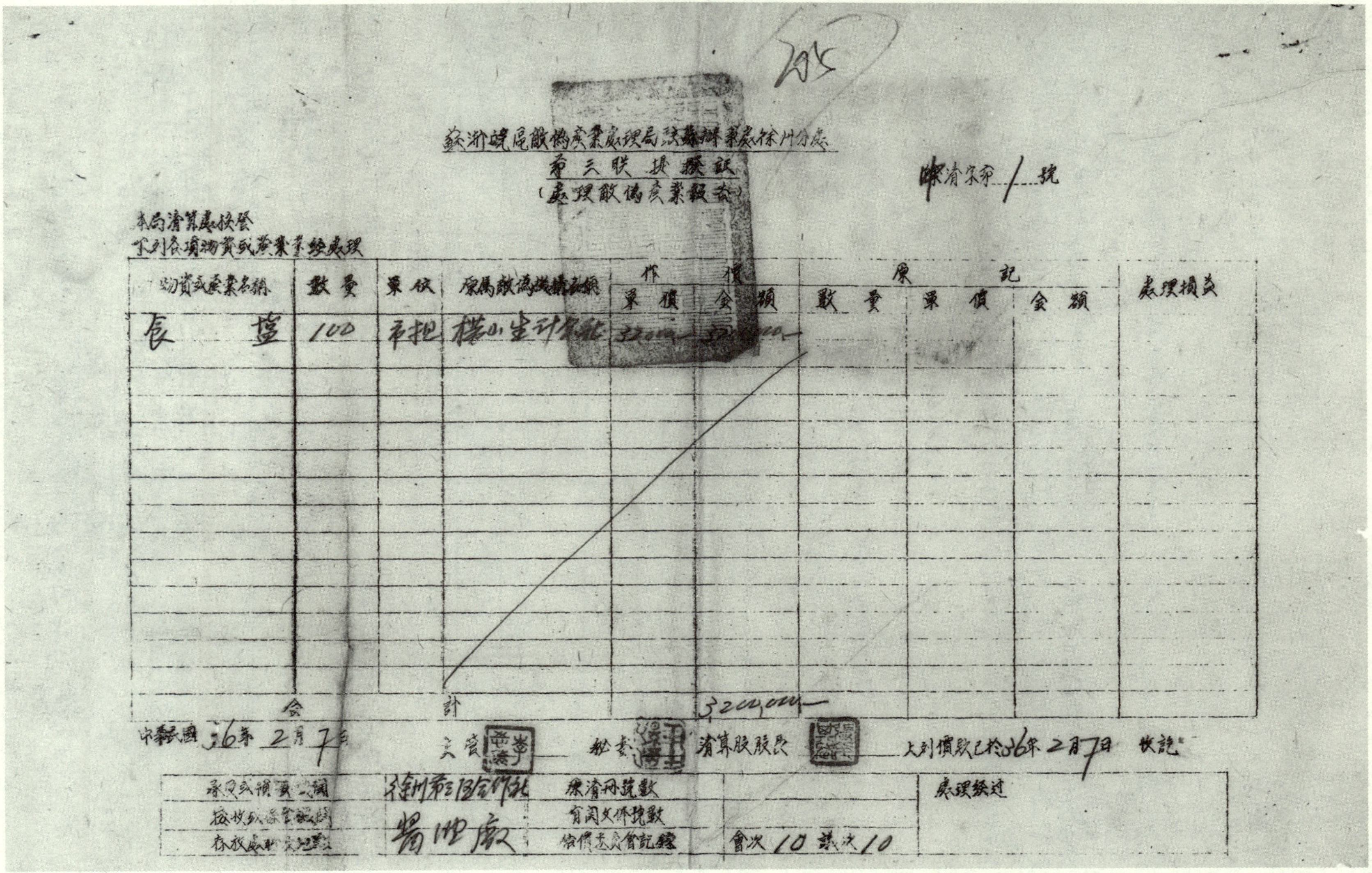

蘇浙皖區敵偽產業處理局駐蘇辦事處徐州分處
第三联 提貨証
（處理敵偽產業報告）

清字第 1 號

本局清算處核發
下列各項物資或營業業經處理

物資或營業名稱	數量	單位	原屬敵偽機構名稱	作價 單價	作價 金額	原記 數量	原記 單價	原記 金額	處理損益
食鹽	100	市担	樸山生計合作社	32000—	[illegible]				
合計					3200000—				

中華民國36年2月7日 主官 秘書 清算股股長 上列價款已於36年2月7日收訖

承受或領受人或機關	徐州第?合作社	原清冊號數		處理經過
接收或保管機關	醬油廠	有關文件號數		
存放處所及地點		估價委員會記錄	會次 10 議決 10	

蘇浙皖區敵偽產業處理局駐蘇辦事處徐州分處　接清字第 32 號

第一聯　提撥證

造酒廠　台鑒

下列各項物資或產業業經本局核准由　王　　　　　向

貴處提撥即希查明核發為荷

物資或產業名稱	數量	單位	原屬敵偽機構名稱	倉庫或存放處所名稱及地點	倉庫或其他憑証號碼	
酒精	1557	公斤	光西造酒	造酒廠		提397公斤淨桶皮31個 業經呈股長証明連桶皮計秤放該桶皮31个以交換大缸

228

中華民國 35 年 12 月 23 日　　　主管　　秘書　　股長

注意（一）本聯交由領撥機關連同正副提撥收據逕向接收或保管機關提撥物資或產業

（二）接收或保管機關將應發物資或產業撥交領撥機關或派員人後應將本聯及提撥收據副本彙送本局清算股

（三）本聯僅作通知接收或保管機關撥發物資或產業之用實際提撥數量及名稱仍以領撥機關出給之提撥收據為準

（四）凡無本聯及提撥收據者接收或保管機關絕對不得將接收或保管之物資或產業撥交任何領撥機關或在其本身接收或保管範圍內自行領用

（五）如一張不敷填寫時得另附詳細清單作為本聯之附件

蘇浙皖區敵偽產業處理局徐州造酒廠

231

蘇浙皖區敵僞產業處理局
徐州分處

接收敵偽工廠管理委員會呈

工呈字第　三四　號

中華民國三十五年十二月二十三日

事由　據第一酒精廠呈報標賣牛皮已撥交出廠檢同原証件祈鑒核由

茲據第一酒精廠廠長王世俊呈以標賣物資牛皮七十五張，業於十二月十五日撥交得標人鄢金銘，具領出廠，檢同原提撥証及提撥收據副本請核轉等情，理合將原件具文呈繳，仰祈

鑒核。

謹呈

主任李

計呈送徐清字第二七號第一聯提撥証一份、提撥收據副本一份

主任委員　李志遠

副主任委員　吳抱一

232

徐清字二十七号

兹收到（副本）

贵厂标售敌伪物资牛皮纸拾伍张 此据

此致

徐州第一酒精厂

提货人

具 十二月十六日

蘇浙皖區敵偽產業處理局駐蘇辦事處徐州分處　第27號

第一聯　提撥證

第一酒精廠　台鑒

下列各項物資或產業業經本局核准由　[illegible]　向

貴處提撥即希查明核發為荷

物資或產業名稱	數量	單位	原屬敵偽機構名稱	倉庫或存放處所名稱及地點	倉庫或其他憑証號碼	
牛皮	廿五	張	淮海第一酒精廠			

2337

中華民國　三六年二月六日　　主管　　秘書　　股長

注意　(一)本聯交由領撥機關連同正副提撥收據憑向接收或保管機關提撥物資或產業

(二)接收或保管機關將應發物資或產業撥交領撥機關或派員人後應將本聯及提撥收據副本彙送本局清算股

(三)本聯僅作通知接收或保管機關發撥物資或產業之用實際提撥數量及名稱仍以領撥機關出給之提撥收據為準

(四)凡無本聯及提撥收據者接收或保管機關絕對不得將接收或保管之物資或產業撥交任何領撥機關或在其本身接收或保管範圍內自行領用

(五)如一張不敷填寫時得另附詳細清單作為本聯之附件

蘇浙皖區敵偽產業處理局蘇北辦事處徐州分處 徐清字第 25 號

提撥証存根

下列各項物資或產業經本局核准由 [illegible] 向

[illegible]油廠 提撥

物資或產業名稱	數量	單位	原屬敵偽機構名稱	倉庫或存放處所名稱及地点	倉庫或其他憑証號碼	備註
大豆	[illegible] 144	市石	[illegible]	[illegible]油廠		
壞小麥	〃 356	〃	〃	〃		
壞黃豆	〃 18	〃	〃	〃		
米	〃 14	〃	〃	〃		

中華民國 35 年 12 月 4 日　　主管　　秘書　　清算組長

注意 (一)本聯留存本處各主管組備查

(二)有關本案來去文件如下： 來文號碼 　去文號碼

(三)本聯所指物資或產業實際提撥數量仍以領撥機關出給之提撥收據為憑

戰貯8

戰貯8

貯蓄債券

割増金附

戰時貯蓄債券

第八回

59ノ組 076301

金七圓五拾錢

割引賣出價格金五圓

一、此ノ債券ハ臨時資金調整法ノ規定ニ基キ發行シタルモノニシテ債券賣出ニ依ル收入金ハ大蔵省預金部ニ於テ運用スルモノナリ

一、此ノ債券ハ金五圓ニテ賣出シ償還ノ際金七圓五拾錢ヲ支拂フモノナリ

昭和十八年四月

株式會社日本勸業銀行

貯蓄 證券保管請求書

戰時貯蓄債券 第8回

59ノ組 076301

券面金額 7圓50錢

貯金通帳記號番號 ※

受付日附印

預ケ人氏名

※

戰貯8

貯蓄 證券保管證

戰時貯蓄債券 第8回

59ノ組 076301

券面金額 7圓50錢

貯金通帳記號番號 ※

保管日附印

預ケ人氏名

※ 殿

戰貯8

16

戰貯8

一、此ノ債券ハ一通ノ券面金額ヲ參拾圓、拾五圓又ハ七圓……萬通ヲ以テ一組トス

一、此ノ債券ハ昭和十八年七月三十一日迄据置キ同年同……籤ヲ執行シ以後毎年二回（一月、七月）抽籤ヲ為シ……乃至第十回迄ハ參拾圓券ニアリテハ毎回壹萬貳千圓以……アリテハ毎回六千圓以上、又七圓五拾錢券ニアリテハ毎……ヲ、第十一回以後ハ參拾圓券ニアリテハ毎回六千圓以上……アリテハ毎回參千圓以上、又七圓五拾錢券ニアリテハ毎……以上ヲ定期ニ償還シ昭和三十八年二月殘額全部ヲ償還ス

一、此ノ債券ニハ定期償還ノ都度當籤債券ニ對シ一組ニ付左……附スルモノトス但シ割増金一箇ノ金額ハ參拾圓券ニアリ……圓、二等貳百圓、三等貳拾圓、拾五圓券ニアリテハ一等……壹百圓、三等拾圓、七圓五拾錢券ニアリテハ一等壹千圓……三等五圓トス

等級	第一回	第二回ヨリ第五回迄毎回	第六回 … 回
一等	參箇	貳箇	壹 … 箇
二等	拾箇	五箇	參 … 箇
三等	參百八拾七箇	參百七拾五箇	壹百 … 箇
計	四百箇	參百八拾貳箇	壹百 … 箇

拾 抽 回 方二 以上 券二 百圓 ス 五ヲ添 四千 二等 五拾圓、

一、割増金ハ大藏大臣ノ定ムル所ニ依リ其ノ全部又ハ一部ッ……以テ交付スルコトアルベシ

一、各償還抽籤ニ於テ當籤シタル債券ノ券面金額及割増金……月ヨリ其ノ支拂ヲ開始ス

一、此ノ債券ノ割引金額ハ最終償還ノ場合ニ於テ年貳分六……利ニ相當ス

一、此ノ債券ハ賣出期間内ニ賣リ了ラザルモノアルトキハ之……於テ缺番トナスモノトス

一、償還抽籤ノ場合ニ於テハ當籤番號……番ニ該當スルモノモ所定ノ償還籤數ニ算入ス

一、此ノ債券ハ定期償還ノ……シ又ハ抽籤ノ方ニ償還スルコトアル

臨時償還ヲ為ス場合ニ於テハ一組ニ付前掲割増金表末段一……金ヲ添附ス

一、此ノ債券ノ券面金……支拂開始ノ月ヨリ滿十五年後ハ之ガ……ナキモノトス

戰貯8

一、此ノ債券ハ全國ノ郵便局竝日本勸業銀行本支店及出張所其ノ他ニ於テ無料デ保管ノ取扱ヲ致シマス

一、郵便局ニ此ノ債券ノ保管ヲ請求セラレル場合ニハ表面※印ノ箇所ニ明瞭ニ御記入ノ上貯金通帳ト共ニ御差出シ下サイ

一、保管前ニ此ノ附票ヲ御切リニナルト保管出來ナクナリマス、其ノ他諸種ノ場合ニ支障ヲ來シマスカラ此ノ附票ハ附ケタ儘デ御持チ下サイ

一、御預ケニナツタ債券ノ拂出ヲ請求サレタ場合ニハ名稱、回別、額面金額ノ同一ニシテ組、番號ノ異ナル債券ヲ御渡シスルコトガアリマス

一、郵便局ニ保管ヲ委託セラレタ場合此ノ債券ニ付テノ御照會ニハ必ラズ貯金通帳ノ記號番號竝氏名ヲ明瞭ニ御記入下サイ

一、此ノ債券ノ抽籤ハ毎年二回（一月ト七月）デアリマス

一、此ノ債券ノ償還ハ毎年二回（二月ト八月）ニ行ヒ最終ハ昭和三十八年二月デアリマス

戰貯8 戰貯8

戰貯9　戰貯9

貯蓄債券

割増金附

戰時貯蓄債券

第九回

92ノ組 078206

金七圓五拾錢

割引賣出價格金五圓

一此ノ債券ハ臨時資金調整法ノ規定ニ基キ發行シタルモノニシテ債券賣出ニ依ル收入金ハ大藏省預金部ニ於テ運用スルモノナリ

一此ノ債券ハ金五圓ニテ賣出シ償還ノ際金七圓五拾錢ヲ支拂フモノナリ

昭和十八年六月

株式會社 日本勸業銀行

證券保管請求書

戰時貯蓄債券 第9回

92ノ組 078206

券面金額 7圓50錢

貯金通帳記號番號 ※

受付日附印

預ケ人氏名

※

戰貯9

證券保管證

戰時貯蓄債券 第9回

92ノ組 078206

券面金額 7圓50錢

貯金通帳記號番號 ※

保管日附印

預ケ人氏名

※ 殿

戰貯9

戰貯9

一、此ノ債券ハ一通ノ券面金額ヲ拾五圓又ハ七圓五拾銭トシ各拾萬通ヲ以テ一組トス

一、此ノ債券ハ昭和十八年九月三十日迄据置キ同年同月第一回ノ償還抽籤ヲ執行シ以後毎年二回（三月、九月）抽籤ヲ為シ各一組ニ付第一回乃至第十回迄ハ拾五圓券ニアリテハ毎回六千圓以上、七圓五拾銭券ニアリテハ毎回参千圓以上ヲ、第十一回以後ハ拾五圓券ニアリテハ毎回参千圓以上、七圓五拾銭券ニアリテハ毎回壹千五百圓以上ヲ定期ニ償還シ昭和三十八年四月残額全部ヲ償還スルモノトス

一、此ノ債券ニハ定期償還ノ都度當籤債券ニ對シ一組ニ付左ノ割増金ヲ添附スルモノトス但シ割増金一箇ノ金額ハ拾五圓券ニアリテハ一等貳千圓、二等壹百圓、三等拾圓、七圓五拾銭券ニアリテハ一等壹千圓、二等五拾圓、三等五圓トス

等級	第一回	第二回ヨリ第五回迄毎回	第六回以後毎回
一等	参箇	貳箇	壹箇
二等	拾箇	五箇	参箇
三等	参百八拾七箇	参百七拾五箇	壹百六拾箇
計	四百箇	参百八拾貳箇	壹百六拾四箇

一、割増金ハ大藏大臣ノ定ムル所ニ依リ其ノ全部又ハ一部ヲ國債證券ヲ以テ交付スルコトアルベシ

一、各償還抽籤ニ於テ當籤シタル債券ノ券面金額及割増金ハ各抽籤ノ翌月ヨリ其ノ支拂ヲ開始ス

一、此ノ債券ノ割引金額ハ最終償還ノ場合ニ於テ年貳分六毛ノ半箇年複利ニ相當ス

一、此ノ債券ハ賣出期間内ニ賣リ了ラザルモノアルトキハ之ヲ社債原簿ニ於テ缺番ト為スモノトス

一、償還抽籤ノ場合ニ於テハ當籤番號中缺番ニ該當スルモノアルトキト雖モ所定ノ償還籤數ニ算入スルモノトス

一、此ノ債券ハ定期償還ノ外ニ買入消却ヲ為シ又ハ抽籤ノ方法ニ依リ臨時ニ償還スルコトアルベシ

臨時償還ヲ為ス場合ニ於テハ一組ニ付前掲割増金表末段一回分ノ割増金ヲ添附ス

一、此ノ債券ノ券面金額ハ支拂開始ノ月ヨリ滿十五年後ハ之ガ支拂ノ義務ナキモノトス

戰貯9

一、此ノ債券ハ全國ノ郵便局竝日本勸業銀行本支店及出張所其ノ他ニ於テ無料デ保管ノ取扱ヲ致シマス

一、郵便局ニ此ノ債券ノ保管ヲ請求セラレル場合ニハ表面※印ノ箇所ニ明瞭ニ御記入ノ上貯金通帳ト共ニ御差出シ下サイ

一、保管前ニ此ノ附票ヲ御切リニナルト保管出來ナクナリマス其ノ他諸種ノ場合ニ支障ヲ來シマスカラ此ノ附票ハ附ケタ儘デ御持チ下サイ

一、御預ケニナツタ債券ノ拂出ヲ請求サレタ場合ニハ名稱、回別、額面金額ノ同一ニシテ組、番號ノ異ナル債券ヲ御渡シスルコトガアリマス

一、郵便局ニ保管ヲ委託セラレタ場合此ノ債券ニ付テノ御照會ニハ必ラズ貯金通帳ノ記號、番號竝氏名ヲ明瞭ニ御記入下サイ

一、此ノ債券ノ抽籤ハ毎年二回（三月ト九月）デアリマス

一、此ノ債券ノ償還ハ毎年二回（四月ト十月）ニ行ヒ最終ハ昭和三十八年四月デアリマス

戰貯9

戰貯10　戰貯10

貯蓄債券

割増金附

戰時貯蓄債券

第拾回

51ノ組 001703

金七圓五拾錢

割引賣出價格金五圓

昭和十八年八月

株式會社 日本勸業銀行

一、此ノ債券ハ臨時資金調整法ノ規定ニ基キ發行シタルモノニシテ債券賣出ニ依ル收入金ハ大藏省預金部ニ於テ運用スルモノナリ

一、此ノ債券ハ金五圓ニテ賣出シ償還ノ際金七圓五拾錢ヲ支拂フモノナリ

大東亞戰爭

貯 證券保管請求書 蓄

戰時貯蓄債券 第10回

51ノ組 001703

券面金額 7圓50錢

貯金通帳記號番號 ※

受付日附印

預ケ人氏名

※

戰貯10

貯 證券保管證 蓄

戰時貯蓄債券 第10回

51ノ組 001703

券面金額 7圓50錢

貯金通帳記號番號 ※

保管日附印

預ケ人氏名

※ 殿

戰貯10

戰貯10

一、此ノ債券ハ一通ノ券面金額ヲ拾五圓又ハ七圓五拾錢トシ各拾萬通ヲ以テ一組トス

一、此ノ債券ハ昭和十八年十一月三十日迄据置キ同年同月第一回ノ償還抽籤ヲ執行シ以後毎年二回（五月、十一月）抽籤ヲ為シ各一組ニ付第一回乃至第十回迄ハ拾五圓券ニアリテハ毎回六千圓以上、七圓五拾錢券ニアリテハ毎回參千圓以上ヲ、第十一回以後ハ拾五圓券ニアリテハ毎回參千圓以上、七圓五拾錢券ニアリテハ毎回壹千五百圓以上ヲ定期ニ償還シ昭和三十八年六月殘額全部ヲ償還スルモノトス

一、此ノ債券ニハ定期償還ノ都度當籤債券ニ對シ一組ニ付左ノ割増金ヲ添附スルモノトス但シ割増金一箇ノ金額ハ拾五圓券ニアリテハ一等貳千圓、二等壹百圓、三等拾圓、七圓五拾錢券ニアリテハ一等壹千圓、二等五拾圓、三等五圓トス

等級	第一回	第二回ヨリ第五回迄毎回	第六回以後毎回
一等	參箇	貳箇	壹箇
二等	拾箇	五箇	參箇
三等	參百八拾七箇	參百七拾五箇	壹百六拾箇
計	四百箇	參百八拾貳箇	壹百六拾四箇

一、割増金ハ大藏大臣ノ定ムル所ニ依リ其ノ全部又ハ一部ヲ國債證券ヲ以テ交付スルコトアルベシ

一、各償還抽籤ニ於テ當籤シタル債券ノ券面金額及割増金ハ各抽籤ノ翌月ヨリ其ノ支拂ヲ開始ス

一、此ノ債券ノ割引金額ハ最終償還ノ場合ニ於テ年貳分七毛ノ半箇年複利ニ相當ス

一、此ノ債券ハ賣出期間内ニ賣リ了ラザルモノアルトキハ之ヲ缺番ト為スモノトス

一、償還抽籤ノ場合ニ於テハ當籤番號中缺番ニ該當スルモノアルトキト雖モ所定ノ償還籤數ニ算入スルモノトス

一、此ノ債券ハ定期償還ノ外ニ買入消却ヲ為シ又ハ抽籤ノ方法ニ依リ臨時ニ償還スルコトアルベシ

臨時償還ヲ為ス場合ニ於テハ一組ニ付前掲割増金表末段一回分ノ割増金ヲ添附ス

一、此ノ債券ノ券面金額ハ支拂開始ノ月ヨリ滿十五年後ハ之ガ支拂ノ義務ナキモノトス

戰貯10

一、此ノ債券ハ全國ノ郵便局竝日本勸業銀行本支店及出張所其ノ他ニ於テ無料デ保管ノ取扱ヲ致シマス

一、郵便局ニ此ノ債券ノ保管ヲ請求セラレル場合ニハ表面※印ノ箇所ニ明瞭ニ御記入ノ上貯金通帳ト共ニ御差出シ下サイ

一、保管前ニ此ノ附票ヲ御切リニナルト保管出來ナクナリマス其ノ他諸種ノ場合ニ支障ヲ來シマスカラ此ノ附票ハ附ケタ儘デ御持チ下サイ

戰貯10

一、御預ケニナツタ債券ノ拂出ヲ請求サレタ場合ニハ名稱、回別、額面金額ノ同一ニシテ組、番號ノ異ナル債券ヲ御渡シスルコトガアリマス

一、郵便局ニ保管ヲ委託セラレタ場合此ノ債券ニ付テノ御照會ニハ必ラズ貯金通帳ノ記號番號竝氏名ヲ明瞭ニ御記入下サイ

一、此ノ債券ノ抽籤ハ毎年二回（五月ト十一月）デアリマス

一、此ノ債券ノ償還ハ毎年二回（六月ト十二月）ニ行ヒ最終ハ昭和三十八年六月デアリマス

戰貯10

戰貯11　戰貯11

貯蓄債券

割増金附

戰時貯蓄債券

第拾壹回

72ノ組 077521

金七圓五拾錢

割引賣出價格金五圓

株式會社
日本勸業銀行

昭和十八年十月

一此ノ債券ハ臨時資金調整法ノ規定ニ基キ發行シタルモノニシテ債券賣出ニ依ル收入金ハ大藏省預金部ニ於テ運用スルモノナリ

一此ノ債券ハ金五圓ニテ賣出シ償還ノ際金七圓五拾錢ヲ支拂フモノナリ

大東亞戰爭

貯蓄

證券保管請求書

戰時貯蓄債券　第11回

72ノ組 077521

券面金額　7圓50錢

貯金通帳記號番號 ※

受付日附印

預ケ人氏名

※

戰貯11

貯蓄

證券保管證

戰時貯蓄債券　第11回

72ノ組 077521

券面金額　7圓50錢

貯金通帳記號番號 ※

保管日附印

預ケ人氏名

※　殿

戰貯11

戰貯11

70

一、此ノ債券ハ一通ノ券面金額ヲ拾五圓又ハ七圓五拾銭トシ各拾萬通ヲ以テ一組トス

一、此ノ債券ハ昭和十九年一月三十一日迄据置キ同年同月第一回ノ償還抽籤ヲ執行シ以後毎年二回（一月、七月）抽籤ヲ爲シ各一組ニ付第一回乃至第十回迄ハ拾五圓券ニアリテハ毎回六千圓以上、七圓五拾銭券ニアリテハ毎回參千圓以上ヲ、第十一回以後ハ拾五圓券ニアリテハ毎回壹千五百圓以上、七圓五拾銭券ニアリテハ毎回參千圓以上ヲ定期ニ償還シ昭和三十八年八月殘額全部ヲ償還スルモノトス

一、此ノ債券ニハ定期償還ノ都度當籤債券ニ對シ一組ニ付左ノ割增金ヲ添附スルモノトス但シ割增金一箇ノ金額ハ拾五圓券ニアリテハ一等貳千圓、二等壹百圓、三等拾圓、七圓五拾銭券ニアリテハ一等壹千圓、二等五拾圓、三等五圓トス

等級	第一回	第二回ヨリ第五回迄毎回	第六回以後毎回
一等	參箇	貳箇	壹箇
二等	拾箇	五箇	參箇
三等	參百八拾七箇	參百七拾五箇	壹百六拾箇
計	四百箇	參百八拾貳箇	壹百六拾四箇

一、割增金ハ大藏大臣ノ定ムル所ニ依リ其ノ全部又ハ一部ヲ國債證券ヲ以テ交付スルコトアルベシ

一、各償還抽籤ニ於テ當籤シタル債券ノ券面金額及割增金ハ各抽籤ノ翌月ヨリ其ノ支拂ヲ開始ス

一、此ノ債券ノ割引金額ハ最終償還ノ場合ニ於テ年貳分六毛ノ半箇年複利ニ相當ス

一、此ノ債券ハ賣出期間内ニ賣リ了ラザルモノアルトキハ之ヲ缺番ト爲スモノトス

一、償還抽籤ノ場合ニ於テハ當籤番號中缺番ニ該當スルモノアルトキト雖モ所定ノ償還籤數ニ算入スルモノトス

一、此ノ債券ハ定期償還ノ外ニ買入消却ヲ爲シ又ハ抽籤ノ方法ニ依リ臨時ニ償還スルコトアルベシ

臨時償還ヲ爲ス場合ニ於テハ一組ニ付前掲割增金表末段一回分ノ割增金ヲ添附ス

一、此ノ債券ノ券面金額ハ支拂開始ノ月ヨリ滿十五年後ハ之ガ支拂ノ義務ナキモノトス

戰貯11

一、此ノ債券ハ全國ノ郵便局竝日本勸業銀行本支店及出張所其ノ他ニ於テ無料デ保管ノ取扱ヲ致シマス

一、郵便局ニ此ノ債券ノ保管ヲ請求セラレル場合ニハ表面※印ノ箇所ニ明瞭ニ御記入ノ上貯金通帳ト共ニ御差出シ下サイ

一、保管前ニ此ノ附票ヲ御切リニナルト保管出來ナクナリマス其ノ他諸種ノ場合ニ支障ヲ來シマスカラ此ノ附票ハ附ケタ儘デ御持チ下サイ

一、御預ケニナツタ債券ノ拂出ヲ請求サレタ場合ニハ名稱、回別、額面金額ノ同一ニシテ組、番號ノ異ナル債券タ御渡シスルコトガアリマス

一、郵便局ニ保管ヲ委託セラレタ場合此ノ債券ニ付テノ御照會ニハ必ラズ貯金通帳ノ記號、番號竝氏名ヲ明瞭ニ御記入下サイ

一、此ノ債券ノ抽籤ハ毎年二回（一月ト七月）デアリマス

一、此ノ債券ノ償還ハ毎年二回（二月ト八月）ニ行ヒ最終ハ昭和三十八年八月デアリマス

戰貯11

戰貯11

戰貯11

戰貯12　　戰貯12

貯蓄　債券

割増金附

戰時貯蓄債券

第拾貳回

67ノ組　051776

金七圓五拾錢

割引賣出價格金五圓

一此ノ債券ハ臨時資金調整法ノ規定ニ基キ發行シタルモノニシテ債券賣出ニ依ル收入金ハ大藏省預金部ニ於テ運用スルモノナリ

一此ノ債券ハ金五圓ニテ賣出シ償還ノ際金七圓五拾錢ヲ支拂フモノナリ

昭和十八年十二月

株式會社　日本勸業銀行

大東亞戰爭

貯　證券保管請求書　蓄

戰時貯蓄債券　第12回

67ノ組　051776

券面金額　7圓50錢

貯金通帳記號番號　※

受付日附印

預ケ人氏名

※

戰貯12

貯　證券保管證　蓄

戰時貯蓄債券　第12回

67ノ組　051776

券面金額　7圓50錢

貯金通帳記號番號　※

保管日附印

預ケ人氏名

※　殿

戰貯12

戦貯10 戦貯10

一、此ノ債券ハ一通ノ券面金額ヲ拾五圓又ハ七圓五拾錢トシ各拾萬通ヲ以テ一組トス

一、此ノ債券ハ昭和十八年十一月三十日迄据置キ同年同月第一回ノ償還抽籤ヲ執行シ以後毎年二回（五月、十一月）抽籤ヲ為シ各一組ニ付第一回乃至第十回迄ハ拾五圓券ニアリテハ毎回六千圓以上、七圓五拾錢券ニアリテハ毎回參千圓以上ヲ、第十一回以後ハ拾五圓券ニアリテハ毎回壹千五百圓以上ヲ定期ニ償還シ昭和三十八年六月残額全部ヲ償還スルモノトス

一、此ノ債券ニハ定期償還ノ都度當籤債券ニ對シ一組ニ付左ノ割増金ヲ添附スルモノトス但シ割増金一箇ノ金額ハ拾五圓券ニアリテハ一等貳千圓、二等壹百圓、三等拾圓、七圓五拾錢券ニアリテハ一等壹千圓、二等五拾圓、三等五圓トス

等級	第一回	第二回ヨリ第五回迄毎回	第六回以後毎回
一等	參箇	貳箇	壹箇
二等	拾箇	五箇	參箇
三等	參百八拾七箇	參百七拾五箇	壹百六拾箇
計	四百箇	參百八拾貳箇	壹百六拾四箇

一、割増金ハ大藏大臣ノ定ムル所ニ依リ其ノ全部又ハ一部ヲ國債證券ヲ以テ交付スルコトアルベシ

一、各償還抽籤ニ於テ當籤シタル債券ノ券面金額及割増金ハ各抽籤ノ翌月ヨリ其ノ支拂ヲ開始ス

一、此ノ債券ノ割引金額ハ最終償還ノ場合ニ於テ年貳分七毛ノ半箇年複利ニ相當ス

一、此ノ債券ハ賣出期間内ニ賣リ了ラザルモノアルトキハ之ヲ缺番ト為スモノトス

一、償還抽籤ノ場合ニ於テハ當籤番號中缺番ニ該當スルモノアルトキト雖モ所定ノ償還籤數ニ算入スルモノトス

一、此ノ債券ハ定期償還ノ外ニ買入消却ヲ為シ又ハ抽籤ノ方法ニ依リ臨時ニ償還スルコトアルベシ

一、臨時償還ヲ為ス場合ニ於テハ一組ニ付前掲割増金表末段一回分ノ割増金ヲ添附ス

一、此ノ債券ノ券面金額ハ支拂開始ノ月ヨリ滿十五年後ハ之ガ支拂ノ義務ナキモノトス

一、此ノ債券ハ全國ノ郵便局並日本勸業銀行本支店及出張所其ノ他ニ於テ無料デ保管ノ取扱ヲ致シマス

一、郵便局ニ此ノ債券ノ保管ヲ請求セラレル場合ニハ表面※印ノ箇所ニ明瞭ニ御記入ノ上貯金通帳ト共ニ御差出シ下サイ

一、保管前ニ此ノ附票ヲ御切リニナルト保管出來ナクナリマス其ノ他諸種ノ場合ニ支障ヲ來シマスカラ此ノ附票ハ附ケタ儘デ御持チ下サイ

一、御預ケニナツタ債券ノ拂出ヲ請求サレタ場合ニハ名稱、回別、額面金額ノ同一ニシテ組、番號ノ異ナル債券ヲ御渡シスルコトガアリマス

一、郵便局ニ保管ヲ委託セラレタ場合此ノ債券ニ付テノ御照會ニハ必ラズ貯金通帳ノ記號番號並氏名ヲ明瞭ニ御記入下サイ

一、此ノ債券ノ抽籤ハ毎年二回（五月ト十一月）デアリマス

一、此ノ債券ノ償還ハ毎年二回（六月ト十二月）ニ行ヒ最終ハ昭和三十八年六月デアリマス

戦貯10 戦貯10

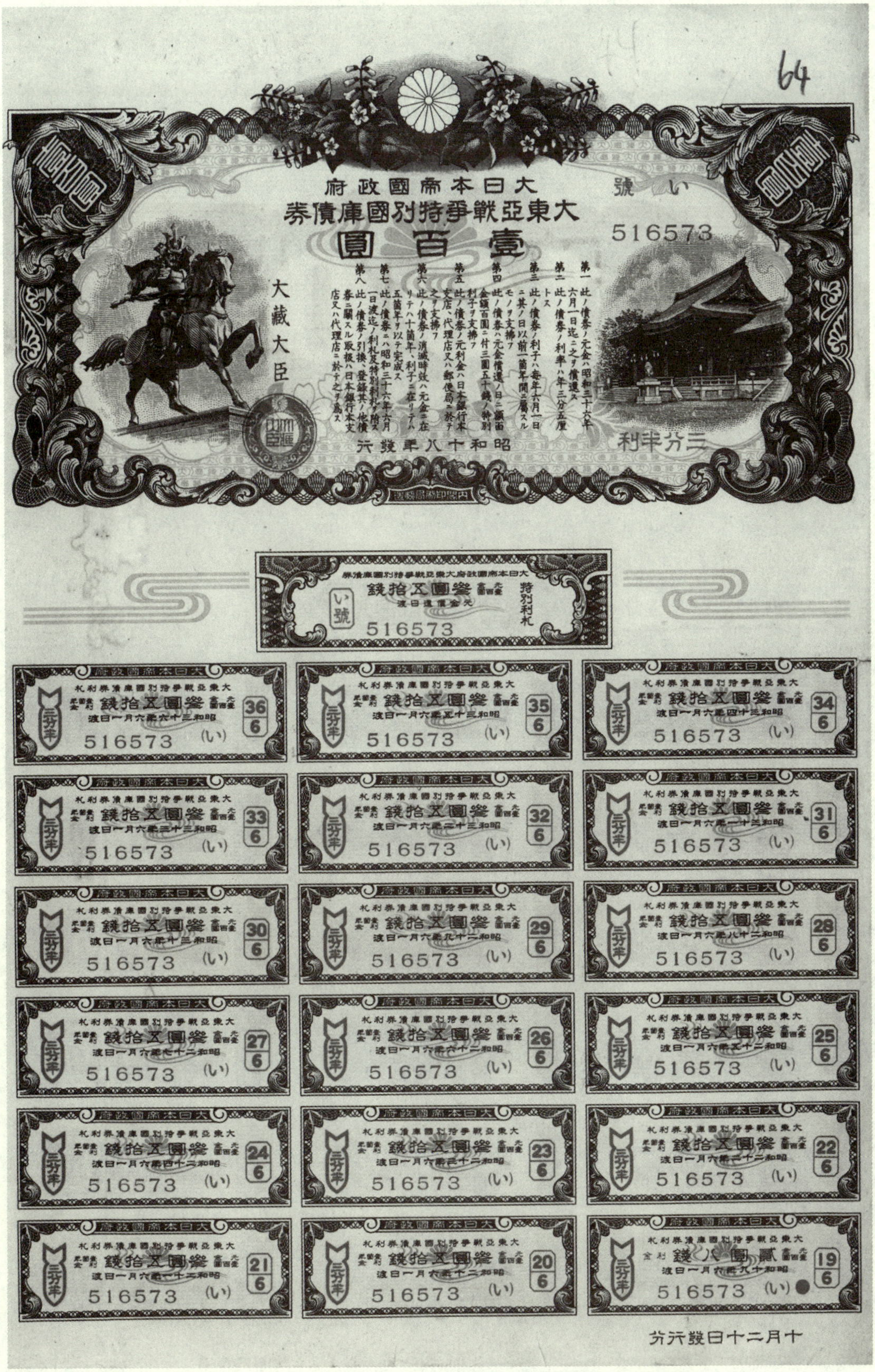

大日本帝國政府
大東亞戰爭特別國庫債券
壹百圓
い號
516573
大藏大臣
三分半利
昭和十八年六月發行
特別利札
十二月十日發行分

100
3.50
16 3.50
17 3.50
18 3.50
13 3.50
14 3.50
15 3.50
10 3.50
11 3.50
12 3.50
7 3.50
8 3.50
9 3.50
4 3.50
5 3.50
6 3.50
1 2.08
2 3.50
3 3.50

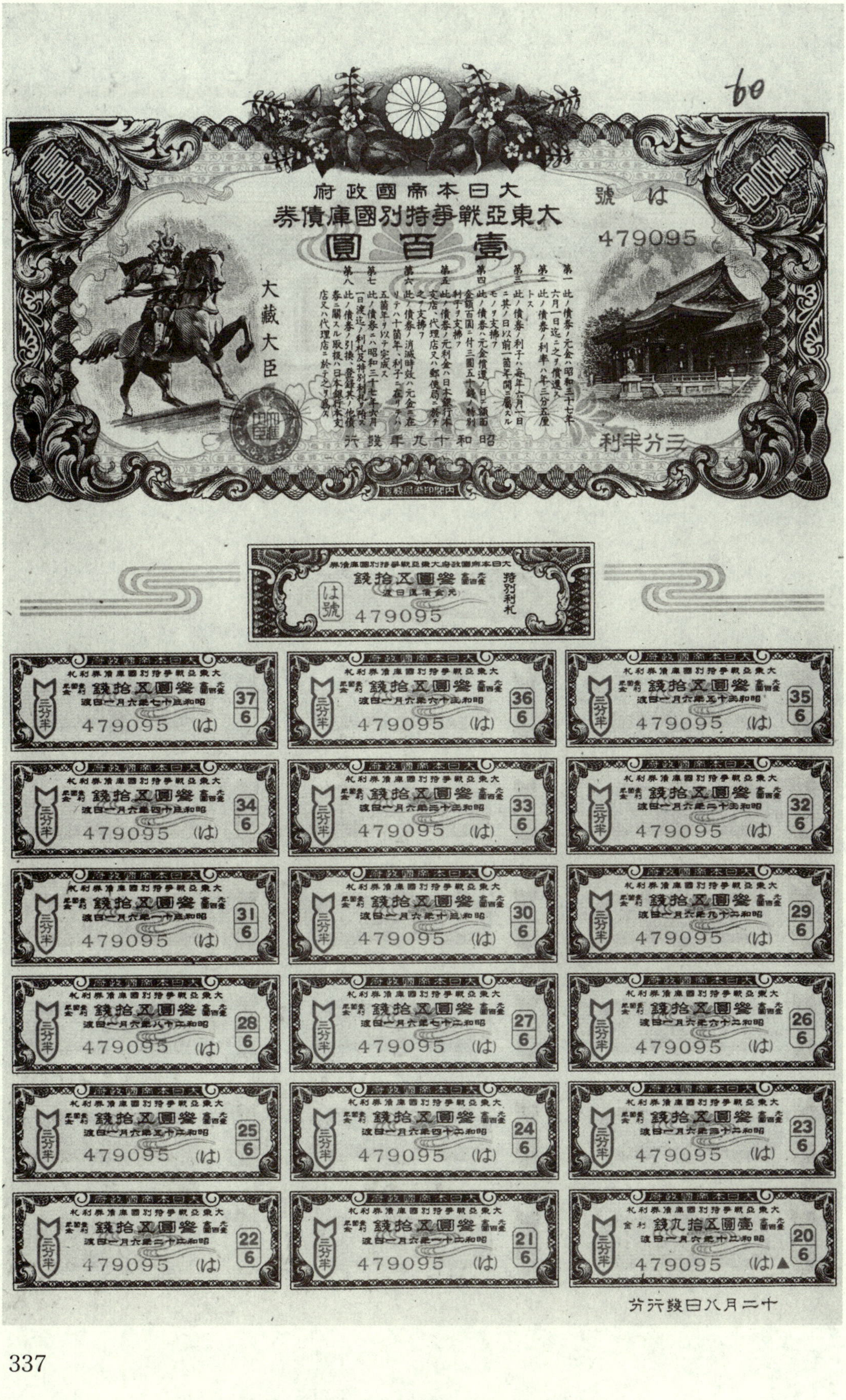
大日本帝國政府
大東亞戰爭特別國庫債券
壹百圓
は號
479095
大藏大臣
昭和十九年發行
三分半利
十二月八日發行分

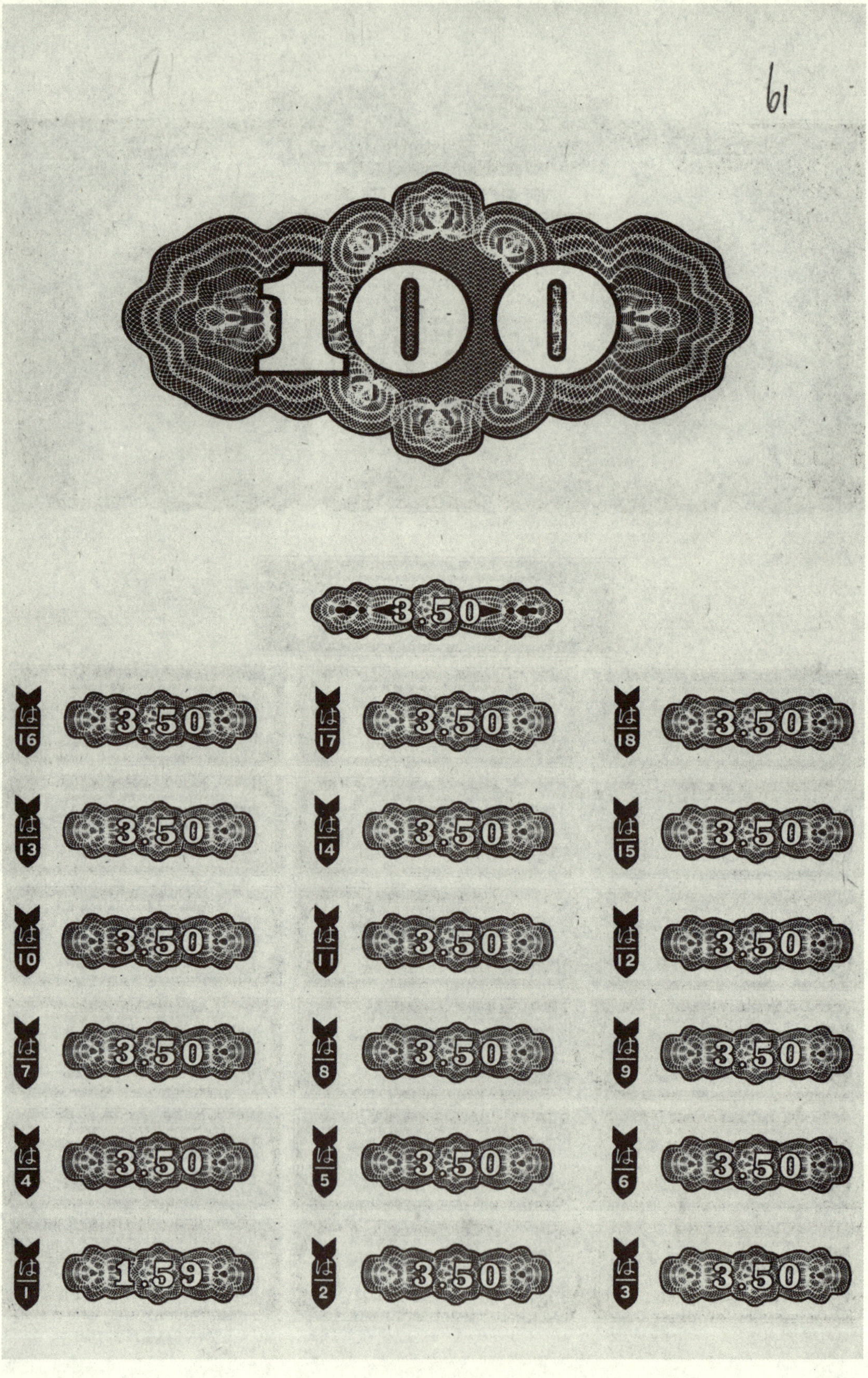
100
3.50
は 16 3.50
は 17 3.50
は 18 3.50
は 13 3.50
は 14 3.50
は 15 3.50
は 10 3.50
は 11 3.50
は 12 3.50
は 7 3.50
は 8 3.50
は 9 3.50
は 4 3.50
は 5 3.50
は 6 3.50
は 1 1.59
は 2 3.50
は 3 3.50

民國三十五年二月十二日

自二月一日

至二月十二日

財產變動明細表

(3)

軍政部開封區徐州煙草工廠移交清冊

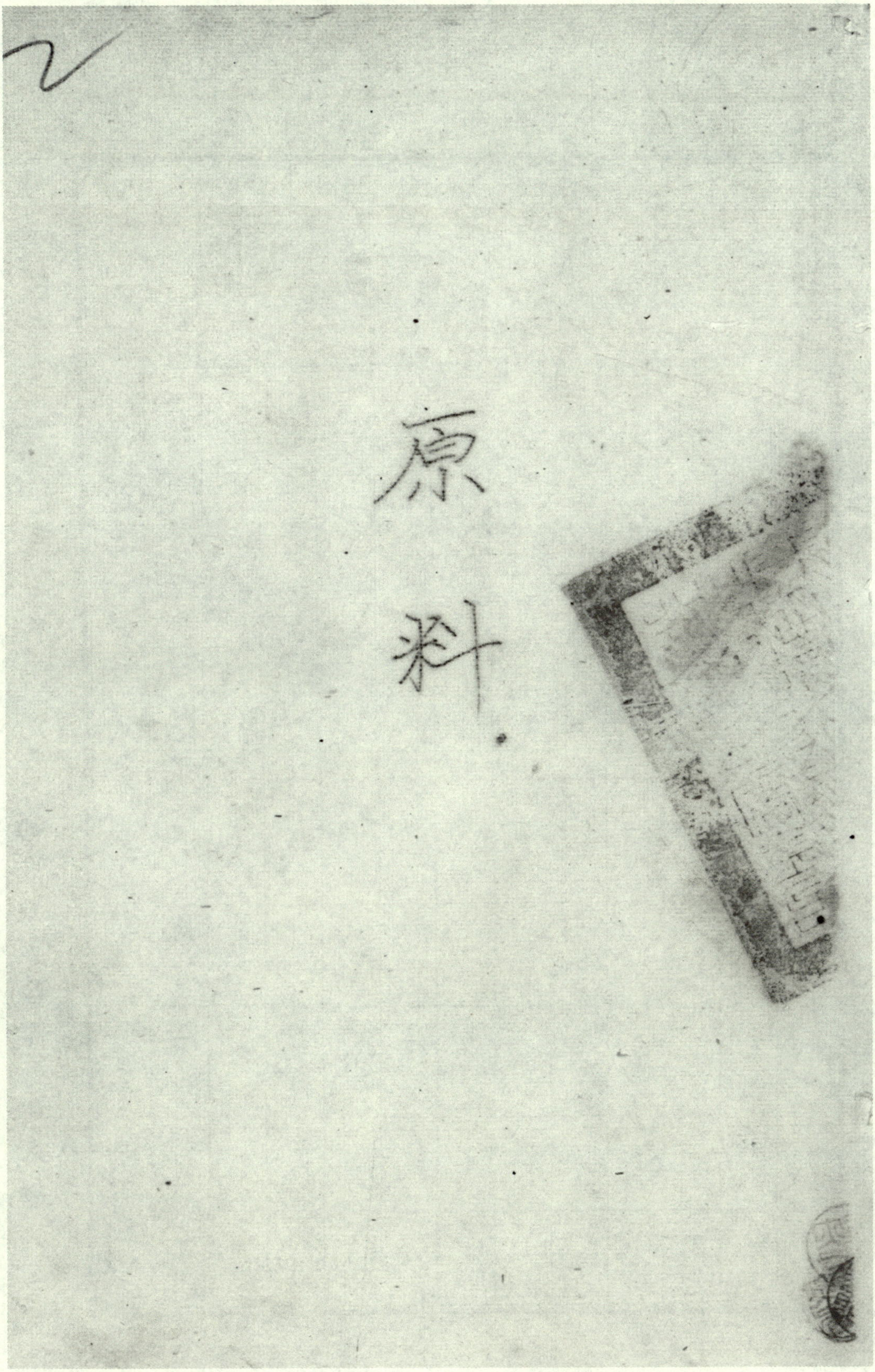

原料

No.

華北東亞煙草徐州工場
電話九二六番

原料移入搬出明細(自二月一日至二月十二日)

品名	原有數量	價格	移入數量	價格	搬出	價格	現存數量	價格
美國葉 MLH	511 Kg	311.710.-	—	—	511 Kg	311.710.-	—	—.
〃 CKOL	4.724.-	1.890.709.84	—	—	—	—	4.724 Kg	1.890.709.84
33年山東黄色 6等	920.-	224.110.00	—	—	230	55.890.-	690	168.220
32年鳳陽黄色 5等	417.9	84.791.32	—	—	—	—	417.9	84.791.32
〃 〃 6	2.785.7	502.000.-	—	—	—	—	2.785.7	502.000.-
〃 9	7.856.	630.000.-	—	—	—	—	7.856.-	630.000.-
33年鳳陽黄色 5等	1.178.2	254.491.20	—	—	90.2	19.591.20	1.087.5	234.900.-
〃 〃 6	1.632.-	294.000.00	—	—	—	—	1.632.-	294.000.00
〃 〃 9	2.574.-	206.000.-	—	—	—	—	2.574.-	206.000.-
土葯 33年新鳳陽 下等	1.797.-	36.000.-	—	—	—	—	1.797.-	36.000.-
〃 32年古許州 中等	—	—	—	—	—	—	—	—

4

華北東亞煙草徐州工場
電話九二六番

No.

品名	原有數量	價格	買入數量	價格	耗大	價格	現存數量	價格
土葉33年新山東 下中等	242.-	5,276.25	–		–	–	Kg 242.-	5,276.25
〃 〃 東豫協 中等	92,610.-	3,707,200.-	–	–	3,300.-	132,000.-	89,310.-	3,575,200.00
〃 〃 〃 下	576.-	19,000.-	–	–	–	–	576.-	19,000.-
〃 32年古位葉 上等	135.-	11,100.-	–	–	–	–	135.-	11,100.-
〃 〃 中	474.-	28,831.07	–	–	–	–	474.-	28,831.07
〃 33年新 上等	87.-	7,047.-	–	–	–	–	87.-	7,047.-
〃 〃 中	8,262.5	974,975.-	–	–	2,223.-	262,314.-	6,039.5	712,661.-
〃 〃 下	9,634.-	1,786,184.-	–	–	–	–	9,634.-	1,786,184.-
〃 〃 等外	710.-	6,000.-	–	–	–	–	710.-	6,000.-
〃 〃 烟葉上等	36,641.-	2,701,576.50	–	–	1,527	111,471.-	35,114.-	2,590,045.50
〃 〃 〃 中	91,479.-	5,375,640.-	–	–	1,901	110,258.-	89,578.-	5,265,382.-
〃 〃 〃 下	39,392.-	1,146,332.70	–	–	988.5	27,678.-	38,403.5	1,118,654.70

5

No.

華北東亞煙草徐州工場
電話九二六番

品名	原有數量	價格	受入數量	價格	拂出	價格	現在數量	價格
土黄33年新晒葉等外	3.062 Kg	16.056.80	—	—	208.5 Kg	834.-	2853.5 Kg	15.222.80
〃 34年晒葉中等	1.397	673.500.-	—	—	—	—	1.397.-	673.500.-
〃 〃 〃 下	4255	1.926.420.-	—	—	—	—	4255.-	1.926.420.-
	313352.3 Kg	22.818891.68	—	—	10.979.7 Kg	1.031.746.20	302372.6 Kg	21.787.145.48

6

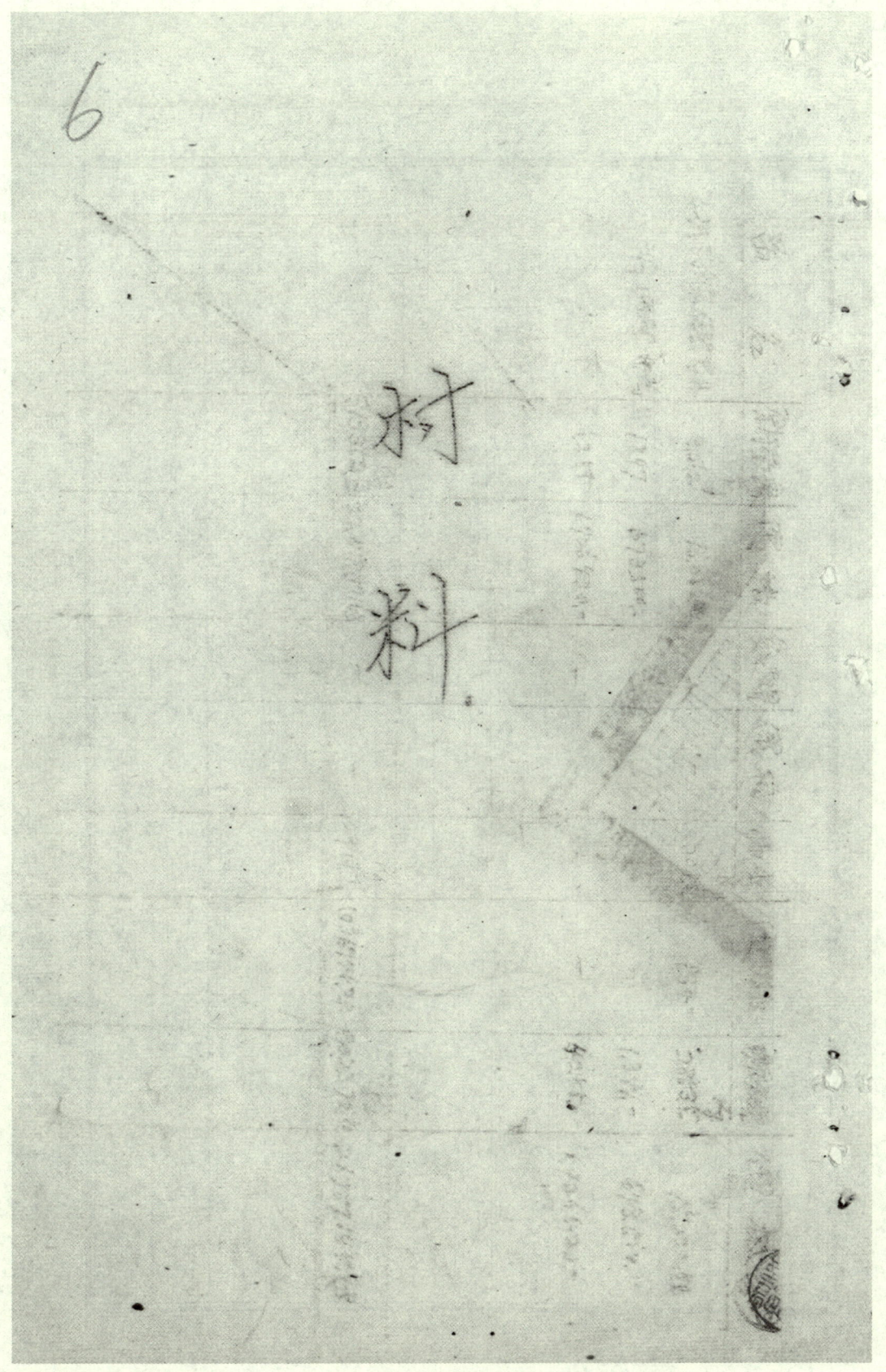

材料

華北東亞煙草徐州工場
電話九二六番

No.

材料受入拂出明細(自二月一日至二月十二日)

品名		原有數量	價格	受入	價格	拂出	價格	現存數量	價格
寶石牌	軟盒皮	2.529.000	531.846.70	—	—	—	—	2.529.000	531.846.70
〃	封口紙	2.495.000	30.350.50	—	—	50.000	505.-	2.445.000	29.845.50
〃	封包紙	140.000	6.921.20	—	—	—	—	140.000	6.921.20
〃	大盒皮	25.000	50.000.-	—	—	—	—	25.000	50.000.-
青天牌	盒皮	1.683.000	198.425.70	—	—	352.000	41.500.80	1.331.000	156.924.90
〃	封包紙盒心	1.480.000	59.200.-	—	—	—	—	1.480.000	59.200.00
〃	軟盒皮	4.058.000	406.000.-	—	—	—	—	4.058.000	406.000.00
旅行牌	軟盒皮	600.000	84.945.-	—	—	96.000	10.080.-	504.000	74.865.00
〃	封包紙	250.000	10.760.-	—	—	—	—	250.000	10.760.00
壽福牌	盒心	771.850	61.748.-	—	—	314.000	25.120.-	457.850	36.628.00
〃	封包紙	1.000.000	40.000.-	—	—	—	—	1.000.000	40.000.00

華北東亞煙草徐州工場
電話九二六番

No.

品名	原有數量	價格	受入	價格	拂出	價格	現存數量	價格
大號 盒皮	18,196.000	2,000,433.-	–	–	–	–	18,196.000	2,000,433.-
盒心	5,204.000	416,000.-	–	–	–	–	5,204.000	416,000.-
軟盒皮	6,000.000	600,000.-	–	–	–	–	6,000.000	600,000.-
盤紙	6,510	3,906,000.-		–	150	90,000 ~~450~~	[illegible]	3,816,000.-
錫紙 20支	534.5	168,570.-	–	–	–	–	534.5	168,570.-
蓮華紙	135,000	270,000.-	–	–	–	–	135,000	270,000.-
薄膀紙	135,660	407,000.-	–	–	–	–	135,660	407,000.-
小型薄膀紙	367	550,000.-	–	–	–	–	367	550,000.-
馬糞紙	46,000	92,000.-	–	–	1,000	2,000	45,000	90,000.-
透明紙	76,000	16,300.-	–	–	–	–	76,000	16,300.-
白有光紙	224,500	224,500.-	–	–	17,500	17,500.-	207,000.-	207,000.-
牛皮紙	67,820	203,460.-	–	–	3,000	9,000.-	64,820	194,460.-

华北东亚烟草徐州工场
电话九二六番

No.

品名	原有数量	價格	受入	價格	拂出	價格	現存数量	價格
平光紙	32.000	136.000.-	—	—	—	—	32.000	136.000.-
防水紙	107.470	650.000.-	—	—	—	—	107.470	650.000.-
洋釘 2吋	5.740.-	166.461.02	—	—	—	—	5.740	166.461.02
〃 1吋	1.320.-	42.000.-	—	—	—	—	1.320	42.000.-
〃 1吋	446	13.380.-	—	—	60	1.800.-	386	11.580.-
〃 1吋	23	782.-	—	—	—	—	23	782.-
木箱 A型	715	214.500.-	—	—	—	—	715	214.500.-
〃 B型	450 ~~600~~	300.000.-	1.000	3.500.000.-	—	—	[illegible]	3.800.000.-
〃 C型	2.000	500.000.-	500	600.000.-			2.500	1.100.000.-
糯米粉	40	24.240.-	—	—	40	24.240.-	—	—
麵粉	—	—	60	17.760.-	60	17.760.-	—	—
黑油	25	1.775.-	—	—	—	—	25	1.775.-

No.

華北東亞煙草徐州工場
電話九二六番

品名	原有數量	價格	買入	價格	拂出	價格	現存數量	價格
藍油	8.5	4,530.50	—	—	1	533.-	7.5	3,997.50
金粉	9.-	6,428.60	—	—	—	—	9.-	6,428.60
黃油	8.-	444.42	—	—	—	—	8.-	444.42
計		12,395,001.64 29		4,117,760.-		2,003,880	-	16,272,722.84

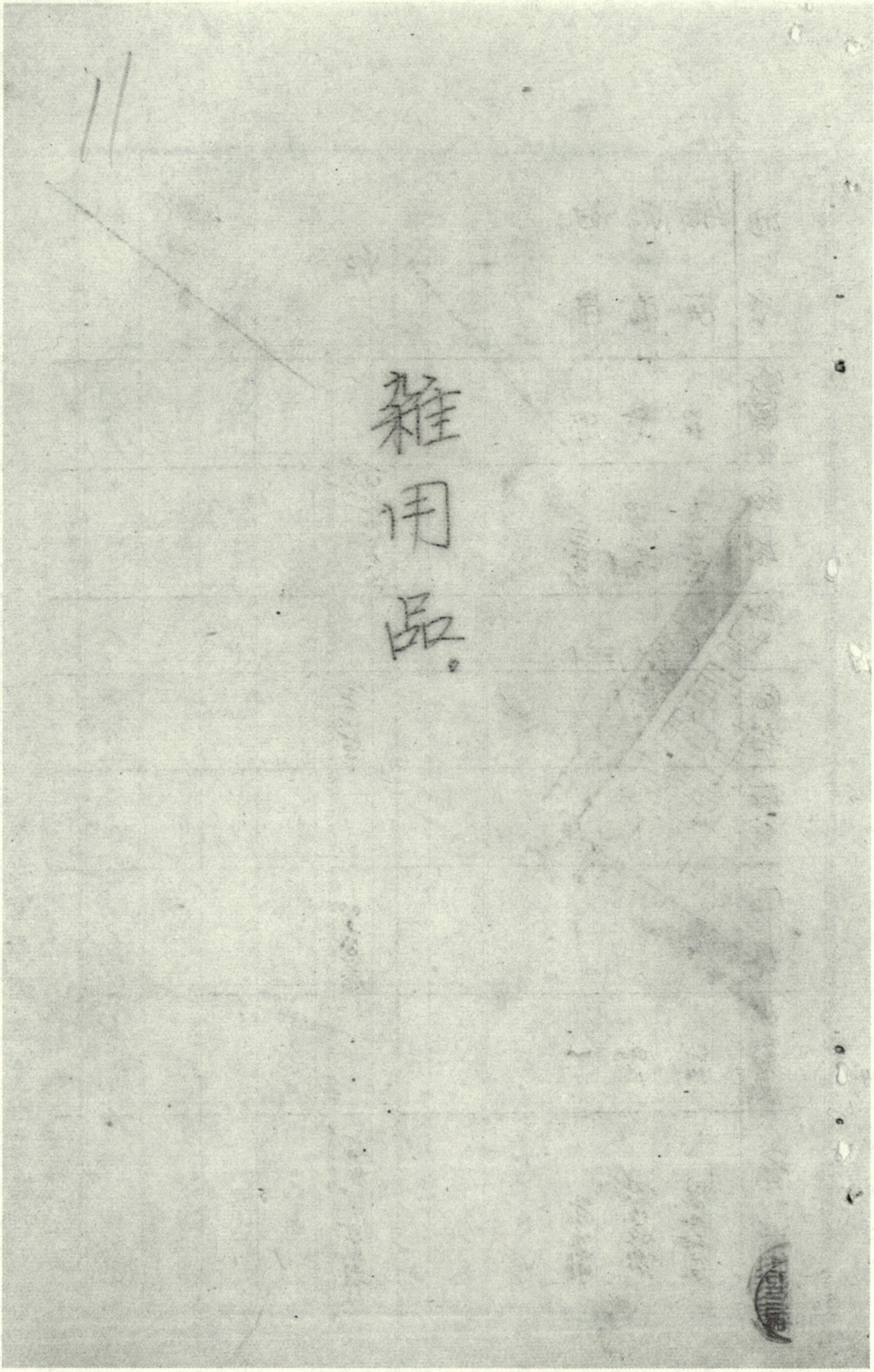
11

雑用品。

華北東亞煙草徐州工場
電話九二六番

No. 12

雜用品現存表

民國35年2月1日
2月12日

品名	現有數量	金額	受入數量	金額	拂出數量	金額	現存數量	金額
方鑢 粗8寸	3	3.00					3	3.00
〃 小細6寸	1	1.00					1	1.00
半圓鑢 6寸	3	3.00					3	3.00
平鑢 細8寸	1	1.00					1	1.00
圓鑢 14〃	3	4.50					3	4.50
〃 12〃	0	0					0	0
半圓鑢 14〃	1	1.50					1	1.50
〃 6〃	1	1.00					1	1.00
平鑢 粗8〃	5	5.00					5	5.00
〃 10寸	9	10.80					9	10.80
〃 細12〃	2	2.20					2	2.20

華北東亞煙草徐州工場
電話九二六番

No.

13

平鏟 細12吋	3	3.90					3	3.90
油鏟 細18吋	3	3.00					3	3.00
鉋刀 5/16×1/2	5	75.00					5	75.00
〃 5/8×3/4	2	30.00					2	30.00
〃 1/2×4 3/4	2	30.00					2	30.00
〃 3/4×7	3	45.00					3	45.00
鑽頭 48 [illegible]	1	12.00					1	12.00
〃 7/8	2	24.00					2	24.00
〃 17/32	1	12.00					1	12.00
〃 3/8	10	120.00					10	120.00
〃 1/2	17	204.00					17	204.00
〃 5/16	6	72.00					6	72.00
〃 11/32	19	228.00					19	228.00

華北東亞煙草徐州工場
電話九二六番

No. 14

鑽頭 9/32	5	60.00				5	60.00
〃 3/16	9	108.00				9	108.00
〃 1/4	5	60.00				5	60.00
1/8	10	120.00				10	120.00
5/32	10	120.00				10	120.00
錐子 3/8	3	36.00				3	36.00
3/16	3	36.00				3	36.00
5/16	1	12.00				1	12.00
3/8	2	24.00				2	24.00
7/16	2	24.00				2	24.00
1/2	1	12.00				1	12.00
3/4	4	48.00				4	48.00
5/8	3	36.00				3	36.00

華北東亞煙草徐州工場
電話九二六番

錐子 7/8吋	3	36.00					3	36.00
〃 1〃	4	48.00					4	48.00
絞棋	2	24.00					2	24.00
手錐子	4	48.00					4	48.00
鋸条	107	3,210.00			2	60.00	105	3,150.00
五金	19	950.00					19	950.00
旋刀	2	137.60			1	68.80	1	68.80

15
No.

華北東亞煙草徐州工場
電話九二〇六番

No.

品名	原有數量	原有價格	受入數量	受入價格	拂出數量	拂出價格	現存數量	現存價格
牙輪 86枚	6	300.-					6	300.-
〃 73	4	200.-					4	200.-
〃 31	1	40.-					1	40.-
〃 15	3	90.-					3	90.-
〃 14	1	30.-					1	30.-
鋼印 旅行	6	16.-					6	16.-
〃 青天	4	8.-					4	8.-
〃 金龍	4	8.-					4	8.-
〃 福壽	2	4.-					2	4.-

16

華北東亞煙草徐州工場
電話九二六番

No.

品名	原有數量	原有價格	買入數量	買入價格	拂出數量	拂出價格	現存數量	現存價格
桃木	1,700	85,000.-	—				1,700	85,000.-
松板	220	66,000.-					220	66,000.-
杉板	20	6,000.-					20	6,000.-
捲紙 小	8	96.-					8	96.-
〃 大	7	84.-					7	84.-
捲上機用[illegible]	14	168.-					14	168.-
印刷色釉	18	180.-					18	180.-
捲上机[illegible]	14	210.-					14	210.-

No.

18

華北東亞煙草徐州工場
電話九二六番

品名	原有数量	原有價格	受入数量	受入價格	拂出数量	拂出價格	現存数量	現存價格
捲上膠滾軸	28	400.-					28	400.-
〃刀頭鉄牙輪	9	108.-					9	108.-
〃刀頭拉軸	5	60.-					5	60.-
槳輪架	4	60.-					4	60.-
刀頭八字輪 ~~元宝舟~~	1	15.-					1	15.-
架輪	14	187.-			5	66.25	9	120.75
元宝舟	19	190.-					19	190.-
上鉄	7	91.-					7	91.-
切絲刀架	2	24.-					2	24.-
裡刀口	4	48.-					4	48.-
刀口長	11	143.-					11	143.-
〃短	8	96.-					8	96.-

華北東亞煙草徐州工場
電話九二六番

No.

品名	原有數量	原有價格	受入數量	受入價格	拂出數量	拂出價格	現存數量	現存價格
扭鉄沙	6	6.000.-					6	6.000.-
鉄管接手	19	228.-			1	12.-	18	216.-
〃自在接手	94	1.128.-					94	1.128.-
包金套鉄	19	950.-					19	950.-
鉄沙	81	6.480.-					81	6.480.-
三通	122	1.464.-					122	1.464.-
湾頭	65	7.800.-					65	7.800.-
圓軸	165	2.475.-					165	2.475.-
切絲頭口	8	96.-					8	96.-
切絲簧	28	400.-					28	400.-
氣保	5	60.-					5	60.-
氣門	7	84.-					7	84.-

華北東亞煙草徐州工場
電話九二六番

品名	原有数量	原有價格	買入数量	買入價格	拂出数量	拂出價格	現存数量	現存價格
水門	16	192.-					16	192.-
鋼套	4	60.-					4	60.-
白鉄板	2	30.-					2	30.-
棒鉄	64	64.-					64	64.-
燈洛鉄板	1	30.-					1	30.-
煙櫃蓋	92	72.490.-	60	120.000.-	10	12.660.-	142	179.830.-
製軸架軸	16	160.-					16	160.-
油壺大	26	52.-					26	52.-
〃 中	23	46.-					23	46.-
〃 小	31	31.-					31	31.-
鋼板	3	30.-					3	30.-
製軸	20	200.-					20	200.-

華北東亞煙草徐州工場
電話九二六番

No. 21

品名	原有数量	原有價格	受入数量	受入價格	拂出数量	拂出價格	現存数量	現存價格
大鎚	1	51.-					1	51.-
螺絲帽	50	500.-					50	500.-
鏇子罐	1	30.-					1	30.-
鉄管	78	7,800.-					78	7,800.-

No.

華北東亞煙草徐州工場
電話九二六番

電熱	198	19,800,00					198	19,800,00
火玻璃	2	[illegible]					2	600,00
鵝毛紙	94	944,00					94	944,00
亜鉄引鉛板	31	15,500,00					31	15,500,00
玻璃管	17	5,100,00					17	5,100,00
酒精	0	0					0	0
滑機油	0	0					0	0
馬達油	80	103,500,00			1	[illegible]	79	102,206,50
黄油	0	0					0	0
汽缸油	3	3,000,00			1	1,000,00	2	2,000,00
变压機油	2	4,000,00					2	4,000,00
碱液	26	5,200,00					26	5,200,00
石油	9	4,500,00			1	500,00	8	4,000,00

華北東亞煙草徐州工場
電話九二六番

No. 73

皮帶油	4	220.00					4	220.00
輪帶油	0	0					0	0
滚珠	32	450.00					32	450.00
〃	6	90.00					6	90.00
〃	13	195.00					13	195.00
〃	56	840.00					56	840.00
〃	52	780.00					52	780.00
〃	3	45.00					3	45.00
〃	27	405.00					27	405.00
〃	21	315.00			4	60.00	17	255.00
〃	15	225.00					15	225.00
〃	5	75.00					5	75.00
〃	5	75.00					5	75.00

No.

華北東亞煙草徐州工場
電話九二六番

軸受	1	13,00					1	13,00
滚珠	3	45,00					3	45,00
保險線	3	30,00					3	30,00
〃	6,5	65,00					6,5	65,00
電球	329	16,450,00					329	16,450,00
平皮帶	23.0	2,950,00					23.0	2,950,00
帆布皮帶	14	1,400,00					14	1,400,00
〃	9,55	955,00					9,55	955,00
皮帶卡	43	2,150,00					43	2,150,00
〃	47	2,350,00					47	2,350,00
刺皮帶	2,900	203,000,00					2,900	203,000,00
〃	1113	77,910,00					1113	77,910,00
馬達皮帶	14	700,00					14	700,00

華北東亞煙草徐州工場
電話九二六番

No.

馬達皮帶	8	400,00					8	400,00
〃	7	350,00					7	350,00
〃	1	50,00					1	50,00
寬帆布皮帶	332	2656,00					332	2656,00
捲上機大布	27	2700,00			2	200,00	25	2500,00
〃 小布	37	1850,00			1	50,00	36	1800,00
捲煙布	18	540,00					18	540,00
小 帶	155	36715,00			10	2369,00	145	34345,00
把刀布	6	60,00					6	60,00
切煙絲刀	6	700,00					6	700,00
〃	48	8160,00					48	8160,00
〃	33	5940,00					33	5940,00
〃	82	16400,00			2	400,00	80	16000,00

华北東亞煙草徐州工場
電話九二六番

No.

刀片	250	12,500.00					250	12,500.00
大膠皮輪	0	0	6	150,000.00			6	150,000.00
膠滾	6	60.00	24	60,000.00			30	60,060.00
小車膠皮輪	4	60.00					4	60.00
〃	9	180.00					9	180.00
大車膠車輪	2	840,000.00					2	840,00.00

華北東亞煙草徐州工場
電話九二六番

No.

磨刀砂輪	6	3,000.00					6	3,000.00
〃	2	200.00					2	200.00
石炭	45	45,000.00					45	45,000.00
砂布	218	25,980.00			10	1,190.00	208	24,790.00
蠟燭	512	10,240.00					512	10,240.00
蓆	500	50,200.00					500	50,200.00
刷子	0	0						0
柳屋	33	4,950.00					33	4,950.00
烟突	68	28,350.00					68	28,350.00
綿紙	500	5,000.00					500	5,000.00
洋灰	4,770	14,310.00					4,770	14,310.00
〃	7,000	14,000.00					7,000	14,000.00
〃	12,000	12,000.00					12,000	12,000.00

華北東亞煙草徐州工場
電話九二六番

No.

皮褂子	1	500,00					1	500,00
錫	5	500,00			2	200,00	3	300,00
牛皮	7	350,00					7	350,00
石頭	1,500	7,500,00					1,500	7,500,00
草蓆	163	8,195,00			15	750,00	148	7,445,00
洋鎬頂把	0	0	12	72,000,00	12	72,000,00	0	0
麵粉	240	95,339,02	880	260,600,00	60	17,760,00	1,060	338,179,02
刻箱	210	54,000,00					210	54,000,00
合計		2,591,455,02		662,600,00		143,605,05		3,110,449,97

29

成

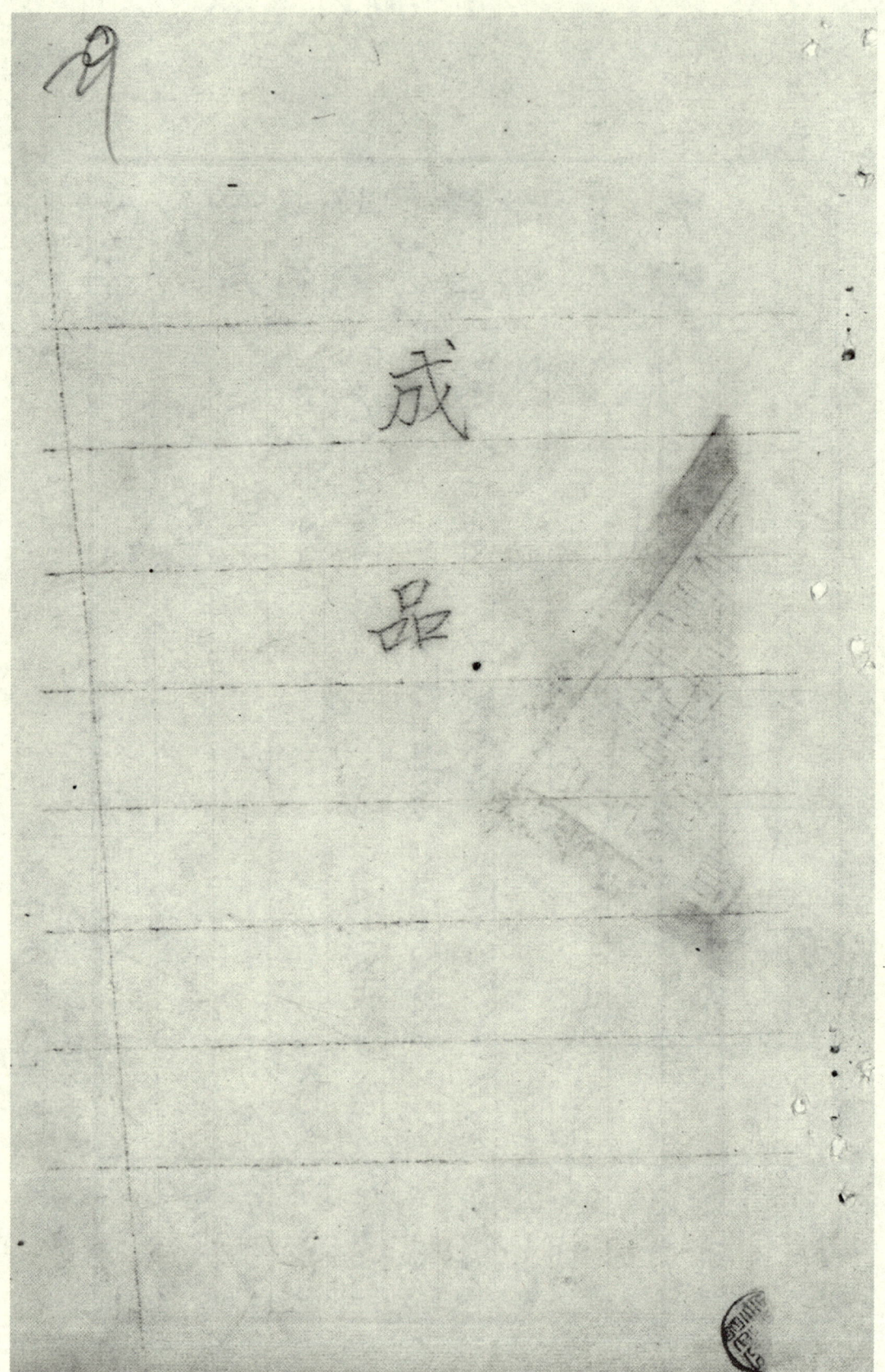

品

No. 30

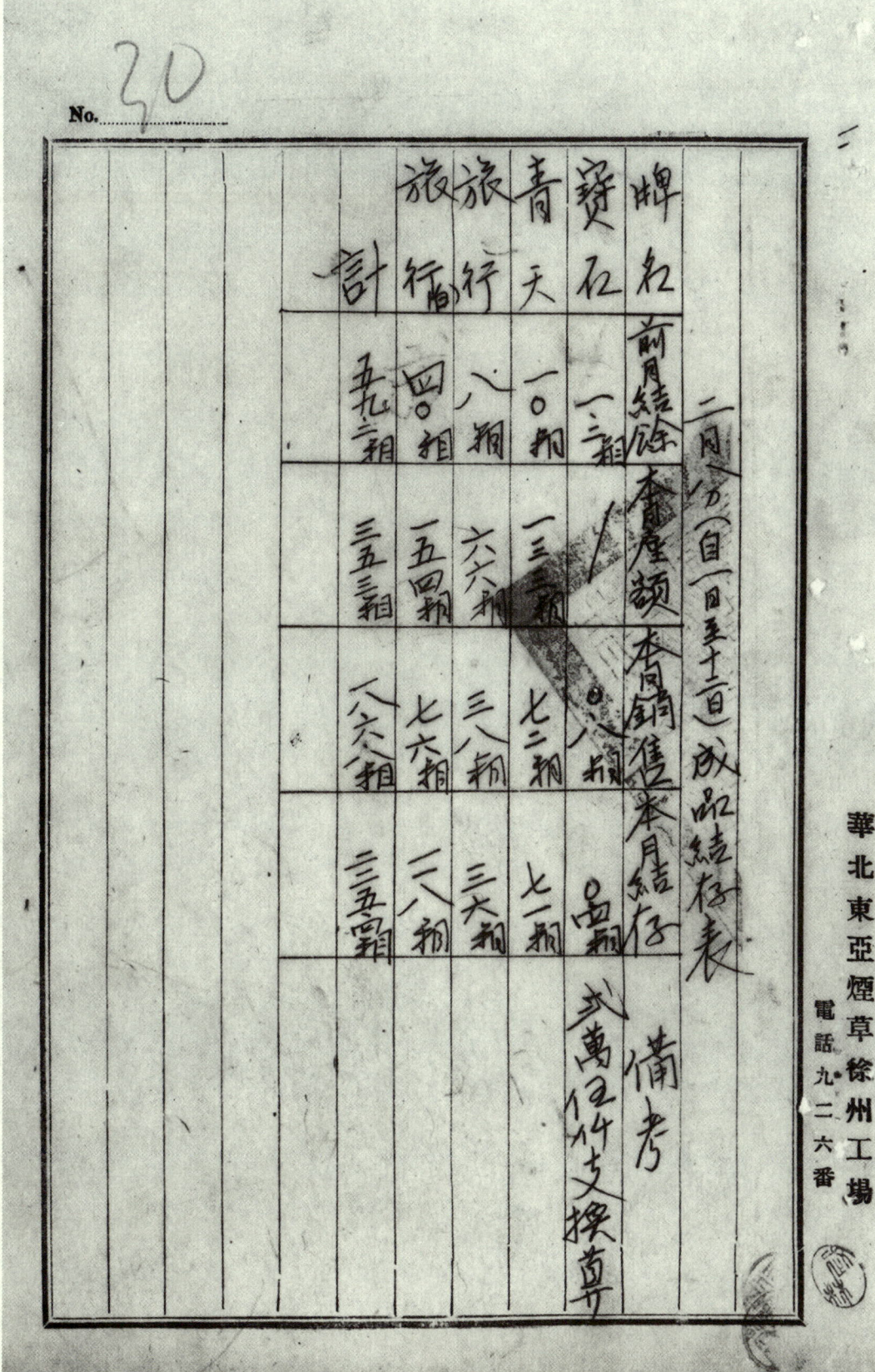

二月份（自一日至十二日）成品結存表

牌名	前月結餘	本月產額	本月銷售	本月結存	備考
賓石	一二箱	/	八箱	四箱	貳萬伍仟文換算
青天	一〇箱	一三三箱	七二箱	七一箱	
旅行	八箱	六六箱	三八箱	三六箱	
旅行（白）	四〇箱	一五四箱	七六箱	一一八箱	
計	五九二箱	三五三箱	八六箱	三五四箱	

華北東亞煙草徐州工場
電話九二六番

31

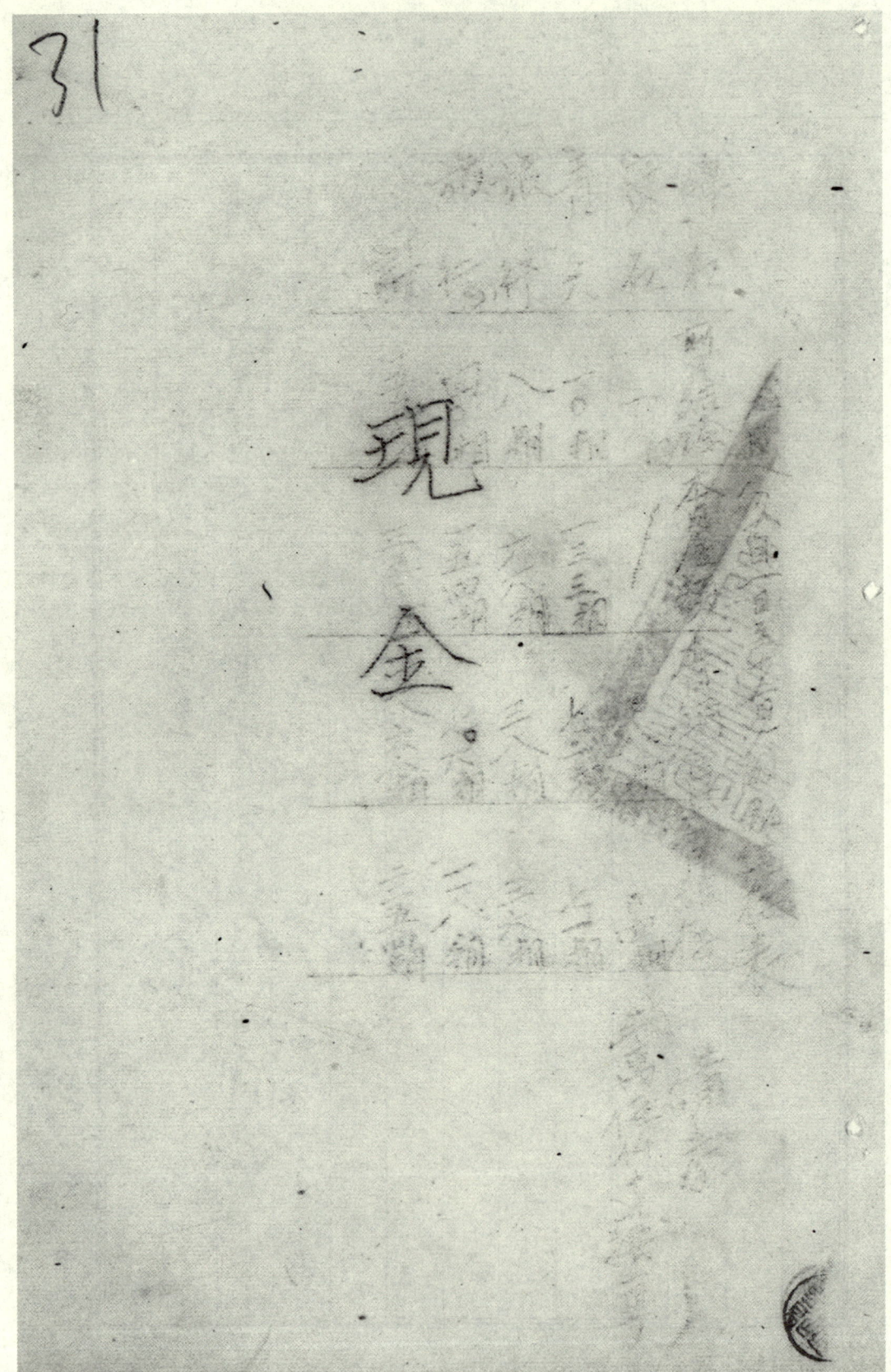

現金

No.

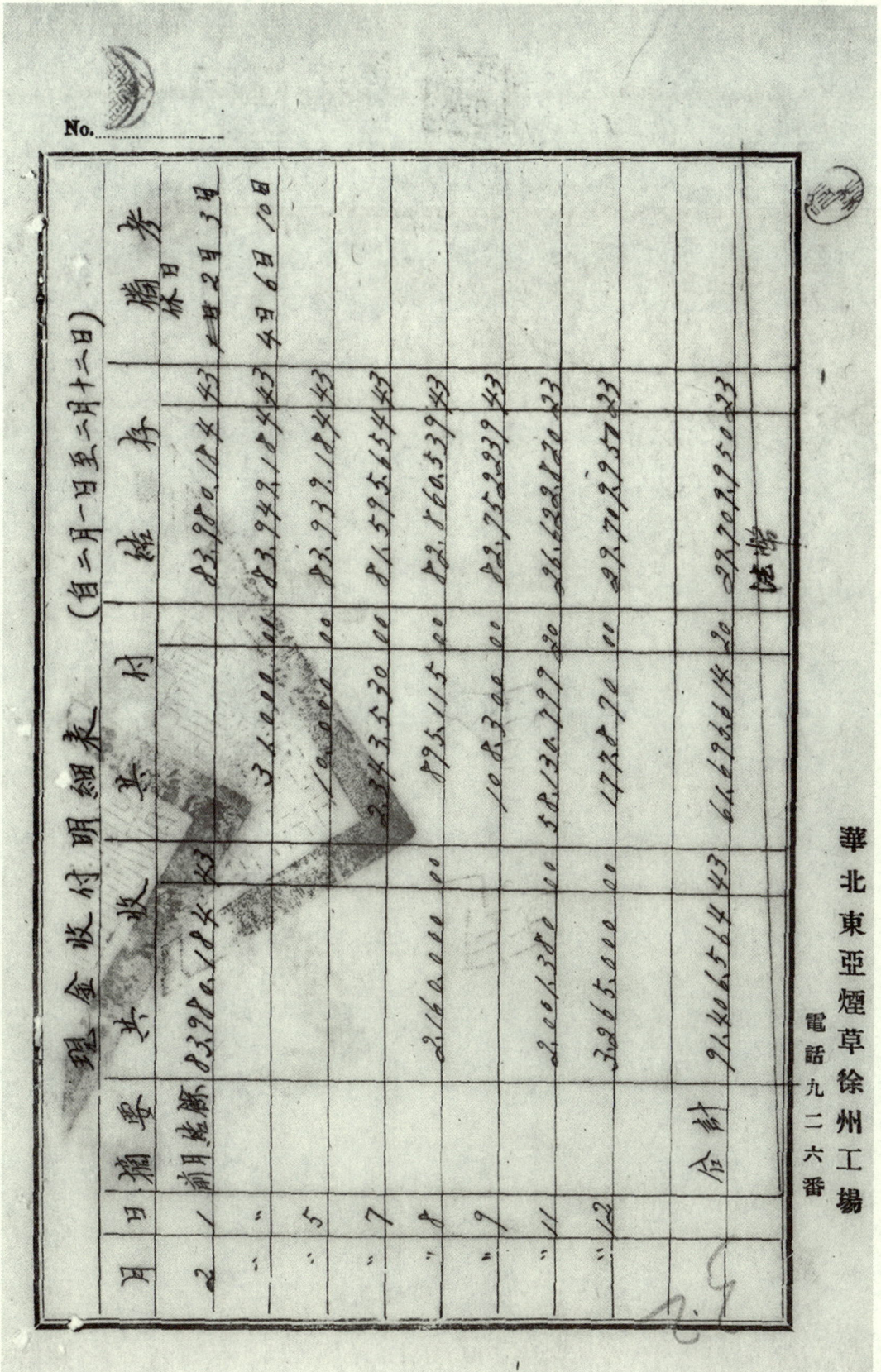

現金收付明細表 （自二月一日至二月十二日）

月	日	摘要	共收		共付		結存		備考
2	1	前月結餘	83,980,184	43			83,980,184	43	休日 ~~1日~~ 2日 3日
〃	〃				31,000	00	83,949,184	43	4日 6日 10日
〃	5				10,000	00	83,939,184	43	
〃	7				2,343,530	00	81,595,654	43	
〃	8		2,160,000	00	895,115	00	82,860,539	43	
〃	9				108,300	00	82,752,239	43	
〃	11		2,001,380	00	58,130,799	20	26,622,820	23	
〃	12		3,265,000	00	177,870	00	29,709,950	23	
		合計	91,406,564	43	61,696,614	20	29,709,950	23	
							法幣		

華北東亞煙草徐州工場 電話九二六番

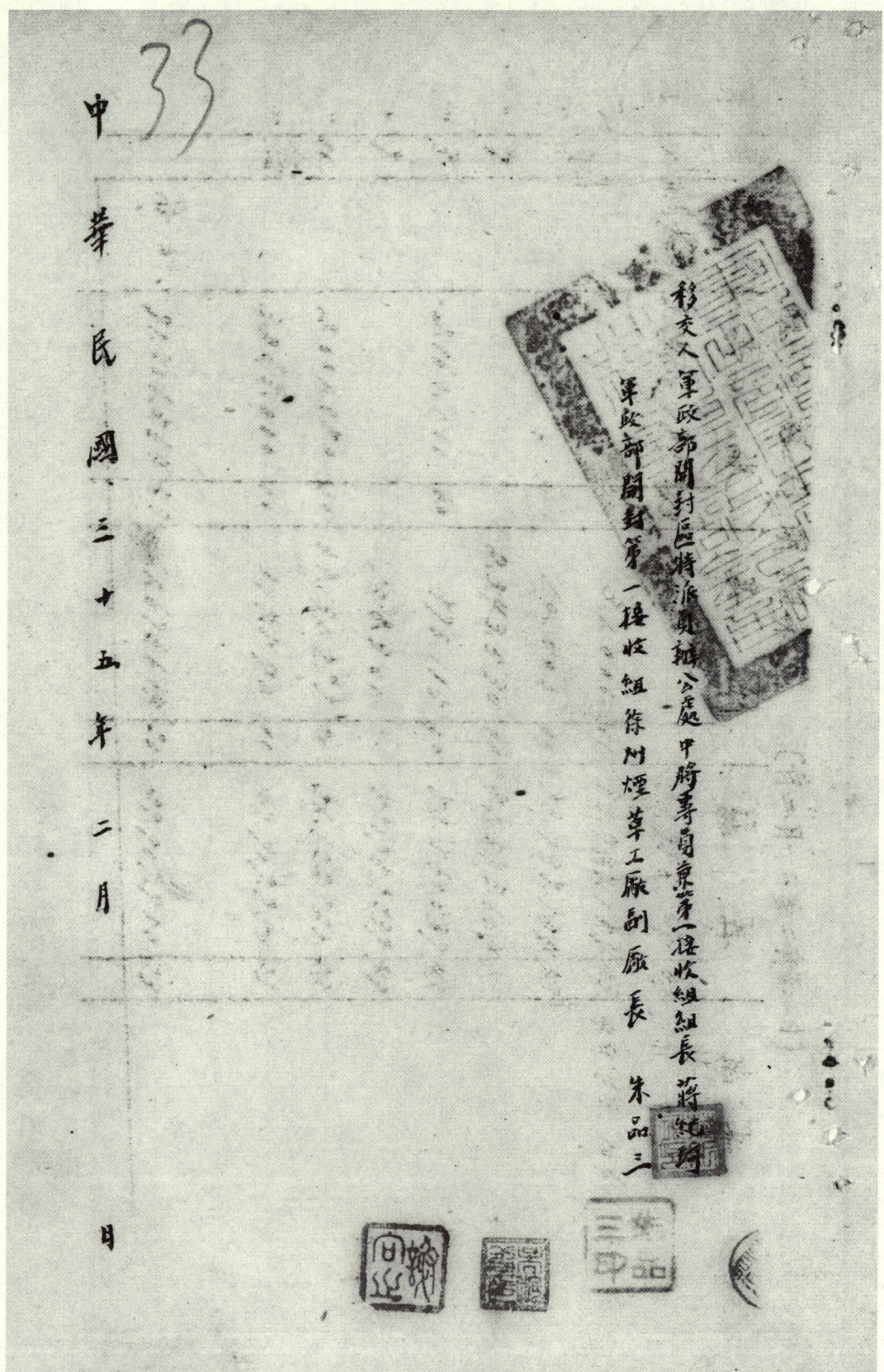

移交人軍政部開封區特派員辦公處中將壽育京第一接收組組長 蔣純琦

軍政部開封第一接收組徐州煙草工廠副廠長 朱品三

中華民國三十五年二月 日

24

中華民國卅五年壹月卅壹日調

軍政部兵封區特派員辦公處徐州第一接收組第二供應廠財產清冊

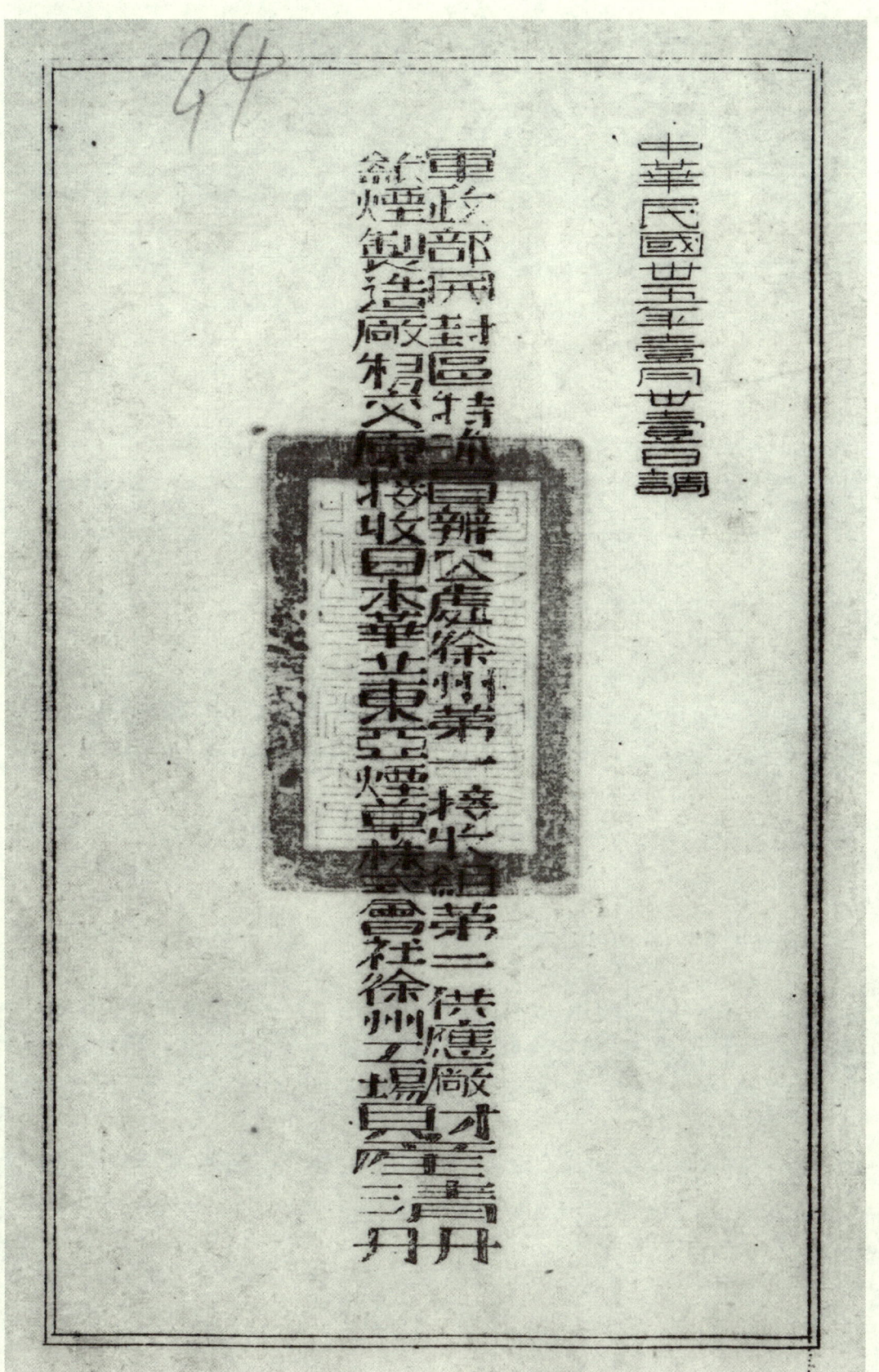

紙煙製造廠楊文屬接收日本華北東亞煙草株式會社徐州工場財產清冊

36

目次

37

東亞煙草公司工場配置図

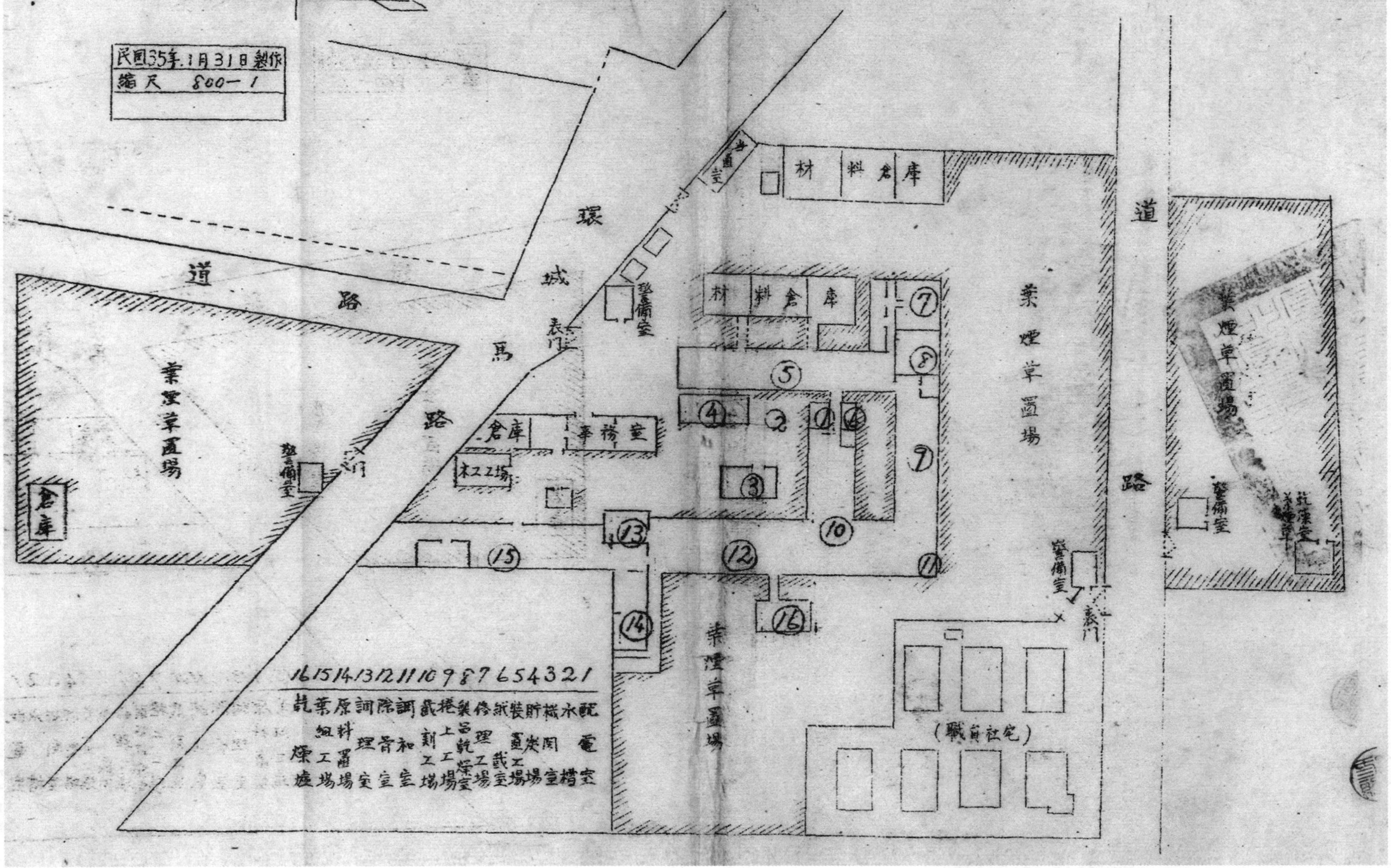

軍政部開封區特派員辦公處第一接收組接收各單職員清冊

日方徐州東亞煙草公司。現有員工員三冊

43

職別	姓名	年齡	籍貫	出身	曾任職務
監理 副廠長	朱品三	五三	河北獻縣	陸軍混成旅第二期工科陸軍講武堂工兵研究班	排、連、營、團長、
助理 事務員	胡景武	三七	江蘇	江蘇沛縣師範	教員湖田局主任
助理 仝	張耀暄	四三	仝	仝	教育局課長小学校長等職
仝	邵云琳	三五	仝	江蘇省立教育学院	軍需股營等職
仝	張邵生	三〇	河北	國立北平大学	教員主任督学等職
仝	刘振遠	三〇	河北高陽	保定育德中学	計算股員軍需組員等職
仝	孟令宣	三四	河北豐潤	省立唐山中學	校長主任股長等職
仝	程炳遠	三一	河北靜海	中央陸軍步兵学校	排、連長等職
				以下余白	

107

中華民國三十五年二月

軍政部開封區第廿木材廠接交原接收日本大二木廠財產清冊

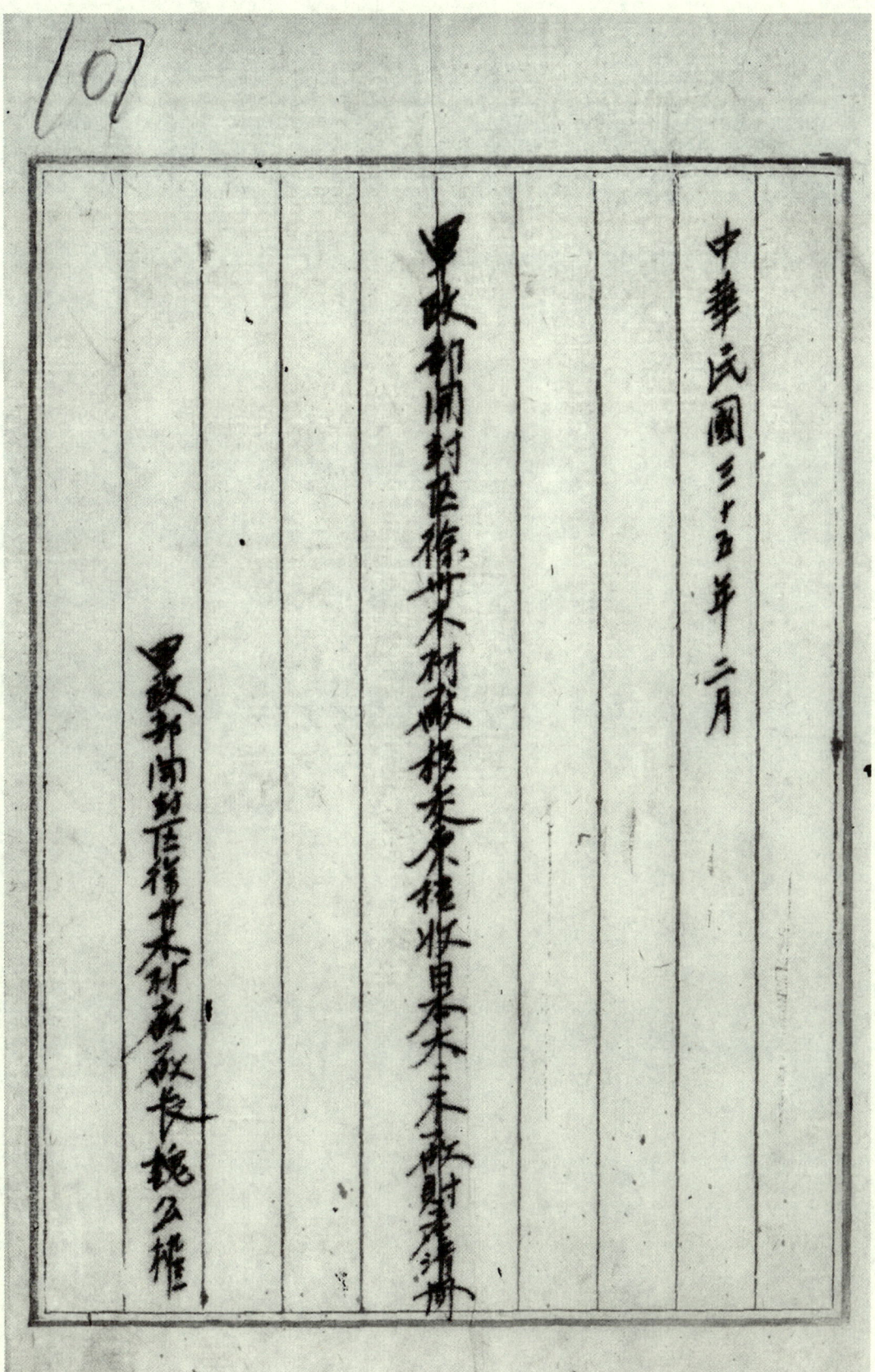

軍政部開封區第廿木材廠廠長魏公權

108

類別	品名	單位	原接收數量	營業動態 收入	營業動態 支出	移交數量	備註
家俱	辦公桌	張	七			七	
	書箱	個	二			二	
	小鉄庫	個	一			一	
	衣櫃	個	二			二	
	大板車	輛	一			一	
	洋車	輛	一				令奉繳納
	消防車	輛	一			一	
機器	四四吋帶鋸機	架	一			一	
	四二吋帶鋸機	架	一			一	

三〇吋帶鋸机	架	一	一
圓鋸机	架	一	一
製箱机	架	三	三
五〇馬力馬達	个	一	一
三〇馬力馬達	个	一	一
五馬力馬達	个	一	一
一〇馬力馬達	个	一	一
二馬力馬達	个	一	一
低壓三〇K變壓器	个	三	三
銼鋸机	架	一	一

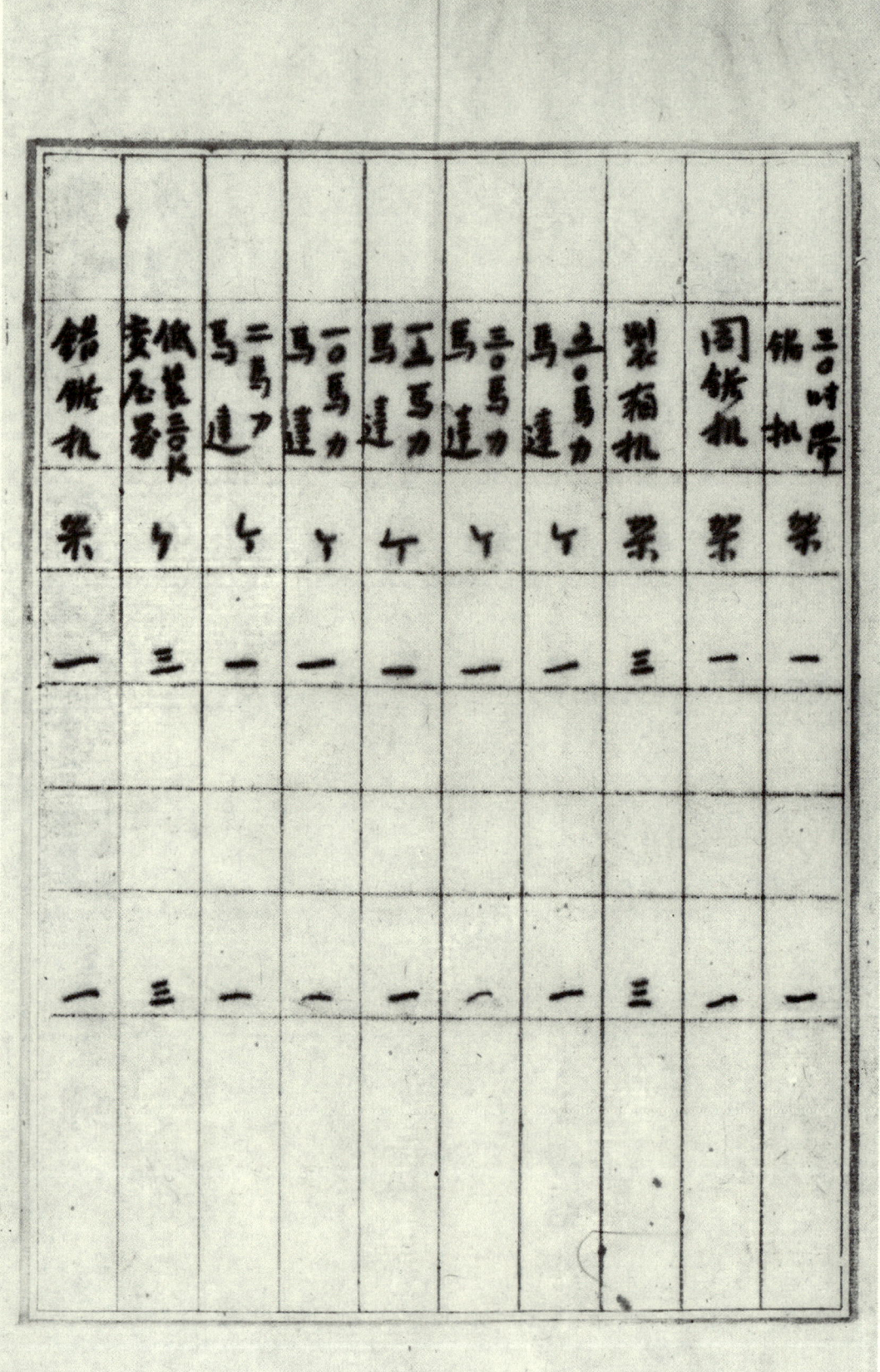

109

類別	品名	單位	原存數量	營業動態 收入	營業動態 支出	移交數量	備考
	電盤（100KVA）	面	一			一	
消耗品	帶鋸	尺	二五〇			二五〇	
	圓鋸	个	六			六	
	膠帶	尺	一九〇		九〇	一〇〇	
	砂輪	块	二〇〇		一〇〇	一〇〇	
	鋼錯	个	三八〇		一八〇	二〇〇	
	滾珠	个	二七		一二	一五	
	油類	斤	五		五	〇	
	圓木	根	五七		二〇四 四三	〇	築鋼套與合收 去〇〇四

小箱板	块			六四0	0
板皮	方			二0	0
三尺长三寸方子十	根			四00	0
五尺长三寸寸方子十	根	一五0		一五0	0
六尺长三寸寸方子十	捆	一二0		七0	一五0
五尺长三寸方子	〃	一五0		一四0	一00
五一七尺板条	根	一000		一000	0
五分板	捆	八八		八八	0
六尺长三寸寸方子十	根	四00		四00	0
板条	堆	八			八

消耗品	杉木	根		七〇	七〇	〇	巢調委員會收去五八根
	大方木	根		三六六	三六六	〇	
	三尺長三寸一四寸方子	根		二〇〇〇	二〇〇〇	〇	
	四尺長三寸一五寸方子	根		四七九六	四七九六	〇	
	一寸板	塊		八	八	〇	
固定產	地跌	市方丈	八七五			八七五	
	房屋	棟	五			五	磚牆瓦頂平房三 木牆瓦頂平方二棟

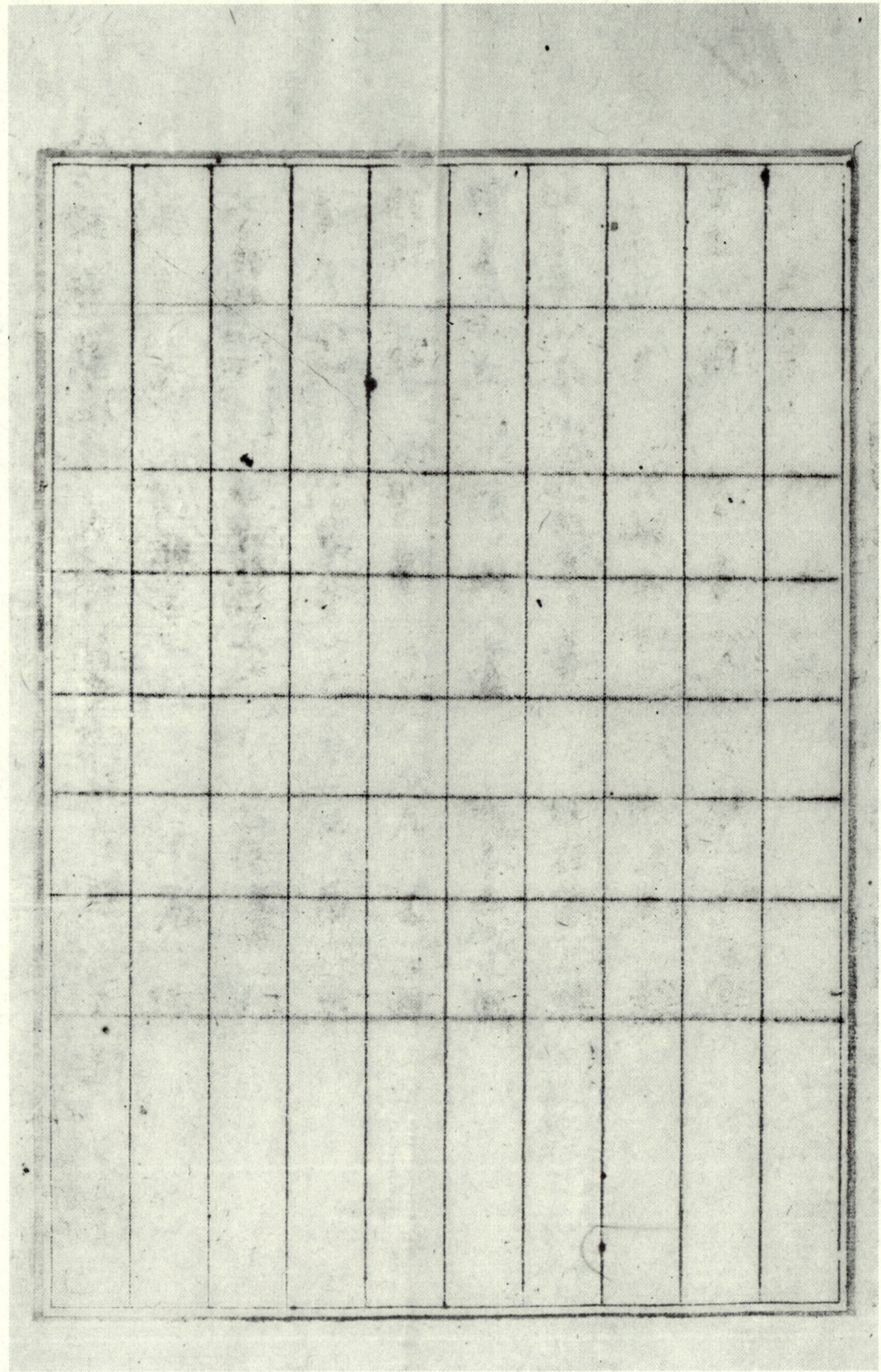

名稱	數量	備註	名稱	數量	備註	名稱	數量	備註
銅盆	一个		洋賬桌	一付		國旗	一面	
大号鉄鍋	一口		中号鉄鍋	一个		鉄圓桌	一個	
卷夾	百個		訂書器	一个		烟卤	八節	
掛牌	一块		算盘	二个		尺子	二個	
痰盂	四个		印泥	三盒		銅墨盒	三個	
吸墨器	二个		印台	二隻		鉄絡盒	三個	
三角尺	一个		大銅夾	四个		國父像	一幅	
主席像	一幅		茶壶	一把		飯碗	百個	
茶碗	四个		椅子	二把				

军政部开封区特派员办公处第一接收组组长 蒋纪珂

交通部徐州铁路局局长 沈文泗

移交人 军政部开封区徐州木材厂厂长 魏公權

接收人 交通部徐州铁路局铁木厂东厂厂长 林樹棠

监收人 交通部徐州铁路局会计專員 章世勤

监收人 交通部徐州铁路局材料股主任 任中肅

145

甲型一至十五 三十八至五十号

乙型一至三十七号

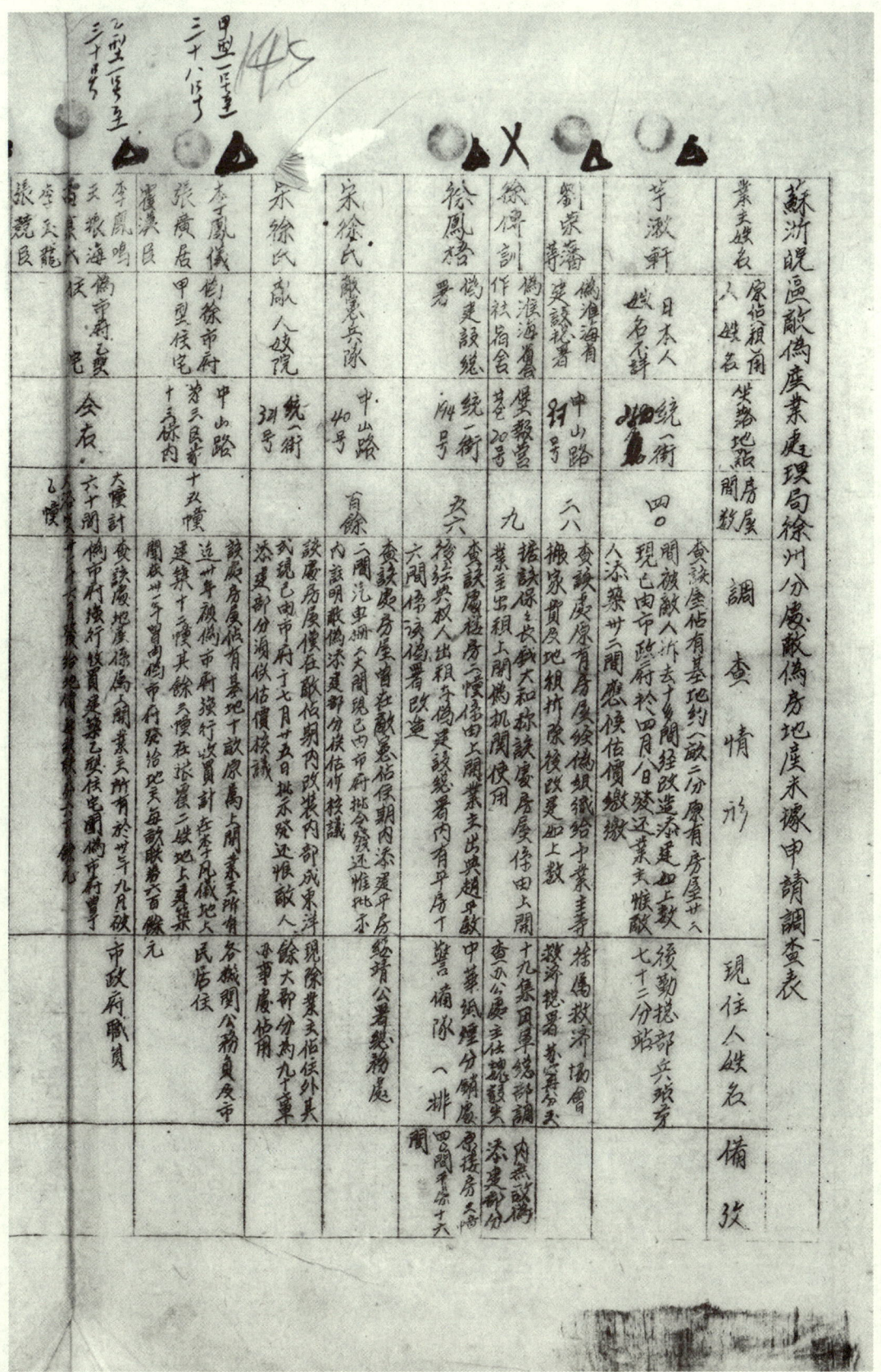

蘇浙皖區敵偽產業處理局徐州分處敵偽房地產未據申請調查表

業主姓名	原佔(租)用人姓名	坐落地點	房屋間數	調查情形	現住人姓名	備攷
芋漱軒	日本人 姓名不詳	統一街[illegible]	四〇	查該產佔有基地約八畝二分原有房屋廿八間被敵人拆去十六間經改造添建如上數現已由市政府於四月八日發还業主惟敵人添築廿二間應俟估價繳繳	後勤總部兵站第七十二分站	
劉崇藩等	偽淮海省建設總署	中山路[illegible]号	二八	查該處原有房屋經偽組織給予業主等搬家費及地租折除後改建如上數	徐偽救濟協會 救濟總署蘇寧分署	
徐偉訓	偽淮海省作社省会	堡報營巷20号	九	據該保長戴大和稱該處房屋係由上開業主出租上開偽机關使用	十九集團軍總部調查办公處主任魏毅生	內無敵偽添建部分
徐鳳梧	偽建設總署	統一街194号	五六	查該處樓房二幢係由上開業主出典趙平敏後经典权人出租予偽建設總署內有平房十六間係該偽署改造	中華紙煙分銷處 警備隊一排	原樓房二幢四十間平房十六間
宋徐氏	敵憲兵隊	中山路40号	百餘	查該處房屋曾在敵寇佔領期內添建平房二間汽車棚六大間現已由市府批令發还惟批示內該明敵偽添建部分俟估价核議	綏靖公署總務處	
宋徐氏	敵人妓院	統一街311号		該處房屋僅在敵佔期內改裝內部成東洋式現已由市府于七月廿五日批示發还惟敵人添建部分須俟估價核議	現除業主佔住外其餘大部分為九十軍办事處佔用	
李鳳儀 張廣居 翟漢臣	偽徐市府甲型住宅	中山路第三保第十三條內	十五幢	該處房屋佔有基地十畝原為上開業主所有迄卅年被偽市府強行收買計在李鳳儀地上建築十三幢其餘二幢在張翟二姓地上建築閏於卅一年曾由偽市府發給地主每畝賠償六百餘元	各機關公務員及市民居住	
李鳳鳴 王振海 曹葉氏 李玉龍 張競臣	偽市府乙型住宅	仝右	大幢計六十間 乙幢	查該處地產係為上開業主所有於卅年九月被偽市府強行收買建築乙型住宅闢偽市府曾于[illegible]發給地價[illegible]餘元	市政府職員	

△	不詳	日本第八小栄	民主路30号	五五	該處房屋佔地百餘畝（大門在首）角約六七畝係姚姓房屬公產勝利後由政署征用于卅五年五月由省府令江蘇學院接收惟無移交清冊可查	江蘇學院	敵建
△	不詳	日本第一小学教員宿舍	民主路東北首無号	一〇幢	該處房屋純係敵人新建之日本第一小学教員宿舍	江蘇學院三元新村	敵建
△	楊天先	日人瓦法恩寿	民主路東無号	二幢	該處係敵建房屋	月湖鎮保聯國民學校二部該校長張義覺	敵建
△	不詳	敵人住用	民主路東留七隔壁無号	三幢 三所	該處係戰前為徐州北鴉蛋廠之址後為敵人佔住計內部添築兵棚兩大所平房三幢計廿間及碉房四所一座	卅二集團軍總部	公
△	不詳	日人電報局職員宿舍	永康路28号	一六	該處係由敵人建築	徐州電信局職員宿舍	
△	不詳	不詳	大馬路225号	五	該處房屋係偽敵人建築由祝永福向市府承租于九月份轉讓蔣鴻儀移此	蔣鴻儀	
△	不詳	不詳	大馬路226号	四	係敵偽建築	第五兵站總監部第二處職員住用	
△ 又	朝鮮人	不詳	大馬路227号	八	有敵偽建築嫌疑	裕通恒米行	出賣於齊秀卿
△	不詳	日人貨棧 姓名不詳	大馬路迎春園後空地舞台旧址	一〇	該處房屋係敵人建築其地曾予度此有	第五兵站部毛秘書反五十四伯站通信兵團并眷屬佔用	敵建
△	不詳	日人洋行 姓名不詳	松年巷8号	七	該處房屋係敵人建造開設洋行其地係敘少瀹此有	劉建偉承[illegible]住用	

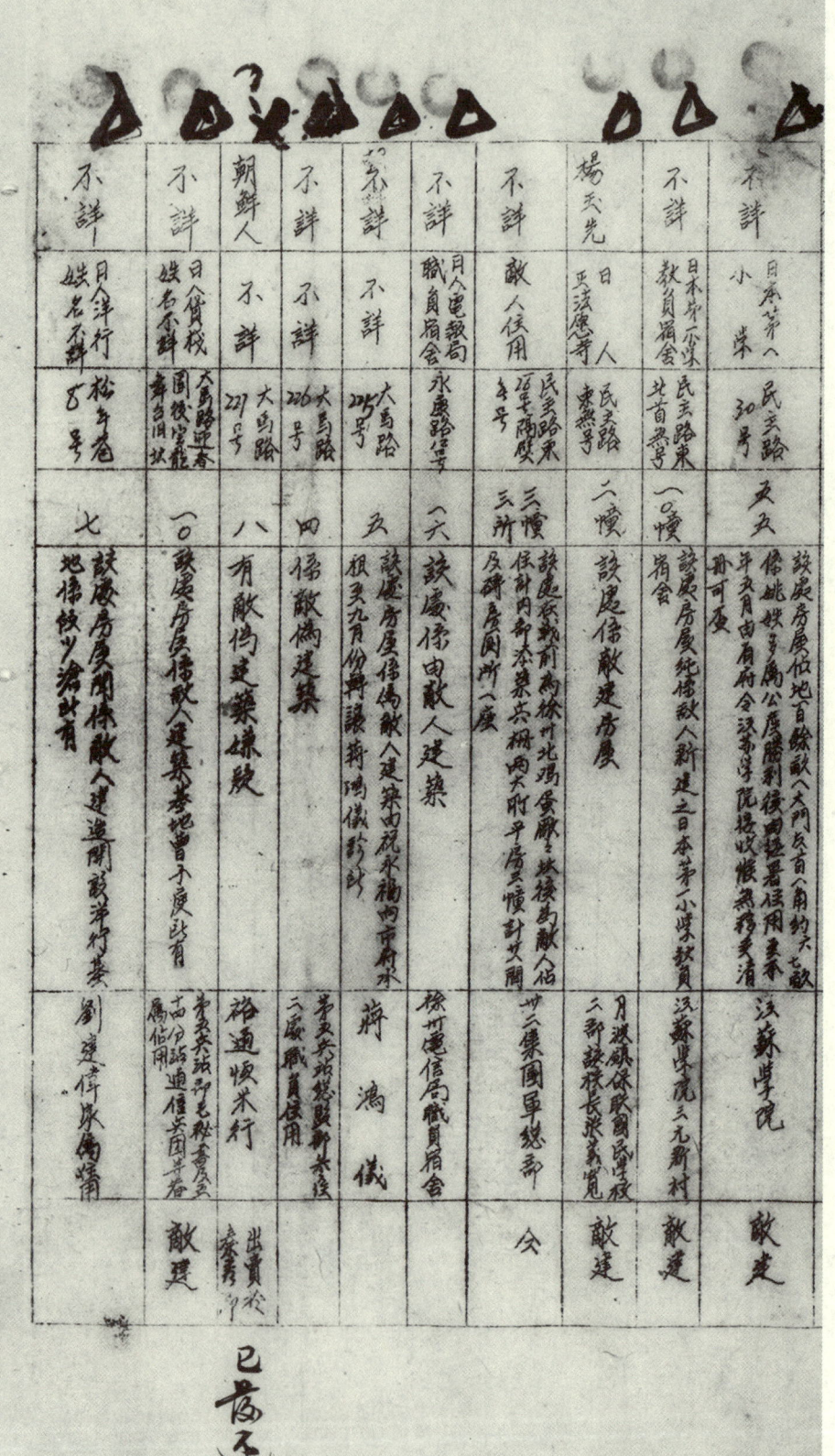

已發还

146

單會堂 邢鐵泉	不詳	崇文路1號	二〇餘	該房屋係漢奸單會堂邢鐵泉二人建造	第五兵站部十三分監部市府六七師等職員
不詳	偽燃料同業公會	崇文路5號	六〇	該房屋係前偽同會長劉[illegible]九所建，後賣於日人作燃業協會之用	第五兵站總監部
不詳	不詳	崇文路4號	六八	該處房屋係為敵偽建築，房屋現在該福康醫院係由該院向市府承租，每月金十四萬八千四百元	福康醫院院長張紹祖
不詳	日人商店 姓名不詳	崇文路3號	八八	該處房屋係日人建造，基地係偽市府收買	第五兵站總部醫務所
不詳	日人商號 姓名不詳	崇文路8號	四	該房屋前為日人商店，該基地係偽市府收買，該處現由上海中和分公司向市府承租	上海中和運輸分公司
不詳	仝	崇文路9號	九	該處前係日人商店基地，偽市府所有，現開設新生飯莊，由該莊經理劉克越自八月向市府承租至今	新生飯莊
不詳	仝右	崇文路10號	七	該處原為日人商店，現由天偉民向市府承租，該號負責人[illegible]	天偉民
不詳	仝右	崇文路11號	九	該處原為日人開設商店，現在開設焚焚實業社，係由該社經理向市府承租，每月金五萬八，經理陳德	焚焚實業社
不詳	不詳	崇文路12號	八三	該處房屋係敵建築，現在開設山東醫院，係由該院院長李崇烈向市府承租，每月金六萬四千八百元	山東醫院
不詳	不詳	崇文路13號	八〇	查該處確係敵偽建築房屋，現由辰耕慶自六月份起向市府承租，已由七月份向市府申請退租	仙樂咖啡館
不詳	不詳	崇文路14號	八〇	該處為敵偽建築房屋，現在開設崇文書局，係由辰耕慶八月份起向市府承租	崇文書局
不詳	不詳	崇文路15號	八〇餘	查該處確係敵偽建築房屋	綏署政治部職員
不詳	不詳	崇文路16號	七	查該處確係敵偽建築房屋	綏署電影第一隊
不詳	不詳	崇文路17號	八四	查該處確係敵偽建築房屋	中統局調查室徐海辦事處

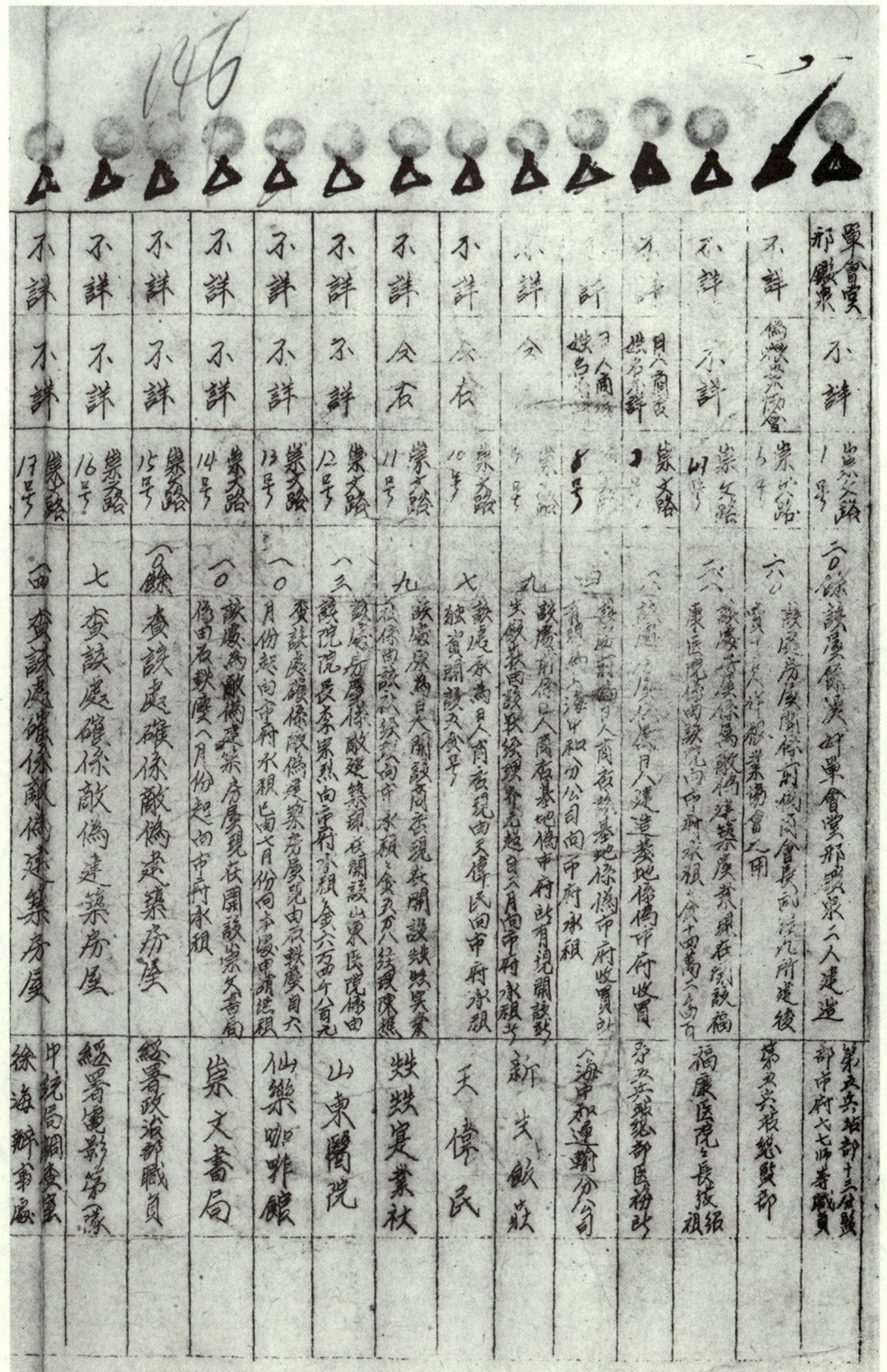

已封

不詳	不詳	崇文路18号	〈三	查該處確係敵偽建築房屋	救济协會劉漢川	
不詳	不詳	崇文路20号	八	該處房屋屬敵偽建築基地屬於公有	又兵〈团周副团長及二營徐營長	
不詳	不詳	崇文路21号	九	係敵偽建築門面〈間由医师鄧東介自四月起向市府承租後院四間駐綏署軍政人員	鄧東介住〈間綏署政治隊及影隊各住四間	
不詳	不詳	崇文路22号	九	確係敵偽現開荣華樓飯莊由其經理曲宏棠自四月份向市府承租月租五萬貳仟元	荣華樓飯館	
不詳	不詳	崇文路23号	〈〇	該處房屋確係敵偽建築	樓〈駐總、縣部職員樓下駐戴团二營〈排	仝
不詳	不詳	崇文路25号	〈八	確係敵偽房屋現開興華運輸公司由其經理徐祿初自五月份向市府承租月租拾貳萬公元	興〈華運輸公司	
不詳	不詳	崇文路27号	九	該處房屋確係敵偽建築	東校畢業隊朱經封綏靖區通訊處	
不詳	不詳	崇文路28号	不詳	確係敵產現開志成油棧其經理史宗〈商称自三月向市府承租內有〈間提〈與大馬路〈〈七号	志成油棧	內有〈間屬大馬路321号
不詳	不詳	崇文路29号	八	該屋係敵偽建築現開潔美咖啡館據該經理朱〈不明称自四月向市府承租月租五分〈仟元	潔美咖啡館	
不詳	不詳	崇文路30号	六	該屋確係敵偽建築現在該處樓上為智德商行樓下為德義米莊均係向市府承租者	智德商行 德義米莊	
不詳	不詳	崇文路30号及31前	〈四	該屋係偽敵偽建築現在該處〈〈樓上為第五兵站總監部機械處樓下為〈〈〈處職員佔用	第五兵站參謀〈〈 機械二處	
不詳	不詳	崇文路31号	〈四	該處係敵偽建築現駐第五兵站總監部七支部周支部長及運輸處孔處長	周支部長 孫處長	
不詳	不詳	崇文路32号	〈〇	該處係敵偽建築現在開設熾源米行及志達服裝店均自四月份向市府承租	熾源米行 志達服裝店	

147

△	不詳	不詳	崇文路33號及附33號	(五)	該屋係敵偽建造現33號開設福利貿易商行附33號駐副林採購委員會	林採購委員會	
△	不詳	日人商店姓名不詳	崇文路34號	(六)	該屋前係日人開設商店現為大眾貿易貨棧係由該棧東向市府承租棧東王天慶	大眾貿易貨棧	
△	不詳	不詳	崇文路35號	(三)	該屋係敵偽建築現自四月份起由王天清向市府承租惟以該屋仍駐兵站八隊云	兵站八隊	
X	黃慈斌	日人	中正路88號	二	查該處平房二間其門面經日本人略加修改現已由市府發還原業主	好萊塢照像館	
?	李春舉	日人妓院	中正路38、25、27間	三〇	該處原有民房被日人拆除改建日式樓房卅多間開設妓院	卅六兵團軍副司令部	
?	張振漢	仝	挑八街2號新訂309號	三八	查該處原有瓦房卅八間後經日人略加修改開設妓院	業主眷屬軍係偽	
/	靖趙氏	日人尾上寅太郎	中正路77號新162號	(四)	臨街部分原係偽商四分院看守所已拆成為路後半九間改建為十四間開設咖啡館	綏署軍樂隊	
/	陳王氏	日人咖啡館	彭城路323號	八〇	查該房屋係偽原有後經日本人將內部改裝開設咖啡館	軍人眷屬	新門牌103號
/	靖趙氏 靖文維	偽儲備銀行等	彭城路新310號	三	查該處臨街西三大間係由日人在張紹棠地皮上建築	中國百貨公司	
/	公產	偽淮海銀行	中正路136號	二二五	該屋原為衙門後為銅山縣小故佔期內被偽縣員判以林改建樓房六八間平房一七間該淮海銀行	綏署經理處 江蘇農民銀行	
/	吳蔭達	日人	大同街88號	八六	該屋原長發部(即中正路北)有西式平房十間後經日人淺原過男改建日式樓八座計十六間	花園飯店係由吳惠文向市府承租	
/	無業主	日人近江屋飯店	中正路166號	二六	該屋係日人建築現由徐州旅社交人潘月潮向市府承租	徐州旅社	新門牌105號
	無	日商大華洋行	中正路165號	六	查該處係由日人建築開設大華洋行	美麗西服店繆 通信連長唐延東	
	仝	日商竹下洋行	中正路169號	九	該處房屋係由日人改建開設竹下洋行	本市褪荣蘇李文周	

吴某	日人	中正路229号	不詳	查該房係日人建造基地吴姓所有	經罗省战犯军事法庭
馬某	日人	中正路92号	不詳	查該處係敵建房屋基地馬某所有	聯勤部徐州汽車廠
仝	日人	中正路91号	不詳	查該處房屋係屬敵建作為中華航空公司之用其基地為馬某所有	空軍俱樂部
趙某 天某	日人小森[illegible]	中正路86号	不詳	查該處房屋係為日人建造基地為大關業主共有	第五兵站總部運輸處
吴某		淮東橋附近 無門牌		查該處基地於淪陷時由大關業主吴某[illegible]警察局改造現有房屋	警察局月波分駐所
趙光鑛	周起超	中正路東[illegible]8号	不詳	該房屋為趙逆光鑛所有卅六年七月典予商某	信華運輸公司
不詳	偽華中鐵道部徐州分事處	中正路75号	不詳	該處房屋乙座係屬敵建	鐵路局徐浦段徐州分處
楊復初	日軍	中正路旧191号	不詳	該處為原業主楊復初之復新池澡塘 敵人佔據改建日本旅館	聯勤部第[illegible]粮秣供應庫及徐警備部特務連
王廣中	日人姓名不詳	大同街36号	不詳	該地原有草房因戰事被燬其基地為大關業主[illegible]所有於敵佔期內經日人重建	山東九區專署保安司令部办事處
不詳	日人	大同街116号	不詳	查該處原為空基經日人建築洋草間乙幢	專署參議[illegible]枚卿
不詳	日人	仝右	三〃	查該處原為空基經日人建築瓦房三間	賑寧[illegible]民政調查專員
楊光栄	日商	大同街118号	不詳	查該處原有房屋經日人修理改造門面	第廿八師倉庫
張昌基	仝	大同街119号	不詳	查該處原有房屋經日商改造修理約五間	明月樂宫萬得法

鉄路局

148

董承昌	日人 梅の洛安	大同街民生西巷七号		該處原有平房十三間被日人强佔既又被迫出賴遂被拆除十八間利用原有圍牆改建大平房乙幢開設洛安	居仁客棧
胡金田	日人 村井洋行	大馬路一七八二号	一三	該處原有平房廿間被日人焚毀六間業主自行拆除二間遂被日人改建樓房三間開設大關洋行	大豐商行
張心悅	日人中雄	大馬路二三一号	四	該基地為段姓房主原為大開業主所有後被日人中雄改建中式門面四間附設小間	龍成春米肉館
段紫(地主)	日人中安藥市	大馬路二四三号	六〇	該處原為廢基作為東新藥市場等卅八年後經偽府建造西式小式房八間(內洋房八間)	監護五團各軍校
吳克斋	日人丸佐貨棧	大馬路一八八号	八	原有平房四間于卅年被日人丸佐拆除改建樓房八大間作為貨棧	88師62旅倉庫
〃	日人橋正	大馬路一一八〇号	一一	原有平房十八間被日人橋正改裝門面及裝修內部開設食堂	山東第八行政區職員宿舍
馬福民	日人公記東行	大馬路二八八五号	四	原屬大開業主平房五間經偽市府作價收買嗣後被日人拆除改建四大間	綏署政治部稽督察
不詳	不詳	民主路二八號	內有洋房三幢	該處原屬二氏十六保十八甲據該甲房張姓月云地皮為吳彭人姓所有日人強據建房	趙負漢公館 六兵第五團第八團軍需處

坐落地點	門牌號	現住人姓名
崇文路	新四七	張昭祖
〃	〃三五	王玉青
〃	〃三四	王慶麟
〃	〃一五五	王永青

坐落地點	門牌號	現住人姓名
崇文路	新十八	祝永奮
〃	〃十	王炳文、王偉民
〃	〃八	中和運輸公司 劉錦章
南馬路	新三八八	王欽

〃	〃三三	郭養浩	大馬路	〃二二五	祝永畬
〃	〃三六	天志先	〃	〃二二六	祝永畬
〃	〃三八	天志珍	个里巷	旧十三	金仲剛
〃	〃三〇	畢長風	中正路	新十七	正興米號、義大油坊 大祿貨棧 杜文彬
〃	〃二九	朱不明	〃	〃二〇五	(徐州旅社)潘月潤
〃	〃二八	史寶齋	〃	〃二〇六	王梅庵
〃	〃二五六	周書榮 徐祿初	〃	〃二〇七	(福泰龍杏)周本才
〃	〃二三	辰賀斗	〃	〃147 148 149 150	韓麟北、周汝璞
〃	〃二二	曲宏章	〃	〃二七六	張光廉
〃	〃二八	(袁氏診所)鄧秉介	〃	〃二六八二	陳步章
〃	〃十五六	徐養棻	地藏里	舊二	袁獻墉
〃	〃十四三	辰馥慶	崇大路	新二九	臧黃葵仙
〃	〃十二	(山東醫院)李宗烈	〃	〃九	薛允超

敵偽房地產未據申請調查表 十二月廿一日

業主姓名	原佔租(用)人姓名	坐落地點	房屋間數	調查情形	現住人姓名	備攷
陳姓	不詳	南通巷三號	十餘	查係敵建	第五兵站監護營	地係傳係民有
侯五發	不詳	三馬路一五號	五	〃	徐州別墅經營旅業	侯姓出租
莊炎瀾	不詳	保安里五號	一	敵人見有添建	華中旅館	莊氏出租
又	不詳	保安里六號	二	〃 〃	交通警察大隊	
又	不詳	保安里七號		〃 〃	中西旅社	莊氏出租
又	不詳	保安里八號	一	〃 〃	砲十三團眷屬	
又	不詳	保安里九號		〃 〃	交通警察第一大隊	以上莊氏之房據稱係偽韓人佔用[illegible]建
官產等	板橋八郎	中正路五九	三九	敵人改建	國民會場	綏靖政治部[illegible]劇第三大隊長華中[illegible]居

房屋	敵連絡部 中正路 軍人會館一一二号	六六	原有房屋為敵人拆 嘗由敵人改建	中報社及第十四報社所 九集團軍駐住者已向市 徐辦事處 存陳稷
又	又	中正路 一一二号	〃	〃
又	日本領事館	—	—	空軍第三大隊

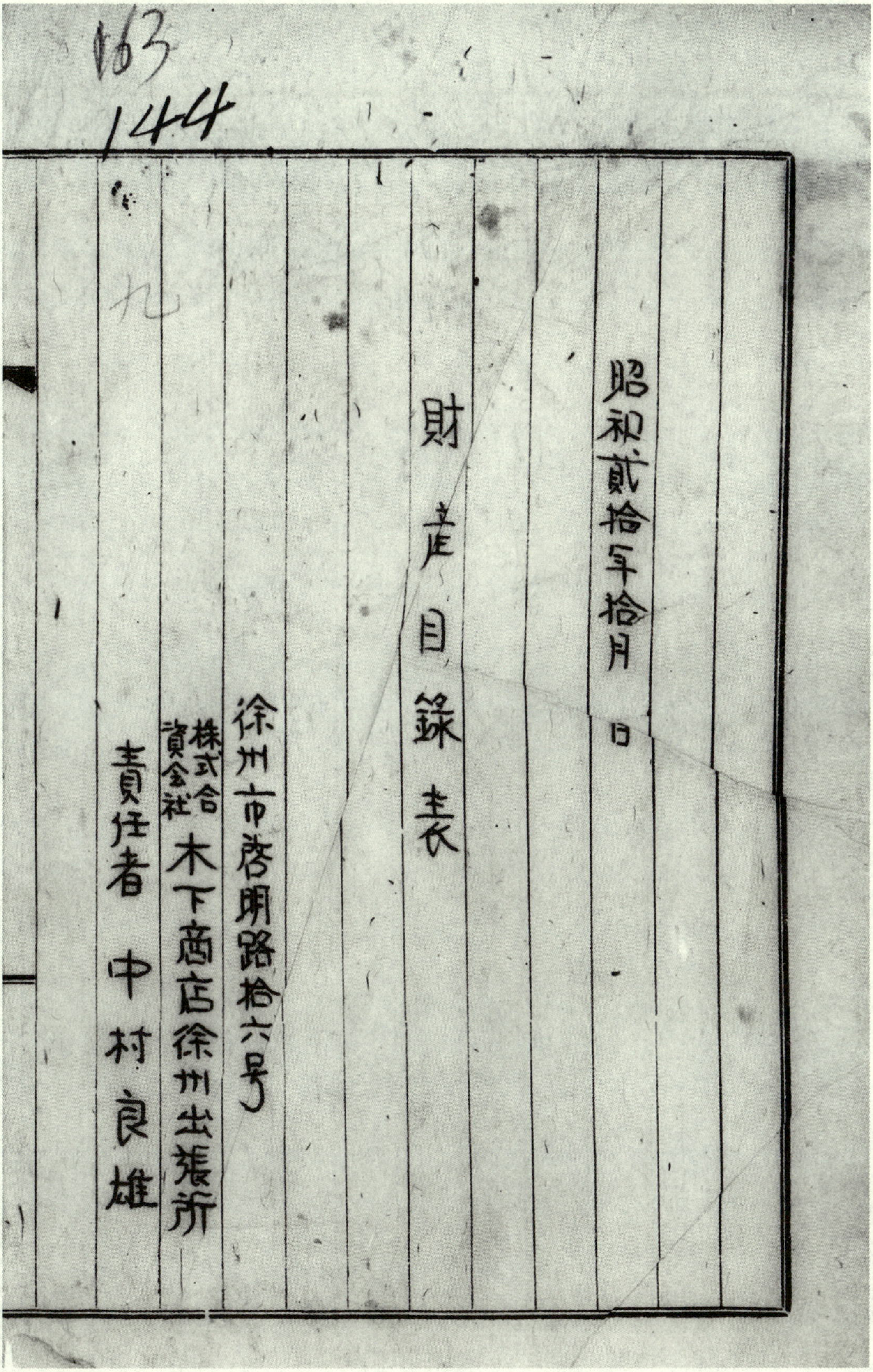

163
144

九

昭和貳拾年拾月　日

財產目錄表

徐州市啓明路拾六号

株式合資会社　木下商店徐州出張所

責任者　中村良雄

共榮商會納

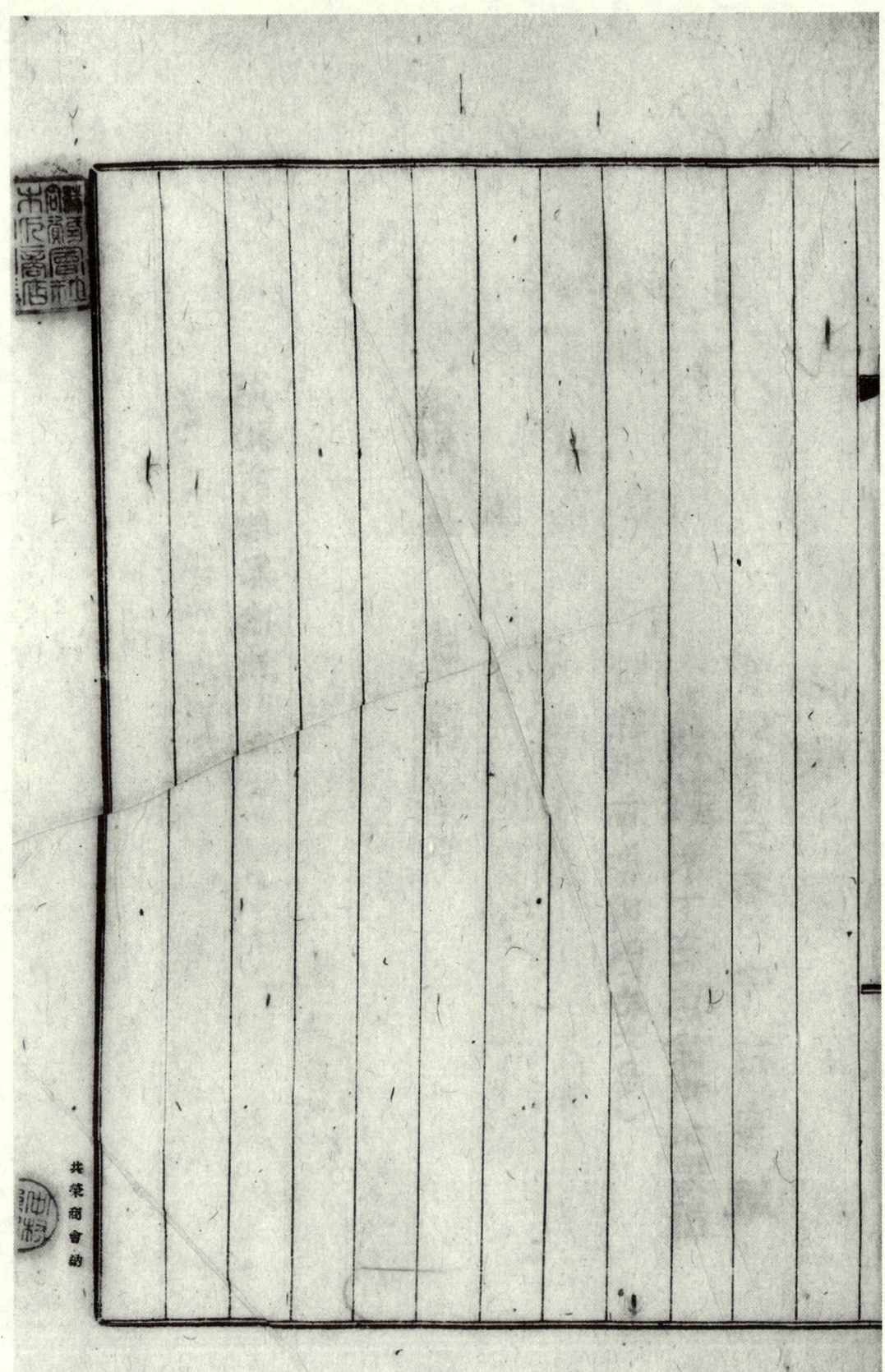

164

一、不動産

(1) 土地及建築物ノ位置　徐州市啓明路拾六號(略圖別紙)

(2) 地主住所氏名　徐州市西関外南菜園習誠巷二四號　尉敬文
徐州市啓明路五七號(陽春池)　呉西鷺
徐州市中樞街六四號　陳伯榮

(3) 敷地坪数　四五・坪

(4) 棟数　壹棟(便所裏ニ浴場有リ)

(5) 建坪及延坪数　六六・坪

(6) 構造　煉瓦造瓦葺二階建

(7) 内部造作　八疊壹間・六疊参間・
事務所　應接室・炊事場・
浴場・

(8) 移交人評價格　一、法幣貳拾五萬元整

二、家具什器

品目	数量	移交人評價格	備考
(1) 事務用机	貳	法幣壹仟元正	
(2) 書庫	壹	法幣壹仟元正	
(3) 濾過器	壹	法幣七仟元正	
(4) 浴槽	壹	法幣壹仟元正	

係前指揮所之…　交管理處暫借為…

三、見積價格累計移交人評價格

(1) 建築費　法幣貳拾五萬元正

(2) 家具及什器　法幣壹萬元正

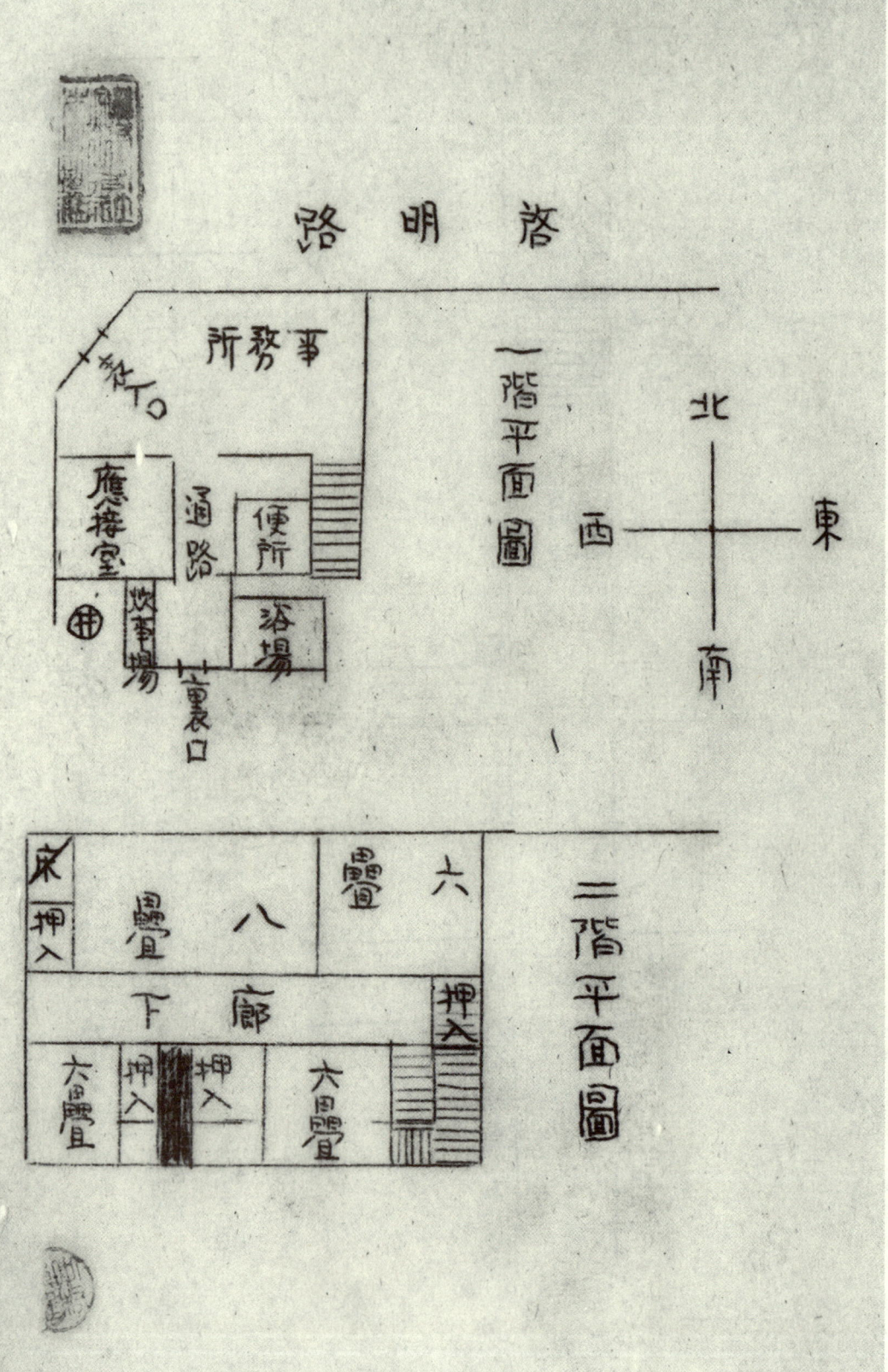

計　法幣貳拾六萬元整

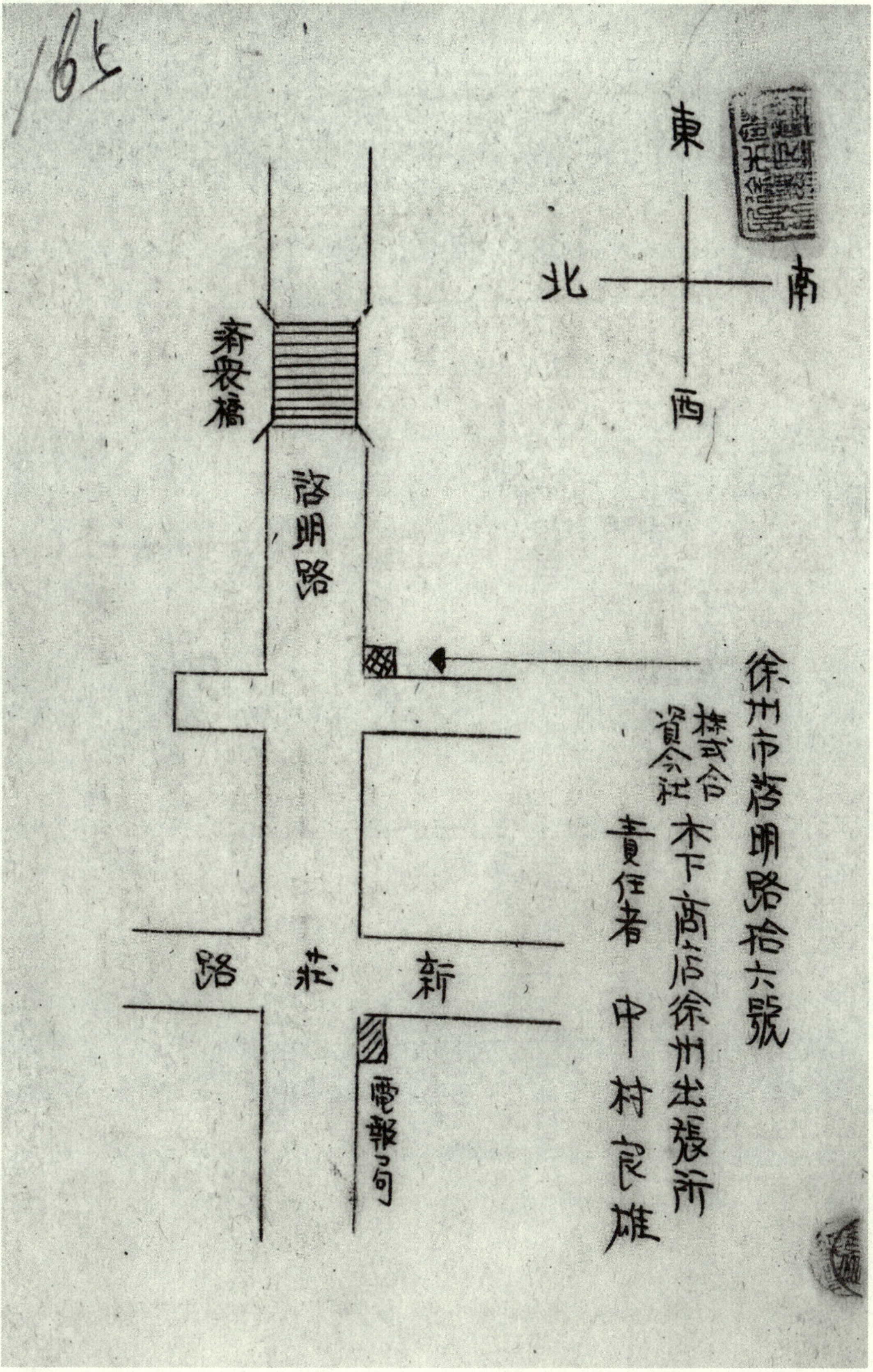

16上
東
北
南
西
濟安橋
洛明路
新莊路
電報局
徐州市洛明路拾六號
株式合資会社 木下商店徐州出張所
責任者 中村良雄

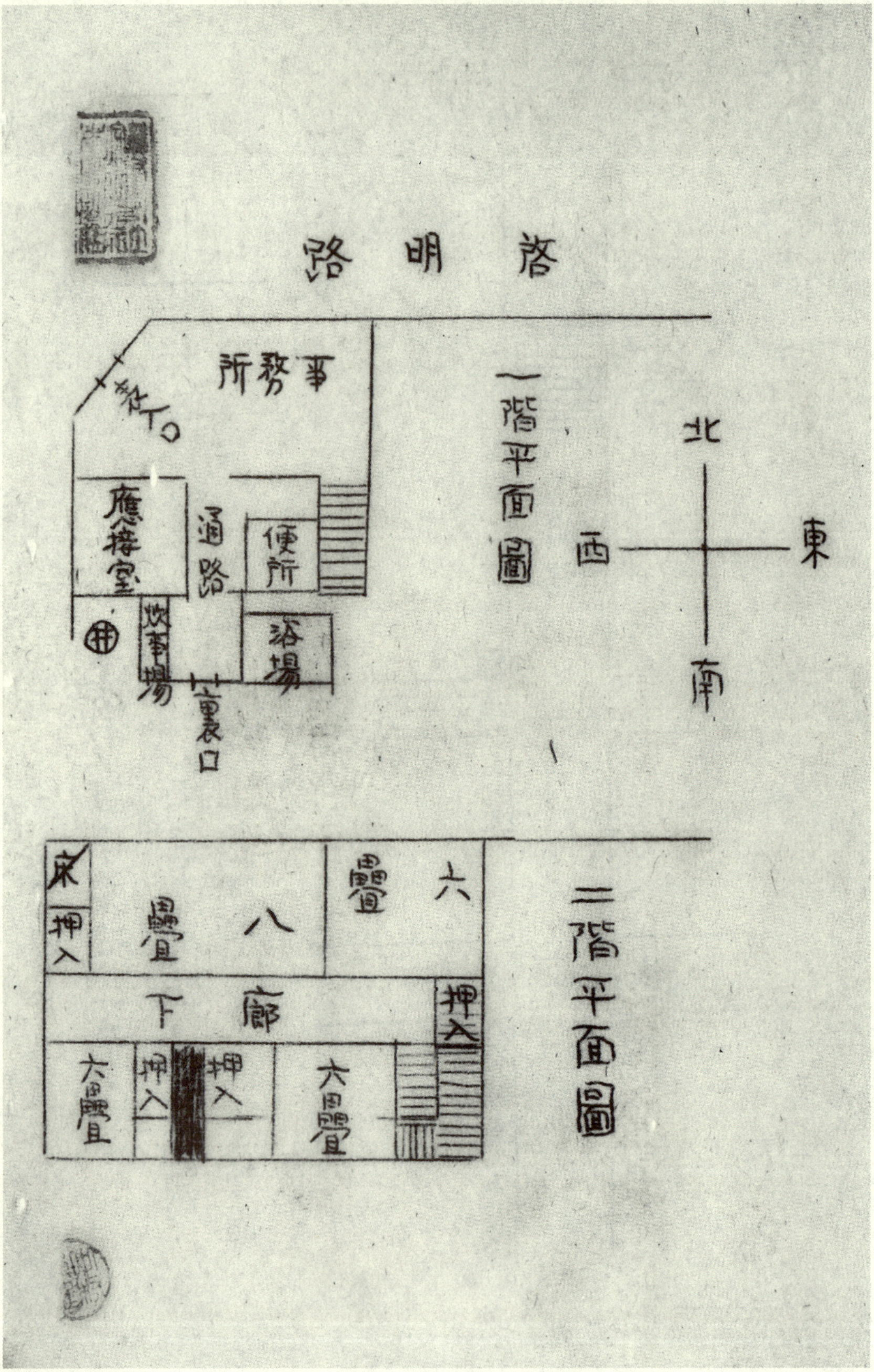
事務所
應接室
通路
便所
炊事場
浴場
裏口
一階平面圖
北
西
東
南
床
押入
八疊
六疊
廊下
押入
六疊
押入
押入
六疊
二階平面圖

166

移交人
株式合資會社木下商店徐州出張所
責任者 中村良雄

接收人 徐海地區[illegible]委員會[illegible]科長王士奎

中華民國叁拾四年十 月廿日

共榮商會納

68

民國叁拾四年十月　日

財產目錄表

商號　公記洋行

住所　徐州大馬路一六二號

氏名　橋本三郎

陸軍

168

(東京·島谷納)

一、不動産

(壹) 土地及建物位置　徐州市大壩頭拾號

(貳) 地主住所氏名　不明

(参) 敷地坪数　七拾坪

(肆) 棟数　肆棟

(伍) 建坪　参拾肆坪

(陸) 構造　平屋煉瓦造　瓦葺

(柒) 内部造作　八畳六畳各壹間　炊事場風呂場便所倉庫事務所

(捌) 移交人評價額　法幣　参拾萬元也

陸軍

叁、家具什器 無

肆、見積價格累計移交人許價格

(壹)建築費 法幣叁拾萬元也

合計 法幣叁拾萬元也

陸軍

183
(東京·奧谷納)

4

徐州

蘇浙皖區敵偽產業處理局 代電

事由：

各办事處分處：查關於該處日人產業統計數字迭經以沪清字第40628、41315等電飭遵办各在案，各處陈报時有僅將統計數字陳報而未將計祘書陈送者，亦有雖有計祘書而內容尚欠明瞭，致统計彙陈叐感困难，茲特重申前令，凡未塡送計祘書者仰即編製陳報，並應注意下列各点：(1)以每一日人机構名称為一單位；(2)有日人原始清冊者應將該原清冊中估值之日期及所估之價值註明；(3)凡根據剔除办法剔除之數字應詳列理由及剔除數字；(4)其無日人原清冊而由該處根據接收清冊估價者應註明其估價日期；(5)其折合二十六年價值之折祘方法應加[illegible]点，如該處已將計祘書送局者亦應專案迅即陳報，不得延誤為要。局長劉攻芸。酉刪(51206)印

滬清戌 字第二〇六號 1859

中華民國三十五年 十月 十五日

（覆文務請註明發文日期及字號）

文BA35.9.2000

本局地址：上海仁記路中國銀行大樓三樓　電話：一二四三〇　電報掛號：九六九

蘇浙皖區接收日本產業抵償我國損失核算清單

民國三十五年十月三十一日

(徐州分處共計三十二份)

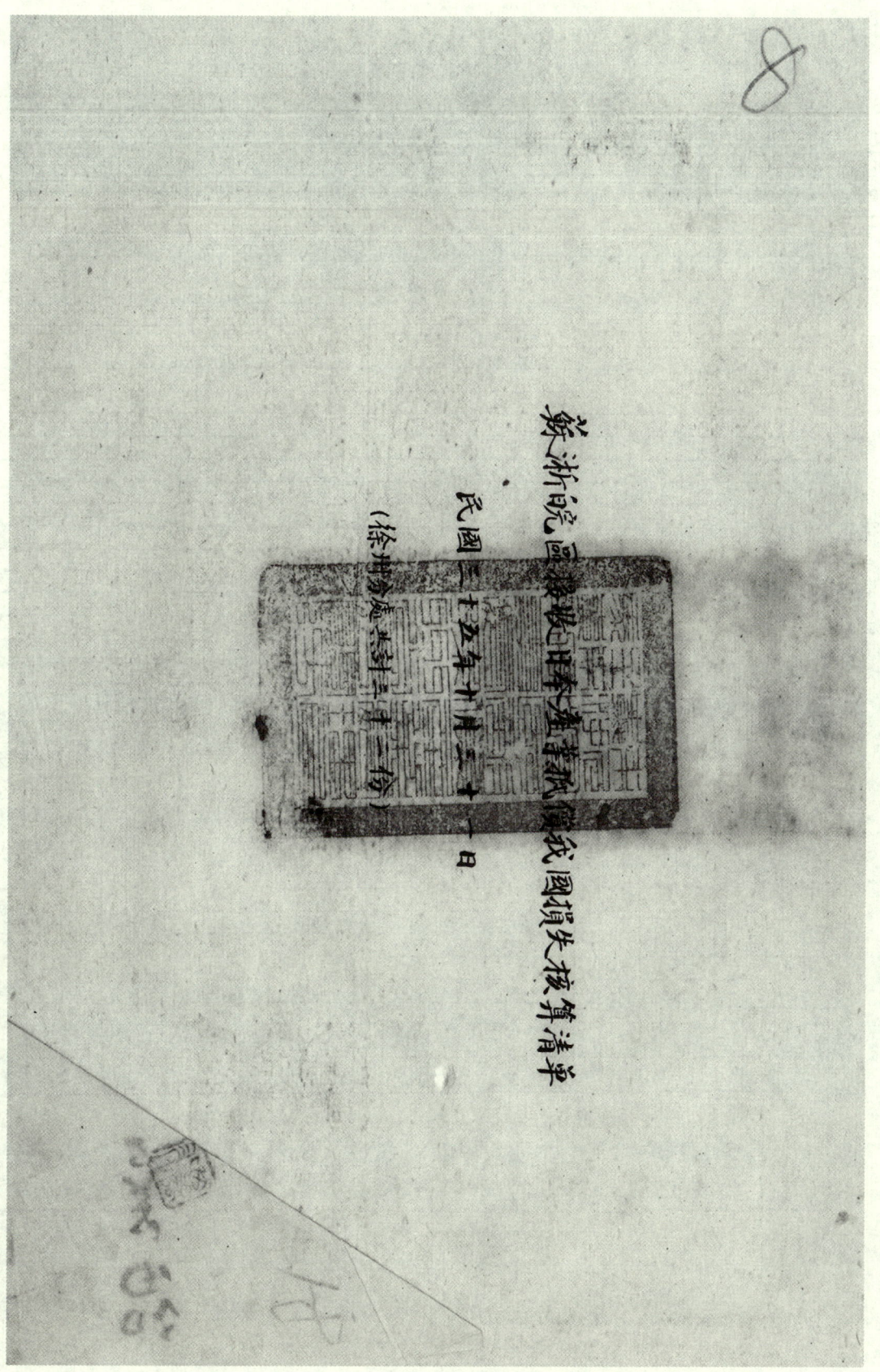

蘇浙皖[illegible]區接收日本產業抵償我國[illegible]核算清單

分類	
編號	1

剔除理由

(A)(B)(C)(D)
(A) 侵略性質
(B) 強佔性質
(C) 軍用品
(D) 無法變現之存款帳款票據及證券

(E)(F)(G)(H)
(E) 未見接收報告
(F) 寄存其他日人機構
(G) 外單產物
(H) 盟軍接收

(I)(J)(K)(L)
(I) 被徵被燬
(J) 查獲產物
(K) 性質公司債貸契
(L) 日人對日人負債

(M) 其他(包括短缺)

日商產業報告表號數		業務種類		發行債務之種類及金額	
商號名稱	吉福鐵廠	資本			
原所在地		非[illegible]資本			

日人報告 資產	民國34年10月1日時價 金額(CRB)	剔除理由及細數	剔除金額(CRB)	可抵賠款金額(CRB)
土地				
房屋	30,000,000.00	1/2 (B)	15,000,000.00	15,000,000.00
機械設備	230,810,000.00	(C)	230,810,000.00	-0-
有價證券				
船舶車輛				
生財傢俱	64,870,000.00	(C)	64,870,000.00	-0-
金銀錢幣				
銀行存款				
原料成品				
存倉物資				
寄存物資				
應收貨款				
應收借款				
應收票據				
應收支票				
預付款項				
其他				
資產總額	32[illegible]0,000.00		310,680,000.00	15,000,000.00
負債				
寄存物資				
應付貨款				
應付借款				
應付票據				
應付支票				
預收款項				
已收定洋				
存入款項				
負債總額				
淨值				

中華民國35年10月24日

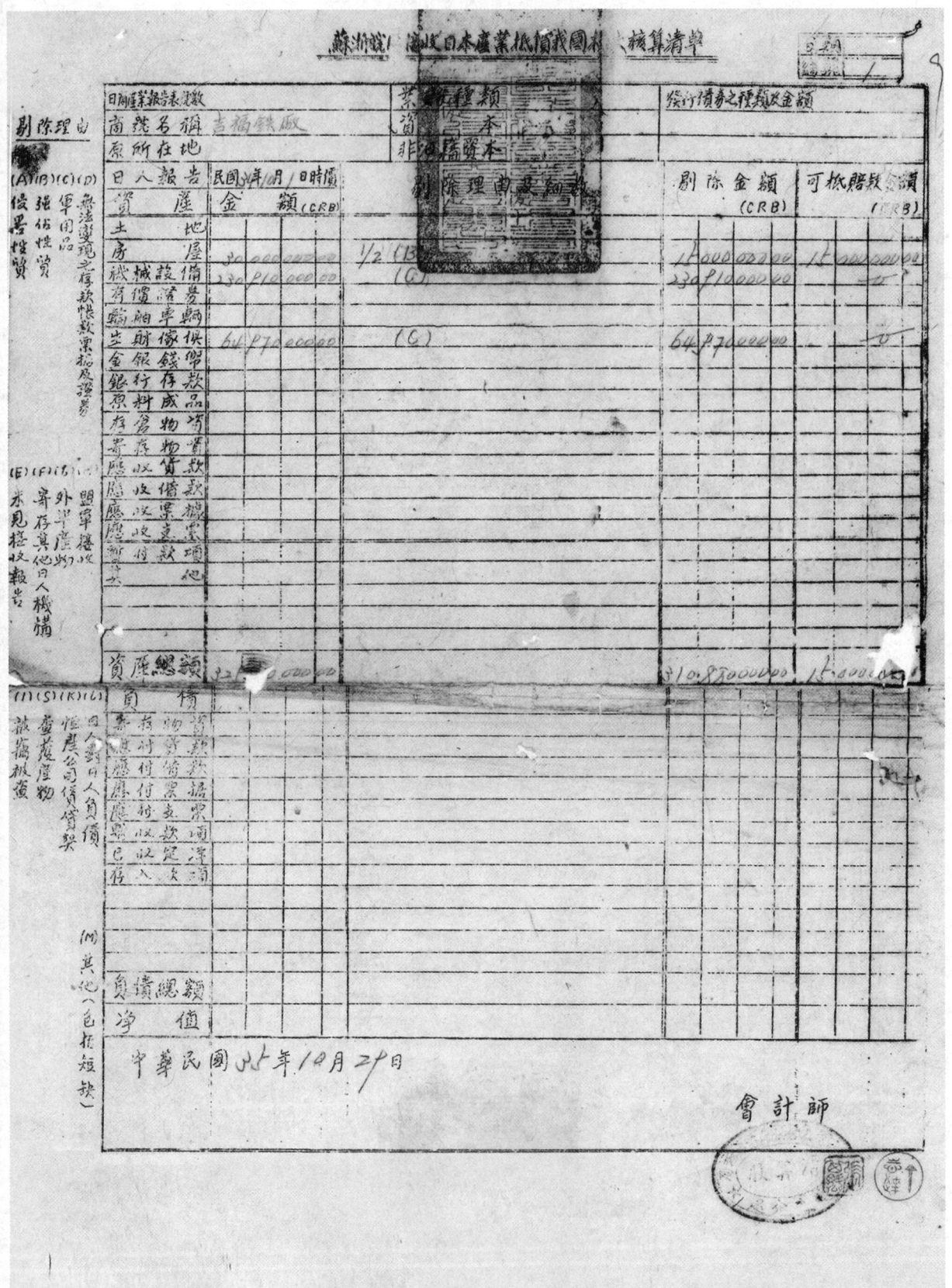

會計師

蘇浙皖區接收日本產業抵償我國損失核算清單

分類
編號 2

10

日商產業報告表號數		業務種類		發行債券之種類及金額
商號名稱	大基工廠	資本		
原所在地	少華街153號	非日籍資本		

剔除理由

(A)(B)(C)(D)
無法兌現之存款帳款票據及證券
軍用品
強佔性質
[illegible]性質

(E)(F)(G)(H)
盟軍接收
外出產物
寄存其他日人機構
[illegible]

(I)(J)(K)(L)
日人對日人負債
恒產公司債賃契
查獲產物
被竊被盜

(M) 其他（包括短缺）

日人報告 資產	民國卅年10月1日時價 金額(CRB)	剔除理由及細數	剔除金額(CRB)	可抵賠款金額(CRB)
土地				
房屋	80,000,000.00	1/2 (B)	40,000,000.00	40,000,000.00
機械設備				
有價證券				
輪船車輛				
生財傢俱				
金銀錢幣				
銀行存款				
原料成品				
存倉物資				
寄存物資				
應收貨款				
應收借款				
應收票據				
應收支票				
暫付款項				
其他				
資產總額	80,000,000.00		40,000,000.00	40,000,000.00
負債				
寄存物資				
應付貨款				
應付借款				
應付票據				
應付支票				
暫收款項				
已收定洋				
存入款項				
負債總額				
淨值				

中華民國35年10月29日

會計師

蘇浙皖區[illegible]日本產業[illegible]核算清單

分類	
編號	3

日商產業報告表號數		業務種類	發行債券之種類及金額
商號名稱	淮海鉄廠第一工廠	資本	
原所在地		非日籍資本	

日人報告資產	民國34年10月1日時價金額(CRB)	剔除理由及細數	剔除金額(CRB)	可抵賠款金額(CRB)
土地				
房屋	105650000.00	1/2 (B)	52825000.00	52825000.00
機械設備	15500000.00	(C)	15500000.00	—0—
有價證券				
輪船車輛				
生財傢俱	120250000.00	(C)	120250000.00	—0—
金銀錢幣				
銀行存款				
原料成品				
存倉物資				
寄存物資				
應收貨款				
應收借款				
應收票據				
應收支票				
暫付款項				
其他				
資產總額	241400000.00		188525000.00	52825000.00
負債				
寄存物資				
應付貨款				
應付借款				
應付票據				
應付支票				
暫收款項				
已收定洋				
存入款項				
負債總額				
淨值				

剔除理由

(A)(B)(C)(D)
(A)設署性質
(B)强佔性質
(C)軍用品
(D)無法變現之存款帳款票據及證券

(E)(F)(G)(H)
(E)未見接收報告
(F)寄存其他日人機構
(G)外籍產物
(H)盟軍接收

(I)(J)(K)(L)
(I)被竊被盗
(J)查獲產物
(K)恒產公司債貸契
(L)日人對日人負債

(M)其他(包括短款)

中華民國35年10月24日

會計師

[stamp]

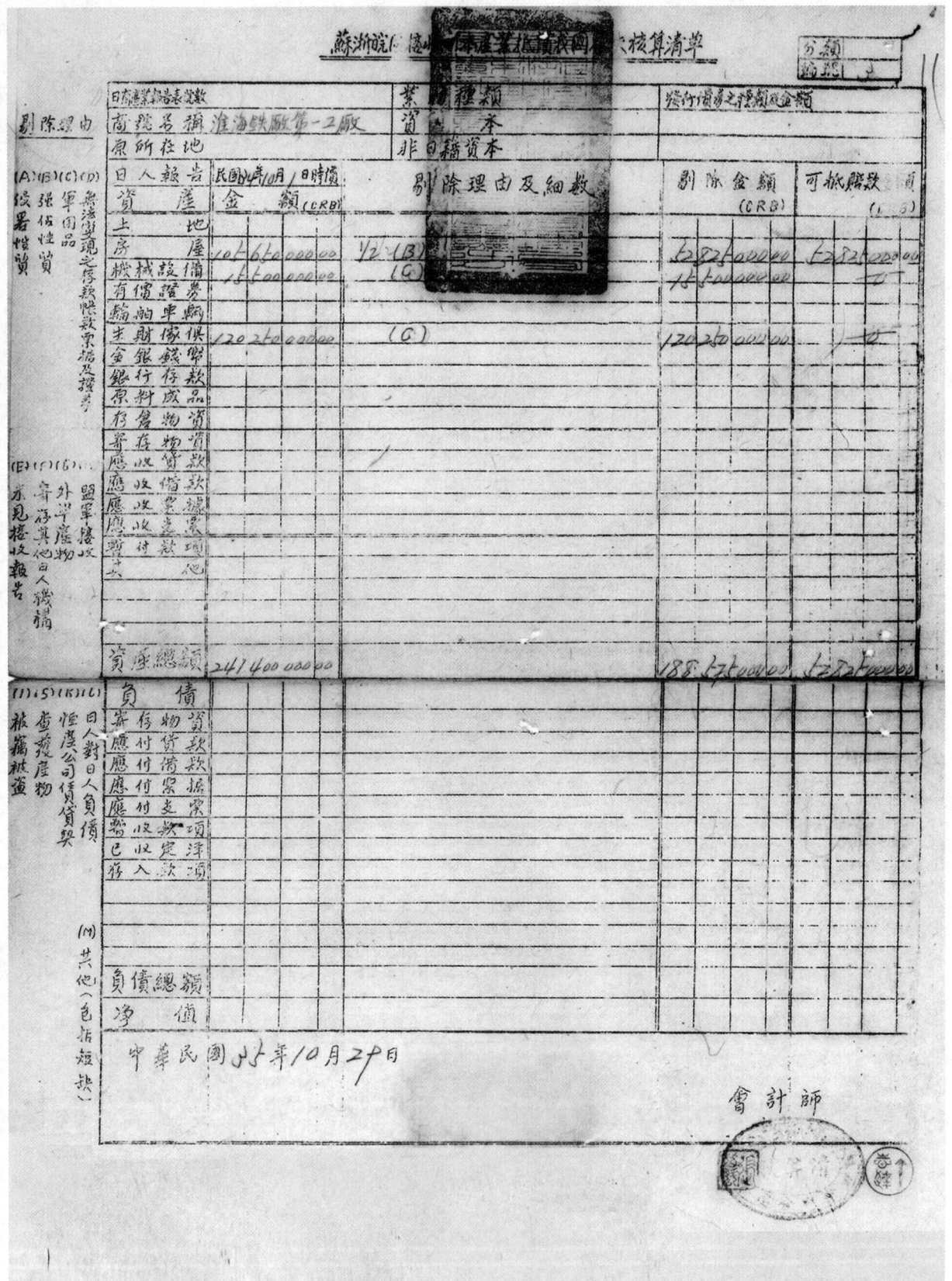

蘇浙皖區敵偽產業處理局日本產業抵償我國損失之概算清單

4　12

日商企業報告表號數		業務種類	[illegible]
商號名稱	大和工業株式會社	資本	[illegible]
所在地		非日籍資本	[illegible]

剔除理由

(A)(B)(C)(D)
侵略性質
强權性質
軍用品
無法證明之餘款帳款票據及證券

(E)(F)(G)(H)
未見接收報告
寄存其他日人機構
外埠產物
國軍接收

(I)(J)(K)(L)
被竊被盜
查獲產物
恒產公司賃貸契
日人對日人負債

(M) 其他（包括短缺）

日人報告 資產	民國 年 月 日時價 金額 (CRB)	剔除理由及細數	剔除金額 (CRB)	可抵賠數額 (CRB)
土地				
房屋	108,500,000.00	(B)	108,500,000.00	0
機械設備	78,730,000.00	(C)	78,730,000.00	0
有價證券				
輪船車輛				
生財傢俱				
金銀錢幣				
銀行存款				
原料成品				
存貨物資				
寄存物資				
應收貨款				
應收借款				
應收票據				
應收支票				
暫付款項				
其他				
資產總額	187,230,000.00		187,230,000.00	0
負債				
寄存物資				
應付貨款				
應付借款				
應付票據				
應付支票				
暫收款項				
已收定洋				
存入款項				
負債總額				
淨值				

中華民國35年10月27日

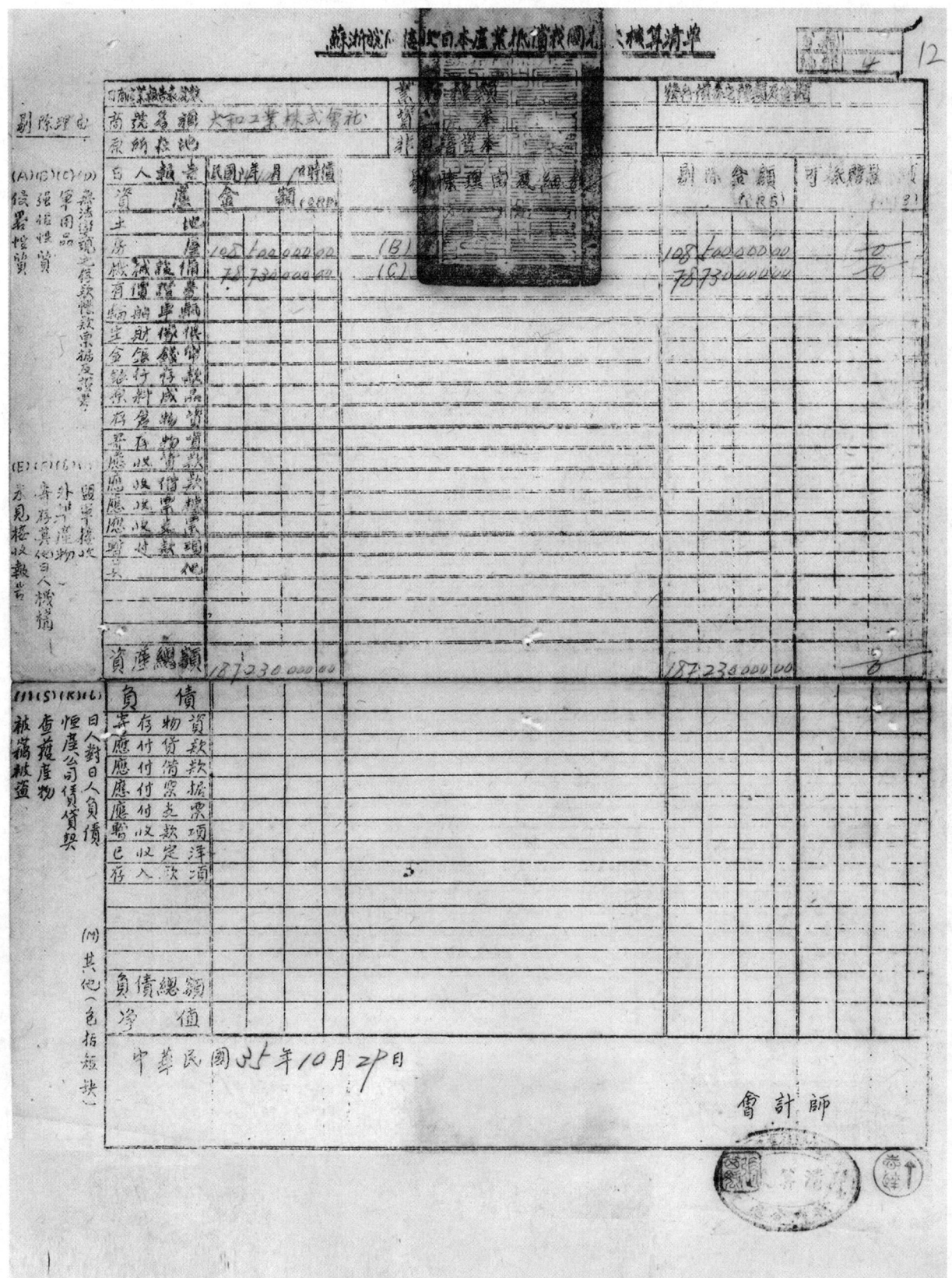

會計師

蘇浙皖區處理日本產業抵償我國損失核算清單

分類	
編號	5

17

剔除理由

(A) 偽署性質
(B) 強佔性質
(C) 軍用品
(D) 為淪陷後之存款股款票據及證券
(E) 亦見接收報告
(F) 寄存其他日人機構
(G) 外洋產物
(…) 盟軍接收
(H) 被竊被盜
(S) 查獲產物
(K) 一種產(公司)債貸契
(L) 日人對日人負債
(M) 其他(包括短缺)

日籍業務報告表號數		業務種類		發行債券之種類及金額
商號名稱	中尾洋行蘇州支店	資本		
原所在地		非日籍資本		

日人報告	民國34年10月1日時價	剔除理由及細數	剔除金額	可抵賠款項
資產	金額 (CRB)		(CRB)	(1:3)
土地				
房屋	760 000 000 00	(B)	760 000 000 00	-0-
機械設備	87 600 000 00	(C)	87 600 000 00	-0-
有價證券				
船舶車輛				
生財傢俱	110 000 000 00	(C)	110 000 000 00	-0-
金銀錢鈔				
銀行存款				
原料成品				
存倉物資	251 400 000 00	(C)	251 400 000 00	-0-
寄存物資				
應收貸款				
應收借款				
應收票據				
應收支票				
暫付款項				
其他				
資產總額	1209 000 000 00		1209 000 000 00	-0-
負債				
寄存物資				
應付貸款				
應付借款				
應付票據				
應付支票				
暫收款項				
已收定洋				
存入款項				
負債總額				
淨值				

中華民國35年10月21日

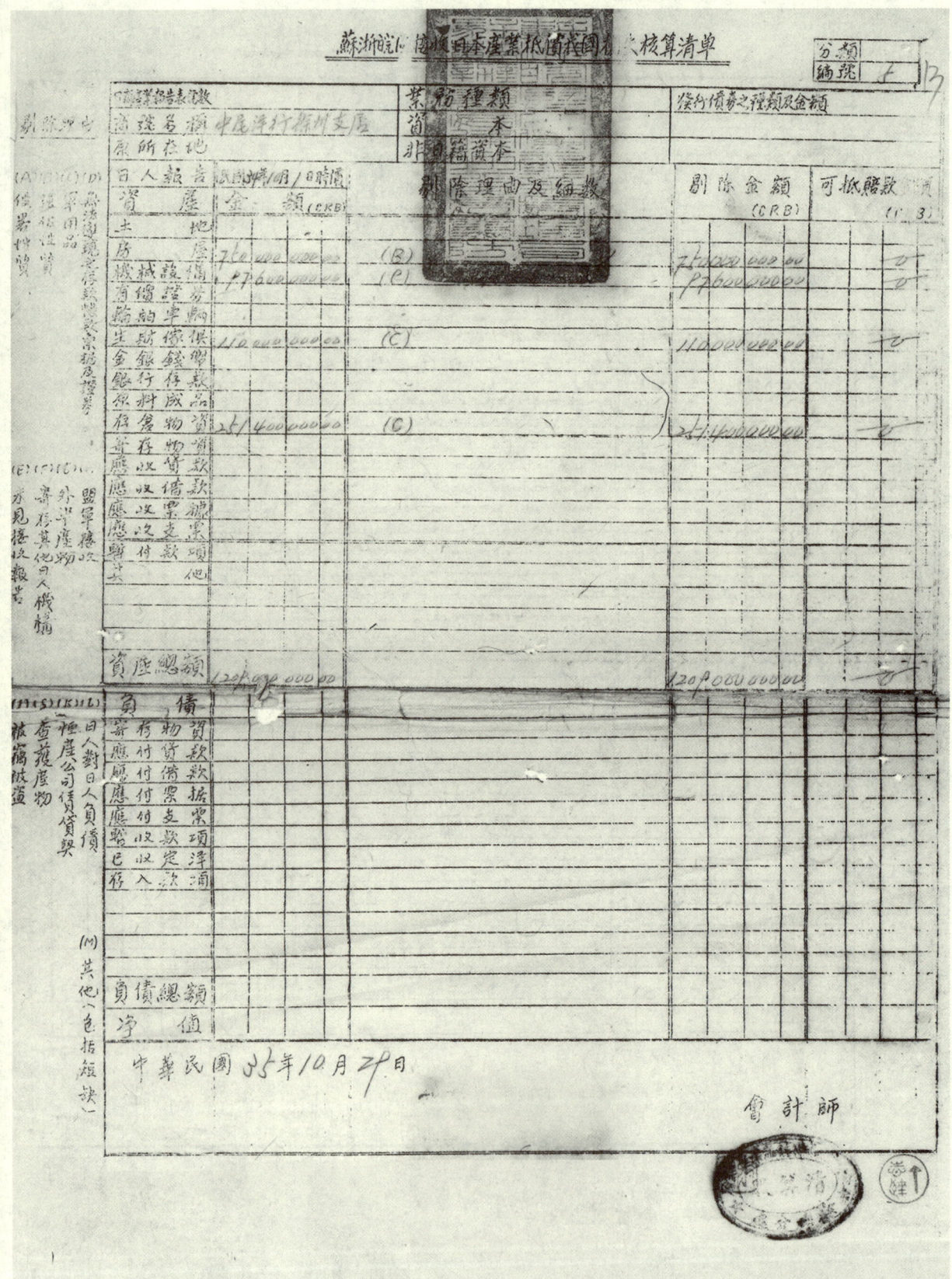

會計師

蘇浙皖區接收日本產業抵償我國損[illegible]失核算清單

分類	
編號	6 14

日商產業報告表號數		業務種類		發行債券之種類及金額
商號名稱	華北自動車会社徐州營業所	資本		
所在地		非日籍資本		

日人報告資產	民國 年10月1日時價 金額(CRB)	剔除理由及細數	剔除金額(CRB)	可抵賠款額(CRB)
土地				
房屋	593200000.00	(C)	593200000.00	0
機械設備	187840000.00	(C)	187840000.00	0
有價證券				
船舶車輛				
生財傢俱	111820000.00	(C)	111820000.00	0
金銀錢幣				
銀行存款				
原料成品				
存倉物資	483243000.00	(C)	483243000.00	0
寄存物資				
應收貨款				
應收借款				
應收票據				
應收支票				
暫付款項				
其他				
資產總額	1376103000.00		1376103000.00	0

負債				
寄存物資				
應付貨款				
應付借款				
應付票據				
應付支票				
暫收款項				
已收定洋				
存入款項				
負債總額				
淨值				

(D) 無法偵察之移款抵款或證據者

(E) 不見接收報告
(F) 寄存其他日人機構
(G) 盟軍接收

(H) 被竊被盜
(J) 查獲產物
(K) 敵產公司債貨契
(L) 日人對日人負債
(M) 其他（包括短缺）

中華民國35年10月21日

會計師

蘇浙皖區接收日本產業抵償我國損失核算清單

分類	
編號	7

15

剔除理由

(A)侵略性質 (B)強佔性質 (C)軍用品 (D)無法變現之存款帳款票據及證券

(E)未見接收報告 (F)寄存其他日人機構 (G)外籍產物 (H)盟軍接收

(I)被竊被盜 (J)虛設產物 (K)性質（公司債貸借契約） (L)日人對日人負債

(M)其他（包括短缺）

日商產業報告表號數		業務種類	發行債券之種類及金額
商號名稱	日本化學廠	資本	
原所在地		非日籍資本	

日人報告資產	民國35年10月1日時價金額(CRB)	剔除理由及細數	剔除金額(CRB)	可抵賠款金額(CRB)
土地				
房屋				
機械設備	51,610,000.00	(E)	51,610,000.00	0
有價證券				
輪船車輛				
生財傢俱				
金銀錢幣				
銀行存款				
原料成品				
存倉物資				
寄存物資				
應收貸款				
應收借款				
應收票據				
應收支票				
暫付款項				
其他				
資產總額	51,610,000.00		51,610,000.00	0
負債				
寄存物資				
應付貸款				
應付借款				
應付票據				
應付支票				
暫收款項				
已收定洋				
存入款項				
負債總額				
淨值				

中華民國35年10月21日

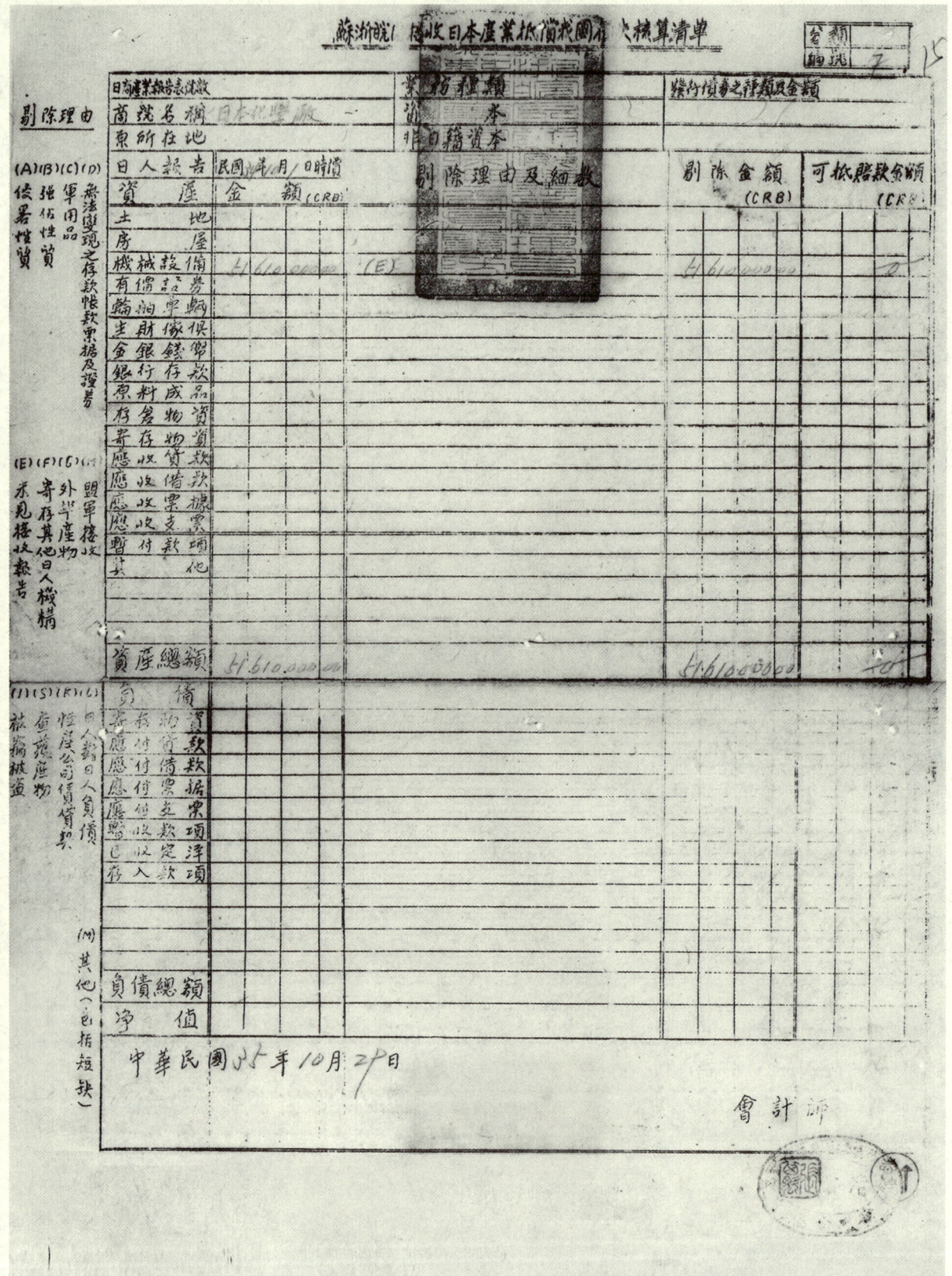

會計師

蘇浙皖區處理日本產業抵償我國損失核算清單

公函編號 5　　16

日商產業報告表號數		業務種類	發行債券之種類及金額
商號名稱	淮海化學研究所	資本	
原所在地		非日籍資本	

剔除理由

(A)(B)(C)(D)
侵略性質
强佔性質
軍用品
無法變現之存款帳款票據及證券

(E)(F)(G)(H)
未見接收報告
寄存其他日人機構
外運產物
盟軍接收

(I)(J)(K)(L)
[illegible]
查獲產物
恒產公司債貸契
日人對日人負債

(M)
其他（包括短缺）

日人報告 資產	民國34年10月1日時價 金額（CRB）	剔除理由及細數	剔除金額（CRB）	可抵賠款金額（CRB）
土地				
房屋	63,000,000.00	1/2 (B)	31,500,000.00	31,500,000.00
機械設備	317,400,000.00		-0-	317,400,000.00
有價證券				
輪船車輛				
生財傢俱	1,315,000.00		-0-	1,315,000.00
金銀錢幣				
銀行存款				
原料成品				
存貨物資	288,500,000.00	3/4 (E)	216,375,000.00	72,125,000.00
寄存物資				
應收貨款				
應收借款				
應收票據				
應收支票				
暫付款項				
其他				
資產總額	670,215,000.00		247,875,000.00	422,340,000.00
負債				
寄存物資				
應付貨款				
應付借款				
應付票據				
應付支票				
暫收款項				
已收定洋				
存入款項				
負債總額				
淨值				

中華民國35年10月2[illegible]日

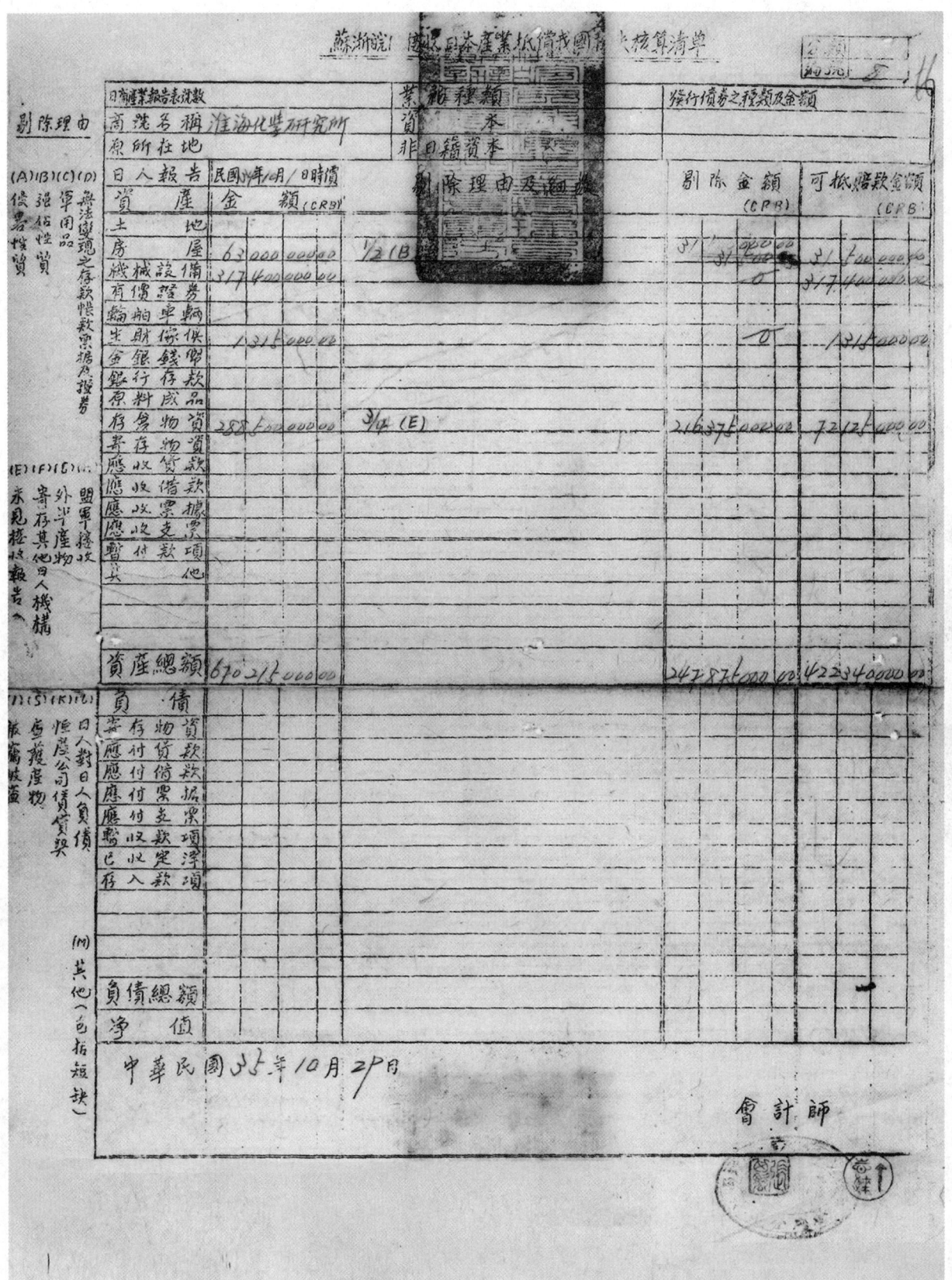

會計師

蘇浙皖區接收日本產業抵償我國損失核算清單

分類
編號 17

剔除理由

(A)(B)(C)(D)
無法變現之存款帳款票據及證券
軍用品
强佔性質
侵略性質

(E)(F)(G)(H)
盟軍接收
外埠產物
寄存其他日人機構
未見接收報告

(I)(J)(K)(L)
日人對日人負債
姪產公司債質契
虛擬產物
被竊賊盜

(M)
其他（包括短缺）

日商產業報告表號數		業務種類		發行債券之種類及金額	
商號名稱	興淮工業籌備處	資本			
原所在地		非日籍資本			

日人報告 資產	民國 年 月 日時價 金額（CRB）	剔除理由及細數	剔除金額（CRB）	可抵賠款金額（CRB）
土地				
房屋	358 124 000 00	1/2 (B)	179 062 000 00	179 062 000 00
機械設備	270 899 000 00	(E)	270 899 000 00	-0-
有價證券				
船舶車輛				
生財傢俱	9 190 973 22	(E)	9 190 973 22	-0-
金銀錢幣				
銀行存款				
原料成品				
存倉物資	159 362 000 00	(E)	159 362 000 00	-0-
寄存物資				
應收貨款				
應收借款				
應收票據				
應收支票				
暫付款項				
其他				
資產總額	797 576 973 22		618 513 973 22	179 062 000 00
負債				
寄存物資				
應付貨款				
應付借款				
應付票據				
應付支票				
暫收款項				
已收定洋				
存入款項				
負債總額				
淨值				

中華民國35年10月29日

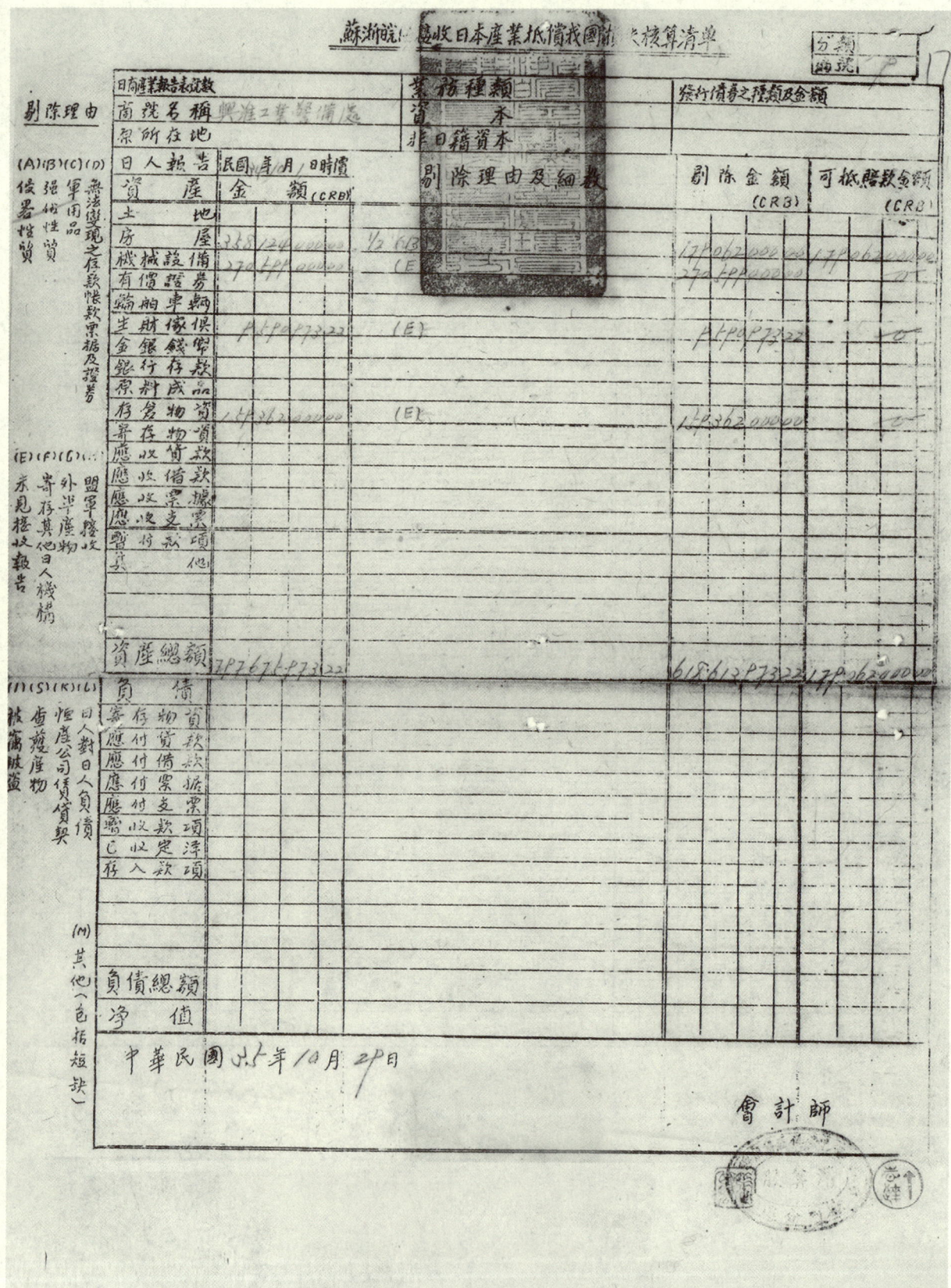

會計師

蘇浙皖區接收日本產業抵償我國損失核算清單

分類	
編號	10

18

日商產業報告表號數		業務種類	發行債券之種類及金額
商號名稱	內外化學公司	資本	
原所在地		非日籍資本	

剔除理由

(A) 侵略性質
(B) 强佔性質
(C) 軍用品
(D) 無法變現之存款帳款票據及證券
(E)(F)(G)(H)
未見接收報告
寄存其他日人機構
外埠產物
盟軍接收
(I)(J)(K)(L)
被竊被盜
查獲產物
僞產公司債貨契
日人對日人負債
(M) 其他（包括短缺）

日人報告 資產	民國 年10月1日時價 金額 (CRB)	剔除理由及細數	剔除金額 (CRB)	可抵賠款金額 (CRB)
土地				
房屋	118,488,000.00	(E)	118,488,000.00	-0-
機械設備	144,220,000.00	(E)	144,220,000.00	-0-
有價證券				
輪船車輛				
生財傢俱				
金銀錢幣				
銀行存款				
原料成品				
存貨物資	88,818,000.00	(E)	88,818,000.00	-0-
寄存物資				
應收貨款				
應收借款				
應收票據				
應收支票				
暫付款項				
其他				
資產總額	351,526,000.00		351,526,000.00	-0-
負債				
寄存物資				
應付貨款				
應付借款				
應付票據				
應付支票				
暫收款項				
已收定洋				
存入款項				
負債總額				
淨值				

中華民國35年10月29日

會計師

蘇浙皖區接收日本產業抵償我國損失核算清單

分類
編號 77

19

日商產業報告表編數		業務種類	
商號名稱	順康工業公司	資本	
原所在地		非日籍資本	

日人報告 民國 年 月 日時價 資產	金額 (CRB)	剔除理由及細數	剔除金額 (CRB)	可抵賠數額 (CRB)
土地				
房屋	268 240 000.00	1/2 (B)	134 120 000.00	134 120 000.00
機械設備	3P4 P00 000.00		-0-	3P4 P00 000.00
有價證券				
輪船車輛				
生財傢俱	A04P 4P4 66		-0-	A04P 4P4 66
金銀錢幣				
銀行存款				
原料成品				
存倉物資	47 443 200.00	(E)	47 443 200.00	-0-
寄存物資				
應收貨款				
應收借款				
應收票據				
應收支票				
暫付款項				
其他				
資產總額	316 632 6P4 66		181 563 200.00	135 06P 4P4 66
負債				
寄存物資				
應付貨款				
應付借款				
應付票據				
應付支票				
暫收款項				
已收定洋				
存入款項				
負債總額				
淨值				

剔除理由

(A) 侵略性質
(B) 強佔性質
(C) 軍用品
(D) 無法變現之存款帳款票據及證券
(E) 未見接收報告
(F) 寄存其他日人機構
(G) 外埠產物
(H) 盟軍接收
(I) [illegible]放棄
(J) 查獲產物
(K) 恒產公司債貸契
(L) 日人對日人負債
(M) 其他（包括短缺）

中華民國35年10月2P日

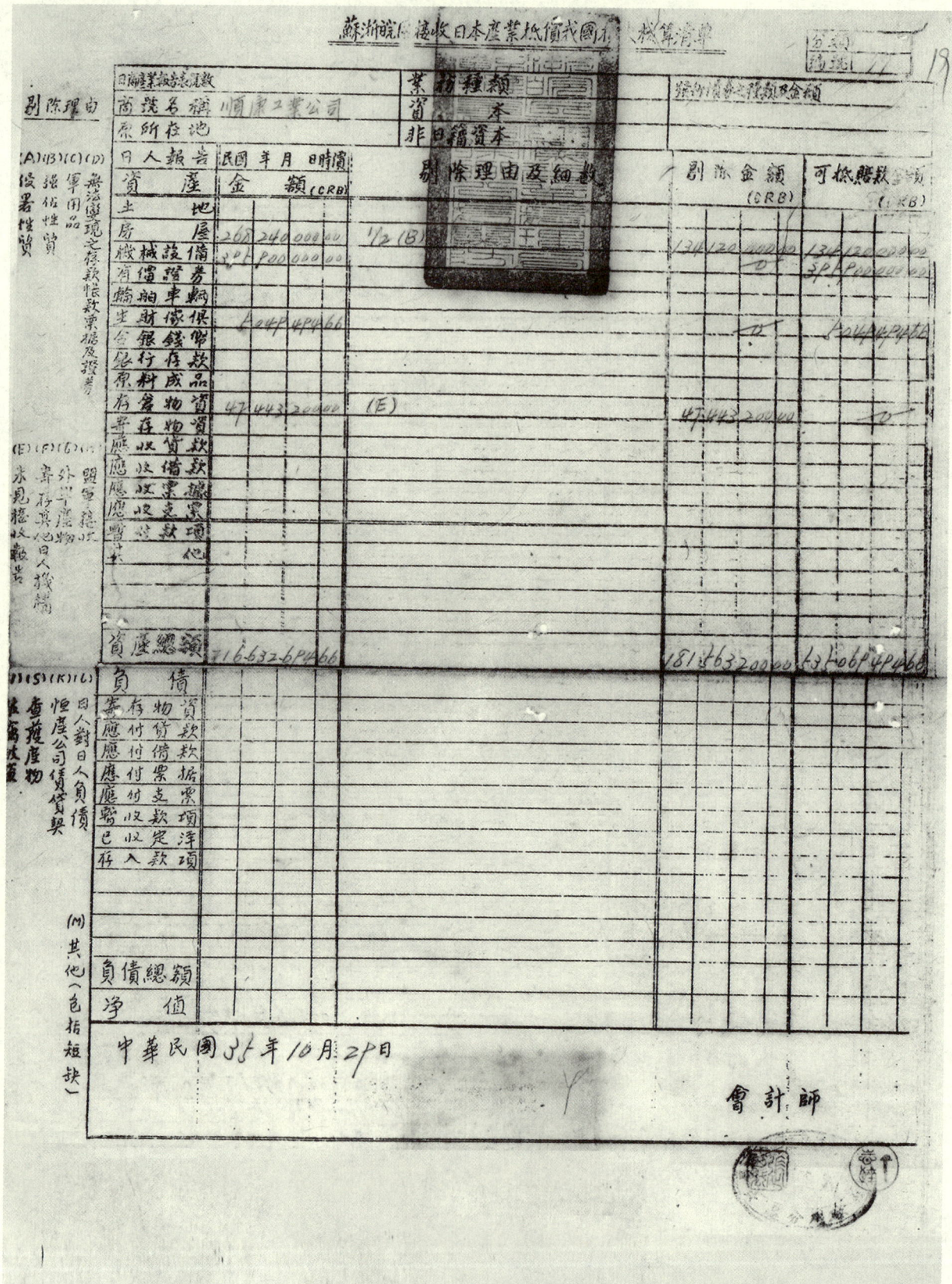

會計師

蘇浙皖區接收日本產業抵償我國損失核算清單

分類：

編號：12 20

剔除理由

(A) 侵略性質
(B) 强佔性質
(C) 軍用品
(D) 無法實現之存款帳款票據及證券

(E) 未見接收敵產
(F) 寄存其他日人機構
(G) 外埠產物
(H) 盟軍接收

(I) 被竊政資
(J) 查獲產物
(K) 悼產公司債貸契
(L) 日人對日人負債

(M) 其他（包括短缺）

日商產業報告表號數		業務種類	發行債券之種類及金額
商號名稱	徐州油脂化學工廠	資本	
所在地		非日籍資本	

日人報告資產	民國34年10月1日時價金額(CRB)	剔除理由及細數	剔除金額(CRB)	可抵賠款金額(CRB)
土地				
房屋	111,900,000.00	1/4 (B)	27,975,000.00	83,925,000.00
機械設備	554,200,000.00			554,200,000.00
有價證券				
船舶車輛				
生財傢俱				
金銀錢幣				
銀行存款				
原料成品				
存倉物資				
寄存物資				
應收貨款				
應收借款				
應收票據				
應收支票				
暫付款項				
其他				
資產總額	666,100,000.00		27,975,000.00	638,125,000.00

負債	金額	剔除理由及細數	剔除金額	可抵賠款金額
寄存物資				
應付貨款				
應付借款				
應付票据				
應付支票				
暫收款項				
已收定洋				
存入款項				
負債總額				
淨值				

中華民國35年10月2[illegible]日

會計師

蘇浙皖區接收日本產業抵償我國損失核算清單

分類
編號 13 2

日商產業報告表號數		業務種類		發行債券之種類及金額
商號名稱	徐州實業公司	資本		
所在地		非日籍資本		

剔除理由

(A)(B)(C)(D)
與公營事業之存款帳款票據及證券
軍用品
損壞物資
供器物資

(E)(F)(G)(H)
盟軍接收
外部產物
寄存其他日人機構
未見接收報告

(I)(J)(K)(L)
日人對日人負債
恒產公司債貸契
查獲產物
被竊毀損

(M) 其他（包括短缺）

日人報告 資產	民國 年 月 日時價 金額(CRB)	剔除理由及細数	剔除金額(CRB)	可抵賠款額(CRB)
土地				
房屋	344 000 000 00	(B)	344 000 000 00	—0—
機械設備				
有價證券				
船舶車輛				
生財傢俱				
金銀錢幣				
銀行存款				
原料成品				
存倉物資				
寄存物資				
應收貸款				
應收備款				
應收票據				
應收支票				
暫付款項				
其他				
資產總額	344 000 000 00		344 000 000 00	—0—
負債				
寄存物資				
應付貸款				
應付備款				
應付票據				
應付支票				
暫收款項				
已收定洋				
存入款項				
負債總額				
淨值				

中華民國35年10月29日

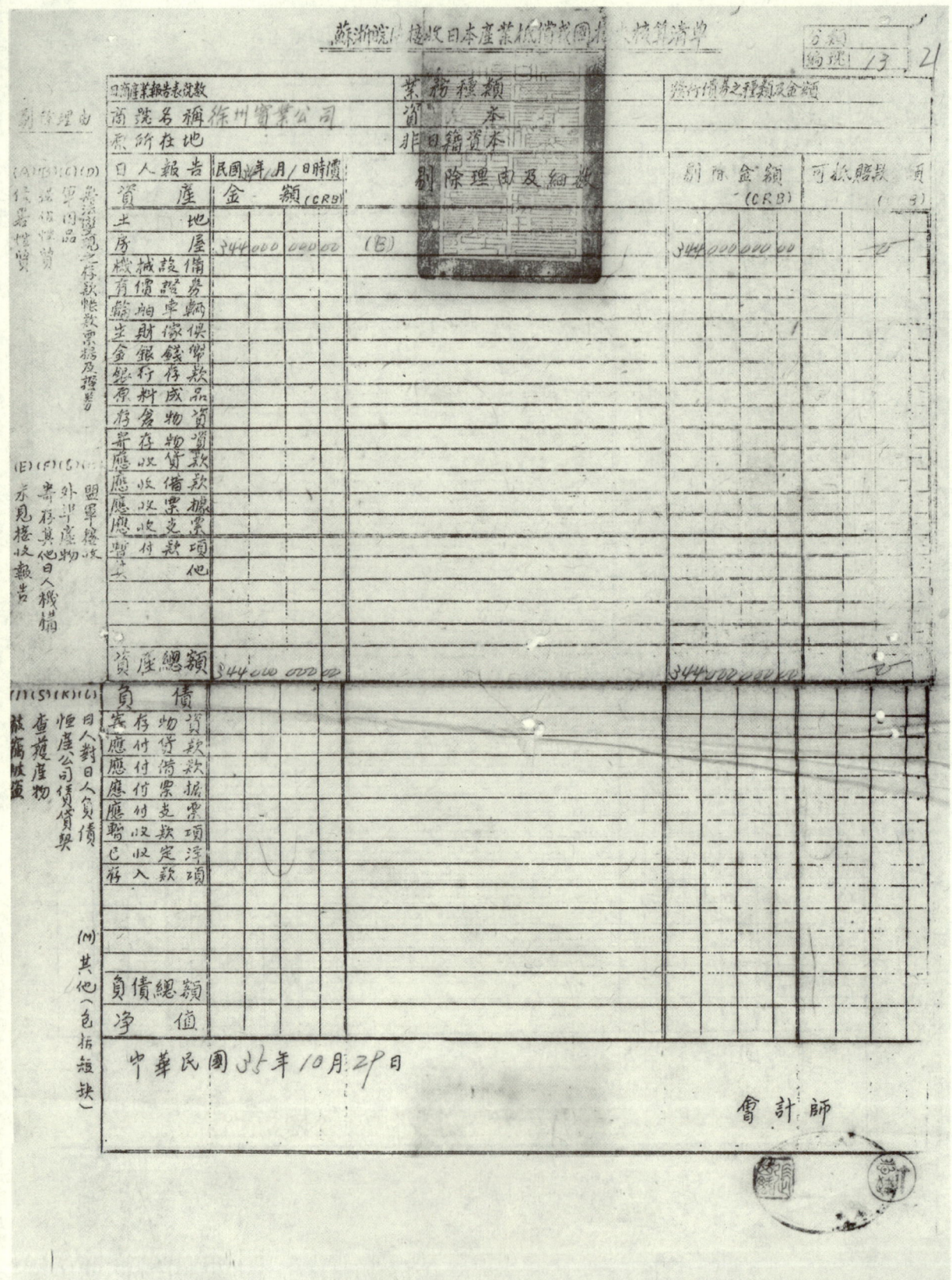

會計師

蘇浙皖[illegible]接收日本產業抵償我國[illegible]核算清單

分類
編號 14

22

剔除理由

(A)(B)(C)(D)
偽署[illegible]資
強佔物資
軍用品
無法實現之存款帳款票據及證券

(E)(F)(G)(H)
未見接收報告
寄存其[illegible]物[illegible]
外埠產物
盟軍接收

日商產業報告表資數		業務種類		發行債券之種類及金額
商號名稱	板本實業公司	資本		
原所在地		非日籍資本		

日人報告資產	民國34年10月1日時價金額(CRB)	剔除理由及細數	剔除金額(CRB)	可[illegible]
土地				
房屋	20,000,000.00	(B)	20,000,000.00	-0-
機械設備				
有價證券				
輪舶車輛				
生財傢俱	380,580,000.00	1/2 (E)	190,290,000.00	190,290,000.00
金銀錢幣				
銀行存款				
原料成品				
存倉物資				
寄存物資				
應收貨款				
應收借款				
應收票據				
應收支票				
暫付款項				
其他				
資產總額	400,580,000.00		210,290,000.00	190,290,000.00
負債				
寄存物資				
應付貨款				
應付借款				
應付票據				
應付支票				
暫收款項				
已收定洋				
存入款項				
負債總額				
淨值				

(I)(J)(K)(L)
被竊被盜
查獲產物
偽產公司債貸契
日人對日人負債

(M) 其他(包括短缺)

中華民國35年10月2[illegible]日

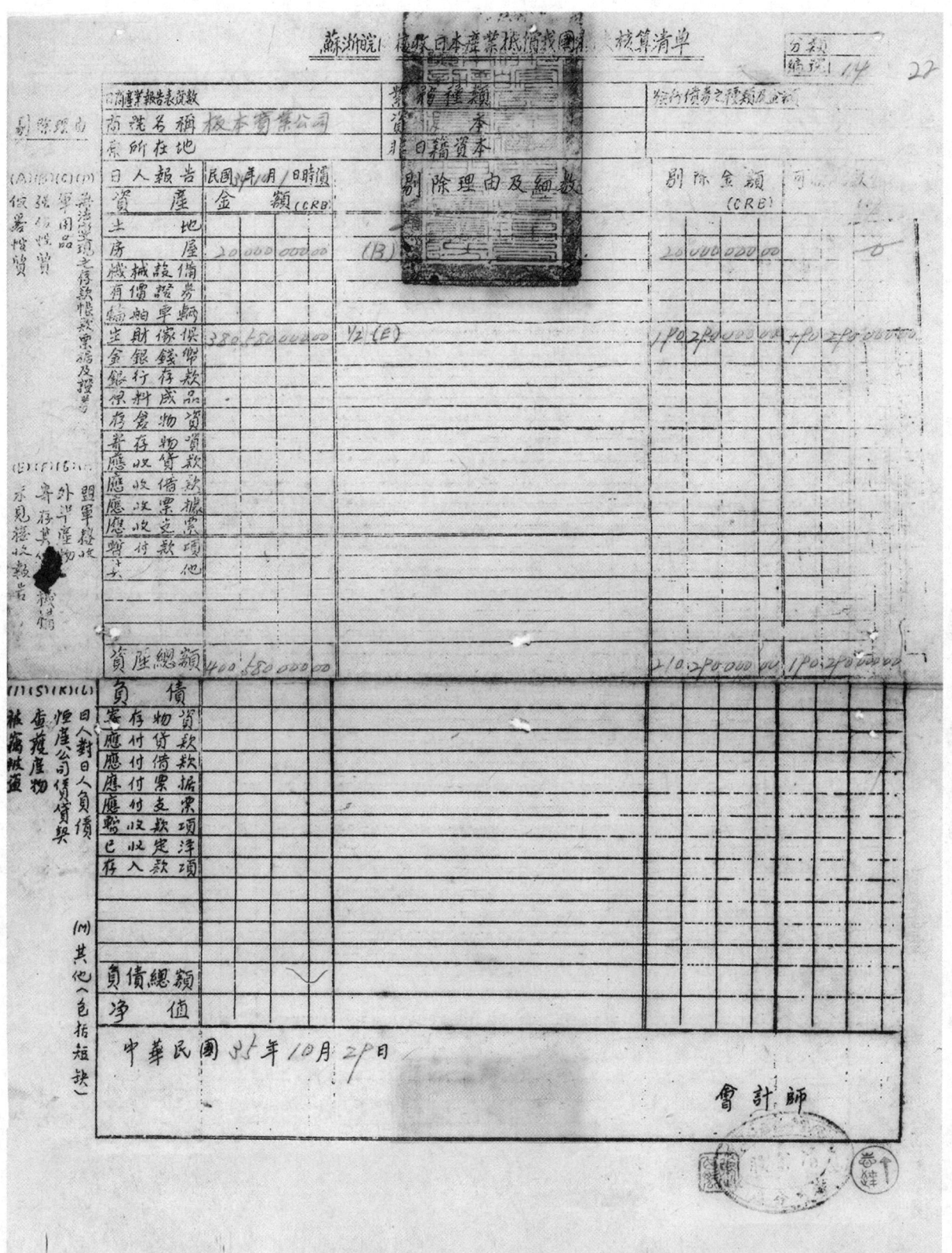

會計師

蘇浙皖區接收日本產業抵償我國損失核算清單

分類	
編號	14

23

日商產業報告表號數		業務種類		發行債劵之種類及金額	
商號名稱	徐州石炭工場	資本			
原所在地		非日籍資本			

日人報告 資產	民國34年10月1日時價 金額(CRB)	剔除理由及細數	剔除金額(CRB)	可抵賠款金額(CRB)
土地				
房屋	50,000,000.00	(B)	50,000,000.00	—0—
機械設備				
有價證劵				
輪船車輛				
生財傢俱				
金銀錢幣				
銀行存款				
原料成品				
存倉物資				
寄存物資				
應收貨款				
應收借款				
應收票據				
應收支票				
暫付款項				
其他				
資產總額	50,000,000.00		50,000,000.00	—0—
負債				
寄存物資				
應付貨款				
應付借款				
應付票據				
應付支票				
暫收款項				
已收定洋				
存入款項				
負債總額				
淨值				

剔除理由

(A) 侵略性質 (B) 强佔性質 (C) 軍用品 (D) 無法變現之存款帳款票據及證劵

(E) 未見接收報告 (F) 寄存其他日人機構 (G) 外籍產物 (H) 盟軍接收

(I) 被搶被盜 (J) 查無產物 (K) 恒產公司債借貸契 (L) 日人對日人負債

(M) 其他（包括短缺）

中華民國35年10月24日

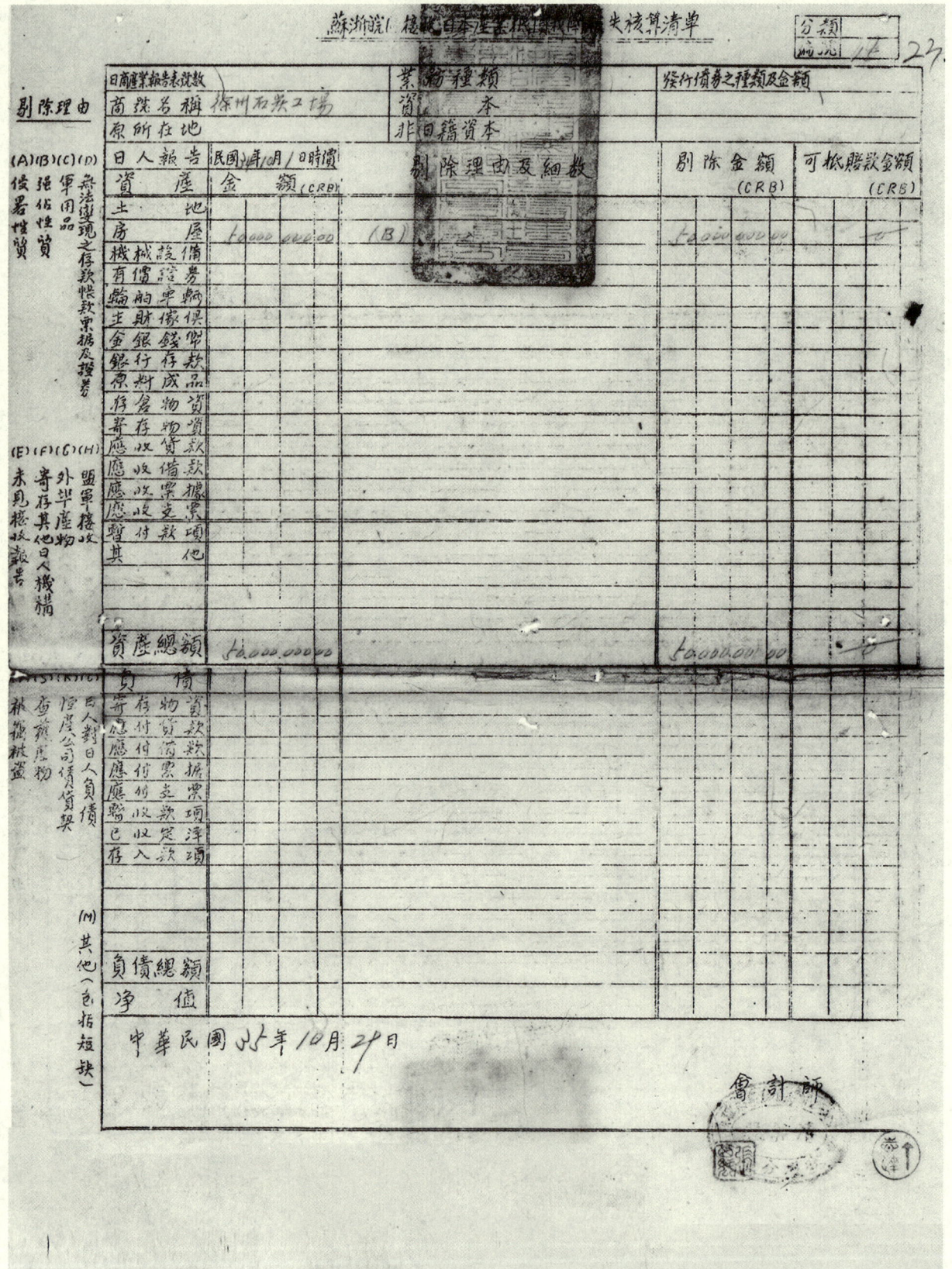

會計師

蘇浙皖區接收日本產業抵償我國損失核算清單

分類	
編號	16

24

剔除理由

(A) 侵略性質
(B) 強佔性質
(C) 軍用品
(D) 無法變現之存款帳款票據及證券

(E) 未見接收報告
(F) 寄存與其他日人機構
(G) 外埠產物
(H) 盟軍接收

(I) 補編帳簿
(J) 查獲產物
(K) 擬產公司債負債契
(L) 日人對日人負債

(M) 其他(包括短缺)

日商產業報告表號數		業務種類		發行債券之種類及金額	
商號名稱	中華出光興業株式会社	資本			
原所在地	啟明路濟家橋西路南	非日籍資本			

日人報告 資產	民國34年10月1日時價 金額(CRB)	剔除理由及細數	剔除金額(CRB)	可抵賠款金額(CRB)
土地				
房屋	P0000000.00	(B)	P0000000.00	0
機械設備				
有價證券				
船舶車輛				
生財傢俱				
金銀錢幣				
銀行存款				
原料成品				
存貨物資				
寄存物資				
應收貨款				
應收借款				
應收票據				
應收支票				
預付款項				
其他				
資產總額	P0000000.00		P0000000.00	P0000000.00
負債				
寄存物資				
應付貨款				
應付借款				
應付票據				
應付支票				
預收款項				
已收定洋				
存入款項				
負債總額				
淨值				

中華民國35年10月29日

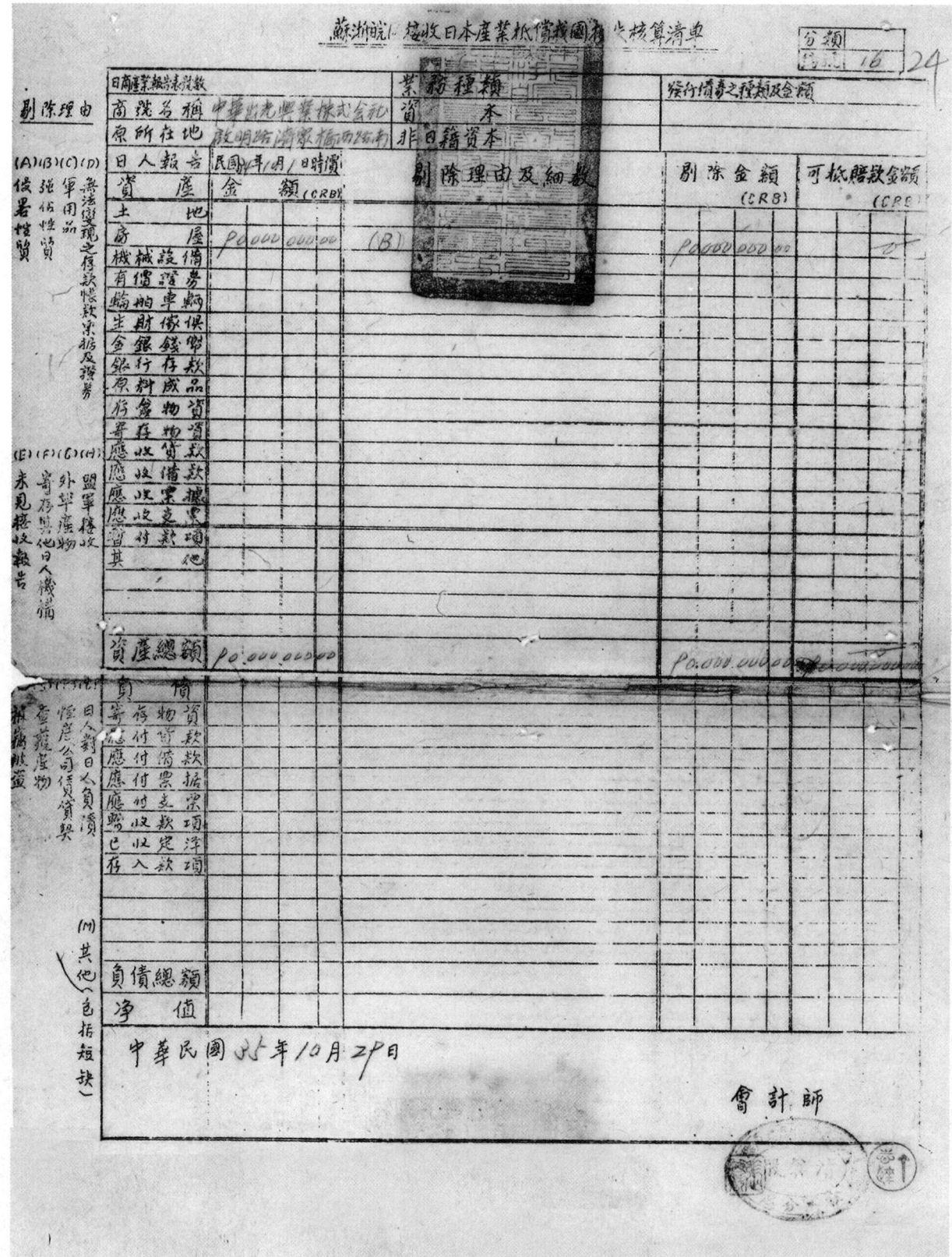

會計師

蘇浙皖區接收日本產業抵償我國損失核算清單

分類	
編號	17

日商產業報告表號數		業務種類		發行債券之種類及金額
商號名稱	興南公司株式會社	資本		
原所在地	公安街12號	非日籍資本		

日人報告 資產	民國35年10月1日時價 金額（CRB）	剔除理由及細數	剔除金額（CRB）	可抵賠款金額（CRB）
土地				
房屋	546120000.00	(B)	546120000.00	—
機械設備	4400000.00		—	4400000.00
有價證券				
船舶車輛				
生財傢俱				
金銀錢幣				
銀行存款				
原料成品				
存貨物資				
寄存物資				
應收貨款				
應收備款				
應收票據				
應收支票				
暫付款項				
其他				
資產總額	550120000.00		546120000.00	4400000.00
負債				
寄存物資				
應付貨款				
應付備款				
應付票據				
應付支票				
暫收款項				
已收定洋				
存入款項				
負債總額				
淨值				

剔除理由

(A)侵略性質 (B)混合性質 (C)軍用品 (D)無法變現之債款帳款票據及證券

(E)未見接收報告 (F)寄存其他日人機構 (G)外埠產物 (H)盟軍接收

(I)被竊被毀 (J)虛設產物 (K)恆產公司債債權契 (L)日人對日人負債

(M)其他（包括短缺）

中華民國35年10月[illegible]日

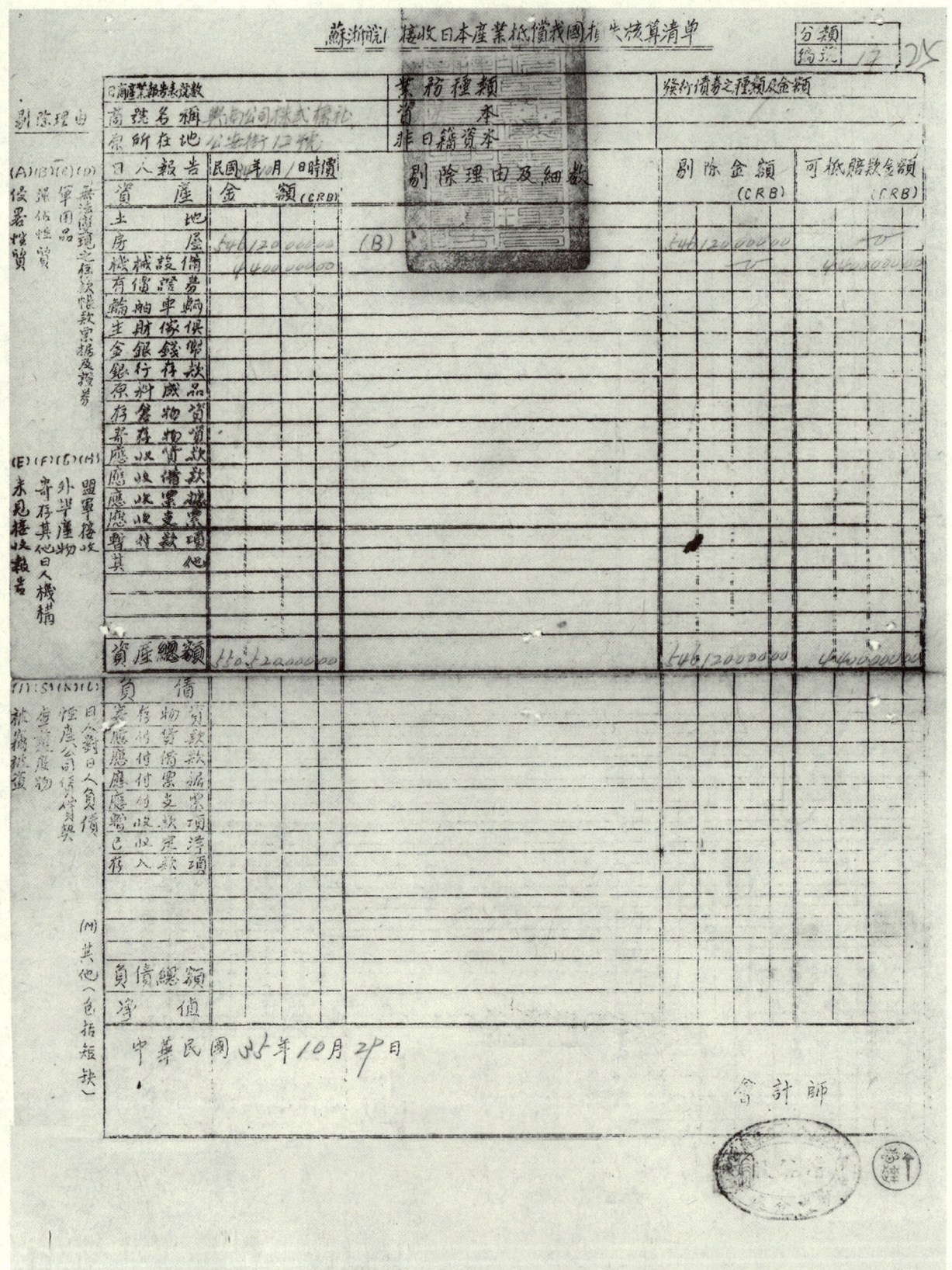

會計師

蘇浙皖區接收日本產業[illegible]核算清單

分類	
編號	18

26

日商產業報告表號數		業務種類	發行債券之種類及金額
商號名稱	淮海興業公司	資本	
原所在地		非日籍資本	

剔除理由

(A)(B)(C)(D) 侵略性質 強佔性質 軍用品 無法償還之債款帳款票據及證券

(E)(F)(G)(H) 未見接收報告 寄存其他日人機構 外界產物 盟軍接收

(I)(J)(K)(L) 被竊被盜 查獲產物 恒產公司債債貸款 日人對日人負債

(M) 其他(包括短缺)

日人報告 資產	民國3[illegible]年10月1日時價 金額(CRB)	剔除理由及細數	剔除金額(CRB)	可抵賠款金額(CRB)
土地				
房屋	68,700,000.00	(B)	68,700,000.00	—
機械設備	68,800,000.00		—	68,800,000.00
有價證券				
船舶車輛				
生財傢俱	20,300,000.00		—	20,300,000.00
金銀錢幣				
銀行存款				
原料成品				
存倉物資	85,200,000.00	(E)	85,200,000.00	85,200,000.00
寄存物資				
應收貨款				
應收借款				
應收票據				
應收支票				
暫付款項				
其他				
資產總額	1,013,000,000.00		[illegible]23,900,000.00	89,100,000.00
負債				
寄存物資				
應付貨款				
應付借款				
應付票據				
應付支票				
暫收款項				
已收定洋				
存入款項				
負債總額				
淨值				

中華民國35年10月2[illegible]日

會計師

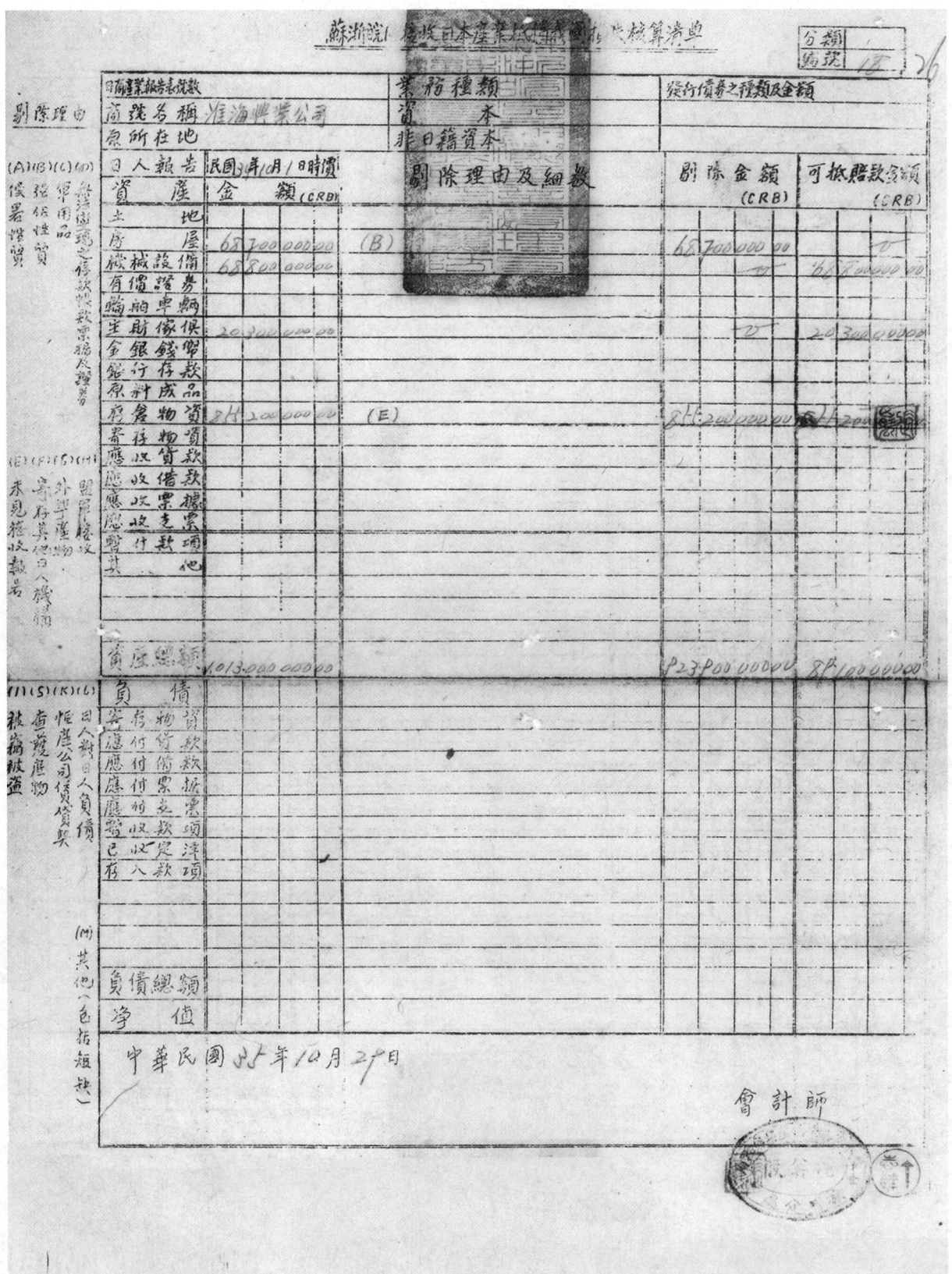

蘇浙皖區接收日本產業抵償我國損失核算清單

分類	
編號	4

日商產業報告表號數		業務種類		發行債券之種類及金額
商號名稱	華陽化學工廠	資本		
原所在地	公明街170號	非日籍資本		

剔除理由

(A)(B)(C)(D)
- 侵略性質
- 強佔性質
- 軍用品
- 無法變現之存款帳款票據及證券

(E)(F)(G)(H)
- 盟軍接收
- 外埠產物
- 寄存其他日人機構
- 未見接收報告

日人報告	民國34年10月1日時價 金額(CRB)	剔除理由及細數	剔除金額(CRB)	可抵賠款金額(RB)
資產				
土地				
房屋	20.000.000.00	(B)	20.000.000.00	-0-
機械設備	483.204.000.00		-0-	483.204.000.00
有價證券				
船舶車輛				
生財傢俱	450.000.00		-0-	450.000.00
金銀錢幣				
銀行存款				
原料成品				
存倉物資	4.000.000.00		-0-	4.000.000.00
寄存物資				
應收貸款				
應收借款				
應收票據				
應收支票				
預付款項				
其他				
資產總額	507.654.000.00		20.000.000.00	487.654.000.00

(I)(J)(K)(L)
- 日人對日人負債
- 恒產公司賃貸契
- 查獲產物
- 被竊被盜

負債	金額	剔除理由及細數	剔除金額	可抵賠款金額
寄存物資				
應付貸款				
應付借款				
應付票據				
應付支票				
暫收款項				
已收定洋				
存入款項				
負債總額				
淨值				

(M) 其他（包括短缺）

中華民國35年10月29日

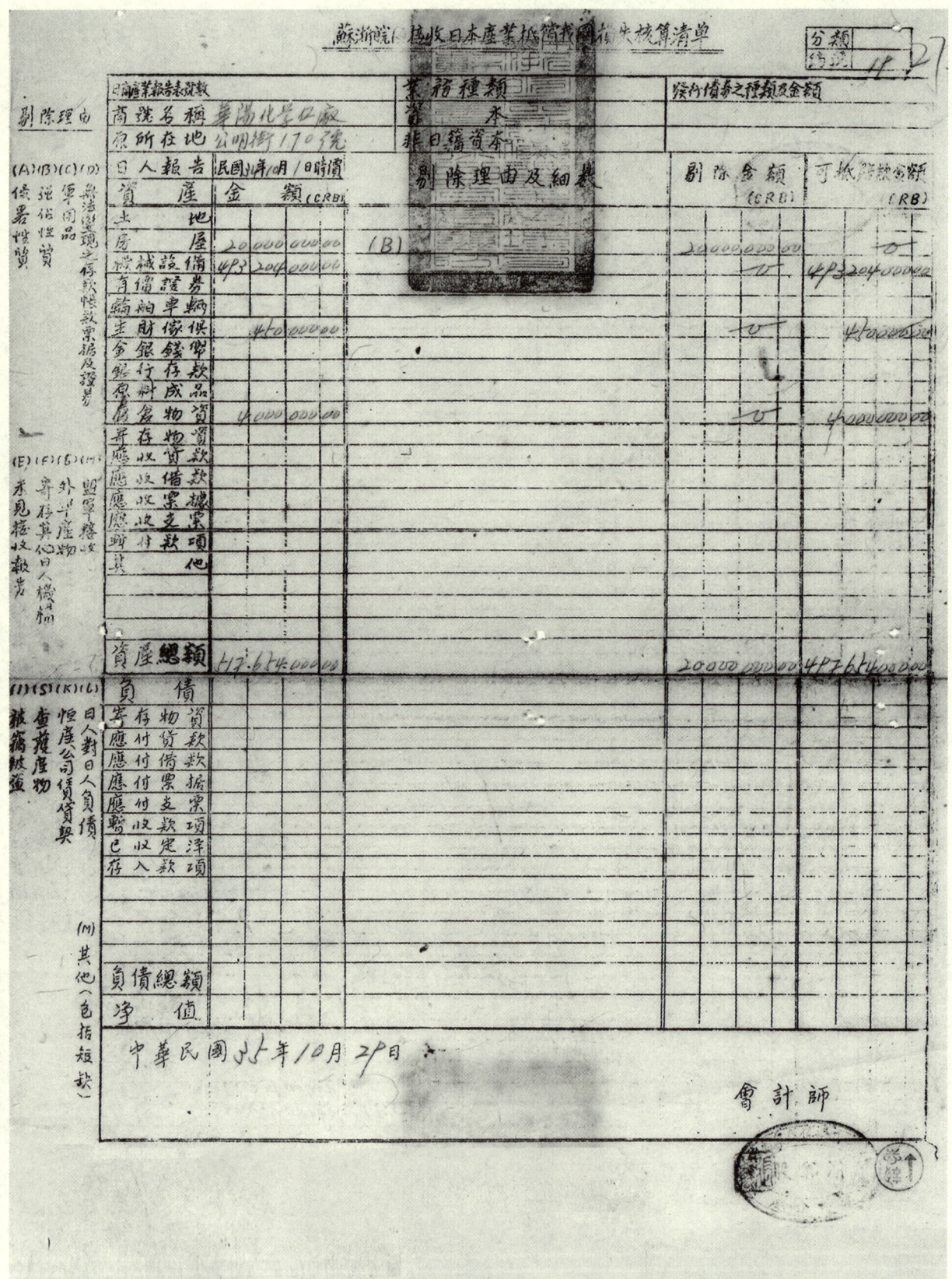

會計師

蘇浙皖區處理日本產業抵償我國損失核算清单

分類	
編號	20.28

剔除理由

(A)(B)(C)(D)
(A) 係署性質
(B) 强佔性質
(C) 軍用品
(D) 無法變現之存款帳款票据及證劵

(E)(F)(G)(H)
(E) 未見接收報告
(F) 寄存其他日人機構
(G) 外部產物
(H) 盟軍接收

(I)(J)(K)(L)
(I) 被竊被盗
(J) 查獲產物
(K) 恒產公司債貸契
(L) 日人對日人負債

(M) 其他（包括短缺）

日商產業報告表號數		業務種類	發行債劵之種類及金額
商號名稱	淮海興業公司	資本	
原所在地		非日籍資本	

日人報告資產	民國34年10月1日時價金額（CRB）	剔除理由及細數	剔除金額（CRB）	可抵賠款金額（CRB）
土地				
房屋	289,000,000.00	1/2 (B)	144,500,000.00	144,500,000.00
機械設備	725,000.00		-0-	725,000.00
有價證劵				
輪船車輛				
生財傢俱	830,000.00		-0-	830,000.00
金銀錢幣				
銀行存款				
原料成品				
存貨物資	3,721,541,250.00	(E)	3,721,541,250.00	-0-
寄存物資				
應收貨款				
應收借款				
應收票據				
應收支票				
暫付款項				
其他				
資產總額	4,012,096,250.00		3,866,041,250.00	146,055,000.00
負債				
寄存物資				
應付貨款				
應付借款				
應付票据				
應付支票				
暫收款項				
已收定洋				
存入款項				
負債總額				
净值				

中華民國35年10月29日

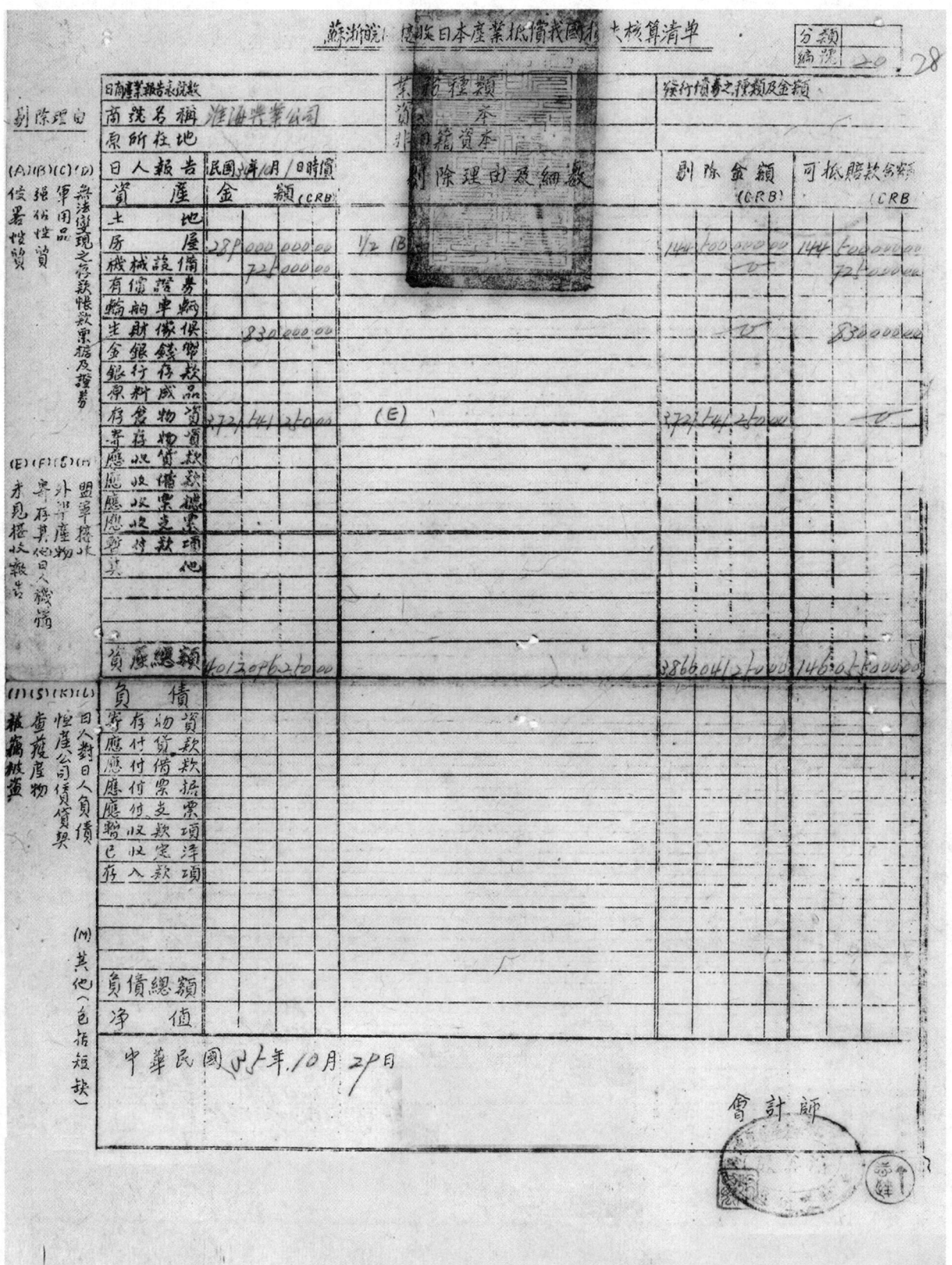

會計師

蘇浙皖區處理敵日本產業抵償我國損失核算清單

分類
編號 21

28

剔除理由

(A)(B)(C)(D)
無法變現之存款帳款票據及證劵
軍用品
強佔性質
依署性質

(E)(F)(G)(H)
盟軍接收
外埠產物
寄存其他日人機構
未見接收報告

(I)(J)(K)(L)
日人對日人負債
煙產公司債貸與
查獲產物
被竊被盜

(M) 其他(包括短缺)

日商產業報告表號數		業資非	發行債劵之種類及金額
商號名稱	大東橡膠廠		
原所在地			

日人報告 資產	民國 年 月 日時價 金額 (CRB)		剔除金額 (CRB)	核定金額 (CRB)
土地				
房屋	680,090,000.00	1/2 (B)	340,045,000.00	340,045,000.00
機械設備	2738,850,000.00	(G)	2738,850,000.00	0
有價證劵				
船舶車輛				
生財傢俱				
金銀錢幣				
銀行存款				
原料成品				
存倉物資				
寄存物資				
應收貨款				
應收借款				
應收票據				
應收支票				
暫付款項				
其他				
資產總額	3418,940,000.00		3078,895,000.00	340,045,000.00
負債				
寄存物資				
應付貨款				
應付借款				
應付票據				
應付支票				
暫收款項				
已收定洋				
存入款項				
負債總額				
淨值				

中華民國35年10月25日

會計師

蘇浙皖區[illegible]損失核算清單

分類 | 摘號 22　30

日商產業報告表號數		業務種類	發行債券之種類及金額
商號名稱	中国製鐵工業会社	資本	
原所在地		非日籍資本	

剔除理由

(A) 侵略物資 (B) 強佔性質 (C) 軍用品 (D) 無法變現之存款帳款票據及證券

(E) 未見接收報告 (F) 寄存其他日人機構 (G) 外埠產物 (H) 盟軍接收

(I) 被竊被盜 (J) 查獲產物 (K) 恒產公司債貸契 (L) 日人對日人負債

(M) 其他（包括短缺）

日人報告 資產	民國34年10月1日時價 金額 (CRB)	剔除理由及細[illegible]	剔除金額 (CRB)	可抵賠款金額 (CRB)
土地				
房屋	331,000,000.00	(E)	331,000,000.00	-0-
機械設備	30,000,000.00	(E)	30,000,000.00	-0-
有價證券				
輪船車輛				
生財傢俱	410,000.00	(E)	410,000.00	-0-
金銀錢幣				
銀行存款				
原料成品				
存倉物資				
寄存物資				
應收貨款				
應收借款				
應收票據				
應收支票				
暫付款項				
其他				
資產總額	361,410,000.00		361,410,000.00	-0-
負債				
寄存物資				
應付貨款				
應付借款				
應付票據				
應付支票				
暫收款項				
已收定洋				
存入款項				
負債總額				
淨值				

中華民國35年10月2[illegible]日

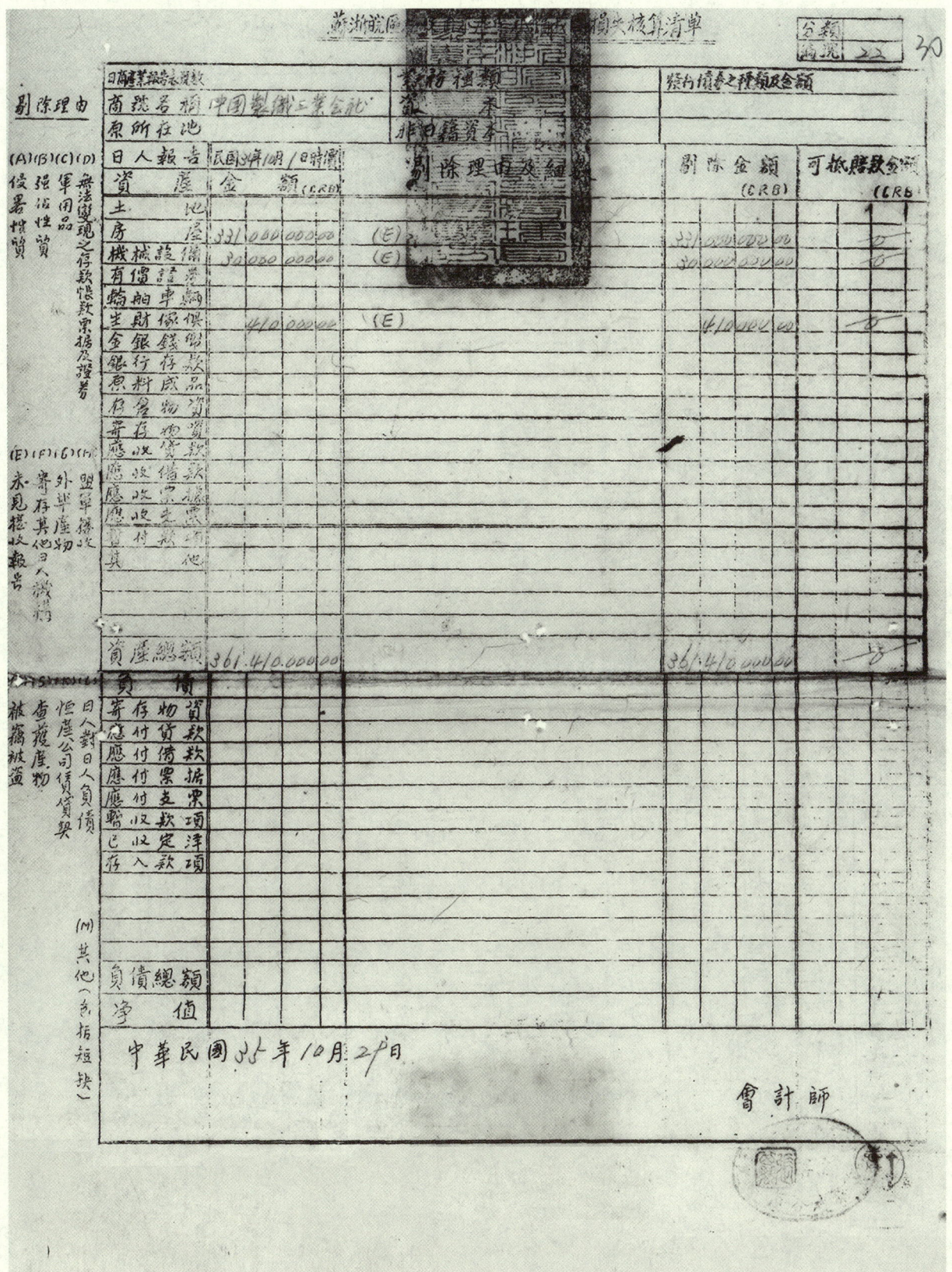

會計師

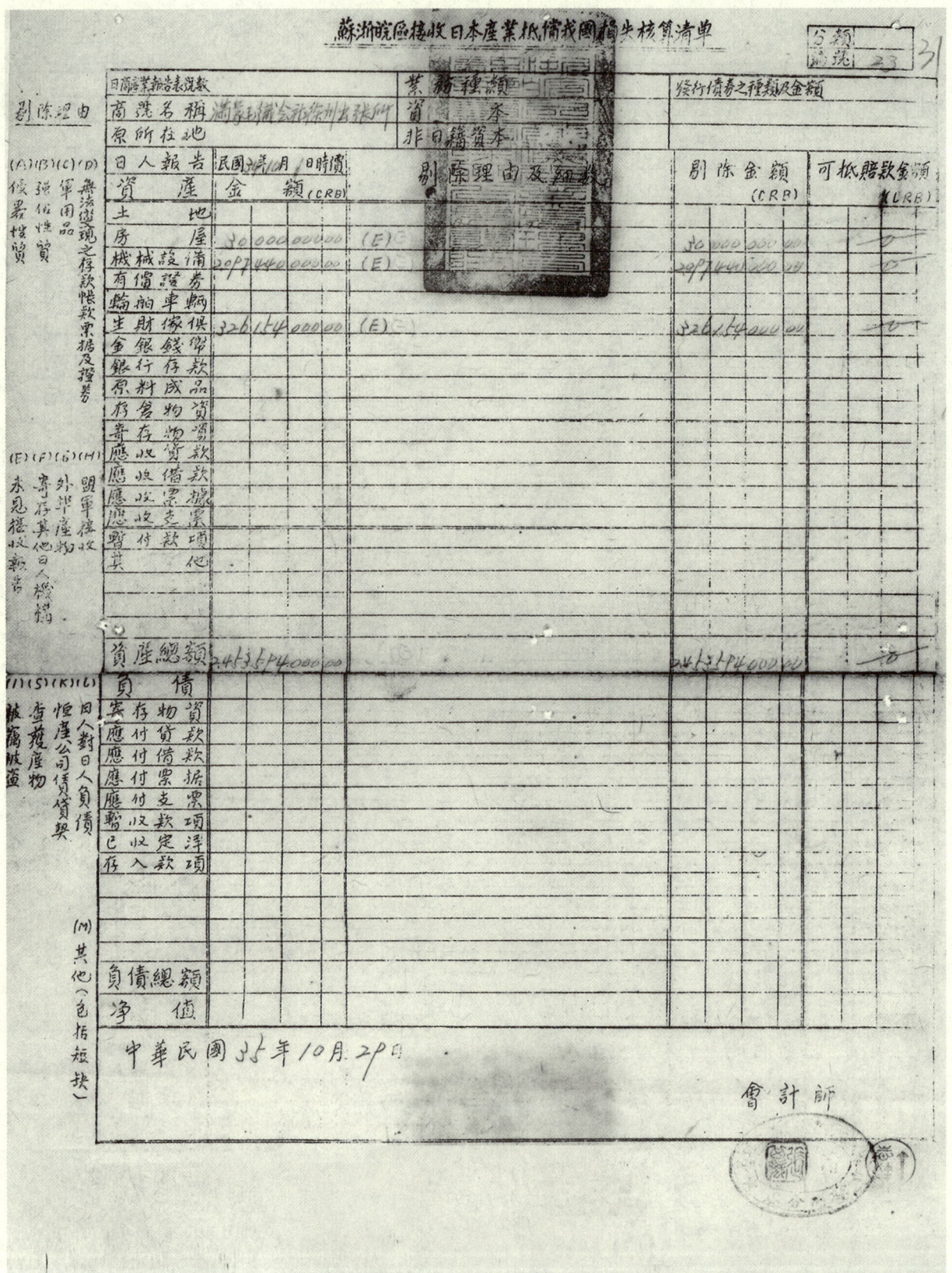

蘇浙皖區接收日本產業抵償我國損失核算清單

分類
編號 23

31

日商產業報告表號數		業務種類	發行債券之種類及金額
商號名稱	滿蒙毛織会社徐州出張所	資本	
原所在地		非日籍資本	

日人報告 資產	民國34年10月1日時價 金額(CRB)	剔除理由及細數	剔除金額(CRB)	可抵賠款金額(CRB)
土地				
房屋	30000000.00	(E)	30000000.00	—
機械設備	20P7440000.00	(E)	20P7440000.00	—
有價證券				
輪船車輛				
生財傢俱	326154000.00	(E)	326154000.00	—
金銀錢幣				
銀行存款				
原料成品				
存倉物資				
寄存物資				
應收貨款				
應收借款				
應收票據				
應收支票				
暫付款項				
其他				
資產總額	24135P4000.00		24135P4000.00	—
負債				
寄存物資				
應付貨款				
應付借款				
應付票據				
應付支票				
暫收款項				
已收定洋				
存入款項				
負債總額				
淨值				

剔除理由

(A) 侵略性質 (B) 強佔性質 (C) 軍用品 (D) 無法變現之存款帳款票據及證券

(E) 未見接收報告 (F) 寄存其他日人機構 (G) 外埠產物 (H) 盟軍接收

(I) 被竊被盜 (J) 查獲產物 (K) 恒產公司賃貸契 (L) 日人對日人負債

(M) 其他（包括短缺）

中華民國35年10月29日

會計師

蘇浙皖區接收日本產業抵償我國損失核算清單

分類
編號 24 32

日商產業報告表號數		營業種類		發行債券之種類及金額
商號名稱	興亞造酒廠	資本		
原所在地	二馬路28號	非日籍資本		

剔除理由

(A)(B)(C)(D) 無法證明之存款帳款票據及證券　軍用品　掠奪性質　救濟物資

(E)(F)(G)(H) 盟軍接收　外埠產物　寄存其他日人機構　未見接收報告

(I)(J)(K)(L) 日人對日人負債　恒產公司賃貸契　畜產產物　被竊被盜

(M) 其他（包括短缺）

日人報告 資產	民國34年10月1日時價 金額(CRB)	剔除理由及細數	剔除金額(CRB)	可抵賠款金額(CRB)
土地				
房屋	66600000.00	1/2 (B)	32800000.00	32800000.00
機械設備	100000000.00		—0—	100000000.00
有價證券				
輪船車輛				
生財傢俱	17950000.00		—0—	17950000.00
金銀錢幣				
銀行存款				
原料成品				
存倉物資	442220000.00		—0—	442220000.00
寄存物資				
應收貨款				
應收借款				
應收票據				
應收支票				
暫付款項				
其他				
資產總額	626770000.00		32800000.00	593970000.00
負債				
寄存物資				
應付貨款				
應付借款				
應付票據				
應付支票				
暫收款項				
已收定洋				
存入款項				
負債總額				
淨值				

中華民國35年10月24日

會計師

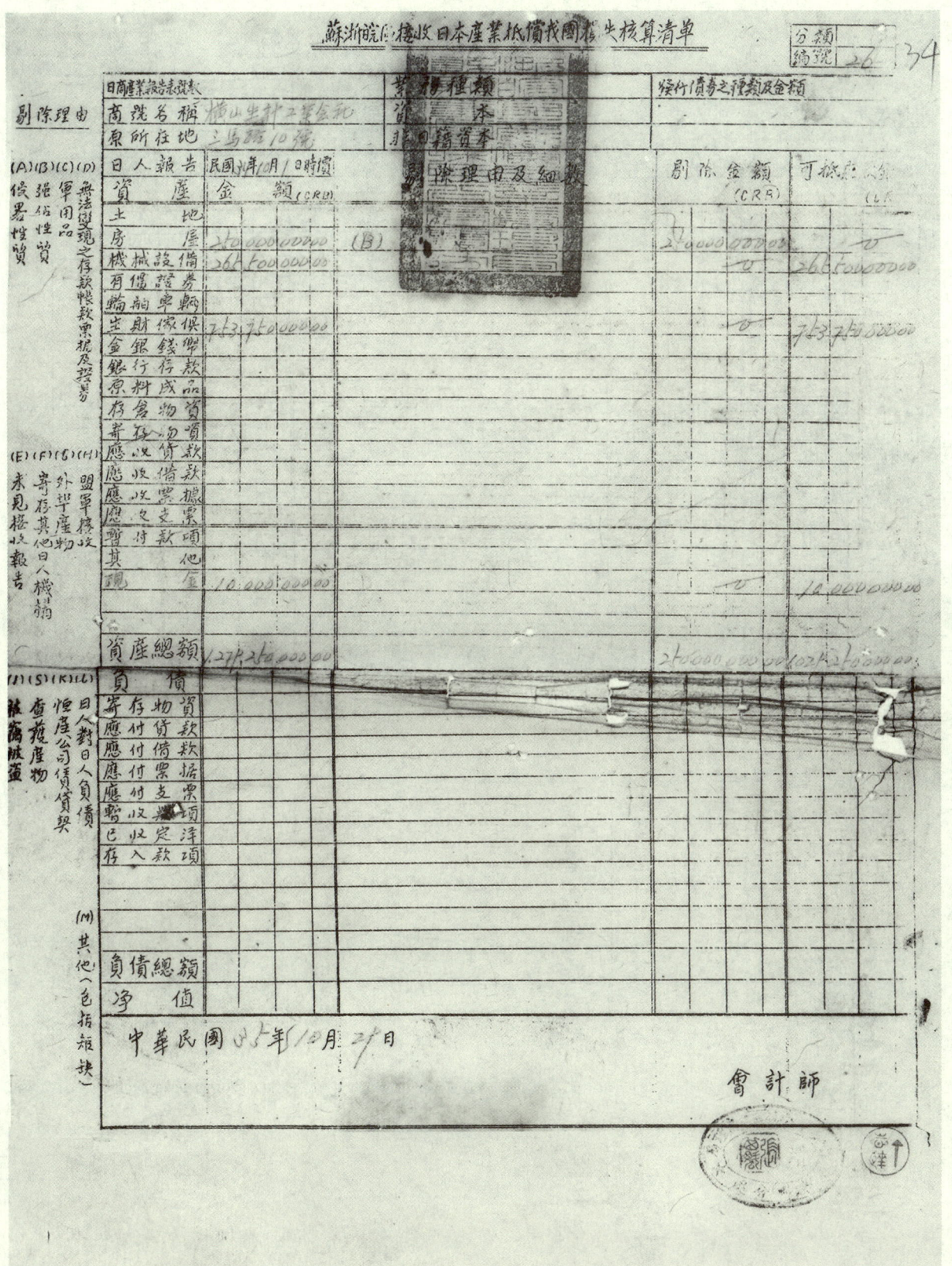

蘇浙皖區接收日本產業抵償我國損失核算清單

分類
編號 27

33

剔除理由

(A)(B)(C)(D)
(A) 侵略性質 (B) 强佔性質 (C) 軍用品 (D) 無法變現之存款帳款票據及證劵

(E)(F)(G)(H)
(E) 未見接收報告 (F) 寄存其他日人機構 (G) 外埠產物 (H) 盟軍接收

(I)(J)(K)(L)
(I) 被竊被盜 (J) 查獲產物 (K) 恒產公司債貸契 (L) 日人對日人負債

(M) 其他（包括短缺）

日商產業報告表號數		業種種類	發行債券之種類及金額
商號名稱	齋藤商會	資本	
原所在地		國籍資本	

日人報告	民國 年 月 日時價	剔除理由及細數	剔除金額	可抵賠款金額
資產	金額 (CRB)		(CRB)	(CRB)
土地				
房屋	P2,800,000.00	(B)	P2,800,000.00	—0—
機械設備	71,760,000.00		—0—	71,760,000.00
有價證劵				
輪船車輛				
生財傢俱				
金銀錢幣				
銀行存款				
原料成品				
存倉物資				
寄存物資				
應收貨款				
應收借款				
應收票據				
應收支票				
暫付款項				
其他				
資產總額	164,560,000.00		P2,800,000.00	71,760,000.00
負債				
寄存物資				
應付貨款				
應付借款				
應付票據				
應付支票				
暫收款項				
已收定洋				
存入款項				
負債總額				
淨值				

中華民國35年10月21日

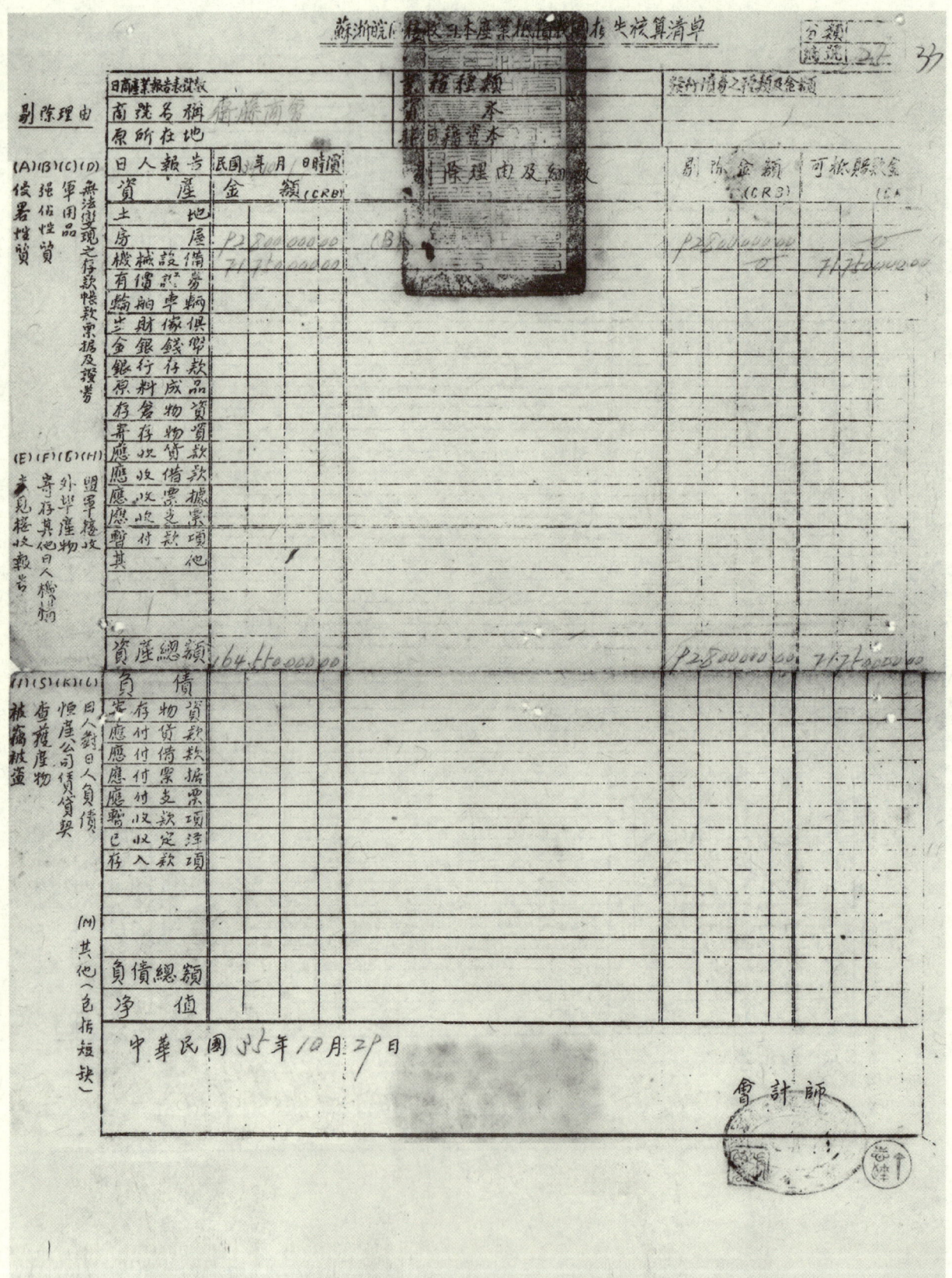

會計師

蘇浙皖區接收日本產業抵償我國損失核算清單

分類	
編號	26

34

日商產業報告表號數		業務種類	發行債券之種類及金額	
商號名稱	橫山生計工業会社	資本		
原所在地	三馬路10號	非日籍資本		
日人報告資產	民國34年10月1日時價金額(CRB)	剔除理由及細數	剔除金額(CRB)	可抵…
土地				
房屋	250,000,000.00	(B)	250,000,000.00	-0-
機械設備	265,500,000.00		-0-	265,500,000.00
有價證券				
輪船車輛				
生財傢俱	753,750,000.00		-0-	753,750,000.00
金銀錢幣				
銀行存款				
原料成品				
存倉物資				
寄存物資				
應收貨款				
應收借款				
應收票據				
應收支票				
暫付款項				
其他				
現金	10,000,000.00		-0-	10,000,000.00
資產總額	1,277,250,000.00		250,000,000.00	1,027,250,000.00
負債				
寄存物資				
應付貨款				
應付借款				
應付票據				
應付支票				
暫收款項				
已收定洋				
存入款項				
負債總額				
淨值				

剔除理由

(A)侵略性質 (B)强佔性質 (C)軍用品 (D)無法變現之存款帳款票據及證券

(E)未見接收報告 (F)寄存其他日人機構 (G)外埠產物 (H)盟軍接收

(I)被竊破壞 (J)查獲產物 (K)恒產公司債貸契 (L)日人對日人負債

(M)其他(包括短缺)

中華民國35年10月21日

會計師

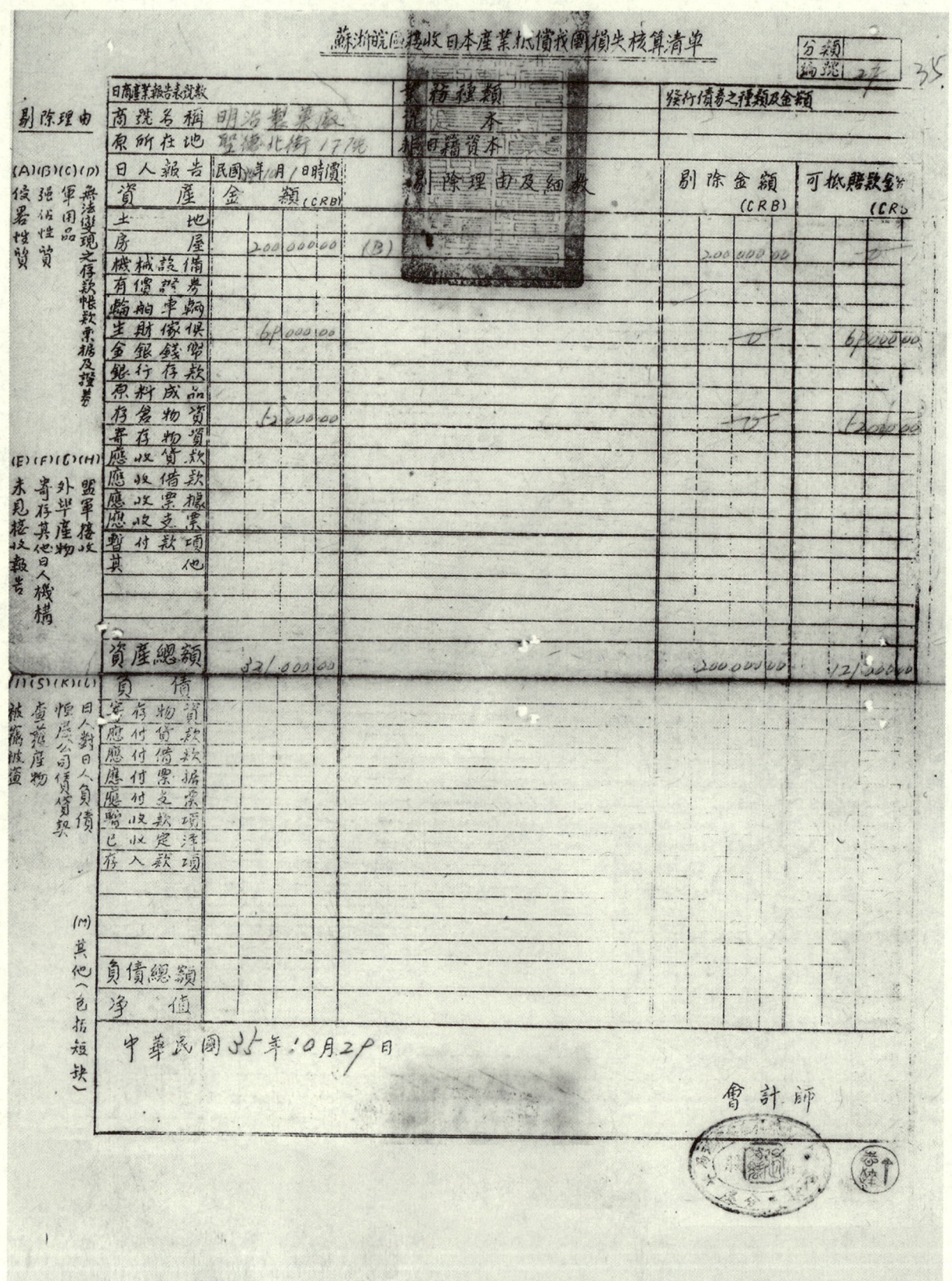

蘇浙皖區接收日本產業抵償我國損失核算清單

分類	
編號	27

35

剔除理由

(A)(B)(C)(D)
侵略性質
强佔性質
軍用品
無法變現之存款帳款票據及證券

(E)(F)(G)(H)
未見接收報告
寄存其他日人機構
外埠產物
盟軍接收

(I)(J)(K)(L)
被竊被盜
查無產物
恒產公司債貸契約
日人對日人負債

(M)其他(包括短缺)

日商產業報告表號數		業務種類		發行債券之種類及金額
商號名稱	明治製菓廠	資本		
原所在地	聖德北街177號	折日籍資本		

日人報告	民國 年10月1日時價	剔除理由及細數	剔除金額	可抵賠款金額
資產	金額(CRB)		(CRB)	(CRB)
土地				
房屋	200,000.00	(B)	200,000.00	-0-
機械設備				
有價證券				
輪船車輛				
生財傢俱	68,000.00		-0-	68,000.00
金銀錢幣				
銀行存款				
原料成品				
存倉物資	53,000.00		-0-	53,000.00
寄存物資				
應收貨款				
應收借款				
應收票據				
應收支票				
暫付款項				
其他				
資產總額	321,000.00		200,000.00	121,000.00
負債				
寄存物資				
應付貨款				
應付借款				
應付票據				
應付支票				
暫收款項				
已收定洋				
存入款項				
負債總額				
淨值				

中華民國35年10月28日

會計師

蘇浙皖區接收日本產業抵償我國損失核算清單

分類	
編號	28

36

產業報告表號數		業務種類	發行債券之種類及金額
產業名稱	帝國水產統制会社徐州出張所	資本	
產業所在地	津浦路北首	非日籍資本	

報告人報告 民國34年10月1日時價 產	金額(CRB)	剔除理由及細數	剔除金額(CRB)	可核賠款金額(CRB)
土地				
房屋	1132000000.00	1/2 (1)	566000000.00	566000000.00
機械設備	1011040000.00		0	1011040000.00
有價證券				
船舶車輛				
生財傢俱	47770000.00		0	47770000.00
金銀錢幣				
銀行存款				
原料成品				
存貨物資	264786008.81		0	264786008.81
寄存物資				
應收貨款				
應收備款				
應收票據				
應收支票				
暫付款項				
其他				
現金	138061508.81		0	138061508.81
資產總額	2593666517.62		566000000.00	2027666517.62
負債				
寄存物資				
應付貨款				
應付備款				
應付票據				
應付支票				
暫收款項				
已收定洋				
存入款項				
負債總額				
淨值				

……存款帳款票據及證券

(E)(F)(G)(H) 盟軍接收 外埠產物 寄存其他日人機構 未見接收報告

(I)(J)(K)(L) 日人對日人負債 恒產公司債貸與 查獲產物 被竊被盜

(M) 其他（包括短缺）

中華民國35年10月9日

會計師

蘇浙皖區接收日本產業抵償我國損失核算清單

分類	
編號	2P 37

日商產業報告表號數		業務種類		發行債劵之種類及金額
商號名稱	華北東亞煙草株式会社[illegible]二场	資本		
原所在地		非日籍資本		

剔除理由

(A)(B)(C)(D)
侵略性質
强佔性質
軍用品
無法變現之存款帳款票据及證劵

(E)(F)(G)(H)
盟軍接收
外埠產物
寄存其他日人機構
未見接收報告

(I)(J)(K)(L)
日人對日人負債
恒產公司債貸契
查獲產物
被竊被盜

(M)其他(包括短缺)

日人報告資產	民國34年10月1日時價金額(CRB)	剔除理由及細數	剔除金額(CRB)	可抵賠款金額(CRB)
土地				
房屋	410 000 000.00	1/2 (B)	20[illegible] 000 000.00	20[illegible] 000 000.00
機械設備	140 000 000.00		-0-	140 000 000.00
有價證劵				
輪船車輛				
生財傢俱	80 000 000.00		-0-	80 000 000.00
金銀錢幣				
銀行存款				
原料成品				
存倉物資	[illegible] 200 000.00		-0-	[illegible] 200 000.00
寄存物資				
應收貨款				
應收借款				
應收票據				
應收支票				
暫付款項				
其他				
預金	[illegible]386 433.00	(D)	[illegible]386 433.00	-0-
資產總額	[illegible]586 433.00		264 386 433.00	172[illegible] 200 000.00
負債				
寄存物資				
應付貨款				
應付借款				
應付票据				
應付支票				
暫收款項				
已收定洋				
存入款項				
負債總額				
淨值				

中華民國35年10月2[illegible]日

會計師

分類	
編號	80

38

蘇浙皖區接收日本產業抵償我國損失核算清单

日商產業報告表號數		業務種類	發行債券之種類及金額
商號名稱	泰興皮革工業公司	資本	
原所在地		非日籍資本	

日人報告 資產	民國34年10月1日時價 金額(CRB)	剔除理由及細数	剔除金額(CRB)	可抵賠款金額(CRB)
土地				
房屋	130 000 000 00	(E)	130 000 000 00	-0-
機械設備				
有價證券				
輪船車輛				
生財傢俱	7 842 000 00	(E)	7 842 000 00	-0-
金銀錢幣				
銀行存款				
原料成品				
存倉物資	150 000 000 00	(E)	150 000 000 00	-0-
寄存物資				
應收貸款				
應收借款				
應收票據				
應收支票				
暫付款項				
其他				
現金	137 863 185 00	(E)	137 863 185 00	-0-
資產總額	425 705 185 00		425 705 185 00	-0-
負債				
寄存物資				
應付貸款				
應付借款				
應付票據				
應付支票				
暫收款項				
已收定洋				
存入款項				
負債總額				
淨值				

剔除理由

(A)(B)(C)(D) 無法變現之存款帳款票據及證券 軍用品 强佔性質 侵略性質

(E)(F)(G)(H) 盟軍接收 外部產物 寄存其他日人機構 未見接收報告

(I)(J)(K)(L) 日人對日人負債 恒產公司債貸契 查獲產物 被竊毁蛋

(M) 其他（包括短缺）

中華民國35年10月25日

會計師

蘇浙皖區接收日本產業抵償我國損失核算清單

分類	
編號	31

39

剔除理由

(A)無法變現之存款帳款票據及證券
(B)軍用品
(C)強佔性質
(D)侵略性質

(E)未見接收報告
(F)寄存其他日人機構
(G)外埠產物
(H)盟軍接收

(I)日人對日人負債
(J)恒產公司賃貸契
(K)查獲產物
(L)被竊被盜

(M)其他（包括短缺）

日商產業報告表號數		業務種類		發行債券之種類及金額	
商號名稱	日信木廠	資本			
原所在地		非日籍資本			

日人報告 民國 年 月 日時價 資產	金額(CRB)	剔除理由及細數	剔除金額(CRB)	可抵賠款金額(CRB)
土地				
房屋	370,000,000.00	(E)	370,000,000.00	-0-
機械設備	514,240,000.00	(E)	514,240,000.00	-0-
有價證券				
輪船車輛				
生財傢俱				
金銀錢幣				
銀行存款				
原料成品				
存倉物資				
寄存物資				
應收貨款				
應收借款				
應收票據				
應收支票				
暫付款項				
其他				
資產總額	884,240,000.00		884,240,000.00	-0-
負債				
寄存物資				
應付貨款				
應付借款				
應付票據				
應付支票				
暫收款項				
已收定洋				
存入款項				
負債總額				
淨值				

中華民國35年10月29日

會計師

蘇浙皖區接收日本產業賠償我國損失核算清單

分類	
編號	32

140

日商產業報告表號數		業務種類	發行債務之種類及金額
商號名稱	大二木廠	資本	
處所在地		非日籍資本	

剔除理由

(A)(B)(C)(D)
侵略物資
戰俘物資
軍用品
無法實現之存款帳款票據及證劵

(E)(F)(G)(H)
未見接收報告
寄存其他日人機構
外埠產物
盟軍接收

(I)(J)(K)(L)
被竊被盜
查獲產物
恒產公司債貸與
日人對日人負債

(M) 其他(包括短缺)

日人報告 資產	民國34年10月1日時價 金額(CRB)	剔除理由及細數	剔除金額(CRB)	可抵賠款金額(CRB)
土地				
房屋	42,500,000.00	(E)	42,500,000.00	-0-
機械設備	109,500,000.00	(E)	109,500,000.00	-0-
有價證劵				
輪船車輛				
生財傢俱	1,250,000.00	(E)	1,250,000.00	-0-
金銀錢幣				
銀行存款				
原料成品				
存倉物資	132,000,000.00	(E)	132,000,000.00	-0-
寄存物資				
應收貨款				
應收借款				
應收票據				
應收支票				
暫付款項				
其他				
資產總額	285,250,000.00		285,250,000.00	-0-
負債				
寄存物資				
應付貨款				
應付借款				
應付票據				
應付支票				
暫收款項				
已收定洋				
存入款項				
負債總額				
淨值				

中華民國35年10月29日

會計師

81

蘇浙皖區敵偽產業處理局訓令

滬清字第四〇六二八號

中華民國三十五年八月七日

事由：

令各地辦事處

案奉 行政院節京叁字第二〇九七號訓令頒發「接收國內日本產業賠償我國損失記帳辦法」飭遵照辦理等因正遵辦間復奉 行政院宋院長未微拾電開「以有日人在華資產應即依照接收國內日本產業賠償我國損失記帳辦法並照「二十六年度物價」合成美金價格彙報其中如有金銀美元等類應分別開列仰電到兩星期內呈報為要」等因經根據該項記帳辦法擬具「接收國內日本產業賠償我國損失計算辦法草案」提經会計政同委員会议通过在案合行頒發該項「接收國內日本產業賠償我國損失記帳辦法」暨「接收國內日本產業賠償我國損失計算辦法」各一份仰該處於文到十日內遵照辦理以憑彙轉此令

附件

局長 劉攻芸

覆文務請註明本文日期及字號

文8A.35.7.10000

本局地址：上海仁記路中國銀行大樓三樓 電話：一二四三〇 電報掛號：九六九九

82

接收國內日本產業賠償我國損失計算方法草案

一、本方法依據 行政院頒布之「接收國內日本產業賠償我國損失記帳辦法」之規定訂定之

二、接收國內日本產業應以每一機構為一單位各別計算其可供抵償之數額

三、接收國內日本產業抵償我國損失之計算應以日人原始清冊為根據

四、凡不合抵作賠償之左列各款應先查明列舉以便剔除

1、陸海空軍之軍械軍艦飛機及其他軍用品

2、佔用我國之一切產業

3、日人在我國所强佔之土地及强佔之礦權

前項第一款所稱其他軍用品應包括我國陸海空軍事機關留用之一切物資在內

前項第二三兩款所稱强佔產業應包括經本局核定之一切强迫收買之產業亦在內

五、資產中之銀行存款應收票據及其他應收款項除確已代為收回者外一概剔除不計

六、接收有價証券中如係日偽机構所發行無法予以變現者一概剔除不計

七、凡日冊中之產業物資未經接收者一概剔除不計

八、日本某机構所有物資存放另一日本机構者為便利核計起見得併入存放之机構計算之惟存放之机構並非日人經營者則歸入原屬日人机構計算之

九、对于非日籍債權人之各種債務應由產業總值下扣除之对于日籍債權人之各種債務應由產業總值下扣除之对于日籍債權人之各種債務得逕予抵除不計

十、被敵強迫收買之產業經本局核定由原主贖回者不論其贖價幾何應以當初收買時之價額為抵償我國損失之價值

十一、日人使用偽中央儲備銀行偽聯合準備銀行等之鈔券及性質類似之偽組織資金所經營之產業應由本局轉請各該偽組織之

83

清理或接管机關查明所供給之資金数後通知本局依下列公式標出應剔除数額

$$\text{可充賠償之產業} \times \frac{\text{供給之資金}}{\text{資本額} + \text{供給之資金}} = \text{應剔除之數額}$$

十二、前條所称供給之資金為便利查計起見以三十四年一月至七月止之每月月底餘額平均數為標準

十三、日人与非日人合作經營之事業另有使用偽組織之資金者應先照本方法第十一十二兩條之規定計標剔除後再按日人与非日人出資之比例算出應屬日人部份以抵償我國之損失

十四、可充賠償之產業其價值應照各区收復時之價值估計之日冊所列價額經核与各区收復時之價值尚屬相符者得參照計列其應計算折旧或耗竭者應減除其折旧或耗竭如原值以日幣或偽幣計算者應按照規定之折合率折成國幣記標

十五、可充賠償之產業及非賠償之產業應分别列表以資彙報其分

類方法及格式另訂之

十六、日本在華經營事業之組織原有資本債券及在華開支並應於表格內註明之

接收國內日本產業賠償我國損失記帳辦法

卅五年六月十三日行政院頒佈

第一條　接收國內日本產業賠償我國損失應依本辦法專案記帳

第二條　左列各款不得作為賠償之用

一・陸海空軍之軍械軍艦飛機及其他軍事用品

二・佔用我國之一切產業

三・日人使用偽中央儲備銀行偽聯合準備銀行等之鈔券及性質類似之偽組織資金所經營之產業

四・日人在我國所強佔之土地及強佔之礦權

第三條　左列各款得作為賠償之用

一・日本在華經營事業之資金及由其資金所置備之產業

二・自日本運入我國各地工廠礦場鐵路電訊等事業之機器材料及有關設備

三・日人在我國所有產業之房屋

第四條　日本在華經營事業之組織原有資本債券及在華開支均應檢查

清冊列單具報

第五條　接收日本產業應分可充賠償產業及非賠償產業分別專帳記載

第六條　接收日本產業應詳加檢查其應計算折舊或耗竭者應減除其折舊或耗竭核實作價再行入帳

第七條　接收日本產業記帳單位概以國幣爲準如原値以日幣或僞幣計算者應按各該收復區國幣與日幣或僞幣之折合率折成國幣再行入帳

第八條　各收復區敵僞產業處理局及其他有關機關應將接收日本各項產業之專帳記載表冊送由賠償委員會彙案核轉行政院核辦

第九條　接收日本各項產業如經行政院核定出售租賃或繼續經營後各接收機關應即以「接收敵僞財產租賃收入」「接收敵僞營業盈餘收入」「接收敵僞財產及物資售價收入」三科目分別處置

第十條　本辦法自公佈日施行

47

江蘇田賦糧食管理處徐州區清理專員辦事處公函

案查前准

貴處徐清字第二四五號公函囑檢送接收敵偽產業原始清册一案業將劉督導轉來順康脂油兩廠原由廠存清册兩本函送在案至東亞廠原始清册則經派員向鎮江江蘇田賦糧食管理處請調茲經調來東亞廠財產目錄清册一本經檢查亦屬抄件复准劉督導面稱第九區行政督察專員公署在党政接收委員會案內存有該項清册復經函請借用接准該署复函畧開「查徐屬党政接收委員會所接收各廠原始交册業經遵令呈送江蘇省党政接收委員會為時已久准函前由相應函复查照為荷」等由准此除將東亞廠財產目錄清册抄本一件函送外至關各廠原始交册請向江蘇省党政接收委員會調用准函前由相應函請

查照再該三廠財產

查照再該三廠財產清册抄本即希用畢仍予送還以便繳送為荷

徐第一三三

民國　年九月十六日

收文 1556

此致

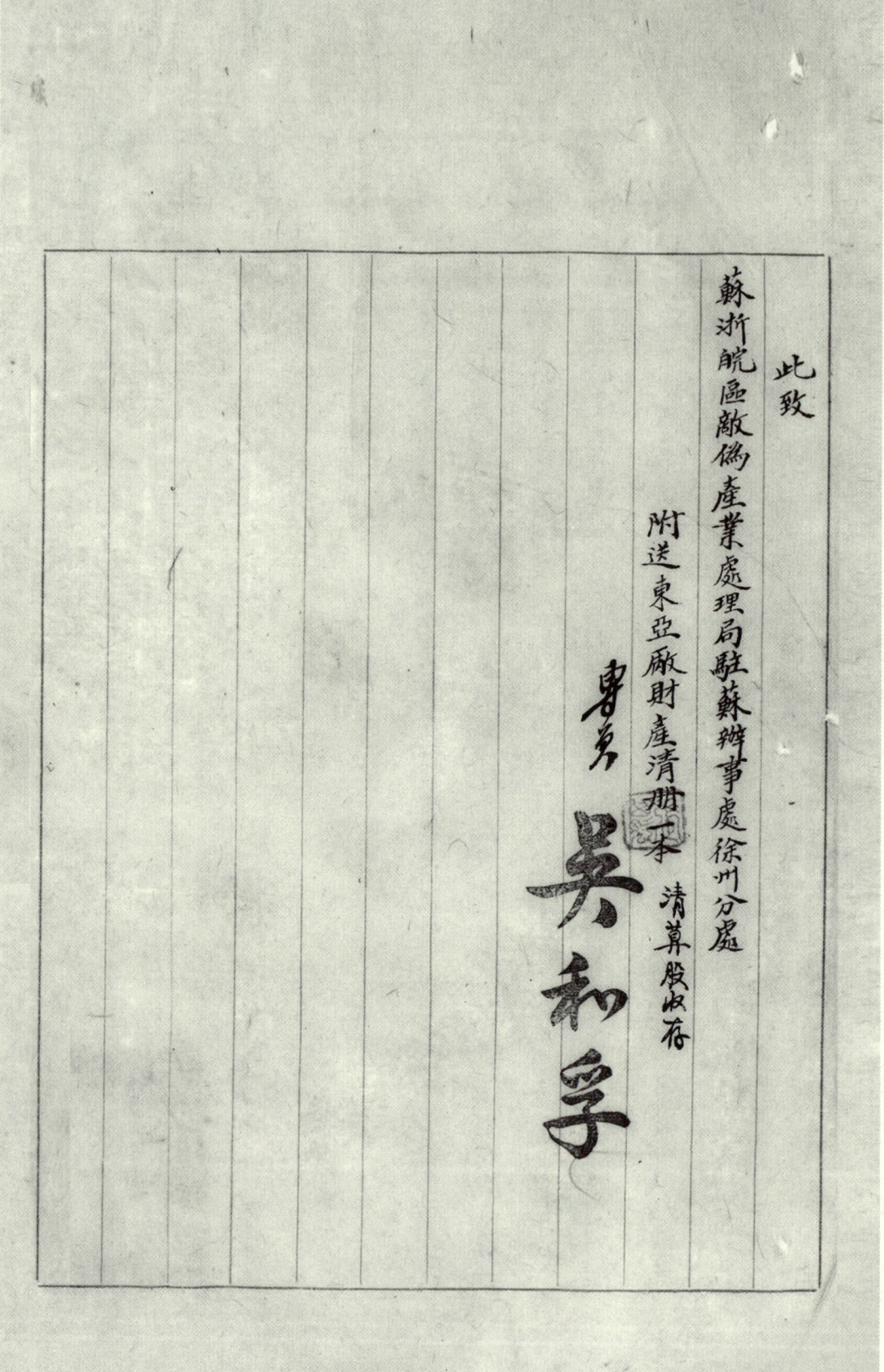

蘇浙皖區敵偽產業處理局駐蘇辦事處徐州分處

附送東亞廠財產清册一本　清算股收存

專員　吴和孚

48

經濟部蘇浙皖區徐海接收委員辦事處

事由：函送本處各廠原移交清冊即希查照見復由

附件

函字第六五九

中華民國三十五年九月六日

案奉

本區特派員辦公處本年八月五日營字第一三零七二號訓令略開：「查各駐外分處接收之敵偽工廠所有原始接收清冊或先由其他機關接收後移交本處之移交清冊均應將正本直接運送處理局就近分發核收，俾切實際為要」等因。正辦理間，復准

貴處本年八月十四日徐清字第一七四號函囑將未移送日人原冊之各部補送過處等由。查本處接收各敵偽工廠均係先由軍政機關接收後幾經交涉始准陸續移交本處接受，故僅有原接收機關之移交清冊，而無日人原始清冊，茲奉

九十八

收字1466

前因，除呈復外，相應將各廠原移交清冊正本連同清單乙份隨文送繳，即希核收見復為荷。

此致

敵偽產業處理局徐州分處

計隨送：接收各廠原移交清冊清單乙份

原移交清冊正本共四十九件

委員　吳超一

經濟部蘇浙皖區徐海接收委員辦事處

地址徐州大壩頭五五號　電話二五五號

51

函送接收各廠原移交清册清單

廠名	原移交清册	册數	原移交機關
華中電氣徐州支店	本廠移交清册	一	江蘇省徐區電政接收委員會
	柳泉發電所移交清册	一	〃 〃
	庫存材料清册	一	〃 〃
	前撥運徐州材料明細表	一	〃 〃
	机器明細表	一	〃 〃
	設備明細表	一	〃 〃
	建物明细表	一	〃 〃
	土地明细表	一	〃 〃

	備品明細表	一	〃 〃
	物資 現金債權債務明細表	一	〃 〃
	現款檢收証明書 借貸對照表 損益計算書	一	〃 〃
	印章簿據清單	一	〃 〃
	員工名冊	一	〃 〃
東亞烟草株式會社	財產目錄	一	軍政部開封區第八接收組
	財產變動明細表	一	〃 〃
日本帝國木廣株 州出張所	財產目錄清冊	一	〃 〃
	財產目錄以外清冊	一	〃 〃
	財產目錄以外據 濟寄存品清冊	一	〃 〃

68

明治製菓廠	財產清冊	一
	財產清冊以外清冊	一
淮海化學研究所	財產清冊	一
横山兴計會社	財產清冊	一
	原料成品清冊	一
安東造酒廠	財產清冊	一
	財產清冊以外清冊	一
順康造紙廠	財產清冊	一
	財產清冊以外清冊	一
安淮工業公司	財產清冊	一

肉類製造加工廠	財產清冊	一
	財產清冊以外清冊	一
大基第二工廠	財產清冊	一
	以外財產目錄	一
淮海興業公司	財產目錄	一
	以外財產目錄	一
華陽酒精廠	財產清冊	一
	財產清冊以外清冊	一
興南公司	財產清冊	一
中華出光	財產清冊	一

徐州煉瓦廠	見徐州窯業公司財產清冊	一	
	財產清冊以外清冊	一	
日本板本窯業公司	財產清冊	一	
淮海省磚灰製造所	財產清冊	一	
增華洋行	機器物資清冊	一	處理局徐州分處區隊接收出賣保管人張炳書移交
淮北製桿廠	財產詳冊	一	處理局徐州分處衛隊接收
淮南煤礦股份有限公司徐州事務所	財產目錄	一	江蘇省第九區行政督察專員公署
中支那石炭聯合會事務所	財產目錄	一	〃 〃
中華出光會社徐州出張所	財產目錄	一	〃 〃
石油聯合會社徐州支部	財產目錄	一	〃 〃

利國鉄礦公司　實交物件清單　一

以上原移交清册正本共捌拾玖册

78

蘇浙皖區敵偽產業處理局 代電

中華民國三十五年七月卅一日　字第三九七九四號

事由：

各办事處及分處覽案奉

行政院本年七月[illegible]日[illegible]字第6026號訓令

開「准監察院函為據河北監察使李嗣聰建議迅予嚴令各主管接收机關遵照正當手續於移交時須附日偽原冊其已移交者亦應補送原冊以便稽核否則以貪污論罪等由應予照办除分行外合行抄發原件令仰遵照查報此令」等因附抄[illegible]公函一件奉此除報會并分行外合行抄發原件電仰遵照局長劉攻芸平亟印附抄原件一件

（復文務請註明發文日期及字號）

文8A35.7.10000

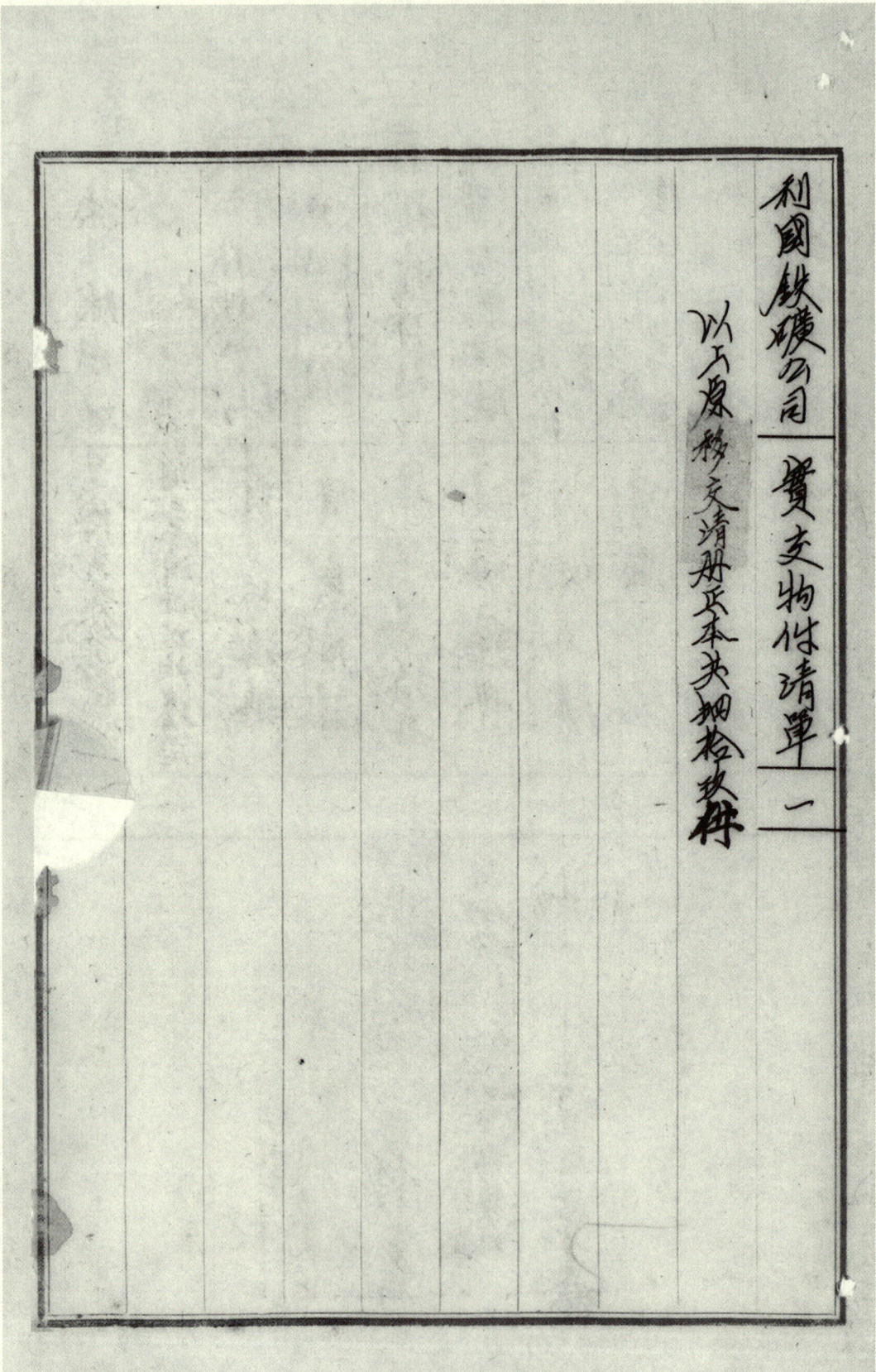

本局地址：上海仁記路中國銀行大樓三樓　電話：一二四三〇　電報掛號：九六九九

抄監察院公函

據本院河北監察區監察使李嗣璁卅五年六月十五日代電稱：

「查敵偽財產經查封後首先由日偽方面造報物品清冊移交主管接收機關此為將來清查敵產之惟一藍本依照正式手續各主管接收機關應照冊查點無誤即將原冊轉送敵偽產業處理局或其他保管機關備查茲據該局負責人報稱此項原冊經接收機關送局查核者固佔多數而向有隱匿不報或藉詞遺失者以致引起各方人士之誤會人言嘖嘖無以解答等語查此種情形主管接收人員當然負有侵佔公物之莫大嫌疑無論所持理由若何亦不當任其狡辯以杜弊端而遏貪風擬提請鈞院轉咨行政院迅予嚴令各主管接收機關遵照正當手續於移交時須附日偽原冊其已移交者亦應補送原冊以便稽核否則即以貪污論處是否有當理合建議鈞院鑒核施行」

等情查該使所陳各節尚屬扼要除指令外相應函請查核辦理見復為荷。

譲渡目録書摘要

品目／区分	単位	数量	摘要
鉄帽	個	六六〇	待修
編上靴	組	一四五〇	廃品
地下足袋	〃	一六〇	廃品
巻脚絆	〃	一七五	廃品
冬衣	〃	八三〇	旧一二〇 廃七一〇
〃袴	〃	七七〇	待修五四〇 新品二三〇
〃襦袢	〃	八八〇	旧二五〇 廃六三〇
〃袴下	〃	九六〇	旧七〇〇 廃二六〇
夏衣	〃	四八〇	旧一〇〇 廃三八〇
〃袴	〃	九七〇	新一一七 旧一〇〇 廃七五三
〃襦袢	〃	九五〇	廃品
〃袴下	〃	八〇〇	廃品

品目／区分	単位	数量	摘要
外套	個	七	廃品
略帽	〃	一二〇	廃品
第一種作業衣	〃	六〇	廃品
第一種作業袴	〃	四八	廃品
第二種作業衣袴	〃	三五	廃品
雨外套	〃	三四五	廃品旧品
雑嚢	〃	一五五	旧品
水筒	〃	二九〇	旧待修
飯盒	〃	三一四	廃一九四 新一二〇
防暑作業袴	〃	六二	旧品
〃外套	〃	一九	廃品
特殊鉄帽	〃	一九五	旧品

品目	單位	數量	摘要
防暑帽	個	二二〇	廢品 (大林)
防寒長靴	組	一八九	廃品
防寒作業靴	〃	四五	廃品
脚絆	〃	四八	廃品
毯覆面	個	四五	新品
〃手袋	組	四五	新品
防寒大手套	組	二四〇	旧品
特殊衣袴	個	二二六	新品
〃足袋	組	一三〇	〃
〃帽子	〃	一五〇	廢品 (大林)
室内足袋	組	一七〇	新品 (大林)
蚊帳	帖	一二〇	旧品 待修
綿布團	個	五	廢品

品目	單位	數量	摘要
枕覆	個	一五〇	廢品
藁布團	〃	六〇	廃品

以下余白

3

右譲渡之

昭和二十一年一月九日

授者 第二〇四飛行場大隊長 林田基

受者 中國空軍第二地勤中隊々長 林蔭梓

陸軍

第二次讓渡目錄書

品目	單位	数量	摘要
冬衣	個	七〇	旧品待修
冬袴	〃	一五五	旧品待修
夏衣	〃	八六	旧品
夏袴	〃	一四〇	廃品
冬襦袢	〃	五〇	廃品
冬袴下	〃	八	旧品
夏袴下	〃	一二〇	廃品
略帽	〃	一〇	廃品
編上靴	組	九五	新一五、旧三〇、廃五〇
地下足袋	〃	八〇	新三〇、廃五〇
巻脚絆	〃	四〇	廃品
飯盒	個	一五	旧品

品目	單位	数量	摘要
水筒	個	一五	旧五、廃一〇
雑嚢	〃	八	廃品
鉄帽	〃	一〇	旧品
防寒長靴	組	八	廃品
冬作業靴	〃	一〇	廃品
特殊衣袴	個	一六	新品
冬帽子	〃	一〇	廃品
冬靴	組	二五	新品
布團	個	五	廃品
雨外套	〃	一〇	廃品
冬外套	組	二三	廃品
防寒作業衣	〃	三五	廃品

長尾

品目	単位	数量	摘要
航空帽子	個	三五	旧品
航空手袋	組	二九	旧品
短夏袴	個	一〇五	新品

右譲渡ス

昭和二十年十一月十四日

授者　第二〇四飛行場大隊長　林田基

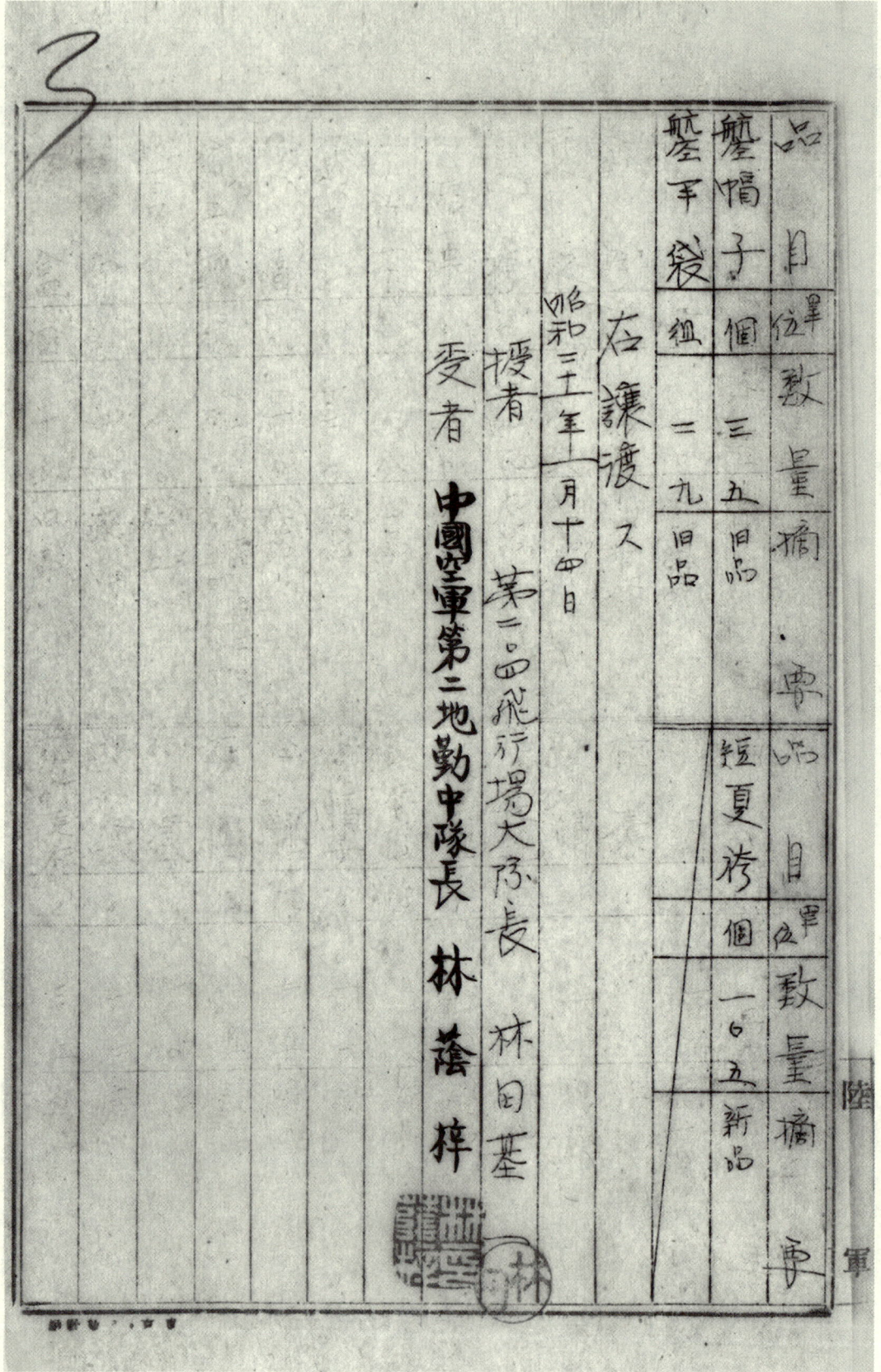

受者　中國空軍第二地勤中隊長　林蔭梓

⑤

1 NO6

昭和二十年九月二十三日

第一次讓渡兵器目錄

枚數

壹葉

李永昌章

授 第十三野戰飛行場設定司令部 陸軍中佐 北鄉紀

徐州戰斗指揮所長

受

乙

第一次譲渡兵器品目員數表

在徐州第六野戰飛行場設定司令部

品目	單位	數量	摘要
乘用車	輛	一	スチュードベーカー四〇年型ピストン衰損ス

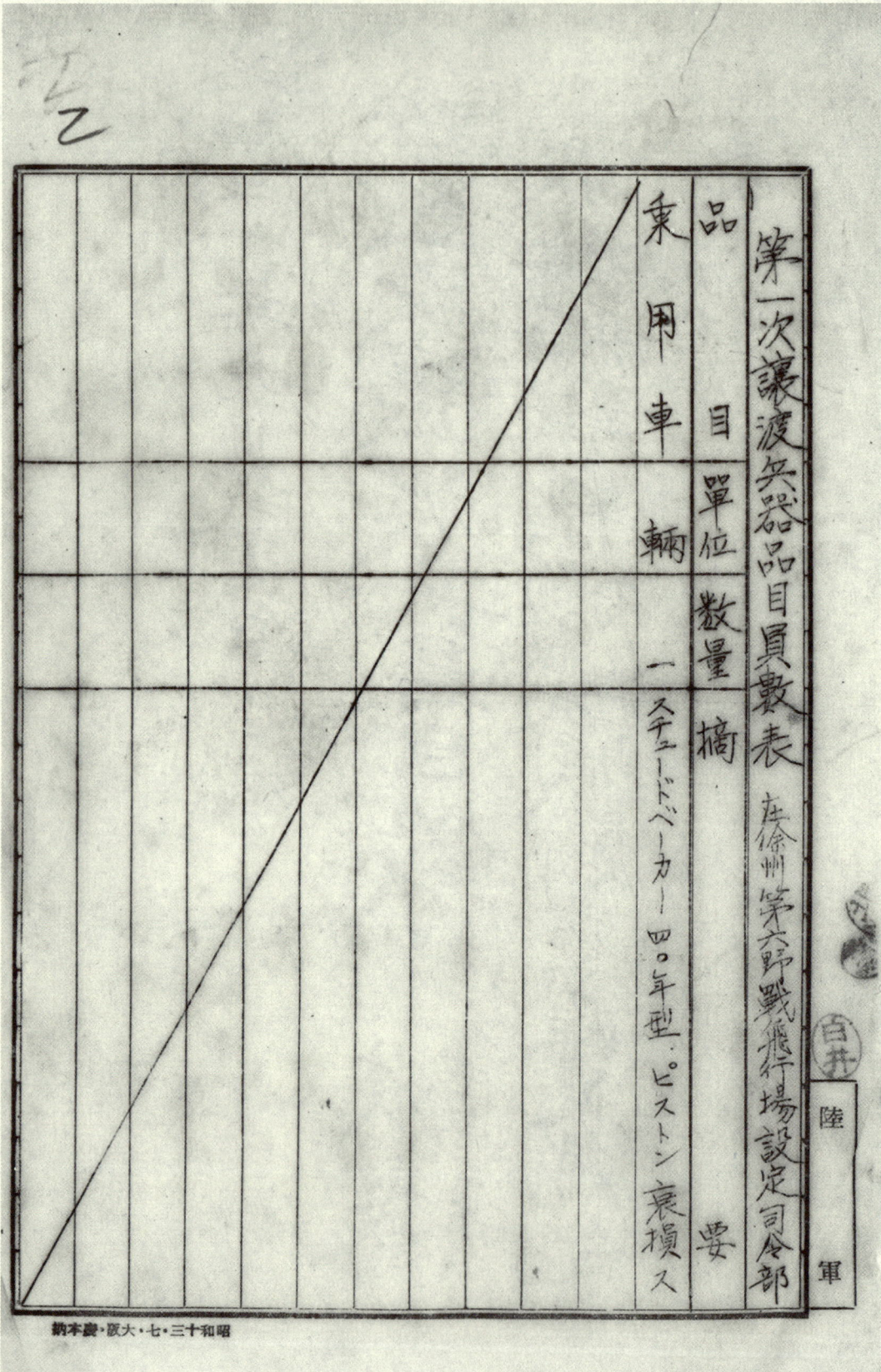

昭和十三・七・大阪・慶本納

3

昭和二十年九月二十二日

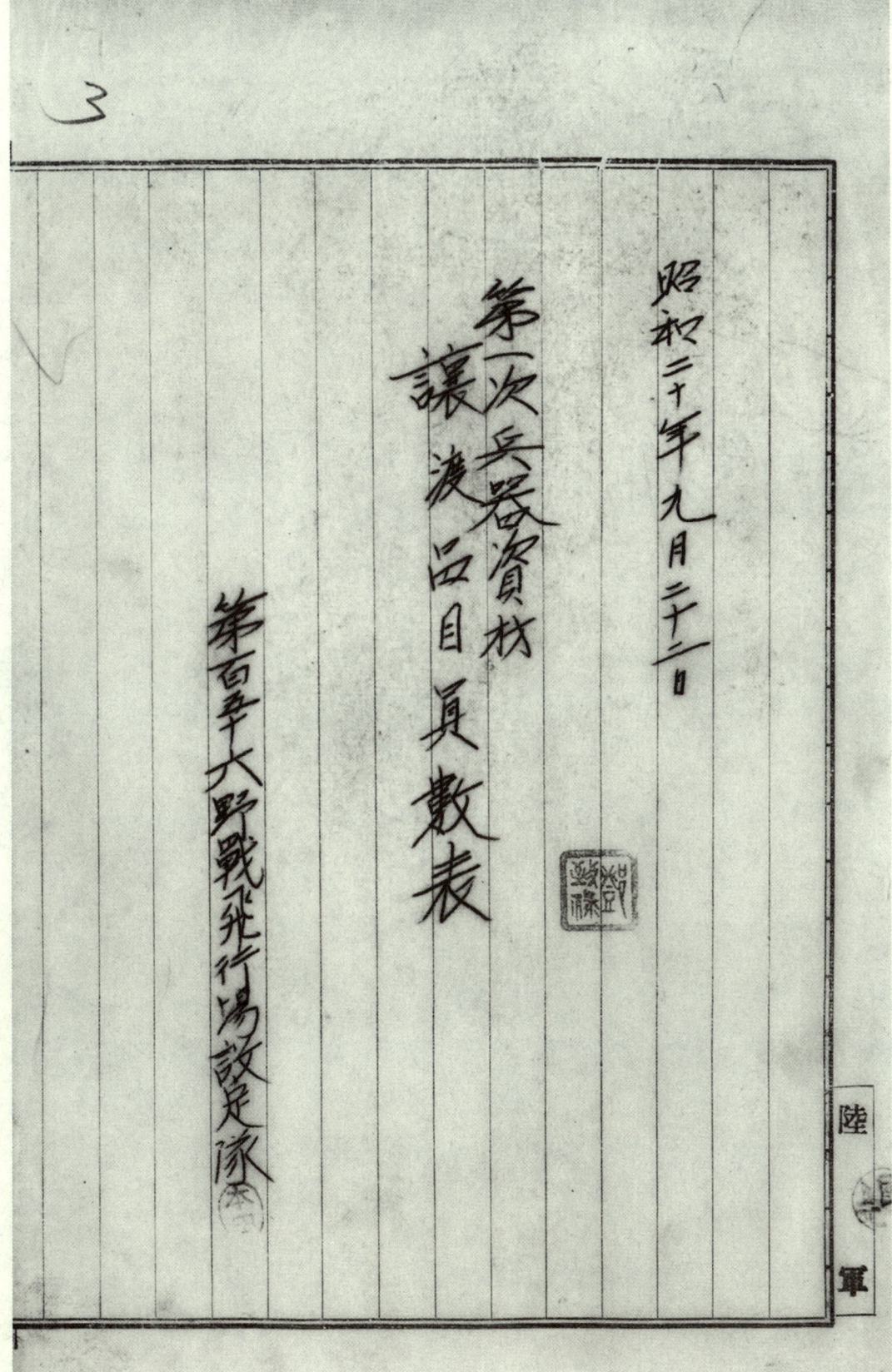

第一次兵器資材
讓渡品目員數表

第百五十大野戰飛行場設定隊

陸軍

（東京・大網納）

④

品目　区分	員數	單位	摘要
自動貨車	二	輛	
円匙	三〇	挺	
十字鍬	二〇	〃	
鶴嘴	一四	〃	
斧	一八	〃	
鉈	一三	〃	
鎌	二	〃	
石工具	一	式	
木工具	一	式	
ダイナマイト	一九	箱	三八〇〇個
導火線	一	〃	一八八〇米
雷管	二	〃	一八四〇〇個

陸軍

揮發油	一万	本	二〇〇〇立
重油	一万	〃	二〇〇〇立
自動車用潤滑油	一	〃	二〇〇立
グリース	四	缶	六四瓩

(納藏大・京東)

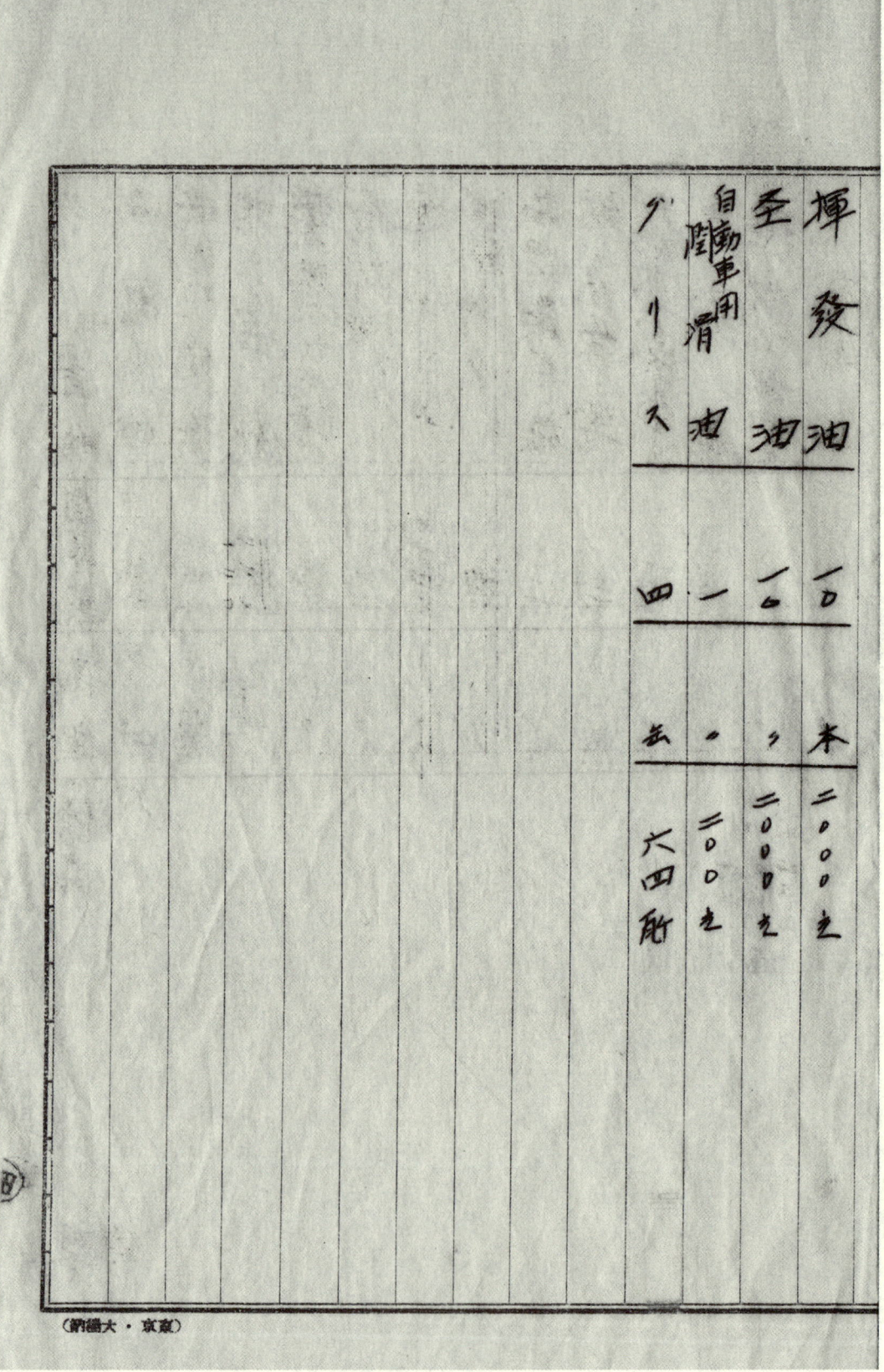

自動貨車部品並属[?]品

品目　区分	員數	單位	摘要
前照灯硝子	四	個	
電球	一七	〃[?]	
推進軸自在接手	四	〃	
シリンダー頭ガスケット	三	〃	
弁ばね	六〇	〃	
燃料[?]喞筒子	四	〃	
充電發電機	一	〃	
誘導線輪	二	〃	
差動機小歯[?]車	二	〃	
蓄電器	六[?]	〃	
差動機主歯車	一	〃	
クラッチ摩擦板	二	〃	

陸軍

品名	数量	単位
キャップピンブッシュ	二〇	〃
キャップピン	一〇	〃
速度計	一	〃
ピストン	六	〃
ピストンリング	四	箱
冷却水喞筒ブッシュ	七	組
電路用閉器	六	個
充電発電機刷子	一八	〃
蓄電池端子	八	〃
シム	一	組
速度計可撓管	一	個
風扇調帯	五	〃
スクレパー	三	〃
チョークワイヤー	一〇	〃

（東京・大冊納）

8

注脂口	一〇	個
ライニング	一	式
前車輪軸背	二	個
送水ゴム管	五	〃
ポンプ	二	〃
スプリング	一八	本
工具並属品具	一	式
牽引車部品		
燃料噴射ポンプ	一	個
電氣抵抗器	一	〃
前照灯硝子	二	〃
起動電動機歯車	九	〃
弁ばね	九	〃
弁	四	〃
ゴム管	一	本

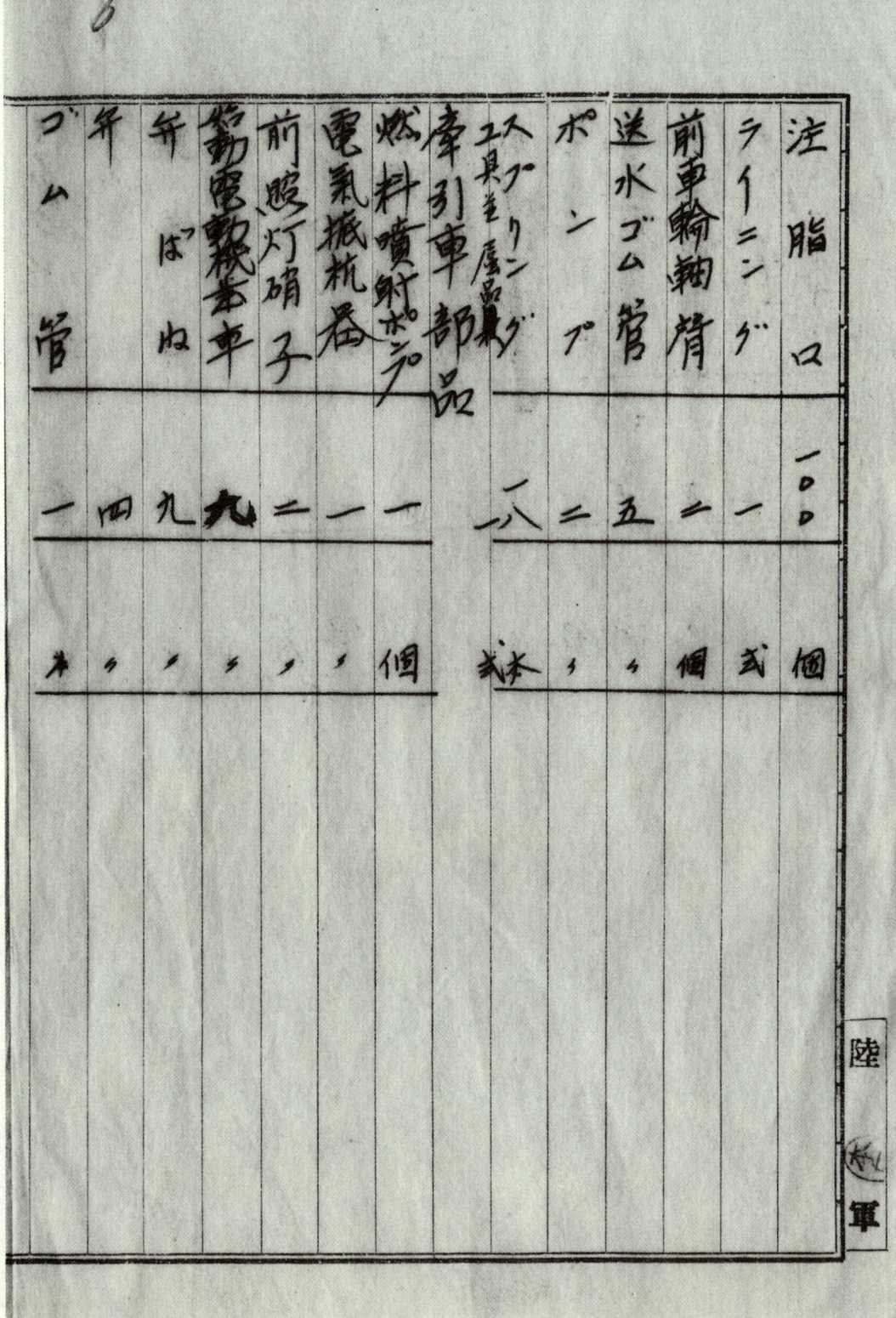

陸軍

品名	数量	単位	備考
弁推程	二	個	
懸架ばね	一	〃	
上部水槽ガスケット	一	〃	
オイルリング	三	〃	
球軸受	一	〃	
上部転輪軸	一	〃	
発電機電機子	一	〃	
予熱栓	四	〃	
内筒	二		
ライニング	一三	〃	クラッチ
予備品箱	二	箱	
其ノ他			
転圧車部品	一	箱	燃料ポンプ弐
割ピン	一〇	袋	
バネ座金	二	〃	
黄銅鑢	二		

（東京・大國誂）

陸軍

7

授

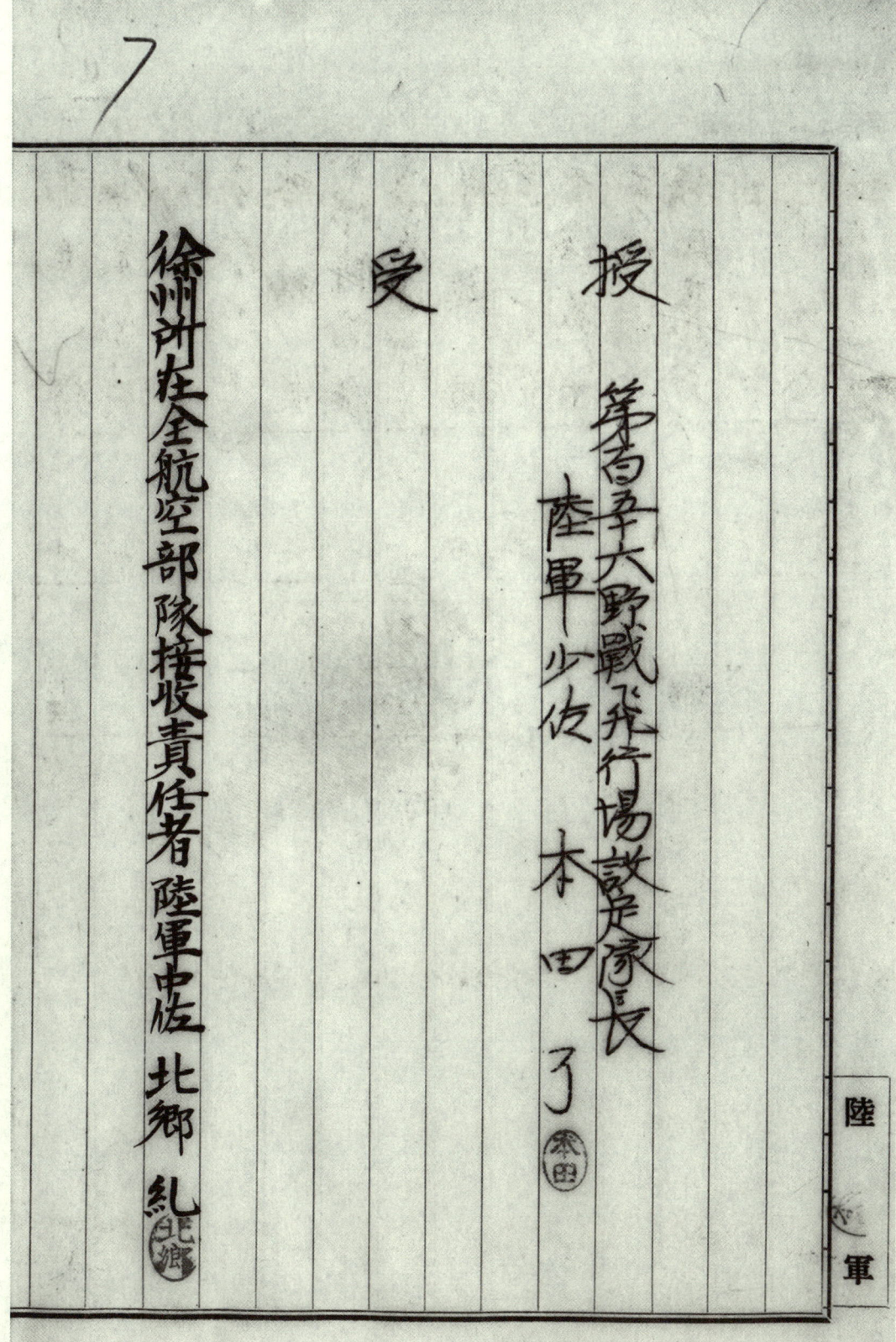

第百五十六野戰飛行場設定隊長

陸軍少佐　本田了　（本田）

受

徐州所在全航空部隊接收責任者陸軍中佐　北鄉紀　（北鄉）

東京小津納

8

第一次讓渡品目員數表 枚数五葉

第一六一野戰飛行場設定隊

中尾

山岸

昭和二十年九月二十三日

授 第一六一野戰飛行場設定隊長 中尾希久男

受

徐州所在全航空部隊接收責任者 陸軍中佐 北郷紀

9

第一次讓渡品目員數表

品目区分	員数	摘要
自動貨車	四	
牽引車	三	
排土車	三	
削土機	二	
轉圧機	三	
トロ台車	一五	
軌條	一五〇	
左転撤軌條	二	
右〃	二	
軽便スパナ	八	
大釘	二、〇〇〇	
引綱	八	

陸軍

品目　区分	員数	摘要
自車連結具	一四	
鹿足挺	一〇	
短鉄挺	二〇	
纛頭	組 一	
結合ボールド	一二	
纛頭用綱	三〇	
心矢	一	
幹綱	七	
太綱	一五	
擲彈筒	三	
十字鍬	三三〇	
同覆	一九五	
馬具	組 二	

(東京・奥谷納)

14

昭和二十年九月二十三日

第一次讓渡兵器目錄

枚数 貳葉

授 第百六十五野戰飛行場設定隊長 陸軍大尉 戸川義郎

受 徐州所在全航空部隊接收委任者 陸軍中佐 北郷紀

二棄丙一

品目区分	単位	員数	摘要
自動貨車	輛	四	
牽引車	〃	三	
排土車	〃	三	
十字鍬	挺	六三	
円匙	〃	一〇〇	
雷管	箱	二	一三五〇〇個
導火線	〃	一一	一一〇〇〇米
ダイナマイト	〃	六七	(三百個入) 一三四〇〇個
〃	〃	八	(三百個入) 二四〇〇個

陸軍

(納谷與・京東)

二枚丙二 16

自動貨車部品並ニ属品

品目 / 区分	單位	員数	摘要
四立携行罐	罐	三	
二十立携行罐	〃	三	
放熱器覆	枚	四	
扛上器	組	三	
空氣ポンプ	個	三	
携行電燈	〃	三	
漏斗	〃	大小各一	
タイヤレバー	〃	二	
クリップ廻シ	〃	二	
三面耗自在スパナ	〃	一	
プライヤー	〃	一	
ドライバー	〃	大小各一	

陸軍

モンキー	個	一
ハンマー	〃	一
鑿	〃	一
スパナ	〃	四
タイヤー鎖	〃	八
プラグスパナ	〃	一
始動ハンドル	〃	三
余備品箱	箱	三
電球	個	五
プラグ	〃	七
中袋修理材料	組	三
綿テープ	個	一
ヒューズ	〃	一
牽引鋼索	本	三

(東京・島谷納)